나홀로 하는 제3판

부동산등기실무

김덕원 저

진원사

제3판 머리말

이 책은 제3판으로, 2017년 제2판 발간 이후 부동산등기법과 부동산등기규칙 및 예규 등이 일부 개정됨에 따라 다음과 같이 이 책을 대폭 수정, 보완하였다.

주요 내용을 보면,

1. 신청 빈도가 높은 102가지의 부동산등기신청서 작성 사례 및 신청서 작성방법, 납부방법, 취득세·등록세 및 주택채권 계산방법, 신청서 편철방법, 주의사항 등 모든 절차와 과정을 수정, 보완하였다.
2. 각종 계약서, 규약, 결의서, 승낙서, 동일인보증서, 기계기구 목록 등에 관한 125가지의 자료 및 서식을 수록하였다.
3. 외국인과 재외국인 및 비법인 단체(문중, 교회, 사찰, 마을회 등) 등의 등기에 관한 모든 절차와 서식을 빠짐없이 수록하였다.
4. 농지취득자격증명에 관한 관련 내용을 빠짐없이 수록하였다.
5. 특히 이 책은 부동산등기에 필요한 모든 절차와 자세한 해설과 함께 다양한 서식을 충분히 수록하였으므로 시중에 어느 책보다도 실무적으로 유용할 것이다.

아무쪼록 이 책이 여러 독자들에게 많은 도움이 되기를 희망하며, 이 책을 출간하기까지 적극적인 관심과 도움을 주신 진원사 양진수 사장님을 비롯한 편집부 등의 모든 직원들에게 깊은 감사를 드린다.

2021. 2.

김 덕 원 저

제2판 머리말

이 책은 제2판으로, 2014년 초판 발간 이후 부동산등기법과 부동산등기규칙 및 예규 등이 일부 개정됨에 따라 다음과 같이 이 책을 수정, 보완하였다.

주요 내용을 보면,

1. 신청빈도가 높은 102가지의 부동산등기신청서 작성 사례 및 신청서 작성방법, 납부방법, 취득세·등록세 및 주택채권 계산방법, 신청서 편철방법, 주의사항 등 모든 절차와 과정을 수정, 보완하였다.
2. 각종 계약서, 승낙서, 확인서, 동일인보증서, 기계기구목록 등 100가지의 자료를 수정, 보완하였다.
3. 2007년부터 시행되어 왔던 등기신청서양식이 새롭게 바뀜에 따라 이를 전부 수정하였다.
4. 부동산거래신고 등에 관한 법률이 개정되어 2017. 6. 3. 시행됨에 따라 이를 수정, 반영하였다.
5. 등기신청수수료가 일부 면제됨에 따라 이를 수정하였다.
6. 등기의무자가 등기필정보가 없는 경우 확인조서 등에 관한 예규가 변경되어 2017. 1. 1. 시행됨에 따라 이를 수정, 반영하였다.
7. 종전에는 등기소에 제출하는 신청서 등에 인감증명법에 따라 신고한 인감을 날인하고 인감증명서을 첨부하거나, 인감증명에 갈음하여 본인서명사실확인서 발급증을 첨부할 수 있었으나 2017. 6. 3.부터는 등기소에 제출하는 신청서 등에 위와 같은 인감증명서을 첨부하거나, 이에 갈음하여 본인서명사실확인서를 첨부하거나 전자본인서명사실확인서 발급증을 첨부할 수 있다는 등기예규를 반영하였다.

아무쪼록 이 책이 여러 독자들에게 많은 도움이 되기를 희망하며, 이 책을 출간하기까지 적극적인 관심과 도움을 주신 진원사 양진수 사장님을 비롯한 편집부 직원들에게 감사를 드린다.

2017. 9.

김 덕 원 저

머 리 말

부동산등기란 등기관이라고 불리우는 국가기관이 등기부라는 공적 장부에 부동산의 표시와 부동산에 관한 일정한 권리관계의 변동사항, 즉 권리의 보존, 이전, 설정, 변경, 처분의 제한 또는 소멸 등을 부동산등기법 등 법정절차에 따라 기록하는 행위 또는 기록 자체를 말한다.

현재 등기사무는 부동산등기부의 전산화사업이 완료됨에 따라 전산정보처리조직으로 처리되므로 이를 등기사무처리방식의 원칙으로 규정하고 종이등기부를 전제로 한 규정이나 용어는 모두 삭제되었다.

이 책은 위와 같은 변화된 환경에 맞추어 등기를 신청할 수 있도록 부동산등기절차에 필요한 주요이론을 시작으로 등기신청서 작성방법 및 이에 따른 상세한 해설과 함께 각종 등기에 관련된 모든 사항을 입체적으로 담아 법률전문가의 도움없이 혼자서도 신청서를 작성할 수 있도록 하였다.

이 책의 구성을 보면, 제3편으로 나뉘어, 제1편에서는 등기실무에 필요한 이론을 체계적으로 수록하여 이해하기 쉽도록 하였고, 제2편에서는 소유권보존등기, 소유권이전등기, 소유권 이외의 등기와 그 변경·경정·말소·회복등기뿐만 아니라 동산·채권 담보권설정등기, 경락으로 인한 소유권이전촉탁등기 등 신청빈도가 높은 102가지의 신청서작성 사례를 들어 신청서 작성방법, 첨부서면, 취득세·등록세 및 주택채권 계산방법, 신청서편철방법, 주의사항 등 모든 절차와 과정을 빠짐없이 수록하여 실무에 어려움이 없도록 하였고, 제3편에서는 등기신청에 필요한 각종 계약서, 승낙서, 확인서, 동일인보증서, 기계기구목록 등 100가지의 자료를 수록하였다.

따라서 저자는 실무상 필요하다고 여겨지는 여러 신청사례와 서식 등을 체계적으로 정리, 수록함으로써 실무에 효율적으로 활용할 수 있도록 하였다.

아무쪼록 이 책이 여러 독자들에게 많은 도움이 되기를 바라며, 부족한 부분은 계속하여 보완할 것을 약속드린다.

끝으로 본서가 출간되기까지 적극적인 관심과 도움을 주신 진원사 양진수 사장님을 비롯한 편집부 등의 모든 직원들에게 깊은 감사를 드린다.

2014. 2.

김 덕 원 저

주요 참고자료

부동산등기법	사법연수원(2012)
부동산등기법	정우형, 법우사(2012)
부동산등기법	유석주, 삼조사(2011)
부등산등기법	등대법률행정연구회, 등대(2012)
부동산등기법(총설)	신현기·배종국, 법률서원(2012)
부동산등기법(각론)	신현기·배종국, 법률서원(2012)
부동산관계법규	공민달, 부연사(2012)
부동산관계법규	허광철, 부연사(2012)
부동산관계법규	이상곤, 하우패스(2012)
부동산관계법규 연습	박한동, 윌비스(2012)
부동산등기예규집	오영관, 법학사(2012)
부동산등기실무	법원공무원교육원(2012)
부동산등기신청실무	김의식, 법률&출판(2012)
부동산등기신청서 작성	오영관, 법학사(2012)
부동산등기신청서작성실무(신정8판)	유석주, 삼조사(2017)
부동산등기종합서식	노오석·오경조, 법률&출판(2012)
나홀로 하는 부동산등기(제6판)	이병일, 진원사(2011)
신부동산등기법 단문집	오경조, 법률&출판(2012)
부동산등기법과 규칙의 해설	오영관, 법학사(2012)
부동산등기법규칙해설서	부동산등기법학회, 진원사(2012)
부동산실무대전(상·중·하)	변강림·이남우, 백영사(2012)
개정부동산등기법 및 부동산등기규칙해설	법원행정처(2012)

목 차

제1편 개정법에 의한 부동산등기 · 1

제3편 등기실무자료 · 683

제 1 편

개정법에 의한 부동산등기

제1장 총 설

1. 등기신청의 방법

등기는 법률에 다른 규정이 있는 경우를 제외하고는 당사자의 신청이나 관공서의 촉탁에 따라 한다(부등법 제22조). 이와 같이 법은 신청주의를 원칙으로 하고 있으나, 절차상 필요에 의해 예외적으로 등기관이 직권으로 하는 경우(부등법 제32조, 제66조)와 법원의 명령에 따라 하는 경우(부등법 제106조, 제107조)가 있다. 또한 당사자에게 신청의무가 부과되는 경우가 있기도 하다. 예를 들어 부동산의 표시에 변경이 있는 경우 그 부동산의 소유권의 등기명의인은 1개월 이내에 변경등기를 신청하여야 하고(부등법 제41조), 부동산의 소유권이전을 내용으로 하는 계약을 체결한 자는 유상계약의 경우 반대급부의 이행이 완료된 날로부터, 무상계약의 경우 그 계약의 효력발생일로부터 60일 이내에 각 소유권이전등기를 신청하여야 한다(부동산등기특별조치법 제2조).

등기신청은 방문신청과 전자신청으로 하는 방법이 있다.

가. 방문신청

(1) 서면주의

(가) 신청정보와 첨부정보의 제공

방문신청을 하기 위해서는 소정의 사항이 기재되어 있는 신청서(신청정보를 담고 있는 서면)와 첨부서면(첨부정보를 담고 있는 서면)을 등기소에 제공하여야 한다.

신청서에는 신청인 또는 그 대리인이 기명날인하거나 서명하여야 한다. 신청서가 여러 장일 때에는 신청인 또는 그 대리인이 간인을 하여야 하고, 등기권리자 또는 등기의무자가 여러 명일 때에는 그 중 1명이 간인하는 방법으로 한다. 신청서에 서명을 하였을 때에는 각 장마다 연결되는 서명을 함으로써 간인을 대신한다.

(나) 전자표준양식에 의한 신청(부등규 제64조)

방문신청을 하고자 하는 신청인은 신청서를 등기소에 제출하기 전에 전산정보처리조직에 신청정보를 입력하고 그 입력한 신청정보를 서면으로 출력하여 등기소에 제출하는 방법으로 등기신청을 할 수 있다.

(다) 첨부서면의 원본 환부의 청구(부등규 제59조)

신청인은 신청서에 첨부하는 원본(부동산등기규칙 제59조에 정한 서류)의 환부를 청구하는 경우에 신청인은 그 원본과 같다는 뜻을 적은 사본을 첨부하여야 하고, 등기관이 서류의 원본을 환부할 때에는 그 사본에 원본 환부의 뜻을 적고 기명날인하여야 한다.

첨부서면 중에 관청의 허가서 등은 서면은 신청인이 등본을 작성·첨부하고 원본은 등기관이 대조용으로 제공한 후 환부받을 수 있다.

등기원인증서의 반환(부등규 제66조)은 등기관의 의무이지만, 신청서에 첨부한 서류원본의 환부(부등규 제59조)는 신청인의 청구가 있는 때에만 가능하다.

원본환부의 대상은 상속재산협의분할서, 유언증서, 농지취득자격증명서 등이 있으며, 또한 재외국민이 작성한 처분위임장과 처분위임장에 첨부한 등기의무자의 인감증명도 가능하다 할 것이나 신청인이 당사자가 아닌 대리인(법무사 등)이 신청할 경우에는 당사자로부터 환부신청에 대해서 별도의 수권이 있어야 한다(등기선례 8-108).

원본환부의 대상이 될 수 없는 것은 등기신청위임장, 확인서면, 인감증명, 법인등기사항증명서, 주민등록표등(초)본, 가족관계등록사항별증명서, 대장등본, 도면, 공동담보목록 등이 해당된다.

(라) 등기원인증서의 반환

등기를 완료한 후 등기관은 등기원인증서를 등기필정보통지서(또는 등기완료통지서)와 함께 신청인에게 돌려주어야 하는데(부등규 제66조), 신청인이 등기를 마친 때부터 3개월 이내에 등기원인증서를 수령하지 않을 때에는 그 증서를 폐기할 수 있다.

여기에서 등기원인증서란 매매계약서, 증여계약서, 매매예약서, 공유물분할계약서, 대물반환계약서, 명의신탁해지증서, 근저당권 및 지상권설정계약서, 전세권설정계약서, 권리변경계약서, 해지증서, 상속재산협의분할서, 재결서(수용등기시), 협의성립확인서(수용등기시), 유언서, 집행력 있는 판결정본, 규약, 공정증서, 이혼 당사자 사이의 재산분할협의서 등이 있다.

(마) **도면 등의 제출방법**(부등규 제63조, 제139조 제4항)

방문신청을 하는 경우라도 등기소에 제공하여야 하는 도면, 신탁원부 작성을 위한 정보 또는 공장저당목록(공장 및 광업재단저당등기 규칙 4, 9②)은 전자문서로 작성하여야 하고, 그 제공은 전산정보처리조직을 이용하여 등기소에 송신하는 방법으로 하여야 한다. 이 경우 신청인 또는 대리인의 전자서면정보를 도면 등과 함께 송신하여야 한다.

다만 자연인 또는 법인 아닌 사단이나 재단이 직접 등기신청을 하는 경우나 자연인 또는 법인 아닌 사단이나 재단이 자격자대리인이 아닌 사람에게 위임하여 등기신청을 하는 경우에는 전자문서로 제출하지 않아도 된다.

(2) **출석주의**(부등법 제24조)

등기는 신청인 또는 대리인이 등기소에 출석하여 신청하여야 하고 우편에 의한 신청은 인정되지 않는다(관공서, 공사 예외).

대리인이 변호사나 법무사 등 자격대리인인 경우에는 그 대리인의 사무소 소재지를 관할하는 지방법원장이 허가하는 사무원이 등기소에 출석하여 신청할 수 있다(부등규 제58조).

나. 전자신청

(1) 전자신청을 할 수 있는 자

자연인과 법인 모두 전자신청을 할 수 있으나 법인 아닌 사단이나 재단은 전자신청을 할 수 없다.

한편 전자신청의 대리는 자격자대리인만이 할 수 있다. 따라서 자격자대리인이 아닌 경우에는 자기 사건이라 하더라도 상대방을 대리하여 전자신청을 할 수 없다.

(2) 사용자등록

전자신청을 하기 위해서는 그 등기신청을 하는 당사자 또는 등기신청을 대리할 수 있는 자격자대리인이 최초의 등기신청 전에 등기소에 출석하여 사용자등록을 하여야 한다(부등규 제68조 제1항). 사용자등록신청서에는 인감증명과 주소를 증명하는 서면을 첨부하여야 하며 신청인이 자격자대리인인 경우에는 그 자격을 증명하는 서면의 사본도 첨부하여야 한다.

법인이 "상업등기규칙" 제46조에 따라 전자증명서의 이용등록을 한 경우에는 사용자등록을 할 필요가 없다(부등규 제68조 제5호). 사용자등록 후 등록정보가 변경된 경우에는 그 변경된 사항을 등록하여야 한다(부등규 제71조 제1항).

(3) 전자신청의 방법

(가) 인터넷등기소 접속

전자신청을 하고자 하는 당사자 또는 자격자대리인은 인터넷등기소에 접속한 후 "인터넷등기소전자신청"을 선택하여 모든 문서를 전자문서로 작성하여야 한다. 다만 신청인이 자격자대리인인 경우에는 소정의 서면에 대하여는 이를 스캐닝하여 원본과 상위 없다는 취지의 부가정보와 자격자대리인의 개인공인인증서정보를 등기소에 송신함으로써 전자문서의 작성을 갈음할 수 있는데, 인감증명서와 그 인감을 날인한 서면은 스캐닝하여 송신할 수 없다.

(나) 사용자 인증

전자신청을 하기 위해서는 개인은 공인인증서정보 및 사용자등록번호를, 법인인 경우에는 전자증명서정보를, 자격자대리인인 경우에는 공인인증서정보 및 사용자등록정보를 전산정보처리조직에 입력하여 사용자 인증을 받아야 한다.

(다) 필수정보의 첨부 등

전자신청의 경우 일정한 유형의 등기를 신청하기 위해서는 소정의 정보를 필수적으로 제공해야 한다. 이와 같은 필수정보의 제공이 없으면 신청정보를 송신할 수 없다. 등기유형과 필수정보는 아래와 같다.

등기의 목적	등 기 원 인	필 수 정 보
소유권이전	매 매	매매계약서
	공유물분할	공유물분할계약서
	교 환	교환계약서
	대물변제	대물변제계약서
	신 탁	신탁계약서
	증 여	증여계약서
지상권설정	지상권설정	지상권설정계약서
지상권말소	해 지	해지증서
전세권설정	전세권설정	전세권설정계약서
전세권말소	해 지	해지증서
근저당권설정	근저당권설정	근저당권설정계약서
근저당권이전	확정채권 양도	채권양도계약서
	대위변제	변제증서
	채권양도	근저당권양도계약서
	계약가입	근저당권양도증서
근저당권변경	계약인수	변경계약서
근저당권말소	해 지	해지증서
임차권설정	임차권설정	임차권설정계약서
임차권말소	해 지	해지증서

전자신청에 있어서는 등기소에서 직접 확인할 수 있는 등기부정보는 그 표시만하고 첨부를 생략할 수 있다. 또한 주민등록정보나 토지대장정보 등 행정정보 공동이용의 대상이 되는 정보는 행정정보공유센터에 연계요청을 하여 수신한 정보를 첨부한다.

작성명의인이 있는 전자문서를 첨부할 경우 그 전자문서는 PDF 파일 형식이어야 하며 그 작성자가 개인일 경우에는 공인인증서정보를, 관공서인 경우에는 행정전자서명정보를, 법인인 경우에는 전자증명서정보를 함께 첨부하여야 한다.

부동산등기규칙 제60조 및 제61조 등에 의하여 인감증명을 제출하여야 하는 자가 공인인증서정보나 전자증명서정보를 송신한 때에는 인감증명정보의 송신은 필요 없다.

(라) 승 인

공동신청을 하여야 할 등기신청에 있어서 당사자가 대리인에게 위임하지 않고 직접 신청하는 경우 또는 위임을 서로 다른 대리인에게 한 경우에는 어느 일방이 신청정보와 첨부정보를 입력한 후 승인대상자를 지정하여야 하고, 승인대상자로 지정된 자는 사용자인증을 한 후 공인인증서나 전자증명서정보를 첨부하여 승인하여야 한다. 대리인이 신청한 경우에는 대리인이 위임에 관한 정보를 입력하고 당사자가 공인인증서정보나 전자증명서정보를 첨부하여 승인하여야 한다.

(마) 보 정

보정 통지는 전산정보처리조직, 전자우편, 구두, 전화 등의 방법에 의해서 할 수 있다.

반면 보정은 원칙적으로 전산정보처리조직에 의해서 하여야 한다.

(바) 전자신청의 취하 등

전자신청의 취하는 전산정보처리조직을 이용해서 하여야 하나, 전자신청에 대한 각하 결정의 방식 및 고지방법은 서면신청과 동일한 방법으로 처리하여야 한다.

전자신청 사건에 관하여 이의신청이 있어 그 사건을 관할지방법원에 송부하여야 할 경우 등기관은 전자문서로 보존되어 있는 신청정보와 첨부정보를 출력하여 인증한 후 그 출력물을 송부하여야 한다.

2. 등기신청인

가. 공동신청주의

(1) 공동신청주의 원칙

부동산등기법 제23조 제1항에 의하면 등기는 등기권리자와 등기의무자가 공동으로 신청하여야 한다고 규정하고 있다.

(2) 공동신청주의 예외

(가) 소유권보존등기 또는 소유권보존등기의 말소등기(부등법 제23조 제2항)

대립되는 당사자가 있을 수 없으므로 공동신청이 적용되지 않는다.

(나) 포괄승계에 따른 등기(부등법 제23조 제3항)

상속, 법인의 합병, 그 밖에 대법원규칙으로 정하는 포괄승계에 따른 등기는 등기권리자가 단독으로 신청한다.

(다) 판결에 의한 등기(부등법 제23조 제4조)

판결에 의한 등기는 승소한 등기권리자 또는 승소한 등기의무자가 단독으로 신청할 수 있다.

(라) 표시변경등기(부등법 제23조 제5항, 제6항)

부동산표시나 등기명의인표시의 변경이나 경정등기는 소유권의 등기명의인이나 해당 권리의 등기명의인이 단독으로 신청한다.

(마) 신탁등기와 신탁등기의 말소등기(부등법 제23조 제7항, 제87조 제3항)

신탁재산에 속하는 부동산의 신탁등기는 수탁자가 단독으로 신청한다. 이와 마찬가지로 신탁등기의 말소등기도 수탁자가 단독으로 신청할 수 있다.

(바) 가등기(부등법 제89조)

가등기의무자의 승낙이 있거나 가등기를 명하는 법원의 가처분명령이 있을 때에는 가등기권자가 단독으로 가등기를 신청할 수 있다. 또한 가등기의 말소는 가등기명의인이 단독으로 신청할 수 있으며 가등기의무자 또는 가등기의 등기상 이해관계인은 가등기명의인의 승낙을 받아 단독으로 가등기의 말소를 신청할 수 있다.

(사) 기 타

그 밖에 부동산등기법에서는 등기명의인의 사망 또는 법인의 해산으로 권리가 소멸한다는 약정이 있는 경우 사망 또는 법인의 해산으로 인한 권리의 소멸에 따른 말소등기(부등법 제55조), 수용으로 인한 소유권이전등기(부등법 제99조) 등도 단독으로 신청할 수 있다.

나. 대리인에 의한 등기신청

등기는 등기권리자와 등기의무자 또는 대리인이 신청하여야 한다(부등법 제28조). 단독신청이나 대위신청의 경우에도 대리인에 의한 신청이 가능하다. 대리인에는 임의대리인과 법정대리인 모두 포함된다.

(1) 대리인의 자격

(가) 대리인이 될 수 있는 자격에는 제한이 없다. 변호사나 법무사가 아니어도 무방하다. 그러나 "법무사법" 제3조에서 법무사 아닌 자는 법원에 제출하는 서류의 작성이나 그 서류의 제출의 대행을 업으로 할 수 없다고 규정하고 있으므로, 법무사 또는 변호사 아닌 자(공인중개사, 행정사 등, 이하 "법무사가 아닌 자"라 함)는 다른 사람을 대리하여 부동산등기신청을 하거나 등기사항증명서 교부신청서를 작성하여 등기소에 제출하는 행위를 업으로 할 수 없다. 따라서 법무사가 아닌 자가 다른 사람을 대리하여 수시로 반복하여 등기신청을 하는 등 등기신청의 대리를 업으로 한다는 의심이 있을 경우, 등기관 또는 접수공무원은 대리인으로 하여금 신청인 본인과 그 대리인과의 관계를 가족관계증명서나 주민등록표등본 등에 의하여 소명할 것을 요청할 수 있다. 소명자료를 제출하지 않거나, 대리인이 제출한 소명자료에서 대리인이 신청인과 사이에 업으로 하지 않고 등기신청을 대리하여 줄 만한 특별한 관계에 있음이 밝혀지지 않은 경우 등 대리인이 등기신청의 대리를 업으로 한다는 판단을 한 경우, 등기관 또는 접수공무원은 그 대리인에게 법무사법 위반의 사유로 고발조치될 수 있음을 알리고 등기신청의 취하 또는 접수의 자제를 권고할 수 있다. 만약 위 고지에 응하지 아니하는 경우에 등기과·소장이 그 등기신청을 법무사법 제3조 제1항에 위반한 것이라고 판단한 때에는 그 대리인을 관련 수사기관에 고발 조치할 수 있으며, 위와 같은 수사기관에 고발조치한 때에는 고발조치한 내용과 그 고발조치에 대한 수사기관의 처분 결과(수사기관으로부터 통지가 있는

경우)를 법원행정처장에게 보고한다.

(나) 미성년자가 법률행위를 함에는 권리만을 얻거나 의무만을 면하는 행위가 아닌 한 법정대리인의 동의를 얻어야 한다. 그러므로 친권을 행사하는 부 또는 모는 미성년자인 자의 법정대리인이 된다(민법 제5조 제1항, 제909조, 제911조). 또한 미성년자에 대하여 친권자가 없거나 친권자가 법률행위의 대리권 및 재산관리권을 행사할 수 없는 때에는 그 후견인을 두어야 하고(민법 제928조), 금치산 또는 한정치산의 선고가 있는 때에는 그 선고를 받은 자의 후견을 두어야 하는바, 후견인은 피후견인의 법정대리인이 된다(민법 제929조, 제938조).

(다) 미성년자인 자의 부모가 그 미성년자를 대리하여 등기신청을 할 때에는 부모가 공동으로 신청하여야 한다. 그러나 친권자와 그 친권에 복종하는 미성년자인 자 사이에 이해가 상반되는 행위 또는 친권에 복종하는 수인의 미성년자인 자 사이에 이해가 상반되는 행위를 하는 경우에는 그 미성년자 또는 그 미성년자 일방의 대리인은 법원에서 선임한 특별대리인이 하여야 한다.

(2) 이해관계가 상반되는 경우와 이해관계가 상반되지 않는 경우 (등기예규 제1088호)

이해가 상반되는 예	이해가 상반되지 않는 예
1. 미성년자인 자가 그 소유 부동산을 친권자에게 매매 또는 증여하는 경우 2. 상속재산협의분할서를 작성하는데 있어서 친권자와 미성년자인 자 1인이 공동상속인인 경우(친권자가 당해 부동산에 관하여 권리를 취득하지 않는 경우를 포함한다) 3. 친권자와 미성년자인 자의 공유부동산을 친권자의 채무에 대한 담보로 제공하고 그에 관한 근저당권설정등기를 신청하는 경우(친권자 2명과 미성년자 1명의 공유부동산에 대하여 친권자 2명 중 한 명을 채무자로 한 근저당권설정인 경우에는 이해	1. 친권자가 그 소유 부동산을 미성년자인 자에게 증여하는 경우 2. 친권자가 미성년자인 자 소유의 부동산을 제3자에게 증여하는 경우 3. 친권자가 미성년자인 자 소유의 부동산을 채무자인 그 미성년자를 위하여 담보로 제공하거나 제3자에게 처분하는 경우 4. 친권자와 미성년자인 자의 공유부동산에 관하여 친권자와 그 미성년자를 공동채무자로 하거나 그 미성년자만을 채무자로 하여 저당권설정등기를 신청하는 경우(친권자인 부·모와 미성년자 공유의 부동산에

이해가 상반되는 예	이해가 상반되지 않는 예
상반행위이므로 그 한 명에 대한 특별대리인으로 선정하여 나머지 한명의 친권자와 공동하여 미성년자를 대리하여야 한다). 4. 미성년자인 자 2인의 공유부동산에 관하여 공유물분할계약을 하는 경우(미성년자인 자 1인에 관한 특별대리인의 선임이 필요하다)	대하여 제3자를 채무자로 하여 근저당권 설정을 하는 경우 이해상반행위가 아니다 5. 친권자와 미성년자인 자가 근저당권을 준공유하는 관계로서 근저당권설정등기의 말소를 신청하는 경우 6. 미성년자인 자 1인의 친권자가 민법 제1041조의 규정에 의하여 상속포기를 하고 그 미성년자를 위하여 상속재산분할협의를 하는 경우 7. 이혼하여 상속권이 없는 피상속인의 전처가 자기가 낳은 미성년자 1인을 대리하여 상속재산분할협의를 하는 경우

다. 법인의 등기신청

(1) 법인의 대표에 의한 등기신청

법인의 대표에 관하여는 대리에 관한 규정이 준용되므로(민법 제59조 제2항) 법인 대표자의 행위의 효과는 법인에게 귀속되며, 따라서 법인은 그 대표자를 통하여 등기신청행위를 한다. 회사의 대표이사가 공동으로 대표권을 행사하도록 하는 공동대표에 관한 규정이 있는 경우에는 그 회사 명의의 등기신청도 공동으로 하여야 한다. 그러나 대표자는 등기할 사항은 아니다. 반면에 법인격 없는 사단 재단의 경우에는 대표자의 인적사항을 등기사항으로 하고 있다. 한편, 법인이 등기권리자나 등기의무자로서 부동산에 관한 등기를 신청하는 경우에는 그 법인의 대표자 등의 권한의 증명, 등기필증(또는 등기필정보) 멸실의 경우 및 각종 인감증명의 제출시 법인의 임원 및 지배인의 주민등록번호가 공시된 등기사항증명서를 첨부하여야 한다.

(2) 지배인에 의한 등기신청

상인은 지배인을 선임하여 본점 또는 그 지점에서 그 영업을 하게 할 수 있는데(상법 제10조), 지배인은 포괄적인 대리권이 있는 상인의 대리인으로서 그 영업에 관한 등기신청에 관하여도 당연히 대리할 수 있다.

라. 법인 아닌 사단 재단의 등기신청(부등규 제48조)

법인 아닌 사단이나 재단에 속하는 부동산에 관한 등기신청은 그 사단 또는 재단의 명의로 그 대표자나 관리인이 한다(부등법 제26조). 등기신청적격이 있는 법인 아닌 사단 또는 재단인가의 여부는 명칭에 구애받지 않고 구체적으로 사단 또는 재단으로서의 실체를 갖추었는지에 의하여 판단하여야 한다. 등기신청적격이 인정되는 예로는 서원, 사찰, 종중, 아파트입주자대표회의, 수리계, 어촌계 등이 있다. 단, 계의 경우 각 계원의 개성이 개별적으로 뚜렷하게 계의 운영에 반영되게끔 되어 있고 계원의 지위가 상속되는 것으로 규정되어 있는 등 단체로서의 성격을 갖는다고 볼 수 없는 경우에는 그 등기신청을 각하한다.

법인 아닌 사단이 등기신청을 하는 경우 첨부서면은 다음과 같다.

(1) 정관이나 그 밖의 규약

법인 아닌 사단의 정관 그 밖의 규약에는 단체의 목적, 명칭, 사무소의 소재지, 자산에 관한 규정, 대표자 또는 관리인의 임면에 관한 사항, 사원의 득실에 관한 규정 등이 기재되어 있어야 한다.

다만, 정관 그 밖의 규약에 그러한 사항 중 어느 하나가 빠졌다 하더라도 법인 아닌 사단의 일체를 갖추었다고 인정되면 정당한 정관 그 밖의 규약으로 인정할 필요가 있을 것이다.

(2) 사원총회결의서

총유물의 관리 및 처분은 사원총회의 결의에 의하여야 하므로(민법 제276조 제1항) 법인 아닌 사단이 등기의무자인 경우에는 사원총회결의서가 필요하다(유효). 그러므로 법인 아닌 사단 소유의 부동산을 처분하거나, 근저당권을 설정하는 등 제한물권을 설정하고 등기신청하는 경우에는 사원총회결의서를 첨부하여야 한다. 단 정관 그 밖의 규약에서 사원총회결의가 필요 없다고 규정한 경우에는 제외한다(등기예규 제1444호로 폐지).

(3) 그 밖의 정보

부동산등기용등록번호를 증명하는 서면, 사무소 소재지를 증명하는 서면 및 대표자 또는 관리인의 주민등록표등본을 제출하여야 한다.

(4) 채무자로 등기하는 경우

법인 아닌 사단이나 재단을 채무자로서 등기하는 경우에는 등기용등록번호나 대표자에 관한 등기기록에 기록할 필요가 없다. 따라서 이 때에는 정관이나 그 밖의 규약이나 대표자임을 증명하는 서면을 제출할 필요가 없다.

마. 포괄승계인에 의한 등기신청(부등법 제27조)

등기원인이 발생한 후에 등기권리자 또는 등기의무자에 대하여 상속이나 그 밖의 포괄승계가 있는 경우에는 상속인이나 그 밖의 포괄승계인이 그 등기를 신청할 수 있다. 포괄승계인에 의한 등기신청의 대표적인 예로는 상속인에 의한 등기신청(상속으로 인한 등기와는 다름)을 들 수 있다. 예를 들면, 갑이 을에게 부동산을 매도하였으나 소유권이전등기를 하기 전에 갑이 사망한 때에는 갑의 상속인 A가 등기의무자로서 등기신청을 하게 되고, 을이 사망한 때에는 을의 상속인 B가 등기권리자로서 등기를 신청하게 된다.

그러나 피상속인이 사망하였으나 아직 상속등기가 이루어지지 않은 상태에서 피상속인 명의로 되어 있는 부동산을 상속인으로부터 매수한 경우에는 먼저 상속등기를 한 후 매수인 앞으로 소유권이전등기를 하여야 한다.

바. 판결 등 집행권원에 의한 등기신청

부동산등기법 제23조 제4항은 "판결에 의한 등기는 승소한 등기권리자 또는 등기의무자가 단독으로 신청할 수 있다"라고 하여 공동신청주의의 예외를 규정하고 있다.

(1) 판결의 의미

(가) 이행판결

① 부동산등기법 제23조 제4항의 판결은 등기신청절차의 이행을 명하는 이

행판결이어야 하며, 주문의 형태는 "○○○등기절차를 이행하라"와 같이 등기신청 의사를 진술하는 것이어야 한다. 다만 공유물분할판결의 경우에는 예외로 한다. 이에 관해서는 후술한다.

② 판결에는 등기권리자와 등기의무자가 나타나야 하며, 신청의 대상인 등기의 내용, 즉 등기의 종류, 등기원인과 그 연월일 등 신청서에 기재하여야 할 사항이 명시되어 있어야 한다.

(나) 확정판결

부동산등기법 제23조 제4항은 확정판결이어야 한다. 따라서 확정되지 아니한 가집행선고가 붙은 판결에 의하여 등기를 신청한 경우 등기관은 그 신청을 각하하여야 한다.

(다) 부동산등기법 제23조 제4항의 판결에 준하는 집행권원

화해조서·인낙조서, 화해권고결정, 민사조정조서·조정에 갈음하는 결정, 가사조정조서·조정에 갈음하는 결정 등도 그 내용에 등기의무자의 등기신청에 관한 의사표시의 기재가 있는 경우에는 등기권리자가 단독으로 등기를 신청할 수 있다.

공증인 작성의 공정증서는 채무의 목적이 일정한 금액의 지급이나 대체물 또는 유가증권의 일정한 수량의 급여인 때에 한하여 집행력이 인정된다(민집법 제56조). 그러므로 부동산에 관한 등기신청의무를 이행하기로 하는 조항이 기재되어 있더라도 등기권리자는 이 공정증서에 의하여 단독으로 등기를 신청할 수 없다.

가처분결정(판결)에 등기절차의 이행을 명하는 조항이 기재되어 있어도 등기권리자는 이 가처분결정 등에 의하여 단독으로 등기를 신청할 수 없다. 다만 가등기권리자는 부동산등기법 제90조의 가등기가처분명령을 등기원인증서로 하여 단독으로 가등기를 신청할 수 있다.

(라) 판결의 확정시기

등기절차의 이행을 명하는 확정판결을 받았다면 그 확정시기에 관계없이, 즉 확정 후 10년이 경과하였다 하더라도 그 판결에 의한 등기신청을 할 수 있다.

(2) 신 청 인

(가) 승소한 등기권리자 또는 승소한 등기의무자

승소한 등기권리자 또는 승소한 등기의무자는 단독으로 판결에 의한 등기신청을 할 수 있다. 패소한 등기의무자는 그 판결에 기하여 직접 등기권리자 명의의 등기신청을 하거나 승소한 등기권리자를 대위하여 등기신청을 할 수 없다. 승소한 등기권리자에는 원고뿐만 아니라 피고나 당사자참가인도 포함된다.

(나) 승소한 등기권리자의 상속인

승소한 등기권리자가 승소판결의 변론종결 후 사망하였다면, 상속인이 상속을 증명하는 서면을 첨부하여 직접 자기명의로 등기를 신청할 수 있다.

(다) 공유물분할판결에 의한 경우

공유물분할판결이 확정되면 그 소송당사자는 원·피고인지 여부에 관계없이 그 확정판결을 첨부하여 등기권리자 단독으로 공유물분할을 원인으로 한 지분이전등기를 신청할 수 있다.

(라) 채권자대위소송에 의한 경우

채권자가 제3채무자를 상대로 채무자를 대위하여 등기절차의 이행을 명하는 판결을 얻은 경우 채권자는 부동산등기법 제28조에 의하여 채무자의 대위신청인으로서 그 판결에 의하여 단독으로 등기를 신청할 수 있다. 채권자대위소송에서 채무자가 채권자대위소송이 제기된 사실을 알았을 경우에는 채무자 또는 제3채권자도 채권자가 얻은 승소판결에 의하여 단독으로 등기를 신청할 수 있다.

(마) 채권자취소소송의 경우

수익자(갑)를 상대로 사해행위취소판결을 받은 채권자(을)는 채무자(병)를 대위하여 단독으로 등기를 신청할 수 있다. 이 경우 등기신청서의 등기권리자란에는 "병 대위신청인 을"과 같이 기록하고, 등기의무자란에는 "갑"을 기록한다.

(바) 매도인이 등기 전에 사망한 경우

매매계약체결 후 매도인이 소유권이전등기 전에 사망한 경우 매수인은 매도인의 상속인을 상대로 소를 제기하여 승소판결을 얻어 등기를 신청할 수 있다. 이 경우 상속인 명의로의 등기는 필요 없다(부등법 제27조). 상속인들 중 일부에 대해서는 조정에 갈음하는 결정을, 나머지에 대해서는 판결을 얻은 경우에도 마찬가지이다. 다만 조정에 갈음하는 결정과 판결에 나타난 등기원인일자가 서로 다른 경우에는 권리변동의 원인이 같다고 할 수 없으므로 이와 같이 할 수는 없다. 이 경우 그 판결 및 결정을 가지고 등기를 하기 위해서는 먼저 매수인이 상속인들을 대위하여 상속등기를 하여야 한다.

(3) 등기원인과 그 연월일

(가) 이행판결

① 원 칙

등기절차의 이행을 명하는 판결에 의하여 등기를 신청하는 경우에는 그 판결주문에 명시된 등기원인과 그 연월일을 등기신청서에 기재한다.

② 예 외

등기절차의 이행을 명하는 판결주문에 등기원인과 그 연월일이 명시되어 있지 아니한 경우 등기신청서에는 등기원인은 "확정판결"로, 그 연월일은 "판결선고일"을 기재한다(판결이유를 살펴볼 필요가 없다). 이러한 예로는 기존등기의 등기원인이 부존재 내지 무효이거나 취소·해제에 의하여 소멸하였음을 이유로 말소등기 또는 회복등기를 명하는 판결, 가등기상 권리가 매매예약에 의한 소유권이전등기청구권으로써 그 가등기에 기한 본등기를 명한 판결의 주문에 등기원인과 그 연월일의 기재가 없는 경우 등을 들 수 있다.

➡ 판결에 가등에 의한 본등기를 신청하는 경우의 등기원인일자는 그 주문에 원인일자의 표시가 있으면 그 일자를 기재하여야 한다. 여기서 원인일자라 함은 매매예약완결권이 행사되어 매매가 성립된 날을 뜻하는 것으로 판결주문에 매매예약 완결일자가 있는 이상 그 일자를 등기원인일자로 적어야 한다. 그런데 매매예약의 형식을 취하여 가등기를 하였으나 실제로는 예약완결권의 행사를 요하지 않고 원고의 청구가 있으면 언제든지 본등기를 해주기로 약정한 경우에는 예약완결일자가 판결주문에 표시되지 않아도 무방하

므로(대판 1981. 3. 10. 80다2583) 이 경우에는 등기원인은 '확정판결'로, 그 연월일은 '판결의 선고일'을 각 기재한다.

(나) 형성판결

권리변경의 원인이 판결 자체, 즉 형성판결의 경우 등기신청서에 등기원인은 "판결에서 행한 형성처분"을 기재하고, 그 연월일은 "판결확정일"을 기재한다.

예를 들어, 공유물분할판결의 경우 등기원인은 "공유물분할"로, 그 연월일은 "판결확정일"을, 사해행위취소판결의 경우 등기원인은 "사해행위취소"로, 그 연월일은 "판결확정일"을, 재산분할심판의 경우 등기원인은 "재산분할"로, 그 연월일은 "심판확정일"을 각 기재한다.

(다) 화해조서 등

화해조서·인낙조서, 화해권고결정, 민사조정조서·조정에 갈음하는 결정, 가사조정조서·조정에 갈음하는 결정 등에 등기신청에 관한 의사표시의 기재가 있고 그 내용에 등기원인과 그 연월일의 기재가 있는 경우 등기신청서에 그 등기원인과 그 연월일을 기재한다.

화해조서 등에 등기신청에 관한 의사표시의 기재가 있으나 그 내용에 등기원인과 그 연월일의 기재가 없는 경우 등기신청서에는 등기원인은 "화해", "인낙", "화해권고결정", "조정" 또는 "조정에 갈음하는 결정" 등으로, 그 연월일은 "조서기재일" 또는 "결정확정일"을 기재한다.

(4) 첨부서면

(가) 판결정본 및 확정증명서

판결에 의한 등기를 신청함에 있어 등기원인증서로서 판결정본과 확정증명서를 첨부하여야 하고, 조정조서, 화해조서 또는 인낙조서의 경우에는 확정증명서를 첨부할 필요가 없다. 조정에 갈음하는 결정정본 또는 화해권고결정정본의 경우에는 확정증명서를 첨부하여야 한다(송달증명서는 불필요).

(나) 집 행 문

판결에 의한 등기를 신청하는 경우 원칙적으로 집행문의 첨부를 요하지 않는다. 등기절차의 이행을 명하는 판결이 선이행판결, 상환이행판결, 조건부이행판결인 경우에는 집행문을 첨부하여야 한다. 다만, 등기절차의 이행과 반대급부의 이행이 각각 독립적으로 기재되어 있다면 그러하지 아니하다.

(다) 승계집행문

① 이행판결

등기청구권이 물권적 청구권인 경우에는 해당 확정판결의 변론종결 후에 권리를 취득한 자는 모두 "민사소송법" 제218조 제1항의 승계인에 해당한다. 이 경우 소송에서 승소한 자는 그 승계인에 대하여 승계집행문을 부여받아 등기신청을 할 수 있다. 예를 들어, 원고가 원인무효를 이유로 소유권이전등기의 말소판결을 얻은 경우에는 그 판결의 변론종결 후에 마쳐진 소유권이전등기, 지상권설정등기, 가압류등기 등의 등기명의인에 대하여 승계집행문을 부여받아 단독으로 판결에서 명한 등기와 함께 그 등기의 말소를 신청할 수 있다. 등기청구권이 진정명의회복을 원인으로 한 소유권이전등기청구권인 경우에도 마찬가지이다. 단 변론종결 후에 승계인에 대하여 앞서 본 절차에 따라 등기신청을 할 수 있다. 단, 변론 종결 후에 피고로부터 소유권을 이전받은 경우에는 그 이전등기를 말소하지 않고 그 등기명의인을 등기의무자로 하여 소유권이전등기를 신청하여야 한다.

등기청구권이 채권적 청구권인 경우에는 변론종결 후 피고로부터 권리를 취득한 자는 변론종결 후의 승계인에 해당하지 않으므로 그 권리취득자에 대해서는 승계집행문을 부여받을 수 없다. 예를 들어, 매매를 원인으로 한 소유권이전등기소송에서 승소판결을 받았는데 변론 종결 후 피고가 계쟁부동산을 제3자에게 매도하고 소유권이전등기까지 마쳤다면 승소한 원고는 제3자에 대해 승계집행문을 부여받을 수 없고 따라서 그 판결에 의해서는 제3자의 등기를 먼저 말소하지 않는 한 등기신청을 할 수 없다.

② 공유물분할판결

㉮ 일부 공유자의 지분을 기초로 한 제3자 명의의 새로운 등기(단, 공유지분 이전등기를 제외)가 마쳐진 경우

공유물분할판결의 변론 종결 후 그 판결에 따른 등기신청 전에 일부 공유자의 지분을 기초로 한 제3자 명의의 새로운 등기가 마쳐진 경우(단, 아래 등기의무자의 승계의 경우를 제외함)로서 제3자가 "민사소송법" 제218조 제1항의 변론을 종결한 뒤의 승계인에 해당하여 위 판결의 기판력이 그에게 미친다는 이유로 다른 공유자가 자신이 취득한 분할부분에 관하여 위 제3자에 대한 승계집행문을 부여받은 경우에는, 그 공유자는 제3자 명의의 등기의 말소등기와 판결에 따른 지분이전등기를 단독으로 신청할 수 있으며, 위 각 등기는 동시에 신청하여야 한다.

㉯ 일부 공유자의 지분이 제3자에게 이전된 경우

㉠ 등기의무자의 승계

공유물분할판결의 변론종결 후 그 판결에 따른 등기신청 전에 일부 공유자의 지분이 제3자에게 이전된 경우로서 제3자가 "민사소송법" 제218조 제1항의 변론을 종결한 뒤의 승계인에 해당하여 위 판결의 기판력이 그에게 미친다는 이유로 다른 공유자가 자신이 취득한 분할부분에 관하여 위 제3자에 대한 승계집행문을 부여받은 경우에는, 그 공유자는 제3자 명의의 지분에 대하여 그 제3자를 등기의무자로 하여 곧바로 판결에 따른 이전등기를 단독으로 신청할 수 있다.

㉡ 등기권리자의 승계

공유물분할판결의 변론종결 후 그 판결의 확정 전에 일부 공유자의 지분이 제3자에게 이전된 경우로서 제3자가 "민사소송법" 제218조 제1항의 변론을 종결한 뒤의 승계인에 해당하여 위 판결의 기판력이 그에게 미친다는 이유로 종전 공유자가 취득한 분할부분에 관하여 자신을 위한 승계집행문을 부여받은 경우에는, 그 제3자는 다른 공유자 명의의 지분에 대하여 곧바로 자신 앞으로 판결에 따른 이전등기를 단독으로 신청할 수 있다.

(라) 주소를 증명하는 서면

① 판결에 의하여 소유권이전등기신청을 하는 경우

판결에 의하여 등기권리자가 단독으로 소유권이전등기를 신청할 때는 등기권리자의 주소를 증명하는 서면만을 제출한다.

판결문상의 피고의 주소가 등기기록상 등기의무자의 주소가 다른 경우(등기기록상 주소가 판결에 병기된 경우 포함)에는 동일인임을 증명할 수 있는 자료로서 주소에 관한 서면을 제출하여야 한다.

② 판결에 의한 대위보존등기를 신청하는 경우 보존등기명의인의 주소를 증명하는 서면

원고가 미등기 부동산에 관하여 그 소유자를 피고로 하여 소유권이전등기절차의 이행을 명하는 판결을 받은 후 피고를 대위하여 소유권보존등기를 신청하는 경우에는 그 보존등기명의인인 피고의 주소를 증명하는 서면(말소된 주민등록등(초)본도 해당)을 제출하여야 한다.

③ 판결에 의하여 소유권이전등기를 순차로 대위신청하는 경우

갑은 을에게, 을은 병에게 각 소유권이전등기절차를 순차로 이행하라는 판결에 의하여 병이 을을 대위하여 갑으로부터 을로의 소유권이전등기를 신청할 때에는 을의 주소를 증명하는 서면을 첨부하여야 한다.

④ 주소불명의 경우

공동상속인 중 일부가 행방불명되어 주민등록이 말소된 경우에는 주민등록표등본을 첨부하여 그 최후 주소를 주소지로 하고, 위 주민등록표등본을 제출할 수 없을 때에는 이를 소명하여 기본증명서 및 제적등·초본상 등록기준지를 그 주소지로 하여 상속등기를 신청할 수 있다(등기예규 제1218호, 등기선례 4-265 참조).

공유자 중 1인이 행방불명되어 주소를 증명하는 서면을 발급받을 수 없는 경우, 그 자의 주소가 토지대장에 기록된 경우에는 주소를 증명하는 서면을 제출할 수 없는 사유를 소명하고 그 대장상의 주소를 행방불명된 자의 주소지로 하여 소유권보존등기를 신청할 수 있다(등기선례 4-795).

(마) 제3자의 허가서

등기원인에 행정관청의 허가, 동의 또는 승낙을 받을 것이 요구되거나, 판

결이유에 허가서 등의 현존사실이 기재되어 있을 때에는 그 허가서 등을 첨부해야 한다(부등규 제46조 제3항).

(바) 등기필증(또는 등기필정보)

승소한 등기권리자가 단독으로 판결에 의하여 등기를 신청하는 경우에는 등기의무자의 권리에 관한 등기필증(또는 등기필정보)을 제출할 필요가 없다. 다만 승소한 등기의무자가 단독으로 등기를 신청할 때에는 그의 권리에 관한 등기필증(또는 등기필정보)을 제출하여야 한다.

사. 대위등기신청

(1) 채권대위권에 의한 대위등기

(가) 대위등기의 요건으로서의 채무자의 무자력 문제

채권자대위제도는 채무자의 책임재산을 보전한다는 것이 본래의 목적이므로 대위권의 행사는 채무자의 무자력을 요건으로 하나, 채권자가 채무자에 대한 부동산의 소유권이전등기청구권 등 특정채권을 보전하기 위하여 대위권을 행사하는 경우에는 채무자의 무자력을 요건으로 하지 아니한다.

(나) 대위로 신청할 수 있는 등기

채권자가 대위로 신청할 수 있는 등기는 채무자의 권리에 이익을 가져오는 등기에 한하며, 채무자의 권리에 해가 되는 대위신청을 할 수 없다. 등기상대방을 대위하여 등기신청을 하는 것은 공동신청주의 원칙상 허용되지 않으나 등기상대방에 대한 채권을 가지고 있는 경우에는 상대방을 대위해서 등기신청을 할 수 있다.
"민법" 제404조의 채권자대위에 의한 대위등기에 해당하는 것으로 법이 명문으로 인정하는 경우도 있다. ① 체납처분으로 인한 압류등기를 촉탁하는 경우 상속등기 등의 대위신청(부등법 제96조) ② 토지수용에 의한 등기신청시의 상속등기 등의 대위신청(부등법 제99조 제2항) 등을 들 수 있다.

(2) 부동산등기법이 절차상의 필요에 의하여 인정하는 대위등기

부동산등기법은 “민법”상 채권채무관계가 존재하지 아니하는 경우에도 등기의 공시기능을 원활히 하기 위한 절차상의 필요에서 다음과 같은 대위등기 신청을 인정하고 있다. ① 구분건물에 관한 등기의 대위신청(부등법 제41조 제3항, 제46조 등), ② 건물멸실등기의 대위신청(부등법 제43조 제2항), ③ 신탁등기 및 신탁등기의 말소등기의 대위신청(부등법 제82조 제2항, 제87조 제4항) 등

(3) 대위등기의 신청절차(부등규 제50조)

(가) 대위채권자의 명의로 신청

대위채권자는 채무자의 신청대리인이 아니고, 자기의 명의로 채무자명의의 등기를 신청하는 것이다.

(나) 신청정보의 내용(신청서의 기재사항)

채무자를 대위하여 등기를 신청할 때에는 일반적인 신청정보 외에 채권자와 채무자의 성명 또는 명칭, 주소(또는 사무소의 소재지) 및 주민등록번호(또는 부동산등기용등록번호), 대위원인을 신청정보로 등기소에 제공하여야 한다.

(다) 대위원인을 증명하는 정보(대위원인증서)

대위원인을 증명하는 서면은 매매계약서, 차용증서 등 사문서이거나, 압류조서 등 공문서이거나, 가압류·가처분 등의 재판서이거나를 불문한다. 그리고 대지권의 변경등기, 구분건물의 표시등기 또는 표시변경등기를 신청하는 경우 대위원인을 증명하는 정보로는 대위신청권자의 구분건물과 피대위자의 구분건물이 동일한 1동의 건물에 속함을 증명하는 건축물대장 또는 등기사항증명서를 첨부하면 될 것이다.

3. 등기신청에 필요한 정보

등기신청은 법령에서 정한 신청정보와 첨부정보를 등기소에 제공해야 하는 요식행위이다(부등법 제24조). 이하에서는 방문신청을 전제로 서술하고자 한다.

가. 신청정보(부등규 제43조)

(1) 신청정보의 제공방법

(가) 1건 1신청주의

등기신청은 1건당 1개의 부동산에 관한 신청정보를 제공하는 방법으로 하여야 한다(부등법 제25조). 예를 들면, 갑 소유의 부동산 2필지를 을과 병이 각 1필지씩 매수하였다면 갑과 을의 등기신청을 1개의 신청서로, 갑과 병의 등기신청은 또 다른 1개의 신청서로 각각 하여야 한다.

(나) 일괄신청과 동시신청(부등규 제47조)

① 일괄신청

등기의 목적과 원인이 동일한 경우에는 동일 등기소 내의 여러 개의 부동산에 관하여 일괄하여 등기신청을 할 수 있다. 등기의 목적이 동일하다 함은 등기의 내용 내지 종류가 동일하다는 것을 의미한다, 따라서 소유권이전과 저당권설정과 같은 것은 등기의 목적이 다르므로 일괄신청을 할 수 없다.

주의해야 할 것은 등기의 목적과 원인이 동일하다고 하여도 수인의 공유자가 수인에게 전부 또는 일부를 이전하는 경우에는 일괄신청할 수는 없다.

② 동시신청

같은 등기소에 동시에 여러 건의 신청을 하는 경우에 첨부서면의 내용이 같은 것이 있을 때에는 가장 먼저 접수되는 신청에만 그 첨부서면을 제공하고 다른 신청에는 먼저 접수된 신청에 첨부정보를 제공하였다는 뜻을 신청정보의 내용으로 등기소에 제공하는 것으로 그 첨부정보의 제공을 갈음할 수 있다(부등규 제47조 제2항).

(다) 신청서의 양식

각종 등기신청서에의 양식은 등기예규로 정하여져 있다. 용지규격은 A4용지로 하고 있으나, 일정한 규격의 인쇄된 용지가 아니라도 법정요건을 갖춘 용지라면 사용이 허용된다.

신청인은 인터넷등기소에서 등기시스템에 접속하여 신청서를 작성한 후 그 서면을 출력하여 등기신청을 할 수도 있다(e-Form 신청).

(라) 신청서의 기재문자와 기재방법

신청서의 기재문자나 정정방법은 엄격성이 요구되어 기재문자에 관한 규정이 적용된다(부등규 제57조). 신청인이 다수인 경우에 신청서를 정정할 때에는 신청인 전원이 정정인을 날인하여야 한다.

(마) 등기신청서에는 일정한 사항을 기재하고 신청인이 기명날인하거나 서명하여야 한다(부등규 제56조). 인감증명을 제출해야 하는 등기신청에 있어서는 해당 신청서에 그 인감을 날인하여야 하므로 서명할 수 없다(부등규 제60조). 대리인에 의하여 신청하는 경우에는 대리인이 기명날인 또는 서명하여야 하고, 신청인이 외국인이고 그 외국인이 날인제도를 가지지 않는 국가에 속하는 때에는 날인 대신 서명으로 할 수 있다.

(바) 신청서의 간인

신청서가 여러 장일 때에는 신청인이 간인을 하여야 한다. 그러나 등기권리자 또는 등기의무자가 다수인 때에는 그 중 1인으로써 족하다(부등규 제56조). 위 규정은 등기신청서의 간인에 관한 것으로 그 부속서류에는 동규정이 적용되지 않는다. 따라서 여러 명이 작성한 부속서류가 한 문서로서 여러 장이면 작성자 전원의 간인이 있어야 한다(상속재산분할협의서 등).

(2) 신청정보의 내용

등기소에 제공해야 하는 신청정보의 내용으로는 일반적으로 제공해야 하는 내용과 등기의 목적에 따라 특별히 제공해야 하는 내용이 있다. 또 일반적으로 제공해야 하는 정보와 특별히 제공해야 하는 정보에도 각각 필요적 정보와 임의적 정보가 있다.

(가) 필요적 정보(부등규 제43조 제1항)

① 부동산의 표시에 관한 사항

㉮ 토지 : 토지의 소재와 지번, 지목, 면적

토지의 소재 중 행정구역표시는 그 명칭대로 기재하되 지번의 '번지'라는 문자는 기재하지 않는다. 그리고 2개 이상의 부동산을 기재하는 경우에는 그 부동산의 일련번호를 기재하여야 한다.

㉯ 일반건물

소재, 지번 및 건물번호(같은 지번 위에 1개의 건물만 있는 경우에는 건물번호는 제공하지 않는다), 건물의 종류, 구조와 면적(부속건물이 있는 경우에는 부속건물의 종류, 구조와 함께 제공한다).

건물등기기록에 도로명주소가 기록된 경우에는 등기기록에 표시된 건물의 소재지번과 도로명주소를 함께 제공한다. 건물등기기록에 도로명주소가 기록되지 않는 경우에는 신청서에 건물의 등기기록에 표시된 건물의 소재지번을 제공하여야 하고, 건물의 도로명주소만을 제공해서는 안 된다. 만일 신청서에 건물의 소재지번과 도로명주소가 함께 신청정보에 제공되고 도로명주소가 표시된 건축물대장정보가 함께 제공된 경우 그 등기신청은 수리하고 등기관은 직권으로 건물등기기록에 도로명주소를 기록하는 표시변경등기를 하여야 한다.

㉰ 구분건물

1동의 건물의 표시로서 소재지번 건물명칭 및 번호·구조·종류·면적과 전유부분의 건물의 표시로서 건물번호·구조·면적(다만 1동의 건물의 구조·종류·면적은 건물의 표시에 관한 등기나 소유권보존등기를 신청하는 경우도 한정한다), 대지권 있는 구분건물에 관한 등기를 대지권의 표시에 관한 사항(부등규 제119조)을 기재한다. 도로명주소에 관한 사항은 일반건물에서 설명한 바와 같다.

② 신청인의 인적사항

㉮ 신청인의 성명 또는 명칭과 주소, 신청인 등의 주소는 부동산의 소재표시와 마찬가지로 제공하며 '번지'라는 문자는 생략한다. 신청인이 법인인 경우에는 그 대표자의 성명과 주소를 제공하여야 한다.

신청인의 성명 등을 제공함에 있어서 등기권리자가 개인인 경우에는 주민등록번호, 국가·지방자치단체·국제기관·외국정부, 법인·법인 아닌 사단이나 재단, 외국인, 주민등록번호가 없는 재외국민의 경우에는 부동산등기용등록번호를 함께 제공한다.

㉯ 법인 아닌 사단 또는 재단의 등기를 신청함에 있어서는 법인의 경우와는 달리 법인 아닌 사단이나 재단의 대표자나 관리인의 성명·주소·주

민등록번호를 함께 제공하여야 한다.

㉰ 종전과는 달리 신청인이 등기권리자이건 등기의무자이건 주민등록번호(또는 부동산등기용등록번호)를 제공하여야 한다. 따라서 등기기록상 등기의무자의 표시에 주민등록번호(또는 부동산등기용등록번호)가 없는 경우에도 신청정보에 제공하여야 한다.

㉱ 법정대리인·후견인·특별대리인 등이 등기신청을 하는 경우에는 그 성명과 주소를 신청정보에 제공하여야 한다. 유언집행자가 등기의무자가 되어 유증을 원인으로 한 등기를 신청하는 경우에도 마찬가지이다. 다만 대리인은 성명과 주소만 제공하는 것이므로(부등규 제43조 제1항 제4호), 주민등록번호는 제공할 것은 아니다.

㉲ 신청인이 재외국민인 경우에는 주민등록번호가 있으면 그 주민등록번호를 제공하고, 주민등록번호가 없는 재외국민이면 대법원소재지 관할등기소 등기관으로부터 부여받은 부동산등기용등록번호를 등기신청서에 제공하여야 한다(부등규 제43조 제1항 제2호, 부등법 제49조 제1항 제2호). 이는 재외국민이 단독신청하거나 등기의무자의 자격으로 등기신청을 하는 경우에도 마찬가지이다. 신청서에는 재외국민이라는 표시를 제공할 필요가 없다.

㉳ 신청인이 외국인인 경우에는 외국인의 성명과 주소를 제공하는 것 외에 외국인의 부동산등기용등록번호도 등기신청정보에 제공하여야 한다(부등규 제43조 제1항 제2호). 이는 외국인이 단독신청하거나 등기의무자의 자격으로 등기신청을 하는 경우에도 마찬가지이다. 외국인에 대한 등록번호는 체류지(국내에 체류지가 없는 경우에는 대법원소재지에 체류지가 있는 것으로 본다)를 관할하는 출입국관리소장 또는 출입국관리사무소 출장소장이 부여한다(부등법 제49조 제1항 제4호).

신청인이 외국인인 경우에도 등기신청서에는 한글과 아라비아숫자로 기재하되, 외국인의 성명을 기재할 때에는 국적을 함께 제공한다(예 : 미합중국인 존에프케네디). 그리고 등기신청서에 외국의 국호, 지명과 외국인의 성명, 명칭, 상호를 한글로 표시함에 있어서는 문화체육관광부가 고시하는 외래어표시법에 의함을 원칙으로 한다.

㉳ 위와 같이 등기기록상 등기의무자의 표시에 주민등번호 등이 없는 경우에도 신청서에는 이를 제공하여야 하지만 법인 아닌 사단 또는 재단의 경우, 또는 외국인의 경우 등기기록에 부동산등기용등록번호가 기재되어 있지 않는 경우에는 신청서에 제공하지 않아도 된다.

③ 지분에 관한 사항(부등규 제105조)

등기권리자가 2인 이상인 경우에는 그 지분을 제공하여야 하고 등기할 권리가 합유인 때에는 그 뜻을 제공하여야 한다. 다만, 합유의 경우 그 지분은 제공하지 않는다.

④ 대리인의 성명·주소(대리인에 의하여 신청하는 경우)

본인신청의 경우에는 신청인이 성명만 제공하고 서명날인함으로써 족하고, 다만 법무사 등 임의대리인이 등기신청을 하는 경우에는 신청인 란은 공란으로 두고 대리인 란에 임의대리인의 성명과 주소를 제공하고 날인하여야 한다. 대리인의 주민등록번호는 기재할 필요는 없지만 전화번호는 제공하여야 한다.

한편 대리인이 법무사인 경우에는 법무사는 그 업무에 관하여 위임받아 작성한 서류의 끝부분이나 난밖에 기명날인하여야 할 직책상의 의무가 있으므로(법무사법 제22조 제2항), 그 기명날인은 직인으로 하여야 한다.

⑤ 등기원인과 그 연월일

등기원인일은 등기원인인 법률행위 기타 법률사실 등이 성립 내지 효력이 발생하게 된 날을 말한다. 이를 등기원인별로 구분하면 다음과 같다.

㉮ 매매·증여를 원인으로 한 소유권이전등기를 신청하는 경우 : 계약체결일을 제공한다. 다만, 법률행위에 제3자의 허가·승낙 등이 효력발생요건인 때에는 그 허가일을, 그 법률행위가 시기부 또는 조건부인 때에는 그 시기의 도래일 또는 조건의 성취일을 등기원인일자로 제공한다.

㉯ 상속을 원인으로 한 소유권이전등기를 신청하는 경우 : 피상속인이 사망한 일자를 제공한다. 따라서 협의분할에 의한 상속의 경우에도 협의분할계약을 체결한 날을 제공하여서는 아니 된다.

㉰ 합병을 원인으로 한 소유권이전등기를 신청하는 경우 : 합병등기를 한 날을 제공한다.

㉱ 유증을 원인으로 한 소유권이전등기를 신청하는 경우 : 유증자가 사망

한 날을 제공한다. 다만, 유증에 조건 또는 기한이 붙은 경우에는 그 조건이 성취한 날 또는 그 기한이 도래한 날을 제공한다.

㉮ 사인증여를 원인으로 소유권이전등기를 신청하는 경우 : 등기원인은 "증여"로 등기원인일자는 증여자의 사망일을 제공한다.

㉯ 진정회복을 원인으로 한 소유권이전등기를 신청하는 경우 : 판결에 의한 진정명의회복의 경우에는 "확정판결에 의한 진정명의회복", 공동으로 진정명의회복을 원인으로 한 경우에는 "진정명의회복"이라고 기재하고, 각 등기원인일자를 제공하지 아니한다.

㉰ 소유권보존등기를 신청하는 경우 : 등기원인일자를 제공하지 아니한다.

㉱ 부동산표시변경등기를 신청하는 경우 : 대장상 변경일자를 제공한다.

㉲ 등기명의인표시변경등기를 신청하는 경우 : 주민등록표등·초본상의 전거일·기본증명서상의 개명허가일 등을 제공한다.

구분건물의 경우에는, 등기원인은 '대지권'으로 제공하고, 그 연월일은 대지권발생연월일을 제공한다. 대지권발생일자는 다음과 파악하여 제공하여야 한다.

㉮ 대지의 소유권자가 그 대지상에 구분건물을 신축하고 그 건물이 집합건물대장에 등록된 때에 대지권이 발생하므로, 집합건축물대장에 등록된 날짜를 제공한다.

㉯ 일반건물을 구분하여 집합건물로 하는 때에는 일반건축물대장을 집합건축물대장으로 전환한 때를 제공한다.

㉰ 기존건물을 증축 또는 개축하거나 합병하여 집합건물로 하는 경우에는 집합건축물대장에 등록된 날짜를 제공한다.

㉱ 인접 토지를 규약상 대지로 한 때에는 인접 대지에 대하여 권리를 취득하고 규약을 정한 날짜를 제공한다.

㉲ 분리처분할 수 있음을 정한 규약이나 공정증서가 있는 때에는 이를 폐지하는 규약이나 공정증서를 작성한 날짜를 제공한다.

⑥ 등기의 목적

⑦ 등기필정보

등기필정보를 제공하게 하는 이유는 등기의무자의 본인확인증명을 통하여 등기의 진정을 담보하기 위한 것이므로 표시에 관한 등기를 신청하거나 당사자 일방만으로 등기신청을 하는 경우에는 등기필정보를 제공할 필요가 없다.

그러므로 표시에 관한 등기를 신청하거나, 미등기부동산에 대한 소유권보존등기를 경료한 후 다른 등기를 신청할 경우, 상속으로 인한 이전등기(소유권, 저당권 등)의 경우에는 피상속인의 등기필정보(또는 등기필증)를 제출할 필요가 없고, 판결에 의한 등기 등 당사자 일방에 의한 등기신청을 하는 경우에는 등기필정보를 제공할 필요가 없다.

또한 승소한 등기권리자가 판결에 의하여 등기를 신청하는 경우에는 등기의무자의 등기신청 의사표시가 확정판결 자체에 의하여 의제되기 때문에 등기의무자의 등기필정보(또는 등기필증)를 제공할 필요는 없다.

다만 승소한 등기의무자가 단독으로 판결에 의하여 등기권리자 앞으로의 등기를 신청하는 경우에는 등기의무자가 가지고 있는 등기필정보(또는 등기필증)를 등기소에 제공하여야 한다.

가등기가처분에 기한 가등기의 경우 또는 관공서(국가, 지방자치단체 등)가 등기를 촉탁이나 신청하는 경우에는 등기필정보(또는 등기필증) 또는 확인서면을 제공할 필요는 없고, 공매·경매·수용, 근저당권말소의 경우에도 등기의무자의 등기필정보(또는 등기필증)를 제공할 필요는 없다.

한편 등기신청은 등기필정보를 신청서에 적어야 하는 것이지 신청서에 등기필정보통지서를 첨부하는 것이 아님을 주의하여야 한다.

등기필정보를 분실하거나 기타 사유로 등기필정보를 제공해야 하는 등기신청에서 등기필정보를 등기소에 제공할 수 없는 경우에는 다음의 방법에 의하여야 한다(부등법 제51조, 부등규 제112조).

㉮ 확인조서 : 등기의무자 또는 그 법정대리인 본인이 등기소에 직접 출석하고 등기관은 주민등록증·외국인등록증·국내거소신고증·여권 또는 운전면허증 등의 증명서에 의하여 그가 등기의무자 본인임을 확인하여 소정의 조서를 작성하는 방법

등기의무자 또는 법정대리인을 확인함에 있어서, 등기의무자가 무능력자인 경우에는 법정대리인을, 법인인 경우에는 대표권을 가진 임원 또는 사원의, 법인 아닌 사단 또는 재단의 경우에는 그 대표자 또는

관리인의 본인여부를 확인한다. 등기의무자가 법인인 경우 지배인을 확인하여도 되나, 단순히 법인의 대표자로부터 위임을 받은 회사 담당 직원을 확인할 수는 없다. 등기의무자가 군복무중인 경우에는 반드시 등기의무자가 본인임을 확인하여야 한다.

대리인이 신청하는 경우에도 등기관은 대리인에 대한 확인조서를 작성하는 것이 아니라 등기의무자 또는 법정대리인 본인에 대한 확인조서를 작성하여야 한다.

㉯ 확인서면(확인정보) : 자격자대리인은 직접 위임인을 면담하여 위임인이 등기의무자 등 본인임을 확인하고 확인서면을 작성하여야 한다. 등기의무자가 군복무중인 경우에도 반드시 등기의무자 본인인임을 확인하여야 한다.

등기의무자가 법인인 경우에는 출석한 사람이 법인의 대표자임을, 등기의무자가 법인이 아닌 사단이나 재단인 경우에는 출석한 사람이 대표자 또는 관리인임을 확인하고 확인서면을 작성하되, 공동대표의 경우에는 각 공동대표자별로 확인조서를 작성한다. 등기의무자가 법인인 경우 지배인을 확인하여도 되나, 단순히 법인의 대표자로부터 위임을 받은 회사담당직원을 확인할 수는 없다.

자격자대리인은 주민등록증, 외국인등록증, 국내거소신고증, 여권, 또는 국내 운전면허증(이하 "신분증"이라 한다)에 따라 본인 여부를 확인하여야 한다. 신분증이 오래되거나 낡은 등의 사정으로 본인 여부를 판단하기 어려운 경우 자격자대리인은 신분증을 재발급 받아 제출하게 하거나 다른 종류의 신분증을 제출할 것을 요구할 수 있다.

자격자대리인은 확인서면의 [본인확인정보]란에 확인한 신분증의 종류를 기재하고, 그 신분증의 사본을 조서에 첨부하여야 한다.

신분증만으로 본인 확인이 충분하지 아니한 경우 자격자대리인은 가능한 여러 방법을 통하여 본인 여부를 확인할 수 있고, 필요한 경우 신분증을 보완할 수 있는 정보(예시 : 인감증명 등)의 제출을 요구할 수 있다.

신분증 외의 정보를 제공받은 경우 이를 신분증의 사본과 함께 확인서면에 첨부하고, 그 정보의 종류를 [본인확인정보]란에 추가 기재한다. "주민등록증 발급신청 확인서"에 의하여 본인 여부를 확인하고 그 사본을 확인서면에 첨부할 수 있다.

특기사항란에는 등기의무자 등을 면담한 일시, 장소, 당시의 상황 그 밖의 특수한 사정을 기재한다.

자격자대리인은 등기의무자 등으로 하여금 확인서면의 [필적기재]란에 예시문과 동일한 내용 및 본인의 성명을 본인 필적으로 기재하게 한다.

필적을 기재하지 못할 특별한 사정이 있는 경우(양팔이 없는 경우 등) 필적기재를 생략하고 자격자대리인은 이와 같은 취지를 [특기사항란]에 기재한다(확인조서의 경우에 [비고란]에 기재하게 되어 있으나, 확인서면에는 [비고란]이 없으므로 [특기사항란]에 기재하는 것으로 해석한다).

우무인란에는 등기의무가 등의 우무인을 찍도록 하되 자격자대리인은 무인이 선명하게 현출되었는지 확인하여야 하고, 무인이 선명하게 현출되지 않는 경우 다시 찍도록 하되 이를 모두 확인서면에 남겨 둔다.

우무인을 찍는 것이 불가능한 특별한 사정(엄지손사락의 절단 등)이 있는 경우 좌무인을 찍도록 하되, [특기사항]란에 좌무인을 찍은 취지와 구체적 사유를 기재한다.

만일 우무인과 좌무인을 찍을 수 없는 특별한 사정이 있는 경우 날인을 생략하고, [특기사항]란에 날인을 생략하게 된 취지와 구체적 사유를 기재한다.

등기필정보 혹은 등기필증이 없는 경우에 당해 부동산등기신청을 위임받지 않는 변호사 또는 법무사가 위 확인서면을 작성할 수 없다(1995. 1. 25. 등기선례 5-114), 법무사나 변호사가 아닌 행정서사나 등기권리자가 이와 같은 확인서면을 작성할 권한이 없다.

등기의무자 또는 법정대리인을 확인함에 있어서, 등기의무자가 무능력자인 경우에는 법정대리인을, 법인의 경우에는 대표권을 가진 임원 또는 사원의, 법인 아닌 사단 또는 재단의 경우에는 그 대표자 또는 관리인의 본인 여부를 확인한다. 등기의무자가 법인인 경우 지배인을 확인하여도 되나, 단순히 법인의 대표자로부터 위임을 받은 회사 담당 직원을 확인할 수는 없다.

등기의무가가 군복무중인 경우에도 반드시 등기의무자 본인임을 확인하여야 한다(2005. 4. 29. 등기선례 8-53).

㉰ 공증서면 : 등기신청서(또는 법무사 등에 대리하는 경우에는 위임장) 중 등기의무자의 작성부분에 관하여 공증을 받은 경우 이를 첨부정보로 등기소에 제공하는 방식으로 등기의무자의 출석에 갈음할 수 있다.

외국인 또는 재외국민이 처분위임장(재외국민의 경우에는 그 위임장에 인감도 찍어야 함)에 의하여 국내 부동산의 등기를 신청할 경우에 등기필증(또는 등기필정보)이 멸실된 때에는 처분위임장에 "등기필증을 분실(또는 "등기필정보가 없다")하였다"는 등의 뜻도 기재하여 공증인의 공증(재외국민의 경우에는 재외공관의 확인도 가능)을 받아야 한다.

법인이 등기필정보가 없는 경우에는 그 법인의 지배인을 확인하거나 지배인의 작성부분에 관한 공증으로 대표권을 가진 임원 또는 사원의 본인확인 또는 그 작성부분에 관한 공증을 갈음할 수도 있다. 그러나 그 대표자로부터 위임을 받은 회사담당직원을 확인하는 것으로는 이에 갈음할 수 없다.

▶ 확인서면에 공증을 받거나 등기의무자인 본인이 아니라 등기의무자의 위임을 받은 대리인이 출석하여 공증을 받아서는 안 된다(등기선례 5-59).
위 공정증서에는 사건 및 당사자로 특정하기 위하여 등기권리자의 표시는 기록되어 있어야 할 것이나 그 날인은 반드시 필요한 것이 아니다(등기선례 3-112).

⑧ 첨부정보의 표시

부동산등기법 제25조 및 부동산등기규칙 제47조 제1항의 규정에 의하여 같은 등기소에 동시에 여러 건의 등기신청을 하는 경우에 첨부정보의 내용이 같은 것이 있을 때에는 먼저 접수되는 신청에만 그 첨부정보를 제공하고, 다른 신청에는 먼저 접수한 신청에 그 첨부정보를 제공하였다는 뜻을 신청정보의 내용으로 등기소에 제공하는 것으로 그 첨부정보를 제공을 갈음할 수 있다(부등규 제47조 제2항). 즉 동일한 소유자의 토지에 대하여 근저당권설정등기와 지상권설정등기를 그 순서대로 동시에 신청하는 경우에 소유자의 인감증명은 이미 근저당권설정등기신청서에 첨부되었으므로 지상권설정등기신청서에는 "인감증명은 전건 원용함"이라고 기재한다. 즉, 후건 신청서에 첨부하고 선건 신청서에서 이를 미리 원용하는 것은 허용되지 아니한다.

⑨ 등기소의 표시

등기신청서에는 부동산소재지를 관할하는 관할등기소를 표시하여야 한다.

⑩ 신청연월일

등기신청을 하는 날짜를 적는다. 이 날자와 위임장에 기재된 날짜(위임받은 날짜)가 반드시 동일한 것은 아니다.

⑪ 거래신고필증에 기재된 거래가액(계약일로부터 1개월 이내에 신고)

거래가액등기는 2006. 1. 1. 이후 거래계약을 체결한 경우에 적용되며, 등기원인이 매매라 하더라도 등기원인증서가 판결이나 조정조서 등 매매계약서가 아닌 경우 또는 매매계약서를 등기원인증서로 하여 소유권이전청구권가등기를 신청하는 경우(다만, 그 가등기에 기한 본등기를 신청하는 경우에는 등기를 요함)에는 기재하지 아니한다.

⑫ 대위에 의한 사항(부등규 제50조)

채권자가 채무자를 대위하여 등기를 신청하는 경우에는 다음 각 호의 사항을 신청정보로의 내용으로 등기소에 제공하고, 대위원인을 증명하는 정보를 첨부정보로서 등기소에 제공하여야 한다(부등규 제50조).

㉮ 피대위자의 성명(또는 명칭), 주소(또는 사무소 소재지) 및 주민등록번호(또는 부동산등기용등록번호) ㉯ 신청인이 대위자라는 뜻 ㉰ 대위자의 성명(또는 명칭)과 주소(또는 사무소 소재지) ㉱ 대위원인을 간략하게 제공한다.

⑬ 취득세(등록면허세)·농어촌특별세·교육세와 과세시가표준액 및 국민주택채권매입금액

㉮ 취득세(등록면허세액)와 교육세액, 시가표준액과 국민주택채권매입금액을 기재하여야 하고, 비과세의 경우에는 그 뜻과 근거법령을 제공한다. 등록면허세는 일반적으로 등기신청인이 신고한 과세표준액을 기준으로 한다. 그러나 신고가액이 없거나 그 신고가액이 지방세법 제4조에서 정하는 시가표준액에 미달하는 경우에는 시가표준액을 과세표준으로 하여야 한다(지방세법 제4조 제2항).

취득세(등록면허세)·교육세를 기재함에 있어서 계산결과치에 1원 단위 및 그 이하는 버리고 10원 단위를 최소단위로 제공한다.

조세특례제한법 및 지방세법에 의하여 감면을 받은 취득세 감면세액의 20/100에 해당하는 농어촌특별세를 납부한다(농어촌특별세법 제5조 제1항 제1호). 또한 위와 별도로 지방세법 제11조 및 제12조의 표준세율을 2/100로 적용하여 지방세법, 지방세법, 지방세특례제한법, 조세특례제한법에 따라 산출한 취득세액의 10/100에 해당하는 농어촌특별세를 납부하여야 한다(농어촌특별세법 제5조 제1항 제6호). 이와 같이 산출한 농어촌특별세액을 신청정보에 제공한다.

근저당권, 전세권, 임차권 등의 재산권과 그 밖의 권리의 설정, 변경 또는 소멸에 관한 사항을 등기하는 경우에는 취득과 무관하므로 "등록면허세"를 납부한다(지방세법 제23조 제1호).

취득세의 납부의무자 : 취득이란 매매, 교환, 상속, 증여, 기부, 법인에 대한 현물출자, 건축, 개축, 공유수면의 매립, 간척에 의한 토지의 조성, 원시취득, 승계취득, 유상·무상이 모든 취득을 말하는 바, 이와 같은 부동산을 취득하여 등기를 신청할 때에는 위 부동산을 취득한 자(매수인, 상속인 등)가 취득세를 납부하여야 한다(지방세법 제7조 제1항).

등록면허세의 납세의무자 : 부동산의 취득과 관련이 없는 지상권, 전세권, 근저당권 등의 설정·이전, 가압류, 가처분, 가등기 등의 경우에는 등록을 한 자(전세권자, 가압류채권자, 근자당권을 이전받는 자, 근저당권설정자 또는 말소대상 소유자 등)가 등록면허세를 납부하여야 한다(지방세법 제24조 제1호).

다만 대위등기신청의 경우, 피대위자가 납부하여야 하는 취득세, 등록면허세 등은 대위자가 납부하여야 한다.

사실상(실제상) 취득가액을 과세표준으로 하는 경우

1. 국가, 지방자치단체 또는 지방자치단체조합으로부터의 취득
2. 판결문(화해, 포기, 인낙 또는 의제자백에 의한 것은 제외한다), 법인장부 중 대통령

령으로 정하는 것에 따라 취득가격이 증명되는 취득을 의미하고, "법인장부"는 법인이 작성한 원장, 보조장, 출납전표, 결산서를 의미한다(지방세법시행령 제18조 제3항).

3. 공매방법에 의한 취득
4. 공인중개사업 제17조에 다른 신고서를 제출하여 같은 법 제28조에 따라 검증이 이루어진 취득

취득세 등의 비과세 규정

1. 지방세법에 의한 비과세

가. 지방세법 제9조에 의한 취득세 비과세 규정

(1) 국가, 지방자치단체, 지방자치단체조합, 외국정부 및 주한국제기구의 취득에 대해서는 취득세를 부과하지 아니한다. 다만 대한민국 정부기관의 취득에 대하여 과세하는 외국정부의 취득에 관해서는 취득세를 부과한다.

(2) 국가, 지방자치단체 또는 지방자치단체조합에 귀속 또는 기부체납(사회기반시설에 대한 민간투자법 제4조 제3호에 따른 방식으로 귀속되는 경우를 포함한다)을 조건으로 취득하는 부동산에 대하여는 취득세를 부과하지 아니한다.

(3) 신탁(신탁법에 따른 신탁으로서 신탁등기가 병행되는 것만 해당한다)으로 인한 신탁재산의 취득으로서 다음 각 호의 어느 하나에 해당하는 경우에는 취득세를 부과하지 아니한다. 다만 신탁재산의 취득 중 주택조합 등과 조합원 간의 부동산취득 및 주택조합 등의 비조합원용 부동산취득은 제외한다.

① 위탁자로부터 수탁자에게 신탁재산을 이전하는 경우

② 신탁의 종료 또는 해지로 인하여 수탁자로부터 위탁자에게 신탁재산을 이전하는 경우

③ 수탁자자 변경되어 신수탁자에게 신탁재산을 이전하는 경우

(4) 징발재산에 관한 특별조치법 또는 국가보위에 관한 특별조치법 폐지법률 부칙 제2항에 따른 동원대상지역 내의 토지의 수용·사용에 관한 환매권의 행사로 매수하는 부동산의 취득에 대하여는 취득세를 부과하지 아니한다.

(5) 임시흥행장, 공사현장사무소 등(지방세법 제13조 제3항에 따른 비과세대상은 제외한다) 임시건축물의 취득에 대하여는 취득세를 부과하지 아니한다. 다만, 존속기간이 1년을 초과하는 경우에는 취득세를 부과한다.

나. 지방세법 제26조의 규정에 의한 등록면세 비과세규정

(1) 국가, 지방자치단체, 지방자치단체조합, 외국정부 및 주한국제기구가 자기를

위하여 받는 등록 또는 면허에 대하여는 등록면허세를 부과하지 아니한다. 다만, 대한민국 정부기관의 등록 또는 면허에 대하여 과세하는 외국정부의 등록 또는 면허의 경우에는 등록면허세를 부과한다.

(2) 다음 각 호의 어느 하나에 해당하는 등록 또는 면허에 대하여는 등록면허세를 부과하지 아니한다.

① 회사의 정리 또는 특별청산에 관하여 법원의 촉탁으로 인한 경우

② 행정구역의 변경, 주민등록번호의 변경, 지적소관청의 지번변경, 개량단위의 변경, 등록담당 공무원의 착오 및 이와 유사한 사유로 인한 등록으로서 주소, 성명, 주민등록번호, 지번, 개량단위 등의 단순한 표시변경, 회복 또는 경정등록

③ 그 밖에 지목이 묘지인 토지 등 대통령령으로 정하는 등록

④ 면허의 단순한 표시변경 등 등록면허세의 과세가 적합하지 아니한 것으로 대통령령으로 정하는 면허

2. 지방세특별제한법에 의한 비과세

가. 지방세법, 지방세특별제한법 및 조세특별제한법에 따르지 아니하고는 지방세법에서 정한 일반과세에 대한 지방세특례를 정할 수 없다(지방세특례제한법 제3조).

나. 지방세특별제한법 제2장에는 ① 농어업을 위한 지원 ② 사회복지를 위한 지원 ③ 교육 및 과학기술 등에 대한 지원 ④ 문화 및 관광 등에 대한 지원 ⑤ 중소기업 등에 관한 지원 ⑥ 수송 및 교통에 대한 지원 ⑦ 국토 및 지역개발에 대한 지원 ⑧ 공공행정 등에 대한 지원을 위한 취득세 또는 등록면허세 등에 대한 감경·면제규정이 있다(지방세법특례제한법 제3조).

다. 다만 취득일로부터 부동산에 대한 감면을 적용할 때 지방세특례제한법에서 특별히 규정한 경우를 제외하고는 취득일로부터 1년 이내에 정당한 사유 없이 해당 용도로 직접 사용하지 아니하는 경우 또는 그 사용일부터 2년 이상 해당 용도로 직접 사용하지 아니하고 매각하거나 다른 용도로 사용하는 경우에는 해당 부분에 대하여 감면된 취득세를 추징한다(지방세특례제한법 제94조).

3. 지방자치단체조례에 따른 과세면제 등

지방자치단체는 과세의 형평을 현저하게 침해하거나 국가의 경제시책에 비추어 합당하지 아니한 때를 제외하고는 지방세특례제한법 제4조 제1항의 각 호에 해당하는 경우에 3년의 기간 이내에서 과세면제, 불균일과세 또는 일부과세를 할 수 있다(지방세특례제한법 제4조 제1항).

㉯ 구체적인 취득세 또는 등록면허세 산정 예

㉠ 계약해제로 인한 소유권이전등기말소시의 등록면허세 : 계약해제로

인한 소유권이전등기말소시의 등록면허세는 6,000원의 정액세에 의하여야 한다.

㉡ 권리질권의 설정시 등록면허세 : 근저당권부 질권설정등기를 경료받은 경우에는 매 1건당 6,000원의 등록면허세를 납부하여야 한다.

㉢ 가등기의 등록면허세 : 가등기(담보가등기)를 신청할 때에는 부동산가액의 2/1000에 해당하는 등록면허세를 납부하여야 하며, 그 경우 과세표준인 부동산가액은 그 부동산의 과세시가표준액을 기준으로 하되, 원인증서상의 예약금액이 과세시가표준액을 초과한 경우에는 그 예약금액을 기준으로 한다.

㉣ 담보가등기시의 등록면허세 : 담보가등기신청시에 납부하여야 할 등록면허세는 가등기담보등에관한법률 제17조 제3항, 지방세법 제28조에 정한 저당권의 세율(채권금액)에 의하여야 한다(등기예규 1984. 2. 8. 등기예규 제506호). 따라서 채권금액에 2/1000의 등록면허세를 곱하여 산정한다.

㉤ 신탁등기에서의 등록면허세 : 신탁의 등기와 신탁으로 인한 재산권의 취득등기는 동시에 신청하여야 하나(부동산등기법 제120조). 이들은 각 별개의 등기이므로 신탁으로 인한 재산권의 취득등기에 대하여는 지방세법에 의하여 등록면허세가 과세되지 아니한다 할지라도 신탁등기에 대하여는 지방세법 제28조의 정액세에 의하여 등록면허세와 지방교육세가 과세된다(2007. 4. 27. 등기예규 제1184호).

㉥ 장거리 송유관 이설을 위한 지역권설정등기신청과 등록면허세 납부 : 등록면허세의 납부는 요역지 관할등기소에 1회 납부함으로써 전 승역지에 대한 등기가 가능한 것이 아니라 매 승역지의 등기시마다 동일한 등록면허세를 승역지 관할등기소에 납부하여야 한다(1972. 1. 11. 법정 제7호).

㉦ 상속재산협의분할에 의한 소유권경정등기시의 등록면허세 : 등록면허세는 누진세율이 적용되지 아니하므로 등록면허세를 납부하고 상속등기를 한 후 상속재산협의분할로 인한 소유권경정등기를 신청할 때에는 경정등기에 대한 정액의 등록면허세만을 납부하면 된다(1995. 5. 18. 등기 3402-389).

ⓞ 상속인명의로 소유권보존등기를 신청할 때의 취득세 : 건축물대장에 피상속인이 최초로 소유자로 등록되어 있는 미등기 건물을 상속인 전원 또는 협의분할에 의한 상속인 1인(또는 수인) 명의로 직접 소유권보존등기를 할 경우에는 보존등기에 따른 취득세만 납부하면 될 것이지, 위 보존등기가 실질적으로 피상속인의 소유권을 이전받은 것이라 하여 보존등기에 따른 취득세가 아닌 상속으로 인한 이전등기의 취득세 및 국민주택채권을 매입하여야 하는 것은 아니다(2002. 3. 6. 등기 3402-150).

ⓩ 채권최고액의 증액에 따른 근저당권변경등기를 신청하는 경우의 등록면허세 : 채권최고액의 증액에 따른 근저당권변경등기를 신청하는 경우 정액세 6,000원이 아니라 증액된 금액에 대해서 근저당권설정등기의 등록면허세를 납부하여야 하고, 국민주택채권(증액된 금액이 2,000만원 이상인 경우)을 매입하여야 한다.

ⓒ 합유명의인변경등기와 취득세 : 부동산의 합유자 중 1인이 나머지 합유자들 전원의 동의를 얻어 그의 합유지분을 처분하는 경우 그에 따른 등기는 합유자의 지분이전등기가 아닌 합유명의인변경등기의 방식으로 이루어지나, 그 변경등기로 인하여 새로운 합유자로 등기된 자는 소유권(합유지분)을 취득한 것이 되므로 그 변경등기에 필요한 취득세는 정액세가 아니라 소유권이전에 관한 취득세를 납부하여야 한다(2002. 6. 17. 등기 3402-333).

ⓚ 추가전세권설정등기시에 납부할 등록면허세 : 건물에 대하여 전세권설정등기가 경료된 후 그 전세권의 목적으로 건물의 대지를 추가하는 추가전세권설정등기를 신청할 수 있으며, 이 때 추가전세권설정등기의 등록면허세는 정액세에 의하여야 한다(2000. 6. 13. 등기 3402-406). 이는 전세권변경에 해당하기 때문이다.

㉰ 국민주택채권매입금액은 부동산별 시가표준액을 기준으로 결정되기 때문에 시가표준액을 부동산별로 구분하여 제공한다. 실무상 시가표준액은 1원단위까지 제공한다.

소유권보존, 이전, 상속, (근)저당권설정 및 이전의 경우에는 부동산별 시가표준액을 기준으로 주택도시기금법 시행령 제8조 제2항 별표 12

에서 정한 국민주택채권을 매입하여야 하므로, 이와 같이 산출한 국민주택채권매입금액을 등기신청서에 부동산별로 기재하고, 그 총액을 제공하여야 한다.

위 규정에 의하여 국민주택채권을 매입한 자는 등기신청서에 국민주택채권발행번호를 제공하여야 한다.

국민주택채권 매입금액의 구체적인 적용방법

1. 소유권보존 및 소유권이전의 경우

- 부동산등기시에 국민주택채권의 매입은 등기하고자 하는 부동산이 공유물인 때에는 공유지분 비율에 따라 산정한 과세시가표준액을 기준으로 하는 바, 이 때 "등기하고자 하는 부동산이 공유물인 때"라 함은 등기권리자(부동산 매수인)를 기준으로 하여 그 부동산이 공유물로 되는 때를 의미한다(등기예규 제513호). 그러므로 갑과 을이 공유하고 있는 토지에 대하여 공유자전원 지분전부에 대한 병 명의로의 이전등기를 신청하는 경우, 갑과 을의 각 지분에 대한 시가표준액이 500만원 미만이더라도 이를 합쳐 500만원 이상이 된다면 국민주택채권을 매입하여야 한다(등기선례 5-913). 그러나 갑의 소유권 혹은 공유지분을 을 및 병에게 이전하는 경우에는 을이나 병이 각자 취득하는 부분에 대한 시가표준액이 500만원 미만인 자는 채권을 매입하지 아니하며, 을 지분 및 병 지분을 합한 금액이 500만원 이상인 경우도 채권을 매입하지 아니한다.
- 공유물분할로 인한 소유권이전등기신청시 종전 공유지분을 초과하여 취득하는 경우에는 국민주택채권을 매입하여야 한다(등기선례 5-891). 공유자가 다른 공유자를 상대로 하여 명의신탁해지를 원인으로 한 소유권이전등기절차를 명하는 판결에 의하여 등기를 신청하는 경우에는 공유지분율에 따라 산정한 시가표준액을 기준으로 국민주택채권을 매입하여야 하고(등기선례 4-937), 공유물분할의 소에서 가액배상을 하고 다른 공유자의 지분을 전부 취득하는 것으로 화해가 성립되어 소유권이전등기를 신청하는 경우에는, 공유물인 부동산을 공유지분율에 따라 분할등기를 하는 것이 아니므로 국민주택채권을 매입하여야 한다(등기선례 7-535).
- 신탁 또는 신탁종료에 따라 수탁자 또는 위탁자에게 소유권이전등기를 하는 경우뿐만 아니라 신탁해지를 원인으로 하여 위탁자 명의로의 소유권이전등기를 신청하는 경우에도 국민주택채권을 매입할 필요가 없다(등기선례 5-895). 다만 수탁자

의 경질로 인한 소유권이전등기신청시에는 주택도시기금법 시행령 제8조 제2항 별표 12에서 규정한 국민주택채권을 매입하여야 한다(등기선례 5-890).

- 1, 2층은 점포이고 3, 4, 5층은 주택인 복합건물이 구분건물로 소유권 보존등기가 되어 있다면 특정 전유부분에 대한 소유권이전등기신청시 매입하여야 할 국민주택채권은 1, 2층은 주거전용 이외의 건축물로 3, 4, 5층은 주거전용 건축물로 각각 구분하여 산정하여야 한다(등기선례 4-962).

2. 상속의 경우

- 토지의 상속등기신청에 대한 국민주택채권매입의 기준이 되는 시가표준액은 개별공시지가를 기준으로 산정한다(등기선례 5-875).
- 상속등기신청시 매입하여야 할 주택채권은 각 부동산별로 각 부동산에 대하여는 상속인 각자의 상속지분별로 산정된 과세시가표준액을 기준으로 한다(등기예규 제768호). 협의분할에 의한 상속등기의 경우에도 마찬가지이다(등기선례 5-891).
- 상속등기 후의 상속재산협의분할로 인한 소유권경정등기는 그 실질이 상속등기이므로 그 경정등기를 신청하는 경우에는 상속인은 주택도시기금법 시행령 제8조 제2항 별표 12에서 규정한 국민주택채권을 매입하여야 한다. 다만 그 전의 상속등기를 신청할 때에 국민주택채권을 매입하였다면 상속인은 위 경정등기의 법정매입금액에서 상속등기시에 상속인들이 매입한 채권금액만큼 공제하고 나머지 금액만 매입하면 될 것이다(등기선례 4-949).
- 무상으로 취득하는 경우에는 명의신탁해지, 진정명의회복, 시효취득을 원인으로 한 소유권이전등기도 포함된다(등기선례 3-62, 등기예규 제1376, 등기선례 4-235).

3. 저당권의 설정 및 이전의 경우

- 법인인 중소기업이 대표자 개인의 부동산으로 금융기관의 담보대출을 하는 경우에는 국민주택채권 매입면제대상에 해당되지 아니한다(등기선례 7-541).
- 채권최고액의 증액에 따른 근저당권변경등기를 신청하는 경우 증액된 금액에 대하여는 국민주택채권(증액된 금액이 2,000만원 이상인 경우)을 매입하여야 한다(등기선례 7-526).
- 전에 설정된 근저당권에 대하여 새로운 담보물을 추가하는 추가근저당권설정등기의 경우에는 주택채권을 매입하지 않으며(등기선례 3-1032), 담보가등기 역시 국민주택채권의 매입대상이 아니다(등기선례 4-950). 근저당권으로 담보된 채권을 질권의 목적으로 하여 근저당권부질권의 부기등기를 하는 경우에도 국민주택채권을 매입하지 않는다(등기선례 6-348).

4. 아파트 등 공동주택에 대한 소유권이전등기를 하는 경우

- 부동산가격공시및감정평가에관한법률에 의하여 가격이 공시되는 공동주택의 경우에는 취득일 현재의 공동주택가격을 기준으로 채권을 매입한다.
- 취득일 현재 당해 연도에 적용할 공동주택가격이 공시되지 아니한 때에는 직전연도에 적용되던 공동주택가격을 기준으로 채권을 매입한다.
- 공동주택가격이 공시되지 아니한 경우에는 지역별·단지별·면적별·층별·특성 및 거래가격 등을 참작하여 행정안전부장관이 정하는 기준에 따라 시장·군수가 산정한 가액을 기준으로 채권을 매입한다.

5. 공동주택 외의 주택에 대하여 소유권이전등기를 하는 경우

- 부동산가격공시및감정평가에관한법률에 의하여 가격이 공시되는 개별주택의 경우에는 취득일 현재의 개별주택가격을 기준으로 채권을 매입한다.
- 취득일 현재 당해 연도에 적용할 개별주택가격이 공시되지 아니한 때에는 직전연도에 적용되던 개별주택가격을 기준으로 채권을 매입한다.
- 개별주택가격이 공시되지 아니한 경우에는 시장·군수가 부동산가격공시및감정평가에관한법률의 규정에 의하여 국토교통부장관이 제공한 주택가격비준표를 사용하여 산정한 가격을 기준으로 채권을 매입한다.

6. 토지에 대하여 소유권이전등기를 하는 경우

- 부동산가격공시및감정평가에관한법률에 의하여 가격이 공시되는 토지의 경우에는 취득일 현재의 개별공시가격을 기준으로 채권을 매입한다.
- 취득일 현재 당해 연도에 적용할 개별공시지가가 공시되지 아니한 때에는 직전연도에 적용되던 개별공시지가를 기준으로 채권을 매입한다.
- 개별공시지가가 공시되지 아니한 경우에는 시장·군수가 부동산가격공시및감정평가에관한법률의 규정에 의하여 국토교통부장관이 제공한 토지가격비준표를 사용하여 산정한 가액을 기준으로 채권을 매입한다.

7. 주택 외의 부동산에 대하여 소유권이전등기를 하는 경우

- 부동산가격공시및감정평가에관한법률에 의하여 가격이 공시되는 토지 및 주택이 아닌 건축물에 대하여는 거래가격, 신축가격 등을 참작하여 정한 기준가격에 종류, 구조, 용도, 경과연수 등 과세대상별 특성을 감안하여 대통령령이 정하는 기준에 따라 지방자치단체의 장이 결정한 가액을 기준으로 채권을 매입한다.

• 여기에서 대통령령이 정하는 기준이라 함은 소득세법 제99조 제1항 1호 나목의 규정에 의하여 산정·고시하는 건물신축가격기준액에 건물의 구조별·용도별·위치별 지수, 건물의 경과연수별 잔존가치율, 건물의 규모·형태·특수한 부대설비 등의 유무 및 기타 여건에 따른 가감산율을 적용하여 산출한 금액을 의미한다.
• 상가 등의 건물의 부속토지는 위 (6)의 규정에 의한다.

8. 주택과 상가 등이 혼재된 부동산에 대한 소유권이선등기의 경우

주택과 상가 등이 혼재된 부동산은 주택(주택부속토지 포함), 상가, 토지(주택부속토지 제외)로 구분하여 시가표준액을 신정한 후 각각의 국민주택채권 매입대상란 요율을 적용한다.

9. 신규주택에 대한 소유권이전등기의 경우

법원장부에 의하여 취득가격이 입증되는 경우에는 이를 사실상 취득가격으로 보므로, 법인이 신규주택을 분양한 경우에는 취득가격인 분양가격(부가가치세, 할인금액 등 제외)을 기준으로 국민주택채권을 매입한다.

10. 법원경매로 부동산 매입시 국민주택채권 매입액의 기준

토시의 매각으로 인한 소유권이전등기를 촉탁함에 있어 국민주택채권의 매입대상 및 매입금액의 기준이 되는 시가표준액은 모두 당해 부동산에 대한 사실상의 취득가격이 아니라 시가표준액을 기준으로 하여야 한다(등기선례 5-905).

11. 상속받은 부동산에 대한 소유권이전등기의 경우

상속받은 부동산에 대해 "주택", "토지", "주택 및 토지외의 부동산"으로 구분하여 시가표준액을 산정한 후 국민주택채권 매입대상란의 "상속"요율을 각각 적용하여 국민주택채권을 매입한다.

⑭ 등기신청수수료액

등기신청수수료는 15,000원(전자표준양식에 의한 신청은 13,000원, 전자신청은 10,000원)과 3,000원(전자표준양식에 의한 신청은 2,000원, 전자신청은 1,000원)의 두 종류가 있다.

등기신청수수료의 납부는 은행 현금납부, 전자납부, 무인발급기 납부 등의 방법에 따라 납부한 후 등기신청서에 등기신청수수료 영수필확인서를 첨부하고 납부번호를 제공하여 제출한다.

등기신청수수료가 면제되는 경우

1. 예고등기의 말소등기
2. 멸실회복등기
3. 회생, 파산, 개인회생, 국제도산에 관하여 법원의 촉탁으로 인한 등기
4. 부동산표시의 경정 및 변경등기
5. 분할·구분·합병 및 멸실등기
6. 행정구역·지번·면적단위의 변경, 주민등록번호(또는 부동산등기용등록번호)의 정정을 원인으로 한 경정 및 변경등기
7. 등기관의 과오로 인한 등기의 착오 또는 유루를 원인으로 하는 경정등기
8. 「공유토지분할에 관한 특례법」에 의한 등기
9. 신탁등기 및 신탁등기의 말소등기
10. 판결에 의한 중복등기 말소등기
11. 등기관이 직권으로 등기하는 경우
12. 국가가 자기를 위하여 하는 등기(즉, ① 국가가 등기권리자로서 신청하는 등기, ② 위 ①의 등기 중 국가가 공권력의 주체로서 촉탁한 등기의 말소등기(국세 압류등기 또는 그 말소등기 등), ③ 국유재산을 관리, 보존하기 위한 등기

⑮ 인 지 세

국내에서 재산에 관한 권리 등의 창설, 이전 또는 변경에 관한 계약서 기타 이를 증명하는 문서를 작성하는 자는 당해 문서를 작성할 때에 이 법에 의하여 당해 문서에 대한 인지세를 납부할 의무가 있다(인지세법 제1호). 과세문서를 작성한 후에 그 기록금액을 증액하여 변경한 경우의 인지세액은 변경전의 계약금액과 증액한 금액의 합계액을 기록금액으로 한 세액에서 변경전의 계약금액을 기록금액으로 하여 납부한 세액을 뺀 금액으로 한다. 다만 그 기록금액을 감액하여 변경한 경우에는 기록금액의 변경이 없는 것으로 본다. 또한 부가가치세가 원인증서에 기록된 경우나 기록되지는 않았으나 그 부가가치세가 원인증서에 포함된 경우 에는 그 부가가치세를 포함한 금액을 위 기록금액으로 하여 인지세액을 납부하여야 한다.

인지세를 납부하여야 할 문서 및 세액은 다음과 같다.

과세문서	세 액	
부동산·선박소유권 이전에 관한 증서 (검 인 계 약 서등)	기록금액이 1,000만원 초과 3,000만원까지	2만원
	기록금액이 3,000만원 초과 5,000만원까지	4만원
	기록금액이 5,000만원 초과 1억원까지	7만원
	기록금액이 1억원 초과 10억원까지	15만원
	기록금액이 10억원 초과	35만원

• 광업권, 무체재산권, 어업권, 출판권, 저작인접권, 자산의 양도에 관한 증서 : 3,000원

※ 비과세대상문서 : 부동산임대차계약서, 전세권에 관한 증서, 부동산증여계약서, 부동산교환계약서, 부동산매매예약서, 상속재산분할협의서, 지상권·지역권설정계약서, 상속재산분할협의서, 공유물분할계약서, 매매예약서, 신탁계약서, 경락이전, 채무자변경계약서, 판결문, 1억원 까지의 주택 및 아파트(오피스텔 제외) 부동산매매계약서, 소유권보존등기서류, 4천만원이하의 금전소비대차에 관한 증서, 건물에 대한 등기신청 후 토지에 대하여 신청하는 경우의 분양계약서, 국가 또는 지방자치단체(지방자치단체조합, 한국농어촌공사 포함 : 매도인 기준)가 작성하는 문서

(나) 임의저 정보

예컨대, 권리소멸의 약정(부등법 제54조)이나 공유물불분할의 약정, 권리의 존속기간·지료·변제기·이자지급시기 등 등기기록에 반드시 기록하도록 법정되어 있는 것은 아니나 등기할 것이 허용되는 사항을 말한다. 그러나 등기원인증서에 임의적 기재사항에 해당하는 내용이 있는 경우에는 그것을 반드시 신청정보의 내용으로 제공하여야 하며, 이를 제공하지 않은 때에는 보정하게 하여 수리하고 보정하지 않을 때에는 '신청서가 방식에 적합하지 아니한 때'(부등법 제29조 제5호)에 해당함을 이유로 그 등기신청을 각하하게 된다.

(다) 각종 권리에 관하여 제공해야 하는 정보

각종 권리에 관한 등기신청에는 그 권리의 성질상 각 필요적 정보와 임의적 정보가 있다.

나. 등기원인을 증명하는 정보(부등규 제46조 제1항 제1호)

(1) 의 의

등기원인을 증명하는 정보는 등기할 권리변동의 원인인 법률행위 또는 그 밖의 법률사실의 성립을 증명하는 정보를 말한다. 예를 들면 매매계약서·저당권설정계약, 대장등본, 주민등록등·초본, 가족관계증명서 등이 이에 해당한다.

(2) 계약서의 기록사항

① 당사자 ② 목적부동산 ③ 계약연월일 ④ 대금 및 그 지급일지 등 지급에 관한 사항 또는 평가액 및 그 차액의 정산에 관한 사항 ⑤ 부동산중개업자가 있을 때에는 부동산중개업자 ⑥ 계약의 조건이나 기한이 있을 때에는 그 조건 또는 기한

(3) 계약서의 기록방법

계약서에 기록한 부동산, 등기명의인표시는 신청서의 그것과 엄격히 일치하지 아니하여도 양자 사이에 동일성을 인정할 수 있으면 되고, 계약서에는 거래금액을 기준으로 인지세법의 규정에 따른 인지를 첨부하여야 한다.

(4) 계약서 등의 검인

(가) 검인을 받아야 하는 경우

① 부동산등기특별조치법(이하 "특조법"이라 한다)에 따르면 계약을 원인으로 하여 1990. 9. 2. 이후 소유권이전등기를 신청할 때에는 계약의 종류 및 일자를 불문하고 검인을 받은 계약서의 원본 또는 판결서(화해·인낙·조정조서를 포함)의 정본을 등기원인증서로 제출하여야 한다(같은 법 제23조 제1항, 제2항).

② 계약의 종류(유상계약·무상계약)를 불문하고 소유권이전등기의 등기원인이 매매·교환·증여·명의신탁해지약정·공유물분할계약·양도담보계약·해제계약인 경우에도 그 계약서에 검인을 받아야 하고, 성질상 계약으로 보는 공공용지의 협의취득에 의한 소유권이전등기를 신청하는 경우에도

그 협의서에 검인을 받아야 한다.

③ 명의신탁해지를 원인으로 하는 판결서, 집행력 있는 판결서, 확정판결과 동일한 효력이 있는 조서(화해·인낙·조정조서)에도 검인을 받아야 한다.

④ 판결을 받은 경우에도 검인을 받아야 하기 때문에 이혼당사자 사이에 재산분할판결에 기하여 소유권이전등기를 신청하는 경우에도 그 판결문에 검인을 받아야 한다.

⑤ 무허가건물이라는 사유로 검인을 거부할 수 없으며, 아직 완성되지 아니한 건물이라도 검인을 받을 수 있다.

⑥ 부동산소유권을 이전 받을 것을 내용으로 하는 계약을 체결한 자가 다시 제3자와 소유권이전을 내용으로 하는 계약이나 제3자에게 계약당사자의 지위를 이전하는 계약을 체결한 경우(지위이전계약이 순차로 이루어진 경우에는 먼저 체결된 계약서와 지위이전계약서 전부에 각각 검인을 받아야 함)

⑦ 가등기에 기한 본등기를 신청하는 때에 제출하는 증서에는 검인을 받아야 한다.

⑧ 한국토지주택공사가 국가나 지방자치단체 아닌 당사자와 토지매매계약을 체결하고 그 소유권이전등기를 촉탁하는 경우에는 검인을 받아야 한다.

(나) 검인을 받을 필요가 없는 경우

① 토지거래허가구역 안의 토지에 대하여 토지거래허가증을 교부받은 경우(국토의계획및이용에관한법률 제126조 제2항).

② 토지거래허가구역안의 토지 및 건물에 대한 소유권이전등기 신청시 토지에 대하여 허가증을 받은 경우에는 건물에 대하여 별도로 검인을 받지 않아도 된다.

③ 토지 또는 건물의 매매에 관한 거래계약을 체결하고 그 부동산의 실제 거래가격 등 대통령령이 정하는 사항을 관할 시장·군수 또는 구청장에게 신고하여 신고필증을 교부받은 경우(공인중개사의업무및부동산거래신고에관한법률 제27조 제3항)

④ 주택거래신고지역 안에 있는 주택(대통령령이 정하는 공동주택에 한한다)에 관한 소유권을 이전하는 계약(대가성 있는 경우에 한하며, 신규로 건설·공급하는 주택을 신규로 취득하는 경우에는 이를 제외한다)을 체결하고 주택거래가액 등 대

통령령이 정하는 당해 주택소재지의 관할 시장·군수 또는 구청장에게 신고하여 신고필증을 교부받은 경우(주택법 제80조 제2항 제4호)

⑤ 경매절차에서의 매각이나 공매를 원인으로 한 소유권이전등기신청의 경우

⑥ 유증을 원인으로 하는 소유권이전등기신청의 경우

⑦ 매매계약해제를 원인으로 하여 소유권이전등기말소등기를 신청하는 경우

⑧ 예약을 원인으로 한 가등기를 신청하는 경우

⑨ 상속, 취득시효, 권리포기 등을 원인으로 한 소유권이전등기신청의 경우

⑩ 진정명의회복등기 신청의 경우

⑪ 토지수용에 의한 소유권이전등기의 경우 재결서 또는 협의성립확인서에는 검인을 받을 필요가 없다.

⑫ 금융기관의 부실자산의 정리를 촉진하기 위하여 한국자산관리공사가 양수한 부동산

⑬ 「부동산등기특별조치법」 제3조제1항에 따르면 계약을 원인으로 소유권이전등기를 신청할 때에 등기원인을 증명하는 정보로서 제공하는 계약서에는 시장 등의 검인을 받아야 하는 바, "지역주택조합계약서"는 이러한 서면이라고 볼 수 없어 위 규정에 따른 검인을 받아야 하는 것은 아니다(2019. 12. 18. 부동산등기과-3100 질의회답).

⑭ 계약의 일방 당사자가 국가 또는 지방자치단체인 경우

⑮ 공유자 중 일부가 그 지분을 포기함으로써 남은 공유자에게 귀속으로 인한 소유권이전등기신청의 경우

⑯ 선박, 입목, 재단등기의 경우

(다) 검인계약서의 부동산표시

검인계약서의 부동산표시는 신청서상의 부동산표시와 일치하여야 하는 것이 원칙이다. 그러나 검인계약서(판결서 등은 제외)의 부동산표시가 신청서의 그것과 엄격히 일치하지 아니하더라도 양자 사이에 동일성을 인정할 수 있으면 그 등기신청은 수리하여도 되며, 구분건물과 대지권이 함께 등기신청의 목적인 경우에는 그 검인계약서에 대지권의 구체적인 표시가 없더라도 대지권이 포함된 취지의 표시는 되어 있어야 하는데 계약서에 구분건물의 표시만 되어 있더라도 특히 대지권을 제외하는 기재가 따로 없

으면 대지권의 표시가 있는 것으로 취급해도 된다.

계약서 등의 검인절차

1. 검인의 시기

계약서의 검인은 계약의 체결 후 등기신청 전이면 언제든지 임의로 신청할 수 있는 것이므로, 아파트 및 연립주택 등의 분양계약서 검인은 그 건물이 준공 또는 소유권보존등기가 이루어지기 전이라도 계약서의 검인신청을 할 수 있다(선례 Ⅳ-90).

2. 검인신청을 할 수 있는 자

계약서 등의 검인신청은 계약을 체결한 당사자 중 1인이나 그 위임을 받은 자, 판결을 얻은 대위채권자, 계약서를 작성한 변호사와 법무사 및 중개업자가 신청할 수 있다(특조법시행규칙 제1조 제1항).

3. 검인권자

가. 원 칙

계약서의 검인은 부동산의 소재지를 관할하는 시장, 구청장, 군수 또는 그 권한을 위임받은 자(읍, 면, 동장)로부터 받아야 한다(특조법 제3항 제1항). 시장 등으로부터 검인의 권한을 위임받을 수 있는 자는 읍·면·동장으로 한다(특조법규칙 제1조 제6항).

나. 2개 이상의 시, 군, 구에 걸치는 경우

수 개의 부동산의 소유권이전을 내용으로 하는 계약서 또는 판결서 등을 검인받고자 하는 경우에는 그 중 1개의 시, 군, 구를 관할하는 시장 등에게 검인을 신청할 수 있다(특조법규칙 제1조 제3항).

4. 검인신청과 검인절차

가. 검인신청절차

검인신청인이 검인을 신청할 때에는 계약서 등에 검인신청인을 표시하여야 하고, 계약서의 원본 또는 판결서 등의 정본과 그 사본 2통을 제출하여야 한다(특조법규칙 제1조 제2항). 사본에는 반드시 계약당사자의 날인이 있어야 하는 것은 아니다(선례 Ⅵ -33).

나. 검인권자의 검인절차

시장 등이 검인신청을 받은 경우에는 계약서 또는 판결서 등의 형식적 요건의 구비 여부만을 확인하고, 그 기재에 흠결이 없다고 인정한 때에는 지체없이 검인을 하여 검인신청인에게 교부하여야 한다. 검인을 함에 있어서는 같은 법 제3조의 규정에 의한 검인의 취지, 검인의 번호, 연월일의 기재와 시장 등의 표시가 있어야 한다(특조법규칙 제1조 제3항, 제4항). 검인신청을 받은 시장 등은 검인을 하기 전에 목적 부동산이 준공검사를 필하였는지 또는 지적공부나 건축물대장과 일치하는지 여부 및 등기원인에 대하여 행정관청의 허가를 받았는지 등을 확인하거나 소명자료를 요청하여서는 안 되며, 이미 검인을 받은 계약서상의 잔금지급기일을 변경하여 새로이 작성한 경우, 매매계약서에 검인을 받은 후 계약당사자가 어떤 사정으로 계약내용을 변경하여 새로 매매계약서를 작성한 경우, 등기원인이 실제와 다른 경우, 판결문에 확정증명원 첨부하지 아니한 경우, 계약체결일 당시 매도인 앞으로 소유권이전등기가 되어 있지 않다는 이유 등으로 검인신청을 거부할 수 없다(선례 Ⅲ-54·82·92·95·98 Ⅵ-34). 또한 무허가건물이라는 이유만으로 검인신청을 거부할 수도 없으며, 토지거래허가구역 안에 있는 건물에 대한 소유권이전등기를 신청할 경우 허가대상은 아니지만 검인계약서는 제출하여야 하므로 시장, 군수, 구청장은 건물에 대하여 검인신청을 거부할 수 없으며(선례 Ⅷ-50), 토지거래허가구역으로 지정·고시되기 전에 작성된 계약서라도 검인시에 계약일을 입증할 수 있는 서류의 제시를 요구하거나 또는 그러한 서류가 없음을 이유로 검인신청을 거부할 수 없다(선례 Ⅶ-34).

(5) 등기원인증서가 없는 경우

선례는 계약을 원인으로 한 소유권이전등기를 신청할 때에는 등기원인증서(검인계약서)를 제출할 수 없다는 이유로 신청서 부본을 제출하여 등기할 수는 없다고 하고 있다. 따라서 매매계약서를 분실한 경우 신청서부본이나 분양자 명의의 분양계약사실증명원 등을 제출하여 소유권이전등기를 신청할 수는 없다. 다만 분양계약의 쌍방 당사자가 분양계약서 사본에 원본의 분실 및 사본이 원본과 상위 없다는 취지의 기재를 하고 날인(등기의무자의 경우에는 인감날인)하였다면 그 사본에 의한 등기신청은 수리할 수 있다.

다. 등기의무자의 권리에 관한 등기필증

등기의무자의 권리를 취득할 당시 등기필증을 교부받은 경우에는 신청서에 등기의무자의 등기필증을 첨부하고, 등기필정보를 통지받은 경우에는 그 정보를 등기소에 제공하여야 한다. 이 경우 등기신청인은 등기필정보를 신청서에 기록하기만 하면 되고 별도로 등기필통지서를 제출하지 아니한다. 후자의 경우에는 신청서 기재사항으로 그 성격이 변경되었으므로 이하에서는 등기필증에 관해서만 보기로 한다.

등기필증의 제출여부

1. 환지된 토지에 대한 소유권이전등기를 신청할 때에는 환지등기에 대한 등기필증을 첨부하는 것이 아니라 환지 전 토지에 대한 등기필증을 첨부하여야 하고, 매매예약에 의한 소유권이전청구권보전의 가등기에 기한 본등기를 신청할 때 첨부하여야 할 등기필증도 가등기의무자인 소유권등기명의인이 소유권을 취득할 당시에 등기소로부터 교부받은 것이어야 한다. 그러나 공유물분할을 원인으로 소유권을 취득한 자가 등기의무자가 되어 그 부동산에 대하여 다시 소유권이전을 신청할 경우에는 위 공유물분할등기에 관한 등기필증뿐만 아니라 공유물분할등기 이전에 공유자로서 등기할 당시 등기관으로부터 교부받은 등기필증도 함께 제출하여야 한다.
2. 구분건물의 보존등기에 관한 등기필증에 대지권의 표시가 기록되어 있다면 구분소유자가 등기신청하는 경우 위 등기필증은 등기의무자의 권리에 관한 등기필증으로 제출하면 되고 별도로 토지에 관한 등기필증을 제출하지 아니하여도 무방하다(등기선례 3-113).
3. 구분건물소유권에 대한 등기필증과 대지권등기필증을 가지고 있는 구분건물의 현재 소유자가 스스로 등기의무자가 되어 등기신청을 하는 경우에는 구분건물등기필증뿐만 아니라 대지권등기필증을 제출하여야 한다.
4. 공유물분할을 원인으로 한 소유권이전등기에 의하여 공유지분을 취득한 소유자가 자기 공유지분을 처분하는 경우에는 자기가 종전에 공유자로서 권리를 취득할 당시에 교부받았던 최초의 등기필증 및 금번 공유물분할등기를 하면서 교부받았던 등기필증을 모두 제출(또는 등기필정보를 제공)하여야 한다(등기선례 6-39).
5. 공유토지분할에관한특례법 시행에 따른 분할등기가 완료된 후 다른 등기를 신청함에 있어서 제출하여야 할 등기필증은 분할 전 공유지분을 취득할 당시에 교부받은 등기필증을 제출(또는 등기필정보를 제공)하여야 한다(등기예규 제1077호).
6. 유증으로 인한 소유권이전등기를 신청할 때에는 등기의무자가 존재하므로 등기의무자의 등기필증(또는 등기필정보를 제공)을 제공하여야 한다(등기예규 제1434호).
7. 근저당권이 이전된 후에 근저당권설정등기를 말소등기신청할 때에는 근저당권등기필증은 제출하지 아니하고, 등기의무자인 근저당권의 양수인이 가지고 있는 근저당권이전등기필증을 제출(또는 등기필정보를 제공)하여야 한다(등기선례 3-612).
8. 채무자변경으로 인한 근저당권변경등기를 신청할 때에는 등기권리자는 근저당권자,

등기의무자는 근저당권설정자이므로, 근저당권설정자가 소유권을 취득할 당시 등기소로부터 교부받은 등기필증을 제출(또는 등기필정보를 제공)하여야 한다(등기선례 2-61).

9. 토지에 대하여 근저당권설정등기가 경료되고 동일채권의 담보를 위하여 건물에 대한 추가설정계약에 의하여 추가근저당권설정등기를 신청할 때에는 건물소유권에 대한 등기필증만 제출(또는 등기필정보를 제공)하면 된다(등기선례 3-585).
10. 한국농어촌공사가 등기의무자로서 등기를 신청하는 경우, 소유권에 관한 등기필증(또는 등기필정보)을 제공하여야 한다.
11. 가등기를 신청할 때에는 가등기의무자의 소유권에 관한 등기필증을 첨부(또는 등기필정보를 제공)하여야 한다.
12. 가등기말소등기를 신청할 때에는 가등기필증을 제출하여야 한다.
13. 가등기에 의한 본등기를 신청할 때에는 본등기의무자가 가지고 있는 등기필증을 제출하여야 하고 가등기필증을 제출하는 것이 아니다.
14. 관공서로부터 권리를 취득하거나 공매처분 또는 경매에 의하여 권리를 취득할 경우에 관공서는 그 등기촉탁을 하여 환부받은 등기필증(또는 등기필정보)을 등기권리자에게 교부하여야 한다.
15. 채권자대위신청에 의하여 등기를 한 후 채권자가 교부받은 등기필증은 채무자인 등기명의인의 손에 들어가더라도 여기서 말하는 등기필증이 되지 못한다.
16. 등기의무자의 전부 또는 일부가 멸실된 경우에는 멸실회복등기기간을 고시하고 그 기간 중에 접수한 신등기의 신청서 등은 접수번호의 순서에 따라 신청서편철부에 편철하고 신청인에게 편철필증을 교부하는바, 이 편철필증을 교부받은 자가 스스로 등기의무자의 지위에서 다른 등기를 신청하는 경우에는 위 편철필증을 제출하여야 한다(구 부동산등기법 제83조 제2항).
17. 등기필증이 멸실된 경우에는 등기필정보의 분실과 마찬가지로 확인조서, 확인서면 또는 공증서면을 작성해야 한다.

라. 등기원인에 대한 농지취득자격증명서 등

농지를 취득하고자 하는 자는 원칙적으로 농지취득자격증명을 발급받아야 한다(농지법 제8조 제1항, 제4항).

한편, 농지에 관하여 매매 등을 원인으로 하여 소유권이전등기 절차이행을 명하는 판결에 의한 소유권이전등기 신청시에도 반드시 농지취득자격증명을 제공하여야 한다. 따라서 갑에서 을 명의로, 을에서 병 명의로의 소유권이전등기를 동시에 신청하는 경우, 병 명의의 농지취득자격증명은 물론이고 을 명의의 농지취득자격증명도 제공하여야 한다.

어떤 토지가 농지인가의 판단은 그 법적 지목보다도 실제의 토지현상이 농작물의 경작 등으로 이용되고 있는가의 여부에 따라 결정하여야 한다. 이를 '현황주의'라고 한다. 그러므로 어떤 토지가 지목상 농지가 아니라 하더라도 실제로 농사에 사용되고 있다면 농지취득자격증명을 첨부하여야 할 것이다. 그러나 형식적 심사권밖에 없는 등기관으로서는 Ⓐ 전·답 또는 과수원이 아닌 토지, Ⓑ 임야, Ⓒ 초지법에 의한 초지가 실제 농지인지 여부는 지적공부에 의하여 판단할 수밖에 없으므로 농지취득자격증명의 제출을 요구할 수는 없다.

따라서 공부상 지목이 Ⓐ 전·답 또는 과수원이 아닌 토지, Ⓑ 임야, Ⓒ 초지법에 의한 초지인 경우에는 농지취득자격증명서의 제출이 없어도 등기신청을 수리하여야 한다. 지목이 잡종지·목장용지로 되어 있는 부동산에 대한 소유권이전등기신청에는 농지취득자격증명의 첨부는 요하지 아니하며, 잡종지·목장용지가 실제 경작에 사용하는 토지가 아니라는 확인서를 첨부할 필요도 없다(1990 10. 25. 등기선례 3-831).

(가) 농지취득자격증명의 발급대상인 농지

① "농지법"상의 농지는 지목이 전·답 또는 과수원 그 밖에 그 법적 지목 여하에 불구하고 실체의 토지현상이 농작물의 경작 또는 다년생식물재배지{1. 목초, 종묘, 인삼, 약초, 잔디 및 조림용 묘목, 2. 파수, 뽕나무, 유실수 기타 생육기간이 2년 이상인 식물, 3. 조경 또는 관상용 수목과 그 묘목(조경목적으로 식재한 것은 제외)}로 이용되는 토지(다만 초지법에 의하여 조성된 초지 등 대통령령이 정한 토지는 제외) 및 위와 같은 토지의 개량시설의 부지와 고온식온실, 버섯재배사 등 농업생산에 필요한 시설 중 대통령령이 정하는 시설의 부지를 의미한다(농지법 제2조 제1항, 제2항).

그러나 공부상 지목이 농지라 하더라도 실제로 경작에 사용되는 농지가 아닌 한 농지취득자격증명은 필요하지 않다. 다만 그러한 경우에는 관할 행정관청이 발급하는 서면에 의하여 그러한 사실을 증명하여야 한다.

② "농지법"상의 농지라면 종전의 농지개혁법 시행일 이전부터의 농지이든

농지개혁법 시행일 이후에 개간 등으로 조성된 농지이든 모두 농지취득자격증명의 발급대상이 된다.

③ 농지의 면적과 농지취득자격증명

농지의 취득으로 인한 소유권이전등기를 신청함에 있어서는 그 농지의 면적에 관계없이 모두 농지취득자격증명을 제공하여야 한다.

(나) 농지소유의 제한

① 원 칙

농지는 농지법 제6조 제2항에 예외적으로 규정한 경우를 제외하고는 자기의 농업경영에 이용하거나 이용할 자가 아니면 이를 소유하지 못한다(농지법 제6조 제1항). 여기에서의 '농업경영'이라 함은 농업인 또는 농업법인이 자기의 계산과 책임으로 농업을 영위하는 것을 말하고, 이 농업인은 농업에 종사하는 개인, 농업법인은 농지법 제2조에 규정된 법인만을 각각 의미한다(농지법 제2조). 여기에서 농업인은 개인을 의미하므로(농지법 제2조 제2호), 원칙적으로 개인과 농업법인만이 농지를 소유할 수 있는 결과가 된다. 물론 개인과 농업법인도 자기의 농업경영에 이용할 농지가 아니면 취득하지 못하고 자기의 농업경영에 이용할 농지라는 사실은 원칙적으로 농지취득자격증명에 의해 증명(농지법 제8조 제1항, 제4항)되어야 한다.

농업인 아닌 개인, 농업법인이 아닌 법인이나 사단·재단은 농지법 제6조 제2항, 제3항에 해당하지 않는 한 농지를 취득할 수 없다. 즉, 종중, 교회, 친목계, 영농회, 서원, 사찰, 마을회 등은 농지를 취득할 수 없고, 외국법인도 마찬가지이다. 신탁회사도 농지를 취득할 수 없다. 이는 신탁회사가 농지의 처분만을 목적으로 수탁받은 경우에도 마찬가지이다(2004. 4. 14. 등기선례 7-405). 또한 발급청의 착오로 발급받았다고 하더라도 마찬가지이다.

다만 이와 같이 농지를 취득할 수 있는 경우에도 개별적으로 반드시 농지취득자격증명을 첨부하여야 하는 지는 별개의 문제이다.

② 예외적인 소유인정(농지법 제6조 제2항, 제3항)

다음의 경우에는 자기의 농업경영에 이용하지 않는 경우일지라도 이를 소유할 수 있다.

㉮ 국가나 지방자치단체가 농지를 소유하는 경우 : 농지취득자격불필요(농지법 제8조 제1항)

㉯ 초·중등교육법 및 고등교육법에 따른 학교, 농림축산식품부령이 정하는 공공단체 등이 그 목적사업을 수행하기 위하여 필요로 하는 시험지 등으로 쓰기 위하여 농지를 취득하는 경우 : 농지취득자격증명 필요

㉰ 주말·체험영농(농업인이 아닌 개인이 주말 등을 이용하여 취미생활이나 여가활동으로 농작물을 경작하거나 다년생식물을 재배하는 것을 말한다)를 하려고 농지를 취득하는 경우(1,000㎡ 미만의 농지, 농지법 제7조 참조) : 농지취득자격증명 필요

㉱ 상속(상속인에게 한 유증을 포함한다)으로 농지를 취득하여 소유하는 경우 : 농지취득자격불필요(농지법 제8조 제1항)

㉲ 농지법 제13조 제1항에 따라 담보농지를 취득하여 소유하는 경우 : 농지취득자격불필요(농지법 제8조 제1항)

㉳ 농지법 제34조 제1항에 따른 농지전용허가(다른 법률에 따라 농지전용허가가 의제되는 인가·허가·승인 등을 포함한다)를 받거나 제35조 또는 제43조에 따른 농지전용허신고를 한 자가 그 농지를 취득하는 경우 : 농지취득자격증명 필요

㉴ 농지법 제34조 제2항에 따른 농지전용협의를 마친 농지를 소유하는 경우 : 농지취득자격불필요(농지법 제8조 제1항)

㉵ 한국농어촌공사 및 농지관리기금법 제24조 제2항에 따른 농지의 개발사업지구에 있는 농지로써 대통령령으로 정하는 1,500㎡ 미만의 농지나 농어촌정비법 제98조 제3항에 따른 농지를 취득하여 소유하는 경우 : 농지취득자격증명 필요

㉶ 농지법 제28조에 따른 농업진흥지역 밖의 농지 중 최상단부부터 최하단부까지의 평균경사율이 15% 이상인 농지로써 대통령령으로 정하는 농지를 소유하는 경우 : 농지취득자격증명 필요

㉷ 자연인 또는 농업법인 등 농업경영주체가 아닌 종중(문중)은 원칙적으로 농지를 취득할 수 없다. 다만, 토지이용계획확인서에 기재된 영농

여건불리농지의 경우에는 일반법인을 포함하여 경작을 희망하는 자는 누구나 농지를 취득할 수 있으므로, 종중(문중) 역시 농지를 취득할 수 있다 : 농지취득자격증명 필요(단, 반려통보서로는 등기불가)

㉮ 그 밖에 "한국농어촌진흥공사 및 농지관리기금법"에 따라 한국농어촌공사가 농지를 취득하는 경우 : 농지취득자격불필요(농지법 제8조 제1항), "농어촌정비법" 제16조 등에 따라 농지를 취득하는 경우 : 농지취득자격불필요(농지법 제8조 제1항), "공유수면매립법"에 따라 매립농지를 취득하는 경우 : 농지취득자격불필요(농지법 제8조 제1항), 토지수용으로 농지를 취득하는 경우 : 농지취득자격불필요(농지법 제8조 제1항), 농림축산식품부장과 협의를 마치고 토지보상법에 따라 농지를 취득하는 경우 : 농지취득자격불필요(농지법 제8조 제1항), "공공토지의 비축에 관한 법률" 제2조 제1호 가목에 해당하는 토지 중 일정한 토지로써 "국토계획법"에 따른 계획관리지역과 자연녹지지역 안의 농지를 한국토지주택공사가 취득하는 경우 : 농지취득자격증명 필요

(다) 종중이 농지를 취득할 수 있는 지 여부

① 취득할 수 없는 경우

㉮ 취 득

종중은 원칙적으로 농지를 취득할 수 없다(농지법 제6조 제1항 ; 등기예규 제1415호).

종중은 농업인도 아니고 농업법인도 아니기 때문이다. 개별적으로 어떠한 등기가 허용되는 지 살펴본다.

㉯ 명의신탁해지

종중이 농지에 대하여 명의신탁해지를 원인으로 한 소유권이전등기소송에서 승소판결을 받았다라도 아래 ②에 해당하는 경우를 제외하고는 종중 명의로의 소유권이전등기를 신청할 수 없다(2000. 10. 16. 등기선례 6-571).

㉰ 취득시효완성

종중이 농지에 대하여 취득시효완성을 원인으로 한 소유권이전등기청구소송에서 승소판결을 받았다 하더라도 위 ㉯와 마찬가지이다

(2013. 1. 25. 부동산등기과-174 질의회답).

㉣ 명의수탁자변경

종중(명의신탁자)이 종중원 '갑'(현재의 등기명의인) 앞으로 명의신탁 되어 있는 농지에 대하여 종중 명의로의 이전등기 없이 다른 종중원 '을' 앞으로 명의수탁자 변경을 할 수 없으며, 이는 해당 농지에 대하여 명의수탁자변경을 결의한 종중결의서와 종중이 갑을 상대로 하여 취득시효완성을 원인으로 한 소유권이전등기 소송에서 승소한 판결문을 첨부정보로써 제공한다 하더라도 마찬가지이다(2013. 6. 7. 부동산등기과-1335 질의회답).

이 경우 먼저 명의신탁해지를 원인으로 하여 종중 명의로 소유권이전등기를 한 후에 다시 새로운 명의수탁자 앞으로 소유권이전등기를 하여야 한다(부동산실명법 제8조 제1호 참조). 따라서 종중이 자기 명의로 소유권이전등기를 회복하지 않고서 현 명의수탁자로부터 새로 지정한 종원 명의로 명의신탁을 원인으로 한 소유권이전등기를 할 수 없다(2013. 1. 25. 부동산등기과-174 질의회답).

② 농지를 취득할 수 있는 경우

㉮ 농지법 제6조 제2항에 해당하는 경우

농지법 제6조 제2항에 해당하는 경우에는 자기의 농업경영에 이용하거나 이용할 농업인, 농업법인이 아니라도 농지를 취득할 수 있으므로 종중도 농지를 취득할 수 있다. 따라서 농지법 제6조 제2항 제7호에 따라 농지전용허가를 받거나 농지전용신고를 한 농지, 같은 조항 제8호에 따라 농지전용협의를 완료한 농지라면 종중도 위 농지를 취득할 수 있다.

다만 위 7호에 해당하는 경우에는 농지취득자격증명을 첨부하여야 하고, 제8호에 해당하는 경우에는 이를 첨부할 필요가 없으나 농지전용협의를 완료하였음을 증명하는 서면은 첨부하여야 한다.

㉯ 국토계획법 제83조 제3호에 해당하는 경우

국토계획법 제6조 및 제36조에 따르는 전 국토는 도시지역(주거지역·상업지역·공업지역·녹지지역), 관리지역(보전관리지역, 생산관리지역, 계획관리지역), 농림지역, 자연환경보전지역으로 나뉘는바, 지목이 농지라도 도시지역(녹지지역의 농지로써 도시·군계획시설사업에 필요하지 아니한 농지는 제외)에 대하여는 '농지법 제8조에 따른 농지취득자격증명' 제도가 적용되지 아니하므로(국토계획법 제83조 제3호) 종중도 이를 취득할 수 있다(2012. 2. 15. 부동산등기과-311 질의회답).

㉰ 대장상 지목이 농지이나 그 현상이 농작물 경작지 또는 다년생 식물재배지로 이용되고 있지 않음이 확인되는 경우

지목이 농지이나 그 현상이 농작물 경작지 또는 다년생 식물재배지로 이용되고 있지 않음이 관할관청이 발급하는 서면(신청대상 토지가 농지법 제2조 제1호에 따른 농지에 해당하지 않는다는 취지가 기재된 농지취득자격증명미발급사유통보서)에 의하여 증명되는 경우에는 종중도 농지를 취득할 수 있다(등기예규 제1415호 3. 타. ; 농림축산식품부 예규 제9조 제3항 제1호), 이는 현황상 농지가 아니기 때문이다.

㉱ 위 토

농지개혁 당시 위토대장에 등재되어 있었던 기존 위토인 농지에 한하여 해당 농지가 위토대장에 종중 명의로 등재되어 있음을 확인하는 내용의 위토대장 소관청 발급의 증명서를 첨부하여 그 종중 명의로의 소유권이전등기를 신청할 수 있다(2011. 10. 12. 등기예규 제1415호). 위와 같이 예외적으로 인정되는 경우를 제외하고는 종중이 위토를 목적으로 새로 농지를 취득하는 것도 허용되지 아니한다.

㉲ 지목이 '도로'로 변경된 경우

토지대장상 지목이 농지에서 '도로'로 지목이 변경된 경우에는 종중도 제한없이 그 토지를 취득할 수 있다(2012. 7. 18. 부동산등기과-1400 질의회답).

㉳ 가 등 기

제한되는 것은 종중이 농지를 '취득'하는 것이므로, 종중이 농지에 대하여 소유권이전등기가 아닌 소유권이전가등기를 신청하는 것은 허용된다(2001. 6. 9. 등기선례 6-440 ; 선례 201010-1). 근저당권자가 될 수도 있다. 이 경우 농지취득자격증명이 요구되는 것도 아니다.

(라) 농지취득자격증명을 첨부하여야 하는 '등기'의 종류

농지법 제8조에서는 농지취득자격증명을 발급받아 농지를 취득한 자가 그 소유권에 관한 등기를 신청할 때에는 농지취득자격증명을 첨부하여야 한다고 규정하고 있는바, '소유권에 관한 등기'의 의미를 농지의 소유권이전등기에 관한 사무처리지침(2011. 10. 12. 등기예규 제1415호)에서는 '소유권이전등기신청'으로 규정하고 있다.

따라서, 지목인 농지인 토지의 등기기록이 멸실되었으나 종중이 등기기록상의 소유자로서 멸실회복등기기간 내에 회복등기를 신청하지 못한 경우에도 나중에 필요한 서면(멸실직전의 등기사항증명서 등)을 첨부하여 소유권보존등기를 신청할 수 있는데, 이 경우에는 농지취득자격증명을 첨부할 필요가 없다(선례 7-474). 등기기록이 멸실한 농지에 대하여 멸실회복등기신청기간이 도과하여 소유권보존등기를 신청하는 경우에는 농지취득자격증명을 첨부하지 아니한다(2001. 11. 14. 등기선례 7-474).

농지에 관하여 증여계약을 해제하는 약정을 원인으로 하여 '소유권이전등기의 말소등기신청'을 하는 경우에는 농지취득자격증명을 첨부하지 아니하나 수증인이 증여인에게 당해 농지를 다시 증여하는 것을 원인으로 하여 '소유권이전등기신청'을 하는 때에는 농지취득자격증명을 첨부하여야 하며(1991. 9. 25. 등기선례 3-862), 농지에 대한 소유권이전청구권가등기를 신청하거나, (근)저당권설정등기를 신청하는 경우에는 농지취득자격증명을 첨부할 필요가 없다.

한편, 이 경우 소유권이전등기의 원인은 반드시 계약이나 유상계약일 것이 요구되지 아니한다. 진정명의를 회복하는 것은 엄밀한 의미에서 '취득'이 아니므로 진정명의회복을 원인으로 한 소유권이전등기신청서에 농지취득자격증명을 첨부하지 아니한다.

① 농지취득자격증명을 첨부하여야 하는 구체적인 경우

소유권이전등기신청서에 농지취득자격증명을 첨부하여야 하는 구제적인 경우를 농지의 소유권이전등기에 관한 사무처리지침(2011. 10. 12. 등기예규 제1415호 : 농지법 제6조 및 제8조)을 중심으로 살펴본다.

㉮ 자연인 또는 농업법인(영농조합법인, 농업회사법인 주식회사 및 유한회사 포함)

이 농지에 대하여 매매, 증여, 교환, 양도담보, 명의신탁해지(농지에 대하여 '상호명의신탁해지'를 원인으로 한 소유권이전등기를 신청하는 경우에는 적용되지 않는다고 해석된다. '상호명의신탁해지'의 경우에도 농지취득자격증명을 요구하던 종전 등기선례 1998. 3. 20. 등기선례 5-725는 1999. 10. 21. 등기선례 6-562에 의하여 변경되었기 때문이다), 신탁법상의 신탁(농지에 대하여 신탁을 원인으로 하여 소유권이전등기를 신청하는 경우에는 관리신탁, 처분신탁, 담보신탁 등 신탁의 목적에 관계없이 농지취득자격증명을 첨부하여야 한다(2003. 10. 6. 등기선례 7-465), 다만 신탁을 원인으로 소유권이전등기를 할 때에 농지취득자격증명을 첨부하여야 한다고 하여, 농지법상 농지에 대한 소유가 허용되는 자연인이나 농업법인이 아닌 신탁회사가 농지취득자격증명을 첨부하여 농지를 취득할 수 있다는 취지는 아니다(1991. 8. 16. 등기선례 3-760), 또는 신탁해지, 사인증여, 계약해제, 공매, 상속인 이외의 자에 대한 특정적 유증(상속, 포괄유증, 상속인에 대한 특정의 유증의 경우에는 농지취득자격증명이 요구되지 아니한다), 대물변제, 부당이득 반환 등을 등기원인으로 하여 소유권이전등기를 신청하는 경우

㉯ 초·중등교육법 및 고등교육법에 따른 학교, 농림축산식품부령으로 정하는 공공단체 등이 그 목적사업을 수행하기 위하여 필요로 하는 시험지 등으로 쓰기 위하여 농지를 취득하여 소유권이전등기를 신청하는 경우

㉰ "농지법" 제6조 제2항 제9호의2에 따른 영농여건불리농지에 대하여 농지취득자격증명서(반려통보서로는 등기불가)를 반급받아 소유권이전등기를 신청하는 경우

㉱ 주말·체험영농(농업인이 아닌 개인이 주말 등을 이용하여 취미생활이나 여가활동으로 농작물을 경작하거나 다년생식물을 재배하는 것을 말한다)를 하려고 농지를 취득(1,000㎡ 미만의 농지, 농지법 제7조 참조) 하여 소유권이전등기를 신청하는 경우

㉲ 국가나 지방자치단체로부터 농지를 매수하여 소유권이전등기를 신청하는 경우

㉳ 농지법 제34조 제1항에 따른 농지전용허가(다른 법률에 따라 농지전용허가가 의제되는 인가··허가 ·승인 등을 포함한다)를 받은 자 또는 동법 제35조

또는 제43조에 따른 농지전용신고를 한 자가 농지를 취득하여 소유권 이전등기를 신청하는 경우

㉦ 농업법인이 아닌 법인이 농지법 제6조 제2항 제7호에 따라 농지전용허가를 받아 소유권이전등기를 신청하는 경우

㉧ 농지법 제28조에 따른 농업진흥지역 밖의 농지 중 최상단부부터 최하단부까지의 평균경사율이 15% 이상인 농지로써 대통령령으로 정한 농지를 취득하여 소유권이전등기를 신청하는 경우

㉨ 동일 가구(세대)내 친족 간의 매매, 부자기간의 증여, 부부지간의 증여 등을 원인으로 하여 소유권이전등기를 신청하는 경우

② 농지취득자격증명을 첨부하지 아니하여도 되는 경우

㉮ 국가나 지방자치단체가 농지를 취득하여 소유권이전등기를 신청하는 경우

㉯ 상속 및 포괄유증, 상속인에 대한 특정의 유증, 취득시효완성, 공유물 분할, 매각(매각허가기일까지 경매법원에 제출), 진정한 등기명의 회복, 유류물반환, 재산분할, 농업법인의 합병을 원인으로 하여 소유권이전등기를 신청하는 경우

㉰ "토지보상법"에 의한 수용 및 협의취득을 원인으로 하여 소유권이전등기를 신청하는 경우 및 "토지보상법" 제91조의 규정에 의한 환매권자가 환매권에 기하여 농지를 취득하여 소유권이전등기를 신청하는 경우

㉱ 600평 내의 묘토인 농지에 대한 소유권은 제사를 주재하는 상속인(제사주재자가 상속인이 아닌 경우에는 법정상속인)이 승계하게 되는 바(민법 제1008조의3), 이는 본질적으로 상속에 속하는 것이므로 위 농지에 대하여 소유권이전등기를 신청하는 경우 농지취득자격증명을 첨부할 필요가 없다. 다만, 위 등기신청시에 일반적인 첨부서면 외에 상속을 증명하는 서면과 600평 이내의 묘토인 농지임을 증명하는 서면 및 등기신청인이 제사를 주재하는 자임을 상속인 전원이 인정하는 서면(이 서면에는 등기신청인을 제외한 상속인 전원의 인감증명을 첨부하여야 할 것임)을 첨부하여야 한다(2009. 6. 23. 부동산등기과-1402 질의회답).

㉲ 도시지역 내의 농지에 대한 소유권이전등기를 신청하는 경우에는 일

반적으로 농지취득자격증명을 첨부할 필요가 없으나 도시지역 중 녹지지역 내의 농지에 대하여는 원칙적으로 농지취득자격증명을 첨부하여야 하는데, 그 농지가 도시·군계획시설사업에 필요한 농지인 경우에는 이를 첨부하지 않고 소유권이전등기를 할 수 있으므로,

㉠ 토지이용계획인서상 도시계획구역 중 자연녹지지역 내에 소재하고 있고 도시계획시설 표시가 시설녹지(2002. 12. 30. 등기선례 7-471), 완충녹지(2002. 10. 18. 등기선례 7-469), 공원(도시자연공원)(2002. 7. 29. 등기선례 7-62), 유원지(1999. 2. 22. 등기선례 6-560)인 경우

㉡ 첨부된 도시관리계획확인도면에 의하여 자연녹지지역 전부가 도로에 해당하는 것이 인정되는 경우(2004. 9. 21. 등기선례 7-473), 도시계획시설의 표시가 일부운동장, 일부도로, 일부철도 등으로 기록되어 있으나 도시계획확인도면 등에 의하여 당해 토지의 전부 또는 대부분이 도로 등으로 사용되고 있음이 인정되는 경우(2000. 12. 18. 등기선례 6-554), 도시계획시설란에 '도로저촉, 전기공급설비'라고 기록되어 있고, 토지의 전부 또는 대부분이 도로로 사용되고 있는 경우(1997. 12. 22. 등기선례 5-37)에는 농지취득자격증명을 첨부할 필요가 없다.

이와 같은 도시지역 내의 농지인지 여부 및 도시계획시설사업에 필요한 농지인지 여부는 보통 '토지이용계획확인서'에 의하여 증명될 수 있으나, 농지취득자격증명을 첨부하여야 할 것인지 여부는 구체적인 사건에서 등기관이 판단할 수밖에 없다.

㉥ "농지법" 제34조 및 제2항에 의한 농지전용협의를 완료한 농지를 취득하여 소유권이전등기를 신청하는 경우(단, 전용협의완료를 증명하는 서면은 첨부한다)

㉦ 농지의 저당권자로서, ㉠ 지역농업협동조합, 지역축산업협동조합, 품목별·업종별협동조합 및 그 중앙회와 농협은행, 지구별수산업협동조합, 업종별수산업협동조합, 수산물가공수산업협동조합 및 그 중앙회, 지역산림조합, 품목별·업종별산림조합 및 그 중앙회 ㉡ 한국농어촌공사 ㉢ 금융기관이나 상호저축은행, 신용협동조합, 새마을금고 및 중앙회, 한국농수산식품유통공사 ㉣ 한국자산관리공사 ㉤ 유동화전문회사

㉥ 농업협동조합자산관리회사 등이 농지저당권의 실행을 위한 경매기일을 2회 이상 진행하여도 경락인이 없을 때에 그 후의 경매에 참가하여 그 담보농지를 취득하여 소유권이전등기를 신청하는 경우(농지법 제13조)

㉦ 한국농어촌공사가 "한국농어촌공사 및 농지관리기금법"에 의하여 농지를 취득하거나, "농어촌정비법" 제16조에 의하여 농지를 취득하여 소유권이전등기를 신청하는 경우

㉧ "농어촌정비법" 제25조 소정의 농업생산기반 정비사업 시행자에 의하여 시행된 환지계획 및 같은 법 제43조 소정의 교환·분할·합병에 따라 농지를 취득하여 소유권이전등기를 신청하는 경우와 같은 법 제82조 소정의 농어촌관광휴양단지 개발사업자가 그 사업의 시행을 위하여 농어촌관광휴양단지로 지정된 지역 내의 농지를 취득하여 소유권이전등기를 신청하는 경우

㉨ "농어촌정비법" 제96조의 규정에 의하여 지정된 한계농지 등의 정비사업시행자가 정비지구 안의 농지를 취득하여 소유권이전등기를 신청하는 경우(같은 법 제100조 참조)

㉩ 지목이 농지이나 토지의 현상이 농작물의 경작 또는 다년생식물재배지로 이용되지 않음이 관할관청이 발급하는 서면에 의하여 증명되는 토지에 관하여 소유권이전등기를 신청하는 경우

㉪ "산업집적활성화및공장설립에관한법률" 제13조 제1항 또는 제20조 제2항의 규정에 의한 공장설립 등의 승인을 신청하여 공장입지승인을 얻은 자 및 "중소기업창업지원법" 제33조 제1항의 규정에 의한 사업계획의 승인을 신청하여 공장입지승인을 얻은 자가 당해 농지를 취득하여 소유권이전등기를 신청하는 경우(기업활동규제완화에관한특별조치법 제9조 제4항, 제13조 참조)

③ 농지취득자격증명 반려통보서의 내용

시·구·읍·면의 장은 신청인이 농지취득자격증명 발급요건에 부합하지 아니하는 경우에는 자격증명 미발급사유를 명시하여 신청인에게 문서로 통보하여야 하는 바, 등기실무와 관련한 문제점은 주로 농지가 아닌 토

지 또는 농지법을 위반하여 불법으로 형질변경한 농지 등에 대하여 자격증명의 발급을 신청한 경우에는 그 자격증명 미발급 사유를 아래 예시와 같이 구체적으로 명시하여 신청인에게 문서로 통보하여야 한다(2013. 5. 16. 농림수산식품부 예규 제3호).

㉮ 신청대상 토지가 농지법 제2조 제1호의 규정에 의한 농지에 해당되지 아니한 경우 : "신청대상 토지가 농지법에 의한 농지에 해당되지 아니함". → 반려통보서 첨부하여 등기가능

㉯ 신청대상 농지가 자격증명을 발급받지 아니하고 취득할 수 있는 농지인 경우 : 신청대상 농지는 농지취득자격증명을 발급받지 아니하고 취득할 수 있는 농지임("도시계획구역안 주거지역으로 결정된 농지" 등 해당 사유를 기재) → 반려통보서 없이 등기가능

㉰ 신청인의 농지취득 원인이 자격증명을 발급받지 아니하고 농지를 취득할 수 있는 것인 경우 : "취득원인이 농지취득자격증명을 발급받지 아니하고 농지를 취득할 수 있는 경우에 해당함"(예 : 상속) → 반려통보서 없이 등기가능

㉱ 신청대상 농지가 "농지법"을 위반하여 불법으로 형질을 변경한 농지인 경우 : "신청대상 농지는 취득시 농지취득자격증명을 발급받아야 하는 농지이나 불법으로 형질변경한 부분에 대한 복구가 필요하며 현 상태에서는 농지취득자격증명을 발급할 수 없음" → 농지로 원상회복되어야 등기가능

나누어서 보면, 위 ㉮의 서면에는 농지법상 농지에 해당하지 않는다는 사유가 구체적으로 기재되어 있어야 하고, 단순이 '이 사건 부동산의 현황이 잡종지로써 각 대형상가 앞 나대지 혹은 묵지'라고 기재되어 있을 뿐 부동산의 지목에도 불구하고 농지에 해당하지 아니한다는 점 및 그에 관한 구체적인 사유가 기재되어 있지 아니한 토지현황 사실조회 회신서를 '농지가 아님을 증명하는 서면'에 해당한다고 볼 수 없다. 공부상 지목이 전이나 답인 토지가 농지로써의 현상이 변경되었다고 하더라도 그 변경 자체가 일시적인 것에 불과하고 농지로써의 회복이 용이하게 이루어질 수 있다면 그 토지는 농지법에서 말하는 농지에 해당하므로 농지취득가격증명을 첨부하여야 소유권이전등기를 할 수 있다

(대결 2012. 7. 31. 2012마 336).

㉯, ㉰의 경우에는 토지이용계획확인서나 취득원인 등에 의하여 농지취득자격증명을 받지 않고 취득할 있음이 분명한 때에는 농지취득자격증명이나 농지취득자격증명미발급사유통보서를 첨부하지 아니하고 소유권이전등기를 신청할 수 있다고 본다(2012. 10. 5. 부동산등기과-1891 질의회답에서는 이 경우에도 농지취득자격증명미발급사유통보서가 필요하다고 함). 다만. ㉯의 경우에는 그 지역이 농지취득자격증명이 필요없는 토지임을 소명하기 위하여 토지이용계획확인서를 제출하여야 한다.

㉱에 해당하는 경우에는 해당 토지를 원상회복하기 전에는 현 상태에서 농지에 대한 소유권이전등기를 신청할 수는 없다. "고속도로 공사를 위한 일시전용으로 인하여 현상사무실 및 야적장으로 사용하고 있어 20○○년까지는 원상회복이 불가능하다"(2003. 9. 19. 등기선례 7-464). "오랫동안 농사를 짓지 않아 잡목이 있고 주변 일대에 석회광이 조업중이며 사실상 경작이 불가능함"(2007. 5. 30. 등기선례 8-357)이라고 기재된 문서는 '농지가 아님을 증명하는 서면'에 해당한다고 볼 수 없다, 편법으로 다른 용도로 전용한 농지에 대하여는 이를 원상회복하지 아니하면 현 상태에서는 소유권이전등기를 신청할 수 없다.

④ 농지로 지목변경되기 이전에 취득한 경우

농지취득자격증명을 받아야 하는 경우에는 해당 농지가 어느 시기에 조성, 등록전환 또는 지목변경되었는지를 불문하고 이를 적용한다(2011. 10. 12. 등기예규 제1415호). 따라서, 지목이 '대'인 토지를 1958년에 국가로부터 매수하였으나 소유권이전등기를 하지 않고 있던 중 1986년 지목이 '전'으로 변경된 경우에도, 달리 농지취득자격증명을 첨부하지 않아도 되는 예외사유가 없는 한 매매로 인한 소유권이전등기신청시 농지취득자격증명을 첨부하여야 한다(1999. 3. 5. 등기선례 6-547).

(마) 농지취득자격증명 발급신청절차(농지법 제8조 제2항)

농지취득자격증명을 받고자 하는 자는 일정한 사항이 기재된 농업경영계획서를 작성하여 농지의 소재지를 관할하는 시·구·읍·면의 장에게 신청하여야 한다.

(바) 농지취득자격증명의 유효기간

등기신청서에 첨부하는 농지취득자격증명의 유효기간에 대한 규정은 없으므로 그 발행일로부터 3개월이 경과한 경우에도 등기신청서에 첨부할 수 있다. 다만 경과일수가 오래되어 그 증명력이 의심스로울 때에는 등기관은 최근에 발행한 농지취득자격증명의 제출을 요구할 수 있다(2002. 10. 10. 등기선계 7-49).

마. 대표자의 자격을 증명하는 정보(부등규 제46조 제1항 제4호)

법인이 등기권리자나 등기의무자인 경우에는 대표자의 권한을 증명하는 정보인 법인등기사항증명정보를 제공하여야 한다. 다만 그 법인의 등기가 있는 등기소와 부동산소재지를 관할하는 등기소가 동일한 때에는 대표자자격증명정보의 제공을 생략할 수 있다(부등규 제46조 제5항).

한편 법인 대표자의 직무대행자가 등기를 신청하는 경우 등기기록에 직무대행자의 등기가 되어 있으면 법인등기사항증명정보를 제공하면 된다(민법 제52조의2, 상법 제407조).

바. 대리권을 증명하는 정보(부등규 제46조 제1항 제5호)

대리인이 등기신청을 대리할 경우에는 그 권한을 증명하는 정보를 첨부정보로서 제공하여야 한다. 위임장은 등기권리자와 등기의무자가 동일한 서면으로 작성할 수 있다.

(1) 임의대리인(위임장)

임의대리의 경우에는 위임장을 제출하여야 한다. 위임장에는 부동산의 표시, 등기할 권리에 관한 사항, 위임인의 표시, 위임의 취지 및 위임연월일을 표시하고 위임자가 기명·날인 또는 서명하여야 한다, 위임인이 등기의무자로서 인감증명서를 제출하여야 하는 경우에는 "인감증명법"에 의하여 신고된 인감을 날인하여야 한다. 취하 등의 특별수권사항 대하여는 위임장에 그 권한이 위임된 경우에 한하여 대리할 수 있다(민법 제118조).

위임장에는 2개 이상의 등기소의 관할에 속하는 부동산을 공동담보로 하여

저당권의 설정등기를 신청하는 경우에는 위임장에 다른 관내의 부동산을 표시할 필요는 없다.

위임장에 복대리인 선임사항의 기재가 없는 경우 복대리인이 등기를 신청하는 경우에는 본인의 승낙이 있음을 증명하여야 한다.

교도소에 재감중인 자라도 위임장에 인감인의 날인에 갈음하여 무인을 찍고 교도관이 확인하는 방법으로 작성된 대리권한증서의 제출은 허용될 수 없으며 그때에도 인감증명의 제출을 생략할 수 없다.

(2) 법정대리인

친권자, 후견인 등 무능력자의 법정대리인이 등기를 신청하는 경우에는 등기신청서에 법정대리권을 증명하는 정보를 제공하여야 한다. 미성년자인 경우 미성년자의 기본증명서와 가족관계증명서(만약 미성년자가 혼인하여 성년의제된 경우에는 혼인관계증명서를 첨부하여 직접 신청할 수 있음)를, 한정치산자 및 금치산자인 경우에는 피후견인의 기본증명서를 각 제공하여야 한다. 위 증명서의 유효기간은 발행한 날로부터 3월 이내의 것이어야 한다(부등규 제62조).

사. 주소 및 주민등록번호 등을 증명하는 정보(부등규 제46조 제1항 제6호)

등기기록에 등기권리자를 새로 등기하는 경우에는 등기권리자의 주소(또는 사무소 소재지) 및 주민등록번호(또는 부동산등기용등록번호)를 증명하는 정보를 첨부정보로서 등기소에 제공하여야 한다.

단, 소유권이전등기를 공동으로 신청하는 경우에는 등기의무자의 주소(또는 사무소 소재지)를 증명하는 정보도 제공하여야 한다. 그러므로 판결·경매절차에 따른 매각이나 공매처분 등으로 인하여 등기권리자만으로 신청하거나 관공서의 촉탁에 의할 때에는 등기권리자의 주소를 증명하는 서면만을 제출하면 된다.

(1) 주소를 증명하는 정보

(가) 주민등록등·초본 등의 제출

등기신청인이 대한민국 국민(재외국민이 아님)인 경우에는 신청인의 주소를 증명하는 서면으로 그의 주민등록등·초본을 제출한다. 재외국민경우에는 재외국민이 국외이주하여 주민등록표가 정리되기 전까지는 주민등록표등·초본을, 원래 주민등록표가 없었거나 주민등록표가 정리되어 해당란에 국외 주소지와 그 이주연월일이 기재된 후에는 외국주재 한국대사관이나 영사관에서 발행하는 재외국민거주사실증명 또는 재외국민등록표등본을 제출하여야 한다. 다만, 거주국에 한국대사관 등이 없어 그와 같은 증명을 받을 수 없는 경우에는 주소를 공증한 서면으로 주소를 증명하는 서면을 갈음할 수 있다.

외국인은 본국 관공서의 주소증명서 또는 거주사실증명서(일본, 독일, 프랑스, 대만 등의 경우)나, 주소증명을 발급하는 기관이 없는 경우(미국, 영국 등의 경우)에는 주소를 공증한 공증증서를 첨부해야 한다. 주소증명서 또는 거주사실증명서를 발급하는 기관은 없으나 이를 대신할 수 있는 증명서(예컨대, 운전면허증 또는 신분증 등)를 본국 관공서에서 발급하고 있는 경우에는 관할등기소의 등기관에게 그 증명서 및 원본과 동일하다는 취지를 기재한 사본을 제출하여 원본과 동일함을 확인 받은 때 또는 그 증명서의 사본에 원본과 동일하다는 취지를 기재하고 그에 대하여 본국관공서의 증명이나 공증인의 공증 또는 외국주재 한국대사관이니 영사관의 확인을 받은 때에는 그 증명서의 사본으로 주소를 증명하는 서면에 갈음할 수 있다.

국내에 거주하는 외국인이 "출입국관리법"에 의한 등록을 한 경우에는 외국인등록표등·초본을 제출해도 된다. 그리고 "재외동포의출입국과법적지위에관한법률"에 의하여 국내거소신고를 한 외국국적동포가 국내 부동산의 취득 및 처분과 관련된 등기신청을 할 때에는 주소를 증명하는 서면으로 위 국내거소사실증명서를 제출할 수 있다.

법인 또는 외국회사는 주소를 증명하는 서면으로 법인등기사항증명서를 제출하여야 한다.

등기신청서에 첨부하는 법인등기사항증명서, 주민등록등·초본 등은 발행일로부터 3월 이내의 것이어야 한다(부등규 제62조).

(나) 판결에 의한 등기신청의 경우

판결에 의한 등기신청의 경우에는 등기의무자의 주소를 증명하는 서면은 제출할 필요가 없다. 그러나 판결문상의 피고의 주소가 등기기록의 등기의무자의 주소와 다른 경우(등기기록상 주소가 판결에 병기된 경우)에는 동일인임을 증명할 수 있는 자료로서 주소에 관한 서면을 제출하여야 한다. 다만 판결문상에 기재된 피고의 주민등록번호와 등기기록에 기록된 등기의무자의 주민등록번호가 동일하며 동일인임을 인정할 수 있는 경우에는 그러하지 아니하다.

등기의무자가 재외국민이어서 등기의무자의 협력 없이는 주소에 관한 증명을 제출할 수 없는 경우에는 그 판결에 기재된 피고와 등기부에 기록된 등기의무자가 동일인임을 확인하는데 상당하다고 인정되는 자의 보증서면과 그 인감증명 및 기타 보증인의 자격을 인정할 만한 서면 등에 의하여 동일임을 증명할 수도 있을 것이다.

원고가 미등기 부동산에 대하여 그 소유자를 피고로 하여 소유권이전등기절차의 이행을 명하는 판결을 받은 후 피고를 대위하여 소유권보존등기를 신청하는 경우에는 그 보존등기명의인인 피고의 주소를 증명하는 서면을 제출하여야 하고, 이 경우 피고의 주민등록이 주민등록법에 의하여 말소된 때에는 말소된 주민등록표등·초본을 첨부하고 그 최후주소를 주소지로 하여 피고 명의의 소유권보존등기를 신청하여야 한다.

또한 판결에 의하여 소유권이전등기를 순차로 대위신청하는 경우, 즉 갑은 을에게, 을은 갑에게 각 소유권이전등기절차를 순차로 이행하라는 판결에 의하여 병이 을을 대위하여 갑으로부터 을로의 소유권이전등기를 신청할 때에는 을의 주소를 증명하는 서면을 첨부하여야 한다.

(다) 상속등기신청 관련

상속으로 인한 소유권이전등기를 신청하는 경우에는 신청인의 주소를 증명하는 서면으로 주민등록등(초)본을 제출하여야 하지만, 협의분할에 의한 상속등기를 신청하는 경우에 상속을 받지 않는 상속인들의 주소를 증명하는 서면을 제출할 필요가 없다. 다만, 상속을 증명하는 서면(가족관계증명서 등)과 상속재산분할협의서 및 인감증명서상의 상속인의 표시만으로 각 서면상의 상속인이 동일인임을 알 수 없는 경우에는 동일인임을 증명하는 서면을 제출하여야 한다.

공동상속인 중 일부가 행방불명되어 주민등록이 주민등록법에 의하여 말소된 경우에는 주민등록표등본을 첨부하여 그 최후주소를 주소지로 하고, 그 주민등록표등본을 제출할 수 없을 때에는 이를 소명하여 주민등록번호를 병기하지 아니하고 "가족관계의등록등에관한법률" 제15조 제1항 제2호의 기본증명서상 등록기준지를 그 주소지로 하여 상속등기를 신청할 수 있다. 마찬가지로 공동상속인 중 외국 국적을 취득하여 우리나라 국적을 상실한 자에 대하여(위임을 받을 수 없는 사정으로 인하여) 부동산등기용등록번호를 부여받을 수 없는 경우에는 이를 소명하여 부동산등기용등록번호를 병기하지 아니하고 다른 상속인 또는 대위채권자가 상속등기를 신청할 수 있다(등기선례 7-78). 즉 이 경우에는 등록번호증명서를 첨부할 필요가 없다.

(2) 주민등록번호 또는 부동산등기용등록번호를 증명하는 서면

등기신청서에 등기권리자의 성명 또는 명칭을 기재함에는 등기권리자의 주민등록번호를 병기하여야 한다. 그런데 등기권리자에 주민등록번호가 없는 때에는 부동산등기법 제49조에 의한 부동산등기용등록번호를 병기하여야 한다(부등법 제48조 제2항).

종중, 문중 그 밖에 대표자나 관리인이 있는 법인 아닌 사단이나 재단에 속하는 부동산의 등기에 관하여는 그 법인 아닌 사단이나 재단의 부동산등기용등록번호뿐만 아니라 그 대표자나 관리인의 성명과 주소를 기재하는 외에 그의 주민등록번호를 병기하여야 한다(부등법 제48조 제3항). 따라서 등기신청서에는 이를 증명하는 서면을 각 첨부하여야 한다.

(가) 등기권리자가 자연인인 경우(부등규 제46조)

자연인이 등기권리자인 경우에는 그 권리자의 주민등록번호를 증명하는 정보, 즉 주민등록표등(초)본을 등기소에 제공하여야 한다.

(나) 등기권리자가 법인 등인 경우(부등규 제46조)

법인이 등기권리자인 경우에는 법인등기사항증명서를, 법인 아닌 사단이나 재단(외국법인으로서 국내에서 등기를 하지 아니한 경우도 포함) 또는 외국인이나 주민등록번호가 없는 재외국민이 등기권리자인 경우에는 부동산등기용등록번호를 증명하는 서면을 제출하여야 한다.

해산등기를 한 기존 회사는 회사계속등기를 하지 않는 한 등록번호를 부여받을 수 없다. 그러므로 해산되어 청산중인 주식회사는 소유 부동산에 대하여 그 등록번호 없이도 소유권보존등기를 할 수 있다(등기선례 3-2 04).

청산법인이 미등기 부동산에 관하여 소유권보존등기를 하는 등 등기권리자로서 부동산등기신청을 하는 경우에는 폐쇄된 청산법인의 등기기록을 부활하여 부동산등기용등록번호를 증명하는 서면으로 제출하여야 한다.

법인이 부동산의 등기권리자인 경우에 그 법인등기가 되어 있는 등기소와 부동산의 소재지를 관할하는 등기소가 동일한 때에는 등기신청서에 부동산등기용등록번호를 증명하는 서면을 첨부하지 않아도 된다(부등규 제46조 제5항).

(다) 외국국적동포에 관한 특례

"재외동포의출입국과법적지위에관한법률"에 의하여 국내거소신고를 한 외국국적동포(같은 법 제2조 제2호)의 경우에는 국내거소신고번호(같은 법 제7조 제1항에 의한 국내거소신고번호를 말함)로 부동산등기용등록번호에 갈음할 수 있다. 또한 부동산등기용등록번호를 국내거소신고번호로 변경하는 등기명의인표시변경등기신청도 가능하다.

그러나 재외국민(같은 법 제2조 제1호)은 국내거소신고번호를 부여받았다고 하더라도 이로써 부동산등기용등록번호에 갈음할 수 없고, 대법원소재지 관할등기소(서울중앙지방법원 등기과)에서 부동산등기용등록번호를 부여받아야 한다.

아. 대장정보나 그 밖에 부동산의 표시를 증명한 정보

(부등법 제40조 제1항 제7호)

소유권보존등기나 이전등기 또는 부동산표시등기 등을 신청하는 경우에는 대장등본 등을 첨부하여야 한다(부등규 제72조, 제121조 등).

대장상의 부동산표시와 등기기록상의 그것이 부합하지 아니한 때에는 등기관은 등기신청을 각하하도록 하고 있다(부등법 제29조 제11호).

건물에 대한 소유권보존등기는 되어 있으나 무허가 등으로 건축물대장이 작성되어 있지 아니하여 건축물대장등본을 발급받을 수 없는 경우, 등기할 건축물이 건축물대장에 등재되지 않았다는 사실 및 부동산의 표시를 소명할 수 있는 시장·군수·구청의 확인서(건축물부존재증명서)를 첨부하면 건축물대장 정보를 제공하지 아니하고 소유권이전등기를 신청할 수 있다.

위 서면은 서면의 형식·명칭·종류에 관계없이 등기기록상 부동산의 표시를 소명하는데 족한 서면이어야 한다. "등기할 건축물이 건축물대장에 등재되지 않았다는 사실 및 부동산의 표시를 소명할 수 있는 시장·군수·구청장의 확인서" 혹은 "건축사 또는 측량기술사가 등기할 건축물이 건축물대장에 등재되지 않아 건축물대장을 발급받을 수 없다는 사실과 부동산의 표시(건물의 소재와 지번·종류·구조·면적 등)를 특정하여 작성한 서면" 등은 이에 해당한다(등기선례 7-206).

소유권이전등기신청이 아닌 경매에 의한 소유권이전등기촉탁의 경우, 직권으로 소유권보존등기는 되어 있으나, 준공검사를 마치지 못하여 건축물대장이 작성되어 있지 않는 건물에 대하여 경매절차가 진행된 경우에는 건축물대장등본 기타 부동산의 표시를 증명하는 서면을 첨부하지 않더라도 매각에 따른 소유권이전등기의 촉탁을 할 수 있다(등기선례 5-133). 경매개시결정 등의 처분제한등기를 촉탁할 때 이미 기타 부동산의 표시를 증명하는 서면을 첨부하였기 때문이다.

자. 인감증명서(부등규 제60조) 또는 본인서명사실확인서

인감증명서를 일정한 등기신청서에 첨부하도록 하는 것은 등기신청은 특히 등기의무자의 진정한 의사의 확인 또는 등기원인에 대한 제3자의 허가, 동의, 승낙을 요할 때나 등기상 이해관계인의 승낙을 요할 때 그 허가, 동의·승낙자의 진정한 의사를 확인하기 위한 것이다.

(1) 인감증명서를 제출하여야 하는 경우

등기신청시에 인감증명서를 제출하여야 하는 경우는 아래 각 항과 같으며, 인감증명을 제출하여야 하는 자가 법인 또는 외국회사인 때에는 등기소의 증명을 얻은 그 대표자의 인감증명을, 법인 아닌 사단 또는 재단인 때에는 그 대표자 또는 관리인의 인감증명을 제출하여야 하고, 법정대리인이 등기신청을 하거나 서류를 작성하는 경우에는 법정대리인의 인감증명을 제출하여야 한다(부등규 제61조 제1항, 제2항).

(가) 소유권에 관한 가등기명의인이 가등기말소를 신청하는 경우 가등기명의인의 인감증명서, 가등기명의인의 승낙서를 첨부하여 등기상의 이해관계인이 가등기말소를 신청하는 경우에는 가등기명의인의 인감증명을 제출하여야 한다.

(나) 지상권, 전세권 등 소유권 이외의 권리의 등기명의인이 등기의무자로서 신청서에 부동산등기법 제51조 단서(등기필증 또는 등기필정보의 분실)에 의한 서면을 첨부하여 등기를 신청하는 경우 등기의무자의 인감증명을 제출하여야 한다.

(다) 근저당권자가 등기의무자로서 근저당권이전등기를 신청하는 경우에는 그 권리에 관한 등기필증(또는 등기필정보)이 멸실되어 확인서면 등을 첨부하여 등기를 신청하는 경우를 제외하고는 근저당권이전등기 신청시에 등기의무자(근저당권자)의 인감증명을 첨부할 필요는 없다. 그러나 등기필증(또는 등기필정보)을 멸실한 법인의 지배인이 법인 명의의 근저당권에 대한 말소등기를 신청할 경우에는 지배인의 자격을 증명하는 서류와 "상업등기법" 제16조의 규정에 의하여 발급된 지배인의 인감증명을 제출하여야 한다.

(라) 부동산등기규칙 제60조 제1항 제3호에서 소유권 외의 권리의 등기명의인이 등기의무자로서 부동산등기법 제51조 단서(확인서면 또는 공증서면을 제출하는 방법)에 따라 등기를 신청하는 경우에는 등기의무자의 인감증명을 제출하여야 한다.

(마) 부동산등기규칙 제81조 제1항에 따라 토지소유자들의 확인서를 첨부하여 토지합필등기를 신청하는 경우에는 그 토지소유자들의 인감증명을 제출하여야 한다.

(바) 부동산등기규칙 제74조에 따라 권리자의 확인서를 첨부하여 토지분필등기를 신청하는 경우 그 권리자의 인감증명을 제출하여야 한다.

(사) 협의분할에 의한 상속등기를 신청하는 경우 분할협의서에 날인한 상속인 전원의 인감증명을 제출하여야 한다.

(아) 등기신청서에 제3자의 동의 또는 승낙을 증명하는 서면을 첨부하는 경우 그 서면에 날인한 동의 또는 승낙자의 인감증명을 제출하여야 한다.

(자) 법인 아닌 사단이나 재단의 등기신청서에 대법원예규로 정하는 인감증명을 제출하여야 한다.

(2) 인감증명서의 제출의무가 면제되는 경우

(가) 관 공 서

관공서가 등기의무자인 경우에는 인감증명서에 관한 규정이 적용되지 않는다(부등규 제60조 제2항). 이와 반대로 관공서가 등기권리자인 경우에는 등기의무자의 인감증명이 필요하다.

(나) 외 국 인

외국인의 경우에도 원칙적으로 "인감증명법"에 의한 인감증명 또는 본국의 관공서가 발행한 인감증명서를 제출하여야 한다. 그런데 본국에 인감증명제도가 없고 또한 "인감증명법"에 의한 인감증명을 받을 수 없는 자는 신청서나 위임장 또는 첨부서면에 한 서명에 관하여 본인이 직접 작성하였다는 취지의 본국 관공서의 증명이나 이에 관한 공정증서(국내의 공정증서 포함)를 제출하여야 한다(부등규 제61조 제3항). 다만, 날인제도가 없는 외국인이 입국하여 국내 부동산을 처분한 경우 신청서 또는 위임장 등에 한 서면이 본인의 것임을 증명하는 주한 본국 대사관이나 영사관의 확인서면으로도 가능하다. 위 신청서류 중 외국어로 작성된 경우에는 번역문도 첨부하여야 한다. 또한. "출입국관리법"에 의하여 외국인의 등록을 한 자는 체류지를 관할하는 증명청에 인감을 신고하여 인감증명을 발급받아 제출할 수 있고, "재외동포의출입국과법적지위에관한법률"에 의하여 국내거소신고를 한 자는 그 국내거소를 관할하는 증명청에 인감을 신고하여 인감증명을 발급받아 제출할 수 있다(인감증명법 제3조 제4항, 제4항).

(다) 공정증서

부동산등기규칙 제60조 제1항 제4호 내지 제7호에 해당하는 서면이 공정증서인 경우에는 인감증명의 제출을 요하지 아니한다(부등규 제61조 제4항).

(3) 인감증명서의 발급관서

(가) 개인인 경우

"인감증명법"의 규정에 의하여 시장·군수 또는 구청장이나 읍·면·동장 또는 출장소장이 발급한다(인감증명법 제12조).

(나) 외국인의 경우

외국인의 경우는 본국의 관공서가 그 발급기관이다. 다만 외국인이 "출입국관리법"에 따라 외국인등록을 한 때에는 체류지를 관할하는 증명청에 인감신고를 하고 인감증명을 받을 수 있다(같은 법 제3조 제3항).

(다) 법인의 경우

상법등기법과 상업등기규칙에 의하여 등기소에서 그 인감제출자의 인감증명을 발급한다.

(4) 인감증명의 유효기간

"인감증명법 시행령"상의 유효기간은 폐지되었으나, 등기신청서에 첨부하여 제출하는 인감증명은 그 용도에 관계없이 발행일로부터 3월 이내의 것을 제출하여야 한다(부등규 제62조). 이때 기간계산에 있어 인감증명서의 발행일인 초일은 산입하지 아니하고, 그 기간의 말일이 토요일 또는 공휴일인 때에는 그 다음날로 기간이 만료된다.

(5) 인감증명과 사용용도

매매를 원인으로 한 소유권이전등기의 경우에는 부동산매도용 인감증명서 즉, 부동산매수인란에 매수인의 성명(법인명)·주민등록번호(부동산등기용등록번호) 및 주소가 기재되어 있는 인감증명서를 첨부한다. 그런데 증여 등 매매 이외의 원인으로 소유권이전등기신청의 경우에는 부동산매도용 인감증명서를 첨부할 필요가 없다(인감증명법시행령 제13조 제3항). 따라서 사용용도란에 가등기용으로 기재된 인감증명서를 근저당권설정등기신청서에 첨부하거나, 부동산매도용인감증명서를 지상권설정등기신청서에 첨부하여도 그 등기신청을 각하할 수는 없다.

부동산매도용 인감증명서에 기재된 매수인과 매매를 원인으로 한 소유권이전등기신청서에 기재된 등기권리자의 인적사항이 일치되지 아니한 등기신청은 수리할 수 없다.

부동산의 매수인이 다수인 경우에는 인감증명서상의 매수인란 중 성명 란에 "○○○명 외 ○명"으로 기재하고, 주민등록번호 및 주소란에 첫 번째 매수인 1인의 주소와 주민등록번호를 기재한 다음 나머지 매수인들의 인적사항을 별지에 기재한 부동산매도용 인감증명서를 첨부한 등기신청은 수리하되, 위의 경우 나머지 매수인들의 인적사항이 별지에 기재되지 아니한 채 "○○○ 외 ○명"으로만 기재된 부동산매도용 인감증명서가 첨부된 때에는 수리하여서는 아니 된다.

종전에는 소유권이전등기신청서에 첨부되는 재외국민의 인감증명서는 비고란에 이전할 부동산명과 그 소재지가 기재되어 있어야 했으나 "인감증명법 시행령"과 예규의 개정으로 "인감증명법" 및 "같은 법 시행령"에 의하여 발급된 인감증명서를 첨부하여 등기를 신청할 경우 인감증명서 발급신청과 관련된 제3자에 대한 위임 여부, 세무서 경유 여부 등을 소명하는 자료를 첨부할 필요가 없게 되었다.

(6) 유의사항

인감증명서의 위임인란의 흠결은 인감증명의 발행권자가 정당하게 발행한 것인 때에는 이를 이유로 등기신청을 각하할 수 없다.

인감증명서상의 등기의무자의 주소가 종전 주소지로 기재되어 있는 등 현주소와 일치하지 아니하더라도 주민등록표등본의 주소이동내역에 인감증명서상의 주소가 종전 주소로서 표시되어 있거나 성명과 주민등록번호 등에 의하여 동일인임이 인정되는 경우에는 이를 수리하여야 한다.

또한 매수인의 주소가 번지의 기록만 누락되었을 뿐 나머지 기록부분(아파트 및 동·호수 표시)은 주민등록표상의 현주소와 일치하는 경우에도 동일인임을 소명한다면 그 인감증명서를 첨부하여 등기신청을 할 수 있다. 한편 지방자치단체가 매수인인 경우에 매도인의 인감증명서상에는 지방자치단체의 명칭만 기록하면 족하지 부동산등기용등록번호나 지방자치단체의 사무소 소재지를 기록할 필요는 없다.

인감증명서의 인영이 등기신청서 또는 위임장에 날인한 인영과 동일하다면, 신청서의 성명(金正鎬)과 인감증명서의 인영(金貞鎬)의 성명이 다르더라도 무방하고(등기선례 2-111), 가족관계등록사항별증명서나 주민등록표상에는 성명이 한자로 표시되어 있으나 인감증명서상의 인영의 문자가 한글로 되어 있다 하더라도 상관없다(등기선례 1-128 참조). 다만 등기신청서에 첨부되는 인감증명서의 인영은 등기관이 육안으로 확연히 확인할 수 있도록 날인(온라인 발급인감의 경우에는 인쇄)되어 있어야 한다(등기예규 제1171호 참조).

법인이 등기필증(또는 등기필정보)을 멸실하여 확인서면을 첨부하여 법인 명의의 근저당권에 대한 말소등기를 신청하는 경우, 종전에는 지배인의 사용인감을 날인하고 지배인의 사용인감계를 첨부하고 대표자(은행장)의 법인인감증명을 첨부하는 것이 허용되었으나 앞으로는 이와 같은 사용인감계를 첨부하는 것은 허용되지 않고 등기필정보(등기필증)가 없는 경우에는 ① 법인의 대표자(은행장)를 확인하고 법인의 인감을 위임장에 날인하고 법인인감증명을 첨부하거나, ② 지배인을 확인하고 지배인이 상업등기법에 의하여 신고한 지배인의 인감을 위임장에 날인하고 그 지배인의 인감증명을 첨부하여야 한다.

(7) 본인서명사실확인서를 제공한 경우

"본인서명사실확인등에관한법률"에 따라 발급된 본인서명사실확인서를 등기소에 제공한 경우에는 인감증명을 따로 제공할 필요가 없다. 단 신청서 또는 위임장에 인감대신 서명을 한 경우 그 서명은 본인 고유의 필체로 자신의 서명을 기재하는 방법으로 하여야 하고 등기관이 알아볼 수 있도록 명확하게 하여야 한다.

신청서 등의 서명은 본인서명사실확인서의 서명이 한글로 기재되어 있으면 한글로, 한자로 기재되어 있으면 한자로, 영문으로 기재되어 있으면 영문으로 각각 기재하여야 하며, 이에 위반하여 서명 문자가 서로 다른 경우 본인서명사실확인서나 신청서 등에 성명을 전부 기재하지 아니하거나 서명이 본인의 성명과 다른 경우, 본인의 성명임을 인식할 수 없을 정도로 흘려 쓰거나 작게 쓰거나 겹쳐 쓴 경우, 성명 외의 글자 또는 문양이 포함된 경우, 그 밖에 등기관이 알아볼 수 없도록 기재된 경우는 그 등기신청을 수리하여서는 아니 된다.

(8) 전자본인서명확인서의 확인 등

등기관이 발급증을 제출받았을 때에는 전자본인서명확인서 발급시스템에서 전자본인 서명확인서를 확인하여야 한다.

건자본인서명확인서 발급시스템 또는 등기시스템의 장애 등으로 등기관이 전자본인서명확인서를 확인할 수 없는 경우에는 신청인에게 인감증명서 또는 본인서명사실확인서를 등기소에 제공할 것을 요구할 수 있다. 이 경우 신청인이 인감증명서 또는 본인서명사실확인서를 제출할 때 이미 제출된 신청서 등을 그에 맞게 보정하여야 한다.

등기관은 전자본인서명확인서 발급시스템에서 등기신청을 받은 등기소 외의 기관·법인 또는 단체가 전자본인서명확인서를 열람한 사실이 확인된 경우 해당 등기신청을 수리하여서는 아니 된다.

차. 외국 공문서/공증문서에 영사확인 또는 아포스티유 첨부

2017년 5월 25일 개정된 '부동산등기규칙 제46조 제9항'에 따라 2017년 10월 1일부터 부동산등기를 신청하면서 외국공문서나 외국에서 공증받은 문서를 제출하는 경우에는 '재외공관공증법 제30조 제1항'에 따른 공증담당영사의 확인을 받거나 '외국공문서에 대한 인증의 요구를 폐지하는 협약'(일명 '아포스티유' 협약)에 따라 아포스티유를 붙여야 한다.

공문서·공증문서의 발행국가 '아포스티유' 협약 가입국이라면 등기신청인은 한국 외교부 영사관 민원실에서 발행한 아포스티유를 첨부하여야 하고, 가입하지 않은 국가라면 해당 국가에 주재하는 한국대사관 또는 총영사관에서 영사인증을 받아 제출하여야 한다.

(1) 아포스티유 협약 가맹회원국

지 역	가 입 국
아시아 대양주	호주, 일본, 한국, 뉴질랜드, 싱가포르, 이스라엘, 홍콩, 인도, 마카오, 브루나이, 쿡제도, 피지, 인도, 카자흐스탄, 마샬군도, 마우리제도, 사모아, 세이셸제도, 통가, 니우에
유럽	프랑스, 독일, 오스트리아, 영국, 벨기에, 이달리아, 불가리아, 체코, 덴마크, 노르웨이, 폴란드, 포르투갈, 스페인, 스웨덴, 스위스, 루마니아, 러시아, 우크라이나, 그리스, 네덜란드, 헝가리, 모나코, 아일랜드, 아이슬란드, 룩셈부르크, 알바니아, 벨라루스, 보스니아 헤르체코비나, 크로아티아, 사이프러스, 에스토니아, 핀란드, 조지아, 라트비아, 리투아니아, 몰타, 세르비아, 슬로바키아, 슬로베니아, 마케도니아, 터키, 안도라, 아르메니아, 아제르바이잔, 리히텐슈타인, 몰도바, 산마니노
북미	미국
중남미	아르헨티나, 멕시코, 베네수엘라. 콜롬비아, 파나마, 수리남, 안티과 바뷰다, 바하마, 바바도스, 벨리즈, 도미니카, 에콰도르, 엘살바도르, 그라나다. 온두라스, 세인트 빈센트, 트리니다드 투바고, 세인트 루시아, 세인트 키츠네비스
아프리카	사우스 아프리카, 보츠와나, 레소토, 라이베리아, 나미비아, 스와칠랜드(에스와티니), 말라위

(2) 아포스티유 협약 미가입 주요국가(영사인증 필요)

지 역	국 가 명
아시아	중국, 태국, 대만, 미얀마, 방글라데시, 베트남, 필리핀, 우주베키스탄, 키르키즈스탄, 파키스탄
미주대륙	캐나다, 과테말라, 브라질, 볼리비아, 우루과이, 파라과이, 코스타리카
중동	사우디아라비아, 레바논, 아랍, 요르단, 이란, 카타르

※ 즉, 아포스티유 협약 미가입국(중국 등) 경우에는 외국에서 발급받은 문서를 번역하여 번역문을 받은 다음 공증인 사무소에서 번역문에 인증을 받아야 한다, 번역문 인증을 마치고 나면 한국 외교부에서 영사확인을 받은 다음 해당 국가에 주재하는 한국대사관 또는 총영사관에서 공증담당 영사로부터 영사인증을 받아야 한다.

카. 건물도면 또는 지적도

(1) 건물도면을 제공하여야 하는 경우

(가) 건물의 소유권보존등기를 신청하는 경우에 그 건물대지 위에 여러 개의 건물이 있을 때에는 그 대지 위에 있는 건물의 소재도를 등기소에 제공하여야 한다(부등규 제121조 제3항). 다만, 건물의 표시를 증명하는 정보로서 건축물대장정보를 등기소에 제공하는 경우에는 그러하지 아니하다(부등규 제121조 제3항 단서).

(나) 구분건물에 관한 소유권보존등기를 신청하는 경우에는 1동의 건물의 소재도, 각 층의 평면도와 전유부분의 평면도를 등기소에 제공하여야 한다(부등규 제121조 제4항). 다만, 건물의 표시를 증명하는 정보로서 건축물대장정보를 등기소에 제공한 경우에는 그러하지 아니하다(부등규 제121조 제4항 단서).

(다) 전세권설정 또는 전전세의 범위가 부동산의 일부인 경우에는 그 부분을 표시한 건물도면을 등기소에 제공하여야 한다(부등규 제128조 제2항).

(라) 임차권설정 또는 임차물 전대의 범위가 부동산의 일부인 경우에는 그 부분을 표시한 건물도면을 등기소에 제공하여야 한다(부등규 제130조 제2항).

(마) 건물의 일부에 전세권·임차권등기가 있는 경우에 분할이나 구분을 신청할 때에는 권리가 존속할 건물의 표시에 관한 정보를 등기소에 제공하고, 이에 관한 권리자의 확인이 있음을 증명하는 정보를 등기소에 제공하여야 한다. 이 경우 그 권리가 건물의 일부에 존속할 때에는 그 건물부분에 관한 정보도 등기소에 제공하고, 그 부분을 표시한 도면을 등기소에 제공하여야 한다(부등규 제74조).

(2) 지적도를 제공하여야 하는 경우

(가) 지상권설정의 범위가 부동산의 일부인 경우에는 그 부분을 표시한 지적도를 등기소에 제공하여야 한다(부등규 제126조).

(나) 지역권설정의 범위가 승역지의 일부인 경우에는 그 부분을 표시한 지적도를 등기소에 제공하여야 한다(부등규 제127조).

(다) 전세권설정 또는 전전세의 범위가 부동산의 일부인 경우에는 그 부분을 표시한 건물도면을 등기소에 제공하여야 한다(부등규 제128조 제2항).

(라) 임차권설정 또는 임차물 전대의 범위가 부동산의 일부인 경우에는 그 부분을 표시한 건물도면을 등기소에 제공하여야 한다(부등규 제130조 제2항).

(마) 1필의 토지에 일부에 지상권·전세권·임차권이나 승역지(편익제공지)의 일부에 관하여 하는 지역권의 등기가 있는 경우에 분필등기를 신청할 때에는 권리가 존속할 토지의 표시에 관한 정보를 등기소에 제공하여야 하고, 이에 관한 권리자의 확인이 있음을 증명하는 정보를 등기소에 제공하여야 한다. 이 경우 그 권리가 토지의 일부에 존속할 때에는 그 토지부분에 관한 정보도 등기소에 제공하고, 그 부분을 표시한 지적도를 등기소에 제공하여야 한다(부등규 제74조). 위와 같은 권리자의 서면과 도면을 첨부하지 아니한 분필등기의 신청은 이를 수리할 수 없으며, 부동산등기법 제29조 제9호의 사유에 의하여 각하하여야 한다.

(3) 도면 또는 지적도를 작성하는 방법

(가) 건물의 도면에는 건물의 소재지, 건물의 종류, 구조와 면적, 택지의 방위를 기록하고, 1필지 또는 여러 필지 위에 여러 개의 건물이 있는 때에는 건물의 번호, 건물의 형상, 길이, 위치를 기록하여야 한다.

(나) 도면 등은 전부 검은 선과 검은 글씨로 하고, 만일 등기목적 외의 건물이 있는 때에는 그 도면 등은 붉은 선, 붉은 글씨로 하여야 한다.

(다) 등기신청의 범위가 부동산의 일부인 경우에도 도면 등에 권리의 목적인 부분을 검은 선과 검은 글씨로 표시하여야 한다.

(4) 도면 등을 등기소에 제공하는 방법

(가) 방문신청을 하는 경우라도 등기소에 제공하여야 하는 도면은 전자문서로 작성하여야 하며, 그 제공은 전산정보처리조직을 이용하여 등기소에 송신하는 방법으로 하여야 한다(부등규 제63조). 도면 등을 전자문서로 작성하여 전산정보처리조직을 이용하여 등기소에 제공하는 경우에는 신청인 또는 대리인의 전자서명정보를 함께 송신하여야 한다(등기예규 제1404호).

(나) 다만, 다음 각 호의 어느 하나에 해당하는 경우에는 그 도면을 서면으로 작성하여 등기소에 제출할 수 있다(부등규 제63조). 이와 같이 도면 등을 서면으로 작성하여 등기소에 제출하는 경우에는 신청인 또는 대리인이 기명날인하거나 서명하여야 한다(등기예규 제1404호).

① 자연인 또는 법인 아닌 사단이나 재단이 직접 등기신청하는 경우

② 자연인 또는 법인 아닌 사단이나 재단이 자격자대리인이 아닌 사람에게 위임하여 등기신청을 하는 경우

타. 부동산거래계약신고필증(부등규 제124조)

부동산거래당사자(매도인 및 매수인)는 토지 또는 건축물의 매매에 관한 거래계약의 체결일로부터 30일 이내에 당해 토지 또는 건축물 소재지의 관할 시장·군수 또는 구청장에게 공동으로 부동산거래신고를 하여야 하며, 부동산거래신고법 제3조에서 정한 계약을 원인으로 하는 소유권이전등기를 신청하는 경우에는 거래가액을 신청정보의 내용으로 등기소에 제공하고, 시장·군수 또는 구청장으로부터 제공받은 거래계약신고필증정보를 첨부정보로서 등기소에 제공하여야 한다. 거래부동산이 2개 이상인 경우 또는 거래부동산이 1개라 할지라도 여러 명의 매도인과 여러 명의 매수인 사이의 매매계약인 경우에는 매매목록도 첨부정보로서 등기소에 제공하여야 한다.

(1) 부동산거래신고의 적용범위

(가) 2017. 1. 20.부터는 부동산에 대한 매매계약, 분양계약, 분양권·입주권 양도의 모든 경우에 부동산거래신고를 하여야 한다. 즉 개정 전 부동산거래신고법에서 적용대상으로 보았던 기성 부동산에 대한 매매계약, 주택에 대한 분양권·입주권전매에 추가하여 부동산에 대한 공급(분양)계약, 또는 분양권전매의 경우에는 원칙적으로 부동산거래신고를 하여야 한다. 아파트에 대한 최초 분양권계약이나 주택외 부동산(토지·상가)의 분양권전매계약은 2017. 1. 19.까지는 검인의 대상이 되지만 2017. 1. 20.부터는 부동산거래신고대상이 된다.

(나) 부동산거래신고법 제3조 제1항 제2호의 “대통령령으로 정하는 법률”이

란 다음 각 호를 말한다.

1. 주택법
2. 도시 및 주거환경정비법
3. 건축물의 분양에 관한 법률
4. 택지개발촉진법
5. 도시계획법
6. 공공주택 특별법
7. 산업입지 및 개발에 관한 법률

(3) 부동산거래신고절차

(가) 당사자가 신청하는 경우

부동산거래신고법 제3조 제1항에 따라 부동산거래신고를 하려는 거래당사자는 부동산거래신고 등에 관한 법 시행규칙 별지 제1호 서식의 부동산거래계약신고서에 공동으로 서명 또는 날인하여 거래당사자 중 일방이 시장 등 신고관청에 제출하여야 한다(부동산거래신고법시행규칙 제2조 제1항). 위 '날인'은 전자서명법 제2조 제8호에 따른 공인인증서를 통한 본인확인(이하 '전자인증'이라 한다)의 방식으로 할 수 있으며, 위 '제출'은 전자서명법 제2조 제1호에 따른 전자문서(이하 '전자문서'라 한다)에 의한 방식으로 할 수 있다(부동산거래신고법시행규칙 제2조 제1항).

거래당사자 중 일방이 신고를 거부하는 때에는 국토교통부령으로 정하는 바에 따라 단독으로 신고할 수 있는데(부동산거래신고법 제3조 제2항), 부동산거래신고법시행규칙 별지 제1호 서식의 부동산거래계약신고서에 단독으로 서명 또는 날인한 후 상대방이 신고를 거부하는 사유서와 거래계약서 사본을 첨부하여 신고관청에 제출하여야 한다. 이 경우 신고관청은 사유서 내용의 사실 여부를 확인하여야 한다(부동산거레신고법시행규칙 제2조 제2항).

(나) 개업공인중개사가 신고하는 경우

부동산거래신고법 제3조 제3항에 따라 부동산거래신고를 하려는 거래당사자는 부동산거래신고법시행규칙 별지 제1호 서식의 부동산거래계약신고서에 공동으로 서명 또는 날인하여 거래당사자 중 일방이 신고관청에 제출하여야 한다(부동산거래신고법시행규칙 제2조 제1항). 이 경우 전자인증의 방식으로 날인할 수 있으며 종이문서 대신에 전자문서로 제출할 수 있다(부동산거래신고법시행규칙 제2조 제1항).

(다) 필요서류

위 (가),(나)의 방식으로 부동산거래신고를 하려는 사람은 신고인의 주민등록증, 운전면허증, 여권 등 신분을 확인할 수 있는 증명서(이하 '신분증명서'라 한다)를 신고관청에 보여 주어야 한다. 전자문서로 신고를 하려는 사람은 전자인증의 방법에 따른다.

(라) 위임을 받은 대리인의 신고절차

부동산거래신고의무자의 위임을 받은 사람은 부동산거래계약신고서의 제출을 대행할 수 있다. 이 경우 부동산거래계약신고서의 제출을 대행하는 사람은 신분증명서를 신고관청에 보여 주고, 다음 각 호의 서류를 제출하여야 한다. 전자문서에 의한 제출은 허용되지 않는다.

1. 부동산거래계약신고서의 제출을 위임한 거래당사자의 자필서명(법인의 경우에는 법인인감을 말한다)이 있는 위임장
2. 부동산거래계약신고서의 제출을 위임한 거래당사자의 신분증명서 사본(법인의 경우에는 법인임감증명서를 말한다).

   개업공인중개사의 위임을 받은 소속공인중개사(공인중개사법 제2조 제5호의 따른 소속공인중개사를 말한다. 이하 같다)는 부동산거래계약신고서의 제출을 대행할 수 있다. 이 경우 소속공인중개사는 신분증명서를 신고관청에 보여 주어야 한다.

(마) 부동산거래신고를 제출한 후 부동산거래계약이 무효 또는 취소·해제(이하 '해제 등'이라 한다)된 경우 거래당사자 또는 개업공인중개사는 부동산거래신고법시행규칙 별지 제3호 서식의 부동산거래계약해제등 신고서에 서명 또는 날인하여 신고관청에 제출할 수 있다. 이 경우 개업공인중개사가 전자문서로 거래계약해제 등을 신고하는 경우에는 부동산거래계약해제 등 신고서에 거래당사자의 서명 또는 날인을 받아 두어야 한다. 부동산거래계약해제 등을 신고받은 신고관청은 그 내용을 확인한 후 부동산거래신

고법시행규칙 별지 제4호 서식의 부동산거래계약해제 등 확인서를 신고인에게 지체 없이 발급하여야 한다(부동산거래신고법시행규칙 제4조).

파. 매매목록

거래부동산이 2개인 경우 또는 거래부동산이 1개라 할지라도 여러 명의 매도인과 여러 명의 매수인 사이의 매매계약인 경우에는 배매목록도 첨부정보로서 등기소에 제공하여야 한다.

(1) 거래가액 등기의 대상 여부

거래가액은 2006. 1. 1. 이후 작성된 매매계약서를 등기원인증서로 하여 소유권이전등기를 신청하는 경우에 등기하지만 아래의 경우에는 거래가액을 등기할 사항이 아니므로 등기신청서에 기재하지 아니한다.

(가) 2006. 1. 1. 이전에 작성된 매매계약서에 의한 등기신청을 하는 경우

(나) 등기원인이 매매라 할지라도 등기원인증서가 매매계약서가 아닌 판결, 소정소서 등일 때

(다) 매매계약서를 등기원인증서로 제출하면서 소유권이전등기가 아닌 소유권이전청구권가등기를 신청하는 경우

(라) 소유권이전등청구권가등기에 의한 본등기를 신청하는 경우
매매예약을 원인으로 한 소유권이전청구권가등기에 의한 본등기를 신청하는 때에는 매매계약서를 등기원인증서로 제출하지 않는다 할지라도 거래가액을 등기한다.

(마) 분양계약의 경우

① 최초의 분양자가 등기권리자가 되어 소유권이전등기를 신청하는 경우에 등기신청서에 분양계약서와 함께 거래신고필정보가 첨부되어 있을 때에는 거래가액을 등기하고, 거래계약신고 대상이 아니어서 검인받은 분양계약서만 있을 때에는 거래가액을 등기하지 아니한다.

② 최초의 분양자로부터 그 지위를 이전받은 자가 등기권리자가 되어 소유권이전등기를 신청하는 경우에는 등기신청서에 등기권리자가 매수인으로 거래계약신고를 하여 교부받은 거래신고필정보가 첨부되어 있

을 때에만 거래가액을 등기한다. 이 경우 등기권리자가 여러 명일 때에는 그 권리자 전부가 동시에 공동매수인으로 거래계약신고를 하여 교부받은 거래신고필정보만을 말한다.

③ 최초의 피분양자로부터 그 지위 전부가 갑에게 매매로 이전되어 갑이 등기권리자가 된 경우로서 그 지위이전계약이 거래계약신고 대상이 되어 등기신청서에 갑을 매수인으로 하는 거래신고필정보가 첨부되어 되어 있는 경우에는 그 거래가액을 등기한다.

④ 최초의 피분양자로부터 그 지위 전부가 갑에게 "증여"로 이전되어 갑이 등기권리자가 된 경우에는 거래가액을 등기하지 아니한다.

⑤ 최초의 분양자로부터 그 지위 일부지분만이 갑에게 "증여"로 이전되어 최초의 피분양자와 갑이 공동으로 등기권리자가 된 경우에는 거래가액을 등기하지 아니한다.

⑥ 최초의 피분양자로부터 그 지위 전부가 갑에게 매매로 이전된 후 다시 을에게 피분양자의 지위 전부가 매매로 이전되어 을이 등기권리자가 된 경우로서 각 지위이전계약이 모두 거래계약신고 대상이 되어 등기신청서에 여러 개의 거래신고필정보가 첨부된 경우에는 을을 매수인으로 하는 거래신고필정보에 기록된 거래가액을 등기한다.

⑦ 최초의 피분양자로부터 그 지위 전부가 갑에게 매매로 이전된 후 다시 을에게 피분양자의 지위 전부가 "증여"로 이전되어 을이 등기권리가가 된 경우에는 거래가액을 등기하지 아니한다.

⑧ 최초의 피분양자로부터 그 지위 전부가 갑에게 매매로 이전된 후 다시 을에게 피분양자의 지위 일부지분만이 "증여"로 이전되어 갑과 을이 공동으로 등기권리자가 된 경우에는 거래가액을 등기하지 아니한다.

(2) 매매목록이 제출이 필요한 경우

(가) 1개의 신고필정보에 2개 이상의 부동산이 기록되어 있는 경우(1개의 계약서에 의해 2개 이상의 부동산을 거래한 경우라 할지라도, 관할관청이 달라 개개의 부동산에 관하여 각각 신고한 경우에는 매매목록을 작성할 필요가 없다)에는 각 부동산별로 거래가액을 등기하지 않고 매매목록을 작성한다. 예를 들면, 매도인 갑이 토지와 을에게 1억원에 매도하고 토지와 주택에 관하여 소유

권이전등기를 신청한 경우 매매목록을 작성한다.

(나) 신고필정보에 기록되어 있는 부동산이 1개라 할지라도 여러 명의 매도인과 여러 명의 매수인 사이에 매매인 경우, 예를 들면, 공유자 갑, 을이 공유토지를 공동매수인 병, 정에게 1억원에 매도하고 소유권이전등기를 신청한 경우, 등기신청은 매도인별 또는 매수인별로 하여야 하므로 2건으로 하게 된다.

(3) 매매목록에 기록하여야 할 사항

매매목록에는 거래가액 및 목적부동산을 기록한다. 1건의 부동산에 관하여 여러 명의 매도인과 여러 명의 매수인 사이에 매매계약이 체결되어 수건의 등기신청을 하는 경우에는 동일한 부동산의 표시를 순번을 정해서 기재하되, 매도인별로 신청하는 경우에는 매도인의 수만큼, 매수인별로 신청하는 경우에는 매수인의 수만큼 반복해서 기재한다.

(4) 매매목록 작성 예

(가) 1개의 신고필증에 여러 개의 부동산이 기재되어 있는 경우

매 매 목 록	
거래가액	금 500,000,000원
일련번호	부 동 산 의 표 시
1	[토지] 서울특별시 서초구 서초동 100
2	[건물] 서울특별시 서초구 서초동 100 [도로명주소 : 서울특별시 서초구 서초대로 88길 10]

[주] 1. 여러 개의 부동산 중 1개에 대한 등기신청이 있는 경우에도 매매목록을 작성한다.
2. 지분이 매매의 목적인 경우 그 지분은 표시하지 아니한다.

(나) 하나의 부동산에 관하여 수인의 매도인과 수인의 매수인이 매매계약을 체결한 경우(1개의 매매계약서에 의하여 2건의 등기신청을 하는 경우임)

매 매 목 록	
거래가액	금 500,000,000원
일련번호	부 동 산 의 표 시

1	[토지] 서울특별시 서초구 서초동 100
2	[토지] 서울특별시 서초구 서초동 100

[주] 매도인별로 신청하는 경우에는 매도인의 수만큼, 매수인별로 신청하는 경우에는 매수인의 수만큼 반복해서 부동산의 표시를 한다.

(5) 매매목록의 경정, 변경

등기된 매매목록은 당초의 신청에 착오가 있는 경우 또는 등기관의 착오로 잘못 기재된 경우 이외에는 경정 또는 변경할 수 없다. 따라서 정상적으로 매매목록이 작성된 후에 부동산의 표시나 등기사항에 변동이 있어도 매매목록을 경정 또는 변경할 수 없다.

하. 규약 또는 공정증서 등(부등법 제46조 제2항)

구분건물의 대지권의 목적인 토지가 규약상 대지인 때, 2개 이상의 전유부분을 소유한 구분소유자가 각 전유부분의 대지권비율을 전유부분의 면적비율과 다르게 정한 때(집행건물법 제21조 제1항), 대지사용권을 전유부분과 분리하여 처분할 수 있는 것으로 정한 때에는 이를 정한 규약 또는 공증정서를 제출하여야 한다.

여기서의 규약 또는 공정증서란 규약을 설정한 공정증서의 등본, 규약의 설정을 결의한 집회의 의사록 또는 구분소유자의 서면결의에 의하여 규약을 설정한 의결서를 말한다. 의사록 또는 결의서에는 공증인의 인증이 있는 경우를 제외하고는 의사록 또는 결의서에 서명날인한 자의 인감증명을 첨부하여야 한다.

(1) 규 약(집합건물법 제28조, 제29조)

규약은 집합건물의 공용부분·대지 또는 부속시설 등의 관리와 사용에 관한 근본규칙으로서, 관리단 집회에서 구분소유자 및 의결권의 각 3/4 이상으로써 설정·변경 또는 폐지할 수 있으며, 그 효력은 구분소유자와 그 포괄승계인·특정승계인 모두에게 미친다.

규약은 반드시 서면으로 하여야 하나, 1개의 서면으로 할 필요는 없고 조문의 형식으로 할 필요도 없다.

규약으로 정할 사항은 관리단의 조직·운영에 관한 사항, 건물과 대지 또는 부속시설의 관리·사용에 관한 사항과 구분소유권 및 대지사용권의 권리내용에 관한 것인데, 아래와 같은 것이 있다.

(가) 규약상의 공용부분에 관한 사항(집합건물법 제3조 제2항)

(나) 규약상의 대지에 관한 사항(같은 법 제4조 제1항)

(다) 공용부분의 공유지분에 관한 사항(같은 법 제10조 제2항 단서, 제16조, 제17조)

(라) 전유부분과 분리한 대지사용권의 처분(같은 법 제20조 제2항 단서)

(마) 전유부분의 처분에 따르는 대지사용권의 비율(같은 법 제21조) 등

(2) 규약에 갈음하는 공정증서

1동의 건물의 전부 또는 부속건물을 소유하는 자는 공정증서로써 규약에 상당하는 것을 정할 수 있고, 공정증서로 정할 수 있는 사항은 규약으로 정할 수 있는 권리내용에 관한 사항 등이다(집합건물법 제3조 제3항, 제4조 제2항, 제21조 제4항).

이 공정증서는 규약의 일부를 구성하는 것이므로 그 변경이나 폐지는 일반 규약의 변경·폐지절차에 따라야 할 것이나, 설정자가 1동의 건물 전부를 소유하고 있는 경우에는 설정과 동일한 절차로서 이를 변경·폐지할 수 있다.

제2장 등기신청절차

1. 신청의 접수(부등법 제6조, 부등규 제65조)

등기신청의 접수에는 방문신청의 접수와 전자신청 접수로 나누어 볼 수 있다. 여기서는 주로 방문신청의 접수에 관하여 서술하기로 한다.

등기관은 등기신청서가 제출되면 원칙적으로 이를 받아들여야 하며 거절할 수는 없다. 수작업으로 등기사무를 처리할 때에는 등기관이 신청서를 받았을 때에 바로 접수가 되는 것으로 보았다.

전산정보처리조직에 따라 등기사무를 처리하는 현재에는 해당 부동산이 다른 부동산과 구별될 수 있는 정보가 전산정보처리조직에 저당된 때 등기신청이 접수된 것으로 본다(부등규 제3조 제1항).

등기신청서의 접수 시기를 이와 같이 규정한 것은 전자신청제도의 도입 때문이다. 전자신청에 있어서는 접수절차와 기입절차가 자동적으로 처리되어 신청정보가 등기소에 도착하는 즉시 접수번호가 결정된다. 반면 방문신청의 경우에는 등기소에서 등기신청서를 인계받은 후 접수번호를 붙이게 된다.

한편 부동산등기규칙 제3조 제2항은 같은 토지에 여러 개의 구분건물에 관한 등기를 동시에 신청하는 경우에는 그 건물의 소재 및 지번에 관한 정보가 전산정보처리조직에 저장되었을 때를 접수시기로 본다고 규정하고 있다. 이 규정은 동시에 수많은 구분건물에 대한 등기신청이 있는 경우에 발생할 수 있는 접수절차상 문제를 해결하기 위한 것이다.

가. 본인여부 등의 확인 및 접수절차

본인 여부 확인은 주민등록증 또는 운전면허증 기타 이에 준하는 신분증에 의하되 허가받은 법무사 등의 사무원의 본인여부 확인은 등기소출입증 및 법무사 사무원증에 의한다.

전자신청의 경우에는 접수절차가 전산정보처리조직에 의하여 자동으로 처리되므로 접수담당자가 접수절차를 진행하지 않는다.

나. 접수장의 기재

접수장에는 신청서뿐만 아니라 등기촉탁서나 통지서 등을 접수받은 사실도 기록하여야 한다(부등규 제22조 제2항).

전자신청의 경우에 접수번호는 전산정보처리조직에 의하여 자동적으로 생성된 접수번호를 부여하며, 접수가 완료된 경우에는 접수장에 전자신청이라는 뜻을 기록하여야 한다.

다. 동시신청과 그 처리

같은 부동산에 관하여 동시에 여러 개의 등기신청이 있는 경우에는 같은 접수번호를 부여하여야 한다(부등규 제65조 제2항).

예를 들어, 수개의 근저당권설정등기를 동시신청하여 동일순위로 등기하기 위해서는 신청서 제목의 좌측부분에 '동시신청(가)', '동시신청(나)'라고 적어야 각 등기신청서에 동일한 접수번호가 기재되고 동일한 순위번호로 등기할 수 있다.

동일한 접수번호를 기록하여야 할 등기신청 및 그 등기신청의 처리 예는 다음과 같다.

(1) 양립할 수 없는 등기의 동시신청

접수한 후 모두 각하하여야 한다.

(2) 신청서의 협의에 의한 동시신청

각기 다른 채권을 담보하는 수 개의 저당권을 동일 순위로 설정하기 위하여 여러 명의 채권자가 협의하여 동시에 신청하는 경우가 있다. 이때에는 수개의 신청서를 한데 묶고, 맨 앞장의 첫머리 여백에 "동시신청"이라고 적어야 하고 이러한 등기신청은 동일 순위로 등기하여야 한다.

(3) 우편에 의한 동시접수

동일한 부동산에 관하여 2개 이상의 촉탁서가 등기소에 도착한 경우에는 가장 먼저 접수된 사건의 접수번호를 각각의 촉탁서에 부여한다.

일요일이나 공휴일에 우편으로 배달된 촉탁서는 월요일이나 평일 아침에 배달된 촉탁서보다 먼저 접수하여야 한다. 등기신청의 접수순위는 등기신청정보가 전산정보처리조직에 저장되었을 때를 기준으로 하므로 가처분이나 가압류촉탁서 등을 우편에 의해 동시에 받았다면 그 촉탁서에 대한 촉탁법원의 촉탁일자에 구애됨이 없이 동시에 접수하여 동일 순위로 처리하여야 한다. 동일한 부동산에 관하여 동일 순위로 등기된 가압류와 처분금지가처분의 효력은 그 채권자 상호간에 한해서는 처분금지적 효력을 서로 주장할 수 없다.

(4) 법률상 반드시 동시신청을 요하는 경우

(가) 환매특약부 매매로 인한 권리이전의 등기와 환매특약의 등기(민법 제592조)

(나) 신탁으로 인한 소유권이전등기와 신탁등기(부등법 제82조 제1항)

(다) 1동의 건물에 속하는 구분건물 중 일부만에 관한 소유권보존등기와 나머지 구분건물의 표시에 관한 등기(부등법 제46조 제1항)

(라) 건물의 신축으로 인하여 비구분건물이 구분건물로 된 경우의 신축건물의 소유권보존등기와 종전 건물의 표시변경등기(부등법 제46조 제3항)

2. 기 입

가. 기록문자와 기록례

(1) 등기부의 기록문자

등기부는 한글과 아라비아숫자로 기록하되, 외국인의 성명을 기록할 때에는 국적을 함께 기록한다(예 : 미합중국인 헨리키신저).

(2) 등기부의 외래어 표기

등기부에 외국의 국호, 지명과 외국인의 성명, 명칭, 상호를 한글로 표기함에 있어서는 문화체육관광부가 고시하는 외래어표시법에 의함을 원칙으로 한다.

(3) 표시번호, 순위번호 등의 표시

등기부의 표시번호, 순위번호, 사항번호에는 1, 2, 3, 4로 표시하고 "번"자의 기록을 생략한다. 그러나 표시란 또는 권리자 및 기타사항란에는 표시번호 또는 순위번호를 적시할 때에는 1번, 2번, 3번, 4번과 같이 기록한다.

(4) 부동산 소재지 및 등기명의인 등의 주소 표시

부동산 소재지 표시와 등기명의인, 법인의 본점, 지점 및 임원의 주소 표시는 행정구역 명칭 그대로 전부 기록하여야 하며, "서울특별시", "부산광역시" 등을 "서울", "부산" 등으로, "경기도", "충청남도" 등을 "경기", "충남" 등으로 약기하여서는 안 되고, 지번의 경우에는 "번지"라는 문자는 생략하며, 동일한 등기신청서상의 부동산 표시란에 2개 이상의 부동산을 기재하는 경우에는 부동산의 일련번호를 기재하여야 한다. 토지에 대한 부동산표시에는 도로명주소를 기재하지 아니한다.

(5) 지목과 면적

(가) 지목은 토지의 주된 사용목적 또는 용도에 따라 토지의 종류를 구분·표시하는 명칭으로서, 측량·수로조사및지적에관한법률 제67조에서 전·답·과수원·목장용지·임야·광천지·염전·대·공장용지·학교용지·주차상·주유소용지·창고용지·도로·철도용지·제방·하천·구거·유지·양어장·수도용지·공원·체육용지·유원지·종교용지·사적지·묘지·잡종지로 구분하여 정하고 있다. 면적은 지적측량에 따라 지적공부에 등록된 토지와 수평면적을 말하며, 평방미터(㎡)를 단위로 한다.

(나) 면적단위에 환산이 있는 경우 부동산표시의 변경등기의 대상이 된다(부등법 제35조). 다만 등기관은 등기기록에 '단보', '무보', '평' 등으로 면적단위가 기록되어 있는 경우에는 이를 미터법에 의한 면적단위(㎡)로 환산하는 등기를 직권으로 하여야 한다.

면적단위의 환산등기가 되어있지 아니한 가등기 토지에 대하여 다른 등기신청이 있을 경우 그 신청서에 첨부된 지적공부등본에 해당 토지의 지적공부상의 면적단위가 미터법에 의하여 환산등록 되었을 때에는 그 등기에 앞서 면적단위의 변경에 따른 부동산표시변경등기를 하여야 한다. 따라서 부동산표시변경등기 또는 다른 등기를 신청함에 있어서 미리 면적환산등기를 신청할 필요는 없다.

(다) 계량법에 의한 면적표시

계량법에 의한 면적의 표시는 제곱미터의 약호인 ㎡를 사용하고 소수점 이하의 면적의 표시는 68.02㎡와 같이 기록한다.

[참고] 1평 = 3.3058㎡

1정보 = 10단보 = 100무보 = 3,000평, 1단보 = 10무보 = 300평,

1무보 = 30평

(6) 건물의 종류, 구조와 면적

(가) 건물의 종류라 함은 '단독주택, 공동주택, 근린생활시설, 공장 등' 건축법 시행령 별표 1에 나와 있는 건물의 종류에 따른 구분이며, 건물의 종류와 구조라 함은 건축물의 구성부분의 자재(시멘트 블록조, 시멘트 벽돌조, 철골조, 철근콘크리트조 등), 지붕(슬래브지붕, 스레트지붕, 기와지붕 등), 층수(단층, 2층) 등을 말한다. 건물이 2층 이상일 때에는 1층, 2층, 3층… 지하실 등의 순서로 각 층의 면적을 기재한다.

(나) 등기를 하는 경우에 건물 전체의 주된 용도만 등기사항이고 각 층별 용도 또는 동일한 층 내의 면적별 세부용도는 등기할 수 없다. 각 층별 용도(예 : 1층 일반음식점, 2층 근린생활시설 등) 또는 동일한 층 내에서 면적별로 세부용도(예 : 1층 80㎡ 편의점 50㎡, 철물점 60㎡)를 표시하여 등기를 신청하여서는 아니 된다.

설령 세부용도가 이미 기재되어 있는 경우에도 그 변경등기는 신청할 수 없고, 세부용도의 기록을 말소하는 변경등시신청은 가능하다.

(7) 여러 개의 건물이 있는 경우의 건물의 번호

같은 지번 위에 여러 개의 건물이 있는 경우에는 건물번호를 기재한다.

(8) 금액의 표시

금액의 표시는 아라비아숫자로 하되, 그 표시를 내국화폐로 하는 경우에는 "금 10,000,000원"과 같이 기록하고, 외국화폐로 하는 경우에는 "미화 금 10,000,000달러", "일화 금 10,000,000원"과 같이 그 외국화폐를 통칭하는 명칭을 함께 기재한다.

(9) 서기의 환산방법

일본의 역대연호	원 년	서기환산방법
명 칭	1968년	명칭 5년 : 5 + 1868 - 1 = 1872년
대 정	1912년	대정 6년 : 6 + 1912 - 1 = 1917년
소 화	1926년	소화 20년 : 20 + 1926 - 1 = 1945년
평 성	1989년	평성 17년 : 17 + 1989 - 1 = 2006년
"예를 들면"은 '昭和五年'은 1930년이라는 뜻이다.		

(10) 연월일의 표시

연월일의 표시는 서기연대로 기록하여 서기라는 연호를 생략하고 "2017년 12월 5일"과 같이 기록한다.

나. 등기사항(부등법 제34조 제40조)

(1) 표제부의 기록사항

(가) 토 지

① 표시번호 ② 접수연월일 ③ 소재와 지번 ④ 지목 ⑤ 면적 ⑥ 등기원인

(나) 건 물

① 표시번호 ② 접수연월일 ③ 소재, 지번 및 건물번호, 다만, 같은 지번 위에 2개의 건물만 있는 경우에는 건물번호는 기록하지 아니한다. ④ 건물의 종류, 구조와 면적, 부속건물이 있는 경우에는 부속건물의 종류, 구조와 면적도 함께 기록한다. ⑤ 등기원인 ⑥ 도면번호(같은 지번 위에 여러 개의 건물이 있는 경우와 구분건물인 경우로 한정한다) ⑦ 등기할 건물이 구분건물인 경우에는 ③ 대신 1동 건물의 등기기록의 표제부에는 소재와 지번, 건물명칭 및 번호를 기록하고 전유부분의 등기기록의 표제부에는 건물번호를 기록하여야 한다. ⑧ 대지권 있는 구분건물의 경우에는 1동의 건물의 등기기록의 표제부에 대지권의 목적인 토지의 표시에 관한 사항을 기록하고 전유부분의 등기기록의 표제부에는 대지권의 표시에 관한 사항을 기록하여야 한다.

(2) 갑구 및 을구의 등기사항(부등법 제48조)

① 순위번호 ② 등기목적 ③ 접수연월일 및 접수번호 ④ 등기원인 및 그 연월일 ⑤ 권리자, 개인인 경우에는 주민등록번호, 법인 등의 경우에는 부동산등기용등록번호, 법인 아닌 사단 또는 재단인 경우에는 부동산등기용등록번호 외에 그 대표자나 관리인의 성명·주소·주민등록번호까지 함께 기록하여야 한다.

3. 등기신청의 보정·취하·각하

가. 보 정

(1) 보정통지와 보정기간

보정통지는 보정할 사항을 구체적으로 적시하고 그 근거법령이나 예규, 보정기간 등을 제시하여 매 사건 조사 완료시 마다 즉시 과·소장의 책임으로 구두 또는 전화나 모사전송의 방법으로 신청인에게 통지한다. 신청서에 흠결이 있더라도, 그 흠경이 각하사유에 해당하지 않는다면 보정통지를 할 필요도 없고 해서도 안 된다.

등기의 신청이 부동산등기법 제29조 각호의 각하사유에 해당하는 것이라 하더라도 그 잘못된 부분이 보정될 수 있는 경우로서 등기관이 보정을 명한 날의 다음 날까지 그 신청인이 그 잘못된 부분을 보정하였을 때에는 신청을 각하해서는 안 된다(부등법 제29조 단서).

(2) 보정의 방법

보정은 신청당사자 또는 대리인 본인이 직접 등기소에 출석하여 하는 것이 원칙이다. 다만, 등기신청서의 제출할 수 있도록 허가받은 변호사나 법무사의 사무원은 등기신청서의 제출뿐만 아니라 신청서의 보정도 할 수 있다. 보정은 반드시 등기관의 면전에서 하여야 하며, 보정을 위하여 신청서나 그 부속서류의 반환을 청구할 수 없다.

전자신청의 보정은 전산정보처리조직에 의하여야 한다. 다만, 행정정보공동이용의 대상이 되는 첨부정보를 해당 행정기관의 시스템 장애, 행정정보공동이용망의 장애 또는 등기소의 전산정보처리조직의 장애 등으로 인하여 등기관이 당일 확인할 수 없어 보정을 명한 경우에는 그 정보를 담고 있는 서면을 등기소에 제출하거나 신청인이 자격자대리인인 경우에는 그 서면을 전자적 이미지정보로 변환하여 이에 원본과 상위 없다는 취지의 부가정보와 개인공인인증서정보를 덧붙여 등기소에 송신할 수 있다.

(3) 등기관의 처리

보정통지를 받은 신청인이 보정을 한 경우 등기관은 보정의 적부를 심사하여 보정통지의 내용에 부합하는 보정을 했다고 판단되면 신청에 따른 등기를 하고, 보정기간이 도과했거나 통지의 내용에 부합하지 않은 보정이라고 판단이 되면 그 신청을 각하하여야 한다. 등기관이 보정통지를 한 후에는 보정 없이 등기를 하여서는 안 된다.

나. 취 하

등기신청의 취하란 그 신청에 따른 등기가 완료되기 전에 등기신청의 의사표시를 철회하는 것을 말한다. 방문신청의 취하는 등기소에 출석해서 하여야 하고, 전자신청의 취하는 전산정보처리조직에 의하여 하여야 한다.

(1) 취하할 수 있는 시기

등기신청의 취하는 등기관이 등기를 완료하기 전 또는 등기신청을 각하하기 전에만 가능하다.

여기에서 등기의 완료라 함은 등기관이 등기부에 등기사항을 기록하고 식별부호를 기록한 때를 말한다. 따라서 등기관이 식별부호를 기록하기 전에는 등기신청을 취하할 수가 있다.

(2) 취하할 수 있는 자

등기신청을 취하할 수 있는 자는 등기신청인 또는 그 대리인이다. 임의대리인이 취하를 할 때에는 취하에 관한 특별수권이 있어야 하며, 다음의 점에 주의하여야 한다.

공동신청주의의 원칙상 등기신청을 등기권리자와 등기의무자가 공동으로 하듯이 등기신청의 취하도 등기의무자와 등기권리자가 공동으로 하여야 한다. 대리인이 쌍방대리에 의한 등기신청을 한 경우에는, 등기신청을 취하하는 경우에도 쌍방으로부터 취하에 관한 특별수권을 받은 경우에만 그 대리인이 취하할 수가 있다.

(3) 등기의 일괄신청과 일부취하

이 경우에는 등기신청서 및 부속서류의 기재사항 중 취하된 부동산에 관련된 사항을 정정케 한 후 신청서의 부동산표시란 중 취하되는 부동산의 표시 좌측에 '취하'라고 주서하고 부동산등기신청서 접수장의 비고란에는 '일부취하'라고 주서하여야 하며, 취하서는 신청서에 합철하여야 한다.

(4) 취하 후의 등기관의 처리

등기신청을 취하함으로써 접수했던 신청서는 접수당시에 기재한 접수연월일과 접수번호를 붉은 선으로 지운 후 신청서에 첨부한 부속서류와 함께 이를 신청인에게 반환하되, 그 반환방법은 신청서에 첨부한 부속서류와 함께 환부하는 방법에 의한다. 다만 등기신청이 각하된 경우에도 이미 납부된 수수료는 이를 반환하지 아니한다.

다. 각 하(부등법 제29조)

등기신청의 각하란 등기신청을 확정적으로 수리하지 아니하는 등기관의 처분을 말한다.

(1) 각하사유

(가) 사건이 그 등기소의 관할이 아닌 경우(부등법 제29조 제1호)

(나) 사건이 등기할 것이 아닌 경우(부등법 제29조 제2호)

부동산등기규칙에서는 아래와 같이 대표적인 것을 열거하고 있다.

① 등기능력 없는 물건 또는 권리에 대한 등기를 신청한 경우
② 법령에 근거가 없는 특약사항의 등기를 신청한 경우
③ 구분건물의 전유부분과 대지사용권이 분리처분금지에 위반 등기를 신청한 경우

④ 농지를 목적으로 하는 전세권설정의 등기를 신청한 경우
⑤ 저당권을 피담보채권과 분리하여 양도하거나, 피담보채권과 분리하여 다른 채권의 담보로 하는 등기를 신청하는 경우
⑥ 일부 지분만에 대한 소유권보존등기를 신청한 경우
⑦ 공동상속인 중 일부가 자신의 상속지분만에 관한 상속등기를 신청한 경우
⑧ 관공서 또는 법원의 촉탁으로 실행하여야 할 등기를 신청한 경우
⑨ 이미 보존등기된 부동산에 대하여 다시 보존등기를 신청한 경우
⑩ 그 밖에 신청취지 자체에 의하여 법률상 허용될 수 없음이 명백한 등기를 신청한 경우

(다) 신청할 권한이 없는 자가 신청한 경우(부등법 제29조 제3호)

전자신청에 있어서는 출석주의가 적용되지 않는다. 따라서 신청할 권한이 없는 자가 전자신청을 할 경우 부동산등기법 제29조 제3호에 의해서 신청할 권한이 없는 자가 전자신청을 할 경우 등기관이 그 등기신청을 각하할 수 있다.

(라) 부동산등기법 제24조 제1항 제1호에 따라 등기를 신청할 때에 당사자나 그 대리인이 출석하지 아니한 경우(부등법 제29조 제4호)

방문신청의 경우에는 부동산등기법 제24조 제1항 제1호에 따라 당사자나 그 대리인이 등기소에 출석(등기관의 면전에 나타나는 것을 의미함)하여야 하므로, 만일 당사자 등이 등기소에 출석하지 않고 우편으로 등기신청을 하는 경우에 등기관은 해당 등기신청을 각하하여야 한다. 관공서의 촉탁이나 전자신청은 등기소 출석이 필요 없으므로 이 규정이 적용되지 않는다.

(마) 신청정보의 제공이 대법원규칙으로 정한 방식에 맞지 아니한 경우(부등법 제29조 제5호)

방문신청의 경우에는 신청서에 기재하여야 할 사항이나 서식을 말하고 전자신청의 경우에는 당사자가 등기신청을 하기 위해 전산정보처리조직에 접속하여 입력하여야 할 정보를 말한다. 예들 들면, 신청인이 신청서 기재사항 중 일부를 기재하지 않고 등기신청을 하거나, 전자신청을 하면서 필

요한 정보를 입력하지 않는 경우 또는 등기원인이 신탁임에도 신탁등기 또는 소유권이전등기만을 신청하는 경우는 모두 이 규정에 따라 등기관이 해당 등기신청을 각하하게 된다.

➡ 신청정보의 구체적인 제공방식은 아래 부동산등기규칙 제43조에서 정하고 있다.

부 동 산 등 기 규 칙

제43조 (신청정보의 내용) ① 등기를 신청하는 경우에는 다음 각 호의 사항을 신청정보의 내용으로 등기소에 제공하여야 한다.

1. 다음 각목의 구분에 따른 부동산의 표시에 관한 사항
   가. 토지 : 법 제34조 제3호부터 제5호까지의 규정에서 정하고 있는 사항
   나. 건물 : 법 제40조 제1항 제3호와 제4호에서 정하고 있는 사항
   다. 구분건물 : 1동의 건물의 표시로서 소재지번·건물명칭 및 번호·구조·종류·면적, 전유부분의 건물의 표시로서 건물번호·구조·면적, 대지권이 있는 경우 그 권리의 표시. 다만, 1동의 건물의 구조·종류·면적은 건물의 표시에 관한 등기나 소유권보존등기를 신청하는 경우로 한정한다.
2. 신청인의 성명(또는 명칭), 주소(또는 사무소 소재지) 및 주민등록번호(또는 부동산등기용등록번호)
3. 신청인이 법인인 경우에는 그 대표자의 성명과 주소
4. 대리인에 의하여 등기를 신청하는 경우에는 그 성명과 주소
5. 등기원인과 그 연월일
6. 등기의 목적
7. 등기필정보. 다만, 공동신청 또는 승소한 등기의무자의 단독신청에 의하여 권리에 관한 등기를 신청하는 경우로 한정한다.
8. 등기소의 표시
9. 신청연월일

② 법 제26조의 법인 아닌 사단이나 재단이 신청인인 경우에는 그 대표자나 관리인의 성명, 주소 및 주민등록번호를 신청정보의 내용으로 등기소에 제공하여야 한다.

(바) 신청정보의 부동산 또는 등기의 목적인 권리의 표시가 등기기록과 일치하지 아니한 경우(부등법 제29조 제6호)

신청정보로 제공한 부동산의 소재지번이나 지목 등이 등기기록과 일치하지 아니하거나 신청정보로 제공된 권리의 종류가 등기기록과 일치하지 아니한 경우가 이에 해당한다. 다만 내용적으로 불일치하더라도 동일성이 인정되는 경우에는 등기신청을 수리해도 된다고 할 것이다.

(사) 신청정보의 등기의무자의 표시가 등기기록과 일치하지 아니한 경우, 다만 부동산등기법 제27조(포괄승계인에 의한 신청)**의 경우에는 그러하지 아니하다**(부등법 제29조 제7호)

등기의무자의 표시란 등기의무자의 성명(명칭), 주민등록번호(부동산등기용등록번호) 및 주소(사무소 소재지)를 말한다. 이러한 등기의무자의 표시가 등기기록과 일치하지 아니한 때에는 해당 등기신청은 각하된다. 따라서 신청정보의 등기의무자와 등기기록상 등기명의인이 동일하고 표시만 서로 다를 경우에는 표시경정 또는 변경등기가 선행되어야 한다.

부동산등기법 제27조에 따라 상속인 등 등기의무자의 포괄승계인이 등기신청을 하는 경우에는 신정정보의 등기의무자의 표시가 등기기록과 일치될 수 없다. 이때에는 첨부정보에 의해 신청인이 등기기록상 등기의무자의 포괄승계인이라는 사실을 확인한 후 그 등기신청을 수리하여야 한다.

등기실무에서는 예컨대 등기연속의 원칙과 관계가 없는 가등기의 말소등기, 저당권등기의 말소등기 또는 부동산 멸실등기를 신청하는 경우에는 첨부정보에 의하여 동일성만 인정되면 족하고 그 말소 또는 멸실등기를 하기 위해서 변경 또는 경정등기의 선행을 요구하지는 않는다.

한편 소유권이전등기를 신청하는 경우에는 직권주소변경등기의 특칙이 있다. 즉 등기관이 소유권이전등기를 할 때에 등기명의인의 주소변경으로 신청정보상 등기의무자의 표시가 등기기록과 일치하지 않는 경우라도 첨부정보로서 제공된 주소를 증명하는 정보에 등기의무자의 등기기록상 주소가 신청정보 상 주소로 변경된 사실이 명백히 나타나면 직권으로 등기명의인표시의 변경등기를 하여야 한다(부등규 제122조). 단, 등기의무자의 주소가 “전거” 등 실질적인 주소변경이 아닌 도로명주소에 따른 주소변경인 경우에는 직권변경등기를 하지 않는다.

(아) **신청정보와 등기원인을 증명하는 정보가 일치하지 아니한 경우** (부등법 제29조 제8호)

신청정보에는 등기권리자가 갑으로 되어 기록되어 있는데 첨부된 매매계약서에는 병이 권리자로 기록되어 있거나 등기원인은 매매인데 신청서에는 증여로 기재한 경우 등이 본 호의 사유에 해당한다.

신청서와 등기원인증서의 일치 여부는 신청서를 중심으로 하여 원인증서의 동일성이 인정되느냐의 여부에 따라 판단하여야 한다. 예컨대 등기원인증서에 기재한 수필의 부동산 중 일부의 부동산을 신청서에 표시하였다 하더라도 그 등기신청은 적법하다 할 것이다.

또한 검인계약서(판결서 등은 제외)의 부동산표시가 신청서의 그것과 엄격히 일치하지 않더라도 양자 사이에 동일성을 인정할 수 있으면 그 등기신청은 수리하여도 무방하고, 구분건물과 대지권이 함께 등기신청의 목적인 경우에는 그 검인계약서에 대지권의 구체적인 표시가 없더라도 대지권이 포함된 취지의 표시만 있으면 된다.

(자) **등기에 필요한 첨부정보를 제공하지 아니한 경우**(부등법 제29조 제9호)

등기에 필요한 정보를 제공하지 아니한 경우라 함은 등기원인정보, 등기필정보나 인감증명 등 부동산등기규칙 제46조나 그 밖의 규정된 정보를 제공하지 않고서 등기신청을 하는 경우를 말한다.

첨부할 정보가 누락하거나, 위조·변조된 것으로 인정되거나 효력이 상실된 경우에도 등기관은 본 호의 규정에 따라 등기신청을 각하하여야 한다. 또한 인감증명서에 기재된 매수자와 매매로 인한 소유권이전등기신청서에 기재된 등기권리자의 인적사항이 일치되지 않는 등기신청은 본 호에 의해 각하하여야 한다(실무상).

(차) **취득세, 등록면허세 또는 수수료를 내지 않거나 등기신청과 관련하여 다른 법률에 따라 부과된 의무를 이행하지 아니한 경우**(부등법 제29조 제10호)

"지방세법" 제7조 제1항에 따른 취득세나 같은 법 제24조 제1호에 따른 등록면허세를 내지 않는 경우, 부동산등기법 제22조 제3항에 따른 등기신청수수료를 내지 않는 경우, 그 밖에 등기신청과 관련하여 다른 법률에서 부과된 의무를 이행하지 아니한 경우를 말한다.

(카) **신청정보 또는 등기기록의 부동산의 표시가 토지대장, 임야대장 또는 건축물대장과 일치하지 아니한 경우**(부등법 제29조 제11호)

신청정보 또는 등기기록의 부동산의 표시가 토지대장, 임야대장 또는 건축물대장과 일치하지 않는 경우에는 대장에 의하여 표시를 변경, 정정한 후 다른 등기를 신청하여야 한다.

(2) 각하결정

(가) 각하방식

등기신청(촉탁 포함)이 부동산등기법 제29조 각호에 해당하는 경우에는 소정의 양식에 의하여 이유를 적은 결정으로 이를 각하한다. 결정서에는 신청인의 표시, 주문, 이유를 적고 등기소 및 등기관의 직위를 표시한 후 등기관이 서명, 날인 또는 사인하여야 한다.

(나) 첨부서류의 환부

각하결정등본을 교부하거나 송달할 때에는 등기신청서 이외의 첨부서류(취득세·등록면허세영수필확인서 등)도 함께 교부하거나 송달하여야 한다. 다만, 첨부서류 중 각하사유를 증명할 서류는 이를 복사하여 해당 등기신청서에 편철한다.

(다) 각하사유를 간과하고 마쳐진 등기의 효력과 구제절차

등기관이 등기를 완료한 후 그 등기가 부동산등기법 제29조 제1호 내지 제2호에 위반된 것임을 발견한 때에는 그 등기는 무효인 등기이므로 소정의 절차를 거쳐 직권으로 말소한다. 이 경우 등기상 이해관계인은 부동산등기법 제100조에 의하여 이의신청을 할 수 있다.

부동산등기법 제29조 제3호 이하의 경우는 그 위반된 등기의 무효가 반드시 명백하다고 할 수 없고 따라서 등기관도 직권으로 말소할 수 없다. 결국 부동산등기법 제29조 제3호 이하의 경우는 같은 법 제100조의 이의사유는 될 수 없고 소로써 구제를 받을 수밖에 없다.

다만, 각하사유를 간과하고 마쳐진 등기와 등기관이 아닌 권한 없는 제3자가 등기기록 자체를 위조한 것과는 구별하여야 한다. 권한 없는 제3자에 의하여 생성된 위조의 등기는 부동산등기법 제29조 제2호와 제58조에 의하여 등기관이 직권으로 말소하여야 하며 등기과·소장은 그 결과를 법원행정처장에게 보고하여야 한다.

4. 등기완료 후의 절차

가. 등기필정보의 통지(부등법 제50조)

전산정보처리조직에 의하여 등기를 마친 경우 등기관은 종전의 등기필증을 교부하는 대신 등기필정보를 통지하여야 한다(부등법 제50조).

(1) 등기필정보의 작성 및 통지

등기관이 새로운 권리에 관한 등기를 마쳤을 때에는 등기필정보를 작성하여 등기권리자에게 통지하여야 한다(부등법 제50조). 즉 등기관은 등기권리자의 신청에 의하여 다음 (가) 내지 (다) 중 어느 하나의 등기를 하는 때에는 등기필정보를 작성하여야 한다. 이외의 등기를 하는 때에는 등기필정보를 작성하지 않는다.

전자신청의 경우에는 전산정보처리조직을 이용하여 등기필정보를 송신하고, 서면신청의 경우에는 등기필정보통지서를 교부하는 방법에 의하여 통지한다.

(가) 부동산등기법 제3조 그 밖의 법령에서 등기할 수 있는 권리로 규정하고 있는 권리를 보존, 설정, 이전하는 등기를 하는 경우

(나) 위 (가)의 권리의 설정 또는 이전청구권 보전을 위한 가등기를 하는 경우

(다) 권리자를 추가하는 경정 또는 변경등기(갑 단독소유를 갑과 을의 공유로 경정하는 경우나 합유자가 추가되는 합유명의인표시변경등기 등)를 하는 경우

(2) 등기필정보의 작성방법

(가) 일반신청의 경우

등기필정보는 부동산 및 등기명의인이 된 신청인별로 작성한다. 그러므로

등기명의인이 신청하지 않는 다음 각 호의 등기 중 어느 하나의 등기를 하는 경우에는 등기명의인을 위한 등기필정보를 작성하지 아니한다.

① 채권자대위에 의한 등기
② 등기관의 직권에 의한 보존등기
③ 승소한 등기의무자의 신청에 의한 등기

(나) 관공서 촉탁의 경우

관공서가 등기를 촉탁한 경우에는 등기필정보를 작성하지 아니한다. 다만, 관공서가 등기권리자를 위해 등기를 촉탁하는 경우에는 그러하지 아니하다.

(3) 등기필정보의 통지방법

(가) 전자신청의 경우

전산정보처리조직을 이용하여 송신한다.

(나) 서면신청의 경우

등기필정보를 기록한 서면(등기필정보통지서)을 교부받은 방법으로 통지하며, 등기필정보통지서는 1회에 한하여 교부한다.

(4) 등기필정보의 통지를 요하지 않는 경우

(가) 등기필통지를 받아야 할 사람이 그 통지를 원하지 않는다는 내용의 신고를 한 경우
(나) 등기필정보를 전산정보처리조직에 의하여 통지하여야 할 사람이 등기필정보를 3개월 이내에 전산정보처리조직을 이용하여 수신하지 않는 경우
(다) 등기필정보통지서를 수령할 사람이 3개월 이내에 그 서면을 수령하지 않은 경우

(5) 등기필정보의 실효신청

등기명의인 또는 그 상속인 기타 일반승계인은 전산정보처리조식을 이용하거나 등기소를 방문하여 통지받은 등기필정보의 실효신청을 할 수 있다.

나. 등기완료사실의 통지

(1) 등기완료통지서 기재사항

등기완료통지서에는 신청인(또는 권리자)의 성명과 주소, 부동산소재, 접수일자, 접수번호, 등기목적, 등기원인 및 일자, 작성일자를 기재하고 등기관의 전자이미지관인을 기록한다. 대리인에 의한 신청의 경우에는 대리인의 자격과 성명을 기재한다.

(2) 등기완료통지의 방법

(가) 등기필정보를 부여받을 사람에 대한 통지

전자신청의 경우에는 등기필정보를 송신할 때 함께 송신하고, 서면신청의 경우에는 등기필정보와 일체로 작성된 등기필정보 및 등기완료통지서로 하여야 한다.

(나) 등기필정보를 부여받지 않는 사람에 대한 통지

① 공동신청에 있어서 등기의무자에 대한 통지

신청서에 등기완료사실의 통지를 원한다는 등기의무자의 의사표시가 기재되어 있는 경우에만 등기완료사실의 통지를 하며, 그 방식은 전자신청의 경우에는 전산정보처리조직을 이용하여 송신하는 방법에 의하고, 서면신청의 경우에는 등기완료사실을 인터넷등기소에 게시하는 방법에 의한다. 다만 서면신청의 경우 그 통지를 받을 자가 등기소에 출석하여 직접 서면의 교부를 요청하는 때에는 등기완료통지서를 출력하여 직접 교부한다.

② 위 ①을 제외한 신청인에 대한 통지

다음 각 호에 해당하는 자에 대한 등기완료사실의 통지는 전자신청의 경우에는 전산정보처리조직을 이용하여 송신하는 방법에 의하고, 서면신청의 경우에는 등기완료사실을 인터넷등기소에 게시하는 방법에 의한다. 다만 서면신청의 경우 그 통지를 받을 자가 등기소에 출석하여 직접 서면의 교부를 요청하는 때에는 등기완료통지서를 출력하여 직접 교부한다.

㉮ 공동신청에 있어서 등기필정보를 부여받지 않는 등기권리자

㉯ 단독신청에 있어서 신청인

㉰ 부동산등기법 제23조 제4항에 의한 승소한 등기의무자의 등기신청에 있어서 등기의무자

㉱ 부동산등기법 제28조에 의한 대위채권자의 등기신청에 있어서 대위자

③ 신청인이 아닌 등기명의인 등에 대한 통지

특히 다음 각 호에 해당하는 자에 대하여는 등기완료통지서를 출력하여 등기기록상 주소로 우편 송달한다.

㉮ 부동산등기법 제23조 제4항에 의한 승소한 등기의무자의 등기신청에 있어서 등기권리자

㉯ 부동산등기법 제28조에 의한 대위채권자의 등기신청에 있어서 등기권리자

㉰ 부동산등기법 제66조에 의한 소유권의 처분제한등기촉탁에 있어서 소유권보존등기의 명의인

㉱ 부동산등기법 제51조의 등기의무자

④ 관공서에 대한 통지

전자촉탁의 경우 전산정보처리조직에 이용하여 송신하는 방법에 의한다. 서면촉탁의 경우 촉탁서가 법원인 때에는 등기완료통지서를 출력하여 직접 교부하거나 우편으로 송부한다. 다만 우편송부는 경매개시결정등기 촉탁을 제외하고는 등기촉탁서에 등기완료통지서 송부용봉투가 첨부된 경우에 한한다. 그 밖의 관공서인 때에는 등기완료사실을 인터넷등기소에 게시하는 방법에 의한다.

다. 소유권변경사실의 통지(부등법 제62조)

등기관이 소유권의 보존 또는 이전, 소유권의 등기명의인표시의 변경 또는 경정, 소유권의 변경 또는 경정, 소유권의 말소 또는 회복의 등기를 하였을 때에는 지체 없이 그 사실을 지적소관청 또는 건축물대장 소관청에 알려야 한다. 이러한 소유권변경사실의 통지는 전산정보처리조직을 이용하여 할 수 있다(부등규 제120조).

라. 과세자료의 송부(부등법 제63조)

등기관이 소유권의 보존 또는 이전의 등기(가등기 포함)를 하였을 때에는 지체 없이 그 사실을 부동산소재지 관할 세무서장에게 통지하여야 한다. 역시 전산정보처리조직을 이용하여 할 수 있다(부등규 제120조).

마. 취득세·등록면허세영수필통지서의 송부

취득세·등록면허세영수필통지서의 송부는 취득세·등록면허세영수필통지서에 해당하는 정보를 전송함으로써 갈음하고 있다.

행정정보공유센터에 취득세·등록면허세영수필통지서에 해당하는 정보를 전송하여 완료한 경우에는 지체 없이 전송완료 연월일시를 전산정보처리조직의 보조기억장치로 조제된 접수장에 기록한다.

바. 과태료 통지(부등법 제112조, 부등규 제164조)

등기관은 부동산등기법 제41조 및 제43조에 따라 등기신청의 의무 있는 자가 그 등기신청을 해태하여 과태료에 처할 사유가 있다고 인정될 때에는 지체 없이 그 사유를 과태료에 처할 자의 주소지를 관할하는 지방법원에 통지하여야 한다.

또한 등기관이 "부동산등기특별조치법" 제11조의 규정에 의한 과태료에 처할 사유가 있음을 발견한 때에는 목적부동산의 소재지를 관할하는 시장 등에게 그 사유를 통지하여야 한다.

사. 집행법원에의 통지

가압류등기, 가처분등기, 경매개시결정등기, 주택임차권등기 및 상가건물임차권등기가 집행법원의 말소촉탁 이외의 사유(본등기, 매각, 공매, 수용 또는 규칙 제116조 제2항의 경우 등)로 말소된 경우 등기관은 지체 없이 그 뜻을 집행법원에 통지하여야 한다.

| 제3장 등기관의 처분에 대한 이의 |

등기관의 결정 또는 처분에 이의가 있는 자는 관할 지방법원에 이의신청을 할 수 있다(부등법 제100조). 관할지방법원이란 본원 등기과 및 관내 등기소에 관한 등기사건에 대한 이의에 대하여는 지방법원 본원이고, 지원 등기과(계)와 사무국을 둔 지원 관내 등기소의 등기사건에 대한 이의를 관할하는 법원은 그 지원을 의미한다.

1. 이의신청의 요건

가. 등기관의 결정 또는 처분의 부당

등기관의 결정이란 등기신청의 각하결정과 같은 것을 뜻하고, 처분이란 등기의 실행 등 그 외의 조치를 뜻한다.

등기 이외의 처분에 대하여는 이의사유에 제약이 있는 것은 아니나, 등기에 관한 처분에 대하여는 등기를 실행하는 것이 부당하다고 하는 경우(적극적 부당)와 등기를 실행하지 아니한 것이 부당하다고 하는 경우(소극적 부당)에 따라 이의사유가 제한되는 경우가 있다.

즉, 소극적 부당의 경우에는 일정한 등기를 실행하라는 이의이므로 등기관이 등기신청을 각하하고 등기를 실행하지 아니하거나, 마땅히 실행하여야 할 등기(직권등기)를 하지 않는 경우에는 이의를 할 수 있으며, 그 이의사유에는 특별한 제한은 없다.

그러나 적극적 부당, 즉 실행하여서는 안 될 등기를 실행한 것이라는 이의는 그 등기의 실행이 잘못인 경우에 등기관이 이를 직권말소함으로써 시정할 수 있는 사유에 해당하는 것이어야 한다. 따라서 이 경우에는 부동등기법 제29조 제1호 또는 제2호에 해당하는 각하사유가 있다고 주장하는 경우에만 이의신청을 할 수 있다. 그러므로 부동산등기법 제29조 제3호 이하의 사유로는 이의신청의 방법으로 그 등기의 말소를 구할 수 없다.

이미 마쳐진 등기에 대하여는 등기신청서류의 접수의 선후만을 내세워 등기관의 처분에 대하여 이의를 할 수 없고, 후순위 신청에 기하여 한 등기도 부동산등기법 제29조 제2호에 해당된다고는 볼 수 없다.

등기관의 결정 또는 처분의 부당하다는 주장은 그 결정 또는 처분 당시를 기준으로 하여야 하므로 그 결정 또는 처분시에 주장되거나 제출되지 아니한 새로운 사실이나 증거방법으로써 이의사유를 삼을 수는 없다(부등법 제102조).

나. 이의신청인

등기신청의 각하결정에 대하여는 등기신청인인 등기권리자 및 등기의무자에 한하여 이의신청을 할 수 있고, 제3자는 이의신청을 할 수 없다. 반면 등기를 실행한 처분에 대하여는 등기상 이해관계 있는 제3자가 그 처분에 대하여 이의신청을 할 수 있다.

실무에서는 채권자가 채무자를 대위하여 마친 등기가 채무자의 신청에 의하여 말소된 경우에는 그 말소처분에 대하여 채권자는 등기상의 이해관계인으로서 이의신청을 할 수 있고 상속인이 아닌 자는 상속등기가 위법하다 하여 이의신청을 할 수는 없는 것으로 보고 있다. 또한 저당권설정자는 저당권의 양수인과 양도인 사이의 저당권이전의 부기등기에 대하여 이의신청을 할 수 없으며, 등기의 말소신청에 있어 부동산등기법 제57조의 이해관계 있는 제3자의 승낙서 등이 첨부되어 있지 아니하였다는 사유는 제3자의 이해에 관한 것이므로 말소등기의무자는 말소처분에 대하여 이의신청을 할 수 있는 등기상 이해관계인에 해당하지 않는다고 보고 있다.

2. 이의신청의 절차와 효력

해당 등기관을 감독하는 지방법원(또는 지원)에 서면으로써 이의신청을 하여야 하나, 이의신청서는 해당 등기소에 제출하여야 한다(부등법 제101조).

이의신청서에는 이의신청인의 성명, 주소, 이의신청의 대상인 등기관의 결정 또는 처분, 이의신청의 취지와 이유, 신청연월일, 관할지방법원 등의 표시를 기재하고 신청인이 기명날인하여야 한다.

이의에는 집행정지의 효력이 없다(부등법 제104조). 또한 이의신청을 할 기간의 제한도 없다. 따라서 이의의 이익이 있는 한 언제라도 이의신청을 할 수 있다.

3. 이의에 대한 조치

가. 등기관의 조치(부등법 제103조)

(1) 등기신청의 각하결정에 대한 이의신청이 있는 경우

(가) 이의가 이유 없다고 인정한 경우

이의신청서가 접수된 날로부터 3일 이내에 의견서를 첨부하여 이의신청서를 관할 지방법원에 송부하여야 한다.

(나) 이의가 이유 있다고 인정한 경우

등기신청을 각하한 결정이 부당하다고 인정한 때에는 그 등기신청에 의한 등기를 실행한다.

(2) 등기신청을 수리하여 완료된 등기에 대한 이의신청이 있는 경우

(가) 이의가 이유 없다고 인정한 경우

그 등기에 대하여 이의신청이 있다는 사실을 등기상 이해관계인에게 통지하고, 이의신청서가 접수된 날로부터 3일 이내에 의견서를 첨부하여 이의신청서를 관할지방법원에 송부하여야 한다.

(나) 이의가 이유 있다고 인정한 경우

이의신청의 대상이 되는 등기가 부동산등기법 제29조 제1호 또는 제2호에 해당하여 이의가 이유 있다고 인정한 경우에는 부동산등기법 제58조의 절차를 거쳐 그 등기를 직권으로 말소한다(부등규 제159조 제1항). 다만, 완료된 등기에 대하여는 부동산등기법 제29조 제3호 이하의 사유를 이의사유로 삼을 수는 없는 것이어서, 부동산등기법 제29조 제3호 이하의 사유에 기한 이의신청은 그 사유가 인정된다 하더라도 결국 그 이의가 이유가 없는 경우에 해당하므로 이 경우에는 위 (가)항의 예에 따라 이의신청사건을 관

할지방법원에 송부하여야 한다(부등규 제159조 제2항).

나. 법원의 조치(부등법 제105조, 제106조)

이의신청서를 받은 관할지방법원은 이의에 대하여 이유를 붙여 결정을 하여야 한다.

(1) 이의신청을 인용한 경우

이의가 이유 있다고 인정하여 등기관에게 상당한 처분을 명하였을 때에는 그 결정등본을 등기관과 이의신청인 및 등기상 이해관계인에게 송달한다.

(2) 이의신청을 기각(각하 포함)한 경우

이의신청을 기각하였을 때에는 그 결정등본을 등기관과 이의신청인에게 송달한다.

(3) 이의신청이 취하된 경우

취하서 부본을 등기관에게 송부한다.

다. 관할지방법원(항고법원 포함)의 기록명령(가등기 또는 부기등기명령)에 의한 등기

(1) 등기절차

이의신청에 대하여 관할지방법원(항고법원 포함)이 결정 전에 가등기 또는 이의가 있다는 취지의 부기등기를 명하거나 이의신청을 인용하여 일정한 등기를 명한 경우 등기관은 그 명령에 따른 등기를 하여야 한다.

(2) 등기신청 각하 후 관할지방법원의 기록명령이 있기 전에 다른 등기가 마쳐진 경우

(가) 기록명령에 따른 등기를 하는데 장애가 되는 경우(부등규 제161조)

① 권리이전등기의 기록명령이 있었으나 그 기록명령에 따른 등기 전에 제3자 명의로 권리이전등기가 되어 있는 경우

② 지상권·전세권·지역권·임차권설정등기의 기록명령이 있었으나 그 기록명령에 따른 등기 전에 동일한 부분에 지상권·전세권·지역권·임차권설정등기가 되어 있는 경우

③ 말소등기의 기록명령이 있었으나 그 기록명령에 따른 등기 전에 이해관계인이 발생한 경우

④ 등기관이 기록명령에 따른 등기를 하기 위하여 신청인에게 첨부정보를 다시 등기소에 제공할 것을 명령하였으나 신청인이 이에 응하지 아니한 경우

(나) 기록명령에 따른 등기를 하는데 장애가 되지 않는 경우

소유권이전등기신청의 각하결정에 대한 이의신청에 기하여 관할지방법원의 소유권이전등기 기록명령에 따른 등기 전에 제3자 명의의 근저당권설정등기가 마쳐진 때와 같은 경우에는 기록명령에 따른 등기를 하는데 장애가 되지 아니하므로, 기록명령에 따른 등기를 하여야 한다.

라. 이의신청이 기각된 경우의 부기등기 및 가등기의 말소

이의신청 내한 기각결정(각하, 취하, 포함)의 통지를 받은 때에는 그 통지서에 접수인을 찍고 접수연월일과 접수번호를 기재한 후 해당 부기등기나 가등기를 말소하고, 등기상 이해관계인에게 그 뜻을 통지한다.

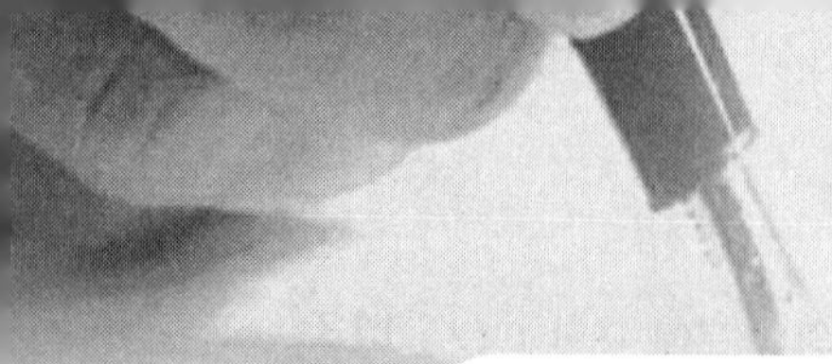

| 제4장 등기에 관한 벌칙 |

1. 벌 칙(부등법 제111조)

등기필정보의 작성이나 관리에 관한 비밀을 누설한 사람, 등기관으로 하여금 부실등기를 하도록 등기의 신청이나 촉탁에 제공할 목적으로 등기필정보를 취득하거나 그 사정을 알면서 등기필정보를 취득하거나 제공한 사람, 부정하게 취득한 등기필정보를 부실등기를 하게 할 목적으로 보관한 사람에 대해서는 징역 2년 이하의 징역 또는 1천만원 이하의 벌금에 처하게 된다.

2. 부동산등기특별조치법 상의 벌칙

"부동산등기특별조치법"에서는 부동산의 소유권이전을 내용으로 하는 계약을 체결한 자는 계약의 당사자가 서로 대가적인 채무를 부담하는 경우에는 반대급부의 이행이 완료된 날로부터, 계약당사자의 일방만이 채무를 부담하는 경우에는 그 계약의 효력이 발생한 날로부터 각 60일 이내에 소유권이전등기를 신청하여야 하고, 건물을 신축한 자가 그 건물의 소유권을 이전하기로 하는 계약을 체결한 경우에는 건축물대장등재일과 계약체결일 중 늦은 날을 기준으로 60일 이내에 소유권보존등기를 신청해야 하며, 소유권보존등기가 되어 있지 아니한 부동산에 대하여 소유권이전을 내용으로 하는 계약을 체결한 자는 잔금완납일 이전에 소유권보존등기가 마쳐진 경우에는 잔금완납일로부터, 잔금완납일 이후에 소유권보존등기가 마쳐진 경우에는 소유권보존등기가 마쳐진 날로부터 각 60일 이내에 소유권이전등기를 신청하여야 한다.
등기권리자가 상당한 사유 없이 위 등기신청을 해태한 때에는 소정 금액의 과태료에 처하도록 규정하고 있다(특조법 제11조).
계약서상의 잔금지급기일 이전에 당사자가 합의에 의하여 잔금지급기일을 변경하는 계약을 체결하였다면, 이 변경계약서를 다시 검인을 받아 같이 제출하든지, 아니면 당사자가 작성한 변경계약서와 반대급부가 이행된 증서(잔금영수증)를 첨부하면 소유권이전등기 신청기간은 사실상 반대급부가 이행된 날로부터 기산하면 된다.

등기관이 소유권보존등기와 소유권이전등기신청을 접수하여 등기한 때에 이 규정에 의한 과태료에 처할 사유가 있음을 발견한 때에는 소정 양식에 의한 통지서를 목적부동산의 소재지를 관할하는 시장 등에게 즉시 송부하여야 한다.

제 2 편

각종 부동산등기신청 사례 및 작성방법

1. 토지소유권보존등기신청

가. 의 의

미등기 토지에 대하여 처음으로 하는 등기로서, 토지대장, 임야대장에 최초의 소유자로 등록되어 있는 자 또는 그의 상속인이나 포괄승계인, 판결에 의하여 자기의 소유권을 증명하는 자, 수용으로 인하여 소유권을 취득하였음을 증명하는 자가 단독으로 신청한다.

나. 등기신청방법

신청인 본인 또는 법무사 등 그 대리인이 신분을 확인할 수 있는 주민등록증 등을 가지고 직접 등기소에 출석하여 신청한다.

[서식 1] 토지소유권보존등기신청서

토지소유권보존등기신청

접 수	년 월 일	처 리 인	등기관 확인	각종 통지
	제 호			

① 부동산의 표시				
서울특별시 서초구 서초동 100 대 100㎡ 이 상				
② 등 기 의 목 적	소유권보존			
③ 신 청 근 거 규 정	부동산등기법 제65조 제1호			
구분	성 명 (상호·명칭)	주민등록번호 (등기용등록번호)	주 소 (소 재 지)	지 분 (개인별)

<table>
<tr><td rowspan="2">④
신
청
인</td><td>홍 길 동</td><td>000000-0000000</td><td>서울특별시 서초구 서초대로 88길 20(서초동)</td><td>1/2</td></tr>
<tr><td>이 몽 룡</td><td>000000-0000000</td><td>서울특별시 서초구 서초대로 60길 18(서초동)</td><td>1/2</td></tr>
</table>

<table>
<tr><td colspan="3">⑤ 시가표준액 및 국민주택채권매입금액</td></tr>
<tr><td>부동산 표시</td><td>부동산별 시가표준액</td><td>부동산별 국민주택채권매입금액</td></tr>
<tr><td>1. 토 지</td><td>홍길동 금 30,000,000 원
이몽룡 금 30,000,000 원
합 계 금 60,000,000 원</td><td>금 750,000 원
금 750,000 원
합계 금 1,500,000 원</td></tr>
<tr><td colspan="2">⑤ 국 민 주 택 채 권 매 입 총 액</td><td>금 1,500,000 원</td></tr>
<tr><td colspan="2">⑤ 국 민 주 택 채 권 발 행 번 호</td><td>○ ○ ○</td></tr>
</table>

<table>
<tr><td rowspan="2">⑥ 취득세(등록면허세) 금 1,680,000원</td><td>⑥ 지방교육세 금 96,000원</td></tr>
<tr><td>⑥ 농어촌특별세 금 120,000원</td></tr>
<tr><td>⑦ 세 액 합 계</td><td>금 1,896,000 원</td></tr>
<tr><td rowspan="3">⑧ 등 기 신 청 수 수 료</td><td>금 15,000 원</td></tr>
<tr><td>납부번호 : ○○-○○-○○○○○○-○</td></tr>
<tr><td>일괄납부 : 건 원</td></tr>
<tr><td colspan="2">⑨ 첨 부 서 면</td></tr>
<tr><td>1. 등기원인을 증명하는 서면 1통
1. 취득세(등록면허세)영수필확인서 1통
1. 토지대장등본 1통</td><td>1. 주민등록표등(초)본 2통
〈기 타〉</td></tr>
</table>

20○○년 ○월 ○일

⑩ 위 신청인 ㊞ (전화 :)

(또는)위 대리인 법무사 홍 길 동 ㊞ (전화 : 300-1234)
서울특별시 서초구 서초대로 73길 24(서초동)

○○지방법원 ○○등기소 귀중

법무사 홍 길 동 (직인)

[신청서 작성요령]

1. 부동산표시란에 2개 이상의 부동산을 기재하는 경우에는 부동산의 일련번호를 기재하여야 합니다.
2. 신청인란등 해당란에 기재할 여백이 없을 경우에는 별지를 이용합니다.
3. 담당등기관이 판단하여 위의 첨부 서면 외에 추가적인 서면을 요구할 수 있습니다.

주

1. 등기신청서 기재요령

신청서는 한글과 아라비아숫자로 기재하여야 한다. 부동산의 표시란이나 신청인란 등이 부족할 경우에는 별지로 사용하고, 별지를 포함한 신청서의 각 장 사이에 간인(신청서에 서명을 하였을 때에는 각 장마다 연결되는 서명)을 하여야 한다.

① 부동산의 표시란 : 대장등본에 등록된 토지의 소재와 지번, 지목, 면적을 기재한다.

② 등기의 목적란 : "소유권보존"이라고 기재한다.

③ 신청근거규정란 : ㉮ 대장등본에 의할 경우에는 "부동산등기법 제65조 제1호", ㉯ 판결에 의할 경우에는 "부동산등기법 제65조 제2호", ㉰ 수용에 의할 경우에는 "부동산등기법 제65조 제3호"라고 기재한다.

④ 신청인란 : 소유자의 성명, 주민등록번호, 주소를 기재하되, 소유자가 수인인 경우에는 공유자별로 성명, 주민등록번호, 주소를 기재하고, 각자의 지분을 표시한다. 그러나 신청인이 법인인 경우에는 상호(명칭), 본점(주사무소 소재지), 등기용등록번호 및 대표사의 성명과 주소를 기재하고, 법인 아닌 사단이나 재단인 경우에는 상호(명칭), 본점(주사무소 소재지), 등기용등록번호 및 대표자(관리인)의 성명, 주민등록번호, 주소를 각 기재한다.

⑤ 시가표준액 및 국민주택채권매입금액, 국민주택채권매입총액란, 국민주택채권발행번호란 : ㉮ 시가표준액으로 토지의 경우에는 공시지가를 기재한다. 다만, 개별공시지가 공시되지 아니한 경우에는 시장·군수 또는 구청장이 같은 법에 따라 국토교통부장관이 제공한 토지가격비준표를 사용하여 산정한 가액으로 한다(지방세법 제4조 제1항). ㉯ 부동산별 시가표준액란은 취득세(등록면허세)납부서(OCR용지)에 기재된 시가표준액을 기재하고 부동산별 국민주택채권매입금액란에는 시가표준액의 일정비율에 해당하는 국민주택채권 매입금액을 기재한다. ㉰ 부동산이 2개 이상인 경우에는 각 부동산별로 시가표준액 및 국민주택채권 매입금액을 기재한 다음 국민주택채권 매입총액을 기재한다. ㉱ 국민주택채권발행번호란에는 국민주택채권 매입시 국민주택채권사무취급기관에서 고지하는 채권발행번호를 기재하며, 하나의 신청사건에 하나의 채권발행번호를 기재하는 것이 원칙이며, 동일한 채권발행번호를 수 개 신청사건에 중복 기재할 수 없다. ㉲ 취득세(등록면허세)영수필 확인서에 기재된 토지의 시가표준액이 500만원 이상일 때에 국민주택채권을 매입한다.

⑥ 취득세(등록면허세)·지방교육세·농어촌특별세란 : 제3편 등기실무자료 [자료 1] 취득세율표 참조

⑦ 세액합계란 : 취득세(등록면허세)액, 지방교육세액, 농어촌특별세액의 합계를 기재한다.

⑧ 등기신청수수료란 : ㉮ 부동산 1개당 15,000원의 등기신청수수료 납부액을 기재한다. 다만 전자표준양식에 의하여 신청하는 경우에는 13,000원, 전자신청하는 경우에는 10,000원의

등기신청수수료를 은행 현금납부, 전자납부, 무인발급기 납부 등의 방법에 따라 납부한 후 등기신청서에 등기신청수수료 영수필확인서를 첨부하고 납부번호를 기재하여 제출한다. ㉯ 여러 건의 등기신청에 대하여 수납금융기관에 현금으로 일괄납부하는 경우 첫 번째 등기신청서에 등기신청수수료 영수필확인서를 첨부하고 해당 등기신청수수료, 납부번호와 일괄납부 건수 및 일괄납부액을 기재하며, 나머지 신청서에는 해당 등기신청수수료와 전 사건에 일괄 납부한 취지를 기재한다(일괄납부는 은행에 현금으로 납부하는 경우에만 가능함).

⑨ 첨부서면란 : 등기신청서에 첨부한 서면을 각 기재한다.

⑩ 신청인등란 : ㉮ 신청인의 성명 및 전화번호를 기재하고 인장을 날인 또는 서명을 하되, 신청인이 법인이나 법인 아닌 사단 또는 재단인 경우에는 상호(명칭)와 대표자(관리인)의 자격 및 성명을 기재하고 대표자(관리인)의 인장을 날인 또는 서명을 한다. ㉯ 대리인이 등기신청을 하는 경우에는 그 대리인의 성명, 주소, 전화번호를 기재하고 대리인의 인장을 날인 또는 서명을 한다.

2. 등기신청서에 첨부할 서면 등

- 등기원인을 증명하는 서면
  - ㉮ 부동산등기법 제65조 1호의 경우 : 부동산등기법 제65조 제1호에 의하여 소유권보존등기를 신청하는 경우에는 토지대장·임야대장·건축물대장, 상속을 증명하는 서면(기본증명서, 상속재산분할협의서 등), 포괄승계를 증명하는 서면(법인등기사항증명서, 유언증서 등)을 첨부한다.
  - ㉯ 부동산등기법 제65조 제2호의 경우 : 판결정본 및 확정증명서를 첨부한다.
  - ㉰ 부동산등기법 제65조 제3호의 경우 : 재결수용의 경우에는 재결서 등본 및 보상금을 증명하는 서면, 협의성립확인에 의한 수용의 경우에는 토지수용위원회의 협의성립확인서 또는 협의설립의 공정증서와 그 수리증명서 및 보상금을 증명하는 서면을 첨부한다.
- 취득세(등록면허세)영수필확인서 : 시장, 구청장, 군수 등으로부터 취득세(등록면허세)납부서(OCR용지)를 발급받아 납세지를 관할하는 해당 금융기관에 세금을 납부한 후 취득세(등록면허세)영수필확인서와 영수증을 교부받아 영수증은 본인이 보관하고 취득세(등록면허세)영수필확인서만 신청서의 취득세(등록면허세)액표시란의 좌측상단 여백에 첨부하거나, 또는 지방세인터넷납부시스템에서 출력한 시가표준액이 표시되어 있는 취득세(등록면허세)납부확인서를 첨부한다.
- 토지(임야)대장등본 : 등기하고자 하는 토지 또는 임야의 대장등본(발행일로부터 3월 이내)을 첨부한다. 대장의 소유자란에는 신청인 명의로 등록되어 있어야 한다.
- 주민등록표등(초)본 : 신청인의 주소를 증명하기 위한 서면으로 주민등록표등본 또는 초본(각 발행일로부터 3월 이내)을 첨부한다.
- 기타 : 상속인이 신청하는 경우에는 상속을 증명하는 서면인 제적등본, 가족관계증명서, 기본증명서, 친양자입양관계증명서 등(발행일로부터 3월 이내)을 첨부한다.
- 법인등기사항전부(일부)증명서 : ㉮ 신청인이 법인인 경우에는 법인등기사항전부증명서 또는 법인등기사항일부증명서(각 발행일로부터 3월 이내)를 첨부한다. 다만, 법인등기가 되어 있는 등기소와 부동산소재지 관할 등기소가 동일한 경우에는 위 법인등기사항증명서를 제출할 필요가 없다. ㉯ 법인 아닌 사단 또는 재단이 등기를 신청하는 경우에는 ㉠ 정관이나 그 밖의 규약, 대표자나 관리인임을 증명하는 정보(다만, 등기되어 있는 대표자나 관리인이

신청하는 경우에는 그러하지 아니하다), ㉡ 법인 아닌 사단 또는 재단의 주소 및 부동산등기용등록번호를 증명하는 정보(새로이 등기명의인이 되는 경우에 한한다), ㉢ 대표자나 관리인의 주소 및 주민등록번호를 증명하는 정보를 첨부한다.

- 위임장 : 등기신청을 법무사 등 대리인에게 위임하는 경우에 첨부한다.

3. 등기신청서류 편철순서

신청서, 취득세(등록면허세)영수필확인서, 등기신청수수료 영수필확인서, 위임장, 주민등록표등(초)본, 토지(임야)대장등본 등의 순으로 편철한다.

4. 기타 참고사항

- 민법 제32조의 규정에 의하여 허가받은 종교단체와 그에 소속된 종교단체 및 관계법령에 의하여 시장·군수에게 등록된 종교단체 또는 사회복지사업법에 의한 사회복지법인의 종교용 또는 사회복지용 건축물을 건축하거나 당해 토지 또는 건축물의 소유권보존등기나 이전등기를 하는 때, 혹은 사립학교법의 규정에 의한 학교법인 또는 사립학교경영자가 교육용토지 또는 건축물을 취득하여 소유권보존등기나 이전등기를 하는 때에는 국민주택채권매입의무가 면제된다(주택법시행령 별표 12). 국가, 지방자치단체, 정부투자기관관리기본법상의 정부투자기관, 지방공기업법의 적용을 받는 지방공기업, 한국자산공사는 국민주택매입의무가 면제된다.
- '대한예수교장로회 교회'라는 명칭을 가진 교회가 교회예수교장로회(합동측) 총회에 소속되어 있음을 증명하는 서면과, 대한예수교장로회(합동측) 총회 및 동 총회에 소속된 교회의 전도사업 등을 위하여 필요한 자산의 관리, 공급을 목적으로 하는 대한 예수교장로회(합동측) 총회 유지재단이 '민법 제32조의 규정에 의하여 허가받은 종교단체임을 증명하는 서면'을 첨부하고, 당해 부동산을 종교용으로 취득하는 것임을 소명하여 위 교회 명의로의 소유권이전등기를 신청하는 경우에는 국민주택채권을 매입할 필요가 없다(1998. 7. 9. 등기선례 5-899).

2. 토지소유권보존등기신청(종중명의)

가. 의 의

미등기 토지에 대하여 처음으로 하는 등기로서, 토지대장, 임야대장에 최초의 소유자인 종중(문중)명의로 등록되어 있는 자 또는 그의 상속인이나 포괄승계인, 판결에 의하여 자기의 소유권을 증명하는 자가 단독으로 신청한다.

나. 등기신청방법

신청인 본인 또는 법무사 등 그 대리인이 신분을 확인할 수 있는 주민등록증 등을 가지고 직접 등기소에 출석하여 신청한다.

[서식 2] 토지소유권보존등기신청서(종중명의)

토지소유권보존등기신청

접 수	년 월 일	처 리 인	등기관 확인	각종 통지
	제 호			

① 부동산의 표시				
서울특별시 서초구 서초동 산 100 임야 8000㎡ 이 상				
② 등 기 의 목 적	소유권보존			
③ 신 청 근 거 규 정	부동산등기법 제65조 제1호			
구분	성 명 (상호·명칭)	주민등록번호 (등기용등록번호)	주 소 (소 재 지)	지 분 (개인별)
④ 신청인	공주이씨 강양종파공중	000000-0000000	서울특별시 서초구 서초대로 88길 20(서초동)	1/2
	대표자 이 상 선	000000-0000000	서울특별시 서초구 서초대로 60길 18(서초동)	1/2

⑤ 시가표준액 및 국민주택채권매입금액		
부동산 표시	부동산별 시가표준액	부동산별 국민주택채권매입금액
1. 토 지	금 80,000,000 원	금 3,200,000 원
2.	금 원	금 원
3.	금 원	금 원
⑤ 국 민 주 택 채 권 매 입 총 액		금 3,200,000 원
⑤ 국 민 주 택 채 권 발 행 번 호		○ ○ ○

<table>
<tr><td colspan="2" rowspan="2">⑥ 취득세(등록면허세) 금 2,240,000원</td><td>⑦ 지방교육세 금 128,000원</td></tr>
<tr><td>⑦ 농어촌특별세 금 160,000원</td></tr>
<tr><td>⑦ 세 액 합 계</td><td colspan="2">금 2,528,000 원</td></tr>
<tr><td rowspan="3">⑧ 등 기 신 청 수 수 료</td><td colspan="2">금 15,000 원</td></tr>
<tr><td colspan="2">납부번호 : ○○-○○-○○○○○○-○</td></tr>
<tr><td colspan="2">일괄납부 : 건 원</td></tr>
<tr><td colspan="3">⑨ 첨 부 서 면</td></tr>
<tr><td colspan="2">1. 등기원인을 증명하는 서면 1통
1. 취득세(등록면허세)영수필확인서 1통
1. 토지대장등본 1통
1. 주민등록표등(초)본 1통
1. 유언증서 1통</td><td>1. 정관 그 밖의 규약 1통
1. 대표자선임결의서 1통
1. 부동산등기용등록번호증명서 1통
1. 위임장 1통</td></tr>
<tr><td colspan="3">20○○년 ○월 ○일

⑩ 위 신청인 ㉑ (전화 :)

(또는)위 대리인 법무사 홍 길 동 ㉑ (전화 : 300-1234)
서울특별시 서초구 서초대로 73길 24(서초동)

○○지방법원 ○○등기소 귀중

법무사 홍 길 동 (직인)</td></tr>
</table>

[신청서 작성요령]

1. 부동산표시란에 2개 이상의 부동산을 기재하는 경우에는 부동산의 일련번호를 기재하여야 합니다.
2. 신청인란등 해당란에 기재할 여백이 없을 경우에는 별지를 이용합니다.
3. 담당등기관이 판단하여 위의 첨부 서면 외에 추가적인 서면을 요구할 수 있습니다.

주

1. **등기신청서 기재요령**

신청서는 한글과 아라비아숫자로 기재하여야 한다. 부동산의 표시란이나 신청인란 등이 부족할 경우에는 별지로 사용하고, 별지를 포함한 신청서의 각 장 사이에 간인(신청서에 서명을 하였을 때에는 각 장마다 연결되는 서명)을 하여야 한다.

① 부동산의 표시란 : 대장등본에 등록된 토지의 소재와 지번, 지목, 면적을 기재한다.

② 등기의 목적란 : "소유권보존"이라고 기재한다.

③ 신청근거규정란 : ㉮ 대장등본에 의할 경우에는 "부동산등기법 제65조 제1호", ㉯ 판결에 의할 경우에는 "부동산등기법 제65조 제2호", ㉰ 수용에 의할 경우에는 "부동산등기법 제65조 제3호"라고 기재한다.

④ 신청인란 : 소유자의 성명, 주민등록번호, 주소를 기재하되, 소유자가 수인인 경우에는 공유자별로 성명, 주민등록번호, 주소를 기재하고, 각자의 지분을 표시한다. 그러나 신청인이 법인인 경우에는 상호(명칭), 본점(주사무소 소재지), 등기용등록번호 및 대표자의 성명과 주소를 기재하고, 법인 아닌 사단이나 재단인 경우에는 상호(명칭), 본점(주사무소 소재지), 등기용등록번호 및 대표자(관리인)의 성명, 주민등록번호, 주소를 각 기재한다.

⑤ 시가표준액 및 국민주택채권매입금액, 국민주택채권매입총액란, 국민주택채권발행번호란 : ㉮ 시가표준액으로 토지의 경우에는 공시지가를 기재한다. 다만, 개별공시지가 공시되지 아니한 경우에는 시장·군수 또는 구청장이 같은 법에 따라 국토교통부장관이 제공한 토지가격비준표를 사용하여 산정한 가액으로 한다(지방세법 제4조 제1항). ㉯ 부동산별 시가표준액란은 취득세(등록면허세)납부서(OCR용지)에 기재된 시가표준액을 기재하고 부동산별 국민주택채권매입금액란에는 시가표준액의 일정비율에 해당하는 국민주택채권 매입금액을 기재한다.

⑥ 취득세(등록면허세)·지방교육세·농어촌특별세란 : 제3편 등기실무자료 [자료 1] 취득세율표 참조

⑦ 세액합계란 : 취득세(등록면허세)액, 지방교육세액, 농어촌특별세액의 합계를 기재한다.

⑧ 등기신청수수료란 : ㉮ 부동산 1개당 15,000원의 등기신청수수료 납부액을 기재한다. 다만 전자표준양식에 의하여 신청하는 경우에는 13,000원, 전자신청하는 경우에는 10,000원의 등기신청수수료 납부액을 기재하며, 등기신청수수료를 은행 현금납부, 전자납부, 무인발급기 납부 등의 방법에 따라 납부한 후 등기신청서에 등기신청수수료 영수필확인서를 첨부하고 납부번호를 기재하여 제출한다. ㉯ 여러 건의 등기신청에 대하여 수납금융기관에 현금으로 일괄납부하는 경우 첫 번째 등기신청서에 등기신청수수료 영수필확인서를 첨부하고 해당 등기신청수수료, 납부번호와 일괄납부 건수 및 일괄납부액을 기재하며, 나머지 신청서에는 해당 등기신청수수료와 전 사건에 일괄 납부한 취지를 기재한다(일괄납부는 은행에 현금으로 납부하는 경우에만 가능함).

⑨ 첨부서면란 : 등기신청서에 첨부한 서면을 각 기재한다.

⑩ 신청인등란 : ㉮ 신청인의 성명 및 전화번호를 기재하고 인장을 날인 또는 서명을 하되, 신청인이 법인이나 법인 아닌 사단 또는 재단인 경우에는 상호(명칭)와 대표자(관리인)의 자격 및 성명을 기재하고 대표자(관리인)의 인장을 날인 또는 서명을 한다. ㉯ 대리인이 등기신청을 하는 경우에는 그 대리인의 성명, 주소, 전화번호를 기재하고 대리인의 인장을 날인 또는 서명을 한다.

2. 등기신청서에 첨부할 서면 등

- 등기원인을 증명하는 서면
  - ㉮ 부동산등기법 제65조 1호의 경우 : 부동산등기법 제65조 제1호에 의하여 소유권보존등기를 신청하는 경우에는 토지대장·임야대장·건축물대장, 상속을 증명하는 서면(기본증명서, 상속재산분할협의서 등), 포괄승계를 증명하는 서면(법인등기사항증명서, 유언증서 등)을 첨부한다.
  - ㉯ 부동산등기법 제65조 제2호의 경우 : 판결정본 및 확정증명서를 첨부한다.
  - ㉰ 부동산등기법 제65조 제3호의 경우 : 재결수용의 경우에는 재결서 등본 및 보상금을 증명하는 서면, 협의성립확인에 의한 수용의 경우에는 토지수용위원회의 협의성립확인서 또는 협의설립의 공정증서와 그 수리증명서 및 보상금을 증명하는 서면을 첨부한다.
- 취득세(등록면허세)영수필확인서 : 시장, 구청장, 군수 등으로부터 취득세(등록면허세)납부서(OCR용지)를 발급받아 납세지를 관할하는 해당 금융기관에 세금을 납부한 후 취득세(등록면허세)영수필확인서와 영수증을 교부받아 영수증은 본인이 보관하고 취득세(등록면허세)영수필확인서만 신청서의 취득세(등록면허세)액표시란의 좌측상단 여백에 첨부하거나, 또는 지방세인터넷납부시스템에서 출력한 시가표준액이 표시되어 있는 취득세(등록면허세)납부확인서를 첨부한다.
- 토지(임야)대장등본 : 등기하고자 하는 토지 또는 임야의 대장등본(발행일로부터 3월 이내)을 첨부한다. 대장의 소유자란에는 신청인 명의로 등록되어 있어야 한다.
- 주민등록표등(초)본 : 신청인의 주소를 증명하기 위한 서면으로 주민등록표등본 또는 초본(각 발행일로부터 3월 이내)을 첨부한다.
- 정관 그 밖의 규약 : 종중·문중 기타 대표자나 관리인이 있는 법인 아닌 사단, 재단에 속하는 부동산에 관한 등기신청서에는 정관 그 밖의 규약을 첨부한다.
- 대표자나 관리인임을 증명하는 정보 : 종중·문중 기타 대표자나 관리인이 법인 아닌 사단 또는 재단에 속하는 부동산에 관한 등기신청서에는 정관 기타의 규약, 대표자 또는 관리인임을 증명하는 서면, 대표자 또는 관리인의 주민등록표등(초)본을 첨부한다. 위 서면에는 그 사실을 확인하는데 상당하다고 인정되는 2인 이상의 성년자가 사실과 상위 없다는 취지와 성명을 기재하고 인감을 날인하여야 하며, 날인한 인감에 관한 인감증명을 첨부한다. 다만 변호사 또는 법무사가 등기신청을 대리하는 경우에는 변호사 또는 법무사가 위 각 서면에 사실과 상위 없다는 취지를 기재하고 기명날인함으로써 이에 갈음할 수 있다(2011. 10. 12. 등기예규 제1435호).
- 법인 아닌 사단의 주소를 증명하는 서면 : 종중의 주소를 증명하는 서면으로는 정관 기타의 규약 또는 회의록 등을 제출한다.
- 부동산등기용등록번호증명서 : 법인 아닌 사단이나 재단이 신청인인 경우에는 시장·군수 또는 구청장으로부터 부동산등기용등록번호를 부여받아 부동산등기용등록번호증명서를 첨부하여야 한다.
- 주민등록표등(초)본 : 신청인인 종중 대표자의 주소 및 주민등록번호를 증명하는 서면으로 종중 대표자의 주민등록표등(초)본을 제출한다.
- 법인등기사항전부(일부)증명서 : ㉮ 신청인이 법인인 경우에는 법인등기사항전부증명서 또는 법인등기사항일부증명서(각 발행일로부터 3월 이내)를 첨부한다. 다만, 법인등기가 되어 있는 등기소와 부동산소재지 관할 등기소가 동일한 경우에는 위 법인등기사항증명서를 제출할 필요가 없다. ㉯ 법인 아닌 사단 또는 재단이 등기를 신청하는 경우에는 정관이나 그

밖의 규약, 대표자나 관리인임을 증명하는 정보(다만, 등기되어 있는 대표자나 관리인이 신청하는 경우에는 그러하지 아니하다), 대표자나 관리인의 주소 및 주민등록번호를 증명하는 정보를 첨부한다.

- 위임장 : 등기신청을 법무사 등 대리인에게 위임하는 경우에 첨부한다.

3. **등기신청서류 편철순서**

신청서, 취득세(등록면허세)영수필확인서, 등기신청수수료 영수필확인서, 위임장, 유언증서, 정관 기타규약, 대표자 선임결의서, 대표자 증명서면, 부동산등록번호증명서면, 주민등록표등(초)본, 토지(임야)대장등본 등의 순으로 편철한다.

3. 상속으로 인한 토지소유권보존등기신청

가. 의 의

토지대장, 임야대장 또는 건축물대장에 최초의 소유자로 등록되어 있는 자 또는 그의 상속인이나 포괄승계인은 자기 명의로 보존등기를 신청할 수 있다. 따라서 상속인들이 자기의 상속지분별로 상속보존등기를 할 수 있으며, 별도로 상속재산의 협의분할을 한 경우에는 그 상속재산 협의분할계약서를 첨부하여 협의된 지분의 비율로 보존등기를 신청할 수 있다.

나. 등기신청방법

신청인 본인 또는 법무사 등 그 대리인이 신분을 확인할 수 있는 주민등록증 등을 가지고 직접 등기소에 출석하여 신청한다.

[서식 3] 상속으로 인한 토지소유권보존등기신청서

상속으로 인한 토지소유권보존등기신청

접 수	년 월 일	처 리 인	등기관 확인	각종 통지
	제 호			

① 부동산의 표시				
서울특별시 서초구 서초동 100 대 100㎡ 이 상				
② 등 기 의 목 적	소유권보존			
③ 신 청 근 거 규 정	부동산등기법 제65조 제1호			
④ 상속인전원의 표시	별지 기재와 같음			
구분	성 명 (상호·명칭)	주민등록번호 (등기용등록번호)	주 소 (소 재 지)	지 분 (개인별)
⑤ 신청인	김 대 승	000000-0000000	서울특별시 동작구 동작대로 29길 59(사당동)	

⑥ 시가표준액 및 국민주택채권매입금액		
부동산 표시	부동산별 시가표준액	부동산별 국민주택채권매입금액
1. 토 지	이미녀 금 42,857,142 원 김대승 금 28,571,429 원 김대우 금 28,571,429 원 계 금 100,000,000 원	금 1,070,000 원 금 710,000 원 금 710,000 원
⑥ 국 민 주 택 채 권 매 입 총 액		금 2,490,000 원

<table>
<tr><td colspan="2">⑥ 국 민 주 택 채 권 발 행 번 호</td><td colspan="2">○ ○ ○</td></tr>
<tr><td colspan="2" rowspan="2">⑦ 취득세(등록면허세) 금 2,800,000원</td><td colspan="2">⑥ 지방교육세 금 160,000원</td></tr>
<tr><td colspan="2">⑥ 농어촌특별세 금 200,000원</td></tr>
<tr><td>⑧ 세 액 합 계</td><td colspan="3">금 3,160,000 원</td></tr>
<tr><td rowspan="3">⑨ 등 기 신 청 수 수 료</td><td colspan="3">금 15,000 원</td></tr>
<tr><td colspan="3">납부번호 : ○○-○○-○○○○○-○</td></tr>
<tr><td colspan="3">일괄납부 : 건 원</td></tr>
<tr><td colspan="4">⑩ 첨 부 서 면</td></tr>
<tr><td colspan="2">1. 토지대장등본 1통
1. 제적등본(피상속인) 1통
1. 기본증명서(피상속인) 1통
1. 가족관계증명서(상속인) 3통
1. 친양자입양관계증명서(피상속인) 1통</td><td colspan="2">1. 기본증명서(상속인) 1통
1. 취득세(등록면허세)영수필확인서 1통
1. 주민등록표등(초)본 4통
1. 위임장 1통</td></tr>
<tr><td colspan="4">20○○년 ○월 ○일

⑩ 위 신청인 ㊞ (전화 :)

(또는)위 대리인 법무사 홍 길 동 ㊞ (전화 : 300-1234)
서울특별시 서초구 서초대로 73길 24(서초동)

○○지방법원 ○○등기소 귀중

법무사 홍 길 동 (직인)</td></tr>
</table>

[신청서 작성요령]

1. 부동산표시란에 2개 이상의 부동산을 기재하는 경우에는 부동산의 일련번호를 기재하여야 합니다.
2. 신청인란등 해당란에 기재할 여백이 없을 경우에는 별지를 이용합니다.
3. 담당등기관이 판단하여 위의 첨부 서면 외에 추가적인 서면을 요구할 수 있습니다.

[별지]

상 속 인 의 표 시

망 김 갑 동의 상속인
서울특별시 송파구 백제고분로 21길 8(삼전동)

지분 7분의 3	이 미 녀 (000000-0000000) 서울특별시 송파구 백제고분로 21길 8(삼전동)
지분 7분의 2	김 대 승 (000000-0000000) 서울특별시 동작구 동작대로 29길 59(사당동)
지분 7분의 2	김 대 우 (000000-0000000) 서울특별시 송파구 백제고분로 21길 8(삼전동) 위 김대우는 미성년자이므로 법정대리인 친권자 모 이 미 녀 서울특별시 송파구 백제고분로 21길 8(삼전동)

주

1. 등기신청서 기재요령

신청서는 한글과 아라비아숫자로 기재하여야 한다. 부동산의 표시란이나 신청인란 등이 부족할 경우에는 별지로 사용하고, 별지를 포함한 신청서의 각 장 사이에 간인(신청서에 서명을 하였을 때에는 각 장마다 연결되는 서명)을 하여야 한다.

① 부동산의 표시란 : 대장등본에 등록된 토지의 소재와 지번, 지목, 면적을 기재한다.

② 등기의 목적란 : "소유권보존"이라고 기재한다.

③ 신청근거규정란 : 대장상 최초 소유자의 상속인 또는 포괄승계인이 보존등기를 신청하는 경우에는 "부동산등기법 제65조 제1호"라고 기재한다.

④ 상속인전원의 표시란 : 상속인 전원이 같이 보존등기를 신청하는 경우에는 상속인 전원의 표시를 기재하여야 하나, 그 난이 협소한 경우에는 상속인전원의 표시란에는 "별지 기재와 같음"이라고 기재한다. 별지 상속인의 난에는 피상속인의 성명, 주소를 기재하고 그 상속인 전원의 성명, 주민등록번호, 주소를 기재한다.

⑤ 신청인란 : 상속인 전원이 같이 보존등기를 신청하는 경우에는 신청인 전원의 표시를 신청인란에 기재하여야 하나, 그 난이 협소한 경우에는 별지에 기재하고, 신청인란에는 "별지

기재와 같음"이라고 기재한다. 다만, 상속인 중 1인이 전원 명의의 보존등기를 신청하는 경우에는 신청인란에는 상속인의 1인의 성명, 주민등록번호 및 주소를 기재한다.

⑥ 시가표준액 및 국민주택채권매입금액, 국민주택채권매입총액란, 국민주택채권발행번호란 : ㉮ 부동산별로 시가표준액을 기재한다. ㉯ 시가표준액으로 토지의 경우에는 공시지가를 기재한다. 다만, 개별공시지가 공시되지 아니한 경우에는 시장·군수 또는 구청장이 같은 법에 따라 국토교통부장관이 제공한 토지가격비준표를 사용하여 산정한 가액으로 한다(지방세법 제4조 제1항). ㉰ 부동산별 시가표준액란은 취득세(등록면허세)납부서(OCR용지)에 기재된 시가표준액을 기재하고 채권매입액을 계산할 때에는 각 상속인 및 부동산별로 시가표준액을 산정하고 그 과세시가표준액에 근거하여 국민주택채권 매입금액을 각각 기재한다. ㉱ 국민주택채권의 최저매입금액은 1만원으로 한다. ㉲ 국민주택채권발행번호란에는 국민주택채권 매입시 국민주택채권사무취급기관에서 고지하는 채권발행번호를 기재하며, 하나의 신청사건에 하나의 채권발행번호를 기재하는 것이 원칙이며, 동일한 채권발행번호를 수 개 신청사건에 중복 기재할 수 없다. ㉳ 취득세(등록면허세)영수필확인서에 기재된 토지의 시가표준액이 500만원 이상일 때에 국민주택채권을 매입한다. ㉴ 공시지가가 ㎡당 1,000,000원인 경우, 채권매입액을 계산하면 다음과 같다.

100㎡(면적)×1,000,000원(공시지가) = 100,000,000원
이미녀 지분 3/7 = 42,857,142원
채권매입비율 25/1000 = 1,071,428원(1,070,000원)
김대승 지분 2/7 = 28,571,428원
채권매입비율 25/1000 = 714,285원(710,000원)
김대우 지분 2/7 = 28,571,428원
채권매입비율 25/1000 = 714,285원(710,000원)
채권매입액 합계 2,490,000원

※ 이는 보존등기이므로 보존등기에 해당하는 채권매입비율을 적용하여야 하며, 상속등기에 해당하는 채권매입비율을 적용할 것이 아니다.

⑦ 취득세(등록면허세)·지방교육세·농어촌특별세란 : 제3편 등기실무자료 [자료 1] 취득세율표 참조

⑧ 세액합계란 : 취득세(등록면허세)액, 지방교육세액, 농어촌특별세액의 합계를 기재한다.

⑨ 등기신청수수료란 : ㉮ 부동산 1개당 15,000원의 등기신청수수료 납부액을 기재한다. 다만 전자표준양식에 의하여 신청하는 경우에는 13,000원, 전자신청하는 경우에는 10,000원의 등기신청수수료를 은행 현금납부, 전자납부, 무인발급기 납부 등의 방법에 따라 납부한 후 등기신청서에 등기신청수수료 영수필확인서를 첨부하고 납부번호를 기재하여 제출한다. ㉯ 여러 건의 등기신청에 대하여 수납금융기관에 현금으로 일괄납부하는 경우 첫 번째 등기신청서에 등기신청수수료 영수필확인서를 첨부하고 해당 등기신청수수료, 납부번호와 일괄납부 건수 및 일괄납부액을 기재하며, 나머지 신청서에는 해당 등기신청수수료와 전 사건에 일괄 납부한 취지를 기재한다(일괄납부는 은행에 현금으로 납부하는 경우에만 가능함).

⑩ 첨부서면란 : 등기신청서에 첨부한 서면을 각 기재한다.

⑪ 신청인등란 : ㉮ 신청인의 성명 및 전화번호를 기재하고 인장을 날인 또는 서명을 하되, 신청인이 법인이나 법인 아닌 사단 또는 재단인 경우에는 상호(명칭)와 대표자(관리인)의

자격 및 성명을 기재하고 대표자(관리인)의 인장을 날인 또는 서명을 한다. ㉯ 대리인이 등기신청을 하는 경우에는 그 대리인의 성명, 주소, 전화번호를 기재하고 대리인의 인장을 날인 또는 서명을 한다.

2. 등기신청서에 첨부할 서면 등

- 등기원인을 증명하는 서면
  - ㉮ 토지대장등본 또는 임야대장등본 : 부동산등기법 제65조 제1호에 해당하는 경우에는 신청인의 피상속인이 대장상 최초 소유자로 기재된 토지대장·임야대장을 첨부한다.
  - ㉯ 상속 또는 포괄승계를 증명하는 서면 : 대장상 최초 소유자의 상속인 또는 포괄승계인이 소유권보존등기를 신청하는 경우에는 상속을 증명하는 서면(기본증명서, 상속재산분할협의서 등) 또는 포괄승계를 증명하는 서면(법인등기사항증명서, 유언증서 등)을 첨부한다. 상속의 경우에는 다음 서면이 필요하다. ㉠ 피상속인의 제적등본, 기본증명서 등 : 피상속인의 제적등본을 첨부하고, 필요한 경우에는 피상속인의 피상속인에 대한 제적등본도 첨부한다. 피상속인이 2008. 1. 1. 이후 사망한 경우에는 피상속인의 제적등본과 기본증명서, 가족관계증명서, 친양자입양관계증명서도 첨부한다. ㉡ 상속인의 기본증명서 : 상속인의 기본증명서를 첨부한다.
- 취득세(등록면허세)영수필확인서 : 시장, 구청장, 군수 등으로부터 취득세(등록면허세)납부서(OCR용지)를 발급받아 납세지를 관할하는 해당 금융기관에 세금을 납부한 후 취득세(등록면허세)영수필확인서와 영수증을 교부받아 영수증은 본인이 보관하고 취득세(등록면허세)영수필확인서만 신청서의 취득세(등록면허세)액표시란의 좌측상단 여백에 첨부하거나, 또는 지방세인터넷납부시스템에서 출력한 시가표준액이 표시되어 있는 취득세(등록면허세)납부확인서를 첨부한다.
- 토지(임야)대장등본 : 등기하고자 하는 토지 또는 임야의 대장등본(발행일로부터 3월 이내)을 첨부한다.
- 주민등록표등(초)본 등 : 신청인의 주소를 증명하기 위한 서면으로 주민등록표등본 또는 초본(각 발행일로부터 3월 이내)을 첨부한다. 피상속인의 주소증명서면도 제출하여야 하는 경우도 있다. 예컨대 ㉮ 상속으로 인한 소유권이전등기를 신청함에 있어 등기부상 등기명의인(피상속인)의 주소가 호적 또는 제적부상의 기재와 다른 경우에는 동일인임을 증명할 수 있는 자료로써 피상속인의 주소를 증명하는 서면(주민등록등·초본 등) 등을 제출하여야 하는 바, 이러한 증명서면을 발급받을 수 없는 때에는 동일인이라는 사실을 확인하는데 상당하다고 인정되는 자의 보증서면과 그 인감증명서 및 기타 보증인의 자격을 인정할 만한 서면(공무원재직증명서, 변호사등록증서사본, 법무사자격증사본 등)을 제출할 수도 있으나 구체적인 등기신청에 있어서 그러한 서면에 의하여 동일인임이 인정된다고 보아 그 등기신청을 수리할 것인지 여부는 등기관이 판단할 사항이다. ㉯ 등기부상 등기명의인의 주민등록번호가 기재되어 있지 아니하고, 또한 호적(제적)부, 임야대장, 주민등록표상 피상속인의 주소가 등기부상 등기명의인의 주소와 다른 경우에는, 위 호적(제적)부, 임야대장, 주민등록표상에 피상속인의 주민등록번호가 동일하게 기재되어 있다 하더라도 등기부상 등기명의인과 호적부상 피상속인이 동일인이라 단정할 수 없을 것이므로, 위 각 서면만을 첨부하여 동일인임을 증명하는 서면에 갈음할 수는 없다(2002. 6. 25. 등기선례 7-169).
- 법인등기사항전부(일부)증명서 : 법인이 포괄승계인의 지위에서 보존등기를 신청하는 경우에는 법인등기사항전부증명서 또는 법인등기사항일부증명서(각 발행일로 부터 3월 이내)를

첨부한다. 다만, 법인등기가 되어있는 등기소와 부동산소재지 관할등기소가 동일한 경우에는 위 법인등기사항증명서를 제출할 필요가 없다.

- 위임장 : 등기신청을 법무사 등 대리인에게 위임하는 경우에 첨부한다.

3. 등기신청서류 편철순서

신청서, 취득세(등록면허세)영수필확인서, 등기신청수수료 영수필확인서, 위임장, 피상속인의 제적등본, 피상속인의 기본증명서, 피상속인의 가족관계증명서, 동일인보증서(해당시), 상속인의 기본증명서, 주민등록등(초)본, 토지(임야)대장등본 등의 순으로 편철한다.

4. 기타 참고사항

- 상속으로 인한 소유권이전등기를 신청하는 경우에는 신청인의 주소를 증명하는 서면으로 주민등록등(초)본을 제출하여야 하고, 협의분할에 의한 상속등기를 신청하는 때에는 상속재산분할협의서에 날인한 상속인 전원의 인감증명서를 제출하여야 하지만, 재산상속을 받지 않는 나머지 상속인들의 주소를 증명하는 서면은 제출할 필요가 없다(2003. 4. 30. 등기선례 7-76).
- 재산상속인에 관한 사항을 조사하기 위하여 가족관계증명서, 제적등본과 신청인의 주민등록등표등본만을 첨부하면 족하고 상속포기자의 주민등록표등본은 첨부할 필요가 없다(1987. 3. 5. 등기선례 2-90).
- 공동상속인의 경우 상속인 중 1인(갑)은 상속관계를 증명하는 서면(제적등본)과 상속인들의 주소를 증명하는 서면 등을 첨부하여 상속인 전원을 위하여 상속등기를 신청할 수 있는바, 공동상속인 중 1인(을)이 재외국민인 경우에는 등기신청서에 그 주소를 증명하는 서면으로 외국주재 우리나라 대사관(또는 영사관)에서 발행하는 재외국민등록부등본 등을 첨부하여야 한다. 다만 을이 위 재외국민등록부등본의 교부신청에 협력하지 아니하는 경우에는 을의 국외주소를 증명하는 그 밖의 다른 서면을 제출하여도 될 것이나, 실제로 제출된 서면이 을의 주소를 증명하는 서면에 해당된다고 볼 것인지 여부는 당해 등기신청사건을 처리하는 등기관이 판단하여야 할 사항이다(등기선례 2002. 4. 30. 등기선례 7-69).
- 위의 경우 을의 소재가 불명하여 현주소를 알 수 없는 때에는 그 사유를 소명하는 자료와 함께 국외 이주되어 말소된 을의 주민등록표등(초)본을 주소를 증면하는 서면으로 대신 제출하고, 최후 주소를 주소지로 하여 상속등기를 신청할 수 있다. 이 경우, 을의 현주소를 알 수 없다는 사실은 신청인이 제출한 소명자료에 의하여 당해 등기관이 판단할 사항이다(2002. 5. 9. 등기선례 7-129).
- 또한 채권자가 채권자대위에 기한 상속등기를 하고자 하나 채무자인 피상속인의 유일한 상속인이 행방불명(외국인에게 입양된 후 행방을 알 수 없어)되어 그의 소재지를 확인할 수 없는 경우에는 상속인의 말소된 주민등록표상의 최후 주소를 주소지로 기재하고, 그 말소된 주민등록표등본을 주소를 증명하는 서면으로 첨부하여 상속등기를 신청할 수 있을 것이다. 다만, 상속인의 말소된 주민등록표등본을 발급받을 수 없는 경우라면 이를 소명하는 자료를 첨부하여 호적(제적)등본상의 본적지를 주소지로 기재하고, 그 호적(제적)등본을 주소를 증명하는 서면으로 첨부하여 상속등기를 신청할 수 있다(2002. 4. 16. 등기선례 7-68).

4. 토지소유권보존대위등기신청

가. 의 의

미등기 토지의 소유자 김갑동과 홍길동 사이에 매매계약을 체결하였으나 소유자 김갑동이 보존등기를 하지 아니한 경우에 등기청구권을 가지는 채권자 홍길동이 채권자대위권을 행사하여 채무자 김갑동 명의의 소유권보존등기를 신청할 수 있다.

민법 제404조 및 부동산등기법 제29조의 규정에 의하여 채무자를 대위하여 등기를 신청할 수 있는 채권자는 특정의 등기청구권을 가진 채권자 및 금전채권자가 포함한다. 종전에는 특정의 등기청구권이 없는 일반 금전채권자가 채무자를 대위하여 등기를 청구할 수 없다고 하였으나 이는 2011. 10. 12. 등기예규 제1432호에 의하여 변경되었다. 따라서 현재는 부동산에 대하여 소유권이전등기절차를 명하는 승소의 확정판결을 받은 갑이 그 판결에 따른 소유권이전등기절차를 취하지 않는 경우, 그 갑에 대한 금전채권이 있는 자는 대위원인을 증명하는 서면인 소비대차계약서 등을 첨부하여 위 판결에 의한 갑 명의의 소유권이전등기를 갑을 대위하여 신청할 수 있다(2001. 5. 28. 등기선례 6-160).

나. 등기신청방법

대위등기신청인 본인 또는 법무사 등 그 대리인이 신분을 확인할 수 있는 주민등록증 등을 가지고 직접 등기소에 출석하여 신청한다. 채권자가 채무자를 대위하여 등기를 신청하는 경우 채무자로부터 채권자 자신으로서의 등기를 동시에 신청하지 않더라도 이를 수리한다(2001. 10. 12. 등기예규 제1432호).

[서식 4] 토지소유권보존대위등기신청서

토지소유권보존대위등기신청

접 수	년 월 일	처 리 인	등기관 확인	각종 통지
	제 호			

① 부동산의 표시
서울특별시 서초구 서초동 100 대 100㎡ 이 상

② 등 기 의 목 적	소유권보존
③ 신 청 근 거 규 정	부동산등기법 제65조 제1호
④ 대 위 원 인	20○○. ○. ○. 매매에 의한 소유권이전등기청구권

구분	성 명 (상호·명칭)	주민등록번호 (등기용등록번호)	주 소 (소 재 지)	지 분 (개인별)
④ 신청인	김 갑 동 대위신청인 홍 길 동	000000-0000000	서울특별시 서초구 서초대로 88길 20(서초동) 서울특별시 중구 다동길 96 (다동)	

⑥ 시가표준액 및 국민주택채권매입금액		
부동산 표시	부동산별 시가표준액	부동산별 국민주택채권매입금액
1. 토 지	금 120,000,000 원	금 6,000,000 원
2.	금 원	금 원
3.	금 원	금 원
⑥ 국 민 주 택 채 권 매 입 총 액		금 6,000,000 원
⑥ 국 민 주 택 채 권 발 행 번 호		○ ○ ○

⑦ 취득세(등록면허세) 금 3,360,000원	⑦ 지방교육세 금 192,000원
	⑦ 농어촌특별세 금 240,000원

<table>
<tr><td rowspan="1">⑧ 세 액 합 계</td><td colspan="2">금 3,792,000 원</td></tr>
<tr><td rowspan="3">⑨ 등 기 신 청 수 수 료</td><td colspan="2">금 15,000 원</td></tr>
<tr><td colspan="2">납부번호 : ○○-○○-○○○○○-○</td></tr>
<tr><td colspan="2">일괄납부 : 건 원</td></tr>
<tr><td colspan="3">⑩ 첨 부 서 면</td></tr>
<tr><td colspan="2">1. 등기원인을 증명하는 서면 1통
1. 취득세(등록면허세)영수필확인서 1통
1. 토지대장등본 1통
1. 주민등록표등(초)본 1통</td><td>1. 대위원인을 증명하는 서면 1통
〈기 타〉</td></tr>
<tr><td colspan="3">20○○년 ○월 ○일

⑪ 위 신청인 대위신청인 홍 길 동 ㊞ (전화 : 300-1234)
(또는)위 대리인 (전화 :)

○○지방법원 ○○등기소 귀중</td></tr>
</table>

[신청서 작성요령]

1. 부동산표시란에 2개 이상의 부동산을 기재하는 경우에는 부동산의 일련번호를 기재하여야 합니다.
2. 신청인란등 해당란에 기재할 여백이 없을 경우에는 별지를 이용합니다.
3. 담당등기관이 판단하여 위의 첨부 서면 외에 추가적인 서면을 요구할 수 있습니다.

주

1. 등기신청서 기재요령

신청서는 한글과 아라비아숫자로 기재하여야 한다. 부동산의 표시란이나 신청인란 등이 부족할 경우에는 별지로 사용하고, 별지를 포함한 신청서의 각 장 사이에 간인(신청서에 서명을 하였을 때에는 각 장마다 연결되는 서명)을 하여야 한다.

① 부동산의 표시란 : 대장등본에 등록된 토지의 소재와 지번, 지목, 면적을 기재한다.

② 등기의 목적란 : "소유권보존"이라고 기재한다.

③ 신청근거규정란 : ㉮ 대장등본에 의할 경우에는 "부동산등기법 제65조 제1호", ㉯ 판결에 의할 경우에는 "부동산등기법 제65조 제2호", ㉰ 수용에 의할 경우에는 "부동산등기법 제65조 제3호", ㉱ 특별자치도지사, 시장, 군수 또는 구청장의 확인에 의하는 경우에는 "부동산

등기법 제65조 제4호"라고 기재한다.

④ 대위원인 : 신청서에는 대위원인을 기재하여야 하고(부등법 제28조), 그 대위권의 발생원인, 즉 보전하여야 하는 채권이 발생한 법률관계를 간략히 기재한다(등기예규 제1432호). (예) 매매인 경우에는 "20○○년 ○월 ○일 매매에 의한 소유권이전등기청구권", 대여금채권인 경우에는 "20○○년 ○월 ○일 소비대차의 대여금반환청구권", 대물변제인 경우에는 "20○○년 ○월 ○일 대물변제에 의한 소유권이전등기청구권" 등

⑤ 신청인란 : 소유자의 성명, 주민등록번호, 주소를 기재하되, 소유자가 수인인 경우에는 공유자별로 성명, 주민등록번호, 주소를 기재하고, 각자의 지분을 표시한다. 그러나 신청인이 법인인 경우에는 상호(명칭), 본점(주사무소 소재지), 등기용등록번호 및 대표자의 성명과 주소를 기재하고, 법인 아닌 사단이나 재단인 경우에는 상호(명칭), 본점(주사무소 소재지), 등기용등록번호 및 대표자(관리인)의 성명, 주민등록번호, 주소를 각 기재한다. 또한 대위등기신청인인 채권자의 성명(명칭), 주소(사무소)를 기재한다. 다만 채권자의 주민등록번호(부동산등기용등록번호)는 기재하지 아니한다.

⑥ 시가표준액 및 국민주택채권매입금액, 국민주택채권매입총액란, 국민주택채권발행번호란 : ㉮ 부동산별 시가표준액란은 취득세(등록면허세)납부서(OCR용지)에 기재된 시가표준액을 기재하고 부동산별 국민주택채권매입금액란에는 시가표준액의 일정비율에 해당하는 국민주택채권매입금액을 기재한다. ㉯ 부동산이 2개 이상인 경우에는 각 부동산별로 시가표준액 및 국민주택채권 매입금액을 기재한 다음 국민주택채권 매입총액을 기재한다. ㉰ 국민주택채권발행번호란에는 국민주택채권 매입시 국민주택채권사무취급기관에서 고지하는 채권발행번호를 기재하며, 하나의 신청사건에 하나의 채권발행번호를 기재하는 것이 원칙이며, 동일한 채권발행번호를 수 개 신청사건에 중복 기재할 수 없다. ㉱ 취득세(등록면허세)영수필확인서에 기재된 토지의 시가표준액이 500만원 이상일 때에 국민주택채권을 매입한다. ㉲ 미등기부동산에 대한 처분제한 등기의 촉탁에 의하여 등기관이 직권으로 소유권보존등기를 하는 경우의 취득세(등록면허세)는 지방세법 제22조 및 제33조의 규정에 의한 미납통지를 함으로서 족하고, 국민주택채권은 소유자가 보존등기를 신청하는 것이 아니어서 그 매입의무가 부과되지 아니므로 국민주택채권을 매입할 필요가 없으나, 채권자가 채무자를 대위하여 보존등기를 신청하는 경우에는, 본래의 신청인, 즉 채무자가 신청하는 경우와 다를 바 없다 할 것이므로 일반원칙에 따라 소정의 취득세(등록면허세)를 납부케 하는 외에 국민주택채권을 매입할 것을 요구하여야 한다(2007. 4. 27. 등기예규 제1185호). 다만, 건물에 대한 보존등기의 경우에 국민주택채권매입을 하지 아니한다는 점을 주의하여야 한다.

⑦ 취득세(등록면허세)·지방교육세·농어촌특별세란 : 제3편 등기실무자료 [자료 1] 취득세율표 참조

⑧ 세액합계란 : 취득세(등록면허세)액, 지방교육세액, 농어촌특별세액의 합계를 기재한다.

⑨ 등기신청수수료란 : ㉮ 부동산 1개당 15,000원의 등기신청수수료 납부액을 기재한다. 다만 전자표준양식에 의하여 신청하는 경우에는 13,000원, 전자신청하는 경우에는 10,000원의 등기신청수수료를 은행 현금납부, 전자납부, 무인발급기 납부 등의 방법에 따라 납부한 후 등기신청서에 등기신청수수료 영수필확인서를 첨부하고 납부번호를 기재하여 제출한다. ㉯ 여러 건의 등기신청에 대하여 수납금융기관에 현금으로 일괄납부하는 경우 첫 번째 등기신청서에 등기신청수수료 영수필확인서를 첨부하고 해당 등기신청수수료, 납부번호와 일괄납부 건수 및 일괄납부액을 기재하며, 나머지 신청서에는 해당 등기신청수수료와 전 사건에 일괄 납부한 취지를 기재한다(일괄납부는 은행에 현금으로 납부하는 경우에만 가능함).

⑩ 첨부서면란 : 등기신청서에 첨부한 서면을 각 기재한다.

⑪ 신청인등란 : ㉮ 신청인의 성명 및 전화번호를 기재하고 인장을 날인 또는 서명을 하되, 신청인이 법인이나 법인 아닌 사단 또는 재단인 경우에는 상호(명칭)와 대표자(관리인)의 자격 및 성명을 기재하고 대표자(관리인)의 인장을 날인 또는 서명을 한다. ㉯ 대리인이 등기신청을 하는 경우에는 그 대리인의 성명, 주소, 전화번호를 기재하고 대리인의 인장을 날인 또는 서명을 한다.

2. 등기신청서에 첨부할 서면 등

- 등기원인을 증명하는 서면
  - ㉮ 부동산등기법 제65조 1호의 경우 : 부동산등기법 제65조 제1호에 의하여 소유권보존등기를 신청하는 경우에는 토지대장·임야대장·건축물대장, 상속을 증명하는 서면(기본증명서, 상속재산분할협의서 등), 포괄승계를 증명하는 서면(법인등기사항증명서, 유언증서 등)을 첨부한다.
  - ㉯ 부동산등기법 제65조 제2호의 경우 : 판결정본 및 확정증명서를 첨부한다.
  - ㉰ 부동산등기법 제65조 제3호의 경우 : 재결수용의 경우에는 재결서 등본 및 보상금을 증명하는 서면, 협의성립확인에 의한 수용의 경우에는 토지수용위원회의 협의성립확인서 또는 협의설립의 공정증서와 그 수리증명서 및 보상금을 증명하는 서면을 첨부한다.
  - ㉱ 부동산등기법 제65조 제4호의 경우 : 특별자치도지사, 시장·군수 또는 구청장의 확인서를 첨부한다. 만약 확인서를 첨부할 수 없는 경우에는 등기할 건축물이 건축물대장에 등재되지 않아 건축물대장 등본을 발급받을 수 없다는 사실과 등기에 필요한 건물의 표시를 하여 건축사 또는 측량기술사가 작성한 서면을 첨부하여도 된다(2008. 7. 30. 등기선례 8-82).
- 취득세(등록면허세)영수필확인서 : 시장, 구청장, 군수 등으로부터 취득세(등록면허세)납부서(OCR용지)를 발급받아 납세지를 관할하는 해당 금융기관에 세금을 납부한 후 취득세(등록면허세)영수필확인서와 영수증을 교부받아 영수증은 본인이 보관하고 취득세(등록면허세)영수필확인서만 신청서의 취득세(등록면허세)액표시란의 좌측상단 여백에 첨부하거나, 또는 지방세인터넷납부시스템에서 출력한 시가표준액이 표시되어 있는 취득세(등록면허세)납부확인서를 첨부한다.
- 토지(임야)대장등본 : 등기하고자 하는 토지 또는 임야의 대장등본(발행일로부터 3월 이내)을 첨부한다. 대장의 소유자란에는 신청인 명의로 등록되어 있어야 한다.
- 주민등록표등(초)본 : ㉮ 신청인의 주소를 증명하기 위한 서면으로 주민등록표등본 또는 초본(각 발행일로부터 3월 이내)을 첨부한다. ㉯ 원고가 미등기 부동산에 관하여 그 소유자를 피고로 하여 소유권이전등기절차의 이행을 명하는 판결을 받은 후 피고를 대위하여 소유권보존등기를 신청하는 경우에도 그 보존등기명의인인 피고의 주소를 증명하는 서면(말소된 주민등록표등본도 해당)을 제출하여야 한다.
- 대위원인을 증명하는 서면 : 채권자가 채무자를 대위하여 등기를 신청하는 경우에는 대위원인을 증명하는 서면을 첨부하여야 한다(부등법 제28조). 이는 매매계약서, 저당권설정계약서, 가압류결정서 등이 해당된다. 대위의 기초인 권리가 금전채권인 때에는 대위원인증서는 원칙적으로 금전채권증서가 된다.
- 기타 : 상속인이 신청인인 경우에는 상속을 증명하는 서면인 제적등본, 가족관계증명서, 기본증명서, 친양자입양관계증명서 등(발행일로부터 3월 이내)을 첨부한다.

- 법인등기사항전부(일부)증명서 : ㉮ 신청인이 법인인 경우에는 법인등기사항전부증명서 또는 법인등기사항일부증명서(각 발행일로부터 3월 이내)를 첨부한다. 다만, 법인등기가 되어 있는 등기소와 부동산소재지 관할 등기소가 동일한 경우에는 위 법인등기사항증명서를 제출할 필요가 없다. ㉯ 법인 아닌 사단 또는 재단이 등기를 신청하는 경우에는 ㉠ 정관이나 그 밖의 규약, 대표자나 관리인임을 증명하는 정보(다만, 등기되어 있는 대표자나 관리인이 신청하는 경우에는 그러하지 아니하다), ㉡ 법인 아닌 사단 또는 재단의 주소 및 부동산등기용등록번호를 증명하는 정보(새로이 등기명의인이 되는 경우에 한한다), ㉢ 대표자나 관리인의 주소 및 주민등록번호를 증명하는 정보를 첨부한다.
- 위임장 : 등기신청을 법무사 등 대리인에게 위임하는 경우에 첨부한다.

3. 등기신청서류 편철순서

신청서, 취득세(등록면허세)영수필확인서, 등기신청수수료 영수필확인서, 위임장, 주민등록등(초)본, 토지(임야)대장등본, 매매계약서 등의 순으로 편철한다.

5. 건물소유권보존등기신청

가. 의 의

등기되어 있지 않은 건물의 등기기록을 개설하기 위하여 하는 최초의 등기로 건축물대장에 최초의 소유자로서 등록되어 있는 자, 또는 그의 상속인이나 포괄승계인, 판결 또는 특별자치도지사·시장·군수·자치구의 구청장의 확인에 의하여 자기의 소유권을 증명하는 자, 수용으로 인하여 소유권을 취득하였음을 증명하는 자가 신청할 수 있다.

주의할 점은, 건축법상 증축으로 되어 있지만 건축물대장이 별개의 대장으로 되어 있는 경우 등기법상 소유권보존등기를 하여야 한다, 그런데 '증축'이라는 용어에 얽매여서 부동산표시변경등기로 하는 경우 그 등기는 무효이다. 이러한 무효의 등기에 터잡은 그 이후 근저당권설정등기도 무효가 되는 바, 근저당권설정등기가 무효가 되면 손해배상의 책임이 높아지므로 주의를 요한다.

나. 등기신청방법

신청인 본인 또는 법무사 등 그 대리인이 신분을 확인할 수 있는 주민등록증 등을 가지고 직접 등기소에 출석하여 신청할 수 있다.

[서식 5] 건물소유권보존등기신청서

건물소유권보존등기신청

<table>
<tr><td rowspan="2">접 수</td><td>년 월 일</td><td rowspan="2">처 리 인</td><td>등기관 확인</td><td>각종 통지</td></tr>
<tr><td>제 호</td><td></td><td></td></tr>
</table>

<table>
<tr><td colspan="5">① 부동산의 표시</td></tr>
<tr><td colspan="5">서울특별시 서초구 서초동 100
[도로명주소] 서울특별시 서초구 서초대로 88길 10
시멘트 벽돌조 스레트지붕 단층 주택 120㎡
부속건물
시멘트 벽돌조 슬래브지붕 단층 창고 50㎡

이 상</td></tr>
<tr><td colspan="2">② 등 기 의 목 적</td><td colspan="3">소유권보존</td></tr>
<tr><td colspan="2">③ 신 청 근 거 규 정</td><td colspan="3">부동산등기법 제65조 제1호</td></tr>
<tr><td>구분</td><td>성 명
(상호·명칭)</td><td>주민등록번호
(등기용등록번호)</td><td>주 소 (소 재 지)</td><td>지 분
(개인별)</td></tr>
<tr><td>④ 신청인</td><td>김 갑 동</td><td>000000-0000000</td><td>서울특별시 서초구 서초대로 88길 20(서초동)</td><td></td></tr>
</table>

<table>
<tr><td colspan="4">⑤ 시가표준액 및 국민주택채권매입금액</td></tr>
<tr><td>부동산 표시</td><td>부동산별 시가표준액</td><td colspan="2">부동산별 국민주택채권매입금액</td></tr>
<tr><td>1. 건 물</td><td>금 100,000,000 원</td><td colspan="2">금 원</td></tr>
<tr><td>2.</td><td>금 원</td><td colspan="2">금 원</td></tr>
<tr><td>3.</td><td>금 원</td><td colspan="2">금 원</td></tr>
<tr><td colspan="2">⑤ 국 민 주 택 채 권 매 입 총 액</td><td colspan="2">금 원</td></tr>
<tr><td colspan="2">⑤ 국 민 주 택 채 권 발 행 번 호</td><td colspan="2"></td></tr>
<tr><td colspan="2" rowspan="2">⑥ 취득세(등록면허세) 금 2,800,000원</td><td>⑥ 지방교육세</td><td>금 160,000원</td></tr>
<tr><td>⑥ 농어촌특별세</td><td>금 200,000원</td></tr>
</table>

<table>
<tr><td>⑦ 세 액 합 계</td><td colspan="2">금 3,160,000 원</td></tr>
<tr><td rowspan="3">⑧ 등 기 신 청 수 수 료</td><td colspan="2">금 15,000 원</td></tr>
<tr><td colspan="2">납부번호 : ○○-○○-○○○○○-○</td></tr>
<tr><td colspan="2">일괄납부 : 건 원</td></tr>
<tr><td colspan="3">⑨ 첨 부 서 면</td></tr>
<tr><td colspan="2">1. 등기원인을 증명하는 서면 1통
1. 취득세(등록면허세)영수필확인서 1통
1. 건축물대장등본 1통
1. 주민등록표등(초)본 1통</td><td>1. 도면(필요시) 1통
1. 위임장 1통
〈기 타〉</td></tr>
<tr><td colspan="3">20○○년 ○월 ○일

⑩ 위 신청인 ㊞ (전화 :)

(또는)위 대리인 법무사 홍 길 동 ㊞ (전화 : 300-1234)
서울특별시 서초구 서초대로 73길 24(서초동)

○○지방법원 ○○등기소 귀중

법무사 홍 길 동 (직인)</td></tr>
</table>

[신청서 작성요령]

1. 부동산표시란에 2개 이상의 부동산을 기재하는 경우에는 부동산의 일련번호를 기재하여야 합니다.
2. 신청인란등 해당란에 기재할 여백이 없을 경우에는 별지를 이용합니다.
3. 담당등기관이 판단하여 위의 첨부 서면 외에 추가적인 서면을 요구할 수 있습니다.

주

1. 등기신청서 기재요령

신청서는 한글과 아라비아숫자로 기재하여야 한다. 부동산의 표시란이나 신청인란 등이 부족할 경우에는 별지로 사용하고, 별지를 포함한 신청서의 각 장 사이에 간인(신청서에 서명을

하였을 때에는 각 장마다 연결되는 서명)을 하여야 한다.

① 부동산의 표시란 : ㉮ 건축물대장 등 소유권을 증명하는 서면에 표시된 건물의 표시와 일치되게 기재하여야 하며, 건물의 소재와 지번, 같은 지번 위에 여러 개의 건물이 있는 때에는 건물번호, 도로명주소, 구조, 종류, 면적, 부속건물이 있는 때에는 그 구조와 종류, 면적 순으로 기재한다. 또한 도로명주소는 건물표시 중 소재지번 표시 아래에 기재한다. ㉯ 건물의 표시 중 건물의 구조가 복합건물인 경우에는 부동산표시란의 하단에 그 내역을 괄호 안에 기재한다. 층별용도는 기재하지 아니한다. (예) (내역 : 시멘트 벽돌조 주택 30㎡, 시멘트 블록조 점포 50㎡)

② 등기의 목적란 : "소유권보존"이라고 기재한다.

③ 신청근거규정란 : ㉮ 건축물대장등본에 의할 경우에는 "부동산등기법 제65조 제1호", ㉯ 판결에 의할 경우에는 "부동산등기법 제65조 제2호", ㉰ 수용에 의할 경우에는 "부동산등기법 제65조 제3호", ㉱ 특별자치도지사·시장·군수·자치구의 구청장의 확인에 의할 경우에는 "부동산등기법 제65조 제4호"라고 기재한다.

④ 신청인란 : 소유자의 성명, 주민등록번호, 주소를 기재하되, 소유자가 수인인 경우에는 공유자별로 성명, 주민등록번호, 주소를 기재하고, 각자의 지분을 표시한다. 그러나 신청인이 법인인 경우에는 상호(명칭), 본점(주사무소 소재지), 등기용등록번호 및 대표자의 성명과 주소를 기재하고, 법인 아닌 사단이나 재단인 경우에는 상호(명칭), 본점(주사무소 소재지), 등기용등록번호 및 대표자(관리인)의 성명, 주민등록번호, 주소를 각 기재한다.

⑤ 시가표준액 및 국민주택채권매입금액, 국민주택채권매입총액란, 국민주택채권발행번호란 : ㉮ 시가표준액으로 토지의 경우에는 공시지가, 주택의 경우에는 주택공시가격을 기재한다. 다만, 개별공시지가 또는 개별주택가격이 공시되지 아니한 경우에는 시장·군수 또는 구청장이 같은 법에 따라 국토교통부장관이 제공한 토지가격비준표 또는 주택가격비준표를 사용하여 산정한 가액으로 하고, 공동주택가격이 공시되지 아니한 경우에는 대통령령으로 정하는 기준에 따라 시장, 군수가 산정한 가액으로 한다(지방세법 제4조 제1항). ㉯ 건축물(새로 건축하여 건축 당시 개별주택가격 또는 공동주택가격이 공시되지 아니한 주택으로서 토지부분을 제외한 건축물을 포함한다) 및 그 밖의 과세대장에 대한 시가표준액은 거래가격, 신축가격 등을 고려하여 정한 기준가격에 종류, 구조, 용도, 경과연수 등 과세대상별 특성을 고려하여 대통령령으로 정하는 기준에 따라 지방자치단체의 장이 결정한 가액으로 한다(지방세법 제4조 제2항). ㉰ 건물의 소유권보존등기시 국민주택채권은 매입하지 않으므로 이 난은 기재하지 아니한다.

⑥ 취득세(등록면허세)·지방교육세·농어촌특별세란 : 제3편 등기실무자료 [자료 1] 취득세율표 참조

⑦ 세액합계란 : 취득세(등록면허세)액, 지방교육세액, 농어촌특별세액의 합계를 기재한다.

⑧ 등기신청수수료란 : ㉮ 부동산 1개당 15,000원의 등기신청수수료 납부액을 기재한다. 다만 전자표준양식에 의하여 신청하는 경우에는 13,000원, 전자신청하는 경우에는 10,000원의 등기신청수수료를 은행 현금납부, 전자납부, 무인발급기 납부 등의 방법에 따라 납부한 후 등기신청서에 등기신청수수료 영수필확인서를 첨부하고 납부번호를 기재하여 제출한다. ㉯ 여러 건의 등기신청에 대하여 수납금융기관에 현금으로 일괄납부하는 경우 첫 번째 등기신청서에 등기신청수수료 영수필확인서를 첨부하고 해당 등기신청수수료, 납부번호와 일괄납부 건수 및 일괄납부액을 기재하며, 나머지 신청서에는 해당 등기신청수수료와 전 사건에 일괄 납부한 취지를 기재한다(일괄납부는 은행에 현금으로 납부하는 경우에만 가능함).

⑨ 첨부서면란 : 등기신청서에 첨부한 서면을 각 기재한다.

⑩ 신청인등란 : ㉮ 신청인의 성명 및 전화번호를 기재하고 인장을 날인 또는 서명을 하되, 신청인이 법인이나 법인 아닌 사단 또는 재단인 경우에는 상호(명칭)와 대표자(관리인)의 자격 및 성명을 기재하고 대표자(관리인)의 인장을 날인 또는 서명을 한다. ㉯ 대리인이 등기신청을 하는 경우에는 그 대리인의 성명, 주소, 전화번호를 기재하고 대리인의 인장을 날인 또는 서명을 한다.

2. 등기신청서에 첨부할 서면 등

• 등기원인을 증명하는 서면

㉮ 부동산등기법 제65조 1호의 경우(토지대장, 임야대장, 건축물대장에 최초의 소유자로 등록된 자) : 부동산등기법 제65조 제1호에 의하여 소유권보존등기를 신청하는 경우에는 토지대장·임야대장·건축물대장, 상속을 증명하는 서면(기본증명서, 상속재산분할협의서 등), 포괄승계를 증명하는 서면(법인등기사항증명서, 유언증서 등)을 첨부한다.

㉯ 부동산등기법 제65조 제2호의 경우(확정판결에 의해 소유권을 취득한 자) : 판결정본 및 확정증명서를 첨부한다.

㉰ 부동산등기법 제65조 제3호의 경우(수용에 의해 소유권취득을 증명하는 자) : 재결수용의 경우에는 재결서 등본 및 보상금을 증명하는 서면, 협의성립확인에 의한 수용의 경우에는 토지수용위원회의 협의성립확인서 또는 협의설립의 공정증서와 그 수리증명서 및 보상금을 증명하는 서면을 첨부한다.

㉱ 부동산등기법 제65조 제4호의 경우(시장, 군수, 구청장의 확인에 의하여 소유권을 증명하는 자) : 특별자치도지사, 시장·군수 또는 구청장의 확인서를 첨부한다. 만약 확인서를 첨부할 수 없는 경우에는 등기할 건축물이 건축물대장에 등재되지 않아 건축물대장 등본을 발급받을 수 없다는 사실과 등기에 필요한 건물의 표시를 하여 건축사 또는 측량기술사가 작성한 서면을 첨부하여도 된다(2008. 7. 30. 등기선례 8-82).

• 도면(건물의 소재도)

– 동일 지번의 대지 위에 수개의 건물이 있고 등기의 목적건물에 관한 건축물대장 등본이 첨부되지 않았을 때에는 등기의 목적건물을 특정하기 위하여 그 대지상의 건물들이 모두 표시되어 있는 도면을 첨부해야 한다. 다만, 건물의 표시를 증명하는 정보로서 건축물대장 정보를 등기소에 제공하는 경우에는 그러하지 아니하다. 즉 대지위에 여러 개의 건물이 있는 경우라도 건축물대장 정보를 제공하여 소유권보존등기를 하는 경우에는 소재도를 제출할 필요가 없다. 그런데, 건축물대장등본 등에 의하여 건물로서의 요건을 갖추었는지 여부를 등기관이 알 수 없어서 신청인으로 하여금 소명자료로서 당해 건축물에 대한 사진이나 도면의 제출을 요구하는 경우에는 보존등기신청인은 도면을 제출하여야 한다(2004. 10. 1. 등기예규 제1086호).

– 도면의 작성방법은 건물의 소재와 지번, 건물의 종류·구조·면적, 택지의 방위, 건물의 번호, 건물의 형상, 길이, 위치를 기재하며 전부 검은 선과 검은 글씨로 하되 등기의 목적 외의 건물이 있을 때에는 붉은 선, 붉은 글씨로 작성한다.

– 도면은 인터넷등기소 영구보존문서 등록에서 도면을 전자문서로 변환한 후 신청인 또는 대리인의 전자서명을 부여하여 등록하고, 부여된 등록문서번호를 신청서의 부동산의 표시란에 기재(예 : [등록문서번호 : 100번])하는 방법으로 제출하다. 단, 자연인 또는 법인 아닌 사단이나 재단이 등기신청을 직접 또는 자격자대리인이 아닌 사람에게 위임하여

하는 경우에는 신청인 또는 대리인이 기명날인이나 서명을 한 도면을 서면으로 제출할 수 있다.

- 취득세(등록면허세)영수필확인서 : 시장, 구청장, 군수 등으로부터 취득세(등록면허세)납부서(OCR용지)를 발급받아 납세지를 관할하는 해당 금융기관에 세금을 납부한 후 취득세(등록면허세)영수필확인서와 영수증을 교부받아 영수증은 본인이 보관하고 취득세(등록면허세)영수필확인서만 신청서의 취득세(등록면허세)액표시란의 좌측상단 여백에 첨부하거나, 또는 지방세인터넷납부시스템에서 출력한 취득세(등록면허세)납부확인서를 첨부한다.
- 건축물대장등본 : ㉮ 등기하고자 하는 건물의 대장등본(발행일로부터 3월 이내)을 첨부한다. 대장의 소유자란에는 신청인 명의로 등록되어 있어야 한다. ㉯ 미등기 건물의 양수인은 대장에 자기명의로 '소유권이전등록'이 되어 있는 경우에도 그 명의로 직접 소유권보존등기를 신청할 수 없고, 최초의 소유자명의로 보존등기를 한 다음 소유권이전등기를 하여야 한다. ㉰ 주된 건물의 사용에 제공되는 부속건물은 주된 건물의 건축물대장에 부속건물로 등재하여 1개의 건물로 소유권보존등기를 함이 원칙이나, 소유자가 주된 건물과 분리하여 별도의 독립건물로 소유권보존등기를 신청할 수도 있다.
- 주민등록표등(초)본 : 신청인의 주소를 증명하기 위한 서면으로 주민등록표등본 또는 초본(각 발행일로부터 3월 이내)을 첨부한다.
- 기타 : 상속인이 신청하는 경우에는 상속을 증명하는 서면인 제적등본, 가족관계증명서, 기본증명서, 친양자입양관계증명서 등(발행일로부터 3월 이내)을 첨부한다.
- 법인등기사항전부(일부)증명서 : ㉮ 신청인이 법인인 경우에는 법인등기사항전부증명서 또는 법인등기사항일부증명서(각 발행일로부터 3월 이내)를 첨부한다. 다만, 법인등기가 되어 있는 등기소와 부동산소재지 관할 등기소가 동일한 경우에는 위 법인등기사항증명서를 제출할 필요가 없다. ㉯ 법인 아닌 사단 또는 재단이 등기를 신청하는 경우에는 ㉠ 정관이나 그 밖의 규약, 대표자나 관리인임을 증명하는 정보(다만, 등기되어 있는 대표자나 관리인이 신청하는 경우에는 그러하지 아니하다), ㉡ 법인 아닌 사단 또는 재단의 주소 및 부동산등기용등록번호를 증명하는 정보(새로이 등기명의인이 되는 경우에 한한다), ㉢ 대표자나 관리인의 주소 및 주민등록번호를 증명하는 정보를 첨부한다.
- 위임장 : 등기신청을 법무사 등 대리인에게 위임하는 경우에 첨부한다.

3. 등기신청서류 편철순서

신청서, 취득세(등록면허세)영수필확인서, 등기신청수수료 영수필확인서, 위임장, 주민등록표등(초)본, 건축물대장등본 등의 순으로 편철한다.

6. 건물(축사)소유권보존등기신청

가. 의 의

등기되어 있지 않은 개방형축사의 등기기록을 개설하기 위하여 하는 최초의 등기로 건축물대장에 최초의 소유자로서 등록되어 있는 자, 또는 그의 상속인이나 포괄승계인, 판결 또는 특별자치도지사·시장·군수·자치구의 구청장의 확인에 의하여 자기의 소유권을 증명하는 자, 수용으로 인하여 소유권을 취득하였음을 증명하는 자가 신청할 수 있다. 다만 다음 각 호의 요건을 모두 갖추어야만 보존등기를 등기할 수 있다. ① 토지에 견고하게 정착되어 있을 것, ② 소를 사육할 용도로 계속 사용할 수 있을 것, ③ 건축물대장에 등록되어 있을 것, ④ 연면적이 200㎡를 초과할 것

나. 등기신청방법

신청인 본인 또는 법무사 등 그 대리인이 신분을 확인할 수 있는 주민등록증 등을 가지고 직접 등기소에 출석하여 신청할 수 있다.

[서식 6] 건물(축사)소유권보존등기신청서

축사의 부동산등기에 관한 특례법에 따른 건물소유권보존등기신청

접 수	년 월 일	처 리 인	등기관 확인	각종 통지
	제 호			

① 부동산의 표시				
서울특별시 서초구 서초동 100 [도로명주소] 서울특별시 서초구 서초대로 88길 10 철골조 스레트지붕 단층 축사 200㎡ 이 상				
② 등 기 의 목 적	소유권보존			
③ 신 청 근 거 규 정	부동산등기법 제65조 제1호 및 축사의 부동산등기에 관한 특례법 제4조			
구분	성 명 (상호·명칭)	주민등록번호 (등기용등록번호)	주 소 (소 재 지)	지 분 (개인별)

④ 신청인	김 갑 동	000000-0000000	서울특별시 서초구 서초대로 88길 20(서초동)	

⑤ 시가표준액 및 국민주택채권매입금액		
부동산 표시	부동산별 시가표준액	부동산별 국민주택채권매입금액
1. 건 물	금 500,000,000 원	금 원
2.	금 원	금 원
3.	금 원	금 원
⑤ 국 민 주 택 채 권 매 입 총 액		금 원
⑤ 국 민 주 택 채 권 발 행 번 호		

⑥ 취득세(등록면허세) 금 14,000,000원	⑥ 지방교육세 금 800,000원
	⑥ 농어촌특별세 금 1,000,000원

⑦ 세 액 합 계	금 15,800,000 원
⑧ 등 기 신 청 수 수 료	금 15,000 원
	납부번호 : ○○-○○-○○○○○-○
	일괄납부 : 건 원

⑨ 첨 부 서 면	
1. 등기원인을 증명하는 서면 1통 1. 취득세(등록면허세)영수필확인서 1통 1. 건축물대장등본 1통 1. 주민등록표등(초)본 1통	1. 도면(필요시) 1통 1. 위임장 1통 〈기 타〉

20○○년 ○월 ○일

⑩ 위 신청인 ㊞ (전화 :)

(또는)위 대리인 법무사 홍 길 동 ㊞ (전화 : 300-1234)
서울특별시 서초구 서초대로 73길 24(서초동)

○○지방법원 ○○등기소 귀중

법무사 홍 길 동 (직인)

[신청서 작성요령]

1. 부동산표시란에 2개 이상의 부동산을 기재하는 경우에는 부동산의 일련번호를 기재하여야 합니다.
2. 신청인란등 해당란에 기재할 여백이 없을 경우에는 별지를 이용합니다.
3. 담당등기관이 판단하여 위의 첨부 서면 외에 추가적인 서면을 요구할 수 있습니다.

주

1. 등기신청서 기재요령

신청서는 한글과 아라비아숫자로 기재하여야 한다. 부동산의 표시란이나 신청인란 등이 부족할 경우에는 별지로 사용하고, 별지를 포함한 신청서의 각 장 사이에 간인(신청서에 서명을 하였을 때에는 각 장마다 연결되는 서명)을 하여야 한다.

① 부동산의 표시란 : 건축물대장 등 소유권을 증명하는 서면에 표시된 건물의 표시와 일치되게 기재하여야 하며, 건물의 소재와 지번, 같은 지번 위에 여러 개의 건물이 있는 때에는 건물번호, 도로명주소, 구조, 종류, 면적, 부속건물이 있는 때에는 그 구조와 종류, 면적 순으로 기재한다. 또한 도로명주소는 건물표시 중 소재지번 표시 아래에 기재한다.

② 등기의 목적란 : "소유권보존"이라고 기재한다.

③ 신청근거규정란 : ㉮ 건축물대장등본에 의할 경우에는 "부동산등기법 제65조 제1호" 및 축사의 부동산 등기에 관한 특례법 제4조, ㉯ 판결에 의할 경우에는 "부동산등기법 제65조 제2호 및 축사의 부동산 등기에 관한 특례법 제4조", ㉰ 수용에 의할 경우에는 "부동산등기법 제65조 제3호 및 축사의 부동산 등기에 관한 특례법 제4조", ㉱ 특별자치도지사·시장·군수·자치구의 구청장의 확인에 의할 경우에는 "부동산등기법 제65조 제4호 및 축사의 부동산 등기에 관한 특례법 제4조"라고 기재한다.

④ 신청인란 : 소유자의 성명, 주민등록번호, 주소를 기재하되, 소유자가 수인인 경우에는 공유자별로 성명, 주민등록번호, 주소를 기재하고, 각자의 지분을 표시한다. 그러나 신청인이 법인인 경우에는 상호(명칭), 본점(주사무소 소재지), 등기용등록번호 및 대표자의 성명과 주소를 기재하고, 법인 아닌 사단이나 재단인 경우에는 상호(명칭), 본점(주사무소 소재지), 등기용등록번호 및 대표자(관리인)의 성명, 주민등록번호, 주소를 각 기재한다.

⑤ 시가표준액 및 국민주택채권매입금액, 국민주택채권매입총액란, 국민주택채권발행번호란 : ㉮ 시가표준액으로 토지의 경우에는 공시지가, 주택의 경우에는 주택공시가격을 기재한다. 다만, 개별공시지가 또는 개별주택가격이 공시되지 아니한 경우에는 시장·군수 또는 구청장이 같은 법에 따라 국토교통부장관이 제공한 토지가격비준표 또는 주택가격비준표를 사용하여 산정한 가액으로 하고, 공동주택가격이 공시되지 아니한 경우에는 대통령령으로 정하는 기준에 따라 시장, 군수가 산정한 가액으로 한다(지방세법 제4조 제1항). ㉯ 건축물(새로 건축하여 건축 당시 개별주택가격 또는 공동주택가격이 공시되지 아니한 주택으로서 토지부분을 제외한 건축물을 포함한다) 및 그 밖의 과세대장에 대한 시가표준액은 거래가격, 신축가격 등을 고려하여 정한 기준가격에 종류, 구조, 용도, 경과연수 등 과세대상별 특성을 고려하여 대통령령으로 정하는 기준에 따라 지방자치단체의 장이 결정한 가액으로 한다(지방세법 제4조 제2항). ㉰ 건물의 소유권보존등기시 국민주택채권은 매입하지 않으

므로 이 난은 기재하지 아니한다.

⑥ 취득세(등록면허세)·지방교육세·농어촌특별세란 : 제3편 등기실무자료 [자료 1] 취득세율표 참조

⑦ 세액합계란 : 취득세(등록면허세)액, 지방교육세액, 농어촌특별세액의 합계를 기재한다.

⑧ 등기신청수수료란 : ㉮ 부동산 1개당 15,000원의 등기신청수수료 납부액을 기재한다. 다만 전자표준양식에 의하여 신청하는 경우에는 13,000원, 전자신청하는 경우에는 10,000원의 등기신청수수료를 은행 현금납부, 전자납부, 무인발급기 납부 등의 방법에 따라 납부한 후 등기신청서에 등기신청수수료 영수필확인서를 첨부하고 납부번호를 기재하여 제출한다. ㉯ 여러 건의 등기신청에 대하여 수납금융기관에 현금으로 일괄납부하는 경우 첫 번째 등기신청서에 등기신청수수료 영수필확인서를 첨부하고 해당 등기신청수수료, 납부번호와 일괄납부 건수 및 일괄납부액을 기재하며, 나머지 신청서에는 해당 등기신청수수료와 전 사건에 일괄 납부한 취지를 기재한다(일괄납부는 은행에 현금으로 납부하는 경우에만 가능함).

⑨ 첨부서면란 : 등기신청서에 첨부한 서면을 각 기재한다.

⑩ 신청인등란 : ㉮ 신청인의 성명 및 전화번호를 기재하고 인장을 날인 또는 서명을 하되, 신청인이 법인이나 법인 아닌 사단 또는 재단인 경우에는 상호(명칭)와 대표자(관리인)의 자격 및 성명을 기재하고 대표자(관리인)의 인장을 날인 또는 서명을 한다. ㉯ 대리인이 등기신청을 하는 경우에는 그 대리인의 성명, 주소, 전화번호를 기재하고 대리인의 인장을 날인 또는 서명을 한다.

2. 등기신청서에 첨부할 서면 등

• 등기원인을 증명하는 서면

㉮ 부동산등기법 제65조 1호의 경우 : 부동산등기법 제65조 제1호에 의하여 소유권보존등기를 신청하는 경우에는 토지대장·임야대장·건축물대장, 상속을 증명하는 서면(기본증명서, 상속재산분할협의서 등), 포괄승계를 증명하는 서면(법인등기사항증명서, 유언증서 등)을 첨부한다.

㉯ 부동산등기법 제65조 제2호의 경우 : 판결정본 및 확정증명서를 첨부한다.

㉰ 부동산등기법 제65조 제3호의 경우 : 재결수용의 경우에는 재결서 등본 및 보상금을 증명하는 서면, 협의성립확인에 의한 수용의 경우에는 토지수용위원회의 협의성립확인서 또는 협의설립의 공정증서와 그 수리증명서 및 보상금을 증명하는 서면을 첨부한다.

㉱ 부동산등기법 제65조 제4호의 경우 : 특별자치도지사, 시장·군수 또는 구청장의 확인서를 첨부한다. 만약 확인서를 첨부할 수 없는 경우에는 등기할 건축물이 건축물대장에 등재되지 않아 건축물대장 등본을 발급받을 수 없다는 사실과 등기에 필요한 건물의 표시를 하여 건축사 또는 측량기술사가 작성한 서면을 첨부하여도 된다(2008. 7. 30. 등기선례 8-82).

• 도면(건물의 소재도)

– 동일 지번의 대지 위에 수개의 건물이 있고 등기의 목적건물에 관한 건축물대장 등본이 첨부되지 않았을 때에는 등기의 목적건물을 특정하기 위하여 그 대지상의 건물들이 모두 표시되어 있는 도면을 첨부해야 한다. 다만, 건물의 표시를 증명하는 정보로서 건축물대장 정보를 등기소에 제공하는 경우에는 그러하지 아니하다. 즉 대지위에 여러 개의 건물이 있는 경우라도 건축물대장 정보를 제공하여 소유권보존등기를 하는 경우에는 소재도를 제출할 필요가 없다. 그런데, 건축물대장등본 등에 의하여 건물로서의 요건을 갖추었

는지 여부를 등기관이 알 수 없어서 신청인으로 하여금 소명자료로서 당해 건축물에 대한 사진이나 도면의 제출을 요구하는 경우에는 보존등기신청인은 도면을 제출하여야 한다(2004. 10. 1. 등기예규 제1086호).

– 도면의 작성방법은 건물의 소재와 지번, 건물의 종류·구조·면적, 택지의 방위, 건물의 번호, 건물의 형상, 길이, 위치를 기재하며 전부 검은 선과 검은 글씨로 하되 등기의 목적 외의 건물이 있을 때에는 붉은 선, 붉은 글씨로 작성한다.

– 도면은 인터넷등기소 영구보존문서 등록에서 도면을 전자문서로 변환한 후 신청인 또는 대리인의 전자서명을 부여하여 등록하고, 부여된 등록문서번호를 신청서의 부동산의 표시란에 기재(예 : [등록문서번호 : 100번])하는 방법으로 제출하다. 단, 자연인 또는 법인 아닌 사단이나 재단이 등기신청을 직접 또는 자격자대리인이 아닌 사람에게 위임하여 하는 경우에는 신청인 또는 대리인이 기명날인이나 서명을 한 도면을 서면으로 제출할 수 있다.

• 취득세(등록면허세)영수필확인서 : 시장, 구청장, 군수 등으로부터 취득세(등록면허세)납부서(OCR용지)를 발급받아 납세지를 관할하는 해당 금융기관에 세금을 납부한 후 취득세(등록면허세)영수필확인서와 영수증을 교부받아 영수증은 본인이 보관하고 취득세(등록면허세)영수필확인서만 신청서의 취득세(등록면허세)액표시란의 좌측상단 여백에 첨부하거나, 또는 지방세인터넷납부시스템에서 출력한 취득세(등록면허세)납부확인서를 첨부한다.

• 건축물대장등본 등 : ㉮ 등기하고자 하는 건물의 대장등본(발행일로부터 3월 이내)을 첨부하여야하며, 대장의 소유자란에는 신청인 명의로 등록되어 있어야 한다. ㉯ 축사의 부동산등기에 관한 특례법 제3조 제2호의 "소를 사육할 용도로 계속 사용할 수 있을 것"을 소명하기 위하여 다음 각 호의 어느 하나를 제출하여야 한다. 다만, 건축물대장등본에 의하여 등기할 건축물의 용도가 개방형 축사임을 알 수 있는 경우에는 그러하지 아니하다. ㉠ 건축허가신청서나 건축신고서의 사본(건축사가 작성한 축사 설계도 또는 "건축법" 제23조 제4항 및 "표준설계도서등의운영에관한규칙" 제3조에 따른 축사 표준설계도서가 첨부된 것에 한한다), ㉡ 그 밖에 건축물의 용도가 개방형 축사임을 알 수 있는 시·구·읍·면의 장이 작성한 서면

• 주민등록표등(초)본 : 신청인의 주소를 증명하기 위한 서면으로 주민등록표등본 또는 초본(각 발행일로부터 3월 이내)을 첨부한다.

• 기타 : 상속인이 신청하는 경우에는 상속을 증명하는 서면인 제적등본, 가족관계증명서, 기본증명서, 친양자입양관계증명서 등(발행일로부터 3월 이내)을 첨부한다.

• 법인등기사항전부(일부)증명서 : ㉮ 신청인이 법인인 경우에는 법인등기사항전부증명서 또는 법인등기사항일부증명서(각 발행일로부터 3월 이내)를 첨부한다. 다만, 법인등기가 되어 있는 등기소와 부동산소재지 관할 등기소가 동일한 경우에는 위 법인등기사항증명서를 제출할 필요가 없다. ㉯ 법인 아닌 사단 또는 재단이 등기를 신청하는 경우에는 ㉠ 정관이나 그 밖의 규약, 대표자나 관리인임을 증명하는 정보(다만, 등기되어 있는 대표자나 관리인이 신청하는 경우에는 그러하지 아니하다), ㉡ 법인 아닌 사단 또는 재단의 주소 및 부동산등기용등록번호를 증명하는 정보(새로이 등기명의인이 되는 경우에 한한다), ㉢ 대표자나 관리인의 주소 및 주민등록번호를 증명하는 정보를 첨부한다.

• 위임장 : 등기신청을 법무사 등 대리인에게 위임하는 경우에 첨부한다.

3. 등기신청서류 편철순서

신청서, 취득세(등록면허세)영수필확인서, 등기신청수수료 영수필확인서, 위임장, 주민등록표등(초)본, 건축물대장등본 등의 순으로 편철한다.

7. 구분건물소유권보존등기신청(일괄신청)

가. 의 의

구분건물의 등기기록을 개설하기 위하여 하는 최초의 등기로, 1동의 건물전체에 대한 등기와 전유부분(각 부분)에 대한 등기를 함께 하여야 한다. 아파트에 대한 등기가 그 대표적 예이다. 1동의 건물에 속하는 구분건물 중의 일부만에 관하여 소유권보존등기를 신청하는 경우에는 그 나머지 구분건물에 관하여 표시에 관한 등기를 동시에 신청하여야 한다. 구분건물별로 별건으로 보존등기를 신청할 수는 있지만 그 등기신청은 동시에 하여야 한다. 본 등기신청은 1동에 속하는 구분건물 전부에 대하여 소유권보존 등기신청을 하는 경우이다(건물의 대지에 대하여는 이미 구분건물소유자들이 소유권을 가지고 있음).

나. 등기신청방법

신청인 본인 또는 법무사 등 그 대리인이 신분을 확인할 수 있는 주민등록증 등을 가지고 직접 등기소에 출석하여 신청한다.

[서식 7] 구분건물소유권보존등기신청서(일괄신청)

구분건물소유권보존등기신청(일괄신청)

<table>
<tr><td rowspan="2">접 수</td><td>년 월 일</td><td rowspan="2">처 리 인</td><td>등기관 확인</td><td>각종 통지</td></tr>
<tr><td>제 호</td><td></td><td></td></tr>
</table>

<table>
<tr><td colspan="2">① 부동산의 표시</td></tr>
<tr><td colspan="2">별지 기재와 같음</td></tr>
<tr><td>② 등 기 의 목 적</td><td>소유권보존</td></tr>
</table>

<table>
<tr><td colspan="2">③ 신 청 근 거 규 정</td><td colspan="3">부동산등기법 제65조 제1호</td></tr>
<tr><td>구
분</td><td>성 명
(상호·명칭)</td><td>주민등록번호
(등기용등록번호)</td><td>주 소 (소 재 지)</td><td>지 분
(개인별)</td></tr>
<tr><td>④
신
청
인</td><td>김 갑 동</td><td>000000-0000000</td><td>서울특별시 서초구 서초대로 88길 10, 가동 101호(서초동, 샛별아파트)</td><td></td></tr>
</table>

<table>
<tr><td colspan="3">⑤ 시가표준액 및 국민주택채권매입금액</td></tr>
<tr><td>부동산 표시</td><td>부동산별 시가표준액</td><td>부동산별 국민주택채권매입금액</td></tr>
<tr><td>1. 공동주택</td><td>금 500,000,000 원</td><td>금 원</td></tr>
<tr><td></td><td>금 원</td><td>금 원</td></tr>
<tr><td></td><td>금 원</td><td>금 원</td></tr>
<tr><td colspan="2">⑤ 국 민 주 택 채 권 매 입 총 액</td><td>금 원</td></tr>
<tr><td colspan="2">⑤ 국 민 주 택 채 권 발 행 번 호</td><td></td></tr>
</table>

<table>
<tr><td rowspan="2">⑥ 취득세(등록면허세) 금 14,000,000원</td><td>⑥ 지방교육세 금 800,000원</td></tr>
<tr><td>⑥ 농어촌특별세 금 1,000,000원</td></tr>
<tr><td>⑦ 세 액 합 계</td><td>금 15,800,000 원</td></tr>
<tr><td rowspan="3">⑧ 등 기 신 청 수 수 료</td><td>금 90,000 원</td></tr>
<tr><td>납부번호 : ○○-○○-○○○○○○-○</td></tr>
<tr><td>일괄납부 : 건 원</td></tr>
</table>

<table>
<tr><td colspan="2">⑨ 첨 부 서 면</td></tr>
<tr><td>1. 등기원인을 증명하는 서면 1통
1. 취득세(등록면허세)영수필확인서 1통
1. 집합건축물대장등본 12통
1. 주민등록표등(초)본 1통</td><td>1. 건물도면 1통</td></tr>
</table>

20○○년 ○월 ○일

⑩ 위 신청인 김 갑 동 ㊞ (전화 : 300-1234)
(또는)위 대리인 (전화 :)

○○지방법원 ○○등기소 귀중

[신청서 작성요령]

1. 부동산표시란에 2개 이상의 부동산을 기재하는 경우에는 부동산의 일련번호를 기재하여야 합니다.
2. 신청인란등 해당란에 기재할 여백이 없을 경우에는 별지를 이용합니다.
3. 담당등기관이 판단하여 위의 첨부 서면 외에 추가적인 서면을 요구할 수 있습니다.

[별지]

1동의 건물의 표시

서울특별시 서초구 서초동 100, 101 샛별아파트 가동
[도로명주소] 서울특별시 서초구 서초대로 88길 10
철근콘크리트조 슬래브지붕 3층 아파트
1층 245㎡
2층 245㎡
3층 245㎡

전유부분의 건물의 표시

1. 건물의 번호 가-1-101
구 조 철근콘크리트조
면 적 1층 101호 86.03㎡
2. 건물의 번호 가-1-102
구 조 철근콘크리트조
면 적 1층 102호 86.03㎡
3. 건물의 번호 가-2-201
구 조 철근콘크리트조
면 적 2층 201호 86.03㎡
4. 건물의 번호 가-2-202
구 조 철근콘크리트조
면 적 2층 202호 86.03㎡
5. 건물의 번호 가-3-301
구 조 철근콘크리트조
면 적 3층 301호 86.03㎡
6. 건물의 번호 가-3-302
구 조 철근콘크리트조
면 적 3층 302호 86.03㎡

각 전유부분의 대지권의 표시

토지의 표시 : 1. 서울특별시 서초구 서초동 100 대 1400㎡
2. 서울특별시 서초구 서초동 101 대 1600㎡
대지권의 종류 : 소유권
대지권의 비율 1, 2 : 3,000분의 300
등기원인과 그 연월일 : 20○○년 ○월 ○일 대지권

이 상

주

1. 등기신청서 기재요령

신청서는 한글과 아라비아숫자로 기재하여야 한다. 부동산의 표시란이나 신청인란 등이 부족할 경우에는 별지로 사용하고, 별지를 포함한 신청서의 각 장 사이에 간인(신청서에 서명을 하였을 때에는 각 장마다 연결되는 서명)을 하여야 한다.

① 부동산의 표시란

㉮ 1동의 건물의 표시 : 1동의 건물 전체에 관한 것으로, 집합건축물대장등본을 참고하여 1동의 건물 전체의 소재와 지번, 도로명주소, 구조, 종류, 면적(구조상 공용부분을 포함하되, 전체의 면적을 층별로 표시)을 기재하고, 건물의 번호가 있는 때에는 그 번호, 건물에 명칭이 있는 때에는 그 명칭을 기재한다.

㉯ 전유부분의 건물의 표시 : 전유부분의 건물의 번호, 구조(다만 지붕의 구조는 표시하지 아니한다), 면적과 부속건물이 있는 때에는 그 구조와 면적을 기재하되, 구분건물의 구조가 복식건물인 때에는 그 표시를, 1동의 건물이 복합건물이고 종류별로 구분한 때에는 그 종류를 표시하며 지붕은 기재하지 않는다. 또한 전유부분의 소재와 지번은 기재하지 아니한다.

㉰ 대지권의 표시 : 대지권의 목적인 토지의 표시, 대지권의 종류, 비율, 등기원인과 그 연월일 등을 기재한다.

- 대지권의 목적인 토지의 표시는 토지의 일련번호, 토지의 소재, 지번, 지목, 면적을,
- 대지권의 종류는 소유권, 지상권, 전세권, 임차권 등 권리의 종류에 따라 기재하며,
- 대지권의 비율은 대지권의 목적인 토지에 대한 지분비율을 기재하고,
- 등기원인은 "대지권"으로, 그 연월일은 1동의 건물의 신축일 등 대지권 발생연월일을 기재한다. 대지의 소유권자·지상권자 등이 그 대지상에 구분건물을 신축한 때에는 그 건물의 신축과 동시에 그 대지사용권은 대지권이 되고, 따라서 건축물대장작성일이 대지권발생일자가 된다. 타인의 토지위에 건물을 신축하여 소유권보존등기를 한 후 구분소유자가 그 건물의 대지위에 소유권(지상권)을 취득함으로써 대지권을 취득한 경우에는 토지소유권(지상권)의 취득일이 대지권발생일자가 된다.
- 대지권의 내용이 각 전유부분별로 동일한 때에는 전유부분의 건물의 표시를 일괄하여 표시한 다음에 대지권의 표시를 하여도 무방하지만, 전유부분의 대지권의 내용이 다른 경우에는 각각의 전유부분마다 대지권을 별도로 표시하여야 한다.

② 등기의 목적란 : "소유권보존"이라고 기재한다.

③ 신청근거규정란 : ㉮ 건축물대장등본을 첨부하여 구분건물 전부에 대하여 소유권 보존등기를 신청하는 경우에는 "부동산등기법 제65조 제1호"라고 기재한다. ㉯ 1동에 속하는 구분건물 중 일부 건물에 대하여 소유권보존등기를 신청하면서 나머지 구분건물의 표시에 관한 등기를 동시에 신청하는 경우에도 마찬가지이다(부등법 제46조 제1항, 부등규 제121조 제1항).

④ 신청인란 : 소유자의 성명, 주민등록번호, 주소를 기재하되, 소유자가 수인인 경우에는 공유자별로 성명, 주민등록번호, 주소를 기재하고, 각자의 지분을 표시한다.

그러나 신청인이 법인인 경우에는 상호(명칭), 본점(주사무소 소재지), 등기용등록번호 및 대표자의 성명과 주소를 기재하고, 법인 아닌 사단이나 재단인 경우에는 상호(명칭), 본점(주사무소 소재지), 등기용등록번호 및 대표자(관리인)의 성명, 주민등록번호, 주소를 각

기재한다.

⑤ 시가표준액 및 국민주택채권매입금액, 국민주택채권매입총액란, 국민주택채권발행번호란 : ㉮ 건축물(새로 건축하여 건축 당시 개별주택가격 또는 공동주택가격이 공시되지 아니한 주택으로서 토지부분을 제외한 건축물을 포함한다) 및 그 밖의 과세대장에 대한 시가표준액은 거래가격, 신축가격 등을 고려하여 정한 기준가격에 종류, 구조, 용도, 경과연수 등 과세대상별 특성을 고려하여 대통령령으로 정하는 기준에 따라 지방자치단체의 장이 결정한 가액으로 한다(지방세법 제4조 제2항). ㉯ 건물의 소유권보존등기시 국민주택채권은 매입하지 않으므로 이 난은 기재하지 아니한다.

⑥ 취득세(등록면허세)·지방교육세·농어촌특별세란 : 제3편 등기실무자료 [자료 1] 취득세율표 참조

⑦ 세액합계란 : 취득세(등록면허세)액, 지방교육세액, 농어촌특별세액의 합계를 기재한다.

⑧ 등기신청수수료란 : ㉮ 전유부분 1개당 15,000원의 등기신청수수료 납부액을 기재한다. 다만 전자표준양식에 의하여 신청하는 경우에는 13,000원, 전자신청하는 경우에는 10,000원의 등기신청수수료를 은행 현금납부, 전자납부, 무인발급기 납부 등의 방법에 따라 납부한 후 등기신청서에 등기신청수수료 영수필확인서를 첨부하고 납부번호를 기재하여 제출한다. ㉯ 여러 건의 등기신청에 대하여 수납금융기관에 현금으로 일괄납부하는 경우 첫 번째 등기신청서에 등기신청수수료 영수필확인서를 첨부하고 해당 등기신청수수료, 납부번호와 일괄납부 건수 및 일괄납부액을 기재하며, 나머지 신청서에는 해당 등기신청수수료와 전 사건에 일괄 납부한 취지를 기재한다(일괄납부는 은행에 현금으로 납부하는 경우에만 가능함).

⑨ 첨부서면란 : 등기신청서에 첨부한 서면을 각 기재한다.

⑩ 신청인등란 : ㉮ 신청인의 성명 및 전화번호를 기재하고 인장을 날인 또는 서명을 하되, 신청인이 법인이나 법인 아닌 사단 또는 재단인 경우에는 상호(명칭)와 대표자(관리인)의 자격 및 성명을 기재하고 대표자(관리인)의 인장을 날인 또는 서명을 한다. ㉯ 대리인이 등기신청을 하는 경우에는 그 대리인의 성명, 주소, 전화번호를 기재하고 대리인의 인장을 날인 또는 서명을 한다.

2. 등기신청서에 첨부할 서면 등

- 등기원인을 증명하는 서면
  - ㉮ 부동산등기법 제65조 1호의 경우 : 부동산등기법 제65조 제1호에 의하여 소유권보존등기를 신청하는 경우에는 토지대장·임야대장·건축물대장, 상속을 증명하는 서면(기본증명서, 상속재산분할협의서 등), 포괄승계를 증명하는 서면(법인등기사항증명서, 유언증서 등)을 첨부한다.
  - ㉯ 부동산등기법 제65조 제2호의 경우 : 판결정본 및 확정증명서를 첨부한다.
  - ㉰ 부동산등기법 제65조 제3호의 경우 : 재결수용의 경우에는 재결서 등본 및 보상금을 증명하는 서면, 협의성립확인에 의한 수용의 경우에는 토지수용위원회의 협의성립확인서 또는 협의설립의 공정증서와 그 수리증명서 및 보상금을 증명하는 서면을 첨부한다.
  - ㉱ 부동산등기법 제65조 제4호의 경우 : 특별자치도지사, 시장·군수 또는 구청장의 확인서를 첨부한다.
- 건물도면
  - 구분건물에 대한 소유권보존등기를 신청하는 경우에는 1동의 건물의 소재도, 각층의 평면도와 전유부분의 평면도를 첨부하여야 한다. 다만, 건물의 표시를 증명하는 정보로서 건축

물대장 정보를 등기소에 제공하는 경우에는 그러하지 아니하다. 한편, 건축물대장등본 등에 의하여 건물로서의 요건을 갖추었는지 여부를 등기관이 알 수 없어서 신청인으로 하여금 소명자료로서 당해 건축물에 대한 사진이나 도면의 제출을 요구하는 경우에는 보존등기신청인은 도면을 제출하여야 한다(2004. 10. 1. 등기예규 제1086호).

- 1동의 건물의 소재도는 건물의 번호·방위·건물의 대지의 경계·지번 및 인근토지의 지번 등을, 각층의 평면도는 주위의 길이·면적 및 전유부분의 배열상황을, 구분한 건물의 평면도는 주위의 길이·면적 및 구분상황을 기재하며 전부 검은 선과 검은 글씨로 하되 등기의 목적 외의 건물이 있을 때에는 붉은 선, 붉은 글씨로 작성한다.
- 도면은 인터넷등기소 영구보존문서 등록에서 도면을 전자문서로 변환한 후 신청인 또는 대리인의 전자서명을 부여하여 등록하고, 부여된 등록문서번호를 신청서의 부동산의 표시란에 기재(예 : [등록문서번호 : 100번])하는 방법으로 제출한다. 단, 자연인 또는 법인 아닌 사단이나 재단이 등기신청을 직접 또는 자격자대리인이 아닌 사람에게 위임하여 하는 경우에는 신청인 또는 대리인이 기명날인이나 서명을 한 도면을 서면으로 제출할 수 있다.

- 규약 또는 공정증서 : 대지권의 목적인 토지가 규약상 대지인 때, 대지권의 비율을 각 전유부분의 면적 비율과 다르게 정한 때, 대지사용권을 전유부분과 분리 처분할 수 있는 것으로 정한 경우에 첨부한다.
- 취득세(등록면허세)영수필확인서 : 시장, 구청장, 군수 등으로부터 취득세(등록면허세)납부서(OCR용지)를 발급받아 납세지를 관할하는 해당 금융기관에 세금을 납부한 후 취득세(등록면허세)영수필확인서와 영수증을 교부받아 영수증은 본인이 보관하고 취득세(등록면허세)영수필확인서만 신청서의 취득세(등록면허세)액표시란의 좌측상단 여백에 첨부하거나, 또는 지방세인터넷납부시스템에서 출력한 취득세(등록면허세)납부확인서를 첨부한다.
- 집합건축물대장등본 : 부동산의 현황 및 신청인의 소유권을 증명하는 서면으로 1동의 건물에 대한 집합건축물대장(표제부)과 각 구분건물에 대한 집합건축물대장(전유부분)을 첨부한다(발행일로부터 3월 이내). 실무상 토지대장등본도 실무상 함께 제출하지만 부동산등기법상 근거는 없다. 한편, 각 전유부분의 토지대장등본에는 각 전유부분이 가지는 대지권의 종류 및 비율이 대지권등록부에 기재되므로, 대지권이 이미 있는 구분건물에 대하여 '소유권이전등기'를 신청할 때에는 건축물대장등본 및 토지대장등본(해당 전유부분의 대지권이 기재된 대지권등록부를 첨부하여야 한다. 그러나 토지대장 또는 임야대장에 등록하는 토지가 부동산등기법에 의하여 대지권등기가 된 때에 비로소 대지권등록부에 1. 토지의 소재 2. 지번 3. 대지권 비율 등을 기재하는 것이므로(지적법 제9조 제3항), '집합건물 소유권보존등기'나 '구분등기'를 신청할 때에 이미 기재된 토지대장등본을 첨부할 필요도 없고, 첨부할 수도 없다.
- 주민등록표등(초)본 : 신청인의 주민등록표등본 또는 초본(각 발행일로부터 3월 이내)을 첨부한다.
- 기타 : 상속인이 신청하는 경우에는 상속을 증명하는 서면인 제적등본, 가족관계증명서, 기본증명서, 친양자입양관계증명서 등(발행일로부터 3월 이내)을 첨부한다.
- 법인등기사항전부(일부)증명서 : ㉮ 신청인이 법인인 경우에는 법인등기사항전부증명서 또는 법인등기사항일부증명서(각 발행일로부터 3월 이내)를 첨부한다. 다만, 법인등기가 되어 있는 등기소와 부동산소재지 관할 등기소가 동일한 경우에는 위 법인등기사항증명서를 제출할 필요가 없다. ㉯ 법인 아닌 사단 또는 재단이 등기를 신청하는 경우에는 ㉠ 정관이나

그 밖의 규약, 대표자나 관리인임을 증명하는 정보(다만, 등기되어 있는 대표자나 관리인이 신청하는 경우에는 그러하지 아니하다), ㉡ 법인 아닌 사단 또는 재단의 주소 및 부동산등기용등록번호를 증명하는 정보(새로이 등기명의인이 되는 경우에 한한다), ㉢ 대표자나 관리인의 주소 및 주민등록번호를 증명하는 정보를 첨부한다.

- 위임장 : 등기신청을 법무사 등 대리인에게 위임하는 경우에 첨부한다.

3. 등기신청서류 편철순서

신청서, 취득세(등록면허세)영수필확인서, 등기신청수수료 영수필확인서, 위임장, 주민등록표등(초)본, 집합건축물대장등본 등의 순으로 편철한다.

8. 구분건물소유권보존등기신청(1동에 속하는 구분건물 중 일부구분건물)

가. 의 의

건축물대장에 자기가 최초의 소유자로 등록되어 있는 것을 증명하는 자가 자기의 소유인 가동 1층 101호에 대해서만 구분건물소유권보존등기를 하는 예이다. 다만 1동의 건물에 속하는 구분건물 중의 일부만에 관하여 소유권보존등기를 신청하는 경우에도 나머지 구분건물에 관한 표시에 관한 등기를 동시에 신청하여야 한다.

나. 등기신청방법

신청인 본인 또는 법무사 등 그 대리인이 신분을 확인할 수 있는 주민등록증 등을 가지고 직접 등기소에 출석하여 신청한다.

[서식 8] 구분건물소유권보존등기신청서(1동에 속하는 구분건물 중 일부구분건물)

구분건물소유권보존등기신청(일부구분건물)

<table>
<tr><td rowspan="2">접 수</td><td>년 월 일</td><td rowspan="2">처 리 인</td><td>등기관 확인</td><td>각종 통지</td></tr>
<tr><td>제 호</td><td></td><td></td></tr>
</table>

<table>
<tr><td colspan="5">① 부동산의 표시</td></tr>
<tr><td colspan="5">별지 기재와 같음</td></tr>
<tr><td colspan="2">② 등 기 의 목 적</td><td colspan="3">소유권보존</td></tr>
<tr><td colspan="2">③ 신 청 근 거 규 정</td><td colspan="3">부동산등기법 제65조 제1호</td></tr>
<tr><td>구분</td><td>성 명
(상호·명칭)</td><td>주민등록번호
(등기용등록번호)</td><td>주 소 (소 재 지)</td><td>지 분
(개인별)</td></tr>
<tr><td>④ 신청인</td><td>김 갑 동</td><td>000000-0000000</td><td>서울특별시 서초구 서초대로 92길 18(서초동)</td><td></td></tr>
</table>

<table>
<tr><td colspan="3">⑤ 시가표준액 및 국민주택채권매입금액</td></tr>
<tr><td>부동산 표시</td><td>부동산별 시가표준액</td><td>부동산별 국민주택채권매입금액</td></tr>
<tr><td>1. 공동주택</td><td>금 100,000,000 원</td><td>금 원</td></tr>
<tr><td></td><td>금 원</td><td>금 원</td></tr>
<tr><td></td><td>금 원</td><td>금 원</td></tr>
<tr><td colspan="2">⑤ 국 민 주 택 채 권 매 입 총 액</td><td>금 원</td></tr>
<tr><td colspan="2">⑤ 국 민 주 택 채 권 발 행 번 호</td><td></td></tr>
</table>

<table>
<tr><td rowspan="2">⑥ 취득세(등록면허세) 금 2,800,000원</td><td>⑥ 지방교육세 금 160,000원</td></tr>
<tr><td>⑥ 농어촌특별세 금 200,000원</td></tr>
<tr><td>⑦ 세 액 합 계</td><td>금 3,160,000 원</td></tr>
</table>

<table>
<tr><td rowspan="3">⑧ 등 기 신 청 수 수 료</td><td colspan="2">금 15,000 원</td></tr>
<tr><td colspan="2">납부번호 : ㅇㅇ-ㅇㅇ-ㅇㅇㅇㅇㅇ-ㅇ</td></tr>
<tr><td colspan="2">일괄납부 : 건 원</td></tr>
<tr><td colspan="3">⑨ 첨 부 서 면</td></tr>
<tr><td colspan="2">1. 등기원인을 증명하는 서면 1통
1. 취득세(등록면허세)영수필확인서 1통
1. 집합건축물대장등본 2통
1. 주민등록표등(초)본 1통</td><td>1. 건물도면 1통</td></tr>
<tr><td colspan="3">20ㅇㅇ년 ㅇ월 ㅇ일

⑩ 위 신청인 김 갑 동 ㉑ (전화 : 300-1234)
(또는)위 대리인 (전화 :)

ㅇㅇ지방법원 ㅇㅇ등기소 귀중</td></tr>
</table>

[신청서 작성요령]

1. 부동산표시란에 2개 이상의 부동산을 기재하는 경우에는 부동산의 일련번호를 기재하여야 합니다.
2. 신청인란등 해당란에 기재할 여백이 없을 경우에는 별지를 이용합니다.
3. 담당등기관이 판단하여 위의 첨부 서면 외에 추가적인 서면을 요구할 수 있습니다.

[별지]

1동의 건물의 표시
서울특별시 서초구 서초동 100 샛별아파트 가동
[도로명주소] 서울특별시 서초구 서초대로 88길 10
철근콘크리트조 슬래브지붕 3층 아파트
1층 245㎡
2층 245㎡

3층 245㎡

전유부분의 건물의 표시
건물의 번호 가 - 1 - 101
구 조 철근콘크리트조
면 적 1층 101호 86.03㎡

전유부분의 대지권의 표시
토지의 표시 : 서울특별시 서초구 서초동 100 대 1400㎡
대지권의 종류 : 소유권
대지권의 비율 : 3,000분의 300
등기원인과 그 연월일 : 20○○년 ○월 ○일 대지권

이 상

주

1. 등기신청서 기재요령

신청서는 한글과 아라비아숫자로 기재하여야 한다. 부동산의 표시란이나 신청인란 등이 부족할 경우에는 별지로 사용하고, 별지를 포함한 신청서의 각 장 사이에 간인(신청서에 서명을 하였을 때에는 각 장마다 연결되는 서명)을 하여야 한다.

① 부동산의 표시란

㉮ 1동의 건물의 표시 : 1동의 건물 전체에 관한 것으로, 집합건축물대장등본을 참고하여 1동의 건물 전체의 소재와 지번, 도로명주소, 구조, 종류, 면적(구조상 공용부분을 포함하되, 전체의 면적을 층별로 표시)을 기재하고, 건물의 번호가 있는 때에는 그 번호, 건물에 명칭이 있는 때에는 그 명칭을 기재한다.

㉯ 전유부분의 건물의 표시 : 전유부분의 건물의 번호, 구조(다만 지붕의 구조는 표시하지 아니한다), 면적과 부속건물이 있는 때에는 그 구조와 면적을 기재하되, 구분건물의 구조가 복식건물인 때에는 그 표시를, 1동의 건물이 복합건물이고 종류별로 구분한 때에는 그 종류를 표시하며 지붕은 기재하지 않는다. 또한 전유부분의 소재와 지번은 기재하지 아니한다.

㉰ 대지권의 표시 : 대지권의 목적인 토지의 표시, 대지권의 종류, 비율, 등기원인과 그 연월일 등을 기재한다.

- 대지권의 목적인 토지의 표시는 토지의 일련번호, 토지의 소재, 지번, 지목, 면적을,
- 대지권의 종류는 소유권, 지상권, 전세권, 임차권 등 권리의 종류에 따라 기재하며,
- 대지권의 비율은 대지권의 목적인 토지에 대한 지분비율을 기재하고,
- 등기원인은 "대지권"으로, 그 연월일은 1동의 건물의 신축일 등 대지권 발생연월일을 기재한다. 대지의 소유권자·지상권자 등이 그 대지상에 구분건물을 신축한 때에는 그 건물의 신축과 동시에 그 대지사용권은 대지권이 되고, 따라서 건축물대장작성일

이 대지권발생일자가 된다. 타인의 토지위에 건물을 신축하여 소유권보존등기를 한 후 구분소유자가 그 건물의 대지위에 소유권(지상권)을 취득함으로써 대지권을 취득한 경우에는 토지소유권(지상권)의 취득일이 대지권발생일자가 된다.

② 등기의 목적란 : "소유권보존"이라고 기재한다.

③ 신청근거규정란 : ㉮ 건축물대장등본을 첨부하여 구분건물 전부에 대하여 소유권보존등기를 신청하는 경우에는 "부동산등기법 제65조 제1호"라고 기재한다. ㉯ 1동에 속하는 구분건물 중 일부 건물에 대하여 소유권보존등기를 신청하면서 나머지 구분건물의 표시에 관한 등기를 동시에 신청하는 경우에도 마찬가지이다(부등법 제46조 제1항, 부등규 제121조 제1항).

④ 신청인란 : 소유자의 성명, 주민등록번호, 주소를 기재하되, 소유자가 수인인 경우에는 공유자별로 성명, 주민등록번호, 주소를 기재하고, 각자의 지분을 표시한다.
그러나 신청인이 법인인 경우에는 상호(명칭), 본점(주사무소 소재지), 등기용등록번호 및 대표자의 성명과 주소를 기재하고, 법인 아닌 사단이나 재단인 경우에는 상호(명칭), 본점(주사무소 소재지), 등기용등록번호 및 대표자(관리인)의 성명, 주민등록번호, 주소를 각 기재한다.

⑤ 시가표준액 및 국민주택채권매입금액, 국민주택채권매입총액란, 국민주택채권발행번호란 : ㉮ 건축물(새로 건축하여 건축 당시 개별주택가격 또는 공동주택가격이 공시되지 아니한 주택으로서 토지부분을 제외한 건축물을 포함한다) 및 그 밖의 과세대장에 대한 시가표준액은 거래가격, 신축가격 등을 고려하여 정한 기준가격에 종류, 구조, 용도, 경과연수 등 과세대상별 특성을 고려하여 대통령령으로 정하는 기준에 따라 지방자치단체의 장이 결정한 가액으로 한다(지방세법 제4조 제2항). ㉯ 건물의 소유권보존등기시 국민주택채권은 매입하지 않으므로 이 난은 기재하지 아니한다.

⑥ 취득세(등록면허세)·지방교육세·농어촌특별세란 : 제3편 등기실무자료 [자료 1] 취득세율표 참조

⑦ 세액합계란 : 취득세(등록면허세)액, 지방교육세액, 농어촌특별세액의 합계를 기재한다.

⑧ 등기신청수수료란 : ㉮ 전유부분 1개당 15,000원의 등기신청수수료 납부액을 기재한다. 다만 전자표준양식에 의하여 신청하는 경우에는 13,000원, 전자신청하는 경우에는 10,000원의 등기신청수수료를 은행 현금납부, 전자납부, 무인발급기 납부 등의 방법에 따라 납부한 후 등기신청서에 등기신청수수료 영수필확인서를 첨부하고 납부번호를 기재하여 제출한다. ㉯ 여러 건의 등기신청에 대하여 수납금융기관에 현금으로 일괄납부하는 경우 첫 번째 등기신청서에 등기신청수수료 영수필확인서를 첨부하고 해당 등기신청수수료, 납부번호와 일괄납부 건수 및 일괄납부액을 기재하며, 나머지 신청서에는 해당 등기신청수수료와 전 사건에 일괄 납부한 취지를 기재한다(일괄납부는 은행에 현금으로 납부하는 경우에만 가능함).

⑨ 첨부서면란 : 등기신청서에 첨부한 서면을 각 기재한다.

⑩ 신청인등란 : ㉮ 신청인의 성명 및 전화번호를 기재하고 인장을 날인 또는 서명을 하되, 신청인이 법인이나 법인 아닌 사단 또는 재단인 경우에는 상호(명칭)와 대표자(관리인)의 자격 및 성명을 기재하고 대표자(관리인)의 인장을 날인 또는 서명을 한다. ㉯ 대리인이 등기신청을 하는 경우에는 그 대리인의 성명, 주소, 전화번호를 기재하고 대리인의 인장을 날인 또는 서명을 한다.

2. 등기신청서에 첨부할 서면 등

• 등기원인을 증명하는 서면

㉮ 부동산등기법 제65조 1호의 경우 : 부동산등기법 제65조 제1호에 의하여 소유권보존등기를 신청하는 경우에는 토지대장·임야대장·건축물대장, 상속을 증명하는 서면(기본증명서, 상속재산분할협의서 등), 포괄승계를 증명하는 서면(법인등기사항증명서, 유언증서 등)을 첨부한다.

㉯ 부동산등기법 제65조 제2호의 경우 : 판결정본 및 확정증명서를 첨부한다.

㉰ 부동산등기법 제65조 제3호의 경우 : 재결수용의 경우에는 재결서 등본 및 보상금을 증명하는 서면, 협의성립확인에 의한 수용의 경우에는 토지수용위원회의 협의성립확인서 또는 협의설립의 공정증서와 그 수리증명서 및 보상금을 증명하는 서면을 첨부한다.

㉱ 부동산등기법 제65조 제4호의 경우 : 특별자치도지사, 시장·군수 또는 구청장의 확인서를 첨부한다.

• 건물도면

– 구분건물에 대한 소유권보존등기를 신청하는 경우에는 1동의 건물의 소재도, 각층의 평면도와 전유부분의 평면도를 첨부하여야 한다. 다만, 건물의 표시를 증명하는 정보로서 건축물대장 정보를 등기소에 제공하는 경우에는 그러하지 아니하다. 한편, 건축물대장등본 등에 의하여 건물로서의 요건을 갖추었는지 여부를 등기관이 알 수 없어서 신청인으로 하여금 소명자료로서 당해 건축물에 대한 사진이나 도면의 제출을 요구하는 경우에는 보존등기신청인은 도면을 제출하여야 한다(2004. 10. 1. 등기예규 제1086호).

– 1동의 건물의 소재도는 건물의 번호·방위·건물의 대지의 경계·지번 및 인근토지의 지번 등을, 각층의 평면도는 주위의 길이·면적 및 전유부분의 배열상황을, 구분한 건물의 평면도는 주위의 길이·면적 및 구분상황을 기재하며 전부 검은 선과 검은 글씨로 하되 등기의 목적 외의 건물이 있을 때에는 붉은 선, 붉은 글씨로 작성한다.

– 도면은 인터넷등기소 영구보존문서 등록에서 도면을 전자문서로 변환한 후 신청인 또는 대리인의 전자서명을 부여하여 등록하고, 부여된 등록문서번호를 신청서의 부동산의 표시란에 기재(예 : [등록문서번호 : 100번])하는 방법으로 제출한다. 단, 자연인 또는 법인 아닌 사단이나 재단이 등기신청을 직접 또는 자격자대리인이 아닌 사람에게 위임하여 하는 경우에는 신청인 또는 대리인이 기명날인이나 서명을 한 도면을 서면으로 제출할 수 있다.

• 규약 또는 공정증서 : 대지권의 목적인 토지가 규약상 대지인 때, 대지권의 비율을 각 전유부분의 면적 비율과 다르게 정한 때, 대지사용권을 전유부분과 분리 처분할 수 있는 것으로 정한 경우에 첨부한다.

• 취득세(등록면허세)영수필확인서 : 시장, 구청장, 군수 등으로부터 취득세(등록면허세)납부서(OCR용지)를 발급받아 납세지를 관할하는 해당 금융기관에 세금을 납부한 후 취득세(등록면허세)영수필확인서와 영수증을 교부받아 영수증은 본인이 보관하고 취득세(등록면허세)영수필확인서만 신청서의 취득세(등록면허세)액 표시란의 좌측상단 여백에 첨부하거나, 또는 지방세인터넷납부시스템에서 출력한 취득세(등록면허세)납부확인서를 첨부한다.

• 집합건축물대장등본 : 1동의 건물에 속하는 구분건물 중 일부만에 소유권보존등기를 신청하는 경우에는 1동의 건물에 대한 집합건축물대장(표제부)과 해당 구분건물에 대한 집합건축물대장(전유부분)을 첨부한다(발행일로부터 3월 이내). 일부 구분건물에 대하여 소유권보존등기가 되어 있는 상태에서 나중 다른 구분건물에 대하여 소유권보존등기를 신청할 때에는 1동의 건물에 대한 집합건축물대장(표제부)을 제출할 필요는 없고, 해당 구분건물에 대한 집합건축물대장(전유부분)을 첨부한다.

- 주민등록표등(초)본 : 신청인의 주민등록표등본 또는 초본(각 발행일로부터 3월 이내)을 첨부한다.
- 기타 : 상속인이 신청하는 경우에는 상속을 증명하는 서면인 제적등본, 가족관계증명서, 기본증명서, 친양자입양관계증명서 등(발행일로부터 3월 이내)을 첨부한다.
- 법인등기사항전부(일부)증명서 : ㉮ 신청인이 법인인 경우에는 법인등기사항전부증명서 또는 법인등기사항일부증명서(각 발행일로부터 3월 이내)를 첨부한다. 다만, 법인등기가 되어 있는 등기소와 부동산소재지 관할 등기소가 동일한 경우에는 위 법인등기사항증명서를 제출할 필요가 없다. ㉯ 법인 아닌 사단 또는 재단이 등기를 신청하는 경우에는 ㉠ 정관이나 그 밖의 규약, 대표자나 관리인임을 증명하는 정보(다만, 등기되어 있는 대표자나 관리인이 신청하는 경우에는 그러하지 아니하다), ㉡ 법인 아닌 사단 또는 재단의 주소 및 부동산등기용등록번호를 증명하는 정보(새로이 등기명의인이 되는 경우에 한한다), ㉢ 대표자나 관리인의 주소 및 주민등록번호를 증명하는 정보를 첨부한다.
- 위임장 : 등기신청을 법무사 등 대리인에게 위임하는 경우에 첨부한다.

3. 등기신청서류 편철순서

신청서, 취득세(등록면허세)영수필확인서, 등기신청수수료 영수필확인서, 위임장, 주민등록표등(초)본, 집합건축물대장등본 등의 순으로 편철한다.

9. 구분건물표시등기신청(보존등기를 신청하지 아니하는 나머지 구분건물)

가. 의 의

구분건물표시등기란 건축물대장등본에 자기가 최초의 소유자로 등록되어 있는 것을 증명하는 자가 자기의 소유인 가동 1층 101호에 대해서만 소유권보존등기를 하면서 나머지 구분건물 전부의 표시에 관한 등기를 동시에 신청하는 경우이다.

나. 등기신청방법

신청인 본인 또는 법무사 등 그 대리인이 신분을 확인할 수 있는 주민등록증 등을 가지고 직접 등기소에 출석하여 신청한다.

[서식 9] 구분건물표시등기신청서

구분건물표시등기신청

접 수	년 월 일	처 리 인	등기관 확인	각종통지
	제 호			

① 부동산의 표시				
별지 기재와 같음				
등기원인과 그 연월일	년 월 일			
② 등 기 의 목 적	구분건물표시			
구분	성 명 (상호·명칭)	주민등록번호 (등기용등록번호)	주 소 (소 재 지)	지 분 (개인별)
③ 신청인	김 갑 동	000000-0000000	서울특별시 서초구 서초대로 63길 18(서초동)	

④ 등 록 면 허 세	금 15,000 원
④ 지 방 교 육 세	금 3,000 원
⑤ 세 액 합 계	금 18,000 원
⑥ 등 기 신 청 수 수 료	금 15,000 원
	납부번호 : ○○-○○-○○○○○○-○
	일괄납부 : 건 원

⑦ 첨 부 서 면	
1. 집합건축물대장등본 10통 1. 등록면허세영수필확인서 1통	1. 주민등록표등(초)본 통

20○○년 ○월 ○일

⑧ 위 신청인 김 갑 동 ㊞ (전화 : 211-1234)
(또는)위 대리인 (전화 :)

○○지방법원 ○○등기소 귀중

[신청서 작성요령]

1. 부동산표시란에 2개 이상의 부동산을 기재하는 경우에는 부동산의 일련번호를 기재하여야 합니다.
2. 신청인란등 해당란에 기재할 여백이 없을 경우에는 별지를 이용합니다.
3. 담당등기관이 판단하여 위의 첨부 서면 외에 추가적인 서면을 요구할 수 있습니다.

[별지]

1동의 건물의 표시
서울특별시 서초구 서초동 100 샛별아파트 가동
[도로명주소] 서울특별시 서초구 서초대로 88길 10
철근콘크리트조 슬래브지붕 3층 아파트
1층 245㎡
2층 245㎡
3층 245㎡

전유부분의 건물의 표시

1. 건물의 번호 가-1-102
구 조 철근콘크리트조
면 적 1층 102호 86.03㎡

2. 건물의 번호 가-2-201
구 조 철근콘크리트조
면 적 2층 201호 86.03㎡

3. 건물의 번호 가-2-202
구 조 철근콘크리트조
면 적 2층 202호 86.03㎡

4. 건물의 번호 가-3-301
구 조 철근콘크리트조
면 적 3층 301호 86.03㎡

5. 건물의 번호 가-3-302
구 조 철근콘크리트조
면 적 3층 302호 86.03㎡

각 전유부분의 대지권의 표시
토지의 표시 : 서울특별시 서초구 서초동 100 대 1400㎡
대지권의 종류 : 소유권
대지권의 비율 : 3,000분의 300
등기원인과 그 연월일 : 20○○년 ○월 ○일 대지권

이 상

주

1. 등기신청서 기재요령

신청서는 한글과 아라비아숫자로 기재하여야 한다. 부동산의 표시란이나 신청인란 등이 부족할 경우에는 별지로 사용하고, 별지를 포함한 신청서의 각 장 사이에 간인(신청서에 서명을 하였을 때에는 각 장마다 연결되는 서명)을 하여야 한다.

① 부동산의 표시란

㉮ 1동의 건물의 표시 : 1동의 건물 전체에 관한 것으로, 집합건축물대장등본을 참고하여 1동의 건물 전체의 소재와 지번, 도로명주소, 구조, 종류, 면적(구조상 공용부분을 포함하되, 전체의 면적을 층별로 표시)을 기재하고, 건물의 번호가 있는 때에는 그 번호, 건물에 명칭이 있는 때에는 그 명칭을 기재한다.

㉯ 각 전유부분의 건물의 표시 : 전유부분의 건물의 번호, 구조(다만 지붕의 구조는 표시하지 아니한다), 면적과 부속건물이 있는 때에는 그 구조와 면적을 기재하되, 구분건물의 구조가 복식건물인 때에는 그 표시를, 1동의 건물이 복합건물이고 종류별로 구분한 때에는 그 종류를 표시하며 지붕은 기재하지 않는다. 또한 전유부분의 소재와 지번은 기재하지 아니한다.

㉰ 각 전유부분의 대지권의 표시 : 대지권의 목적인 토지의 표시, 대지권의 종류, 비율, 등기원인과 그 연월일 등을 기재한다.

- 대지권의 목적인 토지의 표시는 토지의 일련번호, 토지의 소재, 지번, 지목, 면적을,
- 대지권의 종류는 소유권, 지상권, 전세권, 임차권 등 권리의 종류에 따라 기재하며,
- 대지권의 비율은 대지권의 목적인 토지에 대한 지분비율을 기재하고,
- 등기원인은 "대지권"으로, 그 연월일은 1동의 건물의 신축일 등 대지권 발생연월일을 기재한다. 대지의 소유권자·지상권자 등이 그 대지상에 구분건물을 신축한 때에는 그 건물의 신축과 동시에 그 대지사용권은 대지권이 되고, 따라서 건축물대장작성일이 대지권발생일자가 된다. 타인의 토지위에 건물을 신축하여 소유권보존등기를 한 후 구분소유자가 그 건물의 대지위에 소유권(지상권)을 취득함으로써 대지권을 취득한 경우에는 토지소유권(지상권)의 취득일이 대지권발생일자가 된다.

- 대지권의 내용이 각 전유부분별로 동일한 때에는 전유부분의 건물의 표시를 일괄하여 표시한 다음에 대지권의 표시를 하여도 무방하지만, 전유부분의 대지권의 내용이 다른 경우에는 각각의 전유부분마다 대지권을 별도로 표시하여야 한다.

② 등기의 목적란 : "구분건물표시"라고 기재한다.

③ 신청인란 : 소유자의 성명, 주민등록번호, 주소를 기재하되, 소유자가 수인인 경우에는 공유자별로 성명, 주민등록번호, 주소를 기재하고, 각자의 지분을 표시한다.
그러나 신청인이 법인인 경우에는 상호(명칭), 본점(주사무소 소재지), 등기용등록번호 및 대표자의 성명과 주소를 기재하고, 법인 아닌 사단이나 재단인 경우에는 상호(명칭), 본점(주사무소 소재지), 등기용등록번호 및 대표자(관리인)의 성명, 주민등록번호, 주소를 각 기재한다.

④ 등록면허세·지방교육세란 : 등록면허세는 매 1건당 6,000원을 납부하여 기재하며(지방세법 제28조 제1항 1. 마목), 등록면허세의 20/100에 해당하는 지방교육세를 납부하여 기재한다.

⑤ 세액합계란 : 등록면허세액과 지방교육세액의 합계를 기재한다.

⑥ 등기신청수수료란 : ㉮ 전유부분 1개당 3,000원의 등기신청수수료 납부액을 기재한다. 다만 전자표준양식에 의하여 신청하는 경우에는 2,000원, 전자신청하는 경우에는 1,000원의 등기신청수수료를 은행 현금납부, 전자납부, 무인발급기 납부 등의 방법에 따라 납부한 후 등기신청서에 등기신청수수료 영수필확인서를 첨부하고 납부번호를 기재하여 제출한다. ㉯ 여러 건의 등기신청에 대하여 수납금융기관에 현금으로 일괄납부하는 경우 첫 번째 등기신청서에 등기신청수수료 영수필확인서를 첨부하고 해당 등기신청수수료, 납부번호와 일괄납부 건수 및 일괄납부액을 기재하며, 나머지 신청서에는 해당 등기신청수수료와 전 사건에 일괄 납부한 취지를 기재한다(일괄납부는 은행에 현금으로 납부하는 경우에만 가능함).

⑦ 첨부서면란 : 등기신청서에 첨부한 서면을 각 기재한다.

⑧ 신청인등란 : ㉮ 신청인의 성명 및 전화번호를 기재하고 인장을 날인 또는 서명을 하되, 신청인이 법인이나 법인 아닌 사단 또는 재단인 경우에는 상호(명칭)와 대표자(관리인)의 자격 및 성명을 기재하고 대표자(관리인)의 인장을 날인 또는 서명을 한다. ㉯ 대리인이 등기신청을 하는 경우에는 그 대리인의 성명, 주소, 전화번호를 기재하고 대리인의 인장을 날인 또는 서명을 한다.

2. 등기신청서에 첨부할 서면 등

- 등기원인을 증명하는 서면 : 1동의 건물에 속하는 구분건물 중 일부만에 관하여 소유권보존등기를 신청하는 경우에는 나머지 구분건물의 표시에 관한 등기를 동시에 신청하여야 한다(부등법 제46조 제1항). 1동의 건물에 속하는 구분건물 중 일부(101호)만에 관하여 소유권을 가지고 있는 자가 나머지 구분건물(102호~302호)이 같은 1동의 건물에 속하는 것임을 증명하는, 1동의 건물에 대한 집합건물대장(표제부)과 각 구분건물에 대한 집합건축물대장(전유부분)을 첨부한다. 다만, 동시에 신청하는 보존등기신청서에 1동의 건물에 대한 집합건축물(표제부)과 101호에 대한 집합건축물대장은 이미 첨부하였기 때문에 이를 원용하고, 나머지 구분건물의 표시에 관한 등기신청서에는 나머지 구분건물(102호~302호)에 대한 집합건축물대장(전용부분)만 첨부하면 된다.
- 등록면허세영수필확인서 : 시장, 구청장, 군수 등으로부터 등록면허세납부서(OCR용지) 또는 대법원 인터넷등기소의 정액등록면허세납부서 작성기능을 통하여 정액등록면허세납부서를 발급받아 납세지를 관할하는 해당 금융기관에 세금을 납부한 후 등록면허세영수필확인서를

신청서의 등록면허세액표시란의 좌측상단 여백에 첨부하거나, 또는 지방세인터넷납부시스템을 이용하여 납부하고 출력한 등록면허세납부확인서를 첨부한다.

- 주민등록표등(초)본 : 신청인의 주민등록표등본 또는 초본(각 발행일로부터 3월 이내)을 첨부한다.
- 법인등기사항전부(일부)증명서 : ㉮ 신청인이 법인인 경우에는 법인등기사항전부증명서 또는 법인등기사항일부증명서(각 발행일로부터 3월 이내)를 첨부한다. 다만, 법인등기가 되어 있는 등기소와 부동산소재지 관할 등기소가 동일한 경우에는 위 법인등기사항증명서를 제출할 필요가 없다. 법인등기사항증명서는 전건 소유권보존등기신청서에 이를 첨부하였으므로 이를 원용할 수 있다. ㉯ 법인 아닌 사단 또는 재단이 등기를 신청하는 경우에는 ㉠ 정관이나 그 밖의 규약, 대표자나 관리인임을 증명하는 정보(다만, 등기되어 있는 대표자나 관리인이 신청하는 경우에는 그러하지 아니하다), ㉡ 법인 아닌 사단 또는 재단의 주소 및 부동산등기용등록번호를 증명하는 정보(새로이 등기명의인이 되는 경우에 한한다), ㉢ 대표자나 관리인의 주소 및 주민등록번호를 증명하는 정보를 첨부한다.
- 위임장 : 등기신청을 법무사 등 대리인에게 위임하는 경우에 첨부한다.

3. 등기신청서류 편철순서

신청서, 등록면허세영수필확인서, 등기신청수수료 영수필확인서, 위임장, 주민등록표등(초)본, 집합건축물대장등본 등의 순으로 편철한다.

10. 구분건물소유권보존등기신청(1동에 속하는 구분건물 중 일부구분건물)

가. 의 의

구분건물이 아닌 건물로 등기된 건물에 접속하여 구분건물을 신축한 경우에 그 신축건물의 소유권보존등기를 신청할 때에는 구분건물이 아닌 건물을 구분건물로 변경하는 건물의 표시변경등기를 동시에 신청하여야 한다. 이는 타인의 토지 중 2분의 1을 취득한 자가 기존의 타인소유의 건물(구분건물이 아님)에 2층을 신축하여 구분건물로 한 경우에, 그 2층 부분을 신축한 자가 구분건물의 소유권보존등기를 신청하는 경우이다. 다른 건물(예 : 1층 부분)의 소유자가 다른 경우에는 그 다른 건물의 소유자를 대위하여 표시변경등기를 신청할 수 있다.

나. 등기신청방법

신청인 본인 또는 법무사 등 그 대리인이 신분을 확인할 수 있는 주민등록증 등을 가지고 직접 등기소에 출석하여 신청한다.

[서식 10] 구분건물소유권보존등기신청서(1동에 속하는 구분건물 중 일부구분건물)

구분건물소유권보존등기신청(신축건물)

<table>
<tr><td rowspan="2">접 수</td><td>년 월 일</td><td rowspan="2">처 리 인</td><td>등기관 확인</td><td>각종 통지</td></tr>
<tr><td>제 호</td><td></td><td></td></tr>
</table>

<table>
<tr><td colspan="5">① 부동산의 표시</td></tr>
<tr><td colspan="5">1동의 건물의 표시
서울특별시 서초구 서초동 100
[도로명주소] 서울특별시 서초구 서초대로 88길 10
벽돌조 슬래브지붕 2층 주택
1층 82㎡
2층 82㎡
전유부분의 건물의 표시
건물의 번호 : 2 - 나
구 조 : 시멘트 벽돌조
면 적 : 1층 나호 82㎡
전유부분의 대지권의 표시
토지의 표시 : 서울특별시 서초구 서초동 100 대 200㎡
대지권의 종류 : 소유권
대지권의 비율 : 200분의 100
등기원인과 그 연월일 : 20○○년 ○월 ○일 대지권
이 상</td></tr>
<tr><td colspan="2">② 등 기 의 목 적</td><td colspan="3">소유권보존</td></tr>
<tr><td colspan="2">③ 신 청 근 거 규 정</td><td colspan="3">부동산등기법 제65조 제1호</td></tr>
<tr><td>구분</td><td>성 명
(상호·명칭)</td><td>주민등록번호
(등기용등록번호)</td><td>주 소 (소 재 지)</td><td>지 분
(개인별)</td></tr>
<tr><td>④ 신청인</td><td>김 갑 동</td><td>000000-0000000</td><td>서울특별시 서초구 서초대로 76길 20, 가동 101호(서초동, 샛별아파트)</td><td></td></tr>
</table>

<table>
<tr><td colspan="4">⑤ 시가표준액 및 국민주택채권매입금액</td></tr>
<tr><td>부동산 표시</td><td colspan="2">부동산별 시가표준액</td><td>부동산별 국민주택채권매입금액</td></tr>
<tr><td>1. 공동주택</td><td colspan="2">금 90,000,000 원</td><td>금 원</td></tr>
<tr><td></td><td colspan="2">금 원</td><td>금 원</td></tr>
<tr><td></td><td colspan="2">금 원</td><td>금 원</td></tr>
<tr><td colspan="3">⑤ 국 민 주 택 채 권 매 입 총 액</td><td>금 원</td></tr>
<tr><td colspan="3">⑤ 국 민 주 택 채 권 발 행 번 호</td><td></td></tr>
<tr><td colspan="2" rowspan="2">⑥ 취득세(등록면허세) 금 2,520,000원</td><td colspan="2">⑥ 지방교육세 금 144,000원</td></tr>
<tr><td colspan="2">⑥ 농어촌특별세 금 180,000원</td></tr>
<tr><td colspan="2">⑦ 세 액 합 계</td><td colspan="2">금 2,844,000 원</td></tr>
<tr><td colspan="2" rowspan="3">⑧ 등 기 신 청 수 수 료</td><td colspan="2">금 15,000 원</td></tr>
<tr><td colspan="2">납부번호 : ○○-○○-○○○○○○-○</td></tr>
<tr><td colspan="2">일괄납부 : 건 원</td></tr>
<tr><td colspan="4">⑨ 첨 부 서 면</td></tr>
<tr><td colspan="2">1. 등기원인을 증명하는 서면 1통
1. 취득세(등록면허세)영수필확인서 1통</td><td colspan="2">1. 집합건축물대장등본 2통
1. 주민등록표등(초)본 1통</td></tr>
<tr><td colspan="4">20○○년 ○월 ○일

⑩ 위 신청인 김 갑 동 ㉞ (전화 : 300-1234)
(또는)위 대리인 (전화 :)

○○지방법원 ○○등기소 귀중</td></tr>
</table>

[신청서 작성요령]

1. 부동산표시란에 2개 이상의 부동산을 기재하는 경우에는 부동산의 일련번호를 기재하여야 합니다.
2. 신청인란등 해당란에 기재할 여백이 없을 경우에는 별지를 이용합니다.
3. 담당등기관이 판단하여 위의 첨부 서면 외에 추가적인 서면을 요구할 수 있습니다.

주

1. 등기신청서 기재요령

신청서는 한글과 아라비아숫자로 기재하여야 한다. 부동산의 표시란이나 신청인란 등이 부족할 경우에는 별지로 사용하고, 별지를 포함한 신청서의 각 장 사이에 간인(신청서에 서명을 하였을 때에는 각 장마다 연결되는 서명)을 하여야 한다.

① 부동산의 표시란

㉮ 1동의 건물의 표시 : 1동의 건물 전체에 관한 것으로, 집합건축물대장등본을 참고하여 1농의 건물 전체의 소재와 지번, 도로명주소, 구조, 종류, 면적(구조상 공용부분을 포함하되, 전체의 면적을 층별로 표시)을 기재하고, 건물의 번호가 있는 때에는 그 번호, 건물에 명칭이 있는 때에는 그 명칭을 기재한다.

㉯ 전유부분의 건물의 표시 : 전유부분의 건물의 번호, 구조(다만 지붕의 구조는 표시하지 아니한다), 면적과 부속건물이 있는 때에는 그 구조와 면적을 기재하되, 구분건물의 구조가 복식건물인 때에는 그 표시를, 1동의 건물이 복합건물이고 종류별로 구분한 때에는 그 종류를 표시하며 지붕은 기재하지 않는다. 또한 전유부분의 소재와 지번은 기재하지 아니한다.

㉰ 대지권의 표시 : 대지권의 목적인 토지의 표시, 대지권의 종류, 비율, 등기원인과 그 연월일 등을 기재한다.

- 대지권의 목적인 토지의 표시는 토지의 일련번호, 토지의 소재, 지번, 지목, 면적을,
- 대지권의 종류는 소유권, 지상권, 전세권, 임차권 등 권리의 종류에 따라 기재하며,
- 대지권의 비율은 대지권의 목적인 토시에 대한 시분비율을 기재하고,
- 등기원인은 "대지권"으로, 그 연월일은 1동의 건물의 신축일 등 대지권 발생연월일을 기재한다. 대지의 소유권자·지상권자 등이 그 대지상에 구분건물을 신축한 때에는 그 건물의 신축과 동시에 그 대지사용권은 대지권이 되고, 따라서 건축물대장작성일이 대지권 발생일자가 된다. 타인의 토지위에 건물을 신축하여 소유권보존등기를 한 후 구분소유자가 그 건물의 대지위에 소유권(지상권)을 취득함으로써 대지권을 취득한 경우에는 토지소유권(지상권)의 취득일이 대지권발생일자가 된다.

② 등기의 목적란 : "소유권보존"이라고 기재한다.

③ 신청근거규정란 : 구분건물이 아닌 건물로 등기된 건물에 접속하여 구분건물을 신축한 경우에 그 신축건물의 소유권보존등기를 신청할 때에는 구분건물이 아닌 건물을 구분건물로 변경하는 건물의 표시변경등기를 동시에 신청하여야 한다. 이 경우에는 "부동산등기법 제65조 제1호"라고 기재한다(부등규 제121조 제1항).

④ 신청인란 : 소유자의 성명, 주민등록번호, 주소를 기재한다. 신청인은 2층에 건물을 신축한 자가 되며, 신청인이 법인인 경우에는 상호(명칭), 본점(주사무소 소재지), 등기용등록번호 및 대표자의 성명과 주소를 기재하고, 법인 아닌 사단이나 재단인 경우에는 상호(명칭), 본점(주사무소 소재지), 등기용등록번호 및 대표자(관리인)의 성명, 주민등록번호, 주소를 각 기재한다.

⑤ 시가표준액 및 국민주택채권매입금액, 국민주택채권매입총액란, 국민주택채권발행번호란 : ㉮ 건축물(새로 건축하여 건축 당시 개별주택가격 또는 공동주택가격이 공시되지 아니한 주택으로서 토지부분을 제외한 건축물을 포함한다) 및 그 밖의 과세대장에 대한 시가표준액은 거래가격, 신축가격 등을 고려하여 정한 기준가격에 종류, 구조, 용도, 경과연수 등

과세대상별 특성을 고려하여 대통령령으로 정하는 기준에 따라 지방자치단체의 장이 결정한 가액으로 한다(지방세법 제4조 제2항). ㉯ 건물의 소유권보존등기시 국민주택채권은 매입하지 않으므로 이 난은 기재하지 아니한다.

⑥ 취득세(등록면허세)·지방교육세·농어촌특별세란 : 제3편 등기실무자료 [자료 1] 취득세율표 참조

⑦ 세액합계란 : 취득세(등록면허세)액, 지방교육세액, 농어촌특별세액의 합계를 기재한다.

⑧ 등기신청수수료란 : ㉮ 부동산 1개당 15,000원의 등기신청수수료 납부액을 기재한다. 다만 전자표준양식에 의하여 신청하는 경우에는 13,000원, 전자신청하는 경우에는 10,000원의 등기신청수수료를 은행 현금납부, 전자납부, 무인발급기 납부 등의 방법에 따라 납부한 후 등기신청서에 등기신청수수료 영수필확인서를 첨부하고 납부번호를 기재하여 제출한다. ㉯ 여러 건의 등기신청에 대하여 수납금융기관에 현금으로 일괄납부하는 경우 첫 번째 등기신청서에 등기신청수수료 영수필확인서를 첨부하고 해당 등기신청수수료, 납부번호와 일괄납부 건수 및 일괄납부액을 기재하며, 나머지 신청서에는 해당 등기신청수수료와 전 사건에 일괄 납부한 취지를 기재한다(일괄납부는 은행에 현금으로 납부하는 경우에만 가능함).

⑨ 첨부서면란 : 등기신청서에 첨부한 서면을 각 기재한다.

⑩ 신청인등란 : ㉮ 신청인의 성명 및 전화번호를 기재하고 인장을 날인 또는 서명을 하되, 신청인이 법인이나 법인 아닌 사단 또는 재단인 경우에는 상호(명칭)와 대표자(관리인)의 자격 및 성명을 기재하고 대표자(관리인)의 인장을 날인 또는 서명을 한다. ㉯ 대리인이 등기신청을 하는 경우에는 그 대리인의 성명, 주소, 전화번호를 기재하고 대리인의 인장을 날인 또는 서명을 한다.

2. 등기신청서에 첨부할 서면 등

- 등기원인을 증명하는 서면
  - ㉮ 부동산등기법 제65조 1호의 경우 : 부동산등기법 제65조 제1호에 의하여 소유권보존등기를 신청하는 경우에는 토지대장·임야대장·건축물대장, 상속을 증명하는 서면(기본증명서, 상속재산분할협의서 등), 포괄승계를 증명하는 서면(법인등기사항증명서, 유언증서 등)을 첨부한다.
  - ㉯ 부동산등기법 제65조 제2호의 경우 : 판결정본 및 확정증명서를 첨부한다.
  - ㉰ 부동산등기법 제65조 제3호의 경우 : 재결수용의 경우에는 재결서 등본 및 보상금을 증명하는 서면, 협의성립확인에 의한 수용의 경우에는 토지수용위원회의 협의성립확인서 또는 협의설립의 공정증서와 그 수리증명서 및 보상금을 증명하는 서면을 첨부한다.
  - ㉱ 부동산등기법 제65조 제4호의 경우 : 특별자치도지사, 시장·군수 또는 구청장의 확인서를 첨부한다.
- 건물도면
  - 구분건물에 대한 소유권보존등기를 신청하는 경우에는 1동의 건물의 소재도, 각층의 평면도와 전유부분의 평면도를 첨부하여야 한다. 다만, 건물의 표시를 증명하는 정보로서 건축물대장 정보를 등기소에 제공하는 경우에는 그러하지 아니하다. 한편, 건축물대장등본 등에 의하여 건물로서의 요건을 갖추었는지 여부를 등기관이 알 수 없어서 신청인으로 하여금 소명자료로서 당해 건축물에 대한 사진이나 도면의 제출을 요구하는 경우에는 보존등기신청인은 도면을 제출하여야 한다(2004. 10. 1. 등기예규 제1086호).
  - 1동의 건물의 소재도는 건물의 번호·방위·건물의 대지의 경계·지번 및 인근토지의 지번

등을, 각층의 평면도는 주위의 길이·면적 및 전유부분의 배열상황을, 구분한 건물의 평면도는 주위의 길이·면적 및 구분상황을 기재하며 전부 검은 선과 검은 글씨로 하되 등기의 목적 외의 건물이 있을 때에는 붉은 선, 붉은 글씨로 작성한다.

- 도면은 인터넷등기소 영구보존문서 등록에서 도면을 전자문서로 변환한 후 신청인 또는 대리인의 전자서명을 부여하여 등록하고, 부여된 등록문서번호를 신청서의 부동산의 표시란에 기재(예 : [등록문서번호 : 100번])하는 방법으로 제출한다. 단, 자연인 또는 법인 아닌 사단이나 재단이 등기신청을 직접 또는 자격자대리인이 아닌 사람에게 위임하여 하는 경우에는 신청인 또는 대리인이 기명날인이나 서명을 한 도면을 서면으로 제출할 수 있다.

- 취득세(등록면허세)영수필확인서 : 시장, 구청장, 군수 등으로부터 취득세(등록면허세)납부서(OCR용지)를 발급받아 납세지를 관할하는 해당 금융기관에 세금을 납부한 후 취득세(등록면허세)영수필확인서와 영수증을 교부받아 영수증은 본인이 보관하고 취득세(등록면허세)영수필확인서만 신청서의 취득세(등록면허세)액표시란의 좌측상단 여백에 첨부하거나, 또는 지방세인터넷납부시스템에서 출력한 취득세(등록면허세)납부확인서를 첨부한다.
- 집합건축물대장등본 : 1동의 건물에 속하는 구분건물 중 일부만에 소유권보존등기를 신청하는 경우에는 1동의 건물에 대한 집합건축물대장(표제부)과 해당 구분건물(즉 2층 부분)에 대한 집합건축물대장(전유부분)을 첨부한다(발행일로부터 3월 이내).
- 주민등록표등(초)본 : 신청인의 주민등록표등본 또는 초본(각 발행일로부터 3월 이내)을 첨부한다.
- 법인등기사항전부(일부)증명서 : ㉮ 신청인이 법인인 경우에는 법인등기사항전부증명서 또는 법인등기사항일부증명서(각 발행일로부터 3월 이내)를 첨부한다. 다만, 법인등기가 되어 있는 등기소와 부동산소재지 관할 등기소가 동일한 경우에는 위 법인등기사항증명서를 제출할 필요가 없다. ㉯ 법인 아닌 사단 또는 재단이 등기를 신청하는 경우에는 ㉠ 정관이나 그 밖의 규약, 대표자나 관리인임을 증명하는 정보(다만, 등기되어 있는 대표자나 관리인이 신청하는 경우에는 그러하지 아니하다), ㉡ 법인 아닌 사단 또는 재단의 주소 및 부동산등기용등록번호를 증명하는 정보(새로이 등기명의인이 되는 경우에 한한다), ㉢ 대표자나 관리인의 주소 및 주민등록번호를 증명하는 정보를 첨부한다.
- 위임장 : 등기신청을 법무사 등 대리인에게 위임하는 경우에 첨부한다.

3. 등기신청서류 편철순서

신청서, 취득세(등록면허세)영수필확인서, 등기신청수수료 영수필확인서, 위임장, 주민등록표등(초)본, 집합건축물대장등본 등의 순으로 편철한다.

11. 구분건물표시변경대위등기신청(보존등기를 신청하지 아니하는 나머지 구분건물에 대한 표시변경등기의 대위신청)

가. 의 의

구분건물표시변경 대위등기란 타인의 토지 중 2분의 1을 취득한 자가 기존의 타인 소유의 건물(구분건물이 아님)에 2층을 신축하여 구분건물로 한 경우에, 그 2층 부분을 신축한 자가 구분건물의 소유권보존등기를 신청하는 예이다. 이러한 소유권보존등기는 건물의 표시변경등기와 동시에 신청하여야 하고, 다른 건물(예 : 1층 부분)의 소유자가 다른 경우에는 그 다른 건물의 소유자를 대위하여 표시변경등기를 신청할 수 있다. 따라서 2층 부분 소유자가 1층 부분 소유자를 대위하여 표시변경등기를 할 수 있다는 것이다.

다만, 2층 부분 소유자와 1층 부분의 소유자가 동일한 경우에는 1층 부분에 대한 표시변경등기는 구분건물 소유권보존등기를 신청하는 동일인이 신청하므로 이를 대위신청으로 처리할 것은 아니다.

나. 등기신청방법

신청인 본인 또는 대위등기신청인 법무사 등 그 대리인이 신분을 확인할 수 있는 주민등록증 등을 가지고 직접 등기소에 출석하여 신청한다.

[서식 11] 구분건물표시변경 대위등기신청서

구분건물표시변경 대위 등기신청

<table>
<tr><td rowspan="2">접 수</td><td>년 월 일</td><td rowspan="2">처 리 인</td><td>등기관 확인</td><td>각종 통지</td></tr>
<tr><td>제 호</td><td></td><td></td></tr>
</table>

① 부동산의 표시

변경 전 건물의 표시

1동의 건물의 표시

서울특별시 서초구 서초동 100

[도로명주소] 서울특별시 서초구 서초대로 236

벽돌조 슬래브지붕 1층 주택 85㎡

변경 후 건물의 표시

1동의 건물의 표시

서울특별시 서초구 서초동 100

[도로명주소] 서울특별시 서초구 서초대로 236길 10

벽돌조 슬래브지붕 2층 주택
1층 85㎡ 2층 85㎡
전유부분의 건물의 표시
건물의 번호 : 1 - 가
구 조 : 시멘트 벽돌조
면 적 : 1층 가호 85㎡
대지권의 표시
토지의 표시 : 서울특별시 서초구 서초동 100 대 200㎡
대지권의 종류 : 소유권
대지권의 비율 : 200분의 100
등기원인과 그 연월일 : 2020년 8월 5일 대지권

이 상

② 등기원인과 그 연월일	2020년 8월 20일 건물신축		
③ 등 기 의 목 적	건물표시변경		
④ 대 위 원 인	부동산등기법 제46조 제3항		

구분	성 명 (상호·명칭)	주민등록번호 (등기용등록번호)	주 소 (소 재 지)	지 분 (개인별)
⑤ 신 청 인	김 갑 동 위 대위신청인 이 영 철	000000-0000000	서울특별시 서초구 서초대로 88길 10(서초동) 서울특별시 서초구 서초대로 76길 24(서초동)	

⑥ 등 록 면 허 세	금 6,000 원
⑥ 지 방 교 육 세	금 1,200 원
⑦ 세 액 합 계	금 7,200 원
⑧ 등 기 신 청 수 수 료	금 3,000 원
	납부번호 : ○○-○○-○○○○○○-○
	일괄납부 : 건 원

⑨ 첨 부 서 면	
1. 집합건축물대장등본 2통	1. 위임장 1통
1. 등록면허세영수필확인서 1통	〈기 타〉
1. 등기필증 1통	
1. 대위원인증명서면 2통	

20○○년 ○월 ○일

⑩ 위 신청인 ㊞ (전화 :)

(또는)위 대리인 법무사 홍 길 동 ㊞ (전화 : 300-1234)
서울특별시 서초구 서초대로 73길 24(서초동)

○○지방법원 ○○등기소 귀중

법무사 홍 길 동 (직인)

[신청서 작성요령]

1. 부동산표시란에 2개 이상의 부동산을 기재하는 경우에는 부동산의 일련번호를 기재하여야 합니다.
2. 신청인란등 해당란에 기재할 여백이 없을 경우에는 별지를 이용합니다.
3. 담당등기관이 판단하여 위의 첨부 서면 외에 추가적인 서면을 요구할 수 있습니다.

주

1. 등기신청서 기재요령

신청서는 한글과 아라비아숫자로 기재하여야 한다. 부동산의 표시란이나 신청인란 등이 부족할 경우에는 별지로 사용하고, 별지를 포함한 신청서의 각 장 사이에 간인(신청서에 서명을 하였을 때에는 각 장마다 연결되는 서명)을 하여야 한다.

① 부동산의 표시란 : 변경 전의 표시와 변경 후의 표시를 하여야 하는데, 변경 전의 표시는 종전 건물의 표시를 하면 족하고, 변경 후의 표시는 다음과 같이 한다(부등규 제86조 제1항).

㉮ 1동의 건물의 표시 : 1동의 건물 전체에 관한 것으로, 집합건축물대장등본을 참고하여 1동의 건물 전체의 소재와 지번, 구조, 종류, 면적(구조상 공용부분을 포함하되, 전체의 면적을 층별로 표시)을 기재하고, 건물의 번호가 있는 때에는 그 번호, 건물에 명칭이 있는 때에는 그 명칭을 기재한다.

㉯ 각 전유부분의 건물의 표시 : 전유부분의 건물의 번호, 구조(다만 지붕의 구조는 표시하지 아니한다), 면적과 부속건물이 있는 때에는 그 구조와 면적만 기재하되, 구분건물의 구조가 복식건물인 때에는 그 표시를, 1동의 건물이 복합건물이고 종류별로 구분한 때에는 그 종류를 표시하며 지붕은 기재하지 않는다. 또한 전유부분의 소재와 지번은 기재하지 아니한다.

㈐ 각 전유부분의 대지권의 표시 : 대지권의 목적인 토지의 표시, 대지권의 종류, 비율, 등기원인과 그 연월일 등을 기재한다.

- 대지권의 목적인 토지의 표시는 토지의 일련번호, 토지의 소재, 지번, 지목, 면적을,
- 대지권의 종류는 소유권, 지상권, 전세권, 임차권 등 권리의 종류에 따라 기재하며,
- 대지권의 비율은 대지권의 목적인 토지에 대한 지분비율을 기재하고,
- 등기원인은 "대지권"으로, 그 연월일은 1동의 건물의 신축일 등 대지권 발생연월일을 기재한다. 대지의 소유권자·지상권자 등이 그 대지상에 구분건물을 신축한 때에는 그 건물의 신축과 동시에 그 대지사용권은 대지권이 되고, 따라서 건축물대장작성일이 대지권 발생일자가 된다. 타인의 토지위에 건물을 신축하여 소유권보존등기를 한 후 구분소유자가 그 건물의 대지위에 소유권(지상권)을 취득함으로써 대지권을 취득한 경우에는 토지소유권(지상권)의 취득일이 대지권발생일자가 된다.

② 등기의 원인과 그 연월일 : 비구분건물이 구분건물로 된 것은 건물의 신축으로 인한 것이므로 등기원인일은 '건물신축일자'를, 등기원인은 '건물신축'이라 기재한다. 이 일자와 대지권이 발생한 날짜는 반드시 동일한 것은 아니다. 자기 토지에 2층 부분을 건축한 경우에는 건축물대장작성일이 대지권발생일자가 되지만, 타인의 토지위에 건물을 신축한 경우에는 나중 토지에 대한 대지권(소유권 등)을 취득한 날짜가 대지권발생일자가 된다.

③ 등기의 목적란 : "건물표시변경"이라고 기재한다.

④ 대위원인란 : 구분건물이 아닌 건물로 등기된 건물에 접속하여 구분건물을 신축한 경우에 그 신축건물의 소유권보존등기를 신청할 때에는 구분건물이 아닌 건물을 구분건물로 변경하는 건물의 표시변경등기를 동시에 신청하여야 한다. 이 경우 부동산등기법 제46조 제2항을 준용한다(부동법 제46조 제3항). 본 사안의 경우에는 대위원인을 "부동산등기법 제46조 제3항"으로 기재한다.

⑤ 신청인란 : 소유자의 성명, 주민등록번호, 주소를 기재하되, 소유자가 수인인 경우에는 공유자별로 성명, 주민등록번호, 주소를 기재하고, 각자의 지분을 표시한다.
그러나 신청인이 법인인 경우에는 상호(명칭), 본점(주사무소 소재지), 등기용등록번호 및 대표자의 성명과 주소를 기재하고, 법인 아닌 사단이나 재단인 경우에는 상호(명칭), 본점(주사무소 소재지), 등기용등록번호 및 대표자(관리인)의 성명, 주민등록번호, 주소를 각 기재한다.

⑥ 등록면허세·지방교육세란 : 등록면허세는 매 1건당 6,000원을 납부하여 기재하며(지방세법 제28조 제1항 1. 마목), 등록면허세의 20/100에 해당하는 지방교육세를 납부하여 기재한다.

⑦ 세액합계란 : 등록면허세액과 지방교육세액의 합계를 기재한다.

⑧ 등기신청수수료란 : ㉮ 전유부분 1개당 3,000원의 등기신청수수료 납부액을 기재한다. 다만 전자표준양식에 의하여 신청하는 경우에는 2,000원, 전자신청하는 경우에는 1,000원의 등기신청수수료를 은행 현금납부, 전자납부, 무인발급기 납부 등의 방법에 따라 납부한 후 등기신청서에 등기신청수수료 영수필확인서를 첨부하고 납부번호를 기재하여 제출한다. ㉯ 여러 건의 등기신청에 대하여 수납금융기관에 현금으로 일괄납부하는 경우 첫 번째 등기신청서에 등기신청수수료 영수필확인서를 첨부하고 해당 등기신청수수료, 납부번호와 일괄납부 건수 및 일괄납부액을 기재하며, 나머지 신청서에는 해당 등기신청수수료와 전 사건에 일괄 납부한 취지를 기재한다(일괄납부는 은행에 현금으로 납부하는 경우에만 가능함).

⑨ 첨부서면란 : 등기신청서에 첨부한 서면을 각 기재한다.

⑩ 신청인등란 : ㉮ 신청인의 성명 및 전화번호를 기재하고 인장을 날인 또는 서명을 하되,

신청인이 법인이나 법인 아닌 사단 또는 재단인 경우에는 상호(명칭)와 대표자(관리인)의 자격 및 성명을 기재하고 대표자(관리인)의 인장을 날인 또는 서명을 한다. ㉯ 대리인이 등기신청을 하는 경우에는 그 대리인의 성명, 주소, 전화번호를 기재하고 대리인의 인장을 날인 또는 서명을 한다.

2. 등기신청서에 첨부할 서면 등

- 등기원인을 증명하는 서면 : 구분건물이 아닌 건물로 등기된 건물(1층 부분)에 접속하여 구분건물(2층 부분)을 신축하여 그 신축건물의 소유권보존등기를 신청하면서 구분건물이 아닌 건물(1층 부분)을 구분건물로 변경하는 건물의 표시변경등기를 동시에 신청하는 경우에는 등기원인을 증명하는 서면으로, 신청인이 소유하는 구분건물(2층 부분)과 나머지 건물(1층 부분)이 같은 1동의 건물에 속하는 것임을 증명하는 1동의 건물에 대한 집합건축물대장(표제부)과 각 구분건물에 대한 집합건축물대장(전부부분)을 첨부한다. 다만, 동시에 신청하는 보존등기신청서에 1동의 건물에 대한 집합건축물대장(표제부)과 신축건물에 대한 집합건축물대장은 이미 첨부하였기 때문에 이를 원용하고, 본건 나머지 구분건물(1층 부분)의 표시에 관한 등기신청서에는 그 나머지 건물(1층 부분)에 대한 집합건축물대장(전유부분)만 첨부한다.
- 등록면허세영수필확인서 : 시장, 구청장, 군수 등으로부터 등록면허세납부서(OCR용지) 또는 대법원 인터넷등기소의 정액등록면허세납부서 작성기능을 통하여 정액등록면허세납부서를 발급받아 납세지를 관할하는 해당 금융기관에 세금을 납부한 후 등록면허세영수필확인서를 신청서의 등록면허세액표시란의 좌측상단 여백에 첨부하거나, 또는 지방세인터넷납부시스템을 이용하여 납부하고 출력한 등록면허세납부확인서를 첨부한다.
- 법인등기사항전부(일부)증명서 : ㉮ 신청인이 법인인 경우에는 법인등기사항전부증명서 또는 법인등기사항일부증명서(각 발행일로부터 3월 이내)를 첨부한다. 다만, 법인등기가 되어 있는 등기소와 부동산소재지 관할 등기소가 동일한 경우에는 위 법인등기사항증명서를 제출할 필요가 없다. ㉯ 법인 아닌 사단 또는 재단이 등기를 신청하는 경우에는 ㉠ 정관이나 그 밖의 규약, 대표자나 관리인임을 증명하는 정보(다만, 등기되어 있는 대표자나 관리인이 신청하는 경우에는 그러하지 아니하다), ㉡ 법인 아닌 사단 또는 재단의 주소 및 부동산등기용등록번호를 증명하는 정보(새로이 등기명의인이 되는 경우에 한한다), ㉢ 대표자나 관리인의 주소 및 주민등록번호를 증명하는 정보를 첨부한다.
- 위임장 : 등기신청을 법무사 등 대리인에게 위임하는 경우에 첨부한다.

3. 등기신청서류 편철순서

신청서, 등록면허세영수필확인서, 등기신청수수료 영수필확인서, 위임장, 집합건축물대장등본 등의 순으로 편철한다.

12. 구분건물표시변경등기신청(대지권등기)

가. 의 의

구분건물표시변경등기(대지권등기)란 대지사용권과 전유부분에 관한 권리의 공시를 등기기록에 일체화시키는 등기로서 부동산등기법 제60조에 의한 대지사용권에 관한 이전등기와 동시에 신청하여야 하며, 현 구분소유자가 각 전유부분별로 단독으로 신청할 수 있다.

나. 등기신청방법

① 분양자 명의로 토지에 대한 소유권이전등기과 집합건물에 대한 소유권보존등기가 된 상태에서 대지권등기를 하지 아니하고 구분건물에 대해서만 수분양자에게 이전등기를 마쳤을 때에는 현재의 구분소유자 명의로 대지권등기를 하기 위해서는 대지사용권의 이전등기를 신청함과 동시에 대지권등기를 신청하여야 한다(부등법 제60조 제1항·제5항). 이 경우에 대지사용권의 이전등기를 신청하지 아니하고 대지권등기만 신청할 수 없으며, 그 대지권등기는 분양자가 신청하는 것이 아니라 현재의 구분소유자가 이를 신청하여야 한다.
② 이러한 법리는 구분건물을 신축하여 양도한 자(분양자)가 그 건물의 대지사용권을 나중에 취득하여 이전하기로 약정한 경우에도 이를 준용한다(부등법 제60조 제2항). 이를 구분하여 보면 다음과 같다.

(1) 대지사용권을 가지고 있는 자가 집합건물을 신축한 경우

구 분	소 유 자	소유권취득일	대지권발생일	대지권등기신청인
집합건물	홍 길 동	2020. 3. 10.	2020. 5. 10.	홍 길 동
토 지	홍 길 동	2020. 4. 10.		

(2) 집합건물소유자가 나중 대지사용권을 취득한 경우

구 분	소 유 자	소유권취득일	대지권발생일	대지권등기신청인
집합건물	홍 길 동	2020. 5. 10.	2020. 6. 10.	홍 길 동
토 지	홍 길 동	2020. 6. 10.		

(3) 대지사용권이 있는 집합건물소유자가 대지권에 관한 등기를 하지 않고 구분건물에 관해서만 (순차적으로) 소유권이전등기를 마치고, 나중 현재의 구분소유자 명의로 대지사용권이전등기를 하는 경우

구 분	소 유 자	소유권취득일	대지권발생일	대지권등기신청일
집합건물	홍 길 동	2020. 5. 10.	2020. 8. 10.	이 몽 룡
	이 몽 룡	2020. 6. 10.		
토 지	홍 길 동	2020. 4. 10.		
	이 몽 룡	2020. 8. 10.		

구 분	소 유 자	소유권취득일	대지권발생일	대지권등기신청일
집합건물	홍 길 동	2020. 5. 10.	2020. 9. 10.	김 갑 동
	이 몽 룡	2020. 6. 10.		
	장 길 상	2020. 7. 10.		
	김 갑 동	2020. 8. 10.		
토 지	홍 길 동	2020. 4. 10.		
	김 갑 동	2020. 9. 10.		

(4) 집합건물소유자가 나중에 대지사용권을 취득하였으나 대지권에 관한 등기를 하지 아니하고 구분건물에 관해서만 (순차적으로) 소유권이전등기를 마치고, 나중 현재의 구분소유자 명의로 대지사용권이전등기를 하는 경우

구 분	소 유 자	소유권취득일	대지권발생일	대지권등기신청인
집합건물	홍 길 동	2020. 5. 10.	2020. 8. 10.	이 몽 룡
	이 몽 룡	2020. 7. 10.		
토 지	홍 길 동	2020. 6. 10.		
	이 몽 룡	2020. 8. 10.		

구 분	소 유 자	소유권취득일	대지권발생일	대지권등기신청일
집합건물	홍 길 동	2020. 5. 10.	2020. 9. 10.	김 갑 동

	이 몽 룡	2020. 6. 10.		
	장 길 상	2020. 7. 10.		
	김 갑 동	2020. 8. 10.		
토 지	홍 길 동	2020. 5. 10.		
	김 갑 동	2020. 9. 10.		

(5) 집합건물소유자가 대지사용권을 취득하지 않았으나 구분건물에 관해서만(순차적으로) 소유권이전등기를 마친 상태에서 대지사용권을 취득하고, 나중 현재의 구분소유자 명의로 대지사용권이전등기를 하는 경우

구 분	소 유 자	소유권취득일	대지권발생일	대지권등기신청인
집합건물	홍 길 동	2020. 5. 10.	2020. 8. 10.	이 몽 룡
	이 몽 룡	2020. 6. 10.		
토 지	홍 길 동	2020. 7. 10.		
	이 몽 룡	2020. 8. 10.		

구 분	소 유 자	소유권취득일	대지권발생일	대지권등기신청일
집합건물	홍 길 동	2020. 5. 10.	2020. 9. 10.	김 갑 동
	이 몽 룡	2020. 6. 10.		
	장 길 상	2020. 7. 10.		
	김 갑 동	2020. 8. 10.		
토 지	홍 길 동	2020. 8. 10.		
	김 갑 동	2020. 9. 10.		

[서식 12] 구분건물표시변경등기신청서(대지권등기)

구분건물표시변경등기신청

접 수	년 월 일	처 리 인	등기관 확인	각종 통지
	제 호			

① 부동산의 표시

1동의 건물의 표시

서울특별시 서초구 서초동 100 샛별아파트 가동

[도로명주소] 서울특별시 서초구 서초대로 88길 10

철근콘크리트조 슬래브지붕 3층 아파트

1층 245㎡

2층 245㎡

3층 245㎡

전유부분의 건물의 표시

건물의 번호 : 가 - 1 - 101

구 조 : 철근콘크리트조

면 적 : 1층 101호 86.03㎡

변경할 사항

전유부분의 대지권의 표시

토지의 표시 : 서울특별시 서초구 서초동 100 대 1400㎡

대지권의 종류 : 소유권

대지권의 비율 : 3,000분의 300

등기원인과 그 연월일 : 2020년 8월 5일 대지권

이 상

② 등기원인과 그 연월일	2020년 8월 20일 소유권취득
③ 등 기 의 목 적	구분건물표시변경(대지권의 표시)
④ 변 경 할 사 항	위 부동산표시란 기재와 같음

구분	성 명 (상호·명칭)	주민등록번호 (등기용등록번호)	주 소 (소 재 지)	지 분 (개인별)
⑤ 신청인	김 갑 동	000000-0000000	서울특별시 서초구 서초대로 88길 10(서초동)	

⑥ 등 록 면 허 세	금 6,000 원
⑥ 지 방 교 육 세	금 1,200 원
⑦ 세 액 합 계	금 7,200 원
⑧ 등 기 신 청 수 수 료	금 3,000 원
	납부번호 : ○○-○○-○○○○○○-○
	일괄납부 : 건 원

⑨ 첨 부 서 면	
1. 등록면허세영수필확인서 1통 1. 위임장 1통	〈기 타〉

20○○년 ○월 ○일

⑩ 위 신청인 김 갑 동 ㊞ (전화 : 300-1234)
(또는)위 대리인 (전화 :)

○○지방법원 ○○등기소 귀중

[신청서 작성요령]

1. 부동산표시란에 2개 이상의 부동산을 기재하는 경우에는 부동산의 일련번호를 기재하여야 합니다.
2. 신청인란등 해당란에 기재할 여백이 없을 경우에는 별지를 이용합니다.
3. 담당등기관이 판단하여 위의 첨부 서면 외에 추가적인 서면을 요구할 수 있습니다.

주

1. 등기신청서 기재요령

신청서는 한글과 아라비아숫자로 기재하여야 한다. 부동산의 표시란이나 신청인란 등이 부족

할 경우에는 별지로 사용하고, 별지를 포함한 신청서의 각 장 사이에 간인(신청서에 서명을 하였을 때에는 각 장마다 연결되는 서명)을 하여야 한다.

① 부동산의 표시란 : 등기부상 부동산의 표시와 일치되게 기재한다.

㉮ 1동의 건물의 표시 : 1동의 건물의 소재와 지번, 종류, 구조, 면적을 기재한다. 다만, 1동의 건물의 번호가 있는 경우(예 : 가동, 나동 등)에 이를 기재한 때에는 1동의 건물의 구조와 면적을 기재하지 아니한다.

㉯ 전유부분의 건물의 표시 : 전유부분의 건물의 번호, 구조, 면적을 기재한다.

② 등기의 원인과 그 연월일 : "토지소유권취득"이라고 기재하고 대지권이 발생한 날짜{분양자가 토지에 대한 대지권(소유권, 지상권 등)을 취득한 날짜, 수분양자가 토지에 대한 지분이전등기를 신청함과 동시에 대지권등기를 신청하는 경우에는 그 지분이전등기를 마친 날짜}가 등기원인일자이다.

③ 등기의 목적란 : "구분건물의 표시변경(대지권의 표시)"이라고 기재한다. 이는 1동의 건물의 표제부 및 전유부분의 표제부에 하는 등기이다.

④ 변경할 사항 : "변경할 사항"이라고 기재한다. 변경할 사항은 새로이 발생한 대지권의 내용을 기재한다. 즉 ㉮ 대지권의 목적인 토지의 표시는 토지의 일련번호, 토지의 소재, 지번, 지목, 면적을, ㉯ 대지권의 종류는 소유권, 지상권, 임차권 등 권리의 종류에 따라 기재하며, ㉰ 대지권의 비율은 대지권의 목적인 토지에 대한 지분비율을 기재한다.

⑤ 신청인란 : 대지권등기는 분양자가 이를 신청할 수는 없고, 현재의 구분소유자가 이를 신청하여야 한다. 건물소유권이 수분양자로부터 제3자에게 이전된 경우에는 현재의 구분건물의 소유자가 대지권등기를 신청할 수 있다. 이러한 경우에는 부동산등기법 제60조 제1항의 규정에 따라 수분양자에게 등기를 생략하고 분양자로부터 현재의 구분소유자에게 대지사용권이 이전등기를 바로 신청할 수 있다. 이 때 대지사용권의 이전등기는 분양자와 현재의 구분소유자가 공동으로 이전등기를 신청하고, 대지권등기는 현재의 구분소유자가 단독으로 신청할 수 있다.

⑥ 등록면허세·지방교육세란 : 위 나. 등기신청방법 (1)의 경우에는, 보존등기를 신청하면서 대지권의 표시를 하여 보존등기를 신청하게 되므로 별도로 대지권등기를 신청하는 것이 아니다. 그 외의 경우에는 대지사용권의 이전등기를 하고 나서 그와 동시에 대지권등기를 신청하는 것이므로 대지권등기신청시에 대지사용권의 이전등기에 대한 취득세를 납부하지 않고 변경등기에 대한 등록면허세를 매 부동산 1개당 6,000원의 등록면허세를 기재하며(지방세법 제28조 제1항 1. 마목), 등록면허세의 20/100에 해당하는 지방교육세를 납부하여 기재한다.

⑦ 세액합계란 : 등록면허세액과 지방교육세액의 합계를 기재한다.

⑧ 등기신청수수료란 : ㉮ 현재의 구분소유자가 지분이전등기를 하면서 신청하는 대지권등기의 경우에 등기신청수수료는 구분건물 1개당 3,000원의 등기신청수수료 납부액을 기재한다. 다만 전자표준양식에 의하여 신청하는 경우에는 2,000원, 전자신청하는 경우에는 1,000원의 등기신청수수료를 은행 현금납부, 전자납부, 무인발급기 납부 등의 방법에 따라 납부한 후 등기신청서에 등기신청수수료 영수필확인서를 첨부하고 납부번호를 기재하여 제출한다. ㉯ 여러 건의 등기신청에 대하여 수납금융기관에 현금으로 일괄납부하는 경우 첫 번째 등기신청서에 등기신청수수료 영수필확인서를 첨부하고 해당 등기신청수수료, 납부번호와 일괄납부 건수 및 일괄납부액을 기재하며, 나머지 신청서에는 해당 등기신청수수료와 전 사건에 일괄 납부한 취지를 기재한다(일괄납부는 은행에 현금으로 납부하는 경우에

만 가능함).

⑨ 첨부서면란 : 등기신청서에 첨부한 서면을 각 기재한다.

⑩ 신청인등란 : ㉮ 신청인의 성명 및 전화번호를 기재하고 인장을 날인 또는 서명을 하되, 신청인이 법인이나 법인 아닌 사단 또는 재단인 경우에는 상호(명칭)와 대표자(관리인)의 자격 및 성명을 기재하고 대표자(관리인)의 인장을 날인 또는 서명을 한다. ㉯ 대리인이 등기신청을 하는 경우에는 그 대리인의 성명, 주소, 전화번호를 기재하고 대리인의 인장을 날인 또는 서명을 한다.

2. 등기신청서에 첨부할 서면 등

- 등록면허세영수필확인서 : 시장, 구청장, 군수 등으로부터 등록면허세납부서(OCR용지) 또는 대법원 인터넷등기소의 정액등록면허세납부서 작성기능을 통하여 정액등록면허세납부서를 발급받아 납세지를 관할하는 해당 금융기관에 세금을 납부한 후 등록면허세영수필확인서를 신청서의 등록면허세액표시란의 좌측상단 여백에 첨부하거나, 또는 지방세인터넷납부시스템을 이용하여 납부하고 출력한 등록면허세납부확인서를 첨부한다.
- 법인등기사항전부(일부)증명서 : ㉮ 신청인이 법인인 경우에는 법인등기사항전부증명서 또는 법인등기사항일부증명서(각 발행일로부터 3월 이내)를 첨부한다. 다만, 법인등기가 되어 있는 등기소와 부동산소재지 관할 등기소가 동일한 경우에는 위 법인등기사항증명서를 제출할 필요가 없다. ㉯ 법인 아닌 사단 또는 재단이 등기를 신청하는 경우에는 ㉠ 정관이나 그 밖의 규약, 대표자나 관리인임을 증명하는 정보(다만, 등기되어 있는 대표자나 관리인이 신청하는 경우에는 그러하지 아니하다), ㉡ 법인 아닌 사단 또는 재단의 주소 및 부동산등기용등록번호를 증명하는 정보(새로이 등기명의인이 되는 경우에 한한다), ㉢ 대표자나 관리인의 주소 및 주민등록번호를 증명하는 정보를 첨부한다.
- 위임장 : 등기신청을 범무사 등 대리인에게 위임하는 경우에 첨부한다.

3. 등기신청서류 편철순서

신청서, 등록면허세영수필확인서, 등기신청수수료 영수필확인서, 위임장 등의 순으로 편철한다.

4. 기타 참고사항

- 대지권등기는 현재의 구분건물소유자가 대지사용권에 기하여 신청하는 등기이므로 등기원인증서로서의 분양(매매)계약서를 제출할 필요가 없고, 분양자인의 인감증명서를 첨부할 필요도 없으며, 소유권이전등기에 준하는 취득세·지방교육세, 국민주택채권이행의무도 없다. 또한 대지권등기신청을 할 경우에 토지등기필증이나 토지대장등본의 제출을 요하지 아니하며(1991. 3. 2. 등기선례 3-903), 건축물대장등본을 제출할 필요도 없다(부등규 제86조 제3항). ㉯ 부동산등기법 제60조 제3항의 규정에 의한 대지권등기신청의 의무가 있는 자가 그 등기신청을 게을리 하였을 때에는 50만원 이하의 과태료를 부과한다(부등법 제113조).
- 민법 제32조의 규정에 의하여 허가받은 종교단체와 그에 소속된 종교단체 및 관계법령에 의하여 시장·군수에게 등록된 종교단체 또는 사회복지사업법에 의한 사회복지법인의 종교용 또는 사회복지용 건축물을 건축하거나 당해 토지 또는 건축물의 소유권보존등기나 이전등기를 하는 때, 혹은 사립학교법의 규정에 의한 학교법인 또는 사립학교경영자가 교육용 토지 또는 건축물을 취득하여 소유권보존등기나 이전등기를 하는 때에는 국민주택채권매입의무가 면제된다(주택법시행령 별표 12). 국가, 지방자치단체, 정부투자기관관리기본법상의 정부투자기관, 지방공기업법의 적용을 받는 지방공기업, 한국자산공사는 국민주택매입의무

가 면제된다.

- '대한예수교장로회 교회'라는 명칭을 가진 교회가 교회예수교장로회(합동측) 총회에 소속되어 있음을 증명하는 서면과, 대한예수교장로회(합동측) 총회 및 동 총회에 소속된 교회의 전도사업 등을 위하여 필요한 자산의 관리, 공급을 목적으로 하는 대한 예수교장로회(합동측) 총회 유지재단이 '민법 제32조의 규정에 의하여 허가받은 종교단체임을 증명하는 서면'을 첨부하고, 당해 부동산을 종교용으로 취득하는 것임을 소명하여 위 교회 명의로의 소유권이전등기를 신청하는 경우에는 국민주택채권을 매입할 필요가 없다(1998. 7. 9. 등기선례 5-899).

13. 규약상 공용부분의 등기신청

가. 의 의

집합건물법 제1조에 의하여 구분소유권의 목적으로 할 수 있는 건물부분 또는 부속건물은 구분소유자들의 규약으로써 공동부분으로 할 수 있고, 또한 1단지 내의 부속시설인 건물(구분건물을 포함한다)은 단지구분소유자의 규약에 의하여 단지공용부분으로 할 수 있으며, 구분건물을 소유한 자 또는 단지 내의 건물 전부를 소유한 자는 공정증서로 위의 규약에 상당하는 것을 정할 수 있다.

규약상 공용부분은 구조상의 공용부분과 같이 구분소유자 전원의 공유에 속함이 원칙이고, 공유자의 이에 대한 지분은 그가 가지는 전유부분의 지분에 따르며, 그에 관한 물권의 득실변경은 등기를 요하지 않는다.

규약상공용부분의 등기는 표제부에 하게 되므로 형식적으로는 건물의 표시에 관한 등기라고 할 수 있으나, 실질적으로는 그 부분은 전유부분과 함께 처분하지 않으면 처분할 수 없다는 뜻의 등기라고 평가하여야 할 것이다. 그러므로 부동산등기법 제3조의 처분제한의 성격을 갖는 등기 또는 등기 없이도 물권변동의 효력이 발생한다는 것을 공시하는 특수한 등기라고 할 것이다.

이와 같이 규약상 공용부분의 등기를 하는 경우로는 다음 2가지 경우를 들 수 있다. 첫째, 여러 공유자들이 공유지분의 형태로 소유하고 있던 전유부분에 대하여 새로이 규약을 정하여 규약상 공용부분의 등기를 하는 경우이고, 이는 변경등기에 해당한다. 둘째, 여러 공유자들이 원래 타인 명의의 부동산을 취득하고 공유지분등기를 하여야 하나 그 소유권이전등기절차를 생략하고 바로 규약상 공용부분의 등기를 하는 경우로써 형식상으로는 변경등기에 해당하나 실질적으로 이전등기에 해당한다. 본건에서는 두 번째 경우의 사례를 들어 설명하기로 한다.

나. 등기신청방법

위 첫째의 경우에는 공유자들이 규약상 공용부분의 등기신청을 하고, 둘째의 경우에는 소유권이전등기의 등기의무자에 해당하는 기존 소유권의 등기명의인이 규약상 공용부분의 등기를 신청한다.

[서식 13] 규약상 공용부분의 등기신청서

규약상 공용부분의 등기신청

접 수	년 월 일	처 리 인	등기관 확인	각종 통지
	제 호			

① 부동산의 표시
1동의 건물의 표시 서울특별시 서초구 서초동 100 샛별아파트 제302동 [도로명주소] 서울특별시 서초구 서초대로 88길 10 전유부분의 건물의 표시 건물의 번호 : 302 - 1 - 105 구 조 : 철근콘크리트조 면 적 : 1층 105호 86.03㎡ 전유부분의 대지권의 표시 토지의 표시 : 서울특별시 서초구 서초동 100 대 1400㎡ 대지권의 종류 : 소유권 대지권의 비율 : 3,000분의 300 이 상

② 등기원인과 그 연월일	2020년 8월 20일 규약설정
③ 등 기 의 목 적	규약상 공용부분

<table>
<tr><td colspan="2">④ 공 용 자 의 범 위</td><td colspan="3">302-1-101 내지 302-1-104까지
302-1-106 내지 202-1-506까지</td></tr>
<tr><td>구분</td><td>성 명
(상호·명칭)</td><td>주민등록번호
(등기용등록번호)</td><td>주 소 (소 재 지)</td><td>지 분
(개인별)</td></tr>
<tr><td>⑤
신
청
인</td><td>김 갑 동</td><td>000000-0000000</td><td>서울특별시 서초구 서초대로 28길 16(서초동)</td><td></td></tr>
<tr><td colspan="2">⑥ 등 록 면 허 세</td><td colspan="3">금 ○○○○ 원</td></tr>
<tr><td colspan="2">⑥ 지 방 교 육 세</td><td colspan="3">금 ○○○○ 원</td></tr>
<tr><td colspan="2">⑦ 세 액 합 계</td><td colspan="3">금 ○○○○ 원</td></tr>
<tr><td colspan="2" rowspan="3">⑧ 등 기 신 청 수 수 료</td><td colspan="3">금 3,000 원</td></tr>
<tr><td colspan="3">납부번호 : ○○-○○-○○○○○○-○</td></tr>
<tr><td colspan="3">일괄납부 : 건 원</td></tr>
<tr><td colspan="5">⑨ 첨 부 서 면</td></tr>
<tr><td colspan="3">1. 규약 1통
1. 이해관계인의 승낙서 1통
1. 인감증명서나 본인서명사실확인서 또는 전자본인서명확인서 발급증 1통</td><td colspan="2">1. 등록면허세영수필확인서 1통
1. 위임장 1통
〈기 타〉</td></tr>
<tr><td colspan="5">20○○년 ○월 ○일

⑩ 위 신청인 ㊞ (전화 :)
(또는)위 대리인 법무사 홍 길 동 ㊞ (전화 : 300-1234)
서울특별시 서초구 서초대로 73길 24(서초동)

○○지방법원 ○○등기소 귀중

법무사 홍 길 동 (직인)</td></tr>
</table>

[신청서 작성요령]

1. 부동산표시란에 2개 이상의 부동산을 기재하는 경우에는 부동산의 일련번호를 기재하여야 합니다.

2. 신청인란등 해당란에 기재할 여백이 없을 경우에는 별지를 이용합니다.
3. 담당등기관이 판단하여 위의 첨부 서면 외에 추가적인 서면을 요구할 수 있습니다.

주

1. 등기신청서 기재요령

신청서는 한글과 아라비아숫자로 기재하여야 한다. 부동산의 표시란이나 신청인란 등이 부족할 경우에는 별지로 사용하고, 별지를 포함한 신청서의 각 장 사이에 간인(신청서에 서명을 하였을 때에는 각 장마다 연결되는 서명)을 하여야 한다.

① 부동산의 표시란 : 등기하고자 하는 부동산을 기재하되, 등기기록상 부동산의 표시와 일치하여야 한다. 부동산이 토지인 경우에는 토지의 소재와 지번, 지목, 면적을 기재하고, 건물인 경우에는 건물의 소재와 지번, 도로명주소, 구조, 면적, 건물의 종류, 건물의 번호가 있는 때에는 그 번호, 부속건물이 있는 때에는 그 구조, 종류와 면적을 기재하면 된다.

㉮ 1동의 건물의 표시 : 1동의 건물의 소재와 지번, 종류, 구조, 면적을 기재한다. 다만, 1동의 건물의 번호가 있는 경우(예 : 가동, 나동 등)에 이를 기재한 때에는 1동의 건물의 구조와 면적을 기재하지 아니한다.

㉯ 전유부분의 건물의 표시 : 전유부분의 건물의 번호, 구조, 면적을 기재한다.

㉰ 대지권의 표시 : 대지권의 목적인 토지의 표시, 대지권의 종류, 비율을 기재한다.

- 대지권의 목적인 토지의 표시는 토지의 소재, 지번, 지목, 면적을,
- 대지권의 종류는 소유권, 지상권, 전세권, 임차권 등 권리의 종류에 따라 기재하며,
- 대지권의 비율은 대지권의 목적인 토지에 대한 지분비율을 기재한다.

② 등기의 원인과 그 연월일 : 등기원인은 "규약설정" 또는 "공정증서의 작성"으로, 그 연월일은 규약설정일자 또는 공정증서의 작성일을 기재한다.

③ 등기의 목적란 : "규약상 공용부분"으로 기재한다.

④ 공용자의 범위 : 공용자의 범위를 기재하는 방법은 ㉮ 1동의 건물 중 일부의 구분 소유자의 공용부분인 경우에는 그 범위를 기재하고(예 : 302-1-101 내지 302-1-104까지, 302-1-106 내지 202-1-506까지), ㉯ 1동의 건물의 구분소유자 전원의 공용부분인 경우에는 1동의 건물만을 표시하며, ㉰ 공용부분을 다른 등기기록에 등기된 건물의 구분소유자의 일부 또는 전부가 공용하는 경우에도 위 ㉮, ㉯와 같이 그 건물의 표시와 그 범위를 기재하거나 그 1동의 건물의 표시만을 기재한다.

⑤ 신청인란 : 위 첫째의 경우에는 공유자들이 규약상 공용부분의 등기신청을 하고, 둘째의 경우에는 소유권이전등기의 등기의무자에 해당하는 기존 소유권의 등기명의인이 규약상 공용부분의 등기를 신청한다.

⑥ 등록면허세·지방교육세란 : 위 첫째의 경우, 즉 전유부본이나 부속건물의 소유권의 등기명의인이 규약상 공용부분의 등기를 신청하는 경우에는 통상의 변경등기로 보아 변경등시신청에 따른 등록면허세와 신청수수료를 납부한다. 그러나 둘째의 경우, 즉 타인명의로 되어 있던 부동산을 취득하면서 그 소유권이전등기를 생략하고 바로 규약상 공동부분의 등기를 신청하는 경우에는 실질적으로 소유권이전등기에 해당하므로 그에 해당하는 등록면허세와 지방교육세를 납부하고 국민주택채권을 매입한다.

⑦ 세액합계란 : 등록면허세액과 지방교육세액의 합계를 기재한다.

⑧ 등기신청수수료란 : 전유부분 1개당 3,000원의 등기신청수수료 납부액을 기재한다. 다만 전자표준양식에 의하여 신청하는 경우에는 2,000원, 전자신청하는 경우에는 1,000원의 등기신청수수료를 은행 현금납부, 전자납부, 무인발급기 납부 등의 방법에 따라 납부한 후 등기신청서에 등기신청수수료 영수필확인서를 첨부하고 납부번호를 기재하여 제출한다.

⑨ 첨부서면란 : 등기신청서에 첨부한 서면을 각 기재한다.

⑩ 신청인등란 : ㉮ 신청인의 성명 및 전화번호를 기재하고 인장을 날인 또는 서명을 하되, 신청인이 법인이나 법인 아닌 사단 또는 재단인 경우에는 상호(명칭)와 대표자(관리인)의 자격 및 성명을 기재하고 대표자(관리인)의 인장을 날인 또는 서명을 한다. ㉯ 대리인이 등기신청을 하는 경우에는 그 대리인의 성명, 주소, 전화번호를 기재하고 대리인의 인장을 날인 또는 서명을 한다.

2. 등기신청서에 첨부할 서면 등

- 규약 또는 공정증서 : 소유권의 등기명의인이 공용부분의 등기를 신청하는 경우에는 그러한 뜻을 정한 규약이나 공정증서를 첨부한다. 규약을 결의한 집회의 의사록, 구분소유자 전원의 합의에 의하여 규약을 설정한 경우의 합의서 등도 규약에 해당한다. 규약을 증명하는 서면에는 공용부분이 되는 구분건물 또는 부속건물이 표시되어야 하고, 규약이 성립된 뜻과 그 성립연월일, 규약을 설정한 자의 성명과 주소 및 그가 소유한 건물부분 등이 기재되어 있어야 한다.
- 이해관계인의 승낙서 등 : 규약상 공용부분은 표제부만을 두게 되므로 기존의 제한 물권이 있는 때에는 이를 적법하게 소멸시킬 필요가 있다. 따라서 규약상 공용부분으로 하는 건물에 소유권 이외의 권리에 관한 등기가 있는 때에는 그 등기명의인의 승낙서 또는 이에 대항할 수 있는 재판서 등본을 첨부한다. 이 승낙서에는 승낙자의 인감증명서를 첨부하거나, 인감증명을 갈음하여 「본인서명사실확인등에관한법률」에 따라 발급된 본인서명사실확인서(발행일부터 3개월 이내)에 기재한 서명(전자본인서명확인서 발급증을 제출할 경우에도 서명)을 하고 본인서명사실확인서(전자본인서명확인서 발급증)을 첨부한다.
- 등록면허세영수필확인서 : 시장, 구청장, 군수 등으로부터 등록면허세납부서(OCR용지) 또는 대법원 인터넷등기소의 정액등록면허세납부서 작성기능을 통하여 정액등록면허세납부서를 발급받아 납세지를 관할하는 해당 금융기관에 세금을 납부한 후 등록면허세영수필확인서를 신청서의 등록면허세액표시란의 좌측상단 여백에 첨부하거나, 또는 지방세인터넷납부시스템을 이용하여 납부하고 출력한 등록면허세납부확인서를 첨부한다.
- 법인등기사항전부(일부)증명서 : 신청인이 법인인 경우에는 법인등기사항전부증명서 또는 법인등기사항일부증명서(각 발행일로부터 3월 이내)를 첨부한다. 다만, 법인등기가 되어있는 등기소와 부동산소재지 관할 등기소가 동일한 경우에는 위 법인등기사항증명서를 제출할 필요가 없다.
- 위임장 : 등기신청을 법무사 등 대리인에게 위임하는 경우에 첨부한다.

3. 등기신청서류 편철순서

신청서, 등록면허세영수필확인서, 등기신청수수료 영수필확인서, 위임장, 규약, 이해관계인의 승낙서, 인감증명서나 본인서명사실확인서 또는 전자본인서명확인서 발급증 등의 순으로 편철한다.

14. 규약상 공용부분등기의 말소등기신청(건물소유권보존등기신청)

가. 의 의

공용부분을 정한 규약을 폐지하고 이 건물을 타에 처분하거나, 공유자들의 순수한 공유로 한 경우에는 공용부분의 뜻의 등기는 통상의 등기로 바꿀 필요가 있다. 이 경우에 하는 등기가 공용부분등기의 말소등기이다.

나. 등기신청방법

공용부분이라는 뜻을 정한 규약을 폐지한 경우에 공용부분의 취득자는 지체 없이 소유권보존등기를 신청하여야 한다. 이 경우의 취득자란 공용부분을 매수한 제3자를 말한다. 다만, 위 공용부분을 제3자에게 처분하지 아니하고 공용부분인 취지만을 말소하는 때에는 그 건물의 공유자가 이를 신청한다.

[서식 14] 규약상 공용부분등기의 말소등기신청서

건물소유권보존등기신청

접 수	년 월 일	처 리 인	등기관 확인	각종 통지
	제 호			

① 부동산의 표시
1동의 건물의 표시 서울특별시 서초구 서초동 100 샛별아파트 제302동 [도로명주소] 서울특별시 서초구 서초대로 88길 10 전유부분의 건물의 표시 건물의 번호 : 302 - 1 - 105 구 조 : 철근콘크리트조 면 적 : 1층 105호 86.03㎡ 전유부분의 대지권의 표시 토지의 표시 : 서울특별시 서초구 서초동 100 대 1400㎡ 대지권의 종류 : 소유권

대지권의 비율 : 3,000분의 300

이 상

② 등기원인과 그 연월일	2020년 8월 20일 규약폐지
③ 등 기 의 목 적	소유권보존
④ 신 청 근 거 규 정	부동산등기법 제47조 제2항

구분	성 명 (상호·명칭)	주민등록번호 (등기용등록번호)	주 소 (소 재 지)	지 분 (개인별)
⑤ 신청인	김 갑 동	000000-0000000	서울특별시 서초구 서초대로 88길 10(서초동)	

⑥ 시가표준액 및 국민주택채권매입금액

부동산 표시	부동산별 시가표준액	부동산별 국민주택채권매입금액
	금 ○○○○ 원	금 ○○○○ 원
	금 ○○○○ 원	금 ○○○○ 원
⑥ 국 민 주 택 채 권 매 입 총 액		금 ○○○○ 원
⑥ 국 민 주 택 채 권 발 행 번 호		○ ○ ○

⑦ 취득세(등록면허세) 금 ○○○○○원	⑥ 지방교육세 금 ○○○○원
	⑥ 농어촌특별세 금 ○○○○원
⑧ 세 액 합 계	금 ○○○○○ 원
⑨ 등 기 신 청 수 수 료	금 ○○○○ 원
	납부번호 : ○○-○○-○○○○○○-○
	일괄납부 : 건 원

⑩ 첨 부 서 면

1. 규약폐지결의서 1통	1. 주민등록표등(초)본 1통
1. 취득세(등록면허세)영수필확인서 1통	1. 집합건축물대장등본 2통
1. 인감증명서나 본인서명사실확인서 또는 전자본인서명확인서 발급증 1통	1. 위임장 1통

20○○년 ○월 ○일

⑪ 위 신청인 ㊞ (전화 :)

(또는)위 대리인 법무사 홍 길 동 ㊞ (전화 : 300-1234)
서울특별시 서초구 서초대로 73길 24(서초동)

○○지방법원 ○○등기소 귀중

법무사 홍 길 동 (직인)

[신청서 작성요령]

1. 부동산표시란에 2개 이상의 부동산을 기재하는 경우에는 부동산의 일련번호를 기재하여야 합니다.
2. 신청인란등 해당란에 기재할 여백이 없을 경우에는 별지를 이용합니다.
3. 담당등기관이 판단하여 위의 첨부 서면 외에 추가적인 서면을 요구할 수 있습니다.

주

1. 등기신청서 기재요령

신청서는 한글과 아라비아숫자로 기재하여야 한다. 부동산의 표시란이나 신청인란 등이 부족할 경우에는 별지로 사용하고, 별지를 포함한 신청서의 각 장 사이에 간인(신청서에 서명을 하였을 때에는 각 장마다 연결되는 서명)을 하여야 한다.

① 부동산의 표시란 : 말소등기를 하고자 하는 부동산을 기재하되, 등기기록상 부동산의 표시와 일치하여야 한다.
② 등기원인과 그 연월일란 : "2020년 8월 20일 규약폐지"라고 기재한다.
③ 등기의 목적란 : "소유권보존"이라고 기재한다.
④ 신청근거규정란 : "부동산등기법 제47조 제2항"으로 기재한다.
⑤ 신청인란 : 신청인의 성명, 주민등록번호, 주소를 기재한다.
⑥ 시가표준액 및 국민주택채권매입금액, 국민주택채권매입총액란, 국민주택채권발행번호란 : 형식은 건물표시변경등기와 소유권보존등기를 합한 것이지만 실질은 소유권이전등기이므로 소유권이전등기신청에 해당하는 국민주택채권을 매입하여야 한다. 그러나 소유자의 변동없이 공용부분인 취지만을 폐지하는 경우에는 국민주택채권을 매입하지 아니한다.
⑦ 취득세(등록면허세)·지방교육세·농어촌특별세란 : 공용부분의 취득자가 공용부분인 뜻을 말소하고자 하는 경우에는 소유권보존등기를 신청하지만 실질은 소유권이전등기이므로 소유권이전등기신청의 취득세를 납부하여야 한다. 그러나 소유자의 변동없이 공용부분인 뜻만을 폐지하는 경우에는 말소등기신청에 해당하는 등록면허세만 납부하면 된다.
⑧ 세액합계란 : 취득세(등록면허세)액, 지방교육세액, 농어촌특별세액의 합계를 기재한다.

⑨ 등기신청수수료란 : 소유권보존등기를 신청하는 경우이므로 부동산 1개당 15,000원의 등기신청수수료 납부액을 기재한다. 다만 전자표준양식에 의하여 신청하는 경우에는 13,000원, 전자신청하는 경우에는 10,000원의 등기신청수수료를 은행 현금납부, 전자납부, 무인발급기 납부 등의 방법에 따라 납부한 후 등기신청서에 등기신청수수료 영수필확인서를 첨부하고 납부번호를 기재하여 제출한다.

⑩ 첨부서면란 : 등기신청서에 첨부한 서면을 각 기재한다.

⑪ 신청인등란 : ㉮ 신청인의 성명 및 전화번호를 기재하고 인장을 날인 또는 서명을 하되, 신청인이 법인이나 법인 아닌 사단 또는 재단인 경우에는 상호(명칭)와 대표자(관리인)의 자격 및 성명을 기재하고 대표자(관리인)의 인장을 날인 또는 서명을 한다. ㉯ 대리인이 등기신청을 하는 경우에는 그 대리인의 성명, 주소, 전화번호를 기재하고 대리인의 인장을 날인 또는 서명을 한다.

2. 등기신청서에 첨부할 서면 등

- 규약을 폐지하는 서면 : 공용부분을 처분하기 위하여 공용부분의 뜻의 규약을 폐지하는 경우에는 이 규약에 취득자가 특정되어 있어야 하고, 규약의 폐지는 구분소유자 전원의 동의에 받아야 한다. 만약 규약의 폐지를 증명하는 서면에 등기신청인인 취득자가 특정되어 있지 않으면 원인서면(매매계약서 등)을 별도로 첨부하여야 한다. 공용부분을 처분하기 위하여 공용부분의 등기를 말소하는 경우에는 당해 공용부분을 공용하였던 구분소유자 전원의 인감증명서(또는 본인서명사실확인서)를 첨부하여야 한다. 성질상 매매라면 부동산 매도용 인감증명서(또는 본인 서명사실확인서)를 첨부하여야 할 것이다. 공용부분을 처분하는 경우가 아니고 단순히 공용부분은 뜻 규약만을 폐지하는 경우에는 구분소유권 및 의결권의 각 4분의 3 이상의 찬성을 얻으면 된다.
- 취득세(등록면허세)영수필확인서 : 시장, 구청장, 군수 등으로부터 취득세(등록면허세)납부서(OCR용지)를 발급받아 납세지를 관할하는 해당 금융기관에 세금을 납부한 후 취득세(등록면허세)영수필확인서와 영수증을 교부받아 영수증은 본인이 보관하고 취득세(등록면허세) 영수필확인서만 신청서의 취득세(등록면허세)액표시란의 좌측상단 여백에 첨부하거나, 또는 지방세인터넷납부시스템에서 출력한 취득세(등록면허세)납부확인서를 첨부한다.
- 집합건축물대장등본 : 현행 부동산등기규칙 제121조 제2항의 해석상 규약상 공용부분의 등기를 말소하고자 소유권보존등기를 신청하는 경우에도 집합건축물대장을 첨부하도록 되어 있다(발행일로부터 3월 이내).
- 인감증명서 등 : 규약에 날인한 구분소유자 전원의 인감증명서를 첨부하거나, 인감증명을 갈음하여 「본인서명사실확인등에관한법률」에 따라 발급된 본인서명사실확인서를 첨부할 수 있다. 제3자에게 처분하고 제3자 명의로 소유권보존등기를 하는 경우라도 사실상 매매에 해당한다면 구분소유자 전원의 인감증명서 첨부한다. 다만, 공용부분을 처분하는 경우라 아니고 단순히 공동부분인 뜻을 정한 규약만을 폐지하는 경우에는 구분소유권 및 의결권의 각 4분의 3 이상의 찬성을 얻으면 되므로 그에 해당하는 자의 인감증명서를 첨부하거나, 인감증명을 갈음하여 「본인서명사실확인등에관한법률」에 따라 발급된 본인서명사실확인서(발행일부터 3개월 이내)에 기재한 서명(전자본인서명확인서 발급증을 제출할 경우에도 서명)을 하고 본인서명사실확인서(전자본인서명확인서 발급증)을 첨부한다.
- 주민등록표등(초)본 : 이는 말소등기신청이지만 등기부상으로는 소유권보존등기를 하게 되므로 등기권리자의 주소를 증명하는 서면으로 주민등록표등(초)본(각 발행일로부터 3월 이

내)을 첨부한다.

- 법인등기사항전부(일부)증명서 : ㉮ 신청인이 법인인 경우에는 법인등기사항전부증명서 또는 법인등기사항일부증명서(각 발행일로부터 3월 이내)를 첨부한다. 다만, 법인등기가 되어 있는 등기소와 부동산소재지 관할 등기소가 동일한 경우에는 위 법인등기사항증명서를 제출할 필요가 없다. ㉯ 법인 아닌 사단 또는 재단이 등기를 신청하는 경우에는 ㉠ 정관이나 그 밖의 규약, 대표자나 관리인임을 증명하는 정보(다만, 등기되어 있는 대표자나 관리인이 신청하는 경우에는 그러하지 아니하다), ㉡ 법인 아닌 사단 또는 재단의 주소 및 부동산등기용등록번호를 증명하는 정보(새로이 등기명의인이 되는 경우에 한한다), ㉢ 대표자나 관리인의 주소 및 주민등록번호를 증명하는 정보를 첨부한다.
- 위임장 : 등기신청을 법무사 등 대리인에게 위임하는 경우에 첨부한다.

3. 등기신청서류 편철순서

신청서, 취득세(등록면허세)영수필확인서, 등기신청수수료 영수필확인서, 위임장, 규약폐지를 증명하는 서면, 인감증명서나 본인서명사실확인서 또는 전자본인서명확인서 발급증, 주민등록표등(초)본, 집합건축물대장등본 등의 순으로 편철한다.

15. 매매로 인한 소유권이전등기신청

가. 의 의

부동산소유권의 이전등기는 어떤 사람에게 귀속되어 있던 소유권이 다른 사람에게 옮기거나 그 지위가 승계되는 때 이를 공시하기 위하여 하는 등기를 말한다.

민법은 부동산소유권의 이전이 매매·증여 등 법률행위로 인한 경우에는 등기하여야 물권변동의 효력이 발생하고, 상속·공용징수·판결·경매 기타 법률의 규정에 의한 경우에는 등기 없이도 물권변동의 효력이 발생한다고 하고 규정하고 있다.

소유권이전등기는 등기원인이나 물권의 발생형태에 따른 구분 없이 공동신청(예컨대, 매매를 원인으로 한 소유권이전등기 경우, 매수인을 등기권리자, 매도인을 등기의무자라 한다)하여야 함이 원칙이고, 단독으로 신청하는 경우에는 상속·판결·수용과 같이 법에 규정되어 있는 경우에만 허용된다.

나. 등기신청방법

(1) 공동신청

매매계약서에 의한 등기신청인 경우에는 매도인과 매수인이 본인임을 확인할 수 있는 주민등록증 등을 가지고 직접 등기소에 출석하여 공동으로 신청함이 원칙이다.

(2) 단독신청

판결에 의한 등기신청인 경우에는 승소한 등기권리자 또는 등기의무자가 단독으로 신청할 수 있다.

(3) 대리인에 의한 신청

등기신청은 반드시 신청인 본인이 하여야 하는 것은 아니고 대리인이 하여도 된다. 등기권리자 또는 등기의무자 일방이 상대방의 대리인이 되거나 쌍방이 제3자에게 위임하여 등기신청을 할 수 있다.

[서식 15] 매매로 인한 소유권이전등기신청서

소유권이전등기신청(매매)

<table>
<tr><td rowspan="2">접 수</td><td>년 월 일</td><td rowspan="2">처 리 인</td><td>등기관 확인</td><td>각종 통지</td></tr>
<tr><td>제 호</td><td></td><td></td></tr>
</table>

① 부동산의 표시(거래신고일련번호/거래가액)
1. 서울특별시 서초구 서초동 100 대 300㎡ 2. 서울특별시 서초구 서초동 100 [도로명주소] 서울특별시 서초구 서초대로 88길 10 시멘트 벽돌조 슬래브지붕 2층 주택 1층 100㎡ 2층 100㎡ 거래신고관리번호 : 12345-2006-4-1234560 거래가액 : 500,000,000원

이 상

② 등기원인과 그 연월일		20○○년 ○월 ○일 매매		
③ 등 기 의 목 적		소유권이전		
④ 이 전 할 지 분				
구분	성 명 (상호·명칭)	주민등록번호 (등기용등록번호)	주 소 (소 재 지)	지 분 (개인별)
⑤ 등기의무자	김 갑 동	000000-0000000	서울특별시 서초구 서초대로 88길 20(서초동)	
⑥ 등기권리자	이 상 선	000000-0000000	서울특별시 중구 다동길 96(다동)	

⑦ 시가표준액 및 국민주택채권매입금액		
부동산 표시	부동산별 시가표준액	부동산별 국민주택채권매입금액
1. 대지, 주택	금 400,000,000 원	금 10,400,000 원
	금 원	금 원
	금 원	금 원
⑦ 국 민 주 택 채 권 매 입 총 액		금 10,400,000 원
⑦ 국 민 주 택 채 권 발 행 번 호		○ ○ ○
⑧ 취득세(등록면허세) 금 10,000,000원	⑧ 지방교육세 금 1,000,000원	
	⑧ 농어촌특별세 금 2,500,000원	
⑨ 세 액 합 계	금 13,500,000 원	
⑩ 등 기 신 청 수 수 료	금 30,000 원	
	납부번호 : ○○-○○-○○○○○○-○	
	일괄납부 : 건 원	

⑪ 등기의무자의 등기필정보		
부동산고유번호	1102-2006-002095	
성 명(명 칭)	일련번호	비밀번호
김 갑 동	Q77C-LO71-35J5	40-4636
⑫ 첨 부 서 면		

1. 매매계약서 1통 1. 취득세(등록면허세)영수필확인서 1통 1. 인감증명서나 본인서명사실확인서 또는 전자본인서명확인서 발급증 1통 1. 등기필증 1통 1. 토지대장등본 1통	1. 건축물대장등본 1통 1. 주민등록표등(초)본 각 1통 1. 부동산거래계약신고필증 1통 1. 매매목록 1통 1. 위임장 1통
20○○년 ○월 ○일 ⑬ 위 신청인 김 갑 동 ㊞ (전화 : 200-1234) 이 상 선 ㊞ (전화 : 300-2345) (또는)위 대리인 (전화 :) **○○지방법원 ○○등기소 귀중**	

[신청서 작성요령]

1. 부동산표시란에 2개 이상의 부동산을 기재하는 경우에는 부동산의 일련번호를 기재하여야 합니다.
2. 신청인란등 해당란에 기재할 여백이 없을 경우에는 별지를 이용합니다.
3. 담당등기관이 판단하여 위의 첨부 서면 외에 추가적인 서면을 요구할 수 있습니다.

[매매목록 작성 예]

1. 1개의 신고필증에 여러 개의 부동산이 기재되어 있는 경우

매 매 목 록	
거래가액	금 500,000,000원
일련번호	부 동 산 의 표 시
1	[토지] 서울특별시 서초구 서초동 100
2	[건물] 서울특별시 서초구 서초동 100 [도로명주소 : 서울특별시 서초구 서초대로 88길 10]

[주] 1. 여러 개의 부동산 중 1개에 대한 등기신청이 있는 경우에도 매매목록을 작성한다.
2. 지분이 매매의 목적인 경우 그 지분은 표시하지 아니한다.

2. 하나의 부동산에 관하여 수인의 매도인과 수인의 매수인이 매매계약을 체결한 경우(1개의 매매계약서에 의하여 2건의 등기신청을 하는 경우임)

매 매 목 록	
거래가액	금 500,000,000원
일련번호	부 동 산 의 표 시
1	[토지] 서울특별시 서초구 서초동 100
2	[토지] 서울특별시 서초구 서초동 100

[주] 매도인별로 신청하는 경우에는 매도인의 수만큼, 매수인별로 신청하는 경우에는 매수인의 수만큼 반복해서 부동산의 표시를 한다.

주

1. 등기신청서 기재요령

신청서는 한글과 아라비아숫자로 기재하여야 한다. 부동산의 표시란이나 신청인란 등이 부족할 경우에는 별지로 사용하고, 별지를 포함한 신청서의 각 장 사이에 간인(신청서에 서명을 하였을 때에는 각 장마다 연결되는 서명)을 하여야 한다.

① 부동산의 표시란 : ㉮ 매매목적물을 기재하되, 등기기록상 부동산의 표시와 일치하여야 한다. 부동산이 토지인 경우에는 토지의 소재와 지번, 지목, 면적을 기재하고, 건물인 경우에는 건물의 소재와 지번, 도로명주소(등기기록 표제부에 기록되어 있는 경우), 구조, 면적, 건물의 종류, 건물의 번호가 있는 때에는 그 번호(다만, 같은 지번 위에 1개의 건물만 있는 경우에는 건물번호는 기재하지 아니한다), 부속건물이 있는 때에는 그 종류, 구조와 면적을 기재하면 된다. ㉯ 건물의 표시 중 건물의 구조가 복합건물인 경우에는 부동산표시란의 하단에 그 내역을 괄호 안에 기재한다. 층별용도는 기재하지 아니한다. (예) (내역 : 시멘트 벽돌조 주택 30㎡, 시멘트 블록조 점포 50㎡) ㉰ 2006. 1. 1. 이후의 매매계약을 원인으로 2006. 6. 1. 이후에 소유권이전등기를 신청하는 경우에는 부동산거래계약신고필증에 기재된 거래신고관리번호와 거래가액을 기재한다(단, 대물변제(검인) 등으로 인한 이전일 경우에는 기재하지 아니한다).

만일 등기기록과 토지(임야), 건축물대장의 부동산표시가 다른 때에는 먼저 부동산표시변경(또는 경정)등기를 하여야 한다.

② 등기원인과 그 연월일란 : 등기원인이 매매인 경우에는 "매매"로, 그 연월일은 매매계약서상 계약일로, 대물변제일 경우에는 "대물변제"로, 그 연월일은 대물변제계약서상 계약일로, 한국자산관리공사가 자산을 매매하는 경우에는 "20○○년 ○월 ○일 유동화자산양도"라고 각 기재한다.

③ 등기의 목적란 : (예) "소유권이전", "소유권일부이전", "갑구 ○번 갑 지분 전부이전", "갑구 ○번 갑 지분 2분의 1 중 일부(4분의 1)이전" 등으로 기재한다.

④ 이전할 지분란 : 소유권일부이전(공유 지분이전 포함)의 경우에만 그 지분을 기재한다. (예)

단독 소유자인 갑의 지분을 전부 이전하는 하는 경우에는 "갑 지분 ○분의 ○", 공유자인 갑의 지분을 전부 이전하는 경우, 공유자인 갑의 지분을 일부 이전하는 경우 최종 이전하는 지분이 ○분의 ○이면, 모두 "공유자 지분 ○분의 ○"으로 기재한다.

⑤ 등기의무자란 : 매도인의 성명, 주민등록번호, 주소를 기재하되, 등기기록상 소유자표시와 일치하여야 한다. 다만, 등기기록상 등기의무자의 주소가 지번방식의 주소인 경우에도, 등기의무자가 제공한 주민등록등(초)본이나 인감증명 등에 의하여 해당 지번방식의 주소에 대한 도로명주소임이 인정되는 경우에는 등기사건을 수리하여야 한다. 한편 등기의무자의 주소가 전거 등의 실질적인 주소변경이 아닌 도로명주소법에 따른 주소변경인 경우에는 주소변경의 직권등기를 하지 아니한다.

⑥ 등기권리자란 : 매수인을 기재하는 난으로, 그 기재방법은 등기의무자란과 같다.

⑦ 시가표준액 및 국민주택채권매입금액, 국민주택채권매입총액란, 국민주택채권발행번호란 : ㉮ 부동산별 시가표준액란은 취득세(등록면허세)납부서(OCR용지)에 기재된 시가표준액을 기재하고 부동산별 국민주택채권매입금액란에는 시가표준액의 일정비율에 해당하는 국민주택채권매입금액을 기재한다. ㉯ 부동산이 2개 이상인 경우에는 각 부동산별로 시가표준액 및 국민주택채권매입금액을 기재한 다음 국민주택채권 매입총액을 기재한다. ㉰ 국민주택채권발행번호란에는 국민주택채권 매입시 국민주택채권사무취급기관에서 고지하는 채권발행번호를 기재하며, 하나의 신청사건에 하나의 채권발행번호를 기재하는 것이 원칙이며, 동일한 채권발행번호를 수 개 신청사건에 중복 기재할 수 없다.

⑧ 취득세(등록면허세)·지방교육세·농어촌특별세란 : 제3편 등기실무자료 [자료 1] 취득세율표 참조

⑨ 세액합계란 : 취득세(등록면허세)액, 지방교육세액, 농어촌특별세액의 합계를 기재한다.

⑩ 등기신청수수료란 : ㉮ 부동산 1개당 15,000원의 등기신청수수료 납부액을 기재한다. 다만 전자표준양식에 의하여 신청하는 경우에는 13,000원, 전자신청하는 경우에는 10,000원의 등기신청수수료를 은행 현금납부, 전자납부, 무인발급기 납부 등의 방법에 따라 납부한 후 등기신청서에 등기신청수수료 영수필확인서를 첨부하고 납부번호를 기재하여 제출한다. ㉯ 여러 건의 등기신청에 대하여 수납금융기관에 현금으로 일괄납부하는 경우 첫 번째 등기신청서에 등기신청수수료 영수필확인서를 첨부하고 해당 등기신청수수료, 납부번호와 일괄납부 건수 및 일괄납부액을 기재하며, 나머지 신청서에는 해당 등기신청수수료와 전 사건에 일괄 납부한 취지를 기재한다(일괄납부는 은행에 현금으로 납부하는 경우에만 가능함).

⑪ 등기의무자의 등기필정보란 : ㉮ 전자신청 지정등기소에서는 신청방법(전자신청, 서면신청)을 불문하고 등기를 완료한 경우 등기필증 대신 등기필정보를 전자적 교부 또는 서면교부하기 때문에, 등기신청의 당사자 또는 대리인은 등기필정보상의 일련번호와 비밀번호를 기재함으로서 등기필증의 제출을 갈음할 수 있다. 등기의무자가 교부받은 등기필정보에 기재된 부동산고유번호, 성명, 일련번호, 비밀번호를 각 기재한다. 다만 교부받은 등기필정보를 멸실한 경우에는 부동산등기법 제51조에 의하여 확인서면이나 확인조서 또는 공증서면 중 하나를 첨부한다. ㉯ 등기신청서에 등기필증이나 확인서면 등을 첨부한 경우 이 난은 기재할 필요가 없다.

⑫ 첨부서면란 : 등기신청서에 첨부한 서면을 각 기재한다.

⑬ 신청인등란 : ㉮ 등기의무자와 등기권리자의 성명 및 전화번호를 기재하고, 각자의 인장을 날인하되, 등기의무자는 그의 인감을 날인한다. 그러나 신청인이 법인 또는 법인 아닌 사단이나 재단인 경우에는 상호(명칭)와 대표자(관리인)의 자격 및 성명을 기재하고, 법인이

등기의무자인 때에는 등기소의 증명을 얻은 그 대표자의 인감, 법인 아닌 사단이나 재단인 경우에는 대표자(관리인)의 개인인감을 날인한다. ㉯ 대리인이 등기신청을 하는 경우에는 그 대리인의 성명, 주소, 전화번호를 기재하고 대리인의 인장을 날인 또는 서명한다.

2. 등기신청서에 첨부할 서면 등

- 등기필증 : 등기의무자의 소유권에 관한 등기필증으로서 등기의무자가 소유권 취득시 등기소로부터 교부받은 등기필증을 첨부한다. 단, 소유권 취득의 등기를 완료하고 등기필정보를 교부받은 경우에 그 등기필정보상에 기재된 부동산고유번호, 성명, 일련번호, 비밀번호를 각 기재(등기필정보를 제출하는 것이 아님)한다.
  다만, 등기필증(등기필정보)을 멸실하여 첨부(기재)할 수 없는 경우에는 부동산등기법 제51조에 의하여 확인서면이나 확인조서 또는 공증서면 중 하나를 첨부한다.
- 매매계약서 : ㉮ 계약으로 인한 소유권이전등기를 신청하는 경우에는 그 계약서에 기재된 거래금액이 1,000만원을 초과하는 경우에는 일정액의 정부수입인지를 첨부하여야 한다. 단, 계약서에 기재된 거래금액이 1억원 이하인 주택의 경우 인지세를 납부하지 않아도 된다. ㉯ 부동산거래신고를 하면 거래신고필증을 교부받은 때에는 검인을 받은 것으로 보므로, 매매계약서는 검인을 받을 필요가 없다.
- 매매목록 : ㉮ 1개의 부동산거래신고필증에 2개 이상의 부동산이 기재되어 있는 경우(1개의 계약서에 의해 2개 이상의 부동산을 거래한 경우라 하더라도, 관할 관청이 달라 개개의 부동산에 관하여 각각 신고한 경우에는 매매목록들 작성할 필요가 없다). ㉯ 거래되는 부동산이 1개라 하더라도 여러 사람의 매도인과 여러 사람의 매수인 사이의 매매계약인 경우에는 매매목록을 세출한나.
- 부동산거래계약신고필증 : 2006. 1. 1. 이후 작성된 매매계약서를 등기원인증서로 하여 소유권이전등기를 신청하는 경우에는 관할 관청이 발급한 거래계약신고필증을 첨부하여야 한다.
- 취득세(등록면허세)영수필확인서 : 시장, 구청장, 군수 등으로부터 취득세(등록면허세)납부서(OCR용지)를 발급받아 납세지를 관할하는 해당 금융기관에 세금을 납부한 후 취득세(등록면허세)영수필확인서와 영수증을 교부받아 영수증은 본인이 보관하고 취득세(등록면허세)영수필확인서만 신청서의 취득세(등록면허세)액표시란의 좌측상단 여백에 첨부하거나, 또는 지방세인터넷납부시스템에서 출력한 시가표준액이 표시되어 있는 취득세(등록면허세)납부확인서를 첨부한다.
- 토지·건축물대장등본 : 등기신청대상 부동산의 종류에 따라 토지(임야)대장등본, 건축물대장등본(각 발행일로부터 3월 이내)을 첨부한다.
- 인감증명서 등 : 부동산매수자란에 매수인의 성명(법인은 법인명), 주민등록번호(부동산등기용등록번호) 및 주소가 기재되어 있는 매도인의 부동산매도용 인감증명서(발행일로부터 3월 이내)를 첨부하거나, 인감증명을 갈음하여 「본인서명사실확인등에관한법률」에 따라 발급된 본인서명사실확인서(발행일부터 3개월 이내)에 기재한 서명(전자본인서명확인서 발급증을 제출할 경우에도 서명)을 하고 본인서명사실확인서(전자본인서명확인서 발급증)을 첨부한다.
- 주민등록표등(초)본 : 등기의무자 및 등기권리자의 주민등록표등본 또는 초본(각 발행일로부터 3월 이내)을 첨부한다.
- 법인등기사항전부(일부)증명서 : ㉮ 신청인이 법인인 경우에는 법인등기사항전부증명서 또는 법인등기사항일부증명서(각 발행일로부터 3월 이내)를 첨부한다. 다만, 법인등기가 되어 있는 등기소와 부동산소재지 관할 등기소가 동일한 경우에는 위 법인등기사항증명서를 제출

할 필요가 없다. ㈏ 법인 아닌 사단 또는 재단이 등기를 신청하는 경우에는 정관이나 그 밖의 규약, 대표자나 관리인임을 증명하는 정보(다만, 등기되어 있는 대표자나 관리인이 신청하는 경우에는 그러하지 아니하다). 대표자나 관리인의 주소 및 주민등록번호를 증명하는 정보를 첨부한다. 다만 법인 아닌 사단이 등기의무자인 경우에는 민법 제276조 소정의 사원총회의 결의서도 첨부한다(부등규 제48조).

- 제3자의 동의, 허가 또는 승낙을 증명하는 서면 : ㈎ 부동산이 농지인 경우에는 농지취득자격증명(시, 읍, 면사무소 발급), 토지거래허가구역인 경우에는 토지거래허가증(시, 군, 구청 발급) 등을 첨부하여야 한다. ㈏ 토지거래허가를 받은 경우에는 농지취득자격증명을 받은 것으로 보기 때문에 농지취득자격증명을 별도로 제출할 필요는 없지만, 부동산거래신고나 주택거래신고가 면제되는 것은 아니다. 즉 토지거래허가를 받은 경우에는 이와 별도로 거래계약신고필증을 제출하여야 한다.
- 취득세 면제 : ㈎ 교회·절·종중(종중, 제사, 자선, 학술 등 공익사업목적 비영리단체)의 취득, ㈏ 사회복지법인, 학교 운영자의 취득, ㈐ 양로원, 보육원, 모자원 등의 취득, ㈑ 신탁 및 신탁해지로 인한 취득, ㈒ 환매권행사로 인한 취득
- 위임장 : 등기신청을 법무사 등 대리인에게 위임하는 경우에 첨부한다. 위임인의 성명과 주소를 기재하고 인장을 날인하되 부동산등기규칙 제60조 제1항 제1호 내지 제3호에 해당하여 인감증명을 제출하여야 하는 자는 위임장에 인감을 날인하여야 하나, 위 규칙 제60조 제1호 내지 제3호에 해당하지 않는 자는 인감날인 대신에 일반적인 기명날인 혹은 서명으로 갈음할 수 있다.

3. 등기신청서류 편철순서

신청서, 취득세(등록면허세)영수필확인서, 등기신청수수료 영수필확인서, 위임장, 인감증명서나 본인서명사실확인서 또는 전자본인서명확인서 발급증, 주민등록표등(초)본, 대장등본, 매매계약서, 부동산거래계약신고필증, 매매목록, 등기필증 등의 순으로 편철한다.

4. 기타 참고사항

등기의무자의 등기필정보(등기필증 또는 등기완료통지서)가 없을 때에는 ㈎ 등기의무자 또는 그 법정대리인(이하 "등기의무자등"이라 한다)이 등기소에 출석하여 등기관으로부터 등기의무자등임을 확인하는 방법 ㈏ 등기신청인의 대리인(변호사 또는 법무사)이 등기의무자등으로부터 위임받았음을 확인하여 확인서면을 제출하는 방법 ㈐ 신청서(위임에 의하여 대리인이 신청하는 경우에는 그 권한을 증명하는 서면) 중 등기의무자들의 작성부분에 관하여 공증을 받아 제출하는 방법으로 등기신청을 하여야 한다(부등법 제51조, 부등규 제111조).

16. 매매로 인한 소유권이전등기신청(구분건물)

가. 의 의

아파트 등의 구분건물에 대하여 매매를 원인으로 하여 소유권을 이전하는 등기로, 이 신청에서는 매수인을 등기권리자, 매도인을 등기의무자라고 한다.

나. 등기신청방법

(1) 공동신청

매매계약서에 의한 등기신청인 경우에는 매도인과 매수인이 본인임을 확인할 수 있는 주민등록증 등을 가지고 직접 등기소에 출석하여 공동으로 신청함이 원칙이다.

(2) 단독신청

판결에 의한 등기신청인 경우에는 승소한 등기권리자 또는 등기의무자가 단독으로 신청할 수 있다.

(3) 대리인에 의한 신청

등기신청은 반드시 신청인 본인이 하여야 하는 것은 아니고 대리인이 하여도 된다. 등기권리자 또는 등기의무자 일방이 상대방의 대리인이 되거나 쌍방이 제3자에게 위임하여 등기신청을 할 수 있다.

[서식 16] 매매로 인한 소유권이전등기신청서(구분건물)

소유권이전등기신청(구분건물)

접 수	년 월 일	처 리 인	등기관 확인	각종 통지
	제 호			

① 부동산의 표시
1동의 건물의 표시 서울특별시 서초구 서초동 100, 101 샛별아파트 가동 [도로명주소] 서울특별시 서초구 서초대로 88길 10 전유부분의 건물의 표시 건물의 번호 : 가 - 1 - 101 구 조 : 철근콘크리트조 면 적 : 1층 101호 86.03㎡ 대지권의 표시 토지의 표시 : 1. 서울특별시 서초구 서초동 100 대 1400㎡ 2. 서울특별시 서초구 서초동 101 대 1600㎡ 대지권의 종류 : 소유권 대지권의 비율 1, 2 : 3,000분의 500 거래신고관리번호 : 12345-2006-4-1234560 거래가액 : 400,000,000원 이 상

② 등기원인과 그 연월일	20○○년 ○월 ○일 매매
③ 등 기 의 목 적	소유권이전
④ 이 전 할 지 분	

구분	성 명 (상호·명칭)	주민등록번호 (등기용등록번호)	주 소 (소 재 지)	지 분 (개인별)
⑤ 등기의무자	김 갑 동	000000-0000000	서울특별시 서초구 서초대로 83길 20(서초동)	

<table>
<tr><td>⑥ 등기권리자</td><td>이 상 선</td><td>000000-0000000</td><td>서울특별시 서초구 서초대로 88길 10, 가동 101호(서초동, 샛별아파트)</td><td></td></tr>
</table>

<table>
<tr><td colspan="3">⑦ 시가표준액 및 국민주택채권매입금액</td></tr>
<tr><td>부동산 표시</td><td>부동산별 시가표준액</td><td>부동산별 국민주택채권매입금액</td></tr>
<tr><td>1. 공동주택</td><td>금 300,000,000 원</td><td>금 7,800,000 원</td></tr>
<tr><td></td><td>금 원</td><td>금 원</td></tr>
<tr><td></td><td>금 원</td><td>금 원</td></tr>
<tr><td colspan="2">⑦ 국 민 주 택 채 권 매 입 총 액</td><td>금 7,800,000 원</td></tr>
<tr><td colspan="2">⑦ 국 민 주 택 채 권 발 행 번 호</td><td>○ ○ ○</td></tr>
</table>

<table>
<tr><td rowspan="2">⑧ 취득세(등록면허세) 금 8,000,000원</td><td>⑧ 지방교육세 금 800,000원</td></tr>
<tr><td>⑧ 농어촌특별세 금 2,000,000원</td></tr>
<tr><td>⑨ 세 액 합 계</td><td>금 10,800,000 원</td></tr>
<tr><td rowspan="3">⑩ 등 기 신 청 수 수 료</td><td>금 15,000 원</td></tr>
<tr><td>납부번호 : ○○-○○-○○○○○○-○</td></tr>
<tr><td>일괄납부 : 건 원</td></tr>
</table>

<table>
<tr><td colspan="3">⑪ 등기의무자의 등기필정보</td></tr>
<tr><td>부동산고유번호</td><td colspan="2">1102-2006-002095</td></tr>
<tr><td>성 명(명 칭)</td><td>일련번호</td><td>비밀번호</td></tr>
<tr><td>김 갑 동</td><td>Q77C-LO71-35J5</td><td>40-4636</td></tr>
</table>

<table>
<tr><td colspan="2">⑫ 첨 부 서 면</td></tr>
<tr><td>1. 매매계약 1통
1. 취득세(등록면허세)영수필확인서 1통
1. 인감증명서나 본인서명사실확인서
또는 전자본인서명확인서 발급증 1통
1. 등기필증 1통</td><td>1. 토지대장등본 1통
1. 집합건축물대장등본 2통
1. 주민등록표등(초)본 각 1통
1. 부동산거래계약신고필증 1통
1. 위임장 1통</td></tr>
</table>

20○○년 ○월 ○일

⑬ 위 신청인 김 갑 동 ㊞ (전화 : 200-1234)

이 상 선 ㊞ (전화 : 300-2345)

(또는)위 대리인 (전화 :)

○○지방법원 ○○등기소 귀중

[신청서 작성요령]

1. 부동산표시란에 2개 이상의 부동산을 기재하는 경우에는 부동산의 일련번호를 기재하여야 합니다.
2. 신청인란등 해당란에 기재할 여백이 없을 경우에는 별지를 이용합니다.
3. 담당등기관이 판단하여 위의 첨부 서면 외에 추가적인 서면을 요구할 수 있습니다.

주

1. 등기신청서 기재요령

신청서는 한글과 아라비아숫자로 기재하여야 한다. 부동산의 표시란이나 신청인란 등이 부족할 경우에는 별지로 사용하고, 별지를 포함한 신청서의 각 장 사이에 간인(신청서에 서명을 하였을 때에는 각 장마다 연결되는 서명)을 하여야 한다.

① 부동산의 표시란 : 매매목적물을 기재하되, 등기기록상 부동산의 표시와 일치하여야 한다.

㉮ 1동의 건물의 표시 : 1동의 건물 전체의 소재, 지번, 건물명칭 및 번호, 도로명주소(등기기록 표제부에 기록되어 있는 경우)를 기재한다.

㉯ 전유부분의 건물의 표시 : 건물의 번호, 구조, 면적을 기재한다.

㉰ 대지권의 표시 : 대지권의 목적인 토지의 표시, 대지권의 종류, 비율을 기재한다.
- 대지권의 목적인 토지의 표시는 토지의 일련번호, 토지의 소재, 지번, 지목, 면적을,
- 대지권의 종류는 소유권, 지상권, 전세권, 임차권 등 권리의 종류에 따라 기재하며,
- 대지권의 비율은 대지권의 목적인 토지에 대한 지분비율을 기재한다.

㉱ 부동산거래계약신고필증에 기재된 거래신고관리번호와 거래가액을 기재한다.

㉲ 만일 등기기록과 토지·집합건축물대장의 부동산표시가 다른 때에는 먼저 부동산표시변경(또는 경정)등기를 하여야 한다.

② 등기원인과 그 연월일란 : 등기원인은 "매매"로, 그 연월일은 매매계약서상 계약일을 기재한다.

③ 등기의 목적란 : (예) "소유권이전", "소유권일부이전", "갑구 ○번 갑 지분 전부이전", "갑구 ○번 갑 지분 2분의 1 중 일부(4분의 1)이전" 등으로 기재한다.

④ 이전할 지분란 : 소유권일부이전(공유 지분이전 포함)의 경우에만 그 지분을 기재한다. (예) 단독 소유자인 갑의 지분을 전부 이전하는 하는 경우에는 "갑 지분 ○분의 ○", 공유자인 갑의 지분을 전부 이전하는 경우, 공유자인 갑의 지분을 일부 이전하는 경우 최종 이전하는 지분이 ○분의 ○이면, 모두 "공유자 지분 ○분의 ○"으로 기재한다.

⑤ 등기의무자란 : 매도인의 성명, 주민등록번호, 주소를 기재하되, 등기기록상 소유자 표시와 일치하여야 한다. 그러나 매도인이 법인인 경우에는 상호(명칭), 본점(주사무소 소재지),

등기용등록번호 및 대표자의 성명과 주소를 기재하고, 법인 아닌 사단이나 재단인 경우에는 상호(명칭), 본점(주사무소 소재지), 등기용등록번호 및 대표자(관리인)의 성명, 주민등록번호, 주소를 각 기재한다.

⑥ 등기권리자란 : 매수인을 기재하는 난으로, 그 기재방법은 등기의무자란과 같다.

⑦ 시가표준액 및 국민주택채권매입금액, 국민주택채권매입총액란, 국민주택채권발행번호란 : ㉮ 부동산별 시가표준액란은 취득세(등록면허세)납부서(OCR용지)에 기재된 시가표준액을 기재하고 부동산별 국민주택채권매입금액란에는 시가표준액의 일정비율에 해당하는 국민주택채권매입금액을 기재한다. ㉯ 부동산이 2개 이상인 경우에는 각 부동산별로 시가표준액 및 국민주택채권매입금액을 기재한 다음 국민주택채권 매입총액을 기재한다. ㉰ 국민주택채권발행번호란에는 국민주택채권 매입시 국민주택채권사무취급기관에서 고지하는 채권발행번호를 기재하며, 하나의 신청사건에 하나의 채권발행번호를 기재하는 것이 원칙이며, 동일한 채권발행번호를 수 개 신청사건에 중복 기재할 수 없다.

⑧ 취득세(등록면허세)·지방교육세·농어촌특별세란 : 제3편 등기실무자료 [자료 1] 취득세율표 참조

⑨ 세액합계란 : 취득세(등록면허세)액, 지방교육세액, 농어촌특별세액의 합계를 기재한다.

⑩ 등기신청수수료란 : ㉮ 부동산 1개당 15,000원의 등기신청수수료 납부액을 기재한다. 다만 전자표준양식에 의하여 신청하는 경우에는 13,000원, 전자신청하는 경우에는 10,000원의 등기신청수수료 납부액을 기재하며, 등기신청수수료를 은행 현금납부, 전자납부, 무인발급기 납부 등의 방법에 따라 납부한 후 등기신청서에 등기신청수수료 영수필확인서를 첨부하고 납부번호를 기재하여 제출한다. ㉯ 여러 건의 등기신청에 대하여 수납금융기관에 현금으로 일괄납부하는 경우 첫 번째 등기신청서에 등기신청수수료 영수필확인서를 첨부하고 해당 등기신청수수료, 납부번호와 일괄납부 건수 및 일괄납부액을 기재하며, 나머지 신청서에는 해당 등기신청수수료와 전 사건에 일괄 납부한 취지를 기재한다(일괄납부는 은행에 현금으로 납부하는 경우에만 가능함).

⑪ 등기의무자의 등기필정보란 : ㉮ 소유권 취득에 관한 등기를 완료하고 등기필정보를 교부받은 경우, 그 등기필정보상에 기재된 부동산고유번호, 성명, 일련번호, 비밀번호를 각 기재(등기필정보를 제출하는 것이 아님)한다. 다만 교부받은 등기필정보를 멸실한 경우에는 부동산등기법 제51조에 의하여 확인서면이나 확인조서 또는 공증서면 중 하나를 첨부한다. ㉯ 등기신청서에 등기필증이나 확인서면 등을 첨부한 경우 이 난은 기재할 필요가 없다.

⑫ 첨부서면란 : 등기신청서에 첨부한 서면을 각 기재한다.

⑬ 신청인등란 : ㉮ 등기의무자와 등기권리자의 성명 및 전화번호를 기재하고, 각자의 인장을 날인하되, 등기의무자는 그의 인감을 날인한다. 그러나 신청인이 법인 또는 법인 아닌 사단이나 재단인 경우에는 상호(명칭)와 대표자(관리인)의 자격 및 성명을 기재하고, 법인이 등기의무자인 때에는 등기소의 증명을 얻은 그 대표자의 인감, 법인 아닌 사단이나 재단인 경우에는 대표자(관리인)의 개인인감을 날인한다. ㉯ 대리인이 등기신청을 하는 경우에는 그 대리인의 성명, 주소, 전화번호를 기재하고 대리인의 인장을 날인 또는 서명한다.

2. 등기신청서에 첨부할 서면 등

• 등기필증 : 등기의무자의 소유권에 관한 등기필증으로서 등기의무자가 소유권 취득시 등기소로부터 교부받은 등기필증을 첨부한다. 단, 소유권 취득의 등기를 완료하고 등기필정보를 교부받은 경우에 그 등기필정보상에 기재된 부동산고유번호, 성명, 일련번호, 비밀번호를

각 기재(등기필정보를 제출하는 것이 아님)한다.
다만, 등기필증(등기필정보)을 멸실하여 첨부(기재)할 수 없는 경우에는 부동산등기법 제51조에 의하여 확인서면이나 확인조서 또는 공증서면 중 하나를 첨부한다.

- 매매계약서 : 계약으로 인한 소유권이전등기를 신청하는 경우에는 그 계약서에 기재된 거래금액이 1,000만원을 초과하는 경우에는 일정액의 정부수입인지를 첨부하여야 한다. 단, 계약서에 기재된 거래금액이 1억원 이하인 주택의 경우 인지세를 납부하지 않아도 된다.
- 매매목록 : 거래신고의 대상이 되는 부동산이 2개 이상인 경우에 작성하고, 그 매매목록에는 거래가액과 목적 부동산을 기재한다. 단, 거래되는 부동산이 1개라 하더라도 여러 사람의 매도인과 여러 사람의 매수인 사이의 매매계약인 경우에는 매매목록을 작성한다.
- 부동산거래계약신고필증 : 2006. 1. 1. 이후 작성된 매매계약서를 등기원인증서로 하여 소유권이전등기를 신청하는 경우에는 관할 관청이 발급한 거래계약신고필증을 첨부하여야 한다.
- 취득세(등록면허세)영수필확인서 : 시장, 구청장, 군수 등으로부터 취득세(등록면허세)납부서(OCR용지)를 발급받아 납세지를 관할하는 해당 금융기관에 세금을 납부한 후 취득세(등록면허세)영수필확인서와 영수증을 교부받아 영수증은 본인이 보관하고 취득세(등록면허세)영수필확인서만 신청서의 취득세(등록면허세)액표시란의 좌측상단 여백에 첨부하거나, 또는 지방세인터넷납부시스템에서 출력한 시가표준액이 표시되어 있는 취득세(등록면허세)납부확인서를 첨부한다.
- 토지·집합건축물대장등본 : 등기신청대상 부동산의 토지·집합건축물대장등본(발행일로부터 3월 이내)을 첨부한다.
- 인감증명서 : 부동산매수자란에 매수인의 성명(법인은 법인명), 주민등록번호(부동산등기용등록번호) 및 주소가 기재되어 있는 매도인의 부동산매도용 인감증명서(발행일로부터 3월 이내)를 첨부하거나, 인감증명을 갈음하여 「본인서명사실확인등에관한법률」에 따라 발급된 본인서명사실확인서(발행일부터 3개월 이내)에 기재한 서명(전자본인서명확인서 발급증을 제출할 경우에도 서명)을 하고 본인서명사실확인서(전자본인서명확인서 발급증)을 첨부한다.
- 주민등록표등(초)본 : 등기의무자 및 등기권리자의 주민등록표등본 또는 초본(각 발행일로부터 3월 이내)을 첨부한다.
- 법인등기사항전부(일부)증명서 : 신청인이 법인인 경우에는 법인등기사항전부증명서 또는 법인등기사항일부증명서(각 발행일로 부터 3월 이내)를 첨부한다.
- 제3자의 동의, 허가 또는 승낙을 증명하는 서면 : 부동산이 농지인 경우에는 농지취득자격증명(시, 읍, 면사무소 발급), 토지거래허가구역인 경우에는 토지거래허가증(시, 군, 구청 발급) 등을 첨부하여야 한다.
- 위임장 : 등기신청을 법무사 등 대리인에게 위임하는 경우에 첨부한다.

3. 등기신청서류 편철순서

신청서, 취득세(등록면허세)영수필확인서, 등기신청수수료 영수필확인서, 위임장, 인감증명서나 본인서명사실확인서 또는 전자본인서명확인서 발급증, 주민등록표등(초)본, 대장등본, 매매계약서, 부동산거래계약신고필증, 매매목록, 등기필증 등의 순으로 편철한다.

17. 대지사용권이전등기신청

가. 의 의

대지권등기가 되지 아니한 채 구분건물에 관한 소유권이전등기가 이루어진 경우 구분건물의 현 소유자가 구분건물을 건축하여 양도한 자와 대지사용권에 해당하는 지분이전을 공동으로 신청하는 등기로서 대지권표시변경등기와 동시에 신청하여야 하며, 구분건물의 현 소유자가 등기권리자가 되며 구분건물을 건축하여 양도한 자가 등기의무자가 된다.

나. 등기신청방법

(1) 공동신청

구분건물의 현 소유자가 등기권리자가 되며, 구분건물을 건축하여 양도한 자가 등기의무가가 되어 공동으로 신청함이 원칙이다.

(2) 단독신청

판결에 의한 등기신청인 경우에는 승소한 등기권리자 또는 등기의무자가 단독으로 신청할 수 있다.

(3) 대리인에 의한 신청

등기신청은 반드시 신청인 본인이 하여야 하는 것은 아니고 대리인이 하여도 된다. 등기권리자 또는 등기의무자 일방이 상대방의 대리인이 되거나 쌍방이 제3자에게 위임하여 등기신청을 할 수 있다.

[서식 17] 대지사용권이전등기신청서

소유권일부이전등기신청(대지사용권이전)

접 수	년 월 일	처 리 인	등기관 확인	각종 통지
	제 호			

① 부동산의 표시				
서울특별시 서초구 서초동 100 대 1200㎡ 이 상				
② 등기원인과 그 연월일	20○○년 ○월 ○일 건물 제가동 제101호 전유부분 취득			
③ 등 기 의 목 적	소유권일부이전			
④ 이 전 할 지 분	1,200분의 30			
구분	성 명 (상호·명칭)	주민등록번호 (등기용등록번호)	주 소 (소 재 지)	지 분 (개인별)
⑤ 등기의무자	김 갑 동	000000-0000000	서울특별시 서초구 서초대로 88길 20(서초동)	
⑥ 등기권리자	이 상 선	000000-0000000	서울특별시 서초구 서초대로 88길 10, 가동 101호(서초동, 샛별아파트)	

⑦ 시가표준액 및 국민주택채권매입금액		
부동산 표시	부동산별 시가표준액	부동산별 국민주택채권매입금액
1. 토 지	금 ○○,○○○,○○○ 원	금 ○○○,○○○ 원
2.	금 원	금 원
3.	금 원	금 원

<table>
<tr><td colspan="3">⑦ 국 민 주 택 채 권 매 입 총 액</td><td colspan="2">금 ○○○,○○○ 원</td></tr>
<tr><td colspan="3">⑦ 국 민 주 택 채 권 발 행 번 호</td><td colspan="2">○ ○ ○</td></tr>
<tr><td colspan="3" rowspan="2">⑧ 취득세(등록면허세) 금 ○○○,○○○원</td><td colspan="2">⑧ 지방교육세 금 ○○,○○○원</td></tr>
<tr><td colspan="2">⑧ 농어촌특별세 금 ○○,○○○원</td></tr>
<tr><td>⑨ 세 액 합 계</td><td colspan="4">금 ○○○,○○○ 원</td></tr>
<tr><td rowspan="3">⑩ 등 기 신 청 수 수 료</td><td colspan="4">금 15,000 원</td></tr>
<tr><td colspan="4">납부번호 : ○○-○○-○○○○○○-○</td></tr>
<tr><td colspan="4">일괄납부 : 건 원</td></tr>
<tr><td colspan="5">⑪ 등기의무자의 등기필정보</td></tr>
<tr><td>부동산고유번호</td><td colspan="4">1102-2006-002095</td></tr>
<tr><td>성 명(명 칭)</td><td colspan="2">일련번호</td><td colspan="2">비밀번호</td></tr>
<tr><td>김 갑 동</td><td colspan="2">Q77C-LO71-35J5</td><td colspan="2">40-4636</td></tr>
<tr><td colspan="5">⑫ 첨 부 서 면</td></tr>
<tr><td colspan="2">1. 토지대장등본 1통
1. 취득세(등록면허세)영수필확인서 1통
1. 인감증명서나 본인서명사실확인서 또는 전자본인서명확인서 발급증 1통</td><td colspan="3">1. 등기필증 1통
1. 주민등록표등(초)본 2통
1. 위임장 1통</td></tr>
<tr><td colspan="5">20○○년 ○월 ○일

⑬ 위 신청인 김 갑 동 ㊞ (전화 : 200-1234)
이 상 선 ㊞ (전화 : 300-2345)
(또는)위 대리인 (전화 :)

○○지방법원 ○○등기소 귀중</td></tr>
</table>

[신청서 작성요령]

1. 부동산표시란에 2개 이상의 부동산을 기재하는 경우에는 부동산의 일련번호를 기재하여야 합니다.
2. 신청인란등 해당란에 기재할 여백이 없을 경우에는 별지를 이용합니다.
3. 담당등기관이 판단하여 위의 첨부 서면 외에 추가적인 서면을 요구할 수 있습니다.

주

1. 등기신청서 기재요령

신청서는 한글과 아라비아숫자로 기재하여야 한다. 부동산의 표시란이나 신청인란 등이 부족할 경우에는 별지로 사용하고, 별지를 포함한 신청서의 각 장 사이에 간인(신청서에 서명을 하였을 때에는 각 장마다 연결되는 서명)을 하여야 한다.

① 부동산의 표시란 : 대지사용권(소유권)을 이전하고자 하는 부동산을 기재하되, 등기기록상 부동산의 표시와 일치하여야 한다. 토지의 소재와 지번, 지목, 면적을 기재한다. 만일 등기기록과 토지대장의 부동산표시가 다른 때에는 먼저 부동산표시변경(또는 경정)등기를 하여야 한다.

② 등기원인과 그 연월일 : 대지사용권 이전등기는 매매계약서에 의한 등기가 아니므로 등기원인을 매매로 할 수 없다. 등기원인은 "건물 ○동 ○호 전유부분 취득"으로, 연월일은 전유부분에 관한 소유권이전등기를 마친 날을 기재한다. (예) 20○○년 ○월 ○일(전유부분에 관한 소유권이전등기를 마친 날) 건물 ○동 ○호 전유부분 취득)

③ 등기의 목적란 : (예) "소유권이전", "소유권일부이전", "갑구 ○번 갑 지분 전부이전", "갑구 ○번 갑 지분 2분의 1 중 일부(4분의 1)이전" 등으로 기재한다.

④ 이전할 지분란 : 소유권일부이전(공유 지분이전 포함)의 경우에만 그 지분을 기재한다. (예) 단독 소유자인 갑의 지분을 전부 이전하는 하는 경우에는 "갑 지분 ○분의 ○", 공유자인 갑의 지분을 전부 이전하는 경우, 공유자인 갑의 지분을 일부 이전하는 경우 최종 이전하는 지분이 ○분의 ○이면, 모두 "공유자 지분 ○분의 ○"으로 기재한다.

⑤ 등기의무자란 : 분양자의 성명(명칭), 주민등록번호(부동산등기용등록번호), 주소를 기재하되, 등기기록상 소유자 표시와 일치하여야 한다. 다만, 등기기록상 등기의무자의 주소가 지번방식의 주소인 경우에도, 등기의무자가 제공한 주민등록등(초)본이나 인감증명 등에 의하여 해당 지번방식의 주소에 대한 도로명주소임이 인정되는 경우에는 등기사건을 수리하여야 한다. 한편 등기의무자의 주소가 전거 등의 실질적인 주소변경이 아닌 도로명주소법에 따른 주소변경인 경우에는 주소변경의 직권등기를 하지 아니한다.

⑥ 등기권리자란 : 현재의 구분소유자를 기재하는 난으로, 그 기재방법은 등기의무자란과 같다.

⑦ 시가표준액 및 국민주택채권매입금액, 국민주택채권매입총액란, 국민주택채권발행번호란 : ㉮ 대지지분 소유권이전등기시 공동주택가격이 공시되어 있지 않은 경우 "신규분양 공동주택의 취득가격에 대한 '주택'구간 매입률×취득가격 중 토지분 금액"으로 국민주택채권을 매입한다. ㉯ 대지지분 소유권이전등기시 공동주택가격이 공시되어 있는 경우 "공동주택가격에 대한 '주택'구간 매입률×대지지분에 대한 개별공시지가 산정액"으로 국민주택채권을 매입한다. ㉰ 부동산별 시가표준액란은 국민주택채권 매입기준이 되는 시가표준액을 기재하고 부동산별 국민주택채권매입금액 시가표준액의 일정비율에 해당하는 국민주택채권매입금액을 기재한다. ㉱ 구분건물의 소유권이전등기시에 토지와 건물 모두에 관한 국민주택채권을 매입하여 대지지분 소유권이전에 따른 국민주택채권을 매입할 필요가 없는 경우에는 그 취지를 기재한다. ㉲ 국민주택채권발행번호란에는 국민주택채권 매입시 국민주택채권사무취급기관에서 고지하는 채권발행번호를 기재한다.

⑧ 취득세(등록면허세)·지방교육세·농어촌특별세란 : 취득세(등록면허세)영수필확인서에 의하여 기재하며, 농어촌특별세는 납부액이 없는 경우 기재하지 아니한다. 구분건물의 소유

권이전등기시에 토지와 건물 모두에 관하여 취득세(등록면허세)를 납부한 경우 그 취지를 기재한다.

⑨ 세액합계란 : 취득세(등록면허세)액, 지방교육세액, 농어촌특별세액의 합계를 기재한다.

⑩ 등기신청수수료란 : ㉮ 소유권이전등기의 신청수수료는 부동산 1개당 15,000원의 등기신청수수료 납부액을 기재한다. 다만 전자표준양식에 의하여 신청하는 경우에는 13,000원, 전자신청하는 경우에는 10,000원의 등기신청수수료를 은행 현금납부, 전자납부, 무인발급기 납부 등의 방법에 따라 납부한 후 등기신청서에 등기신청수수료 영수필확인서를 첨부하고 납부번호를 기재하여 제출한다. ㉯ 여러 건의 등기신청에 대하여 수납금융기관에 현금으로 일괄납부하는 경우 첫 번째 등기신청서에 등기신청수수료 영수필확인서를 첨부하고 해당 등기신청수수료, 납부번호와 일괄납부 건수 및 일괄납부액을 기재하며, 나머지 신청서에는 해당 등기신청수수료와 전 사건에 일괄 납부한 취지를 기재한다(일괄납부는 은행에 현금으로 납부하는 경우에만 가능함).

⑪ 등기의무자의 등기필정보란 : ㉮ 전자신청 지정등기소에서는 신청방법(전자신청, 서면신청)을 불문하고 등기를 완료한 경우 등기필증 대신 등기필정보를 전자적 교부 또는 서면교부하기 때문에, 등기신청의 당사자 또는 대리인은 등기필정보상의 일련번호와 비밀번호를 기재함으로서 등기필증의 제출을 갈음할 수 있다. 등기의무자가 교부받은 등기필정보에 기재된 부동산고유번호, 성명, 일련번호, 비밀번호를 각 기재한다. 다만 교부받은 등기필정보를 멸실한 경우에는 부동산등기법 제51조에 의하여 확인서면이나 확인조서 또는 공증서면 중 하나를 첨부한다. ㉯ 등기신청서에 등기필증이나 확인서면 등을 첨부한 경우 이 난은 기재할 필요가 없다.

⑫ 첨부서면란 : 등기신청서에 첨부한 서면을 각 기재한다.

⑬ 신청인등란 : ㉮ 등기의무자와 등기권리자의 성명 및 전화번호를 기재하고, 각자의 인장을 날인하되, 등기의무자는 그의 인감을 날인한다. 그러나 신청인이 법인 또는 법인 아닌 사단이나 재단인 경우에는 상호(명칭)와 대표자(관리인)의 자격 및 성명을 기재하고, 법인이 등기의무자인 때에는 등기소의 증명을 얻은 그 대표자의 인감, 법인 아닌 사단이나 재단인 경우에는 대표자(관리인)의 개인인감을 날인한다.
㉯ 대리인이 등기신청을 하는 경우에는 그 대리인의 성명, 주소, 전화번호를 기재하고 대리인의 인장을 날인 또는 서명한다.

2. 등기신청서에 첨부할 서면 등

• 등기원인을 증명하는 정보 : 대지사용권에 관한 이전등기를 신청할 때에 별도의 등기원인증서(최초 분양계약서와 매매계약서)를 첨부할 필요가 없다. 위 대지사용권이전등기는 등기원인을 "20○○년 ○월 ○일 건물 ○동 ○호 전부부분 취득"으로 기재하는 등기이므로 별도의 등기원인증서가 있을 수 없을 뿐만 아니라 한편으로는 건물에 관한 등기를 취득할 때 대지사용권도 이미 취득하였고 그에 따른 등기만 신청하는 것으로 보기 때문이다.

• 등기필증 : 등기의무자의 등기필증을 제출한다(부등법 부칙 제2조). 등기의무자가 등기필정보를 가지고 있는 경우에는 등기필증을 제출하는 것 대신 등기의무자의 등기필정보를 첨부한다. 등기의무자의 등기필증 혹은 등기필정보가 없는 경우에 법무사 등이 등기의무자가 본인임을 확인한 확인서면을 첨부한다.

• 취득세(등록면허세)영수필확인서 : 시장, 구청장, 군수 등으로부터 취득세(등록면허세)납부서(OCR용지)를 발급받아 납세지를 관할하는 해당 금융기관에 세금을 납부한 후 취득세(등록

면허세)영수필확인서와 영수증을 교부받아 영수증은 본인이 보관하고 취득세(등록면허세)영수필확인서만 신청서의 취득세(등록면허세)액표시란의 좌측상단 여백에 첨부하거나, 또는 지방세인터넷납부시스템에서 출력한 시가표준액이 표시되어 있는 취득세(등록면허세)납부확인서를 첨부한다.

- 토지대장등본 : 등기신청대상 부동산의 종류에 따라 토지(임야)대장등본(발행일로부터 3월 이내)을 첨부한다.
- 인감증명서 등 : 등기의무자의 인감증명서(발행일로부터 3월 이내)를 첨부하거나, 인감증명을 갈음하여 「본인서명사실확인등에관한법률」에 따라 발급된 본인서명사실확인서(발행일부터 3개월 이내)에 기재한 서명(전자본인서명확인서 발급증을 제출할 경우에도 서명)을 하고 본인서명사실확인서(전자본인서명확인서 발급증)을 첨부한다. 본 사건의 경우, 매매를 원인으로 한 소유권이전등기가 아니므로 그 인감증명서가 매도용 인감증명서일 필요는 없다.
- 주민등록표등(초)본 : ㉮ 등기의무자의 주민등록표등본 또는 초본(발행일로부터 3월 이내)을 첨부한다. ㉯ 위 대지사용권이전등기를 통하여 등기권리자의 주소가 등기부에 새로이 기입되는 것은 분명하지만, 등기권리자의 주소를 증명하는 서면도 첨부할 필요가 없다(부등규 제46조 제4항). 등기권리자의 주소가 이미 건물등기기록에 나타나기 때문이다. 그러므로 건물등기기록에 있는 건물소유자의 주소와 토지등기기록에 새로이 기입하고자 하는 주소가 다른 경우에는 등기권리자(현재의 구분건물소유자)의 주소를 증명하는 정보를 제공한다.
- 법인등기사항전부(일부)증명서 : ㉮ 신청인이 법인인 경우에는 법인등기사항전부증명서 또는 법인등기사항일부증명서(각 발행일로부터 3월 이내)를 첨부한다. 다만, 인등기가 되어있는 등기소와 부동산소재지 관할 등기소가 동일한 경우에는 위 법인등기사항증명서를 제출할 필요가 없다. ㉯ 법인 아닌 사단 또는 재단이 등기를 신청하는 경우에는 ㉠ 정관이나 그 밖의 규약, 대표자나 관리인임을 증명하는 정보(다만, 등기되어 있는 대표자나 관리인이 신청하는 경우에는 그러하지 아니하다), ㉡ 법인 아닌 사단 또는 재단의 주소 및 부동산등기용등록번호를 증명하는 정보(새로이 등기명의인이 되는 경우에 한한다), ㉢ 대표자나 관리인의 주소 및 주민등록번호를 증명하는 정보를 첨부한다.
- 위임장 : 등기신청을 법무사 등 대리인에게 위임하는 경우에 첨부한다. 위임인의 성명과 주소를 기재하고 인장을 날인하되 부동산등기규칙 제60조 제1항 제1호 내지 제3호에 해당하여 인감증명을 제출하여야 하는 자는 위임장에 인감을 날인하여야하나, 위 규칙 제60조 제1호 내지 제3호에 해당하지 않는 자는 인감날인 대신에 일반적인 기명날인 혹은 서명으로 갈음할 수 있다.

3. 등기신청서류 편철순서

신청서, 취득세(등록면허세)영수필확인서, 등기신청수수료 영수필확인서, 위임장, 인감증명서나 본인서명사실확인서 또는 전자본인서명확인서 발급증, 주민등록표등(초)본, 토지대장등본, 등기필증 등의 순으로 편철한다.

18. 증여로 인한 소유권이전등기신청

가. 의 의

증여계약은 증여자가 무상으로 재산을 수증자에게 수여하는 의사를 표시하고 수증자가 이를 승낙(증여계약)함으로써 효력이 발생한다.

이 증여계약에 따른 소유권이전등기신청은 수증자(증여받는 자)를 등기권리자, 증여자(증여하는 자, 매도인)를 등기의무자라고 한다.

나. 등기신청방법

(1) 공동신청

증여계약서에 의한 등기신청인 경우에는 증여자와 수증자가 본인임을 확인할 수 있는 주민등록증 등을 가지고 직접 등기소에 출석하여 공동으로 신청함이 원칙이다. 사인증여(死因贈與)의 경우에는 증여자의 사망 후 등기권리자의 수증자가 등기의무자인 증여자의 상속인 혹은 상속재산관리인과 공동으로 등기신청을 하여야 한다.

(2) 단독신청

판결에 의한 등기신청인 경우에는 승소한 등기권리자 또는 등기의무자가 단독으로 신청할 수 있다.

(3) 대리인에 의한 신청

등기신청은 반드시 신청인 본인이 하여야 하는 것은 아니고 대리인이 하여도 된다. 등기권리자 또는 등기의무자 일방이 상대방의 대리인이 되거나 쌍방이 제3자에게 위임하여 등기신청을 할 수 있다.

[서식 18] 증여로 인한 소유권이전등기신청서

증여로 인한 소유권이전등기신청

<table>
<tr><td rowspan="2">접 수</td><td>년 월 일</td><td rowspan="2">처 리 인</td><td>등기관 확인</td><td>각종 통지</td></tr>
<tr><td>제 호</td><td></td><td></td></tr>
</table>

<table>
<tr><td colspan="4">① 부동산의 표시

1동의 건물의 표시
서울특별시 서초구 서초동 100, 101 샛별아파트 가동
[도로명주소] 서울특별시 서초구 서초대로 88길 10
전유부분의 건물의 표시
건물의 번호 : 가 - 3 - 305
구 조 : 철근콘크리트조
면 적 : 3층 305호 86.03㎡
대지권의 표시
토지의 표시 : 1. 서울특별시 서초구 서초동 100 대 1400㎡
2. 서울특별시 서초구 서초동 101 대 1600㎡
대지권의 종류 : 소유권
대지권의 비율 1, 2 : 3,000분의 500

이 상</td></tr>
<tr><td colspan="2">② 등기원인과 그 연월일</td><td colspan="2">20○○년 ○월 ○일 증여</td></tr>
<tr><td colspan="2">③ 등 기 의 목 적</td><td colspan="2">소유권이전</td></tr>
<tr><td colspan="2">④ 이 전 할 지 분</td><td colspan="2"></td></tr>
<tr><td>구분</td><td>성 명
(상호·명칭)</td><td>주민등록번호
(등기용등록번호)</td><td>주 소 (소 재 지)</td></tr>
<tr><td>⑤ 등기의무자</td><td>김 갑 동</td><td>000000-0000000</td><td>서울특별시 서초구 서초대로 88길 20
(서초동)</td></tr>
</table>

<table>
<tr><td rowspan="2">⑥ 등기권리자</td><td>공주이씨
강양공파종중</td><td>000000-0000000</td><td>서울특별시 중구 다동길 96(다동)</td></tr>
<tr><td>대표자 이 상 선</td><td>000000-0000000</td><td>서울특별시 관악구 서림3길 30(신림동)</td></tr>
</table>

<table>
<tr><td colspan="3">⑦ 시가표준액 및 국민주택채권매입금액</td></tr>
<tr><td>부동산 표시</td><td>부동산별 시가표준액</td><td>부동산별 국민주택채권매입금액</td></tr>
<tr><td>1. 공동주택</td><td>금 500,000,000 원</td><td>금 16,800,000 원</td></tr>
<tr><td></td><td>금 원</td><td>금 원</td></tr>
<tr><td></td><td>금 원</td><td>금 원</td></tr>
<tr><td colspan="2">⑦ 국 민 주 택 채 권 매 입 총 액</td><td>금 16,800,000 원</td></tr>
<tr><td colspan="2">⑦ 국 민 주 택 채 권 발 행 번 호</td><td>○ ○ ○</td></tr>
<tr><td colspan="2" rowspan="2">⑧ 취득세(등록면허세) 금 17,500,000원</td><td>⑧ 지방교육세 금 1,500,000원</td></tr>
<tr><td>⑧ 농어촌특별세 금 1,000,000원</td></tr>
<tr><td>⑨ 세 액 합 계</td><td colspan="2">금 20,000,000 원</td></tr>
<tr><td rowspan="3">⑩ 등 기 신 청 수 수 료</td><td colspan="2">금 15,000 원</td></tr>
<tr><td colspan="2">납부번호 : ○○-○○-○○○○○○-○</td></tr>
<tr><td colspan="2">일괄납부 : 건 원</td></tr>
</table>

<table>
<tr><td colspan="3">⑪ 등기의무자의 등기필정보</td></tr>
<tr><td>부동산고유번호</td><td colspan="2">1102-2006-002095</td></tr>
<tr><td>성 명(명 칭)</td><td>일련번호</td><td>비밀번호</td></tr>
<tr><td>김 갑 동</td><td>Q77C-LO71-35J5</td><td>40-4636</td></tr>
</table>

<table>
<tr><td colspan="2">⑫ 첨 부 서 면</td></tr>
<tr><td>1. 증여계약서(검인) 1통
1. 취득세(등록면허세)영수필확인서 1통
1. 인감증명서나 본인서명사실확인서
또는 전자본인서명확인서 발급증 1통
1. 정관 그 밖의 규약 1통
1. 대표자(관리인)자격증명서 1통</td><td>1. 법인 아닌 사단의 주소증명서 1통
1. 부동산등기용등록번호증명서 1통
1. 토지대장등본 1통
1. 집합건축물대장등본 2통
1. 주민등록표등(초)본 2통
1. 등기필증 1통</td></tr>
</table>

20○○년 ○월 ○일

⑬ 위 신청인 김 갑 동 ㊞ (전화 : 200－1234)
공주이씨 강양공파종중 (전화 : 300－2345)

대표자 이 상 선 ㊞

(또는)위 대리인 (전화 :)

○○지방법원 ○○등기소 귀중

[신청서 작성요령]

1. 부동산표시란에 2개 이상의 부동산을 기재하는 경우에는 부동산의 일련번호를 기재하여야 합니다.
2. 신청인란등 해당란에 기재할 여백이 없을 경우에는 별지를 이용합니다.
3. 담당등기관이 판단하여 위의 첨부 서면 외에 추가적인 서면을 요구할 수 있습니다.

주

1. 등기신청서 기재요령

신청서는 한글과 아라비아숫자로 기재하여야 한다. 부동산의 표시란이나 신청인란이 부족할 경우에는 별지로 사용하고, 별지를 포함한 신청서의 각 장 사이에 간인(신청서에 서명을 하였을 때에는 각 장마다 연결되는 서명)을 하여야 한다.

① 부동산의 표시란 : 증여로 이전하고자 하는 부동산을 기재하되, 등기기록상 부동산의 표시와 일치하여야 한다. 만일 등기기록과 토지·건축물대장의 부동산표시가 다른 때에는 먼저 부동산표시변경(또는 경정)등기를 하여야 한다.

㉮ 1동의 건물의 표시 : 1동의 건물 전체의 소재, 지번, 종류와 구조 및 면적을 기재한다. 단, 1동의 건물의 번호를 기재할 때에는 건물의 표시에 관한 등기 또는 소유권보존의 등기를 신청하는 경우를 제외하고는 1동의 건물의 구조와 면적을 기재하지 아니한다.

㉯ 전유부분의 건물의 표시 : 건물의 번호, 구조, 면적을 기재한다.

㉰ 대지권의 표시 : 대지권의 목적인 토지의 표시, 대지권의 종류, 비율을 기재한다.

- 대지권의 목적인 토지의 표시는 토지의 소재와 지번, 지목, 면적을,
- 대지권의 종류는 소유권, 지상권, 전세권, 임차권 등 권리의 종류에 따라 기재하며,
- 대지권의 비율은 대지권의 목적인 토지에 대한 지분비율을 기재한다.

② 등기원인과 그 연월일란 : 등기원인은 "증여"로, 그 연월일은 증여계약서상 계약일을 기재한다. 다만, 사인증여의 경우에는 등기원인은 "증여"로, 등기원인일자는 증여자의 사망일을 기재한다.

③ 등기의 목적란 : (예) "소유권이전", "소유권일부이전", "갑구 ○번 갑 지분 전부이전", "갑구 ○번 갑 지분 2분의 1 중 일부(4분의 1)이전" 등으로 기재한다.

④ 이전할 지분란 : 소유권일부이전(공유 지분이전 포함)의 경우에만 그 지분을 기재한다. (예) 단독 소유자인 갑의 지분을 전부 이전하는 하는 경우에는 "갑 지분 ○분의 ○", 공유자인 갑의 지분을 전부 이전하는 경우, 공유자인 갑의 지분을 일부 이전하는 경우 최종 이전하는

지분이 ○분의 ○이면, 모두 "공유자 지분 ○분의 ○"으로 기재한다.

⑤ 등기의무자란 : ㉮ 증여자의 성명, 주민등록번호, 주소를 기재하되, 등기기록상 소유자 표시와 일치하여야 한다. 그러나 증여자가 법인인 경우에는 상호(명칭), 본점(주사무소 소재지), 등기용등록번호 및 대표자의 성명과 주소를 기재하고, 법인 아닌 사단이나 재단인 경우에는 상호(명칭), 본점(주사무소 소재지), 등기용등록번호 및 대표자(관리인)의 성명, 주민등록번호, 주소를 각 기재한다. ㉯ 사인증여의 경우에는 증여자의 성명, 주민등록번호, 주소를 기재하고 증여자의 상속인의 성명, 주민등록번호, 주소를 병기한다.

⑥ 등기권리자란 : 수증자를 기재하는 난으로, 그 기재방법은 ⑤등기의무자란의 ㉮와 같다.

⑦ 시가표준액 및 국민주택채권매입금액, 국민주택채권매입총액란, 국민주택채권발행번호란 : ㉮ 부동산별 시가표준액란은 취득세(등록면허세)납부서(OCR용지)에 기재된 시가표준액을 기재하고 부동산별 국민주택채권매입금액란에는 시가표준액의 일정비율에 해당하는 국민주택채권매입금액을 기재한다. ㉯ 부동산이 2개 이상인 경우에는 각 부동산별로 시가표준액 및 국민주택채권매입총액을 각 매수인별로 계산하여 기재한다. 국민주택채권발행번호를 해당란에 기재하며, 하나의 신청사건에 하나의 채권발행번호를 기재하는 것이 원칙이며, 동일한 채권발행번호를 수 개 신청사건에 중복 기재할 수 없다.

⑧ 취득세(등록면허세)·지방교육세·농어촌특별세란 : 제3편 등기실무자료 [자료 1] 취득세율표 참조

⑨ 세액합계란 : 취득세(등록면허세)액, 지방교육세액, 농어촌특별세액의 합계를 기재한다.

⑩ 등기신청수수료란 : ㉮ 부동산 1개당 15,000원의 등기신청수수료 납부액을 기재한다. 다만 전자표준양식에 의하여 신청하는 경우에는 13,000원, 전자신청하는 경우에는 10,000원의 등기신청수수료 납부액을 기재하며, 등기신청수수료를 은행 현금납부, 전자납부, 무인발급기 납부 등의 방법에 따라 납부한 후 등기신청서에 등기신청수수료 영수필확인서를 첨부하고 납부번호를 기재하여 제출한다. ㉯ 여러 건의 등기신청에 대하여 수납금융기관에 현금으로 일괄납부하는 경우 첫 번째 등기신청서에 등기신청수수료 영수필확인서를 첨부하고 해당 등기신청수수료, 납부번호와 일괄납부 건수 및 일괄납부액을 기재하며, 나머지 신청서에는 해당 등기신청수수료와 전 사건에 일괄 납부한 취지를 기재한다(일괄납부는 은행에 현금으로 납부하는 경우에만 가능함).

⑪ 등기의무자의 등기필정보란 : ㉮ 전자신청 지정등기소에서는 신청방법(전자신청, 서면신청)을 불문하고 등기를 완료한 경우 등기필증 대신 등기필정보를 전자적 교부 또는 서면교부하기 때문에, 등기신청의 당사자 또는 대리인은 등기필정보상의 일련번호와 비밀번호를 기재함으로써 등기필증의 제출을 갈음할 수 있다. 등기의무자가 교부받은 등기필정보에 기재된 부동산고유번호, 성명, 일련번호, 비밀번호를 각 기재한다. 다만 교부받은 등기필정보를 멸실한 경우에는 부동산등기법 제51조에 의하여 확인서면이나 확인조서 또는 공증서면 중 하나를 첨부한다. ㉯ 등기신청서에 등기필증이나 확인서면 등을 첨부한 경우 이 난은 기재할 필요가 없다.

⑫ 첨부서면란 : 등기신청서에 첨부한 서면을 각 기재한다.

⑬ 신청인등란 : ㉮ 등기의무자와 등기권리자의 성명 및 전화번호를 기재하고, 각자의 인장을 날인하되, 등기의무자는 그의 인감을 날인한다. 그러나 신청인이 법인 또는 법인 아닌 사단이나 재단인 경우에는 상호(명칭)와 대표자(관리인)의 자격 및 성명을 기재하고, 법인이 등기의무자인 때에는 등기소의 증명을 얻은 그 대표자의 인감, 법인 아닌 사단이나 재단인 때에는 대표자(관리인)의 개인인감을 날인한다. ㉯ 대리인이 등기신청을 하는 경우에는 그

대리인의 성명, 주소, 전화번호를 기재하고 대리인의 인장을 날인 또는 서명한다.

2. 등기신청서에 첨부할 서면 등

- 등기필증 : 등기의무자의 소유권에 관한 등기필증으로서 등기의무자가 소유권 취득시 등기소로부터 교부받은 등기필증을 첨부한다. 단, 소유권 취득의 등기를 완료하고 등기필정보를 교부받은 경우에 그 등기필정보상에 기재된 부동산고유번호, 성명, 일련번호, 비밀번호를 각 기재(등기필정보를 제출하는 것이 아님)한다. 다만, 등기필증(등기필정보)을 멸실하여 첨부(기재)할 수 없는 경우에는 부동산등기법 제51조에 의하여 확인서면이나 확인조서 또는 공증서면 중 하나를 첨부한다.
- 증여계약서 : 증여계약서에는 부동산소재지를 관할하는 시장, 군수, 구청장로부터 검인을 받아야 한다. 이 계약서에는 인지세법이 정하는 인지를 붙이지 아니한다.
- 검인 : 위 증여계약서에 부동산소재지를 관할하는 시장, 구청장, 군수 또는 군수로부터 위임을 받은 자(읍·면·동장)로부터 검인을 받아야 한다.
- 취득세(등록면허세)영수필확인서 : 시장, 구청장, 군수 등으로부터 취득세(등록면허세)납부서(OCR용지)를 발급받아 납세지를 관할하는 해당 금융기관에 세금을 납부한 후 취득세(등록면허세)영수필확인서와 영수증을 교부받아 영수증은 본인이 보관하고 취득세(등록면허세)영수필확인서만 신청서의 취득세(등록면허세)액 표시란의 좌측상단 여백에 첨부하거나, 또는 지방세인터넷납부시스템에서 출력한 시가표준액이 표시되어 있는 취득세(등록면허세)납부확인서를 첨부한다.
- 토지·건축물대장등본 : 등기신청대상 부동산의 종류에 따라 토지(임야)대장등본, 건축물대장등본(각 발행일로부터 3월 이내)을 첨부한다.
- 인감증명서 등 : ㉮ 등기의무자의 인감증명서(발행일로부터 3월 이내)를 첨부하거나, 인감증명을 갈음하여 「본인서명사실확인등에관한법률」에 따라 발급된 본인서명사실확인서(발행일부터 3개월 이내)에 기재한 서명(전자본인서명확인서 발급증을 제출할 경우에도 서명)을 하고 본인서명사실확인서(전자본인서명확인서 발급증)을 첨부한다. ㉯ 소유권의 등기명의인이 등기의무자에 해당하므로 등기의무자의 인감증명을 첨부하여야 하나 그것이 부동산매도용도 가능하다(부등규 제60조 제1항 제1호), 부동산등기규칙 제60조에 의하여 인감증명을 첨부하여야 하나, 법인인 경우에는 등기소의 증명을 얻은 대표자의 인감증명서를, 법인 아닌 사단 또는 재단의 경우에는 대표자 또는 관리인의 인감증명을 첨부한다.
- 정관 그 밖의 규약 : 종중·문중 기타 대표자나 관리인이 있는 법인 아닌 사단 재단에 속하는 부동산에 관한 등기신청서에는 정관 그 밖의 규약을 첨부한다.
- 대표자나 관리인임을 증명하는 정보 : 종중·문중 기타 대표자나 관리인이 법인 아닌 사단 또는 재단에 속하는 부동산에 관한 등기신청서에는 정관 기타의 규약, 대표자 또는 관리인임을 증명하는 서면, 대표자 또는 관리인의 주민등록표등(초)본을 첨부한다. 위 서면에는 그 사실을 확인하는데 상당하다고 인정되는 2인 이상의 성년자가 사실과 상위 없다는 취지와 성명을 기재하고 인감을 날인하여야 하며, 날인한 인감에 관한 인감증명을 첨부한다. 다만 변호사 또는 법무사가 등기신청을 대리하는 경우에는 변호사 또는 법무사가 위 각 서면에 사실과 상위 없다는 취지를 기재하고 기명날인함으로써 이에 갈음할 수 있다(2011. 10. 12. 등기예규 제1435호).
- 법인 아닌 사단의 주소를 증명하는 서면 : 등기권리자인 종중의 주소를 증명하는 서면으로는 정관 기타의 규약 또는 회의록 등을 제출한다.

- 부동산등기용등록번호증명서 : 법인 아닌 사단이나 재단이 등기권리자인 경우에는 시장·군수 또는 구청장으로부터 부동산등기용등록번호를 부여받아 부동산등기용 등록번호증명서를 첨부하여야 한다.
- 주민등록표등(초)본 : 등기의무자의 주소를 증명하는 서면으로 등기의무자의 주민등록등(초)본을 제출하고, 등기권리자인 종중 대표자의 주소 및 주민등록번호를 증명하는 서면으로 종중 대표자의 주민등록표등(초)본을 제출한다.
- 법인등기사항전부(일부)증명서 : ㉮ 신청인이 법인인 경우에는 법인등기사항전부증명서 또는 법인등기사항일부증명서(각 발행일로부터 3월 이내)를 첨부한다. 다만, 법인등기가 되어 있는 등기소와 부동산소재지 관할 등기소가 동일한 경우에는 위 법인등기사항증명서를 제출할 필요가 없다. ㉯ 법인 아닌 사단 또는 재단이 등기를 신청하는 경우에는 정관이나 그 밖의 규약, 대표자나 관리인임을 증명하는 정보(다만, 등기되어 있는 대표자나 관리인이 신청하는 경우에는 그러하지 아니하다), 대표자나 관리인의 주소 및 주민등록번호를 증명하는 정보를 첨부한다. 다만 법인 아닌 사단이 등기의무자인 경우에는 민법 제276조 소정의 사원총회의 결의서도 첨부한다(부등규 제48조).
- 제3자의 동의, 허가 또는 승낙을 증명하는 서면 : ㉮ 부동산이 농지인 경우에는 농지취득자격증명(시, 읍, 면사무소 발급) 등을 첨부한다. 다만, 토지거래허가구역인 경우에는 증여를 원인으로 한 소유권이전등기신청시에는 토지거래허가서를 첨부하지 않는다. 토지거래허가제도는 유상계약의 경우에만 적용되기 때문이다.
- 위임장 : 등기신청을 법무사 등 대리인에게 위임하는 경우에 첨부한다. 위임인의 성명과 주소를 기재하고 인장을 날인하되 부동산등기규칙 제60조 제1항 제1호 내지 제3호에 해당하여 인감증명을 제출하여야 하는 자는 위임장에 인감을 날인하여야 하나, 위 규칙 제60조 제1호 내지 제3호에 해당하지 않는 자는 인감날인 대신에 일반적인 기명날인 혹은 서명으로 갈음할 수 있다.

3. 등기신청서류 편철순서

신청서, 취득세(등록면허세)영수필확인서, 등기신청수수료 영수필확인서, 위임장, 인감증명서나 본인서명사실확인서 또는 전자본인서명확인서 발급증, 정관, 대표자 증명서면, 법인 아닌 사단의 주소증명서면, 부동산등기용등록번호증명서면, 주민등록표등(초)본, 토지·건축물대장등본, 증여계약서(검인), 등기필증 등의 순으로 편철한다.

4. 기타 참고사항

- 등기의무자의 등기필정보(등기필증 또는 등기완료통지서)가 없을 때에는 ㉮ 등기의무자 또는 그 법정대리인(이하 "등기의무자등"이라 한다)이 등기소에 출석하여 등기관으로부터 등기의무자등임을 확인하는 방법 ㉯ 등기신청인의 대리인(변호사 또는 법무사)이 등기의무자등으로부터 위임받았음을 확인하여 확인서면을 제출하는 방법 ㉰ 신청서(위임에 의하여 대리인이 신청하는 경우에는 그 권한을 증명하는 서면) 중 등기의무자들의 작성부분에 관하여 공증을 받아 제출하는 방법으로 등기신청을 하여야 한다(부등법 제51조, 부등규 제111조).
- 민법 제32조의 규정에 의하여 허가받은 종교단체와 그에 소속된 종교단체 및 관계법령에 의하여 시장·군수에게 등록된 종교단체 또는 사회복지사업법에 의한 사회복지법인의 종교용 또는 사회복지용 건축물을 건축하거나 당해 토지 또는 건축물의 소유권보존등기나 이전등기를 하는 때, 혹은 사립학교법의 규정에 의한 학교법인 또는 사립학교경영자가 교육용 토지 또는 건축물을 취득하여 소유권보존등기나 이전등기를 하는 때에는 국민주택채권매입

의무가 면제된다(주택법시행령 별표 12). 국가, 지방자치단체, 정부투자기관관리기본법상의 정부투자기관, 지방공기업법의 적용을 받는 지방공기업, 한국자산공사는 국민주택매입의무가 면제된다.

- '대한예수교장로회 교회'라는 명칭을 가진 교회가 교회예수교장로회(합동측) 총회에 소속되어 있음을 증명하는 서면과, 대한예수교장로회(합동측) 총회 및 동 총회에 소속된 교회의 전도사업 등을 위하여 필요한 자산의 관리, 공급을 목적으로 하는 대한 예수교장로회(합동측) 총회 유지재단이 '민법 제32조의 규정에 의하여 허가받은 종교단체임을 증명하는 서면'을 첨부하고, 당해 부동산을 종교용으로 취득하는 것임을 소명하여 위 교회 명의로의 소유권이전등기를 신청하는 경우에는 국민주택채권을 매입할 필요가 없다(1998. 7. 9. 등기선례 5-899).
- 지방세법 시행령 제22조상의 비영리사업자는 다음과 같다 ㉮ 종교 및 제사를 목적으로 하는 단체 ㉯ '초등학교법' 및 '고등교육법'에 따른 학교, '경제자유구역 및 제주국제자유도시의 외국교육기관 설립·운영에 관한 특별법' 또는 '기업도시개발특별법'에 따른 외국교육기관을 경영하는 자 및 '평생교육법'에 의한 교육시설을 운영하는 평생교육단체 ㉰ '사회복지사업법'의 규정에 의하여 설립된 사회복지법인 ㉱ 양로원·보육원·모자원·한센병자치료보호시설 등 사회복지사업을 목적으로 하는 단체 및 한국한센복지협회 ㉲ '정당법'에 의하여 설립된 정당

19. 유증으로 인한 소유권이전등기신청

가. 의 의

유증은 유언자가 유언에 의하여 유언자의 재산 전부 또는 일부를 수증자(증여받을 자)에게 증여하는 상대방없는 단독행위이다(이와는 달리 사인증여는 계약이다). 유증은 수증자의 승낙을 요하지 아니하고, 유언자의 사망시에 효력이 생기는 것이 원칙이다. 유증에는 포괄적 유증(적극재산 및 소득재산을 포괄한 상속재산의 전부 또는 그 전부의 일정비율을 취득하는 유증)과 특정적 유증(특정의 재산의 이익을 목적으로 하는 유증)이 있는 바, 특정의 유증을 받은 자는 증여계약에 있어서 수증자와 동일한 지위를 갖는다. 따라서 특정적 유증을 받은 사람은 유증받은 재산을 유언자 사망시에 취득하는 것이 아니고, 유증을 받은 사람이 현실적으로 소유권이전등기를 경료한 때에 비로소 소유권을 취득한다.

나. 등기신청방법

(1) 공동신청

유증으로 인한 소유권이전등기는 포괄유증이나 특정유증을 불문하고 수증

자를 등기권리자, 유언집행자 또는 상속인이 등기의무자로 하여 공동으로 신청하여야 한다.

유언집행자가 수인인 경우(유언집행자의 지정이 없어서 수인의 상속인들이 유언집행자가 된 경우 포함)에는 그 과반수 이상의 유언집행자들이 수증자 명의의 소유권이전등기절차에 동의하면 그 등기를 신청할 수 있다.

수증자가 수인인 포괄유증의 경우에는 수증자 전원이 공동으로 신청하거나 각자가 자기 지분만에 대하여 신청할 수 있다. 그리고 포괄수증자 이외에 수증자의 다른 상속인이 있는 경우에는 유증으로 인한 소유권이전등기와 상속으로 인한 소유권이전등기를 각각 신청하여야 한다.

유언집행자는 유언자의 유언에 의하여 지정할 수 있고, 유언자가 유언집행자의 지정을 제3자에게 위탁하여 지정할 수도 있다. 그러나 위 지정된 유언집행자가 없는 때에는 상속인이 유언집행자가 되고, 유언집행자가 없거나, 사망, 결격 기타 사유로 인하여 없게 된 때에는 이해관계인의 청구에 의하여 가정법원이 유언집행자를 선임한다.

유증으로 인한 소유권이전등기는 포괄유증이든 특정유증이든 모두 상속등기를 거치지 않고 유증자로부터 직접 수증자 명의로 등기를 신청하여야 한다. 그러나 유증으로 인한 소유권이전등기 전에 상속등기가 이미 경료된 경우에는 상속등기를 말소함이 없이 상속인으로부터 유증으로 인한 소유권이전등기를 신청할 수 있다.

(2) 단독신청

판결에 의한 등기신청인 경우에는 승소한 등기권리자 또는 등기의무자가 단독으로 신청할 수 있다. 지정유언집행자가 장기간 행방불명되어 그 직무를 수행할 수 없다면 상속인 기타 이해관계인이 가정법원에 유언집행자의 해임심판을 청구하여 해임심판이 확정된 후 상속인들이 유언집행자가 되어 유증으로 인한 소유권이전등기를 신청하거나, 가정법원으로부터 새로운 유언집행자를 선임받아 위 등기를 신청하여야 한다.

(3) 대리인에 의한 신청

등기신청은 반드시 신청인 본인이 하여야 하는 것은 아니고 대리인이 하여도 된다. 등기권리자 또는 등기의무자 일방이 상대방의 대리인이 되거나 쌍방이 제3자에게 위임하여 등기신청을 할 수 있다.

[서식 19] 유증으로 인한 소유권이전등기신청서

유증으로 인한 소유권이전등기신청

접 수	년 월 일	처 리 인	등기관 확인	각종 통지
	제 호			

① 부동산의 표시				
서울특별시 서초구 서초동 100 전 500㎡ 이 상				
② 등기원인과 그 연월일	20○○년 ○월 ○일 유증			
③ 등 기 의 목 적	소유권이전			
④ 이 전 할 지 분				
구분	성 명 (상호·명칭)	주민등록번호 (등기용등록번호)	주 소 (소 재 지)	지 분 (개인별)
⑤ 등기의무자	유증자 망 이준수 유언집행자(상속인) 이 승 철	000000-0000000 000000-0000000	서울특별시 중구 다동길 96 (다동) 서울특별시 중구 마장로길 88(황학동)	
⑥ 등기권리자	수증자 이 상 선	000000-0000000	서울특별시 서초구 서초대로 88길 20(서초동)	
⑦ 시가표준액 및 국민주택채권매입금액				

부동산 표시	부동산별 시가표준액	부동산별 국민주택채권매입금액
1. 토 지	금 20,000,000 원	금 360,000 원
	금 원	금 원
	금 원	금 원
⑦ 국 민 주 택 채 권 매 입 총 액		금 360,000 원
⑦ 국 민 주 택 채 권 발 행 번 호		○ ○ ○

⑧ 취득세(등록면허세) 금 700,000원	지방교육세 금 60,000원
	농어촌특별세 금 40,000원
⑨ 세 액 합 계	금 800,000 원
⑩ 등 기 신 청 수 수 료	금 15,000 원
	납부번호 : ○○-○○-○○○○○○-○
	일괄납부 : 건 원

⑪ 등기의무자의 등기필정보		
부동산고유번호	1102-2006-002095	
성 명(명 칭)	일련번호	비밀번호
이 승 철	Q77C-LO71-35J5	40-4636

⑫ 첨 부 서 면	
1. 유언증서 1통	1. 친양자입양관계증명서 1통
1. 유언검인조서등본 1통	1. 제적등본 1통
1. 유언집행자의 자격증명서면 1통	1. 취득세(등록면허세)영수필확인서 1통
1. 인감증명서나 본인서명사실확인서 또는 전자본인서명확인서 발급증 1통	1. 등기필증 1통
1. 가족관계증명서 1통	1. 토지대장등본 1통
1. 기본증명서 1통	1. 주민등록표등(초)본 3통
	〈기 타〉

20○○년 ○월 ○일

⑬ 위 신청인 이 승 철 ㊞ (전화 : 200-1234)

이 상 선 ㊞ (전화 : 300-2345)

(또는)위 대리인 (전화 :)

○○지방법원 ○○등기소 귀중

[신청서 작성요령]

1. 부동산표시란에 2개 이상의 부동산을 기재하는 경우에는 부동산의 일련번호를 기재하여야 합니다.
2. 신청인란등 해당란에 기재할 여백이 없을 경우에는 별지를 이용합니다.
3. 담당등기관이 판단하여 위의 첨부 서면 외에 추가적인 서면을 요구할 수 있습니다.

주

1. 등기신청서 기재요령

신청서는 한글과 아라비아숫자로 기재하여야 한다. 부동산의 표시란이나 신청인란 등이 부족할 경우에는 별지로 사용하고, 별지를 포함한 신청서의 각 장 사이에 간인(신청서에 서명을 하였을 때에는 각 장마다 연결되는 서명)을 하여야 한다.

① 부동산의 표시란 : 유증으로 이전하고자 하는 부동산을 기재하되, 등기기록상 부동산의 표시와 일치하여야 한다. 부동산이 토지인 경우에는 토지의 소재와 지번, 지목, 면적을 기재하고, 건물인 경우에는 건물의 소재와 지번, 도로명주소(등기기록표제부에 기록되어 있는 경우), 구조, 면적, 건물의 종류, 건물의 번호가 있는 때에는 그 번호, 부속건물이 있는 때에는 그 종류, 구조와 면적을 기재하면 된다. 만일 등기기록과 토지·건축물대장의 부동산표시가 다른 때에는 먼저 부동산표시변경(또는 경정)등기를 하여야 한다.

② 등기원인과 그 연월일란 : 유증은 유증자의 사망으로 효력이 발생하므로 유증자의 사망일자가 등기원인 일자이나, 유증에 정지조건이 붙은 경우에는 조건성취연월일이, 기한이 있는 때에는 기한 도래연월일이 등기원인 일자이다. 등기원인은 “유증”으로 기재한다.

③ 등기의 목적란 : (예) “소유권이전”, “소유권일부이전”, “갑구 ○번 갑 지분 전부이전”, “갑구 ○번 갑 지분 2분의 1 중 일부(4분의 1)이전” 등으로 기재한다.

④ 이전할 지분란 : 소유권일부이전(공유 지분이전 포함)의 경우에만 그 지분을 기재한다. (예) 단독 소유자인 갑의 지분을 전부 이전하는 하는 경우에는 “갑 지분 ○분의 ○”, 공유자인 갑의 지분을 전부 이전하는 경우, 공유자인 갑의 지분을 일부 이전하는 경우 최종 이전하는 지분이 ○분의 ○이면, 모두 “공유자 지분 ○분의 ○”으로 기재한다.

⑤ 등기의무자란 : 유증자 및 유언집행자의 성명, 주민등록번호, 주소를 기재하며, 유증자의 표시는 등기기록상 소유자의 표시와 일치하여야 한다. 유언집행자가 지정되지 않은 경우에는 유증차의 상속인이 등기신청을 하여야 하므로 상속인의 성명, 주민등록번호, 주소를 각 기재한다.

⑥ 등기권리자란 : 수증자, 즉 유증에 의하여 재산을 증여받은 자의 성명, 주민등록번호, 주소를 기재한다.

⑦ 시가표준액 및 국민주택채권매입금액, 국민주택채권매입총액란, 국민주택채권발행번호란 : ㉮ 부동산별 시가표준액란은 취득세(등록면허세)납부서(OCR용지)에 기재된 시가표준액을 기재하고 부동산별 국민주택채권매입금액란에는 시가표준액의 일정비율에 해당하는 국민주택채권매입금액을 기재한다. ㉯ 부동산이 2개 이상인 경우에는 각 부동산별로 시가표준액 및 국민주택채권매입금액을 기재한 다음 국민주택채권 매입총액을 기재한다. ㉰ 국민

주택채권발행번호란에는 국민주택채권 매입시 국민주택채권사무취급기관에서 고지하는 채권발행번호를 기재하며, 하나의 신청사건에 하나의 채권발행번호를 기재하는 것이 원칙이며, 동일한 채권발행번호를 수 개 신청사건에 중복 기재할 수 없다.

⑧ 취득세(등록면허세)·지방교육세·농어촌특별세란 : 제3편 등기실무자료 [자료 1] 취득세율표 참조

⑨ 세액합계란 : 취득세(등록면허세)액, 지방교육세액, 농어촌특별세액의 합계를 기재한다.

⑩ 등기신청수수료란 : ㉮ 부동산 1개당 15,000원의 등기신청수수료 납부액을 기재한다. 다만 전자표준양식에 의하여 신청하는 경우에는 13,000원, 전자신청하는 경우에는 10,000원의 등기신청수수료를 은행 현금납부, 전자납부, 무인발급기 납부 등의 방법에 따라 납부한 후 등기신청서에 등기신청수수료 영수필확인서를 첨부하고 납부번호를 기재하여 제출한다. ㉯ 여러 건의 등기신청에 대하여 수납금융기관에 현금으로 일괄납부하는 경우 첫 번째 등기신청서에 등기신청수수료 영수필확인서를 첨부하고 해당 등기신청수수료, 납부번호와 일괄납부 건수 및 일괄납부액을 기재하며, 나머지 신청서에는 해당 등기신청수수료와 전 사건에 일괄 납부한 취지를 기재한다(일괄납부는 은행에 현금으로 납부하는 경우에만 가능함).

⑪ 등기의무자의 등기필정보란 : ㉮ 전자신청 지정등기소에서는 신청방법(전자신청, 서면신청)을 불문하고 등기를 완료한 경우 등기필증 대신 등기필정보를 전자적 교부 또는 서면교부하기 때문에, 등기신청의 당사자 또는 대리인은 등기필정보상의 일련번호와 비밀번호를 기재함으로서 등기필증의 제출을 갈음할 수 있다. 등기의무자가 교부받은 등기필정보에 기재된 부동산고유번호, 성명, 일련번호, 비밀번호를 각 기재한다. 다만 교부받은 등기필정보를 멸실한 경우에는 부동산등기법 제51조에 의하여 확인서면이나 확인조서 또는 공증서면 중 하나를 첨부한다. ㉯ 등기신청서에 등기필증이나 확인서면 등을 첨부한 경우 이 난은 기재할 필요가 없다.

⑫ 첨부서면란 : 등기신청서에 첨부한 서면을 각 기재한다.

⑬ 신청인등란 : ㉮ 등기의무자와 등기권리자의 성명 및 전화번호를 기재하고, 각자의 인장을 날인하되, 등기의무자는 그의 인감을 날인한다. 그러나 신청인이 법인 또는 법인 아닌 사단이나 재단인 경우에는 상호(명칭)와 대표자(관리인)의 자격 및 성명을 기재하고, 법인이 등기의무자인 때에는 등기소의 증명을 얻은 그 대표자의 인감, 법인 아닌 사단이나 재단인 때에는 대표자(관리인)의 개인인감을 날인한다. ㉯ 대리인이 등기신청을 하는 경우에는 그 대리인의 성명, 주소, 전화번호를 기재하고 대리인의 인장을 날인 또는 서명한다.

2. 등기신청서에 첨부할 서면 등

- 등기필증 : 등기의무자의 소유권에 관한 등기필증으로서 유증자가 소유권 취득시 등기소로부터 교부받은 등기필증을 첨부한다. 단, 소유권 취득의 등기를 완료하고 등기필정보를 교부받은 경우에, 그 등기필정보상에 기재된 부동산고유번호, 성명, 일련번호, 비밀번호를 각 기재(등기필정보를 제출하는 것이 아님)한다.

  다만, 등기필증(등기필정보)을 멸실하여 첨부(기재)할 수 없는 경우에는 부동산등기법 제51조에 의하여 유언집행자(상속인)의 확인서면이나 확인조서 또는 공증서면 중 하나를 첨부한다.
- 유언증서 : 등기원인을 증명하는 서면으로 유언증서를 제출한다. 민법 제1066조의 요건을 구비하지 못한 자필증서(작성연월일, 주소, 성명, 날인의 누락)를 첨부하여 유증을 원인으로 하는 소유권이전등기를 경료받을 수 없다.

- 유언검인조서등본(공정증서에 의한 유언일 경우 제외) : ㉮ 유언증서가 자필증서, 녹음, 비밀증서에 의한 경우에는 유언검인조서등본을, 구수증서에 의한 경우에는 검인신청에 대한 심판서 등본을, 유증에 정지조건 등이 붙은 경우에는 그 조건성취를 증명하는 서면을 각 첨부하여야 하며, 공정증서에 의한 유언의 경우에는 검인을 받을 필요가 없다. ㉯ 유언증서에 가정법원의 검인이 되어 있는 경우에도 등기관은 그 유언증서가 적법한 요건을 갖추지 아니한 경우에는 그 등기신청을 수리하지 아니한다. ㉰ 검인기일에 출석한 상속인들이 "유언자의 자필이 아니고 날인도 유언자의 사용인이 아니라고 생각한다"라는 등의 다툼 있는 사실이 기재되어 있는 검인조서를 첨부한 경우에는 유언 내용에 따른 등기신청에 이의가 없다는 위 상속인들의 동의서(인감증명서 첨부)를 첨부하여야 한다.
- 유언집행자의 자격을 증명하는 서면 : ㉮ 유언집행자의 자격을 증명하는 서면으로, 유언집행자가 유언으로 지정된 경우에는 유언증서, 유언에 의해 유언집행자의 지정을 제3자에게 위탁한 경우에는 유언증서 및 제3자의 지정서(그 제3자의 인감증명서 첨부), 가정법원에 의해 선임된 경우에는 유언증서 및 심판서를 각 제출한다. ㉯ 유언자의 상속인이 유언집행자인 경우에는 상속인임을 증명하는 서면을 첨부하여야 한다. ㉰ 민법 제1095조(지정유언집행자가 없는 경우) : 전2조(유언집행자의 지정, 위탁에 의한 유언집행자의 지정)의 규정에 의하여 지정된 유언집행자가 없는 때에는 상속인이 유언집행자가 된다. ㉱ 민법 제1096조(법원에 의한 유언집행자의 선임) : ㉠ 유언집행자가 없거나 사망, 결격 기타의 사유로 인하여 없게 된 때에는 법원은 이해관계인의 청구에 의하여 유언집행자를 선임하여야 한다. ㉡ 법원이 유언집행자를 선임한 경우에는 그 임무에 관하여 필요한 처분을 명할 수 있다. 그러므로 ㉠ 유언자가 사망하기 전에 유언집행자가 먼저 사망한 경우에는 민법 제1095조의 규정에 의하여 상속인이 유언집행자가 되어야 할 것이며, ㉡ 유증자가 사망한 이후에 유언집행자가 사망한 경우에는 민법 제1096조의 규정에 의하여 새로이 유언집행자를 선임하여야 한다.
- 취득세(등록면허세)영수필확인서 : 시장, 구청장, 군수 등으로부터 취득세(등록면허세)납부서(OCR용지)를 발급받아 납세지를 관할하는 해당 금융기관에 세금을 납부한 후 취득세(등록면허세)영수필확인서와 영수증을 교부받아 영수증은 본인이 보관하고 취득세(등록면허세)영수필확인서만 신청서의 취득세(등록면허세)액표시란의 좌측상단 여백에 첨부하거나, 또는 지방세인터넷납부시스템에서 출력한 시가표준액이 표시되어 있는 취득세(등록면허세)납부확인서를 첨부한다.
- 토지·건축물대장등본 : 등기신청대상 부동산의 종류에 따라 토지(임야)대장등본, 건축물대장등본(각 발행일로부터 3월 이내)을 첨부한다.
- 인감증명서 등 : 등기의무자(유언집행자)의 인감증명서(발행일로부터 3월 이내)를 첨부하거나, 인감증명을 갈음하여 「본인서명사실확인등에관한법률」에 따라 발급된 본인서명사실확인서(발행일부터 3개월 이내)에 기재한 서명(전자본인서명확인서 발급증을 제출할 경우에도 서명)을 하고 본인서명사실확인서(전자본인서명확인서 발급증)을 첨부할 수 있으나 그 것이 부동산매도용일 필요는 없다.
- 제적등본·가족관계 증명서 등 : 유언집행자를 지정하지 아니하여 상속인이 유언집행자가 되는 경우에 유언집행자의 자격을 소명하고 유언의 효력이 발생하였음을 증명하는 서면으로 제적등본, 가족관계증명서, 기본증명서, 친양자입양관계증명서를 발행일로부터 3월 이내의 것을 첨부한다.
- 주민등록표등(초)본 : 등기의무자 및 등기권리자의 주민등록표등본 또는 초본(각 발행일로부터 3월 이내)을 첨부한다.

- 법인등기사항전부(일부)증명서 : ㉮ 신청인이 법인인 경우에는 법인등기사항전부증명서 또는 법인등기사항일부증명서(각 발행일로부터 3월 이내)를 첨부한다. ㉯ 법인 아닌 사단 또는 재단이 등기를 신청하는 경우에는 정관이나 그 밖의 규약, 대표자나 관리인임을 증명하는 정보(다만, 등기되어 있는 대표자나 관리인이 신청하는 경우에는 그러하지 아니하다), 대표자나 관리인의 주소 및 주민등록번호를 증명하는 정보를 첨부한다.
- 제3자의 동의, 허가 또는 승낙을 증명하는 서면 : 상속인에 대한 특정적 유증, 포괄유증의 경우에는 해당 부동산이 농지라고 하더라도 농지취득자격증명 등을 첨부하지 아니한다. 또한 유증은 계약이 아니기 때문에 계약 또는 예약의 경우에만 적용되는 토지거래허가제도의 적용을 받지 아니한다.
- 위임장 : 등기신청을 법무사 등 대리인에게 위임하는 경우에 첨부한다. 위임인의 성명과 주소를 기재하고 인장을 날인하되 부동산등기규칙 제60조 제1항 제1호 내지 제3호에 해당하여 인감증명을 제출하여야 하는 자는 위임장에 인감을 날인하여야 하나, 위 규칙 제60조 제1호 내지 제3호에 해당하지 않는 자는 인감날인 대신에 일반적인 기명날인 혹은 서명으로 갈음할 수 있다.

3. 등기신청서류 편철순서

신청서, 취득세(등록면허세)영수필확인서, 등기신청수수료 영수필확인서, 위임장, 인감증명서나 본인서명사실확인서 또는 전자본인서명확인서 발급증, 제적등본, 가족관계증명서, 기본증명서, 친양자입양관계증명서, 유언집행자의 자격증명서면, 주민등록표등(초)본, 토지·건축물대장등본, 유언증서, 유언검인조서등본, 등기필증 등의 순으로 편철한다.

4. 기타 참고사항

- 무능력자 또는 파산자가 아닌 한 유언집행자의 자격에 특별한 제한이 없으므로 수증자도 유언집행자가 될 수 있는 것이며, 이와 같이 수증자와 유언집행자가 동일인인 경우에도 그 자격을 달리하는 것이므로 등기신청서에 등기의무자 망 ○○○, 위 유언집행자 ○○○, 등기권리자 ○○○로 표시하는 방법으로 소유권이전등기를 신청할 수 있다(1998. 3. 24. 등기선례 5-327).
- 유증자가 유언집행자를 지정하지도 않고 그 지정을 제3자에게 위탁하지도 않아 민법 제1095조의 규정에 의하여 상속인이 유언집행자가 되었을 경우, 민법 제1102조의 공동유언집행자에 관한 규정에 의하여 과반수 이상의 상속인들이 소유권이전등기절차에 협력한다면, 동 등기절차에 협력하지 아니한 일부 상속인등에 대하여 별도로 소유권이전등기절차의 이행을 명하는 판결을 받지 않아도 수증자 명의의 소유권이전등기를 신청할 수 있을 것이다(1998. 5. 28. 등기선례 5-329). 따라서 민법 제1095조의 규정에 의하여 6명의 상속인들이 공동유언집행자가 되었으나 그 중 1명은 유언집행에 반대하고 다른 1명은 소재불명인 경우, 나머지 4명의 공동유언집행자들이 공동유언집행자 전원을 등기의무자로 하되 그들 4명의 인감증명만을 첨부하여(그들 4명이 유언집행에 찬성한다는 취지의 서면을 별도로 첨부할 수도 있을 것이나 반드시 요구되는 것은 아니라고 여겨짐) 유증을 원인으로 하는 소유권이전등기를 경료받을 수 있다(1998. 9. 16. 등기선례 5-334).
- 등기의무자의 등기필정보(등기필증 또는 등기완료통지서)가 없을 때에는 ㉮ 등기의무자 또는 그 법정대리인(이하 "등기의무자등"이라 한다)이 등기소에 출석하여 등기관으로부터 등기의무자등임을 확인하는 방법 ㉯ 등기신청인의 대리인(변호사 또는 법무사)이 등기의무자등으로부터 위임받았음을 확인하여 확인서면을 제출하는 방법 ㉰ 신청서(위임에 의하여 대리

인이 신청하는 경우에는 그 권한을 증명하는 서면) 중 등기의무자들의 작성부분에 관하여 공증을 받아 제출하는 방법으로 등기신청을 하여야 한다(부등법 제51조, 부등규 제111조).

20. 공유물분할로 인한 소유권이전등기신청

가. 의 의

공유관계를 해소하고 각자의 소유로 하는 등기로, 이 신청에서는 공유물분할 계약에 의하여 다른 공유자의 지분을 취득하는 자를 등기권리자, 자기의 지분을 이전하여 주는 자를 등기의무자라고 한다.

나. 등기신청방법

(1) 공동신청

다른 공유자의 지분을 취득하는 자와 자기의 지분을 이전하여 주는 자가 본인임을 확인할 수 있는 주민등록증 등을 가지고 직접 등기소에 출석하여 공동으로 신청함이 원칙이다. 공유물분할의 등기를 하기 위해서는 먼저 토지 등의 분할절차를 밟은 후 그 대장 등에 의하여 분필등기를 하여야 할 것이나, 일단 분필등기가 이루어지면 각 분필된 부동산별로 각각 독립하여 등기권리자와 등기의무자가 공동으로 신청할 수 있다.

(2) 단독신청

판결에 의한 등기신청인 경우에는 승소한 등기권리자 또는 등기의무자가 단독으로 신청할 수 있다. 공유물분할은 공유자 전원이 합의하여야 하므로, 공유자 중 1인이 위 분할에 협력하지 않는다면 나머지 공유자들은 공유물분할의 소를 제기하여 재판상 분할한 후 공유물분할을 원인으로 한 소유권이전등기를 신청할 수 있다. 한편 공유물분할판결이 확정되면 공유자는 각자의 취득부분에 대하여 소유권을 취득하게 되는 것이므로 그 소송의 당사자는 원·피고에 관계없이 각각 공유물분할절차에 따른 등기를 신청할 수 있다.

(3) 대리인에 의한 신청

등기신청은 반드시 신청인 본인이 하여야 하는 것은 아니고 대리인이 하여도 된다. 등기권리자 또는 등기의무자 일방이 상대방의 대리인이 되거나 쌍방이 제3자에게 위임하여 등기신청을 할 수 있다.

[서식 20] 공유물분할로 인한 소유권이전등기신청서

공유물분할로 인한 소유권이전등기신청

접 수	년 월 일	처 리 인	등기관 확인	각종 통지
	제 호			

① 부동산의 표시				
서울특별시 서초구 서초동 100 내 300㎡ 이 상				
② 등기원인과 그 연월일	20○○년 ○월 ○일 공유물분할			
③ 등 기 의 목 적	소유권이전			
④ 이 전 할 지 분	공유자 김갑동 지분 2분의 1 이전			
구분	성 명 (상호·명칭)	주민등록번호 (등기용등록번호)	주 소 (소 재 지)	지 분 (개인별)
⑤ 등기의무자	김 갑 동	000000-0000000	서울특별시 서초구 서초대로 88길 20(서초동)	1/2
⑥ 등기권리자	이 상 선	000000-0000000	서울특별시 중구 다동길 9 (다동)	1/2

<table>
<tr><td colspan="3">⑦ 시가표준액 및 국민주택채권매입금액</td></tr>
<tr><td>부동산 표시</td><td>부동산별 시가표준액</td><td>부동산별 국민주택채권매입금액</td></tr>
<tr><td>1. 토 지</td><td>금 200,000,000 원</td><td>금 원</td></tr>
<tr><td></td><td>금 원</td><td>금 원</td></tr>
<tr><td></td><td>금 원</td><td>금 원</td></tr>
<tr><td colspan="2">⑦ 국 민 주 택 채 권 매 입 총 액</td><td>금 원</td></tr>
<tr><td colspan="2">⑦ 국 민 주 택 채 권 발 행 번 호</td><td></td></tr>
<tr><td colspan="2" rowspan="2">⑧ 취득세(등록면허세) 금 600,000원</td><td>⑧ 지방교육세 금 120,000원</td></tr>
<tr><td>⑧ 농어촌특별세 금 원</td></tr>
<tr><td colspan="2">⑨ 세 액 합 계</td><td>금 720,000 원</td></tr>
<tr><td colspan="2" rowspan="3">⑩ 등 기 신 청 수 수 료</td><td>금 15,000 원</td></tr>
<tr><td>납부번호 : ○○-○○-○○○○○-○</td></tr>
<tr><td>일괄납부 : 건 원</td></tr>
<tr><td colspan="3">⑪ 등기의무자의 등기필정보</td></tr>
<tr><td>부동산고유번호</td><td colspan="2">1102-2006-002095</td></tr>
<tr><td>성 명(명 칭)</td><td>일련번호</td><td>비밀번호</td></tr>
<tr><td>김 갑 동</td><td>Q77C-LO71-35J5</td><td>40-4636</td></tr>
<tr><td colspan="3">⑫ 첨 부 서 면</td></tr>
<tr><td colspan="2">1. 공유물분할계약서(검인) 1통
1. 취득세(등록면허세)영수필확인서 1통
1. 인감증명서나 본인서명사실확인서
또는 전자본인서명확인서 발급증 1통</td><td>1. 토지대장등본 1통
1. 주민등록표등(초)본 2통
1. 등기필증 1통</td></tr>
<tr><td colspan="3">20○○년 ○월 ○일

⑬ 위 신청인 김 갑 동 ㊞ (전화 : 200-7766)
이 상 선 ㊞ (전화 : 300-7766)
(또는)위 대리인 (전화 :)

○○지방법원 ○○등기소 귀중</td></tr>
</table>

[신청서 작성요령]

1. 부동산표시란에 2개 이상의 부동산을 기재하는 경우에는 부동산의 일련번호를 기재하여야 합니다.
2. 신청인란등 해당란에 기재할 여백이 없을 경우에는 별지를 이용합니다.
3. 담당등기관이 판단하여 위의 첨부 서면 외에 추가적인 서면을 요구할 수 있습니다.

주

1. 등기신청서 기재요령

신청서는 한글과 아라비아숫자로 기재하여야 한다. 부동산의 표시란이나 신청인란 등이 부족할 경우에는 별지로 사용하고, 별지를 포함한 신청서의 각 장 사이에 간인(신청서에 서명을 하였을 때에는 각 장마다 연결되는 서명)을 하여야 한다.

① 부동산의 표시란 : 공유물분할등기를 하고자 하는 부동산을 기재하되, 등기기록상 부동산의 표시와 일치하여야 한다. 부동산이 토지인 경우에는 토지의 소재와 지번, 지목, 면적을 기재하면 된다. 건물인 경우에는 건물의 소재와 지번, 도로명주소, 구조, 종류, 면적 건물의 번호가 있는 때에는 그 번호, 부속건물이 있는 때에는 그 구조, 종류와 면적을 기재한다. 만일 등기기록과 토지대장의 부동산표시가 다른 때에는 먼저 부동산표시변경(또는 경정)등기를 하여야 한다.

② 등기원인과 그 연월일란 : 등기원인은 "공유물분할"로, 그 연월일은 공유물분할계약서상 계약일을 기재한다.

③ 등기의 목적란 : (예) "소유권이전", "소유권일부이전", "갑구 ○번 갑 지분 전부이전", "갑구 ○번 갑 지분 2분의 1 중 일부(4분의 1)이전" 등으로 기재한다.

④ 이전할 지분란 : 소유권일부이전(공유 지분이전 포함)의 경우에만 그 지분을 기재한다. (예) 단독 소유자인 갑의 지분을 전부 이전하는 하는 경우에는 "갑 지분 ○분의 ○", 공유자인 갑의 지분을 전부 이전하는 경우, 공유자인 갑의 지분을 일부 이전하는 경우 최종 이전하는 지분이 ○분의 ○이면, 모두 "공유자 지분 ○분의 ○"으로 기재한다.

⑤ 등기의무자란 : 공유물분할계약에 의하여 자기의 지분을 이전하여 주는 자의 성명, 주민등록번호, 주소를 기재하되, 등기기록상 공유자 표시와 일치하여야 한다. 그러나 그 자가 법인인 경우에는 상호(명칭), 본점(주사무소 소재지), 등기용등록번호 및 대표자의 성명과 주소를 기재하고, 법인 아닌 사단이나 재단인 경우에는 상호(명칭), 본점(주사무소 소재지), 등기용등록번호 및 대표자(관리인)의 성명, 주민등록번호, 주소를 각 기재한다.

⑥ 등기권리자란 : 공유물분할계약에 의하여 다른 공유자의 지분을 취득하는 자를 기재하는 난으로, 그 기재방법은 등기의무자란과 같다.

⑦ 시가표준액 및 국민주택채권매입금액, 국민주택채권매입총액란, 국민주택채권발행번호란 : ㉮ 부동산별 시가표준액란은 취득세(등록면허세)납부서(OCR용지)에 기재된 시가표준액을 기재하고 부동산별 국민주택채권매입금액란에는 시가표준액의 일정비율에 해당하는 국민주택채권매입금액을 기재한다. ㉯ 부동산이 2개 이상인 경우에는 각 부동산별로 시가표준액 및 국민주택채권매입금액을 기재한 다음 국민주택채권매입총액을 기재하여야 한다. ㉰ 국민주택채권발행번호란에는 국민주택채권매입시 국민주택채권사무취급기관에서 고지

하는 채권발행번호를 기재하며, 하나의 신청사건에 하나의 채권발행번호를 기재하는 것이 원칙이며, 동일한 채권발행번호를 수 개 신청사건에 중복 기재할 수 없다. ㉱ 공유물을 공유지분율에 따라 분할하여 이전하는 경우에는 매입할 필요가 없으나, 종전 공유지분을 초과하여 분할하는 경우에는 그 초과된 면적에 관하여 국민주택채권을 매입하여야 한다. ㉲ 공유물분할의 소에서 가액배상을 하고 다른 공유자의 지분을 전부 취득하는 것으로 화해가 성립되어 이로 인한 소유권이전등기를 신청하는 경우에는, 공유물인 부동산을 공유지분율에 따라 분할등기를 하는 것이 아니므로 국민주택채권을 매입하여야 한다.

⑧ 취득세(등록면허세)·지방교육세·농어촌특별세란 : 제3편 등기실무자료 [자료 1] 취득세율표 참조

⑨ 세액합계란 : 취득세(등록면허세)액, 지방교육세액, 농어촌특별세액의 합계를 기재한다.

⑩ 등기신청수수료란 : ㉮ 부동산 1개당 15,000원의 등기신청수수료 납부액을 기재한다. 다만 전자표준양식에 의하여 신청하는 경우에는 13,000원, 전자신청하는 경우에는 10,000원의 등기신청수수료를 은행 현금납부, 전자납부, 무인발급기 납부 등의 방법에 따라 납부한 후 등기신청서에 등기신청수수료 영수필확인서를 첨부하고 납부번호를 기재하여 제출한다. ㉯ 여러 건의 등기신청에 대하여 수납금융기관에 현금으로 일괄납부하는 경우 첫 번째 등기신청서에 등기신청수수료 영수필확인서를 첨부하고 해당 등기신청수수료, 납부번호와 일괄납부 건수 및 일괄납부액을 기재하며, 나머지 신청서에는 해당 등기신청수수료와 전 사건에 일괄 납부한 취지를 기재한다(일괄납부는 은행에 현금으로 납부하는 경우에만 가능함).

⑪ 등기의무자의 등기필정보란 : ㉮ 전자신청 지정등기소에서는 신청방법(전자신청, 서면신청)을 불문하고 등기를 완료한 경우 등기필증 대신 등기필정보를 전자적 교부 또는 서면교부하기 때문에, 등기신청의 당사자 또는 대리인은 등기필정보상의 일련번호와 비밀번호를 기재함으로서 등기필증의 제출을 갈음할 수 있다. 등기의무자가 교부받은 등기필정보에 기재된 부동산고유번호, 성명, 일련번호, 비밀번호를 각 기재한다. 다만 교부받은 등기필정보를 멸실한 경우에는 부동산등기법 제51조에 의하여 확인서면이나 확인조서 또는 공증서면 중 하나를 첨부한다. ㉯ 등기신청서에 등기필증이나 확인서면 등을 첨부한 경우 이 난은 기재할 필요가 없다.

⑫ 첨부서면란 : 등기신청서에 첨부한 서면을 각 기재한다.

⑬ 신청인등란 : ㉮ 등기의무자와 등기권리자의 성명 및 전화번호를 기재하고, 각자의 인장을 날인하되, 등기의무자는 그의 인감을 날인한다. 그러나 신청인이 법인 또는 법인 아닌 사단이나 재단인 경우에는 상호(명칭)와 대표자(관리인)의 자격 및 성명을 기재하고, 법인이 등기의무자인 때에는 등기소의 증명을 얻은 그 대표자의 인감, 법인 아닌 사단이나 재단인 때에는 대표자(관리인)의 개인인감을 날인한다. ㉯ 대리인이 등기신청을 하는 경우에는 그 대리인의 성명, 주소, 전화번호를 기재하고 대리인의 인장을 날인 또는 서명한다.

2. 등기신청서에 첨부할 서면 등

- 등기필증 : 등기의무자의 소유권에 관한 등기필증으로서 등기의무자가 소유권 취득시 등기소로부터 교부받은 등기필증을 첨부한다. 단, 소유권 취득의 등기를 완료하고 등기필정보를 교부받은 경우에 그 등기필정보상에 기재된 부동산고유번호, 성명, 일련번호, 비밀번호를 각 기재(등기필정보를 제출하는 것이 아님)한다. 다만, 등기필증(등기필정보)을 멸실하여 첨부(기재)할 수 없는 경우에는 부동산등기법 제51조에 의하여 확인서면이나 확인조서 또는 공증서면 중 하나를 첨부한다.

- 공유물분할계약서 : 공유물분할로 인한 소유권이전등기를 신청하는 경우에는 그 계약서에 부동산소재지를 관할하는 시장, 구청장, 군수로부터 검인을 받아야 한다. 공유물분할계약서에 기재된 거래금액이 1,000만원을 초과하는 경우에는 일정액의 정부수입인지를 붙여야 한다. 다만 공유자들이 각자의 공유지분비율에 따라서 공유물분할등기를 신청할 경우에, 원인서면으로 제출되는 공유물분할계약서는 대가성 있는 소유권이전증서로 볼 수 없으므로 인지세법에서 정하는 인지는 붙이지 않아도 된다.
- 취득세(등록면허세)영수필확인서 : 시장, 구청장, 군수 등으로부터 취득세(등록면허세)납부서(OCR용지)를 발급받아 납세지를 관할하는 해당 금융기관에 세금을 납부한 후 취득세(등록면허세)영수필확인서와 영수증을 교부받아 영수증은 본인이 보관하고 취득세(등록면허세)영수필확인서만 신청서의 취득세(등록면허세)액표시란의 좌측상단 여백에 첨부하거나, 또는 지방세인터넷납부시스템에서 출력한 시가표준액이 표시되어 있는 취득세(등록면허세)납부확인서를 첨부한다.
- 토지대장등본 : 등기신청대상 부동산의 종류에 따라 토지(임야)대장등본(발행일로부터 3월 이내)을 첨부한다.
- 인감증명서 등 : ㉮ 등기의무자의 인감증명서(발행일로부터 3월 이내)를 첨부하거나, 인감증명을 갈음하여 「본인서명사실확인등에관한법률」에 따라 발급된 본인서명사실확인서(발행일부터 3개월 이내)에 기재한 서명(전자본인서명확인서 발급증을 제출할 경우에도 서명)을 하고 본인서명사실확인서(전자본인서명확인서 발급증)을 첨부한다. ㉯ 부동산등기규칙 제60조에 의하여 인감증명을 첨부하여야 하는 자가 법인인 경우에는 등기소의 증명을 얻은 대표자의 인감증명서를, 법인 아닌 사단 또는 재단의 경우에는 대표자 또는 관리인의 인감증명을 첨부한다.
- 주민등록표등(초)본 : 등기의무자 및 등기권리자의 주민등록표등본 또는 초본(각 발행일로부터 3월 이내)을 첨부한다.
- 법인등기사항전부(일부)증명서 : ㉮ 신청인이 법인인 경우에는 법인등기사항전부증명서 또는 법인등기사항일부증명서(각 발행일로부터 3월 이내)를 첨부한다. 다만, 법인등기가 되어 있는 등기소와 부동산소재지 관할 등기소가 동일한 경우에는 위 법인등기사항증명서를 제출할 필요가 없다. ㉯ 법인 아닌 사단 또는 재단이 등기를 신청하는 경우에는 정관이나 그 밖의 규약, 대표자나 관리인임을 증명하는 정보(다만, 등기되어 있는 대표자나 관리인이 신청하는 경우에는 그러하지 아니하다), 대표자나 관리인의 주소 및 주민등록번호를 증명하는 정보를 첨부한다. 다만 법인 아닌 사단이 등기의무자인 경우에는 민법 제276조 소정의 사원총회의 결의서도 첨부한다(부등규 제48조).
- 제3자의 동의, 허가 또는 승낙을 증명하는 서면 : 종전 공유지분을 초과하여 취득하는 토지면적이 토지거래허가의 대상이 된다면 토지거래허가를 받아서 이를 첨부하여야 한다. 종전에는 공유지분에 다른 농지의 공유물분할로 인한 소유권이전등기신청시에는 농지취득자격증명을 첨부할 필요가 없고, 다만 공유물분할로 취득한 면적이 종전 공유지분을 초과하는 공유물분할로 인한 소유권이전등기청시에만 농지취득자격증명을 첨부하여야 한다고 하였으나(1997. 11. 27. 등기선례 5-891), 현재는 공유물분할로 인하여 취득하는 면적이 공유지분과 같은지 여부에 관계없이 농지취득자격증명을 첨부할 필요가 없다(1999. 10. 21. 등기선례 6-562).
- 위임장 : 등기신청을 법무사 등 대리인에게 위임하는 경우에 첨부한다. 위임인의 성명과 주소를 기재하고 인장을 날인하되 부동산등기규칙 제60조 제1항 제1호 내지 제3호에 해당하여

인감증명을 제출하여야 하는 자는 위임장에 인감을 날인하여야 하나, 위 규칙 제60조 제1호 내지 제3호에 해당하지 않는 자는 인감날인 대신에 일반적인 기명날인 혹은 서명으로 갈음할 수 있다.

3. 등기신청서류 편철순서

신청서, 취득세(등록면허세)영수필확인서, 등기신청수수료 영수필확인서, 위임장, 인감증명서나 본인서명사실확인서 또는 전자본인서명확인서 발급증, 주민등록표등(초)본, 토지대장등본, 공유물분할계약서, 등기필증 등의 순으로 편철한다.

4. 기타 참고사항

- 공유물분할로 인한 소유권이전등기시 종전 공유지분을 초과하는 면적이 토지거래허가대상면적 이상일 때에는 이에 대한 토지거래계약허가증을 첨부하여야 하고, 허가대상면적 이하이거나 종전 공유지분에 따른 공유물분할인 때에는 이를 첨부할 필요가 없다(1997. 11. 27. 등기선례 5-891).
- 등기의무자의 등기필정보(등기필증 또는 등기완료통지서)가 없을 때에는 ㉮ 등기의무자 또는 그 법정대리인(이하 "등기의무자등"이라 한다)이 등기소에 출석하여 등기관으로부터 등기의무자등임을 확인하는 방법 ㉯ 등기신청인의 대리인(변호사 또는 법무사)이 등기의무자등으로부터 위임받았음을 확인하여 확인서면을 제출하는 방법 ㉰ 신청서(위임에 의하여 대리인이 신청하는 경우에는 그 권한을 증명하는 서면) 중 등기의무자들의 작성부분에 관하여 공증을 받아 제출하는 방법으로 등기신청을 하여야 한다(부등법 제51조, 부등규 제111조).

21. 판결 등에 의한 소유권이전등기신청

가. 의 의

등기의무자가 부동산에 관하여 매매 등으로 인한 소유권이전등기신청에 협력하지 아니하여 등기권리자(매수인 등)가 등기의무자(매도인 등)를 상대로 소유권이전등기절차이행을 명하는 확정판결 등을 받아 등기권리자 단독으로 하는 소유권이전등기를 말하며, 또한 등기권리자가 등기신청을 하지 아니할 때에는 등기의무자도 판결 등에 의하여 단독으로 소유권이전등기를 신청할 수 있다.

나. 부동산등기법 제23조 제4항 판결의 요건

(1) 이행판결

(가) 부동산등기법 제23조 제4항의 판결은 등기신청절차의 이행을 명하는 이행

판결이어야 하며, 주문의 형태는 "○○○등기절차를 이행하라"와 같이 등기신청 의사를 진술하는 것이어야 한다.

다만 공유물분할판결의 경우에는 예외로 한다.

(나) 위 판결에는 등기권리자와 등기의무자가 나타나야 하며, 신청의 대상인 등기의 내용, 즉 등기의 종류, 등기원인과 그 연월일 등 신청서에 기재하여야 할 사항이 명시되어 있어야 한다.

(다) 등기신청할 수 없는 판결의 예시

① 등기신청철자의 이행을 명하는 판결이 아닌 경우

㉮ "○○재건축조합의 조합원 지위를 양도하라"와 같은 판결

㉯ "소유권지분 10분의 3을 양도하라"라고 한 화해조서

㉰ "소유권이전등기절차에 필요한 서류를 교부한다"라고 한 화해조서

② 이행판결이 아닌 경우

㉮ 매매계약이 무효라는 확인판결에 의한 소유권이전등기의 말소등기신청

㉯ 소유권확인판결에 의한 소유권이전등기의 신청

㉰ 통행권 확인판결에 의한 지역권설정등기의 신청

㉱ 재심의 소에 의하여 재심대상 판결이 취소된 경우 그 재심판결로 취소된 판결에 의하여 경료된 소유권이전등기의 말소등기신청

㉲ 피고의 주소를 허위로 기재하여 소송서류 및 판결정본을 그 곳으로 송달하게 한 사위판결에 의하여 소유권이전등기가 경료된 후 상소심절차에서 그 사위판결이 취소·기각된 경우 그 취소·기각판결에 의한 소유권이전등기의 말소등기신청

③ 신청서에 기재하여야 할 필수적 기재사항이 판결주문에 명시되지 아니한 경우

㉮ 근저당권설정등기를 명하는 판결주문에 필수적 기재사항인 채권최고액이나 채무자가 명시되지 아니한 경우

㉯ 전세권설정등기를 명하는 판결주문에 필수적 기재사항인 전세금이나 전세권의 목적인 범위가 명시되지 아니한 경우

(2) 확정판결

부동산등기법 제23조 제4항의 판결은 확정판결이어야 한다. 따라서 확정되지 아니한 가집행선고가 붙은 판결에 의하여 등기를 신청한 경우 등기관은 그 신청을 각하하여야 한다.

(3) 부동산등기법 제23조 제4항의 판결에 준하는 집행권원

(가) 화해조서·인낙조서, 화해권고결정, 민사조정조서·조정에 갈음하는 결정, 가사조정조서·조정에 갈음하는 결정 등도 그 내용에 등기의무자의 등기신청에 관한 의사표시의 기재가 있는 경우에는 등기권리자가 단독으로 등기를 신청할 수 있다.

(나) 중재판정 또는 외국판결에 의한 등기신청은 집행판결을 첨부하여야만 단독으로 등기를 신청할 수 있다.

(다) 공증인 작성의 공정증서는 설령 부동산에 관한 등기신청의무를 이행하기로 하는 조항이 기재되어 있더라도 등기권리자는 이 공정증서에 의하여 단독으로 등기를 신청할 수 없다.

(라) 가처분결정(판결)에 등기절차의 이행을 명하는 조항이 기재되어 있어도 등기권리자는 이 가처분결정 등에 의하여 단독으로 등기를 신청할 수 없다. 가등기권자는 부동산등기법 제89조의 가등기가처분명령을 등기원인증서로 하여 단독으로 가등기를 신청할 수 있다.

(4) 판결의 확정시기

등기절차의 이행을 명하는 확정판결을 받았다면 그 확정시기에 관계없이, 즉 확정 후 10년이 경과하였다 하더라도 그 판결에 의한 등기신청을 할 수 있다

다. 등기신청방법

(1) 단독신청

판결에 의한 등기신청인 경우에는 승소한 등기권리자 또는 등기의무자가 단독으로 신청할 수 있다.

(2) 대리인에 의한 신청

등기신청은 반드시 신청인 본인이 하여야 하는 것은 아니고 대리인이 하여도 된다. 등기권리자 또는 등기의무자 일방이 상대방의 대리인이 되거나 쌍방이 제3자에게 위임하여 등기신청을 할 수 있다.

[서식 21] 판결 등에 의한 소유권이전등기신청서

판결에 의한 소유권이전등기신청

접 수	년 월 일	처 리 인	등기관 확인	각종 통지
	제 호			

① 부동산의 표시
1동의 건물의 표시 서울특별시 서초구 서초동 100, 101 샛별아파트 가동 [도로명주소] 서울특별시 서초구 서초대로 88길 10 전유부분의 건물의 표시 건물의 번호 : 가 - 3 - 305 구 조 : 철근콘크리트조 면 적 : 3층 305호 86.03㎡ 대지권의 표시 토지의 표시 : 1. 서울특별시 서초구 서초동 100 대 1400㎡ 2. 서울특별시 서초구 서초동 101 대 1600㎡ 대지권의 종류 : 소유권 대지권의 비율 1, 2 : 3,000분의 500 이 상

② 등기원인과 그 연월일	20○○년 ○월 ○일 확정판결
③ 등 기 의 목 적	소유권이전
④ 이 전 할 지 분	

구분	성 명 (상호·명칭)	주민등록번호 (등기용등록번호)	주 소 (소 재 지)	지 분 (개인별)
⑤ 등기의무자	김 갑 동	000000-0000000	서울특별시 서초구 서초대로 88길 20(서초동)	
⑥ 등기권리자	이 상 선	000000-0000000	서울특별시 중구 다동길 96(다동)	

⑦ 시가표준액 및 국민주택채권매입금액		
부동산 표시	부동산별 시가표준액	부동산별 국민주택채권매입금액
1. 공동주택	금 500,000,000 원	금 13,000,000 원
	금 원	금 원
	금 원	금 원
⑦ 국 민 주 택 채 권 매 입 총 액		금 13,000,000 원
⑦ 국 민 주 택 채 권 발 행 번 호		○ ○ ○
⑧ 취득세(등록면허세) 금 6,000,000원	⑧ 지방교육세 금 600,000원	
	⑧ 농어촌특별세 금 1,500,000원	
⑨ 세 액 합 계	금 8,100,000 원	
⑩ 등 기 신 청 수 수 료	금 15,000 원	
	납부번호 : ○ ○-○ ○-○ ○ ○ ○ ○ ○-○	
	일괄납부 : 건 원	

⑪ 등기의무자의 등기필정보		
부동산고유번호		
성 명(명 칭)	일련번호	비밀번호

⑫ 첨 부 서 면	
1. 취득세(등록면허세)영수필확인서 1통 1. 토지대장등본 1통 1. 집합건축물대장등본 2통 1. 주민등록표등(초)본 2통	1. 판결정본(검인) 1통 1. 확정증명 1통 1. 농지취득자격증명서(농지의 경우)

20○○년 ○월 ○일

⑬ 위 신청인 이 상 선 ㉖ (전화 : 300-1234)
(또는)위 대리인 (전화 :)

○○지방법원 ○○등기소 귀중

[신청서 작성요령]

1. 부동산표시란에 2개 이상의 부동산을 기재하는 경우에는 부동산의 일련번호를 기재하여야 합니다.
2. 신청인란등 해당란에 기재할 여백이 없을 경우에는 별지를 이용합니다.
3. 담당등기관이 판단하여 위의 첨부 서면 외에 추가적인 서면을 요구할 수 있습니다.

주

1. 등기신청서 기재요령

신청서는 한글과 아라비아숫자로 기재하여야 한다. 부동산의 표시란이나 신청인란 등이 부족할 경우에는 별지로 사용하고, 별지를 포함한 신청서의 각 장 사이에 간인(신청서에 서명을 하였을 때에는 각 장마다 연결되는 서명)을 하여야 한다.

① 부동산의 표시란 : 판결주문에 기재된 부동산을 기재하되, 등기기록상 부동산의 표시와 일치하여야 한다.

㉮ 1동의 건물의 표시 : 1동의 건물 전체의 소재, 지번, 건물명칭 및 번호, 도로명주소(등기기록 표제부에 기록되어 있는 경우)를 기재한다.

㉯ 전유부분의 건물의 표시 : 건물의 번호, 구조, 면적을 기재한다.

㉰ 대지권의 표시 : 대지권의 목적인 토지의 표시, 대지권의 종류, 비율을 기재한다.
- 대지권의 목적인 토지의 표시는 토지의 일련번호, 토지의 소재, 지번, 지목, 면적을,
- 대지권의 종류는 소유권, 지상권, 전세권, 임차권 등 권리의 종류에 따라 기재하며,
- 대지권의 비율은 대지권의 목적인 토지에 대한 지분비율을 기재한다.

㉱ 만일 등기기록과 토지·집합건축물대장의 부동산표시가 다른 때에는 먼저 부동산표시변경(또는 경정)등기를 하여야 한다.

② 등기원인과 그 연월일란 : ㉮ 등기절차의 이행을 명하는 이행판결에 의한 경우, 즉 기존등기의 등기원인이 부존재 내지 무효이거나, 취소· 해제에 의하여 소멸하였음을 이유로 하는 말소등기 또는 회복등기를 명하는 판결의 경우 그 판결주문에 명시된 등기원인과 그 연월일을 기재하고, 가등기상 권리가 매매예약에 의한 소유권이전등기청구권으로서 그 가등기에 기한 본등기를 명한 판결의 주문에 등기원인과 그 연월일의 기재가 없는 경우 그 "판결주문에 명시된 등기원인"과 그 연월일을 기재한다(예 : "20○○년 ○월 ○일 매매"). 그러나

소유권이전등기청구권으로서 그 가등기에 기한 본등기를 명한 판결의 주문에 등기원인과 그 연월일의 기재가 없는 경우 등기원인은 "확정판결"로, 그 연월일은 "판결선고일"을 기재한다(예 : "20○○년 ○월 ○일 확정판결"). ㈏ 공유물분할의 경우 등기원인은 "공유물분할"로 그 연월일은 "판결확정일"을, 사해행위취소판결의 등기원인은 "사해행위취소"로, 그 연월일은 "판결확정일"을 각 기재하고, 재산분할심판의 경우 등기원인은 "재산분할로, 그 연월일은 "심판확정일"을 기재한다(예: "20○○년 ○월 ○일 사해행위취소"). 여기서 등기원인일자라 함은 매매예약완결권이 행사되어 매매가 성립된 날을 뜻하는 것으로 판결주문에 매매예약 완결일자가 있는 이상 그 일자를 등기원인일자로 기재한다. ㈐ 화해조서·인낙조서, 화해권고결정, 민사조정조서·조정에 갈음하는 결정, 가사조정조서· 조정에 갈음하는 결정 등에 등기신청에 관한 의사표시의 기재가 있고 그 내용에 등기원인과 그 연월일의 기재가 있는 경우 등기신청서에는 그 등기원인과 그 연월일을 기재한다. ㈑ 화해조서 등에 등기신청에 관한 의사표시의 기재가 있으나 그 내용에 등기원인과 그 연월일의 기재가 없는 경우 등기신청서에는 등기원인은 "화해", "인낙", "화해권고결정", "조정" 또는 "조정에 갈음하는 결정" 등으로, 그 연월일은 "조서기재일" 또는 "결정확정일"을 기재한다. ㈒ '진정명의회복등기'에서와 같이 판결주문이나 이유 중에 등기원인이나 원인일자의 기재가 없으면 등기원인은 "판결", 등기연월일은 "연월일미상"으로 기재한다.

③ 등기의 목적란 : (예) "소유권이전", "소유권일부이전", "갑구 ○번 갑 지분 전부이전", "갑구 ○번 갑 지분 2분의 1 중 일부(4분의 1)이전" 등으로 기재한다.

④ 이전할 지분란 : 소유권일부이전(공유 지분이전 포함)의 경우에만 그 지분을 기재한다. (예) 단독 소유자인 갑의 지분을 전부 이전하는 하는 경우에는 "갑 지분 ○분의 ○", 공유자인 갑의 지분을 전부 이전하는 경우, 공유자인 갑의 지분을 일부 이전하는 경우 최종 이전하는 지분이 ○분의 ○이면, 모두 "공유자 지분 ○분의 ○"으로 기재한다.

⑤ 등기의무자란(아래 ⑬항 참조) : 매도인 등의 성명, 주민등록번호, 주소를 기재하되, 등기기록상 소유자 표시와 일치하여야 한다. 그러나 매도인 등이 법인인 경우에는 상호(명칭), 본점(주사무소 소재지), 등기용등록번호 및 대표자의 성명과 주소를 기재하고, 법인 아닌 사단이나 재단인 경우에는 상호(명칭), 본점(주사무소 소재지), 등기용등록번호 및 대표자(관리인)의 성명, 주민등록번호, 주소를 각 기재한다.

⑥ 등기권리자란(아래 ⑬항 참조) : 매수인 등을 기재하는 난으로, 그 기재방법은 등기의무자란과 같다.

⑦ 시가표준액 및 국민주택채권매입금액, 국민주택채권매입총액란, 국민주택채권발행번호란 : ㉮ 부동산별 시가표준액란은 취득세(등록면허세)납부서(OCR용지)에 기재된 시가표준액을 기재하고 부동산별 국민주택채권매입금액란에는 시가표준액의 일정비율에 해당하는 국민주택채권매입금액을 기재한다. ㈏ 부동산이 2개 이상인 경우에는 각 부동산별로 시가표준액 및 국민주택채권매입금액을 기재한 다음 국민주택채권 매입총액을 기재하여야 한다. ㈐ 국민주택채권발행번호란에는 국민주택채권 매입시 국민주택채권사무취급기관에서 고지하는 채권발행번호를 기재하며, 하나의 신청사건에 하나의 채권발행번호를 기재하는 것이 원칙이며, 동일한 채권발행번호를 수 개 신청사건에 중복 기재할 수 없다.

⑧ 취득세(등록면허세)·지방교육세·농어촌특별세란 : 제3편 등기실무자료 [자료 1] 취득세율표 참조

⑨ 세액합계란 : 취득세(등록면허세)액, 지방교육세액, 농어촌특별세액의 합계를 기재한다.

⑩ 등기신청수수료란 : ㉮ 부동산 1개당 15,000원의 등기신청수수료 납부액을 기재한다. 다만

전자표준양식에 의하여 신청하는 경우에는 13,000원, 전자신청하는 경우에는 10,000원의 등기신청수수료를 은행 현금납부, 전자납부, 무인발급기 납부 등의 방법에 따라 납부한 후 등기신청서에 등기신청수수료 영수필확인서를 첨부하고 납부번호를 기재하여 제출한다. ㊁ 여러 건의 등기신청에 대하여 수납금융기관에 현금으로 일괄납부하는 경우 첫 번째 등기신청서에 등기신청수수료 영수필확인서를 첨부하고 해당 등기신청수수료, 납부번호와 일괄납부 건수 및 일괄납부액을 기재하며, 나머지 신청서에는 해당 등기신청수수료와 전 사건에 일괄 납부한 취지를 기재한다(일괄납부는 은행에 현금으로 납부하는 경우에만 가능함).

⑪ 등기의무자의 등기필정보란 : 이 난은 승소한 등기의무자가 부동산등기법 제23조의 규정에 의하여 단독으로 등기를 신청하는 경우에 한하여 기재하여야 한다(부등규 제43조 제1항 제7호).

⑫ 첨부서면란 : 등기신청서에 첨부한 서면을 각 기재한다.

⑬ 신청인등란 : ㉮ 승소한 등기권리자 또는 등기의무자 : • 승소한 등기권리자 또는 승소한 등기의무자는 단독으로 판결에 의한 등기신청을 할 수 있다. • 패소한 등기의무자는 그 판결에 기하여 직접 등기권리자 명의의 등기신청을 하거나 승소한 등기권리자를 대위하여 등기신청을 할 수 있다. • 승소한 등기권리자에는 적극적 당사자인 원고뿐만 아니라 피고나 당사자참가인도 포함된다. ㊁ 승소한 등기권리자의 상속인 : 승소한 등기권리자가 승소판결의 변론종결 후 사망하였다면, 상속인이 상속을 증명하는 서면을 첨부하여 직접 자기 명의로 등기를 신청할 수 있다. ㉰ 공유물분할판결의 경우 : 공유물분할판결이 확정되면 그 소송당사자는 원·피고인지 여부에 관계없이 그 확정판결을 첨부하여 등기권리자 단독으로 공유물분할을 원인으로 한 지분이전등기를 신청할 수 있다. ㉱ 채권자대위소송에 의한 경우 : • 채권자가 제3채무자를 상대로 채무자를 대위하여 등기절차의 이행을 명하는 판결을 얻은 경우 채권자는 법 제28조에 의하여 채무자의 대위신청인으로서 그 판결에 의하여 단독으로 등기를 신청할 수 있다. • 채권자 대위소송에서 채무자가 채권자대위소송이 제기된 사실을 알았을 경우에는 채무자 또는 제3채권자도 채권자가 얻은 승소판결에 의하여 단독으로 등기를 신청할 수 있다. ㉲ 채권자 취소소송의 경우 : 수익자(갑)를 상대로 사해행위취소판결을 받은 채권자(을)는 채무자(병)를 대위하여 단독으로 등기를 신청할 수 있다. 이 경우 등기신청서의 등기권리자란에는 "병 대위신청인 을"과 같이 기재하고 등기의무자란에는 "갑"을 기재한다. 따라서 등기의무자와 등기권리자의 성명 및 전화번호를 기재하되, 각자의 인장을 날인하되, 등기의무자는 그의 인감을 날인한다. 그러나 신청인이 법인 또는 법인 아닌 사단이나 재단인 경우에는 상호(명칭)와 대표자(관리인)의 자격 및 성명을 기재하고, 대표자(관리인)의 인장을 날인한다. ㉳ 대리인이 등기신청을 하는 경우에는 그 대리인의 성명, 주소, 전화번호를 기재하고 대리인의 인장을 날인 또는 서명한다.

2. 등기신청서에 첨부할 서면 등

- 판결정본 및 확정증명서와 송달증명서. : ㉮ 판결에 의한 등기를 신청함에 있어 등기원인증서로서 판결정본과 그 판결이 확정되었음을 증명하는 확정증명을 첨부하여야 한다. ㊁ 조정조서, 화해조서 또는 인낙조서를 등기원인증서로서 첨부하는 경우에는 확정증명원을 첨부할 필요가 없다.㉰ 조정에 갈음하는 결정정본 또는 화해권고결정정본을 등기원인증서로서 첨부하는 경우에는 확정증명서를 첨부하여야 한다. ㉱ 위 ㉮부터 ㉰까지의 경우에 송달증명서의 첨부는 요하지 않는다.
- 집행문 : ㉮ 판결에 의한 등기를 신청하는 경우 원칙적으로 집행문의 첨부를 요하지 않는다.

㉯ 등기절차의 이행을 명하는 판결이 선이행판결, 상환이행판결, 조건부이행판결인 경우에는 집행문을 첨부하여야 한다. 다만 등기절차의 이행과 반대급부의 이행이 각각 독립적으로 기재되어 있다면 그러하지 아니하다.

- 승계집행문(2011. 10. 11. 등기예규 제1383호 참조)
- 검인 : 판결문에 의하여 소유권이전등기를 신청하는 경우에도 검인을 받아야 한다.
- 등기필증 : 승소한 등기의무자가 단독으로 등기를 신청하는 경우에 한하여 제출한다. 단, 소유권 취득의 등기를 완료하고 등기필정보를 교부받은 경우에 그 등기필정보상에 기재된 부동산고유번호, 성명, 일련번호, 비밀번호를 각 기재(등기필정보를 제출하는 것이 아님)한다. 다만, 등기필증(등기필정보)을 멸실하여 첨부(기재)할 수 없는 경우에는 부동산등기법 제51조에 의하여 확인서면이나 확인조서 또는 공증서면 중 하나를 첨부한다.
- 취득세(등록면허세)영수필확인서 : 시장, 구청장, 군수 등으로부터 취득세(등록면허세)납부서(OCR용지)를 발급받아 납세지를 관할하는 해당 금융기관에 세금을 납부한 후 취득세(등록면허세)영수필확인서와 영수증을 교부받아 영수증은 본인이 보관하고 취득세(등록면허세)영수필확인서만 신청서의 취득세(등록면허세)액표시란의 좌측상단 여백에 첨부하거나, 또는 지방세인터넷납부시스템에서 출력한 시가표준액이 표시되어 있는 취득세(등록면허세)납부확인서를 첨부한다.
- 토지·건축물대장등본 : 등기신청대상 부동산의 종류에 따라 토지(임야)대장등본, 건축물대장등본(각 발행일로부터 3월 이내)을 첨부한다.
- 주소를 증명하는 서면 : ㉮ 판결에 의하여 등기권리자가 단독으로 소유권이전등기를 신청할 때에는 등기권리자의 주소를 증명하는 서면만을 제출하면 되고, 판결문상의 피고의 주소가 등기부상의 등기의무자의 주소와 다른 경우(등기부상 주소가 판결에 병기된 경우 포함)에는 동일인임을 증명할 수 있는 자료로서 주소에 관한 서면을 제출하여야 한다. 다만 판결문상에 기재된 피고의 주민등록번호와 등기부상에 기재된 등기의무자의 주민등록번호가 동일하여 동일인임을 인정할 수 있는 경우에는 그러하지 아니하다. ㉯ 원고가 미등기 부동산에 관하여 그 소유자를 피고로 하여 소유권이전등기절차의 이행을 명하는 판결을 받은 후 피고를 대위하여 소유권보존등기를 신청하는 경우에는 그 보존등기명의인인 피고의 주소를 증명하는 서면을 제출하여야 한다. 피고에 대한 소송서류의 송달이 공시송달에 의하여 이루어진 경우에도 같다. 이 경우 피고의 주민등록이 '주민등록법' 제20조 제5항에 의하여 말소된 때에는 말소된 주민등록표등본을 첨부하고 그 최후 주소를 주소지로 하여 피고명의의 소유권보존등기를 신청할 수 있다. ㉰ 갑은 을에게, 을은 병에게 각 소유권이전등기절차를 순차로 이행하라는 판결에 의하여 병이 을을 대위하여 갑으로부터 을로의 소유권이전등기를 신청할 때에는 을의 주소를 증명하는 서면을 첨부하여야 하고, 이 경우 을에 대한 소송서류의 송달이 공시송달에 의하여 이루어진 때에는 그 판결에 기재된 을의 최후 주소를 증명하는 서면을 첨부하여야 한다.
- 법인등기사항전부(일부)증명서 : ㉮ 신청인이 법인인 경우에는 법인등기사항전부증명서 또는 법인등기사항일부증명서(각 발행일로부터 3월 이내)를 첨부한다. 다만, 법인등기가 되어 있는 등기소와 부동산소재지 관할 등기소가 동일한 경우에는 위 법인등기사항증명서를 제출할 필요가 없다. ㉯ 법인 아닌 사단 또는 재단이 등기를 신청하는 경우에는 정관이나 그 밖의 규약, 대표자나 관리인임을 증명하는 정보(다만, 등기되어 있는 대표자나 관리인이 신청하는 경우에는 그러하지 아니하다), 대표자나 관리인의 주소 및 주민등록번호를 증명하는 정보를 첨부한다. 다만 법인 아닌 사단이 등기의무자인 경우에는 민법 제276조 소정의 사원

총회의 결의서도 첨부한다(부등규 제48조).

- 제3자의 허가서, 동의 또는 승낙을 증명하는 서면 : 부동산이 농지인 경우에는 농지취득자격증명(시·읍·면사무소 포함)을 첨부하여야 하고, 신청대상인 등기에 제3자의 허가서 등이 필요한 경우에는 그러한 서면의 제출은 요하지 않는다(부동산등기규칙 제46조제3항 참조). 다만, 등기원인에 대하여 행정관청의 허가, 동의 또는 승낙 등을 받을 것이 요구되는 때에는 해당 허가서 등의 현존사실이 그 판결서에 기재되어 있는 경우에 한하여 허가서 등의 제출의무가 면제된다. 그러나 소유권이전등기를 신청할 때에는 해당 허가서 등의 현존사실이 판결서 등에 기재되어 있다 하더라도 행정관청의 허가 등을 증명하는 서면을 반드시 제출하여야 한다(부동산등기특별조치법 제5조 제1항 참조).
- 위임장 : 등기신청을 법무사 등 대리인에게 위임하는 경우에 첨부한다. 위임인의 성명과 주소를 기재하고 인장을 날인하되 판결에 의하여 단독신청하는 경우에는 인감날인 대신에 일반적인 기명날인 혹은 서명으로 갈음할 수 있다.

3. 등기신청서류 편철순서

신청서, 취득세(등록면허세)영수필확인서, 등기신청수수료 영수필확인서, 위임장, 주민등록표등(초)본, 토지·건축물대장등본, 판결정본 및 확정증명서 등의 순으로 편철한다.

4. 기타 참고사항

- 거래신고필증과 매매목록 : 매매에 관한 거래계약서를 등기원인을 증명하는 서면으로 하여 소유권이전등기를 신청하는 경우에는 대법원규칙이 정하는 거래신고필증과 매매목록을 첨부하여야 하지만, 판결에 기한 등기의 경우에는 집행력있는 판결정본이 등기원인을 증명하는 서면에 해당하므로, 본 건과 같은 판결에 기한 등기의 경우에는 등기원인이 매매라고 하더라도 거래신고필증이나 매매목록을 제출할 필요가 없다. 등기원인의 매매라 하더라도 등기원인증서가 판결, 조정조서 등 매매계약서가 아닌 때에는 거래가액을 등기부에 기재하지 아니하고 이와 같이 거래가액을 등기부에 기재하지 아니하는 경우에는 부동산거래계약신고필증을 첨부할 필요는 없다(201. 10. 11. 등기예규 제1395호).

22. 소유권이전대위등기신청(사해행위 취소)

가. 의 의

채권자가 채권자대위권을 행사하는 방법으로 제3채무자를 상대로 소송을 제기하고 판결을 받은 경우에는 어떠한 사유로 인하였던 간에 채권자대위권에 의한 소송이 제기된 사실을 채무자가 알았을 경우에는 그 확정판결의 효력은 채무자에게 미친다고 할 것이므로 채권자대위권에 의한 소송을 제기한 사실을 채무자가 알았다면 그 판결에 기하여 직접 소유권이전등기를 신청할 수 있다.

그러나 채권자취소소송에서는 채권자가 얻은 판결에 의하여 채무자가 단독으로 수익자 명의의 등기를 말소하거나 채무자 앞으로 이전등기를 신청할 수 없다.

나. 등기신청방법

판결에 의한 등기신청은 승소한 등기권리자 또는 등기의무자 본인이나, 법무사 등 그 대리인이 신분을 확인할 수 있는 주민등록증 등을 가지고 직접 등기소에 출석하여 신청한다. 사해행위취소는 소로써만 행사할 수 있으므로 판결이 아닌 공동신청 등의 방법에 의하여 사해행위취소를 원인으로 한 소유권말소 또는 이전등기를 신청할 수 없다.

[서식 22] 소유권이전대위등기신청서(사해행위 취소)

소유권이전대위등기신청

접 수	년 월 일	처 리 인	등기관 확인	각종 통지
	제 호			

① 부동산의 표시

1동의 건물의 표시
서울특별시 서초구 서초동 100, 101 샛별아파트 가동
[도로명주소] 서울특별시 서초구 서초대로 88길 10

전유부분의 건물의 표시
건물의 번호 : 가 - 3 - 305
구 조 : 철근콘크리트조
면 적 : 3층 305호 86.03㎡

대지권의 표시
토지의 표시 : 1. 서울특별시 서초구 서초동 100 대 1400㎡
2. 서울특별시 서초구 서초동 101 대 1600㎡
대지권의 종류 : 소유권
대지권의 비율 1, 2 : 3,000분의 500

이 상

② 등기원인과 그 연월일	2020년 8월 20일 확정판결
③ 등 기 의 목 적	소유권이전
④ 이 전 할 지 분	
⑤ 대 위 원 인	2018년 1월 12일 소비대차에 의한 대여금반환청구권

구분	성 명 (상호·명칭)	주민등록번호 (등기용등록번호)	주 소 (소 재 지)	지 분 (개인별)
⑥ 등기의무자	김 갑 동	000000-0000000	서울특별시 서초구 서초대로 88길 20(서초동)	
⑦ 등기권리자	이 상 선	000000-0000000	서울특별시 중구 다동길 96 (다동)	
	대위신청인 이 몽 룡	000000-0000000	서울특별시 관악구 서림3길 60(신림동)	

⑧ 시가표준액 및 국민주택채권매입금액

부동산 표시	부동산별 시가표준액	부동산별 국민주택채권매입금액
1. 공동주택	금 300,000,000 원	금 12,600,000 원
	금 원	금 원
	금 원	금 원
⑧ 국 민 주 택 채 권 매 입 총 액		금 12,600,000 원
⑧ 국 민 주 택 채 권 발 행 번 호		○ ○ ○

⑨ 취득세(등록면허세) 금 10,500,000원	⑦ 지방교육세 금 900,000원
	⑦ 농어촌특별세 금 14,000원
⑩ 세 액 합 계	금 12,000,000 원
⑪ 등 기 신 청 수 수 료	금 15,000 원
	납부번호 : ○ ○-○ ○-○ ○ ○ ○ ○ ○-○
	일괄납부 : 건 원

⑫ 등기의무자의 등기필정보

부동산고유번호		
성 명(명 칭)	일련번호	비밀번호

⑬ 첨 부 서 면	
1. 판결정본 1통 1. 확정증명원 1통 1. 취득세(등록면허세)영수필확인서 1통 1. 금전소비대차증서 1통 1. 토지대장등본 1통	1. 집합건축물대장등본 2통 1. 주민등록표등(초)본 2통 1. 위임장 1통 〈기 타〉

20○○년 ○월 ○일

⑭ 위 신청인 ㊞ (전화 :)

(또는)위 대리인 법무사 홍 길 동 ㊞ (전화 : 300-1234)
서울특별시 서초구 서초대로 73길 24(서초동)

○○지방법원 ○○등기소 귀중

법무사 홍 길 동 (직인)

[신청서 작성요령]

1. 부동산표시란에 2개 이상의 부동산을 기재하는 경우에는 부동산의 일련번호를 기재하여야 합니다.
2. 신청인란등 해당란에 기재할 여백이 없을 경우에는 별지를 이용합니다.
3. 담당등기관이 판단하여 위의 첨부 서면 외에 추가적인 서면을 요구할 수 있습니다.

주

1. 등기신청서 기재요령

신청서는 한글과 아라비아숫자로 기재하여야 한다. 부동산의 표시란이나 신청인란 등이 부족할 경우에는 별지로 사용하고, 별지를 포함한 신청서의 각 장 사이에 간인(신청서에 서명을 하였을 때에는 각 장마다 연결되는 서명)을 하여야 한다.

① 부동산의 표시란 : 등기하고자 부동산을 기재하되, 등기기록상 부동산의 표시와 일치하여야 한다. 만일 등기기록과 토지·건축물대장의 부동산표시가 다른 때에는 먼저 부동산표시변경(또는 경정) 등기를 하여야 한다.

㉮ 1동의 건물의 표시 : 1동의 건물 전체의 소재와 지번, 구조, 종류, 면적을 기재한다. 단,

1동의 건물의 번호를 기재할 때에는 건물의 표시에 관한 등기 또는 소유권보존의 등기를 신청하는 경우를 제외하고는 1동의 건물의 구조와 면적을 기재하지 아니한다.

㉯ 전유부분의 건물의 표시 : 건물의 번호, 구조, 면적을 기재한다.

㉰ 대지권의 표시 : 대지권의 목적인 토지의 표시, 대지권의 종류, 비율을 기재한다.

- 대지권의 목적인 토지의 표시는 토지의 소재, 지번, 지목, 면적을,
- 대지권의 종류는 소유권, 지상권, 전세권, 임차권 등 권리의 종류에 따라 기재하며,
- 대지권의 비율은 대지권의 목적인 토지에 대한 지분비율을 기재한다.

② 등기원인과 그 연월일란 : 등기원인은 "확정판결"로, 그 연월일은 판결선고일을, 사해행위취소의 경우에는 등기원인은 "사해행위취소"로, 그 연월일은 판결확정일을 각 기재한다.

③ 등기의 목적란 : (예) "소유권이전", "소유권일부이전", "갑구 ○번 갑 지분 전부이전", "갑구 ○번 갑 지분 2분의 1 중 일부(4분의 1)이전" 등으로 기재한다.

④ 이전할 지분란 : 소유권일부이전(공유 지분이전 포함)의 경우에만 그 지분을 기재한다. (예) 단독 소유자인 갑의 지분을 전부 이전하는 하는 경우에는 "갑 지분 ○분의 ○", 공유자인 갑의 지분을 전부 이전하는 경우, 공유자인 갑의 지분을 일부 이전하는 경우 최종 이전하는 지분이 ○분의 ○이면, 모두 "공유자 지분 ○분의 ○"으로 기재한다.

⑤ 대위원인란 : 대여금채권이 경우 : "20○○년 ○월 ○일 소비대차에 의한 대여금반환청구권", 매매인 경우에는 "20○○년 ○월 ○일 매매에 의한 소유권이전등기청구권"이라 기재한다. 그 밖에 ○○지방법원 20○○가단 ○○ 사해행위취소 청구사건의 확정판결 및 ○○지방법원 20○○가단 ○○ (전자)소유권이전등기 청구사건의 확정판결 등이 있다.

⑥ 등기의무자란 : 등기의무자인 현 소유자의 성명, 주민등록번호, 주소를 기재하되, 등기기록상 소유자 표시와 일치하여야 한다. 다만, 등기기록상 등기의무자의 주소가 지번방식의 주소인 경우에도, 등기의무자의 주민등록등(초)본 등에 의하여 해당 지번방식의 주소에 대한 도로명주소임이 인정되는 경우에는 등기사건을 수리하여야 한다. 한편, 등기의무자의 주소가 전거 등의 실질적인 주소변경이 아닌 도로명주소법에 따른 주소변경인 경우에는 주소변경의 직권등기를 하지 않는다.

⑦ 등기권리자란 : 등기기록상 권리를 취득하는 채무자의 표시를 기재하는 난으로, 그 기재방법은 등기의무자란과 같다.

⑧ 시가표준액 및 국민주택채권매입금액, 국민주택채권매입총액란, 국민주택채권발행번호란 : ㉮ 부동산별 시가표준액란은 취득세(등록면허세)납부서(OCR용지)에 기재된 시가표준액을 기재하고 부동산별 국민주택채권매입금액란에는 시가표준액의 일정비율에 해당하는 국민주택채권매입금액을 기재한다. ㉯ 부동산이 2개 이상인 경우에는 각 부동산별로 시가표준액 및 국민주택채권매입금액을 기재한 다음 국민주택채권 매입총액을 기재하여야 한다. ㉰ 국민주택채권발행번호란에는 국민주택채권 매입시 국민주택채권사무취급기관에서 고지하는 채권발행번호를 기재하며, 하나의 신청사건에 하나의 채권발행번호를 기재하는 것이 원칙이며, 동일한 채권발행번호를 수 개 신청사건에 중복 기재할 수 없다.

⑨ 취득세(등록면허세)·지방교육세·농어촌특별세란 : 제3편 등기실무자료 [자료 1] 취득세율표 참조

⑩ 세액합계란 : 취득세(등록면허세)액, 지방교육세액, 농어촌특별세액의 합계를 기재한다.

⑪ 등기신청수수료란 : ㉮ 부동산 1개당 15,000원의 등기신청수수료 납부액을 기재한다. 다만 전자표준양식에 의하여 신청하는 경우에는 13,000원, 전자신청하는 경우에는 10,000원의 등기신청수수료를 은행 현금납부, 전자납부, 무인발급기 납부 등의 방법에 따라 납부한 후

등기신청서에 등기신청수수료 영수필확인서를 첨부하고 납부번호를 기재하여 제출한다. ㉯ 여러 건의 등기신청에 대하여 수납금융기관에 현금으로 일괄납부하는 경우 첫 번째 등기신청서에 등기신청수수료 영수필확인서를 첨부하고 해당 등기신청수수료, 납부번호와 일괄납부 건수 및 일괄납부액을 기재하며, 나머지 신청서에는 해당 등기신청수수료와 전 사건에 일괄 납부한 취지를 기재한다(일괄납부는 은행에 현금으로 납부하는 경우에만 가능함).

⑫ 등기의무자의 등기필정보란 : 이 난은 승소한 등기의무자가 부동산등기법 제23조의 규정에 의하여 단독으로 등기를 신청하는 경우에 한하여 기재하여야 한다(부등규 제43조 제1항 제7호).

⑬ 첨부서면란 : 등기신청서에 첨부한 서면을 각 기재한다.

⑭ 신청인등란 : ㉮ 신청인의 성명 및 전화번호를 기재하고 기명날인 또는 서명을 한다. 그러나 신청인이 또는 법인 아닌 사단이나 재단인 경우에는 상호(명칭)와 대표자(관리인)의 자격 및 성명을 기재하고, 대표자(관리인)의 직인(사용인감도 가능)을 날인한다. ㉯ 본 건의 경우 절차법상으로는 등기권리자는 이상선이므로 이상선이 단독으로 그 등기(자기 앞으로의 소유권말소등기 또는 이전등기)를 신청하여야 하나, 이상선이 그 등기를 신청하지 아니하면 이몽룡은 이를 대위로 신청할 수밖에 없다. 따라서 이몽룡은 이 등기를 신청하는 경우에는 "대위신청인 이몽룡"식으로 기재하여야 하고, 대위신청인의 성명 및 전화번호를 기재하고 기명날인 또는 서명을 한다.

2. 등기신청서에 첨부할 서면 등

- 판결정본 및 확정증명원 : 법원으로부터 등기권리자(또는 등기의무자)에게 송달된 판결정본 등과 법원에서 발급받은 확정증명서를 첨부한다. 선이행판결이나 동시이행판결의 경우에는 집행문부여를 받아야 한다. 확정판결과 동일한 효력이 있는 재판상 화해조서, 조정조서, 인락조서, 가사심판조서 등도 그 내용에 소유권이전등기의 의사표시가 기재되어 있는 경우에는 등기권리자만으로 등기신청을 할 수 있다. 판결문에 의하여 소유권이전등기를 신청하는 경우에도 검인을 받아야 한다.
- 등기필증 : 등기의무자의 등기필정보를 제공할 필요는 없다. 다만, 승소한 등기의무자가 부동산등기법 제23조의 규정에 의하여 단독으로 등기를 신청하는 경우에 한하여 등기필정보를 제공하여야 한다(부등규 제43조 제1항 제7호).
- 취득세(등록면허세)영수필확인서 : 시장, 구청장, 군수 등으로부터 취득세(등록면허세)납부서(OCR용지)를 발급받아 납세지를 관할하는 해당 금융기관에 세금을 납부한 후 취득세(등록면허세)영수필확인서와 영수증을 교부받아 영수증은 본인이 보관하고 취득세(등록면허세)영수필확인서만 신청서의 취득세(등록면허세)액표시란의 좌측상단 여백에 첨부하거나, 또는 지방세인터넷납부시스템에서 출력한 시가표준액이 표시되어 있는 취득세(등록면허세)납부확인서를 첨부한다.
- 토지·건축물대장등본 : 등기신청대상 부동산의 종류에 따라 토지(임야)대장등본, 건축물대장등본(각 발행일로부터 3월 이내)을 첨부한다.
- 금전소비대차증서 : 대위원인으로 "20○○년 ○월 ○일 소비대차의 대여금반환청구권"이라고 기재하였으므로 금전소비대차 증서 등 대위원인을 증명하는 서면을 첨부한다.
- 인감증명서 등 : 판결에 의하여 등기를 신청하는 경우에는 등기의무자의 인감증명서 또는 본인서명사실확인서를 제출할 필요가 없다.
- 주민등록표등(초)본 : 등기권리자의 주민등록표등본 또는 초본(각 발행일로부터 3월 이내)을

첨부하여야 한다. 판결문상의 피고의 주소가 등기기록상의 등기의무자 주소와 다른 경우(등기기록상 주소가 판결에 병기된 경우 포함)에는 동일인임을 증명할 수 있는 자료로서 등기의무자의 주민등록표등본 또는 초본(각, 발행일로부터 3월 이내)도 제출하여야 한다. 단, 판결문상에 기재된 피고의 주민등록번호와 등기기록상에 기재된 등기의무자의 주민등록번호가 동일한 경우는 등기의무자의 주민등록표등(초)본을 제출하지 않을 수 있다.

- 법인등기사항전부(일부)증명서 : ㉮ 신청인이 법인인 경우에는 법인등기사항전부증명서 또는 법인등기사항일부증명서(각 발행일로부터 3월 이내)를 첨부한다. 다만, 법인등기가 되어 있는 등기소와 부동산소재지 관할 등기소가 동일한 경우에는 위 법인등기사항증명서를 제출할 필요가 없다. ㉯ 법인 아닌 사단 또는 재단이 등기를 신청하는 경우에는 정관이나 그 밖의 규약, 대표자나 관리인임을 증명하는 정보(다만, 등기되어 있는 대표자나 관리인이 신청하는 경우에는 그러하지 아니하다), 대표자나 관리인의 주소 및 주민등록번호를 증명하는 정보를 첨부한다. 다만 법인 아닌 사단이 등기의무자인 경우에는 민법 제276조 소정의 사원총회의 결의서도 첨부한다(부등규 제48조).
- 제3자의 허가서, 동의 또는 승낙을 증명하는 서면 : 부동산이 농지인 경우에는 농지취득자격증명(시·읍·면사무소 포함), 토지거래허가구역인 경우에는 토지거래허가증(시·군·구청 발급) 등을 첨부하여야 한다. 등기원인에 대하여 행정관청의 허가, 동의 또는 승낙을 받을 것이 요구되는 때에는 부동산등기규칙 제46조 제3항의 규정에 불구하고 소유권이전등기를 신청할 때에 그 허가 동의 또는 승낙을 증명하는 서면을 제출하여야 하기 때문이다(부동산등기특별조치법 제5조 제1항).
- 위임장 : 등기신청을 법무사 등 대리인에게 위임하는 경우에 첨부한다. 위임인의 성명과 주소를 기재하고 인장을 날인하되 판결에 의하여 단독신청하는 경우에는 인감날인 대신에 일반적인 기명날인 혹은 서명으로 갈음할 수 있다.

3. 등기신청서류 편철순서

신청서, 취득세(등록면허세)영수필확인서, 등기신청수수료 영수필확인서, 위임장, 주민등록표등(초)본, 대장등본, 판결정본, 등기필증 등의 순으로 편철한다.

23. 소유권이전대위등기신청(매매)

가. 의 의

채권자가 채권자대위권을 행사하는 방법으로 채권자가 자기채권의 보전을 위하여 채무자에게 속하는 권리를 자기명의로 행사할 수 있는 권리를 말한다. 등기신청권도 채권자대위의 객체인 권리가 될 수 있으므로, 채권자는 자기채권(금전채권 또는 등기청구권과 같은 특정채권)의 실현을 위하여 채무자가 가지는 등기신청권을 채권자의 이름으로 행사하여 “채무자명의”의 등기를 신청할 수 있다. 예컨대, 갑이 을에게 금전채권을 가지고 있고, 을은 병에 대하여 소유권이전등기청구권을 가지고 있는 경우, 갑은 금전채권의 보전을 위하여 을의 소유권이전등기청구권을 대위하여 병과 공동으로 "을" 명의로의 소유권이전등기를 신청할 수 있다.

나. 등기신청방법

대위채권자는 채무자의 신청대리인으로서 아니라, 자기(채권자)의 채권보전을 위하여 채무자가 가지는 등기신청권을 자기의 이름으로 행사하여 채무자 명의의 등기를 신청한다. 따라서 대위채권자가 신청인이 된다. 대위에 의한 등기신청은 채무자가 가지는 등기신청권을 채권자가 대위행사하는 것에 불과하므로, 나머지 등기절차는 통상의 경우와 같다.

[서식 23] **소유권이전대위등기신청서(매매)**

소유권이전대위등기신청(매매)

접 수	년 월 일	처 리 인	등기관 확인	각종 통지
	제 호			

① 부동산의 표시
1동의 건물의 표시 서울특별시 서초구 서초동 100, 101 샛별아파트 가동 [도로명주소] 서울특별시 서초구 서초대로 88길 10 전유부분의 건물의 표시 건물의 번호 : 가 - 3 - 305 구 조 : 철근콘크리트조 면 적 : 3층 305호 86.03㎡ 대지권의 표시 토지의 표시 : 1. 서울특별시 서초구 서초동 100 대 1400㎡ 2. 서울특별시 서초구 서초동 101 대 1600㎡ 대지권의 종류 : 소유권

대지권의 비율 1, 2 : 3,000분의 500

거래신고관리번호 : 12345-2006-4-1234560　　거래가액 : 300,000,000원

이　　상

② 등기원인과 그 연월일	2020년 10월 20 매매
③ 등 기 의 목 적	소유권이전
④ 이 전 할 지 분	
⑤ 대 위 원 인	2018년 8월 10일 소비대차에 의한 소유권이전등기청구권

구분	성 명 (상호·명칭)	주민등록번호 (등기용등록번호)	주 소 (소 재 지)	지 분 (개인별)
⑥ 등기의무자	김 갑 동	000000-0000000	서울특별시 서초구 서초대로 88길 20(서초동)	
⑦ 등기권리자	이 상 선 대위신청인 이 몽 룡	000000-0000000 000000-0000000	서울특별시 중구 나동길 96 (다동) 서울특별시 관악구 서림3길 60(신림동)	

⑧ 시가표준액 및 국민주택채권매입금액		
부동산 표시	부동산별 시가표준액	부동산별 국민주택채권매입금액
1. 공동주택	금 300,000,000 원	금 12,600,000 원
	금 원	금 원
	금 원	금 원
⑧ 국 민 주 택 채 권 매 입 총 액		금 12,600,000 원
⑧ 국 민 주 택 채 권 발 행 번 호		○ ○ ○

⑨ 취득세(등록면허세) 금 10,500,000원	⑦ 지방교육세 금 900,000원
	⑦ 농어촌특별세 금 15,000원
⑩ 세 액 합 계	금 12,000,000 원
⑪ 등 기 신 청 수 수 료	금 15,000 원
	납부번호 : ○○-○○-○○○○○-○
	일괄납부 : 건 원

<table>
<tr><td colspan="3">⑫ 등기의무자의 등기필정보</td></tr>
<tr><td>부동산고유번호</td><td colspan="2">1102-2006-002095</td></tr>
<tr><td>성 명(명 칭)</td><td>일련번호</td><td>비밀번호</td></tr>
<tr><td>김 갑 동</td><td>Q77C-LO71-35J5</td><td>40-4636</td></tr>
<tr><td colspan="3">⑬ 첨 부 서 면</td></tr>
<tr><td colspan="3">1. 매매계약 1통
1. 취득세(등록면허세)영수필확인서 1통
1. 인감증명서나 본인서명사실확인서
또는 전자본인서명확인서 발급증 1통
1. 등기필증 1통
1. 토지대장등본 1통
1. 집합건축물대장등본 2통
1. 주민등록표등(초)본 2통
1. 부동산거래계약신고필증 1통
1. 금전소비대차계약서 1통
1. 위임장 1통</td></tr>
<tr><td colspan="3">20○○년 ○월 ○일

⑭ 위 신청인 ㊞ (전화 :)

(또는)위 대리인 법무사 홍 길 동 ㊞ (전화 : 300－1234)
서울특별시 서초구 서초대로 73길 24(서초동)

○○지방법원 ○○등기소 귀중

법무사 홍 길 동 (직인)</td></tr>
</table>

[신청서 작성요령]

1. 부동산표시란에 2개 이상의 부동산을 기재하는 경우에는 부동산의 일련번호를 기재하여야 합니다.
2. 신청인란등 해당란에 기재할 여백이 없을 경우에는 별지를 이용합니다.
3. 담당등기관이 판단하여 위의 첨부 서면 외에 추가적인 서면을 요구할 수 있습니다.

주

1. 등기신청서 기재요령

신청서는 한글과 아라비아숫자로 기재하여야 한다. 부동산의 표시란이나 신청인란 등이 부족

할 경우에는 별지로 사용하고, 별지를 포함한 신청서의 각 장 사이에 간인(신청서에 서명을 하였을 때에는 각 장마다 연결되는 서명)을 하여야 한다.

① 부동산의 표시란 : 등기하고자 부동산을 기재하되, 등기기록상 부동산의 표시와 일치하여야 한다. 만일 등기기록과 토지·건축물대장의 부동산표시가 다른 때에는 먼저 부동산표시변경(또는 경정) 등기를 하여야 한다.

㉮ 1동의 건물의 표시 : 1동의 건물 전체의 소재와 지번, 구조, 종류, 면적을 기재한다. 단, 1동의 건물의 번호를 기재할 때에는 건물의 표시에 관한 등기 또는 소유권보존의 등기를 신청하는 경우를 제외하고는 1동의 건물의 구조와 면적을 기재하지 아니한다.

㉯ 전유부분의 건물의 표시 : 건물의 번호, 구조, 면적을 기재한다.

㉰ 대지권의 표시 : 대지권의 목적인 토지의 표시, 대지권의 종류, 비율을 기재한다.

- 대지권의 목적인 토지의 표시는 토지의 소재, 지번, 지목, 면적을,
- 대지권의 종류는 소유권, 지상권, 전세권, 임차권 등 권리의 종류에 따라 기재하며,
- 대지권의 비율은 대지권의 목적인 토지에 대한 지분비율을 기재한다.

② 등기원인과 그 연월일란 : 등기원인은 "20○○년 ○월 ○일 매매"로, 그 연월일은 매매계약서에 기재된 매매일자를 기재한다.

③ 등기의 목적란 : (예) "소유권이전", "소유권일부이전", "갑구 ○번 갑 지분 전부이전", "갑구 ○번 갑 지분 2분의 1 중 일부(4분의 1)이전" 등으로 기재한다.

④ 이전할 지분란 : 소유권일부이전(공유 지분이전 포함)의 경우에만 그 지분을 기재한다. (예) 단독 소유자인 갑의 지분을 전부 이전하는 하는 경우에는 "갑 지분 ○분의 ○", 공유자인 갑의 지분을 전부 이전하는 경우, 공유자인 갑의 지분을 일부 이전하는 경우 최종 이전하는 지분이 ○분의 ○이면, 모두 "공유자 지분 ○분의 ○"으로 기재한다.

⑤ 대위원인란 : 대여금채권이 경우 : "20○○년 ○월 ○일 소비대차에 의한 대여금반환청구권 "20○○년 ○월 ○일 소비대차에 의한 대여금반환청구권", 매매인 경우에는 "20○○년 ○월 ○일 매매에 의한 소유권이전등기청구권"이라 기재한다.

⑥ 등기의무자란 : 등기의무자인 현 소유자의 성명, 주민등록번호, 주소를 기재하되, 등기기록상 소유자 표시와 일치하여야 한다. 다만, 등기기록상 등기의무자의 주소가 지번방식의 주소인 경우에도, 등기의무자의 주민등록등(초)본 등에 의하여 해당 지번방식의 주소에 대한 도로명주소임이 인정되는 경우에는 등기사건을 수리하여야 한다. 한편, 등기의무자의 주소가 전거 등의 실질적인 주소변경이 아닌 도로명 주소법에 따른 주소변경인 경우에는 주소변경의 직권등기를 하지 않는다.

⑦ 등기권리자란 : 등기기록상 권리를 취득하는 채무자의 표시를 기재하는 난으로, 그 기재방법은 등기의무자란과 같다.

⑧ 시가표준액 및 국민주택채권매입금액, 국민주택채권매입총액란, 국민주택채권발행번호란 : ㉮ 부동산별 시가표준액란은 취득세(등록면허세)납부서(OCR용지)에 기재된 시가표준액을 기재하고 부동산별 국민주택채권매입금액란에는 시가표준액의 일정비율에 해당하는 국민주택채권매입금액을 기재한다. ㉯ 부동산이 2개 이상인 경우에는 각 부동산별로 시가표준액 및 국민주택채권매입금액을 기재한 다음 국민주택채권 매입총액을 기재하여야 한다. ㉰ 국민주택채권발행번호란에는 국민주택채권 매입시 국민주택채권사무취급기관에서 고지하는 채권발행번호를 기재하며, 하나의 신청사건에 하나의 채권발행번호를 기재하는 것이 원칙이며, 동일한 채권발행번호를 수 개 신청사건에 중복 기재할 수 없다.

⑨ 취득세(등록면허세)·지방교육세·농어촌특별세란 : 제3편 등기실무자료 [자료 1] 취득세율

표 참조

⑩ 세액합계란 : 취득세(등록면허세)액, 지방교육세액, 농어촌특별세액의 합계를 기재한다.

⑪ 등기신청수수료란 : ㉮ 부동산 1개당 15,000원의 등기신청수수료 납부액을 기재한다. 다만 전자표준양식에 의하여 신청하는 경우에는 13,000원, 전자신청하는 경우에는 10,000원의 등기신청수수료를 은행 현금납부, 전자납부, 무인발급기 납부 등의 방법에 따라 납부한 후 등기신청서에 등기신청수수료 영수필확인서를 첨부하고 납부번호를 기재하여 제출한다. ㉯ 여러 건의 등기신청에 대하여 수납금융기관에 현금으로 일괄납부하는 경우 첫 번째 등기신청서에 등기신청수수료 영수필확인서를 첨부하고 해당 등기신청수수료, 납부번호와 일괄납부 건수 및 일괄납부액을 기재하며, 나머지 신청서에는 해당 등기신청수수료와 전 사건에 일괄 납부한 취지를 기재한다(일괄납부는 은행에 현금으로 납부하는 경우에만 가능함).

⑫ 등기의무자의 등기필정보란 : 이 난은 승소한 등기의무자가 부동산등기법 제23조의 규정에 의하여 단독으로 등기를 신청하는 경우에 한하여 기재하여야 한다(부등규 제43조 제1항 제7호).

⑬ 첨부서면란 : 등기신청서에 첨부한 서면을 각 기재한다.

⑭ 신청인등란 : ㉮ 신청인의 성명 및 전화번호를 기재하고 기명날인 또는 서명을 한다. 그러나 신청인이 또는 법인 아닌 사단이나 재단인 경우에는 상호(명칭)와 대표자(관리인)의 자격 및 성명을 기재하고, 대표자(관리인)의 직인(사용인감도 가능)을 날인한다. ㉯ 본 건의 경우 절차법상으로는 등기권리자는 이상선이므로 이상선이 단독으로 그 등기(자기 앞으로의 소유권말소등기 또는 이전등기)를 신청하여야 하나, 이상선이 그 등기를 신청하지 아니하면 이몽룡은 이를 대위로 신청할 수밖에 없다. 따라서 이몽룡은 이 등기를 신청하는 경우에는 "대위신청인 이몽룡"식으로 기재하여야 하고, 대위신청인의 성명 및 전화번호를 기재하고 기명날인 또는 서명을 한다.

2. 등기신청서에 첨부할 서면 등

- 매매계약서 : ㉮ 매매를 원인으로 한 소유권이전등기를 신청하는 경우에는 그 계약서에 기재된 거래금액이 1,000만원을 초과하는 경우에는 일정액의 정부수입인지를 붙여야 한다. 단, 계약서에 기재된 거래금액이 1억원 이하인 주택의 경우 정부수입인지를 붙이지 않아도 된다. ㉯ 부동산거래신고를 하면 거래신고필증을 교부받은 때에는 검인을 받은 것으로 보므로, 매매계약서는 검인을 받을 필요가 없다.
- 매매목록 : ㉮ 1개의 부동산거래신고필증에 2개 이상의 부동산이 기재되어 있는 경우(1개의 계약서에 의해 2개 이상의 부동산을 거래한 경우라 하더라도, 관할 관청이 달라 개개의 부동산에 관하여 각각 신고한 경우에는 매매목록들 작성할 필요가 없다). ㉯ 거래되는 부동산이 1개라 하더라도 여러 사람의 매도인과 여러 사람의 매수인 사이의 매매계약인 경우에는 매매목록을 제출한다.
- 부동산거래계약신고필증 : 2006. 1. 1. 이후 작성된 매매계약서를 등기원인증서로 하여 소유권이전등기를 신청하는 경우에는 관할 관청이 발급한 거래계약신고필증을 첨부하여야 한다.
- 등기의무자의 등기필정보(등기필증 또는 등기완료통지서)가 없을 때에는 ㉮ 등기의무자 또는 그 법정대리인(이하 "등기의무자등"이라 한다)이 등기소에 출석하여 등기관으로부터 등기의무자등임을 확인하는 방법 ㉯ 등기신청인의 대리인(변호사 또는 법무사)이 등기의무자등으로부터 위임받았음을 확인하여 확인서면을 제출하는 방법 ㉰ 신청서(위임에 의하여 대리인이 신청하는 경우에는 그 권한을 증명하는 서면) 중 등기의무자들의 작성부분에 관하여

공증을 받아 제출하는 방법으로 등기신청을 하여야 한다(부등법 제51조, 부등규 제111조).

- 취득세(등록면허세)영수필확인서 : 시장, 구청장, 군수 등으로부터 취득세(등록면허세)납부서(OCR용지)를 발급받아 납세지를 관할하는 해당 금융기관에 세금을 납부한 후 취득세(등록면허세)영수필확인서와 영수증을 교부받아 영수증은 본인이 보관하고 취득세(등록면허세)영수필확인서만 신청서의 취득세(등록면허세)액표시란의 좌측상단 여백에 첨부하거나, 또는 지방세인터넷납부시스템에서 출력한 시가표준액이 표시되어 있는 취득세(등록면허세)납부확인서를 첨부한다.
- 토지·건축물대장등본 : 등기신청대상 부동산의 종류에 따라 토지(임야)대장등본, 건축물대장등본(각, 발행일로부터 3월 이내)을 첨부한다.
- 금전소비대차증서 : 대위원인으로 "20○○년 ○월 ○일 소비대차의 대여금반환청구권"이라고 기재하였으므로 금전소비대차증서 등 대위원인을 증명하는 서면을 첨부한다.
- 인감증명서 등 : 부동산매수자란에 대위신청인이 아닌 매수인의 성명(법인은 법인명), 주민등록번호(부동산등기용등록번호) 및 주소가 기재되어 있는 매도인의 부동산매도용 인감증명서(발행일로부터 3월 이내)를 첨부하거나, 인감증명을 갈음하여 「본인서명사실확인등에관한법률」에 따라 발급된 본인서명사실확인서(발행일부터 3개월 이내)에 기재한 서명(전자본인서명확인서 발급증을 제출할 경우에도 서명)을 하고 본인서명사실확인서(전자본인서명확인서 발급증)을 첨부한다.
- 주민등록표등(초)본 : 등기권리자(매수인)의 주민등록표등본 또는 초본(각 발행일로부터 3월 이내)을 첨부하여야 한다.
- 법인등기사항전부(일부)증명서 : ㉮ 신청인(매수인)이 법인인 경우에는 법인등기사항전부증명서 또는 법인등기사항일부증명서(각 발행일로부터 3월 이내)를 첨부한다. 다만, 법인등기가 되어있는 등기소와 부동산소재지 관할 등기소가 동일한 경우에는 위 법인등기사항증명서를 제출할 필요가 없다. ㉯ 법인 아닌 사단 또는 재단이 등기를 신청하는 경우에는 정관이나 그 밖의 규약, 대표자나 관리인임을 증명하는 정보(다만, 등기되어 있는 대표자나 관리인이 신청하는 경우에는 그러하지 아니하다), 대표자나 관리인의 주소 및 주민등록번호를 증명하는 정보를 첨부한다. 다만 법인 아닌 사단이 등기의무자인 경우에는 민법 제276조 소정의 사원총회의 결의서도 첨부한다(부등규 제48조).
- 제3자의 허가서, 동의 또는 승낙을 증명하는 서면 : 부동산이 농지인 경우에는 농지취득자격증명(시·읍·면사무소 포함), 토지거래허가구역인 경우에는 토지거래허가증(시·군·구청 발급) 등을 첨부하여야 한다. 등기원인에 대하여 행정관청의 허가, 동의 또는 승낙을 받을 것이 요구되는 때에는 부동산등기규칙 제46조 제3항의 규정에 불구하고 소유권이전등기를 신청할 때에 그 허가 동의 또는 승낙을 증명하는 서면을 제출하여야 하기 때문이다(부동산등기특별조치법 제5조 제1항).
- 위임장 : 등기신청을 법무사 등 대리인에게 위임하는 경우에 첨부한다. 위임인의 성명과 주소를 기재하고 인장을 날인하되, 등기의무자는 인감을 날인하여야 한다.

3. 등기신청서류 편철순서

신청서, 취득세(등록면허세)영수필확인서, 등기신청수수료 영수필확인서, 위임장, 주민등록표등(초)본, 대장등본, 매매계약서, 소비대차계약서, 등기필증 등의 순으로 편철한다.

24. 교환으로 의한 소유권이전등기신청

가. 의 의

당사자 쌍방이 금전 이외의 재산권을 상호 이전할 것을 약정한 경우에 하는 등기로, 등기를 신청하고자 하는 당해 부동산을 기준으로 소유권취득자를 등기권리자, 소유권상실자를 등기의무자라고 한다.

나. 등기신청방법

(1) 공동신청

교환에 의한 등기신청인 경우에는 등기권리자(소유권취득자)와 등기의무자(소유권상실자)가 본인임을 확인할 수 있는 주민등록증 등을 가지고 직접 등기소에 출석하여 공동으로 신청함이 원칙이다.

(2) 단독신청

판결에 의한 등기신청인 경우에는 승소한 등기권리자 또는 등기의무자가 단독으로 신청할 수 있다.

(3) 대리인에 의한 신청

등기신청은 반드시 신청인 본인이 하여야 하는 것은 아니고 대리인이 하여도 된다. 등기권리자 또는 등기의무자 일방이 상대방의 대리인이 되거나 쌍방이 제3자에게 위임하여 등기신청을 할 수 있다.

[서식 24] 교환으로 인한 소유권이전등기신청서

교환으로 인한 소유권이전등기신청

접 수	년 월 일	처 리 인	등기관 확인	각종 통지
	제 호			

① 부동산의 표시
1동의 건물의 표시 서울특별시 서초구 서초동 100, 101 샛별아파트 가동 [도로명주소] 서울특별시 서초구 서초대로 88길 10 전유부분의 건물의 표시 건물의 번호 : 가 - 3 - 305 구 조 : 철근콘크리트조 면 적 : 3층 305호 86.03㎡ 대지권의 표시 토지의 표시 : 1. 서울특별시 서초구 서초동 100 대 1400㎡ 2. 서울특별시 서초구 서초동 101 대 1600㎡ 대지권의 종류 : 소유권 대지권의 비율 1, 2 : 3,000분의 500 이 상

② 등기원인과 그 연월일	20○○년 ○월 ○일 교환
③ 등 기 의 목 적	소유권이전
④ 이 전 할 지 분	

구분	성 명 (상호·명칭)	주민등록번호 (등기용등록번호)	주 소 (소 재 지)	지 분 (개인별)
⑤ 등기의무자	김 갑 동	000000-0000000	서울특별시 서초구 서초대로 88길 20(서초동)	

⑥ 등기권리자	이 상 선	000000-0000000	서울특별시 중구 다동길 96 (다동)	

⑦ 시가표준액 및 국민주택채권매입금액		
부동산 표시	부동산별 시가표준액	부동산별 국민주택채권매입금액
1. 공동주택	금 300,000,000 원	금 7,800,000 원
	금 원	금 원
	금 원	금 원
⑦ 국 민 주 택 채 권 매 입 총 액		금 7,800,000 원
⑦ 국 민 주 택 채 권 발 행 번 호		○ ○ ○

⑧ 취득세(등록면허세) 금 6,000,000원	⑦ 지방교육세 금 600,000원
	⑦ 농어촌특별세 금 1,500,000원

⑨ 세 액 합 계	금 8,100,000 원
⑩ 등 기 신 청 수 수 료	금 15,000 원
	납부번호 : ○○-○○-○○○○○○-○
	일괄납부 : 건 원

⑪ 등기의무자의 등기필정보		
부동산고유번호	1102-2006-002095	
성 명(명 칭)	일련번호	비밀번호
김 갑 동	Q77C-LO71-35J5	40-4636

⑫ 첨 부 서 면	
1. 교환계약서(검인) 1통 1. 취득세(등록면허세)영수필확인서 1통 1. 인감증명서(일반용)나 본인서명사실 확인서 1통 1. 등기필증 1통	1. 토지대장등본 1통 1. 집합건축물대장등본 2통 1. 농지취득자격증명서(농지의 경우) 1. 주민등록표등(초)본 2통

20○○년 ○월 ○일

⑬ 위 신청인 김 갑 동 ㊞ (전화 : 200-7766)

이 상 선 ㊞ (전화 : 300-7766)

(또는)위 대리인 (전화 :)

○○지방법원 ○○등기소 귀중

[신청서 작성요령]

1. 부동산표시란에 2개 이상의 부동산을 기재하는 경우에는 부동산의 일련번호를 기재하여야 합니다.
2. 신청인란등 해당란에 기재할 여백이 없을 경우에는 별지를 이용합니다.
3. 담당등기관이 판단하여 위의 첨부 서면 외에 추가적인 서면을 요구할 수 있습니다.

주

1. 등기신청서 기재요령

신청서는 한글과 아라비아숫자로 기재하여야 한다. 부동산의 표시란이나 신청인란 등이 부족할 경우에는 별지로 사용하고, 별지를 포함한 신청서의 각 장 사이에 간인(신청서에 서명을 하였을 때에는 각 장마다 연결되는 서명)을 하여야 하며, 신청서는 각각(2건)으로 작성하여 동시에 접수한다.

① 부동산의 표시란 : 교환목적물을 기재하되, 등기기록상 부동산의 표시와 일치하여야 한다. 만일 등기기록과 토지·건축물대장의 부동산표시가 다른 때에는 먼저 부동산표시변경(또는 경정)등기를 하여야 한다.

㉮ 1동의 건물의 표시 : 1동의 건물 전체의 소재와 지번, 구조, 종류, 면적을 기재한다. 단, 1동의 건물의 번호를 기재할 때에는 건물의 표시에 관한 등기 또는 소유권보존의 등기를 신청하는 경우를 제외하고는 1동의 건물의 구조와 면적을 기재하지 아니한다.

㉯ 전유부분의 건물의 표시 : 건물의 번호, 구조, 면적을 기재한다.

㉰ 대지권의 표시 : 대지권의 목적인 토지의 표시, 대지권의 종류, 비율을 기재한다.

- 대지권의 목적인 토지의 표시는 토지의 소재, 지번, 지목, 면적을,
- 대지권의 종류는 소유권, 지상권, 전세권, 임차권 등 권리의 종류에 따라 기재하며,
- 대지권의 비율은 대지권의 목적인 토지에 대한 지분비율을 기재한다.

② 등기원인과 그 연월일란 : 등기원인은 "교환"으로, 그 연월일은 교환계약 성립일을 기재한다.

③ 등기의 목적란 : (예) "소유권이전", "소유권일부이전", "갑구 ○번 갑 지분 전부이전", "갑구 ○번 갑 지분 2분의 1 중 일부(4분의 1)이전" 등으로 기재한다.

④ 이전할 지분란 : 소유권일부이전(공유 지분이전 포함)의 경우에만 그 지분을 기재한다. (예) 단독 소유자인 갑의 지분을 전부 이전하는 하는 경우에는 "갑 지분 ○분의 ○", 공유자인 갑의 지분을 전부 이전하는 경우, 공유자인 갑의 지분을 일부 이전하는 경우 최종 이전하는 지분이 ○분의 ○이면, 모두 "공유자 지분 ○분의 ○"으로 기재한다.

⑤ 등기의무자란 : 교환으로 인하여 당해 부동산의 소유권을 상실하는 자로서 그 성명, 주민등록번호, 주소를 기재하되, 등기기록상 소유자 표시와 일치하여야 한다.

그러나 법인인 경우에는 상호(명칭), 본점(주사무소 소재지), 등기용등록번호 및 대표자의 성명과 주소를 기재하고, 법인 아닌 사단이나 재단인 경우에는 상호(명칭), 본점(주사무소 소재지), 등기용등록번호 및 대표자(관리인)의 성명, 주민등록번호, 주소를 각 기재한다.

⑥ 등기권리자란 : 교환으로 인하여 당해 부동산의 소유권을 취득하는 자를 기재하는 난으로, 그 기재방법은 등기의무자란과 같다.

⑦ 시가표준액 및 국민주택채권매입금액, 국민주택채권매입총액란, 국민주택채권발행번호란 : ㉮ 부동산별 시가표준액란은 취득세(등록면허세)납부서(OCR용지)에 기재된 시가표준액을 기재하고 부동산별 국민주택채권매입금액란에는 시가표준액의 일정비율에 해당하는 국민주택채권매입금액을 기재한다. ㉯ 부동산이 2개 이상인 경우에는 각 부동산별로 시가표준액 및 국민주택채권매입금액을 기재한 다음 국민주택채권 매입총액을 기재하여야 한다. ㉰ 국민주택채권발행번호란에는 국민주택채권 매입시 국민주택채권사무취급기관에서 고지하는 채권발행번호를 기재하며, 하나의 신청사건에 하나의 채권발행번호를 기재하는 것이 원칙이며, 동일한 채권발행번호를 수 개 신청사건에 중복 기재할 수 없다.

⑧ 취득세(등록면허세)·지방교육세·농어촌특별세란 : 제3편 등기실무자료 [자료 1] 취득세율표 참조

⑨ 세액합계란 : 취득세(등록면허세)액, 지방교육세액, 농어촌특별세액의 합계를 기재한다.

⑩ 등기신청수수료란 : ㉮ 부동산 1개당 15,000원의 등기신청수수료 납부액을 기재한다. 다만 전자표준양식에 의하여 신청하는 경우에는 13,000원, 전자신청하는 경우에는 10,000원의 등기신청수수료를 은행 현금납부, 전자납부, 무인발급기 납부 등의 방법에 따라 납부한 후 등기신청서에 등기신청수수료 영수필확인서를 첨부하고 납부번호를 기재하여 제출한다. ㉯ 여러 건의 등기신청에 대하여 수납금융기관에 현금으로 일괄납부하는 경우 첫 번째 등기신청서에 등기신청수수료 영수필확인서를 첨부하고 해당 등기신청수수료, 납부번호와 일괄납부 건수 및 일괄납부액을 기재하며, 나머지 신청서에는 해당 등기신청수수료와 전 사건에 일괄 납부한 취지를 기재한다(일괄납부는 은행에 현금으로 납부하는 경우에만 가능함).

⑪ 등기의무자의 등기필정보란 : ㉮ 전자신청 지정등기소에서는 신청방법(전자신청, 서면신청)을 불문하고 등기를 완료한 경우 등기필증 대신 등기필정보를 전자적 교부 또는 서면교부하기 때문에, 등기신청의 당사자 또는 대리인은 등기필정보상의 일련번호와 비밀번호를 기재함으로서 등기필증의 제출을 갈음할 수 있다. 등기의무자가 교부받은 등기필정보에 기재된 부동산고유번호, 성명, 일련번호, 비밀번호를 각 기재한다. 다만 교부받은 등기필정보를 멸실한 경우에는 부동산등기법 제51조에 의하여 확인서면이나 확인조서 또는 공증서면 중 하나를 첨부한다. ㉯ 등기신청서에 등기필증이나 확인서면 등을 첨부한 경우 이 난은 기재할 필요가 없다.

⑫ 첨부서면란 : 등기신청서에 첨부한 서면을 각 기재한다.

⑬ 신청인등란 : ㉮ 등기의무자와 등기권리자의 성명 및 전화번호를 기재하고, 각자의 인장을 날인하되, 등기의무자는 그의 인감을 날인한다. 그러나 신청인이 법인 또는 법인 아닌 사단이나 재단인 경우에는 상호(명칭)와 대표자(관리인)의 자격 및 성명을 기재하고, 법인이 등기의무자인 때에는 등기소의 증명을 얻은 그 대표자의 인감, 법인 아닌 사단이나 재단인 때에는 대표자(관리인)의 개인인감을 날인한다. ㉯ 대리인이 등기신청을 하는 경우에는 그 대리인의 성명, 주소, 전화번호를 기재하고 대리인의 인장을 날인 또는 서명한다.

2. 등기신청서에 첨부할 서면 등

- 등기필증 : 등기의무자의 소유권에 관한 등기필증으로서 등기의무자가 소유권 취득시 등기

소로부터 교부받은 등기필증을 첨부한다. 단, 소유권 취득의 등기를 완료하고 등기필정보를 교부받은 경우에, 그 등기필정보상에 기재된 부동산고유번호, 성명, 일련번호, 비밀번호를 각 기재(등기필정보를 제출하는 것이 아님)한다. 다만, 등기필증(등기필정보)을 멸실하여 첨부(기재)할 수 없는 경우에는 부동산등기법 제51조에 의하여 확인서면이나 확인조서 또는 공증서면 중 하나를 첨부한다.

- 교환계약서 : 교환으로 인한 소유권이전등기를 신청하는 경우에는 그 계약서에 기재된 부동산의 가액이 1,000만원(주택은 1억원)을 초과하는 경우에는 인지세법의 규정에 의한 일정액의 정부수입인지를 붙여야 하고, 부동산소재지를 관할하는 시장, 군수, 구청장으로부터 검인을 받아야 한다. 등기원인이 교환인 경우에는 부동산거래계약신고를 하지 아니하며, 쌍방간의 교환계약서의 내용은 같으나 각각 검인을 받아야 한다.
- 검인 : 위 교환계약서에 부동산소재지를 관할하는 시장, 구청장, 군수 또는 군수로부터 위임을 받은 자(읍·면·동장)로부터 검인을 받아야 한다.
- 취득세(등록면허세)영수필확인서 : 시장, 구청장, 군수 등으로부터 취득세(등록면허세)납부서(OCR용지)를 각각(2건)으로 발급받아 납세지를 관할하는 해당 금융기관에 세금을 납부한 후 취득세(등록면허세)영수필확인서와 영수증을 교부받아 영수증은 본인이 보관하고 취득세(등록면허세)영수필확인서만 신청서의 취득세(등록면허세)액표시란의 좌측상단 여백에 첨부하거나, 또는 지방세인터넷납부시스템에서 출력한 시가표준액이 표시되어 있는 취득세(등록면허세)납부확인서를 첨부한다.
- 토지·건축물대장등본 : 등기신청대상 부동산의 종류에 따라 토지(임야)대장등본, 건축물대장등본(각 발행일로부터 3월 이내)을 첨부한다.
- 인감증명서 등 : ㉮ 등기의무자의 인감증명서(발행일로부터 3월 이내)를 첨부하거나, 인감증명을 갈음하여 「본인서명사실확인등에관한법률」에 따라 발급된 본인서명사실확인서(발행일부터 3개월 이내)에 기재한 서명(전자본인서명확인서 발급증을 제출할 경우에도 서명)을 하고 본인서명사실확인서(전자본인서명확인서 발급증)을 첨부한다. ㉯ 부동산등기규칙 제60조에 의하여 인감증명을 첨부하여야 하는 자가 법인인 경우에는 등기소의 증명을 얻은 대표자의 인감증명서를, 법인 아닌 사단 또는 재단의 경우에는 대표자 또는 관리인의 인감증명을 첨부한다.
- 주민등록표등(초)본 : 등기의무자 및 등기권리자의 주민등록표등본 또는 초본(각 발행일로부터 3월 이내)을 첨부한다.
- 법인등기사항전부(일부)증명서 : ㉮ 신청인이 법인인 경우에는 법인등기사항전부증명서 또는 법인등기사항일부증명서(각 발행일로부터 3월 이내)를 첨부한다. 다만, 법인등기가 되어 있는 등기소와 부동산소재지 관할 등기소가 동일한 경우에는 위 법인등기사항증명서를 제출할 필요가 없다. ㉯ 법인 아닌 사단 또는 재단이 등기를 신청하는 경우에는 정관이나 그 밖의 규약, 대표자나 관리인임을 증명하는 정보(다만, 등기되어 있는 대표자나 관리인이 신청하는 경우에는 그러하지 아니하다), 대표자나 관리인의 주소 및 주민등록번호를 증명하는 정보를 첨부한다. 다만 법인 아닌 사단이 등기의무자인 경우에는 민법 제276조 소정의 사원총회의 결의서도 첨부한다(부등규 제48조).
- 제3자의 동의, 허가 또는 승낙을 증명하는 서면 : 부동산이 농지인 경우에는 농지취득자격증명(시, 읍, 면사무소 발급), 토지거래허가구역인 경우에는 토지거래허가증(시, 군, 구청 발급) 등을 첨부하여야 한다. 토지거래허가를 받은 경우에는 농지취득자격증명을 받은 것으로 보기 때문에 농지취득자격증명을 별도로 제출할 필요는 없지만, 부동산거래신고나 주택거래신

고가 면제되는 것은 아니다. 즉 토지거래허가를 받은 경우에도 이와 별도로 거래계약신고필증을 제출하여야 한다.

- 이해관계인의 동의를 받을 필요가 없다.
- 위임장 : 등기신청을 법무사 등 대리인에게 위임하는 경우에 첨부한다. 위임인의 성명과 주소를 기재하고 인장을 날인하되 부동산등기규칙 제60조 제1항 제1호 내지 제3호에 해당하여 인감증명을 제출하여야 하는 자는 위임장에 인감을 날인하여야 하나, 위 규칙 제60조 제1호 내지 제3호에 해당하지 않는 자는 인감날인 대신에 일반적인 기명날인 혹은 서명으로 갈음할 수 있다.

3. 등기신청서류 편철순서

신청서, 취득세(등록면허세)영수필확인서, 등기신청수수료 영수필확인서, 위임장, 인감증명서나 본인서명사실확인서 또는 전자본인서명확인서 발급증, 주민등록표등(초)본, 대장등본, 교환계약서, 등기필증 등의 순으로 편철한다.

4. 기타 참고사항

- 등기의무자의 등기필정보(등기필증 또는 등기완료통지서)가 없을 때에는 ㉮ 등기의무자 또는 그 법정대리인(이하 "등기의무자등"이라 한다)이 등기소에 출석하여 등기관으로부터 등기의무자등임을 확인하는 방법 ㉯ 등기신청인의 대리인(변호사 또는 법무사)이 등기의무자등으로부터 위임받았음을 확인하여 확인서면을 제출하는 방법 ㉰ 신청서(위임에 의하여 대리인이 신청하는 경우에는 그 권한을 증명하는 서면) 중 등기의무자들의 작성부분에 관하여 공증을 받아 제출하는 방법으로 등기신청을 하여야 한다(부등법 제51조, 부등규 제111조).

25. 진정명의회복을 원인으로 한 소유권이전등기신청

가. 의 의

등기가 실체관계와 부합하지 않는 경우에 그 등기를 실체관계와 부합하도록 하는 가장 일반적인 방법은 그 부실등기를 말소하는 것이다. 그러나 말소등기의 방법으로는 그 목적을 달성할 수 없는 경우나 말소등기절차가 너무 복잡하여 경제적 또는 시간적으로 손실을 초래하는 경우가 있다. 그런 경우 간편하게 무권리자인 등기명의인으로부터 진정한 권리자에게 곧바로 소유권이전등기를 하는 방법을 생각할 수 있는데 이것이 진정명의회복을 위한 소유권이전등기이며 판례에 의하여 인정된 등기절차이다.

나. 등기신청방법

이미 자기 앞으로 소유권을 표상하는 등기가 되어 있었거나 법률의 규정에 의하여 소유권을 취득한 자가 현재의 등기명의인을 상대로 "진정명의의 회복"을 등기원인으로 한 소유권이전등기절차의 이행을 명하는 판결을 받아 소유권이전등기를 신청할 수 있다.

또한 이미 자기 앞으로 소유권을 표상하는 등기가 되어 있었던 자 또는 지적공부상 소유자로 등록되어 있던 자로서 소유권보존등기를 신청할 수 있는 자가 현재의 등기명의인과 공동으로 "진정명의의 회복"을 등기원인으로 하여 소유권이전등기신청을 할 수 있다.

[서식 25] 진정명의회복을 원인으로 한 소유권이전등기신청서

진정명의회복을 원인으로 한 소유권이전등기신청

접 수	년 월 일	처 리 인	등기관 확인	각종 통지
	제 호			

① 부동산의 표시			
서울특별시 서초구 서초동 100 전 200㎡ 이 상			
② 등기원인과 그 연월일	진정명의회복		
③ 등 기 의 목 적	소유권이전		
④ 이 전 할 지 분			
구분	성 명 (상호·명칭)	주민등록번호 (등기용등록번호)	주 소 (소 재 지)
⑤ 등기의무자	김 갑 동	000000-0000000	서울특별시 서초구 서초대로 88길 20(서초동)

<table>
<tr><td>⑥
등
기
권
리
자</td><td>이 상 선</td><td>000000-0000000</td><td colspan="2">서울특별시 중구 다동길 96(다동)</td></tr>
<tr><td colspan="5">⑦ 시가표준액 및 국민주택채권매입금액</td></tr>
<tr><td colspan="2">부동산 표시</td><td>부동산별 시가표준액</td><td colspan="2">부동산별 국민주택채권매입금액</td></tr>
<tr><td colspan="2">1. 토 지</td><td>금 30,000,000 원</td><td colspan="2">금 540,000 원</td></tr>
<tr><td colspan="2"></td><td>금 원</td><td colspan="2">금 원</td></tr>
<tr><td colspan="2"></td><td>금 원</td><td colspan="2">금 원</td></tr>
<tr><td colspan="3">⑦ 국 민 주 택 채 권 매 입 총 액</td><td colspan="2">금 540,000 원</td></tr>
<tr><td colspan="3">⑦ 국 민 주 택 채 권 발 행 번 호</td><td colspan="2">○ ○ ○</td></tr>
<tr><td colspan="3" rowspan="2">⑧ 취득세(등록면허세) 금 1,050,000원</td><td colspan="2">⑧ 지방교육세 금 90,000원</td></tr>
<tr><td colspan="2">⑧ 농어촌특별세 금 60,000원</td></tr>
<tr><td colspan="2">⑨ 세 액 합 계</td><td colspan="3">금 1,200,000 원</td></tr>
<tr><td colspan="2" rowspan="3">⑩ 등 기 신 청 수 수 료</td><td colspan="3">금 15,000 원</td></tr>
<tr><td colspan="3">납부번호 : ○○-○○-○○○○○○-○</td></tr>
<tr><td colspan="3">일괄납부 : 건 원</td></tr>
<tr><td colspan="5">⑪ 등기의무자의 등기필정보</td></tr>
<tr><td colspan="2">부동산고유번호</td><td colspan="3"></td></tr>
<tr><td colspan="2">성 명(명 칭)</td><td colspan="2">일련번호</td><td>비밀번호</td></tr>
<tr><td colspan="2"></td><td colspan="2"></td><td></td></tr>
<tr><td colspan="5">⑫ 첨 부 서 면</td></tr>
<tr><td colspan="3">1. 판결정본 1통
1. 확정증명 1통
1. 취득세(등록면허세)영수필확인서 1통
1. 주민등록표등(초)본 2통</td><td colspan="2">1. 토지대장등본 1통
1. 위임장 1통
〈기 타〉</td></tr>
<tr><td colspan="5">20○○년 ○월 ○일

⑬ 위 신청인 ㉠ (전화 :)

(또는)위 대리인 법무사 홍 길 동 ㉠ (전화 : 300-1234)
서울특별시 서초구 서초대로 73길 24(서초동)</td></tr>
</table>

○○지방법원 ○○등기소 귀중

법무사 홍 길 동 (직인)

[신청서 작성요령]

1. 부동산표시란에 2개 이상의 부동산을 기재하는 경우에는 부동산의 일련번호를 기재하여야 합니다.
2. 신청인란등 해당란에 기재할 여백이 없을 경우에는 별지를 이용합니다.
3. 담당등기관이 판단하여 위의 첨부 서면 외에 추가적인 서면을 요구할 수 있습니다.

주

1. 등기신청서 기재요령

신청서는 한글과 아라비아숫자로 기재하여야 한다. 부동산의 표시란이나 신청인란 등이 부족할 경우에는 별지로 사용하고, 별지를 포함한 신청서의 각 장 사이에 간인(신청서에 서명을 하였을 때에는 각 장마다 연결되는 서명)을 하여야 한다.

① 부동산의 표시란 : 등기하고자 하는 부동산을 기재하되, 등기기록상 부동산의 표시와 일치하여야 한다. 부동산이 토지인 경우에는 토지의 소재와 지번, 지목, 면적을 기재하고, 건물인 경우에는 건물의 소재와 지번, 도로명주소(등기기록 표제부에 기록되어 있는 경우), 구조, 면적, 건물의 종류, 건물의 번호가 있는 때에는 그 번호, 부속건물이 있는 때에는 그 종류, 구조와 면적을 기재하면 된다. 만일 등기기록과 토지·건축물대장의 부동산표시가 다른 때에는 먼저 부동산표시변경(또는 경정)등기를 하여야 한다.

② 등기원인과 그 연월일란 : 등기원인은 "진정명의회복"이라고만 기재하고 그 연월일은 기재하지 아니한다.

③ 등기의 목적란 : (예) "소유권이전", "소유권일부이전", "갑구 ○번 갑 지분 전부이전", "갑구 ○번 갑 지분 2분의 1 중 일부(4분의 1)이전" 등으로 기재한다.

④ 이전할 지분란 : 소유권일부이전(공유 지분이전 포함)의 경우에만 그 지분을 기재한다. (예) 단독 소유자인 갑의 지분을 전부 이전하는 하는 경우에는 "갑 지분 ○분의 ○", 공유자인 갑의 지분을 전부 이전하는 경우, 공유자인 갑의 지분을 일부 이전하는 경우 최종 이전하는 지분이 ○분의 ○이면, 모두 "공유자 지분 ○분의 ○"으로 기재한다.

⑤ 등기의무자란 : 등기의무자인 현 소유자의 성명, 주민등록번호, 주소를 기재하되, 등기기록상 소유자 표시와 일치하여야 한다. 다만, 등기기록상 등기의무자의 주소가 지번방식의 주소인 경우에도, 등기의무자의 주민등록등(초)본 등에 의하여 해당 지번방식의 주소에 대한 도로명주소임이 인정되는 경우에는 등기사건을 수리하여야 한다. 한편, 등기의무자의 주소가 전거 등의 실질적인 주소변경이 아닌 도로명주소법에 따른 주소변경인 경우에는 주소변

경의 직권등기를 하지 않는다.

⑥ 등기권리자란 : 등기기록상 권리를 취득하는 자의 표시를 기재하는 난으로, 그 기재방법은 등기의무자란과 같다.

⑦ 시가표준액 및 국민주택채권매입금액, 국민주택채권매입총액란, 국민주택채권발행번호란 : ㉮ 부동산별 시가표준액란은 취득세(등록면허세)납부서(OCR용지)에 기재된 시가표준액을 기재하고 부동산별 국민주택채권매입금액란에는 시가표준액의 일정비율에 해당하는 국민주택채권매입금액을 기재한다. ㉯ 부동산이 2개 이상인 경우에는 각 부동산별로 시가표준액 및 국민주택채권매입총액을 각 매수인별로 계산하여 기재한다. 국민주택채권발행번호를 해당란에 기재하며, 하나의 신청사건에 하나의 채권발행번호를 기재하는 것이 원칙이며, 동일한 채권발행번호를 수 개 신청사건에 중복 기재할 수 없다.

⑧ 취득세(등록면허세)·지방교육세·농어촌특별세란 : 제3편 등기실무자료 [자료 1] 취득세율표 참조

⑨ 세액합계란 : 취득세(등록면허세)액, 지방교육세액, 농어촌특별세액의 합계를 기재한다.

⑩ 등기신청수수료란 : ㉮ 부동산 1개당 15,000원의 등기신청수수료 납부액을 기재한다. 다만 전자표준양식에 의하여 신청하는 경우에는 13,000원, 전자신청하는 경우에는 10,000원의 등기신청수수료를 은행 현금납부, 전자납부, 무인발급기 납부 등의 방법에 따라 납부한 후 등기신청서에 등기신청수수료 영수필확인서를 첨부하고 납부번호를 기재하여 제출한다. ㉯ 여러 건의 등기신청에 대하여 수납금융기관에 현금으로 일괄납부하는 경우 첫 번째 등기신청서에 등기신청수수료 영수필확인서를 첨부하고 해당 등기신청수수료, 납부번호와 일괄납부 건수 및 일괄납부액을 기재하며, 나머지 신청서에는 해당 등기신청수수료와 전 사건에 일괄 납부한 취지를 기재한다(일괄납부는 은행에 현금으로 납부하는 경우에만 가능함).

⑪ 등기의무자의 등기필정보란 : 이 난은 승소한 등기의무자가 부동산등기법 제23조의 규정에 의하여 단독으로 등기를 신청하는 경우에 한하여 기재하여야 한다(부등규 제43조 제1항 제7호).

⑫ 첨부서면란 : 등기신청서에 첨부한 서면을 각 기재한다.

⑬ 신청인등란 : ㉮ 승소한 등기권리자 또는 등기의무자의 성명 및 전화번호를 기재하고, 인장을 날인한다. 그러나 신청인이 법인 또는 법인 아닌 사단이나 재단인 경우에는 상호(명칭)와 대표자(관리인)의 자격 및 성명을 기재하고, 대표자(관리인)의 인장을 날인한다. ㉯ 대리인이 등기신청을 하는 경우에는 그 대리인의 성명, 주소, 전화번호를 기재하고 대리인의 인장을 날인 또는 서명한다.

2. 등기신청서에 첨부할 서면 등

- 등기필증 : 승소한 등기의무자가 단독으로 등기를 신청하는 경우에 한하여 제출한다. 단, 소유권 취득의 등기를 완료하고 등기필정보를 교부받은 경우에 그 등기필정보상에 기재된 부동산고유번호, 성명, 일련번호, 비밀번호를 각 기재(등기필정보를 제출하는 것이 아님)한다. 다만, 등기필증(등기필정보)을 멸실하여 첨부(기재)할 수 없는 경우에는 부동산등기법 제51조에 의하여 확인서면이나 확인조서 또는 공증서면 중 하나를 첨부한다.
- 등기의무자의 등기필정보 : 등기의무자의 등기필정보도 제공할 필요가 없다. 다만, 승소한 등기의무자가 부동산등기법 제23조의 규정에 의하여 단독으로 등기를 신청하는 경우에는 등기필정보를 제공하여야 한다. 공동신청에 의하여 진정명의회복등기를 신청하는 경우에는 등기의무자의 인감증명(또는 본인서명사실확인서) 및 등기필정보를 제공하여야 한다.

- 판결정본·확정증명 : 판결에 의하여 진정명의회복등기를 신청하는 경우에는 법원으로부터 등기권리자에게 송달된 판결정본과 확정증명원을 발급받아 첨부한다.
- 취득세(등록면허세)영수필확인서 : 시장, 구청장, 군수 등으로부터 취득세(등록면허세)납부서(OCR용지)를 발급받아 납세지를 관할하는 해당 금융기관에 세금을 납부한 후 취득세(등록면허세)영수필확인서와 영수증을 교부받아 영수증은 본인이 보관하고 취득세(등록면허세)영수필확인서만 신청서의 취득세(등록면허세)액표시란의 좌측상단 여백에 첨부하거나, 또는 지방세인터넷납부시스템에서 출력한 시가표준액이 표시되어 있는 취득세(등록면허세)납부확인서를 첨부한다.
- 토지·건축물대장등본 : 등기신청대상 부동산의 종류에 따라 토지(임야)대장등본, 건축물대장등본(각 발행일로부터 3월 이내)을 첨부한다.
- 인감증명서 : 판결에 의하여 등기를 신청하는 경우에는 등기의무자의 인감증명서를 첨부할 필요가 없다.
- 주민등록표등(초)본 : 등기권리자의 주민등록표등본 또는 초본(각 발행일로부터 3월 이내)을 첨부하여야 한다. 판결문상의 피고의 주소가 등기기록상의 등기의무자 주소와 다른 경우(등기기록상 주소가 판결에 병기된 경우 포함)에는 동일인임을 증명할 수 있는 자료로서 등기의무자의 주민등록표등본 또는 초본(각 발행일로부터 3월 이내)도 제출하여야 한다. 단, 판결문상에 기재된 피고의 주민등록번호와 등기기록상에 기재된 등기의무자의 주민등록번호가 동일한 경우는 등기의무자의 주민등록표등(초)본을 제출하지 않을 수 있다.
- 법인등기사항전부(일부)증명서 : ㉮ 신청인이 법인인 경우에는 법인등기사항전부증명서 또는 법인등기사항일부증명서(각 발행일로부터 3월 이내)를 첨부한다. 다만, 법인등기가 되어 있는 등기소와 부동산소재지 관할 등기소가 동일한 경우에는 위 법인등기사항증명서를 제출할 필요가 없다. ㉯ 법인 아닌 사단 또는 재단이 등기를 신청하는 경우에는 정관이나 그 밖의 규약, 대표자나 관리인임을 증명하는 정보(다만, 등기되어 있는 대표자나 관리인이 신청하는 경우에는 그러하지 아니하다), 대표자나 관리인의 주소 및 주민등록번호를 증명하는 정보를 첨부한다. 다만 법인 아닌 사단이 등기의무자인 경우에는 민법 제276조 소정의 사원총회의 결의서도 첨부한다(부등규 제48조).
- 제3자의 동의, 허가 또는 승낙을 증명하는 서면 : 토지거래허가증, 농지취득자격증명원을 첨부하지 아니한다. 재단법인 소유의 기본재산 또는 학교법인소유의 부동산에 대하여 진정명의회복을 원인으로 소유권이전등기를 신청하는 경우에도 주무관청의 허가서를 받을 필요가 없다. 또한 이 등기는 계약을 원인으로 한 소유권이전이 아니어서 부동산등기특별조치법의 적용이 없으므로 판결서에 검인을 받을 필요가 없다.
- 위임장 : 등기신청을 법무사 등 대리인에게 위임하는 경우에 첨부한다. 위임인의 성명과 주소를 기재하고 인장을 날인하되 판결에 의하여 단독신청하는 경우에는 인감날인 대신에 일반적인 기명날인 혹은 서명으로 갈음할 수 있다.

3. 등기신청서류 편철순서

신청서, 취득세(등록면허세)영수필확인서, 등기신청수수료 영수필확인서, 주민등록표등(초)본, 토지대장등본, 판결정본 및 확정증명 등의 순으로 편철한다.

26. 상속으로 인한 소유권이전등기신청

가. 의 의

상속이라 함은 피상속인의 사망으로 그에게 속하였던 모든 재산상의 지위(다만 일신전속권은 제외)를 상속인이 포괄적으로 승계하는 것을 말한다. 이러한 상속으로 인한 부동산물권의 변동은 등기를 요하지 아니하므로, 상속등기를 하지 않더라도 피상속인의 사망으로 법률상 당연히 상속인에게 이전된다. 그러나 이를 다시 제3자에게 처분하려면 상속인 명의로 상속으로 인한 소유권이전등기를 먼저 한 다음 처분에 따르는 등기를 하여야 한다.

이 등기신청은 상속인이 단독으로 신청한다.

나. 등기신청방법

신청인 본인 또는 법무사 등 그 대리인이 신분을 확인할 수 있는 주민등록증 등을 가지고 직접 등기소에 출석하여 신청한다.

[서식 26] 상속으로 인한 소유권이전등기신청서

상속으로 인한 소유권이전등기신청

접 수	년 월 일	처 리 인	등기관 확인	각종 통지
	제 호			

① 부동산의 표시	
1. 서울특별시 서초구 서초동 100 대 200㎡ 2. 서울특별시 서초구 서초동 100 [도로명주소] 서울특별시 서초구 서초대로 88길 10 시멘트 벽돌조 슬래브지붕 2층 근린생활시설 1층 100㎡ 2층 100㎡ 이 상	
② 등기원인과 그 연월일	20○○년 ○월 ○일 상속
③ 등 기 의 목 적	소유권이전
④ 이 전 할 지 분	
(상속인전원의 표시)	

구분	성 명	주민등록번호	주 소	상속분	지 분 (개인별)
⑤ 피상속인	망김갑동	000000-0000000	서울특별시 중구 마장로길 68 (황학동)	1/1	1/1
⑥ 등기권리자	성 춘 향	000000-0000000	서울특별시 중구 다동길 96 (다동)	3/7	3/7
	김 일 남	000000-0000000	서울특별시 중구 다동길 96 (다동)	2/7	2/7
	김 이 남	000000-0000000	서울특별시 중구 다동길 96 (다동)	2/7	2/7

⑦ 시가표준액 및 국민주택채권매입금액		
부동산표시	부동산별 시가표준액	부동산별 국민주택채권매입금액
1. 토 지	성춘향 금 128,571,428 원 김일남 금 85,714,285 원 김이남 금 85,714,285 원 합 계 금 299,999,998 원	금 3,600,000 원 금 2,400,000 원 금 2,400,000 원 합 계 금 8,400,000 원
2. 건 물	성춘향 금 10,547,140 원 김일남 금 7,031,430 원 김이남 금 7,031,430 원 합 계 금 24,610,000 원	금 190,000 원 없음 없음 합 계 금 190,000 원
⑦ 국 민 주 택 채 권 매 입 총 액		금 8,590,000 원
⑦ 국 민 주 택 채 권 발 행 번 호		○ ○ ○

⑧ 취득세(등록면허세) 금 9,089,080원	⑧ 지방교육세 금 519,370원
	⑧ 농어촌특별세 금 649,220원
⑨ 세 액 합 계	금 10,257,670 원
⑩ 등 기 신 청 수 수 료	금 30,000 원
	납부번호 : ○○-○○-○○○○○○-○
	일괄납부 : 건 원

⑪ 첨 부 서 면	
1. 가족관계증명서(피상속인, 상속인) 4통 1. 기본증명서(피상속인, 상속인) 4통 1. 친양자입양관계증명서(피상속인) 1통 1. 제적등본(피상속인) 1통 1. 피상속인 및 상속인의 주민등록표등(초)본 4통	1. 취득세(등록면허세)영수필확인서 1통 1. 토지대장등본 1통 1. 건축물대장등본 1통 〈기 타〉

20○○년 ○월 ○일

⑫ 위 신청인 성 춘 향 ㊞ (전화 : 200-1234)
김 일 남 ㊞ (전화 : 200-2345)
김 이 남 ㊞ (전화 : 300-3456)
(또는)위 대리인 (전화 :)

○○지방법원 ○○등기소 귀중

[신청서 작성요령]

1. 부동산표시란에 2개 이상의 부동산을 기재하는 경우에는 부동산의 일련번호를 기재하여야 합니다.
2. 신청인란등 해당란에 기재할 여백이 없을 경우에는 별지를 이용합니다.
3. 담당등기관이 판단하여 위의 첨부 서면 외에 추가적인 서면을 요구할 수 있습니다.

주

1. 등기신청서 기재요령

신청서는 한글과 아라비아숫자로 기재하여야 한다. 부동산의 표시란이나 신청인란 등이 부족할 경우에는 별지로 사용하고, 별지를 포함한 신청서의 각 장 사이에 간인(신청서에 서명을 하였을 때에는 각 장마다 연결되는 서명)을 하여야 한다.

① 부동산의 표시란 : 상속부동산을 기재하되, 등기기록상 부동산의 표시와 일치하여야 한다. 부동산이 토지인 경우에는 토지의 소재와 지번, 지목, 면적을 기재하고, 건물인 경우에는 건물의 소재와 지번, 도로명주소(등기기록 표제부에 기록되어 있는 경우), 구조, 면적, 건물의 종류, 건물의 번호가 있는 때에는 그 번호, 부속건물이 있는 때에는 그 종류, 구조와 면적을 기재하면 된다. 만일 등기기록과 토지·건축물대장의 부동산표시가 다른 때에는 먼저 부동산표시변경(또는 경정)등기를 하여야 한다.

② 등기원인과 그 연월일란 : 등기원인은 아래와 같이 각각 기재하고, 그 연월일은 피상속인의 사망일을 기재한다.

㉮ 1959. 12. 31. 이전에 개시된 상속
- 호주가 사망한 경우 : 19○○년 ○월 ○일 "호주상속"
- 호주가 아닌 가족이 사망한 경우 : 19○○년 ○월 ○일 "유산상속"

㉯ 1960. 1. 1. ~ 1990. 12. 31. 간에 개시된 상속 : 19○○년 ○월 ○일 "재산상속"

㉰ 1991. 1. 1. 이후 개시된 상속 : 19○○년 ○월 ○일 "상속"

㉱ 상속원인이 동일 상속인에게 이중으로 된 경우
등기원인 예 : 1934년 10월 2일 홍길동이 호주상속 후 1959년 10월 8일 사망하였으므로 호주상속

㉲ 호주상속이 개시되었으나 그 상속등기를 하지 않고 있다가 신법 당시에 사망한 경우
등기원인 예 : 1934년 10월 2일 홍길동이 호주상속 후 1980년 12월 3일 사망하였으므로 재산상속

③ 등기의 목적란 : (예) "소유권이전", "소유권일부이전", "갑구 ○번 갑 지분 전부이전", "갑구 ○번 갑 지분 2분의 1 중 일부(4분의 1)이전" 등으로 기재한다.

④ 이전할 지분란 : 소유권일부이전(공유 지분이전 포함)의 경우에만 그 지분을 기재한다. (예) 피상속인이 단독 소유자 지분을 전부 이전하는 하는 경우에는 "갑 지분 ○분의 ○", 피상속인이 공유자 중 1인의 지분을 전부 이전하는 경우, 피상속인이 공유자인 1인의 지분 중 일부 이전하는 경우 최종 이전하는 지분이 ○분의 ○이면, 모두 "공유자 지분 ○분의 ○"으로 기재한다.

⑤ 피상속인란 : 등기기록상 소유자 표시와 일치되게 피상속인의 성명, 주민등록번호, 주소를 기재한다. 피상속인의 등기기록상 표시가 제적등본과 상이한 때에는 서로 동일인임을 인정할 수 있는 시·구·읍·면의 장의 서면 등(동일인 보증서 포함)을 첨부하여 피상속인인 등기명의인의 표시경정(또는 변경)등기를 거치지 아니하고 바로 상속등기를 할 수 있다.

⑥ 등기권리자란 : 상속인의 성명, 주민등록번호, 주소를 기재하되, 상속인이 수인인 경우 이전받는 각자의 지분을 지분란에 기재한다. 상속인이 각자의 지분만에 대하여 별건으로 소유권이전등기를 신청하는 것은 허용되지 아니한다. 상속인 중 1인이 전원을 위한 등기신청을 하는 경우에는 그 1인의 성명, 주민등록번호, 주소를 기재하하괴 도장(막도장 가능)을 날인하되, 신청서 ④번 항목 하단에 "상속인 전원의 표시"를 하고 그 1인을 포함한 상속인 전원을 기재한다. 이 난은 별지로 기재하한 다음 간인한다.

⑦ 시가표준액 및 국민주택채권매입금액, 국민주택채권매입총액란, 국민주택채권발행번호란 : ㉮ 상속등기시에 매입하여야 할 주택채권은 각 부동산별로, 각 부동산에 대하여 상속인 각자의 상속지분별로 산정된 시가표준액을 기준으로 한다. ㉯ 따라서 부동산별 시가표준액란은 취득세(등록면허세)납부서(OCR용지)에 기재된 시가표준액을 기재하고 부동산별 국민주택채권매입금액란에는 시가표준액의 일정비율에 해당하는 국민주택채권매입금액을 기재한다. ㉰ 부동산이 2개 이상인 경우에는 각 부동산별로 시가표준액 및 국민주택채권매입금액을 기재한 다음 국민주택채권 매입총액을 기재하여야 한다. ㉱ 국민주택채권발행번호란에는 국민주택채권 매입시 국민주택채권사무취급기관에서 고지하는 채권발행번호를 기재하며, 하나의 신청사건에 하나의 채권발행번호를 기재하는 것이 원칙이며, 동일한 채권발행번호를 수 개 신청사건에 중복 기재할 수 없다. ㉲ 각 부동산에 대하여 각 상속인의 상속지분별로 계산한 시가표준액에 의하여 일정비율의 국민주택채권을 매입한다.

⑧ 취득세(등록면허세)·지방교육세·농어촌특별세란 : 제3편 등기실무자료 [자료 1] 취득세율표 참조

⑨ 세액합계란 : 취득세(등록면허세)액, 지방교육세액, 농어촌특별세액의 합계를 기재한다.

⑩ 등기신청수수료란 : ㉮ 부동산 1개당 15,000원의 등기신청수수료 납부액을 기재한다. 다만 전자표준양식에 의하여 신청하는 경우에는 13,000원, 전자신청하는 경우에는 10,000원의 등기신청수수료를 은행 현금납부, 전자납부, 무인발급기 납부 등의 방법에 따라 납부한 후 등기신청서에 등기신청수수료 영수필확인서를 첨부하고 납부번호를 기재하여 제출한다. ㉯ 여러 건의 등기신청에 대하여 수납금융기관에 현금으로 일괄납부하는 경우 첫 번째 등기신청서에 등기신청수수료 영수필확인서를 첨부하고 해당 등기신청수수료, 납부번호와 일괄납부 건수 및 일괄납부액을 기재하며, 나머지 신청서에는 해당 등기신청수수료와 전 사건에 일괄 납부한 취지를 기재한다(일괄납부는 은행에 현금으로 납부하는 경우에만 가능함).

⑪ 첨부서면란 : 등기신청서에 첨부한 서면을 각 기재한다.

⑫ 신청인등란 : ㉮ 상속인의 성명 및 전화번호를 기재하고, 각자의 인장을 날인 또는 서명한다. ㉯ 대리인이 등기신청을 하는 경우에는 그 대리인의 성명, 주소, 전화번호를 기재하고 대리인의 인장을 날인 또는 서명한다.

2. 등기신청서에 첨부할 서면 등

- 취득세(등록면허세)영수필확인서 : 시장, 구청장, 군수 등으로부터 취득세(등록면허세)납부서(OCR용지)를 발급받아 납세지를 관할하는 해당 금융기관에 세금을 납부한 후 취득세(등록면허세)영수필확인서와 영수증을 교부받아 영수증은 본인이 보관하고 취득세(등록면허세)

영수필확인서만 신청서의 취득세(등록면허세)액표시란의 좌측상단 여백에 첨부하거나, 또는 지방세인터넷납부시스템에서 출력한 시가표준액이 표시되어 있는 취득세(등록면허세)납부확인서를 첨부한다.

- 토지·건축물대장등본 : 등기신청대상 부동산의 종류에 따라 토지(임야)등본, 건축물대장등본(각 발행일로부터 3월 이내)을 첨부한다.
- 상속을 증명하는 서면 : 피상속인의 사망한 사실 및 상속권자와 상속인을 확인할 수 있는 제적등본(필요한 경우에 구 호적법상 전적 전 제적등본 포함), 가족관계증명서, 기본증명서, 친양자입양관계증명서 등(발행일로부터 3월 이내)을 첨부한다. 단 상속순위 2순위 이하인 자가 상속권리자가 되는 경우 피상속인의 입양관계증명서도 첨부한다.
- 위 제적등본은 상속인 전원이 누락되지 않도록 첨부하여야 한다. 즉, ㉮ 피상속인의(출생시부터) '사망'이 기재된 제적등본 ㉯ 전적이 되었다면 전적 전의 제적등본 ㉰ 망자가 (분가)호주였다면 전 호주의 제적등본 ㉱ 전호주가 전적하였다면 전적 전의 제적등본 ㉲ 상속인이 여자인 경우 출가한 시댁의 제적등본, ㉳ 출가한 여자가 사망하였다면 시댁의 제적등본을 첨부하여야 한다. ㉴ 간혹 망자가 미수복지구인 '북한'에 본적을 두었다가 월남하여 취적허가에 의하여 새호적을 편제된 경우 등기관이 상속인 확인을 위하여 새호적 이전의 (없는)제적등본을 요구할 수 있다. 이 경우 취적허가로 새호적편제시 자(子)에 호적이 없다면 일응 직계비속은 없는 것으로 본다는 취지의 "등기선례 6-91"를 근거로 취적전의 제적등본을 첨부할 필요가 없다.
- 주민등록표등(초)본 등 : 신청인의 주소를 증명하기 위한 서면으로 주민등록표등본 또는 초본(각 발행일로부터 3월 이내)을 첨부한다. 피상속인의 주소증명서면도 제출하여야 하는 경우도 있다. 예컨대 ㉮ 상속으로 인한 소유권이전등기를 신청함에 있어 등기부상 등기명의인(피상속인)의 주소가 호적 또는 제적부상의 기재와 다른 경우에는 동일인임을 증명할 수 있는 자료로써 피상속인의 주소를 증명하는 서면(주민등록등·초본 등) 등을 제출하여야 하는 바, 이러한 증명서면을 발급받을 수 없는 때에는 동일인이라는 사실을 확인하는데 상당하다고 인정되는 자의 보증서면과 그 인감증명서 및 기타 보증인의 자격을 인정할 만한 서면(공무원재직증명서, 변호사등록증서사본, 법무사자격증사본 등)을 제출할 수도 있으나 구체적인 등기신청에 있어서 그러한 서면에 의하여 동일인임이 인정된다고 보아 그 등기신청을 수리할 것인지 여부는 등기관이 판단할 사항이다. ㉯ 등기부상 등기명의인의 주민등록번호가 기재되어 있지 아니하고, 또한 호적(제적)부, 임야대장, 주민등록표상 피상속인의 주소가 등기부상 등기명의인의 주소와 다른 경우에는, 위 호적(제적)부, 임야대장, 주민등록표상에 피상속인의 주민등록번호가 동일하게 기재되어 있다 하더라도 등기부상 등기명의인과 호적부상 피상속인이 동일인이라 단정할 수 없을 것이므로, 위 각 서면만을 첨부하여 동일인임을 증명하는 서면에 갈음할 수는 없다(2002. 6. 25. 등기선례 7-169).
- 위임장 : 등기신청을 법무사 등 대리인에게 위임하는 경우에 첨부한다. 상속인 중 1인·수인 또는 전원이 법무사 등 대리인에게 상속인 전원을 위한 상속등기를 위임할 수 있다. 위임장에는 당해 등기신청을 위임하는 상속인이 기명날인 또는 서명을 하여야 한다.

3. 등기신청서류 편철순서

신청서, 취득세(등록면허세)영수필확인서, 등기신청수수료 영수필확인서, 위임장, 제적등본, 가족관계증명서, 기본증명서, 친양자입양관계증명서, 주민등록표등(초)본, 토지·건축물대장등본 등의 순으로 편철한다.

4. 기타 참고사항

- 상속권자 및 상속분은 피상속인의 사망 당시의 민법 규정에 따른다.
- 상속인이 재외국민 또는 외국인일 때, 상속결격자가 있는 때, 특별수익자가 있는 때, 상속의 포기가 있는 때, 피상속인이 유언으로 상속분을 지정한 때, 대습상속이 있는 때 등의 경우에는 신청서의 기재사항과 첨부서면이 다르거나 추가될 수 있다.
- 상속으로 인한 소유권이전등기를 신청하는 경우에는 신청인의 주소를 증명하는 서면으로 주민등록등(초)본을 제출하여야 하고, 협의분할에 의한 상속등기를 신청하는 때에는 상속재산분할협의서에 날인한 상속인 전원의 인감증명서를 제출하여야 하지만, 재산상속을 받지 않는 나머지 상속인들의 주소를 증명하는 서면은 제출할 필요가 없다(2003. 4. 30. 등기선례 7-76).
- 재산상속인에 관한 사항을 조사하기 위하여 가족관계증명서, 제적등본과 신청인의 주민등록등표등본만을 첨부하면 족하고 상속포기자의 주민등록표등본은 첨부할 필요가 없다(1987. 3. 5. 등기선례 2-90).
- 공동상속인의 경우 상속인 중 1인(갑)은 상속관계를 증명하는 서면(제적등본)과 상속인들의 주소를 증명하는 서면 등을 첨부하여 상속인 전원을 위하여 상속등기를 신청할 수 있는바, 공동상속인 중 1인(을)이 재외국민인 경우에는 등기신청서에 그 주소를 증명하는 서면으로 외국주재 우리나라 대사관(또는 영사관)에서 발행하는 재외국민등록부등본 등을 첨부하여야 한다. 다만 을이 위 재외국민등록부등본의 교부신청에 협력하지 아니하는 경우에는 을의 국외주소를 증명하는 그 밖의 다른 서면을 제출하여도 될 것이나, 실제로 제출된 서면이 을의 주소를 증명하는 서면에 해당된다고 볼 것인지 여부는 당해 등기신청사건을 처리하는 등기관이 판단하여야할 사항이다(등기선례 2002. 4. 30. 등기선례 7-69).
- 위의 경우 을의 소재가 불명하여 현주소를 알 수 없는 때에는 그 사유를 소명하는 자료와 함께 국외 이주되어 말소된 을의 주민등록표등(초)본을 주소를 증명하는 서면으로 대신 제출하고, 최후 주소를 주소지로 하여 상속등기를 신청할 수 있다. 이 경우, 을의 현주소를 알 수 없다는 사실은 신청인이 제출한 소명자료에 의하여 당해 등기관이 판단할 사항이다(2002. 5. 9. 등기선례 7-129).
- 또한 채권자가 채권자대위에 기한 상속등기를 하고자 하나 채무자인 피상속인의 유일한 상속인이 행방불명(외국인에게 입양된 후 행방을 알 수 없어)되어 그의 소재지를 확인할 수 없는 경우에는 상속인의 말소된 주민등록표상의 최후 주소를 주소지로 기재하고, 그 말소된 주민등록표등본을 주소를 증명하는 서면으로 첨부하여 상속등기를 신청할 수 있을 것이다. 다만, 상속인의 말소된 주민등록표등본을 발급받을 수 없는 경우라면 이를 소명하는 자료를 첨부하여 호적(제적)등본상의 본적지를 주소지로 기재하고, 그 호적(제적)등본을 주소를 증명하는 서면으로 첨부하여 상속등기를 신청할 수 있다(2002. 4. 16. 등기선례 7-68).

27. 소유권이전대위상속등기신청

가. 의 의

등기명의인의 사망으로 동인의 상속인들에게 상속이 개시되었고 상속인들이 상속등기를 하지 아니하고 부동산을 제3자에게 처분할 경우에는 제3자 앞으로 등기를 하기 위해서는 먼저 상속등기가 선행되어야 한다. 그런데 상속인들이 그 상속등기를 신청하지 아니하는 경우에 소유권이전등기청구권을 가진 매수인(제3자)이 매매계약서 등을 첨부하여 대위로 상속등기를 신청할 수 있다.

민법 제404조 및 부동산등기법 제28조의 규정에 의하여 채무자를 대위하여 등기를 신청할 수 있는 채권자는 특정의 등기청구권을 가진 채권자 및 금전채권자를 포함한다. 종전의 등기선례에서는 특정의 등기청구권이 없는 일반 금전채권자가 채무자를 대위하여 등기를 신청할 수 없다고 하였으나 이는 2001. 4. 13. 등기예규 제1019호(현재는 2011. 10. 12. 등기예규 제1432호)에 의하여 변경되었다. 따라서 현재는 특정의 등기청구권을 가진 채권자뿐만 아니라 일반 금전채권자도 채무자 앞으로 대위등기를 신청할 수 있다.

나. 등기신청방법

대위신청인 본인 또는 법무사 등 그 대리인이 신분을 확인할 수 있는 주민등록증 등을 가지고 직접 등기소에 출석하여 신청한다. 채권자가 채무자를 대위하여 등기를 신청하는 경우 채무자로부터 채권자 자신으로서의 등기를 동시에 신청하지 않더라도 이를 수리한다.

[서식 27] 소유권이전대위상속등기신청서

소유권이전대위상속등기신청

<table>
<tr><td rowspan="2">접 수</td><td>년 월 일</td><td rowspan="2">처 리 인</td><td>등기관 확인</td><td>각종 통지</td></tr>
<tr><td>제 호</td><td></td><td></td></tr>
</table>

<table>
<tr><td colspan="6">① 부동산의 표시</td></tr>
<tr><td colspan="6">1. 서울특별시 서초구 서초동 100 대 200㎡

2. 서울특별시 서초구 서초동 100
[도로명주소] 서울특별시 서초구 서초대로 88길 10
시멘트 벽돌조 슬래브지붕 2층 근린생활시설
1층 100㎡
2층 100㎡

이 상</td></tr>
<tr><td colspan="2">② 등기원인과 그 연월일</td><td colspan="4">2020년 10월 20일 상속</td></tr>
<tr><td colspan="2">③ 등 기 의 목 적</td><td colspan="4">소유권이전</td></tr>
<tr><td colspan="2">④ 이 전 할 지 분</td><td colspan="4"></td></tr>
<tr><td colspan="2">⑤ 대 위 원 인</td><td colspan="4">2021년 1월 10일 매매에 의한 소유권이전등기청구권</td></tr>
<tr><td>구분</td><td>성 명</td><td>주민등록번호</td><td>주 소</td><td>상속분</td><td>지 분
(개인별)</td></tr>
<tr><td>⑥ 피상속인</td><td>망 김 갑 동</td><td>000000-0000000</td><td>최후주소 : 서울특별시 중구 마장로길 68 (황학동)</td><td></td><td></td></tr>
<tr><td>⑦ 등기권리자</td><td>대위신청인
이 몽 룡</td><td>별지 기재와</td><td>같음

서울특별시 중구 다동길 96 (다동)</td><td></td><td></td></tr>
</table>

<table>
<tr><td colspan="4">⑧ 시가표준액 및 국민주택채권매입금액</td></tr>
<tr><td>부동산 표시</td><td colspan="2">부동산별 시가표준액</td><td>부동산별 국민주택채권매입금액</td></tr>
<tr><td>1. 토 지</td><td colspan="2">성춘향 금 128,571,428 원
김일남 금 85,714,285 원
김이남 금 85,714,285 원
합 계 금 299,999,998 원</td><td>금 3,600,000 원
금 2,400,000 원
금 2,400,000 원
합 계 금 8,400,000 원</td></tr>
<tr><td>2. 건 물</td><td colspan="2">성춘향 금 10,547,140 원
김일남 금 7,031,430 원
김이남 금 7,031,430 원
합 계 금 24,610,000 원</td><td>금 190,000 원
없음
없음
합 계 금 190,000 원</td></tr>
<tr><td colspan="3">⑧ 국 민 주 택 채 권 매 입 총 액</td><td>금 8,590,000 원</td></tr>
<tr><td colspan="3">⑧ 국 민 주 택 채 권 발 행 번 호</td><td>○ ○ ○</td></tr>
<tr><td colspan="2" rowspan="2">⑨ 취득세(등록면허세) 금 9,089,080원</td><td colspan="2">⑧ 지방교육세 금 519,370원</td></tr>
<tr><td colspan="2">⑧ 농어촌특별세 금 649,220원</td></tr>
<tr><td>⑩ 세 액 합 계</td><td colspan="3">금 10,257,670 원</td></tr>
<tr><td rowspan="3">⑪ 등 기 신 청 수 수 료</td><td colspan="3">금 30,000 원</td></tr>
<tr><td colspan="3">납부번호 : ○○-○○-○○○○○○-○</td></tr>
<tr><td colspan="3">일괄납부 : 건 원</td></tr>
<tr><td colspan="4">⑫ 첨 부 서 면</td></tr>
<tr><td colspan="2">1. 가족관계증명서(피상속인, 상속인) 4통
1. 기본증명서(피상속인, 상속인) 4통
1. 친양자입양관계증명서(피상속인) 1통
1. 제적등본(피상속인) 1통
1. 피상속인 및 상속인의 주민등록표등(초)본 4통</td><td colspan="2">1. 취득세(등록면허세)영수필확인서 1통
1. 토지대장등본 1통
1. 건축물대장등본 1통
1. 대위원인서면 1통
1. 위임장 1통</td></tr>
<tr><td colspan="4">20○○년 ○월 ○일

⑬ 위 신청인 ㊞ (전화 :)

(또는)위 대리인 법무사 홍 길 동 ㊞ (전화 : 300-1234)
서울특별시 서초구 서초대로 73길 24(서초동)

○○지방법원 ○○등기소 귀중

법무사 홍 길 동 (직인)</td></tr>
</table>

[신청서 작성요령]

1. 부동산표시란에 2개 이상의 부동산을 기재하는 경우에는 부동산의 일련번호를 기재하여야 합니다.
2. 신청인란등 해당란에 기재할 여백이 없을 경우에는 별지를 이용합니다.
3. 담당등기관이 판단하여 위의 첨부 서면 외에 추가적인 서면을 요구할 수 있습니다.

[별지]

상 속 인 의 표 시

지분 7분의 3　　성 춘 향 (000000-0000000)
서울특별시 중구 다동길 96(다동)

지분 7분의 2　　김 일 남 (000000-0000000)
서울특별시 중구 소공로 3길 10(회현동)

지분 7분의 2　　김 이 남 (000000-0000000)
서울특별시 중구 서소문로 113(서소문동)

이　　상

주

1. 등기신청서 기재요령

신청서는 한글과 아라비아숫자로 기재하여야 한다. 부동산의 표시란이나 신청인란 등이 부족할 경우에는 별지로 사용하고, 별지를 포함한 신청서의 각 장 사이에 간인(신청서에 서명을 하였을 때에는 각 장마다 연결되는 서명)을 하여야 한다.

① 부동산의 표시란 : 상속부동산을 기재하되, 등기기록상 부동산의 표시와 일치하여야 한다. 부동산이 토지인 경우에는 토지의 소재와 지번, 지목, 면적을 기재하고, 건물인 경우에는 건물의 소재와 지번, 도로명주소(등기기록 표제부에 기록되어 있는 경우), 구조, 면적, 건물의 종류, 건물의 번호가 있는 때에는 그 번호, 부속건물이 있는 때에는 그 종류, 구조와 면적을 기재하면 된다. 만일 등기기록과 토지·건축물대장의 부동산표시가 다른 때에는 먼저 부동산표시변경(또는 경정)등기를 하여야 한다.

② 등기원인과 그 연월일란 : 등기원인은 아래와 같이 각각 기재하고, 그 연월일은 피상속인의 사망일을 기재한다.

㉮ 1959. 12. 31. 이전에 개시된 상속
- 호주가 사망한 경우 : 19○○년 ○월 ○일 "호주상속"
- 호주가 아닌 가족이 사망한 경우 : 19○○년 ○월 ○일 "유산상속"

㉯ 1960. 1. 1. ~ 1990. 12. 31. 간에 개시된 상속 : 19○○년 ○월 ○일 "재산상속"

㉰ 1991. 1. 1. 이후 개시된 상속 : 19○○년 ○월 ○일 "상속"

③ 등기의 목적란 : (예) "소유권이전", "소유권일부이전", "○번 갑지분 전부이전", "○번 갑지분 ○분의 ○ 중 일부(○분의 ○)이전" 등으로 기재한다.

③ 등기의 목적란 : (예) "소유권이전", "소유권일부이전", "갑구 ○번 갑 지분 전부이전", "갑구 ○번 갑 지분 2분의 1 중 일부(4분의 1)이전" 등으로 기재한다.

④ 이전할 지분란 : 소유권일부이전(공유 지분이전 포함)의 경우에만 그 지분을 기재한다. (예) 피상속인이 단독 소유자 지분을 전부 이전하는 하는 경우에는 "갑 지분 ○분의 ○", 피상속인이 공유자 중 1인의 지분을 전부 이전하는 경우, 피상속인이 공유자인 1인의 지분 중 일부 이전하는 경우 최종 이전하는 지분이 ○분의 ○이면, 모두 "공유자 지분 ○분의 ○"으로 기재한다.

⑤ 대위원인 : 매매인 경우에는 20○○년 ○월 ○일 매매에 의한 소유권이전등기청구권, 대여금채권인 경우에는 20○○년 ○월 ○일 소비대차의 대여금반환청구권", 임의경매를 위한 대위등기의 경우에는 "20○○년 ○월 ○일 근저당권의 실행을 위한 경매에 필요함", 채권자가 가압류결정을 받은 경우에는 "20○○년 ○월 ○일 ○○지방법원의 가압류결정", 토지수용의 경우(토지만 해당)에는 "20○○년 ○월 ○일 토지수용으로 인한 소유권이전등기청구권" 등으로 기재한다.

⑥ 피상속인란 : 등기기록상 소유자 표시와 일치되게 피상속인의 성명, 주민등록번호, 주소를 기재한다. 피상속인의 등기기록상 표시가 제적등본과 상이한 때에는 서로 동일인임을 인정할 수 있는 시·구·읍·면의 장의 서면 등(동일인 보증서 포함)을 첨부하여 피상속인인 등기명의인의 표시경정(또는 변경)등기를 거치지 아니하고 바로 상속등기를 할 수 있다.

⑦ 등기권리자란 : 상속인의 성명, 주민등록번호, 주소를 기재하되, 상속인이 수인인 경우 이전받는 각자의 지분을 지분란에 기재한다. 이는 별지로 처리하는 것이 편리하다. 상속인들의 상속재산의 협의분할을 한 경우에는 그 재산을 상속받은 상속인 앞으로의 등기를 대위신청하여야 한다. 대위등기신청인 즉 매수인의 성명 및 주소를 기재한다. 또한 토지수용의 경우에는 대위신청인 상속인 그 다음에 "대위신청인 사업시행자 ○○○"이라고 기재한다.

⑧ 시가표준액 및 국민주택채권매입금액, 국민주택채권매입총액란, 국민주택채권발행번호란 : ㉮ 상속등기시에 매입하여야 할 주택채권은 각 부동산별로, 각 부동산에 대하여 상속인 각자의 상속지분별로 산정된 시가표준액을 기준으로 한다.

⑨ 취득세(등록면허세)·지방교육세·농어촌특별세란 : 제3편 등기실무자료 [자료 1] 취득세율표 참조

⑩ 세액합계란 : 취득세(등록면허세)액, 지방교육세액, 농어촌특별세액의 합계를 기재한다.

⑪ 등기신청수수료란 : ㉮ 부동산 1개당 15,000원의 등기신청수수료 납부액을 기재한다. 다만 전자표준양식에 의하여 신청하는 경우에는 13,000원, 전자신청하는 경우에는 10,000원의 등기신청수수료를 은행 현금납부, 전자납부, 무인발급기 납부 등의 방법에 따라 납부한 후 등기신청서에 등기신청수수료 영수필확인서를 첨부하고 납부번호를 기재하여 제출한다. ㉯ 여러 건의 등기신청에 대하여 수납금융기관에 현금으로 일괄납부하는 경우 첫 번째 등기신청서에 등기신청수수료 영수필확인서를 첨부하고 해당 등기신청수수료, 납부번호와

일괄납부 건수 및 일괄납부액을 기재하며, 나머지 신청서에는 해당 등기신청수수료와 전 사건에 일괄 납부한 취지를 기재한다(일괄납부는 은행에 현금으로 납부하는 경우에만 가능함).

⑫ 첨부서면란 : 등기신청서에 첨부한 서면을 각 기재한다.

⑬ 신청인등란 : ㉮ 신청인의 성명 및 전화번호를 기재하고, 기명날인 또는 서명을 한다. ㉯ 대리인이 등기신청하는 경우에는 그 대리인의 성명, 주소 및 전화번호를 기재하고, 기명날인한다.

2. 등기신청서에 첨부할 서면 등

- 상속 또는 포괄승계를 증명하는 서면 : 상속등기를 신청하는 경우에는 등기원인을 증명하는 서면으로, 상속을 증명하는 서면(기본증명서, 상속재산분할협의서 등) 혹은 포괄승계를 증명하는 서면(등기사항증명서, 유언장 등)을 제출하여야 한다. 상속의 경우에는 다음 서면이 필요하다. ㉮ 피상속인의 제적등본 기본증명서 등 : 피상속인의 제적등본과 피상속인의 피상속인에 대한 제적등본을 첨부한다. 피상속인이 2008. 1. 1. 이후 사망한 경우에는 피상속인의 종전 제적등본뿐만 아니라 기본증명서, 가족관계증명서, 친양자입양관계증명서도 첨부한다. ㉯ 상속인들의 기본증명서를 첨부한다.
- 취득세(등록면허세)영수필확인서 : 시장, 구청장, 군수 등으로부터 취득세(등록면허세)납부서(OCR용지)를 발급받아 납세지를 관할하는 해당 금융기관에 세금을 납부한 후 취득세(등록면허세)영수필확인서와 영수증을 교부받아 영수증은 본인이 보관하고 취득세(등록면허세)영수필확인서만 신청서의 취득세(등록면허세)액표시란의 좌측상단 여백에 첨부하거나, 또는 지방세인터넷납부시스템에서 출력한 시가표준액이 표시되어 있는 취득세(등록면허세)납부확인서를 첨부한다.
- 토지·건축물대장등본 : 등기신청대상 부동산의 종류에 따라 토지(임야)등본, 건축물대장등본(각 발행일로부터 3월 이내)을 첨부한다.
- 주민등록표등(초)본 등 : 신청인의 주소를 증명하기 위한 서면으로 주민등록표등본 또는 초본(각 발행일로부터 3월 이내)을 첨부한다. 피상속인의 주소증명서면도 제출하여야 하는 경우도 있다. 예컨대 ㉮ 상속으로 인한 소유권이전등기를 신청함에 있어 등기부상 등기명의인(피상속인)의 주소가 호적 또는 제적부상의 기재와 다른 경우에는 동일인임을 증명할 수 있는 자료로써 피상속인의 주소를 증명하는 서면(주민등록등·초본 등) 등을 제출하여야 하는 바, 이러한 증명서면을 발급받을 수 없는 때에는 동일인이라는 사실을 확인하는데 상당하다고 인정되는 자의 보증서면과 그 인감증명서 및 기타 보증인의 자격을 인정할 만한 서면(공무원재직증명서, 변호사등록증서사본. 법무사자격증사본 등)을 제출할 수도 있으나 구체적인 등기신청에 있어서 그러한 서면에 의하여 동일인임이 인정된다고 보아 그 등기신청을 수리할 것인지 여부는 등기관이 판단할 사항이다. ㉯ 등기부상 등기명의인의 주민등록번호가 기재되어 있지 아니하고, 또한 호적(제적)부, 임야대장, 주민등록표상 피상속인의 주소가 등기부상 등기명의인의 주소와 다른 경우에는, 위 호적(제적)부, 임야대장, 주민등록표상에 피상속인의 주민등록번호가 동일하게 기재되어 있다 하더라도 등기부상 등기명의인과 호적부상 피상속인이 동일인이라 단정할 수 없을 것이므로, 위 각 서면만을 첨부하여 동일인임을 증명하는 서면에 갈음할 수는 없다(2002. 6. 25. 등기선례 7-169).
- 신청인이 법인인 경우 : 포괄승계인이 법인인 경우에는 법인등기사항전부증명서 또는 법인등기사항일부증명서(각 발행일로부터 3월 이내)를 첨부하여야 한다. 법인등기가 되어있는

등기소와 부동산소재지 관할 등기소가 동일한 경우에는 위 법인등기사항증명서를 제출할 필요가 없다.

- 대위원인증명서면 : 채권자가 채무자를 대위하여 등기를 신청하는 경우에 대위원인을 증명하는 서면을 첨부하여야 한다. 이는 매매계약서, 근저당권설정계약서, 가압류결정문, 부동산등기사항증명서(근저당권 실행시) 등이 해당된다. 대위의 기초인 권리가 금전채권인 때에는 대위원인증서는 원칙적으로 당해 금전채권증서가 된다. 채권자가 채무자 소유의 당해 부동산 또는 다른 부동산에 대한 가압류결정을 받아 그 정본을 대위원인증서로, 토지수용의 경우에는 재결서등본을 첨부하는 것도 가능하다.
- 위임장 : 등기신청을 법무사 등 대리인에게 위임하는 경우이므로 대리권한을 증명하는 정보로 위임장을 첨부한다. 상속인 중 1인·수인 또는 전원이 법무사 등 대리인에게 상속인 전원을 위한 상속등기를 위임할 수 있다. 위임장에는 당해 등기신청을 위임하는 상속인이 기명날인 또는 서명을 하여야 한다.

3. 등기신청서류 편철순서

신청서, 취득세(등록면허세)영수필확인서, 등기신청수수료 영수필확인서, 위임장, 제적등본, 가족관계증명서, 기본증명서, 친양자입양관계증명서, 주민등록표등(초)본, 대장등본, 대위원인증명서면 등의 순으로 편철한다.

28. 매매로 인한 소유권이전등기신청(포괄승계인에 의한)

가. 의 의

부동산매매계약에 의하여 소유권이전등기를 하기 전에 매매계약의 일방 당사자가 사망하여 상속이 발생한 경우에는 피상속인이 사망하지 아니하였으면 신청하였을 등기를 상속인이 신청할 수 있다. 이를 일명 포괄승계인에 의한 등기라고 한다. 따라서 매도인이 사망한 경우에는 매도인의 상속인이 등기의무자, 매수인이 등기권리자가 되어 바로 매도인명의의 등기를 매수인의 상속인 앞으로 등기할 수 있으며, 반대로 매수인이 사망한 경우에는 매도인이 등기의무자, 매수인의 상속인이 등기권리자가 되어 바로 매수인의 상속인 앞으로 등기를 할 수 있다.

나. 등기신청방법

(1) 공동신청

매매계약서에 의한 등기신청인 경우에는 매도인의 상속인과 매수인의 상속인이 본인임을 확인할 수 있는 주민등록증 등을 가지고 직접 등기소에 출석하여 공동으로 신청함이 원칙이다.

(2) 단독신청

판결에 의한 등기신청인 경우에는 승소한 등기권리자 또는 등기의무자가 단독으로 신청할 수 있다.

(3) 대리인에 의한 신청

등기신청은 반드시 신청인 본인이 하여야 하는 것은 아니고 대리인이 하여도 된다. 등기권리자 또는 등기의무자 일방이 상대방의 대리인이 되거나 쌍방이 제3자에게 위임하여 등기신청을 할 수 있다.

[서식 28] 매매로 인한 소유권이전등기신청서(상속인에 의한)

매매로 인한 소유권이전등기신청(상속인에 의한)

접 수	년 월 일	처 리 인	등기관 확인	각종 통지
	제 호			

① 부동산의 표시
1. 서울특별시 서초구 서초동 100 대 200㎡ 2. 서울특별시 서초구 서초동 100 [도로명주소] 서울특별시 서초구 서초대로 88길 10 시멘트 벽돌조 슬래브지붕 2층 주택 1층 100㎡ 2층 100㎡ 거래신고일련번호 : 12345-2006-4-1234560 거래가액 : 500,000,000원 이 상

② 등기원인과 그 연월일	20○○년 ○월 ○일 상속
③ 등 기 의 목 적	소유권이전
④ 이 전 할 지 분	

구분	성 명	주민등록번호	주 소	지 분 (개인별)
⑤ 등기의무자	망 김 갑 동 상속인 김 일 남	000000-0000000 000000-0000000	서울특별시 중구 마장로길 68(황학동) 서울특별시 중구 마장로길 68(황학동)	
⑥ 등기권리자	홍 길 동	000000-0000000	서울특별시 중구 다동길 96 (다동)	

⑦ 시가표준액 및 국민주택채권매입금액		
부동산 표시	부동산별 시가표준액	부동산별 국민주택채권매입금액
1. 주 택	금 400,000,000 원	금 13,500,000 원
⑦ 국 민 주 택 채 권 매 입 총 액		금 13,500,000 원
⑦ 국 민 주 택 채 권 발 행 번 호		○ ○ ○

⑧ 취득세(등록면허세) 금 10,000,000원	⑧ 지방교육세 금 1,000,000원
	⑧ 농어촌특별세 금 2,500,000원

⑨ 세 액 합 계	금 13,500,000 원
⑩ 등 기 신 청 수 수 료	금 30,000 원
	납부번호 : ○○-○○-○○○○○-○
	일괄납부 : 건 원

⑪ 등기의무자의 등기필정보		
부동산고유번호	1102-2006-002095	
성 명(명 칭)	일련번호	비밀번호
김 갑 봉	Q77C-L07I-35J5	40-4636

⑫ 첨 부 서 면	
1. 매매계약 1통	1. 취득세(등록면허세)영수필확인서 1통
1. 상속재산분할협의서 1통	1. 토지대장등본 1통

1. 기본증명서 1통 1. 제적등본 1통 1. 인감증명서나 본인서명사실확인서 또는 전자본인서명확인서 발급증 1통 1. 주민등록등(초)본 2통	1. 건축물대장등본 1통 1. 등기필증 1통 1. 부동산거래계약신고필증 1통 1. 매매목록 1통

20○○년 ○월 ○일

⑬ 위 신청인 홍 길 동 ㊞ (전화 : 200-1234)
(또는)위 대리인 (전화 :)

○○지방법원 ○○등기소 귀중

[신청서 작성요령]

1. 부동산표시란에 2개 이상의 부동산을 기재하는 경우에는 부동산의 일련번호를 기재하여야 합니다.
2. 신청인란등 해당란에 기재할 여백이 없을 경우에는 별지를 이용합니다.
3. 담당등기관이 판단하여 위의 첨부 서면 외에 추가적인 서면을 요구할 수 있습니다.

[매매목록 작성 예]

1. 1개의 신고필증에 여러 개의 부동산이 기재되어 있는 경우

매 매 목 록	
거래가액	금 500,000,000원
일련번호	부 동 산 의 표 시
1	[토지] 서울특별시 서초구 서초동 100
2	[건물] 서울특별시 서초구 서초동 100 [도로명주소 : 서울특별시 서초구 서초대로 88길 10]

[주] 1. 여러 개의 부동산 중 1개에 대한 등기신청이 있는 경우에도 매매목록을 작성한다.
2. 지분이 매매의 목적인 경우 그 지분은 표시하지 아니한다.

2. 하나의 부동산에 관하여 수인의 매도인과 수인의 매수인이 매매계약을 체결한 경우(1개의 매매계약서에 의하여 2건의 등기신청을 하는 경우임)

매 매 목 록	
거래가액	금 500,000,000원
일련번호	부 동 산 의 표 시
1	[토지] 서울특별시 서초구 서초동 100
2	[토지] 서울특별시 서초구 서초동 100

[주] 매도인별로 신청하는 경우에는 매도인의 수만큼, 매수인별로 신청하는 경우에는 매수인의 수만큼 반복해서 부동산의 표시를 한다.

주

1. 등기신청서 기재요령

신청서는 한글과 아라비아숫자로 기재하여야 한다. 부동산의 표시란이나 신청인란 등이 부족할 경우에는 별지로 사용하고, 별지를 포함한 신청서의 각 장 사이에 간인(신청서에 서명을 하였을 때에는 각 장마다 연결되는 서명)을 하여야 한다.

① 부동산의 표시란 : ㉮ 매매목적물을 기재하되, 등기기록상 부동산의 표시와 일치하여야 한다. 부동산이 토지인 경우에는 토지의 소재와 지번, 지목, 면적을 기재하고, 건물인 경우에는 건물의 소재와 지번, 도로명주소(등기기록 표제부에 기록되어 있는 경우), 구조, 면적, 건물의 종류, 건물의 번호가 있는 때에는 그 번호(다만, 같은 지번 위에 1개의 건물만 있는 경우에는 건물번호는 기재하지 아니한다), 부속건물이 있는 때에는 그 종류, 구조와 면적을 기재하면 된다. ㉯ 건물의 표시 중 건물의 구조가 복합건물인 경우에는 부동산표시란의 하단에 그 내역을 괄호 안에 기재한다. 층별 용도는 기재하지 아니한다. (예) (내역 : 시멘트벽돌조 주택 30㎡, 시멘트블록조 점포 50㎡) ㉰ 2006. 1. 1. 이후의 매매계약을 원인으로 2006. 6. 1. 이후에 소유권이전등기를 신청하는 경우에는 부동산거래계약신고필증에 기재된 거래신고 일련번호와 거래가액을 기재한다.

② 등기원인과 그 연월일란 : 등기원인은 "매매"로, 그 연월일은 매매계약서상 계약일을 기재한다.

③ 등기의 목적란 : (예) "소유권이전", "소유권일부이전", "갑구 ○번 갑 지분 전부이전", "갑구 ○번 갑 지분 2분의 1 중 일부(4분의 1)이전" 등으로 기재한다.

④ 이전할 지분란 : 소유권일부이전(공유 지분이전 포함)의 경우에만 그 지분을 기재한다. (예) 피상속인이 단독 소유자 지분을 전부 이전하는 하는 경우에는 "갑 지분 ○분의 ○", 피상속인이 공유자 중 1인의 지분을 전부 이전하는 경우, 피상속인이 공유자인 1인의 지분 중 일부 이전하는 경우 최종 이전하는 지분이 ○분의 ○이면, 모두 "공유자 지분 ○분의 ○"으로 기재한다.

⑤ 등기의무자란 : 매도인 및 상속인의 성명, 주민등록번호, 주소를 기재하되, 등기기록상 소유

자 표시와 일치하여야 한다. 상속인 전원을 기재하는 것을 원칙으로 하되 상속재산분할협의에 의하여 1인이 상속인이 되는 경우에는 그 1인을 기재하고 상속재산분할협의서와 상속인전원의 인감증명서를 제출하거나, 인감증명을 갈음하여 「본인서명사실확인등에관한법률」에 따라 발급된 본인서명사실확인서를 첨부할 수 있다..

⑥ 등기권리자란 : 매수인을 기재하는 난이다. 매수인에게 상속이 개시된 경우에는 상속인 전원을 기재하는 것을 원칙으로 하되 상속재산분할협의에 의하여 1인이 상속인이 되는 경우에는 그 1인을 기재하고 상속재산분할협의서를 제출한다.

⑦ 시가표준액 및 국민주택채권매입금액, 국민주택채권매입총액란, 국민주택채권발행번호란 : ㉮ 부동산별 시가표준액란은 취득세(등록면허세)납부서(OCR용지)에 기재된 시가표준액을 기재하고 부동산별 국민주택채권매입금액란에는 시가표준액의 일정비율에 해당하는 국민주택채권매입금액을 기재한다. ㉯ 부동산이 2개 이상인 경우에는 각 부동산별로 시가표준액 및 국민주택채권매입금액을 기재한 다음 국민주택채권 매입총액을 기재한다. ㉰ 국민주택채권발행번호란에는 국민주택채권 매입시 국민주택채권사무취급기관에서 고지하는 채권발행번호를 기재하며, 하나의 신청사건에 하나의 채권발행번호를 기재하는 것이 원칙이며, 동일한 채권발행번호를 수 개 신청사건에 중복 기재할 수 없다.

⑧ 취득세(등록면허세)·지방교육세·농어촌특별세란 : 제3편 등기실무자료 [자료 1] 취득세율표 참조

⑨ 세액합계란 : 취득세(등록면허세)액, 지방교육세액, 농어촌특별세액의 합계를 기재한다.

⑩ 등기신청수수료란 : ㉮ 부동산 1개당 15,000원의 등기신청수수료 납부액을 기재한다. 다만 전자표준양식에 의하여 신청하는 경우에는 13,000원, 전자신청하는 경우에는 10,000원의 등기신청수수료를 은행 현금납부, 전자납부, 무인발급기 납부 등의 방법에 따라 납부한 후 등기신청서에 등기신청수수료 영수필확인서를 첨부하고 납부번호를 기재하여 제출한다. ㉯ 여러 건의 등기신청에 대하여 수납금융기관에 현금으로 일괄납부하는 경우 첫 번째 등기신청서에 등기신청수수료 영수필확인서를 첨부하고 해당 등기신청수수료, 납부번호와 일괄납부 건수 및 일괄납부액을 기재하며, 나머지 신청서에는 해당 등기신청수수료와 전 사건에 일괄 납부한 취지를 기재한다(일괄납부는 은행에 현금으로 납부하는 경우에만 가능함).

⑪ 등기의무자의 등기필정보란 : ㉮ 전자신청 지정등기소에서는 신청방법(전자신청, 서면신청)을 불문하고 등기를 완료한 경우 등기필증 대신 등기필정보를 전자적 교부 또는 서면교부하기 때문에, 등기신청의 당사자 또는 대리인은 등기필정보상의 일련번호와 비밀번호를 기재함으로서 등기필증의 제출을 갈음할 수 있다. 등기의무자가 교부받은 등기필정보에 기재된 부동산고유번호, 성명, 일련번호, 비밀번호를 각 기재한다. 다만 교부받은 등기필정보를 멸실한 경우에는 부동산등기법 제51조에 의하여 확인서면이나 확인조서 또는 공증서면 중 하나를 첨부한다. ㉯ 등기신청서에 등기필증이나 확인서면 등을 첨부한 경우 이 난은 기재할 필요가 없다.

⑫ 첨부서면란 : 등기신청서에 첨부한 서면을 각 기재한다.

⑬ 신청인등란 : ㉮ 등기의무자와 등기권리자의 성명 및 전화번호를 기재하고, 각자의 인장을 날인하되, 등기의무자는 그의 인감을 날인한다. 그러나 신청인이 법인 또는 법인 아닌 사단이나 재단인 경우에는 상호(명칭)와 대표자(관리인)의 자격 및 성명을 기재하고, 법인이 등기의무자인 때에는 등기소의 증명을 얻은 그 대표자의 인감, 법인 아닌 사단이나 재단인 경우에는 대표자(관리인)의 개인인감을 날인한다. ㉯ 대리인이 등기신청을 하는 경우에는 그 대리인의 성명, 주소, 전화번호를 기재하고 대리인의 인장을 날인 또는 서명한다.

2. 등기신청서에 첨부할 서면 등

- 상속 또는 포괄승계를 증명하는 서면 : ㉮ 부동산등기법 제27조의 규정에 의하여 포괄승계인에 의한 등기를 신청하는 경우이므로 가족관계등록에 관한 정보 또는 법인등기사항에 관한 정보 등 상속 그 밖의 포괄승계가 있었다는 사실을 증명하는 정보를 첨부하여야 한다. ㉯ 또한 피상속인의 출생 이후의 신분변동사항을 알 수 있는 피상속인의 제적등본과 피상속인의 피상속인에 대한 제적등본 및 상속인의 기본증명서를 첨부한다. 피상속인이 2008. 1. 1. 이후 사망한 경우에는 피상속인의 종전 제적등본뿐만 아니라 기본증명서, 가족관계증명서, 친양자입양관계증명서와 상속인의 기본증명서도 첨부한다.
- 상속재산협의계약서 : 상속재산분할협의에 의하여 상속인 중 1인 또는 수인이 등기의무자의 지위에서 등기신청을 하는 경우에는 상속재산분할협의서를 첨부한다.
- 등기필증 : 등기의무자의 소유권에 관한 등기필증으로서 등기의무자가 소유권 취득시 등기소로부터 교부받은 등기필증을 첨부한다. 단, 소유권 취득의 등기를 완료하고 등기필정보를 교부받은 경우에 그 등기필정보상에 기재된 부동산고유번호, 성명, 일련번호, 비밀번호를 각 기재(등기필정보를 제출하는 것이 아님)한다.
  다만, 등기필증(등기필정보)을 멸실하여 첨부(기재)할 수 없는 경우에는 부동산등기 법 제51조에 의하여 확인서면이나 확인조서 또는 공증서면 중 하나를 첨부한다.
- 매매계약서 : ㉮ 계약으로 인한 소유권이전등기를 신청하는 경우에는 그 계약서에 기재된 거래금액이 1,000만원을 초과하는 경우에는 일정액의 정부수입인지를 붙여야 한다. 단, 계약서에 기재된 거래금액이 1억원 이하인 주택의 경우 정부수입인지를 붙이지 않아도 된다. ㉯ 부동산거래신고를 하면 거래신고필증을 교부받은 때에는 검인을 받은 것으로 보므로, 매매계약서는 검인을 받을 필요가 없다. 본 매매계약서는 매도인 및 매수인이 생전에 작성한 매매계약서를 제출하여야 하는 것이지 상속인들이 매매계약서를 다시 작성 제출할 것은 아니나.
- 매매목록 : ㉮ 1개의 부동산거래신고필증에 2개 이상의 부동산이 기재되어 있는 경우(1개의 계약서에 의해 2개 이상의 부동산을 거래한 경우라 하더라도, 관할 관청이 달라 개개의 부동산에 관하여 각각 신고한 경우에는 매매목록들 작성할 필요가 없다). ㉯ 거래되는 부동산이 1개라 하더라도 여러 사람의 매도인과 여러 사람의 매수인 사이의 매매계약인 경우에는 매매목록을 제출한다.
- 부동산거래계약신고필증 : 2006. 1. 1. 이후 작성된 매매계약서를 등기원인증서로 하여 소유권이전등기를 신청하는 경우에는 관할 관청이 발급한 거래계약신고필증을 첨부하여야 한다.
- 취득세(등록면허세)영수필확인서 : 시장, 구청장, 군수 등으로부터 취득세(등록면허세)납부서(OCR용지)를 발급받아 납세지를 관할하는 해당 금융기관에 세금을 납부한 후 취득세(등록면허세)영수필확인서와 영수증을 교부받아 영수증은 본인이 보관하고 취득세(등록면허세)영수필확인서만 신청서의 취득세(등록면허세)액표시란의 좌측상단 여백에 첨부하거나, 또는 지방세인터넷납부시스템에서 출력한 시가표준액이 표시되어 있는 취득세(등록면허세)납부확인서를 첨부한다.
- 토지·건축물대장등본 : 등기신청대상 부동산의 종류에 따라 토지(임야)대장등본, 건축물대장등본(각 발행일로부터 3월 이내)을 첨부한다.
- 인감증명서 등 : 부동산매수자란에 매수인의 성명(법인은 법인명), 주민등록번호(부동산등기용등록번호) 및 주소가 기재되어 있는 매도인의 부동산매도용 인감증명서(발행일로부터 3월 이내)를 첨부한다. 상속재산분할협의서를 제출하는 경우에는 상속인들 전원의 인감증명서를

첨부하거나, 인감증명을 갈음하여 「본인서명사실확인등에관한법률」에 따라 발급된 본인서명사실확인서(발행일부터 3개월 이내)에 기재한 서명(전자본인서명확인서 발급증을 제출할 경우에도 서명)을 하고 본인서명사실확인서(전자본인서명확인서 발급증)을 첨부한다.

- 주민등록표등(초)본 : 등기의무자 및 등기권리자의 주민등록표등본 또는 초본(각 발행일로부터 3월 이내)을 첨부한다.
- 법인등기사항전부(일부)증명서 : ㉮ 신청인이 법인인 경우에는 법인등기사항전부증명서 또는 법인등기사항일부증명서(각 발행일로부터 3월 이내)를 첨부한다. 다만, 법인등기가 되어 있는 등기소와 부동산소재지 관할 등기소가 동일한 경우에는 위 법인등기사항증명서를 제출할 필요가 없다. ㉯ 법인 아닌 사단 또는 재단이 등기를 신청하는 경우에는 정관이나 그 밖의 규약, 대표자나 관리인임을 증명하는 정보(다만, 등기되어 있는 대표자나 관리인이 신청하는 경우에는 그러하지 아니하다), 대표자나 관리인의 주소 및 주민등록번호를 증명하는 정보를 첨부한다. 다만 법인 아닌 사단이 등기의무자인 경우에는 민법 제276조 소정의 사원총회의 결의서도 첨부한다(부등규 제48조).
- 제3자의 동의, 허가 또는 승낙을 증명하는 서면 : ㉮ 부동산이 농지인 경우에는 농지취득자격증명(시, 읍, 면사무소 발급), 토지거래허가구역인 경우에는 토지거래허가증(시, 군, 구청 발급) 등을 첨부하여야 한다. ㉯ 토지거래허가를 받은 경우에는 농지취득자격증명을 받은 것으로 보기 때문에 농지취득자격증명을 별도로 제출할 필요는 없지만, 부동산거래신고나 주택거래신고가 면제되는 것은 아니다. 즉 토지거래허가를 받은 경우에는 이와 별도로 거래계약신고필증을 제출하여야 한다.
- 위임장 : 등기신청을 법무사 등 대리인에게 위임하는 경우에 첨부한다. 위임인의 성명과 주소를 기재하고 인장을 날인하되 부동산등기규칙 제60조 제1항 제1호 내지 제3호에 해당하여 인감증명을 제출하여야 하는 자는 위임장에 인감을 날인하여야 하나, 위 규칙 제60조 제1호 내지 제3호에 해당하지 않는 자는 인감날인 대신에 일반적인 기명날인 혹은 서명으로 갈음할 수 있다.

3. 등기신청서류 편철순서

신청서, 취득세(등록면허세)영수필확인서, 등기신청수수료 영수필확인서, 위임장, 가족관계증명서, 기본증명서, 제적등본, 상속재산분할협의서, 인감증명서나 본인서명사실확인서 또는 전자본인서명확인서 발급증, 주민등록표등(초)본, 대장등본, 매매계약서, 부동산거래계약신고필증, 매매목록, 등기필증 등의 순으로 편철한다.

4. 기타 참고사항

등기의무자의 등기필정보(등기필증 또는 등기완료통지서)가 없을 때에는 ㉮ 등기의무자 또는 그 법정대리인(이하 "등기의무자등"이라 한다)이 등기소에 출석하여 등기관으로부터 등기의무자등임을 확인하는 방법 ㉯ 등기신청인의 대리인(변호사 또는 법무사)이 등기의무자등으로부터 위임받았음을 확인하여 확인서면을 제출하는 방법 ㉰ 신청서(위임에 의하여 대리인이 신청하는 경우에는 그 권한을 증명하는 서면) 중 등기의무자들의 작성부분에 관하여 공증을 받아 제출하는 방법으로 등기신청을 하여야 한다(부등법 제51조, 부등규 제111조).

29. 협의분할로 인한 소유권이전등기신청

가. 의 의

등기명의인의 사망으로 상속이 개시된 경우에, 법정상속인 등이 상속재산을 협의분할에 의하여 부동산을 단독으로 취득한 상속인이 소유권이전등기하는 것으로, 등기신청은 상속인이 단독으로 신청하며 상속인이 1인인 경우에는 협의분할이 아닌 단독으로 상속등기를 하여야 한다.

주의할 점은, 상속인 중의 1인만이 다른 상속인들의 인감과 인감증명을 가지고 와서 협의분할에 의한 상속등기를 위임하는 경우, 법무사는 반드시 상속인 전원의 의사를 직접 확인하는 것이 필요하다. 이를 게을리 할 시에는 직접 상속등기를 위임하지 아니한 다른 상속인들이 문제를 제기할 경우 법무사는 다른 상속인들로부터 시달리는 곤란한 상황에 처해지거나 손해배상의 위험이 있다.

나. 등기신청방법

신청인 본인 또는 법무사 등 그 대리인이 신분을 확인할 수 있는 주민등록증 등을 가지고 직접 등기소에 출석하여 신청한다.

피상속인이 사망한 경우에 피상속인의 부동산을 상속을 원인으로 하여 상속인 앞으로 이전하는 것으로, 등기신청은 등기명의인표시변경 및 경정등기 없이 상속인이 본 등기신청을 단독으로 신청한다.

[서식 29] 협의분할로 인한 소유권이전등기신청서

소유권이전등기신청(협의분할에 의한 상속)

접 수	년 월 일	처 리 인	등기관 확인	각종 통지
	제 호			

① 부동산의 표시
1동의 건물의 표시 서울특별시 서초구 서초동 100, 101 샛별아파트 가동 [도로명주소] 서울특별시 서초구 서초대로 88길 10 전유부분의 건물의 표시 건물의 번호 : 가 - 1 - 101 구 조 : 철근콘크리트조 면 적 : 1층 101호 86.03㎡ 대지권의 표시 토지의 표시 : 1. 서울특별시 서초구 서초동 100 대 1400㎡ 2. 서울특별시 서초구 서초동 101 대 1600㎡ 대지권의 종류 : 소유권 대지권의 비율 1, 2 : 3,000분의 500 이 상

② 등기원인과 그 연월일	20○○년 ○월 ○일 협의분할에 의한 상속				
③ 등 기 의 목 적	소유권이전				
④ 이 전 할 지 분					
⑤ 상 속 인 의 표 시	별지 기재와 같음				
구분	성 명	주민등록번호	주 소	상속분	지 분 (개인별)
⑥ 피상속인	망 김 갑 동	000000-0000000	최후주소 : 서울특별시 중구 마장로길 68(황학동)	1/1	1/1

<table>
<tr><td>⑦ 등기권리자</td><td>이 미 녀</td><td>000000-0000000</td><td>서울특별시 중구 다동길 96(다동)</td><td>1/1</td><td>1/1</td></tr>
</table>

<table>
<tr><td colspan="3">⑧ 시가표준액 및 국민주택채권매입금액</td></tr>
<tr><td>부동산 표시</td><td>부동산별 시가표준액</td><td>부동산별 국민주택채권매입금액</td></tr>
<tr><td>공동주택</td><td>금 500,000,000 원</td><td>금 21,000,000 원</td></tr>
<tr><td></td><td>금 원</td><td>금 원</td></tr>
<tr><td></td><td>금 원</td><td>금 원</td></tr>
<tr><td colspan="2">⑧ 국 민 주 택 채 권 매 입 총 액</td><td>금 21,000,000 원</td></tr>
<tr><td colspan="2">⑧ 국 민 주 택 채 권 발 행 번 호</td><td>○ ○ ○</td></tr>
<tr><td colspan="2" rowspan="2">⑨ 취득세(등록면허세) 금 14,000,000원</td><td>⑧ 지방교육세 금 800,000원</td></tr>
<tr><td>⑧ 농어촌특별세 금 1,000,000원</td></tr>
<tr><td colspan="2">⑩ 세 액 합 계</td><td>금 15,800,000 원</td></tr>
<tr><td colspan="2" rowspan="3">⑪ 등 기 신 청 수 수 료</td><td>금 15,000 원</td></tr>
<tr><td>납부번호 : ○○-○○-○○○○○○-○</td></tr>
<tr><td>일괄납부 : 건 원</td></tr>
</table>

<table>
<tr><td colspan="2">⑫ 첨 부 서 면</td></tr>
<tr><td>1. 가족관계증명서(피상속인, 상속인) 4통
1. 기본증명서(피상속인, 상속인) 4통
1. 친양자입양관계증명서(피상속인) 1통
1. 제적등본(피상속인) 1통
1. 피상속인 및 상속인의 주민등록 등(초)본 4통
1. 인감증명서나 본인서명사실확인서 또는 전자본인서명확인서 발급증 (상속인) 3통</td><td>1. 취득세(등록면허세)영수필확인서 1통
1. 토지대장등본 1통
1. 집합건축물대장등본 2통
1. 상속재산분할협의서 1통
1. 특별대리인선임심판서(필요시) 1통
1. 인감증명서(상속인) 각 1통</td></tr>
</table>

20○○년 ○월 ○일

⑬ 위 신청인 이 미 녀 ㊞ (전화 : 300-1234)
(또는)위 대리인 (전화 :)

○○지방법원 ○○등기소 귀중

[신청서 작성요령]

1. 부동산표시란에 2개 이상의 부동산을 기재하는 경우에는 부동산의 일련번호를 기재하여야 합니다.
2. 신청인란등 해당란에 기재할 여백이 없을 경우에는 별지를 이용합니다.
3. 담당등기관이 판단하여 위의 첨부 서면 외에 추가적인 서면을 요구할 수 있습니다.

[별지]

상 속 인 의 표 시

1. 이 미 녀 (000000-0000000)
   서울특별시 중구 다동길 96(다동)

2. 김 일 남 (000000-0000000)
   서울특별시 중구 소공로 3길 10(회현동)

3. 김 이 남 (000000-0000000)
   서울특별시 중구 서소문로 113(서소문동)

이 상

주

1. 등기신청서 기재요령

신청서는 한글과 아라비아숫자로 기재하여야 한다. 부동산의 표시란이나 신청인란 등이 부족할 경우에는 별지로 사용하고, 별지를 포함한 신청서의 각 장 사이에 상속받은 자의 간인(신청서에 서명을 하였을 때에는 각 장마다 연결되는 간인)을 하여야 한다.

① 부동산의 표시란 : 상속부동산을 기재하되, 등기기록상 부동산의 표시와 일치하여야 한다. 만일 등기기록과 토지·건축물대장의 부동산표시가 다른 때에는 먼저 부동산표시변경(또는 경정) 등기를 하여야 한다.

㉮ 1동의 건물의 표시 : 1동의 건물 전체의 소재와 지번, 구조, 종류, 면적을 기재한다. 단, 1동의 건물의 번호를 기재할 때에는 건물의 표시에 관한 등기 또는 소유권보존의 등기를 신청하는 경우를 제외하고는 1동의 건물의 구조와 면적을 기재하지 아니한다.

㉯ 전유부분의 건물의 표시 : 건물의 번호, 구조, 면적을 기재한다.

㉰ 대지권의 표시 : 대지권의 목적인 토지의 표시, 대지권의 종류, 비율을 기재한다.

- 대지권의 목적인 토지의 표시는 토지의 소재, 지번, 지목, 면적을,
- 대지권의 종류는 소유권, 지상권, 전세권, 임차권 등 권리의 종류에 따라 기재하며,
- 대지권의 비율은 대지권의 목적인 토지에 대한 지분비율을 기재한다.

② 등기원인과 그 연월일란 : 등기원인은 "협의분할에 의한 상속"으로 기재하고, 그 연월일은 피상속인의 사망일을 기재한다. (예) 20○○년 ○월 ○일 협의분할에 의한 상속

③ 등기의 목적란 : (예) "소유권이전", "소유권일부이전", "갑구 ○번 갑 지분 전부이전", "○○○지분 전부이전", "갑구 ○번 갑 지분 2분의 1 중 일부(4분의 1)이전" 등으로 기재한다.

④ 이전할 지분란 : 소유권일부이전(공유 지분이전 포함)의 경우에만 그 지분을 기재한다. (예) 피상속인이 단독 소유자 지분을 전부 이전하는 하는 경우에는 "갑 지분 ○분의 ○", " ○번 ○○○지분 전부", 피상속인이 공유자 중 1인의 지분을 전부 이전하는 경우, 피상속인이 공유자인 1인의 지분 중 일부 이전하는 경우 최종 이전하는 지분이 ○분의 ○이면, 모두 "공유자 지분 ○분의 ○"으로 기재한다.

⑤ 상속인의 표시 : ㉮ 상속인전원의 표시를 별지 첨부하여 성명, 주민등록번호, 주소를 기재한다. ㉯ 경정등기가 허용되기 위해서는 경정 전의 등기와 경정 후의 등기를 비교하여 그 등기내용에 있어서 동일성이 인정되어야 하는바, 협의분할에 의해 "갑"으로 등기하여야 할 것을 "을"로 등기한 경우에는 그 등기는 당초부터 무효이므로 이를 경정등기의 방법에 의하여 시정할 수 없고, 그 등기를 말소한 다음 새로 등기를 신청하여야 한다.

⑥ 피상속인란 : 등기기록상 소유자 표시와 일치되게 피상속인의 성명, 주민등록번호, 주소를 기재한다. 피상속인의 등기기록상 표시가 제적등본과 상이한 때에는 서로 동일인임을 인정할 수 있는 시·구·읍·면의 장의 서면 등(동일인 보증서 포함)을 첨부하여 피상속인인 등기명의인의 표시경정(또는 변경)등기를 거치지 아니하고 바로 상속등기를 할 수 있다.

⑦ 등기권리자란 : 협의분할에 의하여 상속을 받는 자의 성명, 주민등록번호, 주소를 기재하고 도장(막도장 가능)을 날인하되, 상속인이 수인인 경우 이전받는 각자의 지분을 지분란에 기재한다.

⑧ 시가표준액 및 국민주택채권매입금액, 국민주택채권매입총액란, 국민주택채권발행번호란 : ㉮ 부동산별 시가표준액란은 취득세(등록면허세)납부서(OCR용지)에 기재된 시가표준액을 기재하고 부동산별 국민주택채권매입금액란에는 시가표준액의 일정비율에 해당하는 국민주택채권매입금액을 기재한다. ㉯ 부동산이 2개 이상인 경우에는 각 부동산별로 시가표준액 및 국민주택채권매입금액을 기재한 다음 국민주택채권 매입총액을 기재하여야 한다. ㉰ 국민주택채권발행번호란에는 국민주택채권 매입시 국민주택채권사무취급기관에서 고지하는 채권발행번호를 기재하며, 하나의 신청사건에 하나의 채권발행번호를 기재하는 것이 원칙이며, 동일한 채권발행번호를 수 개 신청사건에 중복 기재할 수 없다. ㉱ 각 부동산에 대하여 각 상속인의 상속지분별로 계산한 시가표준액에 의하여 일정비율의 국민주택채권을 매입한다. ㉲ 공동주택의 경우에는 공동주택공시가격을 기준으로 국민주택채권을 매입하여야 한다.

⑨ 취득세(등록면허세)·지방교육세·농어촌특별세란 : 제3편 등기실무자료 [자료 1] 취득세율표 참조

⑩ 세액합계란 : 취득세(등록면허세)액, 지방교육세액, 농어촌특별세액의 합계를 기재한다.

⑪ 등기신청수수료란 : ㉮ 부동산 1개당 15,000원의 등기신청수수료 납부액을 기재한다. 다만 전자표준양식에 의하여 신청하는 경우에는 13,000원, 전자신청하는 경우에는 10,000원의 등기신청수수료를 은행 현금납부, 전자납부, 무인발급기 납부 등의 방법에 따라 납부한 후

등기신청서에 등기신청수수료 영수필확인서를 첨부하고 납부번호를 기재하여 제출한다. ㉯ 여러 건의 등기신청에 대하여 수납금융기관에 현금으로 일괄납부하는 경우 첫 번째 등기신청서에 등기신청수수료 영수필확인서를 첨부하고 해당 등기신청수수료, 납부번호와 일괄납부 건수 및 일괄납부액을 기재하며, 나머지 신청서에는 해당 등기신청수수료와 전 사건에 일괄 납부한 취지를 기재한다(일괄납부는 은행에 현금으로 납부하는 경우에만 가능함).

⑫ 첨부서면란 : 등기신청서에 첨부한 서면을 각 기재한다.

⑬ 신청인등란 : ㉮ 협의분할에 의하여 상속을 받는 자의 성명 및 전화번호를 기재하고, 각자의 인장을 날인 또는 서명한다. ㉯ 대리인이 등기신청을 하는 경우에는 그 대리인의 성명, 주소, 전화번호를 기재하고 대리인의 인장을 날인 또는 서명한다.

2. 등기신청서에 첨부할 서면 등

- 상속 또는 포괄승계를 증명하는 서면 : ㉮ 상속등기를 신청하는 경우에는 등기원인을 증명하는 서면으로, 상속을 증명하는 서면(기본증명서, 상속재산협의서 등) 또는 포괄승계를 증명하는 서면(법인등기사항증명서, 유언증서 등)을 첨부하여야 한다. ㉯ 상속의 경우에 필요한 서면으로는 피상속인의 출생 이후의 신분변동사항을 알 수 있는 피상속인의 제적등본과 피상속인의 피상속인에 대한 제적등본 및 상속인의 기본증명서를 첨부한다. 피상속인이 2008. 1. 1. 이후 사망한 경우에는 피상속인의 종전 제적등본뿐만 아니라 기본증명서, 가족관계증명서, 친양자입양관계증명서와 상속인의 기본증명서도 첨부한다.
- 상속재산분할협의서 또는 심판서 정본 등 : 상속재산분할협의서(여러 장인 경우 공동상속인 전원의 인감으로 간인해야 함)는 공동상속인 전원이 참가하여 작성하며 각자의 인감으로 날인 후 인감증명서를 첨부하거나, 인감증명을 갈음하여 「본인서명사실확인등에관한법률」에 따라 발급된 본인서명사실확인서를 첨부할 수 있으며, 심판에 의한 경우에는 그 심판서 정본 등을 첨부한다.
- 취득세(등록면허세)영수필확인서 : 시장, 구청장, 군수 등으로부터 취득세(등록면허세)납부서(OCR용지)를 발급받아 납세지를 관할하는 해당 금융기관에 세금을 납부한 후 취득세(등록면허세)영수필확인서와 영수증을 교부받아 영수증은 본인이 보관하고 취득세(등록면허세) 영수필확인서만 신청서의 취득세(등록면허세)액표시란의 좌측상단 여백에 첨부하거나, 또는 지방세인터넷납부시스템에서 출력한 시가표준액이 표시되어 있는 취득세(등록면허세)납부확인서를 첨부한다.
- 토지·건축물대장등본 : 등기신청대상 부동산의 종류에 따라 토지(임야)대장등본, 건축물대장등본(각 발행일로부터 3월 이내)을 첨부한다.
- 상속을 증명하는 서면 : 피상속인의 사망한 사실 및 상속권자와 상속인을 확인할 수 있는 제적등본(필요한 경우에 구 호적법상 전적 전 제적등본 포함), 가족관계증명서, 기본증명서, 친양자입양관계증명서 등(발행일로부터 3월 이내)을 첨부한다. 단 상속순위 2순위 이하의 자가 상속권리자가 되는 경우 피상속인의 입양관계증명서도 첨부한다.
- 위 제적등본은 상속인 전원이 누락되지 않도록 첨부하여야 한다. 즉, ㉮ 피상속인의(출생시부터) '사망'이 기재된 제적등본 ㉯ 전적이 되었다면 전적 전의 제적등본 ㉰ 망자가 (분가)호주였다면 전 호주의 제적등본 ㉱ 전호주가 전적하였다면 전적 전의 제적등본 ㉲ 상속인이 여자인 경우 출가한 시댁의 제적등본, ㉳ 출가한 여자가 사망하였다면 시댁의 제적등본을 첨부하여야 한다. ㉴ 간혹 망자가 미수복지구인 '북한'에 본적을 두었다가 월남하여 취적허가에 의하여 새호적을 편제된 경우 등기관이 상속인 확인을 위하여 새호적 이전의 (없는)제적

등본을 요구할 수 있다. 이 경우 취적허가로 새호적편제시 자(子)에 호적이 없다면 일응 직계비속은 없는 것으로 본다는 취지의 "등기선례 6-91"를 근거로 취적전의 제적등본을 첨부할 필요가 없다.

- 특별대리인선임심판서 : 미성년자를 포함하여 상속재산을 협의분할하는 경우에 법정대리인인 모가 적극적으로 상속재산포기신고를 하여 상속포기결정문을 첨부하는 경우를 제외하고는 미성년자를 위하여 협의분할을 대리할 수 없으므로(민법 제921조), 이러한 경우에는 미성년자를 위한 특별대리인을 선임하여야 하며, 미성년자가 여러 명인 경우 특별대리인은 각각 선임한다. 또한 등기신청시 특별대리인의 인감증명과 주민등록초본도 첨부하여야 하나 기본증명서 및 가족관계증명서는 첨부하지 아니하며, 미성년자의 인감증명서와 도장은 필요 없으나 기본증명서와 가족관계증명서 및 주민등록초본은 첨부한다(부등규 제61조 제2항).
- 주민등록표등(초)본 : ㉮ 피상속인 및 상속인의 주민등록표등본 또는 초본(각 발행일로부터 3월 이내)을 첨부한다. ㉯ 상속으로 인한 소유권이전등기를 신청함에 있어 등기부상 등기명의인(피상속인)의 주소가 호적 또는 제적부상의 기재와 다른 경우에는 동일인임을 증명할 수 있는 자료로써 피상속인의 주소를 증명하는 서면(주민등록등·초본 등) 등을 제출하여야 하는 바, 이러한 증명서면을 발급받을 수 없는 때에는 동일인이라는 사실을 확인하는데 상당하다고 인정되는 자의 보증서면과 그 인감증명서 및 기타 보증인의 자격을 인정할 만한 서면(공무원재직증명서, 변호사등록증서사본, 법무사자격증사본 등)을 제출할 수도 있으나 구체적인 등기신청에 있어서 그러한 서면에 의하여 동일인임이 인정된다고 보아 그 등기신청을 수리할 것인지 여부는 등기관이 판단할 사항이다. ㉰ 등기부상 등기명의인의 주민등록번호가 기재되어 있지 아니하고, 또한 호적(제적)부, 임야대장, 주민등록표상 피상속인의 주소가 등기부상 등기명의인의 주소와 다른 경우에는, 위 호적(제적)부, 임야대장, 주민등록표상에 피상속인의 주민등록번호가 동일하게 기재되어 있다 하더라도 등기부상 등기명의인과 호적부상 피상속인이 동일인이라 단정할 수 없을 것이므로, 위 각 서면만을 첨부하여 동일인임을 증명하는 서면에 갈음할 수는 없다(2002. 6. 25. 등기선례 7-169).
- 인감증명서 등 : 상속재산분할협의서에 날인한 상속인 전원의 인감증명서(발행일로부터 3월 이내)를 첨부하거나, 인감증명을 갈음하여 「본인서명사실확인등에관한법률」에 따라 발급된 본인서명사실확인서(발행일부터 3개월 이내)에 기재한 서명(전자본인서명확인서 발급증을 제출할 경우에도 서명)을 하고 본인서명사실확인서(전자본인서명확인서 발급증)을 첨부한다. 다만, 재외국민의 경우 인감증명서에 갈음하여 상속재산협의분할서상의 서명 또는 날인이 본인의 것임을 증명하는 재외공관의 확인서 또는 이에 관한 공정증서로 대신할 수 있다. 그리고 위 공정증서에는 재외국민의 거주국의 공정증서는 물론이고 재외국민이 귀국하여 국내에서 협의서를 작성하고 공증을 받은 공정증서라도 무방하다(1991. 11. 12. 등기선례 3-214)
- 위임장 : ㉮ 등기신청을 법무사 등 대리인에게 위임하는 경우에 첨부한다. 상속인 중 1인·수인 또는 전원이 법무사 등 대리인에게 상속인 전원을 위한 상속등기를 위임할 수 있다. 위임장에는 당해 등기신청을 위임하는 상속인이 기명날인 또는 서명을 하여야 한다. ㉯ 상속재산분할협의에 의하여 상속등기를 신청하는 경우에는 그 분할협의에 의하여 재산을 상속받은 상속인만이 법무사 등 대리인에게 위임하여 상속등기를 신청할 수 있다. 그 상속인이 외국인인 경우에도 직접 법무사 등 대리인에게 등기신청을 위임할 수 있으며, 반드시 국내에 주소를 둔 사람을 수임인으로 선임하여 그 자로 하여금 법무사 등에게 등기신청을 위임하도록 하는 것은 아니다. ㉰ 한편 협의분할에 의하여 상속재산을 취득한 상속인이 상속재산협의분

할에 의한 소유권이전등기신청을 법무사에게 위임한 경우 그 등기신청서에 첨부하는 위임장에는 인감증명법에 의한 인감을 날인할 필요가 없다(2003. 7. 18. 등기선례 7-87).

3. 등기신청서류 편철순서

신청서, 취득세(등록면허세)영수필확인서, 등기신청수수료 영수필확인서, 위임장, 제적등본, 가족관계증명서, 기본증명서, 친양자입양관계증명서, 상속재산분할협의서 및 인감증명서나 본인서명사실확인서 또는 전자본인서명확인서 발급증, 특별대리인선임심판서, 주민등록표등(초)본, 토지·건축물대장등본 등의 순으로 편철한다.

4. 기타 참고사항

- 상속권자 및 상속분은 피상속인의 사망 당시의 민법 규정에 따른다.
- 상속인이 재외국민 또는 외국인일 때, 상속결격자가 있는 때, 특별수익자가 있는 때, 상속의 포기가 있는 때, 피상속인이 유언으로 상속분을 지정한 때, 대습상속이 있는 때 등의 경우에는 신청서의 기재사항과 첨부서면이 다르거나 추가될 수 있다.
- 상속재산의 협의분할에 의한 소유권이전등기시 첨부하는 피상속인의 제적등본, 상속인 전원의 가족관계증명서와 주민등록등(초)본 및 상속인의 인감증명서 대신 신청인 본인의 인감증명서와 다른 상속인들의 동의서만을 제출하여 그 등기를 할 수는 없다. 또한 보증인의 동일인 보증서는 피상속인의 등기부상 주소와 주민등록등(초)본상의 주소가 상이하고 주민등록번호, 가족관계증명서 기타의 서면에 의하여도 그 동일성을 확인할 수 없는 경우에 이를 증명하는 것으로 본인의 각서로 이를 대신할 수는 없다(1994. 5. 24. 등기선례 4-64).
- 상속으로 인한 소유권이전등기를 신청하는 경우에는 신청인의 주소를 증명하는 서면으로 주민등록등(초)본을 제출하여야 하고, 협의분할에 의한 상속등기를 신청하는 때에는 상속재산분할협의서에 날인한 상속인 전원의 인감증명서를 제출하여야 하지만, 재산상속을 받지 않는 나머지 상속인들의 주소를 증명하는 서면은 제출할 필요가 없다(2003. 4. 30. 등기선례 7-76).
- 재산상속인에 관한 사항을 조사하기 위하여 가족관계증명서, 제적등본과 신청인의 주민등록등표등본만을 첨부하면 족하고 상속포기자의 주민등록표등본은 첨부할 필요가 없다(1987. 3. 5. 등기선례 2-90).
- 공동상속인의 경우 상속인 중 1인(갑)은 상속관계를 증명하는 서면(제적등본)과 상속인들의 주소를 증명하는 서면 등을 첨부하여 상속인 전원을 위하여 상속등기를 신청할 수 있는바, 공동상속인 중 1인(을)이 재외국민인 경우에는 등기신청서에 그 주소를 증명하는 서면으로 외국주재 우리나라 대사관(또는 영사관)에서 발행하는 재외국민등록부등본 등을 첨부하여야 한다. 다만 을이 위 재외국민등록부등본의 교부신청에 협력하지 아니하는 경우에는 을의 국외주소를 증명하는 그 밖의 다른 서면을 제출하여도 될 것이나, 실제로 제출된 서면이 을의 주소를 증명하는 서면에 해당된다고 볼 것인지 여부는 당해 등기신청사건을 처리하는 등기관이 판단하여야 할 사항이다(등기선례 2002. 4. 30. 등기선례 7-69).
- 위의 경우 을의 소재가 불명하여 현주소를 알 수 없는 때에는 그 사유를 소명하는 자료와 함께 국외 이주되어 말소된 을의 주민등록표등(초)본을 주소를 증명하는 서면으로 대신 제출하고, 최후 주소를 주소지로 하여 상속등기를 신청할 수 있다. 이 경우, 을의 현주소를 알 수 없다는 사실은 신청인이 제출한 소명자료에 의하여 당해 등기관이 판단할 사항이다(2002. 5. 9. 등기선례 7-129).
- 또한 채권자가 채권자대위에 기한 상속등기를 하고자 하나 채무자인 피상속인의 유일한 상

속인이 행방불명(외국인에게 입양된 후 행방을 알 수 없어)되어 그의 소재지를 확인할 수 없는 경우에는 상속인의 말소된 주민등록표상의 최후 주소를 주소지로 기재하고, 그 말소된 주민등록표등본을 주소를 증명하는 서면으로 첨부하여 상속등기를 신청할 수 있을 것이다. 다만, 상속인의 말소된 주민등록표등본을 발급받을 수 없는 경우라면 이를 소명하는 자료를 첨부하여 호적(제적)등본상의 본적지를 주소지로 기재하고, 그 호적(제적)등본을 주소를 증명하는 서면으로 첨부하여 상속등기를 신청할 수 있다(2002. 4. 16. 등기선례 7-68).

- 공동상속재산의 협의분할에는 공동상속인 전원이 참가하여야 하므로, 공동상속인 중 일부의 행방을 알 수 없는 경우에는 위 행방불명된 상속인에 대한 실종선고를 받지 않는 한 협의분할을 할 수 없지만, 공동상속인 중 일부는 법정상속분에 따라 공동상속인 전원의 상속등기를 신청할 수 있다(1996. 10. 4. 등기선례 5-275).
- 협의분할에 의한 재상상속등기를 함에 있어 분할협의는 대리인에게 위임하여 할 수 있으며, 이 경우 본인이 미성년자가 아닌 한 그 공동상속인 중 한 사람을 위 분할협의에 관한 대리인으로 선임하여도 무방하다(1994. 6. 20. 등기선례 4-26).
- 협의에 의하여 상속재산을 분할하는 경우 그 상속인 중에 재외국민이 있는 때에는 그 재외국민을 포함한 공동상속인 전원이 협의에 참가하여야 하며, 이 때 재외국민이 입국할 수 없는 경우에는 국내에 거주하는 공동상속인 이외의 자에게 이를 위임하여 상속재산의 분할협의를 할 수 있으나 공동상속인에게는 이를 위임할 수는 없으며(다만, 위임에 의하여 이를 할 수 없는 경우에는 상속인들이 작성한 협의분할계약서를 재외국민인 상속인에게 송부하여 재외국민이 이에 날인하여 상속재산을 분할할 수는 있음), 또한 협의분할에 의한 상속등기를 신청할 때에는 협의분할서상의 상속인의 날인이 본인의 것임을 증명하는 인감증명서를 첨부하여야 하나 재외국민의 경우 상속재산협의분할서상의 서명 또는 날인이 본인의 것임을 증명하는 재외공관(재외공관공증법 제2조 참조)의 확인서 또는 이에 관한 공정증서로 인감증명에 갈음할 수 있다(1993. 1. 29. 등기선례 3-342).

30. 협의분할로 인한 상속에 의한 소유권이전경정등기신청

가. 의 의

상속으로 인하여 공동상속인 명의로 상속등기를 한 후 부동산을 공동상속인 중 1인이 단독 또는 일부의 소유로 하는 상속재산분할협의가 이루어진 경우에는 공동상속인 명의로 된 등기를 단독 또는 일부의 소유로 경정하는 등기를 말한다.

나. 등기신청방법

신청인 본인 또는 법무사 등 그 대리인이 신분을 확인할 수 있는 주민등록증 등을 가지고 직접 등기소에 출석하여 신청한다.

[서식 30] 협의분할로 인한 상속에 의한 소유권경정신청서

소유권경정등기신청

접 수	년 월 일	처 리 인	등기관 확인	각종 통지
	제 호			

① 부동산의 표시				
서울특별시 서초구 서초동 100 대 400㎡ 이 상				
② 등기원인과 그 연월일	2020년 10월 20일 협의분할로 인한 상속			
③ 등 기 의 목 적	소유권 경정			
④ 경 정 할 사 항	2016년 9월 11일 접수 제1001호로 경료한 갑구 순위 제3번의 소유권이전등기사항 중 "공유자 지분 7분의 3, 이미녀 000000-0000000 서울특별시 중구 황학동 128, 지분 7분의 2 김일동 000000-0000000 서울특별시 중구 황학동 128, 지분 7분의 2 김이동 000000-0000000 서울특별시 중구 황학동 146"을 "소유자 이미녀 000000-0000000 서울특별시 서초구 서초대로 88길 20 (서초동)"으로 경정			
구분	성 명 (상호·명칭)	주민등록번호 (등기용등록번호)	주 소 (소 재 지)	지 분 (개인별)
⑤ 등기의무자	김 일 동 김 이 동	000000-0000000 000000-0000000	서울특별시 중구 황학동 128 서울특별시 중구 황학동 146	
⑥ 등기권리자	이 미 녀	000000-0000000	서울특별시 서초구 서초대로 88길 20(서초동)	

<table>
<tr><td colspan="3">⑦ 시가표준액 및 국민주택채권매입금액</td></tr>
<tr><td>부동산 표시</td><td>부동산별 시가표준액</td><td>부동산별 국민주택채권매입금액</td></tr>
<tr><td>1. 토 지</td><td>500,000원×400㎡
= 200,000,000원</td><td>200,000,000원×42/1,000= 8,400,000원
(전에 매입한 금액 : 3,740,000원)
(금번에 매입하여야 할 금액 : 8,400,000원
- 3,740,000원 = 4,660,000원</td></tr>
<tr><td colspan="2">⑦ 국 민 주 택 채 권 매 입 총 액</td><td>금 4,660,000 원</td></tr>
<tr><td colspan="2">⑦ 국 민 주 택 채 권 발 행 번 호</td><td>○ ○ ○</td></tr>
<tr><td colspan="2">⑧ 등록면허세 금 6,000원</td><td>⑧ 지방교육세 금 1,200원</td></tr>
<tr><td colspan="2">⑨ 세 액 합 계</td><td>금 7,200 원</td></tr>
<tr><td colspan="2" rowspan="3">⑩ 등 기 신 청 수 수 료</td><td>금 3,000 원</td></tr>
<tr><td>납부번호 : ○○-○○-○○○○○○-○</td></tr>
<tr><td>일괄납부 : 건 원</td></tr>
<tr><td colspan="3">⑪ 등기의무자의 등기필정보</td></tr>
<tr><td>부동산고유번호</td><td colspan="2">1102-2006-002095</td></tr>
<tr><td>성 명(명 칭)</td><td>일련번호</td><td>비밀번호</td></tr>
<tr><td>김 일 동</td><td>Q77C-L07I-35J5</td><td>40-4636</td></tr>
<tr><td>김 이 동</td><td>Q77C-L07I-35J6</td><td>20-3678</td></tr>
<tr><td colspan="3">⑫ 첨 부 서 면</td></tr>
<tr><td colspan="2">1. 제적등본(피상속인) 1통
1. 가족관계증명서(상속인, 피상속인) 4통
1. 기본증명서(상속인, 피상속인) 4통
1. 친양자입양관계증명서(피상속인) 1통
1. 상속재산분할협의서 1통
1. 인감증명서나 본인서명사실확인서 또는 전자본인서명확인서 발급증(상속인) 3통</td><td>1. 주민등록초본 3통
1. 등록면허세영수필확인서 1통
1. 주민등록등(초)본 1통
1. 등기필증 1통
1. 위임장 1통</td></tr>
<tr><td colspan="3">20○○년 ○월 ○일

⑬ 위 신청인 ㊞ (전화 :)

(또는)위 대리인 법무사 홍 길 동 ㊞ (전화 : 300-1234)
서울특별시 서초구 서초대로 73길 24(서초동)

○○지방법원 ○○등기소 귀중</td></tr>
</table>

법무사 홍 길 동 (직인)

[신청서 작성요령]

1. 부동산표시란에 2개 이상의 부동산을 기재하는 경우에는 부동산의 일련번호를 기재하여야 합니다.
2. 신청인란등 해당란에 기재할 여백이 없을 경우에는 별지를 이용합니다.
3. 담당등기관이 판단하여 위의 첨부 서면 외에 추가적인 서면을 요구할 수 있습니다.

주

1. 등기신청서 기재요령

신청서는 한글과 아라비아숫자로 기재하여야 한다. 부동산의 표시란이나 신청인란 등이 부족할 경우에는 별지로 사용하고, 별지를 포함한 신청서의 각 장 사이에 간인(신청서에 서명을 하였을 때에는 각 장마다 연결되는 서명)을 하여야 한다.

① 부동산의 표시란 : 토지는 소재, 지번, 지목, 면적 순으로, 건물인 경우에는 소재, 지번, 도로명주소(등기기록 표제부에 기록되어 있는 경우), 구조, 종류, 면적 순으로 등기기록상 부동산의 표시와 일치되게 기재한다.

② 등기원인과 그 연월일란 : 등기원인은 "협의분할로 인한 상속", 그 연월일은 협의분할일자를 기재한다.

③ 등기의 목적란 : "소유권경정"이라 기재한다.

④ 경정할 사항란 : 경정의 대상인 등기의 접수연월일, 접수번호 및 순위번호와 경정의 내용을 기재한다. (예) 2016년 9월 11일 접수 제1001호로 경료 한 갑구 순위 제3번의 소유권이전등기사항 중 "공유자 지분 2분의 1, 이인선, 서울특별시 중구 마장로길 88(황학동), 지분 2분의 1, 이승우, 서울특별시 서초구 서초대로 88길 20(서초동)"을 "소유자 이승우, 서울특별시 서초구 서초대로 88길 20(서초동)"으로 경정 등

⑤ 등기의무자란 : 경정으로 인하여 권리를 상실하는 자로서 그 성명, 주민등록번호 및 주소를 기재하되, 등기기록상 소유자 표시와 일치하여야 한다.

⑥ 등기권리자란 : 등기권리자는 권리를 추가로 취득하는 등기명의인으로서, 그 기재방법은 등기의무자란과 같다.

⑦ 시가표준액 및 국민주택채권매입금액, 국민주택채권매입총액란, 국민주택채권발행번호란 : 상속등기 후의 협의분할로 인한 소유권경정등기를 신청하는 경우에는 상속인은 국민주택채권을 매입하여야 한다. 다만 그 전에 상속등기를 신청할 때에 국민주택채권을 매입하지 않았다면 상속인은 위 경정등기의 법정매입금액에서 상속등기시에 상속인들이 매입한 채권금액을 공제한 나머지 금액만 매입하면 된다.

(예) 공시지가가 2016년도에 500,000원이었으나 2020년도에는 420,000원으로 된 경우 채권매입금액은 산정해 보면,

㉮ 2020년도에 이미녀가 단독상속하는 경우 채권매입금액은,
500,000원×400 = 200,000,000원(과세표준액)
200,000,000원×42/100 = 8,400,000원

㉯ 상속인 전원이 2016년도 법정상속지분에 의하여 상속등기를 하면서 매입한 채권액을 계산해 보면, 과표는 금 168,000,000원(= 420,000원×400)이므로,
이미녀의 시가표준액은 72,000,000원(= 168,000,000×3/7)
김일동의 시가표준액은 48,000,000원(= 168,000,000×2/7)
김이동의 시가표준액은 48,000,000원(= 168,000,000×2/7)
이미녀의 채권매입액은 2,020,000원(= 72,000,000×28/1,000)
김일동의 채권매입액은 860,000원(= 48,000,000×18/1,000)
김이동의 채권매입액은 860,000원(= 48,000,000×18/1,000)
합 계 3,740,000원이 된다.

㉰ 따라서 추가 매입하여야 할 채권액은 4,660,000원(= 7,400,000원−3,740,000원)이라 할 수 있다.

⑧ 등록면허세·지방교육세 : 등록면허세는 누진세율이 적용되지 아니하므로 등록면허세를 납부하고 상속등기를 한 후 협의분할로 인한 재산분할로 인한 소유권경정등기를 신청할 때에는 경정등기에 대한 등록면허세 6,000원과 지방교육세 1,200원을 납부하여 기재한다.

⑨ 세액합계란 : 등록면허세액, 지방교육세액의 합계를 기재한다.

⑩ 등기신청수수료란 : ㉮ 부동산 1개당 3,000원의 등기신청수수료 납부액을 기재한다. 다만 전자표준양식에 의하여 신청하는 경우에는 2,000원, 전자신청하는 경우에는 1,000원의 등기신청수수료를 은행 현금납부, 전자납부, 무인발급기 납부 등의 방법에 따라 납부한 후 등기신청서에 등기신청수수료 영수필확인서를 첨부하고 납부번호를 기재하여 제출한다. ㉯ 여러 건의 등기신청에 대하여 수납금융기관에 현금으로 일괄납부하는 경우 첫 번째 등기신청서에 등기신청수수료 영수필확인서를 첨부하고 해당 등기신청수수료, 납부번호와 일괄납부 건수 및 일괄납부액을 기재하며, 나머지 신청서에는 해당 등기신청수수료와 전 사건에 일괄 납부한 취지를 기재한다(일괄납부는 은행에 현금으로 납부하는 경우에만 가능함).

⑪ 등기의무자의 등기필정보란 : ㉮ 소유권 취득에 관한 등기를 완료하고 등기필정보를 교부받은 경우 그 등기필정보상에 기재된 부동산고유번호, 성명, 일련번호, 비밀번호를 각 기재(등기필정보를 제출하는 것이 아님)한다. 다만 교부받은 등기필정보를 멸실한 경우에는 부동산등기법 제51조에 의하여 확인서면이나 확인조서 또는 공증서면 중 하나를 첨부한다. ㉯ 등기신청서에 등기필증이나 확인서면 등을 첨부한 경우 이 난은 기재할 필요가 없다.

⑫ 첨부서면란 : 등기신청서에 첨부한 서면을 각 기재한다.

⑬ 신청인등란 : ㉮ 등기의무자와 등기권리자의 성명 및 전화번호를 기재하고, 각자의 인장을 날인하되, 등기의무자는 그의 인감을 날인한다. ㉯ 대리인이 등기신청을 하는 경우에는 그 대리인의 성명, 주소, 전화번호를 기재하고 대리인의 인장을 날인 또는 서명한다.

2. 등기신청서에 첨부할 서면 등

- 등기필증 : 등기의무자의 소유권에 관한 등기필증으로서 등기의무자가 소유권 취득시 등기소로부터 교부받은 등기필증을 첨부한다. 단, 소유권 취득의 등기를 완료하고 등기필정보를 교부받은 경우에 그 등기필정보상에 기재된 부동산고유번호, 성명, 일련번호, 비밀번호를 각 기재(등기필정보를 제출하는 것이 아님)한다. 다만, 등기필증(등기필정보)을 멸실하여 첨

부(기재)할 수 없는 경우에는 부동산등기법 제51조에 의하여 확인서면이나 확인조서 또는 공증서면 중 하나를 첨부한다.

- 상속재산분할협의서 또는 심판서 정본 : 경정사유를 증명하는 서면으로 첨부하며 상속재산분할협의서(여러 장인 경우 공동상속인 전원의 인감으로 간인해야 함)는 공동상속인 전원이 참가하여 작성하며 각자의 인감으로 날인 후 인감증명서를 첨부하여 제출하거나, 인감증명을 갈음하여 「본인서명사실확인등에관한법률」에 따라 발급된 본인서명사실확인서를 첨부할 수 있다. 심판에 의한 경우에는 그 심판서정본 등을 첨부한다.
- 취득세(등록면허세)영수필확인서 : 시장, 구청장, 군수 등으로부터 취득세(등록면허세)납부서(OCR용지)를 발급받아 납세지를 관할하는 해당 금융기관에 세금을 납부한 후 취득세(등록면허세)영수필확인서와 영수증을 교부받아 영수증은 본인이 보관하고 취득세(등록면허세)영수필확인서만 신청서의 취득세(등록면허세)액표시란의 좌측상단 여백에 첨부하거나, 또는 지방세인터넷납부시스템에서 출력한 취득세(등록면허세)납부확인서를 첨부한다.
- 제적등본, 가족관계증명서, 기본증명서, 친양자입양관계증명서 : 상속의 경우에 필요한 서면으로는 피상속인의 출생 이후의 신분변동사항을 알 수 있는 피상속인의 제적등본과 피상속인의 피상속인에 대한 제적등본 및 상속인의 기본증명서, 가족관계증명서를 첨부한다. 피상속인이 2008. 1. 1. 이후 사망한 경우에는 피상속인의 종전 제적등본뿐만 아니라 기본증명서, 가족관계증명서, 친양자입양관계증명서와 상속인의 기본증명서도 첨부한다.
- 인감증명서 등 : 상속재산분할협의서에 날인한 상속인전원(3명)의 인감증명서(발행일로부터 3월 이내)를 첨부하거나, 인감증명을 갈음하여 「본인서명사실확인등에관한법률」에 따라 발급된 본인서명사실확인서(발행일부터 3개월 이내)에 기재한 서명(전자본인서명확인서 발급증을 제출할 경우에도 서명)을 하고 본인서명사실확인서(전자본인서명확인서 발급증)을 첨부한다.
- 주민등록표등(초)본 : 등기의무자 및 권리자의 주민등록표등본 또는 초본(각 발행일로부터 3월 이내)을 첨부한다.
- 법인등기사항전부(일부)증명서 : 신청인이 법인인 경우에는 법인등기사항전부증명서 또는 법인등기사항일부증명서(각 발행일로부터 3월 이내)를 첨부한다.
- 등기상 이해관계인이 있는 경우에는 그의 승낙서(인감증명서 또는 본인서명사실확인서 첨부) 또는 이에 대항할 수 있는 재판의 등본을 첨부하여야만 등기를 실행할 수 있다.
- 농지의 경우 : 농지에 대하여 상속등기를 한 후 상속재산의 협의분할에 의하여 소유권경정등기를 신청하는 경우에는 농지취득자격증명을 첨부할 필요가 없다.
- 위임장 : 등기신청을 법무사 등 대리인에게 위임하는 경우에 첨부한다.

3. 등기신청서류 편철순서

신청서, 취득세(등록면허세)영수필확인서, 등기신청수수료 영수필확인서, 위임장, 상속재산분할협의서, 제적등본, 기본증명서, 가족관계증명서, 친양자입양관계증명서, 인감증명서나 본인서명사실확인서 또는 전자본인서명확인서 발급증, 주민등록등(초)본, 등기필증 등의 순으로 편철한다.

31. 환매특약등기신청

가. 의 의

환매특약이란 매매계약과 동시에 매도인이 환매할 권리를 유보한 경우에 그 환매권을 일정한 기간 내에 행사하여 매매의 목적물을 다시 사오는 것을 내용으로 하는 특약을 말한다.

매도인과 매수인 사이에 소유권이전등기를 하면서 환매특약을 한 경우에는, 환매특약부매매로 인한 소유권이전등기와 동시에 환매특약등기신청을 하여야 한다. 환매특약부매매의 매도인과 매수인 사이에는 등기 없이도 환매특약의 효력은 생기지만 제3자에게 환매특약의 효력을 주장하기 위해서는 환매특약등기를 하여야 한다.

나. 등기신청방법

(1) 공동신청

환매특약은 매매계약의 유효를 전제로 하므로 환매특약부매매로 인한 소유권이전등기와 환매특약등기는 반드시 동시에 신청하여야 한다. 이는 별개의 신청서에 의하여 접수하여야 하지만 접수번호는 동일하게 부여된다.

(2) 단독신청

판결에 의한 등기신청인 경우에는 승소한 등기권리자 또는 등기의무자가 단독으로 신청할 수 있다.

(3) 대리인에 의한 신청

등기신청은 반드시 신청인 본인이 하여야 하는 것은 아니고 대리인이 하여도 된다. 등기권리자 또는 등기의무자 일방이 상대방의 대리인이 되거나 쌍방이 제3자에게 위임하여 등기신청을 할 수 있다.

[서식 31] 환매특약등기신청서

환매특약등기신청

접 수	년 월 일	처 리 인	등기관 확인	각종 통지
	제 호			

① 부동산의 표시				
1. 서울특별시 서초구 서초동 100 대 300㎡ 2. 서울특별시 서초구 서초동 100 [도로명주소] 서울특별시 서초구 서초대로 88길 10 시멘트 벽돌조 슬래브지붕 2층 주택 1층 100㎡ 2층 100㎡ 이 상				
② 등기원인과 그 연월일	2020년 9월 1일 특약			
③ 등 기 의 목 적	환매특약			
④ 매 매 대 금	금 60,000,000원			
⑤ 매 매 비 용	금 2,500,000원			
⑥ 환 매 기 간	2025년 8월 30일까지			

구분	성 명 (상호·명칭)	주민등록번호 (등기용등록번호)	주 소 (소 재 지)	지 분 (개인별)
⑦ 등기의무자	김 갑 동	000000-0000000	서울특별시 서초구 서초대로 68길 20(서초동)	
⑧ 등기권리자	이 상 선	000000-0000000	서울특별시 중구 다동길 96(다동)	

<table>
<tr><td>⑨ 등 록 면 허 세</td><td colspan="2">금 12,000 원</td></tr>
<tr><td>⑨ 지 방 교 육 세</td><td colspan="2">금 2,400 원</td></tr>
<tr><td>⑩ 세 액 합 계</td><td colspan="2">금 14,400 원</td></tr>
<tr><td rowspan="3">⑪ 등 기 신 청 수 수 료</td><td colspan="2">금 30,000 원</td></tr>
<tr><td colspan="2">납부번호 : ○○-○○-○○○○○○-○</td></tr>
<tr><td colspan="2">일괄납부 : 건 원</td></tr>
<tr><td colspan="3">⑫ 첨 부 서 면</td></tr>
<tr><td colspan="2">1. 환매특약증서 1통
1. 등록면허세영수필확인서 1통
1. 주민등록표등(초)본 1통
(전건 원용함)</td><td>〈기 타〉</td></tr>
<tr><td colspan="3">20○○년 ○월 ○일

⑬ 위 신청인 김 갑 동 ㉞ (전화 : 200-1234)
이 상 선 ㉞ (전화 : 200-2345)
(또는)위 대리인 (전화 :)

○○지방법원 ○○등기소 귀중</td></tr>
</table>

[신청서 작성요령]

1. 부동산표시란에 2개 이상의 부동산을 기재하는 경우에는 부동산의 일련번호를 기재하여야 합니다.
2. 신청인란등 해당란에 기재할 여백이 없을 경우에는 별지를 이용합니다.
3. 담당등기관이 판단하여 위의 첨부 서면 외에 추가적인 서면을 요구할 수 있습니다.

주

1. 등기신청서 기재요령

신청서는 한글과 아라비아숫자로 기재하여야 한다. 부동산의 표시란이나 신청인란 등이 부족할 경우에는 별지로 사용하고, 별지를 포함한 신청서의 각 장 사이에 간인(신청서에 서명을 하였을 때에는 각 장마다 연결되는 서명)을 하여야 한다.

① 부동산의 표시란 : 환매권의 목적부동산을 기재하되, 등기기록상 부동산의 표시와 일치하여야 한다. 토지인 경우에는 토지의 소재, 지번, 지목, 면적 순으로, 건물인 경우에는 소재, 지번, 도로명주소(등기기록 표제부에 기록되어 있는 경우), 구조, 종류, 면적 순으로 등기기록상 부동산의 표시와 일치되게 기재한다.

② 등기원인과 그 연월일란 : 등기원인은 "특약"으로, 그 연월일은 환매특약의 체결일을 기재한다. 이는 매매계약체결일과 동일한 날짜가 되어야 한다.

③ 등기의 목적란 : "환매특약등기"라고 기재한다.

④ 매매대금란 : 매수인이 지급한 대금을 기재하여야 하며, 이는 매매계약에 의하여 현실적으로 매수인이 매도인에게 지급한 총원금을 기재한다. 아라비아숫자로 '금 ○○○○원'이라고 기재한다. 분할지급의 경우에는 그 지급대금을 포함한 총대금을 지급한다.

⑤ 매매비용란 : 계약서첩용인지액, 공정증서 작성수수료, 감정비용, 측량비용 등의 합계액을 기재하나 등록면허세는 등기비용으로 매매비용은 아니므로 이를 포함하지 아니한다. 이는 필요적 기재사항이므로 매매비용이 없는 경우에도 신청서에 그 비용이 없다는 취지를 기재한다.

⑥ 환매기간란 : 당사자간에 환매기간에 관한 약정이 있으면 이를 기재한다. 환매기간은 5년을 넘지 못하며 이를 연장할 수 없다. 환매기간은 환매의 특약이 성립된 날로부터 기산한다. 그러므로 환매기간의 시기(始期)를 계약일 또는 등기일로부터 1개월 후로 한다는 당사자간의 약정은 무효이고 그러한 약정은 등기할 사항도 아니다.

⑦ 등기의무자란 : 환매특약부매매의 매수인을 기재한다.

⑧ 등기권리자란 : 환매특약부매매의 매도인을 기재한다. 환매특약등기의 환매권리자는 매도인에 국한되는 것이므로 제3자를 환매권리자로 하는 환매등기는 할 수 없다.

⑨ 등록면허세·지방교육세란 : 부동산 1개당 등록면허세 6,000원, 지방교육세 1,200원으로 계산하여 기재한다.

⑩ 세액합계란 : 등록면허세액과 지방교육세액의 합계를 기재한다.

⑪ 등기신청수수료란 : ㉮ 부동산 1개당 15,000원의 등기신청수수료 납부액을 기재한다. 다만 전자표준양식에 의하여 신청하는 경우에는 13,000원, 전자신청하는 경우에는 10,000원의 등기신청수수료를 은행 현금납부, 전자납부, 무인발급기 납부 등의 방법에 따라 납부한 후 등기신청서에 등기신청수수료 영수필확인서를 첨부하고 납부번호를 기재하여 제출한다. ㉯ 여러 건의 등기신청에 대하여 수납금융기관에 현금으로 일괄납부하는 경우 첫 번째 등기신청서에 등기신청수수료 영수필확인서를 첨부하고 해당 등기신청수수료, 납부번호와 일괄납부 건수 및 일괄납부액을 기재하며, 나머지 신청서에는 해당 등기신청수수료와 전 사건에 일괄 납부한 취지를 기재한다(일괄납부는 은행에 현금으로 납부하는 경우에만 가능함).

⑫ 첨부서면란 : 등기신청서에 첨부한 서면을 각 기재한다.

⑬ 신청인등란 : ㉮ 등기의무자와 등기권리자의 성명 및 전화번호를 기재하고 기명날인하거나 서명을 한다. 환매특약등기의 경우에는 등기의무자의 인감증명을 첨부할 필요가 없으므로 인감날인이 요구되지 않는다. 그러나 신청인이 법인 또는 법인 아닌 사단이나 재단인 경우에는 상호(명칭)와 대표자(관리인)의 자격 및 성명을 기재하고, 대표자(관리인)의 직인(사용인감도 가능)을 날인한다. ㉯ 대리인이 등기신청을 하는 경우에는 그 대리인의 성명, 주소, 전화번호를 기재하고 대리인의 인장을 날인 또는 서명한다.

2. 등기신청서에 첨부할 서면 등

- 환매특약증서 : 등기원인을 증명하는 서면으로 환매특약증서를 첨부한다. 다만, 일반적으로

매매계약서와 동일한 서면으로 환매특약을 할 것이고 그 매매계약서는 환매특약부매매로 인한 소유권이전등기의 등기원인서면으로 이미 첨부하였으므로 환매특약등기신청서에는 이를 원용하면 된다.

- 등기필정보 : 환매특약등기를 신청하는 때에는 환매특약부매매를 원인으로 한 소유권이전등기와 동시신청하기 때문에 등기의무자의 등기필정보를 제공할 필요도 없고 이를 제출할 필요도 없다.
- 등록면허세영수필확인서 : 시장, 구청장, 군수 등으로부터 등록면허세납부서(OCR용지) 또는 대법원 인터넷등기소의 정액등록면허세납부서 작성기능을 통하여 정액등록면허세납부서를 발급받아 납세지를 관할하는 해당 금융기관에 세금을 납부한 후 등록면허세영수필확인서를 신청서의 등록면허세액표시란의 좌측상단 여백에 첨부하거나, 또는 지방세인터넷납부시스템을 이용하여 납부하고 출력한 등록면허세납부확인서를 첨부한다.
- 인감증명서 : 환매특약등기를 신청하는 경우의 등기의무자는 아직은 소유권의 등기명의인이 등기의무자가 아니기 때문에 인감증명을 첨부할 필요가 없다.
- 주민등록표등(초)본 : 등기권리자의 주민등록표등본 또는 초본(각 발행일로부터 3월 이내)을 첨부한다. 실제로는 같이 신청하는 소유권이전등기신청서에 이를 이미 첨부하여야 하므로 본건 환매특약등기신청서에는 이를 원용하면 된다.
- 법인등기사항전부(일부)증명서 : ㉮ 신청인이 법인인 경우에는 법인등기사항전부증명서 또는 법인등기사항일부증명서(각 발행일로부터 3월 이내)를 첨부한다. 다만, 법인등기가 되어 있는 등기소와 부동산소재지 관할 등기소가 동일한 경우에는 위 법인등기사항증명서를 제출할 필요가 없다. ㉯ 법인 아닌 사단 또는 재단이 등기를 신청하는 경우에는 정관이나 그 밖의 규약, 대표자나 관리인임을 증명하는 정보(다만, 등기되어 있는 대표자나 관리인이 신청하는 경우에는 그러하지 아니하다), 대표자나 관리인의 주소 및 주민등록번호를 증명하는 정보를 첨부한다. 다만 법인 아닌 사단이 등기의무자인 경우에는 민법 제276조 소정의 사원총회의 결의서도 첨부한다(부등규 제48조).
- 위임장 : 등기신청을 법무사 등 대리인에게 위임하는 경우에 첨부한다.

3. 등기신청서류 편철순서

신청서, 등록면허세영수필확인서, 등기신청수수료 영수필확인서, 주민등록표등(초)본, 환매특약증서 등의 순으로 편철한다.

32. 합의해제에 의한 소유권이전등기말소신청

가. 의 의

소유권이전등기의 말소사유에는 계약의 해제나 취소, 원인무효 등 여러 가지 사유가 있다. 매매계약이 해제된 경우 말소등기를 하는 것이 통상이나 등기상 이해관계인이 있고, 그 이해관계인의 승낙을 얻지 못한 경우에는 이전등기를 하기도 한다. "부동산 소유권이전등기 등에 관한 특별조치법"에 의하여 마쳐진 소유권이전등기라 하더라도 그 원인이 매매, 증여 등 계약에 의하여 이루어진 것이라면 등기기록상 이해관계 있는 제3자가 없는 한 계약해제로 인한 소유권이전등기를 말소신청은 등기관은 수리하여야 한다.

나. 등기신청방법

(1) 공동신청

소유권이전등기의 말소등기신청은 등기의무자와 등기권리자가 본인임을 확인할 수 있는 주민등록증 등을 가지고 직접 등기소에 출석하여 공동으로 신청함이 원칙이다. 본 등기신청은 소유자의 주소변동으로 인한 등기명의인표시변경등기를 먼저 신청할 필요가 없다.

(2) 단독신청

판결에 의한 등기신청인 경우에는 승소한 등기권리자 또는 등기의무자가 단독으로 신청할 수 있다.

(3) 대리인에 의한 신청

등기신청은 반드시 신청인 본인이 하여야 하는 것은 아니고 대리인이 하여도 된다. 등기권리자 또는 등기의무자 일방이 상대방의 대리인이 되거나 쌍방이 제3자에게 위임하여 등기신청을 할 수 있다.

[서식 32] 합의해제에 의한 소유권이전등기말소신청서

합의해제에 의한 소유권이전등기말소신청

접 수	년 월 일	처 리 인	등기관 확인	각종 통지
	제 호			

① 부동산의 표시
1동의 건물의 표시 서울특별시 서초구 서초동 100, 101 샛별아파트 가동 [도로명주소] 서울특별시 서초구 서초대로 88길 10 전유부분의 건물의 표시 건물의 번호 : 가 - 1 - 101 구 조 : 철근콘크리트조 면 적 : 1층 101호 86.03㎡ 대지권의 표시 토지의 표시 : 1. 서울특별시 서초구 서초동 100 대 1400㎡ 2. 서울특별시 서초구 서초동 101 대 1600㎡ 대지권의 종류 : 소유권 대지권의 비율 1, 2 : 3,000분의 500 이 상

② 등기원인과 그 연월일	2020년 8월 20일 합의해제
③ 등 기 의 목 적	소유권이전등기말소
④ 말 소 할 등 기	2019년 3월 2일 접수 제4168호로 경료한 소유권이전등기

구분	성 명 (상호·명칭)	주민등록번호 (등기용등록번호)	주 소 (소 재 지)	지 분 (개인별)
⑤ 등기의무자	이 상 선	000000-0000000	서울특별시 서초구 서초대로 88길 20(서초동)	
⑥ 등기권리자	김 갑 동	000000-0000000	서울특별시 서초구 서초대로 88길 10, 가동 101호(서초동, 샛별아파트)	

<table>
<tr><td>⑦ 등 록 면 허 세</td><td colspan="2">금 6,000 원</td></tr>
<tr><td>⑦ 지 방 교 육 세</td><td colspan="2">금 1,200 원</td></tr>
<tr><td>⑧ 세 액 합 계</td><td colspan="2">금 7,200 원</td></tr>
<tr><td rowspan="3">⑨ 등 기 신 청 수 수 료</td><td colspan="2">금 3,000 원</td></tr>
<tr><td colspan="2">납부번호 : ○○-○○-○○○○○-○</td></tr>
<tr><td colspan="2">일괄납부 : 건 원</td></tr>
<tr><td colspan="3">⑩ 등기의무자의 등기필정보</td></tr>
<tr><td>부동산고유번호</td><td colspan="2"></td></tr>
<tr><td>성 명(명 칭)</td><td>일련번호</td><td>비밀번호</td></tr>
<tr><td></td><td></td><td></td></tr>
<tr><td colspan="3">⑪ 첨 부 서 면</td></tr>
<tr><td colspan="2">1. 계약해제증서(검인×) 1통
1. 등록면허세영수필확인서 1통
1. 인감증명서(일반용) 1통
1. 주민등록초본 2통
1. 토지대장(대지권) 1통
1. 집합건축물대장(표제부, 전유 부분) 각 1통</td><td>1. 농지취득자격증명(농지의 경우) 1통 (증여계약을 해제하는 약정을 원인으로 한 소유권이전등기말소의 경우에는 미첨)
1. 승낙서 1통</td></tr>
<tr><td colspan="3">20○○년 ○월 ○일

⑫ 위 신청인 이 상 선 ㊞ (전화 : 200-1234)
김 갑 동 ㊞ (전화 : 200-2345)
(또는)위 대리인 (전화 :)

○○지방법원 ○○등기소 귀중</td></tr>
</table>

[신청서 작성요령]

1. 부동산표시란에 2개 이상의 부동산을 기재하는 경우에는 부동산의 일련번호를 기재하여야 합니다.
2. 신청인란등 해당란에 기재할 여백이 없을 경우에는 별지를 이용합니다.
3. 담당등기관이 판단하여 위의 첨부 서면 외에 추가적인 서면을 요구할 수 있습니다.

주

1. 등기신청서 기재요령

신청서는 한글과 아라비아숫자로 기재하여야 한다. 부동산의 표시란이나 신청인란 등이 부족할 경우에는 별지로 사용하고, 별지를 포함한 신청서의 각 장 사이에 간인(신청서에 서명을 하였을 때에는 각 장마다 연결되는 서명)을 하여야 한다.

① 부동산의 표시란 : 말소대상인 부동산을 기재하되, 등기기록상 부동산의 표시와 일치하여야 한다.

② 등기원인과 그 연월일란 : 등기원인이 합의해제의 경우에는 "합의해제"로, 그 연월일은 "합의해제일"을 기재한다.

③ 등기의 목적란 : 소유권말소의 경우에는 "소유권이전등기말소"로 기재한다.

④ 말소할 등기란 : 말소할 소유권등기의 접수연월일, 접수번호 등을 기재하여 말소할 등기를 특정한다.

⑤ 등기의무자란 : 등기기록상 말소대상 소유권 등기명의인의 성명, 주민등록번호, 주소를 기재하되, 등기기록상 소유자 표시와 일치하여야 한다. 다만 등기기록상 등기의무자의 주소가 지번방식의 주소인 경우에도, 등기의무자의 주민등록등(초)본 등에 의하여 해당 지번방식의 주소에 대한 도로명주소임이 인정되는 경우에는 등기사건을 수리하여야 한다. 한편 등기의무자의 주소가 전거 등의 실질적인 주소변경이 아닌 도로명주소법에 따른 주소변경인 경우에는 주소변경의 직권등기를 하지 아니한다.

⑥ 등기권리자란 : 권리를 회복하는 자를 기재하는 난으로, 그 기재방법은 등기의무자란과 같다.

⑦ 등록면허세·지방교육세란 : 부동산 1개당 등록면허세 6,000원, 지방교육세 1,200원으로 계산하여 기재한다. 등록면허세는 말소등기를 신청하는 자가 납부한다.

⑧ 세액합계란 : 등록면허세액과 지방교육세액의 합계를 기재한다.

⑨ 등기신청수수료란 : 부동산 1개당 3,000원의 등기신청수수료 납부액을 기재한다. 다만 전자표준양식에 의하여 신청하는 경우에는 2,000원, 전자신청하는 경우에는 1,000원의 등기신청수수료를 은행 현금납부, 전자납부, 무인발급기 납부 등의 방법에 따라 납부한 후 등기신청서에 등기신청수수료 영수필확인서를 첨부하고 납부번호를 기재하여 제출한다.

⑩ 등기의무자의 등기필정보란 : 등기의무자의 등기필증이 멸실된 경우에는 이에 갈음하는 서면을 첨부하여야 하는바, 등기의무자가 등기소에 출석해서 등기를 신청하므로 부동산등기규칙 제111조의 별도의 서면을 첨부할 필요가 없다. 왜냐하면 등기의무자가 등기소에 출석해서 등기관이 본인 여부를 확인해서 그때 확인조서를 작성하므로 미리 확인조서를 발급받아 제출할 필요는 없기 때문이다.

⑪ 첨부서면란 : 등기신청서에 첨부한 서면을 각 기재한다.

⑫ 신청인등란 : ㉮ 등기권리자 또는 등기의무자의 성명 및 전화번호를 기재하고, 인장을 날인한다. 그러나 신청인이 법인 또는 법인 아닌 사단이나 재단인 경우에는 상호(명칭)와 대표자(관리인)의 자격 및 성명을 기재하고, 대표자(관리인)의 직인(사용인감도 가능)을 날인한다. ㉯ 대리인이 등기신청을 하는 경우에는 그 대리인의 성명, 주소, 전화번호를 기재하고 대리인의 인장을 날인 또는 서명한다.

2. 등기신청서에 첨부할 서면 등

- 등기필증 : 소유권 취득의 등기를 완료하고 등기필정보를 교부받은 경우에 그 등기필정보상

에 기재된 부동산고유번호, 성명, 일련번호, 비밀번호를 각 기재(등기필정보를 제출하는 것이 아님)한다. 다만, 등기필증(등기필정보)을 멸실하여 첨부(기재)할 수 없는 경우에는 부동산등기법 제51조에 의하여 확인서면이나 확인조서 또는 공증서면 중 하나를 첨부한다.

- 계약해제증서 : 계약해제를 원인으로 한 소유권이전등기말소등기를 신청할 때에는 계약해제증서를 첨부한다.
- 등록면허세영수필확인서 : 시장, 구청장, 군수 등으로부터 등록면허세납부서(OCR용지) 또는 대법원 인터넷등기소의 정액등록면허세납부서 작성기능을 통하여 정액등록면허세납부서를 발급받아 납세지를 관할하는 해당 금융기관에 세금을 납부한 후 등록면허세영수필확인서와 영수증을 교부받아 영수증은 본인이 보관하고 등록면허세영수필확인서만 신청서의 등록면허세액표시란의 좌측상단 여백에 첨부하거나, 또는 지방세인터넷납부시스템을 이용하여 납부하고 출력한 등록면허세납부확인서를 첨부한다.
- 법인등기사항전부(일부)증명서 : ㉮ 신청인이 법인인 경우에는 법인등기사항전부증명서 또는 법인등기사항일부증명서(각 발행일로부터 3월 이내)를 첨부한다. 다만, 법인등기가 되어 있는 등기소와 부동산소재지 관할 등기소가 동일한 경우에는 위 법인등기사항증명서를 제출할 필요가 없다. ㉯ 법인 아닌 사단 또는 재단이 등기를 신청하는 경우에는 정관이나 그 밖의 규약, 대표자나 관리인임을 증명하는 정보(다만, 등기되어 있는 대표자나 관리인이 신청하는 경우에는 그러하지 아니하다), 대표자나 관리인의 주소 및 주민등록번호를 증명하는 정보를 첨부한다. 다만 법인 아닌 사단이 등기의무자인 경우에는 민법 제276조 소정의 사원총회의 결의서도 첨부한다(부등규 제48조).
- 인감증명서 등 : 소유권이전등기의 말소등기를 공동으로 신청하고자 하는 경우에는 등기의무자의 인감증명서를 첨부하거나, 인감증명을 갈음하여 「본인서명사실확인등에관한법률」에 따라 발급된 본인서명사실확인서(발행일부터 3개월 이내)에 기재한 서명(전자본인서명확인서 발급증을 제출할 경우에도 서명)을 하고 본인서명사실확인서(전자본인서명확인서 발급증)을 첨부한다.
- 농지취득자격증명 : 매매계약을 해제하는 약정을 원인으로 한 소유권이전등기말소의 경우에는 농지취득자격증명을 첨부하여야 하며, 증여계약을 해제하는 약정을 원인으로 한 소유권이전등기말소의 경우 농지취득자격증명을 첨부할 필요가 없다.
- 승낙서 : 등기의 말소를 신청하는 경우에 그 말소에 대하여 등기상 이해관계있는 제3자가 있는 때에는 신청서에 그 승낙서(인감증명서 또는 본인서명사실확인서 포함) 또는 이에 대항할 수 있는 재판의 등본을 첨부하여야 한다. 따라서 등기의무자 명의의 소유권이전등기가 말소되면 그 소유권을 목적으로 한 지상권과 근저당권도 말소되므로 그들의 승낙서와 함께 인감증명서를 첨부하여야 한다.
- 위임장 : 등기신청을 법무사 등 대리인에게 위임하는 경우에 첨부한다.

3. 등기신청서류 편철순서

신청서, 등록면허세영수필확인서, 등기수입증지, 등기신청수수료 영수필확인서, 계약해제증서, 인감증명서나 본인서명사실확인서 또는 전자본인서명확인서 발급증, 이해관계인의 승낙서 및 인감증명서 또는 본인서명사실확인서, 등기필증 등의 순으로 편철한다.

33. 판결에 의한 소유권이전등기말소신청

가. 의 의

부동산에 관하여 소유권이전등기가 경료 되었으나, 그 등기원인의 무효, 취소 또는 해제 등으로 인하여 소유권이전등기의 말소등기절차 이행을 명하는 확정판결을 받은 등기권리자가 단독으로 소유권이전등기 말소를 신청하는 등기이다.

나. 등기신청방법

소유권이전등기의 말소등기신청은 등기기록상 소유명의인이 등기의무자, 현재의 소유권이전등기를 말소함으로써 소유권을 회복할 종전 소유명의인이 등기권리자가 된다.

소유권이전등기의 말소등기는 위 등기의무자와 등기권리자가 공동으로 신청하여야 하나, 본 작성례와 같이 판결에 의한 경우에는 승소한 권리자 또는 의무자가 단독으로 신청할 수 있다.

등기신청은 위 가, 나의 신청인 본인이나, 법무사 등 그 대리인이 신분을 확인할 수 있는 주민등록증 등을 가지고 직접 등기소에 출석하여 신청한다.

[서식 33] 판결에 의한 소유권이전등기말소신청서

판결에 의한 소유권이전등기말소신청

접 수	년 월 일	처 리 인	등기관 확인	각종 통지
	제 호			

① 부동산의 표시
1동의 건물의 표시 서울특별시 서초구 서초동 100, 101 샛별아파트 가동 [도로명주소] 서울특별시 서초구 서초대로 88길 10 전유부분의 건물의 표시 건물의 번호 : 가 - 1 - 101 구 조 : 철근콘크리트조 면 적 : 1층 101호 86.03㎡ 대지권의 표시 토지의 표시 : 1. 서울특별시 서초구 서초동 100 대 1400㎡ 2. 서울특별시 서초구 서초동 101 대 1600㎡ 대지권의 종류 : 소유권 대지권의 비율 1, 2 : 3,000분의 500 이 상

② 등기원인과 그 연월일	2020년 8월 20일 확정판결		
③ 등 기 의 목 적	소유권이전등기말소		
④ 말 소 할 등 기	2018년 3월 2일 접수 제4168호로 경료한 소유권이전등기		

구분	성 명 (상호·명칭)	주민등록번호 (등기용등록번호)	주 소 (소 재 지)	지 분 (개인별)
⑤ 등기의무자	이 상 선	000000-0000000	서울특별시 서초구 서초대로 88길 20(서초동)	

⑥ 등기권리자	김 갑 동	000000-0000000	서울특별시 서초구 서초대로 88길 10, 가동 101호(서초동, 샛별아파트)	

⑦ 등 록 면 허 세	금	6,000 원
⑦ 지 방 교 육 세	금	1,200 원
⑧ 세 액 합 계	금	7,200 원
⑨ 등 기 신 청 수 수 료	금	3,000 원
	납부번호 : ○○-○○-○○○○○○-○	
	일괄납부 : 건	원

⑩ 등기의무자의 등기필정보		
부동산고유번호		
성 명(명 칭)	일련번호	비밀번호

⑪ 첨 부 서 면	
1. 등록면허세영수필확인서 1통 1. 판결정본 및 확정증명 각 1통	〈기 타〉

20○○년 ○월 ○일

⑫ 위 신청인 김 갑 동 ㊞ (전화 : 211-1234)
(또는)위 대리인 (전화 :)

○○지방법원 ○○등기소 귀중

[신청서 작성요령]

1. 부동산표시란에 2개 이상의 부동산을 기재하는 경우에는 부동산의 일련번호를 기재하여야 합니다.
2. 신청인란등 해당란에 기재할 여백이 없을 경우에는 별지를 이용합니다.
3. 담당등기관이 판단하여 위의 첨부 서면 외에 추가적인 서면을 요구할 수 있습니다.

주

1. 등기신청서 기재요령

신청서는 한글과 아라비아숫자로 기재하여야 한다. 부동산의 표시란이나 신청인란 등이 부족할 경우에는 별지로 사용하고, 별지를 포함한 신청서의 각 장 사이에 간인(신청서에 서명을 하였을 때에는 각 장마다 연결되는 서명)을 하여야 한다.

① 부동산의 표시란 : 판결주문에 표시된 부동산을 기재하되, 등기기록상 부동산의 표시와 일치하여야 한다.

② 등기원인과 그 연월일란("제2편 판결 등에 의한 소유권이전등기신청"란 및 등기예규 제1383호 참조) : ㉮ 기존등기의 등기원인이 부존재 내지 무효이거나 취소·해제에 의하여 소멸하였음을 이유로 말소등기를 명하는 판결주문에 등기원인과 그 연월일이 명시되어 있지 아니한 경우 등기원인은 "확정판결"로, 그 연월일은 "판결선고일"을 기재한다. 합의해제의 경우에는 "합의해제"로, 그 연월일은 "합의해제일"을 기재한다. ㉯ 가처분권자가 승소판결에 기하여 소유권이전등기 또는 말소등기를 신청하는 경우에 가처분 이후에 경료된 제3자 명의의 소유권이전등기는 단독으로 말소등기를 신청할 수 있는 바, 이러한 경우에 말소등기의 등기원인은 '가처분에 의한 실효'라고 기재하되 등기원인일자는 기재하지 아니한다.

③ 등기의 목적란 : 소유권말소의 경우에는 "소유권이전등기말소"로 기재한다.

④ 말소할 등기란 : 말소할 소유권등기의 접수연월일, 접수번호 등을 기재하여 말소할 등기를 특정한다.

⑤ 등기의무자란 : 등기기록상 말소대상 소유권 등기명의인의 성명, 주민등록번호, 주소를 기재하되, 등기기록상 소유자 표시와 일치하여야 한다. 다만 등기기록상 등기의무자의 주소가 지번방식의 주소인 경우에도, 등기의무자의 주민등록등(초)본 등에 의하여 해당 지번방식의 주소에 대한 도로명주소임이 인정되는 경우에는 등기사건을 수리하여야 한다. 한편 등기의무자의 주소가 전거 등의 실질적인 주소변경이 아닌 도로명주소법에 따른 주소변경인 경우에는 주소변경의 직권등기를 하지 아니한다.

⑥ 등기권리자란 : 판결상 승소한 원고를 기재하는 난으로, 그 기재방법은 등기의무자란과 같다.

⑦ 등록면허세·지방교육세란 : 부동산 1개당 등록면허세 6,000원, 지방교육세 1,200원으로 계산하여 기재한다. 등록면허세는 말소등기를 신청하는 자가 납부한다.

⑧ 세액합계란 : 등록면허세액과 지방교육세액의 합계를 기재한다.

⑨ 등기신청수수료란 : 부동산 1개당 3,000원의 등기신청수수료 납부액을 기재한다. 다만 전자표준양식에 의하여 신청하는 경우에는 2,000원, 전자신청하는 경우에는 1,000원의 등기신청수수료를 은행 현금납부, 전자납부, 무인발급기 납부 등의 방법에 따라 납부한 후 등기신청서에 등기신청수수료 영수필확인서를 첨부하고 납부번호를 기재하여 제출한다.

⑩ 등기의무자의 등기필정보란 : ㉮ 등기의무자가 등기신청서에 등기필증이나 확인서면 등을 첨부하거나, 등기권리자가 단독으로 등기를 신청하는 경우에 이 난은 기재할 필요가 없다. ㉯ 승소한 등기의무자가 단독으로 등기를 신청하는 경우에 한하여 기재하되, 소유권 취득에 관한 등기를 완료하고 등기필정보를 교부받은 경우, 그 등기필정보상에 기재된 부동산고유번호, 성명, 일련번호, 비밀번호를 각 기재(등기필정보를 제출하는 것이 아님)한다. 다만 교부받은 등기필정보를 멸실한 경우에는 부동산등기법 제51조에 의하여 확인서면이나 확인조서 또는 공증서면 중 하나를 첨부한다.

⑪ 첨부서면란 : 등기신청서에 첨부한 서면을 각 기재한다.

⑫ 신청인등란 : ㉮ 승소한 등기권리자 또는 등기의무자의 성명 및 전화번호를 기재하고, 인장을 날인한다. 그러나 신청인이 법인 또는 법인 아닌 사단이나 재단인 경우에는 상호(명칭)와 대표자(관리인)의 자격 및 성명을 기재하고, 대표자(관리인)의 직인(사용인감도 가능)을 날인한다. ㉯ 대리인이 등기신청을 하는 경우에는 그 대리인의 성명, 주소, 전화번호를 기재하고 대리인의 인장을 날인 또는 서명한다.

2. 등기신청서에 첨부할 서면 등

- 판결정본 및 확정증명서('제2편 판결 등에 의한 소유권이전등기신청'란 및 등기예규 제1383호 참소) : 법원으로부터 승소한 능기권리자(또는 능기의무자)에게 송달된 판결정본과 확정증명서를 첨부한다. 선이행판결이나 동시이행판결의 경우에는 집행문부여를 받아야 한다.
- 등기필증 : 승소한 등기의무자가 단독으로 등기를 신청하는 경우에 한하여 제출한다. 단, 소유권 취득의 등기를 완료하고 등기필정보를 교부받은 경우에 그 등기필정보상에 기재된 부동산고유번호, 성명, 일련번호, 비밀번호를 각 기재(등기필정보를 제출하는 것이 아님)한다. 다만, 등기필증(등기필정보)을 멸실하여 첨부(기재)할 수 없는 경우에는 부동산등기법 제51조에 의하여 확인서면이나 확인조서 또는 공증서면 중 하나를 첨부한다.
- 등록면허세영수필확인서 : 시장, 구청장, 군수 등으로부터 등록면허세납부서(OCR용지) 또는 대법원 인터넷등기소의 정액등록면허세납부서 작성기능을 통하여 정액등록면허세납부서를 발급받아 납세지를 관할하는 해당 금융기관에 세금을 납부한 후등록면허세영수필확인서와 영수증을 교부받아 영수증은 본인이 보관하고 등록면허세영수필확인서만 신청서의 등록면허세액표시란의 좌측상단 여백에 첨부하거나, 또는 지방세인터넷납부시스템을 이용하여 납부하고 출력한 등록면허세납부확인서를 첨부한다.
- 법인등기사항전부(일부)증명서 : ㉮ 신청인이 법인인 경우에는 법인등기사항전부증명서 또는 법인등기사항일부증명서(각 발행일로부터 3월 이내)를 첨부한다. 다만, 법인등기가 되어 있는 등기소와 부동산소재지 관할 등기소가 동일한 경우에는 위 법인등기사항증명서를 제출할 필요가 없다. ㉯ 법인 아닌 사단 또는 재단이 등기를 신청하는 경우에는 정관이나 그 밖의 규약, 대표자나 관리인임을 증명하는 정보(다만, 등기되어 있는 대표자나 관리인이 신청하는 경우에는 그러하지 아니하다), 대표자나 관리인의 주소 및 주민등록번호를 증명하는 정보를 첨부한다. 다만 법인 아닌 사단이 등기의무자인 경우에는 민법 제276조 소정의 사원총회의 결의서도 첨부한다(부등규 제48조).
- 인감증명서 : 판결에 의하여 등기를 신청하는 경우 등기의무자의 인감증명을 첨부할 필요가 없다.
- 위임장 : 등기신청을 법무사 등 대리인에게 위임하는 경우에 첨부한다.

3. 등기신청서류 편철순서

신청서, 등록면허세영수필확인서, 등기신청수수료 영수필확인서, 위임장, 판결정본 및 확정증명서 등의 순으로 편철한다.

4. 기타 참고사항

등기의 말소를 신청하는 경우에 그 말소에 대하여 등기상 이해관계있는 제3자가 있는 때에는 신청서에 그 승낙서(인감증명서 포함) 또는 이에 대항할 수 있는 재판의 등본을 첨부하여야 한다. 다만 원인없이 경료된 소유권이전등기라 하여 그 등기를 말소하라는 판결이 확정된 경우에 그 확정판결의 사실심 변론종결 후에 피고로부터 근저당권설정등기 또는 지상권설정등기를 받은 자들은 민사소송법 제204조 제1항에서 말하는 변론종결 후의 승계인에 해당한다 할 것이므로 원고로서는 승계집행문을 부여 받아서 이들 명의의 등기의 말소신청을 할 수 있을 것이고 이 경우 이들의 승낙서의 첨부는 필요하지 않을 것이다(1982. 2. 19. 등기선례 1-87).

34. 사해행위취소를 원인으로 한 소유권이전등기말소대위신청(판결)

가. 의 의

채권자가 채권자대위권을 행사하는 방법으로 제3채무자를 상대로 소송을 제기하고 판결을 받은 경우에는 어떠한 사유로 인하였던 간에 채권자대위권에 의한 소송이 제기된 사실을 채무자가 알았을 경우에는 그 확정판결의 효력은 채무자에게 미친다고 할 것이므로 채권자대위권에 의한 소송을 제기한 사실을 채무자가 알았다면 그 판결에 기하여 직접 소유권이전등기말소를 신청할 수 있다.

그러나 채권자취소소송에서는 채권자가 얻은 판결에 의하여 채무자가 단독으로 수익자 명의의 등기를 말소하거나 채무자 앞으로 이전등기를 신청할 수 없다.

나. 등기신청방법

판결에 의한 등기신청은 승소한 등기권리자 또는 등기의무자 본인이나, 법무사 등 그 대리인이 신분을 확인할 수 있는 주민등록증 등을 가지고 직접 등기소에 출석하여 신청한다. 사해행위취소는 소로써만 행사할 수 있으므로 판결이 아닌 공동신청 등의 방법에 의하여 사해행위취소를 원인으로 한 소유권말소등기는 신청할 수 없다.

소유권이전등기의 말소등기는 판결에 의한 경우, 승소한 권리자 또는 의무자가 단독으로 신청할 수 있다.

[서식 34] 사해행위취소를 원인으로 한 소유권이전등기말소대위신청서

소유권이전등기말소대위등기신청(판결)

접 수	년 월 일	처 리 인	등기관 확인	각종 통지
	제 호			

① 부동산의 표시				
서울특별시 서초구 서초동 100 대 200㎡ 이 상				
② 등기원인과 그 연월일	2020년 7월 20일 사해행위취소			
③ 등 기 의 목 적	소유권이전등기말소			
④ 말 소 할 등 기	2018년 6월 2일 접수 제2346호로 등기한 소유권이전등기			
⑤ 대 위 원 인	2020년 7월 20일 사해행위취소로 인한 소유권이전등기말소등기청구권			
구분	성 명 (상호·명칭)	주민등록번호 (등기용등록번호)	주 소 (소 재 지)	지 분 (개인별)
⑥ 등기의무자	이 상 선	000000-0000000	서울특별시 서초구 서초대로 88길 20(서초동)	
⑦ 등기권리자	김 갑 동 대위신청인 김 대 웅	000000-0000000	서울특별시 서초구 서초대로 70길 10(서초동) 서울특별시 서초구 서초대로 46길 12(서초동)	

⑧ 등 록 면 허 세	금 6,000 원
⑧ 지 방 교 육 세	금 1,200 원
⑨ 세 액 합 계	금 7,200 원

<table>
<tr><td rowspan="3">⑩ 등 기 신 청 수 수 료</td><td colspan="2">금 3,000 원</td></tr>
<tr><td colspan="2">납부번호 : ○○-○○-○○○○○○-○</td></tr>
<tr><td colspan="2">일괄납부 : 건 원</td></tr>
<tr><td colspan="3">⑪ 등기의무자의 등기필정보</td></tr>
<tr><td>부동산고유번호</td><td colspan="2"></td></tr>
<tr><td>성 명(명 칭)</td><td>일련번호</td><td>비밀번호</td></tr>
<tr><td></td><td></td><td></td></tr>
<tr><td colspan="3">⑫ 첨 부 서 면</td></tr>
<tr><td colspan="2">1. 판결정본 및 확정증명원 각 1통
1. 등록면허세영수필확인서 1통</td><td>1. 위임장 1통
〈기 타〉</td></tr>
<tr><td colspan="3">20○○년 ○월 ○일

⑬ 위 신청인 ㊞ (전화 :)

(또는)위 대리인 법무사 홍 길 동 ㊞ (전화 : 300-1234)
서울특별시 서초구 서초대로 73길 24(서초동)

○○지방법원 ○○등기소 귀중

법무사 홍 길 동 (직인)</td></tr>
</table>

[신청서 작성요령]

1. 부동산표시란에 2개 이상의 부동산을 기재하는 경우에는 부동산의 일련번호를 기재하여야 합니다.
2. 신청인란등 해당란에 기재할 여백이 없을 경우에는 별지를 이용합니다.
3. 담당등기관이 판단하여 위의 첨부 서면 외에 추가적인 서면을 요구할 수 있습니다.

주

1. 등기신청서 기재요령

신청서는 한글과 아라비아숫자로 기재하여야 한다. 부동산의 표시란이나 신청인란 등이 부족할 경우에는 별지로 사용하고, 별지를 포함한 신청서의 각 장 사이에 간인(신청서에 서명을

하였을 때에는 각 장마다 연결되는 서명)을 하여야 한다.

① 부동산의 표시란 : 판결주문에 표시된 부동산을 기재하되, 등기기록상 부동산의 표시와 일치하여야 한다.

② 등기원인과 그 연월일란(등기예규 제1383호 참조) : 등기원인은 "20○○년 ○월 ○일 사해행위취소"로 그 연월일은 형성판결의 일반론에 따라 판결확정일을, 화해권고결정의 경우에는 "20○○년 ○월 ○일 화해권고결정"이라 기재한다.

③ 등기의 목적란 : 소유권말소의 경우에는 "소유권이전등기말소"로 기재한다.

④ 말소할 등기란 : 말소할 소유권등기의 접수연월일, 접수번호 등을 기재하여 말소할 등기를 특정한다.

⑤ 대위원인란 : 사해행위취소의 경우 "사해행위취소로 인한 소유권이전등기말소등기청구권"이라고 기재한다.

⑥ 등기의무자란 : 등기기록상 현 소유자(말소대상)의 등기명의인의 성명, 주민등록번호, 주소를 기재하되, 등기기록상 소유자 표시와 일치하여야 한다. 다만 등기기록상 등기의무자의 주소가 지번방식의 주소인 경우에도, 등기의무자의 주민등록등(초)본 등에 의하여 해당 지번방식의 주소에 대한 도로명주소임이 인정되는 경우에는 등기사건을 수리하여야 한다. 한편 등기의무자의 주소가 전거 등의 실질적인 주소변경이 아닌 도로명주소법에 따른 주소변경인 경우에는 주소변경의 직권등기를 하지 아니한다.

⑦ 등기권리자란 : 등기기록상 매도인(또는 증여자)을 기재하는 난으로, 그 기재방법은 등기의무자란과 같다.

⑧ 등록면허세·지방교육세란 : 부동산 1개당 등록면허세 6,000원, 지방교육세 1,200원으로 계산하여 기재한다. 등록면허세는 말소등기를 신청하는 자가 납부한다.

⑨ 세액합계란 : 등록면허세액과 지방교육세액의 합계를 기재한다.

⑩ 등기신청수수료란 : 부동산 1개당 3,000원의 등기신청수수료 납부액을 기재한다. 다만 신사표준양식에 의하여 신청하는 경우에는 2,000원, 전자신청하는 경우에는 1,000원의 등기신청수수료를 은행 현금납부, 전자납부, 무인발급기 납부 등의 방법에 따라 납부한 후 등기신청서에 등기신청수수료 영수필확인서를 첨부하고 납부번호를 기재하여 제출한다.

⑪ 등기의무자의 등기필정보란 : 등기의무자의 등기필정보를 제공할 필요는 없다.

⑫ 첨부서면란 : 등기신청서에 첨부한 서면을 각 기재한다.

⑬ 신청인등란 : ㉮ 승소한 채권자의 성명 및 전화번호를 기재하고, 인장을 날인한다. 그러나 신청인이 법인 또는 법인 아닌 사단이나 재단인 경우에는 상호(명칭)와 대표자(관리인)의 자격 및 성명을 기재하고, 대표자(관리인)의 직인(사용인감도 가능)을 날인한다. ㉯ 대리인이 등기신청을 하는 경우에는 그 대리인의 성명, 주소, 전화번호를 기재하고 대리인의 인장을 날인 또는 서명한다.

2. 등기신청서에 첨부할 서면 등

- 판결정본 및 확정증명서(등기예규 제1383호 참조) : 법원으로부터 승소한 채권자에게 송달된 판결정본과 확정증명서를 첨부한다. 선이행판결이나 동시이행판결의 경우에는 집행문을 부여받아야 한다.
- 등기필증 : 등기의무자가 단독으로 등기를 신청하는 경우에 한하여 제출한다. 단, 소유권취득의 등기를 완료하고 등기필정보를 교부받은 경우에 그 등기필정보상에 기재된 부동산고유번호, 성명, 일련번호, 비밀번호를 각 기재(등기필정보를 제출하는 것이 아님)한다. 다만,

등기필증(등기필정보)을 멸실하여 첨부(기재)할 수 없는 경우에는 부동산등기법 제51조에 의하여 확인서면이나 확인조서 또는 공증서면 중 하나를 첨부한다.

- 등록면허세영수필확인서 : 시장, 구청장, 군수 등으로부터 등록면허세납부서(OCR용지) 또는 대법원 인터넷등기소의 정액등록면허세납부서 작성기능을 통하여 정액등록면허세납부서를 발급받아 납세지를 관할하는 해당 금융기관에 세금을 납부한 후 등록면허세영수필확인서와 영수증을 교부받아 영수증은 본인이 보관하고 등록면허세영수필확인서만 신청서의 등록면허세액표시란의 좌측상단 여백에 첨부하거나, 또는 지방세인터넷납부시스템을 이용하여 납부하고 출력한 등록면허세납부확인서를 첨부한다.
- 법인등기사항전부(일부)증명서 : ㉮ 신청인이 법인인 경우에는 법인등기사항전부증명서 또는 법인등기사항일부증명서(각 발행일로부터 3월 이내)를 첨부한다. 다만, 법인등기가 되어 있는 등기소와 부동산소재지 관할 등기소가 동일한 경우에는 위 법인등기사항증명서를 제출할 필요가 없다. ㉯ 법인 아닌 사단 또는 재단이 등기를 신청하는 경우에는 정관이나 그 밖의 규약, 대표자나 관리인임을 증명하는 정보(다만, 등기되어 있는 대표자나 관리인이 신청하는 경우에는 그러하지 아니하다), 대표자나 관리인의 주소 및 주민등록번호를 증명하는 정보를 첨부한다. 다만 법인 아닌 사단이 등기의무자인 경우에는 민법 제276조 소정의 사원총회의 결의서도 첨부한다(부등규 제48조).
- 인감증명서 : 판결에 의하여 등기를 신청하는 경우 등기의무자의 인감증명을 첨부할 필요가 없다.
- 위임장 : 등기신청을 법무사 등 대리인에게 위임하는 경우에 첨부한다.

3. 등기신청서류 편철순서

신청서, 등록면허세영수필확인서, 등기신청수수료 영수필확인서, 위임장, 판결정본 및 확정증명서 등의 순으로 편철한다.

4. 기타 참고사항

등기의 말소를 신청하는 경우에 그 말소에 대하여 등기상 이해관계있는 제3자가 있는 때에는 신청서에 그 승낙서(인감증명서 포함) 또는 이에 대항할 수 있는 재판의 등본을 첨부하여야 한다. 다만 원인없이 경료된 소유권이전등기라 하여 그 등기를 말소하라는 판결이 확정된 경우에 그 확정판결의 사실심 변론종결 후에 피고로부터 근저당권설정등기 또는 지상권설정등기를 받은 자들은 민사소송법 제204조 제1항에서 말하는 변론종결 후의 승계인에 해당한다 할 것이므로 원고로서는 승계집행문을 부여 받아서 이들 명의의 등기의 말소신청을 할 수 있을 것이고 이 경우 이들의 승낙서의 첨부는 필요하지 않을 것이다(1982. 2. 19. 등기선례 1-87).

35. 소유권이전청구권가등기신청

가. 의 의

가등기는 부동산소유권 기타 부동산등기법 제3조에 규정한 권리(소유권·지상권·지역권·전세권·저당권·권리질권·임차권)의 변동을 목적으로 하는 청구권을 보전하거나, 이들 청구권이 시기부 또는 정지조건부이거나 기타 장래에 있어서 확정될 것인 때에 하는 등기로서, 가등기에 의하여 본등기의 순위를 미리 확보해 두도록 함으로써 채권자를 보호하는 데 그 목적이 있다. 이 신청서에는 가등기권자를 등기권리자, 부동산 소유자를 등기의무자라고 한다.

나. 등기신청방법

(1) 공동신청

가등기권자와 부동산소유자가 본인임을 확인할 수 있는 주민등록증 등을 가지고 직접 등기소에 출석하여 공동으로 신청함이 원칙이다.

(2) 단독신청

판결 또는 가등기의무자인 소유자의 인감증명과 승낙서를 첨부하거나 법원의 가등기가처분명령정본을 첨부하여 가등기권자가 단독으로 신청할 수 있다.

(3) 대리인에 의한 신청

등기신청은 반드시 신청인 본인이 하여야 하는 것은 아니고 대리인이 하여도 된다. 등기권리자 또는 등기의무자 일방이 상대방의 대리인이 되거나 쌍방이 제3자에게 위임하여 등기신청을 할 수 있다.

[서식 35] 소유권이전청구권가등기신청서

소유권이전청구권가등기신청

접 수	년 월 일	처 리 인	등기관 확인	각종 통지
	제 호			

① 부동산의 표시
서울특별시 서초구 서초동 100 대 300㎡ 이 상

② 등기원인과 그 연월일	20○○년 ○월 ○일 매매예약
③ 등 기 의 목 적	소유권이전청구권가등기
④ 가 등 기 할 지 분	

구분	성 명 (상호·명칭)	주민등록번호 (등기용등록번호)	주 소 (소 재 지)	지 분 (개인별)
⑤ 등기의무자	이 상 선	000000-0000000	서울특별시 서초구 서초대로 88길 20(서초동)	1/1
⑥ 등기권리자	김 갑 동	000000-0000000	서울특별시 중구 다동길 96 (다동)	1/1

⑦ 등 록 면 허 세	금 500,000 원
⑦ 지 방 교 육 세	금 100,000 원
⑧ 세 액 합 계	금 600,000 원

<table>
<tr><td colspan="2" rowspan="3">⑨ 등 기 신 청 수 수 료</td><td colspan="2">금 15,000 원</td></tr>
<tr><td colspan="2">납부번호 : ○○-○○-○○○○○-○</td></tr>
<tr><td colspan="2">일괄납부 : 건 원</td></tr>
<tr><td colspan="4">⑩ 등기의무자의 등기필정보</td></tr>
<tr><td>부동산고유번호</td><td colspan="3">1102-2006-002095</td></tr>
<tr><td>성 명(명 칭)</td><td colspan="2">일련번호</td><td>비밀번호</td></tr>
<tr><td>이 상 선</td><td colspan="2">Q77C-LO71-35J5</td><td>40-4636</td></tr>
<tr><td colspan="4">⑪ 첨 부 서 면</td></tr>
<tr><td colspan="2">1. 매매예약서(검인×) 1통
1. 등록면허세영수필확인서 1통
1. 인감증명서 1통</td><td colspan="2">1. 등기필증 1통
1. 주민등록표등(초)본 1통
1. 농지의 경우 농지취득자격증명(×)</td></tr>
<tr><td colspan="4">20○○년 ○월 ○일

⑫ 위 신청인 이 상 선 ㊞ (전화 : 200-1234)
김 갑 동 ㊞ (전화 : 200-2345)
(또는)위 대리인 (전화 :)

○○지방법원 ○○등기소 귀중</td></tr>
</table>

[신청서 작성요령]

1. 부동산표시란에 2개 이상의 부동산을 기재하는 경우에는 부동산의 일련번호를 기재하여야 합니다.
2. 신청인란등 해당란에 기재할 여백이 없을 경우에는 별지를 이용합니다.
3. 담당등기관이 판단하여 위의 첨부 서면 외에 추가적인 서면을 요구할 수 있습니다.

주

1. 등기신청서 기재요령

신청서는 한글과 아라비아숫자로 기재하여야 한다. 부동산의 표시란이나 신청인란 등이 부족할 경우에는 별지로 사용하고, 별지를 포함한 신청서의 각 장 사이에 간인(신청서에 서명을 하였을 때에는 각 장마다 연결되는 서명)을 하여야 한다.

① 부동산의 표시란 : 가등기의 목적 부동산을 기재하되, 등기기록상 부동산의 표시와 일치하여야 한다. 부동산이 토지인 경우에는 토지의 소재와 지번, 지목, 면적을, 건물인 경우에는 건물의 소재와 지번, 도로명주소(등기기록 표제부에 기록되어 있는 경우), 건물의 종류, 구조, 면적, 건물의 번호가 있는 때에는 그 번호, 부속 건물이 있는 때에는 그 종류, 구조와 면적을 기재한다.

② 등기원인과 그 연월일란 : 등기원인은 "매매예약", "매매" 등으로, 그 연월일은 매매예약 또는 매매계약이 체결된 날을 기재한다. 가등기를 하려면 보전할 유효한 청구권이 존재하고 있어야 하는데, 부동산등기법 제88조에서 규정하고 있는 가등기에 의하여 보전될 수 있는 청구권으로는, 장차 권리변동을 발생케 할 청구권을 보전하여 할 때 또는 그러한 청구권이 시기부 또는 정지조건부인 때 등인바, 이러한 경우의 소유권이전청구권 보전을 위한 가등기는 그 등기원인을 "매매예약"이 아닌 "매매"로 신청할 수 있다.

③ 등기의 목적란 : "소유권이전청구권가등기"라고 기재한다.

④ 가등기할 지분란 : 지분에 대하여 가등기를 할 경우에만 기재한다. (예) "○○○지분 전부", "○번 ○○○지분 ○분의 ○ 중 일부(○분의 ○)"

⑤ 등기의무자란 : 부동산소유자의 성명, 주민등록번호, 주소를 기재하되, 등기기록상 소유자 표시와 일치하여야 한다. 다만 등기기록상 등기신청인의 주소가 지번방식의 주소인 경우에도 등기신청인이 제공한 주민등록등(초)본 혹은 도로명주소 정보(건축물대장, 행정안전부 '새주소 안내시스템'의 조화결과물 등) 등에 의하여 해당 지번방식의 주소에 대한 도로명주소임이 인정되는 경우에는 등기사건을 수리하여야 한다. 즉 등기기록상 등기의무자의 주소를 도로명주소로 변경등기를 하지 아니 하여도 가등기를 신청할 수 있다.

⑥ 등기권리자란 : 가등기권리자(채권자)를 기재하는 난으로, 그 기재방법은 등기의무자란과 같다.

⑦ 등록면허세·지방교육세 : 부동산가액의 2/1,000에 해당하는 등록면허세와 그 등록면허세의 20/100에 해당하는 지방교육세를 납부하여 기재한다.

⑧ 세액합계란 : 등록면허세액, 지방교육세액의 합계를 기재한다.

⑨ 등기신청수수료란 : ㉮ 부동산 1개당 15,000원의 등기신청수수료 납부액을 기재한다. 다만 전자표준양식에 의하여 신청하는 경우에는 13,000원, 전자신청하는 경우에는 10,000원의 등기신청수수료를 은행 현금납부, 전자납부, 무인발급기 납부 등의 방법에 따라 납부한 후 등기신청서에 등기신청수수료 영수필확인서를 첨부하고 납부번호를 기재하여 제출한다. ㉯ 여러 건의 등기신청에 대하여 수납금융기관에 현금으로 일괄납부하는 경우 첫 번째 등기신청서에 등기신청수수료 영수필확인서를 첨부하고 해당 등기신청수수료, 납부번호와 일괄납부 건수 및 일괄납부액을 기재하며, 나머지 신청서에는 해당 등기신청수수료와 전 사건에 일괄 납부한 취지를 기재한다(일괄납부는 은행에 현금으로 납부하는 경우에만 가능함).

⑩ 등기의무자의 등기필정보란 : ㉮ 소유권 취득에 관한 등기를 완료하고 등기필정보를 교부받은 경우 그 등기필정보상에 기재된 부동산고유번호, 성명, 일련번호, 비밀번호를 각 기재(등기필정보를 제출하는 것이 아님)한다. 다만 교부받은 등기필정보를 멸실한 경우에는 부동산등기법 제51조에 의하여 확인서면이나 확인조서 또는 공증서면 중 하나를 첨부한다. ㉯ 등기신청서에 등기필증이나 확인서면 등을 첨부한 경우 이 난은 기재할 필요가 없다.

⑪ 첨부서면란 : 등기신청서에 첨부한 서면을 각 기재한다.

⑫ 신청인등란 : ㉮ 등기의무자와 등기권리자의 성명 및 전화번호를 기재하고, 각자의 인장을 날인하되, 등기의무자는 그의 인감을 날인한다. 그러나 신청인이 법인 또는 법인 아닌 사단

이나 재단인 경우에는 상호(명칭)와 대표자(관리인)의 자격 및 성명을 기재하고, 법인이 등기의무자인 때에는 등기소의 증명을 얻은 그 대표자의 인감, 법인 아닌 사단이나 재단인 경우에는 대표자(관리인)의 개인인감을 날인한다.

㉯ 대리인이 등기신청을 하는 경우에는 그 대리인의 성명, 주소, 전화번호를 기재하고 대리인의 인장을 날인 또는 서명한다.

2. 등기신청서에 첨부할 서면 등

- 매매예약서(매매계약서) : 등기원인을 증명하는 서면으로 첨부한다. "매매"를 원인으로 소유권이전청구권가등기를 신청하는 경우에는 매매계약서를 첨부한다.
- 등기필증 : 등기의무자의 소유권에 관한 등기필증으로서 등기의무자가 소유권 취득시 등기소로부터 교부받은 등기필증을 말한다. 단, 소유권 취득의 등기를 완료하고 등기필정보를 교부받은 경우에 그 등기필정보상에 기재된 부동산고유번호, 성명, 일련번호, 비밀번호를 각 기재(등기필정보를 제출하는 것이 아님)한다. 다만 가등기를 가등기의무자의 승낙서를 첨부하여 단독으로 신청하는 경우에는 등기필증을 첨부할 필요가 없다.
- 등록면허세영수필확인서 : 시장, 구청장, 군수 등으로부터 등록면허세납부서(OCR용지)를 발급받아 납세지를 관할하는 해당 금융기관에 세금을 납부한 후 등록면허세영수필확인서와 영수증을 교부받아 영수증은 본인이 보관하고 등록면허세영수필확인서만 신청서의 등록면허세액표시란의 좌측상단 여백에 첨부하거나, 또는 지방세인터넷납부시스템을 이용하여 납부하고 출력한 등록면허세납부확인서를 첨부한다.
- 인감증명서 등 : 부동산 소유자의 인감증명서(발행일로부터 3월 이내)를 첨부하거나, 인감증명을 갈음하여 「본인서명사실확인등에관한법률」에 따라 발급된 본인서명사실확인서(발행일부터 3개월 이내)에 기재한 서명(전자본인서명확인서 발급증을 제출할 경우에도 서명)을 하고 본인서명사실확인서(전자본인서명확인서 발급증)을 첨부한다. 부동산등기규칙 제60조 및 제61조에 의하여 인감증명을 첨부하여야 하는 자가 법인인 경우에는 등기소의 증명을 얻은 대표자의 인감증명을, 법인 사인 사단 또는 재단인 경우에는 대표자 또는 관리인의 인감증명을 제출한다. 부동산매도용인감증명을 첨부하는 것은 아니다. 공동신청의 경우이든 가등기의무자의 승낙서를 첨부하여 단독신청하는 경우이든 인감증명을 첨부하거나, 본인서명사실확인서를 첨부할 수 있다.
- 주민등록표등(초)본 : 등기권리자의 주민등록표등(초)본(발행일로부터 3월 이내)을 첨부한다.
- 법인등기사항전부(일부)증명서 : ㉮ 신청인이 법인인 경우에는 법인등기사항전부증서 또는 법인등기사항일부증명서(각 발행일로부터 3월 이내)를 첨부한다. 다만, 법인등기가 되어있는 등기소와 부동산소재지 관할 등기소가 동일한 경우에는 위 법인등기사항증명서를 제출할 필요가 없다. ㉯ 법인 아닌 사단 또는 재단이 등기를 신청하는 경우에는 정관이나 그 밖의 규약, 대표자나 관리인임을 증명하는 정보(다만, 등기되어 있는 대표자나 관리인이 신청하는 경우에는 그러하지 아니하다), 대표자나 관리인의 주소 및 주민등록번호를 증명하는 정보를 첨부한다. 다만 법인 아닌 사단이 등기의무자인 경우에는 민법 제276조 소정의 사원총회의 결의서도 첨부한다(부등규 제48조).
- 제3자의 동의, 허가 또는 승낙을 증명하는 서면 : 토지거래허가구역인 경우에는 토지거래허가증(시, 군, 구청 발급) 등을 첨부하여야 한다. 다만 소유권이전등기청구권가등기의 경우에는 검인을 받지 않으며, 농지의 경우에도 농지취득자격증명서를 첨부하지 아니한다.
- 승낙서 : 가등기권리자는 가등기의무자의 승낙이 있는 경우에는 단독으로 가등기를 신청할

수 있다. 가등기권자가 부동산등기법 제89조에 의하여 단독으로 가등기를 신청하는 경우에는 가등기의무자의 승낙서를 첨부한다.

- 위임장 : 등기신청을 법무사 등 대리인에게 위임하는 경우에 첨부한다.

3. 등기신청서류 편철순서

신청서, 등록면허세영수필확인서, 등기신청수수료 영수필확인서, 위임장, 인감증명서나 본인서명사실확인서 또는 전자본인서명확인서 발급증, 주민등록표등(초)본, 매매예약서, 등기필증 등의 순으로 편철한다.

36. 소유권이전청구권가등기말소등기신청

가. 의 의

매매 또는 저당권설정 등의 예약(또는 계약)으로 인한 가등기를 한 경우에 매매예약(계약)이나 저당권설정계약(계약) 해제, 취소되거나 착오 등의 사유가 있을 때에 그 가등기를 말소하기 위하여 하는 등기이다. 이 신청에서는 가등기권리자를 등기의무자, 부동산소유자를 등기권리자라고 한다.

나. 등기신청방법

(1) 공동신청

부동산의 소유자와 가등기권리자가 본인임을 확인할 수 있는 주민등록증 등을 가지고 직접 등기소에 출석하여 공동으로 신청함이 원칙이다.

(2) 단독신청

가등기권리자는 단독으로 가등기의 말소등기를 신청할 수 있으며, 등기상이해관계인도 가등기권리자의 승낙서나 재판의 등본을 첨부하여 단독으로 신청을 할 수 있다. 또한 판결에 의한 등기신청인 경우에는 승소한 등기권리자 또는 등기의무자가 단독으로 신청할 수 있다.

(3) 대리인에 의한 신청

등기신청은 반드시 신청인 본인이 하여야 하는 것은 아니고 대리인이 하여도 된다. 등기권리자 또는 등기의무자 일방이 상대방의 대리인이 되거나 쌍방이 제3자에게 위임하여 등기신청을 할 수 있다.

[서식 36] 소유권이전청구권가등기말소등기신청서

가등기말소등기신청

접 수	년 월 일	처 리 인	등기관 확인	각종 통지
	제 호			

① 부동산의 표시				
1. 서울특별시 서초구 서초동 100 대 300㎡ 2. 서울특별시 서초구 서초동 100 [도로명주소] 서울특별시 서초구 서초대로 88길 10 시멘트 벽돌조 슬래브지붕 2층 주택 1층 100㎡ 2층 100㎡ 이 상				
② 등기원인과 그 연월일	2020년 8월 20일 해제			
③ 등 기 의 목 적	소유권이전청구권 가등기말소			
④ 말 소 할 등 기	2018년 3월 9일 접수 제12345호로 경료한 소유권이전청구권 가등기			
구분	성 명 (상호·명칭)	주민등록번호 (등기용등록번호)	주 소 (소 재 지)	지 분 (개인별)
⑤ 등기의무자	이 상 선	000000-0000000	서울특별시 서초구 서초대로 88길 20(서초동)	

<table>
<tr><td>⑥ 등기권리자</td><td>김 갑 동</td><td>000000-0000000</td><td>서울특별시 중구 다동길 96 (다동)</td><td></td></tr>
<tr><td colspan="3">⑦ 등 록 면 허 세</td><td colspan="2">금 12,000 원</td></tr>
<tr><td colspan="3">⑦ 지 방 교 육 세</td><td colspan="2">금 2,400 원</td></tr>
<tr><td colspan="3">⑧ 세 액 합 계</td><td colspan="2">금 14,400 원</td></tr>
<tr><td colspan="3" rowspan="3">⑨ 등 기 신 청 수 수 료</td><td colspan="2">금 6,000 원</td></tr>
<tr><td colspan="2">납부번호 : ○○-○○-○○○○○○-○</td></tr>
<tr><td colspan="2">일괄납부 : 건 원</td></tr>
<tr><td colspan="5">⑩ 등기의무자의 등기필정보</td></tr>
<tr><td colspan="2">부동산고유번호</td><td colspan="3">1102-2006-002095</td></tr>
<tr><td colspan="2">성 명(명 칭)</td><td colspan="2">일련번호</td><td>비밀번호</td></tr>
<tr><td colspan="2">이 상 선</td><td colspan="2">Q77C-L07I-35J5</td><td>40-4636</td></tr>
<tr><td colspan="5">⑪ 첨 부 서 면</td></tr>
<tr><td colspan="2">1. 해제증서 통
1. 등록면허세영수필확인서 1통
1. 등기필증 1통</td><td colspan="3">1. 등기의무자의 인감증명서(일반용)
(등기필증 있어도 첨부) 1통
1. 주민등록초본(등기의무자, 주소변동 있을 시) 1통</td></tr>
<tr><td colspan="5">20○○년 ○월 ○일

⑫ 위 신청인 이 상 선 ㉞ (전화 : 200-1234)
김 갑 동 ㉞ (전화 : 300-2345)
(또는)위 대리인 (전화 :)

○○지방법원 ○○등기소 귀중</td></tr>
</table>

[신청서 작성요령]

1. 부동산표시란에 2개 이상의 부동산을 기재하는 경우에는 부동산의 일련번호를 기재하여야 합니다.

2. 신청인란등 해당란에 기재할 여백이 없을 경우에는 별지를 이용합니다.
3. 담당등기관이 판단하여 위의 첨부 서면 외에 추가적인 서면을 요구할 수 있습니다.

주

1. 등기신청서 기재요령

신청서는 한글과 아라비아숫자로 기재하여야 한다. 부동산의 표시란이나 신청인란 등이 부족할 경우에는 별지로 사용하고, 별지를 포함한 신청서의 각 장 사이에 간인(신청서에 서명을 하였을 때에는 각 장마다 연결되는 서명)을 하여야 한다.

① 부동산의 표시란 : 말소하고자 하는 가등기가 되어 있는 부동산을 기재하되, 등기 기록상 부동산 표시와 일치하여야 한다. 부동산이 토지인 경우에는 토지의 소재와 지번, 지목, 면적을 기재하고, 건물인 경우에는 건물의 소재와 지번, 도로명주소(등기기록 표제부에 기록되어 있는 경우), 건물의 종류, 구조, 면적, 건물의 번호가 있는 때에는 그 번호, 부속건물이 있는 때에는 그 종류, 구조와 면적을 기재한다.

② 등기원인과 그 연월일란 : 등기원인은 원인에 따라 "해제", "취소", "신청착오"로 기재하고, 그 연월일은 해제일 또는 취소를 한 날짜 등을 기재한다.

③ 등기의 목적란 : "소유권이전청구권 가등기말소"로 기재한다.

④ 말소할 등기란 : 말소할 가등기의 접수연월일, 접수번호 등을 기재하여 말소할 가등기를 특정한다. 가등기가 이전된 후에 가등기를 말소하는 경우에는 말소할 등기로 원래의 가등기를 기재하여야 하며, 가등기이전등기를 기재하지 아니한다.

⑤ 등기의무자란 : 가등기권리자(채권자)의 성명, 주민등록번호, 주소를 기재하되, 등기기록상 표시와 일치하여야 한다. 가등기말소등기를 신청하는 경우에 있어서 그 등기명의인표시에 변경 또는 경정사유가 있더라도 신청서에 그 변경 또는 경정을 증명하는 서면을 첨부한 경우에는 등기명의인표시변경 또는 경정등기를 생략할 수 있다. 가등기가 이전된 후에 가등기를 말소하는 경우에는 등기의무자로 가등기상 권리의 양수인을 기재하여야 하지 원래의 가등기권리자를 기재하지 아니한다. 예를 들면 소유자 "갑"이 가등기의무자가 되고 "을"이 가등기권자가 되어 가등기가 된 경우에 그 소유권이 "병"에게 이전된 후의 가등기말소등기의 의무자는 "을"이 되고, 등기권리자는 "갑"이 되어도 되고, "병"이 되어도 된다. 이때 등기의무자가 "을"인 것은 의문의 여지가 없으나 등기권리자가 "갑"도 되고 "병"도 되는 것은 "갑"은 등기의 기재형식상 유리한 위치에 있는 자이고, "병"은 그 가등기를 말소함으로써 등기부상 권리를 얻은 자이기 때문에 모두 등기권리자가 될 수 있다. 반대로 가등기가 "을"에서 "정"에게로 이전된 경우의 그 가등기말소등기의 의무자는 "정"이 된다.

⑥ 등기권리자란 : 현재의 부동산소유자(가등기의무자)를 기재하는 난으로, 그 기재방법은 등기의무자란과 같다.

⑦ 등록면허세·지방교육세란 : 부동산 1개당 등록면허세 6,000원, 지방교육세 1,200원으로 계산하여 기재한다.

⑧ 세액합계란 : 등록면허세액과 지방교육세액의 합계를 기재한다.

⑨ 등기신청수수료란 : 부동산 1개당 3,000원의 등기신청수수료 납부액을 기재한다. 다만 전자표준양식에 의하여 신청하는 경우에는 2,000원, 전자신청하는 경우에는 1,000원의 등기신청수수

료를 은행 현금납부, 전자납부, 무인발급기 납부 등의 방법에 따라 납부한 후 등기신청서에 등기신청수수료 영수필확인서를 첨부하고 납부번호를 기재하여 제출한다.

⑩ 등기의무자의 등기필정보란 : ㉮ 가등기를 완료하고 등기필정보를 교부받은 경우 그 등기필정보상에 기재된 부동산고유번호, 성명, 일련번호, 비밀번호를 각 기재(등기필정보를 제출하는 것이 아님)한다. 다만 교부받은 등기필정보를 멸실한 경우에는 부동산등기법 제51조에 의하여 확인서면이나 확인조서 또는 공증서면 중 하나를 첨부한다. ㉯ 등기신청서에 등기필증이나 확인서면 등을 첨부한 경우 이 난은 기재할 필요가 없다.

⑪ 첨부서면란 : 등기신청서에 첨부한 서면을 각 기재한다.

⑫ 신청인등란 : ㉮ 등기의무자와 등기권리자의 성명 및 전화번호를 기재하고, 각자의 인장을 날인하되, 등기의무자는 그의 인감을 날인한다. 신청인이 법인 또는 법인 아닌 사단이나 재단인 경우에는 상호(명칭)와 대표자(관리인)의 자격 및 성명을 기재하고, 법인이 등기의무자인 때에는 등기소의 증명을 얻은 그 대표자의 인감, 법인 아닌 사단이나 재단인 때에는 대표자(관리인)의 개인인감을 날인한다. ㉯ 대리인이 등기신청을 하는 경우에는 그 대리인의 성명, 주소, 전화번호를 기재하고 대리인의 인장을 날인 또는 서명한다.

2. 등기신청서에 첨부할 서면 등

- 해제증서 : 등기원인을 증명하는 서면으로 해제증서 등을 첨부한다.
- 승낙서 등 : 등기의 말소를 신청하는 경우에 그 말소에 대하여 등기상 이해관계 있는 제3자가 있는 때에는 신청서에 그 승낙서(인감증명서 또는 본인 서명사실확인서 포함) 또는 이에 대항할 수 있는 재판의 등본을 첨부하여야 한다.
- 등기필증 : 등기의무자인 가등기권리자가 가등기 후 등기소로부터 교부받은 가등기에 관한 등기필증을 첨부한다. 단, 가등기를 완료하고 등기필정보를 교부받은 경우에 그 등기필정보상에 기재된 부동산고유번호, 성명, 일련번호, 비밀번호를 각 기재(등기필정보를 제출하는 것이 아님)한다. 다만, 등기필증(등기필정보)을 멸실하여 첨부(기재)할 수 없는 경우에는 부동산등기법 제51조에 의하여 확인서면이나 확인조서 또는 공증서면 중 하나를 첨부한다.
- 등록면허세영수필확인서 : 시장, 구청장, 군수 등으로부터 등록면허세납부서(OCR용지) 또는 대법원 인터넷등기소의 정액등록면허세납부서 작성기능을 통하여 정액등록면허세납부서를 발급받아 납세지를 관할하는 해당 금융기관에 세금을 납부한 후 등록면허세영수필확인서와 영수증을 교부받아 영수증은 본인이 보관하고 등록면허세영수필확인서만 신청서의 등록면허세액표시란의 좌측상단 여백에 첨부하거나, 또는 지방세인터넷납부시스템을 이용하여 납부하고 출력한 등록면허세납부확인서를 첨부한다.
- 인감증명서 등 : 소유권에 관한 가등기의 말소등기를 신청하는 경우에는(공동신청, 단독신청의 경우를 불문한다) 가등기명의인이 등기의무자(가등기권리자)로서 가등기말소등기를 신청할 때에는 그의 인감증명서(발행일로부터 3월 이내)를 첨부하거나, 인감증명을 갈음하여 「본인서명사실확인등에관한법률」에 따라 발급된 본인서명사실확인서(발행일부터 3개월 이내)에 기재한 서명(전자본인서명확인서 발급증을 제출할 경우에도 서명)을 하고 본인서명사실확인서(전자본인서명확인서 발급증)을 첨부한다(판결에 의하여 등기를 신청하는 경우는 제외). 부동산등기규칙 제60조 및 제61조에 의하여 인감증명을 첨부하여야 하는 자가 법인인 경우에는 등기소의 증명을 얻은 대표자의 인감증명을, 법인 아닌 사단 또는 재단인 경우에는 대표자 또는 관리인의 인감증명을 제출한다. 한편 소유권에 관한 가등기를 이전하는 경우에는 등기의무자의 인감증명을 제출할 필요가 없다.

- 법인등기사항전부(일부)증명서 : 신청인이 법인인 경우에는 법인등기사항전부증명서 또는 법인등기사항일부증명서(각 발행일로부터 3월 이내)를 첨부한다.
- 위임장 : 등기신청을 법무사 등 대리인에게 위임하는 경우에 첨부한다.

3. 등기신청서류 편철순서

신청서, 등록면허세영수필확인서, 등기신청수수료 영수필확인서, 위임장, 인감증명서나 본인서명사실확인서 또는 전자본인서명확인서 발급증, 해제증서, 등기필증 등의 순으로 편철한다.

37. 소유권이전본등기신청(매매)

가. 의 의

매매예약에 의하여 소유권이전청구권보전의 가등기를 한 후에 예약완결로(예약완결의 의사표시를 하여야 함) 매매계약이 성립된 경우에 가등기에 기하여 하는 소유권이전의 본등기를 말하며, 가등기 후에 제3자의 권리에 관한 등기가 있는 경우에도 본등기를 신청함에 아무런 지장을 주지 않는다. 본등기의 권리자는 가등기명의인과 일치되어야 한다. 따라서 가등기권리 중 일부 지분만의 본등기나 가등기권리자 수인 중 일부 사람의 지분만에 관한 본등기는 이를 할 수 없다.

이 신청에서는 가등기권리자를 등기권리자, 부동산 소유자를 등기의무자라고 한다. 가등기된 부동산의 소유자가 변경된 경우에는 현재의 소유자가 본등기의무자가 아니라 원래의 가등기의무자가 본등기의무자이다. 가등기에 기한 본등시는 가등기말소등기신청 없이 바로 신청한다.

나. 등기신청방법

(1) 공동신청

가등기권리자와 부동산 소유자가 본인임을 확인할 수 있는 주민등록증 등을 가지고 직접 등기소에 출석하여 공동으로 신청함이 원칙이다.

(2) 단독신청

판결에 의한 등기신청인 경우에는 승소한 등기권리자 또는 등기의무자가 단독으로 신청할 수 있다.

(3) 대리인에 의한 신청

등기신청은 반드시 신청인 본인이 하여야 하는 것은 아니고 대리인이 하여도 된다. 등기권리자 또는 등기의무자 일방이 상대방의 대리인이 되거나 쌍방이 제3자에게 위임하여 등기신청을 할 수 있다.

[서식 37] 소유권이전본등기신청서(매매)

소유권이전본등기신청

접 수	년 월 일	처 리 인	등기관 확인	각종 통지
	제 호			

① 부동산의 표시(거래신고일련번호/거래가액)	
1동의 건물의 표시 서울특별시 서초구 서초동 100, 101 샛별아파트 가동 [도로명주소] 서울특별시 서초구 서초대로 88길 10 전유부분의 건물의 표시 건물의 번호 : 가 - 1 - 101 구 조 : 철근콘크리트조 면 적 : 1층 101호 86.03㎡ 대지권의 표시 토지의 표시 : 1. 서울특별시 서초구 서초동 100 대 1400㎡ 2. 서울특별시 서초구 서초동 101 대 1600㎡ 대지권의 종류 : 소유권 대지권의 비율 1, 2 : 3,000분의 500 거래신고관리번호 : 12345-2006-4-1234560 거래가액 : 500,000,000원 이 상	
② 등기원인과 그 연월일	2020년 8월 20일 매매
③ 등 기 의 목 적	소유권이전
④ 가 등 기 의 표 시	2019년 3월 12일 접수 제2110호로 등기한 소유권이전 청구권가등기

<table>
<tr><td colspan="2">⑤ 이 전 할 지 분</td><td colspan="3"></td></tr>
<tr><td>구분</td><td>성 명
(상호·명칭)</td><td>주민등록번호
(등기용등록번호)</td><td>주 소 (소 재 지)</td><td>지 분
(개인별)</td></tr>
<tr><td>⑥ 등기의무자</td><td>이 상 선</td><td>000000-0000000</td><td>서울특별시 서초구 서초대로 88길 20(서초동)</td><td></td></tr>
<tr><td>⑦ 등기권리자</td><td>김 갑 동</td><td>000000-0000000</td><td>서울특별시 서초구 서초대로 88길 10, 가동 101호(서초동, 샛별아파트)</td><td></td></tr>
</table>

<table>
<tr><td colspan="3">⑧ 시가표준액 및 국민주택채권매입금액</td></tr>
<tr><td>부동산 표시</td><td>부동산별 시가표준액</td><td>부동산별 국민주택채권매입금액</td></tr>
<tr><td>1. 공동주택</td><td>금 4 00,000,000 원</td><td>금 10,400,000 원</td></tr>
<tr><td></td><td>금 원</td><td>금 원</td></tr>
<tr><td></td><td>금 원</td><td>금 원</td></tr>
<tr><td colspan="2">⑧ 국 민 주 택 채 권 매 입 총 액</td><td>금 10,400,000 원</td></tr>
<tr><td colspan="2">⑧ 국 민 주 택 채 권 발 행 번 호</td><td>○ ○ ○</td></tr>
<tr><td colspan="2" rowspan="2">⑨ 취득세(등록면허세) 금 10,000,000원</td><td>⑨ 지방교육세 금 1,000,000원</td></tr>
<tr><td>⑨ 농어촌특별세 금 2,500,000원</td></tr>
<tr><td colspan="2">⑩ 세 액 합 계</td><td>금 13,500,000 원</td></tr>
<tr><td colspan="2" rowspan="3">⑪ 등 기 신 청 수 수 료</td><td>금 15,000 원</td></tr>
<tr><td>납부번호 : ○○-○○-○○○○○○-○</td></tr>
<tr><td>일괄납부 : 건 원</td></tr>
</table>

<table>
<tr><td colspan="3">⑫ 등기의무자의 등기필정보</td></tr>
<tr><td>부동산고유번호</td><td colspan="2">1102-2006-002095</td></tr>
<tr><td>성 명(명 칭)</td><td>일련번호</td><td>비밀번호</td></tr>
<tr><td>이 상 선</td><td>Q77C-LO71-35J5</td><td>40-4636</td></tr>
</table>

<table>
<tr><td colspan="2">⑬ 첨 부 서 면</td></tr>
<tr><td>1. 부동산매매계약서 1통
1. 취득세(등록면허세)영수필확인서 1통</td><td>1. 토지대장등본 1통
1. 집합건축물대장등본 2통</td></tr>
</table>

1. 인감증명서나 본인서명사실확인서 또는 전자본인서명확인서 발급증 1통 1. 등기필증(소유자) 1통	1. 주민등록표등(초)본 2통 1. 부동산거래계약신고필증 1통 1. 위임장

20○○년 ○월 ○일

⑭ 위 신청인 ㉤ (전화 :)

(또는)위 대리인 법무사 홍 길 동 ㉤ (전화 : 300-1234)
서울특별시 서초구 서초대로 73길 24(서초동)

○○지방법원 ○○등기소 귀중

법무사 홍 길 동 (직인)

[신청서 작성요령]

1. 부동산표시란에 2개 이상의 부동산을 기재하는 경우에는 부동산의 일련번호를 기재하여야 합니다.
2. 신청인란등 해당란에 기재할 여백이 없을 경우에는 별지를 이용합니다.
3. 담당등기관이 판단하여 위의 첨부 서면 외에 추가적인 서면을 요구할 수 있습니다.

주

1. 등기신청서 기재요령

신청서는 한글과 아라비아숫자로 기재하여야 한다. 부동산의 표시란이나 신청인란 등이 부족할 경우에는 별지로 사용하고, 별지를 포함한 신청서의 각 장 사이에 간인(신청서에 서명을 하였을 때에는 각 장마다 연결되는 서명)을 하여야 한다.

① 부동산의 표시란 : 소유권이전청구권보전의 가등기가 되어 있는 부동산을 기재하되, 등기기록상 부동산의 표시와 일치하여야 한다.

㉮ 1동의 건물의 표시 : 1동의 건물 전체의 소재, 지번, 건물명칭 및 번호, 도로명주소(등기기록 표제부에 기록되어 있는 경우)를 기재한다.

㉯ 전유부분의 건물의 표시 : 건물의 번호, 구조, 면적을 기재한다.

㉰ 대지권의 표시 : 대지권의 목적인 토지의 표시, 대지권의 종류, 비율을 기재한다.

ⓐ 대지권의 목적인 토지의 표시는 토지의 일련번호, 토지의 소재, 지번, 지목, 면적을,

ⓑ 대지권의 종류는 소유권, 지상권, 전세권, 임차권 등 권리의 종류에 따라 기재하며, ⓒ 대지권의 비율은 대지권의 목적인 토지에 대한 지분비율을 기재한다.

㉣ 부동산거래계약신고필증에 기재된 거래신고관리번호와 거래가액을 기재한다.

㉤ 만일 등기기록과 토지·집합건축물대장의 부동산표시가 다른 때에는 먼저 부동산 표시변경(또는 경정)등기를 하여야 한다.

② 등기원인과 그 연월일란 : 등기원인은 "매매"로, 그 연월일은 예약완결일(매매계약 성립일)을 기재한다. 실제로 예약완결권의 의사를 표시한 날이 본등기의 등기원인일이 된다. 가등기원인일자를 기재하는 아니나.

③ 등기의 목적란 : "소유권이전" 또는 " 소유권 일부이전"이라고 기재한다.

④ 가등기의 표시 : 본등기할 소유권이전청구권가등기의 접수연월일, 접수번호 등을 기재하여 본등기할 가등기를 특정한다(예: "2012년 3월 12일 접수 제2110호로 등기된 소유권이전청구권가등기").

⑤ 이전할지분란 : 지분에 대한 가등기에 기한 본등기를 하는 경우에만 기재한다. (예) "○○○ 지분 전부", "○번 ○○○지분 ○분의 ○ 중 일부(○분의 ○)"

⑥ 등기의무자란 : 소유권이전등기가등기에 기한 본등기의 경우, 가등기 할 당시의 소유자와 본등기 할 당시의 소유자가 다른 때에도 가등기 할 당시의 소유자가 등기의무자이다. 부동산 소유자의 성명, 주민등록번호, 주소를 기재하되, 등기기록상 소유자 표시와 일치하여야 한다. 다만 등기기록상 등기의무자의 주소가 지번방식의 주소인 경우에도 등기의무자가 제공한 주민등록등(초)본이나 인감증명 등에 의하여 해당 지번방식의 주소에 대한 도로명주소임이 인정되는 경우에는 등기사건을 수리하여야 한다. 한편 등기의무자의 주소가 전거 등의 실질적인 주소변경이 아닌 도로명주소법에 따른 주소변경인 경우에는 주소변경의 직권등기를 하지 않는다.

⑦ 등기권리자란 : 가등기권리자를 기재하는 난으로, 그 기재방법은 등기의무자란과 같다. 가등기 후 가등기상의 권리가 제3자에게 이전된 경우에는 가등기권리의 양수인이 본등기 할 당시의 본등기권리자이다.

⑧ 시가표준액 및 국민주택채권매입금액, 국민주택채권매입총액란, 국민주택채권발행번호란 : ㉮ 부동산별 시가표준액란은 취득세(등록면허세)납부서(OCR용지)에 기재된 시가표준액을 기재하고 부동산별 국민주택채권매입금액란에는 시가표준액의 일정비율에 해당하는 국민주택채권매입금액을 기재한다. ㉯ 부동산이 2개 이상인 경우에는 각 부동산별로 시가표준액 및 국민주택채권매입금액을 기재한 다음 국민주택채권 매입총액을 기재하여야 한다. ㉰ 국민주택채권발행번호란에는 국민주택채권 매입시 국민주택채권사무취급기관에서 고지하는 채권발행번호를 기재하며, 하나의 신청사건에 하나의 채권발행번호를 기재하는 것이 원칙이며, 동일한 채권발행번호를 수 개 신청사건에 중복 기재할 수 없다.

⑨ 취득세(등록면허세)·지방교육세·농어촌특별세란 : 제3편 등기실무자료 [자료 1] 취득세율표 참조

⑩ 세액합계란 : 취득세(등록면허세)액, 지방교육세액, 농어촌특별세액의 합계를 기재한다.

⑪ 등기신청수수료란 : ㉮ 부동산 1개당 15,000원의 등기신청수수료 납부액을 기재한다. 다만 전자표준양식에 의하여 신청하는 경우에는 13,000원, 전자신청하는 경우에는 10,000원의 등기신청수수료를 은행 현금납부, 전자납부, 무인발급기 납부 등의 방법에 따라 납부한 후 등기신청서에 등기신청수수료 영수필확인서를 첨부하고 납부번호를 기재하여 제출한다. ㉯ 여러 건의 등기신청에 대하여 수납금융기관에 현금으로 일괄납부하는 경우 첫 번째

등기신청서에 등기신청수수료 영수필확인서를 첨부하고 해당 등기신청수수료, 납부번호와 일괄납부 건수 및 일괄납부액을 기재하며, 나머지 신청서에는 해당 등기신청수수료와 전 사건에 일괄 납부한 취지를 기재한다(일괄납부는 은행에 현금으로 납부하는 경우에만 가능함).

⑫ 등기의무자의 등기필정보란 : ㉮ 소유권 취득에 관한 등기를 완료하고 등기필정보를 교부받은 경우 그 등기필정보상에 기재된 부동산고유번호, 성명, 일련번호, 비밀번호를 각 기재(등기필정보를 제출하는 것이 아님)한다. 다만 교부받은 등기필정보를 멸실한 경우에는 부동산등기법 제51조에 의하여 확인서면이나 확인조서 또는 공증서면 중 하나를 첨부한다. ㉯ 등기신청서에 등기필증이나 확인서면 등을 첨부한 경우 이 난은 기재할 필요가 없다.

⑬ 첨부서면란 : 등기신청서에 첨부한 서면을 각 기재한다.

⑭ 신청인등란 : ㉮ 등기의무자와 등기권리자의 성명 및 전화번호를 기재하고, 각자의 인장을 날인하되, 등기의무자는 그의 인감을 날인한다. 그러나 신청인이 법인 또는 비법인 사단이나 재단인 경우에는 상호(명칭)와 대표자(관리인)의 자격 및 성명을 기재하고, 법인이 등기의무자인 때에는 등기소의 증명을 얻은 그 대표자의 인감, 비법인 사단이나 재단인 경우에는 대표자(관리인)의 개인인감을 날인한다. ㉯ 대리인이 등기신청을 하는 경우에는 그 대리인의 성명, 주소, 전화번호를 기재하고 대리인의 인장을 날인 또는 서명한다.

2. 등기신청서에 첨부할 서면 등

- 등기필증 : 가등기를 할 때 받은 등기필증이 아닌 등기의무자의 소유권에 관한 등기필증으로서 등기의무자가 소유권 취득시 등기소로부터 교부받은 등기필증을 말한다. 단, 소유권 취득의 등기를 완료하고 등기필정보를 교부받은 경우에 그 등기필정보상에 기재된 부동산고유번호, 성명, 일련번호, 비밀번호를 각 기재(등기필정보를 제출하는 것이 아님)한다. 다만, 등기필증(등기필정보)을 멸실하여 첨부(기재)할 수 없는 경우에는 부동산등기법 제51조에 의하여 확인서면이나 확인조서 또는 공증서면 중 하나를 첨부한다.
- 매매계약서 : ㉮ 계약으로 인한 소유권이전등기를 신청하는 경우에는 그 계약서에 기재된 거래금액이 1,000만원을 초과하는 경우는 일정액의 정부수입인지를 붙여야 한다. ㉯ 형식상 매매예약을 등기원인으로 하여 가등기가 마쳐져 있으나, 실제로는 매매예약완결권을 행사할 필요없이 가등기권리자가 요구하면 언제든지 본등기를 하여 주기로 약정한 경우에는 매매예약완결권을 행사하지 않고서도 본등기를 신청할 수 있으며, 이때에는 별도로 매매계약서를 제출할 필요가 없다.
- 매매목록 : ㉮ 1개의 부동산거래신고필증에 2개 이상의 부동산이 기재되어 있는 경우(1개의 계약서에 의해 2개 이상의 부동산을 거래한 경우라 하더라도, 관할 관청이 달라 개개의 부동산에 관하여 각각 신고한 경우에는 매매목록을 작성할 필요가 없다). ㉯ 신고필증에 기재되어 있는 부동산이 1개라 하더라도 여러 사람의 매도인과 여러 사람의 매수인 사이의 매매계약인 경우에는 매매목록을 작성한다.
- 부동산거래계약신고필증 : ㉮ 2006. 1. 1. 이후 작성된 매매계약서를 등기원인증서로 하여 소유권이전등기를 신청하는 경우에는 부동산거래계약신고필증을 첨부하여야 한다. 부동산거래계약신고필증을 교부받은 경우에는 검인받은 것으로 간주되므로 검인받은 매매계약서를 제출할 필요가 없다. ㉯ 매매예약을 원인으로 한 소유권이전청구권가등기에 의한 본등기를 신청하는 매매는 매매계약서를 등기원인증서로 제출하지 않는다 하더라도 거래가액을 등기하여야 하고, 이와 같이 거래가액 등기의 대상이 되는 소유권이전등기를 신청하는 경우

에는 신청서에 관할관청이 확인한 거래신고일련번호를 기재하여야 하고 부동산거래계약신고필증을 첨부하여야 한다.

- 취득세(등록면허세)영수필확인서 : 시장, 구청장, 군수 등으로부터 취득세(등록면허세)납부서(OCR용지)를 발급받아 납세지를 관할하는 해당 금융기관에 세금을 납부한 후 취득세(등록면허세)영수필확인서와 영수증을 교부받아 영수증은 본인이 보관하고 취득세(등록면허세)영수필확인서만 신청서의 취득세(등록면허세)액표시란의 좌측상단 여백에 첨부하거나, 또는 지방세인터넷납부시스템에서 출력한 시가표준액이 표시되어 있는 취득세(등록면허세)납부확인서를 첨부한다.
- 토지·집합건축물대장등본 : 등기신청대상 부동산의 토지대장등본, 집합건축물대장등본(각 발행일로부터 3월 이내)을 첨부한다.
- 인감증명서 등 : ㉮ 부동산매수자란에 매수인의 성명(법인은 법인명), 주민등록번호(부동산등기용등록번호) 및 주소가 기재되어 있는 매도인의 부동산매도용 인감증명서(발행일로부터 3월 이내)를 첨부하거나, 인감증명을 갈음하여 「본인서명사실확인등에관한법률」에 따라 발급된 본인서명사실확인서(발행일부터 3개월 이내)에 기재한 서명(전자본인서명확인서 발급증을 제출할 경우에도 서명)을 하고 본인서명사실확인서(전자본인서명확인서 발급증)을 첨부한다. ㉯ 부동산등기규칙 제60조에 의하여 인감증명을 첨부하여야 하는 자가 법인인 경우에는 등기소의 증명을 얻은 대표자의 인감증명을, 법인 아닌 사단 또는 재단인 경우에는 대표자 또는 관리인의 인감증명을 제출한다. 소유권이전가등기시에는 부동산매도용인감증명을 첨부할 필요가 없지만 소유권이전본등기시에는 부동산매도용인감증명서 또는 본인서명사실확인서를 첨부할 수 있다
- 주민등록표등(초)본 : 등기의무자 및 등기권리자의 주민등록표등본 또는 초본(각 발행일로부터 3월 이내)을 첨부한다.
- 법인등기사항전부(일부)증명서 : 신청인이 법인인 경우에는 법인등기사항전부증명서 또는 법인등기사항일부증명서(각 발행일로부터 3월 이내)를 첨부한다.
- 제3자의 동의, 허가 또는 승낙을 증명하는 서면 : 부동산이 농지인 경우에는 농지취득자격증명(시, 읍, 면사무소 발급), 토지거래허가구역인 경우에는 토지거래허가증(시, 군, 구청 발급) 등을 첨부하여야 한다. 다만 가등기시에 허가서를 첨부한 경우에는 본등기시에 다시 첨부할 필요는 없다.
- 위임장 : 등기신청을 법무사 등 대리인에게 위임하는 경우에 첨부한다.

3. 등기신청서류 편철순서

신청서, 취득세(등록면허세)영수필확인서, 등기신청수수료 영수필확인서, 위임장, 인감증명서나 본인서명사실확인서 또는 전자본인서명확인서 발급증, 주민등록표등(초)본, 대장등본, 매매계약서, 부동산거래계약신고필증, 매매목록, 등기필증 등의 순으로 편철한다.

38. 소유권이전담보가등기신청

가. 의 의

양도담보와 더불어 소유권이전의 형식을 취하는 담보방법으로, 채권담보를 위하여 채권자와 채무자(또는 제3자) 사이에 채무자(또는 제3자) 소유의 부동산을 목적으로 하는 대물변제예약 또는 매매예약 등을 체결하고, 동시에 채무자의 채무불이행이 있는 경우에 채권자는 예약완결권을 행사하여 채무자(또는 제3자) 소유의 부동산을 채권자에게 이전할 수 있는 바, 채권자가 장래의 소유권이전청구권을 보전하기 위한 가등기를 하는 변칙적인 담보를 말한다. 이 신청서에는 담보가등기권리자가 등기권리자, 부동산 소유자가 등기의무자가 된다.

나. 등기신청방법

(1) 공동신청

가등기권자와 부동산 소유자가 본인임을 확인할 수 있는 주민등록증 등을 가지고 직접 등기소에 출석하여 공동으로 신청함이 원칙이다.

(2) 단독신청

가등기의무자인 소유자의 인감증명과 승낙서를 첨부하거나 법원의 가등기가처분명령정본을 첨부하여 가등기권리자가 단독으로 신청할 수 있다.

(3) 대리인에 의한 신청

등기신청은 반드시 신청인 본인이 하여야 하는 것은 아니고 대리인이 하여도 된다. 등기권리자 또는 등기의무자 일방이 상대방의 대리인이 되거나 쌍방이 제3자에게 위임하여 등기신청을 할 수 있다.

[서식 38] 소유권이전담보가등기신청서

소유권이전담보가등기신청

접 수	년 월 일	처 리 인	등기관 확인	각종 통지
	제 호			

① 부동산의 표시(거래신고일련번호/거래가액)
1동의 건물의 표시 서울특별시 서초구 서초동 100, 101 샛별아파트 가동 [도로명주소] 서울특별시 서초구 서초대로 88길 10 전유부분의 건물의 표시 건물의 번호 : 가 - 1 - 101 구 조 : 철근콘크리트조 면 적 : 1층 101호 86.03㎡ 대지권의 표시 토지의 표시 : 1. 서울특별시 서초구 서초동 100 대 1400㎡ 2. 서울특별시 서초구 서초동 101 대 1600㎡ 대지권의 종류 : 소유권 대지권의 비율 1, 2 : 3,000분의 500 이 상

② 등기원인과 그 연월일	20○○년 ○월 ○일 대물반환예약
③ 등 기 의 목 적	소유권이전담보가등기
④ 가 등 기 할 지 분	

구분	성 명 (상호·명칭)	주민등록번호 (등기용등록번호)	주 소 (소 재 지)	지 분 (개인별)
⑤ 등기의무자	이 상 선	000000-0000000	서울특별시 서초구 서초대로 88길 20(서초동)	

<table>
<tr><td>⑥
등
기
권
리
자</td><td>김 갑 동</td><td>000000-0000000</td><td colspan="2">서울특별시 서초구 서초대로 88길 10, 가동 101호(서초동, 샛별아파트)</td><td></td></tr>
<tr><td colspan="2">⑦ 등 록 면 허 세</td><td colspan="4">금 400,000 원</td></tr>
<tr><td colspan="2">⑦ 지 방 교 육 세</td><td colspan="4">금 80,000 원</td></tr>
<tr><td colspan="2">⑧ 세 액 합 계</td><td colspan="4">금 480,000 원</td></tr>
<tr><td colspan="2" rowspan="3">⑨ 등 기 신 청 수 수 료</td><td colspan="4">금 15,000 원</td></tr>
<tr><td colspan="4">납부번호 : ○○-○○-○○○○○-○</td></tr>
<tr><td colspan="4">일괄납부 : 건 원</td></tr>
<tr><td colspan="6">⑩ 등기의무자의 등기필정보</td></tr>
<tr><td colspan="2">부동산고유번호</td><td colspan="4">1102-2006-002095</td></tr>
<tr><td colspan="2">성 명(명 칭)</td><td colspan="2">일련번호</td><td colspan="2">비밀번호</td></tr>
<tr><td colspan="2">이 상 선</td><td colspan="2">Q77C-L07I-35J5</td><td colspan="2">40-4636</td></tr>
<tr><td colspan="6">⑪ 첨 부 서 면</td></tr>
<tr><td colspan="3">1. 대물반환예약서 1통
1. 등록면허세영수필확인서 1통
1. 등기필증 1통
1. 인감증명서나 본인서명사실확인서 또는 전자본인서명확인서 발급증 1통</td><td colspan="3">1. 주민등록표등(초)본 1통
1. 위임장 1통
〈기 타〉</td></tr>
<tr><td colspan="6">20○○년 ○월 ○일

⑫ 위 신청인 ㊞ (전화 :)

(또는)위 대리인 법무사 홍 길 동 ㊞ (전화 : 300-1234)
서울특별시 서초구 서초대로 73길 24(서초동)

○○지방법원 ○○등기소 귀중

법무사 홍 길 동 (직인)</td></tr>
</table>

[신청서 작성요령]

1. 부동산표시란에 2개 이상의 부동산을 기재하는 경우에는 부동산의 일련번호를 기재하여야 합니다.
2. 신청인란등 해당란에 기재할 여백이 없을 경우에는 별지를 이용합니다.
3. 담당등기관이 판단하여 위의 첨부 서면 외에 추가적인 서면을 요구할 수 있습니다.

주

1. 등기신청서 기재요령

신청서는 한글과 아라비아숫자로 기재하여야 한다. 부동산의 표시란이나 신청인란 등이 부족할 경우에는 별지로 사용하고, 별지를 포함한 신청서의 각 장 사이에 간인(신청서에 서명을 하였을 때에는 각 장마다 연결되는 서명)을 하여야 한다.

① 부동산의 표시란 : 가등기의 목적 부동산을 기재하되, 등기기록상 부동산의 표시와 일치하여야 한다.

㉮ 1동의 건물의 표시 : 1동의 건물 전체의 소재, 지번, 건물명칭 및 번호, 도로명주소(등기기록 표제부에 기록되어 있는 경우)를 기재한다.

㉯ 전유부분의 건물의 표시 : 건물의 번호, 구조, 면적을 기재한다.

㉰ 대지권의 표시 : 대지권의 목적인 토지의 표시, 대지권의 종류, 비율을 기재한다.

ⓐ 대지권의 목적인 토지의 표시는 토지의 일련번호, 토지의 소재, 지번, 지목, 면적을,

ⓑ 대지권의 종류는 소유권, 지상권, 전세권, 임차권 등 권리의 종류에 따라 기재하며,

ⓒ 대지권의 비율은 대지권의 목적인 토지에 대한 지분비율을 기재한다.

㉱ 만일 등기기록과 토지·집합건축물대장의 부동산표시가 다른 때에는 먼저 부동산 표시변경(또는 경정)등기를 하여야 한다.

② 등기원인과 그 연월일란 : 대물반환예약서를 작성한 날을 등기원인일자로 한다. 등기원인은 "대물반환예약"이라고 기재한다.

③ 등기의 목적란 : 대물반환예약을 원인으로 한 가등기신청을 할 경우 등기의 목적은 본등기될 권리의 이전담보가등기("소유권이전담보가등기", "저당권이전담보가등기" 등)라고 기재한다. 부동산등기법 제90조의 가처분명령에 의하여 가등기신청을 할 경우 가등기의 원인이 대물반환의 예약의 경우에도 같다.

④ 가등기할 지분란 : 지분에 대하여 가등기를 할 경우에만 기재한다. (예) "○○○지분 전부", "○번 ○○○지분 ○분의 ○ 중 일부(○분의 ○)"

⑤ 등기의무자란 : 부동산소유자의 성명, 주민등록번호, 주소를 기재하되, 등기기록상 소유자 표시와 일치하여야 한다. 다만 등기기록상 등기신청인의 주소가 지번방식의 주소인 경우에도 등기의무자가 제공한 주민등록등(초)본이나 인감증명 혹은 도로명주소 정보(건축물대장, 행정안전부 '새주소 안내시스템'의 조화결과물 등) 등에 의하여 해당 지번방식의 주소에 대한 도로명주소임이 인정되는 경우에는 등기사건을 수리하여야 한다. 즉 등기기록상 등기의무자의 주소를 도로명주소로 변경등기를 하지 아니하여도 담보가등기를 신청할 수 있다.

⑥ 등기권리자란 : 가등기권리자를 기재하는 난으로, 그 기재방법은 등기의무자란과 같다.

⑦ 등록면허세·지방교육세 : ㉮ 담보가등기를 신청할 경우 납부할 등록면허세는 지방세법 제28조 제1항의 저당권의 세율을 적용하여야 한다. 따라서 본 건의 경우 채권액의 2/1,000에 해당하는 등록면허세를 납부하고, 등록면허세의 20/100에 해당하는 지방교육세를 납부한다. 본건의 경우 채권액은 200,000,000원으로 가정하였다. ㉯ 담보가등기는 부동산등기에 관한 국민주택채권매입대상자를 규정한 주택법 시행령 제95조 별표 12 부표 19호의 부동산등기에 포함되지 않으며, 특정 법률의 적용에 있어서 담보가등기를 저당권으로 보는 가등기담보등에관한법률 제17조 제3항은 국민주택채권에 관련된 주택법을 포함하고 있지 않으므로, 현행 규정상 담보가등기의 경우 국민주택채권매입대상이 아니다.

⑧ 세액합계란 : 등록면허세액, 지방교육세액의 합계를 기재한다.

⑨ 등기신청수수료란 : ㉮ 부동산 1개당 15,000원의 등기신청수수료 납부액을 기재한다. 다만 전자표준양식에 의하여 신청하는 경우에는 13,000원, 전자신청하는 경우에는 10,000원의 등기신청수수료를 은행 현금납부, 전자납부, 무인발급기 납부 등의 방법에 따라 납부한 후 등기신청서에 등기신청수수료 영수필확인서를 첨부하고 납부번호를 기재하여 제출한다. ㉯ 여러 건의 등기신청에 대하여 수납금융기관에 현금으로 일괄납부하는 경우 첫 번째 등기신청서에 등기신청수수료 영수필확인서를 첨부하고 해당 등기신청수수료, 납부번호와 일괄납부 건수 및 일괄납부액을 기재하며, 나머지 신청서에는 해당 등기신청수수료와 전 사건에 일괄 납부한 취지를 기재한다(일괄납부는 은행에 현금으로 납부하는 경우에만 가능함).

⑩ 등기의무자의 등기필정보란 : ㉮ 소유권 취득에 관한 등기를 완료하고 등기필정보를 교부받은 경우 그 등기필정보상에 기재된 부동산고유번호, 성명, 일련번호, 비밀번호를 각 기재(등기필정보를 제출하는 것이 아님)한다. 다만 교부받은 등기필정보를 멸실한 경우에는 부동산등기법 제51조에 의하여 확인서면이나 확인조서 또는 공증서면 중 하나를 첨부한다. ㉯ 등기신청서에 등기필증이나 확인서면 등을 첨부한 경우 이 난은 기재할 필요가 없다.

⑪ 첨부서면란 : 등기신청서에 첨부한 서면을 각 기재한다.

⑫ 신청인등란 : ㉮ 등기의무자와 등기권리자의 성명 및 전화번호를 기재하고, 각자의 인장을 날인하되, 등기의무자는 그의 인감을 날인한다. 그러나 신청인이 법인 또는 법인 아닌 사단이나 재단인 경우에는 상호(명칭)와 대표자(관리인)의 자격 및 성명을 기재하고, 법인이 등기의무자인 때에는 등기소의 증명을 얻은 그 대표자의 인감, 법인 아닌 사단이나 재단인 경우에는 대표자(관리인)의 개인인감을 날인한다.
㉯ 대리인이 등기신청을 하는 경우에는 그 대리인의 성명, 주소, 전화번호를 기재하고 대리인의 인장을 날인 또는 서명한다.

2. 등기신청서에 첨부할 서면 등

- 대물반환예약서 : 등기원인을 증명하는 서면으로 첨부한다.
- 등기필증 : 등기의무자의 소유권에 관한 등기필증으로서 등기의무자가 소유권 취득시 등기소로부터 교부받은 등기필증을 말한다. 단, 소유권 취득의 등기를 완료하고 등기필정보를 교부받은 경우에 그 등기필정보상에 기재된 부동산고유번호, 성명, 일련번호, 비밀번호를 각 기재(등기필정보를 제출하는 것이 아님)한다. 다만, 등기필증(등기필정보)을 멸실하여 첨부(기재)할 수 없는 경우에는 부동산등기법 제51조에 의하여 확인서면이나 확인조서 또는 공증서면 중 하나를 첨부한다.
- 등록면허세영수필확인서 : 시장, 구청장, 군수 등으로부터 등록면허세납부서(OCR용지)를 발급받아 납세지를 관할하는 해당 금융기관에 세금을 납부한 후 등록면허세영수필확인서와

영수증을 교부받아 영수증은 본인이 보관하고 등록면허세영수필확인서만 신청서의 등록면허세액표시란의 좌측상단 여백에 첨부하거나, 또는 지방세인터넷납부시스템을 이용하여 납부하고 출력한 등록면허세납부확인서를 첨부한다.

- 인감증명서 등 : 부동산 소유자의 인감증명서(발행일로부터 3월 이내)를 첨부하거나, 인감증명을 갈음하여 「본인서명사실확인등에관한법률」에 따라 발급된 본인서명사실확인서(발행일부터 3개월 이내)에 기재한 서명(전자본인서명확인서 발급증을 제출할 경우에도 서명)을 하고 본인서명사실확인서(전자본인서명확인서 발급증)을 첨부한다. 그러나 부동산매도용인감증명서를 첨부하는 것이 아니다.
- 주민등록표등(초)본 : 등기권리자(가등기권자)의 주민등록표등(초)본(발행일로부터 3월 이내)을 첨부한다.
- 법인등기사항전부(일부)증명서 : ㉮ 신청인이 법인인 경우에는 법인등기사항전부증명서 또는 법인등기사항일부증명서(각 발행일로부터 3월 이내)를 첨부한다. 다만, 법인등기가 되어 있는 등기소와 부동산소재지 관할 등기소가 동일한 경우에는 위 법인등기사항증명서를 제출할 필요가 없다. ㉯ 법인 아닌 사단 또는 재단이 등기를 신청하는 경우에는 정관이나 그 밖의 규약, 대표자나 관리인임을 증명하는 정보(다만, 등기되어 있는 대표자나 관리인이 신청하는 경우에는 그러하지 아니하다), 대표자나 관리인의 주소 및 주민등록번호를 증명하는 정보를 첨부한다. 다만 법인 아닌 사단이 등기의무자인 경우에는 민법 제276조 소정의 사원총회의 결의서도 첨부한다(부등규 제48조).
- 제3자의 동의, 허가 또는 승낙을 증명하는 서면 : 토지거래허가구역인 경우에는 토지거래허가증(시, 군, 구청 발급) 등을 첨부하여야 한다. 다만 소유권이전담보가등기의 경우에는 검인을 받지 않으며, 농지의 경우에도 농지취득자격증명서를 첨부하지 아니한다.
- 위임장 : 등기신청을 법무사 등 대리인에게 위임하는 경우에 첨부한다.

3. 등기신청서류 편철순서

신청서, 등록면허세영수필확인서, 등기신청수수료 영수필확인서, 위임장, 인감증명서나 본인서명사실확인서 또는 전자본인서명확인서 발급증, 주민등록표등(초)본, 대물반환예약서, 등기필증 등의 순으로 편철한다.

39. 소유권이전담보가등기에 기한 본등기신청

가. 의 의

담보가등기후 채무자가 피담보채권을 변제하지 아니하는 경우에 채권자(담보가등기권리자)는 가등기담보법의 규정에 의하여 목적부동산에 경매를 청구하여 우선변제를 받은 수도 있고, 선택에 의하여 담보가등기에 기한 본등기를 할 수도 있다.

나. 등기신청방법

(1) 공동신청

담보가등기권리자와 부동산소유자가 본인임을 확인할 수 있는 주민등록증 등을 가지고 직접 등기소에 출석하여 공동으로 신청함이 원칙이다.

(2) 단독신청

가등기의무자인 소유자의 인감증명과 승낙서를 첨부하거나 법원의 가등기 가처분명령정본을 첨부하여 가등기권리자가 단독으로 신청할 수 있다.

(3) 대리인에 의한 신청

등기신청은 반드시 신청인 본인이 하여야 하는 것은 아니고 대리인이 하여도 된다. 등기권리자 또는 등기의무자 일방이 상대방의 대리인이 되거나 쌍방이 제3자에게 위임하여 등기신청을 할 수 있다.

[서식 39] 소유권이전담보가등기에 기한 본등기신청서

소유권이전본등기신청(대물반환계약)

접 수	년 월 일	처 리 인	등기관 확인	각종 통지
	제 호			

① 부동산의 표시
1동의 건물의 표시 서울특별시 서초구 서초동 100, 101 샛별아파트 가동 [도로명주소] 서울특별시 서초구 서초대로 88길 10 전유부분의 건물의 표시 건물의 번호 : 가 - 1 - 101 구 조 : 철근콘크리트조 면 적 : 1층 101호 86.03㎡ 대지권의 표시 토지의 표시 : 1. 서울특별시 서초구 서초동 100 대 1400㎡ 2. 서울특별시 서초구 서초동 101 대 1600㎡

대지권의 종류 : 소유권
대지권의 비율 1, 2 : 3,000분의 500

이 상

② 등기원인과 그 연월일	2020년 9월 20일 대물반환			
③ 청산금평가액통지서도달일	2020년 7월 5일			
④ 등 기 의 목 적	소유권이전			
⑤ 가 등 기 의 표 시	2020년 3월 3일 접수 제1234호로 등기한 대물반환예약에 의한 소유권이전담보가등기			
⑥ 이 전 할 지 분				
구분	성 명 (상호·명칭)	주민등록번호 (등기용등록번호)	주 소 (소 재 지)	지 분 (개인별)
⑦ 등기의무자	이 상 선	000000-0000000	서울특별시 서초구 서초대로 88길 20(서초동)	
⑧ 등기권리자	김 갑 동	000000-0000000	서울특별시 중구 다동길 96(다동)	

⑨ 시가표준액 및 국민주택채권매입금액		
부동산 표시	부동산별 시가표준액	부동산별 국민주택채권매입금액
1. 공동주택	금 300,000,000 원	금 7,800,000 원
	금 원	금 원
	금 원	금 원
⑨ 국 민 주 택 채 권 매 입 총 액		금 7,800,000 원
⑨ 국 민 주 택 채 권 발 행 번 호		○ ○ ○
⑩ 취득세(등록면허세) 금 10,000,000원	⑧지방교육세 금 1,000,000원	
	⑧ 농어촌특별세 금 2,500,000원	
⑪ 세 액 합 계	금 13,500,000 원	
⑫ 등 기 신 청 수 수 료	금 15,000 원	
	납부번호 : ○○-○○-○○○○○○-○	
	일괄납부 : 건 원	

⑬ 등기의무자의 등기필정보		
부동산고유번호	1102-2006-002095	
성 명(명 칭)	일련번호	비밀번호
이 상 선	Q77C-LO71-35J5	40-4636

⑭ 첨 부 서 면			
1. 대물반환계약서	1통	1. 주민등록등(초)본	2통
1. 취득세(등록면허세)영수필확인서	1통	1. 청산금평가통지서(배달증명)	1통
1. 인감증명서나 본인서명사실확인서 또는 전자본인서명확인서 발급증	1통	1. 청산금지급증명서	1통
1. 토지대장등본	1통	1. 등기필증	1통
1. 집합건축물대장등본	2통	1. 위임장	1통

20○○년 ○월 ○일

⑮ 위 신청인 ㉠ (전화 :)

(또는)위 대리인 법무사 홍 길 동 ㉠ (전화 : 300-1234)

서울특별시 서초구 서초대로 73길 24(서초동)

○○지방법원 ○○등기소 귀중

법무사 홍 길 동 (직인)

[신청서 작성요령]

1. 부동산표시란에 2개 이상의 부동산을 기재하는 경우에는 부동산의 일련번호를 기재하여야 합니다.
2. 신청인란등 해당란에 기재할 여백이 없을 경우에는 별지를 이용합니다.
3. 담당등기관이 판단하여 위의 첨부 서면 외에 추가적인 서면을 요구할 수 있습니다.

주

1. 등기신청서 기재요령

신청서는 한글과 아라비아숫자로 기재하여야 한다. 부동산의 표시란이나 신청인란 등이 부족

할 경우에는 별지로 사용하고, 별지를 포함한 신청서의 각 장 사이에 간인(신청서에 서명을 하였을 때에는 각 장마다 연결되는 서명)을 하여야 한다.

① 부동산의 표시란 : 가등기의 목적 부동산을 기재하되, 등기기록상 부동산의 표시와 일치하여야 한다.
 ㉮ 1동의 건물의 표시 : 1동의 건물 전체의 소재, 지번, 건물명칭 및 번호, 도로명주소(등기기록 표제부에 기록되어 있는 경우)를 기재한다.
 ㉯ 전유부분의 건물의 표시 : 건물의 번호, 구조, 면적을 기재한다.
 ㉰ 대지권의 표시 : 대지권의 목적인 토지의 표시, 대지권의 종류, 비율을 기재한다.
  ⓐ 대지권의 목적인 토지의 표시는 토지의 일련번호, 토지의 소재, 지번, 지목, 면적을,
  ⓑ 대지권의 종류는 소유권, 지상권, 전세권, 임차권 등 권리의 종류에 따라 기재하며,
  ⓒ 대지권의 비율은 대지권의 목적인 토지에 대한 지분비율을 기재한다.
 ㉱ 만일 등기기록과 토지·집합건축물대장의 부동산표시가 다른 때에는 먼저 부동산표시변경(또는 경정)등기를 하여야 한다.

② 등기원인과 그 연월일란 : 등기원인은 "대물반환계약"(대물변제 아님)으로, 그 연월일은 대물반환계약서 작성일을 기재한다.

③ 청산금 평가액통지서 도달일란 : 채권자가 담보계약에 의한 담보권을 실행하여 그 담보목적부동산의 소유권을 취득하기 위해서는 그 채권의 변제기후에 가등기담보법 제4조에서 규정한 청산금의 평가액을 채무자 등에게 통지하고, 그 통지가 채무자 등에게 도달한 날로부터 2월이 경과하여야 한다. 이 경우 청산금이 없다고 인정되는 때에는 그 뜻을 통지하여야 한다. 채권자는 청산기간이 경과하여야 그 가등기에 기한 본등기를 청구할 수 있다.

④ 등기의 목적란 : "소유권이전" 또는 "소유권 일부이전"이라고 기재한다.

⑤ 가등기의 표시란 : 본등기할 소유권이전청구권가등기의 접수연월일, 접수번호 등을 기재하여 본등기할 가등기를 특정한다.

⑥ 이전할지분란 : 지분에 대한 가등기에 기한 본등기를 하는 경우에만 기재한다. (예) "○○○ 지분 전부", "○번 ○○○지분 ○분의 ○ 중 일부(○분의 ○)"

⑦ 등기의무자란 : 부동산 소유자의 성명, 주민등록번호, 주소를 기재하되, 등기기록상 소유자 표시와 일치하여야 한다. 다만 등기기록상 등기의무자의 주소가 지번방식의 주소인 경우에도 등기의무자가 제공한 주민등록등(초)본이나 인감증명 등에 의하여 해당 지번방식의 주소에 대한 도로명주소임이 인정되는 경우에는 등기사건을 수리하여야 한다. 한편 등기의무자의 주소가 전거 등의 실질적인 주소변경이 아닌 도로명주소법에 따른 주소변경인 경우에는 주소변경의 직권등기를 하지 않는다.

⑧ 등기권리자란 : 가등기권리자를 기재하는 난으로, 그 기재방법은 등기의무자란과 같다. 가등기 후 가등기상의 권리가 제3자에게 이전된 경우에는 가등기권리의 양수인이 본등기 할 당시의 본등기권리자이다.

⑨ 시가표준액 및 국민주택채권매입금액, 국민주택채권매입총액란, 국민주택채권발행번호란 : ㉮ 부동산별 시가표준액란은 취득세(등록면허세)납부서(OCR용지)에 기재된 시가표준액을 기재하고 부동산별 국민주택채권매입금액란에는 시가표준액의 일정비율에 해당하는 국민주택채권매입금액을 기재한다. ㉯ 부동산이 2개 이상인 경우에는 각 부동산별로 시가표준액 및 국민주택채권매입금액을 기재한 다음 국민주택채권 매입총액을 기재하여야 한다. ㉰ 국민주택채권발행번호란에는 국민주택채권 매입시 국민주택채권사무취급기관에서 고지하는 채권발행번호를 기재하며, 하나의 신청사건에 하나의 채권발행번호를 기재하는 것

이 원칙이며, 동일한 채권발행번호를 수 개 신청사건에 중복 기재할 수 없다.

⑩ 취득세(등록면허세)·지방교육세·농어촌특별세란 : 제3편 등기실무자료 [자료 1] 취득세율표 참조

⑪ 세액합계란 : 취득세(등록면허세)액, 지방교육세액, 농어촌특별세액의 합계를 기재한다.

⑫ 등기신청수수료란 : ㉮ 부동산 1개당 15,000원의 등기신청수수료 납부액을 기재한다. 다만 전자표준양식에 의하여 신청하는 경우에는 13,000원, 전자신청하는 경우에는 10,000원의 등기신청수수료를 은행 현금납부, 전자납부, 무인발급기 납부 등의 방법에 따라 납부한 후 등기신청서에 등기신청수수료 영수필확인서를 첨부하고 납부번호를 기재하여 제출한다. ㉯ 여러 건의 등기신청에 대하여 수납금융기관에 현금으로 일괄납부하는 경우 첫 번째 등기신청서에 등기신청수수료 영수필확인서를 첨부하고 해당 등기신청수수료, 납부번호와 일괄납부 건수 및 일괄납부액을 기재하며, 나머지 신청서에는 해당 등기신청수수료와 전 사건에 일괄 납부한 취지를 기재한다(일괄납부는 은행에 현금으로 납부하는 경우에만 가능함).

⑬ 등기의무자의 등기필정보란 : ㉮ 소유권 취득에 관한 등기를 완료하고 등기필정보를 교부받은 경우 그 등기필정보상에 기재된 부동산고유번호, 성명, 일련번호, 비밀번호를 각 기재(등기필정보를 제출하는 것이 아님)한다. 다만 교부받은 등기필정보를 멸실한 경우에는 부동산등기법 제51조에 의하여 확인서면이나 확인조서 또는 공증서면 중 하나를 첨부한다. ㉯ 등기신청서에 등기필증이나 확인서면 등을 첨부한 경우 이 난은 기재할 필요가 없다.

⑭ 첨부서면란 : 등기신청서에 첨부한 서면을 각 기재한다.

⑮ 신청인등란 : ㉮ 등기의무자와 등기권리자의 성명 및 전화번호를 기재하고, 각자의 인장을 날인하되, 등기의무자는 그의 인감을 날인한다. 그러나 신청인이 법인 또는 비법인 사단이나 재단인 경우에는 상호(명칭)와 대표자(관리인)의 자격 및 성명을 기재하고, 법인이 등기의무자인 때에는 등기소의 증명을 얻은 그 대표자의 인감, 비법인 사단이나 재단인 경우에는 대표자(관리인)의 개인인감을 날인한다. ㉯ 대리인이 등기신청을 하는 경우에는 그 대리인의 성명, 주소, 전화번호를 기재하고 대리인의 인장을 날인 또는 서명한다.

2. 등기신청서에 첨부할 서면 등

- 등기필증 : 등기의무자의 소유권에 관한 등기필증으로서 등기의무자가 소유권 취득시 등기소로부터 교부받은 등기필증을 말한다. 단, 소유권 취득의 등기를 완료하고 등기필정보를 교부받은 경우에 그 등기필정보상에 기재된 부동산고유번호, 성명, 일련번호, 비밀번호를 각 기재(등기필정보를 제출하는 것이 아님)한다. 다만, 등기필증(등기필정보)을 멸실하여 첨부(기재)할 수 없는 경우에는 부동산등기법 제51조에 의하여 확인서면이나 확인조서 또는 공증서면 중 하나를 첨부한다.
- 대물반환계약서 : ㉮ 계약으로 인한 소유권이전등기를 신청하는 경우에는 그 계약서에 기재된 거래금액이 1,000만원을 초과하는 경우는 일정액의 정부수입인지를 붙여야 한다. ㉯ 위 대물반환계약서에는 부동산소재지를 관할하는 시장, 구청장, 군수로부터 검인을 받아야 한다(담보가등시에는 검인을 받지 아니하여도 본등기시에는 받아야 한다). ㉰ 채무의 변제를 담보하기 위하여 채권자가 부동산에 관한 물건을 이전받는 경우에는 채무자, 채권금액 및 채무변제를 위한 담보라는 뜻이 기재된 서면을 등기신청서와 함께 등기관에게 제출하여야 한다.
- 청산금평가통지서(배달증명) 및 청산금지급증명서 : 담보가등기에 기하여 본등기신청을 할 경우 등기신청서에는 부동산등기법 제41조 소정의 기재사항 외에 본등기할 담보가등기의

표시, 가등기담보법 제3조 소정의 청산금평가통지서가 채무자 등에게 도달한 날을 기재한다. 이 경우 부동산등기규칙 제46조 소정의 서면 외에 청산금평가통지서 또는 청산금이 없다는 뜻의 통지서가 도달하였음을 증명할 서면 및 가등기담보법 제3조 소정의 청산기간이 경과한 후에 청산금을 채무자에게 지급(공탁)하였음을 증명할 서면(청산금이 없는 경우에는 제외)을 첨부하여야 한다. 다만 판결에 의하여 본등기를 신청하는 경우에는 그러하지 아니하다(2001. 10. 12. 등기예규 제1408호).

- 등록면허세영수필확인서 : 시장, 구청장, 군수 등으로부터 등록면허세납부서(OCR용지)를 발급받아 납세지를 관할하는 해당 금융기관에 세금을 납부한 후 취득세(등록면허세)영수필확인서와 영수증을 교부받아 영수증은 본인이 보관하고 취득세(등록면허세)영수필확인서만 신청서의 취득세(등록면허세)액표시란의 좌측상단 여백에 첨부하거나, 또는 지방세인터넷납부시스템에서 출력한 시가표준액이 표시되어 있는 취득세(등록면허세)납부확인서를 첨부한다.
- 토지·집합건축물대장등본 : 등기신청대상 부동산의 토지대장등본, 집합건축물대장등본(각 발행일로부터 3월 이내)을 첨부한다.
- 인감증명서 등 : ㉮ 등기의무자(소유권의 등기명의인)의 인감증명서를 첨부하거나, 인감증명을 갈음하여 「본인서명사실확인등에관한법률」에 따라 발급된 본인서명사실확인서(발행일부터 3개월 이내)에 기재한 서명(전자본인서명확인서 발급증을 제출할 경우에도 서명)을 하고 본인서명사실확인서(전자본인서명확인서 발급증)을 첨부한다. 그러나 그 인감증명이 부동산매도용 인감증명일 필요는 없다. ㉯ 부동산등기규칙 제60조에 의하여 인감증명을 첨부하여야 하는 자가 법인인 경우에는 등기소의 증명을 얻은 대표자의 인감증명을, 법인 아닌 사단 또는 재단인 경우에는 대표자 또는 관리인의 인감증명을 제출한다.
- 주민등록표등(초)본 : 등기의무자 및 등기권리자의 주민등록표등본 또는 초본(각 발행일로부터 3월 이내)을 첨부한다.
- 법인등기사항전부(일부)증명서 : 신청인이 법인인 경우에는 법인등기사항전부증명서 또는 법인등기사항일부증명서(각 발행일로부터 3월 이내)를 첨부한다.
- 제3자의 동의, 허가 또는 승낙을 증명하는 서면 : 부동산이 농지인 경우에는 농지취득자격증명(시, 읍, 면사무소 발급), 토지거래허가구역인 경우에는 토지거래허가증(시, 군, 구청 발급) 등을 첨부하여야 한다. 다만 가등기시에 허가서를 첨부한 경우에는 본등기시에 다시 첨부할 필요는 없다.
- 위임장 : 등기신청을 법무사 등 대리인에게 위임하는 경우에 첨부한다.

3. 등기신청서류 편철순서

신청서, 취득세(등록면허세)영수필확인서, 등기신청수수료 영수필확인서, 위임장, 인감증명서나 본인서명사실확인서 또는 전자본인서명확인서 발급증, 주민등록표등(초)본, 대장등본, 청산금평가통지서(배달증명사본), 청산금지급증명서, 대물반환계약서, 등기필증 등의 순으로 편철한다.

40. 근저당권설정등기신청

가. 의 의

근저당권은 계속적인 거래관계로부터 발생하는 다수의 불특정 채권(저당권은 특정채권임)을 장래의 결산기에 이르러 일정한 한도(채권최고액)까지 담보하는 특수한 저당권이다. 그러므로 근저당권의 성립, 객체, 효력이 미치는 범위 등은 보통 저당권의 경우와 같다.

근저당권은 당좌대월계약, 계속적 어음할인(대부)계약, 상인 간의 계속적 물품공급계약 등 계속적인 거래관계가 있는 당사자 사이에 그 거래에서 채권이 발생할 때마다 새로운 저당권을 설정하지 않고 다수의 채권을 일정한 시기에 이르기까지 일정한 금액의 범위 내에서 담보하기 위한 것이다.

이 등기신청은 소유자의 주소변경(또는 경정)이 있을 시에는 등기명의인표시변경(경정)등기를 먼저 신청하여야 한다.

나. 등기신청방법

(1) 공동신청

근저당권설정자 즉, 소유자(등기의무자)와 근저당권자(등기권리자)가 본인임을 확인할 수 있는 주민등록증 등을 가지고 직접 등기소에 출석하여 공동으로 신청함이 원칙이다.

(2) 단독신청

판결에 의한 등기신청인 경우에는 승소한 등기권리자 또는 등기의무자가 단독으로 신청할 수 있다.

(3) 대리인에 의한 신청

등기신청은 반드시 신청인 본인이 하여야 하는 것은 아니고 대리인이 하여도 된다. 등기권리자 또는 등기의무자 일방이 상대방의 대리인이 되거나 쌍방이 제3자에게 위임하여 등기신청을 할 수 있다.

회사의 등기된 지배인은 영업주에 갈음하여 영업에 관한 재판상 또는 재판외의 행위를 할 권한이 있으므로, 회사가 근저당권자인 근저당권설정등기를 함에 있어 등기의무자와 공동으로 등기소에 출석하여 등기신청을 할 수 있으나, 지배인이 등기의무자들로부터 위임을 받아 계속 반복적으로 등기신청을 하는 것은 법무사법 제3조 제1항에 위배된다.

[서식 40] 근저당권설정등기신청서

근저당권설정등기신청

접 수	년 월 일	처 리 인	등기관 확인	각종 통지
	제 호			

① 부동산의 표시	
1. 서울특별시 서초구 서초동 200 대 300㎡ 2. 서울특별시 서초구 서초동 200 [도로명주소] 서울특별시 서초구 서초대로 88길 10 시멘트 벽돌조 슬래브지붕 2층 주택 1층 100㎡ 2층 100㎡ 2층 100㎡ 이 상	
② 등기원인과 그 연월일	20○○년 ○월 ○일 설정계약
③ 등 기 의 목 적	근저당권설정
④ 채 권 최 고 액	금 120,000,000원
⑤ 채 무 자	이 상 선 서울특별시 서초구 서초대로 88길 20(서초동)
⑥ 설 정 할 지 분	
⑦	

구분	성 명 (상호·명칭)	주민등록번호 (등기용등록번호)	주 소 (소 재 지)

⑧ 등기의무자	이 상 선	000000-0000000	서울특별시 서초구 서초대로 88길 20 (서초동)
⑨ 등기권리자	주식회사 신한은행 지배인 김 갑 동 (서초동지점)	000000-0000000	서울특별시 중구 다동길 96(다동) 서울특별시 서초구 서초대로 56길 13 (서초동)

⑩ 등 록 면 허 세	금 240,000 원
⑩ 지 방 교 육 세	금 48,000 원
⑪ 세 액 합 계	금 288,000 원
⑫ 등 기 신 청 수 수 료	금 30,000 원
	납부번호 : ㅇㅇ-ㅇㅇ-ㅇㅇㅇㅇㅇㅇ-ㅇ
	일괄납부 : 건 원
⑬ 국 민 주 택 채 권 매 입 금 액	금 1,200,000 원
⑭ 국 민 주 택 채 권 발 행 번 호	ㅇ ㅇ ㅇ

⑮ 등기의무자의 등기필정보		
부동산고유번호	1102-2006-002095	
성 명(명 칭)	일련번호	비밀번호
이 상 선	Q77C-LO7I-35J5	40-4636

⑯ 첨 부 서 면			
1. 근저당권설정계약서	1통	1. 법인등기사항일부증명서	1통
1. 등록면허세영수필확인서	1통	1. 등기필증	1통
1. 인감증명서(일반용)	1통	1. 위임장	1통

20ㅇㅇ년 ㅇ월 ㅇ일

⑰ 위 신청인 ㊞ (전화 :)

(또는)위 대리인 법무사 홍 길 동 ㊞ (전화 : 300-1234)
서울특별시 서초구 서초대로 73길 24(서초동)

○○지방법원 ○○등기소 귀중

법무사 홍 길 동 (직인)

[신청서 작성요령]

1. 부동산표시란에 2개 이상의 부동산을 기재하는 경우에는 부동산의 일련번호를 기재하여야 합니다.
2. 신청인란등 해당란에 기재할 여백이 없을 경우에는 별지를 이용합니다.
3. 담당등기관이 판단하여 위의 첨부 서면 외에 추가적인 서면을 요구할 수 있습니다.

주

1. 등기신청서 기재요령

신청서는 한글과 아라비아숫자로 기재하여야 한다. 부동산의 표시란이나 신청인란 등이 부족할 경우에는 별지로 사용하고, 별지를 포함한 신청서의 각 장 사이에 간인(신청서에 서명을 하였을 때에는 각 장마다 연결되는 서명)을 하여야 한다.

① 부동산의 표시란 : 근저당권을 설정하는 부동산을 기재하되, 등기기록상 부동산 표시와 일치하여야 한다. 토지는 소재, 지번, 지목, 면적 순으로 기재하고, 건물은 소재, 지번, 도로명주소(등기기록 표제부에 기록되어 있는 경우), 구조, 종류, 면적 순으로 기재한다.

② 등기원인과 그 연월일란 : 등기원인은 "설정계약"으로, 그 연월일은 근저당권설정계약의 체결일을 기재한다.

③ 등기의 목적란 : "근저당권설정"이라고 기재한다.

④ 채권최고액란 : 아라비아숫자로 "금 ○○○원"으로 기재한다. 근저당권설정등기를 함에 있어 그 채권최고액은 반드시 단일하게 기재하여야 하고, 그 근저당권의 채권자 또는 채무자가 수인일지라도 각 채권자 또는 채무자별로 채권최고액을 구분하여 기재할 수 없다.

⑤ 채무자란 : 채무자의 성명(명칭)과 주소를 기재한다. 근저당권설정자와 채무자가 동일인인 경우에도 채무자의 표시를 반드시 하여야 한다. 채무자의 주소를 증명하는 서면이나 주민등록번호를 증명하는 서면을 제출할 필요가 없다. 채무자가 법인인 경우에 명문의 규정은 없으나 회사와 이사간에 거래에 해당하는지 여부를 소명하기 위하여 실무상 채무자의 법인등기사항증명서를 제출한다. 채무자가 수인인 경우 그 수인의 채무자가 연대채무자라 하더라도 등기부에는 단순히 채무자로 기재하고, 연대보증인은 기재할 사항이 아니다.

⑥ 설정할 지분란 : 근저당권을 소유권 등의 일부지분에 설정할 경우에만 그 지분을 기재한다. (예) "○○○지분 전부", "갑구 ○번 ○○○지분 ○분의 ○ 중 일부(○분의 ○)"

⑦ 공란에 기재할 사항 : 설정행위로 존속기간을 정한 경우에 그 존속기간을, 저당부동산에 부합된 물건과 종물에 대한 근저당권의 효력에 관하여 다른 약정(민법 제358조 단서)을

한 경우 그 약정사항을 이 난에 기재한다.

⑧ 등기의무자란 : ㉮ 근저당권설정자(소유자)의 성명, 주민등록번호, 주소를 기재하되, 등기기록상 소유자 표시와 일치하여야 한다. 다만 등기기록상 등기의무자의 주소가 지번방식의 주소인 경우에도 등기의무자가 제공한 도로명주소 정보 혹은 인감증명서에 의하여 해당 지번방식의 주소에 대한 도로명주소임이 인정되는 경우에는 등기사건을 수리하여야 한다. 즉 등기기록상 등기의무자의 주소를 도로명주소로 변경등기를 하지 아니하여도 근저당권설정등기를 신청할 수 있다. ㉯ 등기의무자의 등기기록상 주소와 현재의 주소와 다른 경우, 등기명의인표시변경(또는 경정)등기를 신청하여 등기의무자의 주소를 변경한 후 설정등기를 하여야 한다.

⑨ 등기권리자란 : 근저당권자를 기재하는 난으로, 그 기재방법은 등기의무자란과 같다. 법인이 저당권자 또는 근저당권자인 경우 등기신청서에 취급지점(예 : ○○지점, ○○출장소, ○○간이예금취급소 등)의 표시를 할 수 있는 바, 그 취급지점 등의 표시는 법인의 표시 다음에 줄을 바꾸어 괄호 안에 기재하고 취급지점 등의 소재지는 표시하지 아니한다. 이 경우 취급지점 등의 명칭은 그 명칭이 등기된 것인 때에는 이에 의하여, 그 명칭이 등기되지 아니한 것일 때에는 당해 법인에서 호칭하는 통상명칭에 의하여 표시한다.

⑩ 등록면허세·지방교육세란 : 채권최고액의 2/1,000에 해당하는 등록면허세, 등록면허세의 20/100에 해당하는 지방교육세를 납부하여 기재한다.

⑪ 세액합계란 : 등록면허세액, 지방교육세액의 합계를 기재한다.

⑫ 등기신청수수료란 : ㉮ 부동산 1개당 15,000원의 등기신청수수료 납부액을 기재한다. 다만 전자표준양식에 의하여 신청하는 경우에는 13,000원, 전자신청하는 경우에는 10,000원의 등기신청수수료를 은행 현금납부, 전자납부, 무인발급기 납부 등의 방법에 따라 납부한 후 등기신청서에 등기신청수수료 영수필확인서를 첨부하고 납부번호를 기재하여 제출한다. ㉯ 여러 건의 등기신청에 대하여 수납금융기관에 현금으로 일괄납부하는 경우 첫 번째 등기신청서에 등기신청수수료 영수필확인서를 첨부하고 해당 등기신청수수료, 납부번호와 일괄납부 건수 및 일괄납부액을 기재하며, 나머지 신청서에는 해당 등기신청수수료와 전 사건에 일괄 납부한 취지를 기재한다(일괄납부는 은행에 현금으로 납부하는 경우에만 가능함).

⑬ 국민주택채권 매입금액란 : ㉮ 채권최고액이 2,000만원 이상인 경우에는 채권최고액의 1,000분의 10에 해당하는 국민주택채권매입금액을 기재한다(다만, 매입금액이 10억원을 초과하는 경우에는 10억원으로 한다). 중소기업기본법 제2조의 규정에 의한 중소기업이 부동산담보대출을 위하여 저당권을 설정하는 경우에는 국민주택채권의 매입의무를 면제하고 있는 바(주택법시행령 제95조 별표 12 부표 19호 다목 본문), 이 경우 해당 중소기업(개인사업자 포함)이 채무자인 동시에 저당권설정자로서 자기 소유의 부동산을 금융기관{보험사업자(보험업법 제2조 제1항) 포함}의 담보로 제공한 때에만 그 매입의무가 면제된다. ㉯ 국민주택채권의 최저매입금액은 1만원으로 한다. 다만 1만원 미만의 단수가 있을 경우에 그 단수가 5천원 이상 1만원 미만인 때에는 이를 1만원으로 하고 그 단수가 5천원 미만인 때에는 단수가 없는 것으로 한다.

⑭ 국민주택채권 발행번호란 : 국민주택채권 매입시 국민주택채권사무취급기관에서 고지하는 채권발행번호를 기재한다.

⑮ 등기의무자의 등기필정보란 : ㉮ 소유권 취득에 관한 등기를 완료하고 등기필정보를 교부받은 경우 그 등기필정보상에 기재된 부동산고유번호, 성명, 일련번호, 비밀번호를 각 기재(등기필정보를 제출하는 것이 아님)한다. 다만 교부받은 등기필정보를 멸실한 경우에는 부

동산등기법 제51조에 의하여 확인서면이나 확인조서 또는 공증서면 중 하나를 첨부한다. ㉯ 등기신청서에 등기필증이나 확인서면 등을 첨부한 경우 이 난은 기재할 필요가 없다.

⑯ 첨부서면란 : 등기신청서에 첨부한 서면을 각 기재한다.

⑰ 신청인등란 : ㉮ 등기의무자와 등기권리자의 성명 및 전화번호를 기재하고, 각자의 인장을 날인하되, 등기의무자는 그의 인감을 날인한다. 그러나 신청인이 법인 또는 법인 아닌 사단이나 재단인 경우에는 상호(명칭)와 대표자(관리인)의 자격 및 성명을 기재하고, 법인이 등기의무자인 때에는 등기소의 증명을 얻은 그 대표자의 인감, 법인 아닌 사단이나 재단인 경우에는 대표자(관리인)의 개인인감을 날인한다. ㉯ 대리인이 등기신청을 하는 경우에는 그 대리인의 성명, 주소, 전화번호를 기재하고 대리인의 인장을 날인 또는 서명을 한다.

2. 등기신청서에 첨부할 서면 등

- 근저당권설정계약서 : 등기원인을 증명하는 서면으로 첨부한다.
- 등기필증 : 등기의무자의 소유권에 관한 등기필증으로서 등기의무자가 소유권 취득시 등기소로부터 교부받은 등기필증을 첨부한다. 단, 소유권 취득의 등기를 완료하고 등기필정보를 교부받은 경우에 그 등기필정보상에 기재된 부동산고유번호, 성명, 일련번호, 비밀번호를 각 기재(등기필정보를 제출하는 것이 아님)한다. 다만, 등기필증(등기필정보)을 멸실하여 첨부(기재)할 수 없는 경우에는 부동산등기법 제51조에 의하여 확인서면이나 확인조서 또는 공증서면 중 하나를 첨부한다.
- 등록면허세영수필확인서 : 시장, 구청장, 군수 등으로부터 등록면허세납부서(OCR용지)를 발급받아 납세지를 관할하는 해당 금융기관에 세금을 납부한 후 등록면허세 영수필확인서와 영수증을 교부받아 영수증은 본인이 보관하고 등록면허세영수필확인서만 신청서의 등록면허세액표시란의 좌측상단 여백에 첨부하거나, 또는 지방세인터넷납부시스템을 이용하여 납부하고 출력한 등록면허세납부확인서를 첨부한다.
- 인감증명서 등 : 등기의무자의 인감증명서(발행일로부터 3월 이내)를 첨부하거나, 인감증명을 갈음하여 「본인서명사실확인등에관한법률」에 따라 발급된 본인서명사실확인서(발행일부터 3개월 이내)에 기재한 서명(전자본인서명확인서 발급증을 제출할 경우에도 서명)을 하고 본인서명사실확인서(전자본인서명확인서 발급증)을 첨부한다. 다만, 등기의무자가 소유권의 등기명의인이 아닌 지상권자, 전세권자인 경우에는 등기의무자의 인감증명을 첨부하지 아니한다.
- 법인등기사항전부(일부)증명서{또는 주민등록등(초)본} : ㉮ 등기권리자인 근저당권자의 법인등기사항증명서를 첨부한다. 실무상 은행 해당지점의 지배인초본(법인등기사항일부증명서)을 첨부한다. 등기권리자가 자연인인 경우에는 주소등록표등(초)본을 첨부한다. 다만, 법인등기가 되어있는 등기소와 부동산소재지 관할 등기소가 동일한 경우에는 법인등기사항증명서를 제출할 필요가 없다. ㉯ 법인 아닌 사단 또는 재단이 등기를 신청하는 경우에는 정관이나 그 밖의 규약, 대표자나 관리인임을 증명하는 정보(다만, 등기되어 있는 대표자나 관리인이 신청하는 경우에는 그러하지 아니하다). 법인 아닌 사단 또는 재단의 주소 및 부동산등기용등록번호를 증명하는 정보(새로이 등기명의인이 되는 경우에 한한다), 대표자나 관리인의 주소 및 주민등록번호를 증명하는 정보를 첨부한다. 다만 법인 아닌 사단이 등기의무자인 경우에는 민법 제276조 소정의 사원총회의 결의서도 첨부한다(부등규 제48조).
- 위임장 : 등기신청을 법무사 등 대리인에게 위임하는 경우에 첨부한다. 위임인의 성명과 주소를 기재하고 인장을 날인하되 부동산등기규칙 제60조 제1항 제1호 내지 제3호에 해당하여 인감증명을 제출하여야 하는 자는 위임장에 인감을 날인하여야 하나, 위 규칙 제60조 제1호

내지 제3호에 해당하지 않는 자는 인감날인 대신에 일반적인 기명날인 혹은 서명으로 갈음할 수 있다.

3. 등기신청서류 편철순서

신청서, 등록면허세영수필확인서, 등기신청수수료 영수필확인서, 위임장, 인감증명서나 본인서명사실확인서 또는 전자본인서명확인서 발급증, 법인등기사항증명서, 근저당권설정계약서, 등기필증 등의 순으로 편철한다.

4. 기타 참고사항

등기의무자의 등기필정보(등기필증 또는 등기완료통지서)가 없을 때에는 ㉮ 등기의무자 또는 그 법정대리인(이하 "등기의무자등"이라 한다)이 등기소에 출석하여 등기관으로부터 등기의무자 등임을 확인하는 방법 ㉯ 등기신청인의 대리인(변호사 또는 법무사)이 등기의무자등으로부터 위임받았음을 확인하여 확인서면을 제출하는 방법 ㉰ 신청서(위임에 의하여 대리인이 신청하는 경우에는 그 권한을 증명하는 서면) 중 등기의무자들의 작성부분에 관하여 공증을 받아 제출하는 방법으로 등기신청을 하여야 한다(부등법 제51조, 부등규 제111조).

41. 근저당권설정등기신청(구분건물)

가. 의 의

근저당권은 계속적인 거래관계로부터 발생하는 다수의 불특정 채권(저당권은 특정채권임)을 장래의 결산기에 이르러 일정한 한도(채권최고액)까지 담보하는 특수한 저당권이다. 그러므로 근저당권의 성립, 객체, 효력이 미치는 범위 등은 보통 저당권의 경우와 같다.

근저당권은 당좌대월계약, 계속적 어음할인(대부)계약, 상인 간의 계속적 물품공급계약 등 계속적인 거래관계가 있는 당사자 사이에 그 거래에서 채권이 발생할 때마다 새로운 저당권을 설정하지 않고 다수의 채권을 일정한 시기에 이르기까지 일정한 금액의 범위 내에서 담보하기 위한 것이다.

나. 등기신청방법

(1) 공동신청

근저당권설정자(등기의무자)와 근저당권자(등기권리자)가 본인임을 확인할 수 있는 주민등록증 등을 가지고 직접 등기소에 출석하여 공동으로 신청함이 원칙이다.

(2) 단독신청

판결에 의한 등기신청인 경우에는 승소한 등기권리자 또는 등기의무자가 단독으로 신청할 수 있다.

(3) 대리인에 의한 신청

등기신청은 반드시 신청인 본인이 하여야 하는 것은 아니고 대리인이 하여도 된다. 등기권리자 또는 등기의무자 일방이 상대방의 대리인이 되거나 쌍방이 제3자에게 위임하여 등기신청을 할 수 있다.

[서식 41] 근저당권설정등기신청서(구분건물)

근저당권설정등기신청

접 수	년 월 일	처 리 인	등기관 확인	각종 통지
	제 호			

① 부동산의 표시
1동의 건물의 표시 서울특별시 서초구 서초동 100, 101 샛별아파트 가동 [도로명주소] 서울특별시 서초구 서초대로 88길 10 전유부분의 건물의 표시 건물의 번호 : 가 - 1 - 101 구 조 : 철근콘크리트조 면 적 : 1층 101호 86.03㎡ 대지권의 표시 토지의 표시 : 1. 서울특별시 서초구 서초동 100 대 1400㎡ 2. 서울특별시 서초구 서초동 101 대 1600㎡ 대지권의 종류 : 소유권 대지권의 비율 1, 2 : 3,000분의 500 이 상

② 등기원인과 그 연월일	20○○년 ○월 ○일 설정계약

③ 등 기 의 목 적	근저당권설정		
④ 채 권 최 고 액	금 200,000,000원		
⑤ 채 무 자	이상선 서울특별시 서초구 서초대로 88길 20(서초동)		
⑥ 설 정 할 지 분			
⑦			
구분	성 명 (상호·명칭)	주민등록번호 (등기용등록번호)	주 소 (소 재 지)
⑧ 등기의무자	이 상 선	000000-0000000	서울특별시 서초구 서초대로 88길 20 (서초동)
⑨ 등기권리자	주식회사 신한은행 지배인 김 갑 동 (서초동지점)	000000-0000000	서울특별시 중구 다동길 96(다동) 서울특별시 서초구 서초대로 56길 13 (서초동)

⑩ 등 록 면 허 세	금 400,000 원
⑩ 지 방 교 육 세	금 80,000 원
⑪ 세 액 합 계	금 480,000 원
⑫ 등 기 신 청 수 수 료	금 15,000 원
	납부번호 : ○○-○○-○○○○○○-○
	일괄납부 : 건 원
⑬ 국 민 주 택 채 권 매 입 금 액	금 2,000,000 원
⑭ 국 민 주 택 채 권 발 행 번 호	○ ○ ○

⑮ 등기의무자의 등기필정보		
부동산고유번호	1102-2006-002095	
성 명(명 칭)	일련번호	비밀번호
이 상 선	Q77C-LO7I-35J5	40-4636

⑯ 첨 부 서 면	
1. 근저당권설정계약서 1통 1. 등록면허세영수필확인서 1통 1. 인감증명서나 본인서명사실확인서 또는 전자본인서명확인서 발급증 1통	1. 등기필증 1통 1. 주민등록초본(필요시) 1통 1. 법인등기사항일부증명서 1통 1. 위임장 1통

20○○년 ○월 ○일

⑰ 위 신청인 ㊞ (전화 :)

(또는)위 대리인 법무사 홍 길 동 ㊞ (전화 : 300-1234)
서울특별시 서초구 서초대로 73길 24(서초동)

○○지방법원 ○○등기소 귀중

법무사 홍 길 동 (직인)

[신청서 작성요령]

1. 부동산표시란에 2개 이상의 부동산을 기재하는 경우에는 부동산의 일련번호를 기재하여야 합니다.
2. 신청인란등 해당란에 기재할 여백이 없을 경우에는 별지를 이용합니다.
3. 담당등기관이 판단하여 위의 첨부 서면 외에 추가적인 서면을 요구할 수 있습니다.

주

1. 등기신청서 기재요령

신청서는 한글과 아라비아숫자로 기재하여야 한다. 부동산의 표시란이나 신청인란 등이 부족할 경우에는 별지로 사용하고, 별지를 포함한 신청서의 각 장 사이에 간인(신청서에 서명을 하였을 때에는 각 장마다 연결되는 서명)을 하여야 한다.

① 부동산의 표시란 : 근저당권을 설정하는 부동산을 기재하되, 등기기록상 부동산 표시와 일치하여야 한다.

㉮ 1동의 건물의 표시 : 1동의 건물 전체의 소재, 지번, 건물명칭 및 번호, 도로명주소(등기기록 표제부에 기록되어 있는 경우)를 기재한다.

㉯ 전유부분의 건물의 표시 : 건물의 번호, 구조, 면적을 기재한다.

㉰ 대지권의 표시 : 대지권의 목적인 토지의 표시, 대지권의 종류, 비율을 기재한다.

ⓐ 대지권의 목적인 토지의 표시는 토지의 일련번호, 토지의 소재, 지번, 지목, 면적을,
ⓑ 대지권의 종류는 소유권, 지상권, 전세권, 임차권 등 권리의 종류에 따라 기재하며,
ⓒ 대지권의 비율은 대지권의 목적인 토지에 대한 지분비율을 기재한다.

② 등기원인과 그 연월일란 : 등기원인은 "설정계약"으로, 그 연월일은 근저당권설정계약의 체결일을 기재한다.

③ 등기의 목적란 : "근저당권설정"이라고 기재한다.

④ 채권최고액란 : 아라비아숫자로 "금 ○○○원"으로 기재한다. 근저당권설정등기를 함에 있어 그 채권최고액은 반드시 단일하게 기재하여야 하고, 그 근저당권의 채권자 또는 채무자가 수인일지라도 각 채권자 또는 채무자별로 채권최고액을 구분하여 기재할 수 없다.

⑤ 채무자란 : 채무자의 성명(명칭)과 주소를 기재한다. 근저당권설정자와 채무자가 동일인인 경우에도 채무자의 표시를 반드시 하여야 한다. 채무자의 주소를 증명하는 서면이나 주민등록번호를 증명하는 서면을 제출할 필요가 없다. 채무자가 법인인 경우에 명문의 규정은 없으나 회사와 이사간에 거래에 해당하는지 여부를 소명하기 위하여 실무상 채무자의 법인등기사항증명서를 제출한다. 채무자가 수인인 경우 그 수인의 채무자가 연대채무자라 하더라도 등기부에는 단순히 채무자로 기재하고, 연대보증인은 기재할 사항이 아니다.

⑥ 설정할 지분란 : 근저당권을 소유권 등의 일부지분에 설정할 경우에만 그 지분을 기재한다. (예) "○○○지분 전부", "갑구 ○번 ○○○지분 ○분의 ○ 중 일부(○분의 ○)"

⑦ 공란에 기재할 사항 : 설정행위로 존속기간을 정한 경우에 그 존속기간을, 저당부동산에 부합된 물건과 종물에 대한 근저당권의 효력에 관하여 다른 약정(민법 제358조 단서)을 한 경우 그 약정사항을 이 난에 기재한다.

⑧ 등기의무자란 : ㉮ 근저당권설정자(소유자)의 성명, 주민등록번호, 주소를 기재하되, 등기기록상 소유자 표시와 일치하여야 한다. 다만 등기기록상 등기의무자의 주소가 지번방식의 주소인 경우에도 등기의무자가 제공한 도로명주소 정보 혹은 인감증명서에 의하여 해당 지번방식의 주소에 대한 도로명주소임이 인정되는 경우에는 등기사건을 수리하여야 한다. 즉 등기기록상 등기의무자의 주소를 도로명주소로 변경등기를 하지 아니하여도 근저당권설정등기를 신청할 수 있다. ㉯ 등기의무자의 등기기록상 주소와 현재의 주소와 다른 경우, 등기명의인표시변경(또는 경정)등기를 신청하여 등기의무자의 주소를 변경한 후 설정등기를 하여야 한다.

⑨ 등기권리자란 : 근저당권자를 기재하는 난으로, 그 기재방법은 등기의무자란과 같다. 법인이 저당권자 또는 근저당권자인 경우 등기신청서에 취급지점(예 : ○○지점, ○○출장소, ○○간이예금취급소 등)의 표시를 할 수 있는 바, 그 취급지점 등의 표시는 법인의 표시 다음에 줄을 바꾸어 괄호 안에 기재하고 취급지점 등의 소재지는 표시하지 아니한다. 이 경우 취급지점 등의 명칭은 그 명칭이 등기된 것인 때에는 이에 의하여, 그 명칭이 등기되지 아니한 것일 때에는 당해 법인에서 호칭하는 통상명칭에 의하여 표시한다.

⑩ 등록면허세·지방교육세란 : 채권최고액의 2/1,000에 해당하는 등록면허세, 등록면허세의 20/100에 해당하는 지방교육세를 납부하여 기재한다.

⑪ 세액합계란 : 등록면허세액, 지방교육세액의 합계를 기재한다.

⑫ 등기신청수수료란 : ㉮ 부동산 1개당 15,000원의 등기신청수수료 납부액을 기재한다. 다만 전자표준양식에 의하여 신청하는 경우에는 13,000원, 전자신청하는 경우에는 10,000원의 등기신청수수료를 은행 현금납부, 전자납부, 무인발급기 납부 등의 방법에 따라 납부한 후 등기신청서에 등기신청수수료 영수필확인서를 첨부하고 납부번호를 기재하여 제출한다. ㉯ 여러 건의 등기신청에 대하여 수납금융기관에 현금으로 일괄납부하는 경우 첫 번째 등기신청서에 등기신청수수료 영수필확인서를 첨부하고 해당 등기신청수수료, 납부번호와 일괄납부 건수 및 일괄납부액을 기재하며, 나머지 신청서에는 해당 등기신청수수료와 전 사건에 일괄 납부한 취지를 기재한다(일괄납부는 은행에 현금으로 납부하는 경우에만 가능함).

⑬ 국민주택채권 매입금액란 : ㉮ 채권최고액이 2,000만원 이상인 경우에는 채권최고액의

1,000분의 10에 해당하는 국민주택채권매입금액을 기재한다(다만, 매입금액이 10억원을 초과하는 경우에는 10억원으로 한다). 중소기업기본법 제2조의 규정에 의한 중소기업이 부동산담보대출을 위하여 저당권을 설정하는 경우에는 국민주택채권의 매입의무를 면제하고 있는 바(주택법시행령 제95조 별표 12 부표 19호 다목 본문), 이 경우 해당 중소기업(개인사업자 포함)이 채무자인 동시에 저당권설정자로서 자기 소유의 부동산을 금융기관(보험사업자(보험업법 제2조 제1항) 포함)의 담보로 제공한 때에만 그 매입의무가 면제된다. ㉯ 국민주택채권의 최저매입금액은 1만원으로 한다. 다만 1만원 미만의 단수가 있을 경우에 그 단수가 5천원 이상 1만원 미만인 때에는 이를 1만원으로 하고 그 단수가 5천원 미만인 때에는 단수가 없는 것으로 한다.

⑭ 국민주택채권 발행번호란 : 국민주택채권 매입시 국민주택채권사무취급기관에서 고지하는 채권발행번호를 기재한다.

⑮ 등기의무자의 등기필정보란 : ㉮ 소유권 취득에 관한 등기를 완료하고 등기필정보를 교부받은 경우 그 등기필정보상에 기재된 부동산고유번호, 성명, 일련번호, 비밀번호를 각 기재(등기필정보를 제출하는 것이 아님)한다. 다만 교부받은 등기필정보를 멸실한 경우에는 부동산등기법 제51조에 의하여 확인서면이나 확인조서 또는 공증서면 중 하나를 첨부한다. ㉯ 등기신청서에 등기필증이나 확인서면 등을 첨부한 경우 이 난은 기재할 필요가 없다.

⑯ 첨부서면란 : 등기신청서에 첨부한 서면을 각 기재한다.

⑰ 신청인등란 : ㉮ 등기의무자와 등기권리자의 성명 및 전화번호를 기재하고, 각자의 인장을 날인하되, 등기의무자는 그의 인감을 날인한다. 그러나 신청인이 법인 또는 법인 아닌 사단이나 재단인 경우에는 상호(명칭)와 대표자(관리인)의 자격 및 성명을 기재하고, 법인이 등기의무자인 때에는 등기소의 증명을 얻은 그 대표자의 인감, 법인 아닌 사단이나 재단인 경우에는 대표자(관리인)의 개인인감을 날인한다. ㉯ 대리인이 등기신청을 하는 경우에는 그 대리인의 성명, 주소, 전화번호를 기재하고 대리인의 인장을 날인 또는 서명을 한다.

2. 등기신청서에 첨부할 서면 등

- 근저당권설정계약서 : 등기원인을 증명하는 서면으로 첨부한다.
- 등기필증 : 등기의무자의 소유권에 관한 등기필증으로서 등기의무자가 소유권 취득시 등기소로부터 교부받은 등기필증을 첨부한다. 단, 소유권 취득의 등기를 완료하고 등기필정보를 교부받은 경우에 그 등기필정보상에 기재된 부동산고유번호, 성명, 일련번호, 비밀번호를 각 기재(등기필정보를 제출하는 것이 아님)한다. 다만, 등기필증(등기필정보)을 멸실하여 첨부(기재)할 수 없는 경우에는 부동산등기법 제51조에 의하여 확인서면이나 확인조서 또는 공증서면 중 하나를 첨부한다.
- 등록면허세영수필확인서 : 시장, 구청장, 군수 등으로부터 등록면허세납부서(OCR용지)를 발급받아 납세지를 관할하는 해당 금융기관에 세금을 납부한 후 등록면허세 영수필확인서와 영수증을 교부받아 영수증은 본인이 보관하고 등록면허세영수필확인서만 신청서의 등록면허세액표시란의 좌측상단 여백에 첨부하거나, 또는 지방세인터넷납부시스템을 이용하여 납부하고 출력한 등록면허세납부확인서를 첨부한다.
- 공장저당인 경우 : 공장저당법 제6조에 의한 근저당권설정등기 신청서에는 공장저당법 제6조에 의한 기계기목록과 공장증명서를 첨부한다.
- 인감증명서 등 : 등기의무자의 인감증명서(발행일로부터 3월 이내)를 첨부하거나, 인감증명을 갈음하여 「본인서명사실확인등에관한법률」에 따라 발급된 본인서명사실확인서(발행일부터 3개월 이내)에 기재한 서명(전자본인서명확인서 발급증을 제출할 경우에도 서명)을 하

고 본인서명사실확인서(전자본인서명확인서 발급증)을 첨부한다. 다만, 등기의무자가 소유권의 등기명의인이 아닌 지상권자, 전세권자인 경우에는 등기의무자의 인감증명을 첨부하지 아니한다.

- 법인등기사항전부(일부)증명서{또는 주민등록등(초)본} : ㉮ 등기권리자인 근저당권자의 법인등기사항증명서를 첨부한다. 실무상 은행 해당지점의 지배인초본(법인등기사항일부증명서)을 첨부한다. 등기권리자가 자연인인 경우에는 주소등록표등(초)본을 첨부한다. 다만, 법인등기가 되어있는 등기소와 부동산소재지 관할 등기소가 동일한 경우에는 법인등기사항증명서를 제출할 필요가 없다. ㉯ 법인 아닌 사단 또는 재단이 등기를 신청하는 경우에는 정관이나 그 밖의 규약, 대표자나 관리인임을 증명하는 정보(다만, 등기되어 있는 대표자나 관리인이 신청하는 경우에는 그러하지 아니하다). 법인 아닌 사단 또는 재단의 주소 및 부동산등기용등록번호를 증명하는 정보(새로이 등기명의인이 되는 경우에 한한다), 대표자나 관리인의 주소 및 주민등록번호를 증명하는 정보를 첨부한다. 다만 법인 아닌 사단이 등기의무자인 경우에는 민법 제276조 소정의 사원총회의 결의서도 첨부한다(부등규 제48조).
- 위임장 : 등기신청을 법무사 등 대리인에게 위임하는 경우에 첨부한다. 위임인의 성명과 주소를 기재하고 인장을 날인하되 부동산등기규칙 제60조 제1항 제1호 내지 제3호에 해당하여 인감증명을 제출하여야 하는 자는 위임장에 인감을 날인하여야 하나, 위 규칙 제60조 제1호 내지 제3호에 해당하지 않는 자는 인감날인 대신에 일반적인 기명날인 혹은 서명으로 갈음할 수 있다.

3. 등기신청서류 편철순서

신청서, 등록면허세영수필확인서, 등기신청수수료 영수필확인서, 위임장, 인감증명서나 본인서명사실확인서 또는 전자본인서명확인서 발급증, 법인등기사항증명서, 근저당권설정계약서, 등기필증 등의 순으로 편철한다.

4. 기타 참고사항

등기의무자의 등기필정보(등기필증 또는 등기완료통지서)가 없을 때에는 ㉮ 등기의무자 또는 그 법정대리인(이하 "등기의무자등"이라 한다)이 등기소에 출석하여 등기관으로부터 등기의무자등임을 확인하는 방법 ㉯ 등기신청인의 대리인(변호사 또는 법무사)이 등기의무자등으로부터 위임받았음을 확인하여 확인서면을 제출하는 방법 ㉰ 신청서(위임에 의하여 대리인이 신청하는 경우에는 그 권한을 증명하는 서면) 중 등기의무자들의 작성부분에 관하여 공증을 받아 제출하는 방법으로 등기신청을 하여야 한다(부등법 제51조, 부등규 제111조).

42. 추가근저당권설정등기신청

가. 의 의

일부의 부동산에 대하여 근저당권설정등기를 한 후 동일한 채권을 담보하기 위하여 다른 부동산에 대하여 추가로 근저당권을 설정하는 경우에 하는 등기신청이다.

나. 등기신청방법

(1) 공동신청

근저당권설정자 즉 소유자(등기의무자)와 근저당권자(등기권리자)가 본인임을 확인할 수 있는 주민등록증 등을 가지고 직접 등기소에 출석하여 공동으로 신청함이 원칙이다.

(2) 단독신청

판결에 의한 등기신청인 경우에는 승소한 등기권리자 또는 등기의무자가 단독으로 신청할 수 있다.

(3) 대리인에 의한 신청

등기신청은 반드시 신청인 본인이 하여야 하는 것은 아니고 대리인이 하여도 된다. 등기권리자 또는 등기의무자 일방이 상대방의 대리인이 되거나 쌍방이 제3자에게 위임하여 등기신청을 할 수 있다.

[서식 42] 추가근저당권설정등기신청서

추가근저당권설정등기신청

접 수	년 월 일	처 리 인	등기관 확인	각종 통지
	제 호			

① 부동산의 표시
추가할 부동산 1. 서울특별시 서초구 서초동 100 대 300㎡ 2. 서울특별시 서초구 서초동 100 [도로명주소] 서울특별시 서초구 서초대로 88길 10 시멘트 벽돌조 슬래브지붕 2층 주택 1층 100㎡ 2층 100㎡

전에 등기한 부동산 표시

서울특별시 서초구 서초동 200 대 200㎡

이 상

② 등기원인과 그 연월일	2020년 8월 20일 추가설정계약	
③ 등 기 의 목 적	근저당권설정	
④ 채 권 최 고 액	금 200,000,000원	
⑤ 채 무 자	이상선 서울특별시 서초구 서초대로 88길 20(서초동)	
⑥ 전에 등기한 근저당권	2020년 4월 7일 접수 제135호로 등기한 순위 1번 근저당권	

구분	성 명 (상호·명칭)	주민등록번호 (등기용등록번호)	주 소 (소 재 지)
⑦ 등기의무자	이 상 선	000000-0000000	서울특별시 서초구 서초대로 88길 20 (서초동)
⑧ 등기권리자	주식회사 신한은행 지배인 김 갑 동 (서초동지점)	000000-0000000	서울특별시 중구 다동길 96(다동) 서울특별시 서초구 서초대로 56길 13 (서초동)

⑨ 등 록 면 허 세	금 12,000 원
⑨ 지 방 교 육 세	금 2,400 원
⑩ 세 액 합 계	금 14,400 원
⑪ 등 기 신 청 수 수 료	금 30,000 원
	납부번호 : ㅇㅇ-ㅇㅇ-ㅇㅇㅇㅇㅇㅇ-ㅇ
	일괄납부 : 건 원

⑫ 등기의무자의 등기필정보		
부동산고유번호	1102-2006-002095	
성 명(명 칭)	일련번호	비밀번호
이 상 선	Q77C-LO7I-35J5	40-4636

⑬ 첨 부 서 면	
1. 추가근저당권설정계약서 1통	1. 등기필증 1통

1. 등록면허세영수필확인서 1통 1. 인감증명서나 본인서명사실확인서 또는 전자본인서명확인서 발급증 1통	1. 법인등기사항일부증명서 1통 1. 위임장 1통

20○○년 ○월 ○일

⑭ 위 신청인 ㊞ (전화 :)

(또는)위 대리인 법무사 홍 길 동 ㊞ (전화 : 300-1234)
서울특별시 서초구 서초대로 73길 24(서초동)

○○지방법원 ○○등기소 귀중

법무사 홍 길 동 (직인)

[신청서 작성요령]

1. 부동산표시란에 2개 이상의 부동산을 기재하는 경우에는 부동산의 일련번호를 기재하여야 합니다.
2. 신청인란등 해당란에 기재할 여백이 없을 경우에는 별지를 이용합니다.
3. 담당등기관이 판단하여 위의 첨부 서면 외에 추가적인 서면을 요구할 수 있습니다.

주

1. 등기신청서 기재요령

신청서는 한글과 아라비아숫자로 기재하여야 한다. 부동산의 표시란이나 신청인란 등이 부족할 경우에는 별지로 사용하고, 별지를 포함한 신청서의 각 장 사이에 간인(신청서에 서명을 하였을 때에는 각 장마다 연결되는 서명)을 하여야 한다.

① 부동산의 표시란 : 추가근저당권을 설정하는 부동산을 기재하되, 등기기록상 부동산 표시와 일치하여야 한다. 토지는 소재, 지번, 지목, 면적 순으로 기재하고, 건물은 소재, 지번, 도로명주소(등기기록 표제부에 기록되어 있는 경우), 구조, 종류, 면적 순으로 기재한다. 전에 등기한 부동산도 함께 기재한다.

② 등기원인과 그 연월일란 : 등기원인은 “추가설정계약”으로, 그 연월일은 추가근저당권설정계약의 체결일을 기재한다.

③ 등기의 목적란 : "근저당권설정"이라고 기재한다. 추가근저당권설정이라 기재하지 아니한다.

④ 채권최고액란 : 아라비아숫자로 "금 ○○○원"으로 기재한다.

⑤ 채무자란 : 채무자의 성명(명칭)과 주소를 기재한다. 근저당권설정자와 채무자가 동일인인 경우에도 채무자의 표시를 반드시 하여야 한다. 채무자의 주민등록등(초)본을 제출할 것은 아니다. 채무자가 법인인 경우에 명문의 규정이 없으나 회사와 이사간의 거래에 해당하는지 여부를 소명하기 위하여 실무상 채무자의 법인등기사항증명서를 제출한다.

⑥ 전에 등기한 근저당권란 : 1개 또는 수개의 부동산에 관한 권리를 목적으로 하는 설정등기를 한 후 동일한 채권에 대하여 다른 1개 또는 수 개의 부동산에 관한 권리를 목적으로 하는 근저당권설정의 등기를 신청하는 경우에는 신청서에 종전의 등기를 표시함에 족한 사항을 기재하여야 한다. (예) (2011년 4월 7일 접수 제135호로 등기한 순위 1번 근저당권) 이 경우 공동담보목록의 번호 또는 부동산소재지의 표시(건물에 번호가 있는 경우에는 건물의 번호도 기재함)를 기재하여야 한다. 그리고 부동산표시 이외에 종전 등기의 순위번호와 접수연월일 및 접수번호를 기재하여야 한다. 종전부동산에 순위가 다른 여러 개의 근저당권설정등기가 있을 수 있기 때문이다.

⑦ 등기의무자란 : 소유자의 성명, 주민등록번호, 주소를 기재하되, 등기기록상 소유자 표시와 일치하여야 한다. 다만 등기기록상 등기신청인의 주소가 지번방식의 주소인 경우에도 등기의무자가 제공한 도로명주소 정보(건축물대장, 행정안전부 '새주소 안내시스템'의 조화결과물 등) 등에 의하여 해당 지번방식의 주소에 대한 도로명주소임이 인정되는 경우에는 등기사건을 수리하여야 한다. 즉 등기기록상 등기의무자의 주소를 도로명주소로 변경등기를 하지 아니하여도 근저당권설정등기를 신청할 수 있다.

⑧ 등기권리자란 : 근저당권자를 기재하는 난으로, 그 기재방법은 등기의무자란과 같다. 법인이 저당권자 또는 근저당권자인 경우 등기신청서에 취급지점(예 : ○○지점, ○○출장소, ○○간이예금취급소 등)의 표시를 할 수 있는 바, 그 취급지점 등의 표시는 법인의 표시 다음에 줄을 바꾸어 괄호 안에 기재하고 취급지점 등의 소재지는 표시하지 아니한다. 이 경우 취급지점 등의 명칭은 그 명칭이 등기된 것인 때에는 이에 의하여, 그 명칭이 등기되지 아니한 것일 때에는 당해 법인에서 호칭하는 통상명칭에 의하여 표시한다.

⑨ 등록면허세·지방교육세란 : 동일 채권을 위하여 담보물을 추가하는 등기에 대하여는 부동산 1개당 등록면허세 6,000원과 지방교육세 1,200원을 각각 납부하여 기재한다. 한편, 채권최고액의 변화 없이 담보목적물만 추가하는 경우이므로 국민주택채권을 매입하지 아니한다.

⑩ 세액합계란 : 등록면허세액과 지방교육세액의 합계를 기재한다.

⑪ 등기신청수수료란 : 동일채권을 담보하기 위하여 추가로 근저당권을 설정하는 등기는 그 부동산에 대하여는 변경, 기타의 등기가 아니라 근저당권설정등기이므로 추가근저당권설정등기 신청수수료는 부동산 1개당 15,000원의 등기신청수수료 납부액을 기재한다. 다만 전자표준양식에 의하여 신청하는 경우에는 13,000원, 전자신청하는 경우에는 10,000원의 등기신청수수료를 은행 현금납부, 전자납부, 무인발급기 납부 등의 방법에 따라 납부한 후 등기신청서에 등기신청수수료 영수필확인서를 첨부하고 납부번호를 기재하여 제출한다.

⑫ 등기의무자의 등기필정보란 : ㉮ 추가되는 부동산(100번지)에 대한 소유권 취득의 등기를 완료하고 등기필정보를 교부받은 경우 그 등기필정보상에 기재된 부동산 고유번호, 성명, 일련번호, 비밀번호를 각 기재(등기필정보를 제출하는 것이 아님)한다. 다만 교부받은 등기필정보를 멸실한 경우에는 부동산등기법 제51조에 의하여 확인서면이나 확인조서 또는 공증서면 중 하나를 첨부한다. ㉯ 등기신청서에 등기필증이나 확인서면 등을 첨부한 경우

이 난은 기재할 필요가 없다.

⑬ 첨부서면란 : 등기신청서에 첨부한 서면을 각 기재한다.

⑭ 신청인등란 : ㉮ 등기의무자와 등기권리자의 성명 및 전화번호를 기재하고, 각자의 인장을 날인하되, 등기의무자는 그의 인감을 날인한다. 그러나 신청인이 법인 또는 법인 아닌 사단이나 재단인 경우에는 상호(명칭)와 대표자(관리인)의 자격 및 성명을 기재하고, 법인이 등기의무자인 때에는 등기소의 증명을 얻은 그 대표자의 인감, 법인 아닌 사단이나 재단인 경우에는 대표자(관리인)의 개인인감을 날인한다. ㉯ 대리인이 등기신청을 하는 경우에는 그 대리인의 성명, 주소, 전화번호를 기재하고 대리인의 인장을 날인 또는 서명을 한다.

2. 등기신청서에 첨부할 서면 등

- 추가근저당권설정계약서 : 등기원인을 증명하는 서면으로 첨부한다.
- 등기필증 : 추가되는 부동산(100번지)에 대한 등기의무자의 소유권에 관한 등기필증으로서 등기의무자가 소유권 취득시 등기소로부터 교부받은 등기필증을 첨부한다. 단, 소유권 취득의 등기를 완료하고 등기필정보를 교부받은 경우에 그 등기필정보상에 기재된 부동산고유번호, 성명, 일련번호, 비밀번호를 각 기재(등기필정보를 제출하는 것이 아님)한다. 다만, 등기필증(등기필정보)을 멸실하여 첨부(기재)할 수 없는 경우에는 부동산등기법 제51조에 의하여 확인서면이나 확인조서 또는 공증서면 중 하나를 첨부한다.
- 등록면허세영수필확인서 : 시장, 구청장, 군수 등으로부터 등록면허세납부서(OCR용지) 또는 대법원 인터넷등기소의 정액등록면허세납부서 작성기능을 통하여 정액등록면허세납부서를 발급받아 납세지를 관할하는 해당 금융기관에 세금을 납부한 후 등록면허세영수필확인서와 영수증을 교부받아 영수증은 본인이 보관하고 등록면허세영수필확인서만 신청서의 등록면허세액표시란의 좌측상단 여백에 첨부하거나, 또는 지방세인터넷납부시스템을 이용하여 납부하고 출력한 등록면허세납부확인서를 첨부한다.
- 인감증명서 등 : 등기의무자(소유자)의 인감증명서(발행일로부터 3월 이내)를 첨부하거나, 인감증명을 갈음하여 「본인서명사실확인등에관한법률」에 따라 발급된 본인서명사실확인서(발행일부터 3개월 이내)에 기재한 서명(전자본인서명확인서 발급증을 제출할 경우에도 서명)을 하고 본인서명사실확인서(전자본인서명확인서 발급증)을 첨부한다. 부동산등기규칙 제60조, 제61조에 의하여 인감증명을 첨부하여야 하는 자가 법인인 경우에는 등기소의 증명을 얻은 대표자의 인감증명서를, 법인 아닌 사단 또는 재단인 경우에는 대표자 또는 관리인의 인감증명서를 제출한다.
- 법인등기사항전부(일부)증명서(또는 주민등록등(초)본) : ㉮ 등기권리자인 근저당권자의 법인등기사항증명서를 첨부한다. 실무상 은행 해당지점의 지배인초본(법인등기사항일부증명서)을 첨부한다. 등기권리자가 자연인인 경우에는 주소등록표등(초)본을 첨부한다. 다만, 법인등기가 되어있는 등기소와 부동산소재지 관할 등기소가 동일한 경우에는 법인등기사항증명서를 제출할 필요가 없다. ㉯ 법인 아닌 사단 또는 재단이 등기를 신청하는 경우에는 정관이나 그 밖의 규약, 대표자나 관리인임을 증명하는 정보(다만, 등기되어 있는 대표자나 관리인이 신청하는 경우에는 그러하지 아니하다). 법인 아닌 사단 또는 재단의 주소 및 부동산등기용등록번호를 증명하는 정보(새로이 등기명의인이 되는 경우에 한한다), 대표자나 관리인의 주소 및 주민등록번호를 증명하는 정보를 첨부한다. 다만 법인 아닌 사단이 등기의무자인 경우에는 민법 제276조 소정의 사원총회의 결의서도 첨부한다(부등규 제48조).
- 위임장 : 등기신청을 법무사 등 대리인에게 위임하는 경우에 첨부한다. 위임인의 성명과 주

소를 기재하고 인장을 날인하되 부동산등기규칙 제60조 제1항 제1호 내지 제3호에 해당하여 인감증명을 제출하여야 하는 자는 위임장에 인감을 날인하여야 하나, 위 규칙 제60조 제1호 내지 제3호에 해당하지 않는 자는 인감날인 대신에 일반적인 기명날인 혹은 서명으로 갈음할 수 있다. 위임인이 법인이나 법인 아닌 사단 또는 재단인 경우에는 상호(명칭)와 대표자(관리인)의 자격, 성명, 및 주소도 기재하여야 한다.

3. 등기신청서류 편철순서

신청서, 등록면허세영수필확인서, 등기신청수수료 영수필확인서, 위임장, 인감증명서나 본인서명사실확인서 또는 전자본인서명확인서 발급증, 법인등기사항일부증명서, 추가근저당권설정계약서, 등기필증 등의 순으로 편철한다.

4. 기타 참고사항

등기의무자의 등기필정보(등기필증 또는 등기완료통지서)가 없을 때에는 ㉮ 등기의무자 또는 그 법정대리인(이하 “등기의무자등”이라 한다)이 등기소에 출석하여 등기관으로부터 등기의무자등임을 확인하는 방법 ㉯ 등기신청인의 대리인(변호사 또는 법무사)이 등기의무자등으로부터 위임받았음을 확인하여 확인서면을 제출하는 방법 ㉰ 신청서(위임에 의하여 대리인이 신청하는 경우에는 그 권한을 증명하는 서면) 중 등기의무자들의 작성부분에 관하여 공증을 받아 제출하는 방법으로 등기신청을 하여야 한다(부등법 제51조, 부등규 제111조).

43. 추가근저당권설정등기신청(구분건물)

가. 의 의

일부의 부동산에 대하여 근저당권설정등기를 한 후 동일한 채권을 담보하기 위하여 다른 부동산에 대하여 추가로 근저당권을 설정하는 경우에 하는 등기신청이다.

나. 등기신청방법

(1) 공동신청

근저당권설정자 즉 소유자(등기의무자)와 근저당권자(등기권리자)가 본인임을 확인할 수 있는 주민등록증 등을 가지고 직접 등기소에 출석하여 공동으로 신청함이 원칙이다.

(2) 단독신청

판결에 의한 등기신청인 경우에는 승소한 등기권리자 또는 등기의무자가 단독으로 신청할 수 있다.

(3) 대리인에 의한 신청

등기신청은 반드시 신청인 본인이 하여야 하는 것은 아니고 대리인이 하여도 된다. 등기권리자 또는 등기의무자 일방이 상대방의 대리인이 되거나 쌍방이 제3자에게 위임하여 등기신청을 할 수 있다.

[서식 43] 추가근저당권설정등기신청서(구분건물)

추가근저당권설정등기신청

접 수	년 월 일	처 리 인	등기관 확인	각종 통지
	제 호			

① 부동산의 표시	
추가할 부동산 1동의 건물의 표시 서울특별시 서초구 서초동 100 샛별아파트 가동 [도로명주소] 서울특별시 서초구 서초대로 88길 10 전유부분의 건물의 표시 건물의 번호 : 가 - 1 - 101 구 조 : 철근콘크리트조 면 적 : 1층 101호 91㎡ 대지권의 표시 토지의 표시 : 서울특별시 서초구 서초동 100 대 1800㎡ 대지권의 종류 : 소유권 대지권의 비율 : 800분의 180 전에 등기한 부동산 표시 서울특별시 서초구 서초동 200 대 200㎡ 이 상	
② 등기원인과 그 연월일	2020년 8월 20일 추가설정계약
③ 등 기 의 목 적	근저당권설정

④ 채권최고액	금 30,000,000원		
⑤ 채무자	이상선 서울특별시 서초구 서초대로 88길 20(서초동)		
⑥ 전에 등기한 근저당권	2020년 4월 7일 접수 제 135호로 등기한 순위 1번 근저당권		
구분	성 명 (상호·명칭)	주민등록번호 (등기용등록번호)	주 소 (소 재 지)
⑦ 등기의무자	이 상 선	000000-0000000	서울특별시 서초구 서초대로 88길 20 (서초동)
⑧ 등기권리자	주식회사 신한은행 지배인 김 갑 동 (서초동지점)	000000-0000000	서울특별시 중구 다동길 96(다동) 서울특별시 서초구 서초대로 56길 13 (서초동)

⑨ 등록면허세	금 6,000 원
⑨ 지방교육세	금 1,200 원
⑩ 세액합계	금 7,200 원
⑪ 등기신청수수료	금 15,000 원
	납부번호 : ○○-○○-○○○○○○-○
	일괄납부 : 건 원

⑫ 등기의무자의 등기필정보

부동산고유번호	1102-2006-002095	
성 명(명 칭)	일련번호	비밀번호
이 상 선	Q77C-LO7I-35J5	40-4636

⑬ 첨 부 서 면

1. 추가근저당권설정계약서 1통
1. 등록면허세영수필확인서 1통
1. 인감증명서나 본인서명사실확인서 또는 전자본인서명확인서 발급증 1통
1. 등기필증 1통
1. 법인등기사항일부증명서 1통
1. 위임장 1통

20○○년 ○월 ○일

⑭ 위 신청인 ㊞ (전화 :)

(또는)위 대리인 법무사 홍 길 동 ㊞ (전화 : 300-1234)
서울특별시 서초구 서초대로 73길 24(서초동)

○○지방법원 ○○등기소 귀중

법무사 홍 길 동 (직인)

[신청서 작성요령]

1. 부동산표시란에 2개 이상의 부동산을 기재하는 경우에는 부동산의 일련번호를 기재하여야 합니다.
2. 신청인란등 해당란에 기재할 여백이 없을 경우에는 별지를 이용합니다.
3. 담당등기관이 판단하여 위의 첨부 서면 외에 추가적인 서면을 요구할 수 있습니다.

주

1. 등기신청서 기재요령

신청서는 한글과 아라비아숫자로 기재하여야 한다. 부동산의 표시란이나 신청인란 등이 부족할 경우에는 별지로 사용하고, 별지를 포함한 신청서의 각 장 사이에 간인(신청서에 서명을 하였을 때에는 각 장마다 연결되는 서명)을 하여야 한다.

① 부동산의 표시란 : 추가근저당권을 설정하는 부동산을 기재하되, 등기기록상 부동산 표시와 일치하여야 한다. 전에 등기한 부동산도 함께 기재한다.
㉮ 1동의 건물의 표시 : 1동의 건물 전체의 소재, 지번, 건물명칭 및 번호, 도로명주소(등기기록 표제부에 기록되어 있는 경우)를 기재한다.
㉯ 전유부분의 건물의 표시 : 건물의 번호, 구조, 면적을 기재한다.
㉰ 대지권의 표시 : 대지권의 목적인 토지의 표시, 대지권의 종류, 비율을 기재한다.
ⓐ 대지권의 목적인 토지의 표시는 토지의 일련번호, 토지의 소재, 지번, 지목, 면적을,
ⓑ 대지권의 종류는 소유권, 지상권, 전세권, 임차권 등 권리의 종류에 따라 기재하며,
ⓒ 대지권의 비율은 대지권의 목적인 토지에 대한 지분비율을 기재한다.
② 등기원인과 그 연월일란 : 등기원인은 "추가설정계약"으로, 그 연월일은 추가근저당권설정계약의 체결일을 기재한다.
③ 등기의 목적란 : "근저당권설정"이라고 기재한다. 추가근저당권설정이라 기재하지 아니한다.
④ 채권최고액란 : 아라비아숫자로 "금 ○○○원"으로 기재한다.
⑤ 채무자란 : 채무자의 성명(명칭)과 주소를 기재한다. 근저당권설정자와 채무자가 동일인인 경우에도 채무자의 표시를 반드시 하여야 한다. 채무자의 주민등록등(초)본을 제출할 것은 아니다. 채무자가 법인인 경우에 명문의 규정이 없으나 회사와 이사간의 거래에 해당하는

지 여부를 소명하기 위하여 실무상 채무자의 법인등기사항증명서를 제출한다.

⑥ 전에 등기한 근저당권란 : 1개 또는 수개의 부동산에 관한 권리를 목적으로 하는 설정등기를 한 후 동일한 채권에 대하여 다른 1개 또는 수 개의 부동산에 관한 권리를 목적으로 하는 근저당권설정의 등기를 신청하는 경우에는 신청서에 종전의 등기를 표시함에 족한 사항을 기재하여야 한다(예 : 2013년 4월 7일 접수 제135호로 등기한 순위 1번 근저당권). 이 경우 공동담보목록의 번호 또는 부동산소재지의 표시(건물에 번호가 있는 경우에는 건물의 번호도 기재함)를 기재하여야 한다. 그리고 부동산표시 이외에 종전 등기의 순위번호와 접수연월일 및 접수번호를 기재하여야 한다. 종전부동산에 순위가 다른 여러 개의 근저당권설정등기가 있을 수 있기 때문이다.

⑦ 등기의무자란 : 소유자의 성명, 주민등록번호, 주소를 기재하되, 등기기록상 소유자 표시와 일치하여야 한다. 다만 등기기록상 등기신청인의 주소가 지번방식의 주소인 경우에도 등기의무자가 제공한 도로명주소 정보(건축물대장, 행정안전부 '새주소 안내시스템'의 조화결과물 등) 등에 의하여 해당 지번방식의 주소에 대한 도로명주소임이 인정되는 경우에는 등기사건을 수리하여야 한다. 즉 등기기록상 등기의무자의 주소를 도로명주소로 변경등기를 하지 아니하여도 근저당권설정등기를 신청할 수 있다.

⑧ 등기권리자란 : 근저당권자를 기재하는 난으로, 그 기재방법은 등기의무자란과 같다. 법인이 저당권자 또는 근저당권자인 경우 등기신청서에 취급지점(예 : ○○지점, ○○출장소, ○○간이예금취급소 등)의 표시를 할 수 있는 바, 그 취급지점 등의 표시는 법인의 표시 다음에 줄을 바꾸어 괄호 안에 기재하고 취급지점 등의 소재지는 표시하지 아니한다. 이 경우 취급지점 등의 명칭은 그 명칭이 등기된 것인 때에는 이에 의하여, 그 명칭이 등기되지 아니한 것일 때에는 당해 법인에서 호칭하는 통상명칭에 의하여 표시한다.

⑨ 등록면허세·지방교육세란 : 동일 채권을 위하여 담보물을 추가하는 등기에 대하여는 부동산 1개당 등록면허세 6,000원과 지방교육세 1,200원을 각각 납부하여 기재한다.

⑩ 세액합계란 : 등록면허세액과 지방교육세액의 합계를 기재한다.

⑪ 등기신청수수료란 : 동일채권을 담보하기 위하여 추가로 근저당권을 설정하는 등기는 그 부동산에 대하여는 변경, 기타의 등기가 아니라 근저당권설정등기이므로 추가근저당권설정등기 신청수수료는 부동산 1개당 15,000원의 등기신청수수료 납부액을 기재한다. 다만 전자표준양식에 의하여 신청하는 경우에는 13,000원, 전자신청하는 경우에는 10,000원의 등기신청수수료를 은행 현금납부, 전자납부, 무인발급기 납부 등의 방법에 따라 납부한 후 등기신청서에 등기신청수수료 영수필확인서를 첨부하고 납부번호를 기재하여 제출한다.

⑫ 등기의무자의 등기필정보란 : ㉮ 추가되는 부동산(아파트)에 대한 소유권 취득의 등기를 완료하고 등기필정보를 교부받은 경우 그 등기필정보상에 기재된 부동산 고유번호, 성명, 일련번호, 비밀번호를 각 기재(등기필정보를 제출하는 것이 아님)한다. 다만 교부받은 등기필정보를 멸실한 경우에는 부동산등기법 제51조에 의하여 확인서면이나 확인조서 또는 공증서면 중 하나를 첨부한다. ㉯ 등기신청서에 등기필증이나 확인서면 등을 첨부한 경우 이 난은 기재할 필요가 없다.

⑬ 첨부서면란 : 등기신청서에 첨부한 서면을 각 기재한다.

⑭ 신청인등란 : ㉮ 등기의무자와 등기권리자의 성명 및 전화번호를 기재하고, 각자의 인장을 날인하되, 등기의무자는 그의 인감을 날인한다. 그러나 신청인이 법인 또는 법인 아닌 사단이나 재단인 경우에는 상호(명칭)와 대표자(관리인)의 자격 및 성명을 기재하고, 법인이 등기의무자인 때에는 등기소의 증명을 얻은 그 대표자의 인감, 법인 아닌 사단이나 재단인

경우에는 대표자(관리인)의 개인인감을 날인한다. ㉯ 대리인이 등기신청을 하는 경우에는 그 대리인의 성명, 주소, 전화번호를 기재하고 대리인의 인장을 날인 또는 서명을 한다.

2. 등기신청서에 첨부할 서면 등

- 추가근저당권설정계약서 : 등기원인을 증명하는 서면으로 첨부한다.
- 등기필증 : 추가되는 부동산(아파트)에 대한 등기의무자의 소유권에 관한 등기필증으로서 등기의무자가 소유권 취득시 등기소로부터 교부받은 등기필증을 첨부한다. 단, 소유권 취득의 등기를 완료하고 등기필정보를 교부받은 경우에 그 등기필정보상에 기재된 부동산고유번호, 성명, 일련번호, 비밀번호를 각 기재(등기필정보를 제출하는 것이 아님)한다. 다만, 등기필증(등기필정보)을 멸실하여 첨부(기재)할 수 없는 경우에는 부동산등기법 제51조에 의하여 확인서면이나 확인조서 또는 공증서면 중 하나를 첨부한다.
- 등록면허세영수필확인서 : 시장, 구청장, 군수 등으로부터 등록면허세납부서(OCR용지) 또는 대법원 인터넷등기소의 정액등록면허세납부서 작성기능을 통하여 정액등록면허세납부서를 발급받아 납세지를 관할하는 해당 금융기관에 세금을 납부한 후 등록면허세영수필확인서와 영수증을 교부받아 영수증은 본인이 보관하고 등록면허세영수필확인서만 신청서의 등록면허세액표시란의 좌측상단 여백에 첨부하거나, 또는 지방세인터넷납부시스템을 이용하여 납부하고 출력한 등록면허세납부확인서를 첨부한다.
- 인감증명서 등 : 등기의무자(소유자)의 인감증명서(발행일로부터 3월 이내)를 첨부하거나, 인감증명을 갈음하여 「본인서명사실확인등에관한법률」에 따라 발급된 본인서명사실확인서(발행일부터 3개월 이내)에 기재한 서명(전자본인서명확인서 발급증을 제출할 경우에도 서명)을 하고 본인서명사실확인서(전자본인서명확인서 발급증)을 첨부한다. 부동산등기규칙 제60조, 제61조에 의하여 인감증명을 첨부하여야 하는 자가 법인인 경우에는 등기소의 증명을 얻은 대표자의 인감증명서를, 법인 아닌 사단 또는 재단인 경우에는 대표자 또는 관리인의 인감증명서를 제출한다.
- 법인등기사항전부(일부)증명서{또는 주민등록등(초)본} : ㉮ 등기권리자인 근저당권자의 법인등기사항증명서를 첨부한다. 실무상 은행 해당지점의 지배인초본(법인등기사항일부증명서)을 첨부한다. 등기권리자가 자연인인 경우에는 주소등록표등(초)본을 첨부한다. 다만, 법인등기가 되어있는 등기소와 부동산소재지 관할 등기소가 동일한 경우에는 법인등기사항증명서를 제출할 필요가 없다. ㉯ 법인 아닌 사단 또는 재단이 등기를 신청하는 경우에는 정관이나 그 밖의 규약, 대표자나 관리인임을 증명하는 정보(다만, 등기되어 있는 대표자나 관리인이 신청하는 경우에는 그러하지 아니하다). 법인 아닌 사단 또는 재단의 주소 및 부동산등기용등록번호를 증명하는 정보(새로이 등기명의인이 되는 경우에 한한다), 대표자나 관리인의 주소 및 주민등록번호를 증명하는 정보를 첨부한다. 다만 법인 아닌 사단이 등기의무자인 경우에는 민법 제276조 소정의 사원총회의 결의서도 첨부한다(부등규 제48조).
- 위임장 : 등기신청을 법무사 등 대리인에게 위임하는 경우에 첨부한다. 위임인의 성명과 주소를 기재하고 인장을 날인하되 부동산등기규칙 제60조 제1항 제1호 내지 제3호에 해당하여 인감증명을 제출하여야 하는 자는 위임장에 인감을 날인하여야 하나, 위 규칙 제60조 제1호 내지 제3호에 해당하지 않는 자는 인감날인 대신에 일반적인 기명날인 혹은 서명으로 갈음할 수 있다. 위임인이 법인이나 법인 아닌 사단 또는 재단인 경우에는 상호(명칭)와 대표자(관리인)의 자격, 성명, 및 주소도 기재하여야 한다.

3. 등기신청서류 편철순서

신청서, 등록면허세영수필확인서, 등기신청수수료 영수필확인서, 위임장, 인감증명서나 본인서명사실확인서 또는 전자본인서명확인서 발급증, 법인등기사항일부증명서, 추가근저당권설정계약서, 등기필증 등의 순으로 편철한다.

4. 기타 참고사항

- 등기의무자의 등기필정보(등기필증 또는 등기완료통지서)가 없을 때에는 ㉮ 등기의무자 또는 그 법정대리인(이하 "등기의무자등"이라 한다)이 등기소에 출석하여 등기관으로부터 등기의무자등임을 확인하는 방법 ㉯ 등기신청인의 대리인(변호사 또는 법무사)이 등기의무자등으로부터 위임받았음을 확인하여 확인서면을 제출하는 방법 ㉰ 신청서(위임에 의하여 대리인이 신청하는 경우에는 그 권한을 증명하는 서면) 중 등기의무자들의 작성부분에 관하여 공증을 받아 제출하는 방법으로 등기신청을 하여야 한다(부등법 제51조, 부등규 제111조).
- 집합건물의 등기에 관한 업무처리지침(2012. 4. 10. 등기예규 제1180호)
  ㉮ 대지에 관하여 이미 저당권이 설정되어 있는 상태에서 대지권의 등기를 하고, 그와 아울러 또는 그 후에 구분건물에 관하여 동일채권의 담보를 위한 저당권을 추가설정하려는 경우에는, 구분건물과 대지권을 일체로 하여 그에 관한 추가저당권설정등기의 신청을 할 수 있다.
  ㉯ 위 추가저당권설정등기의 신청서에는 구분건물 외에 그 대지권의 표시를 하여야 하고, 대지에 관하여 설정된 종전의 저당권등기를 표시하는 사항을 기재하여야 한다(부동산등기규칙 제134호). 여기서 종전의 등기를 표시하는 사항이라 함은, 공동담보목록의 번호 또는 부동산의 소재지번(건물의 번호가 있는 경우에는 그 번호도 포함한다)을 의미한다.
  ㉰ 위 ㉮항과 반대로 구분건물에 관하여 먼저 저당권이 설정되고 새로 건물의 대지권의 목적이 된 토지에 관하여 동일채권의 담보를 위한 저당권을 추가설정하려는 경우에도 위에 준하여 처리한다.

44. 근저당권설정등기신청(공장 및 광업재단저당)

가. 의 의

공장 및 광업재단저당법은 공장재단 또는 광업재단의 구성, 각 재단에 대한 저당권의 설정 및 등기 등의 법률관계를 적절히 규율함으로써 공장 소유자 또는 광업권자가 자금을 확보할 수 있게 하여 기업의 유지와 건전한 발전 및 지하자원의 개발과 산업의 발달을 도모함을 목적으로 한다. 종래 공장저당법과 광업재단저당법으로 규율하고 있었으나 기업의 재산 일체를 하나의 담보물로 허용하는 공통의 목적을 가지고 있는 두 법을 하나의 법률로 통합하여 기업담보에 관한 기본법의 기틀을 마련하기 위하여 2009년 3월 25일 전면개정하였다.

나. 등기신청방법

(1) 공동신청

근저당권설정자 즉, 소유자(등기의무자)와 근저당권자(등기권리자)가 본인임을 확인할 수 있는 주민등록증 등을 가지고 직접 등기소에 출석하여 공동으로 신청함이 원칙이다.

(2) 단독신청

판결에 의한 등기신청인 경우에는 승소한 등기권리자 또는 등기의무자가 단독으로 신청할 수 있다.

(3) 대리인에 의한 신청

등기신청은 반드시 신청인 본인이 하여야 하는 것은 아니고 대리인이 하여도 된다. 등기권리자 또는 등기의무자 일방이 상대방의 대리인이 되거나 쌍방이 제3자에게 위임하여 등기신청을 할 수 있다.

[시식 44] 근저당권설정등기신청서(공장 및 광업재단저당)

공장 및 광업재단저당법 제6조에 의한
근저당권설정등기신청

<table>
<tr><td rowspan="2">접 수</td><td>년 월 일</td><td rowspan="2">처 리 인</td><td>등기관 확인</td><td>각종 통지</td></tr>
<tr><td>제 호</td><td></td><td></td></tr>
</table>

① 부동산의 표시
별지 부동산의 표시 기재와 같음 공장 및 광업재단저당법 제6조에 의한 기계, 기구목록은 별지와 같음

<table>
<tr><td colspan="2">② 등기원인과 그 연월일</td><td colspan="2">20○○년 ○월 ○일 공장 및 광업재단저당법 제6조에 의한 근저당권설정계약</td></tr>
<tr><td colspan="2">③ 등 기 의 목 적</td><td colspan="2">공장 및 광업재단저당법 제6조에 의한 근저당권설정</td></tr>
<tr><td colspan="2">④ 채 권 최 고 액</td><td colspan="2">금 120,000,000원</td></tr>
<tr><td colspan="2">⑤ 채 무 자</td><td colspan="2">이상선 서울특별시 서초구 서초대로 88길 20(서초동)</td></tr>
<tr><td colspan="2">⑥ 설 정 할 지 분</td><td colspan="2"></td></tr>
<tr><td>구분</td><td>성 명
(상호·명칭)</td><td>주민등록번호
(등기용등록번호)</td><td>주 소 (소 재 지)</td></tr>
<tr><td>⑦ 등기의무자</td><td>이 상 선</td><td>000000-0000000</td><td>서울특별시 서초구 서초대로 88길 20
(서초동)</td></tr>
<tr><td>⑧ 등기권리자</td><td>주식회사 신한은행
지배인 김 갑 동
(서초동지점)</td><td>000000-0000000</td><td>서울특별시 중구 다동길 96(다동)
서울특별시 서초구 서초대로 56길 13
(서초동)</td></tr>
</table>

<table>
<tr><td>⑨ 등 록 면 허 세</td><td colspan="2">금 240,000 원</td></tr>
<tr><td>⑨ 지 방 교 육 세</td><td colspan="2">금 48,000 원</td></tr>
<tr><td>⑩ 세 액 합 계</td><td colspan="2">금 288,000 원</td></tr>
<tr><td rowspan="3">⑪ 등 기 신 청 수 수 료</td><td colspan="2">금 30,000 원</td></tr>
<tr><td colspan="2">납부번호 : ○○-○○-○○○○○○-○</td></tr>
<tr><td colspan="2">일괄납부 : 건 원</td></tr>
<tr><td>⑫ 국민주택채권매입금액</td><td colspan="2">금 1,200,000 원</td></tr>
<tr><td>⑬ 국민주택채권발행번호</td><td colspan="2">○ ○ ○</td></tr>
<tr><td colspan="3">⑭ 등기의무자의 등기필정보</td></tr>
<tr><td>부동산고유번호</td><td colspan="2">1102-2006-002095</td></tr>
<tr><td>성 명(명 칭)</td><td>일련번호</td><td>비밀번호</td></tr>
<tr><td>이 상 선</td><td>Q77C-LO7I-35J5</td><td>40-4636</td></tr>
<tr><td colspan="3">⑮ 첨 부 서 면</td></tr>
<tr><td colspan="2">1. 근저당권설정계약서 1통
1. 등록면허세영수필확인서 1통
1. 인감증명서나 본인서명사실확인서</td><td>1. 공장 및 광업재단저당법 제6조에 의한 기계기구목록 1통
1. 공장증명서(근저당권자) 1통</td></tr>
</table>

또는 전자본인서명확인서 발급증 1통	1. 등기필증 1통
1. 법인등기사항일부증명서 1통	1. 위임장 1통

20○○년 ○월 ○일

⑯ 위 신청인 ㊞ (전화 :)

(또는)위 대리인 법무사 홍 길 동 ㊞ (전화 : 300-1234)
서울특별시 서초구 서초대로 73길 24(서초동)

○○지방법원 ○○등기소 귀중

법무사 홍 길 동 (직인)

[신청서 작성요령]

1. 부동산표시란에 2개 이상의 부동산을 기재하는 경우에는 부동산의 일련번호를 기재하여야 합니다.
2. 신청인란등 해당란에 기재할 여백이 없을 경우에는 별지를 이용합니다.
3. 담당등기관이 판단하여 위의 첨부 서면 외에 추가적인 서면을 요구할 수 있습니다.

[별지]

부 동 산 의 표 시

1. 서울특별시 서초구 서초동 100 대 500㎡
2. 서울특별시 서초구 서초동 100
   [도로명주소] 서울특별시 서초구 서초대로 88길 10
   시멘트 벽돌조 슬래브지붕 단층 공장
   200㎡

이 상

주

1. 등기신청서 기재요령

신청서는 한글과 아라비아숫자로 기재하여야 한다. 부동산의 표시란이나 신청인란 등이 부족할 경우에는 별지로 사용하고, 별지를 포함한 신청서의 각 장 사이에 간인(신청서에 서명을 하였을 때에는 각 장마다 연결되는 서명)을 하여야 한다.

① 부동산의 표시란 : 근저당권을 설정하는 부동산과 공장 및 광업재단저당법 제6조에 의한 기계·기구목록을 기재한다.

기재례 : 별지 부동산의 표시 기재와 같음

공장 및 광업재단저당법 제6조에 의한 기계, 기구목록은 별지와 같음

(+ 신청서 다음장에 기계기구목록은 첨부하지 아니하고 별도로 기계기구목록 표지와 목록을 제출한다)

위임장에는 기계기구목록을 첨부한다(기계기구목록표지 없이 기계기구목록만 첨부하여 소유자와 저당권자가 간인한다).

② 등기원인과 그 연월일란 : 등기원인은 "공장 및 광업재단저당법 제6조에 의한 근저당권설정계약"으로, 그 연월일은 근저당권설정계약의 체결일을 기재한다.

③ 등기의 목적란 : "공장 및 광업재단저당법 제6조에 의한 근저당권설정"이라고 기재한다.

④ 채권최고액란 : 아라비아숫자로 "금 ○○○원"으로 기재한다. 근저당권설정등기를 함에 있어 그 채권최고액은 반드시 단일하게 기재하여야 하고, 그 근저당권의 채권자 또는 채무자가 수인일지라도 각 채권자 또는 채무자별로 채권최고액을 구분하여 기재할 수 없다.

⑤ 채무자란 : 채무자의 성명(명칭)과 주소를 기재한다. 근저당권설정자와 채무자가 동일인인 경우에도 채무자의 표시를 반드시 하여야 한다. 채무자의 주소를 증명하는 서면이나 주민등록번호를 증명하는 서면을 제출할 필요가 없다. 채무자가 법인인 경우에 명문의 규정은 없으나 회사와 이사간에 거래에 해당하는지 여부를 소명하기 위하여 실무상 채무자의 법인등기사항증명서를 제출한다. 채무자가 수인인 경우 그 수인의 채무자가 연대채무자라 하더라도 등기부에는 단순히 채무자로 기재하고, 연대보증인은 기재할 사항이 아니다.

⑥ 설정할 지분란 : 근저당권을 소유권 등의 일부지분에 설정할 경우에만 그 지분을 기재한다. (예) "○○○지분 전부", "갑구 ○번 ○○○지분 ○분의 ○ 중 일부(○분의 ○)"

⑦ 등기의무자란 : ㉮ 근저당권설정자(소유자)의 성명, 주민등록번호, 주소를 기재하되, 등기기록상 소유자 표시와 일치하여야 한다. 다만 등기기록상 등기의무자의 주소가 지번방식의 주소인 경우에도 등기의무자가 제공한 도로명주소 정보 혹은 인감증명서에 의하여 해당 지번방식의 주소에 대한 도로명주소임이 인정되는 경우에는 등기사건을 수리하여야 한다. 즉 등기기록상 등기의무자의 주소를 도로명주소로 변경등기를 하지 아니하여도 근저당권설정등기를 신청할 수 있다. ㉯ 등기의무자의 등기기록상 주소와 현재의 주소와 다른 경우, 등기명의인표시변경(또는 경정)등기를 신청하여 등기의무자의 주소를 변경한 후 설정등기를 하여야 한다.

⑧ 등기권리자란 : 근저당권자를 기재하는 난으로, 그 기재방법은 등기의무자란과 같다. 법인이 저당권자 또는 근저당권자인 경우 등기신청서에 취급지점(예 : ○○지점, ○○출장소, ○○간이예금취급소 등)의 표시를 할 수 있는 바, 그 취급지점 등의 표시는 법인의 표시 다음에 줄을 바꾸어 괄호 안에 기재하고 취급지점 등의 소재지는 표시하지 아니한다. 이 경우 취급지점 등의 명칭은 그 명칭이 등기된 것인 때에는 이에 의하여, 그 명칭이 등기되지

아니한 것일 때에는 당해 법인에서 호칭하는 통상명칭에 의하여 표시한다.

⑨ 등록면허세·지방교육세란 : 채권최고액의 2/1,000에 해당하는 등록면허세, 등록면허세의 20/100에 해당하는 지방교육세를 납부하여 기재한다.

⑩ 세액합계란 : 등록면허세액, 지방교육세액의 합계를 기재한다.

⑪ 등기신청수수료란 : ㉮ 부동산 1개당 15,000원의 등기신청수수료 납부액을 기재한다. 다만 전자표준양식에 의하여 신청하는 경우에는 13,000원, 전자신청하는 경우에는 10,000원의 등기신청수수료를 은행 현금납부, 전자납부, 무인발급기 납부 등의 방법에 따라 납부한 후 등기신청서에 등기신청수수료 영수필확인서를 첨부하고 납부번호를 기재하여 제출한다. ㉯ 여러 건의 등기신청에 대하여 수납금융기관에 현금으로 일괄납부하는 경우 첫 번째 등기신청서에 등기신청수수료 영수필확인서를 첨부하고 해당 등기신청수수료, 납부번호와 일괄납부 건수 및 일괄납부액을 기재하며, 나머지 신청서에는 해당 등기신청수수료와 전 사건에 일괄 납부한 취지를 기재한다(일괄납부는 은행에 현금으로 납부하는 경우에만 가능함).

⑫ 국민주택채권 매입금액란 : ㉮ 채권최고액이 2,000만원 이상인 경우에는 채권최고액의 1,000분의 10에 해당하는 국민주택채권매입금액을 기재한다(다만, 매입금액이 10억원을 초과하는 경우에는 10억원으로 한다). 중소기업기본법 제2조의 규정에 의한 중소기업이 부동산담보대출을 위하여 저당권을 설정하는 경우에는 국민주택채권의 매입의무를 면제하고 있는 바(주택법시행령 제95조 별표 12 부표 19호 다목 본문), 이 경우 해당 중소기업(개인사업자 포함)이 채무자인 동시에 저당권설정자로서 자기 소유의 부동산을 금융기관(보험사업자(보험업법 제2조 제1항) 포함)의 담보로 제공한 때에만 그 매입의무가 면제된다. ㉯ 국민주택채권의 최저매입금액은 1만원으로 한다. 다만 1만원 미만의 단수가 있을 경우에 그 단수가 5천원 이상 1만원 미만인 때에는 이를 1만원으로 하고 그 단수가 5천원 미만인 때에는 단수가 없는 것으로 한다.

⑬ 국민주택채권 발행번호란 : 국민주택채권 매입시 국민주택채권사무취급기관에서 고지하는 채권발행번호를 기재한다.

⑭ 등기의무자의 등기필정보란 : ㉮ 소유권 취득에 관한 등기를 완료하고 등기필정보를 교부받은 경우 그 등기필정보상에 기재된 부동산고유번호, 성명, 일련번호, 비밀번호를 각 기재(등기필정보를 제출하는 것이 아님)한다. 다만 교부받은 등기필정보를 멸실한 경우에는 부동산등기법 제51조에 의하여 확인서면이나 확인조서 또는 공증서면 중 하나를 첨부한다. ㉯ 등기신청서에 등기필증이나 확인서면 등을 첨부한 경우 이 난은 기재할 필요가 없다.

⑮ 첨부서면란 : 등기신청서에 첨부한 서면을 각 기재한다.

⑯ 신청인등란 : ㉮ 등기의무자와 등기권리자의 성명 및 전화번호를 기재하고, 각자의 인장을 날인하되, 등기의무자는 그의 인감을 날인한다. 그러나 신청인이 법인 또는 법인 아닌 사단이나 재단인 경우에는 상호(명칭)와 대표자(관리인)의 자격 및 성명을 기재하고, 법인이 등기의무자인 때에는 등기소의 증명을 얻은 그 대표자의 인감, 법인 아닌 사단이나 재단인 경우에는 대표자(관리인)의 개인인감을 날인한다. ㉯ 대리인이 등기신청을 하는 경우에는 그 대리인의 성명, 주소, 전화번호를 기재하고 대리인의 인장을 날인 또는 서명을 한다.

2. 등기신청서에 첨부할 서면 등

- 근저당권설정계약서 : 등기원인을 증명하는 서면으로 첨부한다.
- 등기필증 : 등기의무자의 소유권에 관한 등기필증으로서 등기의무자가 소유권 취득시 등기소로부터 교부받은 등기필증을 첨부한다. 단, 소유권 취득의 등기를 완료하고 등기필정보를 교부받은 경우에 그 등기필정보상에 기재된 부동산고유번호, 성명, 일련번호, 비밀번호를

각 기재(등기필정보를 제출하는 것이 아님)한다. 다만, 등기필증(등기필정보)을 멸실하여 첨부(기재)할 수 없는 경우에는 부동산등기법 제51조에 의하여 확인서면이나 확인조서 또는 공증서면 중 하나를 첨부한다.

- 등록면허세영수필확인서 : 시장, 구청장, 군수 등으로부터 등록면허세납부서(OCR용지)를 발급받아 납세지를 관할하는 해당 금융기관에 세금을 납부한 후 등록면허세 영수필확인서와 영수증을 교부받아 영수증은 본인이 보관하고 등록면허세영수필확인서만 신청서의 등록면허세액표시란의 좌측상단 여백에 첨부하거나, 또는 지방세인터넷납부시스템을 이용하여 납부하고 출력한 등록면허세납부확인서를 첨부한다.
- 공장저당인 경우 : 공장저당법 제6조에 의한 근저당권설정등기 신청서에는 공장저당법 제6조에 의한 기계기목록과 공장증명서를 첨부한다(근저당권자)(개인○, 법인○).
- 인감증명서 등 : 등기의무자의 인감증명서(발행일로부터 3월 이내)를 첨부하거나, 인감증명을 갈음하여 「본인서명사실확인등에관한법률」에 따라 발급된 본인서명사실확인서(발행일부터 3개월 이내)에 기재한 서명(전자본인서명확인서 발급증을 제출할 경우에도 서명)을 하고 본인서명사실확인서(전자본인서명확인서 발급증)을 첨부한다. 다만, 등기의무자가 소유권의 등기명의인이 아닌 지상권자, 전세권자인 경우에는 등기의무자의 인감증명을 첨부하지 아니한다.
- 법인등기사항전부(일부)증명서{또는 주민등록등(초)본} : ㉮ 등기권리자인 근저당권자의 법인등기사항증명서를 첨부한다. 실무상 은행 해당지점의 지배인초본(법인등기사항일부증명서)을 첨부한다. 등기권리자가 자연인인 경우에는 주소등록표등(초)본을 첨부한다. 다만, 법인등기가 되어있는 등기소와 부동산소재지 관할 등기소가 동일한 경우에는 법인등기사항증명서를 제출할 필요가 없다. ㉯ 법인 아닌 사단 또는 재단이 등기를 신청하는 경우에는 정관이나 그 밖의 규약, 대표자나 관리인임을 증명하는 정보(다만, 등기되어 있는 대표자나 관리인이 신청하는 경우에는 그러하지 아니하다). 법인 아닌 사단 또는 재단의 주소 및 부동산등기용등록번호를 증명하는 정보(새로이 등기명의인이 되는 경우에 한한다), 대표자나 관리인의 주소 및 주민등록번호를 증명하는 정보를 첨부한다. 다만 법인 아닌 사단이 등기의무자인 경우에는 민법 제276조 소정의 사원총회의 결의서도 첨부한다(부등규 제48조).
- 위임장 : 등기신청을 법무사 등 대리인에게 위임하는 경우에 첨부한다. 위임인의 성명과 주소를 기재하고 인장을 날인하되 부동산등기규칙 제60조 제1항 제1호 내지 제3호에 해당하여 인감증명을 제출하여야 하는 자는 위임장에 인감을 날인하여야 하나, 위 규칙 제60조 제1호 내지 제3호에 해당하지 않는 자는 인감날인 대신에 일반적인 기명날인 혹은 서명으로 갈음할 수 있다. 위임장과 공장증명서 아래 여백 란에 "위 기계기구는 아래 부동산의 표시 기재 부동산에 비치함. 부동산의 표시 1. 서울특별시 서초구 서초동 100 대 500㎡ 2. 서울특별시 서초구 서초동 100[도로명주소] 서울특별시 서초구 서초대로 88길 10 시멘트 벽돌조 슬래브 지붕 단층 공장 200㎡, 끝"이라 기재한다,

3. 등기신청서류 편철순서

신청서, 등록면허세영수필확인서, 등기신청수수료 영수필확인서, 위임장, 부동산담보목록, 기계기구목록, 인감증명서나 본인서명사실확인서 또는 전자본인서명확인서 발급증, 법인등기사항증명서, 근저당권설정계약서, 공장증명서, 등기필증 등의 순으로 편철한다.

45. 공장 및 광업재단 제6조에 의한 근저당권변경등기신청 (종전목록에 새로운 목록을 추가)

가. 의 의

수개의 부동산에 "공장 및 광업재단 저당법" 제6조에 의한 근저당권이 설정되어 각 등기부에 동일한 기계기구목록이 기록되어 있고, 이 근저당권의 목적이 되는 기계기구목록에 새로운 기계기구를 추가하는 목록 기재의 변경등기신청을 하는 경우, 이에 따른 변경등기는 각 부동산의 등기부에 기록하지 아니하고 단지 종전목록에 새로운 기계기구목록을 추가하는 방법으로 한다.

나. 등기신청방법

(1) 공동신청

근저당권설정자 즉, 소유자(등기의무자)와 근저당권자(등기권리자)가 본인임을 확인할 수 있는 주민등록증 등을 가지고 직접 등기소에 출석하여 공동으로 신청함이 원칙이다.

(2) 단독신청

판결에 의한 등기신청인 경우에는 승소한 등기권리자 또는 등기의무자가 단독으로 신청할 수 있다.

(3) 대리인에 의한 신청

등기신청은 반드시 신청인 본인이 하여야 하는 것은 아니고 대리인이 하여도 된다. 등기권리자 또는 등기의무자 일방이 상대방의 대리인이 되거나 쌍방이 제3자에게 위임하여 등기신청을 할 수 있다.

[서식 45] 공장 및 광업재단 제6조에 의한 근저당권변경등기신청서
(종전목록에 새로운 목록을 추가하는 경우)

공장 및 광업재단저당법 제6조에 의한 근저당권변경등기신청

접 수	년 월 일	처 리 인	등기관 확인	각종 통지
	제 호			

① 부동산의 표시
1. 서울특별시 서초구 서초동 200 대 500㎡ 2. 서울특별시 서초구 서초동 200 [도로명주소] 서울특별시 서초구 서초대로 88길 10 시멘트 벽돌조 슬래브지붕 단층공장 200㎡ - 이상 **이 상 돈** 소유- 3. 서울특별시 서초구 서초동 300 대 180㎡ 4. 서울특별시 서초구 방배동 150 대 230㎡ 5. 서울특별시 서초구 방배동 180 대 320㎡ 6. 서울특별시 서초구 반포동 250 대 240㎡ - 이상 **강 기 선** 소유 -

② 등기원인과 그 연월일	2020년 8월 20일 설치
③ 등 기 의 목 적	공장 및 광업재단저당법 제6조에 의한 목록기재변경
④ 변 경 할 사 항	2020년 8월 20일 접수 제56호로 등기한 근저당권설정등기사항 중 기계, 기구목록 제8호에 별지 목록 기재의 기계, 기구를 추가함

구분	성 명 (상호·명칭)	주민등록번호 (등기용등록번호)	주 소 (소 재 지)
⑤ 등기의무자	이 상 돈	000000-0000000	서울특별시 서초구 서초대로 88길 20 (서초동)
	강 기 선	000000-0000000	서울특별시 서초구 서초대로 60길 38 (서초동)

⑥ 등기권리자	주식회사 신한은행 지배인 김 갑 동 (서초동지점)	000000-0000000	서울특별시 중구 다동길 96(다동) 서울특별시 서초구 서초대로 56길 13 (서초동)

⑦ 등 록 면 허 세	금	6,000 원
⑦ 지 방 교 육 세	금	1,200 원
⑧ 세 액 합 계	금	7,200 원
⑨ 등 기 신 청 수 수 료	금	3,000 원
	납부번호 : ㅇㅇ-ㅇㅇ-ㅇㅇㅇㅇㅇ-ㅇ	
	일괄납부 : 건	원
국 민 주 택 채 권 매 입 금 액	금	원
국 민 주 택 채 권 발 행 번 호		

⑩ 첨 부 서 면	
1. 추가근저당권설정계약서 1통	1. 법인등기사항일부증명서 1통
1. 등록면허세영수필확인서 1통	1. 공장저당추가목록 1통
1. 인감증명시니 본인시명사실확인서 또는 전자본인서명확인서 발급증 1통	1. 위임장 1통

20ㅇㅇ년 ㅇ월 ㅇ일

⑪ 위 신청인 ㉺ (전화 :)

(또는)위 대리인 법무사 홍 길 동 ㉺ (전화 : 300-1234)
서울특별시 서초구 서초대로 73길 24(서초동)

ㅇㅇ지방법원 ㅇㅇ등기소 귀중

법무사 홍 길 동 (직인)

[신청서 작성요령]

1. 부동산표시란에 2개 이상의 부동산을 기재하는 경우에는 부동산의 일련번호를 기재하여야 합니다.

2. 신청인란등 해당란에 기재할 여백이 없을 경우에는 별지를 이용합니다.
3. 담당등기관이 판단하여 위의 첨부 서면 외에 추가적인 서면을 요구할 수 있습니다.

주

1. 등기신청서 기재요령

신청서는 한글과 아라비아숫자로 기재하여야 한다. 부동산의 표시란이나 신청인란 등이 부족할 경우에는 별지로 사용하고, 별지를 포함한 신청서의 각 장 사이에 간인(신청서에 서명을 하였을 때에는 각 장마다 연결되는 서명)을 하여야 한다.

① 부동산의 표시란 : 전에 공장근저당권설정등기를 한 부동산을 기재한다.

② 등기원인과 그 연월일란 : 등기원인은 "20○○년 ○월 ○일 설치"로 기재한다.

③ 등기의 목적란 : "공장 및 광업재단저당법 제6조에 의한 목록기재변경"이라고 기재한다.

④ 변경할 사항란 : "20○○년 ○월 ○일 접수 제○○호로 등기한 근저당권설정등기사항 중 기계, 기구목록 제○호에 별지 목록 기재의 기계, 기구를 추가함"이라고 기재한다.

⑤ 등기의무자란 : ㉮ 근저당권설정자(소유자)의 성명, 주민등록번호, 주소를 기재하되, 등기기록상 소유자 표시와 일치하여야 한다. 다만 등기기록상 등기의무자의 주소가 지번방식의 주소인 경우에도 등기의무자가 제공한 도로명주소 정보 혹은 인감증명서에 의하여 해당 지번방식의 주소에 대한 도로명주소임이 인정되는 경우에는 등기사건을 수리하여야 한다. 즉 등기기록상 등기의무자의 주소를 도로명주소로 변경등기를 하지 아니하여도 근저당권설정등기를 신청할 수 있다. ㉯ 등기의무자의 등기기록상 주소와 현재의 주소와 다른 경우, 등기명의인표시변경(또는 경정)등기를 신청하여 등기의무자의 주소를 변경한 후 설정등기를 하여야 한다.

⑥ 등기권리자란 : 근저당권자를 기재하는 난으로, 그 기재방법은 등기의무자란과 같다. 법인이 저당권자 또는 근저당권자인 경우 등기신청서에 취급지점(예 : ○○지점, ○○출장소, ○○간이예금취급소 등)의 표시를 할 수 있는 바, 그 취급지점 등의 표시는 법인의 표시 다음에 줄을 바꾸어 괄호 안에 기재하고 취급지점 등의 소재지는 표시하지 아니한다. 이 경우 취급지점 등의 명칭은 그 명칭이 등기된 것인 때에는 이에 의하여, 그 명칭이 등기되지 아니한 것일 때에는 당해 법인에서 호칭하는 통상명칭에 의하여 표시한다.

⑦ 등록면허세·지방교육세란 : 목록기재의 변경등기신청에 따른 등록면허세는 공장근저당권이 설정된 부동산의 개수에 관계없이 "지방세법" 제 28조 제1항 제5호 나목에 따라 1건의 그 밖의 등기에 해당하는 금액인 6,000원과 지방교육세 1,200원을 납부하여 기재한다.

⑧ 세액합계란 : 등록면허세액, 지방교육세액의 합계를 기재한다.

⑨ 등기신청수수료란 : 공장저당이 설정된 부동산의 개수와 상관없이 1건당 3,000원의 등기신청수수료 납부액을 기재한다. 다만 전자표준양식에 의하여 신청하는 경우에는 2,000원, 전자신청하는 경우에는 1,000원의 등기신청수수료를 은행 현금납부, 전자납부, 무인발급기 납부 등의 방법에 따라 납부한 후 등기신청서에 등기신청수수료 영수필확인서를 첨부하고 납부번호를 기재하여 제출한다.

⑩ 첨부서면란 : 등기신청서에 첨부한 서면을 각 기재한다.

⑪ 신청인등란 : ㉮ 등기의무자와 등기권리자의 성명 및 전화번호를 기재하고, 각자의 인장을

날인하되, 등기의무자는 그의 인감을 날인한다. 그러나 신청인이 법인 또는 법인 아닌 사단이나 재단인 경우에는 상호(명칭)와 대표자(관리인)의 자격 및 성명을 기재하고, 법인이 등기의무자인 때에는 등기소의 증명을 얻은 그 대표자의 인감, 법인 아닌 사단이나 재단인 경우에는 대표자(관리인)의 개인인감을 날인한다. ㉯ 대리인이 등기신청을 하는 경우에는 그 대리인의 성명, 주소, 전화번호를 기재하고 대리인의 인장을 날인 또는 서명을 한다.

2. 등기신청서에 첨부할 서면 등

- 추가근저당권설정계약서 : 등기원인을 증명하는 서면으로 첨부한다.
- 등록면허세영수필확인서 : 시장, 구청장, 군수 등으로부터 등록면허세납부서(OCR용지) 또는 대법원 인터넷등기소의 정액등록면허세납부서 작성기능을 통하여 정액등록면허세납부서를 발급받아 납세지를 관할하는 해당 금융기관에 세금을 납부한 후 등록면허세영수필확인서와 영수증을 교부받아 영수증은 본인이 보관하고 등록면허세영수필확인서만 신청서의 등록면허세액표시란의 좌측상단 여백에 첨부하거나, 또는 지방세인터넷납부시스템을 이용하여 납부하고 출력한 등록면허세납부확인서를 첨부한다.
- 공장저당추가목록 : 추가한 공장 및 광업재단저당법 제6조에 의한 기계기목록을 첨부한다.
- 인감증명서 등 : 등기의무자의 인감증명서(발행일로부터 3월 이내)를 첨부하거나, 인감증명을 갈음하여 「본인서명사실확인등에관한법률」에 따라 발급된 본인서명사실확인서(발행일부터 3개월 이내)에 기재한 서명(전자본인서명확인서 발급증을 제출할 경우에도 서명)을 하고 본인서명사실확인서(전자본인서명확인서 발급증)을 첨부한다. 다만, 등기의무자가 소유권의 등기명의인이 아닌 지상권자, 전세권자인 경우에는 등기의무자의 인감증명을 첨부하지 아니한다.
- 법인등기사항전부(일부)증명서{또는 주민등록등(초)본} : ㉮ 등기권리자인 근저당권자의 법인등기사항증명서를 첨부한다. 실무상 은행 해당지점의 지배인초본(법인등기사항일부증명서)을 첨부한다. 등기권리자가 자연인인 경우에는 주소등록표등(초)본을 첨부한다. 다만, 법인등기가 되어있는 등기소와 부동산소재지 관할 등기소가 동일한 경우에는 법인등기사항증명서를 제출할 필요가 없다. ㉯ 법인 아닌 사단 또는 재단이 등기를 신청하는 경우에는 정관이나 그 밖의 규약, 대표자나 관리인임을 증명하는 정보(다만, 등기되어 있는 대표자나 관리인이 신청하는 경우에는 그러하지 아니하다). 법인 아닌 사단 또는 재단의 주소 및 부동산등기용등록번호를 증명하는 정보(새로이 등기명의인이 되는 경우에 한한다), 대표자나 관리인의 주소 및 주민등록번호를 증명하는 정보를 첨부한다. 다만 법인 아닌 사단이 등기의무자인 경우에는 민법 제276조 소정의 사원총회의 결의서도 첨부한다(부등규 제48조).
- 위임장 : 등기신청을 법무사 등 대리인에게 위임하는 경우에 첨부한다. 위임인의 성명과 주소를 기재하고 인장을 날인하되 부동산등기규칙 제60조 제1항 제1호 내지 제3호에 해당하여 인감증명을 제출하여야 하는 자는 위임장에 인감을 날인하여야 하나, 위 규칙 제60조 제1호 내지 제3호에 해당하지 않는 자는 인감날인 대신에 일반적인 기명날인 혹은 서명으로 갈음할 수 있다.

3. 등기신청서류 편철순서

신청서, 등록면허세영수필확인서, 등기신청수수료 영수필확인서, 위임장, 인감증명서나 본인서명사실확인서 또는 전자본인서명확인서 발급증, 법인등기사항증명서, 추가근저당권설정계약서, 기계기구목록 등의 순으로 편철한다.

4. 기타 참고사항

공장저당법 제7조에 의한 근저당권변경 및 공장저당법 제7조에 의한 목록기재변경시 등기필증 첨부 여부 : 공장에 속하는 토지에 대하여 근저당설정등기가 경료되고 동일 채권의 담보를 위하여 공장저당법 제7조에 의한 기계기구목록을 제출하여 공장저당법 제7조에 의한 저당권변경등기를 신청하거나 기계기구목록을 추가하여 목록기재 변경등기를 신청할 경우 근저당설정등기필증 또는 토지소유자 권리에 관한 등기필증을 첨부할 필요가 없다(2005. 11. 22. 부동산등기과－2069 질의회답).

참조예규 : 등기예규 제913호, 참조선례 : 등기선례요지집 Ⅲ 제593항

46. 공장 및 광업재단 제6조에 의한 근저당권변경등기신청 (일반근저당권을 공장저당에 의한 근저당권으로 변경)

가. 의 의

일반근저당권(보통근저당권)을 "공장 및 광업재단 저당법" 제6조에 의한 공장근저당권으로 변경하기 위해서는 그 변경계약서와 목록을 제출하여 근저당권 변경등기신청을 하여야 한다. 이때 그 등기는 부기등기로 하되 원인은 "20○○년 ○월 ○일 변경계약"으로 하고 "공장 및 광업재단저당법" 제6조의 목록의 호수를 기록하는 방법으로 한다.

나. 등기신청방법

(1) 공동신청

근저당권설정자 즉, 소유자(등기의무자)와 근저당권자(등기권리자)가 본인임을 확인할 수 있는 주민등록증 등을 가지고 직접 등기소에 출석하여 공동으로 신청함이 원칙이다.

(2) 단독신청

판결에 의한 등기신청인 경우에는 승소한 등기권리자 또는 등기의무자가 단독으로 신청할 수 있다.

(3) 대리인에 의한 신청

등기신청은 반드시 신청인 본인이 하여야 하는 것은 아니고 대리인이 하여

도 된다. 등기권리자 또는 등기의무자 일방이 상대방의 대리인이 되거나 쌍방이 제3자에게 위임하여 등기신청을 할 수 있다.

[서식 46] 공장 및 광업재단 제6조에 의한 근저당권변경등기신청서
(일반근저당권을 공장저당에 의한 근저당권으로 변경)

공장 및 광업재단저당법 제6조에 의한 근저당권변경등기신청

접 수	년 월 일	처 리 인	등기관 확인	각종 통지
	제 호			

① 부동산의 표시	
전에 등기한 부동산 1. 서울특별시 서초구 서초동 200 대 500㎡ 2. 서울특별시 서초구 서초동 200 [도로명주소] 서울특별시 서초구 서초대로 88길 10 시멘트 벽돌조 슬래브지붕 단층공장 200㎡ - 이상 이 상 돈 소유 - 3. 서울특별시 서초구 서초동 300 대 180㎡ 4. 서울특별시 서초구 방배동 150 대 230㎡ 5. 서울특별시 서초구 방배동 180 대 320㎡ 6. 서울특별시 서초구 반포동 250 대 240㎡ - 이상 강 기 선 소유 - 추가한 기계기구목록 공장 및 광업재단저당법 제6조에 의한 기계기구목록은 별지와 같음	
② 등기원인과 그 연월일	2020년 8월 20일 변경계약
③ 등 기 의 목 적	공장 및 광업재단저당법 제6조에 의한 근저당권변경
④ 변 경 할 사 항	2020년 8월 20일 접수 제345호로 등기한 근저당권설정등기사항 중 공장 및 광업재단저당법 제6조 목록을 제출함.

구분	성 명 (상호·명칭)	주민등록번호 (등기용등록번호)	주 소 (소 재 지)
⑤ 등	이 상 돈	000000-0000000	서울특별시 서초구 서초대로 88길 20(서초동)

기의무자	강 기 선	000000-0000000	서울특별시 서초구 서초대로 60길 38(서초동)
⑥ 등기권리자	주식회사 신한은행 지배인 김 갑 동 (서초동지점)	000000-0000000	서울특별시 중구 다동길 96(다동) 서울특별시 서초구 서초대로 56길 13(서초동)

⑦ 등 록 면 허 세	금 6,000 원
⑦ 지 방 교 육 세	금 1,200 원
⑧ 세 액 합 계	금 7,200 원
⑨ 등 기 신 청 수 수 료	금 3,000 원
	납부번호 : ○○-○○-○○○○○-○
	일괄납부 : 건 원
국 민 주 택 채 권 매 입 금 액	금 원
국 민 주 택 채 권 발 행 번 호	

⑩ 첨 부 서 면	
1. 근저당권변경계약서 1통 1. 인감증명서나 본인서명사실확인서 또는 전자본인서명확인서 발급증 (근저당권자, 등기의무자) 각 1통 1. 등록면허세영수필확인서 1통	1. 법인등기사항일부증명서 1통 1. 공장 및 광업재단법 제6조에 의한 기계기구목록 1통 1. 공장증명서 1통 1. 위임장 1통

20○○년 ○월 ○일

⑪ 위 신청인 ㊞ (전화 :)

(또는)위 대리인 법무사 홍 길 동 ㊞ (전화 : 300-1234)
서울특별시 서초구 서초대로 73길 24(서초동)

○○지방법원 ○○등기소 귀중

법무사 홍 길 동 (직인)

[신청서 작성요령]

1. 부동산표시란에 2개 이상의 부동산을 기재하는 경우에는 부동산의 일련번호를 기재하여야 합니다.
2. 신청인란등 해당란에 기재할 여백이 없을 경우에는 별지를 이용합니다.
3. 담당등기관이 판단하여 위의 첨부 서면 외에 추가적인 서면을 요구할 수 있습니다.

주

1. 등기신청서 기재요령

신청서는 한글과 아라비아숫자로 기재하여야 한다. 부동산의 표시란이나 신청인란 등이 부족할 경우에는 별지로 사용하고, 별지를 포함한 신청서의 각 장 사이에 간인(신청서에 서명을 하였을 때에는 각 장마다 연결되는 서명)을 하여야 한다.

① 부동산의 표시란 : 전에 설정등기한 부동산(부동산이 다수일 때에는 별지 기재 가능) 및 추가할 기계기구목록을 기재한다.

② 등기원인과 그 연월일란 : 등기원인은 "공장 및 광업재단저당법 제6조에 의한 근저당권설정계약"으로, 그 연월일은 근저당권설정계약의 체결일을 기재한다.

③ 등기의 목적란 : "공장 및 광업재단저당법 제6조에 의한 근저당권변경"이라고 기재한다.

④ 변경할 사항란 : "20○○년 ○월 ○일 접수 제○○호로 등기한 근저당권설정등기사항 중 공장 및 광업재단저당법 제6조 목록을 제출함"이라고 기재한다.

⑤ 등기의무사란 : ㉮ 근저당권설정자(소유자)의 성명, 주민등록번호, 주소를 기재하되, 등기기록상 소유자 표시와 일치하여야 한다. 다만 등기기록상 등기의무자의 주소가 지번방식의 주소인 경우에도 등기의무자가 제공한 도로명주소 정보 혹은 인감증명서에 의하여 해당 지번방식의 주소에 대한 도로명주소임이 인정되는 경우에는 등기사건을 수리하여야 한다. 즉 등기기록상 등기의무자의 주소를 도로명주소로 변경등기를 하지 아니하여도 근저당권설정등기를 신청할 수 있다. ㉯ 등기의무자의 등기기록상 주소와 현재의 주소와 다른 경우, 등기명의인표시변경(또는 경정)등기를 신청하여 등기의무자의 주소를 변경한 후 설정등기를 하여야 한다.

⑥ 등기권리자란 : 근저당권자를 기재하는 난으로, 그 기재방법은 등기의무자란과 같다. 법인이 저당권자 또는 근저당권자인 경우 등기신청서에 취급지점(예 : ○○지점, ○○출장소, ○○간이예금취급소 등)의 표시를 할 수 있는 바, 그 취급지점 등의 표시는 법인의 표시 다음에 줄을 바꾸어 괄호 안에 기재하고 취급지점 등의 소재지는 표시하지 아니한다. 이 경우 취급지점 등의 명칭은 그 명칭이 등기된 것인 때에는 이에 의하여, 그 명칭이 등기되지 아니한 것일 때에는 당해 법인에서 호칭하는 통상명칭에 의하여 표시한다.

⑦ 등록면허세·지방교육세란 : 목록기재의 변경등기신청에 따른 등록면허세는 공장근저당권이 설정된 부동산의 개수에 관계없이 "지방세법" 제28조 제1항 제5호 나목에 따라 1건의 그 밖의 등기에 해당하는 금액인 6,000원과 지방교육세 1,200원을 납부하여 기재한다.

⑧ 세액합계란 : 등록면허세액, 지방교육세액의 합계를 기재한다.

⑨ 등기신청수수료란 : 공장저당이 설정된 부동산의 개수와 상관없이 1건당 3,000원의 등기신

청수수료 납부액을 기재한다. 다만 전자표준양식에 의하여 신청하는 경우에는 2,000원, 전자신청하는 경우에는 1,000원의 등기신청수수료를 은행 현금납부, 전자납부, 무인발급기 납부 등의 방법에 따라 납부한 후 등기신청서에 등기신청수수료 영수필확인서를 첨부하고 납부번호를 기재하여 제출한다.

⑩ 첨부서면란 : 등기신청서에 첨부한 서면을 각 기재한다.

⑪ 신청인등란 : ㉮ 등기의무자와 등기권리자의 성명 및 전화번호를 기재하고, 각자의 인장을 날인하되, 등기의무자는 그의 인감을 날인한다. 그러나 신청인이 법인 또는 법인 아닌 사단이나 재단인 경우에는 상호(명칭)와 대표자(관리인)의 자격 및 성명을 기재하고, 법인이 등기의무자인 때에는 등기소의 증명을 얻은 그 대표자의 인감, 법인 아닌 사단이나 재단인 경우에는 대표자(관리인)의 개인인감을 날인한다. ㉯ 대리인이 등기신청을 하는 경우에는 그 대리인의 성명, 주소, 전화번호를 기재하고 대리인의 인장을 날인 또는 서명을 한다.

2. 등기신청서에 첨부할 서면 등

- 근저당권변경계약서 : 등기원인을 증명하는 서면으로 첨부한다.
- 등록면허세영수필확인서 : 시장, 구청장, 군수 등으로부터 등록면허세납부서(OCR용지) 또는 대법원 인터넷등기소의 정액등록면허세납부서 작성기능을 통하여 정액등록면허세납부서를 발급받아 납세지를 관할하는 해당 금융기관에 세금을 납부한 후 등록면허세영수필확인서와 영수증을 교부받아 영수증은 본인이 보관하고 등록면허세영수필확인서만 신청서의 등록면허세액표시란의 좌측상단 여백에 첨부하거나, 또는 지방세인터넷납부시스템을 이용하여 납부하고 출력한 등록면허세납부확인서를 첨부한다.
- 공장저당추가목록 : 추가한 공장 및 광업재단저당법 제6조에 의한 기계기목록을 첨부한다.
- 인감증명서 등 : 등기의무자 빛 근저당권변경계약서에 근저당권자의 인감증명서(발행일로부터 3월 이내)를 첨부하거나, 인감증명을 갈음하여 「본인서명사실확인등에관한법률」에 따라 발급된 본인서명사실확인서(발행일부터 3개월 이내)에 기재한 서명(전자본인서명확인서 발급증을 제출할 경우에도 서명)을 하고 본인서명사실확인서(전자본인서명확인서 발급증)을 첨부한다.
- 법인등기사항전부(일부)증명서{또는 주민등록등(초)본} : ㉮ 등기권리자인 근저당권자의 법인등기사항증명서를 첨부한다. 실무상 은행 해당지점의 지배인초본(법인등기사항일부증명서)을 첨부한다. 등기권리자가 자연인인 경우에는 주소등록표등(초)본을 첨부한다. 다만, 법인등기가 되어있는 등기소와 부동산소재지 관할 등기소가 동일한 경우에는 법인등기사항증명서를 제출할 필요가 없다. ㉯ 법인 아닌 사단 또는 재단이 등기를 신청하는 경우에는 정관이나 그 밖의 규약, 대표자나 관리인임을 증명하는 정보(다만, 등기되어 있는 대표자나 관리인이 신청하는 경우에는 그러하지 아니하다), 법인 아닌 사단 또는 재단의 주소 및 부동산등기용등록번호를 증명하는 정보(새로이 등기명의인이 되는 경우에 한한다), 대표자나 관리인의 주소 및 주민등록번호를 증명하는 정보를 첨부한다. 다만 법인 아닌 사단이 등기의무자인 경우에는 민법 제276조 소정의 사원총회의 결의서도 첨부한다(부등규 제48조).
- 위임장 : 등기신청을 법무사 등 대리인에게 위임하는 경우에 첨부한다. 위임인의 성명과 주소를 기재하고 인장을 날인하되 부동산등기규칙 제60조 제1항 제1호 내지 제3호에 해당하여 인감증명을 제출하여야 하는 자는 위임장에 인감을 날인하여야 하나, 위 규칙 제60조 제1호 내지 제3호에 해당하지 않는 자는 인감날인 대신에 일반적인 기명날인 혹은 서명으로 갈음할 수 있다.

3. 등기신청서류 편철순서

신청서, 등록면허세영수필확인서, 등기신청수수료 영수필확인서, 위임장, 법인등기사항증명서, 근저당권변경계약서, 인감증명서나 본인서명사실확인서 또는 전자본인서명확인서 발급증, 공장증명서, 기계기구목록 등의 순으로 편철한다.

4. 기타 참고사항

공장저당법 제7조에 의한 근저당권변경 및 공장저당법 제7조에 의한 목록기재변경시 등기필증 첨부 여부 : 공장에 속하는 토지에 대하여 근저당설정등기가 경료되고 동일채권의 담보를 위하여 공장저당법 제7조에 의한 기계기구목록을 제출하여 공장저당법 제7조에 의한 저당권 변경등기를 신청하거나 기계기구목록을 추가하여 목록기재 변경등기를 신청할 경우 근저당설정등기필증 또는 토지소유자 권리에 관한 등기필증을 첨부할 필요가 없다(2005. 11. 22. 부동산등기과－2069 질의회답).

참조예규 : 등기예규 제913호, 참조선례 : 등기선례요지집 Ⅲ 제593항

47. 공장 및 광업재단 제6조에 의한 근저당권변경등기신청 (공장근저당권을 일반근저당권으로 변경)

가. 의 의

"공장 및 광업재단저당법" 제6조의 목록 폐지에 의하여 "공장 및 광업재단저당법"에 의한 근저당권을 일반(보통)근저당권으로 변경할 수 있으며, 이때에도 그 등기는 부기등기로 하되 원인은 변경계약으로 하고, 주등기에 표시된 "공장 및 광업재단저당법" 제6조 목록을 폐지한 뜻을 기록한다.

나. 등기신청방법

(1) 공동신청

근저당권설정자 즉, 소유자(등기의무자)와 근저당권자(등기권리자)가 본인임을 확인할 수 있는 주민등록증 등을 가지고 직접 등기소에 출석하여 공동으로 신청함이 원칙이다.

(2) 단독신청

판결에 의한 등기신청인 경우에는 승소한 등기권리자 또는 등기의무자가 단독으로 신청할 수 있다.

(3) 대리인에 의한 신청

등기신청은 반드시 신청인 본인이 하여야 하는 것은 아니고 대리인이 하여도 된다. 등기권리자 또는 등기의무자 일방이 상대방의 대리인이 되거나 쌍방이 제3자에게 위임하여 등기신청을 할 수 있다.

[서식 47] 공장 및 광업재단 제6조에 의한 근저당권변경등기신청서
(공장근저당권을 일반근저당권으로 변경)

공장 및 광업재단저당법 제6조에 의한 근저당권변경등기신청

접 수	년 월 일	처 리 인	등기관 확인	각종 통지
	제 호			

① 부동산의 표시			
1. 서울특별시 서초구 서초동 200 대 500㎡ 2. 서울특별시 서초구 서초동 200 [도로명주소] 서울특별시 서초구 서초대로 88길 10 시멘트 벽돌조 슬래브지붕 단층공장 200㎡ 이 상			
② 등기원인과 그 연월일	2020년 8월 20일 변경계약		
③ 등 기 의 목 적	공장 및 광업재단저당법 제6조에 의한 근저당권변경		
④ 변 경 할 사 항	2020년 8월 20일 접수 제345호로 등기한 근저당권설정등기사항 중 공장 및 광업재단저당법 제6조에 의한 목록 제8호를 폐지함		
구분	성 명 (상호·명칭)	주민등록번호 (등기용등록번호)	주 소 (소 재 지)
⑤ 등기의무자	이 상 돈	000000-0000000	서울특별시 서초구 서초대로 88길 20 (서초동)

⑥ 등기권리자	주식회사 신한은행 지배인 김 갑 동 (서초동지점)	000000-0000000	서울특별시 중구 다동길 96(다동) 서울특별시 서초구 서초대로 56길 13 (서초동)

⑦ 등 록 면 허 세	금 7,200 원
⑦ 지 방 교 육 세	금 900 원
⑧ 세 액 합 계	금 5,400 원
⑨ 등 기 신 청 수 수 료	금 3,000 원
	납부번호 : ○○-○○-○○○○○○-○
	일괄납부 : 건 원
국 민 주 택 채 권 매 입 금 액	금 원
국 민 주 택 채 권 발 행 번 호	

⑩ 첨 부 서 면	
1. 근저당권변경계약서 1통 1. 인감증명서나 본인서명사실확인서 또는 전자본인서명확인서 발급증 (근저당권자, 등기의무자) 각 1통	1. 등록면허세영수필확인서 1통 1. 법인등기사항일부증명서 1통 1. 기계기구폐지목록 1통 1. 위임장 1통

20○○년 ○월 ○일

⑪ 위 신청인 ㊞ (전화 :)

(또는)위 대리인 법무사 홍 길 동 ㊞ (전화 : 300-1234)
서울특별시 서초구 서초대로 73길 24(서초동)

○○지방법원 ○○등기소 귀중

법무사 홍 길 동 (직인)

[신청서 작성요령]

1. 부동산표시란에 2개 이상의 부동산을 기재하는 경우에는 부동산의 일련번호

를 기재하여야 합니다.
2. 신청인란등 해당란에 기재할 여백이 없을 경우에는 별지를 이용합니다.
3. 담당등기관이 판단하여 위의 첨부 서면 외에 추가적인 서면을 요구할 수 있습니다.

주

1. 등기신청서 기재요령

신청서는 한글과 아라비아숫자로 기재하여야 한다. 부동산의 표시란이나 신청인란 등이 부족할 경우에는 별지로 사용하고, 별지를 포함한 신청서의 각 장 사이에 간인(신청서에 서명을 하였을 때에는 각 장마다 연결되는 서명)을 하여야 한다.

① 부동산의 표시란 : 기 설정등기한 부동산(부동산이 다수일 때에는 별지 기재 가능)을 기재한다.

② 등기원인과 그 연월일란 : 등기원인은 "20○○년 ○월 ○일 변경계약"으로, 그 연월일은 변경계약체결일을 기재한다.

③ 등기의 목적란 : "공장 및 광업재단저당법 제6조에 의한 근저당권변경"이라고 기재한다.

④ 변경할 사항란 : "20○○년 ○월 ○일 접수 제○○호로 등기한 근저당권설정등기사항 중 공장 및 광업재단저당법 제6조에 의한 목록 제○호를 폐지함"이라고 기재한다.

⑤ 등기의무자란 : ㉮ 근저당권설정자(소유자)의 성명, 주민등록번호, 주소를 기재하되, 등기기록상 소유자 표시와 일치하여야 한다. 다만 등기기록상 등기의무자의 주소가 지번방식의 주소인 경우에도 등기의무자가 제공한 도로명주소 정보 혹은 인감증명서에 의하여 해당 지번방식의 주소에 대한 도로명주소임이 인정되는 경우에는 등기사건을 수리하여야 한다. 즉 등기기록상 등기의무자의 주소를 도로명주소로 변경등기를 하지 아니하여도 근저당권설정등기를 신청할 수 있다. ㉯ 등기의무자의 등기기록상 주소와 현재의 주소와 다른 경우, 등기명의인표시변경(또는 경정)등기를 신청하여 등기의무자의 주소를 변경한 후 설정등기를 하여야 한다.

⑥ 등기권리자란 : 근저당권자를 기재하는 난으로, 그 기재방법은 등기의무자란과 같다. 법인이 저당권자 또는 근저당권자인 경우 등기신청서에 취급지점(예 : ○○지점, ○○출장소, ○○간이예금취급소 등)의 표시를 할 수 있는 바, 그 취급지점 등의 표시는 법인의 표시 다음에 줄을 바꾸어 괄호 안에 기재하고 취급지점 등의 소재지는 표시하지 아니한다. 이 경우 취급지점 등의 명칭은 그 명칭이 등기된 것인 때에는 이에 의하여, 그 명칭이 등기되지 아니한 것일 때에는 당해 법인에서 호칭하는 통상명칭에 의하여 표시한다.

⑦ 등록면허세·지방교육세란 : 목록기지(폐지)의 변경등기신청에 따른 등록면허세는 근저당권이 설정된 부동산의 개수에 관계없이 "지방세법" 제28조 제1항 제5호 나목에 따라 1건의 그 밖의 등기에 해당하는 금액인 6,000원과 지방교육세 1,200원을 납부하여 기재한다.

⑧ 세액합계란 : 등록면허세액, 지방교육세액의 합계를 기재한다.

⑨ 등기신청수수료란 : 근저당권이 설정된 부동산의 개수와 상관없이 1건당 3,000원의 등기신청수수료 납부액을 기재한다. 다만 전자표준양식에 의하여 신청하는 경우에는 2,000원, 전자신청하는 경우에는 1,000원의 등기신청수수료를 은행 현금납부, 전자납부, 무인발급기 납부 등의 방법에 따라 납부한 후 등기신청서에 등기신청수수료 영수필확인서를 첨부하고

납부번호를 기재하여 제출한다.

⑩ 첨부서면란 : 등기신청서에 첨부한 서면을 각 기재한다.

⑪ 신청인등란 : ㉮ 등기의무자와 등기권리자의 성명 및 전화번호를 기재하고, 각자의 인장을 날인하되, 등기의무자는 그의 인감을 날인한다. 그러나 신청인이 법인 또는 법인 아닌 사단이나 재단인 경우에는 상호(명칭)와 대표자(관리인)의 자격 및 성명을 기재하고, 법인이 등기의무자인 때에는 등기소의 증명을 얻은 그 대표자의 인감, 법인 아닌 사단이나 재단인 경우에는 대표자(관리인)의 개인인감을 날인한다. ㉯ 대리인이 등기신청을 하는 경우에는 그 대리인의 성명, 주소, 전화번호를 기재하고 대리인의 인장을 날인 또는 서명을 한다.

2. 등기신청서에 첨부할 서면 등

- 근저당권변경계약서 : 등기원인을 증명하는 서면으로 첨부한다.
- 등록면허세영수필확인서 : 시장, 구청장, 군수 등으로부터 등록면허세납부서(OCR용지) 또는 대법원 인터넷등기소의 정액등록면허세납부서 작성기능을 통하여 정액등록면허세납부서를 발급받아 납세지를 관할하는 해당 금융기관에 세금을 납부한 후 등록면허세영수필확인서와 영수증을 교부받아 영수증은 본인이 보관하고 등록면허세영수필확인서만 신청서의 등록면허세액표시란의 좌측상단 여백에 첨부하거나, 또는 지방세인터넷납부시스템을 이용하여 납부하고 출력한 등록면허세납부확인서를 첨부한다.
- 기계기구폐지목록 : 공장 및 광업재단저당법 제6조 폐지목록을 첨부한다.
- 인감증명서 등 : 등기의무자 및 근저당권변경계약서에 근저당권자의 인감증명서(발행일로부터 3월 이내)를 첨부하거나, 인감증명을 갈음하여 「본인서명사실확인등에관한법률」에 따라 발급된 본인서명사실확인서(발행일부터 3개월 이내)에 기재한 서명(전자본인서명확인서 발급증을 제출할 경우에도 서명)을 하고 본인서명사실확인서(전자본인서명확인서 발급증)을 첨부한다.
- 법인등기사항전부(일부)증명서{또는 주민등록등(초)본} : ㉮ 등기권리자인 근저당권자의 법인등기사항증명서를 첨부한다. 실무상 은행 해당지점의 지배인초본(법인등기사항일부증명서)을 첨부한다. 등기권리자가 자연인인 경우에는 주소등록표등(초)본을 첨부한다. 다만, 법인등기가 되어있는 등기소와 부동산소재지 관할 등기소가 동일한 경우에는 법인등기사항증명서를 제출할 필요가 없다. ㉯ 법인 아닌 사단 또는 재단이 등기를 신청하는 경우에는 정관이나 그 밖의 규약, 대표자나 관리인임을 증명하는 정보(다만, 등기되어 있는 대표자나 관리인이 신청하는 경우에는 그러하지 아니하다), 법인 아닌 사단 또는 재단의 주소 및 부동산등기용등록번호를 증명하는 정보(새로이 등기명의인이 되는 경우에 한한다), 대표자나 관리인의 주소 및 주민등록번호를 증명하는 정보를 첨부한다. 다만 법인 아닌 사단이 등기의무자인 경우에는 민법 제276조 소정의 사원총회의 결의서도 첨부한다(부등규 제48조).
- 위임장 : 등기신청을 법무사 등 대리인에게 위임하는 경우에 첨부한다. 위임인의 성명과 주소를 기재하고 인장을 날인하되 부동산등기규칙 제60조 제1항 제1호 내지 제3호에 해당하여 인감증명을 제출하여야 하는 자는 위임장에 인감을 날인하여야 하나, 위 규칙 제60조 제1호 내지 제3호에 해당하지 않는 자는 인감날인 대신에 일반적인 기명날인 혹은 서명으로 갈음할 수 있다.

3. 등기신청서류 편철순서

신청서, 등록면허세영수필확인서, 등기신청수수료 영수필확인서, 위임장, 법인등기사항증명서, 근저당권변경계약서, 인감증명서나 본인서명사실확인서 또는 전자본인서명확인서 발급증, 폐지한 기계기구목록 등의 순으로 편철한다.

4. **기타 참고사항**

공장저당법 제7조에 의한 근저당권변경 및 공장저당법 제7조에 의한 목록기재변경시 등기필증 첨부 여부 : 공장에 속하는 토지에 대하여 근저당설정등기가 경료되고 동일채권의 담보를 위하여 공장저당법 제7조에 의한 기계기구목록을 제출하여 공장저당법 제7조에 의한 저당권변경등기를 신청하거나 기계기구목록을 추가하여 목록기재 변경등기를 신청할 경우 근저당설정등기필증 또는 토지소유자의 권리에 관한 등기필증을 첨부할 필요가 없다(2005. 11. 22. 부동산등기과－2069 질의회답).

참조예규 : 등기예규 제913호, 참조선례 : 등기선례요지집 Ⅲ 제593항

48. 공장 및 광업재단 제9조에 의한 근저당권변경등기신청 (종전목록에 기재한 물건의 분리 또는 멸실한 경우)

가. 의 의

종전기계기구목록에 기록한 물건이 일부가 멸실하거나 또는 그 물건에 관하여 근저당권이 일부 소멸한 경우에는 멸실 또는 분리된 목록만을 제출한다. 목록의 일부 멸실 또는 분리에 의한 변경신청의 경우에는 근저당권자의 동의서에 인감증명서를 첨부하거나 이에 대신할 수 있는 재판의 등본을 첨부하여야 한다.

종전 목록에 기록한 물건의 일부가 멸실하거나 분리된 경우에는 종전목록 중 그 물건의 표시 옆에 그것이 멸실 또는 공장에서 분리된 뜻, 신청정보 접수연월일과 접수번호를 기록하고 그 표시를 말소한다.

나. 등기신청방법

(1) 공동신청

근저당권설정자 즉, 소유자(등기의무자)와 근저당권자(등기권리자)가 본인임을 확인할 수 있는 주민등록증 등을 가지고 직접 등기소에 출석하여 공동으로 신청함이 원칙이다.

(2) 단독신청

판결에 의한 등기신청인 경우에는 승소한 등기권리자 또는 등기의무자가 단

독으로 신청할 수 있다.

(3) 대리인에 의한 신청

등기신청은 반드시 신청인 본인이 하여야 하는 것은 아니고 대리인이 하여도 된다. 등기권리자 또는 등기의무자 일방이 상대방의 대리인이 되거나 쌍방이 제3자에게 위임하여 등기신청을 할 수 있다.

[서식 48] 공장 및 광업재단 제9조에 의한 근저당권변경등기신청서
(종전목록에 기재한 물건의 분리 또는 멸실한 경우)

공장 및 광업재단저당법 제9조에 의한 근저당권변경등기신청

접 수	년 월 일	처 리 인	등기관 확인	각종 통지
	제 호			

① 부동산의 표시	
1. 서울특별시 서초구 서초동 200 대 500㎡ 2. 서울특별시 서초구 서초동 200 [도로명주소] 서울특별시 서초구 서초대로 88길 10 시멘트 벽돌조 슬래브지붕 단층공장 200㎡ 분리(또는 멸실)한 기계, 기구목록은 별지와 같음	
② 등기원인과 그 연월일	2020년 8월 20일 분리(또는 멸실)
③ 등 기 의 목 적	공장 및 광업재단저당법 제9조 제3항에 의한 목록기재변경
④ 변 경 할 사 항	2019년 6월 20일 접수 제346호로 등기한 근저당권설정등기사항 중 기계, 기구목록 제8호에서 별지 목록 기재의 기계, 기구를 분리(또는 멸실)함

구분	성 명 (상호·명칭)	주민등록번호 (등기용등록번호)	주 소 (소 재 지)

<table>
<tr><td>⑤
등기의무자</td><td>이 상 돈</td><td>000000-0000000</td><td colspan="2">서울특별시 서초구 서초대로 88길 20
(서초동)</td></tr>
<tr><td>⑥
등기권리자</td><td>주식회사 신한은행
지배인 김 갑 동
(서초동지점)</td><td>000000-0000000</td><td colspan="2">서울특별시 중구 다동길 96(다동)
서울특별시 서초구 서초대로 56길 13
(서초동)</td></tr>
<tr><td colspan="3">⑦ 등 록 면 허 세</td><td colspan="2">금 6,000 원</td></tr>
<tr><td colspan="3">⑦ 지 방 교 육 세</td><td colspan="2">금 1,200 원</td></tr>
<tr><td colspan="3">⑧ 세 액 합 계</td><td colspan="2">금 7,200 원</td></tr>
<tr><td colspan="3" rowspan="3">⑨ 등 기 신 청 수 수 료</td><td colspan="2">금 3,000 원</td></tr>
<tr><td colspan="2">납부번호 : ㅇㅇ-ㅇㅇ-ㅇㅇㅇㅇㅇ-ㅇ</td></tr>
<tr><td colspan="2">일괄납부 : 건 원</td></tr>
<tr><td colspan="3">국 민 주 택 채 권 매 입 금 액</td><td colspan="2">금 원</td></tr>
<tr><td colspan="3">국 민 주 택 채 권 발 행 번 호</td><td colspan="2"></td></tr>
<tr><td colspan="5">⑩ 첨 부 서 면</td></tr>
<tr><td colspan="3">1. 근저당권변경계약서 1통
1. 인감증명서나 본인서명사실확인서
또는 전자본인서명확인서 발급증
(근저당권자) 1통</td><td colspan="2">1. 등록면허세영수필확인서 1통
1. 법인등기사항일부증명서 1통
1. 분리(멸실)기계기구목록 1통
1. 위임장 1통</td></tr>
<tr><td colspan="5">20ㅇㅇ년 ㅇ월 ㅇ일

⑪ 위 신청인 ㉙ (전화 :)

(또는)위 대리인 법무사 홍 길 동 ㉙ (전화 : 300-1234)
서울특별시 서초구 서초대로 73길 24(서초동)

ㅇㅇ지방법원 ㅇㅇ등기소 귀중

법무사 홍 길 동 (직인)</td></tr>
</table>

[신청서 작성요령]

1. 부동산표시란에 2개 이상의 부동산을 기재하는 경우에는 부동산의 일련번호를 기재하여야 합니다.
2. 신청인란등 해당란에 기재할 여백이 없을 경우에는 별지를 이용합니다.
3. 담당등기관이 판단하여 위의 첨부 서면 외에 추가적인 서면을 요구할 수 있습니다.

주

1. 등기신청서 기재요령

신청서는 한글과 아라비아숫자로 기재하여야 한다. 부동산의 표시란이나 신청인란 등이 부족할 경우에는 별지로 사용하고, 별지를 포함한 신청서의 각 장 사이에 간인(신청서에 서명을 하였을 때에는 각 장마다 연결되는 서명)을 하여야 한다.

① 부동산의 표시란 : 기 설정등기한 부동산을 기재하고, "분리(또는 멸실)한 기계기구목록은 별지와 같음"이라고 기재한다.

② 등기원인과 그 연월일란 : 등기원인은 "20○○년 ○월 ○일 분리(또는 멸실)"이라고 기재한다.

③ 등기의 목적란 : "공장 및 광업재단저당법 제9조 제3항에 의한 근저당권변경"이라 고 기재한다.

④ 변경할 사항란 : "20○○년 ○월 ○일 접수 제○○호로 등기한 근저당권설정등기사항 중 기계, 기구목록 제○호에서 별지 목록 기재의 기계, 기구를 분리함"이라고 기재한다.

⑤ 등기의무자란 : ㉮ 근저당권설정자(소유자)의 성명, 주민등록번호, 주소를 기재하되, 등기기록상 소유자 표시와 일치하여야 한다. 다만 등기기록상 등기의무자의 주소가 지번방식의 주소인 경우에도 등기의무자가 제공한 도로명주소 정보 혹은 인감증명서에 의하여 해당 지번방식의 주소에 대한 도로명주소임이 인정되는 경우에는 등기사건을 수리하여야 한다. 즉 등기기록상 등기의무자의 주소를 도로명주소로 변경등기를 하지 아니하여도 근저당권설정등기를 신청할 수 있다. ㉯ 등기의무자의 등기기록상 주소와 현재의 주소와 다른 경우, 등기명의인표시변경(또는 경정)등기를 신청하여 등기의무자의 주소를 변경한 후 설정등기를 하여야 한다.

⑥ 등기권리자란 : 근저당권자를 기재하는 난으로, 그 기재방법은 등기의무자란과 같다. 법인이 저당권자 또는 근저당권자인 경우 등기신청서에 취급지점(예 : ○○지점, ○○출장소, ○○간이예금취급소 등)의 표시를 할 수 있는 바, 그 취급지점 등의 표시는 법인의 표시 다음에 줄을 바꾸어 괄호 안에 기재하고 취급지점 등의 소재지는 표시하지 아니한다. 이 경우 취급지점 등의 명칭은 그 명칭이 등기된 것인 때에는 이에 의하여, 그 명칭이 등기되지 아니한 것일 때에는 당해 법인에서 호칭하는 통상명칭에 의하여 표시한다.

⑦ 등록면허세·지방교육세란 : 목록기재의 변경등기신청에 따른 등록면허세는 공장근저당권이 설정된 부동산의 개수에 관계없이 "지방세법" 제28조 제1항 제5호 나목에 따라 1건의 그 밖의 등기에 해당하는 금액인 6,000원과 지방교육세 1,200원을 납부하여 기재한다.

⑧ 세액합계란 : 등록면허세액, 지방교육세액의 합계를 기재한다.

⑨ 등기신청수수료란 : 공장저당이 설정된 부동산의 개수와 상관없이 1건당 3,000원의 등기신청수수료 납부액을 기재한다. 다만 전자표준양식에 의하여 신청하는 경우에는 2,000원, 전자신청하는 경우에는 1,000원의 등기신청수수료를 은행 현금납부, 전자납부, 무인발급기 납부 등의 방법에 따라 납부한 후 등기신청서에 등기신청수수료 영수필확인서를 첨부하고 납부번호를 기재하여 제출한다.

⑩ 첨부서면란 : 등기신청서에 첨부한 서면을 각 기재한다.

⑪ 신청인등란 : ㉮ 등기의무자와 등기권리자의 성명 및 전화번호를 기재하고, 각자의 인장을 날인하되, 등기의무자는 그의 인감을 날인한다. 그러나 신청인이 법인 또는 법인 아닌 사단이나 재단인 경우에는 상호(명칭)와 대표자(관리인)의 자격 및 성명을 기재하고, 법인이 등기의무자인 때에는 등기소의 증명을 얻은 그 대표자의 인감, 법인 아닌 사단이나 재단인 경우에는 대표자(관리인)의 개인인감을 날인한다. ㉯ 대리인이 등기신청을 하는 경우에는 그 대리인의 성명, 주소, 전화번호를 기재하고 대리인의 인장을 날인 또는 서명을 한다.

2. 등기신청서에 첨부할 서면 등

- 근저당권변경계약서(근저당권자의 동의서) : 등기원인을 증명하는 서면으로 첨부한다.
- 등록면허세영수필확인서 : 시장, 구청장, 군수 등으로부터 등록면허세납부서(OCR용지) 또는 대법원 인터넷등기소의 정액등록면허세납부서 작성기능을 통하여 정액등록면허세납부서를 발급받아 납세지를 관할하는 해당 금융기관에 세금을 납부한 후 등록면허세영수필확인서와 영수증을 교부받아 영수증은 본인이 보관하고 등록면허세영수필확인서만 신청서의 등록면허세액표시란의 좌측상단 여백에 첨부하거나, 또는 지방세인터넷납부시스템을 이용하여 납부하고 출력한 등록면허세납부확인서를 첨부한다.
- 공장저당목록 : 종전 목록에 기록한 물건의 일부가 멸실하거나 또는 그 물건에 관하여 근저당권이 일부 소멸한 경우에는 멸실 또는 분리된 목록만을 첨부한다.
- 인감증명서 등 : 근저당권변경계약서(근저당권의 동의서)에 근저당권자의 인감증명서(발행일로부터 3월 이내)를 첨부하거나, 인감증명을 갈음하여 「본인서명사실확인등에관한법률」에 따라 발급된 본인서명사실확인서(발행일부터 3개월 이내)에 기재한 서명(전자본인서명확인서 발급증을 제출할 경우에도 서명)을 하고 본인서명사실확인서(전자본인서명확인서 발급증)을 첨부한다.
- 법인등기사항전부(일부)증명서{또는 주민등록등(초)본} : ㉮ 등기권리자인 근저당권자의 법인등기사항증명서를 첨부한다. 실무상 은행 해당지점의 지배인초본(법인등기사항일부증명서)을 첨부한다. 등기권리자가 자연인인 경우에는 주소등록표등(초)본을 첨부한다. 다만, 법인등기가 되어있는 등기소와 부동산소재지 관할 등기소가 동일한 경우에는 법인등기사항증명서를 제출할 필요가 없다. ㉯ 법인 아닌 사단 또는 재단이 등기를 신청하는 경우에는 정관이나 그 밖의 규약, 대표자나 관리인임을 증명하는 정보(다만, 등기되어 있는 대표자나 관리인이 신청하는 경우에는 그러하지 아니하다). 법인 아닌 사단 또는 재단의 주소 및 부동산등기용등록번호를 증명하는 정보(새로이 등기명의인이 되는 경우에 한한다), 대표자나 관리인의 주소 및 주민등록번호를 증명하는 정보를 첨부한다. 다만 법인 아닌 사단이 등기의무자인 경우에는 민법 제276조 소정의 사원총회의 결의서도 첨부한다(부등규 제48조).
- 위임장 : 등기신청을 법무사 등 대리인에게 위임하는 경우에 첨부한다. 위임인의 성명과 주소를 기재하고 인장을 날인하되 부동산등기규칙 제60조 제1항 제1호 내지 제3호에 해당하여 인감증명을 제출하여야 하는 자는 위임장에 인감을 날인하여야 하나, 위 규칙 제60조 제1호 내지 제3호에 해당하지 않는 자는 인감날인 대신에 일반적인 기명날인 혹은 서명으로 갈음할

수 있다.

3. 등기신청서류 편철순서

신청서, 등록면허세영수필확인서, 등기신청수수료 영수필확인서, 위임장, 법인등기사항증명서, 근저당권변경계약서(근저당권자의 동의서), 인감증명서나 본인서명사실확인서 또는 전자본인서명확인서 발급증, 멸실 또는 분리된 기계기구목록 등의 순으로 편철한다.

4. 기타 참고사항

공장저당법 제7조에 의한 근저당권변경 및 공장저당법 제7조에 의한 목록기재변경시 등기필증 첨부 여부 : 공장에 속하는 토지에 대하여 근저당설정등기가 경료되고 동일채권의 담보를 위하여 공장저당법 제7조에 의한 기계기구목록을 제출하여 공장저당법 제7조에 의한 저당권변경등기를 신청하거나 기계기구목록을 추가하여 목록기재 변경등기를 신청할 경우 근저당설정등기필증 또는 토지소유자의 권리에 관한 등기필증을 첨부할 필요가 없다(2005. 11. 22. 부동산등기과-2069 질의회답).

참조예규 : 등기예규 제913호, 참조선례 : 등기선례요지집 Ⅲ 제593항

49. 동산·채권 담보권설정등기신청

가. 의 의

동산(여러 개의 동산 또는 장래에 취득할 동산을 포함한다) 또는 금전의 지급을 목적으로 하는 지명채권(여러 개의 채권 또는 장래에 발생할 채권을 포함한다)을 담보로 제공하고 담보등기를 할 수 있다.

법인 또는 "상업등기법"에 따른 상호등기를 한 사람만 동산 또는 채권을 목적으로 하는 담보권을 설정할 수 있도록 하고, 담보권설정자의 상호등기가 말소된 경우에도 이미 설정된 담보권의 효력에는 영향을 미치지 아니한다.

피담보채무의 최고액만을 정하고 채무의 확정을 장래에 보류한 경우에도 동산 또는 채권을 목적으로 하는 담보권을 설정할 수 있고, 이 경우 피담보채권의 확정 전까지 채무의 소멸 또는 이전은 설정된 담보권에 영향을 미치지 아니한다.

나. 등기신청방법

(1) 공동신청

이 등기신청은 등기권리자와 등기의무자가 본인임을 확인할 수 있는 주민등

록증 등을 가지고 직접 등기소에 출석하여 공동으로 신청함이 원칙이다.

(2) 단독신청

판결에 의한 등기신청인 경우에는 승소한 등기권리자 또는 등기의무자가 단독으로 신청할 수 있다.

(3) 대리인에 의한 신청

등기신청은 반드시 신청인 본인이 하여야 하는 것은 아니고 대리인이 하여도 된다. 등기권리자 또는 등기의무자 일방이 상대방의 대리인이 되거나 쌍방이 제3자에게 위임하여 등기신청을 할 수 있다.

[서식 49] 동산·채권 저(근)담보권설정등기신청서

동산저(근)담보권설정등기신청

접 수	년 월 일	처 리 인	등기관 확인	각종 통지
	제 호			

① 동산의 표시	
동 산 명 : 한진피아노 동산의 소재지 : 서울특별시 서초구 서초대로 68길 23(서초동) 한진물류창고 제조상호명 : 주식회사 한진 제조번호 : HJ23456부터 HJ23556까지 수 량 : 100대 이 상	
② 등기원인과 그 연월일	2020년 8월 20일 저(근)담보권설정계약
③ 등 기 의 목 적	저(근)담보권설정
④ 피 담 보 채 권 액	금 50,000,000원
⑤ 채 무 자	주식회사 한진 서울특별시 서초구 서초대로 88길 20(서초동)

<table>
<tr><td colspan="2">⑥ 담보권의 존속기간</td><td colspan="2">2020년 8월 20일부터 2022년 7월 31일까지로 한다.</td></tr>
<tr><td>구분</td><td>성 명
(상호·명칭)</td><td>주민등록번호
(등기용등록번호)</td><td>주 소 (소 재 지)</td></tr>
<tr><td>⑦ 등기의무자</td><td>주식회사 한진
대표이사 이상선</td><td>000000-0000000</td><td>서울특별시 서초구 서초대로 88길 20(서초동)
서울특별시 서초구 서초대로 60길 12(서초동)</td></tr>
<tr><td>⑧ 등기권리자</td><td>주식회사 신한은행
지배인 김 갑 동
(서초동지점)</td><td>000000-0000000</td><td>서울특별시 중구 다동길 96(다동)
서울특별시 서초구 서초대로 56길 13(서초동)</td></tr>
</table>

<table>
<tr><td>⑨ 등 록 면 허 세</td><td>금 50,000 원</td></tr>
<tr><td>⑨ 지 방 교 육 세</td><td>금 10,000 원</td></tr>
<tr><td>⑩ 세 액 합 계</td><td>금 60,000 원</td></tr>
<tr><td rowspan="3">⑪ 등 기 신 청 수 수 료</td><td>금 15,000 원</td></tr>
<tr><td>납부번호 : ○○-○○-○○○○○○-○</td></tr>
<tr><td>일괄납부 : 건 원</td></tr>
<tr><td>⑫ 국민주택채권매입금액</td><td>금 500,000 원</td></tr>
<tr><td>⑬ 국민주택채권발행번호</td><td>○ ○ ○</td></tr>
<tr><td colspan="2">⑭ 첨 부 서 면</td></tr>
<tr><td>1. 저(근)담보권설정계약서 1통
1. 등록면허세영수필확인서 1통
1. 법인인감증명서 1통</td><td>1. 법인등기사항일부증명서 2통
1. 위임장 1통</td></tr>
<tr><td colspan="2">20○○년 ○월 ○일

⑮ 위 신청인 ㊞ (전화 :)

(또는)위 대리인 법무사 홍 길 동 ㊞ (전화 : 300-1234)
서울특별시 서초구 서초대로 73길 24(서초동)</td></tr>
</table>

○○지방법원 ○○등기소 귀중

법무사 홍 길 동 (직인)

[신청서 작성요령]

1. 부동산표시란에 2개 이상의 부동산을 기재하는 경우에는 부동산의 일련번호를 기재하여야 합니다.
2. 신청인란등 해당란에 기재할 여백이 없을 경우에는 별지를 이용합니다.
3. 담당등기관이 판단하여 위의 첨부 서면 외에 추가적인 서면을 요구할 수 있습니다.

주

1. 등기신청서 기재요령

신청서는 한글과 아라비아숫자로 기재하여야 한다. 동산의 표시란이나 신청인란 등이 부족할 경우에는 별지로 사용하고, 별지를 포함한 신청서의 각 장 사이에 간인(신청서에 서명을 하였을 때에는 각 장마다 연결되는 서명)을 하여야 한다.

① 동산의 표시란 : 담보목적물에의 표시에 관한 사항을 기재하여야 한다. 동산담보제 도가 인정하는 것은, ㉮ 원자재, 반제품, 재고자산 등 동산, ㉯ 특허, 실용신안 등 지식재산권, ㉰ 채권 등에 대한 소유 및 담보권이 양수인에게 넘어가는 권리관계 변동사항, ㉱ 다수의 동산, 채권 또는 장래에 발생하는 동산 또는 채권이 해당되며, ㉲ 항공기, 선박, 건설기계, 자동차 등 다른 법률에 의해 등기·등록되는 동산, 화물상환증 등이 작성되는 동산 등은 담보 목적에서 제외된다. 즉, 동산, 채권, 지적재산권을 담보로 할 수 있다.

② 등기원인과 그 연월일란 : 등기원인은 "20○○년 ○월 ○일 저(근)담보권설정계약"이라고 기재한다.

③ 등기의 목적란 : "저(근)담보권설정"이라고 기재한다.

④ 피담보채권액(또는 그 최고액)란 : 아라비아숫자로 "금 ○○○원"으로 기재한다.

⑤ 채무자란 : 채무자의 성명 및 주소(법인의 경우에는 상호 또는 명칭과 본점 또는 주된 사무소를 포함한다). 다만, 장래에 발생할 채권으로서 채무자가 담보권설정 당시 특정되어 있지 않거나, 채권의 발생원인 및 발생연월일 또는 그 시기와 종기에 의하여 특정할 수 있는 다수의 채권에 대하여 동시에 담보등기를 신청하는 경우에는 대법원예규에 따라 채무자의 성명이나 주소를 기재하지 않을 수 있다.

⑥ 담보권의 존속기간란 : 담보권의 존속기간은 5년을 초과할 수 없다. 다만 5년을 초과하지 않은 기간으로 이를 갱신할 수 있다. 담보권설정자와 담보권자는 존속기간을 갱신하려면 그 만료 전에 연장등기를 하여야 한다.

⑦ 등기의무자란 : 담보권설정자의 성명, 주민등록번호, 주소를 기재하되, 등기의무자 가 법인

인 경우에는 상호(명칭), 본점(주사무소 소재지), 등기용등록번호 및 대표자 의 성명과 주소를 기재한다.

⑧ 등기권리자란 : 채권자를 기재하는 난으로, 그 기재방법은 등기의무자란과 같다.

⑨ 등록면허세·지방교육세란 : 동산담보권 및 채권담보권 등기 또는 지식재산권담보 권 설정등기의 등록면허세는 채권금액의 1/1,000이고, 등록면허세의 20/100에 해당하는 지방교육세를 납부하여 기재한다.

⑩ 세액합계란 : 등록면허세액과 지방교육세액의 합계를 기재한다.

⑪ 등기신청수수료란 : ㉮ 15,000원의 등기신청수수료 납부액을 기재한다. 다만 전자표준양식에 의하여 신청하는 경우에는 13,000원, 전자신청하는 경우에는 10,000원의 등기신청수수료를 은행 현금납부, 전자납부, 무인발급기 납부 등의 방법에 따라 납부한 후 등기신청서에 등기신청수수료 영수필확인서를 첨부하고 납부번호를 기재하여 제출한다. ㉯ 여러 건의 등기신청에 대하여 수납금융기관에 현금으로 일괄납부하는 경우 첫 번째 등기신청서에 등기신청수수료 영수필확인서를 첨부하고 해당 등기신청수수료, 납부번호와 일괄납부 건수 및 일괄납부액을 기재하며, 나머지 신청서에는 해당 등기신청수수료와 전 사건에 일괄 납부한 취지를 기재한다(일괄납부는 은행에 현금으로 납부하는 경우에만 가능함).

⑫ 국민주택채권 매입금액란 : 채권최고액이 2,000만원 이상인 경우에는 채권최고 액의 1,000분의 10에 해당하는 국민주택채권매입금액을 기재한다(다만, 매입금액이 10억원을 초과하는 경우에는 10억원으로 한다).

⑬ 국민주택채권 발행번호란 : 국민주택채권 매입시 국민주택채권사무취급기관에서 고지하는 채권발행번호를 기재한다.

⑭ 첨부서면란 : 등기신청서에 첨부한 서면을 각 기재한다.

⑮ 신청인등란 : ㉮ 등기의무자와 등기권리자의 성명 및 전화번호를 기재하고, 각자의 인장을 날인한다. 그러나 신청인이 법인인 경우에는 상호(명칭)와 대표자(관리인) 의 자격 및 성명을 기재하고 그의 인장을 날인한다. ㉯ 대리인이 등기신청을 하는 경우에는 그 대리인의 성명, 주소, 전화번호를 기재하고 대리인의 인장을 날인 또는 서명한다.

2. 등기신청서에 첨부할 서면 등

- 저(근)담보권 설정계약서 : 등기원인을 증명하는 서면으로 첨부한다.
- 등록면허세영수필확인서 : 시장, 구청장, 군수 등으로부터 등록면허세납부서(OCR용지)를 발급받아 납세지를 관할하는 해당 금융기관에 세금을 납부한 후 등록면허세영수필확인서와 영수증을 교부받아 영수증은 본인이 보관하고 등록면허세영수필확인서만 신청서의 등록면허세액표시란의 좌측상단 여백에 첨부하거나, 또는 지방세인터넷납부시스템을 이용하여 납부하고 출력한 등록면허세납부확인서를 첨부한다.
- 법인등기사항증명서(또는 주민등록표등(초)본) : 등기권리자가 개인인 경우에는 주민등록표등(초)을, 법인인 경우에는 법인등기사항증명서를 첨부한다.
- 법인등기사항전부(일부)증명서 : 신청인이 법인인 경우에는 법인등기사항전부증명서 또는 법인등기사항일부증명서(각 발행일로부터 3월 이내)를 첨부한다.
- 위임장 : 등기신청을 법무사 등 대리인에게 위임하는 경우에 첨부한다.

3. 등기신청서류 편철순서

신청서, 등록면허세영수필확인서, 등기신청수수료 영수필확인서, 위임장, 주민등록표등(초)본, 법인등기사항전부(일부)증명서, 저(근)담보권설정계약서 등의 순으로 편철한다.

4. 기타 참고사항

동산을 담보로 자금을 빌려준 금융회사는 만약 담보가액이 떨어지면 채무자에 대해 원상회복이나 해당 가액만큼의 다른 담보제공을 청구할 수 있다. 또한 만약 빌려준 돈을 받지 못해 동산의 담보권을 실행하려면 경매 외에 사적으로 처분하거나 자체 취득할 수도 있다.

50. 계약인수에 의한 근저당권변경등기신청

가. 의 의

근저당권의 피담보채권이 확정되기 전에 근저당권의 기초가 되는 기본계약상의 채무자 지위의 전부 또는 일부를 제3자가 계약에 의하여 인수한 경우에 채무자변경 등을 내용으로 하는 근저당권변경등기 신청에 관한 것이다.

나. 등기신청방법

(1) 공동신청

근저당권자(등기권리자)와 근저당권설정자(소유자·등기의무자)가 본인임을 확인할 수 있는 주민등록증 등을 가지고 직접 등기소에 출석하여 공동으로 신청함이 원칙이다.

(2) 단독신청

판결에 의한 등기신청인 경우에는 승소한 등기권리자 또는 등기의무자가 단독으로 신청할 수 있다.

(3) 대리인에 의한 신청

등기신청은 반드시 신청인 본인이 하여야 하는 것은 아니고 대리인이 하여도 된다. 등기권리자 또는 등기의무자 일방이 상대방의 대리인이 되거나 쌍방이 제3자에게 위임하여 등기신청을 할 수 있다.

[서식 50] 계약인수에 의한 근저당권변경등기신청서

근저당권변경등기신청

<table>
<tr><td rowspan="2">접 수</td><td>년 월 일</td><td rowspan="2">처 리 인</td><td>등기관 확인</td><td>각종 통지</td></tr>
<tr><td>제 호</td><td></td><td></td></tr>
</table>

<table>
<tr><td colspan="4">① 부동산의 표시</td></tr>
<tr><td colspan="4">1. 서울특별시 서초구 서초동 100 대 300㎡

2. 서울특별시 서초구 서초동 100
[도로명주소] 서울특별시 서초구 서초대로 88길 10
시멘트 벽돌조 슬래브지붕 2층주택
1층 100㎡
2층 100㎡

이 상</td></tr>
<tr><td colspan="2">② 등기원인과 그 연월일</td><td colspan="2">2020년 8월 20일 계약인수</td></tr>
<tr><td colspan="2">③ 등 기 의 목 적</td><td colspan="2">근저당권변경</td></tr>
<tr><td colspan="2">④ 변 경 할 사 항</td><td colspan="2">2019년 12월 2일 접수 제1128호로 경료한 등기사항 중 구채무자 "이상선, 서울특별시 서초구 서초대로 88길 20(서초동)"을 신채무자 "홍길동, 서울특별시 용산구 독서당로 150(한남동)"으로 변경</td></tr>
<tr><td>구분</td><td>성 명
(상호·명칭)</td><td>주민등록번호
(등기용등록번호)</td><td>주 소 (소 재 지)</td></tr>
<tr><td>⑤ 등기의무자</td><td>홍 길 동</td><td>000000-0000000</td><td>서울특별시 서초구 서초대로 88길 20
(서초동)</td></tr>
<tr><td>⑥ 등기권리자</td><td>김 갑 동</td><td>000000-0000000</td><td>서울특별시 중구 다동길 96(다동)</td></tr>
</table>

<table>
<tr><td>⑦ 등 록 면 허 세</td><td colspan="2">금 12,000 원</td></tr>
<tr><td>⑦ 지 방 교 육 세</td><td colspan="2">금 2,400 원</td></tr>
<tr><td>⑧ 세 액 합 계</td><td colspan="2">금 14,400 원</td></tr>
<tr><td rowspan="3">⑨ 등 기 신 청 수 수 료</td><td colspan="2">금 6,000 원</td></tr>
<tr><td colspan="2">납부번호 : ○○-○○-○○○○○○-○</td></tr>
<tr><td colspan="2">일괄납부 : 건 원</td></tr>
<tr><td colspan="3">⑩ 등기의무자의 등기필정보</td></tr>
<tr><td>부동산고유번호</td><td colspan="2">1102-2006-002095</td></tr>
<tr><td>성 명(명 칭)</td><td>일련번호</td><td>비밀번호</td></tr>
<tr><td>홍 길 동(신소유자)</td><td>Q77C-LO71-35J5</td><td>40-4636</td></tr>
<tr><td colspan="3">⑪ 첨 부 서 면</td></tr>
<tr><td colspan="3">1. 근저당권변경계약서 1통
1. 등록면허세영수필확인서 1통
1. 이사회의사록 1통
1. 법인등기사항증명서 1통
1. 등기필증(홍길동) 1통
1. 인감증명서(홍길동) 1통
1. 주민등록초본(홍길동)(필요시)
1. 위임장 1통</td></tr>
<tr><td colspan="3">20○○년 ○월 ○일

⑫ 위 신청인 ㊞ (전화 :)

(또는)위 대리인 법무사 홍 길 동 ㊞ (전화 : 300-1234)
서울특별시 서초구 서초대로 73길 24(서초동)

○○지방법원 ○○등기소 귀중

법무사 홍 길 동 (직인)</td></tr>
</table>

[신청서 작성요령]

1. 부동산표시란에 2개 이상의 부동산을 기재하는 경우에는 부동산의 일련번호를 기재하여야 합니다.
2. 신청인란등 해당란에 기재할 여백이 없을 경우에는 별지를 이용합니다.
3. 담당등기관이 판단하여 위의 첨부 서면 외에 추가적인 서면을 요구할 수 있습니다.

주

1. 등기신청서 기재요령

신청서는 한글과 아라비아숫자로 기재하여야 한다. 부동산의 표시란이나 신청인란 등이 부족할 경우에는 별지로 사용하고, 별지를 포함한 신청서의 각 장 사이에 간인(신청서에 서명을 하였을 때에는 각 장마다 연결되는 서명)을 하여야 한다.

① 부동산의 표시란 : 변경할 근저당권의 목적부동산을 기재하되, 등기기록상 부동산표시와 일치하여야 한다. 부동산이 토지인 경우에는 토지의 소재와 지번, 지목, 면적을 기재하고, 건물인 경우에는 건물의 소재와 지번, 도로명주소(등기기록 표제부에 기록되어 있는 경우), 건물의 종류, 구조, 면적, 건물의 번호가 있는 때에는 그 번호, 부속건물이 있는 때에는 그 종류, 구조와 면적을 기재한다. 그 밖의 기재사항은 [서식 44] 공장 및 광업재단저당법 제6조에 의한 근저당권설정등기신청의 서식 란과 같다.

② 등기원인과 그 연월일란 : 등기원인은 그 변경사유에 따라 "계약인수", "계약일부인수", "중첩적 계약인수" 등으로, 그 연월일은 위 계약서작성일 등을 기재한다.

③ 등기의 목적란 : "근저당권변경", "공장 및 광업재단저당법 제6조에 의한 근저당권변경"으로 기재한다.

④ 변경할 사항란 : 변경할 근저당권등기의 접수연월일, 접수번호를 기재하여 변경할 등기를 특정하고, 채무자변경 등 변경되는 사항을 기재한다.

⑤ 등기의무자란 : 부동산 신소유자의 성명, 주민등록번호, 주소를 기재하되, 등기기록상 소유자 표시와 일치하여야 한다. 다만 등기기록상 등기신청인의 주소가 지번방식의 주소인 경우에도 등기의무자가 제공한 주민등록등(초)본 혹은 도로명주소 정보(건축물대장, 행정안전부 '새주소 안내시스템'의 조화결과물 등) 등에 의하여 해당 지번방식의 주소에 대한 도로명주소임이 인정되는 경우에는 등기신청을 수리하여야 한다. 즉 등기기록상 등기명의인의 주소를 도로명주소로 변경등기를 하지 아니 하여도 근저당권변경등기를 신청할 수 있다.

⑥ 등기권리자란 : 근저당권자(채권자)를 기재하는 난으로, 그 기재방법은 등기의무자란과 같다.

⑦ 등록면허세·지방교육세란 : 부동산 1개당 등록면허세 6,000원, 지방교육세 1,200원으로 계산하여 기재한다.

⑧ 세액합계란 : 등록면허세액과 지방교육세액의 합계를 기재한다.

⑨ 등기신청수수료란 : 부동산 1개당 3,000원의 등기신청수수료 납부액을 기재한다. 다만 전자표준양식에 의하여 신청하는 경우에는 2,000원, 전자신청하는 경우에는 1,000원의 등기신청수수료를 은행 현금납부, 전자납부, 무인발급기 납부 등의 방법에 따라 납부한 후 등기신청서에 등기신청수수료 영수필확인서를 첨부하고 납부번호를 기재하여 제출한다.

⑩ 등기의무자의 등기필정보란 : ㉮ 신소유자의 소유권 취득에 관한 등기를 완료하고 등기필정보를 교부받은 경우 그 등기필정보상에 기재된 부동산고유번호, 성명, 일련번호, 비밀번호를 각 기재(등기필정보를 제출하는 것이 아님)한다. 다만 교부받은 등기필정보를 멸실한 경우에는 부동산등기법 제51조에 의하여 확인서면이나 확인조서 또는 공증서면 중 하나를 첨부한다. ㉯ 등기신청서에 등기필증이나 확인서면 등을 첨부한 경우 이 난은 기재할 필요가 없다.

⑪ 첨부서면란 : 등기신청서에 첨부한 서면을 각 기재한다.

⑫ 신청인등란 : ㉮ 등기의무자와 등기권리자의 성명 및 전화번호를 기재하고, 각자의 인장을

날인하되, 등기의무자는 그의 인감을 날인한다. 그러나 신청인이 법인 또는 법인 아닌 사단이나 재단인 경우에는 상호(명칭)와 대표자(관리인)의 자격 및 성명을 기재하고, 법인이 등기의무자인 때에는 등기소의 증명을 얻은 그 대표자의 인감, 법인 아닌 사단이나 재단인 경우에는 대표자(관리인)의 개인인감을 날인한다. ㉯ 대리인이 등기신청을 하는 경우에는 그 대리인의 성명, 주소, 전화번호를 기재하고 대리인의 인장을 날인 또는 서명을 한다.

2. 등기신청서에 첨부할 서면 등

- 근저당권변경계약서 : 근저당권이 확정되기 전에 근저당권이전등기를 하는 경우, 기본계약의 양도에 의하여 근저당권이 이전되는 것이므로, 이론상 근저당권이전등기의 원인증서로는 계약양도계약서(전부이전) 또는 계약가입계약서(일부이전, 단 양자 모두 부동산 및 근저당권의 표시가 된 것)를 제출하여야 한다. 그러나 이들 계약서에는 부동산의 표시 및 이전되는 근저당권의 표시가 없는 것이 보통이므로 현행 실무는 근저당권이전계약서를 제출하고 있는 실정이다. 따라서 특정한 근저당권을 이전한다는 취지가 기재되지 않는 계약양도(가입)계약서는 여기의 등기원인증서에 해당되지 않는다.
- 등기필증 : 등기의무자(신소유자)의 소유권에 관한 등기필증을 제출하는 것이지 원래의 근저당권등기필증을 제출하는 것은 아니다. 등기의무자에게 등기필정보·등기필증·등기완료통지서가 없는 경우에는 법무사 등이 등기의무자 본인임을 확인한 확인서면 등을 제출한다.
- 등록면허세영수필확인서 : 시장, 구청장, 군수 등으로부터 등록면허세납부서(OCR용지) 또는 대법원 인터넷등기소의 정액등록면허세납부서 작성기능을 통하여 정액등록면허세납부서를 발급받아 납세지를 관할하는 해당 금융기관에 세금을 납부한 후 등록면허세영수필확인서와 영수증을 교부받아 영수증은 본인이 보관하고 등록면허세영수필확인서만 신청서의 등록면허세액표시란의 좌측상단 여백에 첨부하거나, 또는 지방세인터넷납부시스템을 이용하여 납부하고 출력한 등록면허세납부확인서를 첨부한다.
- 이사회의사록 : ㉮ 주식회사의 이사는 이사회의 승인이 있는 때에 한하여 자기 또는 제3자의 계산으로 회사와 거래할 수 있다(상법 제398조). 근저당권설정등기를 할 때에는 채무자가 주식회사의 대표이사나 이사 개인명의였는데 그 후 채무자가 회사명의로 바뀌거나 회사가 채무자로 추가되는 경우에는 등기신청서에 "이사회의 승인을 증명하는 서면"을 제출하여야 하는바, 위 "이사회의 승인을 증명하는 서면(이사회의사록)"에는 그 서면에 날인한 이사들의 인감증명서를 첨부하거나, 본인서명사실확인서를 첨부할 수 있다. 한다. ㉯ 또한 위 이사회의사록에 날인한 이사들의 자격을 증명하는 서면으로 법인등기사항증명서를 제출한다.
- 인감증명서 등 : 소유자(등기의무자)의 인감증명서(발행일로부터 3월 이내)를 첨부하거나, 인감증명을 갈음하여 「본인서명사실확인등에관한법률」에 따라 발급된 본인서명사실확인서(발행일부터 3개월 이내)에 기재한 서명(전자본인서명확인서 발급증을 제출할 경우에도 서명)을 하고 본인서명사실확인서(전자본인서명확인서 발급증)을 첨부한다. 부동산등기규칙 제60조 및 제61조에 의하여 인감증명을 첨부하여야 하는 자가 법인인 경우에는 등기소의 증명을 얻은 대표자의 인감증명서를, 법인 아닌 사단 또는 재단인 경우에는 대표자 또는 관리인의 인감증명서를 제출한다. 또한 위 이사회 의사록에 날인한 이사들의 인감증명을 또는 본인서명사실확인서를 제출할 수 있다. 한다. 이사회의사록은 공증받을 필요는 없으나 날인한 이사의 인감증명서 또는 본인서명사실확인서를 제출할 수 있다. 이사회의사록을 공증받은 경우에는 이사들의 인감증명서는 필요없다.
- 법인등기사항전부(일부)증명서 : ㉮ 신청인이 법인인 경우에는 법인등기사항전부증명서 또

는 법인등기사항일부증명서(각 발행일로부터 3월 이내)를 첨부한다. 다만, 법인등기가 되어 있는 등기소와 부동산소재지 관할 등기소가 동일한 경우에는 위 법인등기사항증명서를 제출할 필요가 없다. ㉯ 법인 아닌 사단 또는 재단이 등기를 신청하는 경우에는 정관이나 그 밖의 규약, 대표자나 관리인임을 증명하는 정보(다만, 등기되어 있는 대표자나 관리인이 신청하는 경우에는 그러하지 아니하다), 대표자나 관리인의 주소 및 주민등록번호를 증명하는 정보를 첨부한다. 법인 아닌 사단 또는 재단의 주소 및 부동산등기용등록번호를 증명하는 정보(새로이 등기명의인이 되는 경우에 한한다), 대표자나 관리인의 주소 및 주민등록번호를 증명하는 정부를 제공한다. 다만 법인 아닌 사단이 등기의무자인 경우에는 민법 제276조 소정의 사원총회의 결의서도 첨부한다(부등규 제48조).

- 위임장 : 등기신청을 법무사 등 대리인에게 위임하는 경우에 첨부한다. 위임인의 성명과 주소를 기재하고 인장을 날인하되 부동산등기규칙 제60조 제1항 제1호 내지 제3호에 해당하여 인감증명을 제출하여야 하는 자는 위임장에 인감을 날인하여야 하나, 위 규칙 제60조 제1호 내지 제3호에 해당하지 않는 자는 인감날인 대신에 일반적인 기명날인 혹은 서명으로 갈음할 수 있다.

3. 등기신청서류 편철순서

신청서, 등록면허세영수필확인서, 등기신청수수료 영수필확인서, 위임장, 이사회의사록, 법인등기사항증명서, 인감증명서나 본인서명사실확인서 또는 전자본인서명확인서 발급증, 근저당권변경계약서, 등기필증 등의 순으로 편철한다.

51. 변경계약에 의한 근저당권변경등기신청(채권최고액)

가. 의 의

근저당권설정등기 후 근저당권의 채권최고액을 변경하는 계약으로 인하여 등기사항의 변동이 있는 경우의 등기신청이다.

근저당권의 경우 채무자의 일부변제가 있더라도 당연히 채권최고액이 감액되는 것은 아니므로 이를 원인으로 하는 채권최고액을 감액하는 변경등기신청은 할 수 없고, 당사자간의 근저당권변경계약(채권최고액 변경)에 의하여서만 그 신청이 가능하다.

나. 등기신청방법

(1) 공동신청

근저당권자와 부동산 소유자가 본인임을 확인할 수 있는 주민등록증 등을 가지고 직접 등기소에 출석하여 공동으로 신청함이 원칙이다.

(2) 단독신청

판결에 의한 등기신청인 경우에는 승소한 등기권리자 또는 등기의무자가 단독으로 신청할 수 있다.

(3) 대리인에 의한 신청

등기신청은 반드시 신청인 본인이 하여야 하는 것은 아니고 대리인이 하여도 된다. 등기권리자 또는 등기의무자 일방이 상대방의 대리인이 되거나 쌍방이 제3자에게 위임하여 등기신청을 할 수 있다.

[서식 51] 변경계약에 의한 근저당권변경등기신청서(채권최고액)

근저당권변경등기신청

접 수	년 월 일	처 리 인	등기관 확인	각종 통지
	제 호			

① 부동산의 표시			
1. 서울특별시 서초구 서초동 100 대 300㎡ 2. 서울특별시 서초구 서초동 100 [도로명주소] 서울특별시 서초구 서초대로 88길 10 시멘트 벽돌조 슬래브지붕 2층 주택 1층 100㎡ 2층 100㎡ 이 상			
② 등기원인과 그 연월일	2020년 12월 20일 변경계약		
③ 등 기 의 목 적	근저당권변경		
④ 변 경 할 사 항	2020년 8월 2일 접수 제1128호로 경료한 등기사항 중 채권최고액 금 “70,000,000원”을 “80,000,000원”으로 변경		
구분	성 명 (상호·명칭)	주민등록번호 (등기용등록번호)	주 소 (소 재 지)

<table>
<tr><td>⑤ 등기의무자</td><td>이 상 선</td><td>000000-0000000</td><td colspan="3">서울특별시 서초구 서초대로 88길 20(서초동)</td></tr>
<tr><td>⑥ 등기권리자</td><td>김 갑 동</td><td>000000-0000000</td><td colspan="3">서울특별시 중구 다동길 96(다동)</td></tr>
<tr><td colspan="3">⑦ 등 록 면 허 세</td><td colspan="3">금 20,000 원</td></tr>
<tr><td colspan="3">⑦ 지 방 교 육 세</td><td colspan="3">금 4,000 원</td></tr>
<tr><td colspan="3">⑧ 세 액 합 계</td><td colspan="3">금 24,000 원</td></tr>
<tr><td colspan="3" rowspan="3">⑨ 등 기 신 청 수 수 료</td><td colspan="3">금 6,000 원</td></tr>
<tr><td colspan="3">납부번호 : ○○-○○-○○○○○○-○</td></tr>
<tr><td colspan="3">일괄납부 : 건 원</td></tr>
<tr><td colspan="6">⑩ 등기의무자의 등기필정보</td></tr>
<tr><td colspan="2">부동산고유번호</td><td colspan="4">1102-2006-002095</td></tr>
<tr><td colspan="2">성 명(명 칭)</td><td colspan="2">일련번호</td><td colspan="2">비밀번호</td></tr>
<tr><td colspan="2">이 상 선</td><td colspan="2">Q77C-LO7I-35J5</td><td colspan="2">40-4636</td></tr>
<tr><td colspan="6">⑪ 첨 부 서 면</td></tr>
<tr><td colspan="3">1. 근저당권변경계약서 1통
1. 등록면허세영수필확인서 1통
1. 등기필증 1통</td><td colspan="3">1. 인감증명서나 본인서명사실확인서 또는 전자본인서명확인서 발급증 1통
〈기 타〉</td></tr>
<tr><td colspan="6">20○○년 ○월 ○일

⑫ 위 신청인 이 상 선 ㊞ (전화 : 200-1234)
김 갑 동 ㊞ (전화 : 201-2345)
(또는)위 대리인 (전화 :)

○○지방법원 ○○등기소 귀중</td></tr>
</table>

[신청서 작성요령]

1. 부동산표시란에 2개 이상의 부동산을 기재하는 경우에는 부동산의 일련번호를 기재하여야 합니다.
2. 신청인란등 해당란에 기재할 여백이 없을 경우에는 별지를 이용합니다.
3. 담당등기관이 판단하여 위의 첨부 서면 외에 추가적인 서면을 요구할 수 있습니다.

주

1. 등기신청서 기재요령

신청서는 한글과 아라비아숫자로 기재하여야 한다. 부동산의 표시란이나 신청인란 등이 부족할 경우에는 별지로 사용하고, 별지를 포함한 신청서의 각 장 사이에 간인(신청서에 서명을 하였을 때에는 각 장마다 연결되는 서명)을 하여야 한다.

① 부동산의 표시란 : 변경할 근저당권의 목적부동산을 기재하되, 등기기록상 부동산표시와 일치하여야 한다. 부동산이 토지인 경우에는 토지의 소재와 지번, 지목, 면적을 기재하고, 건물인 경우에는 건물의 소재와 지번, 도로명주소(등기기록 표제부에 기록되어 있는 경우), 건물의 종류, 구조, 면적, 건물의 번호가 있는 때에는 그 번호, 부속건물이 있는 때에는 그 종류, 구조와 면적을 기재한다.

② 등기원인과 그 연월일란 : 등기원인은 "변경계약", "신청착오"로 그 연월일은 위 계약서 작성일 등을 기재한다.

③ 등기의 목적란 : "근저당권변경"으로 기재한다.

④ 변경할 사항란 : 변경할 근저당권등기의 접수연월일, 접수번호를 기재하여 변경할 등기를 특정하고, 변경되는 사항을 기재한다. (예) 2016년 12월 2일 접수 제1128호로 경료한 등기사항 중 "채권최고액 금 70,000,000원"을 "80,000,000원"으로 변경

⑤ 등기의무자란 : 채권최고액 증액의 경우는 부동산소유자가 등기의무자가 되며 감액의 경우는 근저당권자가 등기의무자가 되므로 이들의 성명, 주민등록번호, 주소를 기재하되, 등기기록상의 표시와 일치하여야 한다. 그러나 법인인 경우에는 상호(명칭), 본점(주사무소 소재지), 등기용등록번호 및 대표자의 성명과 주소를 기재하고, 법인 아닌 사단이나 재단인 경우에는 상호(명칭), 본점(주사무소 소재지), 등기용등록번호 및 대표자(관리인)의 성명, 주민등록번호, 주소를 각 기재한다.

⑥ 등기권리자란 : 채권최고액 증액의 경우는 근저당권자, 감액의 경우는 소유자를 기재하며 그 기재방법은 등기의무자란과 같다.

⑦ 등록면허세·지방교육세란 : 감액의 경우 부동산 1개당 등록면허세 6,000원, 지방교육세 1,200원으로 계산하여 기재한다. 증액의 경우 증액된 금액의 1,000분의 2에 해당하는 등록면허세를 납부하여야 하고, 증액된 금액이 2,000만원 이상일 경우 국민주택채권도 매입해야 한다.

⑧ 세액합계란 : 등록면허세액과 지방교육세액의 합계를 기재한다.

⑨ 등기신청수수료란 : 부동산 1개당 3,000원의 등기신청수수료 납부액을 기재한다. 다만 전자표준양식에 의하여 신청하는 경우에는 2,000원, 전자신청하는 경우에는 1,000원의 등기신청수수

료를 은행 현금납부, 전자납부, 무인발급기 납부 등의 방법에 따라 납부한 후 등기신청서에 등기신청수수료 영수필확인서를 첨부하고 납부번호를 기재하여 제출한다.

⑩ 등기의무자의 등기필정보란 : ㉮ 등기의무자가 등기를 완료하고 등기필정보를 교부받은 경우 그 등기필정보상에 기재된 부동산고유번호, 성명, 일련번호, 비밀번호를 각 기재(등기필정보를 제출하는 것이 아님)한다. 다만 교부받은 등기필정보를 멸실한 경우에는 부동산등기법 제51조에 의하여 확인서면이나 확인조서 또는 공증서면 중 하나를 첨부한다. ㉯ 등기신청서에 등기필증이나 확인서면 등을 첨부한 경우 이 난은 기재할 필요가 없다.

⑪ 첨부서면란 : 등기신청서에 첨부한 서면을 각 기재한다.

⑫ 신청인등란 : ㉮ 등기의무자와 등기권리자의 성명 및 전화번호를 기재하고, 각자의 인장을 날인하되, 등기의무자는 그의 인감을 날인한다. 그러나 신청인이 법인 또는 법인 아닌 사단이나 재단인 경우에는 상호(명칭)와 대표자(관리인)의 자격 및 성명을 기재하고, 법인이 등기의무자인 때에는 등기소의 증명을 얻은 그 대표자의 인감, 법인 아닌 사단이나 재단인 경우에는 대표자(관리인)의 개인인감을 날인한다. ㉯ 대리인이 등기신청을 하는 경우에는 그 대리인의 성명, 주소, 전화번호를 기재하고 대리인의 인장을 날인 또는 서명을 한다.

2. 등기신청서에 첨부할 서면 등

- 근저당권변경계약서 : 등기원인을 증명하는 서면으로 첨부한다.
- 등기필증 : 등기의무자가 소유자인 경우에는 소유권에 관한 등기필증으로서 소유권 취득시 등기소로부터 교부받은 등기필증을, 근저당권자가 등기의무자인 경우에는 근저당권설정 후 등기소로부터 교부받은 등기필증을 첨부한다. 단, 등기를 완료하고 등기필정보를 교부받은 경우에 그 등기필정보상에 기재된 부동산고유번호, 성명, 일련번호, 비밀번호를 각 기재(등기필정보를 제출하는 것이 아님)한다. 다만, 등기필증(등기필정보)을 멸실하여 첨부(기재)할 수 없는 경우에는 부동산등기법 제51조에 의하여 확인서면이나 확인조서 또는 공증서면 중 하나를 첨부한다.
- 등록면허세영수필확인서 : 시장, 구청장, 군수 등으로부터 등록면허세납부서(OCR용지) 또는 대법원 인터넷등기소의 정액등록면허세납부서 작성기능을 통하여 정액등록면허세납부서를 발급받아 납세지를 관할하는 해당 금융기관에 세금을 납부한 후 등록면허세영수필확인서와 영수증을 교부받아 영수증은 본인이 보관하고 등록면허세영수필확인서만 신청서의 등록면허세액표시란의 좌측상단 여백에 첨부하거나, 또는 지방세인터넷납부시스템을 이용하여 납부하고 출력한 등록면허세납부확인서를 첨부한다.
- 인감증명서 등 : 소유자인 등기의무자의 인감증명서(발행일로부터 3월 이내)를 첨부하거나, 인감증명을 갈음하여 「본인서명사실확인등에관한법률」에 따라 발급된 본인서명사실확인서(발행일부터 3개월 이내)에 기재한 서명(전자본인서명확인서 발급증을 제출할 경우에도 서명)을 하고 본인서명사실확인서(전자본인서명확인서 발급증)을 첨부한다.
- 법인등기사항전부(일부)증명서 : 신청인이 법인인 경우에는 법인등기사항전부증명서 또는 법인등기사항일부증명서(각 발행일로부터 3월 이내)를 첨부한다.
- 위임장 : 등기신청을 법무사 등 대리인에게 위임하는 경우에 첨부한다.

3. 등기신청서류 편철순서

신청서, 등록면허세영수필확인서, 등기신청수수료 영수필확인서, 위임장, 인감증명서나 본인서명사실확인서 또는 전자본인서명확인서 발급증, 근저당권변경계약서, 등기필증 등의 순으로 편철한다.

4. 기타 참고사항

근저당권 채권최고액 증액의 경우 등기신청시 등기상 이해관계 있는 제3자가 있는 경우에는 그 제3자의 승낙서(인감증명서 포함) 또는 이에 대항할 수 있는 재판서 등본을 첨부하여야 하고(이 경우 부기등기로 함), 그 승낙서 등이 첨부되지 않을 때는 주등기에 의해 등기상 다른 권리의 후순위로 등기를 하게 된다. 감액의 경우 등기상 이해관계 있는 제3자가 있는 경우에는 그 제3자의 승낙서(인감증명서 포함) 또는 이에 대항할 수 있는 재판서 등본이 반드시 첨부되어야 한다.

52. 변경계약에 의한 근저당권변경등기신청(목적물변경)

가. 의 의

공유지분을 목적으로 하는 근저당권설정등기를 소유권 전부에 대한 근저당권으로 변경하는 것은 주로 공유물분할 후에 근저당권을 어느 한 부동산에 집중하고자 할 때 이용하는 신청으로 이를 근저당권변경의 형식으로 처리하고 있다.

나. 등기신청방법

(1) 공동신청

변경등기에 의하여 형식상 불리한 지위에서는 기존의 등기명의인이 등기의무자가 되고, 변경등기로 인하여 유리한 지위에 서는 자가 등기권리자가 되어 등기소에 출석하여 공동으로 신청함이 원칙이다.

(2) 단독신청

판결에 의한 등기신청인 경우에는 승소한 등기권리자 또는 등기의무자가 단독으로 신청할 수 있다.

(3) 대리인에 의한 신청

등기신청은 반드시 신청인 본인이 하여야 하는 것은 아니고 대리인이 하여도 된다. 등기권리자 또는 등기의무자 일방이 상대방의 대리인이 되거나 쌍방이 제3자에게 위임하여 등기신청을 할 수 있다.

[서식 52] 변경계약에 의한 근저당권변경등기신청서(목적물변경)

근저당권변경등기신청

접 수	년 월 일	처 리 인	등기관 확인	각종 통지
	제 호			

① 부동산의 표시			
1. 서울특별시 서초구 서초동 100 대 300㎡ 2. 서울특별시 서초구 서초동 100 [도로명주소] 서울특별시 서초구 서초대로 88길 10 시멘트 벽돌조 슬래브지붕 2층주택 1층 100㎡ 2층 100㎡ 이 상			
② 등기원인과 그 연월일	2020년 12월 20일 변경계약		
③ 등 기 의 목 적	근저당권변경		
④ 변 경 할 사 항	2019년 10월 23일 접수 제1128호로 경료한 근저당권 등기사항 중 등기의 목적 "갑구 1번 이상선 지분전부 근저당권설정"을 "소유권전부 근저당권설정"으로 변경함		
구분	성 명 (상호·명칭)	주민등록번호 (등기용등록번호)	주 소 (소 재 지)
⑤ 등기의무자	이 상 선	000000-0000000	서울특별시 서초구 서초대로 20길 16(서초동)
⑥ 등기권리자	김 갑 동	000000-0000000	서울특별시 중구 다동길 96(다동)
⑦ 등 록 면 허 세	금 12,000 원		

<table>
<tr><td colspan="2">⑦ 지 방 교 육 세</td><td colspan="2">금 2,400 원</td></tr>
<tr><td colspan="2">⑧ 세 액 합 계</td><td colspan="2">금 14,400 원</td></tr>
<tr><td colspan="2" rowspan="3">⑨ 등 기 신 청 수 수 료</td><td colspan="2">금 6,000 원</td></tr>
<tr><td colspan="2">납부번호 : ○○-○○-○○○○○-○</td></tr>
<tr><td colspan="2">일괄납부 : 건 원</td></tr>
<tr><td colspan="4">⑩ 등기의무자의 등기필정보</td></tr>
<tr><td>부동산고유번호</td><td colspan="3">1102-2006-002095</td></tr>
<tr><td>성 명(명 칭)</td><td colspan="2">일련번호</td><td>비밀번호</td></tr>
<tr><td>이 상 선</td><td colspan="2">Q77C-LO71-35J5</td><td>40-4636</td></tr>
<tr><td colspan="4">⑪ 첨 부 서 면</td></tr>
<tr><td colspan="2">1. 근저당권변경계약서 1통
1. 등록면허세영수필확인서 1통
1. 인감증명서나 본인서명사실확인서
또는 전자본인서명확인서 발급증 1통</td><td colspan="2">1. 등기필증 1통
1. 위임장 1통
〈기 타〉</td></tr>
<tr><td colspan="4">20○○년 ○월 ○일

⑫ 위 신청인 ㊞ (전화 :)

(또는)위 대리인 법무사 홍 길 동 ㊞ (전화 : 300-1234)
서울특별시 서초구 서초대로 73길 24(서초동)

○○지방법원 ○○등기소 귀중

법무사 홍 길 동 (직인)</td></tr>
</table>

[신청서 작성요령]

1. 부동산표시란에 2개 이상의 부동산을 기재하는 경우에는 부동산의 일련번호를 기재하여야 합니다.
2. 신청인란등 해당란에 기재할 여백이 없을 경우에는 별지를 이용합니다.
3. 담당등기관이 판단하여 위의 첨부 서면 외에 추가적인 서면을 요구할 수 있습니다.

주

1. 등기신청서 기재요령

신청서는 한글과 아라비아숫자로 기재하여야 한다. 부동산의 표시란이나 신청인란 등이 부족할 경우에는 별지로 사용하고, 별지를 포함한 신청서의 각 장 사이에 간인(신청서에 서명을 하였을 때에는 각 장마다 연결되는 서명)을 하여야 한다.

① 부동산의 표시란 : 변경할 근저당권의 목적부동산을 기재하되, 등기기록상 부동산 표시와 일치하여야 한다. 부동산이 토지인 경우에는 토지의 소재와 지번, 지목, 면적을 기재하고, 건물인 경우에는 건물의 소재와 지번, 도로명주소(등기기록 표제부에 기록되어 있는 경우), 건물의 종류, 구조, 면적, 건물의 번호가 있는 때에는 그 번호, 부속건물이 있는 때에는 그 종류, 구조와 면적을 기재한다.

② 등기원인과 그 연월일란 : 등기원인은 "변경계약"으로, 그 연월일은 변경계약성립일을 기재한다.

③ 등기의 목적란 : "근저당권변경"으로 기재한다.

④ 변경할 사항란 : 2019년 10월 23일 접수 제1128호로 경료된 근저당권설정등기의 등기목적 "갑구 1번 이상선 지분전부 근저당권설정"을 "소유권전부 근저당권설정"으로 변경함.

⑤ 등기의무자란 : 등기의무자의 성명, 주민등록번호, 주소를 기재하되, 등기기록상 소유자 표시와 일치하여야 한다. 다만 등기기록상 등기신청인의 주소가 지번방식의 주소인 경우에도 등기의무자가 제공한 주민등록등(초)본 혹은 도로명주소 정보(건축물대장, 행정안전부 '새주소 안내시스템'의 조화결과물 등) 등에 의하여 해당 지번방식의 주소에 대한 도로명주소임이 인정되는 경우에는 등기신청을 수리하여야 한다. 즉 등기기록상 등기명의인의 주소를 도로명주소로 변경등기를 하지 아니 하여도 근저당권변경등기를 신청할 수 있다.

⑥ 등기권리자란 : 등기권리자를 기재하는 난으로, 그 기재방법은 등기의무란과 같다.

⑦ 등록면허세·지방교육세란 : 부동산 1개당 등록면허세 6,000원, 지방교육세 1,200원을 납부하여 기재한다.

⑧ 세액합계란 : 등록면허세액과 지방교육세액의 합계를 기재한다.

⑨ 등기신청수수료란 : 부동산 1개당 3,000원의 등기신청수수료 납부액을 기재한다. 다만 전자표준양식에 의하여 신청하는 경우에는 2,000원, 전자신청하는 경우에는 1,000원의 등기신청수수료를 은행 현금납부, 전자납부, 무인발급기 납부 등의 방법에 따라 납부한 후 등기신청서에 등기신청수수료 영수필확인서를 첨부하고 납부번호를 기재하여 제출한다.

⑩ 등기의무자의 등기필정보란 : ㉮ 소유권 취득에 관한 등기를 완료하고 등기필정보를 교부받은 경우 그 등기필정보상에 기재된 부동산고유번호, 성명, 일련번호, 비밀번호를 각 기재(등기필정보를 제출하는 것이 아님)한다. 다만 교부받은 등기필정보를 멸실한 경우에는 부동산등기법 제51조에 의하여 확인서면이나 확인조서 또는 공증서면 중 하나를 첨부한다. ㉯ 등기신청서에 등기필증이나 확인서면 등을 첨부한 경우 이 난은 기재할 필요가 없다.

⑪ 첨부서면란 : 등기신청서에 첨부한 서면을 각 기재한다.

⑫ 신청인등란 : ㉮ 등기의무자와 등기권리자의 성명 및 전화번호를 기재하고, 각자의 인장을 날인하되, 등기의무자는 그의 인감을 날인한다. 그러나 신청인이 법인 또는 법인 아닌 사단이나 재단인 경우에는 상호(명칭)와 대표자(관리인)의 자격 및 성명을 기재하고, 법인이 등기의무자인 때에는 등기소의 증명을 얻은 그 대표자의 인감, 법인 아닌 사단이나 재단인 경우에는 대표자(관리인)의 개인인감을 날인한다. ㉯ 대리인이 등기신청을 하는 경우에는 그 대리인의 성명, 주소, 전화번호를 기재하고 대리인의 인장을 날인 또는 서명을 한다.

2. 등기신청서에 첨부할 서면 등

- 근저당권변경계약서 : 등기원인서면으로 근저당권변경계약서를 첨부한다.
- 등기필증 : 등기의무자의 소유권에 관한 등기필증을 제출하는 것이지 원래의 근저당권등기필증을 제출하는 것은 아니다. 등기의무자에게 등기필정보·등기필증·등기완료통지서가 없는 경우에는 법무사 등이 등기의무자 본인임을 확인한 확인서면 등을 제출한다.
- 등록면허세영수필확인서 : 시장, 구청장, 군수 등으로부터 등록면허세납부서(OCR용지) 또는 대법원 인터넷등기소의 정액등록면허세납부서 작성기능을 통하여 정액등록면허세납부서를 발급받아 납세지를 관할하는 해당 금융기관에 세금을 납부한 후 등록면허세영수필확인서와 영수증을 교부받아 영수증은 본인이 보관하고 등록면허세영수필확인서만 신청서의 등록면허세액표시란의 좌측상단 여백에 첨부하거나, 또는 지방세인터넷납부시스템을 이용하여 납부하고 출력한 등록면허세납부확인서를 첨부한다.
- 이해관계인의 승낙서 : 권리변경등기에 대하여 등기상 이해관계인이 있는 경우에는 그의 승낙이 있어야만 그 변경등기를 부기등기로 할 수 있다(부등규 제52조 제5호).
- 인감증명서 등 : 소유자(등기의무자)의 인감증명서(발행일로부터 3월 이내)를 첨부하거나, 인감증명을 갈음하여 「본인서명사실확인등에관한법률」에 따라 발급된 본인서명사실확인서(발행일부터 3개월 이내)에 기재한 서명(전자본인서명확인서 발급증을 제출할 경우에도 서명)을 하고 본인서명사실확인서(전자본인서명확인서 발급증)을 첨부한다. 부동산등기규칙 제60조 및 제61조에 의하여 인감증명을 첨부하여야 하는 자가 법인인 경우에는 등기소의 증명을 얻은 대표자의 인감증명서를, 법인 아닌 사단 또는 재단인 경우에는 대표자 또는 관리인의 인감증명서를 제출한다.
- 법인등기사항전부(일부)증명서 : ㉮ 신청인이 법인인 경우에는 법인등기사항전부증명서 또는 법인등기사항일부증명서(각 발행일로부터 3월 이내)를 첨부한다. 다만, 법인등기가 되어 있는 등기소와 부동산소재지 관할 등기소가 동일한 경우에는 위 법인등기사항증명서를 제출할 필요가 없다. ㉯ 법인 아닌 사단 또는 재단이 등기를 신청하는 경우에는 정관이나 그 밖의 규약, 대표자나 관리인임을 증명하는 정보(다만, 등기되어 있는 대표자나 관리인이 신청하는 경우에는 그러하지 아니하다), 대표자나 관리인의 주소 및 주민등록번호를 증명하는 정보를 첨부한다. 법인 아닌 사단 또는 재단의 주소 및 부동산등기용등록번호를 증명하는 정보(새로이 등기명의인이 되는 경우에 한한다), 대표자나 관리인의 주소 및 주민등록번호를 증명하는 정보를 제공한다. 다만 법인 아닌 사단이 등기의무자인 경우에는 민법 제276조 소정의 사원총회의 결의서도 첨부한다(부등규 제48조).
- 위임장 : 등기신청을 법무사 등 대리인에게 위임하는 경우에 첨부한다. 위임인의 성명과 주소를 기재하고 인장을 날인하되 부동산등기규칙 제60조 제1항 제1호 내지 제3호에 해당하여 인감증명을 제출하여야 하는 자는 위임장에 인감을 날인하여야 하나, 위 규칙 제60조 제1호 내지 제3호에 해당하지 않는 자는 인감날인 대신에 일반적인 기명날인 혹은 서명으로 갈음할 수 있다.

3. 등기신청서류 편철순서

신청서, 등록면허세영수필확인서, 등기신청수수료 영수필확인서, 위임장, 인감증명서나 본인서명사실확인서 또는 전자본인서명확인서 발급증, 근저당권변경계약서, 등기필증 등의 순으로 편철한다.

53. 확정채무의 면책적 인수에 의한 근저당권변경등기신청

가. 의 의

근저당권의 피담보채권이 확정된 후에 제3자가 피담보채무를 면책적으로 인수한 경우에 하는 채무자변경의 근저당권변경등기신청을 하여야 한다. 확정채무를 중첩적으로 인수하는 경우에도 마찬가지이다.

나. 등기신청방법

(1) 공동신청

근저당권자(등기권리자)와 부동산 소유자(등기의무자)가 본인임을 확인할 수 있는 주민등록증 등을 가지고 직접 등기소에 출석하여 공동으로 신청함이 원칙이다.

(2) 단독신청

판결에 의한 등기신청인 경우에는 승소한 등기권리자 또는 등기의무자가 단독으로 신청할 수 있다.

(3) 대리인에 의한 신청

등기신청은 반드시 신청인 본인이 하여야 하는 것은 아니고 대리인이 하여도 된다. 등기권리자 또는 등기의무자 일방이 상대방의 대리인이 되거나 쌍방이 제3자에게 위임하여 등기신청을 할 수 있다.

[서식 53] 확정채무의 면책적 인수에 의한 근저당권변경등기신청서

근저당권변경등기신청

<table>
<tr><td rowspan="2">접 수</td><td>년 월 일</td><td rowspan="2">처 리 인</td><td>등기관 확인</td><td>각종 통지</td></tr>
<tr><td>제 호</td><td></td><td></td></tr>
</table>

<table>
<tr><td colspan="4">① 부동산의 표시</td></tr>
<tr><td colspan="4">1. 서울특별시 서초구 서초동 100 대 300㎡

2. 서울특별시 서초구 서초동 100
[도로명주소] 서울특별시 서초구 서초대로 88길 10
시멘트 벽돌조 슬래브지붕 2층 주택
1층 100㎡
2층 100㎡

이 상</td></tr>
<tr><td colspan="2">② 등기원인과 그 연월일</td><td colspan="2">2020년 8월 20일 확정채무의 면책적 인수</td></tr>
<tr><td colspan="2">③ 등 기 의 목 적</td><td colspan="2">근저당권변경</td></tr>
<tr><td colspan="2">④ 변 경 할 사 항</td><td colspan="2">2019년 10월 2일 접수 제1128호로 경료한 순위 2번 근저당권 등기사항 중 구채무자 “이상선, 서울특별시 서초구 서초대로 88길 20 (서초동)”을 신채무자 “김대웅, 서울특별시 용산구 독서당로 150 (한남동)”으로 변경</td></tr>
<tr><td>구분</td><td>성 명
(상호·명칭)</td><td>주민등록번호
(등기용등록번호)</td><td>주 소 (소 재 지)</td></tr>
<tr><td>⑤ 등기의무자</td><td>이 상 선</td><td>000000-0000000</td><td>서울특별시 서초구 서초대로 88길 20 (서초동)</td></tr>
<tr><td>⑥ 등기권리자</td><td>김 갑 동</td><td>000000-0000000</td><td>서울특별시 중구 다동길 96(다동)</td></tr>
</table>

<table>
<tr><td colspan="2">⑦ 등 록 면 허 세</td><td colspan="2">금 12,000 원</td></tr>
<tr><td colspan="2">⑦ 지 방 교 육 세</td><td colspan="2">금 2,400 원</td></tr>
<tr><td colspan="2">⑧ 세 액 합 계</td><td colspan="2">금 14,400 원</td></tr>
<tr><td colspan="2" rowspan="3">⑨ 등 기 신 청 수 수 료</td><td colspan="2">금 6,000 원</td></tr>
<tr><td colspan="2">납부번호 : ○○-○○-○○○○○○-○</td></tr>
<tr><td colspan="2">일괄납부 : 건 원</td></tr>
<tr><td colspan="4">⑩ 등기의무자의 등기필정보</td></tr>
<tr><td>부동산고유번호</td><td colspan="3">1102-2006-002095</td></tr>
<tr><td>성 명(명 칭)</td><td colspan="2">일련번호</td><td>비밀번호</td></tr>
<tr><td>이 상 선</td><td colspan="2">Q77C-LO71-35J5</td><td>40-4636</td></tr>
<tr><td colspan="4">⑪ 첨 부 서 면</td></tr>
<tr><td colspan="2">1. 근저당권변경계약서 1통
1. 등록면허세영수필확인서 1통
1. 등기필증 1통</td><td colspan="2">1. 인감증명서나 본인서명사실확인서
또는 전자본인서명확인서 발급증 1통
1. 위임장 1통</td></tr>
<tr><td colspan="4">20○○년 ○월 ○일

⑫ 위 신청인 ㊞ (전화 :)

(또는)위 대리인 법무사 홍 길 동 ㊞ (전화 : 300-1234)
서울특별시 서초구 서초대로 73길 24(서초동)

○○지방법원 ○○등기소 귀중

법무사 홍 길 동 (직인)</td></tr>
</table>

[신청서 작성요령]

1. 부동산표시란에 2개 이상의 부동산을 기재하는 경우에는 부동산의 일련번호를 기재하여야 합니다.
2. 신청인란등 해당란에 기재할 여백이 없을 경우에는 별지를 이용합니다.
3. 담당등기관이 판단하여 위의 첨부 서면 외에 추가적인 서면을 요구할 수 있습니다.

주

1. 등기신청서 기재요령

신청서는 한글과 아라비아숫자로 기재하여야 한다. 부동산의 표시란이나 신청인란 등이 부족할 경우에는 별지로 사용하고, 별지를 포함한 신청서의 각 장 사이에 간인(신청서에 서명을 하였을 때에는 각 장마다 연결되는 서명)을 하여야 한다.

① 부동산의 표시란 : 변경할 근저당권의 목적부동산을 기재하되, 등기기록상 부동산 표시와 일치하여야 한다. 부동산이 토지인 경우에는 토지의 소재와 지번, 지목, 면적을 기재하고, 건물인 경우에는 건물의 소재와 지번, 도로명주소(등기기록 표제부에 기록되어 있는 경우), 건물의 종류, 구조, 면적, 건물의 번호가 있는 때에는 그 번호, 부속건물이 있는 때에는 그 종류, 구조와 면적을 기재한다.

② 등기원인과 그 연월일란 : 등기원인은 그 변경사유에 따라 "확정채무의 면책적 인수", "확정채무의 중첩적 인수", "협의분할에 의한 상속" 등으로, 그 연월일은 위 계약서작성일 등을 기재한다. 다만 "협의분할에 의한 상속"에 의한 경우 그 연월일은 피상속인의 사망일을 기재한다.

③ 등기의 목적란 : "근저당권변경"으로 기재한다.

④ 변경할 사항란 : 변경할 근저당권등기의 접수연월일, 접수번호를 기재하여 변경할 등기를 특정하고, 채무자 변경 등 변경되는 사항을 기재한다. (예) 2019년 10월 2일 접수 제1128호로 경료한 등기사항 중 구채무자 "이상선, 서울특별시 서초구 서초대로 88길 20(서초동)"을 신채무자 "김대웅, 서울특별시 용산구 독서당로 150(한남동)"으로 변경.

⑤ 등기의무자란 : 부동산소유자의 성명, 주민등록번호, 주소를 기재하되, 등기기록상 소유자 표시와 일치하여야 한다. 다만 등기기록상 등기신청인의 주소가 지번방식의 주소인 경우에도 등기의무자가 제공한 주민등록등(초)본 혹은 도로명주소 정보(건축물대장, 행정안전부 '새주소 안내시스템'의 조화결과물 등) 등에 의하여 해당 지번방식의 주소에 대한 도로명주소임이 인정되는 경우에는 등기사건을 수리하여야 한다. 즉 등기기록상 등기명의인의 주소를 도로명주소로 변경등기를 하지 아니하여도 근저당권변경등기를 신청할 수 있다.

⑥ 등기권리자란 : 근저당권자를 기재하는 난으로, 그 기재방법은 등기의무자란과 같다.

⑦ 등록면허세·지방교육세란 : 부동산 1개당 등록면허세 6,000원, 지방교육세 1,200원으로 계산하여 기재한다.

⑧ 세액합계란 : 등록면허세액과 지방교육세액의 합계를 기재한다.

⑨ 등기신청수수료란 : 부동산 1개당 3,000원의 등기신청수수료 납부액을 기재한다. 다만 전자표준양식에 의하여 신청하는 경우에는 2,000원, 전자신청하는 경우에는 1,000원의 등기신청수수료를 은행 현금납부, 전자납부, 무인발급기 납부 등의 방법에 따라 납부한 후 등기신청서에 등기신청수수료 영수필확인서를 첨부하고 납부번호를 기재하여 제출한다.

⑩ 등기의무자의 등기필정보란 : ㉮ 소유권 취득에 관한 등기를 완료하고 등기필정보를 교부받은 경우 그 등기필정보상에 기재된 부동산고유번호, 성명, 일련번호, 비밀번호를 각 기재(등기필정보를 제출하는 것이 아님)한다. 다만 교부받은 등기필정보를 멸실한 경우에는 부동산등기법 제51조에 의하여 확인서면이나 확인조서 또는 공증서면 중 하나를 첨부한다. ㉯ 등기신청서에 등기필증이나 확인서면 등을 첨부한 경우 이 난은 기재할 필요가 없다.

⑪ 첨부서면란 : 등기신청서에 첨부한 서면을 각 기재한다.

⑫ 신청인등란 : ㉮ 등기의무자와 등기권리자의 성명 및 전화번호를 기재하고, 각자의 인장을

날인하되, 등기의무자는 그의 인감을 날인한다. 그러나 신청인이 법인 또는 법인 아닌 사단이나 재단인 경우에는 상호(명칭)와 대표자(관리인)의 자격 및 성명을 기재하고, 법인이 등기의무자인 때에는 등기소의 증명을 얻은 그 대표자의 인감, 법인 아닌 사단이나 재단인 경우에는 대표자(관리인)의 개인인감을 날인한다. ㉯ 대리인이 등기신청을 하는 경우에는 그 대리인의 성명, 주소, 전화번호를 기재하고 대리인의 인장을 날인 또는 서명을 한다.

2. 등기신청서에 첨부할 서면 등

- 근저당권변경계약서 : ㉮ 피담보채권 확정 후의 채무자변경의 경우, 등기원인증서로 첨부하는 근저당권변경계약서에는 근저당권이 확정된 사실과 그 채권액, 그 채무에 대하여 면책적 또는 중첩적 채무인수가 있다는 사실이 기재되어야 한다. 한편, 근저당권 확정 전의 채무자 변경으로 인한 근저당권변경등기의 등기원인증서는 이론상 계약인수(가입)계약서(부동산과 근저당권의 표시가 된 것)가 되어야 하지만 실무에서는 통상 근저당권변경계약서를 첨부하고 있다. 금융기관이 근저당권자인 경우 "근저당권변경계약서(계약인수용)"이라는 문서를 등기원인증서로 제출하고 있다. ㉯ 또한 채무자가 사망하여 상속인들이 상속재산협의분할계약서를 작성하여 그 채무를 승계하고 그에 따른 근저당권변경등기를 신청하는 경우에는 상속재산협의분할계약서를 제출한다.
- 등기필증 : 등기의무자의 소유권에 관한 등기필증을 제출하는 것이지 원래의 근저당권등기필증을 제출하는 것은 아니다. 등기의무자에게 등기필정보·등기필증·등기완료통지서가 없는 경우에는 법무사 등이 등기의무자 본인임을 확인한 확인서면 등을 제출한다.
- 등록면허세영수필확인서 : 시장, 구청장, 군수 등으로부터 등록면허세납부서(OCR용지) 또는 대법원 인터넷등기소의 정액등록면허세납부서 작성기능을 통하여 정액등록면허세납부서를 발급받아 납세지를 관할하는 해당 금융기관에 세금을 납부한 후 등록면허세영수필확인서와 영수증을 교부받아 영수증은 본인이 보관하고 등록면허세영수필확인서만 신청서의 등록면허세액표시란의 좌측상단 여백에 첨부하거나, 또는 지방세인터넷납부시스템을 이용하여 납부하고 출력한 등록면허세납부확인서를 첨부한다.
- 이사회의사록 : 주식회사의 이사는 이사회의 승인이 있는 때에 한하여 자기 또는 제3자의 계산으로 회사와 거래할 수 있다(상법 제398조). 이러한 경우에는 등기신청서에 "이사회의 승인을 증명하는 서면"을 제출하여야 하는 바, 위 "이사회의 승인을 증명하는 서면"(이사회의사록)에는 그 서면에 날인한 이사들의 인감증명서 또는 본인서명사실확인서를 제출할 수 있다. 이 이사회의사록을 공증받을 필요는 없으나 날인한 이사의 인감증명 또는 본인서명사실확인서를 제출한다. 당초 근저당권설정등기를 할 때에는 채무자가 주식회사의 대표이사나 이사 개인명의였는데 그 후 채무자가 회사명의로 바뀌거나 회사가 채무자로 추가되는 경우에는 법인등기사항증명서 및 이사회의사록을 제출하여야 한다.
- 인감증명서 등 : 소유자(등기의무자)의 인감증명서(발행일로부터 3월 이내)를 첨부하거나, 인감증명을 갈음하여 「본인서명사실확인등에관한법률」에 따라 발급된 본인서명사실확인서(발행일부터 3개월 이내)에 기재한 서명(전자본인서명확인서 발급증을 제출할 경우에도 서명)을 하고 본인서명사실확인서(전자본인서명확인서 발급증)을 첨부한다. 부동산등기규칙 제60조 및 제61조에 의하여 인감증명을 첨부하여야 하는 자가 법인인 경우에는 등기소의 증명을 얻은 대표자의 인감증명서를, 법인 아닌 사단 또는 재단인 경우에는 대표자 또는 관리인의 인감증명서를 제출한다. 또한 상속재산의 협의분할을 원인으로 근저당권변경등기를 신청하는 경우에는 상속재산협의분할계약서, 제적등본, 기본증명서, 가족관계증명서 등

을 제출하고, 상속재산협의분할계약서에 날인한 상속인 전원의 인감증명서를 제출하거나, 본인서명사실확인서를 첨부할 수 있다.

- 법인등기사항전부(일부)증명서 : ㉮ 신청인이 법인인 경우에는 법인등기사항전부증명서 또는 법인등기사항일부증명서(각 발행일로부터 3월 이내)를 첨부한다. 다만, 법인등기가 되어 있는 등기소와 부동산소재지 관할 등기소가 동일한 경우에는 위 법인등기사항증명서를 제출할 필요가 없다. ㉯ 법인 아닌 사단 또는 재단이 등기를 신청하는 경우에는 정관이나 그 밖의 규약, 대표자나 관리인임을 증명하는 정보(다만, 등기되어 있는 대표자나 관리인이 신청하는 경우에는 그러하지 아니하다), 대표자나 관리인의 주소 및 주민등록번호를 증명하는 정보를 첨부한다. 법인 아닌 사단 또는 재단의 주소 및 부동산등기용등록번호를 증명하는 정보(새로이 등기명의인이 되는 경우에 한한다), 대표자나 관리인의 주소 및 주민등록번호를 증명하는 정보를 제공한다. 다만 법인 아닌 사단이 등기의무자인 경우에는 민법 제276조 소정의 사원총회의 결의서도 첨부한다(부등규 제48조).
- 위임장 : 등기신청을 법무사 등 대리인에게 위임하는 경우에 첨부한다. 위임인의 성명과 주소를 기재하고 인장을 날인하되 부동산등기규칙 제60조 제1항 제1호 내지 제3호에 해당하여 인감증명을 제출하여야 하는 자는 위임장에 인감을 날인하여야 하나, 위 규칙 제60조 제1호 내지 제3호에 해당하지 않는 자는 인감날인 대신에 일반적인 기명날인 혹은 서명으로 갈음할 수 있다.

3. 등기신청서류 편철순서

신청서, 등록면허세영수필확인서, 등기신청수수료 영수필확인서, 위임장, 인감증명서나 본인서명사실확인서 또는 전자본인서명확인서 발급증, 근저당권변경계약서, 등기필증 등의 순으로 편철한다.

54. 확정채권양도에 의한 근저당권이전등기신청

가. 의 의

근저당권의 피담보채권이 확정된 후에 채권이 제3자에게 전부 양도된 경우에 확정채권양도를 원인으로 하여 근저당권이전(즉, 근저당권이 채권과 같이 이전)을 신청하는 등기이다.

나. 등기신청방법

(1) 공동신청

확정채권양수인(등기권리자)과 확정채권양도인(등기의무자)이 본인임을 확인할 수 있는 주민등록증 등을 가지고 직접 등기소에 출석하여 공동으로 신청함이 원칙이다.

(2) 단독신청

판결에 의한 등기신청인 경우에는 승소한 등기권리자 또는 등기의무자가 단독으로 신청할 수 있다.

(3) 대리인에 의한 신청

등기신청은 반드시 신청인 본인이 하여야 하는 것은 아니고 대리인이 하여도 된다. 등기권리자 또는 등기의무자 일방이 상대방의 대리인이 되거나 쌍방이 제3자에게 위임하여 등기신청을 할 수 있다.

[서식 54] 확정채권양도에 의한 근저당권이전등기신청서

근저당권이전등기신청

접 수	년 월 일	처 리 인	등기관 확인	각종 통지
	제 호			

① 부동산의 표시	
서울특별시 서초구 서초동 100 [도로명주소] 서울특별시 서초구 서초대로 88길 10 시멘트 벽돌조 슬래브지붕 2층 주택 1층 100㎡ 2층 100㎡ 이 상	
② 등기원인과 그 연월일	2020년 8월 20일 확정채권양도
③ 등 기 의 목 적	근저당권이전
④ 이 전 할 근 저 당 권	2019년 10월 6일 접수 제38271호 순위 제1번으로 등기한 근저당권 설정등기. 단, 근저당권은 채권과 함께 이전함.

구분	성 명 (상호·명칭)	주민등록번호 (등기용등록번호)	주 소 (소 재 지)	지 분 (개인별)

<table>
<tr><td>⑤
등
기
의
무
자</td><td>이 상 선</td><td>000000-0000000</td><td>서울특별시 서초구 서초대로
88길 20(서초동)</td><td></td></tr>
<tr><td>⑥
등
기
권
리
자</td><td>김 갑 동</td><td>000000-0000000</td><td>서울특별시 중구 다동길 96
(다동)</td><td></td></tr>
</table>

<table>
<tr><td>⑦ 등 록 면 허 세</td><td>금 200,000 원</td></tr>
<tr><td>⑦ 지 방 교 육 세</td><td>금 40,000 원</td></tr>
<tr><td>⑧ 세 액 합 계</td><td>금 240,000 원</td></tr>
<tr><td rowspan="3">⑨ 등 기 신 청 수 수 료</td><td>금 15,000 원</td></tr>
<tr><td>납부번호 : ○○-○○-○○○○○○-○</td></tr>
<tr><td>일괄납부 : 건 원</td></tr>
<tr><td>⑩ 국 민 주 택 채 권 매 입 금 액</td><td>금 1,000,000 원</td></tr>
<tr><td>⑪ 국 민 주 택 채 권 발 행 번 호</td><td>○ ○ ○</td></tr>
</table>

<table>
<tr><td colspan="3">⑫ 등기의무자의 등기필정보</td></tr>
<tr><td>부동산고유번호</td><td colspan="2">1102-2006-002095</td></tr>
<tr><td>성 명(명 칭)</td><td>일련번호</td><td>비밀번호</td></tr>
<tr><td>이 상 선</td><td>Q77C-LO71-35J5</td><td>40-4636</td></tr>
</table>

<table>
<tr><td colspan="2">⑬ 첨 부 서 면</td></tr>
<tr><td>1. 채권양도계약서 1통
1. 등록면허세영수필확인서 1통
1. 등기필증 1통
1. 주민등록표등(초)본 1통</td><td>1. 인감증명서(일반용)
(양도인 = 근저당권자) 1통
1. 위임장 1통</td></tr>
</table>

20○○년 ○월 ○일

⑭ 위 신청인 ㊞ (전화 :)

(또는)위 대리인 법무사 홍 길 동 ㊞ (전화 : 300-1234)
서울특별시 서초구 서초대로 73길 24(서초동)

○○지방법원 ○○등기소 귀중

법무사 홍 길 동 (직인)

[신청서 작성요령]

1. 부동산표시란에 2개 이상의 부동산을 기재하는 경우에는 부동산의 일련번호를 기재하여야 합니다.
2. 신청인란등 해당란에 기재할 여백이 없을 경우에는 별지를 이용합니다.
3. 담당등기관이 판단하여 위의 첨부 서면 외에 추가적인 서면을 요구할 수 있습니다.

주

1. 등기신청서 기재요령

신청서는 한글과 아라비아숫자로 기재하여야 한다. 부동산의 표시란이나 신청인란 등이 부족할 경우에는 별지로 사용하고, 별지를 포함한 신청서의 각 장 사이에 간인(신청서에 서명을 하였을 때에는 각 장마다 연결되는 서명)을 하여야 한다.

① 부동산의 표시란 : 이전할 근저당권의 목적부동산을 기재하되, 등기기록상 부동산 표시와 일치하여야 한다.

㉮ 1동의 건물의 표시 : 1동의 건물 전체의 소재, 지번, 건물명칭 및 번호, 도로명주소(등기기록 표제부에 기록되어 있는 경우)를 기재한다. 다만 1동의 건물의 번호가 있는 경우(예 : 가동, 나동, 다동 등)에 이를 기재한 때에는 1동의 건물의 구조와 면적을 기재하지 아니한다.

㉯ 전유부분의 건물의 표시 : 건물의 번호, 구조, 면적을 기재한다.

㉰ 대지권의 표시 : 대지권의 목적인 토지의 표시, 대지권의 종류, 비율을 기재한다.

ⓐ 대지권의 목적인 토지의 표시는 토지의 일련번호, 토지의 소재, 지번, 지목, 면적을,
ⓑ 대지권의 종류는 소유권, 지상권, 전세권, 임차권 등 권리의 종류에 따라 기재하며,
ⓒ 대지권의 비율은 대지권의 목적인 토지에 대한 지분비율을 기재한다.

② 등기원인과 그 연월일란 : 피담보채권이 확정되기 전에 근저당권이 이전되는 경우에는 "계약양도", "계약의 일부양도", "계약가입"으로, 본건과 같이 피담보채권이 확정된 후에 근저당권이 이전되는 경우에는 "확정채권양도", "확정채권일부양도", "확정채권대위변제", "확정채권일부대위변제", "확정채권", "채권전부명령",으로 기재한다. 그 연월일은 위 계약서 작성일 등을 기재한다. "대위변제"의 경우에는 대위변제일을 등기원인일자로 기재한다.

③ 등기의 목적란 : "근저당권이전", "근저당권일부이전"으로 기재한다.

④ 이전할 근저당권란 : 이전할 근저당권은 그 등기신청서의 접수연월일과 접수번호로서 표시하고 저당권이 채권과 함께 이전한다는 뜻을 기재한다. 양도금액을 등기신청서나 등기부에 기재할 수는 없다.

⑤ 등기의무자란 : 근저당권자의 성명, 주민등록번호, 주소를 기재하되, 등기기록상 표시와 일치하여야 한다. 등기기록상 등기신청인의 주소가 지번방식의 주소인 경우에도, 등기신청인이 제공한 주민등록등(초)본 혹은 도로명주소 정보(건축물대장, 행정안전부 '새주소 안내시스템'의 조화결과물 등) 등에 의하여 해당 지번방식의 주소에 대한 도로명주소임이 인정되는 경우에는 등기사건을 수리하여야 한다. 즉 등기기록상 등기의무자의 주소를 도로명주소로 변경등기를 하지 아니하여도 근저당권이전등기를 신청할 수 있다.

⑥ 등기권리자란 : 근저당권의 양수인을 기재하는 난으로, 그 기재방법은 등기의무자란과 같다.

⑦ 등록면허세·지방교육세란 : 양도하는 채권액의 2/1,000에 해당하는 등록면허세와 등록면허세의 20/100에 해당하는 지방교육세를 기재한다. 채권일부양도의 경우에는 등록면허세, 주택채권매입기준이 제정되어 있지 않다.

⑧ 세액합계란 : 등록면허세액, 지방교육세액의 합계를 기재한다.

⑨ 등기신청수수료란 : 부동산 1개당 3,000원의 등기신청수수료 납부액을 기재한다. 다만 전자표준양식에 의하여 신청하는 경우에는 2,000원, 전자신청하는 경우에는 1,000원의 등기신청수수료를 은행 현금납부, 전자납부, 무인발급기 납부 등의 방법에 따라 납부한 후 등기신청서에 등기신청수수료 영수필확인서를 첨부하고 납부번호를 기재하여 제출한다.

⑩ 국민주택채권 매입금액란 : 이전하는 채권최고액의 10/1,000에 해당하는 국민주택채권매입금액을 기재한다.

⑪ 국민주택채권 발행번호란 : 국민주택채권 매입시 국민주택채권사무취급기관에서 고지하는 채권발행번호를 기재한다.

⑫ 등기의무자의 등기필정보란 : ㉮ 근저당권설정등기를 완료하고 등기필정보를 교부받은 경우 그 등기필정보상에 기재된 부동산고유번호, 성명, 일련번호, 비밀번호를 각 기재(등기필정보를 제출하는 것이 아님)한다. 다만 교부받은 등기필정보를 멸실한 경우에는 부동산등기법 제51조에 의하여 확인서면이나 확인조서 또는 공증서면 중 하나를 첨부한다. ㉯ 등기신청서에 등기필증이나 확인서면 등을 첨부한 경우 이 난은 기재할 필요가 없다.

⑬ 첨부서면란 : 등기신청서에 첨부한 서면을 각 기재한다.

⑭ 신청인등란 : ㉮ 등기의무자와 등기권리자의 성명 및 전화번호를 기재하고, 각자의 인장을 날인한다. 그러나 신청인이 법인 또는 법인 아닌 사단이나 재단인 경우에는 상호(명칭)와 대표자(관리인)의 자격 및 성명을 기재하고, 대표자(관리인)의 인장을 날인한다. 다만 부동산등기규칙 제60조 제1항 제1호에 해당하는 경우에는 등기의무자의 인감을 날인하되, 법인의 경우에는 등기소의 증명을 얻은 그 대표자의 인감, 법인 아닌 사단이나 재단의 경우에는 대표자(관리인)의 개인인감을 날인한다. ㉯ 대리인이 등기신청을 하는 경우에는 그 대리인의 성명, 주소, 전화번호를 기재하고 그의 인장을 날인 또는 서명한다.

2. 등기신청서에 첨부할 서면 등

• 근저당권이전계약서 : 근저당권이 확정된 후에 근저당권이전등기를 하는 경우, 확정채권양도를 원인으로 근저당권이 이전하는 것이므로, 이론상 근저당권이전등기의 원인증서로는 (확정)채권양도계약서(전부이전) 또는 (확정)채권일부양도계약서(일부이전) (단 양자 모두 부동산 및 근저당권의 표시가 된 것)를 제출하여야 한다. 그러나 이들 계약서에는 부동산의 표시 및 이전되는 근저당권의 표시가 없는 것이 보통이므로 현행 실무는 근저당권이전계약서를 제출하고 있는 실정이다. 그러므로 특정한 근저당권을 이전한다는 취지가 기재되지 않은 채권양도계약서만 제출하는 것으로 근저당권이전등기를 신청할 수는 없다. 다만, 확정

채권의 (일부)대위변제를 원인으로 하는 근저당권이전등기의 경우에는 법률에 의한 물권변동이므로 근저당권이전계약서는 제출할 필요가 없고, 대위변제증서를 첨부한다.

- 등기필증 : 등기의무자의 근저당권에 관한 등기필증으로서 등기의무자가 근저당권설정등기시 등기소로부터 교부받은 등기필증을 말한다. 단, 근저당권설정등기를 완료하고 등기필정보를 교부받은 경우에 그 등기필정보상에 기재된 부동산고유번호, 성명, 일련번호, 비밀번호를 각 기재(등기필정보를 제출하는 것이 아님)한다. 다만, 등기필증(등기필정보)을 멸실하여 첨부(기재)할 수 없는 경우에는 부동산등기법 제51조에 의하여 확인서면이나 확인조서 또는 공증서면 중 하나를 첨부한다.
- 등록면허세영수필확인서 : 시장, 구청장, 군수 등으로부터 등록면허세납부서(OCR용지)를 발급받아 납세지를 관할하는 해당 금융기관에 세금을 납부한 후 등록면허세 영수필확인서와 영수증을 교부받아 영수증은 본인이 보관하고 등록면허세영수필확인서만 신청서의 등록면허세액표시란의 좌측상단 여백에 첨부하거나, 또는 지방세인터넷납부시스템을 이용하여 납부하고 출력한 등록면허세납부확인서를 첨부한다.
- 주민등록표등(초)본 : 등기권리자의 주민등록번호를 증명하는 서면으로 근저당권을 이전받는 자의 주민등록등(초)본을 첨부한다.
- 법인등기사항전부(일부)증명서 : ㉮ 신청인이 법인인 경우에는 법인등기사항전부증명서 또는 법인등기사항일부증명서(각 발행일로부터 3월 이내)를 첨부한다. 다만, 법인등기가 되어 있는 등기소와 부동산소재지 관할 등기소가 동일한 경우에는 위 법인등기사항증명서를 제출할 필요가 없다. ㉯ 법인 아닌 사단 또는 재단이 등기를 신청하는 경우에는 정관이나 그 밖의 규약, 대표자나 관리인임을 증명하는 정보(다만, 등기되어 있는 대표자나 관리인이 신청하는 경우에는 그러하지 아니하다), 대표자나 관리인의 주소 및 주민등록번호를 증명하는 정보를 첨부한다. 법인 아닌 사단 또는 재단의 주소 및 부동산등기용등록번호를 증명하는 정보(새로이 등기명의인이 되는 경우에 한한다), 대표자자 관리인의 주소 및 주민등록번호를 증명하는 정보를 제공한다. 다만 법인 아닌 사단이 등기의무자인 경우에는 민법 제276조 소정의 사원총회의 결의서도 첨부한다(부등규 제48조). ㉰ 주식회사의 이사는 이사회의 승인이 있는 때에 한하여 자기 또는 제3자의 계산으로 회사와 거래를 할 수 있다(상법 제398조). 이러한 경우에는 등기신청서에 "이사회의 승인을 증명하는 서면"을 제출하여야 하는바, 위 "이사회의 승인을 증명하는 서면(이사회의사록)에는 그 서면에 날인한 이사들의 인감증명서 또는 본인서명사실확인서를 첨부할 수 있다. 회사명의의 근저당권 및 채권을 회사의 대표이사 또는 이사 개인명의로 양도하는 경우 등이 이에 해당한다.
- 위임장 : 등기신청을 법무사 등 대리인에게 위임하는 경우에 첨부한다. 위임인의 성명과 주소를 기재하고 인장을 날인하되 부동산등기규칙 제60조 제1항 제1호 내지 제3호에 해당하여 인감증명을 제출하여야 하는 자는 위임장에 인감을 날인하여야 하나, 위 규칙 제60조 제1호 내지 제3호에 해당하지 않는 자는 인감날인 대신에 일반적인 기명날인 혹은 서명으로 갈음할 수 있다.

3. 등기신청서류 편철순서

신청서, 등록면허세영수필확인서, 등기신청수수료 영수필확인서, 위임장, 주민등록표등(초)본, 근저당권이전계약서(채권양도계약서), 근저당권등기필증 등의 순으로 편철한다.

4. 기타 참고사항

근저당권의 피담보채권이 확정되기 전에 "계약양도" 등을 원인으로 근저당권이전등기를 신청하는 경우 위 계약은 양도인, 양수인, 채무자의 3면 계약에 의하여야 하므로, 원인서면인 근저당권이전계약서에 양도인, 양수인은 물론 채무자의 표시와 날인이 있어야 한다. 피담보채권이 확정된 후에 "확정채권양도"를 원인으로 근저당권이전등기를 신청하는 경우 위 채권양도는 양도인과 양수인의 계약에 의하여야 하므로, 원인서면인 근저당권이전계약서에 채무자의 표시와 날인이 반드시 있어야만 하는 것은 아니다(2010. 11. 19. 부동산등기과-2192 질의회답).

55. 확정채권양도에 의한 근저당권일부이전등기신청

가. 의 의

근저당권의 피담보채권이 확정된 후에 그 확정된 채권 중에 일부를 제3자에게 양도한 경우에 확정채권일부양도(일부대위변제)를 원인으로 하여 근저당권의 일부이전을 신청하는 등기이다.

나. 등기신청방법

(1) 공동신청

확정채권양수인(등기권리자)과 확정채권양도인(등기의무자)이 본인임을 확인할 수 있는 주민등록증 등을 가지고 직접 등기소에 출석하여 공동으로 신청함이 원칙이다.

(2) 단독신청

판결에 의한 등기신청인 경우에는 승소한 등기권리자 또는 등기의무자가 단독으로 신청할 수 있다.

(3) 대리인에 의한 신청

등기신청은 반드시 신청인 본인이 하여야 하는 것은 아니고 대리인이 하여도 된다. 등기권리자 또는 등기의무자 일방이 상대방의 대리인이 되거나 쌍방이 제3자에게 위임하여 등기신청을 할 수 있다.

[서식 55] 확정채권양도에 의한 근저당권일부이전등기신청서

근저당권일부이전등기신청

접 수	년 월 일	처 리 인	등기관 확인	각종 통지
	제 호			

① 부동산의 표시				
1동의 건물의 표시 서울특별시 서초구 서초동 100 샛별아파트 가동 [도로명주소] 서울특별시 서초구 서초대로 88길 10 전유부분의 건물의 표시 건물의 번호 : 가 - 1 - 101 구 조 : 철근콘크리트조 면 적 : 1층 101호 91㎡ 대지권의 표시 토지의 표시 : 서울특별시 서초구 서초동 100 대 1800㎡ 대지권의 종류 : 소유권 대지권의 비율 : 800분의 180 이 상				
② 등기원인과 그 연월일	2020년 8월 20일 확정채권일부양도			
③ 등 기 의 목 적	근저당권 일부이전			
④ 이 전 할 근 저 당 권	2019년 10월 6일 접수 제38271호로 등기한 순위 2번등기한 근저당권. 단, 근저당권은 채권과 함께 이전함			
⑤ 양 도 액	금 50,000,000원			
구분	성 명 (상호·명칭)	주민등록번호 (등기용등록번호)	주 소 (소 재 지)	지 분 (개인별)
⑥ 등기의무자	이 상 선	000000-0000000	서울특별시 서초구 서초대로 88길 20(서초동)	

<table>
<tr><td>⑦
등
기
권
리
자</td><td>김 갑 동</td><td>000000-0000000</td><td colspan="2">서울특별시 중구 다동길 96
(다동)</td><td></td></tr>
<tr><td colspan="2">⑧ 등 록 면 허 세</td><td colspan="4">금 100,000 원</td></tr>
<tr><td colspan="2">⑧ 지 방 교 육 세</td><td colspan="4">금 20,000 원</td></tr>
<tr><td colspan="2">⑨ 세 액 합 계</td><td colspan="4">금 120,000 원</td></tr>
<tr><td colspan="2" rowspan="3">⑩ 등 기 신 청 수 수 료</td><td colspan="4">금 15,000 원</td></tr>
<tr><td colspan="4">납부번호 : ○○-○○-○○○○○○-○</td></tr>
<tr><td colspan="4">일괄납부 : 건 원</td></tr>
<tr><td colspan="2">⑪ 국민주택채권매입금액</td><td colspan="4">금 500,000 원</td></tr>
<tr><td colspan="2">⑫ 국민주택채권발행번호</td><td colspan="4">○ ○ ○</td></tr>
<tr><td colspan="6">⑬ 등기의무자의 등기필정보</td></tr>
<tr><td colspan="2">부동산고유번호</td><td colspan="4">1102-2006-002095</td></tr>
<tr><td colspan="2">성 명(명 칭)</td><td colspan="2">일련번호</td><td colspan="2">비밀번호</td></tr>
<tr><td colspan="2">이 상 선</td><td colspan="2">Q77C-LO71-35J5</td><td colspan="2">40-4636</td></tr>
<tr><td colspan="6">⑭ 첨 부 서 면</td></tr>
<tr><td colspan="3">1. 근저당권이전계약서 1통
1. 등록면허세영수필확인서 1통
1. 등기필증 1통
1. 주민등록표등(초)본 1통</td><td colspan="3">1. 위임장 1통
〈기 타〉</td></tr>
<tr><td colspan="6">20○○년 ○월 ○일

⑮ 위 신청인 ㉐ (전화 :)

(또는)위 대리인 법무사 홍 길 동 ㉐ (전화 : 300-1234)
서울특별시 서초구 서초대로 73길 24(서초동)

○○지방법원 ○○등기소 귀중

법무사 홍 길 동 (직인)</td></tr>
</table>

[신청서 작성요령]

1. 부동산표시란에 2개 이상의 부동산을 기재하는 경우에는 부동산의 일련번호를 기재하여야 합니다.
2. 신청인란등 해당란에 기재할 여백이 없을 경우에는 별지를 이용합니다.
3. 담당등기관이 판단하여 위의 첨부 서면 외에 추가적인 서면을 요구할 수 있습니다.

주

1. 등기신청서 기재요령

신청서는 한글과 아라비아숫자로 기재하여야 한다. 부동산의 표시란이나 신청인란 등이 부족할 경우에는 별지로 사용하고, 별지를 포함한 신청서의 각 장 사이에 간인(신청서에 서명을 하였을 때에는 각 장마다 연결되는 서명)을 하여야 한다.

① 부동산의 표시란 : 이전할 근저당권의 목적부동산을 기재하되, 등기기록상 부동산 표시와 일치하여야 한다.

㉮ 1동의 건물의 표시 : 1동의 건물 전체의 소재, 지번, 건물명칭 및 번호, 도로명주소(등기기록 표제부에 기록되어 있는 경우)를 기재한다. 다만 1동의 건물의 번호가 있는 경우(예 : 가동, 나동, 다동 등)에 이를 기재한 때에는 1동의 건물의 구조와 면적을 기재하지 아니한다.

㉯ 전유부분의 건물의 표시 : 건물의 번호, 구조, 면적을 기재한다.

㉰ 대지권의 표시 : 대지권의 목적인 토지의 표시, 대지권의 종류, 비율을 기재한다.

ⓐ 대지권의 목적인 토지의 표시는 토지의 일련번호, 토지의 소재, 지번, 지목, 면적을,

ⓑ 대지권의 종류는 소유권, 지상권, 전세권, 임차권 등 권리의 종류에 따라 기재하며,

ⓒ 대지권의 비율은 대지권의 목적인 토지에 대한 지분비율을 기재한다.

② 등기원인과 그 연월일란 : 피담보채권이 확정되기 전에 근저당권이 이전되는 경우에는 "계약양도", "계약의 일부양도", "계약가입"으로, 본건과 같이 피담보채권이 확정된 후에 근저당권이 이전되는 경우에는 "확정채권양도", "확정채권일부양도", "확정채권대위변제", "확정채권 일부대위변제"로 기재한다. 그 연월일은 위 계약서 작성일 등을 기재한다. "대위변제"의 경우에는 대위변제일을 등기원인일자로 기재한다.

③ 등기의 목적란 : "근저당권 일부이전"으로 기재한다.

④ 이전할 근저당권란 : 이전할 근저당권등기의 접수연월일과 접수번호를 기재하여 이전할 등기를 특정하고 근저당권이 채권과 같이 이전한다는 뜻을 기재한다.

⑤ 양도액란 : 채권의 일부의 양도 또는 대위변제로 인한 저당권이전등기를 신청하는 경우에는 신청서에 양도 또는 대위변제의 목적인 채권액을 기재하여야 한다. 채권확정 전에 계약양도나 계약일부양도를 원인으로 근저당권이전등기를 신청하는 경우에 양도금액을 등기신청서나 등기부에 기재할 수는 없다.

⑥ 등기의무자란 : 근저당권자의 성명, 주민등록번호, 주소를 기재하되, 등기기록상 표시와 일치하여야 한다. 등기기록상 등기신청인의 주소가 지번방식의 주소인 경우에도, 등기신청인이 제공한 주민등록등(초)본 혹은 도로명주소 정보(건축물대장, 행정안전부 '새주소 안내시

스템'의 조화결과물 등) 등에 의하여 해당 지번방식의 주소에 대한 도로명주소임이 인정되는 경우에는 등기사건을 수리하여야 한다. 즉 등기기록상 등기의무자의 주소를 도로명주소로 변경등기를 하지 아니하여도 근저당권이전등기를 신청할 수 있다.

⑦ 등기권리자란 : 근저당권의 양수인을 기재하는 난으로, 그 기재방법은 등기의무자란과 같다.

⑧ 등록면허세·지방교육세란 : 양도하는 채권액의 2/1,000에 해당하는 등록면허세와 등록면허세의 20/100에 해당하는 지방교육세를 기재한다. 채권일부양도의 경우에는 등록면허세, 주택채권매입기준이 제정되어 있지 않다.

⑨ 세액합계란 : 등록면허세액, 지방교육세액의 합계를 기재한다.

⑩ 등기신청수수료란 : 부동산 1개당 3,000원의 등기신청수수료 납부액을 기재한다. 다만 전자표준양식에 의하여 신청하는 경우에는 2,000원, 전자신청하는 경우에는 1,000원의 등기신청수수료를 은행 현금납부, 전자납부, 무인발급기 납부 등의 방법에 따라 납부한 후 등기신청서에 등기신청수수료 영수필확인서를 첨부하고 납부번호를 기재하여 제출한다.

⑪ 국민주택채권 매입금액란 : 양도하는 채권액의 10/1,000에 해당하는 국민주택채권매입금액을 기재한다.

⑫ 국민주택채권 발행번호란 : 국민주택채권 매입시 국민주택채권사무취급기관에서 고지하는 채권발행번호를 기재한다.

⑬ 등기의무자의 등기필정보란 : ㉮ 근저당권설정등기를 완료하고 등기필정보를 교부받은 경우 그 등기필정보상에 기재된 부동산고유번호, 성명, 일련번호, 비밀번호를 각 기재(등기필정보를 제출하는 것이 아님)한다. 다만 교부받은 등기필정보를 멸실한 경우에는 부동산등기법 제51조에 의하여 확인서면이나 확인조서 또는 공증서면 중 하나를 첨부한다. ㉯ 등기신청서에 등기필증이나 확인서면 등을 첨부한 경우 이 난은 기재할 필요가 없다.

⑭ 첨부서면란 : 등기신청서에 첨부한 서면을 각 기재한다.

⑮ 신청인등란 : ㉮ 등기의무자와 등기권리자의 성명 및 전화번호를 기재하고, 각자의 인장을 날인한다. 그러나 신청인이 법인 또는 법인 아닌 사단이나 재단인 경우에는 상호(명칭)와 대표자(관리인)의 자격 및 성명을 기재하고, 대표자(관리인)의 인장을 날인한다. 다만 부동산등기규칙 제60조 제1항 제1호에 해당하는 경우에는 등기의무자의 인감을 날인하되, 법인의 경우에는 등기소의 증명을 얻은 그 대표자의 인감, 법인 아닌 사단이나 재단의 경우에는 대표자(관리인)의 개인인감을 날인한다. ㉯ 대리인이 등기신청을 하는 경우에는 그 대리인의 성명, 주소, 전화번호를 기재하고 그의 인장을 날인 또는 서명한다.

2. 등기신청서에 첨부할 서면 등

- 근저당권이전계약서 : 근저당권이 확정된 후에 근저당권이전등기를 하는 경우, 확정채권양도를 원인으로 근저당권이 이전하는 것이므로, 이론상 근저당권이전등기의 원인증서로는 확정채권양도계약서(전부이전) 또는 확정채권일부양도계약서(일부이전) (단 양자 모두 부동산 및 근저당권의 표시가 된 것)를 제출하여야 한다. 그러나 이들 계약서에는 부동산의 표시 및 이전되는 근저당권의 표시가 없는 것이 보통이므로 현행 실무는 근저당권이전계약서를 제출하고 있는 실정이다. 그러므로 특정한 근저당권을 이전한다는 취지가 기재되지 않은 채권양도계약서만 제출하는 것으로 근저당권이전등기를 신청할 수는 없다. 다만, 확정채권의 (일부)대위변제를 원인으로 하는 근저당권이전등기의 경우에는 법률에 의한 물권변동이므로 근저당권이전계약서는 제출할 필요가 없고, 대위변제증서를 첨부한다.

- 등기필증 : 등기의무자의 근저당권에 관한 등기필증으로서 등기의무자가 근저당권설정등기시 등기소로부터 교부받은 등기필증을 말한다. 단, 근저당권설정등기를 완료하고 등기필정보를 교부받은 경우에 그 등기필정보상에 기재된 부동산고유번호, 성명, 일련번호, 비밀번호를 각 기재(등기필정보를 제출하는 것이 아님)한다. 다만, 등기필증(등기필정보)을 멸실하여 첨부(기재)할 수 없는 경우에는 부동산등기법 제51조에 의하여 확인서면이나 확인조서 또는 공증서면 중 하나를 첨부한다.
- 등록면허세영수필확인서 : 시장, 구청장, 군수 등으로부터 등록면허세납부서(OCR용지)를 발급받아 납세지를 관할하는 해당 금융기관에 세금을 납부한 후 등록면허세 영수필확인서와 영수증을 교부받아 영수증은 본인이 보관하고 등록면허세영수필확인서만 신청서의 등록면허세액표시란의 좌측상단 여백에 첨부하거나, 또는 지방세인터넷납부시스템을 이용하여 납부하고 출력한 등록면허세납부확인서를 첨부한다.
- 주민등록표등(초)본 : 등기권리자의 주민등록번호를 증명하는 서면으로 근저당권을 이전받는 자의 주민등록등(초)본을 첨부한다.
- 법인등기사항전부(일부)증명서 : ㉮ 신청인이 법인인 경우에는 법인등기사항전부증명서 또는 법인등기사항일부증명서(각 발행일로부터 3월 이내)를 첨부한다. 다만, 법인등기가 되어 있는 등기소와 부동산소재지 관할 등기소가 동일한 경우에는 위 법인등기사항증명서를 제출할 필요가 없다. ㉯ 법인 아닌 사단 또는 재단이 등기를 신청하는 경우에는 정관이나 그 밖의 규약, 대표자나 관리인임을 증명하는 정보(다만, 등기되어 있는 대표자나 관리인이 신청하는 경우에는 그러하지 아니하다), 대표자나 관리인의 주소 및 주민등록번호를 증명하는 정보를 첨부한다. 법인 아닌 사단 또는 재단의 주소 및 부동산등기용등록번호를 증명하는 정보(새로이 등기명의인이 되는 경우에 한한다), 대표자자 관리인의 주소 및 주민등록번호를 증명하는 정보를 제공한다. 다만 법인 아닌 사단이 등기의무자인 경우에는 민법 제276조 소정의 사원총회의 결의서도 첨부한다(부등규 제48조). ㉰ 주식회사의 이사는 이사회의 승인이 있는 때에 한하여 자기 또는 제3자의 계산으로 회사와 거래를 할 수 있다(상법 제398조). 이러한 경우에는 등기신청서에 "이사회의 승인을 증명하는 서면"을 제출하여야 하는바, 위 "이사회의 승인을 증명하는 서면(이사회의사록)"에는 그 서면에 날인한 이사들의 인감증명서 또는 본인서명사실확인서를 첨부할 수 있다. 회사명의의 근저당권 및 채권을 회사의 대표이사 또는 이사 개인명의로 양도하는 경우 등이 이에 해당한다.
- 위임장 : 등기신청을 법무사 등 대리인에게 위임하는 경우에 첨부한다. 위임인의 성명과 주소를 기재하고 인장을 날인하되 부동산등기규칙 제60조 제1항 제1호 내지 제3호에 해당하여 인감증명을 제출하여야 하는 자는 위임장에 인감을 날인하여야 하나, 위 규칙 제60조 제1호 내지 제3호에 해당하지 않는 자는 인감날인 대신에 일반적인 기명날인 혹은 서명으로 갈음할 수 있다.

3. 등기신청서류 편철순서

신청서, 등록면허세영수필확인서, 등기신청수수료 영수필확인서, 위임장, 주민등록등(초)본, 근저당권이전계약서, 근저당권등기필증 등의 순으로 편철한다.

4. 기타 참고사항

근저당권의 피담보채권이 확정되기 전에 "계약양도" 등을 원인으로 근저당권이전등기를 신청하는 경우 위 계약은 양도인, 양수인, 채무자의 3면 계약에 의하여야 하므로, 원인서면인 근저당권이전계약서에 양도인, 양수인은 물론 채무자의 표시와 날인이 있어야 한다. 피담보채권이 확정된 후에 "확정채권양도"를 원인으로 근저당권이전등기를 신청하는 경우 위 채권양도는 양도인과 양수인의 계약에 의하여야 하므로, 원인서면인 근저당권이전계약서에 채무자의 표시와 날인이 반드시 있어야만 하는 것은 아니다(2010. 11. 19. 부동산등기과-2192 질의회답).

56. 회사합병에 의한 근저당권이전등기신청

가. 의 의

합병으로 존속된 회사가 합병으로 인하여 소멸된 회사의 권리의무를 포괄승계함에 따라 근저당권을 이전하는 경우에 하는 등기이다.

나. 등기신청방법

(1) 단독신청

합병으로 존속된 회사의 대표자는 본인임을 확인할 수 있는 주민등록증 등을 가지고 직접 등기소에 출석하여 단독으로 신청할 수 있다.

(2) 대리인에 의한 신청

등기신청은 반드시 신청인 본인이 하여야 하는 것은 아니고 대리인이 하여도 된다. 등기권리자 또는 등기의무자 일방이 상대방의 대리인이 되거나 쌍방이 제3자에게 위임하여 등기신청을 할 수 있다.

[서식 56] 회사합병에 의한 근저당권이전등기신청서

근저당권이전등기신청

접 수	년 월 일	처 리 인	등기관 확인	각종 통지
	제 호			

① 부동산의 표시
1. 서울특별시 서초구 서초동 100 대 300㎡ 2. 서울특별시 서초구 서초동 100 [도로명주소] 서울특별시 서초구 서초대로 88길 10 시멘트 벽돌조 슬래브지붕 2층 주택 1층 100㎡ 2층 100㎡ 이 상

② 등기원인과 그 연월일	2020년 8월 20일 회사합병		
③ 등 기 의 목 적	근저당권이전		
④ 이 전 할 근 저 당 권	2019년 3월 2일 접수 제 1113호 순위 제1번으로 등기한 근저당권 설정등기		

구분	성 명 (상호·명칭)	주민등록번호 (등기용등록번호)	주 소 (소 재 지)	지 분 (개인별)
⑤ 등기의무자	주식회사 한국○○은행	000000-0000000	서울특별시 서초구 서초대로 88길 20(서초동)	
⑥ 등기권리자	주식회사 서울○○은행 대표이사 이 인 선	000000-0000000	서울특별시 중구 다동길 96 (다동) 서울특별시 동작구 여의대방로 150(대방동)	

⑦ 등 록 면 허 세	금 ○○○,○○○ 원
⑦ 지 방 교 육 세	금 ○○○,○○○ 원

<table>
<tr><td>⑦ 농 어 촌 특 별 세</td><td colspan="2">금 ○○○,○○○ 원</td></tr>
<tr><td>⑧ 세 액 합 계</td><td colspan="2">금 ○○○,○○○ 원</td></tr>
<tr><td rowspan="3">⑨ 등 기 신 청 수 수 료</td><td colspan="2">금 30,000 원</td></tr>
<tr><td colspan="2">납부번호 : ○○-○○-○○○○○○-○</td></tr>
<tr><td colspan="2">일괄납부 : 건 원</td></tr>
<tr><td colspan="3">⑩ 첨 부 서 면</td></tr>
<tr><td colspan="2">1. 등록면허세영수필확인서 1통
1. 법인등기사항전부(일부)증명서 1통</td><td>〈기 타〉</td></tr>
<tr><td colspan="3">20○○년 ○월 ○일

⑪ 위 신청인 주식회사 서울○○은행 (전화 : 200-1234)
대표이사(지배인) 이 인 선 ㊞

(또는)위 대리인 (전화 :)

○○지방법원 ○○등기과 귀중</td></tr>
</table>

[신청서 작성요령]

1. 부동산표시란에 2개 이상의 부동산을 기재하는 경우에는 부동산의 일련번호를 기재하여야 합니다.
2. 신청인란등 해당란에 기재할 여백이 없을 경우에는 별지를 이용합니다.
3. 담당등기관이 판단하여 위의 첨부 서면 외에 추가적인 서면을 요구할 수 있습니다.

주

1. 등기신청서 기재요령

신청서는 한글과 아라비아숫자로 기재하여야 한다. 부동산의 표시란이나 신청인란 등이 부족할 경우에는 별지로 사용하고, 별지를 포함한 신청서의 각 장 사이에 간인(신청서에 서명을 하였을 때에는 각 장마다 연결되는 서명)을 하여야 한다.

① 부동산의 표시란 : 이전할 근저당권의 목적부동산을 기재하되, 등기기록상 부동산 표시와 일치하여야 한다. 부동산이 토지인 경우에는 토지의 소재와 지번, 지목, 면적을 기재하고, 건물인 경우에는 건물의 소재와 지번, 도로명주소(등기기록 표제부에 기록되어 있는 경우), 건물의 종류, 구조, 면적, 건물의 번호가 있는 때에는 그 번호, 부속건물이 있는 때에는

그 종류, 구조와 면적을 기재한다.

② 등기원인과 그 연월일란 : 등기원인은 "회사합병", 그 연월일은 합병등기 연월일을 기재한다.

③ 등기의 목적란 : "근저당권이전"으로 기재한다.

④ 이전할 근저당권란 : 이전할 근저당권은 그 등기신청서의 접수연월일과 접수번호를 기재한다.

⑤ 등기의무자란 : 법인의 상호(명칭), 본점(주사무소) 소재지, 등기용등록번호를 기재한다.

⑥ 등기권리자란 : 합병 후 신설된 회사 또는 합병 후 존속하는 회사를 기재하는 난으로, 법인의 상호(명칭), 본점(주사무소) 소재지, 등기용등록번호 및 대표자의 성명과 주소를 기재한다.

⑦ 등록면허세·지방교육세·농어촌특별세란 : 회사합병으로 인한 근저당권이전등기시에는 금융산업의 구조개선에 관한 법률에 의한 금융기관이 동법에 따라 합병된 때에는 등록면허세가 면제되며, 주택법이 규정에 따라 국민주택채권매입이 면제되며, 농어촌특별세에 대하에는 농어촌특별세법 제3조, 제5조 제1항 제1호의 규정에 의한 세액을 납부하여야 한다(등기선례 199902-24).

⑧ 세액합계란 : 등록면허세액, 지방교육세액, 농어촌특별세액의 합계를 기재한다.

⑨ 등기신청수수료란 : ㉮ 부동산 1개당 15,000원의 등기신청수수료 납부액을 기재한다. 다만 전자표준양식에 의하여 신청하는 경우에는 13,000원, 전자신청하는 경우에는 10,000원의 등기신청수수료를 은행 현금납부, 전자납부, 무인발급기 납부 등의 방법에 따라 납부한 후 등기신청서에 등기신청수수료 영수필확인서를 첨부하고 납부번호를 기재하여 제출한다. ㉯ 여러 건의 등기신청에 대하여 수납금융기관에 현금으로 일괄납부하는 경우 첫 번째 등기신청서에 등기신청수수료 영수필확인서를 첨부하고 해당 등기신청수수료, 납부번호와 일괄납부 건수 및 일괄납부액을 기재하며, 나머지 신청서에는 해당 등기신청수수료와 전 사건에 일괄 납부한 취지를 기재한다(일괄납부는 은행에 현금으로 납부하는 경우에만 가능함).

⑩ 첨부서면란 : 등기신청서에 첨부한 서면을 각 기재한다.

⑪ 신청인등란 : ㉮ 신청인인 법인의 명칭과 대표자 성명 및 전화번호를 기재하고 대표자의 인장을 날인한다. ㉯ 대리인이 등기신청을 하는 경우에는 그 대리인의 성명, 주소, 전화번호를 기재하고 대리인의 인장을 날인 또는 서명한다.

2. 등기신청서에 첨부할 서면 등

- 등록면허세영수필확인서 : 시장, 구청장, 군수 등으로부터 등록면허세납부서(OCR용지)를 발급받아 납세지를 관할하는 해당 금융기관에 세금을 납부한 후 등록면허세 영수필확인서와 영수증을 교부받아 영수증은 본인이 보관하고 등록면허세영수필확인서만 신청서의 등록면허세액표시란의 좌측상단 여백에 첨부하거나, 또는 지방세인터넷납부시스템을 이용하여 납부하고 출력한 등록면허세납부확인서를 첨부한다.
- 법인등기사항전부(일부)증명서 : 등기권리자의 등기용등록번호 및 회사합병을 증명하는 서면으로 법인등기사항전부증명서 또는 법인등기사항일부증명서(각 발행일로부터 3월 이내)를 첨부한다.
- 위임장 : 등기신청을 법무사 등 대리인에게 위임하는 경우에 첨부한다.

3. 등기신청서류 편철순서

신청서, 등록면허세영수필확인서, 등기신청수수료 영수필확인서, 위임장, 법인등기사항전부(일부)증명서 등의 순으로 편철한다.

57. 해지에 의한 근저당권말소등기신청

가. 의 의

근저당권은 보통저당권과는 달리 피담보채권의 소멸만으로는 소멸하지 않고 근저당권설정의 기초가 되는 기본계약이 해지 등의 사유로 종료되어야만 이를 원인으로 말소등기를 신청할 수 있다. 이 신청에서는 근저당권설정자(또는 부동산소유자)를 등기권리자, 근저당권자를 등기의무자라고 한다.

나. 등기신청방법

(1) 공동신청

근저당권설정자(또는 소유자)와 근저당권자가 본인임을 확인할 수 있는 주민등록증 등을 가지고 직접 등기소에 출석하여 공동으로 신청함이 원칙이다.

(2) 단독신청

판결에 의한 등기신청인 경우에는 승소한 등기권리자 또는 등기의무자가 단독으로 신청할 수 있다.

(3) 대리인에 의한 신청

등기신청은 반드시 신청인 본인이 하여야 하는 것은 아니고 대리인이 하여도 된다. 등기권리자 또는 등기의무자 일방이 상대방의 대리인이 되거나 쌍방이 제3자에게 위임하여 등기신청을 할 수 있다.

[서식 57] 근저당권말소등기신청서

근저당권말소등기신청

접 수	년 월 일	처 리 인	등기관 확인	각종 통지
	제 호			

① 부동산의 표시				
1. 서울특별시 서초구 서초동 100 대 300㎡ 2. 서울특별시 서초구 서초동 100 [도로명주소] 서울특별시 서초구 서초대로 88길 10 시멘트 벽돌조 슬래브지붕 2층 주택 1층 100㎡ 2층 100㎡ 이 상				
② 등기원인과 그 연월일	2020년 12월 20일 해지			
③ 등 기 의 목 적	근저당권말소			
④ 말 소 할 등 기	2018년 3월 2일 접수 제1128호로 등기한 근저당권설정등기			
구분	성 명 (상호·명칭)	주민등록번호 (등기용등록번호)	주 소 (소 재 지)	지 분 (개인별)
⑤ 등기의무자	이 상 선	000000-0000000	서울특별시 서초구 서초대로 88길 20(서초동)	
⑥ 등기권리자	김 갑 동	000000-0000000	서울특별시 중구 다동길 96 (다동)	
⑦ 등 록 면 허 세	금 12,000 원			
⑦ 지 방 교 육 세	금 2,400 원			

<table>
<tr><td colspan="2">⑧ 세 액 합 계</td><td colspan="2">금 14,400 원</td></tr>
<tr><td colspan="2" rowspan="3">⑨ 등 기 신 청 수 수 료</td><td colspan="2">금 6,000 원</td></tr>
<tr><td colspan="2">납부번호 : ○○-○○-○○○○○-○</td></tr>
<tr><td colspan="2">일괄납부 : 건 원</td></tr>
<tr><td colspan="4">⑩ 등기의무자의 등기필정보</td></tr>
<tr><td>부동산고유번호</td><td colspan="3">1102-2006-002095</td></tr>
<tr><td>성 명(명 칭)</td><td colspan="2">일련번호</td><td>비밀번호</td></tr>
<tr><td>이 상 선</td><td colspan="2">Q77C-L07I-35J5</td><td>40-4636</td></tr>
<tr><td colspan="4">⑪ 첨 부 서 면</td></tr>
<tr><td colspan="2">1. 해지증서 1통
1. 등록면허세영수필확인서 1통
1. 등기필증 1통</td><td colspan="2">1. 주민등록초본(소유자)(필요시) 1통
1. 주민등록초본(근저당권자)
(등기필증 없을 때)</td></tr>
<tr><td colspan="4">20○○년 ○월 ○일

⑫ 위 신청인 이 상 선 ㉐ (전화 : 200-1234)
김 갑 동 ㉐ (전화 : 300-2345)
(또는)위 대리인 (전화 :)

○○지방법원 ○○등기소 귀중</td></tr>
</table>

[신청서 작성요령]

1. 부동산표시란에 2개 이상의 부동산을 기재하는 경우에는 부동산의 일련번호를 기재하여야 합니다.
2. 신청인란등 해당란에 기재할 여백이 없을 경우에는 별지를 이용합니다.
3. 담당등기관이 판단하여 위의 첨부 서면 외에 추가적인 서면을 요구할 수 있습니다.

주

1. 등기신청서 기재요령

신청서는 한글과 아라비아숫자로 기재하여야 한다. 부동산의 표시란이나 신청인란 등이 부족할 경우에는 별지로 사용하고, 별지를 포함한 신청서의 각 장 사이에 간인(신청서에 서명을

하였을 때에는 각 장마다 연결되는 서명)을 하여야 한다.

① 부동산의 표시란 : 말소하고자 하는 근저당권설정등기가 되어 있는 부동산을 기재하되, 등기기록상 부동산의 표시와 일치하여야 한다. 부동산이 토지인 경우에는 토지의 소재와 지번, 지목, 면적을 기재하고, 건물인 경우에는 건물의 소재와 지번, 도로명주소(등기기록 표제부에 기록되어 있는 경우), 건물의 종류, 구조와 면적을 기재한다.

기재례 : 별지 부동산의 표시 기재와 같음
공장 및 광업재단저당법 제6조에 의한 기계기구목록은 별지와 같음
(+ 신청서, 위임장, 해지증서 다음장에 기계기구목록표지와 목록을 첨부 및 간인하여 제출한다)

② 등기원인과 그 연월일란 : 등기원인은 그 원인에 따라 "해지", "일부포기", "혼동" 등으로, 그 연월일은 근저당권설정계약 해지연월일 또는 혼동연월일 등을 기재한다. "과거에 일부 부동산이 말소된 후 현재 전부 말소할 경우 : 해지"). 혼동의 경우 가등기에 기한 본등기 접수일자를 기재한다.

③ 등기의 목적란 : "근저당권말소"라고 기재한다.

④ 말소할 등기란 : 말소할 근저당권의 접수연월일, 접수번호 등을 기재하여 말소할 등기를 특정한다(기재례 : 20○○년 ○월 ○일 접수 제○○○호로 등기한 근저당권설정등기(및 "20○○년 ○월 ○일 접수 제○○○호로 등기한 추가근저당권설정등기", "20○○년 ○월 ○일 접수 제○○○호로 등기한 공장 및 광업재단저당법 제6조에 의한 근저당권설정등기")

⑤ 등기의무자란 : 근저당권자의 성명, 주민등록번호, 주소를 기재하되, 등기기록상 표시와 일치하여야 한다. 그러나 법인인 경우에는 상호(명칭), 본점(주사무소 소재지), 등기용등록번호 및 대표자의 성명과 주소를 기재하고, 법인 아닌 사단이나 재단인 경우에는 상호(명칭), 본점(주사무소 소재지), 등기용등록번호 및 대표자(관리인)의 성명, 주민등록번호, 주소를 각 기재한다(등기필증이 없을 때에는 주민등록초본상에 기재된 현주소를 기재하고, 등기필증이 있거나 주소변동이 없을 시에는 등기부상주소를 기재한다). 예를 들면, 소유자 "갑"이 근저당권설정자가 되고 "을"이 근저당권자가 되어 근저당권이 설정된 경우에 그 소유권이 "병"에게 이전된 후의 근저당권말소등기의 의무자는 "을"이 되고, 그 권리자는 "갑"이 되어도 되고, "병"이 되어도 된다. 이때 등기의무자가 "을"인 것은 의문의 여지가 없으나 등기권리자가 "갑"도 되고 "병"도 되는 것은 "갑"은 등기의 기재형식상 유리한 위치에 있는 자이고, "병"은 그 근저당권을 말소함으로써 등기부상 권리를 얻은 자이기 때문에 모두 등기권리자가 될 수 있다. 반대로 근저당권이 "을"에서 "정"에게로 이전된 경우의 그 근저당권말소등기의 의무자는 "정"이 된다.

⑥ 등기권리자란 : 전소유자 또는 현소유자를 기재하는 란으로, 그 기재방법은 등기의무자란과 같다(주소란은 등기필증의 첨부여부와 상관없이 주소변동있어도 등기기록상주소를 기재한다). 혼동의 경우 가등기에 기한 본등기 후 현소유자가 단독으로 신청한다.

⑦ 등록면허세·지방교육세란 : 부동산 1개당 등록면허세 6,000원, 지방교육세 1,200원을 납부하여 기재한다.

⑧ 세액합계란 : 등록면허세액과 지방교육세액의 합계를 기재한다.

⑨ 등기신청수수료란 : ㉮ 부동산 1개당 3,000원의 등기신청수수료 납부액을 기재하며, 등기신청수수료를 현금으로 납부한 경우에는 영수필확인서에 기재된 은행수납번호도 기재한다. ㉯ 등기신청수수료는 등기수입증지를 등기신청서에 붙여 제출하거나, 현금수납금융기관에 현금으로 납부한 후 등기신청서에 영수필통지서 및 영수필확인서를 첨부하고 은행수납번

호를 기재하여 제출하는 방법으로 납부한다. ㈐ 단, 1건의 등기신청수수료가 3만원을 초과하거나, 동일대지상 집합건물 또는 동일토지에 대하여 동시에 제출하는 여러 건의 등기신청수수료 합계액이 10만원을 초과하는 때에는 반드시 현금으로 납부하여야 한다(여러 건의 등기신청수수료를 현금으로 일괄 납부하는 경우 첫번째 등기신청서에 영수필확인서 등을 첨부하고 해당 등기신청수수료와 일괄납부 건수 및 일괄납부액을 기재하며, 나머지 신청서에는 해당 등기신청수수료와 전 사건에 일괄 납부한 취지를 기재한다).

⑩ 등기의무자의 등기필정보란 : ㉮ 근저당권설정(이전)등기를 완료하고 등기필정보를 교부받은 경우 그 등기필정보상에 기재된 부동산고유번호, 성명, 일련번호, 비밀번호를 각 기재(등기필정보를 제출하는 것이 아님)한다. 다만 교부받은 등기필정보를 멸실한 경우에는 부동산등기법 제51조에 의하여 확인서면이나 확인조서 또는 공증서면 중 하나를 첨부한다. ㉯ 등기신청서에 등기필증이나 확인서면 등을 첨부한 경우 이 난은 기재할 필요가 없다.

⑪ 첨부서면란 : 등기신청서에 첨부한 서면을 각 기재한다.

⑫ 신청인등란 : ㉮ 등기의무자와 등기권리자의 성명 및 전화번호를 기재하고, 각자의 인장을 날인한다. 그러나 신청인이 법인 또는 법인 아닌 사단이나 재단인 경우에는 상호(명칭)와 대표자(관리인)의 자격 및 성명을 기재하고, 대표자(관리인)의 인장을 날인한다. ㉯ 대리인이 등기신청을 하는 경우에는 그 대리인의 성명, 주소, 전화번호를 기재하고 대리인의 인장을 날인 또는 서명한다.

2. 등기신청서에 첨부할 서면 등

- 해지증서 : 해지 등과 같이 근저당권등기말소 사유에 관한 증서가 있는 경우에는 그 증서를 첨부한다.
- 등기필증 : 등기의무자인 근저당권자가 근저당권설정등기 후 등기소로부터 교부받은 등기필증(다만, 근저당권이 이전된 후 근저당권을 말소하는 경우에는 근저당권이전등기필증을 첨부해야함)을 첨부한다. 단, 근저당권설정(이전)등기를 완료하고 등기필정보를 교부받은 경우에 그 등기필정보상에 기재된 부동산고유번호, 성명, 일련번호, 비밀번호를 각 기재(등기필정보를 제출하는 것이 아님)한다. 다만, 등기필증(등기필정보)을 멸실하여 첨부(기재)할 수 없는 경우에는 부동산등기법 제51조에 의하여 확인서면이나 확인조서 또는 공증서면 중 하나를 첨부한다.
- 인감증명서 : 근저당권이 설정된 등기필증이 없을 때에는 근저당권자의 인감증명서 및 주민등록초본(과거주소 포함)을 첨부하거나, 인감증명을 갈음하여 「본인서명사실확인등에관한 법률」에 따라 발급된 본인서명사실확인서를 첨부할 수 있다.
- 등록면허세영수필확인서 : 시장, 구청장, 군수 등으로부터 등록면허세납부서(OCR용지) 또는 대법원 인터넷등기소의 정액등록면허세납부서 작성기능을 통하여 정액등록면허세납부서를 발급받아 납세지를 관할하는 해당 금융기관에 세금을 납부한 후 등록면허세영수필확인서와 영수증을 교부받아 영수증은 본인이 보관하고 등록면허세영수필확인서만 신청서의 등록면허세액표시란의 좌측상단 여백에 첨부하거나, 또는 지방세인터넷납부시스템을 이용하여 납부하고 출력한 등록면허세납부확인서를 첨부한다.
- 법인등기사항전부(일부)증명서 : 등기권리자 또는 의무자가 법인인 경우에는 법인등기사항전부증명서 또는 법인등기사항일부증명서(각 발행일로부터 3월 이내)를 첨부한다.
- 위임장 : 등기신청을 법무사 등 대리인에게 위임하는 경우에 첨부한다.

3. 등기신청서류 편철순서

신청서, 등록면허세영수필확인서, 등기신청수수료 영수필확인서, 위임장, 해지증서, 등기필증 등의 순으로 편철한다.

4. 기타 참고사항

말소할 근저당권을 목적으로 한 등기상 이해관계인(근저당권에 대한 가압류권자 등)이 있는 경우에는 그 이해관계인의 승낙서 및 인감증명서(발행일로부터 3월 이내)를 첨부하여야 한다.

58. 해지에 의한 근저당권말소등기신청(구분건물)

가. 의 의

근저당권은 보통저당권과는 달리 피담보채권의 소멸만으로는 소멸하지 않고 근저당권설정의 기초가 되는 기본계약이 해지 등의 사유로 종료되어야만 이를 원인으로 말소등기를 신청할 수 있다. 이 신청에서는 근저당권설정자(또는 부동산소유자)를 등기권리자, 근저당권자를 등기의무자라고 한다.

나. 등기신청방법

(1) 공동신청

근저당권설정자(또는 소유자)와 근저당권자가 본인임을 확인할 수 있는 주민등록증 등을 가지고 직접 등기소에 출석하여 공동으로 신청함이 원칙이다.

(2) 단독신청

판결에 의한 등기신청인 경우에는 승소한 등기권리자 또는 등기의무자가 단독으로 신청할 수 있다.

(3) 대리인에 의한 신청

등기신청은 반드시 신청인 본인이 하여야 하는 것은 아니고 대리인이 하여도 된다. 등기권리자 또는 등기의무자 일방이 상대방의 대리인이 되거나 쌍방이 제3자에게 위임하여 등기신청을 할 수 있다.

[서식 58] 근저당권말소등기신청서(구분건물)

근저당권말소등기신청

<table>
<tr><td rowspan="2">접 수</td><td>년 월 일</td><td rowspan="2">처 리 인</td><td>등기관 확인</td><td>각종 통지</td></tr>
<tr><td>제 호</td><td></td><td></td></tr>
</table>

<table>
<tr><td colspan="4">① 부동산의 표시</td></tr>
<tr><td colspan="4">1동의 건물의 표시
서울특별시 서초구 서초동 100, 101 샛별아파트 가동
[도로명주소] 서울특별시 서초구 서초대로 88길 10
전유부분의 건물의 표시
건물의 번호 : 1 - 101
구 조 : 철근콘크리트조
면 적 : 1층 101호 86.03㎡
대지권의 표시
토지의 표시 : 1. 서울특별시 서초구 서초동 100 대 1400㎡
2. 서울특별시 서초구 서초동 101 대 1600㎡
대지권의 종류 : 소유권
대지권의 비율 1, 2 : 3,000분의 500

이 상</td></tr>
<tr><td colspan="2">② 등기원인과 그 연월일</td><td colspan="2">2020년 12월 20일 해지</td></tr>
<tr><td colspan="2">③ 등 기 의 목 적</td><td colspan="2">근저당권말소</td></tr>
<tr><td colspan="2">④ 말 소 할 사 항</td><td colspan="2">2018년 3월 2일 접수 제1128호로 경료된 근저당권설정등기</td></tr>
<tr><td>구분</td><td>성 명
(상호·명칭)</td><td>주민등록번호
(등기용등록번호)</td><td>주 소 (소 재 지)</td></tr>
<tr><td>⑤ 등기의무자</td><td>이 상 선</td><td>000000-0000000</td><td>서울특별시 서초구 서초대로 88길 20
(서초동)</td></tr>
</table>

<table>
<tr><td>⑥ 등기권리자</td><td>김 갑 동</td><td>000000-0000000</td><td colspan="2">서울특별시 서초구 서초대로 88길 10, 가동 101호(서초동, 샛별아파트)</td></tr>
<tr><td colspan="2">⑦ 등 록 면 허 세</td><td colspan="3">금 6,000 원</td></tr>
<tr><td colspan="2">⑦ 지 방 교 육 세</td><td colspan="3">금 1,200 원</td></tr>
<tr><td colspan="2">⑧ 세 액 합 계</td><td colspan="3">금 7,200 원</td></tr>
<tr><td colspan="2" rowspan="3">⑨ 등 기 신 청 수 수 료</td><td colspan="3">금 3,000 원</td></tr>
<tr><td colspan="3">납부번호 : ㅇㅇ-ㅇㅇ-ㅇㅇㅇㅇㅇㅇ-ㅇ</td></tr>
<tr><td colspan="3">일괄납부 : 건 원</td></tr>
<tr><td colspan="5">⑩ 등기의무자의 등기필정보</td></tr>
<tr><td colspan="2">부동산고유번호</td><td colspan="3">1102-2006-002095</td></tr>
<tr><td colspan="2">성 명(명 칭)</td><td colspan="2">일련번호</td><td>비밀번호</td></tr>
<tr><td colspan="2">이 상 선</td><td colspan="2">Q77C-L07I-35J5</td><td>40-4636</td></tr>
<tr><td colspan="5">⑪ 첨 부 서 면</td></tr>
<tr><td colspan="3">1. 해지증서 1통
1. 등록면허세영수필확인서 1통
1. 등기필증 1통</td><td colspan="2">〈기 타〉</td></tr>
<tr><td colspan="5">20ㅇㅇ년 ㅇ월 ㅇ일

⑫ 위 신청인 이 상 선 ㊞ (전화 : 200-1234)
김 갑 동 ㊞ (전화 : 211-2345)
(또는)위 대리인 (전화 :)

ㅇㅇ지방법원 ㅇㅇ등기소 귀중</td></tr>
</table>

[신청서 작성요령]

1. 부동산표시란에 2개 이상의 부동산을 기재하는 경우에는 부동산의 일련번호를 기재하여야 합니다.
2. 신청인란등 해당란에 기재할 여백이 없을 경우에는 별지를 이용합니다.

3. 담당등기관이 판단하여 위의 첨부 서면 외에 추가적인 서면을 요구할 수 있습니다.

주

1. **등기신청서 기재요령**

신청서는 한글과 아라비아숫자로 기재하여야 한다. 부동산의 표시란이나 신청인란 등이 부족할 경우에는 별지로 사용하고, 별지를 포함한 신청서의 각 장 사이에 간인(신청서에 서명을 하였을 때에는 각 장마다 연결되는 서명)을 하여야 한다.

① 부동산의 표시란 : 말소하고자 하는 근저당권설정등기가 되어 있는 부동산을 기재하되, 등기기록상 부동산의 표시와 일치하여야 한다.

㉮ 1동의 건물의 표시 : 1동의 건물 전체의 소재, 지번, 건물명칭 및 번호, 도로명주소(등기기록 표제부에 기록되어 있는 경우)를 기재한다.

㉯ 전유부분의 건물의 표시 : 건물의 번호, 구조, 면적을 기재한다.

㉰ 대지권의 표시 : 대지권의 목적인 토지의 표시, 대지권의 종류, 비율을 기재한다.

ⓐ 대지권의 목적인 토지의 표시는 토지의 일련번호, 토지의 소재, 지번, 지목, 면적을,

ⓑ 대지권의 종류는 소유권, 지상권, 전세권, 임차권 등 권리의 종류에 따라 기재하며,

ⓒ 대지권의 비율은 대지권의 목적인 토지에 대한 지분비율을 기재한다.

② 등기원인과 그 연월일란 : 등기원인은 그 원인에 따라 "해지", "혼동" 등으로, 그 연월일은 근저당권설정계약 해지연월일 또는 혼동연월일 등을 기재한다.

③ 등기의 목적란 : "근저당권말소"라고 기재한다.

④ 말소할 등기란 : 말소할 근저당권의 접수연월일, 접수번호 등을 기재하여 말소할 등기를 특정한다.

⑤ 등기의무자란 : 근저당권자의 성명, 주민등록번호, 주소를 기재하되, 등기기록상 표시와 일치하여야 한다. 그러나 법인인 경우에는 상호(명칭), 본점(주사무소 소재지), 등기용등록번호 및 대표자의 성명과 주소를 기재하고, 법인 아닌 사단이나 재단인 경우에는 상호(명칭), 본점(주사무소 소재지), 등기용등록번호 및 대표자(관리인)의 성명, 주민등록번호, 주소를 각 기재한다.

⑥ 등기권리자란 : 근저당권설정자(또는 소유자)를 기재하는 난으로, 그 기재방법은 등기의무자란과 같다.

⑦ 등록면허세·지방교육세란 : 부동산 1개당 등록면허세 6,000원, 지방교육세 1,200원으로 계산하여 기재한다.

⑧ 세액합계란 : 등록세액과 교육세액의 합계를 기재한다.

⑨ 등기신청수수료란 : 부동산 1개당 3,000원의 등기신청수수료 납부액을 기재한다. 다만 전자표준양식에 의하여 신청하는 경우에는 2,000원, 전자신청하는 경우에는 1,000원의 등기신청수수료를 은행 현금납부, 전자납부, 무인발급기 납부 등의 방법에 따라 납부한 후 등기신청서에 등기신청수수료 영수필확인서를 첨부하고 납부번호를 기재하여 제출한다.

⑩ 등기의무자의 등기필정보란 : ㉮ 근저당권설정(이전)등기를 완료하고 등기필정보를 교부받은 경우 그 등기필정보상에 기재된 부동산고유번호, 성명, 일련번호, 비밀번호를 각 기재(등기필정보를 제출하는 것이 아님)한다. 다만 교부받은 등기필정보를 멸실한 경우에는 부동

산등기법 제51조에 의하여 확인서면이나 확인조서 또는 공증서면 중 하나를 첨부한다. ㈏ 등기신청서에 등기필증이나 확인서면 등을 첨부한 경우 이 난은 기재할 필요가 없다.

⑪ 첨부서면란 : 등기신청서에 첨부한 서면을 각 기재한다.

⑫ 신청인등란 : ㈎ 등기의무자와 등기권리자의 성명 및 전화번호를 기재하고, 각자의 인장을 날인한다. 그러나 신청인이 법인 또는 법인 아닌 사단이나 재단인 경우에는 상호(명칭)와 대표자(관리인)의 자격 및 성명을 기재하고, 대표자(관리인)의 인장을 날인한다. ㈏ 대리인이 등기신청을 하는 경우에는 그 대리인의 성명, 주소, 전화번호를 기재하고 대리인의 인장을 날인 또는 서명한다.

2. 등기신청서에 첨부할 서면 등

- 해지증서 : 해지 등과 같이 근저당권등기말소 사유에 관한 증서가 있는 경우에는 그 증서를 첨부한다.
- 등기필증 : 등기의무자인 근저당권자가 근저당권설정등기 후 등기소로부터 교부받은 등기필증(다만, 근저당권이 이전된 후 근저당권을 말소하는 경우에는 근저당권이전 등기필증을 첨부해야함)을 첨부한다. 단, 근저당권설정(이전)등기를 완료하고 등기필정보를 교부받은 경우에 그 등기필정보상에 기재된 부동산고유번호, 성명, 일련번호, 비밀번호를 각 기재(등기필정보를 제출하는 것이 아님)한다. 다만, 등기필증(등기필정보)을 멸실하여 첨부(기재)할 수 없는 경우에는 부동산등기법 제51조에 의하여 확인서면이나 확인조서 또는 공증서면 중 하나를 첨부한다.
- 인감증명서 등 : 근저당권이 설정된 등기필증이 없을 때에는 근저당권자의 인감증명서를 첨부하거나, 인감증명을 갈음하여 「본인서명사실확인등에관한법률」에 따라 발급된 본인서명사실확인서를 첨부할 수 있다.
- 등록면허세영수필확인서 : 시장, 구청장, 군수 등으로부터 등록면허세납부서(OCR용지) 또는 대법원 인터넷등기소의 정액등록면허세납부서 작성기능을 통하여 정액등록면허세납부서를 발급받아 납세지를 관할하는 해당 금융기관에 세금을 납부한 후 등록면허세영수필확인서와 영수증을 교부받아 영수증은 본인이 보관하고 등록면허세영수필확인서만 신청서의 등록면허세액표시란의 좌측상단 여백에 첨부하거나, 또는 지방세인터넷납부시스템을 이용하여 납부하고 출력한 등록면허세납부확인서를 첨부한다.
- 법인등기사항전부(일부)증명서 : 등기권리자 또는 의무자가 법인인 경우에는 법인등기사항전부증명서 또는 법인등기사항일부증명서(각 발행일로부터 3월 이내)를 첨부한다.
- 위임장 : 등기신청을 법무사 등 대리인에게 위임하는 경우에 첨부한다.

3. 등기신청서류 편철순서

신청서, 등록면허세영수필확인서, 등기신청수수료 영수필확인서, 위임장, 해지증서, 등기필증 등의 순으로 편철한다.

4. 기타 참고사항

말소할 근저당권을 목적으로 한 등기상 이해관계인(근저당권에 대한 가압류권자 등)이 있는 경우에는 그 이해관계인의 승낙서 및 인감증명서(발행일로부터 3월 이내) 또는 본인서명사실확인서를 첨부하여야 한다.

59. 일부포기에 의한 근저당권말소등기신청

가. 의 의

본 등기신청은 동일채권을 담보하는 공동저당권의 목적인 부동산 중 일부 부동산에 대하여 근저당권을 포기할 경우에 등기의무자(근저당권자)와 등기권리자(소유권의 등기명의인)가 공동으로 신청하는 근저당권말소등기이다. 이 신청에서는 근저당권설정자(또는 부동산소유자)를 등기권리자, 근저당권자를 등기의무자라고 한다.

나. 등기신청방법

(1) 공동신청

근저당권설정자(소유자, 등기권리자)와 근저당권자(등기의무자)가 본인임을 확인할 수 있는 주민등록증 등을 가지고 직접 등기소에 출석하여 공동으로 신청함이 원칙이다.

(2) 단독신청

판결에 의한 등기신청인 경우에는 승소한 등기권리자 또는 등기의무자가 단독으로 신청할 수 있다.

(3) 대리인에 의한 신청

등기신청은 반드시 신청인 본인이 하여야 하는 것은 아니고 대리인이 하여도 된다. 등기권리자 또는 등기의무자 일방이 상대방의 대리인이 되거나 쌍방이 제3자에게 위임하여 등기신청을 할 수 있다.

[서식 59] 일부포기에 의한 근저당권말소등기신청서

근저당권말소등기신청

접 수	년 월 일	처 리 인	등기관 확인	각종 통지
	제 호			

① 부동산의 표시
1. 서울특별시 서초구 서초동 100 대 300㎡ 2. 서울특별시 서초구 서초동 100 [도로명주소] 서울특별시 서초구 서초대로 88길 10 시멘트 벽돌조 슬래브지붕 2층 주택 1층 100㎡ 2층 100㎡ 이 상

② 등기원인과 그 연월일	2020년 12월 20일 일부포기
③ 등 기 의 목 적	근저당권말소
④ 말 소 할 등 기	2018년 3월 2일 접수 제1128호로 경료한 근저당권설정등기

구분	성 명 (상호·명칭)	주민등록번호 (등기용등록번호)	주 소 (소 재 지)	지 분 (개인별)
⑤ 등기의무자	이 상 선	000000-0000000	서울특별시 서초구 서초대로 88길 20(서초동)	
⑥ 등기권리자	김 갑 동	000000-0000000	서울특별시 중구 다동길 96 (다동)	

⑦ 등 록 면 허 세	금	12,000 원

<table>
<tr><td>⑦ 지 방 교 육 세</td><td colspan="2">금 2,400 원</td></tr>
<tr><td>⑧ 세 액 합 계</td><td colspan="2">금 14,400 원</td></tr>
<tr><td rowspan="3">⑨ 등 기 신 청 수 수 료</td><td colspan="2">금 6,000 원</td></tr>
<tr><td colspan="2">납부번호 : ㅇㅇ-ㅇㅇ-ㅇㅇㅇㅇㅇㅇ-ㅇ</td></tr>
<tr><td colspan="2">일괄납부 : 건 원</td></tr>
<tr><td colspan="3">⑩ 등기의무자의 등기필정보</td></tr>
<tr><td>부동산고유번호</td><td colspan="2">1102-2006-002095</td></tr>
<tr><td>성 명(명 칭)</td><td>일련번호</td><td>비밀번호</td></tr>
<tr><td>이 상 선</td><td>Q77C-LO71-35J5</td><td>40-4636</td></tr>
<tr><td colspan="3">⑪ 첨 부 서 면</td></tr>
<tr><td colspan="2">1. 근저당권일부포기증서 1통
1. 등록면허세영수필확인서 1통
1. 등기필증 1통</td><td>〈기 타〉</td></tr>
<tr><td colspan="3">20ㅇㅇ년 ㅇ월 ㅇ일

⑫ 위 신청인 이 상 선 ㉢ (전화 : 200-1234)
김 갑 동 ㉢ (전화 : 211-2345)
(또는)위 대리인 (전화 :)

ㅇㅇ지방법원 ㅇㅇ등기소 귀중</td></tr>
</table>

[신청서 작성요령]

1. 부동산표시란에 2개 이상의 부동산을 기재하는 경우에는 부동산의 일련번호를 기재하여야 합니다.
2. 신청인란등 해당란에 기재할 여백이 없을 경우에는 별지를 이용합니다.
3. 담당등기관이 판단하여 위의 첨부 서면 외에 추가적인 서면을 요구할 수 있습니다.

주

1. 등기신청서 기재요령

신청서는 한글과 아라비아숫자로 기재하여야 한다. 부동산의 표시란이나 신청인란 등이 부족할 경우에는 별지로 사용하고, 별지를 포함한 신청서의 각 장 사이에 간인(신청서에 서명을 하였을 때에는 각 장마다 연결되는 서명)을 하여야 한다.

① 부동산의 표시란 : 말소하고자 하는 근저당권설정등기가 되어 있는 부동산을 기재하되, 등기기록상 부동산의 표시와 일치하여야 한다. 부동산이 토지인 경우에는 토지의 소재와 지번, 지목, 면적을 기재하고, 건물인 경우에는 건물의 소재와 지번, 도로명주소(등기기록 표제부에 기록되어 있는 경우), 건물의 종류, 구조와 면적을 기재한다.

② 등기원인과 그 연월일란 : 등기원인은 그 원인에 따라 "일부포기" 등으로, 그 연월일은 근저당권설정계약 일부포기연월일 등을 기재한다.

③ 등기의 목적란 : "근저당권말소"라고 기재한다.

④ 말소할 등기란 : 말소할 근저당권의 접수연월일, 접수번호 등을 기재하여 말소할 등기를 특정한다.

⑤ 등기의무자란 : 근저당권자의 성명, 주민등록번호, 주소를 기재하되, 등기기록상 표시와 일치하여야 한다. 그러나 법인인 경우에는 상호(명칭), 본점(주사무소 소재지), 등기용등록번호 및 대표자의 성명과 주소를 기재하고, 법인 아닌 사단이나 재단인 경우에는 상호(명칭), 본점(주사무소 소재지), 등기용등록번호 및 대표자(관리인)의 성명, 주민등록번호, 주소를 각 기재한다.

⑥ 등기권리자란 : 근저당권설정자(또는 소유자)를 기재하는 난으로, 그 기재방법은 등기의무자란과 같다.

⑦ 등록면허세·지방교육세란 : 부동산 1개당 등록면허세 6,000원, 지방교육세 1,200원으로 계산하여 기재한다.

⑧ 세액합계란 : 등록면허세액과 지방교육세액의 합계를 기재한다.

⑨ 등기신청수수료란 : 부동산 1개당 3,000원의 등기신청수수료 납부액을 기재한다. 다만 전자표준양식에 의하여 신청하는 경우에는 2,000원, 전자신청하는 경우에는 1,000원의 등기신청수수료를 은행 현금납부, 전자납부, 무인발급기 납부 등의 방법에 따라 납부한 후 등기신청서에 등기신청수수료 영수필확인서를 첨부하고 납부번호를 기재하여 제출한다.

⑩ 등기의무자의 등기필정보란 : ㉮ 근저당권설정등기를 완료하고 등기필정보를 교부받은 경우 그 등기필정보상에 기재된 부동산고유번호, 성명, 일련번호, 비밀번호를 각 기재(등기필정보를 제출하는 것이 아님)한다. 다만 교부받은 등기필정보를 멸실한 경우에는 부동산등기법 제51조에 의하여 확인서면이나 확인조서 또는 공증서면 중 하나를 첨부한다. ㉯ 등기신청서에 등기필증이나 확인서면 등을 첨부한 경우 이 난은 기재할 필요가 없다.

⑪ 첨부서면란 : 등기신청서에 첨부한 서면을 각 기재한다.

⑫ 신청인등란 : ㉮ 등기의무자와 등기권리자의 성명 및 전화번호를 기재하고, 각자의 인장을 날인하되, 등기의무자는 그의 인감을 날인한다. 그러나 신청인이 법인 또는 법인 아닌 사단이나 재단인 경우에는 상호(명칭)와 대표자(관리인)의 자격 및 성명을 기재하고, 법인이 등기의무자인 때에는 등기소의 증명을 얻은 그 대표자의 인감, 법인 아닌 사단이나 재단인 경우에는 대표자(관리인)의 개인인감을 날인한다. ㉯ 대리인이 등기신청을 하는 경우에는 그 대리인의 성명, 주소, 전화번호를 기재하고 대리인의 인장을 날인 또는 서명한다.

2. 등기신청서에 첨부할 서면 등

- 근저당권일부포기증서 : 해지 등과 같이 근저당권등기말소 사유에 관한 증서가 있는 경우에는 그 증서를 첨부한다.
- 이해관계인의 승낙서 등 : 일부포기할 근저당권을 목적으로 한 등기상 이해관계인(근저당권에 대한 가압류권자 등)이 있는 경우에는 그 이해관계인의 승낙서 및 인감증명서(발행일로부터 3월 이내) 또는 본인서명사실확인서를 첨부할 수 있다.
- 등기필증 : 등기의무자인 근저당권자가 근저당권설정등기 후 등기소로부터 교부받은 등기필증(다만, 근저당권이 이전된 후 근저당권을 말소하는 경우에는 근저당권이전 등기필증을 첨부해야함)을 첨부한다. 단, 근저당권설정(이전)등기를 완료하고 등기필정보를 교부받은 경우에 그 등기필정보상에 기재된 부동산고유번호, 성명, 일련번호, 비밀번호를 각 기재(등기필정보를 제출하는 것이 아님)한다. 다만, 등기필증(등기필정보)을 멸실하여 첨부(기재)할 수 없는 경우에는 부동산등기법 제51조에 의하여 확인서면이나 확인조서 또는 공증서면 중 하나를 첨부한다.
- 인감증명서 등 : 근저당권이 설정된 등기필증이 없을 때에는 근저당권자의 인감증명서를 첨부하거나, 인감증명을 갈음하여 「본인서명사실확인등에관한법률」에 따라 발급된 본인서명사실확인서를 첨부할 수 있다.
- 등록면허세영수필확인서 : 시장, 구청장, 군수 등으로부터 등록면허세납부서(OCR용지) 또는 대법원 인터넷등기소의 정액등록면허세납부서 작성기능을 통하여 정액등록면허세납부서를 발급받아 납세지를 관할하는 해당 금융기관에 세금을 납부한 후 등록면허세영수필확인서와 영수증을 교부받아 영수증은 본인이 보관하고 등록면허세영수필확인서만 신청서의 등록면허세액표시란의 좌측상단 여백에 첨부하거나, 또는 지방세인터넷납부시스템을 이용하여 납부하고 출력한 등록면허세납부확인서를 첨부한다.
- 법인등기사항전부(일부)증명서 : ㉮ 신청인이 법인인 경우에는 법인등기사항전부증명서 또는 법인등기사항일부증명서(각 발행일로부터 3월 이내)를 첨부한다. 다만, 법인등기가 되어 있는 등기소와 부동산소재지 관할 등기소가 동일한 경우에는 위 법인등기사항증명서를 제출할 필요가 없다. ㉯ 법인 아닌 사단 또는 재단이 등기를 신청하는 경우에는 정관이나 그 밖의 규약, 대표자나 관리인임을 증명하는 정보(다만, 등기되어 있는 대표자나 관리인이 신청하는 경우에는 그러하지 아니하다), 대표자나 관리인의 주소 및 주민등록번호를 증명하는 정보를 첨부한다. 법인 아닌 사단 또는 재단의 주소 및 부동산등기용등록번호를 증명하는 정보(새로이 등기명의인이 되는 경우에 한한다), 대표자나 관리인의 주소 및 주민등록번호를 증명하는 정보를 제공한다. 다만 법인 아닌 사단이 등기의무자인 경우에는 민법 제276조 소정의 사원총회의 결의서도 첨부한다(부등규 제48조).
- 위임장 : 등기신청을 법무사 등 대리인에게 위임하는 경우에 첨부한다. 위임인의 성명과 주소를 기재하고 인장을 날인하되 부동산등기규칙 제60조 제1항 제1호 내지 제3호에 해당하여 인감증명을 제출하여야 하는 자는 위임장에 인감을 날인하여야 하나, 위 규칙 제60조 제1호 내지 제3호에 해당하지 않는 자는 인감날인 대신에 일반적인 기명날인 혹은 서명으로 갈음할 수 있다.

3. 등기신청서류 편철순서

신청서, 등록면허세영수필확인서, 등기신청수수료 영수필확인서, 위임장, 근저당권일부포기증서, 등기필증 등의 순으로 편철한다.

60. 판결에 의한 근저당권말소등기신청

가. 의 의

부동산에 관하여 근저당권설정등기기 경료되었으나, 그 등기원인의 무효, 취소 또는 해제 등으로 인하여 근저당권말소등기절차 이행을 명하는 확정판결을 받은 등기권리자가 단독으로 근저당권설정등기 말소를 신청하는 등기이다.

나. 등기신청방법

(1) 공동신청

근저당권설정자(또는 소유자)와 근저당권자가 본인임을 확인할 수 있는 주민등록증 등을 가지고 직접 등기소에 출석하여 공동으로 신청함이 원칙이다.

(2) 단독신청

판결에 의한 등기신청인 경우에는 승소한 등기권리자 또는 등기의무자가 단독으로 신청할 수 있다.

(3) 대리인에 의한 신청

등기신청은 반드시 신청인 본인이 하여야 하는 것은 아니고 대리인이 하여도 된다. 등기권리자 또는 등기의무자 일방이 상대방의 대리인이 되거나 쌍방이 제3자에게 위임하여 등기신청을 할 수 있다.

[서식 60] 판결에 의한 근저당권말소등기신청서

판결에 의한 근저당권말소등기신청

<table>
<tr><td rowspan="2">접 수</td><td>년 월 일</td><td rowspan="2">처 리 인</td><td>등기관 확인</td><td>각종 통지</td></tr>
<tr><td>제 호</td><td></td><td></td></tr>
</table>

<table>
<tr><td colspan="5">① 부동산의 표시</td></tr>
<tr><td colspan="5">1. 서울특별시 서초구 서초동 100 대 300㎡

2. 서울특별시 서초구 서초동 100
[도로명주소] 서울특별시 서초구 서초대로 88길 10
시멘트 벽돌조 슬래브지붕 2층 주택
1층 100㎡
2층 100㎡

이 상</td></tr>
<tr><td colspan="2">② 등기원인과 그 연월일</td><td colspan="3">2020년 12월 20일 확정판결</td></tr>
<tr><td colspan="2">③ 등 기 의 목 적</td><td colspan="3">근저당권말소</td></tr>
<tr><td colspan="2">④ 말 소 할 등 기</td><td colspan="3">2018년 3월 2일 접수 제1128호로 경료된 근저당권설정등기</td></tr>
<tr><td>구분</td><td>성 명
(상호·명칭)</td><td>주민등록번호
(등기용등록번호)</td><td>주 소 (소 재 지)</td><td>지 분
(개인별)</td></tr>
<tr><td>⑤ 등기의무자</td><td>이 상 선</td><td>000000-0000000</td><td>서울특별시 서초구 서초대로 88길 20(서초동)</td><td></td></tr>
<tr><td>⑥ 등기권리자</td><td>김 갑 동</td><td>000000-0000000</td><td>서울특별시 중구 다동길 96(다동)</td><td></td></tr>
<tr><td colspan="2">⑦ 등 록 면 허 세</td><td colspan="3">금 12,000 원</td></tr>
</table>

<table>
<tr><td>⑦ 지 방 교 육 세</td><td colspan="2">금 2,400 원</td></tr>
<tr><td>⑧ 세 액 합 계</td><td colspan="2">금 14,400 원</td></tr>
<tr><td rowspan="3">⑨ 등 기 신 청 수 수 료</td><td colspan="2">금 6,000 원</td></tr>
<tr><td colspan="2">납부번호 : ㅇㅇ-ㅇㅇ-ㅇㅇㅇㅇㅇㅇ-ㅇ</td></tr>
<tr><td colspan="2">일괄납부 : 건 원</td></tr>
<tr><td colspan="3">등기의무자의 등기필정보</td></tr>
<tr><td>부동산고유번호</td><td colspan="2"></td></tr>
<tr><td>성 명(명 칭)</td><td>일련번호</td><td>비밀번호</td></tr>
<tr><td></td><td></td><td></td></tr>
<tr><td colspan="3">⑩ 첨 부 서 면</td></tr>
<tr><td colspan="2">1. 판결정본 1통
1. 확정증명원 1통
1. 등록면허세영수필확인서 1통
1. 등기필증 1통</td><td>〈기 타〉</td></tr>
<tr><td colspan="3">20ㅇㅇ년 ㅇ월 ㅇ일

⑪ 위 신청인 김 갑 동 ㊞ (전화 : 300-2345)
(또는)위 대리인 (전화 :)

ㅇㅇ지방법원 ㅇㅇ등기소 귀중</td></tr>
</table>

[신청서 작성요령]

1. 부동산표시란에 2개 이상의 부동산을 기재하는 경우에는 부동산의 일련번호를 기재하여야 합니다.
2. 신청인란등 해당란에 기재할 여백이 없을 경우에는 별지를 이용합니다.
3. 담당등기관이 판단하여 위의 첨부 서면 외에 추가적인 서면을 요구할 수 있습니다.

주

1. 등기신청서 기재요령

신청서는 한글과 아라비아숫자로 기재하여야 한다. 부동산의 표시란이나 신청인란 등이 부족

할 경우에는 별지로 사용하고, 별지를 포함한 신청서의 각 장 사이에 간인(신청서에 서명을 하였을 때에는 각 장마다 연결되는 서명)을 하여야 한다.

① 부동산의 표시란 : 판결주문에 표시된 부동산을 기재하되, 등기기록상 부동산의 표시와 일치하여야 한다. 부동산이 토지인 경우에는 토지의 소재와 지번, 지목, 면적을 기재하고, 건물인 경우에는 건물의 소재와 지번, 도로명주소(등기기록 표제부에 기록되어 있는 경우), 건물의 종류, 구조와 면적을 기재한다.

② 등기원인과 그 연월일란 : 등기원인은 그 원인에 따라 "확정판결"로, 그 연월일은 "판결선고일"을 기재한다. 그 밖에 화해권고결정의 경우 등기원인은 "화해권고결정"으로, 그 연원일은 "화해권고일"을 기재한다.

③ 등기의 목적란 : "근저당권말소"라고 기재한다.

④ 말소할 등기란 : 말소할 근저당권의 접수연월일, 접수번호 등을 기재하여 말소할 등기를 특정한다.

⑤ 등기의무자란 : 근저당권자의 성명, 주민등록번호, 주소를 기재하되, 판결상의 주소가 등기기록상의 주소와 일치하여야 하며, 다른 경우에는 주민등록초본을 첨부한다. 그러나 법인인 경우에는 상호(명칭), 본점(주사무소 소재지), 등기용등록번호 및 대표자의 성명과 주소를 기재하고, 법인 아닌 사단이나 재단인 경우에는 상호(명칭), 본점(주사무소 소재지), 등기용등록번호 및 대표자(관리인)의 성명, 주민등록번호, 주소를 각 기재한다.

⑥ 등기권리자란 : 판결상 승소한 원고(근저당권설정자, 소유자)를 기재하는 난으로, 그 기재방법은 등기의무자란과 같다.

⑦ 등록면허세·지방교육세란 : 부동산 1개당 등록면허세 6,000원, 지방교육세 1,200원으로 계산하여 기재한다.

⑧ 세액합계란 : 등록면허세액과 지방교육세액의 합계를 기재한다.

⑨ 등기신청수수료란 : 부동산 1개당 3,000원의 등기신청수수료 납부액을 기재한다. 다만 전자표준양식에 의하여 신청하는 경우에는 2,000원, 전자신청하는 경우에는 1,000원의 등기신청수수료를 은행 현금납부, 전자납부, 무인발급기 납부 등의 방법에 따라 납부한 후 등기신청서에 등기신청수수료 영수필확인서를 첨부하고 납부번호를 기재하여 제출한다.

⑩ 첨부서면란 : 등기신청서에 첨부한 서면을 각 기재한다.

⑪ 신청인등란 : ㉮ 판결에 의하여 단독으로 신청하므로 등기권리자의 성명 및 전화번호를 기재하고 인장을 날인한다. 그러나 신청인이 법인 또는 법인 아닌 사단이나 재단인 경우에는 상호(명칭)와 대표자(관리인)의 자격 및 성명을 기재하고, 대표자(관리인)의 인장을 날인한다. ㉯ 대리인이 등기신청을 하는 경우에는 그 대리인의 성명, 주소, 전화번호를 기재하고 대리인의 인장을 날인 또는 서명한다.

2. 등기신청서에 첨부할 서면 등

- 판결정본 및 확정증명원 : 판결에 의한 근저당권말소등기를 신청하는 경우에는 판결정본과 확정증명원을 첨부한다.
- 승계집행문 : 판결에 의한 소유권이전등기의 말소등기와 동시에 신청하는 근저당권설정등기 말소등기의 신청정보에는 등기원인을 증명하는 정보로 근저당권말소라는 강제집행의 자격이 있음을 증명하는 승계집행문을 첨부하여야 한다(부등규 제46조 제1항 제1호).
- 인감증명서 : 판결에 의한 등기를 신청하는 경우에는 등기의무자의 인감증명을 첨부할 필요가 없다.
- 등록면허세영수필확인서 : 시장, 구청장, 군수 등으로부터 등록면허세납부서(OCR용지) 또는

대법원 인터넷등기소의 정액등록면허세납부서 작성기능을 통하여 정액등록면허세납부서를 발급받아 납세지를 관할하는 해당 금융기관에 세금을 납부한 후 등록면허세영수필확인서와 영수증을 교부받아 영수증은 본인이 보관하고 등록면허세영수필확인서만 신청서의 등록면허세액표시란의 좌측상단 여백에 첨부하거나, 또는 지방세인터넷납부시스템을 이용하여 납부하고 출력한 등록면허세납부확인서를 첨부한다.

- 법인등기사항전부(일부)증명서 : 신청인이 법인인 경우에는 법인등기사항전부증명서 또는 법인등기사항일부증명서(각 발행일로부터 3월 이내)를 첨부한다.
- 위임장 : 등기신청을 법무사 등 대리인에게 위임하는 경우에 첨부한다.

3. 등기신청서류 편철순서

신청서, 등록면허세영수필확인서, 등기신청수수료 영수필확인서, 위임장, 판결정본, 확정증명원 등의 순으로 편철한다.

4. 기타 참고사항

말소할 근저당권을 목적으로 한 등기상 이해관계인(근저당권에 대한 가압류권자 등)이 있는 경우에는 그 이해관계인의 승낙서 및 인감증명서(발행일로부터 3월 이내) 또는 본인서명사실확인서를 첨부하여야 한다.

61. 근저당권설정등기의 말소회복등기신청

가. 의 의

불법으로 근저당권이 말소된 경우에 근저당권자가 그 등기 말소당시의 소유자를 상대로 회복등기를 이행하라는 판결을 받아 단독으로 근저당권설정등기의 말소회복등기를 신청하는 경우 등이 있다. 따라서 소유권의 말소회복등기를 신청하는 경우에 이미 제3자에게 소유권이 이전된 현재의 소유권의 등기명의인은 등기의무자가 아니다.

나. 등기신청방법

(1) 공동신청

근저당권설정등기의 말소회복등기신청은 근저당권이 말소될 당시의 소유자가 등기의무자, 근저당권자가 등기권리자가 된다.

(2) 단독신청

판결에 의한 등기신청인 경우에는 승소한 등기권리자가 단독으로 신청할 수 있다.

또한 가등기가 불법말소된 경우에 가등기권리자는 가등기의무자의 승낙서 또는 이에 대항할 수 있는 재판의 등본을 첨부하여 단독으로 말소회복등기를 신청할 수 있다.

말소된 종전의 등기가 단독신청에 의한 것이었던 때에는 그 등기명의인이 단독으로 신청한다. 예컨대 상속등기의 회복등기는 상속인이 단독으로 신청한다. 말소등기가 법원의 촉탁에 의하여 된 때에는 그 회복등기는 해당 촉탁법원의 촉탁에 의하여 하여야 한다.

(3) 대리인에 의한 신청

등기신청은 반드시 신청인 본인이 하여야 하는 것은 아니고 대리인이 하여도 된다. 등기권리자 또는 등기의무자 일방이 상대방의 대리인이 되거나 쌍방이 제3자에게 위임하여 등기신청을 할 수 있다.

[서식 61] 근저당권설정등기의 말소회복등기신청서

근저당권설정등기의 말소회복등기신청

접 수	년 월 일	처 리 인	등기관 확인	각종 통지
	제 호			

① 부동산의 표시
1. 서울특별시 서초구 서초동 100 대 300㎡ 2. 서울특별시 서초구 서초동 100 [도로명주소] 서울특별시 서초구 서초대로 88길 10 시멘트 벽돌조 슬래브지붕 2층 주택 1층 100㎡ 2층 100㎡ 이 상

<table>
<tr><td colspan="3">② 등기원인과 그 연월일</td><td colspan="3">2020년 12월 20일 확정판결</td></tr>
<tr><td colspan="3">③ 등 기 의 목 적</td><td colspan="3">2번 근저당권설정등기 회복</td></tr>
<tr><td colspan="3">④ 회 복 할 등 기</td><td colspan="3">2018년 6월 20일 접수 제1102호로 경료한 “순위번호 제3번, 등기원인 2018년 6월 15일 설정계약, 채권최고액 금 50,000,000원, 채무자 이상선, 서울 관악구 신림로 56길 33(신림동), 근저당권자 김갑동 000000-0000000 서울특별시 노원구 공릉로 139길 24(상계동)”의 근저당권설정등기</td></tr>
<tr><td>구분</td><td>성 명
(상호·명칭)</td><td colspan="2">주민등록번호
(등기용등록번호)</td><td>주 소 (소 재 지)</td><td>지 분
(개인별)</td></tr>
<tr><td>⑤ 등기의무자</td><td>김 대 웅</td><td colspan="2">000000-0000000</td><td>서울특별시 서초구 서초대로 88길 20(서초동)</td><td></td></tr>
<tr><td>⑥ 등기권리자</td><td>김 갑 동</td><td colspan="2">000000-0000000</td><td>서울특별시 중구 다동길 96(다동)</td><td></td></tr>
<tr><td colspan="3">⑦ 등 록 면 허 세</td><td colspan="3">금 12,000 원</td></tr>
<tr><td colspan="3">⑦ 지 방 교 육 세</td><td colspan="3">금 2,400 원</td></tr>
<tr><td colspan="3">⑧ 세 액 합 계</td><td colspan="3">금 14,400 원</td></tr>
<tr><td colspan="3" rowspan="3">⑨ 등 기 신 청 수 수 료</td><td colspan="3">금 6,000 원</td></tr>
<tr><td colspan="3">납부번호 : ○○-○○-○○○○○○-○</td></tr>
<tr><td colspan="3">일괄납부 : 건 원</td></tr>
<tr><td colspan="6">⑩ 등기의무자의 등기필정보</td></tr>
<tr><td colspan="2">부동산고유번호</td><td colspan="4"></td></tr>
<tr><td colspan="2">성 명(명 칭)</td><td colspan="2">일련번호</td><td colspan="2">비밀번호</td></tr>
<tr><td colspan="2"></td><td colspan="2"></td><td colspan="2"></td></tr>
<tr><td colspan="6">⑪ 첨 부 서 면</td></tr>
<tr><td colspan="3">1. 판결정본 1통
1. 확정증명원 1통
1. 등록면허세영수필확인서 1통
1. 이해관계인의 승낙서 1통</td><td colspan="3">1. 인감증명서나 본인서명사실확인서 또는 전자본인서명확인서 발급증 1통
1. 등록면허세영수필확인서 1통
1. 위임장 1통</td></tr>
</table>

20○○년 ○월 ○일

⑫ 위 신청인 ㊞ (전화 :)

(또는)위 대리인 법무사 홍 길 동 ㊞ (전화 : 300-1234)
서울특별시 서초구 서초대로 73길 24(서초동)

○○지방법원 ○○등기소 귀중

법무사 홍 길 동 (직인)

[신청서 작성요령]

1. 부동산표시란에 2개 이상의 부동산을 기재하는 경우에는 부동산의 일련번호를 기재하여야 합니다.
2. 신청인란등 해당란에 기재할 여백이 없을 경우에는 별지를 이용합니다.
3. 담당등기관이 판단하여 위의 첨부 서면 외에 추가적인 서면을 요구할 수 있습니다.

주

1. 등기신청서 기재요령

신청서는 한글과 아라비아숫자로 기재하여야 한다. 부동산의 표시란이나 신청인란 등이 부족할 경우에는 별지로 사용하고, 별지를 포함한 신청서의 각 장 사이에 간인(신청서에 서명을 하였을 때에는 각 장마다 연결되는 서명)을 하여야 한다.

① 부동산의 표시란 : 판결주문에 표시된 부동산을 기재하되, 등기기록상 부동산의 표시와 일치하여야 한다. 부동산이 토지인 경우에는 토지의 소재와 지번, 지목, 면적을 기재하고, 건물인 경우에는 건물의 소재와 지번, 도로명주소(등기기록 표제부에 기록되어 있는 경우), 건물의 종류, 구조와 면적을 기재한다.

② 등기원인과 그 연월일란 : 기존등기의 등기원인이 부존재 내지 무효이거나 취소·해제에 의하여 소멸하였음을 이유로 회복등기를 명하는 판결주문에 등기원인과 그 연월일이 명시되어 있지 아니한 경우 등기원인은 "확정판결"로, 그 연월일인 "판결선고일"을 기재한다. 등기가 부적법하게 말소된 경우의 말소회복등기의 등기원인을 "신청착오"로 기재하고, 당사자간에 말소회복의 합의를 한 경우에는 "말소회복합의"로 기재한다.

③ 등기의 목적란 : 근저당권설정등기의 말소회복등기의 경우에는 "근저당권설정등기의 회복"이라고 기재한다.

④ 회복할 등기란 : 회복할 접수연월일, 접수번호, 순위번호, 권리자, 권리의 내용 등을 구체적

으로 기재한다.

⑤ 등기의무자란 : 근저당권설정등기의 말소회복등기신청서에는 말소당시의 소유권등기명의인의 성명, 주민등록번호, 주소를 기재한다.

⑥ 등기권리자란 : 판결상 승소한 원고를 기재하는 난으로, 그 기재방법은 등기의무자란과 같다.

⑦ 등록면허세·지방교육세란 : 부동산 1개당 등록면허세 6,000원, 지방교육세 1,200원으로 계산하여 기재하며, 등록면허세는 말소회복등기를 신청하는 자가 납부한다.

⑧ 세액합계란 : 등록면허세액과 지방교육세액의 합계를 기재한다.

⑨ 등기신청수수료란 : 부동산 1개당 3,000원의 등기신청수수료 납부액을 기재한다. 다만 전자표준양식에 의하여 신청하는 경우에는 2,000원, 전자신청하는 경우에는 1,000원의 등기신청수수료를 은행 현금납부, 전자납부, 무인발급기 납부 등의 방법에 따라 납부한 후 등기신청서에 등기신청수수료 영수필확인서를 첨부하고 납부번호를 기재하여 제출한다.

⑩ 등기의무자의 등기필정보란 : 판결에 의하여 승소한 등기권리자가 단독신청하는 경우에는 등기의무자의 등기필정보를 제공할 필요가 없다.

⑪ 첨부서면란 : 등기신청서에 첨부한 서면을 각 기재한다.

⑫ 신청인등란 : ㉮ 등기의무자와 등기권리자의 성명 및 전화번호를 기재하고, 각자의 인장을 날인하되, 등기의무자는 그의 인감을 날인한다. 그러나 신청인이 법인 또는 법인 아닌 사단이나 재단인 경우에는 상호(명칭)와 대표자(관리인)의 자격 및 성명을 기재하고, 법인이 등기의무자인 때에는 등기소의 증명을 얻은 그 대표자의 인감, 법인 아닌 사단이나 재단인 경우에는 대표자(관리인)의 개인인감을 날인한다. ㉯ 본 건의 경우는 승소한 등기권리자가 단독신청하는 경우이므로 등기의무자의 기명날인이나 서명은 필요없다. ㉰ 대리인이 등기신청을 하는 경우에는 그 대리인의 성명, 주소, 전화번호를 기재하고 대리인의 인장을 날인 또는 서명한다.

2. 등기신청서에 첨부할 서면 등

- 판결정본 및 확정증명원 : 법원으로부터 등기권리자에게 송달된 판결정본과 법원에서 발급받은 확정증명원을 첨부한다. 선이행판결이나 동시이행판결의 경우에는 집행문부여를 받아야 한다.
- 이해관계인의 승낙서 등 : 확정판결에 의하여 회복등기를 신청하는 경우에는 그 회복등기에 등기상 이해관계인이 있는 경우에는 그의 승낙서를 첨부하여야 하고, 동 승낙서에는 이해관계인의 인감을 날인하며 인감증명서를 첨부하거나, 인감증명을 갈음하여 「본인서명사실확인등에관한법률」에 따라 발급된 본인서명사실확인서(발행일부터 3개월 이내)에 기재한 서명(전자본인서명확인서 발급증을 제출할 경우에도 서명)을 하고 본인서명사실확인서(전자본인서명확인서 발급증)을 첨부한다.
- 인감증명서 : 판결에 의하여 등기를 신청하는 경우에는 등기의무자(소유자)의 인감증명서를 첨부할 필요가 없다.
- 등기필증 : 등기의무자의 등기필정보도 제공할 필요가 없다. 다만 승소한 등기의무자가 부동산등기법 제23조의 규정에 의하여 단독으로 등기를 신청하는 경우에는 등기필증을 첨부하여야 한다.
- 등록면허세영수필확인서 : 시장, 구청장, 군수 등으로부터 등록면허세납부서(OCR용지) 또는 대법원 인터넷등기소의 정액등록면허세납부서 작성기능을 통하여 정액등록면허세납부서를 발급받아 납세지를 관할하는 해당 금융기관에 세금을 납부한 후 등록면허세영수필확인서와

영수증을 교부받아 영수증은 본인이 보관하고 등록면허세영수필확인서만 신청서의 등록면허세액표시란의 좌측상단 여백에 첨부하거나, 또는 지방세인터넷납부시스템을 이용하여 납부하고 출력한 등록면허세납부확인서를 첨부한다.

- 법인등기사항전부(일부)증명서 : 신청인이 법인인 경우에는 법인등기사항전부증명서 또는 법인등기사항일부증명서(각 발행일로부터 3월 이내)를 첨부한다. 다만, 법인등기가 되어있는 등기소와 부동산소재지 관할 등기소가 동일한 경우에는 위 법인등기사항증명서를 제출할 필요가 없다.
- 위임장 : 등기신청을 법무사 등 대리인에게 위임하는 경우에 첨부한다. 위임인의 성명과 주소를 기재하고 인장을 날인하되 부동산등기규칙 제60조 제1항 제1호 내지 제3호에 해당하여 인감증명을 제출하여야 하는 자는 위임장에 인감을 날인하여야 하나, 위 규칙 제60조 제1호 내지 제3호에 해당하지 않는 자는 인감날인 대신에 일반적인 기명날인 혹은 서명으로 갈음할 수 있다.

3. 등기신청서류 편철순서

신청서, 등록면허세영수필확인서, 등기신청수수료 영수필확인서, 위임장, 이해관계인의 승낙서 및 인감증명서나 본인서명사실확인서 또는 전자본인서명확인서 발급증, 판결정본 및 확정증명 등의 순으로 편철한다.

62. 지상권설정등기신청

가. 의 의

타인의 토지 위에 건물 기타 공작물이나 수목을 소유하기 위하여 타인의 토지를 사용할 수 있는 용익물권(지상권·지역권·전세권)의 일종인 지상권의 설정등기이다. 여기서 공작물이라 함은 지상, 지하에 인공적으로 설치된 모든 건축물 내지 설비(예 : 교량, 우물, 터널, 동상 등)를 말하며, 수목의 종류에는 제한이 없으며, 건물이 있거나 토지의 일부(도면첨부)에 대하여도 설정할 수 있으나, 공유지분에는 설정할 수 없다. 또한, 지상권은 토지의 배타적 사용권이므로 같은 토지 위에 2개 이상 중첩하여 성립할 수 없다.

나. 등기신청방법

(1) 공동신청

지상권설정계약에 의한 등기신청인 경우에는 소유자인 지상권설정자(등기의무자)와 지상권자(등기권리자)가 본인임을 확인할 수 있는 주민등록증 등을 가지고 직접 등기소에 출석하여 공동으로 신청함이 원칙이다.

(2) 단독신청

판결에 의한 등기신청인 경우에는 승소한 등기권리자 또는 등기의무자가 단독으로 신청할 수 있다.

(3) 대리인에 의한 신청

등기신청은 반드시 신청인 본인이 하여야 하는 것은 아니고 대리인이 하여도 된다. 등기권리자 또는 등기의무자 일방이 상대방의 대리인이 되거나 쌍방이 제3자에게 위임하여 등기신청을 할 수 있다.

[서식 62] 지상권설정등기신청서

지상권설정등기신청

접 수	년 월 일	처 리 인	등기관 확인	각종 통지
	제 호			

① 부동산의 표시	
서울특별시 서초구 서초동 100 대 800㎡ 이 상	
② 등기원인과 그 연월일	2020년 12월 20일 설정계약
③ 등 기 의 목 적	지상권설정
④ 설 정 의 목 적	건물 기타 공작물이나 수목의 소유
⑤ 범 위	토지의 전부
⑥ 존 속 기 간	2020년 12월 20일부터 30년
⑦ 지 료	없음(또는 월 금 500,000원)

<table>
<tr><td colspan="2">⑧ 지 료 지 급 시 기</td><td colspan="3">매월 말일(필요시)</td></tr>
<tr><td colspan="2">⑨ 특 약</td><td colspan="3">1. 장래에 있어서 지료를 증액하지 못한다(필요시).
2. 본 지상권은 지상권자가 사망한 경우에는 존속기간만료 전이라도 소멸한다(필요시).
3. 토지소유자는 고가철도 운행에 장애가 될 공작물의 설치를 하여서는 아니 된다(필요시).</td></tr>
<tr><td>구분</td><td>성 명
(상호·명칭)</td><td>주민등록번호
(등기용등록번호)</td><td colspan="2">주 소(소 재 지)</td></tr>
<tr><td>⑩ 등기의무자</td><td>이 상 선</td><td>000000-0000000</td><td colspan="2">서울특별시 서초구 서초대로 88길 20 (서초동)</td></tr>
<tr><td>⑪ 등기권리자</td><td>김 갑 동</td><td>000000-0000000</td><td colspan="2">서울특별시 중구 다동길 96(다동)</td></tr>
<tr><td colspan="3">⑫ 등 록 면 허 세</td><td colspan="2">금 160,000 원</td></tr>
<tr><td colspan="3">⑫ 지 방 교 육 세</td><td colspan="2">금 32,000 원</td></tr>
<tr><td colspan="3">⑬ 세 액 합 계</td><td colspan="2">금 192,000 원</td></tr>
<tr><td colspan="3" rowspan="3">⑭ 등 기 신 청 수 수 료</td><td colspan="2">금 15,000 원</td></tr>
<tr><td colspan="2">납부번호 : ○○-○○-○○○○○-○</td></tr>
<tr><td colspan="2">일괄납부 : 건 원</td></tr>
<tr><td colspan="5">⑮ 등기의무자의 등기필정보</td></tr>
<tr><td colspan="2">부동산고유번호</td><td colspan="3">1102-2006-002095</td></tr>
<tr><td colspan="2">성 명(명 칭)</td><td colspan="2">일련번호</td><td>비밀번호</td></tr>
<tr><td colspan="2">이 상 선</td><td colspan="2">Q77C-LO7I-35J5</td><td>40-4636</td></tr>
<tr><td colspan="5">⑯ 첨 부 서 면</td></tr>
<tr><td colspan="3">1. 지상권설정계약서 1통
1. 등록면허세영수필확인서 1통
1. 인감증명서나 본인서명사실확인서 또는 전자본인서명확인서 발급증 1통</td><td colspan="2">1. 토지대장(×)
1. 등기필증 1통
1. 주민등록표등(초)본 1통
1. 위임장 1통</td></tr>
</table>

20○○년 ○월 ○일

⑰ 위 신청인 ㊞ (전화 :)

(또는)위 대리인 법무사 홍 길 동 ㊞ (전화 : 300-1234)
서울특별시 서초구 서초대루 73길 24(서초동)

○○지방법원 ○○등기소 귀중

법무사 홍 길 동 (직인)

[신청서 작성요령]

1. 부동산표시란에 2개 이상의 부동산을 기재하는 경우에는 부동산의 일련번호를 기재하여야 합니다.
2. 신청인란등 해당란에 기재할 여백이 없을 경우에는 별지를 이용합니다.
3. 담당등기관이 판단하여 위의 첨부 서면 외에 추가적인 서면을 요구할 수 있습니다.

주

1. 등기신청서 기재요령

신청서는 한글과 아라비아숫자로 기재하여야 한다. 부동산의 표시란이나 신청인란 등이 부족할 경우에는 별지로 사용하고, 별지를 포함한 신청서의 각 장 사이에 간인(신청서에 서명을 하였을 때에는 각 장마다 연결되는 서명)을 하여야 한다.

① 부동산의 표시란 : 지상권의 목적부동산을 기재하되, 등기기록상 부동산 표시와 일치하여야 한다. 토지의 표시방법은 토지의 소재, 지번, 지목, 면적을 기재한다.

② 등기원인과 그 연월일란 : 등기원인은 "지상권설정계약"으로, 그 연월일은 "지상권설정계약의 체결일"을 기재한다.

③ 등기의 목적란 : "지상권설정"이라고 기재한다.

④ 설정의 목적란 : "건물 기타 공작물이나 수목의 소유" 또는 "철근콘크리트조 건물의 소유", "건물의 소유", "공작물의 소유", "목조 건물의 소유", "수목의 소유", "고가철도의 소유", "지하철도 소유" 등 중 어느 것의 소유를 목적으로 하는지, 그 내용을 구체적으로 기재하여야 한다. 건물 등의 종류에 따라 최단기간이 다르기 때문이다. 설정의 목적은 필요적 기재사항이기 때문에 반드시 기재하여야 한다.

⑤ 범위란 : 지상권의 목적이 부동산의 전부인 경우에는 "토지의 전부"로 토지의 일부인 경우에는 "토지의 서북쪽 50㎡, "동남쪽 300㎡", "동쪽 끝 지점으로부터 250㎡ 토지 위의 평균해면

으로부터 지상 50m에서 100m 사이", "토지의 남쪽 끝지점을 포함한 수평면을 기준으로 하여 지하 15m로부터 35m 사이", " 토지의 서북간 ㅇㅇ지점을 포함한 수평면을 기준으로 하여 지상 15m로부터 지상 35m 사이", "송전선이 통과하는 선하부지 166㎡를 제외한 73024㎡", "평균 해면 위 100m로부터 150m 사이" 등으로 특정하고 그 면적, 위치(도면 첨부) 등을 기재한다.

⑥ 존속기간란 : 계약으로 존속기간을 약정하는 경우에는 견고한 건물이나 수목의 소유를 목적으로 하는 때에는 30년, 기타 건물의 소유를 목적으로 하는 때에는 15년, 건물 이외의 공작물의 소유를 목적으로 하는 때에는 5년의 기간보다 단축하지 못한다.

⑦ 지료란 : 약정이 있는 경우에 한하여 기재하며(예 : "월 금 300,000원", "1㎡당 월 금 3,000원"), 약정이 없는 경우에는 "없음"이라 고 기재한다.

⑧ 지료의 지급시기란 : 약정이 있는 경우에 기재하며, 지급시기가 없는 경우에는 공란(아무런 글자를 기재하지 않음)으로 둔다.

⑨ 특약란 : 약정이 있는 경우에 기재하며, 없는 경우에는 공란(아무런 글자를 기재하지 않음)으로 둔다. (예) "지상권자가 사망한 때에는 지상권이 소멸한다." 등

⑩ 등기의무자란 : ㉮ 지상권설정자의 성명, 주민등록번호, 주소를 기재하되, 등기기록상 소유자 표시와 일치하여야 한다. 다만 등기기록상 등기의무자의 주소가 지번방식의 주소인 경우에도 등기의무자가 제공한 도로명주소 정보 혹은 인감증명서에 의하여 해당 지번방식의 주소에 대한 도로명주소임이 인정되는 경우에는 등기사건을 수리하여야 한다. 즉 등기기록상 등기의무자의 주소를 도로명주소로 변경등기를 하지 아니하여도 지상권설정등기를 신청할 수 있다. ㉯ 등기의무자의 등기기록상 주소와 현재의 주소와 다른 경우, 등기명의인표시변경(또는 경정)등기를 신청하여 등기의무자의 주소를 변경한 후 설정등기를 하여야 한다.

⑪ 등기권리자란 : 지상권자를 기재하는 난으로, 그 기재방법은 등기의무자란과 같다.

⑫ 등록면허세·지방교육세 : 목적부동산(예 : 80,000,000)의 시가표준액의 2/1,000에 해당하는 금액을 등록면허세로, 등록면허세의 20/100에 해당하는 금액을 지방교육세로 납부하여 기재한다. 위와 같이 계산하여 산출한 금액이 6,000원에 미달하는 경우에도 등록면허세를 6,000원을 납부하여 기재한다.

⑬ 세액합계란 : 등록면허세액, 지방교육세액의 합계를 기재한다.

⑭ 등기신청수수료란 : ㉮ 부동산 1개당 15,000원의 등기신청수수료 납부액을 기재한다. 다만 전자표준양식에 의하여 신청하는 경우에는 13,000원, 전자신청하는 경우에는 10,000원의 등기신청수수료를 은행 현금납부, 전자납부, 무인발급기 납부 등의 방법에 따라 납부한 후 등기신청서에 등기신청수수료 영수필확인서를 첨부하고 납부번호를 기재하여 제출한다. ㉯ 여러 건의 등기신청에 대하여 수납금융기관에 현금으로 일괄납부하는 경우 첫 번째 등기신청서에 등기신청수수료 영수필확인서를 첨부하고 해당 등기신청수수료, 납부번호와 일괄납부 건수 및 일괄납부액을 기재하며, 나머지 신청서에는 해당 등기신청수수료와 전 사건에 일괄 납부한 취지를 기재한다(일괄납부는 은행에 현금으로 납부하는 경우에만 가능함).

⑮ 등기의무자의 등기필정보란 : ㉮ 소유권 취득에 관한 등기를 완료하고 등기필정보를 교부받은 경우 그 등기필정보상에 기재된 부동산고유번호, 성명, 일련번호, 비밀번호를 각 기재(등기필정보를 제출하는 것이 아님)한다. 다만 교부받은 등기필정보를 멸실한 경우에는 부동산등기법 제51조에 의하여 확인서면이나 확인조서 또는 공증서면 중 하나를 첨부한다. ㉯ 등기신청서에 등기필증이나 확인서면 등을 첨부한 경우 이 난은 기재할 필요가 없다.

⑯ 첨부서면란 : 등기신청서에 첨부한 서면을 각 기재한다.

⑰ 신청인등란 : ㉮ 등기의무자와 등기권리자의 성명 및 전화번호를 기재하고, 각자의 인장을 날인하되, 등기의무자는 그의 인감을 날인한다. 그러나 신청인이 법인 또는 법인 아닌 사단이나 재단인 경우에는 상호(명칭)와 대표자(관리인)의 자격 및 성명을 기재하고, 법인이 등기의무자인 때에는 등기소의 증명을 얻은 그 대표자의 인감, 법인 아닌 사단이나 재단인 경우에는 대표자(관리인)의 개인인감을 날인한다. ㉯ 대리인이 등기신청을 하는 경우에는 그 대리인의 성명, 주소, 전화번호를 기재하고 대리인의 인장을 날인 또는 서명한다.

2. 등기신청서에 첨부할 서면 등

- 지상권설정계약서 : 등기원인을 증명하는 서면으로 첨부한다. 이 계약서에 3,000원의 인지를 첨부하는 종전의 규정은 폐지되었다.
- 등기필증 : 등기의무자의 소유권에 관한 등기필증으로서 등기의무자가 소유권 취득시 등기소로부터 교부받은 등기필증을 첨부한다. 단, 소유권 취득의 등기를 완료하고 등기필정보를 교부받은 경우에 그 등기필정보상에 기재된 부동산고유번호, 성명, 일련번호, 비밀번호를 각 기재(등기필정보를 제출하는 것이 아님)한다. 다만, 등기필증(등기필정보)을 멸실하여 첨부(기재)할 수 없는 경우에는 부동산등기법 제51조에 의하여 확인서면이나 확인조서 또는 공증서면 중 하나를 첨부한다.
- 도면(지적도) : ㉮ 지상권설정의 범위가 토지의 일부인 때에는 지적도를 첨부하여야 한다. 다만, 도면이나 신탁원부 등 영구보존문서는 원칙적으로 당사자 또는 자격대리인이 이를 인터넷등기소에서 전자문서로 변환하여 등록하는 방법으로 제출하여 하는데, 그렇게 하기 위해서는 인터넷등기소에서 '영구보존문서 등록'을 선택하여 영구보존문서를 전자문서로 변환한 후 전자서명을 부여하여 등록하고, 이때 인터넷등기소에서 자동으로 부여되는 영구보존문서의 '등록문서번호'를 신청서의 부동산의 표시 및 오른쪽에 아래 예시와 같이 기재하여야 하므로, 이 경우에는 신청서에 영구보존문서 즉, 도면을 첨부하지 아니한다. (예) [등록문서번호 : ○○○번] ㉯ 자격자 대리인이 등기를 신청하는 경우에는 도면을 반드시 전자문서로 작성·등록·제공하여야 하므로 도면이나 지적도를 첨부서면으로 기재할 필요는 없다.
- 등록면허세영수필확인서 : 시장, 구청장, 군수 등으로부터 등록면허세납부서(OCR용지)를 발급받아 납세지를 관할하는 해당 금융기관에 세금을 납부한 후 등록면허세 영수필확인서와 영수증을 교부받아 영수증은 본인이 보관하고 등록면허세영수필확인서만 신청서의 등록면허세액표시란의 좌측상단 여백에 첨부하거나, 또는 지방세인터넷납부시스템을 이용하여 납부하고 출력한 등록면허세납부확인서를 첨부한다.
- 인감증명서 등 : 소유자인 등기의무자의 인감증명서(발행일로부터 3월 이내)를 첨부하거나, 인감증명을 갈음하여 「본인서명사실확인등에관한법률」에 따라 발급된 본인서명사실확인서(발행일부터 3개월 이내)에 기재한 서명(전자본인서명확인서 발급증을 제출할 경우에도 서명)을 하고 본인서명사실확인서(전자본인서명확인서 발급증)을 첨부한다. 부동산등기규칙 제60조, 제61조에 의하여 인감증명을 첨부하여야 하는 자가 법인인 경우에는 등기소의 증명을 얻은 대표자의 인감증명을, 법인 아닌 사단 또는 재단인 경우에는 대표자 또는 관리인의 인감증명을 첨부하여야 하며, 근저당권설정과 동시에 신청하는 경우에는 인감증명서를 원용할 수 있다.
- 주민등록표등(초)본 : 지상권자(등기권리자)의 주민등록표등본 또는 초본(발행일로부터 3월 이내)을 첨부한다.
- 법인등기사항전부(일부)증명서 : ㉮ 신청인이 법인인 경우에는 법인등기사항전부증명서 또

는 법인등기사항일부증명서(각 발행일로부터 3월 이내)를 첨부한다. 다만, 법인등기가 되어 있는 등기소와 부동산소재지 관할 등기소가 동일한 경우에는 위 법인등기사항증명서를 제출할 필요가 없다. ㉯ 법인 아닌 사단 또는 재단이 등기를 신청하는 경우에는 정관이나 그 밖의 규약, 대표자나 관리인임을 증명하는 정보(다만, 등기되어 있는 대표자나 관리인이 신청하는 경우에는 그러하지 아니하다). 대표자나 관리인의 주소 및 주민등록번호를 증명하는 정보를 첨부한다. 다만 법인 아닌 사단이 등기의무자인 경우에는 민법 제276조 소정의 사원총회의 결의서도 첨부한다(부등규 제48조).

- 제3자의 동의, 허가 또는 승낙을 증명하는 서면 : 예를 들어 토지거래허가구역 내에서 대가가 수반되는 계약에 의하여 이전 또는 설정등기를 할 경우에는 토지거래허가증(시, 군, 구청 발급) 등을 첨부하여야 한다.
- 위임장 : 등기신청을 법무사 등 대리인에게 위임하는 경우에 첨부한다. 위임인의 성명과 주소를 기재하고 인장을 날인하되 부동산등기규칙 제60조 제1항 제1호 내지 제3호에 해당하여 인감증명을 제출하여야 하는 자는 위임장에 인감을 날인하여야 하나, 위 규칙 제60조 제1호 내지 제3호에 해당하지 않는 자는 인감날인 대신에 일반적인 기명날인 혹은 서명으로 갈음할 수 있다.

3. 등기신청서류 편철순서

신청서, 등록면허세영수필확인서, 등기신청수수료 영수필확인서, 위임장, 인감증명서나 본인서명사실확인서 또는 전자본인서명확인서 발급증, 주민등록표등(초)본, 도면, 지상권설정계약서, 등기필증 등의 순으로 편철한다.

63. 지상권변경등기신청

가. 의 의

지상권의 내용인 지료, 존속기간, 목적 등을 계약에 의하여 변경한 경우에 하는 등기이다.

나. 등기신청방법

(1) 공동신청

변경등기에 의하여 형식상 불리한 지위에서는 기존의 등기명의인이 등기명의자, 변경등기로 인하여 유리한 지위에 서는 자가 등기권리자가 되어 본인을 본인임을 확인할 수 있는 주민등록증 등을 가지고 직접 등기소에 출석하여 공동으로 신청함이 원칙이다.

(2) 단독신청

판결에 의한 등기신청인 경우에는 승소한 등기권리자 또는 등기의무자가 단독으로 신청할 수 있다.

(3) 대리인에 의한 신청

등기신청은 반드시 신청인 본인이 하여야 하는 것은 아니고 대리인이 히여도 된다. 등기권리자 또는 등기의무자 일방이 상대방의 대리인이 되거나 쌍방이 제3자에게 위임하여 등기신청을 할 수 있다.

[서식 63] 지상권변경등기신청서

지상권변경등기신청

접 수	년 월 일	처 리 인	등기관 확인	각종 통지
	제 호			

① 부동산의 표시			
서울특별시 서초구 서초동 100 대 300㎡ 이 상			
② 등기원인과 그 연월일	2020년 5월 10일 변경계약		
③ 등 기 의 목 적	지상권변경		
④ 변 경 할 사 항	2020년 2월 5일 접수 제5000호로 경료한 지상권 등기사항 중 존속기간 "2020년 2월 5일부터 10년"을, "2020년 2월 5일부터 15년"으로 변경		
구분	성 명 (상호·명칭)	주민등록번호 (등기용등록번호)	주 소 (소 재 지)

<table>
<tr><td>⑤ 등기의무자</td><td>이 상 선</td><td>000000-0000000</td><td>서울특별시 서초구 서초대로 88길 20 (서초동)</td></tr>
<tr><td>⑥ 등기권리자</td><td>김 갑 동</td><td>000000-0000000</td><td>서울특별시 중구 다동길 96(다동)</td></tr>
</table>

<table>
<tr><td>⑦ 등 록 면 허 세</td><td>금 6,000 원</td></tr>
<tr><td>⑦ 지 방 교 육 세</td><td>금 1,200 원</td></tr>
<tr><td>⑧ 세 액 합 계</td><td>금 7,200 원</td></tr>
<tr><td rowspan="3">⑨ 등 기 신 청 수 수 료</td><td>금 3,000 원</td></tr>
<tr><td>납부번호 : ○○-○○-○○○○○○-○</td></tr>
<tr><td>일괄납부 : 건 원</td></tr>
</table>

<table>
<tr><td colspan="3">⑩ 등기의무자의 등기필정보</td></tr>
<tr><td>부동산고유번호</td><td colspan="2">1102-2006-002095</td></tr>
<tr><td>성 명(명 칭)</td><td>일련번호</td><td>비밀번호</td></tr>
<tr><td>이 상 선</td><td>Q77C-LO7I-35J5</td><td>40-4636</td></tr>
</table>

<table>
<tr><td colspan="2">⑪ 첨 부 서 면</td></tr>
<tr><td>1. 지상권변경계약서 1통
1. 등록면허세영수필확인서 1통
1. 등기필증 1통</td><td>1. 인감증명서나 본인서명사실확인서
또는 전자본인서명확인서 발급증 1통
1. 위임장 1통</td></tr>
</table>

20○○년 ○월 ○일

⑫ 위 신청인 ㊞ (전화 :)

(또는)위 대리인 법무사 홍 길 동 ㊞ (전화 : 300-1234)
서울특별시 서초구 서초대로 73길 24(서초동)

○○지방법원 ○○등기소 귀중

법무사 홍 길 동 (직인)

[신청서 작성요령]

1. 부동산표시란에 2개 이상의 부동산을 기재하는 경우에는 부동산의 일련번호를 기재하여야 합니다.
2. 신청인란등 해당란에 기재할 여백이 없을 경우에는 별지를 이용합니다.
3. 담당등기관이 판단하여 위의 첨부 서면 외에 추가적인 서면을 요구할 수 있습니다.

주

1. 등기신청서 기재요령

신청서는 한글과 아라비아숫자로 기재하여야 한다. 부동산의 표시란이나 신청인란 등이 부족할 경우에는 별지로 사용하고, 별지를 포함한 신청서의 각 장 사이에 간인(신청서에 서명을 하였을 때에는 각 장마다 연결되는 서명)을 하여야 한다.

① 부동산의 표시란 : 지상권설정등기가 되어있는 토지를 기재하되, 등기기록상 부동산 표시와 일치하여야 한다. 토지의 표시방법은 토지의 소재, 지번, 지목, 면적을 기재한다.

② 등기원인과 그 연월일란 : 등기원인은 "변경계약"으로, 그 연월일은 변경계약성립연월일을 기재한다.

③ 등기의 목적란 : "지상권변경"이라고 기재한다.

④ 변경할 사항란 : 변경등기를 할 지상권의 접수연월일, 접수번호를 기재하고, 변경할 사항을 특정하여야 한다. (예) 2020년 2월 5일 접수 제5000호로 경료한 지상권등기사항 중 존속기간 "2020년 2월 5일부터 10년"을, "2020년 2월 5일부터 15년"으로, 또는 2020년 2월 5일. 접수 제5000호로 등기한 지상권설정등기사항 중 설정의 목적 "철근콘크리트조 건물의 소유"를 "지하철도의 소유"로, 범위 "토지전부"를 "토지의 동남쪽 끝 지점을 포함한 300㎡에 수평면을 기준으로 하여 지하 20미터로부터 50미터 사이"로, 또는 2020년 2월 5일 접수 제5000호로 경료한 지상권 등기사항 중 지상권의 지료 및 지료지급시기 "지료 연 1,000,000원, 지급시기 매년 4월 30일"을 "지료 월 100,000원, 지료지급시기 매월 말일"로 각 변경함

⑤ 등기의무자란 : 등기의무자(지상권설정자)의 성명, 주민등록번호, 주소를 기재하되, 등기기록상 소유자의 표시와 일치하여야 한다. 다만 등기기록상 등기신청인의 주소가 지번방식의 주소인 경우에도 등기신청인이 제공한 주민등록등(초)본 혹은 도로명주소 정보(건축물대장 정보, 행정안전부 인터넷 '새주소 안내시스템'의 조회결과물 등) 등에 의하여 해당 지번방식의 주소에 대한 도로명주소임이 인정되는 경우에는 등기사건을 수리하여야 한다. 즉 등기기록상 등기의무자의 주소를 도로명주소로 변경등기를 하지 아니하여도 지상권변경등기를 신청할 수 있다.

⑥ 등기권리자란 : 등기권리자를 기재하는 난으로, 그 기재방법은 등기의무자란과 같다.

⑦ 등록면허세·지방교육세란 : 부동산 1개당 등록면허세 6,000원, 지방교육세 1,200원으로 계산하여 기재한다.

⑧ 세액합계란 : 등록면허세액과 지방교육세액의 합계를 기재한다.
⑨ 등기신청수수료란 : 부동산 1개당 3,000원의 등기신청수수료 납부액을 기재한다. 다만 전자표준양식에 의하여 신청하는 경우에는 2,000원, 전자신청하는 경우에는 1,000원의 등기신청수수료를 은행 현금납부, 전자납부, 무인발급기 납부 등의 방법에 따라 납부한 후 등기신청서에 등기신청수수료 영수필확인서를 첨부하고 납부번호를 기재하여 제출한다.
⑩ 등기의무자의 등기필정보란 : ㉮ 전자신청 지정등기소에서는 신청방법(전자신청, 서면신청)을 불문하고 등기를 완료한 경우 등기필증 대신 등기필정보를 전자적 교부 또는 서면교부하기 때문에, 등기신청의 당사자 또는 대리인은 등기필정보상의 일련번호와 비밀번호를 기재함으로서 등기필증의 제출을 갈음할 수 있다. 등기의무자가 교부받은 등기필정보에 기재된 부동산고유번호, 성명, 일련번호, 비밀번호를 각 기재한다. 다만 교부받은 등기필정보를 멸실한 경우에는 부동산등기법 제51조에 의하여 확인서면이나 확인조서 또는 공증서면 중 하나를 첨부한다. ㉯ 등기신청서에 등기필증이나 확인서면 등을 첨부한 경우 이 난은 기재할 필요가 없다.
⑪ 첨부서면란 : 등기신청서에 첨부한 서면을 각 기재한다.
⑫ 신청인등란 : ㉮ 등기의무자와 등기권리자의 성명 및 전화번호를 기재하고, 각자의 인장을 날인하되, 등기의무자는 그의 인감을 날인한다. 그러나 신청인이 법인 또는 법인 아닌 사단이나 재단인 경우에는 상호(명칭)와 대표자(관리인)의 자격 및 성명을 기재하고, 법인이 등기의무자인 때에는 등기소의 증명을 얻은 그 대표자의 인감, 법인 아닌 사단이나 재단인 경우에는 대표자(관리인)의 개인인감을 날인한다. ㉯ 대리인이 등기신청을 하는 경우에는 그 대리인의 성명, 주소, 전화번호를 기재하고 대리인의 인장을 날인 또는 서명한다.

2. 등기신청서에 첨부할 서면 등

- 지상권변경계약서 : 등기원인을 증명하는 서면으로 첨부한다.
- 등기필증 : 등기의무자가 소유자인 경우에는 소유권에 관한 등기필증으로서 소유권 취득시 등기소로부터 교부받은 등기필증을, 지상권자가 등기의무자인 경우에는 지상권설정 후 등기소로부터 교부받은 등기필증을 첨부한다. 단, 등기를 완료하고 등기필정보를 교부받은 경우에 그 등기필정보상에 기재된 부동산고유번호, 성명, 일련번호, 비밀번호를 각 기재(등기필정보를 제출하는 것이 아님)한다. 다만, 등기필증(등기필정보)을 멸실하여 첨부(기재)할 수 없는 경우에는 부동산등기법 제51조에 의하여 확인서면이나 확인조서 또는 공증서면 중 하나를 첨부한다.
- 등록면허세영수필확인서 : 시장, 구청장, 군수 등으로부터 등록면허세납부서(OCR용지) 또는 대법원 인터넷등기소의 정액등록면허세납부서 작성기능을 통하여 정액등록면허세납부서를 발급받아 납세지를 관할하는 해당 금융기관에 세금을 납부한 후 등록면허세영수필확인서와 영수증을 교부받아 영수증은 본인이 보관하고 등록면허세영수필확인서만 신청서의 등록면허세액표시란의 좌측상단 여백에 첨부하거나, 또는 지방세인터넷납부시스템을 이용하여 납부하고 출력한 등록면허세납부확인서를 첨부한다.
- 인감증명서 등 : 등기의무자가 소유권의 등기명의인인 경우에는 등기의무자의 인감증명서(발행일로부터 3월 이내)를 첨부하거나, 인감증명을 갈음하여 「본인서명사실확인등에관한법률」에 따라 발급된 본인서명사실확인서(발행일부터 3개월 이내)에 기재한 서명(전자본인서명확인서 발급증을 제출할 경우에도 서명)을 하고 본인서명사실확인서(전자본인서명확인서 발급증)을 첨부한다.

- 법인등기사항전부(일부)증명서 : ㉮ 신청인이 법인인 경우에는 법인등기사항전부증명서 또는 법인등기사항일부증명서(각 발행일로부터 3월 이내)를 첨부한다. 다만, 법인등기가 되어 있는 등기소와 부동산소재지 관할 등기소가 동일한 경우에는 위 법인등기사항증명서를 제출할 필요가 없다. ㉯ 법인 아닌 사단 또는 재단이 등기를 신청하는 경우에는 정관이나 그 밖의 규약, 대표자나 관리인임을 증명하는 정보(다만, 등기되어 있는 대표자나 관리인이 신청하는 경우에는 그러하지 아니하다), 대표자나 관리인의 주소 및 주민등록번호를 증명하는 정보를 첨부한다. 다만 법인 아닌 사단이 등기의무자인 경우에는 민법 제276조 소정의 사원총회의 결의서도 첨부한다(부등규 제48조).
- 위임장 : 등기신청을 법무사 등 대리인에게 위임하는 경우에 첨부한다. 위임인의 성명과 주소를 기재하고 인장을 날인하되 부동산등기규칙 제60조 제1항 제1호 내지 제3호에 해당하여 인감증명을 제출하여야 하는 자는 위임장에 인감을 날인하여야 하나, 위 규칙 제60조 제1호 내지 제3호에 해당하지 않는 자는 인감날인 대신에 일반적인 기명날인 혹은 서명으로 갈음할 수 있다.

3. 등기신청서류 편철순서

신청서, 등록면허세영수필확인서, 등기신청수수료 영수필확인서, 위임장, 인감증명서나 본인서명사실확인서 또는 전자본인서명확인서 발급증, 지상권변경계약서, 등기필증 등의 순으로 편철한다.

4. 기타 참고사항

등기의무자의 등기필정보(등기필증 또는 등기완료통지서)가 없을 때에는 ㉮ 등기의무자 또는 그 법정대리인(이하 "등기의무자등"이라 한다)이 등기소에 출석하여 등기관으로부터 등기의무자등임을 확인하는 방법 ㉯ 등기신청인의 대리인(변호사 또는 법무사)이 등기의무자등으로부터 위임받았음을 확인하여 확인서면을 제출하는 방법 ㉰ 신청서(위임에 의하여 대리인이 신청하는 경우에는 그 권한을 증명하는 서면) 중 등기의무자들의 작성부분에 관하여 공증을 받아 제출하는 방법으로 등기신청을 하여야 한다(부등법 제51조, 부등규 제111조). ㉰ 한편, 소유자가 등기의무자인 경우에는 등기필증(혹은 등기필정보)이 있는 경우이든 등기의무자의 인감증명서를 제출하여야 하고, 소유권 외의 권리자가 등기의무자인 경우에는 등기필증(혹은 등기필정보)이 없어서 위 ㉯, ㉰의 방식에 의하여 등기를 신청하는 경우에는 등기의무자의 인감증명서를 제출하여야 한다.

64. 지상권말소등기신청

가. 의 의

존속기간만료, 계약의 해지 등 지상권소멸사유가 발생한 경우에 등기기록상 기록되어 있는 지상권설정등기를 말소하기 위하여 하는 등기이다.

나. 등기신청방법

(1) 공동신청

해지증서에 의한 등기신청인 경우에는 등기권리자와 등기의무자가 본인임을 확인할 수 있는 주민등록증 등을 가지고 직접 등기소에 출석하여 공동으로 신청함이 원칙이다.

(2) 단독신청

판결에 의한 등기신청인 경우에는 승소한 등기권리자 또는 등기의무자가 단독으로 신청할 수 있다.

(3) 대리인에 의한 신청

등기신청은 반드시 신청인 본인이 하여야 하는 것은 아니고 대리인이 하여도 된다. 등기권리자 또는 등기의무자 일방이 상대방의 대리인이 되거나 쌍방이 제3자에게 위임하여 등기신청을 할 수 있다.

[서식 64] 지상권말소등기신청서

지상권말소등기신청

접 수	년 월 일	처 리 인	등기관 확인	각종 통지
	제 호			

① 부동산의 표시
서울특별시 서초구 서초동 100 대 300㎡ 이 상

<table>
<tr><td colspan="2">② 등기원인과 그 연월일</td><td colspan="3">2020년 7월 20일 해지</td></tr>
<tr><td colspan="2">③ 등 기 의 목 적</td><td colspan="3">지상권말소</td></tr>
<tr><td colspan="2">④ 말 소 할 등 기</td><td colspan="3">2020년 2월 10일 접수 제 5000호로 등기한 지상권설정 등기</td></tr>
<tr><td>구분</td><td>성 명
(상호·명칭)</td><td>주민등록번호
(등기용등록번호)</td><td>주 소 (소 재 지)</td><td>지 분
(개인별)</td></tr>
<tr><td>⑤
등기의무자</td><td>이 상 선</td><td>000000-0000000</td><td>서울특별시 서초구 서초대로 88길 20(서초동)</td><td></td></tr>
<tr><td>⑥
등기권리자</td><td>김 갑 동</td><td>000000-0000000</td><td>서울특별시 중구 다동길 96 (다동)</td><td></td></tr>
</table>

<table>
<tr><td>⑦ 등 록 면 허 세</td><td>금 6,000 원</td></tr>
<tr><td>⑦ 지 방 교 육 세</td><td>금 1,200 원</td></tr>
<tr><td>⑧ 세 액 합 계</td><td>금 7,200 원</td></tr>
<tr><td rowspan="3">⑨ 등 기 신 청 수 수 료</td><td>금 3,000 원</td></tr>
<tr><td>납부번호 : ㅇㅇ-ㅇㅇ-ㅇㅇㅇㅇㅇ-ㅇ</td></tr>
<tr><td>일괄납부 : 건 원</td></tr>
</table>

<table>
<tr><td colspan="3">⑩ 등기의무자의 등기필정보</td></tr>
<tr><td>부동산고유번호</td><td colspan="2">1102-2006-002095</td></tr>
<tr><td>성 명(명 칭)</td><td>일련번호</td><td>비밀번호</td></tr>
<tr><td>이 상 선</td><td>Q77C-L07I-35J5</td><td>40-4636</td></tr>
</table>

<table>
<tr><td colspan="2">⑪ 첨 부 서 면</td></tr>
<tr><td>1. 해지증서 1통
1. 등록면허세영수필확인서 1통
1. 등기필증 1통</td><td>〈기 타〉</td></tr>
</table>

20ㅇㅇ년 ㅇ월 ㅇ일

⑫ 위 신청인 이 상 선 ㊞ (전화 : 200-1234)

김 갑 동 ㊞ (전화 : 211-2345)

(또는)위 대리인 (전화 :)

○○지방법원 ○○등기소 귀중

[신청서 작성요령]

1. 부동산표시란에 2개 이상의 부동산을 기재하는 경우에는 부동산의 일련번호를 기재하여야 합니다.
2. 신청인란등 해당란에 기재할 여백이 없을 경우에는 별지를 이용합니다.
3. 담당등기관이 판단하여 위의 첨부 서면 외에 추가적인 서면을 요구할 수 있습니다.

주

1. 등기신청서 기재요령

신청서는 한글과 아라비아숫자로 기재하여야 한다. 부동산의 표시란이나 신청인란 등이 부족할 경우에는 별지로 사용하고, 별지를 포함한 신청서의 각 장 사이에 간인(신청서에 서명을 하였을 때에는 각 장마다 연결되는 서명)을 하여야 한다.

① 부동산의 표시란 : 말소할 지상권설정등기가 되어있는 토지를 기재하되, 등기기록상 부동산 표시와 일치하여야 한다. 토지의 표시방법은 토지의 소재, 지번, 지목, 면적을 기재한다.

② 등기원인과 그 연월일란 : 등기원인은 "존속기간 만료", "해지", "계약해제", "포기", "지상권자 사망" 등으로, 그 연월일은 지상권소멸사유가 발생한 날짜를 기재한다(단, 지상권말소는 "일부포기", "전부해지는" 없다).

③ 등기의 목적란 : "지상권말소"라고 기재한다.

④ 말소할 사항란 : 말소할 등기의 접수연월일, 접수번호 등을 기재하여 말소할 등기를 특정하여야 한다.

⑤ 등기의무자란 : 등기의무자(지상권자)의 성명, 주민등록번호, 주소를 기재하되, 등기기록상 지상권자 표시와 일치하여야 한다. 그러나 지상권자가 법인인 경우에는 상호(명칭), 본점(주사무소 소재지), 등기용등록번호 및 대표자의 성명과 주소를 기재하고, 법인 아닌 사단이나 재단인 경우에는 상호(명칭), 본점(주사무소 소재지), 등기용등록번호 및 대표자(관리인)의 성명, 주민등록번호, 주소를 각 기재한다.

⑥ 등기권리자란 : 지상권설정자(토지소유자)를 기재하는 난으로, 그 기재방법은 등기의무자란과 같다.

⑦ 등록면허세·지방교육세란 : 부동산 1개당 등록면허세 6,000원, 지방교육세 1,200원으로 계산하여 기재한다.

⑧ 세액합계란 : 등록면허세액과 지방교육세액의 합계를 기재한다.

⑨ 등기신청수수료란 : 부동산 1개당 3,000원의 등기신청수수료 납부액을 기재한다. 다만 전자

표준양식에 의하여 신청하는 경우에는 2,000원, 전자신청하는 경우에는 1,000원의 등기신청수수료를 은행 현금납부, 전자납부, 무인발급기 납부 등의 방법에 따라 납부한 후 등기신청서에 등기신청수수료 영수필확인서를 첨부하고 납부번호를 기재하여 제출한다.

⑩ 등기의무자의 등기필정보란 : ㉮ 지상권설정등기를 완료하고 등기필정보를 교부받은 경우 그 등기필정보상에 기재된 부동산고유번호, 성명, 일련번호, 비밀번호를 각 기재(등기필정보를 제출하는 것이 아님)한다. 다만 교부받은 등기필정보를 멸실한 경우에는 부동산등기법 제51조에 의하여 확인서면이나 확인조서 또는 공증서면 중 하나를 첨부한다. ㉯ 등기신청서에 등기필증이나 확인서면 등을 첨부한 경우 이 난은 기재할 필요가 없다.

⑪ 첨부서면란 : 등기신청서에 첨부한 서면을 각 기재한다.

⑫ 신청인등란 : ㉮ 등기의무자와 등기권리자의 성명 및 전화번호를 기재하고, 각자의 인장을 날인한다. 그러나 신청인이 법인인 경우에는 상호와 대표자의 성명을 기재하고 대표자의 인장을 날인하며, 법인 아닌 사단이나 재단인 경우에는 명칭과 대표자나 관리인의 성명을 기재하고 대표자나 관리인의 인장을 날인한다. ㉯ 대리인이 등기신청을 하는 경우에는 그 대리인의 성명, 주소, 전화번호를 기재하고 대리인의 인장을 날인 또는 서명한다.

2. 등기신청서에 첨부할 서면 등

- 해지증서 : 등기원인을 증명하는 서면으로 첨부한다.
- 등기필증 : 등기의무자인 지상권자가 지상권설정등기 후 등기소로부터 교부받은 등기필증을 첨부한다. 단, 지상권설정등기를 완료하고 등기필정보를 교부받은 경우에 그 등기필정보상에 기재된 부동산고유번호, 성명, 일련번호, 비밀번호를 각 기재(등기필정보를 제출하는 것이 아님)한다. 다만, 등기필증(등기필정보)을 멸실하여 첨부(기재)할 수 없는 경우에는 부동산등기법 제51조에 의하여 확인서면이나 확인조서 또는 공증서면 중 하나를 첨부한다.
- 인감증명서 등 : 지상권이 설정된 등기필증이 없을 때에는 지상권자의 인감증명서를 첨부하거나, 인감증명을 갈음하여 「본인서명사실확인등에관한법률」에 따라 발급된 본인서명사실확인서를 첨부할 수 있다.
- 등록면허세영수필확인서 : 시장, 구청장, 군수 등으로부터 등록면허세납부서(OCR용지) 또는 대법원 인터넷등기소의 정액등록면허세납부서 작성기능을 통하여 정액등록면허세납부서를 발급받아 납세지를 관할하는 해당 금융기관에 세금을 납부한 후 등록면허세영수필확인서와 영수증을 교부받아 영수증은 본인이 보관하고 등록면허세영수필확인서만 신청서의 등록면허세액표시란의 좌측상단 여백에 첨부하거나, 또는 지방세인터넷납부시스템을 이용하여 납부하고 출력한 등록면허세납부확인서를 첨부한다.
- 법인등기사항전부(일부)증명서 : 신청인이 법인인 경우에는 법인등기사항전부증명서 또는 법인등기사항일부증명서(각 발행일로부터 3월 이내)를 첨부한다.
- 위임장 : 등기신청을 법무사 등 대리인에게 위임하는 경우에 첨부한다.

3. 등기신청서류 편철순서

신청서, 등록면허세영수필확인서, 등기신청수수료 영수필확인서, 위임장, 해지증서, 등기필증 등의 순으로 편철한다.

4. 기타 참고사항

등기의 말소를 신청하는 경우에 그 말소에 대하여 등기상 이해관계 있는 제3자가 있는 때에는 신청서에 그 승낙서(인감증명서 또는 본인서명사실확인서 포함) 또는 이에 대항할 수 있는 재판서등본을 첨부하여야 한다.

65. 전세권설정등기신청

가. 의 의

이 등기는 전세권자가 전세금을 지급하고 다른 사람의 부동산(농경지는 제외)을 점유하여 그 부동산의 용도에 따라 사용, 수익하며, 그 부동산에 대한 후순위 권리자보다 전세금을 우선변제받을 수 있고 또 전세금이 반환이 지체되면 경매를 청구할 수 있는 권리로서, 용익권인 성질과 담보권인 성질을 겸유하는 권리이다.

이 신청에서는 전세권자를 등기권리자, 전세권설정자인 소유자를 등기의무자라고 하며, 등기기록상 소유자의 주소가 변동(또는 경정)되었을 경우에는 등기명의인표시변경(또는 경정)등기를 먼저 하여야 한다. 부동산의 특정된 일부에는 전세권을 설정할 수 있으나, 공유지분 및 전유부분의 대지권에는 전세권을 설정할 수 없다.

주의할 점은, 대지권등기가 되어 있는 다세대주택 및 아파트의 경우에는 건물 만에 전세권을 설정하여도 '종물은 주물에의 처분에 따른다'라는 법리에 따라 전세권의 효력이 대지사용권에도 미치므로 별문제가 없다. 그러나 토지와 건물 등기부가 각각 작성되어 있는 다가구주택 및 단독주택의 경우 건물에 관하여만 전세권을 설정하게 되면 토지에는 전세권이 효력이 미치지 아니하므로 토지와 건물에 공동 전세권을 설정하거나 공동 근저당권을 설정하여야 할 것이다. 이는 상가건물에 관하여도 전세권을 설정하는 경우에도 마찬가지이다.

나. 등기신청방법

(1) 공동신청

전세권설정계약에 의한 등기신청인 경우에는 전세권자와 소유자가 본인임을 확인할 수 있는 주민등록증 등을 가지고 직접 등기소에 출석하여 공동으로 신청함이 원칙이다. 전전세의 경우에는 기존의 전세권자(전전세권설정자)와 전전세권자가 공동으로 신청한다.

(2) 단독신청

판결에 의한 등기신청인 경우에는 승소한 등기권리자 또는 등기의무자가 단독으로 신청할 수 있다.

(3) 대리인에 의한 신청

등기신청은 반드시 신청인 본인이 하여야 하는 것은 아니고 대리인이 하여도 된다. 등기권리자 또는 등기의무자 일방이 상대방의 대리인이 되거나 쌍방이 제3자에게 위임하여 등기신청을 할 수 있다.

[서식 65] 전세권설정등기신청서

전세권설정등기신청

접 수	년 월 일	처 리 인	등기관 확인	각종 통지
	제 호			

① 부동산의 표시	
서울특별시 서초구 서초동 100 [도로명주소] 서울특별시 서초구 서초대로 88길 10 시멘트 벽돌조 슬래브지붕 2층 주택 1층 100㎡ 2층 100㎡ [등록문서번호 : 100번] 이 상	
② 등기원인과 그 연월일	2020년 8월 20일 설정계약
③ 등 기 의 목 적	전세권설정
④ 전 세 금	금 50,000,000원
⑤ 전세권의 목적인 범위	주택 2층 중 동쪽 50㎡
⑥ 존 속 기 간	2020년 8월 20일부터 2012년 8월 19일까지

구분	성 명 (상호·명칭)	주민등록번호 (등기용등록번호)	주 소 (소 재 지)
⑦ 등기의무자	이 상 선	000000-0000000	서울특별시 서초구 서초대로 88길 20(서초동)
⑧ 등기권리자	김 갑 동	000000-0000000	서울특별시 중구 다동길 96(다동)

⑨ 등 록 면 허 세	금 100,000 원
⑨ 지 방 교 육 세	금 20,000 원
⑩ 세 액 합 계	금 120,000 원
⑪ 등 기 신 청 수 수 료	금 15,000 원
	납부번호 : ○○-○○-○○○○○-○
	일괄납부 : 건 원

⑫ 등기의무자의 등기필정보		
부동산고유번호	1102-2006-002095	
성 명(명 칭)	일련번호	비밀번호
이 상 선	Q77C-LO7I-35J5	40-4636

⑬ 첨 부 서 면	
1. 전세권설정계약서 1통 1. 등록면허세영수필확인서 1통 1. 인감증명서나 본인서명사실확인서 또는 전자본인서명확인서 발급증 1통	1. 등기필증 1통 1. 주민등록표등(초)본 2통 1. 도면(부동산의 일부일 때) 1통

20○○년 ○월 ○일

⑭ 위 신청인 이 상 선 ㊞ (전화 : 200-1234)

김 갑 동 ㊞ (전화 : 211-2345)

(또는)위 대리인 (전화 :)

○○지방법원 ○○등기소 귀중

[신청서 작성요령]

1. 부동산표시란에 2개 이상의 부동산을 기재하는 경우에는 부동산의 일련번호를 기재하여야 합니다.
2. 신청인란등 해당란에 기재할 여백이 없을 경우에는 별지를 이용합니다.
3. 담당등기관이 판단하여 위의 첨부 서면 외에 추가적인 서면을 요구할 수 있습니다.

주

1. 등기신청서 기재요령

신청서는 한글과 아라비아숫자로 기재하여야 한다. 부동산의 표시란이나 신청인란 등이 부족할 경우에는 별지로 사용하고, 별지를 포함한 신청서의 각 장 사이에 간인(신청서에 서명을 하였을 때에는 각 장마다 연결되는 서명)을 하여야 한다.

① 부동산의 표시란 : 전세권의 목적부동산을 기재하되, 등기기록상 부동산 표시와 일치하여야 한다. 부동산이 토지인 경우에는 토지의 소재, 지번, 지목, 면적을 기재하고, 건물인 경우에는 건물의 소재, 지번, 도로명주소(등기기록 표제부에 기록되어 있는 경우), 종류, 구조, 면적을 기재한다.

② 등기원인과 그 연월일란 : 등기원인은 "설정계약"으로, 그 연월일은 전세권설정계약의 체결일을 기재한다.

③ 등기의 목적란 : "전세권설정"이라고 기재한다.

④ 전세금란 : 아라비아숫자로 "금 ○○○원"이라고 기재한다.

⑤ 전세권의 목적인 범위란 : 전세권의 목적이 부동산의 전부인 때에는 "토지 전부", "주택 전부", "토지 및 주택 전부" 등으로, 부동산의 일부인 때에는 주택 중 서측 30㎡", "주택 2층 전부", "주택 2층 중 동측 50㎡", "건물 2층 전부", "토지 전부 및 주택 2층 중 동측 50㎡", "건물 전부"(즉, 창고 등을 포함할 때)로 특정하여 그 위치와 면적을 기재한다. 토지와 건물은 별개의 부동산이므로 건물 전부에 대한 전세권설정등기가 경료된 경우에도 토지에 대하여 별도의 전세권설정등기를 신청할 수 있으며, 또한 이미 건물의 일부에 전세권이 설정된 경우에도 위 건물부분과 중복되지 않는 다른 건물부분에 대하여 전세권설정등기를 신청할 수 있다. 다만, 집합건물에 대하여 대지권 등기가 경료된 경우, 특정의 전유부분과 그 대지권을 함께 전세권의 목적으로 하는 전세권설정등기를 경료받을 수는 없다.

⑥ 존속기간란 : 전세권설정계약에서 전세기간을 정한 경우에는 그 전세기간을 기재하여야 한다. 부동산 전세권설정등기를 신청할 때에 존속기간은 전세권설정계약서에 따라야 할 것인 바, 위 존속기간의 시작일이 등기신청접수일자 이전이라고 하더라도 등기관으로서는 당해 전세권설정등기신청을 수리하여야 할 것이다. 마찬가지로 존속기간의 시작일이 등기신청접수일자 이후라 하더라도 등기관으로서는 당해 전세권설정등기를 수리하여야 한다. ㉮ 존속기간은 연월일부터 연월일까지, ㉯ 연월일부터 몇 년간, ㉰ 연월일까지, ㉱ 몇년간으로 각 기재할 수 있다. 단, 전전세의 존속기간은 전세권의 존속기간 이내이어야 한다.

※ 존속기간 다음 란에 "특약" 사항을 정할 수 있다.
(기재례 : 전세권자는 전세권자의 승낙없이 전세권을 타인에게 양도, 담보제공, 전전세 또는 임대하지 못한다.)

⑦ 등기의무자란 : 전세권설정자의 성명, 주민등록번호, 주소를 기재하되, 등기기록상 소유자 표시와 일치하여야 한다. 등기기록상 등기신청인의 주소가 지번방식의 주소인 경우에도, 등기신청인이 제공한 주민등록등(초)본 혹은 도로명주소 정보(건축물대장정보, 행정안전부 인터넷 '새주소 안내시스템'의 조회결과물 등) 등에 의하여 해당 지번방식의 주소에 대한 도로명주소임이 인정되는 경우에는 등기사건을 수리하여야 한다. 즉 등기기록상 등기의무자의 주소를 도로명주소로 변경등기를 하지 아니하여도 전세권설정등기를 신청할 수 있다.

⑧ 등기권리자란 : 전세권자를 기재하는 난으로, 그 기재방법은 등기의무자란과 같다.

⑨ 등록면허세·지방교육세 : 전세금의 2/1,000에 해당하는 금액을 등록면허세로, 등록면허세의 20/100에 해당하는 금액을 지방교육세로 납부하여 기재한다. 건물에 대하여 전세권설정등기가 경료된 후 그 전세권의 목적으로 건물의 대지를 추가하는 추가전세권설정등기를 신청할 수 있으며, 이때 추가전세권설정등기의 등록면허세는 지방세법 제28조 제1항 제1호 마목(매 1건당 6,000원)에 의하여야 할 것이다.

⑩ 세액합계란 : 등록면허세액, 지방교육세액의 합계를 기재한다.

⑪ 등기신청수수료란 : ㉮ 부동산 1개당 15,000원의 등기신청수수료 납부액을 기재한다. 다만 전자표준양식에 의하여 신청하는 경우에는 13,000원, 전자신청하는 경우에는 10,000원의 등기신청수수료를 은행 현금납부, 전자납부, 무인발급기 납부 등의 방법에 따라 납부한 후 등기신청서에 등기신청수수료 영수필확인서를 첨부하고 납부번호를 기재하여 제출한다. ㉯ 여러 건의 등기신청에 대하여 수납금융기관에 현금으로 일괄납부하는 경우 첫 번째 등기신청서에 등기신청수수료 영수필확인서를 첨부하고 해당 등기신청수수료, 납부번호와 일괄납부 건수 및 일괄납부액을 기재하며, 나머지 신청서에는 해당 등기신청수수료와 전 사건에 일괄 납부한 취지를 기재한다(일괄납부는 은행에 현금으로 납부하는 경우에만 가능함).

⑫ 등기의무자의 등기필정보란 : ㉮ 소유권 취득에 관한 등기를 완료하고 등기필정보를 교부받은 경우 그 등기필정보상에 기재된 부동산고유번호, 성명, 일련번호, 비밀번호를 각 기재(등기필정보를 제출하는 것이 아님)한다. 다만 교부받은 등기필정보를 멸실한 경우에는 부동산등기법 제51조에 의하여 확인서면이나 확인조서 또는 공증서면 중 하나를 첨부한다. ㉯ 등기신청서에 등기필증이나 확인서면 등을 첨부한 경우 이 난은 기재할 필요가 없다.

⑬ 첨부서면란 : 등기신청서에 첨부한 서면을 각 기재한다.

⑭ 신청인등란 : ㉮ 등기의무자와 등기권리자의 성명 및 전화번호를 기재하고, 각자의 인장을 날인하되, 등기의무자는 그의 인감을 날인한다. 그러나 신청인이 법인 또는 법인 아닌 사단이나 재단인 경우에는 상호(명칭)와 대표자(관리인)의 자격 및 성명을 기재하고, 법인이 등기의무자인 때에는 등기소의 증명을 얻은 그 대표자의 인감, 법인 아닌 사단이나 재단인 경우에는 대표자(관리인)의 개인인감을 날인한다. ㉯ 대리인이 등기신청을 하는 경우에는 그 대리인의 성명, 주소, 전화번호를 기재하고 대리인의 인장을 날인 또는 서명한다.

2. 등기신청서에 첨부할 서면 등

- 전세권설정계약서 : 등기원인을 증명하는 서면으로 첨부하며, 수입인지는 붙이지 않는다.
- 도면 : ㉮ 전세권의 목적이 부동산의 일부인 때에는 전세권이 설정된 부분의 도면(건물의 경우) 혹은 지적도(토지의 경우)를 첨부한다. 전세권의 목적인 범위가 건물의 일부로서 특정 층 전부인 때에는 그 도면을 첨부할 필요가 없다. 다만, 도면이나 신탁원부 등 영구보존문서는 원칙적으로 당사자 또는 자격대리인이 이를 인터넷등기소에서 전자문서로 변환하여 등록하는 방법으로 제출하여 하는데, 그렇게 하기 위해서는 인터넷등기소에서 '영구보존문서 등록'을 선택하여 영구보존문서를 전자문서로 변환한 후 전자서명을 부여하여 등록하고, 이때

인터넷등기소에서 자동으로 부여되는 영구보존문서의 '등록문서번호'를 신청서의 부동산의 표시 및 오른쪽에 아래 예시와 같이 기재하여야 하므로, 이 경우에는 신청서에 영구보존문서 즉, 도면을 첨부하지 아니한다. (예) [등록문서번호 : ○○○번] ㉯ 자격자 대리인이 등기를 신청하는 경우에는 도면을 반드시 전자문서로 작성·등록·제공하여야 하므로 도면이나 지적도를 첨부서면으로 기재할 필요는 없다.

- 등기필증 : 등기의무자의 소유권에 관한 등기필증으로서 등기의무자가 소유권 취득시 등기소로부터 교부받은 등기필증을 첨부한다. 단, 소유권 취득의 등기를 완료하고 등기필정보를 교부받은 경우에 그 등기필정보상에 기재된 부동산고유번호, 성명, 일련번호, 비밀번호를 각 기재(등기필정보를 제출하는 것이 아님)한다. 다만, 등기필증(등기필정보)을 멸실하여 첨부(기재)할 수 없는 경우에는 부동산등기법 제51조에 의하여 확인서면이나 확인조서 또는 공증서면 중 하나를 첨부한다.
- 등록면허세영수필확인서 : 시장, 구청장, 군수 등으로부터 등록면허세납부서(OCR용지)를 발급받아 납세지를 관할하는 해당 금융기관에 세금을 납부한 후 등록면허세 영수필확인서와 영수증을 교부받아 영수증은 본인이 보관하고 등록면허세영수필확인서만 신청서의 등록면허세액표시란의 좌측상단 여백에 첨부하거나, 또는 지방세인터넷납부시스템을 이용하여 납부하고 출력한 등록면허세납부확인서를 첨부한다.
- 인감증명서 등 : 소유자인 등기의무자의 인감증명서(발행일로부터 3월 이내)를 첨부하거나, 인감증명을 갈음하여 「본인서명사실확인등에관한법률」에 따라 발급된 본인서명사실확인서(발행일부터 3개월 이내)에 기재한 서명(전자본인서명확인서 발급증을 제출할 경우에도 서명)을 하고 본인서명사실확인서(전자본인서명확인서 발급증)을 첨부한다. 부동산등기규칙 제60조, 제61조에 의하여 인감증명을 첨부하여야 하는 자가 법인인 경우에는 등기소의 증명을 얻은 대표자의 인감증명을, 법인 아닌 사단 또는 재단인 경우에는 대표자 또는 관리인의 인감증명을 첨부한다.
- 주민등록표등(초)본 : 전세권자(등기권리자)와 전세권설정자(등기의무자)의 주민등록표등본 또는 초본(발행일로부터 3월 이내)을 첨부한다.
- 법인등기사항전부(일부)증명서 : ㉮ 신청인이 법인인 경우에는 법인등기사항전부증명서 또는 법인등기사항일부증명서(각 발행일로부터 3월 이내)를 첨부한다. 다만, 법인등기가 되어 있는 등기소와 부동산소재지 관할 등기소가 동일한 경우에는 위 법인등기사항증명서를 제출할 필요가 없다. ㉯ 법인 아닌 사단 또는 재단이 등기를 신청하는 경우에는 정관이나 그 밖의 규약, 대표자나 관리인임을 증명하는 정보(다만, 등기되어 있는 대표자나 관리인이 신청하는 경우에는 그러하지 아니하다), 대표자나 관리인의 주소 및 주민등록번호를 증명하는 정보를 첨부한다. 다만 법인 아닌 사단이 등기의무자인 경우에는 민법 제276조 소정의 사원총회의 결의서도 첨부한다(부등규 제48조).
- 위임장 : 등기신청을 법무사 등 대리인에게 위임하는 경우에 첨부한다. 위임인의 성명과 주소를 기재하고 인장을 날인하되 부동산등기규칙 제60조 제1항 제1호 내지 제3호에 해당하여 인감증명을 제출하여야 하는 자는 위임장에 인감을 날인하여야 하나, 위 규칙 제60조 제1호 내지 제3호에 해당하지 않는 자는 인감날인 대신에 일반적인 기명날인 혹은 서명으로 갈음할 수 있다.

3. 등기신청서류 편철순서

신청서, 등록면허세영수필확인서, 등기신청수수료 영수필확인서, 위임장, 인감증명서나 본인서명사실확인서 또는 전자본인서명확인서 발급증, 주민등록표등(초)본, 도면, 전세권설정계약서, 등기필증 등의 순으로 편철한다.

4. **기타 참고사항**

위등기의무자의 등기필정보(등기필증 또는 등기완료통지서)가 없을 때에는 ㉮ 등기의무자 또는 그 법정대리인(이하 "등기의무자등"이라 한다)이 등기소에 출석하여 등기관으로부터 등기의무자등임을 확인하는 방법 ㉯ 등기신청인의 대리인(변호사 또는 법무사)이 등기의무자등으로부터 위임받았음을 확인하여 확인서면을 제출하는 방법 ㉰ 신청서(위임에 의하여 대리인이 신청하는 경우에는 그 권한을 증명하는 서면) 중 등기의무자들의 작성부분에 관하여 공증을 받아 제출하는 방법으로 등기신청을 하여야 한다(부등법 제51조, 부등규 제111조).

66. 전세권설정등기신청(구분건물)

가. 의 의

이 등기는 전세권자가 전세금을 지급하고 아파트 등의 구분건물을 점유하여 그 부동산의 용도에 따라 사용, 수익하며, 그 부동산에 대한 후순위권리자보다 전세금을 우선변제받을 수 있고 또 전세금의 반환이 지체되면 경매를 청구할 수 있는 권리로서, 용익권인 성질과 담보권인 성질을 겸유하는 권리이다.
이 신청에서는 전세권자를 등기권리자, 전세권설정자인 소유자를 등기의무자라고 한다. 부동산의 특정된 일부에는 전세권을 설정할 수 있으나, 공유지분 및 전유부분의 대지권에는 전세권을 설정할 수 없다.

나. 등기신청방법

(1) 공동신청

전세권설정계약에 의한 등기신청인 경우에는 전세권자와 소유자가 본인임을 확인할 수 있는 주민등록증 등을 가지고 직접 등기소에 출석하여 공동으로 신청함이 원칙이다.

(2) 단독신청

판결에 의한 등기신청인 경우에는 승소한 등기권리자 또는 등기의무자가 단독으로 신청할 수 있다.

(3) 대리인에 의한 신청

등기신청은 반드시 신청인 본인이 하여야 하는 것은 아니고 대리인이 하여도 된다. 등기권리자 또는 등기의무자 일방이 상대방의 대리인이 되거나 쌍방이 제3자에게 위임하여 등기신청을 할 수 있다

[서식 66] 전세권설정등기신청서(구분건물)

전세권설정등기신청

<table>
<tr><td rowspan="2">접 수</td><td>년 월 일</td><td rowspan="2">처 리 인</td><td>등기관 확인</td><td>각종 통지</td></tr>
<tr><td>제 호</td><td></td><td></td></tr>
</table>

<table>
<tr><td colspan="4">① 부동산의 표시</td></tr>
<tr><td colspan="4">1동의 건물의 표시
서울특별시 서초구 서초동 100 샛별아파트 가동
[도로명주소] 서울특별시 서초구 서초대로 88길 10
전유부분의 건물의 표시
건물의 번호 : 가 - 1 - 101
구 조 : 철근콘크리트조
면 적 : 1층 101호 86.03㎡
[등록문서번호 : 100번]
이 상</td></tr>
<tr><td colspan="2">② 등기원인과 그 연월일</td><td colspan="2">2020년 8월 20일 설정계약</td></tr>
<tr><td colspan="2">③ 등 기 의 목 적</td><td colspan="2">전세권설정</td></tr>
<tr><td colspan="2">④ 전 세 금</td><td colspan="2">금 80,000,000원</td></tr>
<tr><td colspan="2">⑤ 전세권의 목적인 범위</td><td colspan="2">건물 전부</td></tr>
<tr><td colspan="2">⑥ 존 속 기 간</td><td colspan="2">2020년 8월 20일부터 2022년 8월 19일까지</td></tr>
<tr><td>구분</td><td>성 명
(상호·명칭)</td><td>주민등록번호
(등기용등록번호)</td><td>주 소 (소 재 지)</td></tr>
</table>

<table>
<tr><td>⑦ 등기의무자</td><td>이 상 선</td><td>000000-0000000</td><td colspan="2">서울특별시 서초구 서초대로 88길 20
(서초동)</td></tr>
<tr><td>⑧ 등기권리자</td><td>김 갑 동</td><td>000000-0000000</td><td colspan="2">서울특별시 서초구 서초대로 88길 10,
가동 101호(서초동, 샛별아파트)</td></tr>
<tr><td colspan="2">⑨ 등 록 면 허 세</td><td colspan="3">금 160,000 원</td></tr>
<tr><td colspan="2">⑨ 지 방 교 육 세</td><td colspan="3">금 32,000 원</td></tr>
<tr><td colspan="2">⑩ 세 액 합 계</td><td colspan="3">금 192,000 원</td></tr>
<tr><td colspan="2" rowspan="3">⑪ 등 기 신 청 수 수 료</td><td colspan="3">금 15,000 원</td></tr>
<tr><td colspan="3">납부번호 : ○○-○○-○○○○○-○</td></tr>
<tr><td colspan="3">일괄납부 : 건 원</td></tr>
<tr><td colspan="5">⑫ 등기의무자의 등기필정보</td></tr>
<tr><td colspan="2">부동산고유번호</td><td colspan="3">1102-2006-002095</td></tr>
<tr><td colspan="2">성 명(명 칭)</td><td colspan="2">일련번호</td><td>비밀번호</td></tr>
<tr><td colspan="2">이 상 선</td><td colspan="2">Q77C-LO7I-35J5</td><td>40-4636</td></tr>
<tr><td colspan="5">⑬ 첨 부 서 면</td></tr>
<tr><td colspan="3">1. 전세권설정계약서 1통
1. 등록면허세영수필확인서 1통
1. 인감증명서나 본인서명사실확인서
또는 전자본인서명확인서 발급증 1통</td><td colspan="2">1. 등기필증 1통
1. 주민등록표등(초)본 1통
〈기 타〉</td></tr>
<tr><td colspan="5">20○○년 ○월 ○일

⑭ 위 신청인 이 상 선 ㊞ (전화 : 200-1234)
김 갑 동 ㊞ (전화 : 211-2345)

(또는)위 대리인 (전화 :)

○○지방법원 ○○등기소 귀중</td></tr>
</table>

[신청서 작성요령]

1. 부동산표시란에 2개 이상의 부동산을 기재하는 경우에는 부동산의 일련번호를 기재하여야 합니다.
2. 신청인란등 해당란에 기재할 여백이 없을 경우에는 별지를 이용합니다.
3. 담당등기관이 판단하여 위의 첨부 서면 외에 추가적인 서면을 요구할 수 있습니다.

주

1. 등기신청서 기재요령

신청서는 한글과 아라비아숫자로 기재하여야 한다. 부동산의 표시란이나 신청인란 등이 부족할 경우에는 별지로 사용하고, 별지를 포함한 신청서의 각 장 사이에 간인(신청서에 서명을 하였을 때에는 각 장마다 연결되는 서명)을 하여야 한다.

① 부동산의 표시란 : 전세권의 목적부동산을 기재하되, 등기기록상 부동산 표시와 일치하여야 한다.

㉮ 1동의 건물의 표시 : 1동의 건물 전체의 소재, 지번, 건물명칭 및 번호, 도로명주소(등기기록 표제부에 기록되어 있는 경우)를 기재한다.

㉯ 전유부분의 건물의 표시 : 건물의 번호, 구조, 면적을 기재한다.

㉰ 내지권의 표시 : 특정 전유부분의 내시권에 대하여는 선세권설성능기를 할 수 없으므로, 신청서에 대지권의 표시를 기재하지 아니한다.

② 등기원인과 그 연월일란 : 등기원인은 "설정계약"으로, 그 연월일은 전세권설정계약의 체결일을 기재한다.

③ 등기의 목적란 : "전세권설정"이라고 기재한다.

④ 전세금란 : 아라비아숫자로 "금 ○○○원"이라고 기재한다.

⑤ 전세권의 목적인 범위란 : 전세권의 목적이 부동산의 전부인 때에는 "토지 전부", "건물 전부" 등으로, 부동산의 일부인 때에는 "건물 2층 중 동측 50㎡", "토지 및 건물 2층 중 동측 50㎡"로 특정하여 그 위치와 면적을 기재한다. 토지와 건물은 별개의 부동산이므로 건물 전부에 대한 전세권설정등기가 경료된 경우에도 토지에 대하여 별도의 전세권설정등기를 신청할 수 있으며, 또한 이미 건물의 일부에 전세권이 설정된 경우에도 위 건물부분과 중복되지 않는 다른 건물부분에 대하여 전세권설정등기를 신청할 수 있다. 다만, 집합건물에 대하여 대지권등기가 경료된 경우, 특정의 전유부분과 그 대지권을 함께 전세권의 목적으로 하는 전세권설정등기를 경료받을 수는 없다.

⑥ 존속기간란 : 전세권설정계약에서 전세기간을 정한 경우에는 그 전세기간을 기재하여야 한다. 부동산 전세권설정등기를 신청할 때에 존속기간은 전세권설정계약서에 따라야 할 것인 바, 위 존속기간의 시작일이 등기신청접수일자 이전이라고 하더라도 등기관으로서는 당해 전세권설정등기신청을 수리하여야 할 것이다. 마찬가지로 존속기간의 시작일이 등기신청접수일자 이후라 하더라도 등기관으로서는 당해 전세권설정등기를 수리하여야 한다. ㉮ 존속기간은 연월일부터 연월일까지, ㉯ 연월일부터 몇 년간, ㉰ 연월일까지, ㉱ 몇년간으로 각 기재할 수 있다. 단, 전전세의 존속기간은 전세권의 존속기간 이내이어야 한다.

⑦ 등기의무자란 : 전세권설정자의 성명, 주민등록번호, 주소를 기재하되, 등기기록상 소유자 표시와 일치하여야 한다. 등기기록상 등기신청인의 주소가 지번방식의 주소인 경우에도, 등기신청인이 제공한 주민등록등(초)본 혹은 도로명주소 정보(건축물대장정보, 행정안전부 인터넷 '새주소 안내시스템'의 조회결과물 등) 등에 의하여 해당 지번방식의 주소에 대한 도로명주소임이 인정되는 경우에는 등기사건을 수리하여야 한다. 즉 등기기록상 등기의무자의 주소를 도로명주소로 변경등기를 하지 아니하여도 전세권설정등기를 신청할 수 있다.

⑧ 등기권리자란 : 전세권자를 기재하는 난으로, 그 기재방법은 등기의무자란과 같다.

⑨ 등록면허세·지방교육세 : 전세금의 2/1,000에 해당하는 금액을 등록면허세로, 등록면허세의 20/100에 해당하는 금액을 지방교육세로 납부하여 기재한다. 건물에 대하여 전세권설정등기가 경료된 후 그 전세권의 목적으로 건물의 대지를 추가하는 추가전세권설정등기를 신청할 수 있으며, 이때 추가전세권설정등기의 등록면허세는 지방세법 제28조 제1항 제1호 마목(매 1건당 6,000원)에 의하여야 할 것이다.

⑩ 세액합계란 : 등록면허세액, 지방교육세액의 합계를 기재한다.

⑪ 등기신청수수료란 : ㉮ 부동산 1개당 15,000원의 등기신청수수료 납부액을 기재한다. 다만 전자표준양식에 의하여 신청하는 경우에는 13,000원, 전자신청하는 경우에는 10,000원의 등기신청수수료를 은행 현금납부, 전자납부, 무인발급기 납부 등의 방법에 따라 납부한 후 등기신청서에 등기신청수수료 영수필확인서를 첨부하고 납부번호를 기재하여 제출한다. ㉯ 여러 건의 등기신청에 대하여 수납금융기관에 현금으로 일괄납부하는 경우 첫 번째 등기신청서에 등기신청수수료 영수필확인서를 첨부하고 해당 등기신청수수료, 납부번호와 일괄납부 건수 및 일괄납부액을 기재하며, 나머지 신청서에는 해당 등기신청수수료와 전 사건에 일괄 납부한 취지를 기재한다(일괄납부는 은행에 현금으로 납부하는 경우에만 가능함).

⑫ 등기의무자의 등기필정보란 : ㉮ 소유권 취득에 관한 등기를 완료하고 등기필정보를 교부받은 경우 그 등기필정보상에 기재된 부동산고유번호, 성명, 일련번호, 비밀번호를 각 기재(등기필정보를 제출하는 것이 아님)한다. 다만 교부받은 등기필정보를 멸실한 경우에는 부동산등기법 제51조에 의하여 확인서면이나 확인조서 또는 공증서면 중 하나를 첨부한다. ㉯ 등기신청서에 등기필증이나 확인서면 등을 첨부한 경우 이 난은 기재할 필요가 없다.

⑬ 첨부서면란 : 등기신청서에 첨부한 서면을 각 기재한다.

⑭ 신청인등란 : ㉮ 등기의무자와 등기권리자의 성명 및 전화번호를 기재하고, 각자의 인장을 날인하되, 등기의무자는 그의 인감을 날인한다. 그러나 신청인이 법인 또는 법인 아닌 사단이나 재단인 경우에는 상호(명칭)와 대표자(관리인)의 자격 및 성명을 기재하고, 법인이 등기의무자인 때에는 등기소의 증명을 얻은 그 대표자의 인감, 법인 아닌 사단이나 재단인 경우에는 대표자(관리인)의 개인인감을 날인한다. ㉯ 대리인이 등기신청을 하는 경우에는 그 대리인의 성명, 주소, 전화번호를 기재하고 대리인의 인장을 날인 또는 서명한다.

2. 등기신청서에 첨부할 서면 등

- 전세권설정계약서 : 등기원인을 증명하는 서면으로 첨부하며, 수입인지는 붙이지 않는다.
- 도면 : ㉮ 전세권의 목적이 부동산의 일부인 때에는 전세권이 설정된 부분의 도면 혹은 지적도를 첨부한다. 전세권의 목적인 범위가 건물의 일부로서 특정층 전부인 때에는 그 도면을 첨부할 필요가 없다. 다만, 도면이나 신탁원부 등 영구보존문서는 원칙적으로 당사자 또는 자격대리인이 이를 인터넷등기소에서 전자문서로 변환하여 등록하는 방법으로 제출하여 하는데, 그렇게 하기 위해서는 인터넷등기소에서 '영구보존문서 등록'을 선택하여 영구보존문

서를 전자문서로 변환한 후 전자서명을 부여하여 등록하고, 이때 인터넷등기소에서 자동으로 부여되는 영구보존문서의 '등록문서번호'를 신청서의 부동산의 표시 및 오른쪽에 아래 예시와 같이 기재하여야 하므로, 이 경우에는 신청서에 영구보존문서 즉, 도면을 첨부하지 아니한다. (예) [등록문서번호 : ○○○번] ㉯ 자격자 대리인이 등기를 신청하는 경우에는 도면을 반드시 전자문서로 작성·등록·제공하여야 하므로 도면이나 지적도를 첨부서면으로 기재할 필요는 없다.

- 등기필증 : 등기의무자의 소유권에 관한 등기필증으로서 등기의무자가 소유권 취득시 등기소로부터 교부받은 등기필증을 첨부한다. 단, 소유권 취득의 등기를 완료하고 등기필정보를 교부받은 경우에 그 등기필정보상에 기재된 부동산고유번호, 성명, 일련번호, 비밀번호를 각 기재(등기필정보를 제출하는 것이 아님)한다. 다만, 등기필증(등기필정보)을 멸실하여 첨부(기재)할 수 없는 경우에는 부동산등기법 제51조에 의하여 확인서면이나 확인조서 또는 공증서면 중 하나를 첨부한다.
- 등록면허세영수필확인서 : 시장, 구청장, 군수 등으로부터 등록면허세납부서(OCR용지)를 발급받아 납세지를 관할하는 해당 금융기관에 세금을 납부한 후 등록면허세 영수필확인서와 영수증을 교부받아 영수증은 본인이 보관하고 등록면허세영수필확인서만 신청서의 등록면허세액표시란의 좌측상단 여백에 첨부하거나, 또는 지방세인터넷납부시스템을 이용하여 납부하고 출력한 등록면허세납부확인서를 첨부한다.
- 인감증명서 등 : 소유자인 등기의무자의 인감증명서(발행일로부터 3월 이내)를 첨부하거나, 인감증명을 갈음하여 「본인서명사실확인등에관한법률」에 따라 발급된 본인서명사실확인서(발행일부터 3개월 이내)에 기재한 서명(전자본인서명확인서 발급증을 제출할 경우에도 서명)을 하고 본인서명사실확인서(전자본인서명확인서 발급증)을 첨부한다. 부동산등기규칙 제60조, 제61조에 의하여 인감증명을 첨부하여야 하는 자가 법인인 경우에는 등기소의 증명을 얻은 대표자의 인감증명을, 법인 아닌 사단 또는 재단인 경우에는 대표자 또는 관리인의 인감증명을 첨부한다.
- 주민등록표등(초)본 : 전세권자(등기권리자)의 주민등록표등본 또는 초본(발행일로부터 3월 이내)을 첨부한다.
- 법인등기사항전부(일부)증명서 : ㉮ 신청인이 법인인 경우에는 법인등기사항전부증명서 또는 법인등기사항일부증명서(각 발행일로부터 3월 이내)를 첨부한다. 다만, 법인등기가 되어 있는 등기소와 부동산소재지 관할 등기소가 동일한 경우에는 위 법인등기사항증명서를 제출할 필요가 없다. ㉯ 법인 아닌 사단 또는 재단이 등기를 신청하는 경우에는 정관이나 그 밖의 규약, 대표자나 관리인임을 증명하는 정보(다만, 등기되어 있는 대표자나 관리인이 신청하는 경우에는 그러하지 아니하다), 대표자나 관리인의 주소 및 주민등록번호를 증명하는 정보를 첨부한다. 다만 법인 아닌 사단이 등기의무자인 경우에는 민법 제276조 소정의 사원총회의 결의서도 첨부한다(부등규 제48조).
- 위임장 : 등기신청을 법무사 등 대리인에게 위임하는 경우에 첨부한다. 위임인의 성명과 주소를 기재하고 인장을 날인하되 부동산등기규칙 제60조 제1항 제1호 내지 제3호에 해당하여 인감증명을 제출하여야 하는 자는 위임장에 인감을 날인하여야 하나, 위 규칙 제60조 제1호 내지 제3호에 해당하지 않는 자는 인감날인 대신에 일반적인 기명날인 혹은 서명으로 갈음할 수 있다.

3. 등기신청서류 편철순서

신청서, 등록면허세영수필확인서, 등기신청수수료 영수필확인서, 위임장, 인감증명서나 본인서명사실확인서 또는 전자본인서명확인서 발급증, 주민등록표등(초)본, 도면, 전세권설정계약서, 등기필증 등의 순으로 편철한다.

67. 전전세권설정등기신청

가. 의 의

전세를 얻은 자가 그 일부 또는 전부를 월세로 다시 임대하는 경우처럼 전세권자가 자기의 전세권을 목적으로 하는 전세권을 설정하는 것을 말한다. 민법에 따르면 전세권자는 전세권의 설정행위로 금지되어 있지 않는 한 자신의 전세권을 타인에게 양도 또는 담보로 제공할 수 있고, 그 존속기간 안에는 목적물을 타인에게 전전세 또는 임대할 수 있도록 규정되어 있다.

전전세의 설정은 등기를 하여야만 효력이 생긴다. 설정 당사자는 원전세권자와 전전세권자이며, 원전세권 설정자는 당사자가 아니므로 그의 동의를 필요로 하지 않는다. 전전세권은 원전세권에 기초하므로 그 존속기간은 원전세권의 존속기간 이내라야 한다. 따라서 원전세권의 존속기간을 초과하여 약정한 경우에는 원전세권의 존속기간으로 단축된다. 약정한 존속기간은 등기해야 대항할 수 있다.

전전세권이 설정되더라도 전세권은 소멸되지 않으며, 전세권이 소멸되면 전전세권도 소멸한다. 전세권자는 전전세하지 않았더라면 면할 수 있었던 불가항력으로 인한 손해에 대해서도 책임을 진다. 전전세의 금액에 관해서는 원전세금의 한도를 넘지 못한다는 설과 원전세금과 상관없이 정할 수 있다는 설이 있는데, 전자가 다수를 이룬다.

나. 등기신청방법

(1) 공동신청

전전세권설정계약에 의한 등기신청인 경우에는 원전세권자와 전전세권자가 본인임을 확인할 수 있는 주민등록증 등을 가지고 직접 등기소에 출석하여 공동으로 신청함이 원칙이다.

(2) 단독신청

판결에 의한 등기신청인 경우에는 승소한 등기권리자 또는 등기의무자가 단독으로 신청할 수 있다.

(3) 대리인에 의한 신청

등기신청은 반드시 신청인 본인이 하여야 하는 것은 아니고 대리인이 하여도 된다. 등기권리자 또는 등기의무자 일방이 상대방의 대리인이 되거나 쌍방이 제3자에게 위임하여 등기신청을 할 수 있다.

[서식 67] 전전세권설정등기신청서

전전세권설정등기신청

접 수	년 월 일	처 리 인	등기관 확인	각종 통지
	제 호			

① 부동산의 표시
서울특별시 서초구 서초동 100 [도로명주소] 서울특별시 서초구 서초대로 88길 10 시멘트 벽돌조 슬래브지붕 2층 주택 1층 100㎡ 2층 100㎡ [등록문서번호 : 100번] 이 상

② 등기원인과 그 연월일	2020년 8월 20일 전전세계약
③ 등 기 의 목 적	전전세권설정
④ 전 전 세 금	금 50,000,000원
⑤ 전전세권의 목적인 범위	주택 2층 중 동쪽 50㎡
⑥ 존 속 기 간	2020년 8월 20일부터 2021년 5월 10일까지

<table>
<tr><th>구분</th><th colspan="2">성 명
(상호·명칭)</th><th colspan="2">주민등록번호
(등기용등록번호)</th><th>주 소 (소 재 지)</th></tr>
<tr><td>⑦ 등기의무자</td><td colspan="2">이 상 선</td><td colspan="2">000000-0000000</td><td>서울특별시 서초구 서초대로 88길 20
(서초동)</td></tr>
<tr><td>⑧ 등기권리자</td><td colspan="2">김 갑 동</td><td colspan="2">000000-0000000</td><td>서울특별시 중구 다동길 96(다동)</td></tr>
<tr><td colspan="3">⑨ 등 록 면 허 세</td><td colspan="3">금 100,000 원</td></tr>
<tr><td colspan="3">⑨ 지 방 교 육 세</td><td colspan="3">금 20,000 원</td></tr>
<tr><td colspan="3">⑩ 세 액 합 계</td><td colspan="3">금 120,000 원</td></tr>
<tr><td colspan="3" rowspan="3">⑪ 등 기 신 청 수 수 료</td><td colspan="3">금 15,000 원</td></tr>
<tr><td colspan="3">납부번호 : ○○-○○-○○○○○○-○</td></tr>
<tr><td colspan="3">일괄납부 : 건 원</td></tr>
<tr><td colspan="6">⑫ 등기의무자의 등기필정보</td></tr>
<tr><td colspan="2">부동산고유번호</td><td colspan="4">1102-2006-002095</td></tr>
<tr><td colspan="2">성 명(명 칭)</td><td colspan="2">일련번호</td><td colspan="2">비밀번호</td></tr>
<tr><td colspan="2">이 상 선</td><td colspan="2">Q77C-LO7I-35J5</td><td colspan="2">40-4636</td></tr>
<tr><td colspan="6">⑬ 첨 부 서 면</td></tr>
<tr><td colspan="4">1. 전전세권설정계약서 1통
1. 등록면허세영수필확인서 1통
1. 인감증명서나 본인서명사실확인서
또는 전자본인서명확인서 발급증
(원전세권자) 1통</td><td colspan="2">1. 등기필증 1통
1. 주민등록표등(초)본 1통
1. 도면(부동산의 일부일 때) 1통
〈기 타〉</td></tr>
<tr><td colspan="6">20○○년 ○월 ○일

⑭ 위 신청인 이 상 선 ㊞ (전화 : 200-1234)
김 갑 동 ㊞ (전화 : 211-2345)

(또는)위 대리인 (전화 :)</td></tr>
</table>

○○지방법원 ○○등기소 귀중

[신청서 작성요령]

1. 부동산표시란에 2개 이상의 부동산을 기재하는 경우에는 부동산의 일련번호를 기재하여야 합니다.
2. 신청인란등 해당란에 기재할 여백이 없을 경우에는 별지를 이용합니다.
3. 담당등기관이 판단하여 위의 첨부 서면 외에 추가적인 서면을 요구할 수 있습니다.

주

1. 등기신청서 기재요령

신청서는 한글과 아라비아숫자로 기재하여야 한다. 부동산의 표시란이나 신청인란 등이 부족할 경우에는 별지로 사용하고, 별지를 포함한 신청서의 각 장 사이에 간인(신청서에 서명을 하였을 때에는 각 장마다 연결되는 서명)을 하여야 한다.

① 부동산의 표시란 : 전전세권의 목적부동산을 기재하되, 등기기록상 부동산 표시와 일치하여야 한다. 부동산이 토지인 경우에는 토지의 소재, 지번, 지목, 면적을 기재하고, 건물인 경우에는 건물의 소재, 지번, 도로명주소(등기기록 표제부에 기록되어 있는 경우), 종류, 구조, 면적을 기재한다.

② 등기원인과 그 연월일란 : 등기원인은 "전전세계약"으로, 그 연월일은 전전세권설정계약의 체결일을 기재한다.

③ 등기의 목적란 : "전전세권설정"이라고 기재한다.

④ 전전세금란 : 아라비아숫자로 "금 ○○○원"이라고 기재한다.

⑤ 전전세권의 목적인 범위란 : 전세권의 목적이 부동산의 전부인 때에는 "토지 전부", "주택 전부", "토지 및 주택 전부" 등으로, 부동산의 일부인 때에는 "주택 2층 전부", "주택 2층 중 동측 50㎡", "토지 전부 및 주택 2층 중 동측 50㎡"로 특정하여 그 위치와 면적을 기재한다. 토지와 건물은 별개의 부동산이므로 건물 전부에 대한 전전세권설정등기가 경료된 경우에도 토지에 대하여 별도의 전전세권설정등기를 신청할 수 있으며, 또한 이미 건물의 일부에 전전세권이 설정된 경우에도 위 건물부분과 중복되지 않는 다른 건물부분에 대하여 전전세권설정등기를 신청할 수 있다. 다만, 집합건물에 대하여 대지권 등기가 경료된 경우, 특정의 전유부분과 그 대지권을 함께 전전세권의 목적으로 하는 전전세권설정등기를 경료받을 수는 없다.

⑥ 존속기간란 : 전전세권설정계약에서 전전세기간을 정한 경우에는 원전세권의 존속기간 내에서 전전세기간을 기재하여야 한다. 부동산 전전세권설정등기를 신청할 때에 존속기간은 전전세권설정계약서에 따라야 할 것인 바, 위 존속기간의 시작일이 등기신청접수일자 이전이라고 하더라도 등기관으로서는 당해 전전세권설정등기신청을 수리하여야 할 것이다. 마찬가지로 존속기간의 시작일이 등기신청접수일자 이후라 하더라도 등기관으로서는 당해

전전세권설정등기를 수리하여야 한다. ㉮ 존속기간은 연월일부터 연월일까지, ㉯ 연월일부터 몇 년간, ㉰ 연월일까지, ㉱ 몇년간으로 각 기재할 수 있다.

⑦ 등기의무자란 : 원전세권자의 성명, 주민등록번호, 주소를 기재하되, 등기기록상 원전세권자의 표시와 일치하여야 한다. 등기기록상 등기신청인의 주소가 지번방식의 주소인 경우에도, 등기신청인이 제공한 주민등록등(초)본 혹은 도로명주소 정보(건축물대장정보, 행정안전부 인터넷 '새주소 안내시스템'의 조회결과물 등) 등에 의하여 해당 지번방식의 주소에 대한 도로명주소임이 인정되는 경우에는 등기사건을 수리하여야 한다. 즉 등기기록상 등기의무자의 주소를 도로명주소로 변경등기를 하지 아니하여도 전전세권설정등기를 신청할 수 있다.

⑧ 등기권리자란 : 전전세권자를 기재하는 난으로, 그 기재방법은 등기의무자란과 같다.

⑨ 등록면허세·지방교육세 : 전전세금의 2/1,000에 해당하는 금액을 등록면허세로, 등록면허세의 20/100에 해당하는 금액을 지방교육세로 납부하여 기재한다. 건물에 대하여 전전세권설정등기가 경료된 후 그 전세권의 목적으로 건물의 대지를 추가하는 추가전전세권설정등기를 신청할 수 있으며, 이때 추가전전세권설정등기의 등록면허세는 지방세법 제28조 제1항 제1호 마목(매 1건당 6,000원)에 의하여야 할 것이다.

⑩ 세액합계란 : 등록면허세액, 지방교육세액의 합계를 기재한다.

⑪ 등기신청수수료란 : ㉮ 부동산 1개당 15,000원의 등기신청수수료 납부액을 기재한다. 다만 전자표준양식에 의하여 신청하는 경우에는 13,000원, 전자신청하는 경우에는 10,000원의 등기신청수수료를 은행 현금납부, 전자납부, 무인발급기 납부 등의 방법에 따라 납부한 후 등기신청서에 등기신청수수료 영수필확인서를 첨부하고 납부번호를 기재하여 제출한다. ㉯ 여러 건의 등기신청에 대하여 수납금융기관에 현금으로 일괄납부하는 경우 첫 번째 등기신청서에 등기신청수수료 영수필확인서를 첨부하고 해당 등기신청수수료, 납부번호와 일괄납부 건수 및 일괄납부액을 기재하며, 나머지 신청서에는 해당 등기신청수수료와 전 사건에 일괄 납부한 취지를 기재한다(일괄납부는 은행에 현금으로 납부하는 경우에만 가능함).

⑫ 등기의무자의 등기필정보란 : ㉮ 등기의무자의 원전세권자의 전세권설정등기를 완료하고 등기필정보를 교부받은 경우 그 등기필정보상에 기재된 부동산고유번호, 성명, 일련번호, 비밀번호를 각 기재(등기필정보를 제출하는 것이 아님)한다. 다만 교부받은 등기필정보를 멸실한 경우에는 부동산등기법 제51조에 의하여 확인서면이나 확인조서 또는 공증서면 중 하나를 첨부한다. ㉯ 등기신청서에 등기필증이나 확인서면 등을 첨부한 경우 이 난은 기재할 필요가 없다.

⑬ 첨부서면란 : 등기신청서에 첨부한 서면을 각 기재한다.

⑭ 신청인등란 : ㉮ 등기의무자와 등기권리자의 성명 및 전화번호를 기재하고, 각자의 인장을 날인하되, 등기의무자는 그의 인감을 날인한다. 그러나 신청인이 법인 또는 법인 아닌 사단이나 재단인 경우에는 상호(명칭)와 대표자(관리인)의 자격 및 성명을 기재하고, 법인이 등기의무자인 때에는 등기소의 증명을 얻은 그 대표자의 인감, 법인 아닌 사단이나 재단인 경우에는 대표자(관리인)의 개인인감을 날인한다. ㉯ 대리인이 등기신청을 하는 경우에는 그 대리인의 성명, 주소, 전화번호를 기재하고 대리인의 인장을 날인 또는 서명한다.

2. 등기신청서에 첨부할 서면 등

- 전전세권설정계약서 : 등기원인을 증명하는 서면으로 첨부하며, 수입인지는 붙이지 않는다.
- 도면 : ㉮ 전전세권의 목적이 부동산의 일부인 때에는 전전세권이 설정된 부분의 도면 혹은 지적도를 첨부한다. 전전세권의 목적인 범위가 건물의 일부로서 특정층 전부인 때에는 그

도면을 첨부할 필요가 없다. 다만, 도면이나 신탁원부 등 영구보존문서는 원칙적으로 당사자 또는 자격대리인이 이를 인터넷등기소에서 전자문서로 변환하여 등록하는 방법으로 제출하여 하는데, 그렇게 하기 위해서는 인터넷등기소에서 '영구보존문서 등록'을 선택하여 영구보존문서를 전자문서로 변환한 후 전자서명을 부여하여 등록하고, 이때 인터넷등기소에서 자동으로 부여되는 영구보존문서의 '등록문서번호'를 신청서의 부동산의 표시 및 오른쪽에 아래 예시와 같이 기재하여야 하므로, 이 경우에는 신청서에 영구보존문서 즉, 도면을 첨부하지 아니한다. (예) [등록문서번호 : ○○○번] ㉯ 자격자 대리인이 등기를 신청하는 경우에는 도면을 반드시 전자문서로 작성·등록·제공하여야 하므로 도면이나 지적도를 첨부서면으로 기재할 필요는 없다.

- 등기필증 : 등기의무자의 전세권설정등기를 경료한 등기필증으로서 등기의무자가 전세권취득시 등기소로부터 교부받은 등기필증을 첨부한다. 단, 전세권 취득의 등기를 완료하고 등기필정보를 교부받은 경우에 그 등기필정보상에 기재된 부동산고유번호, 성명, 일련번호, 비밀번호를 각 기재(등기필정보를 제출하는 것이 아님)한다. 다만, 등기필증(등기필정보)을 멸실하여 첨부(기재)할 수 없는 경우에는 부동산등기법 제51조에 의하여 확인서면이나 확인조서 또는 공증서면 중 하나를 첨부한다.
- 등록면허세영수필확인서 : 시장, 구청장, 군수 등으로부터 등록면허세납부서(OCR용지)를 발급받아 납세지를 관할하는 해당 금융기관에 세금을 납부한 후 등록면허세 영수필확인서와 영수증을 교부받아 영수증은 본인이 보관하고 등록면허세영수필확인서만 신청서의 등록면허세액표시란의 좌측상단 여백에 첨부하거나, 또는 지방세인터넷납부시스템을 이용하여 납부하고 출력한 등록면허세납부확인서를 첨부한다.
- 인감증명서 등 : 원전세권자인 등기의무자의 인감증명서(발행일로부터 3월 이내)를 첨부하거나, 인감증명을 갈음하여 「본인서명사실확인등에관한법률」에 따라 발급된 본인서명사실확인서(발행일부터 3개월 이내)에 기재한 서명(전자본인서명확인서 발급증을 제출할 경우에도 서명)을 하고 본인서명사실확인서(전자본인서명확인서 발급증)을 첨부한다. 부동산등기규칙 제60조, 제61조에 의하여 인감증명을 첨부하여야 하는 자가 법인인 경우에는 등기소의 증명을 얻은 대표자의 인감증명을, 법인 아닌 사단 또는 재단인 경우에는 대표자 또는 관리인의 인감증명을 첨부한다.
- 주민등록표등(초)본 : 전세권자(등기권리자)의 주민등록표등본 또는 초본(발행일로부터 3월 이내)을 첨부한다.
- 법인등기사항전부(일부)증명서 : ㉮ 신청인이 법인인 경우에는 법인등기사항전부증명서 또는 법인등기사항일부증명서(각 발행일로부터 3월 이내)를 첨부한다. 다만, 법인등기가 되어 있는 등기소와 부동산소재지 관할 등기소가 동일한 경우에는 위 법인등기사항증명서를 제출할 필요가 없다. ㉯ 법인 아닌 사단 또는 재단이 등기를 신청하는 경우에는 정관이나 그 밖의 규약, 대표자나 관리인임을 증명하는 정보(다만, 등기되어 있는 대표자나 관리인이 신청하는 경우에는 그러하지 아니하다), 대표자나 관리인의 주소 및 주민등록번호를 증명하는 정보를 첨부한다. 다만 법인 아닌 사단이 등기의무자인 경우에는 민법 제276조 소정의 사원총회의 결의서도 첨부한다(부등규 제48조).
- 위임장 : 등기신청을 법무사 등 대리인에게 위임하는 경우에 첨부한다. 위임인의 성명과 주소를 기재하고 인장을 날인하되 부동산등기규칙 제60조 제1항 제1호 내지 제3호에 해당하여 인감증명을 제출하여야 하는 자는 위임장에 인감을 날인하여야 하나, 위 규칙 제60조 제1호 내지 제3호에 해당하지 않는 자는 인감날인 대신에 일반적인 기명날인 혹은 서명으로 갈음할

수 있다.

3. **등기신청서류 편철순서**

신청서, 등록면허세영수필확인서, 등기신청수수료 영수필확인서, 위임장, 인감증명서나 본인서명사실확인서 또는 전자본인서명확인서 발급증, 주민등록표등(초)본, 도면, 전전세권설정계약서, 등기필증 등의 순으로 편철한다.

4. **기타 참고사항**

전세금 반환과 전세권설정등기의 말소 및 전세목적물의 인도와는 동시이행의 관계에 있으므로 전세권이 존속기간의 만료로 인하여 소멸된 경우에도 당해 전세권설정등기는 전세금반환채권을 담보하는 범위 내에서는 유효한 것이라 할 것이어서, 전세권의 존속기간이 만료되고 전세금의 반환시기가 경과된 전세권의 경우에도 설정행위로 금지하지 않는 한 전세권의 이전등기는 가능하다. 그러나 전전세는 전세권의 존속기간 내에서만 타인에게 할 수 있으므로 전세권의 존속기간이 만료된 건물전세권에 대한 전전세등기는 이를 할 수 없다.

68. 전세권일부이전등기신청

가. 의 의

전세금반환채권만을 전세권과 분리하여 양도하는 것은 원칙적으로 불가능하다. 하지만 판례는 존속기간의 만료 등으로 전세권이 소멸한 경우, 해당 전세권은 전세금반환채권을 담보하는 범위 내에서 유효한 것이고, 이때에는 전세금반환채권의 전부는 물론 일부에 대한 양도를 인정한다. 개정법은 판례의 태도를 입법화하였다.

전세금반환채권의 일부양도는 전세권의 일부 지분을 양도하는 것과 구별된다. 후자의 경우에는 유효한 전세권의 지분을 양도하는 것으로 양도인과 양수인은 전세권을 준공유하게 되며 이때에는 양도액을 등기하지 않는다.

전세금반환채권의 일부양도를 원인으로 한 전세권 일부이전등기의 신청은 전세권이 소멸한 경우에만 할 수 있다. 그러므로 존속기간이 등기되어 있는 경우 그 기간 내에는 전세금반환채권의 일부양도를 원인으로 한 전세권 일부이전등기를 할 수 없다. 다만, 존속기간 내라 하더라도 전세권이 소멸하였음을 증명하는 경우에는 전세권 일부이전등기를 신청할 수 있다. 이때에는 전세권이 소멸하였음을 증명하는 정보(전세권의 소멸청구나 소멸통고 등)를 첨부정보로서 등기소에 제공하여야 한다.

나. 등기신청방법

(1) 공동신청

전세권의 양도인과 양수인이 본인임을 확인할 수 있는 주민등록증 등을 가지고 직접 등기소에 출석하여 공동으로 신청함이 원칙이다.

(2) 단독신청

판결에 의한 등기신청인 경우에는 승소한 등기권리자 또는 등기의무자가 단독으로 신청할 수 있다.

(3) 대리인에 의한 신청

등기신청은 반드시 신청인 본인이 하여야 하는 것은 아니고 대리인이 하여도 된다. 등기권리자 또는 등기의무자 일방이 상대방의 대리인이 되거나 쌍방이 제3자에게 위임하여 등기신청을 할 수 있다.

[서식 68] 전세권일부이전등기신청서

전세권일부이전등기신청

접 수	년 월 일	처 리 인	등기관 확인	각종 통지
	제 호			

① 부동산의 표시
서울특별시 서초구 서초동 100 [도로명주소] 서울특별시 서초구 서초대로 88길 10 시멘트 벽돌조 슬래브지붕 2층 주택 1층 100㎡ 2층 100㎡ 이 상

<table>
<tr><td>② 등기원인과 그 연월일</td><td colspan="3">2020년 8월 20일 전세금반환채권일부양도</td></tr>
<tr><td>③ 등 기 의 목 적</td><td colspan="3">전세권일부이전</td></tr>
<tr><td>④ 변 경 할 사 항</td><td colspan="3">2019년 8월 3일 접수 제1236호로 등기한 전세권설정등기</td></tr>
<tr><td>⑤ 양 도 액</td><td colspan="3">금 100,000,000원</td></tr>
<tr><td>구분</td><td>성 명
(상호·명칭)</td><td>주민등록번호
(등기용등록번호)</td><td>주 소 (소 재 지)</td></tr>
<tr><td>⑥ 등기의무자</td><td>이 상 선</td><td>000000-0000000</td><td>서울특별시 서초구 서초대로 88길 20
(서초동)</td></tr>
<tr><td>⑦ 등기권리자</td><td>김 갑 동</td><td>000000-0000000</td><td>서울특별시 중구 다동길 96(다동)</td></tr>
</table>

⑧ 등 록 면 허 세	금 200,000 원
⑧ 지 방 교 육 세	금 40,000 원
⑨ 세 액 합 계	금 240,000 원
⑩ 등 기 신 청 수 수 료	금 15,000 원
	납부번호 : ○○-○○-○○○○○○-○
	일괄납부 : 건 원

<table>
<tr><td colspan="3">⑪ 등기의무자의 등기필정보</td></tr>
<tr><td>부동산고유번호</td><td colspan="2">1102-2006-002095</td></tr>
<tr><td>성 명(명 칭)</td><td>일련번호</td><td>비밀번호</td></tr>
<tr><td>이 상 선</td><td>Q77C-LO7I-35J5</td><td>40-4636</td></tr>
</table>

<table>
<tr><td colspan="2">⑫ 첨 부 서 면</td></tr>
<tr><td>1. 전세금반환채권일부양도계약서 1통
1. 등록면허세영수필확인서 1통
1. 인감증명서나 본인서명사실확인서
또는 전자본인서명확인서 발급증 1통</td><td>1. 등기필증 1통
1. 주민등록등(초)본 1통
1. 갱신거절통지서 1통</td></tr>
<tr><td colspan="2">20○○년 ○월 ○일

⑬ 위 신청인 이 상 선 ㊞ (전화 : 200−1234)</td></tr>
</table>

김 갑 동 ㊞ (전화 : 212-2345)
(또는)위 대리인 (전화 :)

○○지방법원 ○○등기소 귀중

[신청서 작성요령]

1. 부동산표시란에 2개 이상의 부동산을 기재하는 경우에는 부동산의 일련번호를 기재하여야 합니다.
2. 신청인란등 해당란에 기재할 여백이 없을 경우에는 별지를 이용합니다.
3. 담당등기관이 판단하여 위의 첨부 서면 외에 추가적인 서면을 요구할 수 있습니다.

주

1. 등기신청서 기재요령

신청서는 한글과 아라비아숫자로 기재하여야 한다. 부동산의 표시란이나 신청인란 등이 부족할 경우에는 별지로 사용하고, 별지를 포함한 신청서의 각 장 사이에 간인(신청서에 서명을 하였을 때에는 각 장마다 연결되는 서명)을 하여야 한다.

① 부동산의 표시란 : 전세권이전등기를 할 부동산을 기재하되, 등기기록상 부동산의 표시와 일치하여야 한다. 부동산의 표시방법은 건물의 소재와 지번, 도로명주소(등기기록 표제부에 기록되어 있는 경우), 건물의 종류, 구조, 면적, 건물의 번호가 있는 때에는 그 번호, 부속건물이 있는 때에는 그 종류, 구조와 면적을 각 기재한다.

② 등기원인과 그 연월일란 : 등기원인은 "전세금반환채권일부양도"로, 그 연월일은 전세금반환채권일부양도일을, 전세권의 전부이전의 경우에는 "매매"로 기재한다.

③ 등기의 목적란 : 일부이전의 경우에는 "전세권일부이전". 전부이전의 경우에는 "전세권이전"이라 기재한다.

④ 이전할 전세권란 : 소유권 외의 권리를 이전하는 경우에는 이전할 권리(이전할 전세권)를 기재한다. (예) 2019년 8월 3일 접수 제1236호로 등기한 전세권설정등기

⑤ 양도액란 : 전세금반환채권의 일부양도를 원인으로 한 전세권일부이전등기를 신청하는 경우에는 저당권일부이전의 경우와 마찬가지로 이전할 지분 대신에 양도액을 기재한다.

⑥ 등기의무자란 : 등기의무자(전세권설정자)의 성명, 주민등록번호, 주소를 기재하되, 등기기록상 소유자의 표시와 일치하여야 한다. 다만 등기기록상 등기신청인의 주소가 지번방식의 주소인 경우에도 등기신청인이 제공한 주민등록등(초)본 혹은 도로명주소 정보(건축물대장정보, 행정안전부 인터넷 '새주소 안내시스템'의 조회결과물 등) 등에 의하여 해당 지번방식의 주소에 대한 도로명주소임이 인정되는 경우에는 등기사건을 수리하여야 한다. 즉 등기기록상 등기의무자의 주소를 도로명주소로 변경등기를 하지 아니하여도 전세권변경등기를 신청할 수 있다.

⑦ 등기권리자란 : 등기권리자를 기재하는 난으로, 그 기재방법은 등기의무자란과 같다.

⑧ 등록면허세·지방교육세란 : 등록면허세영수필확인서 : 이전받는 전세금의 2/1000에 해당하는 등록면허세와 그 등록면허세의 20/100에 해당하는 지방교육세를 납부하여 기재한다.

⑨ 세액합계란 : 등록면허세액과 지방교육세액의 합계를 기재한다.

⑩ 등기신청수수료란 : ㉮ 부동산 1개당 15,000원의 등기신청수수료 납부액을 기재한다. 다만 전자표준양식에 의하여 신청하는 경우에는 13,000원, 전자신청하는 경우에는 10,000원의 등기신청수수료를 은행 현금납부, 전자납부, 무인발급기 납부 등의 방법에 따라 납부한 후 등기신청서에 등기신청수수료 영수필확인서를 첨부하고 납부번호를 기재하여 제출한다. ㉯ 여러 건의 등기신청에 대하여 수납금융기관에 현금으로 일괄납부하는 경우 첫 번째 등기신청서에 등기신청수수료 영수필확인서를 첨부하고 해당 등기신청수수료, 납부번호와 일괄납부 건수 및 일괄납부액을 기재하며, 나머지 신청서에는 해당 등기신청수수료와 전 사건에 일괄 납부한 취지를 기재한다(일괄납부는 은행에 현금으로 납부하는 경우에만 가능함).

⑪ 등기의무자의 등기필정보란 : ㉮ 전자신청 지정등기소에서는 신청방법(전자신청, 서면신청)을 불문하고 등기를 완료한 경우 등기필증 대신 등기필정보를 전자적 교부 또는 서면교부하기 때문에, 등기신청의 당사자 또는 대리인은 등기필정보상의 일련번호와 비밀번호를 기재함으로서 등기필증의 제출을 갈음할 수 있다. 등기의무자가 교부받은 등기필정보에 기재된 부동산고유번호, 성명, 일련번호, 비밀번호를 각 기재한다. 다만 교부받은 등기필정보를 멸실한 경우에는 부동산등기법 제51조에 의하여 확인서면이나 확인조서 또는 공증서면 중 하나를 첨부한다. ㉯ 등기신청서에 등기필증이나 확인서면 등을 첨부한 경우 이 난은 기재할 필요가 없다.

⑫ 첨부서면란 : 등기신청서에 첨부한 서면을 각 기재한다.

⑬ 신청인등란 : ㉮ 등기의무자와 등기권리자의 성명 및 전화번호를 기재하고, 각자의 인장을 날인하되, 등기의무자는 그의 인감을 날인한다. 그러나 신청인이 법인 또는 법인 아닌 사단이나 재단인 경우에는 상호(명칭)와 대표자(관리인)의 자격 및 성명을 기재하고, 법인이 등기의무자인 때에는 등기소의 증명을 얻은 그 대표자의 인감, 법인 아닌 사단이나 재단인 경우에는 대표자(관리인)의 개인인감을 날인한다. ㉯ 대리인이 등기신청을 하는 경우에는 그 대리인의 성명, 주소, 전화번호를 기재하고 대리인의 인장을 날인 또는 서명한다.

2. 등기신청서에 첨부할 서면 등

- 전세금반환채권일부양도계약서 : 등기원인을 증명하는 서면으로 전세금반환채권일부양도계약서를 첨부한다.
- 등기필증 : 등기의무자인 전세권자가 전세권설정등기 후 등기소로부터 교부받은 등기필증을 제출한다. 전세권설정등기를 완료하고 등기필정보를 교부받은 경우에 그 등기필정보상에 기재된 부동산고유번호, 성명, 일련번호, 비밀번호를 각 기재(등기필정보를 제출하는 것이 아님)한다. 다만, 등기필증(등기필정보)을 멸실하여 첨부(기재)할 수 없는 경우에는 부동산등기법 제51조에 의하여 확인서면이나 확인조서 또는 공증서면 중 하나를 첨부한다.
- 등록면허세영수필확인서 : 시장, 구청장, 군수 등으로부터 등록면허세납부서(OCR용지)를 발급받아 납세지를 관할하는 해당 금융기관에 세금을 납부한 후 등록면허세 영수필확인서와 영수증을 교부받아 영수증은 본인이 보관하고 등록면허세영수필확인서만 신청서의 등록면허세액표시란의 좌측상단 여백에 첨부하거나, 또는 지방세인터넷납부시스템을 이용하여 납부하고 출력한 등록면허세납부확인서를 첨부한다.

- 인감증명서 등 : 소유권 외의 권리의 등기명의인이 등기의무자로서 등기를 신청하는 경우에는 등기명의인의 인감증명서(발행일로부터 3월 이내)를 첨부하거나, 인감증명을 갈음하여 「본인서명사실확인등에관한법률」에 따라 발급된 본인서명사실확인서(발행일부터 3개월 이내)에 기재한 서명(전자본인서명확인서 발급증을 제출할 경우에도 서명)을 하고 본인서명사실확인서(전자본인서명확인서 발급증)을 첨부한다.
- 주민등록등(초)본 : 새로 등기부에 기록되는 자(등기권리자)의 주민등록등(초)본(발행일로부터 3월 이내)을 첨부한다.
- 법인등기사항전부(일부)증명서 : ㉮ 신청인이 법인인 경우에는 법인등기사항전부증명서 또는 법인등기사항일부증명서(각 발행일로부터 3월 이내)를 첨부한다. 다만, 법인등기가 되어 있는 등기소와 부동산소재지 관할 등기소가 동일한 경우에는 위 법인등기사항증명서를 제출할 필요가 없다. ㉯ 법인 아닌 사단 또는 재단이 등기를 신청하는 경우에는 정관이나 그 밖의 규약, 대표자나 관리인임을 증명하는 정보(다만, 등기되어 있는 대표자나 관리인이 신청하는 경우에는 그러하지 아니하다), 대표자나 관리인의 주소 및 주민등록번호를 증명하는 정보를 첨부한다. 다만 법인 아닌 사단이 등기의무자인 경우에는 민법 제276조 소정의 사원총회의 결의서도 첨부한다(부등규 제48조).
- 갱신거절통지서 : 특별히 건물전세권의 존속기간이 만료되어 등기를 신청하는 경우에는 "민법" 제312조 제4항에 따라 전세권이 소멸하였음을 증명하는 갱신거절통지서를 첨부한다.
- 위임장 : 등기신청을 법무사 등 대리인에게 위임하는 경우에 첨부한다. 위임인의 성명과 주소를 기재하고 인장을 날인한다.

3. 등기신청서류 편철순서

신청서, 등록면허세영수필확인서, 등기신청수수료 영수필확인서, 위임장, 인감증명서나 본인서명사실확인서 또는 전자본인서명확인서 발급증, 주민등록등(초)본, 갱신거절통지서, 등기필증 등의 순으로 편철한다.

69. 전세권변경등기신청

가. 의 의

건물전세권의 경우에는 토지전세권과는 달리 법정갱신이 인정된다. 법정갱신은 법률의 규정에 의한 물권변동이므로 전세권갱신에 관한 등기를 필요로 하지 아니하고, 전세권자는 그 갱신의 등기 없이도 전세권자설정자나 그 목적물을 취득한 제3자에 대하여 그 권리를 주장할 수 있다. 따라서 존속기간이 만료된 때에도 그 전세권설정등기의 존속기간이나 전세금에 대한 변경등기를 신청할 수 있다. 다만, 등기기록상 존속기간이 만료된 경우에 전세권변경등기(전세권 범위, 전세금 등의 변경)를 하기 위해서는 존속기간 변경등기를 먼저 하여야 한다.

전세권설정의 변경계약에 의한 존속기간과 전세금의 변경등기를 신청할 때 등기상 이해관계 있는 제3자가 있는 경우에는 신청서에 그 승낙서 또는 이에 대항할 수 있는 재판의 등본을 첨부하여야 하고(이 경우 변경등기는 부기등기로 한다), 그 승낙서 등을 첨부하지 않을 때에는 주등기(독립등기)에 의하여 후순위로 그 변경등기를 할 수밖에 없다.

건물의 일부(예 : 17층 북쪽 201.37㎡)를 목적으로 하는 전세권설정등기의 근저당권설정등기가 순차로 마쳐진 이후, 전세권의 범위를 건물의 다른 일부(3층 동쪽 484.58㎡)로 변경하는 등기신청을 전세권의 목적물 자체의 동일성이 인정되지 않으므로 수리될 수 없다.

나. 등기신청방법

(1) 공동신청

변경등기에 의하여 형식상 불리한 지위에서는 기존의 등기명의인이 등기명의자, 변경등기로 인하여 유리한 지위에 서는 자가 등기권리자가 되어 본인을 본인임을 확인할 수 있는 주민등록증 등을 가지고 직접 등기소에 출석하여 공동으로 신청함이 원칙이다.

(2) 단독신청

판결에 의한 등기신청인 경우에는 승소한 등기권리자 또는 등기의무자가 단독으로 신청할 수 있다.

(3) 대리인에 의한 신청

등기신청은 반드시 신청인 본인이 하여야 하는 것은 아니고 대리인이 하여도 된다. 등기권리자 또는 등기의무자 일방이 상대방의 대리인이 되거나 쌍방이 제3자에게 위임하여 등기신청을 할 수 있다.

[서식 69] 전세권변경등기신청서

전세권변경등기신청

접 수	년 월 일	처 리 인	등기관 확인	각종 통지
	제 호			

① 부동산의 표시			
서울특별시 서초구 서초동 100 [도로명주소] 서울특별시 서초구 서초대로 88길 10 시멘트 벽돌조 슬래브지붕 2층 주택 1층 100㎡ 2층 100㎡ 이 상			
② 등기원인과 그 연월일	2020년 8월 20일 변경계약		
③ 등 기 의 목 적	전세권변경		
④ 변 경 할 사 항	2019년 12월 1일 접수 제4168호로 경료한 전세권등기사항 중 존속기간 "2019년 12월 1일부터 2021년 11월 30일까지"를 "2019년 12월 1일부터 2023년 11월 30일"까지로 변경함		
구분	성 명 (상호·명칭)	주민등록번호 (등기용등록번호)	주 소 (소 재 지)
⑤ 등기의무자	이 상 선	000000-0000000	서울특별시 서초구 서초대로 88길 20 (서초동)
⑥ 등기권리자	김 갑 동	000000-0000000	서울특별시 중구 다동길 96(다동)
⑦ 등 록 면 허 세	금 6,000 원		
⑦ 지 방 교 육 세	금 1,200 원		

<table>
<tr><td>⑧ 세 액 합 계</td><td colspan="2">금 7,200 원</td></tr>
<tr><td rowspan="3">⑨ 등 기 신 청 수 수 료</td><td colspan="2">금 3,000 원</td></tr>
<tr><td colspan="2">납부번호 : ○○-○○-○○○○○○-○</td></tr>
<tr><td colspan="2">일괄납부 : 건 원</td></tr>
<tr><td colspan="3">⑩ 등기의무자의 등기필정보</td></tr>
<tr><td>부동산고유번호</td><td colspan="2">1102-2006-002095</td></tr>
<tr><td>성 명(명 칭)</td><td>일련번호</td><td>비밀번호</td></tr>
<tr><td>이 상 선</td><td>Q77C-LO7I-35J5</td><td>40-4636</td></tr>
<tr><td colspan="3">⑪ 첨 부 서 면</td></tr>
<tr><td>1. 전세권변경계약서 1통
1. 등록면허세영수필확인서 1통
1. 등기필증 1통</td><td colspan="2">1. 인감증명서나 본인서명사실확인서
또는 전자본인서명확인서 발급증 1통
1. 승낙서(필요시) 1통</td></tr>
<tr><td colspan="3">20○○년 ○월 ○일

⑫ 위 신청인 이 상 선 ㊞ (전화 : 200-1234)
김 갑 동 ㊞ (전화 : 212-2345)
(또는)위 대리인 (전화 :)

○○지방법원 ○○등기소 귀중</td></tr>
</table>

[신청서 작성요령]

1. 부동산표시란에 2개 이상의 부동산을 기재하는 경우에는 부동산의 일련번호를 기재하여야 합니다.
2. 신청인란등 해당란에 기재할 여백이 없을 경우에는 별지를 이용합니다.
3. 담당등기관이 판단하여 위의 첨부 서면 외에 추가적인 서면을 요구할 수 있습니다.

주

1. 등기신청서 기재요령

신청서는 한글과 아라비아숫자로 기재하여야 한다. 부동산의 표시란이나 신청인란 등이 부족할 경우에는 별지로 사용하고, 별지를 포함한 신청서의 각 장 사이에 간인(신청서에 서명을

하였을 때에는 각 장마다 연결되는 서명)을 하여야 한다.

① 부동산의 표시란 : 전세권설정등기를 변경할 부동산을 기재하되, 등기기록상 부동산의 표시와 일치하여야 한다. 부동산의 표시방법은 토지인 경우에는 토지의 소재와 지번, 지목, 면적을 기재하고, 건물인 경우에는 건물의 소재와 지번, 도로명주소(등기기록 표제부에 기록되어 있는 경우), 건물의 종류, 구조, 면적, 건물의 번호가 있는 때에는 그 번호, 부속건물이 있는 때에는 그 종류, 구조와 면적을 각 기재한다. 구분건물의 전유부분에 대하여 전세권을 설정하는 경우에도 전유부분의 대지권에 대하여는 전세권설정등기를 할 수 없으므로, 신청서에 대지권의 표시를 기재하지 않는다.

② 등기원인과 그 연월일란 : 등기원인은 "변경계약"으로, 그 연월일은 변경계약의 성립연월일을 기재한다.

③ 등기의 목적란 : "전세권변경"이라고 기재한다.

④ 변경할 사항란 : 변경할 전세권등기의 접수연월일 및 접수번호를 기재하여 변경할 등기를 특정하고, 존속기간, 범위 등 변경되는 경우에는, (예) 2019년 12월 1일 접수 제4168호로 경료한 전세권등기사항 중 존속기간 "2019년 12월 1일부터 2021년 11월 30일까지"를 "2019년 12월 1일부터 2023년 11월 30일까지로 변경함"으로, 전세금이 변경(증액)된 경우에는, (예) "2019년 5월 10일 접수 제1234호로 등기한 전세권등기 사항 중 전세금 50,000,000원을 금 60,000,000원으로 변경함"으로, 특약사항이 폐기된 경우에는, (예) "2019년 5월 10일 접수 제1234호로 등기한 전세권등기 사항 중 특약 "전세권자는 전세권설정자의 승낙없이 전세권을 타인에게 양도, 담보제공, 전전세 또는 임대하지 못한다는 특약사항 폐기" 등으로 기재한다.

⑤ 등기의무자란 : 등기의무자(전세권설정자, 소유자)의 성명, 주민등록번호, 주소를 기재하되, 등기기록상 소유자의 표시와 일치하여야 한다. 다만 등기기록상 등기신청인의 주소가 지번방식의 주소인 경우에도 등기신청인이 제공한 주민등록등(초)본 혹은 도로명주소 정보(건축물대장정보, 행정안전부 인터넷 '새주소 안내시스템'의 조회결과물 등) 등에 의하여 해당 지번방식의 주소에 대한 도로명주소임이 인정되는 경우에는 등기사건을 수리하여야 한다. 즉 등기기록상 등기의무자의 주소를 도로명주소로 변경등기를 하지 아니하여도 전세권변경등기를 신청할 수 있다.

⑥ 등기권리자란 : 등기권리자를 기재하는 난으로, 그 기재방법은 등기의무자란과 같다.

⑦ 등록면허세·지방교육세란 : 부동산 1개당 등록면허세 6,000원, 지방교육세 1,200원으로 계산하여 기재한다. 건물에 대한 전세권의 존속기간이 만료되어 전세권변경계약을 체결한 후 전세권변경등기를 신청하는 경우에는 존속기간만료 전에 하는 통상의 변경등기신청에 있어서와 마찬가지로 1건당 6,000원의 등록면허세와 1,200원의 지방교육세를 납부하면 된다. 그러나 전세금 증액에 따라 전세금변경등기를 신청하는 경우에는 전세권 존속기간만료일 전후를 불문하고 그 증액된 금액에 관하여는 전세금증액분의 2/1,000에 해당하는 등록면허세와 등록면허세의 20/100에 해당하는 지방교육세를 납부한다.

⑧ 세액합계란 : 등록면허세액과 지방교육세액의 합계를 기재한다.

⑨ 등기신청수수료란 : 부동산 1개당 3,000원의 등기신청수수료 납부액을 기재한다. 다만 전자표준양식에 의하여 신청하는 경우에는 2,000원, 전자신청하는 경우에는 1,000원의 등기신청수수료를 은행 현금납부, 전자납부, 무인발급기 납부 등의 방법에 따라 납부한 후 등기신청서에 등기신청수수료 영수필확인서를 첨부하고 납부번호를 기재하여 제출한다.

⑩ 등기의무자의 등기필정보란 : ㉮ 전자신청 지정등기소에서는 신청방법(전자신청, 서면신

청)을 불문하고 등기를 완료한 경우 등기필증 대신 등기필정보를 전자적 교부 또는 서면 교부하기 때문에, 등기신청의 당사자 또는 대리인은 등기필정보상의 일련번호와 비밀번호를 기재함으로서 등기필증의 제출을 갈음할 수 있다. 등기의무자가 교부받은 등기필정보에 기재된 부동산고유번호, 성명, 일련번호, 비밀번호를 각 기재한다. 다만 교부받은 등기필정보를 멸실한 경우에는 부동산등기법 제51조에 의하여 확인서면이나 확인조서 또는 공증서면 중 하나를 첨부한다. ㉯ 등기신청서에 등기필증이나 확인서면 등을 첨부한 경우 이 난은 기재할 필요가 없다.

⑪ 첨부서면란 : 등기신청서에 첨부한 서면을 각 기재한다.

⑫ 신청인등란 : ㉮ 등기의무자와 등기권리자의 성명 및 전화번호를 기재하고, 각자의 인장을 날인하되, 등기의무자는 그의 인감을 날인한다. 그러나 신청인이 법인 또는 법인 아닌 사단이나 재단인 경우에는 상호(명칭)와 대표자(관리인)의 자격 및 성명을 기재하고, 법인이 등기의무자인 때에는 등기소의 증명을 얻은 그 대표자의 인감, 법인 아닌 사단이나 재단인 경우에는 대표자(관리인)의 개인인감을 날인한다. ㉯ 대리인이 등기신청을 하는 경우에는 그 대리인의 성명, 주소, 전화번호를 기재하고 대리인의 인장을 날인 또는 서명한다.

2. 등기신청서에 첨부할 서면 등

- 전세권변경계약서 : 등기원인을 증명하는 서면으로 전세권변경계약서를 첨부하여야 한다.
- 등기필증 : 등기의무자가 소유자인 경우에는 소유권에 관한 등기필증으로서 소유권 취득시 등기소로부터 교부받은 등기필증을, 전세권자가 등기의무자인 경우에는 전세권설정 후 등기소로부터 교부받은 등기필증을 첨부한다. 단, 등기를 완료하고 등기필정보를 교부받은 경우에 그 등기필정보상에 기재된 부동산고유번호, 성명, 일련번호, 비밀번호를 각 기재(등기필정보를 제출하는 것이 아님)한다. 다만, 등기필증(등기필정보)을 멸실하여 첨부(기재)할 수 없는 경우에는 부동산등기법 제51조에 의하여 확인서면이나 확인조서 또는 공증서면 중 하나를 첨부한다.
- 등록면허세영수필확인서 : 시장, 구청장, 군수 등으로부터 등록면허세납부서(OCR용지) 또는 대법원 인터넷등기소의 정액등록면허세납부서 작성기능을 통하여 정액등록면허세납부서를 발급받아 납세지를 관할하는 해당 금융기관에 세금을 납부한 후 등록면허세영수필확인서와 영수증을 교부받아 영수증은 본인이 보관하고 등록면허세영수필확인서만 신청서의 등록면허세액표시란의 좌측상단 여백에 첨부하거나, 또는 지방세인터넷납부시스템을 이용하여 납부하고 출력한 등록면허세납부확인서를 첨부한다.
- 인감증명서 등 : 등기의무자가 소유권의 등기명의인(전세권설정자)인 경우에는 등기의무자의 인감증명서(발행일로부터 3월 이내)를 첨부하거나, 인감증명을 갈음하여 「본인서명사실확인등에관한법률」에 따라 발급된 본인서명사실확인서(발행일부터 3개월 이내)에 기재한 서명(전자본인서명확인서 발급증을 제출할 경우에도 서명)을 하고 본인서명사실확인서(전자본인서명확인서 발급증)을 첨부한다. 또한 등기상 이해관계인의 승낙서를 첨부하는 경우에는 그 승낙서에는 인감을 날인하고 인감증명서를 첨부하거나, 인감증명을 갈음하여 「본인서명사실확인등에관한법률」에 따라 발급된 본인서명사실확인서(발행일부터 3개월 이내)에 기재한 서명(전자본인서명확인서 발급증을 제출할 경우에도 서명)을 하고 본인서명사실확인서(전자본인서명확인서 발급증)을 첨부한다.
- 법인등기사항전부(일부)증명서 : ㉮ 신청인이 법인인 경우에는 법인등기사항전부증명서 또는 법인등기사항일부증명서(각 발행일로부터 3월 이내)를 첨부한다. 다만, 법인등기가 되어

있는 등기소와 부동산소재지 관할 등기소가 동일한 경우에는 위 법인등기사항증명서를 제출할 필요가 없다. ㉯ 법인 아닌 사단 또는 재단이 등기를 신청하는 경우에는 정관이나 그 밖의 규약, 대표자나 관리인임을 증명하는 정보(다만, 등기되어 있는 대표자나 관리인이 신청하는 경우에는 그러하지 아니하다). 대표자나 관리인의 주소 및 주민등록번호를 증명하는 정보를 첨부한다. 다만 법인 아닌 사단이 등기의무자인 경우에는 민법 제276조 소정의 사원총회의 결의서도 첨부한다(부등규 제48조).

- 이해관계인의 승낙서 : ㉮ 전세권설정의 변경계약에 의한 전세권의 존속기간과 전세금의 변경등기를 신청할 때 등기상 이해관계 있는 제3자가 있는 경우에는 그 제3자의 승낙서(인감증명서 포함) 또는 이에 대항할 수 있는 재판서 등본을 첨부하여야 하고(이 경우 부기등기로 함), 그 승낙서 등이 첨부되지 않을 때는 주등기에 의해 등기상 다른 권리의 후순위로 등기를 하게 된다. ㉯ 본 건의 경우 전세권의 존속기간을 연장하는 것에 대하여 후순위 근저당권자는 등기상 이해관계인에 해당하므로 그의 승낙서를 첨부하여야 부기등기로 변경등기를 할 수 있다.
- 위임장 : 등기신청을 법무사 등 대리인에게 위임하는 경우에 첨부한다. 위임인의 성명과 주소를 기재하고 인장을 날인하되 부동산등기규칙 제60조 제1항 제1호 내지 제3호에 해당하여 인감증명을 제출하여야 하는 자는 위임장에 인감을 날인하여야 하나, 위 규칙 제60조 제1호 내지 제3호에 해당하지 않는 자는 인감날인 대신에 일반적인 기명날인 혹은 서명으로 갈음할 수 있다.

3. 등기신청서류 편철순서

신청서, 등록면허세영수필확인서, 등기신청수수료 영수필확인서, 위임장, 인감증명서나 본인서명사실확인서 또는 전자본인서명확인서 발급증, 승낙서, 전세권변경계약서, 등기필증 등의 순으로 편철한다.

4. 기타 참고사항

등기의무자의 등기필정보(등기필증 또는 등기완료통지서)가 없을 때에는 ㉮ 등기의무자 또는 그 법정대리인(이하 "등기의무자등"이라 한다)이 등기소에 출석하여 등기관으로부터 등기의무자등임을 확인하는 방법 ㉯ 등기신청인의 대리인(변호사 또는 법무사)이 등기의무자등으로부터 위임받았음을 확인하여 확인서면을 제출하는 방법 ㉰ 신청서(위임에 의하여 대리인이 신청하는 경우에는 그 권한을 증명하는 서면) 중 등기의무자들의 작성부분에 관하여 공증을 받아 제출하는 방법으로 등기신청을 하여야 한다(부등법 제51조, 부등규 제111조). ㉰ 한편, 소유자가 등기의무자인 경우에는 등기필증(혹은 등기필정보)이 있는 경우이든 등기의무자의 인감증명을 제출하여야 하고, 소유권 외의 권리자가 등기의무자인 경우에는 등기필증(혹은 등기필정보)이 없어서 위 ㉯, ㉰의 방식에 의하여 등기를 신청하는 경우에는 등기의무자의 인감증명을 제출한다.

70. 전세권말소등기신청

가. 의 의

전세권의 목적인 부동산을 전전세 또는 임대하거나, 전세권을 담보로 제공한 경우에는 그 권리가 존속하는 동안은 전세권을 소멸시키지 못한다.

전세권등기와 그 전세권에 대한 가압류 등기가 순차로 마쳐진 부동산에 관하여 전세권등기를 말소하라는 판결을 받았다 하더라도 그 판결에 의하여 전세권말소등기를 신청하려면 전세권 가압류권자의 승낙서 또는 그에게 대항할 수 있는 재판의 등본(통상 가압류권자를 피고로 하여 전세권말소에 관하여 승낙의 의사표시를 명하는 이행판결이 이에 해당한다)을 첨부하여야 한다.

건물의 특정부분이 아닌 공유지분에 대하여는 전세권이 설정될 수 없으므로 수인의 공유자들이 전세권설정등기를 한 후 그 일부 공유자의 지분에 대하여만 전세권말소등기를 신청할 수는 없으며, 이는 판결을 받았다고 하더라도 마찬가지이다. 다만, 전세권이 설정된 부분 중 일정 부분을 전세권범위변경등기의 형식으로 말소할 수는 있으며 이 경우의 등기는 전세권자와 건물의 공유자 전원이 공동으로 신청하여야 한다.

이 신청에서는 전세권자를 등기의무자, 전세권설정자인 소유자(혹은 제3취득자)를 등기권리자라고 한다.

나. 등기신청방법

(1) 공동신청

부동산의 소유자와 전세권자가 본인임을 확인할 수 있는 주민등록증 등을 가지고 직접 등기소에 출석하여 공동으로 신청함이 원칙이다.

(2) 단독신청

판결에 의한 등기신청인 경우에는 승소한 등기권리자 또는 등기의무자가 단독으로 신청할 수 있다. 등기의무자의 행방불명으로 인하여 이와 공동으로 등기의 말소를 신청할 수 없는 때에는 공시최고신청을 하여 제권판결을 받으면 등기권리자가 단독으로 말소를 신청할 수 있다.

(3) 대리인에 의한 신청

등기신청은 반드시 신청인 본인이 하여야 하는 것은 아니고 대리인이 하여도 된다. 등기권리자 또는 등기의무자 일방이 상대방의 대리인이 되거나 쌍방이 제3자에게 위임하여 등기신청을 할 수 있다.

[서식 70] 전세권말소등기신청서

전세권등기말소등기신청

<table>
<tr><td rowspan="2">접 수</td><td>년 월 일</td><td rowspan="2">처 리 인</td><td>등기관 확인</td><td>각종 통지</td></tr>
<tr><td>제 호</td><td></td><td></td></tr>
</table>

<table>
<tr><td colspan="5">① 부동산의 표시</td></tr>
<tr><td colspan="5">서울특별시 서초구 서초동 100
[도로명주소] 서울특별시 서초구 서초대로 88길 10
시멘트 벽돌조 슬래브지붕 2층 주택
1층 100㎡
2층 100㎡

이 상</td></tr>
<tr><td colspan="2">② 등기원인과 그 연월일</td><td colspan="3">2020년 12월 23일 해지</td></tr>
<tr><td colspan="2">③ 등 기 의 목 적</td><td colspan="3">전세권말소</td></tr>
<tr><td colspan="2">④ 말 소 할 등 기</td><td colspan="3">2019년 11월 18일 접수 제4168호로 경료한 전세권설정등기</td></tr>
<tr><td>구분</td><td>성 명
(상호·명칭)</td><td>주민등록번호
(등기용등록번호)</td><td>주 소 (소 재 지)</td><td>지 분
(개인별)</td></tr>
<tr><td>⑤ 등기의무자</td><td>이 상 선</td><td>000000-0000000</td><td>서울특별시 서초구 서초대로 88길 20(서초동)</td><td></td></tr>
</table>

<table>
<tr><td>⑥ 등기권리자</td><td>김 갑 동</td><td>000000-0000000</td><td colspan="2">서울특별시 중구 다동길 96(다동)</td><td></td></tr>
<tr><td colspan="3">⑦ 등 록 면 허 세</td><td colspan="3">금 6,000 원</td></tr>
<tr><td colspan="3">⑦ 지 방 교 육 세</td><td colspan="3">금 1,200 원</td></tr>
<tr><td colspan="3">⑧ 세 액 합 계</td><td colspan="3">금 7,200 원</td></tr>
<tr><td colspan="3" rowspan="3">⑨ 등 기 신 청 수 수 료</td><td colspan="3">금 3,000 원</td></tr>
<tr><td colspan="3">납부번호 : ㅇㅇ-ㅇㅇ-ㅇㅇㅇㅇㅇ-ㅇ</td></tr>
<tr><td colspan="3">일괄납부 : 건 원</td></tr>
<tr><td colspan="6">⑩ 등기의무자의 등기필정보</td></tr>
<tr><td colspan="2">부동산고유번호</td><td colspan="4">1102-2006-002095</td></tr>
<tr><td colspan="2">성 명(명 칭)</td><td colspan="2">일련번호</td><td colspan="2">비밀번호</td></tr>
<tr><td colspan="2">이 상 선</td><td colspan="2">Q77C-L07I-35J5</td><td colspan="2">40-4636</td></tr>
<tr><td colspan="6">⑪ 첨 부 서 면</td></tr>
<tr><td colspan="3">1. 해지증서 1통
1. 등록면허세영수필확인서 1통
1. 등기필증 1통</td><td colspan="3">1. 인감증명서(세입자) 1통
1. 승낙서(필요시) 1통</td></tr>
<tr><td colspan="6">20ㅇㅇ년 ㅇ월 ㅇ일

⑫ 위 신청인 이 상 선 ㊞ (전화 : 200-1234)
김 갑 동 ㊞ (전화 : 211-2345)
(또는)위 대리인 (전화 :)

ㅇㅇ지방법원 ㅇㅇ등기소 귀중</td></tr>
</table>

[신청서 작성요령]

1. 부동산표시란에 2개 이상의 부동산을 기재하는 경우에는 부동산의 일련번호를 기재하여야 합니다.
2. 신청인란등 해당란에 기재할 여백이 없을 경우에는 별지를 이용합니다.
3. 담당등기관이 판단하여 위의 첨부 서면 외에 추가적인 서면을 요구할 수 있습니다.

주

1. **등기신청서 기재요령**

신청서는 한글과 아라비아숫자로 기재하여야 한다. 부동산의 표시란이나 신청인란 등이 부족할 경우에는 별지로 사용하고, 별지를 포함한 신청서의 각 장 사이에 간인(신청서에 서명을 하였을 때에는 각 장마다 연결되는 서명)을 하여야 한다.

① 부동산의 표시란 : 전세권설정등기를 말소할 부동산을 기재하되, 등기기록상 부동산의 표시와 일치하여야 한다. 부동산의 표시방법은 토지인 경우에는 토지의 소재와 지번, 지목, 면적을 기재하고, 건물인 경우에는 건물의 소재와 지번, 도로명주소(등기기록 표제부에 기록되어 있는 경우), 건물의 종류, 구조, 면적, 건물의 번호가 있는 때에는 그 번호, 부속건물이 있는 때에는 그 종류, 구조와 면적을 기재한다.

② 등기원인과 그 연월일란 : 등기원인은 전세계약 종료 사유에 따라 "해지", "소멸", "혼동" 등으로, 그 연월일은 해지연월일 또는 혼동연월일 등을 기재한다. 존속기간이 만료된 경우에는 "존속기간만료"로 기재하고, 등기원인일자로는 존속기간만료일을 기재한다.

③ 등기의 목적란 : "전세권말소"라고 기재한다.

④ 말소할 등기란 : 말소할 전세권등기의 접수연월일, 접수번호 등을 기재하여 말소할 등기를 특정한다.

⑤ 등기의무자란 : 전세권자(세입자)의 성명, 주민등록번호, 주소를 기재하되, 등기기록상 표시와 일치하여야 한다. 전세권의 말소등기를 신청하는 경우에 있어서 그 등기명의인 표시에 변경 또는 경정사유가 있더라도 신청서에 그 변경 또는 경정을 증명하는 서면을 첨부한 경우에는 등기명의인표시변경 또는 경정등기를 생략할 수 있다. 전세권양도계약이 체결되었더라도 그에 따른 전세권이전등기를 하지 않았다면, 전세권양도계약서의 양수인은 전세권말소등기신청에 있어서 등기의무자가 될 수 없다.

⑥ 등기권리자란 : 소유자(전세권설정자, 소유자)를 기재하는 난으로, 그 기재방법은 등기의무자란과 같다.

⑦ 등록면허세·지방교육세란 : 부동산 1개당 등록면허세 6,000원, 지방교육세 1,200원으로 계산하여 기재한다.

⑧ 세액합계란 : 등록면허세액과 지방교육세액의 합계를 기재한다.

⑨ 등기신청수수료란 : 부동산 1개당 3,000원의 등기신청수수료 납부액을 기재한다. 다만 전자표준양식에 의하여 신청하는 경우에는 2,000원, 전자신청하는 경우에는 1,000원의 등기신청수수료를 은행 현금납부, 전자납부, 무인발급기 납부 등의 방법에 따라 납부한 후 등기신청서에 등기신청수수료 영수필확인서를 첨부하고 납부번호를 기재하여 제출한다.

⑩ 등기의무자의 등기필정보란 : ㉮ 전세권설정등기를 완료하고 등기필정보를 교부받은 경우 그 등기필정보상에 기재된 부동산고유번호, 성명, 일련번호, 비밀번호를 각 기재(등기필정보를 제출하는 것이 아님)한다. 다만 교부받은 등기필정보를 멸실한 경우에는 부동산등기법 제51조에 의하여 확인서면이나 확인조서 또는 공증서면 중 하나를 첨부한다. ㉯ 등기신청서에 등기필증이나 확인서면 등을 첨부한 경우 이 난은 기재할 필요가 없다.

⑪ 첨부서면란 : 등기신청서에 첨부한 서면을 각 기재한다.

⑫ 신청인등란 : ㉮ 등기의무자와 등기권리자의 성명 및 전화번호를 기재하고, 각자의 인장을 날인하되, 등기의무자는 그의 인감을 날인한다. 그러나 신청인이 법인 또는 법인 아닌 사단이나 재단인 경우에는 상호(명칭)와 대표자(관리인)의 자격 및 성명을 기재하고, 법인이 등기의무자인 때에는 등기소의 증명을 얻은 그 대표자의 인감, 법인 아닌 사단이나 재단인

경우에는 대표자(관리인)의 개인인감을 날인한다. ㉯ 대리인이 등기신청을 하는 경우에는 그 대리인의 성명, 주소, 전화번호를 기재하고 대리인의 인장을 날인 또는 서명한다.

2. 등기신청서에 첨부할 서면 등

- 해지증서 : 해지 등과 같이 전세권등기말소 사유에 관한 증서가 있는 경우에는 그 증서를 첨부한다.
- 등기필증 : 등기의무자인 전세권자가 전세권설정등기 후 등기소로부터 교부받은 등기필증을 제출한다. 전세권설정등기를 완료하고 등기필정보를 교부받은 경우에 그 등기필정보상에 기재된 부동산고유번호, 성명, 일련번호, 비밀번호를 각 기재(등기필정보를 제출하는 것이 아님)한다. 다만, 등기필증(등기필정보)을 멸실하여 첨부(기재)할 수 없는 경우에는 부동산등기법 제51조에 의하여 확인서면이나 확인조서 또는 공증서면 중 하나를 첨부한다.
- 인감증명서 등 : 전세권이 설정된 등기필증이 없을 때에는 전세권자의 인감증명서를 첨부하거나, 인감증명을 갈음하여 「본인서명사실확인등에관한법률」에 따라 발급된 본인서명사실확인서(발행일부터 3개월 이내)에 기재한 서명(전자본인서명확인서 발급증을 제출할 경우에도 서명)을 하고 본인서명사실확인서(전자본인서명확인서 발급증)을 첨부한다.
- 등록면허세영수필확인서 : 시장, 구청장, 군수 등으로부터 등록면허세납부서(OCR용지) 또는 대법원 인터넷등기소의 정액등록면허세납부서 작성기능을 통하여 정액등록면허세납부서를 발급받아 납세지를 관할하는 해당 금융기관에 세금을 납부한 후 등록면허세영수필확인서와 영수증을 교부받아 영수증은 본인이 보관하고 등록면허세영수필확인서만 신청서의 등록면허세액표시란의 좌측상단 여백에 첨부하거나, 또는 지방세인터넷납부시스템을 이용하여 납부하고 출력한 등록면허세납부확인서를 첨부한다.
- 법인등기사항전부(일부)증명서 : 신청인이 법인인 경우에는 법인등기사항전부증명서 또는 법인등기사항일부증명서(각 발행일로부터 3월 이내)를 첨부한다.
- 이해관계인의 승낙서 : 말소할 전세권을 목적으로 한 등기상 이해관계인(전세권에 대한 가압류권자, 가처분권자, 저당권자 등)이 있는 경우에는 그 이해관계인의 승낙서 및 인감증명서를 첨부하거나, 인감증명을 갈음하여 「본인서명사실확인등에관한법률」에 따라 발급된 본인서명사실확인서(발행일부터 3개월 이내)에 기재한 서명(전자본인서명확인서 발급증을 제출할 경우에도 서명)을 하고 본인서명사실확인서(전자본인서명확인서 발급증)을 첨부한다.
- 위임장 : 등기신청을 법무사 등 대리인에게 위임하는 경우에 첨부한다. 위임인의 성명과 주소를 기재하고 인장을 날인하되 부동산등기규칙 제60조 제1항 제1호 내지 제3호에 해당하여 인감증명을 제출하여야 하는 자는 위임장에 인감을 날인하여야 하나, 위 규칙 제60조 제1호 내지 제3호에 해당하지 않는 자는 인감날인 대신에 일반적인 기명날인 혹은 서명으로 갈음할 수 있다.

3. 등기신청서류 편철순서

신청서, 등록면허세영수필확인서, 등기신청수수료 영수필확인서, 위임장, 승낙서, 인감증명서나 본인서명사실확인서 또는 전자본인서명확인서 발급증, 해지증서, 등기필증 등의 순으로 편철한다.

4. 기타 참고사항

등기의무자의 등기필정보(등기필증 또는 등기완료통지서)가 없을 때에는 ㉮ 등기의무자 또는 그 법정대리인(이하 "등기의무자등"이라 한다)이 등기소에 출석하여 등기관으로부터 등기의무자등임을 확인하는 방법 ㉯ 등기신청인의 대리인(변호사 또는 법무사)이 등기의무자등으로부터 위임받았음을 확인하여 확인서면을 제출하는 방법 ㉰ 신청서(위임에 의하여 대리인이 신청하는 경우에는 그 권한을 증명하는 서면) 중 등기의무자들의 작성부분에 관하여 공증을 받아 제출하는 방법으로 등기신청을 하여야 한다(부등법 제51조, 부등규 제111조). ㉰ 한편, 소유자가 등기의무자인 경우에는 등기필증(혹은 등기필정보)이 있는 경우에는 등기의무자의 인감증명을 제출하여야 하고, 소유권 외의 권리자가 등기의무자인 경우에는 등기필증(혹은 등기필정보)이 없어서 위 ㉯, ㉰의 방식에 의하여 등기를 신청하는 경우에는 등기의무자의 인감증명을 제출한다.

71. 전세권말소등기신청(구분건물)

가. 의 의

전세권의 목적인 부동산을 전전세 또는 임대하거나, 전세권을 담보로 제공한 경우에는 그 권리가 존속하는 동안은 전세권을 소멸시키지 못한다.

전세권등기와 그 전세권에 대한 가압류 등기가 순차로 마쳐진 부동산에 관하여 전세권등기를 말소하라는 판결을 받았다 하더라도 그 판결에 의하여 전세권말소등기를 신청하려면 전세권 가압류권자의 승낙서 또는 그에게 대항할 수 있는 재판의 등본(동상 가압류권자를 피고로 하여 전세권말소에 관하여 승낙의 의사표시를 명하는 이행판결이 이에 해당한다)을 첨부하여야 한다.

건물의 특정부분이 아닌 공유지분에 대하여는 전세권이 설정될 수 없으므로 수인의 공유자들이 전세권설정등기를 한 후 그 일부 공유자의 지분에 대하여만 전세권말소등기를 신청할 수는 없으며, 이는 판결을 받았다고 하더라도 마찬가지이다. 다만, 전세권이 설정된 부분 중 일정 부분을 전세권범위변경등기의 형식으로 말소할 수는 있으며 이 경우의 등기는 전세권자와 건물의 공유자 전원이 공동으로 신청하여야 한다.

이 신청에서는 전세권자를 등기의무자, 전세권설정자인 소유자(혹은 제3취득자)를 등기권리자라고 한다.

나. 등기신청방법

(1) 공동신청

부동산의 소유자와 전세권자가 본인임을 확인할 수 있는 주민등록증 등을 가지고 직접 등기소에 출석하여 공동으로 신청함이 원칙이다.

(2) 단독신청

판결에 의한 등기신청인 경우에는 승소한 등기권리자 또는 등기의무자가 단독으로 신청할 수 있다. 등기의무자의 행방불명으로 인하여 이와 공동으로 등기의 말소를 신청할 수 없는 때에는 공시최고신청을 하여 제권판결을 받으면 등기권리자가 단독으로 말소를 신청할 수 있다.

(3) 대리인에 의한 신청

등기신청은 반드시 신청인 본인이 하여야 하는 것은 아니고 대리인이 하여도 된다. 등기권리자 또는 등기의무자 일방이 상대방의 대리인이 되거나 쌍방이 제3자에게 위임하여 등기신청을 할 수 있다.

[서식 71] 전세권말소등기신청서(구분건물)

전세권등기말소등기신청

접 수	년 월 일	처 리 인	등기관 확인	각종 통지
	제 호			

① 부동산의 표시
1동의 건물의 표시 서울특별시 서초구 서초동 100 샛별아파트 가동 [도로명주소] 서울특별시 서초구 서초대로 88길 10 전유부분의 건물의 표시 건물의 번호 : 가 - 1 - 101 구 조 : 철근콘크리트조 면 적 : 1층 101호 86.03㎡ 이 상

<table>
<tr><td colspan="2">② 등기원인과 그 연월일</td><td colspan="3">2020년 12월 20일 해지</td></tr>
<tr><td colspan="2">③ 등 기 의 목 적</td><td colspan="3">전세권말소</td></tr>
<tr><td colspan="2">④ 말 소 할 등 기</td><td colspan="3">2019년 6월 1일 접수 제4168호로 경료한 전세권설정등기</td></tr>
<tr><td>구분</td><td>성 명
(상호·명칭)</td><td>주민등록번호
(등기용등록번호)</td><td>주 소 (소 재 지)</td><td>지 분
(개인별)</td></tr>
<tr><td>⑤ 등기의무자</td><td>이 상 선</td><td>000000-0000000</td><td>서울특별시 서초구 서초대로 88길 10, 가동 101호(서초동, 샛별아파트)</td><td></td></tr>
<tr><td>⑥ 등기권리자</td><td>김 갑 동</td><td>000000-0000000</td><td>서울특별시 중구 다동길 96(다동)</td><td></td></tr>
<tr><td colspan="2">⑦ 등 록 면 허 세</td><td colspan="3">금 6,000 원</td></tr>
<tr><td colspan="2">⑦ 지 방 교 육 세</td><td colspan="3">금 1,200 원</td></tr>
<tr><td colspan="2">⑧ 세 액 합 계</td><td colspan="3">금 7,200 원</td></tr>
<tr><td colspan="2" rowspan="3">⑨ 등 기 신 청 수 수 료</td><td colspan="3">금 3,000 원</td></tr>
<tr><td colspan="3">납부번호 : ○○-○○-○○○○○-○</td></tr>
<tr><td colspan="3">일괄납부 : 건 원</td></tr>
</table>

<table>
<tr><td colspan="3">⑩ 등기의무자의 등기필정보</td></tr>
<tr><td>부동산고유번호</td><td colspan="2">1102-2006-002095</td></tr>
<tr><td>성 명(명 칭)</td><td>일련번호</td><td>비밀번호</td></tr>
<tr><td>이 상 선</td><td>Q77C-L07I-35J5</td><td>40-4636</td></tr>
</table>

<table>
<tr><td colspan="2">⑪ 첨 부 서 면</td></tr>
<tr><td>1. 해지증서 1통
1. 등록면허세영수필확인서 1통
1. 등기필증 1통
1. 승낙서(필요시) 1통</td><td>1. 인감증명서나 본인서명사실확인서 또는 전자본인서명확인서 발급증 (필요시) 1통
〈기 타〉</td></tr>
<tr><td colspan="2">20○○년 ○월 ○일

⑫ 위 신청인 이 상 선 ㉝ (전화 : 200-1234)</td></tr>
</table>

김 갑 동 ㊞ (전화 : 211-2345)
(또는)위 대리인 (전화 :)

○○지방법원 ○○등기과 귀중

[신청서 작성요령]

1. 부동산표시란에 2개 이상의 부동산을 기재하는 경우에는 부동산의 일련번호를 기재하여야 합니다.
2. 신청인란등 해당란에 기재할 여백이 없을 경우에는 별지를 이용합니다.
3. 담당등기관이 판단하여 위의 첨부 서면 외에 추가적인 서면을 요구할 수 있습니다.

주

1. 등기신청서 기재요령

신청서는 한글과 아라비아숫자로 기재하여야 한다. 부동산의 표시란이나 신청인란 등이 부족할 경우에는 별지로 사용하고, 별지를 포함한 신청서의 각 장 사이에 간인(신청서에 서명을 하였을 때에는 각 장마다 연결되는 서명)을 하여야 한다.

① 부동산의 표시란 : 등기기록의 부동산 표시와 일치되게 기재한다.

㉮ 1동의 건물의 표시 : 1동의 건물 전체의 소재, 지번, 건물명칭 및 번호, 도로명주소(등기기록 표제부에 기록되어 있는 경우)를 기재한다.

㉯ 전유부분의 건물의 표시 : 건물의 번호, 구조, 면적을 기재한다.

㉰ 대지권의 표시 : 특정 전유부분의 대지권에 대하여는 전세권설정등기를 할 수 없으므로, 신청서에 대지권의 표시를 기재하지 아니한다.

② 등기원인과 그 연월일란 : 등기원인은 전세계약 종료 사유에 따라 "해지", "혼동" 등으로, 그 연월일은 해지연월일 또는 혼동연월일 등을 기재한다. 존속기간이 만료된 경우에는 "존속기간만료"로 기재하고 등기원인일자로는 존속기간만료일을 기재한다.

③ 등기의 목적란 : "전세권말소"라고 기재한다.

④ 말소할 등기란 : 말소할 전세권등기의 접수연월일, 접수번호 등을 기재하여 말소할 등기를 특정한다.

⑤ 등기의무자란 : 전세권자의 성명, 주민등록번호, 주소를 기재하되, 등기기록상 표시와 일치하여야 한다. 전세권의 말소등기를 신청하는 경우에 있어서 그 등기명의인 표시에 변경 또는 경정사유가 있더라도 신청서에 그 변경 또는 경정을 증명하는 서면을 첨부한 경우에는 등기명의인표시변경 또는 경정등기를 생략할 수 있다. 전세권양도계약이 체결되었더라도 그에 따른 전세권이전등기를 하지 않았다면, 전세권양도계약서의 양수인은 전세권말소등기신청에 있어서 등기의무자가 될 수 없다.

⑥ 등기권리자란 : 소유자(전세권설정자)를 기재하는 난으로, 그 기재방법은 등기의무자란과

갇다.

⑦ 등록면허세·지방교육세란 : 부동산 1개당 등록면허세 6,000원, 지방교육세 1,200원으로 계산하여 기재한다.

⑧ 세액합계란 : 등록면허세액과 지방교육세액의 합계를 기재한다.

⑨ 등기신청수수료란 : 부동산 1개당 3,000원의 등기신청수수료 납부액을 기재한다. 다만 전자표준양식에 의하여 신청하는 경우에는 2,000원, 전자신청하는 경우에는 1,000원의 등기신청수수료를 은행 현금납부, 전자납부, 무인발급기 납부 등의 방법에 따라 납부한 후 등기신청서에 등기신청수수료 영수필확인서를 첨부하고 납부번호를 기재하여 제출한다.

⑩ 등기의무자의 등기필정보란 : ㉮ 전세권설정등기를 완료하고 등기필정보를 교부받은 경우 그 등기필정보상에 기재된 부동산고유번호, 성명, 일련번호, 비밀번호를 각 기재(등기필정보를 제출하는 것이 아님)한다. 다만 교부받은 등기필정보를 멸실한 경우에는 부동산등기법 제51조에 의하여 확인서면이나 확인조서 또는 공증서면 중 하나를 첨부한다. ㉯ 등기신청서에 등기필증이나 확인서면 등을 첨부한 경우 이 난은 기재할 필요가 없다.

⑪ 첨부서면란 : 등기신청서에 첨부한 서면을 각 기재한다.

⑫ 신청인등란 : ㉮ 등기의무자와 등기권리자의 성명 및 전화번호를 기재하고, 각자의 인장을 날인하되, 등기의무자는 그의 인감을 날인한다. 그러나 신청인이 법인 또는 법인 아닌 사단이나 재단인 경우에는 상호(명칭)와 대표자(관리인)의 자격 및 성명을 기재하고, 법인이 등기의무자인 때에는 등기소의 증명을 얻은 그 대표자의 인감, 법인 아닌 사단이나 재단인 경우에는 대표자(관리인)의 개인인감을 날인한다. ㉯ 대리인이 등기신청을 하는 경우에는 그 대리인의 성명, 주소, 전화번호를 기재하고 대리인의 인장을 날인 또는 서명한다.

2. 등기신청서에 첨부할 서면 등

- 해지증서 : 해지 등과 같이 전세권등기말소 사유에 관한 증서가 있는 경우에는 그 증서를 첨부한다.
- 등기필증 : 등기의무자인 전세권자가 전세권설정등기 후 등기소로부터 교부받은 등기필증을 제출한다. 전세권설정등기를 완료하고 등기필정보를 교부받은 경우에 그 등기필정보상에 기재된 부동산고유번호, 성명, 일련번호, 비밀번호를 각 기재(등기필정보를 제출하는 것이 아님)한다. 다만, 등기필증(등기필정보)을 멸실하여 첨부(기재)할 수 없는 경우에는 부동산등기법 제51조에 의하여 확인서면이나 확인조서 또는 공증서면 중 하나를 첨부한다.
- 인감증명서 등 : 전세권이 설정된 등기필증이 없을 때에는 전세권자의 인감증명서를 첨부하거나, 인감증명을 갈음하여 「본인서명사실확인등에관한법률」에 따라 발급된 본인서명사실확인서(발행일부터 3개월 이내)에 기재한 서명(전자본인서명확인서 발급증을 제출할 경우에도 서명)을 하고 본인서명사실확인서(전자본인서명확인서 발급증)을 첨부한다.
- 등록면허세영수필확인서 : 시장, 구청장, 군수 등으로부터 등록면허세납부서(OCR용지) 또는 대법원 인터넷등기소의 정액등록면허세납부서 작성기능을 통하여 정액등록면허세납부서를 발급받아 납세지를 관할하는 해당 금융기관에 세금을 납부한 후 등록면허세영수필확인서와 영수증을 교부받아 영수증은 본인이 보관하고 등록면허세영수필확인서만 신청서의 등록면허세액표시란의 좌측상단 여백에 첨부하거나, 또는 지방세인터넷납부시스템을 이용하여 납부하고 출력한 등록면허세납부확인서를 첨부한다.
- 법인등기사항전부(일부)증명서 : 신청인이 법인인 경우에는 법인등기사항전부증명서 또는 법인등기사항일부증명서(각 발행일로부터 3월 이내)를 첨부한다.

- 이해관계인의 승낙서 : 말소할 전세권을 목적으로 한 등기상 이해관계인(전세권에 대한 가압류권자, 가처분권자, 저당권자 등)이 있는 경우에는 그 이해관계인의 승낙서 및 인감증명서를 첨부하거나, 인감증명을 갈음하여 「본인서명사실확인등에관한법률」에 따라 발급된 본인서명사실확인서(발행일부터 3개월 이내)에 기재한 서명(전자본인서명확인서 발급증을 제출할 경우에도 서명)을 하고 본인서명사실확인서(전자본인서명확인서 발급증)을 첨부한다.
- 위임장 : 등기신청을 법무사 등 대리인에게 위임하는 경우에 첨부한다. 위임인의 성명과 주소를 기재하고 인장을 날인하되 부동산등기규칙 제60조 제1항 제1호 내지 제3호에 해당하여 인감증명을 제출하여야 하는 자는 위임장에 인감을 날인하여야 하나, 위 규칙 제60조 제1호 내지 제3호에 해당하지 않는 자는 인감날인 대신에 일반적인 기명날인 혹은 서명으로 갈음할 수 있다.

3. 등기신청서류 편철순서

신청서, 등록면허세영수필확인서, 등기신청수수료 영수필확인서, 위임장, 승낙서, 인감증명서나 본인서명사실확인서 또는 전자본인서명확인서 발급증, 해지증서,등기필증 등의 순으로 편철한다.

4. 기타 참고사항

등기의무자의 등기필정보(등기필증 또는 등기완료통지서)가 없을 때에는 ㉮ 등기의무자 또는 그 법정대리인(이하 "등기의무자등"이라 한다)이 등기소에 출석하여 등기관으로부터 등기의무자등임을 확인하는 방법 ㉯ 등기신청인의 대리인(변호사 또는 법무사)이 등기의무자등으로부터 위임받았음을 확인하여 확인서면을 제출하는 방법 ㉰ 신청서(위임에 의하여 대리인이 신청하는 경우에는 그 권한을 증명하는 서면) 중 등기의무자들의 작성부분에 관하여 공증을 받아 제출하는 방법으로 등기신청을 하여야 한다(부등법 제51조, 부등규 제111조). ㉰ 한편, 소유자가 등기의무자인 경우에는 등기필증(혹은 등기필정보)이 있는 경우에는 등기의무자의 인감증명서 또는 본인서명사실확인서를 제출하여야 하고, 소유권 외의 권리자가 등기의무자인 경우에는 등기필증(혹은 등기필정보)이 없어서 위 ㉯, ㉰의 방식에 의하여 등기를 신청하는 경우에는 등기의무자의 인감증명서 또는 본인서명사실확인서를 제출한다.

72. 주택(상가건물) 임차권설정등기신청

가. 의 의

임차권은 당사자 일방이 상대방에게 주거용 건물(주택) 또는 상가건물을 사용·수익케 할 것을 약정하고, 상대방이 이에 대하여 차임을 지급할 것을 약정함으로써 성립하는 계약이다. 등기는 임차권의 성립요건은 아니나 제3자에게 대항하기 위해서는 등기를 하여야 한다(주택임차권의 경우는 예외).

나. 등기신청방법

(1) 공동신청

임차권자(등기권리자)와 부동산소유자인 임차권설정자(설정자, 등기의무자)가 본인임을 확인할 수 있는 주민등록증 등을 가지고 직접 등기소에 출석하여 공동으로 신청함이 원칙이다.

(2) 단독신청

판결에 의한 등기신청인 경우에는 승소한 등기권리자 또는 등기의무자가 단독으로 신청할 수 있다.

(3) 대리인에 의한 신청

등기신청은 반드시 신청인 본인이 하여야 하는 것은 아니고 대리인이 하여도 된다. 등기권리자 또는 등기의무자 일방이 상대방의 대리인이 되거나 쌍방이 제3자에게 위임하여 등기신청을 할 수 있다.

[서식 72] 주택(상가건물) 임차권설정등기신청서

주택(상가건물) 임차권설정등기신청

접 수	년 월 일	처 리 인	등기관 확인	각종 통지
	제 호			

① 부동산의 표시
서울특별시 서초구 서초동 100 [도로명주소] 서울특별시 서초구 서초대로 88길 10 시멘트 벽돌조 슬래브지붕 2층 주택 1층 100㎡ 2층 100㎡ 이 상

② 등기원인과 그 연월일	2020년 8월 20일 주택(상가건물)임차권설정계약		
③ 등 기 의 목 적	주택(상가건물)임차권설정		
④ 임 차 보 증 금	금 50,000,000원		
⑤ 차 임	금 500,000원		
⑥ 차 임 지 급 시 기	매월 말일		
⑦ 범 위	주택(상가건물) 전부		
⑧ 존 속 기 간	2020년 8월 20일부터 2022년 8월 19일까지		
임 대 차 계 약 일 자	2020년 8월 18일		
⑨ 주 민 등 록 일 자	2020년 8월 20일		
⑩ 점 유 개 시 일 자	2020년 8월 20일		
⑪ 확 정 일 자	2020년 8월 20일(또는 무)		
구분	성 명 (상호·명칭)	주민등록번호 (등기용등록번호)	주 소 (소 재 지)
⑫ 등기의무자	이 상 선	000000-0000000	서울특별시 서초구 서초대로 88길 20 (서초동)
⑬ 등기권리자	김 갑 동	000000-0000000	서울특별시 서초구 서초대로 88길 10 (서초동)

⑭ 등 록 면 허 세	금	6,000 원
⑭ 지 방 교 육 세	금	1,200 원
⑮ 세 액 합 계	금	7,200 원
⑯ 등 기 신 청 수 수 료	금	15,000 원
	납부번호 : ○○-○○-○○○○○-○	
	일괄납부 : 건	원

⑰ 등기의무자의 등기필정보		
부동산고유번호	1102-2006-002095	
성 명(명 칭)	일련번호	비밀번호
이 상 선	Q77C-LO7I-35J5	40-4636

<table>
<tr><td colspan="2">⑱ 첨 부 서 면</td></tr>
<tr><td>1. 임차권설정계약서 1통
1. 등록면허세영수필확인서 1통
1. 인감증명서나 본인서명사실확인서
또는 전자본인서명확인서 발급증 1통</td><td>1. 도면 1통
1. 등기필증 1통
1. 주민등록표등(초)본 1통
1. 점유사실확인서 1통</td></tr>
<tr><td colspan="2">20○○년 ○월 ○일

⑲ 위 신청인 이 상 선 ㊞ (전화 : 200-7766)
김 갑 동 ㊞ (전화 : 212-7711)
(또는)위 대리인 (전화 :)

○○지방법원 ○○등기소 귀중</td></tr>
</table>

[신청서 작성요령]

1. 부동산표시란에 2개 이상의 부동산을 기재하는 경우에는 부동산의 일련번호를 기재하여야 합니다.
2. 신청인란등 해당란에 기재할 여백이 없을 경우에는 별지를 이용합니다.
3. 담당등기관이 판단하여 위의 첨부 서면 외에 추가적인 서면을 요구할 수 있습니다.

주

1. 등기신청서 기재요령

신청서는 한글과 아라비아숫자로 기재하여야 한다. 부동산의 표시란이나 신청인란 등이 부족할 경우에는 별지로 사용하고, 별지를 포함한 신청서의 각 장 사이에 간인(신청서에 서명을 하였을 때에는 각 장마다 연결되는 서명)을 하여야 한다.

① 부동산의 표시란 : 임차권을 설정하는 부동산을 기재하되, 등기기록상 부동산의 표시와 일치하여야 한다. 부동산이 토지인 경우에는 토지의 소재, 지번, 지목, 면적을 기재하고, 건물인 경우에는 건물의 소재, 지번, 도로명주소(등기기록 표제부에 기록되어 있는 경우), 종류, 구조, 면적을 기재한다.

② 등기원인과 그 연월일란 : 등기원인은 "주택(또는 상가건물)임차권설정계약"으로, 그 연월일은 임차권설정계약의 체결일을 기재한다. (예) 20○○년 ○월 ○일 임차권설정계약

③ 등기의 목적란 : "주택(또는 상가건물)임차권설정"이라고 기재한다.

④ 임차보증금란 : 약정이 있는 경우에는 아라비아숫자로 "금 ○○○원"으로 기재한다.

⑤ 차임란 : 아라비아숫자로 "금 ○○○원"으로 기재한다. 단, 차임이 없는 경우에는 차임을 공란으로 둔다.

⑥ 차임지급시기란 : "매월 말일" 등과 같이 약정한 시기를 기재한다.

⑦ 범위란 : 임차권의 목적이 토지 또는 건물의 일부인 때에는 그 신청(또는 촉탁)서에 임차권의 범위를 특정하여 기재한다. (예) 3층 주택 중 1층 전부

⑧ 존속기간란 : 임차권의 존속기간 약정이 있는 경우에 그 기간을 기재한다.

⑨ 주민등록일자란 : 주택임대차보호법의 적용을 받는 주택임차권설정등기의 경우 주민등록(전입신고)을 마친 날을 기재하며, 상가건물임대차보호법의 적용을 받는 상가건물의 경우에는 사업자등록신청일자를 기재한다.

⑩ 점유개시일자란 : 주택임대차보호법의 적용을 받는 주택임차권설정등기의 경우 임차주택을 점유하기 시작한 날을 기재하며, 상가건물임대차보호법의 적용을 받는 상가건물의 경우에도 임차한 상가건물을 점유하기 시작한 날을 기재한다.

⑪ 확정일자란 : 임대차계약서상의 확정일자를 받은 경우 그 일자를 기재하며, 확정일자를 받지 않는 경우에는 "무"라고 기재한다.

⑫ 등기의무자란 : 임차권설정자의 성명, 주민등록번호, 주소를 기재하되, 등기기록상 소유자 표시와 일치하여야 한다. 다만 등기기록상 등기신청인의 주소가 지번방식의 주소인 경우에도 등기신청인이 제공한 주민등록등(초)본 혹은 도로명주소 정보(건축물대장, 행정안전부 '새주소 안내시스템'의 조화결과물 등) 등에 의하여 해당 지번방식의 주소에 대한 도로명주소임이 인정되는 경우에는 등기사건을 수리하여야 한다. 즉 등기기록상 등기명의인의 주소를 도로명주소로 변경등기를 하지 아니하여도 임차권설정등기를 신청할 수 있다.

⑬ 등기권리자란 : 임차권자를 기재하는 난으로, 그 기재방법은 등기의무자란과 같다.

⑭ 등록면허세·지방교육세 : 월 차임의 2/1,000에 해당하는 금액을 등록면허세로, 등록면허세의 20/100에 해당하는 금액을 지방교육세로 납부한다. 위와 같이 계산하여 산출한 금액이 6,000원에 미달하는 경우 월차임이 없고 임대차보증금의 약정이 있는 경우에도 등록면허세는 6,000원과 지방교육세 1,200원을 납부한다.

⑮ 세액합계란 : 등록면허세액, 지방교육세액의 합계를 기재한다.

⑯ 등기신청수수료란 : 부동산 1개당 15,000원의 등기신청수수료 납부액을 기재한다. 다만 전자표준양식에 의하여 신청하는 경우에는 13,000원, 전자신청하는 경우에는 10,000원의 등기신청수수료를 은행 현금납부, 전자납부, 무인발급기 납부 등의 방법에 따라 납부한 후 등기신청서에 등기신청수수료 영수필확인서를 첨부하고 납부번호를 기재하여 제출한다.

⑰ 등기의무자의 등기필정보란 : ㉮ 소유권 취득에 관한 등기를 완료하고 등기필정보를 교부받은 경우 그 등기필정보상에 기재된 부동산고유번호, 성명, 일련번호, 비밀번호를 각 기재(등기필정보를 제출하는 것이 아님)한다. 다만 교부받은 등기필정보를 멸실한 경우에는 부동산등기법 제51조에 의하여 확인서면이나 확인조서 또는 공증서면 중 하나를 첨부한다. ㉯ 등기신청서에 등기필증이나 확인서면 등을 첨부한 경우 이 난은 기재할 필요가 없다.

⑱ 첨부서면란 : 등기신청서에 첨부한 서면을 각 기재한다.

⑲ 신청인등란 : ㉮ 등기의무자와 등기권리자의 성명 및 전화번호를 기재하고, 각자의 인장을 날인하되, 등기의무자는 그의 인감을 날인한다. 그러나 신청인이 법인 또는 법인 아닌 사단이나 재단인 경우에는 상호(명칭)와 대표자(관리인)의 자격 및 성명을 기재하고, 법인이 등기의무자인 때에는 등기소의 증명을 얻은 그 대표자의 인감, 법인 아닌 사단이나 재단인 경우에는 대표자(관리인)의 개인인감을 날인한다. ㉯ 대리인이 등기신청을 하는 경우에는

그 대리인의 성명, 주소, 전화번호를 기재하고 대리인의 인장을 날인 또는 서명한다.

2. 등기신청서에 첨부할 서면 등

- 임차권설정계약서 : 등기원인을 증명하는 서면으로 첨부하되, 주택임대차보호법 제3조의2 제2항이나 상가건물임대차보호법 제5조 제2항의 요건을 갖춘 경우 공정증서로 작성되거나 확정일자를 받은 임대차계약서를 제출한다.
- 등기필증 : 등기의무자의 소유권에 관한 등기필증으로서 등기의무자가 소유권 취득시 등기소로부터 교부받은 등기필증을 첨부한다. 단, 소유권 취득의 등기를 완료하고 등기필정보를 교부받은 경우에 그 등기필정보상에 기재된 부동산고유번호, 성명, 일련번호, 비밀번호를 각 기재(등기필정보를 제출하는 것이 아님)한다. 다만, 등기필증(등기필정보)을 멸실하여 첨부(기재)할 수 없는 경우에는 부동산등기법 제51조에 의하여 확인서면이나 확인조서 또는 공증서면 중 하나를 첨부한다.
- 도면 : 임차권의 목적이 부동산의 일부인 때에는 신청서에 임차권의 범위를 특정하여 기재하고, 지적도 또는 건물의 도면을 첨부한다. 임차권의 목적인 범위가 건물의 일부로서 특정층 전부인 때에는 그 도면을 첨부할 필요가 없다. 도면은 인터넷등기소 영구보존문서 등록에서 도면을 전자문서로 변환한 후 신청인 또는 대리인의 전자서명을 부여하여 등록하고, 이에 인터넷등기소에서 자동으로 부여되는 영구보존문서의 "등록문서번호"를 신청서의 부동산의 표시 및 오른쪽에 기재(예 : [등록문서번호 : 100번])하여야 하므로, 이 경우에는 신청서에 영구보존문서 즉 도면을 첨부하지 아니한다. 자격자대리인이 등기를 신청하는 경우에는 도면은 반드시 전자문서로 작성·등록·제공하여야 하므로 도면이나 지적도를 첨부서면으로 기재할 필요는 없다. 단, 자연인 또는 법인 아닌 사단이나 재단이 등기신청을 직접 또는 자격자대리인이 아닌 사람에게 위임하여 하는 경우에는 신청인 또는 대리인이 기명날인이나 서명을 한 도면을 서면으로 제출할 수 있다.
- 점유사실확인서 등 : 주택 또는 상가건물임차권설정등기를 신청시 임차주택 또는 상가건물을 점유하기 시작한 날을 증명하는 서면으로(예 : 임대인이 작성한 점유사실확인서) 제출한다. 임대차의 목적이 주택(상가건물)의 일부분인 경우에는 그 목적인 부분을 표시한 도면, 등기의무자의 인감증명서 및 등기필증을 각 첨부하여야 한다.
- 임대인의 동의서 : 임차권의 양도나 임차물의 전대를 임대인이 허용한 경우에는 그러한 취지를 등기신청서에 기재하고, 임대인의 동의서를 첨부한다.
- 등록면허세영수필확인서 : 시장, 구청장, 군수 등으로부터 등록면허세납부서(OCR용지)를 발급받아 납세지를 관할하는 해당 금융기관에 세금을 납부한 후 등록면허세 영수필확인서와 영수증을 교부받아 영수증은 본인이 보관하고 등록면허세영수필확인서만 신청서의 등록면허세액표시란의 좌측상단 여백에 첨부하거나, 또는 지방세인터넷납부시스템을 이용하여 납부하고 출력한 등록면허세납부확인서를 첨부한다.
- 인감증명서 등 : 소유자의 인감증명서(발행일로부터 3월 이내)를 첨부하거나, 인감증명을 갈음하여 「본인서명사실확인등에관한법률」에 따라 발급된 본인서명사실확인서(발행일부터 3개월 이내)에 기재한 서명(전자본인서명확인서 발급증을 제출할 경우에도 서명)을 하고 본인서명사실확인서(전자본인서명확인서 발급증)을 첨부한다. 부동산등기규칙 제60조 및 제61조에 의하여 인감증명서를 첨부하여야 하는 자가 법인인 경우에는 등기소의 증명을 얻은 대표자의 인감증명서를 법인 아닌 사단 또는 재단인 경우에는 대표자 또는 관리인의 인감증명서를 제출한다.

- 주민등록표등(초)본 : 등기권리자의 주민등록번호를 증명하고 주민등록을 마친 날을 증명하는 서면으로 임차권자의 주민등록등(초)본(발행일로부터 3월 이내)을 제출한다. 임차권자가 법인인 경우 법인등기사항증명서 또는 법인등기사항증명서(발행일로부터 3월 이내)를 제출한다.
- 법인등기사항전부(일부)증명서 : ㉮ 신청인이 법인인 경우에는 법인등기사항전부증명서 또는 법인등기사항일부증명서(각 발행일로부터 3월 이내)를 첨부한다. 다만, 법인등기가 되어 있는 등기소와 부동산소재지 관할 등기소가 동일한 경우에는 위 법인등기사항증명서를 제출할 필요가 없다. ㉯ 법인 아닌 사단 또는 재단이 등기를 신청하는 경우에는 정관이나 그 밖의 규약, 대표자나 관리인임을 증명하는 정보(다만, 등기되어 있는 대표자나 관리인이 신청하는 경우에는 그러하지 아니하다), 법인 아닌 사단 또는 재단의 주소 및 부동산등기용등록번호를 증명하는 정보(새로이 등기명의인이 되는 경우에 한한다). 대표자나 관리인의 주소 및 주민등록번호를 증명하는 정보를 첨부한다. 다만 법인 아닌 사단이 등기의무자인 경우에는 민법 제276조 소정의 사원총회의 결의서도 첨부한다(부등규 제48조).
- 위임장 : 등기신청을 법무사 등 대리인에게 위임하는 경우에 첨부한다.

3. 등기신청서류 편철순서

신청서, 등록면허세영수필확인서, 등기신청수수료 영수필확인서, 위임장, 인감증명서나 본인서명사실확인서 또는 전자본인서명확인서 발급증, 주민등록표등(초)본, 도면, 임차권설정계약서, 등기필증 등의 순으로 편철한다.

73. 주택(상가건물) 임차권설정등기신청(구분건물)

가. 의 의

당사자 일방이 상대방에게 주거용 건물(주택) 또는 상가건물을 사용·수익케 할 것을 약정하고, 상대방이 이에 대하여 차임을 지급할 것을 약정하는 임대차계약을 체결한 경우에 하는 등기이다.

나. 등기신청방법

(1) 공동신청

임차권자(등기권리자)와 부동산소유자인 임차권설정자(등기의무자)가 본인임을 확인할 수 있는 주민등록증 등을 가지고 직접 등기소에 출석하여 공동으로 신청함이 원칙이다.

(2) 단독신청

판결에 의한 등기신청인 경우에는 승소한 등기권리자 또는 등기의무자가 단독으로 신청할 수 있다.

(3) 대리인에 의한 신청

등기신청은 반드시 신청인 본인이 하여야 하는 것은 아니고 대리인이 하여도 된다. 등기권리자 또는 등기의무자 일방이 상대방의 대리인이 되거나 쌍방이 제3자에게 위임하여 등기신청을 할 수 있다.

[서식 73] 주택(상가건물)임차권설정등기신청서(구분건물)

주택(상가건물) 임차권설정등기신청

<table>
<tr><td rowspan="2">접 수</td><td>년 월 일</td><td rowspan="2">처 리 인</td><td>등기관 확인</td><td>각종 통지</td></tr>
<tr><td>제 호</td><td></td><td></td></tr>
</table>

<table>
<tr><td colspan="2">① 부동산의 표시</td></tr>
<tr><td colspan="2">1동의 건물의 표시
서울특별시 서초구 서초동 100 샛별아파트 가동
[도로명주소] 서울특별시 서초구 서초대로 88길 10
전유부분의 건물의 표시
건물의 번호 : 가 - 1 - 101
구 조 : 철근콘크리트조
면 적 : 1층 101호 86.03㎡
이 상</td></tr>
<tr><td>② 등기원인과 그 연월일</td><td>2020년 8월 20일 임차권설정계약</td></tr>
<tr><td>③ 등 기 의 목 적</td><td>임차권설정</td></tr>
<tr><td>④ 임 차 보 증 금</td><td>금 50,000,000원</td></tr>
<tr><td>⑤ 차 임</td><td>금 500,000원</td></tr>
<tr><td>⑥ 차 임 지 급 시 기</td><td>매월 말일</td></tr>
</table>

⑦ 존 속 기 간	2020년 8월 20일부터 2022년 8월 19일까지		
임 대 차 계 약 일 자	2020년 8월 18일		
⑧ 주 민 등 록 일 자	2020년 8월 20일		
⑨ 점 유 개 시 일 자	2020년 8월 20일		
⑩ 확 정 일 자	2020년 8월 20일(또는 무)		
구분	성 명 (상호·명칭)	주민등록번호 (등기용등록번호)	주 소 (소 재 지)
⑪ 등기의무자	이 상 선	000000-0000000	서울특별시 서초구 서초대로 88길 20 (서초동)
⑫ 등기권리자	김 갑 동	000000-0000000	서울특별시 서초구 서초대로 88길 10, 가동 101호(서초동, 샛별아파트)

⑬ 등 록 면 허 세	금 6,000 원
⑬ 지 방 교 육 세	금 1,200 원
⑭ 세 액 합 계	금 7,200 원
⑮ 등 기 신 청 수 수 료	금 15,000 원
	납부번호 : ○○-○○-○○○○○○-○
	일괄납부 : 건 원

⑯ 등기의무자의 등기필정보		
부동산고유번호	1102-2006-002095	
성 명(명 칭)	일련번호	비밀번호
이 상 선	Q77C-LO7I-35J5	40-4636

⑰ 첨 부 서 면	
1. 임차권설정계약서 1통 1. 등록면허세영수필확인서 1통 1. 인감증명서나 본인서명사실확인서 또는 전자본인서명확인서 발급증 1통	1. 도면 1통 1. 등기필증 1통 1. 주민등록표등(초)본 1통 1. 점유사실확인서 1통

20○○년 ○월 ○일

⑱ 위 신청인 이 상 선 ㊞ (전화 : 200-7766)
김 갑 동 ㊞ (전화 : 212-7711)
(또는)위 대리인 (전화 :)

○○지방법원 ○○등기소 귀중

[신청서 작성요령]

1. 부동산표시란에 2개 이상의 부동산을 기재하는 경우에는 부동산의 일련번호를 기재하여야 합니다.
2. 신청인란등 해당란에 기재할 여백이 없을 경우에는 별지를 이용합니다.
3. 담당등기관이 판단하여 위의 첨부 서면 외에 추가적인 서면을 요구할 수 있습니다.

주

1. 등기신청서 기재요령

신청서는 한글과 아라비아숫자로 기재하여야 한다. 부동산의 표시란이나 신청인란 등이 부족할 경우에는 별지로 사용하고, 별지를 포함한 신청서의 각 장 사이에 간인(신청서에 서명을 하였을 때에는 각 장마다 연결되는 서명)을 하여야 한다.

① 부동산의 표시란 : 임차권의 목적부동산을 기재하되, 등기기록상 부동산의 표시와 일치하여야 한다.

㉮ 1동의 건물의 표시 : 1동의 건물 전체의 소재, 지번, 건물명칭 및 번호, 도로명주소(등기기록 표제부에 기록되어 있는 경우)를 기재한다.

㉯ 전유부분의 건물의 표시 : 건물의 번호, 구조, 면적만을 기재한다.

㉰ 대지권의 표시 : 특정 전유부분의 대지권에 대하여는 임차권설정등기를 할 수 없으므로, 신청서에 대지권의 표시를 기재하지 아니한다.

② 등기원인과 그 연월일란 : 등기원인은 "임차권설정계약"으로, 그 연월일은 임차권설정계약의 체결일을 기재한다. (예) 20○○년 ○월 ○일 임차권설정계약

③ 등기의 목적란 : "임차권설정"이라고 기재한다.

④ 임차보증금란 : 약정이 있는 경우에는 아라비아숫자로 "금 ○○○원"으로 기재한다.

⑤ 차임란 : 아라비아숫자로 "금 ○○○원"으로 기재한다. 단, 차임이 없는 경우에는 차임을 공란으로 둔다.

⑥ 차임지급시기란 : "매월 말일" 등과 같이 약정한 시기를 기재한다.

⑦ 존속기간란 : 임차권의 존속기간 약정이 있는 경우에 그 기간을 기재한다.

⑧ 주민등록일자란 : 주택임대차보호법의 적용을 받는 주택임차권설정등기의 경우 주민등록(전입신고)을 마친 날을 기재하며, 상가건물임대차보호법의 적용을 받는 상가건물의 경우에는 사업자등록신청일자를기재한다.

⑨ 점유개시일자란 : 주택임대차보호법의 적용을 받는 주택임차권설정등기의 경우 임차주택을 점유하기 시작한 날을 기재하며, 상가건물임대차보호법의 적용을 받는 상가건물의 경우에도 임차한 상가건물을 점유하기 시작한 날을 기재한다.

⑩ 확정일자란 : 임대차계약서상의 확정일자를 받은 경우 그 일자를 기재하며, 확정일자를 받지 않는 경우에는 "무"라고 기재한다.

⑪ 등기의무자란 : 임차권설정자의 성명, 주민등록번호, 주소를 기재하되, 등기기록상 소유자 표시와 일치하여야 한다. 그러나 법인인 경우에는 상호(명칭), 본점(주사무소 소재지), 등기용등록번호 및 대표자의 성명과 주소를 기재하고, 법인 아닌 사단이나 재단인 경우에는 상호(명칭), 본점(주사무소 소재지), 등기용등록번호 및 대표자(관리인)의 성명, 주민등록번호, 주소를 각 기재한다.

등기의무자의 등기기록상 주소와 현재의 주소와 다른 경우, 등기명의인표시변경(또는 경정)등기를 신청하여 등기의무자의 주소를 변경한 후 설정등기를 하여야 한다.

⑫ 등기권리자란 : 임차권자를 기재하는 난으로, 그 기재방법은 등기의무자란과 같다.

⑬ 등록면허세·지방교육세 : 월 차임의 2/1,000에 해당하는 금액을 등록면허세로, 등록면허세의 20/100에 해당하는 금액을 지방교육세로 납부한다. 위와 같이 계산하여 산출한 금액이 6,000원에 미달하는 경우 월차임이 없고 임대차보증금의 약정이 있는 경우에도 등록면허세는 6,000원과 지방교육세 1,200원을 납부한다.

⑭ 세액합계란 : 등록면허세액, 지방교육세액의 합계를 기재한다.

⑮ 등기신청수수료란 : 부동산 1개당 15,000원의 등기신청수수료 납부액을 기재한다. 다만 전자표준양식에 의하여 신청하는 경우에는 13,000원, 전자신청하는 경우에는 10,000원의 등기신청수수료를 은행 현금납부, 전자납부, 무인발급기 납부 등의 방법에 따라 납부한 후 등기신청서에 등기신청수수료 영수필확인서를 첨부하고 납부번호를 기재하여 제출한다.

⑯ 등기의무자의 등기필정보란 : ㉮ 소유권 취득에 관한 등기를 완료하고 등기필정보를 교부받은 경우 그 등기필정보상에 기재된 부동산고유번호, 성명, 일련번호, 비밀번호를 각 기재(등기필정보를 제출하는 것이 아님)한다. 다만 교부받은 등기필정보를 멸실한 경우에는 부동산등기법 제51조에 의하여 확인서면이나 확인조서 또는 공증서면 중 하나를 첨부한다. ㉯ 등기신청서에 등기필증이나 확인서면 등을 첨부한 경우 이 난은 기재할 필요가 없다.

⑰ 첨부서면란 : 등기신청서에 첨부한 서면을 각 기재한다.

⑱ 신청인등란 : ㉮ 등기의무자와 등기권리자의 성명 및 전화번호를 기재하고, 각자의 인장을 날인하되, 등기의무자는 그의 인감을 날인한다. 그러나 신청인이 법인 또는 법인 아닌 사단이나 재단인 경우에는 상호(명칭)와 대표자(관리인)의 자격 및 성명을 기재하고, 법인이 등기의무자인 때에는 등기소의 증명을 얻은 그 대표자의 인감, 법인 아닌 사단이나 재단인 경우에는 대표자(관리인)의 개인인감을 날인한다. ㉯ 대리인이 등기신청을 하는 경우에는 그 대리인의 성명, 주소, 전화번호를 기재하고 대리인의 인장을 날인 또는 서명한다.

2. 등기신청서에 첨부할 서면 등

- 임차권설정계약서 : 등기원인을 증명하는 서면으로 첨부하되, 주택임대차보호법 제3조의2

제2항이나 상가건물임대차보호법 제5조 제2항의 요건을 갖춘 경우 공정증서로 작성되거나 확정일자를 받은 임대차계약서를 제출한다.

- 등기필증 : 등기의무자의 소유권에 관한 등기필증으로서 등기의무자가 소유권 취득시 등기소로부터 교부받은 등기필증을 첨부한다. 단, 소유권 취득의 등기를 완료하고 등기필정보를 교부받은 경우에 그 등기필정보상에 기재된 부동산고유번호, 성명, 일련번호, 비밀번호를 각 기재(등기필정보를 제출하는 것이 아님)한다. 다만, 등기필증(등기필정보)을 멸실하여 첨부(기재)할 수 없는 경우에는 부동산등기법 제51조에 의하여 확인서면이나 확인조서 또는 공증서면 중 하나를 첨부한다.
- 도면 : 임차권의 목적이 부동산의 일부인 때에는 임차권이 설정된 부분의 도면을 첨부한다. 도면은 인터넷등기소 영구보존문서 등록에서 도면을 전자문서로 변환한 후 신청인 또는 대리인의 전자서명을 부여하여 등록하고, 부여된 등록문서번호를 신청서의 부동산의 표시란에 기재(예 : [등록문서번호 : 100번])하는 방법으로 제출한다. 단, 자연인 또는 법인 아닌 사단이나 재단이 등기신청을 직접 또는 자격자대리인이 아닌 사람에게 위임하여 하는 경우에는 신청인 또는 대리인이 기명날인이나 서명을 한 도면을 서면으로 제출할 수 있다.
- 점유사실확인서 등 : 주택 또는 상가건물임차권설정등기를 신청시 임차주택 또는 상가건물을 점유하기 시작한 날을 증명하는 서면으로(예 : 임대인이 작성한 점유사실확인서) 제출한다.
- 등록면허세영수필확인서 : 시장, 구청장, 군수 등으로부터 등록면허세납부서(OCR용지)를 발급받아 납세지를 관할하는 해당 금융기관에 세금을 납부한 후 등록면허세 영수필확인서와 영수증을 교부받아 영수증은 본인이 보관하고 등록면허세영수필확인서만 신청서의 등록면허세액표시란의 좌측상단 여백에 첨부하거나, 또는 지방세인터넷납부시스템을 이용하여 납부하고 출력한 등록면허세납부확인서를 첨부한다.
- 인감증명서 등 : 소유자의 인감증명서(발행일로부터 3월 이내)를 첨부하거나, 인감증명을 갈음하여 「본인서명사실확인등에관한법률」에 따라 발급된 본인서명사실확인서(발행일부터 3개월 이내)에 기재한 서명(전자본인서명확인서 발급증을 제출할 경우에도 서명)을 하고 본인서명사실확인서(전자본인서명확인서 발급증)을 첨부한다.
- 주민등록표등(초)본 : 등기권리자의 주민등록번호를 증명하고 주민등록을 마친 날을 증명하는 서면으로 임차권자의 주민등록등본 또는 초본(각 발행일로부터 3월 이내)을 제출한다. 임차권자가 법인인 경우 법인등기사항전부증명서 또는 법인등기사항일부증명서(각 발행일로부터 3월 이내)를 제출한다.
- 법인등기사항전부(일부)증명서 : 신청인이 법인인 경우에는 법인등기사항전부증명서 또는 법인등기사항일부증명서(각 발행일로부터 3월 이내)를 첨부한다.
- 위임장 : 등기신청을 법무사 등 대리인에게 위임하는 경우에 첨부한다.

3. 등기신청서류 편철순서

신청서, 등록면허세영수필확인서, 등기신청수수료 영수필확인서, 위임장, 인감증명서나 본인서명사실확인서 또는 전자본인서명확인서 발급증, 주민등록표등(초)본, 도면, 임차권설정계약서, 등기필증 등의 순으로 편철한다.

74. 임차권설정등기신청

가. 의 의

당사자 일방이 상대방에게 목적물을 사용 수익케 할 것을 약정하고, 상대방이 이에 대하여 차임을 지급할 것을 약정하는 임대차계약을 체결한 경우에 하는 등기로써, 이 등기를 한 후에는 제3자에 대하여 대항력이 생긴다.

나. 등기신청방법

(1) 공동신청

임차권자(등기권리자)와 부동산소유자인 임차권설정자(등기의무자)가 본인임을 확인할 수 있는 주민등록증 등을 가지고 직접 등기소에 출석하여 공동으로 신청함이 원칙이다.

(2) 단독신청

판결에 의한 등기신청인 경우에는 승소한 등기권리자 또는 등기의무자가 단독으로 신청할 수 있다.

(3) 대리인에 의한 신청

등기신청은 반드시 신청인 본인이 하여야 하는 것은 아니고 대리인이 하여도 된다. 등기권리자 또는 등기의무자 일방이 상대방의 대리인이 되거나 쌍방이 제3자에게 위임하여 등기신청을 할 수 있다.

[서식 74] 임차권설정등기신청서

임차권설정등기신청

접 수	년 월 일	처 리 인	등기관 확인	각종 통지
	제 호			

① 부동산의 표시			
서울특별시 서초구 서초동 100 [도로명주소] 서울특별시 서초구 서초대로 88길 10 시멘트 벽돌조 슬래브지붕 2층 주택 1층 100㎡ 2층 100㎡ 이 상			
② 등기원인과 그 연월일	2020년 8월 20일 설정계약		
③ 등 기 의 목 적	임차권설정		
④ 임 차 보 증 금	금 50,000,000원		
⑤ 차 임	월 금 500,000원		
⑥ 차 임 지 급 시 기	매월 말일		
⑦ 존 속 기 간	2020년 8월 20일부터 2022년 8월 19일까지		
구분	성 명 (상호·명칭)	주민등록번호 (등기용등록번호)	주 소 (소 재 지)
⑧ 등기의무자	이 상 선	000000-0000000	서울특별시 서초구 서초대로 88길 20 (서초동)
⑨ 등기권리자	김 갑 동	000000-0000000	서울특별시 서초구 서초대로 88길 10 (서초동)

⑩ 등록면허세	금 6,000 원	
⑩ 지방교육세	금 1,200 원	
⑪ 세액합계	금 7,200 원	
⑫ 등기신청수수료	금 15,000 원	
	납부번호 : ○○-○○-○○○○○○-○	
	일괄납부 : 건 원	
⑬ 등기의무자의 등기필정보		
부동산고유번호	1102-2006-002095	
성 명(명 칭)	일련번호	비밀번호
이 상 선	Q77C-LO7I-35J5	40-4636
⑭ 첨 부 서 면		
1. 임차권설정계약서 1통 1. 등록면허세영수필확인서 1통 1. 인감증명서나 본인서명사실확인서 또는 전자본인서명확인서 발급증 1통	1. 도면 1통 1. 등기필증 1통 1. 주민등록표등(초)본 1통 〈기 타〉	

20○○년 ○월 ○일

⑮ 위 신청인 이 상 선 ㊞ (전화 : 200-1234)
김 갑 동 ㊞ (전화 : 212-2345)
(또는)위 대리인 (전화 :)

○○지방법원 ○○등기소 귀중

[신청서 작성요령]

1. 부동산표시란에 2개 이상의 부동산을 기재하는 경우에는 부동산의 일련번호를 기재하여야 합니다.
2. 신청인란등 해당란에 기재할 여백이 없을 경우에는 별지를 이용합니다.
3. 담당등기관이 판단하여 위의 첨부 서면 외에 추가적인 서면을 요구할 수 있습니다.

주

1. 등기신청서 기재요령

신청서는 한글과 아라비아숫자로 기재하여야 한다. 부동산의 표시란이나 신청인란 등이 부족할 경우에는 별지로 사용하고, 별지를 포함한 신청서의 각 장 사이에 간인(신청서에 서명을 하였을 때에는 각 장마다 연결되는 서명)을 하여야 한다.

① 부동산의 표시란 : 임차권의 목적부동산을 기재하되, 등기기록상 부동산의 표시와 일치하여야 한다. 부동산이 토지인 경우에는 토지의 소재, 지번, 지목, 면적을 기재하고, 건물인 경우에는 건물의 소재, 지번, 도로명주소(등기기록 표제부에 기록되어 있는 경우), 종류, 구조, 면적을 기재한다.

② 등기원인과 그 연월일란 : 등기원인은 "설정계약"으로, 그 연월일은 임차권설정계약의 체결일을 기재한다. (예) 20○○년 ○월 ○일 설정계약

③ 등기의 목적란 : "임차권설정"이라고 기재한다.

④ 임차보증금란 : 약정이 있는 경우에는 아라비아숫자로 "금 ○○○원"으로 기재한다.

⑤ 차임란 : 아라비아숫자로 "월 금 ○○○원"으로 기재한다. 단, 차임이 없는 경우에는 차임을 공란으로 둔다.

⑥ 차임지급시기란 : "매월 말일" 등과 같이 약정한 시기를 기재한다.

⑦ 존속기간란 : 임차권의 존속기간 약정이 있는 경우에 그 기간을 기재한다. (예) "20○○년 ○월 ○일부터 20○○년 ○월 ○일까지", "[처분능력(또는 권한) 없는 자에 의한 단기 임대차] 20○○년 ○월 ○일부터 20○○년 ○월 ○일까지"라고 기재한다.

⑧ 등기의무자란 : 임차권설정자의 성명, 주민등록번호, 주소를 기재하되, 등기기록상 소유자 표시와 일치하여야 한다. 그러나 법인인 경우에는 상호(명칭), 본점(주사무소 소재지), 등기용등록번호 및 대표자의 성명과 주소를 기재하고, 법인 아닌 사단이나 재단인 경우에는 상호(명칭), 본점(주사무소 소재지), 등기용등록번호 및 대표자(관리인)의 성명, 주민등록번호, 주소를 각 기재한다.
등기의무자의 등기기록상 주소와 현재의 주소와 다른 경우, 등기명의인표시변경(또는 경정)등기를 신청하여 등기의무자의 주소를 변경한 후 설정등기를 하여야 한다.

⑨ 등기권리자란 : 임차권자를 기재하는 난으로, 그 기재방법은 등기의무자란과 같다.

⑩ 등록면허세·지방교육세 : 월 차임의 2/1,000에 해당하는 금액을 등록면허세로, 등록면허세의 20/100에 해당하는 금액을 지방교육세로 납부한다. 위와 같이 계산하여 산출한 금액이 6,000원에 미달하는 경우 월차임이 없고 임대차보증금의 약정이 있는 경우에도 등록면허세는 6,000원과 지방교육세 1,200원을 납부한다.

⑪ 세액합계란 : 등록면허세액, 지방교육세액의 합계를 기재한다.

⑫ 등기신청수수료란 : 부동산 1개당 15,000원의 등기신청수수료 납부액을 기재한다. 다만 전자표준양식에 의하여 신청하는 경우에는 13,000원, 전자신청하는 경우에는 10,000원의 등기신청수수료를 은행 현금납부, 전자납부, 무인발급기 납부 등의 방법에 따라 납부한 후 등기신청서에 등기신청수수료 영수필확인서를 첨부하고 납부번호를 기재하여 제출한다.

⑬ 등기의무자의 등기필정보란 : ㉮ 소유권 취득에 관한 등기를 완료하고 등기필정보를 교부받은 경우 그 등기필정보상에 기재된 부동산고유번호, 성명, 일련번호, 비밀번호를 각 기재(등기필정보를 제출하는 것이 아님)한다. 다만 교부받은 등기필정보를 멸실한 경우에는 부동산등기법 제51조에 의하여 확인서면이나 확인조서 또는 공증서면 중 하나를 첨부한다. ㉯ 등기신청서에 등기필증이나 확인서면 등을 첨부한 경우 이 난은 기재할 필요가 없다.

⑭ 첨부서면란 : 등기신청서에 첨부한 서면을 각 기재한다.

⑮ 신청인등란 : ㉮ 등기의무자와 등기권리자의 성명 및 전화번호를 기재하고, 각자의 인장을 날인하되, 등기의무자는 그의 인감을 날인한다. 그러나 신청인이 법인 또는 법인 아닌 사단이나 재단인 경우에는 상호(명칭)와 대표자(관리인)의 자격 및 성명을 기재하고, 법인이 등기의무자인 때에는 등기소의 증명을 얻은 그 대표자의 인감, 법인 아닌 사단이나 재단인 경우에는 대표자(관리인)의 개인인감을 날인한다. ㉯ 대리인이 등기신청을 하는 경우에는 그 대리인의 성명, 주소, 전화번호를 기재하고 대리인의 인장을 날인 또는 서명한다.

2. 등기신청서에 첨부할 서면 등

- 임차권설정계약서 : 등기원인을 증명하는 서면으로 첨부한다.
- 등기필증 : 등기의무자의 소유권에 관한 등기필증으로서 등기의무자가 소유권 취득시 등기소로부터 교부받은 등기필증을 첨부한다. 단, 소유권 취득의 등기를 완료하고 등기필정보를 교부받은 경우에 그 등기필정보상에 기재된 부동산고유번호, 성명, 일련번호, 비밀번호를 각 기재(등기필정보를 제출하는 것이 아님)한다. 다만, 등기필증(등기필정보)을 멸실하여 첨부(기재)할 수 없는 경우에는 부동산등기법 제51조에 의하여 확인서면이나 확인조서 또는 공증서면 중 하나를 첨부한다.
- 도면 : 임차권의 목적이 부동산의 일부인 때에는 임차권이 설정된 부분의 도면을 첨부한다. 도면은 인터넷등기소 영구보존문서 등록에서 도면을 전자문서로 변환한 후 신청인 또는 대리인의 전자서명을 부여하여 등록하고, 부여된 등록문서번호를신청서의 부동산의 표시란에 기재(예 : [등록문서번호 : 100번])하는 방법으로 제출한다. 단, 자연인 또는 법인 아닌 사단이나 재단이 등기신청을 직접 또는 자격자대리인이 아닌 사람에게 위임하여 하는 경우에는 신청인 또는 대리인이 기명날인이나 서명을 한 도면을 서면으로 제출할 수 있다.
- 등록면허세영수필확인서 : 시장, 구청장, 군수 등으로부터 등록면허세납부서(OCR용지)를 발급받아 납세지를 관할하는 해당 금융기관에 세금을 납부한 후 등록면허세 영수필확인서와 영수증을 교부받아 영수증은 본인이 보관하고 등록면허세영수필확인서만 신청서의 등록면허세액표시란의 좌측상단 여백에 첨부하거나, 또는 지방세인터넷납부시스템을 이용하여 납부하고 출력한 등록면허세납부확인서를 첨부한다.
- 인감증명서 등 : 소유자의 인감증명서(발행일로부터 3월 이내)를 첨부하거나, 인감증명을 갈음하여 「본인서명사실확인등에관한법률」에 따라 발급된 본인서명사실확인서(발행일부터 3개월 이내)에 기재한 서명(전자본인서명확인서 발급증을 제출할 경우에도 서명)을 하고 본인서명사실확인서(전자본인서명확인서 발급증)을 첨부한다.
- 주민등록표등(초)본 : 등기권리자의 주민등록표등본 또는 초본(각 발행일로부터 3월 이내)을 첨부한다.
- 법인등기사항전부(일부)증명서 : 신청인이 법인인 경우에는 법인등기사항전부증명서 또는 법인등기사항일부증명서(각 발행일로부터 3월 이내)를 첨부한다.
- 위임장 : 등기신청을 법무사 등 대리인에게 위임하는 경우에 첨부한다.

3. 등기신청서류 편철순서

신청서, 등록면허세영수필확인서, 등기신청수수료 영수필확인서, 위임장, 인감증명서나 본인서명사실확인서 또는 전자본인서명확인서 발급증, 주민등록표등(초)본, 도면, 임차권설정계약서, 등기필증 등의 순으로 편철한다.

75. 임차권설정등기신청(구분건물)

가. 의 의

당사자 일방이 상대방에게 목적물을 사용·수익케 할 것을 약정하고, 상대방이 이에 대하여 차임을 지급할 것을 약정하는 임대차계약을 체결한 경우에 하는 등기로써, 이 등기를 한 후에는 제3자에 대하여 대항력이 생긴다.

나. 등기신청방법

(1) 공동신청

임차권자(등기권리자)와 부동산소유자인 임차권설정자(등기의무자)가 본인임을 확인할 수 있는 주민등록증 등을 가지고 직접 등기소에 출석하여 공동으로 신청함이 원칙이다.

(2) 단독신청

판결에 의한 등기신청인 경우에는 승소한 등기권리자 또는 등기의무자가 단독으로 신청할 수 있다.

(3) 대리인에 의한 신청

등기신청은 반드시 신청인 본인이 하여야 하는 것은 아니고 대리인이 하여도 된다. 등기권리자 또는 등기의무자 일방이 상대방의 대리인이 되거나 쌍방이 제3자에게 위임하여 등기신청을 할 수 있다.

[서식 75] 임차권설정등기신청서(구분건물)

임차권설정등기신청

<table>
<tr><td rowspan="2">접 수</td><td>년 월 일</td><td rowspan="2">처 리 인</td><td>등기관 확인</td><td>각종 통지</td></tr>
<tr><td>제 호</td><td></td><td></td></tr>
</table>

<table>
<tr><td colspan="4">① 부동산의 표시</td></tr>
<tr><td colspan="4">1동의 건물의 표시
서울특별시 서초구 서초동 100 샛별아파트 가동
[도로명주소] 서울특별시 서초구 서초대로 88길 10
전유부분의 건물의 표시
건물의 번호 : 가 - 1 - 101
구 조 : 철근콘크리트조
면 적 : 1층 101호 86.03㎡
이 상</td></tr>
<tr><td colspan="2">② 등기원인과 그 연월일</td><td colspan="2">2020년 8월 20일 임차권설정계약</td></tr>
<tr><td colspan="2">③ 등 기 의 목 적</td><td colspan="2">임차권설정</td></tr>
<tr><td colspan="2">④ 임 차 보 증 금</td><td colspan="2">금 50,000,000원</td></tr>
<tr><td colspan="2">⑤ 차 임</td><td colspan="2">금 500,000원</td></tr>
<tr><td colspan="2">⑥ 차 임 지 급 시 기</td><td colspan="2">매월 말일</td></tr>
<tr><td colspan="2">⑦ 존 속 기 간</td><td colspan="2">2020년 8월 20일부터 2022년 8월 19일까지</td></tr>
<tr><td>구분</td><td>성 명
(상호·명칭)</td><td>주민등록번호
(등기용등록번호)</td><td>주 소 (소 재 지)</td></tr>
<tr><td>⑧ 등기의무자</td><td>이 상 선</td><td>000000-0000000</td><td>서울특별시 서초구 서초대로 88길 20 (서초동)</td></tr>
<tr><td>⑨ 등기권리자</td><td>김 갑 동</td><td>000000-0000000</td><td>서울특별시 서초구 서초대로 88길 10, 가동 101호(서초동, 샛별아파트)</td></tr>
</table>

⑩ 등 록 면 허 세	금 6,000 원
⑩ 지 방 교 육 세	금 1,200 원
⑪ 세 액 합 계	금 7,200 원
⑫ 등 기 신 청 수 수 료	금 15,000 원
	납부번호 : ㅇㅇ-ㅇㅇ-ㅇㅇㅇㅇㅇㅇ-ㅇ
	일괄납부 : 건 원

⑬ 등기의무자의 등기필정보

부동산고유번호	1102-2006-002095	
성 명(명 칭)	일련번호	비밀번호
이 상 선	Q77C-LO7I-35J5	40-4636

⑭ 첨 부 서 면

1. 임차권설정계약서 1통	1. 도면 1통
1. 등록면허세영수필확인서 1통	1. 등기필증 1통
1. 인감증명서나 본인서명사실확인서 또는 전자본인서명확인서 발급증 1통	1. 주민등록표등(초)본 1통
	〈기 타〉

20ㅇㅇ년 ㅇ월 ㅇ일

⑮ 위 신청인 이 상 선 ㊞ (전화 : 200-7766)
김 갑 동 ㊞ (전화 : 211-7711)
(또는)위 대리인 (전화 :)

ㅇㅇ지방법원 ㅇㅇ등기소 귀중

[신청서 작성요령]

1. 부동산표시란에 2개 이상의 부동산을 기재하는 경우에는 부동산의 일련번호를 기재하여야 합니다.
2. 신청인란등 해당란에 기재할 여백이 없을 경우에는 별지를 이용합니다.
3. 담당등기관이 판단하여 위의 첨부 서면 외에 추가적인 서면을 요구할 수 있습니다.

주

1. 등기신청서 기재요령

신청서는 한글과 아라비아숫자로 기재하여야 한다. 부동산의 표시란이나 신청인란 등이 부족할 경우에는 별지로 사용하고, 별지를 포함한 신청서의 각 장 사이에 간인(신청서에 서명을 하였을 때에는 각 장마다 연결되는 서명)을 하여야 한다.

① 부동산의 표시란 : 임차권의 목적부동산을 기재하되, 등기기록상 부동산의 표시와 일치하여야 한다.

㉮ 1동의 건물의 표시 : 1동의 건물 전체의 소재, 지번, 건물명칭 및 번호, 도로명주소(등기기록 표제부에 기록되어 있는 경우)를 기재한다.

㉯ 전유부분의 건물의 표시 : 건물의 번호, 구조, 면적만을 기재한다.

㉰ 대지권의 표시 : 특정 전유부분의 대지권에 대하여는 임차권설정등기를 할 수 없으므로, 신청서에 대지권의 표시를 기재하지 아니한다.

② 등기원인과 그 연월일란 : 등기원인은 "임차권설정계약"으로, 그 연월일은 임차권설정계약의 체결일을 기재한다. (예) 20○○년 ○월 ○일 임차권설정계약

③ 등기의 목적란 : "임차권설정"이라고 기재한다.

④ 임차보증금란 : 이에 관하여 약정이 있는 경우에는 아라비아숫자로 "금 ○○○원"으로 기재한다. 단, 차임이 없는 경우에는 차임을 공란으로 둔다.

⑤ 차임란 : 아라비아숫자로 "금 ○○○원"으로 기재한다.

⑥ 차임지급시기란 : "매월 말일" 등과 같이 약정한 시기를 기재한다.

⑦ 존속기간란 : 임차권의 존속기간 약정이 있는 경우에 그 기간을 기재한다.

⑧ 등기의무자란 : 임차권설정자의 성명, 주민등록번호, 주소를 기재하되, 등기기록상 소유자 표시와 일치하여야 한다. 그러나 법인인 경우에는 상호(명칭), 본점(주사무소 소재지), 등기용등록번호 및 대표자의 성명과 주소를 기재하고, 법인 아닌 사단이나 재단인 경우에는 상호(명칭), 본점(주사무소 소재지), 등기용등록번호 및 대표자(관리인)의 성명, 주민등록번호, 주소를 각 기재한다.

등기의무자의 등기기록상 주소와 현재의 주소와 다른 경우, 등기명의인표시변경(또는 경정)등기를 신청하여 등기의무자의 주소를 변경한 후 설정등기를 하여야 한다.

⑨ 등기권리자란 : 임차권자를 기재하는 난으로, 그 기재방법은 등기의무자란과 같다.

⑩ 등록면허세·지방교육세 : 월 차임의 2/1,000에 해당하는 금액을 등록면허세로, 등록면허세의 20/100에 해당하는 금액을 지방교육세로 납부한다. 위와 같이 계산하여 산출한 금액이 6,000원에 미달하는 경우 월차임이 없고 임대차보증금의 약정이 있는 경우에도 등록면허세는 6,000원과 지방교육세 1,200원을 납부한다.

⑪ 세액합계란 : 등록면허세액, 지방교육세액의 합계를 기재한다.

⑫ 등기신청수수료란 : 부동산 1개당 15,000원의 등기신청수수료 납부액을 기재한다. 다만 전자표준양식에 의하여 신청하는 경우에는 13,000원, 전자신청하는 경우에는 10,000원의 등기신청수수료를 은행 현금납부, 전자납부, 무인발급기 납부 등의 방법에 따라 납부한 후 등기신청서에 등기신청수수료 영수필확인서를 첨부하고 납부번호를 기재하여 제출한다.

⑬ 등기의무자의 등기필정보란 : ㉮ 소유권 취득에 관한 등기를 완료하고 등기필정보를 교부받은 경우 그 등기필정보상에 기재된 부동산고유번호, 성명, 일련번호, 비밀번호를 각 기재(등기필정보를 제출하는 것이 아님)한다. 다만 교부받은 등기필정보를 멸실한 경우에는 부

동산등기법 제51조에 의하여 확인서면이나 확인조서 또는 공증서면 중 하나를 첨부한다. ㈏ 등기신청서에 등기필증이나 확인서면 등을 첨부한 경우 이 난은 기재할 필요가 없다.

⑭ 첨부서면란 : 등기신청서에 첨부한 서면을 각 기재한다.

⑮ 신청인등란 : ㈎ 등기의무자와 등기권리자의 성명 및 전화번호를 기재하고, 각자의 인장을 날인하되, 등기의무자는 그의 인감을 날인한다. 그러나 신청인이 법인 또는 법인 아닌 사단이나 재단인 경우에는 상호(명칭)와 대표자(관리인)의 자격 및 성명을 기재하고, 법인이 등기의무자인 때에는 등기소의 증명을 얻은 그 대표자의 인감, 법인 아닌 사단이나 재단인 경우에는 대표자(관리인)의 개인인감을 날인한다. ㈏ 대리인이 등기신청을 하는 경우에는 그 대리인의 성명, 주소, 전화번호를 기재하고 대리인의 인장을 날인 또는 서명한다.

2. 등기신청서에 첨부할 서면 등

- 임차권설정계약서 : 등기원인을 증명하는 서면으로 첨부한다.
- 등기필증 : 등기의무자의 소유권에 관한 등기필증으로서 등기의무자가 소유권 취득시 등기소로부터 교부받은 등기필증을 첨부한다. 단 전자신청 지정등기소에서 등기를 완료하고 등기필정보를 교부받은 경우에, 그 등기필정보상에 기재된 부동산고유번호, 성명, 일련번호, 비밀번호를 각 기재(등기필정보를 제출하는 것이 아님)한다. 다만, 등기필증(등기필정보)을 멸실하여 첨부(기재)할 수 없는 경우에는 부동산등기법 제51조에 의하여 확인서면이나 확인조서 또는 공증서면 중 하나를 첨부한다.
- 도면 : 임차권의 목적이 부동산의 일부인 때에는 임차권이 설정된 부분의 도면을 첨부한다. 도면은 인터넷등기소 영구보존문서 등록에서 도면을 전자문서로 변환한 후 신청인 또는 대리인의 전자서명을 부여하여 등록하고, 부여된 등록문서번호를 신청서의 부동산의 표시란에 기재(예 : [등록문서번호 : 100번])하는 방법으로 제출한다. 단, 자연인 또는 법인 아닌 사단이나 재단이 등기신청을 직접 또는 자격자대리인이 아닌 사람에게 위임하여 하는 경우에는 신청인 또는 대리인이 기명날인이나 서명을 한 도면을 서면으로 제출할 수 있다.
- 등록면허세영수필확인서 : 시장, 구청장, 군수 등으로부터 등록면허세납부서(OCR용지)를 발급받아 납세지를 관할하는 해당 금융기관에 세금을 납부한 후 등록면허세 영수필확인서와 영수증을 교부받아 영수증은 본인이 보관하고 등록면허세영수필확인서만 신청서의 등록면허세액표시란의 좌측상단 여백에 첨부하거나, 또는 지방세인터넷납부시스템을 이용하여 납부하고 출력한 등록면허세납부확인서를 첨부한다.
- 인감증명서 등 : 소유자의 인감증명서(발행일로부터 3월 이내)를 첨부하거나, 인감증명을 갈음하여 「본인서명사실확인등에관한법률」에 따라 발급된 본인서명사실확인서(발행일부터 3개월 이내)에 기재한 서명(전자본인서명확인서 발급증을 제출할 경우에도 서명)을 하고 본인서명사실확인서(전자본인서명확인서 발급증)을 첨부한다.
- 주민등록표등(초)본 : 등기권리자의 주민등록표등본 또는 초본(각 발행일로부터 3월 이내)을 첨부한다.
- 법인등기사항전부(일부)증명서 : 신청인이 법인인 경우에는 법인등기사항전부증명서 또는 법인등기사항일부증명서(각 발행일로부터 3월 이내)를 첨부한다.
- 위임장 : 등기신청을 법무사 등 대리인에게 위임하는 경우에 첨부한다.

3. 등기신청서류 편철순서

신청서, 등록면허세영수필확인서, 등기신청수수료 영수필확인서, 위임장, 인감증명서나 본인서명사실확인서 또는 전자본인서명확인서 발급증, 주민등록표등(초)본, 도면, 임차권설정계약서, 등기필증 등의 순으로 편철한다.

76. 임차권말소등기신청

가. 의 의

임차권이 그 존속기간의 만료, 해지 등으로 종료하게 되는 경우에 기존의 임차권설정 등기를 말소시키기 위한 등기이다. 이 신청에서는 임차권자를 등기의무자, 임차권 설정자인 소유자를 등기권리자라고 한다.

나. 등기신청방법

(1) 공동신청

부동산의 소유자와 임차권자가 본인임을 확인할 수 있는 주민등록증 등을 가지고 직접 등기소에 출석하여 공동으로 신청함이 원칙이다.

(2) 단독신청

판결에 의한 등기신청인 경우에는 승소한 등기권리자 또는 등기의무자가 단독으로 신청할 수 있다.

(3) 대리인에 의한 신청

등기신청은 반드시 신청인 본인이 하여야 하는 것은 아니고 대리인이 하여도 된다. 등기권리자 또는 등기의무자 일방이 상대방의 대리인이 되거나 쌍방이 제3자에게 위임하여 등기신청을 할 수 있다.

[서식 76] 임차권말소등기신청서

임차권말소등기신청

접 수	년 월 일	처 리 인	등기관 확인	각종 통지
	제 호			

① 부동산의 표시				
서울특별시 서초구 서초동 100 [도로명주소] 서울특별시 서초구 서초대로 88길 10 시멘트 벽돌조 슬래브지붕 2층주택 1층 100㎡ 2층 100㎡ 이 상				
② 등기원인과 그 연월일	2020년 8월 10일 해지			
③ 등 기 의 목 적	임차권등기말소			
④ 말 소 할 등 기	2019년 3월 20일 접수 제12345호로 경료된 임차권설정등기			
구분	성 명 (상호·명칭)	주민등록번호 (등기용등록번호)	주 소 (소 재 지)	지 분 (개인별)
⑤ 등기의무자	이 상 선	000000-0000000	서울특별시 서초구 서초대로 88길 10(서초동)	
⑥ 등기권리자	김 갑 동	000000-0000000	서울특별시 중구 다동길 96(다동)	
⑦ 등 록 면 허 세	금 6,000 원			
⑦ 지 방 교 육 세	금 1,200 원			

<table>
<tr><td colspan="2">⑧ 세 액 합 계</td><td colspan="2">금 7,200 원</td></tr>
<tr><td colspan="2" rowspan="3">⑨ 등 기 신 청 수 수 료</td><td colspan="2">금 3,000 원</td></tr>
<tr><td colspan="2">납부번호 : ○○-○○-○○○○○○-○</td></tr>
<tr><td colspan="2">일괄납부 : 건 원</td></tr>
<tr><td colspan="4">⑩ 등기의무자의 등기필정보</td></tr>
<tr><td>부동산고유번호</td><td colspan="3">1102-2006-002095</td></tr>
<tr><td>성 명(명 칭)</td><td colspan="2">일련번호</td><td>비밀번호</td></tr>
<tr><td>이 상 선</td><td colspan="2">Q77C-L07I-35J5</td><td>40-4636</td></tr>
<tr><td colspan="4">⑪ 첨 부 서 면</td></tr>
<tr><td colspan="2">1. 해지증서 1통
1. 등록면허세영수필확인서 1통
1. 등기필증 1통</td><td colspan="2">〈기 타〉</td></tr>
<tr><td colspan="4">20○○년 ○월 ○일

⑫ 위 신청인 이 상 선 ㊞ (전화 : 200-1234)
김 갑 동 ㊞ (전화 : 200-2345)
(또는)위 대리인 (전화 :)

○○지방법원 ○○등기소 귀중</td></tr>
</table>

[신청서 작성요령]

1. 부동산표시란에 2개 이상의 부동산을 기재하는 경우에는 부동산의 일련번호를 기재하여야 합니다.
2. 신청인란등 해당란에 기재할 여백이 없을 경우에는 별지를 이용합니다.
3. 담당등기관이 판단하여 위의 첨부 서면 외에 추가적인 서면을 요구할 수 있습니다.

주

1. 등기신청서 기재요령

신청서는 한글과 아라비아숫자로 기재하여야 한다. 부동산의 표시란이나 신청인란 등이 부족할 경우에는 별지로 사용하고, 별지를 포함한 신청서의 각 장 사이에 간인(신청서에 서명을 하였을 때에는 각 장마다 연결되는 서명)을 하여야 한다.

① 부동산의 표시란 : 임차권의 목적부동산을 기재하되, 등기기록상 부동산의 표시와 일치하여야 한다. 부동산이 토지인 경우에는 토지의 소재, 지번, 지목, 면적을 기재하고, 건물인 경우에는 건물의 소재, 지번, 도로명주소(등기기록 표제부에 기록되어 있는 경우), 종류, 구조, 면적을 기재한다.

② 등기원인과 그 연월일란 : 등기원인은 임차권 종료사유에 따라 "해지", "존속기간만료" 등으로, 그 연월일은 임대차계약의 해지일 등을 기재한다.

③ 등기의 목적란 : "임차권등기말소"로 기재한다.

④ 말소할 등기란 : 말소할 임차권등기의 접수연월일, 접수번호 등을 기재하여 말소할 등기를 특정한다.

⑤ 등기의무자란 : 임차권자의 성명, 주민등록번호, 주소를 기재하되, 등기기록상 표시와 일치하여야 한다. 그러나 법인인 경우에는 상호(명칭), 본점(주사무소 소재지), 등기용등록번호 및 대표자의 성명과 주소를 기재하고, 법인 아닌 사단이나 재단인 경우에는 상호(명칭), 본점(주사무소 소재지), 등기용등록번호 및 대표자(관리인)의 성명, 주민등록번호, 주소를 각 기재한다.

⑥ 등기권리자란 : 소유자를 기재하는 난으로, 그 기재방법은 등기의무자란과 같다.

⑦ 등록면허세·지방교육세란 : 부동산 1개당 등록면허세 6,000원, 지방교육세 1,200원으로 계산하여 기재한다.

⑧ 세액합계란 : 등록면허세액과 지방교육세액의 합계를 기재한다.

⑨ 등기신청수수료란 : 부동산 1개당 3,000원의 등기신청수수료 납부액을 기재한다. 다만 전자표준양식에 의하여 신청하는 경우에는 2,000원, 전자신청하는 경우에는 1,000원의 등기신청수수료를 은행 현금납부, 전자납부, 무인발급기 납부 등의 방법에 따라 납부한 후 등기신청서에 등기신청수수료 영수필확인서를 첨부하고 납부번호를 기재하여 제출한다.

⑩ 등기의무자의 등기필정보란 : ㉮ 임차권설정등기를 완료하고 등기필정보를 교부받은 경우 그 등기필정보상에 기재된 부동산고유번호, 성명, 일련번호, 비밀번호를 각 기재(등기필정보를 제출하는 것이 아님)한다. 다만 교부받은 등기필정보를 멸실한 경우에는 부동산등기법 제51조에 의하여 확인서면이나 확인조서 또는 공증서면 중 하나를 첨부한다. ㉯ 등기신청서에 등기필증이나 확인서면 등을 첨부한 경우 이 난은 기재할 필요가 없다.

⑪ 첨부서면란 : 등기신청서에 첨부한 서면을 각 기재한다.

⑫ 신청인등란 : ㉮ 등기의무자와 등기권리자의 성명 및 전화번호를 기재하고, 각자의 인장을 날인한다. 그러나 신청인이 법인 또는 법인 아닌 사단이나 재단인 경우에는 상호(명칭)와 대표자(관리인)의 자격 및 성명을 기재하고, 대표자(관리인)의 인장을 날인한다. ㉯ 대리인이 등기신청을 하는 경우에는 그 대리인의 성명, 주소, 전화번호를 기재하고 대리인의 인장을 날인 또는 서명한다.

2. 등기신청서에 첨부할 서면 등

- 해지증서 : 해지 등과 같이 임차권등기말소사유에 관한 증서가 있는 경우에는 그 증서를 첨부한다.
- 등기필증 : 등기의무자인 임차권자가 임차권설정등기 후 등기소로부터 교부받은 등기필증을 말한다. 단, 임차권설정등기를 완료하고 등기필정보를 교부받은 경우에 그 등기필정보상에 기재된 부동산고유번호, 성명, 일련번호, 비밀번호를 각 기재(등기필정보를 제출하는 것이 아님)한다. 다만, 등기필증(등기필정보)을 멸실하여 첨부(기재)할 수 없는 경우에는 부동산등기법 제51조에 의하여 확인서면이나 확인조서 또는 공증서면 중 하나를 첨부한다.

- 인감증명서 등 : 임차권이 설정된 등기필증이 없을 때에는 임차권자의 인감증명서를 첨부하거나, 인감증명을 갈음하여 「본인서명사실확인등에관한법률」에 따라 발급된 본인서명사실확인서를 첨부할 수 있다.
- 등록면허세영수필확인서 : 시장, 구청장, 군수 등으로부터 등록면허세납부서(OCR용지) 또는 대법원 인터넷등기소의 정액등록면허세납부서 작성기능을 통하여 정액등록면허세납부서를 발급받아 납세지를 관할하는 해당 금융기관에 세금을 납부한 후 등록면허세영수필확인서와 영수증을 교부받아 영수증은 본인이 보관하고 등록면허세영수필확인서만 신청서의 등록면허세액표시란의 좌측상단 여백에 첨부하거나, 또는 지방세인터넷납부시스템을 이용하여 납부하고 출력한 등록면허세납부확인서를 첨부한다.
- 법인등기사항전부(일부)증명서 : 신청인이 법인인 경우에는 법인등기사항전부증명서 또는 법인등기사항일부증명서(각 발행일로부터 3월 이내)를 첨부한다.
- 위임장 : 등기신청을 법무사 등 대리인에게 위임하는 경우에 첨부한다.

3. 등기신청서류 편철순서

신청서, 등록면허세영수필확인서, 등기신청수수료 영수필확인서, 위임장, 해지증서, 등기필증 등의 순으로 편철한다.

4. 기타 참고사항

등기의 말소를 신청하는 경우에 그 말소에 대하여 등기상 이해관계 있는 제3자가 있는 때에는 신청서에 그 승낙서(인감증명서 포함) 또는 이에 대항할 수 있는 재판의 등본을 첨부하여야 한다.

77. 임차권말소등기신청(구분건물)

가. 의 의

임차권이 그 존속기간의 만료, 해지 등으로 종료하게 되는 경우에 기존의 임차권설정 등기를 말소시키기 위한 등기이다. 이 신청에서는 임차권자를 등기의무자, 임차권 설정자인 소유자를 등기권리자라고 한다.

나. 등기신청방법

(1) 공동신청

부동산의 소유자와 임차권자가 본인임을 확인할 수 있는 주민등록증 등을 가지고 직접 등기소에 출석하여 공동으로 신청함이 원칙이다.

(2) 단독신청

판결에 의한 등기신청인 경우에는 승소한 등기권리자 또는 등기의무자가 단독으로 신청할 수 있다.

(3) 대리인에 의한 신청

등기신청은 반드시 신청인 본인이 하여야 하는 것은 아니고 대리인이 하여도 된다. 등기권리자 또는 등기의무자 일방이 상대방의 대리인이 되거나 쌍방이 제3자에게 위임하여 등기신청을 할 수 있다.

[서식 77] 임차권말소등기신청서(구분건물)

임차권말소등기신청

접 수	년 월 일	처 리 인	등기관 확인	각종 통지
	제 호			

① 부동산의 표시	
1동의 건물의 표시 서울특별시 서초구 서초동 100 샛별아파트 가동 [도로명주소] 서울특별시 서초구 서초대로 88길 10 전유부분의 건물의 표시 건물의 번호 : 가 - 1 - 101 구 조 : 철근콘크리트조 면 적 : 1층 101호 86.03㎡ 이 상	
② 등기원인과 그 연월일	2020년 8월 10일 해지
③ 등 기 의 목 적	임차권등기말소
④ 말 소 할 등 기	2019년 12월 20일 접수 제12345호로 경료된 임차권설정등기

구분	성 명 (상호·명칭)	주민등록번호 (등기용등록번호)	주 소 (소 재 지)	지 분 (개인별)
⑤ 등기의무자	이 상 선	000000-0000000	서울특별시 서초구 서초대로 88길 10, 가동 101호(서초동, 샛별아파트)	
⑥ 등기권리자	김 갑 동	000000-0000000	서울특별시 중구 다동길 96(다동)	

⑦ 등 록 면 허 세	금 6,000 원
⑦ 지 방 교 육 세	금 1,200 원
⑧ 세 액 합 계	금 7,200 원
⑨ 등 기 신 청 수 수 료	금 3,000 원
	납부번호 : ○○-○○-○○○○○-○
	일괄납부 : 건 원

⑩ 등기의무자의 등기필정보

부동산고유번호	1102-2006-002095	
성 명(명 칭)	일련번호	비밀번호
이 상 선	Q77C-L07I-35J5	40-4636

⑪ 첨 부 서 면

1. 해지증서 1통 1. 등록면허세영수필확인서 1통 1. 등기필증 1통	〈기 타〉

20○○년 ○월 ○일

⑫ 위 신청인 이 상 선 ㉧ (전화 : 200-7766)
김 갑 동 ㉧ (전화 : 211-7711)
(또는)위 대리인 (전화 :)

○○지방법원 ○○등기소 귀중

[신청서 작성요령]

1. 부동산표시란에 2개 이상의 부동산을 기재하는 경우에는 부동산의 일련번호를 기재하여야 합니다.
2. 신청인란등 해당란에 기재할 여백이 없을 경우에는 별지를 이용합니다.
3. 담당등기관이 판단하여 위의 첨부 서면 외에 추가적인 서면을 요구할 수 있습니다.

주

1. 등기신청서 기재요령

신청서는 한글과 아라비아숫자로 기재하여야 한다. 부동산의 표시란이나 신청인란 등이 부족할 경우에는 별지로 사용하고, 별지를 포함한 신청서의 각 장 사이에 간인(신청서에 서명을 하였을 때에는 각 장마다 연결되는 서명)을 하여야 한다.

① 부동산의 표시란 : 말소할 임차권등기가 되어 있는 부동산을 기재하되, 등기기록상 부동산 표시와 일치하여야 한다. 부동산이 토지인 경우에는 토지의 소재와 지번, 지목, 면적을 기재하고, 건물인 경우에는 건물의 소재와 지번, 건물의 종류, 구조, 면적, 건물의 번호가 있는 때에는 그 번호, 부속건물이 있는 때에는 그 종류, 구조와 면적을 기재한다. 구분건물인 경우는,

㉮ 1동의 건물의 표시 : 1동의 건물 전체의 소재, 지번, 건물명칭 및 번호, 도로명주소(등기기록 표제부에 기록되어 있는 경우)를 기재한다.

㉯ 전유부분의 건물의 표시 : 건물의 번호, 구조, 면적을 기재한다.

㉰ 대지권의 표시 : 특정 전유부분의 대지권에 대하여는 임차권설정등기를 할 수 없으므로, 신청서에 대지권의 표시를 기재하지 아니한다.

② 등기원인과 그 연월일란 : 등기원인은 임차권 종료사유에 따라 "해지", "존속기간만료" 등으로, 그 연월일은 임대차계약의 해지일 등을 기재한다.

③ 등기의 목적란 : "임차권등기말소"로 기재한다.

④ 말소할 등기란 : 말소할 임차권등기의 접수연월일, 접수번호 등을 기재하여 말소할 등기를 특정한다.

⑤ 등기의무자란 : 임차권자의 성명, 주민등록번호, 주소를 기재하되, 등기기록상 표시와 일치하여야 한다. 그러나 법인인 경우에는 상호(명칭), 본점(주사무소 소재지), 등기용등록번호 및 대표자의 성명과 주소를 기재하고, 법인 아닌 사단이나 재단인 경우에는 상호(명칭), 본점(주사무소 소재지), 등기용등록번호 및 대표자(관리인)의 성명, 주민등록번호, 주소를 각 기재한다.

⑥ 등기권리자란 : 소유자를 기재하는 난으로, 그 기재방법은 등기의무자란과 같다.

⑦ 등록면허세·지방교육세란 : 부동산 1개당 등록면허세 6,000원, 지방교육세 1,200원으로 계산하여 기재한다.

⑧ 세액합계란 : 등록면허세액과 지방교육세액의 합계를 기재한다.

⑨ 등기신청수수료란 : 부동산 1개당 3,000원의 등기신청수수료 납부액을 기재한다. 다만 전자표준양식에 의하여 신청하는 경우에는 2,000원, 전자신청하는 경우에는 1,000원의 등기신

청수수료를 은행 현금납부, 전자납부, 무인발급기 납부 등의 방법에 따라 납부한 후 등기신청서에 등기신청수수료 영수필확인서를 첨부하고 납부번호를 기재하여 제출한다.

⑩ 등기의무자의 등기필정보란 : ㉮ 임차권설정등기를 완료하고 등기필정보를 교부받은 경우 그 등기필정보상에 기재된 부동산고유번호, 성명, 일련번호, 비밀번호를 각 기재(등기필정보를 제출하는 것이 아님)한다. 다만 교부받은 등기필정보를 멸실한 경우에는 부동산등기법 제51조에 의하여 확인서면이나 확인조서 또는 공증서면 중 하나를 첨부한다. ㉯ 등기신청서에 등기필증이나 확인서면 등을 첨부한 경우 이 난은 기재할 필요가 없다.

⑪ 첨부서면란 : 등기신청서에 첨부한 서면을 각 기재한다.

⑫ 신청인등란 : ㉮ 등기의무자와 등기권리자의 성명 및 전화번호를 기재하고, 각자의 인장을 날인한다. 그러나 신청인이 법인 또는 법인 아닌 사단이나 재단인 경우에는 상호(명칭)와 대표자(관리인)의 자격 및 성명을 기재하고, 대표자(관리인)의 인장을 날인한다. ㉯ 대리인이 등기신청을 하는 경우에는 그 대리인의 성명, 주소, 전화번호를 기재하고 대리인의 인장을 날인 또는 서명한다.

2. 등기신청서에 첨부할 서면 등

- 해지증서 : 해지 등과 같이 임차권등기말소사유에 관한 증서가 있는 경우에는 그 증서를 첨부한다.
- 등기필증 : 등기의무자인 임차권자가 임차권설정등기 후 등기소로부터 교부받은 등기필증을 말한다. 단, 임차권설정등기를 완료하고 등기필정보를 교부받은 경우에 그 등기필정보상에 기재된 부동산고유번호, 성명, 일련번호, 비밀번호를 각 기재(등기필정보를 제출하는 것이 아님)한다. 다만, 등기필증(등기필정보)을 멸실하여 첨부(기재)할 수 없는 경우에는 부동산등기법 제51조에 의하여 확인서면이나 확인조서 또는 공증서면 중 하나를 첨부한다.
- 인감증명서 등 : 전세권이 설정된 등기필증이 없을 때에는 전세권자의 인감증명서를 첨부하거나, 인감증명을 갈음하여 「본인서명사실확인등에관한법률」에 따라 발급된 본인서명사실확인서를 첨부할 수 있다.
- 등록면허세영수필확인서 : 시장, 구청장, 군수 등으로부터 등록면허세납부서(OCR용지) 또는 대법원 인터넷등기소의 정액등록면허세납부서 작성기능을 통하여 정액등록면허세납부서를 발급받아 납세지를 관할하는 해당 금융기관에 세금을 납부한 후 등록면허세영수필확인서와 영수증을 교부받아 영수증은 본인이 보관하고 등록면허세영수필확인서만 신청서의 등록면허세액표시란의 좌측상단 여백에 첨부하거나, 또는 지방세인터넷납부시스템을 이용하여 납부하고 출력한 등록면허세납부확인서를 첨부한다.
- 법인등기사항전부(일부)증명서 : 신청인이 법인인 경우에는 법인등기사항전부증명서 또는 법인등기사항일부증명서(각 발행일로부터 3월 이내)를 첨부한다.
- 위임장 : 등기신청을 법무사 등 대리인에게 위임하는 경우에 첨부한다.

3. 등기신청서류 편철순서

신청서, 등록면허세영수필확인서, 등기신청수수료 영수필확인서, 위임장, 해지증서, 등기필증 등의 순으로 편철한다.

4. 기타 참고사항

등기의 말소를 신청하는 경우에 그 말소에 대하여 등기상 이해관계 있는 제3자가 있는 때에는 신청서에 그 승낙서(인감증명서 포함) 또는 이에 대항할 수 있는 재판의 등본을 첨부하여야 한다.

78. 토지분필등기신청

가. 의 의

토지대장상 1필의 토지가 2필 또는 여러 필로 분할된 경우에 하는 등기이다. 이때에 "분할"이라 함은 지적공부에 등록된 1필지를 2필지 이상으로 나누어 등록하는 것을 말한다.

나. 등기신청방법

신청인 본인 또는 법무사 등 그 대리인이 신분을 확인할 수 있는 주민등록증 등을 가지고 직접 등기소에 출석하여 신청한다.
토지의 분할이 있는 경우에는 그 토지소유권의 등기명의인은 그 사실이 있는 때로부터 1개월 이내에 분필등기를 신청하여야 한다.
이와 같은 신청의 의무가 있는 자가 그 등기신청을 게을리 하였을 때에는 50만원 이하의 과태료를 부과한다.

[서식 78] 토지분필등기신청서

토지분필등기신청

접 수	년 월 일	처 리 인	등기관 확인	각종 통지
	제 호			

① 부동산의 표시		
1. 분할 전의 표시	서울특별시 서초구 서초동 100	대 500㎡
분할의 표시	서울특별시 서초구 서초동 100-1	대 200㎡
분할 후의 표시	서울특별시 서초구 서초동 100	대 300㎡
2. 분할 전의 표시	서울특별시 서초구 서초동 200	대 600㎡
분할의 표시	서울특별시 서초구 서초동 200-1	대 200㎡
	서울특별시 서초구 서초동 200-2	대 100㎡

분할 후의 표시 서울특별시 서초구 서초동 200 대 300㎡

이 상

<table>
<tr><td colspan="2">② 등기원인과 그 연월일</td><td colspan="2">2020년 8월 20일 분할</td></tr>
<tr><td colspan="2">③ 등 기 의 목 적</td><td colspan="2">토지표시변경</td></tr>
<tr><td colspan="2">④ 근저당권이 소멸하는 토지의 표시</td><td colspan="2">서울특별시 서초구 서초동 200-1 대 200㎡</td></tr>
<tr><td colspan="2">⑤ 지상권이 존속하는 토지의 표시</td><td colspan="2">서울특별시 서초구 서초동 200-1 대 200㎡ 중 동측 90㎡</td></tr>
<tr><td>구분</td><td>성 명
(상호·명칭)</td><td>주민등록번호
(등기용등록번호)</td><td>주 소 (소 재 지)</td></tr>
<tr><td>⑥
신
청
인</td><td>이 상 선</td><td>000000-0000000</td><td>서울특별시 서초구 서초대로 88길 20
(서초동)</td></tr>
<tr><td colspan="2">⑦ 등 록 면 허 세</td><td colspan="2">금 30,000 원</td></tr>
<tr><td colspan="2">⑦ 지 방 교 육 세</td><td colspan="2">금 6,000 원</td></tr>
<tr><td colspan="2">⑧ 세 액 합 계</td><td colspan="2">금 36,000 원</td></tr>
<tr><td colspan="2" rowspan="3">⑨ 등 기 신 청 수 수 료</td><td colspan="2">면제(2017. 12. 6. 등기예규 제1629호)</td></tr>
<tr><td colspan="2">납부번호 :</td></tr>
<tr><td colspan="2">일괄납부 :</td></tr>
<tr><td colspan="4">⑩ 첨 부 서 면</td></tr>
<tr><td colspan="2">1. 토지대장등본 5통
1. 등록면허세영수필확인서 1통
1. 지상권(권리)소멸승낙서 1통
1. 지상권(권리)존속증명서 1통
1. 인감증명서나 본인서명사실확인서 또는 전자본인서명확인서 발급증 1통</td><td colspan="2">1. 등록면허세영수필확인서 1통
1. 도면 1통
1. 위임장 1통</td></tr>
</table>

20○○년 ○월 ○일

⑪ 위 신청인 ㉠ (전화 :)

(또는)위 대리인 법무사 홍 길 동 ㉠ (전화 : 300-1234)

서울특별시 서초구 서초대로 73길 24(서초동)

○○지방법원 ○○등기소 귀중

법무사 홍 길 동 (직인)

[신청서 작성요령]

1. 부동산표시란에 2개 이상의 부동산을 기재하는 경우에는 부동산의 일련번호를 기재하여야 합니다.
2. 신청인란등 해당란에 기재할 여백이 없을 경우에는 별지를 이용합니다.
3. 담당등기관이 판단하여 위의 첨부 서면 외에 추가적인 서면을 요구할 수 있습니다.

주

1. 등기신청서 기재요령

신청서는 한글과 아라비아숫자로 기재하여야 한다. 부동산의 표시란이나 신청인란 등이 부족할 경우에는 별지로 사용하고, 별지를 포함한 신청서의 각 장 사이에 간인(신청서에 서명을 하였을 때에는 각 장마다 연결되는 서명)을 하여야 한다.

① 부동산의 표시란

㉮ 분할 전의 표시, 분할의 표시, 분할 후의 표시로 나누어 기재한다.

ⓐ 분할 전의 표시는 분할되기 전의 토지의 표시를, ⓑ 분할의 표시는 분할되어 나가는 토지의 표시를, ⓒ 분할 후의 표시는 분할되어 나간 토지를 제외하고 남아 있는 토지의 표시를 각 토지대장등본의 내용과 일치되게 기재하되, 토지의 소재, 지번, 지목, 면적 순으로 기재한다.

㉯ 분필 전의 부동산표시가 등기기록과 일치하지 아니할 때에는 먼저 부동산표시변경(또는 경정)등기를 하여야 한다.

② 등기원인과 그 연월일란 : 등기원인은 "분할"로, 그 연월일은 토지대장에 표시된 분할일을 기재한다(분필등기이지만 "분할"로 기재한다).

③ 등기의 목적란 : "토지표시변경"이라고 기재한다.

④ 공란에 기재할 사항(근저당권 등이 소멸하는 토지의 표시) : 분할되어 나간 토지나 분할 후의 토지에 대하여 소유권 외의 권리자의 소멸승낙이 있는 경우에는 그 권리가 소멸되는 토지의 표시를 기재한다. ㉮ 예를 들어, 근저당권이 분할 후 토지의 갑지(위 200번지)에 소멸하거나, 을지(위 200-1번지)에 소멸하는 경우에는 "근저당권이 소멸하는 토지"의 표시를 하여야 하나, 근저당권이 분할 후 토지의 갑지, 을지 모두에 그냥 존속하는 경우에는 이와 같은 취지의 표시를 할 필요는 없다. 전자의 경우에는 소유권 외의 권리의 등기명의인이 갑 토지나 을 토지에 관하여 그 권리의 소멸을 승낙한 것을 증명하는 정보 또는 이에

대항할 수 있는 재판이 있음을 증명하는 정보를 첨부하여야 한다. 위에서 "소유권 외의 권리"에는 용익권 및 담보권에 관한 권리등기 외에 가등기도 포함되지만, 가압류·가처분·경매개시결정등기와 본인의 의사만으로 소멸되는 권리가 아닌 등기는 포함되지 않는다. ㉯ 소멸하는 권리를 목적으로 하는 제3자의 권리에 관한 등기가 있는 경우에는 그 자의 승낙이 있음을 증명하는 정보 또는 이에 대항할 수 있는 재판이 있음을 증명하는 정보를 첨부하여야 한다. ㉰ 따라서 근저당권이 분필 후 토지의 어느 한 쪽에 소멸하지 아니하고 양쪽 토지에 그대로 존속하는 경우에는 부동산등기규칙 제76조 제3항, 제4항 및 제5항 소정의 권리소멸승낙서를 제출할 필요도 없고, 그 근저당권자의 인감증명을 제출할 필요도 없다. ㉱ "근저당권이 소멸하는 토지의 표시"를 하는 경우에 "서울특별시 서초구 서초동 200-1 대 200㎡"로 기재한다.

⑤ 공란에 기재할 사항(용익권 등기 존속하는 토지의 표시) : 1필의 토지의 일부에 지상권·전세권·임차권이나 승역지(편익제공지)의 일부에 관하여 하는 지역권의 등기가 있는 경우에 분필등기를 신청할 때에는 권리가 존속할 표시에 관한 정보를 제공하고, 이에 관한 권리자의 확인이 있음을 증명하는 정보를 첨부하여야 한다. (예) "서울특별시 서초구 서초동 200-2 대 100㎡" 등으로 기재한다. 만약 그 권리가 토지의 일부에 존속할 때에는 그 토지부분에 관한 정보도 제공하고, 그 부분을 표시한 지적도를 첨부하여야 한다.

⑥ 신청인란 : 신청인의 성명, 주민등록번호, 주소를 기재한다. 그러나 신청인이 법인인 경우에는 상호(명칭), 본점(주사무소 소재지), 등기용등록번호 및 대표자의 성명과 주소를 기재하고, 법인 아닌 사단이나 재단인 경우에는 상호(명칭), 본점(주사무소 소재지), 등기용등록번호 및 대표자(관리인)의 성명, 주민등록번호, 주소를 각 기재한다. 주소는 도로명주소법에 의한 주소를 기재한다.

⑦ 등록면허세·지방교육세란 : 분할된 후 부동산 개수 1개당 등록면허세 6,000원, 지방교육세 1,200원으로 계산하여 기재한다(예 : 1필지의 토지가 분할되어 3필지로 된 경우, 등록면허세는 3건으로 계산함).

⑧ 세액합계란 : 등록면허세액과 지방교육세액의 합계를 기재한다. 한편 토지의 분필·합병·지목변경등기 등의 경우에는 등기신청수수료를 납부하지 아니한다.

⑨ 등기신청수수료란 : 면제(2017. 12. 6. 등기예규 제1629호).라고 기재한다.

⑩ 첨부서면란 : 등기신청서에 첨부한 서면을 각 기재한다.

⑪ 신청인등란 : ㉮ 신청인의 성명 및 전화번호를 기재하고 인장을 날인하되(주소를 기재하지 아니한다), 신청인이 법인이나 법인 아닌 사단 또는 재단인 경우에는 상호(명칭)와 대표자(관리인)의 자격 및 성명을 기재하고 대표자(관리인)의 인장을 날인한다. 다만 분필등기신청의 경우에는 신청인의 기명날인 대신 서명으로 가능하다. ㉯ 대리인이 등기신청을 하는 경우에는 그 대리인의 성명, 주소, 전화번호를 기재하고 대리인의 인장을 날인 또는 서명한다.

2. 등기신청서에 첨부할 서면 등

• 등록면허세영수필확인서 : 시장, 구청장, 군수 등으로부터 등록면허세납부서(OCR용지) 또는 대법원 인터넷등기소의 정액등록면허세납부서 작성기능을 통하여 정액등록면허세납부서를 발급받아 납세지를 관할하는 해당 금융기관에 세금을 납부한 후 등록면허세영수필확인서와 영수증을 교부받아 영수증은 본인이 보관하고 등록면허세영수필확인서만 신청서의 등록면허세액표시란의 좌측상단 여백에 첨부하거나, 또는 지방세인터넷납부시스템을 이용하여 납부하고 출력한 등록면허세납부확인서를 첨부한다.

- 토지(임야)대장등본 : 분할사유가 기재된 분할 전의 토지(임야)대장등본과 분할되어 나간 토지(임야)대장등본(각 발행일로부터 3월 이내)을 각 1통씩 첨부한다. 각 토지(임야)대장에는 분할사유가 기재되어 있어야 한다.
- 권리소멸(존속)승낙서, 인감증명서 및 도면 등 : 1필의 토지의 일부에 지상권·전세권·임차권이나 승역지(편익제공지)의 일부에 관하여 하는 지역권의 등기가 있는 경우에 분필등기를 신청할 때에는 권리가 존속할 토지의 표시에 관한 정보를 제공하고, 이에 관한 권리자의 확인이 있음을 증명하는 정보를 첨부하여야 한다. 이 경우 그 권리가 토지의 일부에 존속할 때에는 그 토지부분에 관한 정보도 제공하고, 그 부분을 표시한 도면(또는 지적도)을 첨부하여야 한다. 위와 같이 권리자의 확인서를 첨부하여 토지분필등기를 신청하는 경우 그 권리자의 인감증명서를 첨부하거나, 인감증명을 갈음하여 「본인서명사실확인등에관한법률」에 따라 발급된 본인서명사실확인서(발행일부터 3개월 이내)에 기재한 서명(전자본인서명확인서 발급증을 제출할 경우에도 서명)을 하고 본인서명사실확인서(전자본인서명확인서 발급증)을 첨부한다.
- 법인등기사항전부(일부)증명서 : 신청인이 법인인 경우에는 법인등기사항전부증명서 또는 법인등기사항일부증명서(각 발행일로부터 3월 이내)를 첨부한다. 신청인이 법인 아닌 사단 또는 재단인 경우에는 ㉮ 정관이나 그 밖의 규약, ㉯ 대표자나 관리인임을 증명하는 정보(다만, 등기되어 있는 대표자나 관리인이 신청하는 경우에는 그러하지 아니하다. ㉰ 대표자나 관리인의 주소 및 주민등록번호를 증명하는 정보를 첨부하여야 한다.
- 토지에 관한 부동산표시 변경 및 경정등기(토지분필·합병·지목변경 등) 신청의 경우 등기신청수수료는 면제된다.
- 위임장 : 등기신청을 법무사 등 대리인에게 위임하는 경우에 첨부한다. 위 위임장에는 위임인이 기명날인 또는 서명하여야 한다.

3. 등기신청서류 편철순서

신청서, 등록면허세영수필확인서, 위임장, 토지(임야)대장등본, 권리소멸승낙서(권리존속증명서), 인감증명서나 본인서명사실확인서 또는 전자본인서명확인서 발급증, 도면 등의 순으로 편철한다.

4. 기타 참고사항

두 토지가 합병된 후 합병전의 어느 1필지의 토지에 대한 소유권이전등기가 원인무효임을 전제로 그 말소소송을 제기하여 승소한 경우에, 원고는 판결에 기한 말소등기를 하기 위해서는 먼저 소유자를 대위하여 분필등기를 신청하여야 한다. 이 경우 "대위원인"을 "2013. 5. 10. ○○지방법원의 소유권이전등기말소청구권보전(또는 확인판결)"으로 기재하고, "대위신청인의 성명, 주소(주민등록번호는 기재하지 않음)를 신청인란에 기재한다. "대위원인을 증명하는 서면"으로 "판결정본"을 첨부한다.

79. 토지합필등기신청

가. 의 의

토지대장상 2필 또는 여러 필의 토지를 합필하여 1필의 토지로 된 경우에 하는 등기이다. 이때에 "합병"이라 함은 지적공부상에 등록된 2필지 이상을 1필지로 합하여 등록하는 것을 말한다.

나. 등기신청방법

신청인 본인 또는 법무사 등 그 대리인이 신분을 확인할 수 있는 주민등록증 등을 가지고 직접 등기소에 출석하여 신청한다.
토지의 합병이 있는 경우에는 그 토지소유권의 등기명의인은 그 사실이 있는 때로부터 1개월 이내에 합필등기를 신청하여야 한다.
이와 같은 신청의 의무가 있는 자가 그 등기신청을 게을리 하였을 때에는 50만원 이하의 과태료를 부과한다.

[서식 79] 토지합필등기신청서

토지합필등기신청

접 수	년 월 일	처 리 인	등기관 확인	각종 통지
	제 호			

① 부동산의 표시		
합필 전의 표시	서울특별시 서초구 서초동 100	대 200㎡
합필의 표시	1. 서울특별시 서초구 서초동 100-1	대 100㎡
	2. 서울특별시 서초구 서초동 100-2	대 50㎡
합필 후의 표시	서울특별시 서초구 서초동 100	대 350㎡
	이 상	

<table>
<tr><td colspan="2">② 등기원인과 그 연월일</td><td colspan="3">2020년 8월 20일 합병</td></tr>
<tr><td colspan="2">③ 등 기 의 목 적</td><td colspan="3">토지표시변경</td></tr>
<tr><td>구분</td><td>성 명
(상호·명칭)</td><td>주민등록번호
(등기용등록번호)</td><td colspan="2">주 소 (소 재 지)</td></tr>
<tr><td>④
신
청
인</td><td>이 상 선</td><td>000000-0000000</td><td colspan="2">서울특별시 서초구 서초대로 88길 20
(서초동)</td></tr>
<tr><td colspan="3">⑤ 등 록 면 허 세</td><td colspan="2">금 18,000 원</td></tr>
<tr><td colspan="3">⑤ 지 방 교 육 세</td><td colspan="2">금 3,600 원</td></tr>
<tr><td colspan="3">⑥ 세 액 합 계</td><td colspan="2">금 21,600 원</td></tr>
<tr><td colspan="3" rowspan="3">⑦ 등 기 신 청 수 수 료</td><td colspan="2">면제(2017. 12. 6. 등기예규 제1629호)</td></tr>
<tr><td colspan="2">납부번호</td></tr>
<tr><td colspan="2">일괄납부</td></tr>
<tr><td colspan="5">⑧ 첨 부 서 면</td></tr>
<tr><td colspan="4">1. 토지대장등본 3통
1. 등록면허세영수필확인서 1통
1. 위임장 1통</td><td>〈기 타〉</td></tr>
<tr><td colspan="5">20○○년 ○월 ○일

⑨ 위 신청인 ㊞ (전화 :)

(또는)위 대리인 법무사 홍 길 동 ㊞ (전화 : 300-1234)
서울특별시 서초구 서초대로 73길 24(서초동)

○○지방법원 ○○등기소 귀중

법무사 홍 길 동 (직인)</td></tr>
</table>

[신청서 작성요령]

1. 부동산표시란에 2개 이상의 부동산을 기재하는 경우에는 부동산의 일련번호

를 기재하여야 합니다.
2. 신청인란등 해당란에 기재할 여백이 없을 경우에는 별지를 이용합니다.
3. 담당등기관이 판단하여 위의 첨부 서면 외에 추가적인 서면을 요구할 수 있습니다.

주

1. **등기신청서 기재요령**

신청서는 한글과 아라비아숫자로 기재하여야 한다. 부동산의 표시란이나 신청인란 등이 부족할 경우에는 별지로 사용하고, 별지를 포함한 신청서의 각 장 사이에 간인(신청서에 서명을 하였을 때에는 각 장마다 연결되는 서명)을 하여야 한다.

① 부동산의 표시란

㉮ 합필 전의 표시, 합필의 표시, 합필 후의 표시로 나누어 기재한다.

ⓐ 합필 전의 표시에는 합필하는 토지의 표시를, ⓑ 합필의 표시에는 합필되는 토지의 표시를, ⓒ 합필 후의 표시에는 합필의 결과 하나가 된 토지의 표시를 각 토지대장 등본의 내용과 일치되게 기재하되, 토지의 소재, 지번, 지목, 면적 순으로 기재한다.

㉯ 합필 전의 부동산표시가 등기기록과 일치하지 아니할 때에는 먼저 부동산표시변경(또는 경정)등기를 하여야 한다.

② 등기원인과 그 연월일란 : 등기원인은 "합병"으로, 그 연월일은 토지대장에 표시된 합병일을 기재한다(단 "합필"이라 기재하지 아니하고, "합병"으로 기재한다).

③ 등기의 목적란 : "토지표시변경"이라고 기재한다.

④ 신청인란 : 신청인의 성명, 주민등록번호, 주소를 기재한다. 그러나 신청인이 법인인 경우에는 상호(명칭), 본점(주사무소 소재지), 등기용등록번호 및 대표자의 성명과 주소를 기재하고, 법인 아닌 사단이나 재단인 경우에는 상호(명칭), 본점(주사무소 소재지), 등기용등록번호 및 대표자(관리인)의 성명, 주민등록번호, 주소를 각 기재한다. 주소는 도로명주소법에 의한 주소를 기재한다.

⑤ 등록면허세·지방교육세란 : ㉮ 합필 전의 부동산 개수 1개당 등록면허세 6,000원, 지방교육세 1,200원으로 계산하여 기재한다. ㉯ 본건의 경우에는 3필지의 토지가 합병되어 1필지로 된 경우이므로 등록면허세는 3건으로 계산하였다.

⑥ 세액합계란 : 등록면허세액과 지방교육세액의 합계를 기재한다. 한편 토지의 분필·합병·지목변경등기 등의 경우에는 등기신청수수료를 납부하지 아니한다.

⑦ 등기신청수수료란 : 면제(2017. 12. 6. 등기예규 제1629호).라고 기재한다.

⑧ 첨부서면란 : 등기신청서에 첨부한 서면을 각 기재한다.

⑨ 신청인등란 : ㉮ 신청인의 성명 및 전화번호를 기재하고 인장을 날인하되(주소를 기재하지 아니한다), 신청인이 법인이나 법인 아닌 사단 또는 재단인 경우에는 상호(명칭)와 대표자(관리인)의 자격 및 성명을 기재하고 대표자(관리인)의 인장을 날인한다. 다만 분필등기신청의 경우에는 신청인의 기명날인 대신 서명으로 가능하다. ㉯ 대리인이 등기신청을 하는 경우에는 그 대리인의 성명, 주소, 전화번호를 기재하고 대리인의 인장을 날인 또는 서명한다.

2. 등기신청서에 첨부할 서면 등

- 등록면허세영수필확인서 : 시장, 구청장, 군수 등으로부터 등록면허세납부서(OCR용지) 또는 대법원 인터넷등기소의 정액등록면허세납부서 작성기능을 통하여 정액등록면허세납부서를 발급받아 납세지를 관할하는 해당 금융기관에 세금을 납부한 후 등록면허세영수필확인서와 영수증을 교부받아 영수증은 본인이 보관하고 등록면허세영수필확인서만 신청서의 등록면허세액표시란의 좌측상단 여백에 첨부하거나, 또는 지방세인터넷납부시스템을 이용하여 납부하고 출력한 등록면허세납부확인서를 첨부한다.
- 토지(임야)대장등본 : 합필사유가 기재된 합필 후의 토지(임야)대장등본과, 합필되는 도지(임야)대장 등본(각 발행일로부터 3월 이내)을 각 1통씩 첨부한다. 각 토지(임야)대장에는 합필사유가 기재되어 있어야 한다.
- 법인등기사항전부(일부)증명서 : 신청인이 법인인 경우에는 법인등기사항전부증명서 또는 법인등기사항일부증명서(각 발행일로부터 3월 이내)를 첨부한다. 신청인이 법인 아닌 사단 또는 재단인 경우에는 ㉮ 정관이나 그 밖의 규약, ㉯ 대표자나 관리인임을 증명하는 정보(다만, 등기되어 있는 대표자나 관리인이 신청하는 경우에는 그러하지 아니하다. ㉰ 대표자나 관리인의 주소 및 주민등록번호를 증명하는 정보를 첨부하여야 한다.
- 토지에 관한 부동산표시 변경 및 경정등기(토지분필·합병·지목변경 등) 신청의 경우 등기신청수수료는 면제된다.
- 위임장 : 등기신청을 법무사 등 대리인에게 위임하는 경우에 첨부한다. 위 위임장에는 위임인이 기명날인 또는 서명하여야 한다.

3. 등기신청서류 편철순서

신청서, 등록면허세영수필확인서, 위임장, 토지(임야)대장등본 등의 순으로 편철한다.

4. 기타 참고사항

측량·수로조사 및 지적에 관한 법률에 따른 토지합병절차를 마친 후 합필등기를 하기 전에 토지의 일부가 이전등기 되었거나 토지의 일부에 대하여 합필의 제한사유에 해당하는 권리에 관한 등기가 되었을 경우 소유자가 동일한 경우 단독으로, 소유자가 다른 때에는 공동으로 합필 후의 각 지분을 신청서에 기재한 후 '소유자의 확인서 및 인감증명서' 및 '이해관계인의 승낙서 및 인감증명서'을 첨부하여 등기를 신청하여야 한다(등기예규 제1138호).

80. 토지합필등기신청(토지합필의 특례)

가. 의 의

합필이란 토지대장상 2필 또는 여러 필의 토지를 합필하여 1필의 토지로 된 경우에 하는 등기이다. 이때에 "합병"이라 함은 지적공부상에 등록된 2필이 이상을 1필지로 합하여 등록하는 것을 말한다.

한편, 부동산등기법 제38조에 따른 합필등기를 신청하는 경우에는 종전 토지의 소유권이 합병 후의 토지에서 차지하는 지분을 신청정보의 내용으로 등기소에 제공하고, 이에 관한 토지소유자들이 확인이 있음을 증명하는 정보를 첨부정보로서 등기소에 제공하여야 한다.

또한 부동산등기법 제38조에 따라 합필의 등기를 할 때에는 부동산등기규칙 제79조 및 제80조에 따른 등기를 마친 후 종전 토지의 소유권의 등기를 공유지분으로 변경하는 등기를 부기로 하여야 하고, 종전등기의 권리자에 관한 사항을 말소하는 표시를 하여야 한다. 이러한 경우에 이해관계인의 승낙이 있을 때에는 그 이해관계인 명의의 등기를 위 공유지분 위에 존속하는 것으로 변경하는 등기를 부기로 하여야 한다.

나. 등기신청방법

신청인 본인 또는 법무사 등 그 대리인이 신분을 확인할 수 있는 주민등록증 등을 가지고 직접 등기소에 출석하여 신청한다.

토지의 합병이 있는 경우에는 그 토지소유권의 등기명의인은 그 사실이 있는 때로부터 1개월 이내에 합필등기를 신청하여야 한다.

이와 같은 신청의 의무가 있는 자가 그 등기신청을 게을리 하였을 때에는 50만원 이하의 과태료를 부과한다.

[서식 80] **토지합필등기신청서**(토지합필의 특례)

토지합필등기신청

<table>
<tr><td rowspan="2">접 수</td><td>년 월 일</td><td rowspan="2">처 리 인</td><td>등기관 확인</td><td>각종 통지</td></tr>
<tr><td>제 호</td><td></td><td></td></tr>
</table>

① 부동산의 표시		
합필 전의 표시	서울특별시 서초구 서초동 100	대 200㎡(2분의 1)
합필의 표시	서울특별시 서초구 서초동 100-1	대 100㎡(2분의 1)
합필 후의 표시	서울특별시 서초구 서초동 100	대 300㎡

이 상

② 등기원인과 그 연월일	2020년 8월 20일 합병		
③ 등 기 의 목 적	토지표시변경		
④ 근저당권이 존속하는 지분의 표시	공유자 이상선 지분 2분의 1		
④ 가압류가 존속하는 지분의 표시	공유자 이상선 지분 2분의 1		
구분	성 명 (상호·명칭)	주민등록번호 (등기용등록번호)	주 소 (소 재 지)
⑤ 신청인	이 상 선	000000-0000000	서울특별시 서초구 서초대로 88길 20(서초동)
	김 갑 동	000000-0000000	서울특별시 서초구 서초대로 70길 12(서초동)

⑥ 등 록 면 허 세	금 12,000 원
⑥ 지 방 교 육 세	금 2,400 원
⑦ 세 액 합 계	금 14,400 원
⑧ 등 기 신 청 수 수 료	면제(2017. 12. 6. 등기예규 제1629호)
	납부번호 :
	일괄납부 :

⑨ 첨 부 서 면

1. 토지대장등본	2통	1. 확인서	1통
1. 등록면허세영수필확인서	통	1. 승낙서	1통
1. 인감증명서나 본인서명사실확인서 또는 전자본인서명확인서 발급증	1통	1. 위임장	1통
		〈기 타〉	

20○○년 ○월 ○일

⑩ 위 신청인 ㊞ (전화 :)

(또는)위 대리인 법무사 홍 길 동 ㊞ (전화 : 300-1234)
서울특별시 서초구 서초대로 73길 24(서초동)

○○지방법원 ○○등기소 귀중

법무사 홍 길 동 (직인)

[신청서 작성요령]

1. 부동산표시란에 2개 이상의 부동산을 기재하는 경우에는 부동산의 일련번호를 기재하여야 합니다.
2. 신청인란등 해당란에 기재할 여백이 없을 경우에는 별지를 이용합니다.
3. 담당등기관이 판단하여 위의 첨부 서면 외에 추가적인 서면을 요구할 수 있습니다.

주

1. 등기신청서 기재요령

신청서는 한글과 아라비아숫자로 기재하여야 한다. 부동산의 표시란이나 신청인란 등이 부족할 경우에는 별지로 사용하고, 별지를 포함한 신청서의 각 장 사이에 간인(신청서에 서명을 하였을 때에는 각 장마다 연결되는 서명)을 하여야 한다.

① 부동산의 표시란

㉮ 합필 전의 표시, 합필의 표시, 합필 후의 표시로 나누어 기재한다.

ⓐ 합필 전의 표시에는 합필하는 토지의 표시를, ⓑ 합필의 표시에는 합필되는 토지의 표시를, ⓒ 합필 후의 표시에는 합필의 결과 하나가 된 토지의 표시를 각 토지대장 등본의 내용과 일치되게 기재하되, 토지의 소재, 지번, 지목, 면적 순으로 기재한다.

㉯ 합필 전의 부동산표시가 등기기록과 일치하지 아니할 때에는 먼저 부동산표시변경(또는 경정)등기를 하여야 한다.

② 등기원인과 그 연월일란 : 등기원인은 "합병"으로, 그 연월일은 토지대장에 표시된 합병일을 기재한다(단 "합필"이라 기재하지 아니하고, "합병"으로 기재한다).

③ 등기의 목적란 : "토지표시변경"이라고 기재한다.

④ 권리가 존속하는 지분의 표시란 : 등기상 이해관계인은 승낙서에 신청서상 기재한 합필 후의 지분을 표시하고 이에 대한 동의 또는 승낙의 의사를 기재한 후 기명날인하여야 한다. 따라서 신청서에는 합필 후 가압류등기 등이 존속하는 지분의 표시를 하여야 한다. 다만, 소유자가 동일하고 합필하려는 토지의 전부에 대하여 등기원인, 그 연월일, 등기의 목적과 접수번호가 동일하고 합필하려는 토지의 전부에 등기원인, 그 연월일, 등기의 목적과 접수번호가 동일하고 합필하려는 토지의 전부에 등기원인, 그 연월일, 등기의 목적과 접수번호가 동일한 합필제한사유에 해당하는 권리에 관한 등기가 있는 경우에는 신청서에 합필 후의 공유지분을 기재할 필요가 없고, 권리가 존속할 지분의 표시를 할 필요는 없다. 왜냐하면 등기기록에 등기관이 직권으로 근저당권 등이 소유권 전부에 미치는 것으로 기재하면 되기 때문이다.

⑤ 신청인란 : 신청인의 성명, 주민등록번호, 주소를 기재한다. 그러나 신청인이 법인인 경우에는 상호(명칭), 본점(주사무소 소재지), 등기용등록번호 및 대표자의 성명과 주소를 기재하

고, 법인 아닌 사단이나 재단인 경우에는 상호(명칭), 본점(주사무소 소재지), 등기용등록번호 및 대표자(관리인)의 성명, 주민등록번호, 주소를 각 기재한다. 주소는 도로명주소법에 의한 주소를 기재한다.

⑥ 등록면허세·지방교육세란 : ㉮ 합필 전의 부동산 개수 1개당 등록면허세 6,000원, 지방교육세 1,200원으로 계산하여 기재한다. ㉯ 본건의 경우에는 3필지의 토지가 합병되어 1필지로 된 경우이므로 등록면허세는 3건으로 계산하였다.

⑦ 세액합계란 : 등록면허세액과 지방교육세액의 합계를 기재한다. 한편 토지의 분필·합병·지목변경등기 등의 경우에는 등기신청수수료를 납부하지 아니한다.

⑧ 등기신청수수료란 : 면제(2017. 12. 6. 등기예규 제1629호).라고 기재한다.

⑨ 첨부서면란 : 등기신청서에 첨부한 서면을 각 기재한다.

⑩ 신청인등란 : ㉮ 신청인의 성명 및 전화번호를 기재하고 인장을 날인하되(주소를 기재하지 아니한다), 신청인이 법인이나 법인 아닌 사단 또는 재단인 경우에는 상호(명칭)와 대표자(관리인)의 자격 및 성명을 기재하고 대표자(관리인)의 인장을 날인한다. 다만 분필등기신청의 경우에는 신청인의 기명날인 대신 서명으로 가능하다. ㉯ 대리인이 등기신청을 하는 경우에는 그 대리인의 성명, 주소, 전화번호를 기재하고 대리인의 인장을 날인 또는 서명한다.

2. 등기신청서에 첨부할 서면 등

- 등록면허세영수필확인서 : 시장, 구청장, 군수 등으로부터 등록면허세납부서(OCR용지) 또는 대법원 인터넷등기소의 정액등록면허세납부서 작성기능을 통하여 정액등록면허세납부서를 발급받아 납세지를 관할하는 해당 금융기관에 세금을 납부한 후 등록면허세영수필확인서와 영수증을 교부받아 영수증은 본인이 보관하고 등록면허세영수필확인서만 신청서의 등록면허세액표시란의 좌측상단 여백에 첨부하거나, 또는 지방세인터넷납부시스템을 이용하여 납부하고 출력한 등록면허세납부확인서를 첨부한다.
- 토지(임야)대장등본 : 합필사유가 기재된 합필 후의 토지(임야)대장등본과, 합필되는 토지(임야)대장 등본(각 발행일로부터 3월 이내)을 각 1통씩 첨부한다. 각 토지(임야)대장에는 합필사유가 기재되어 있어야 한다.
- 인감증명서 등 : 토지합필의 특례에 따른 소유자가 다른 토지에 대한 합필등기의 신청정보에 토지소유자들의 확인서와 등기상이해관계인들이 승낙서를 첨부하는 경우에는 그들의 인감증명서를 첨부하거나, 인감증명을 갈음하여 「본인서명사실확인등에관한법률」에 따라 발급된 본인서명사실확인서(발행일부터 3개월 이내)에 기재한 서명(전자본인서명확인서 발급증을 제출할 경우에도 서명)을 하고 본인서명사실확인서(전자본인서명확인서 발급증)을 첨부한다. 따라서 토지소유자 이상선과 김갑동의 인감증명서 각 1통, 가압류권자 및 근저당권자의 인감증명서 각 1통씩을 첨부하거나, 인감증명을 갈음하여 「본인서명사실확인등에관한법률」에 따라 발급된 본인서명사실확인서(발행일부터 3개월 이내)에 기재한 서명(전자본인서명확인서 발급증을 제출할 경우에도 서명)을 하고 본인서명사실확인서(전자본인서명확인서 발급증)을 첨부한다.
- 확인서 : 토지합필의 특례에 따른 소유자가 다른 토지에 대한 합필등기의 신청정보에는 토지소유자들이 토지의 소재, 지번, 지목, 면적을 기재하고, 합필 후의 공유지분을 기재한 후 소유자가 기명날인한 확인서를 첨부한다.
- 승낙서 : 토지합필의 특례에 따른 소유자가 다른 토지에 대한 합필등기의 신청정보에는 등기상 이해관계인이 신청정보에 기록한 합필 후의 지분을 표시를 하고 이에 대한 동의 또는

승낙의 의사를 기재한 후 기명날인한 승낙서를 첨부한다.

- 법인등기사항전부(일부)증명서 : 신청인이 법인인 경우에는 법인등기사항전부증명서 또는 법인등기사항일부증명서(각 발행일로부터 3월 이내)를 첨부한다. 신청인이 법인 아닌 사단 또는 재단인 경우에는 ㉮ 정관이나 그 밖의 규약, ㉯ 대표자나 관리인임을 증명하는 정보(다만, 등기되어 있는 대표자나 관리인이 신청하는 경우에는 그러하지 아니하다. ㉰ 대표자나 관리인의 주소 및 주민등록번호를 증명하는 정보를 첨부하여야 한다.
- 토지에 관한 부동산표시 변경 및 경정등기(토지분필·합병·지목변경 등) 신청의 경우 등기신청수수료는 면제된다.
- 위임장 : 등기신청을 법무사 등 대리인에게 위임하는 경우에 첨부한다. 위 위임장에는 위임인이 기명날인 또는 서명하여야 한다.

3. 등기신청서류 편철순서

신청서, 등록면허세영수필확인서, 위임장, 토지(임야)대장등본, 확인서, 승낙서, 인감증명서나 본인서명사실확인서 또는 전자본인서명확인서 발급증 등의 순으로 편철한다.

4. 기타 참고사항

가. 측량·수로조사 및 지적에 관한 법률에 따른 토지합병절차를 마친 후 합필등기를 하기 전에 토지의 일부가 이전등기 되었거나 토지의 일부에 대하여 합필의 제한사유에 해당하는 권리에 관한 등기가 되었을 경우 소유자가 동일한 경우 단독으로, 소유자가 다른 때에는 공동으로 합필 후의 각 지분을 신청서에 기재한 후 '소유자의 확인서 및 인감증명서' 및 '이해관계인의 승낙서 및 인감증명서'를 첨부하여 등기를 신청하여야 한다(등기예규 제1138호).

나. 신탁목적 부동산의 합필의 등기(2009. 5. 20. 등기예규 제1294호)

- 원칙적으로 불가 : 신탁등기가 경료된 토지에 대하여는 원칙적으로 합필의 등기를 신청할 수 없다.
- 합필의 요건 : 주택법에 의하여 주택건설사업계획의 승인을 얻어 공동주택을 건설하는 경우(2003년 7월 1일 이전 구 주택건설촉진법에 의하여 주택건설사업의 승인을 얻어 공동주택을 건설하는 경우 포함) 및 건축법 제11조에 따른 건축허가를 받아 주택 외의 시설과 주택을 동일 건축물로 하여 주택법 제16조 제1항에서 정한 호수(공동주택 20세대) 이상으로 건설·공급하는 경우로서 주택법 제38조 제1항 제1호의 입주자모집공고 승인을 받은 경우로서 신탁목적이 동일하고, 신탁등기 외에 합필제한사유에 해당하는 권리에 관한 등기가 없어야 한다.
- 위탁자가 상이한 경우의 첨부서면 : ㉮ 토지대장등본 : 합병을 증명하는 서면임, ㉯ 위탁자 작성의 합병승낙서 및 그 인감증명서 : 합병승낙서에 위탁자 전원이 그 성명, 주민등록번호, 주소, 신탁원부번호, 합필 전의 토지 소재지번, 지목 및 면적(또는 지분), 합필 후의 지분을 표시하고 인감을 날인한다. 단, 법무사나 변호사가 위탁자 전원이 합필승낙서에 직접 서명하거나 날인하였다는 것을 확인한 경우에는 인감증명서를 첨부하지 않고 법무사나 변호사의 확인서를 대신 첨부할 수 있다. ㉰ 주택건설사업계획승인서 사본 : 2003년 7월 1일 이전 구 주택건설촉진법에 따라 주택건설사업계획의 승인을 얻어 공공주택을 건설하는 경우에 합필등기를 할 수 있으므로, 2003년 7월 1일 이전에 구 주택건설촉진법에 따라 주택건설사업계획의 승인을 받았음을 소명하는 자료로 주택건설사업계획승인서를 첨부한다.
- 신탁등기된 토지의 합필등기절차 : 수탁자가 합필등기를 신청하기 위해서는 신청서에 합

필 후의 수탁자 지분을 기재하고 위 각 서면을 첨부하여 단독으로 합필등기를 신청할 수 있다. 이 경우에 합필등기를 완료한 등기관은 합필등기신청서에 따른 합필 후의 공유지분으로 변경등기를 하여야 한다. 다만 합필 후의 지분표시는 토지면적비율에 의해서 지분비율을 정하되 그 지분비율은 신청서 부동산 표시 우측 끝에 기재한다.

81. 토지면적변경등기신청

가. 의 의

토지대장상 면적이 변경되었을 경우에 이를 일치시키기 위하여 하는 등기이다.

나. 등기신청방법

신청인 본인 또는 법무사 등 그 대리인이 신분을 확인할 수 있는 주민등록증 등을 가지고 직접 등기소에 출석하여 신청한다.

[서식 81] 토지면적변경등기신청서

면적변경등기신청

<table>
<tr><td rowspan="2">접 수</td><td>년 월 일</td><td rowspan="2">처 리 인</td><td>등기관 확인</td><td>각종 통지</td></tr>
<tr><td>제 호</td><td></td><td></td></tr>
</table>

<table>
<tr><td colspan="2">① 부동산의 표시</td></tr>
<tr><td colspan="2">변경 전의 표시 서울특별시 서초구 서초동 100 대 100㎡
변경 후의 표시 서울특별시 서초구 서초동 100 대 120㎡

이 상</td></tr>
<tr><td>② 등기원인과 그 연월일</td><td>2020년 8월 20일 면적변경</td></tr>
<tr><td>③ 등 기 의 목 적</td><td>토지표시변경</td></tr>
</table>

<table>
<tr><td>구분</td><td>성 명
(상호·명칭)</td><td>주민등록번호
(등기용등록번호)</td><td colspan="2">주 소 (소 재 지)</td></tr>
<tr><td>④ 신청인</td><td>이 상 선</td><td>000000-0000000</td><td colspan="2">서울특별시 서초구 서초대로 88길 20
(서초동)</td></tr>
<tr><td colspan="3">⑤ 등 록 면 허 세</td><td colspan="2">금 6,000 원</td></tr>
<tr><td colspan="3">⑤ 지 방 교 육 세</td><td colspan="2">금 1,200 원</td></tr>
<tr><td colspan="3">⑥ 세 액 합 계</td><td colspan="2">금 7,200 원</td></tr>
<tr><td colspan="3" rowspan="3">등 기 신 청 수 수 료</td><td colspan="2">면 제(2017. 12. 6. 등기예규 제1629호)</td></tr>
<tr><td colspan="2">납부번호 :</td></tr>
<tr><td colspan="2">일괄납부 :</td></tr>
<tr><td colspan="5">⑦ 첨 부 서 면</td></tr>
<tr><td colspan="3">1. 토지대장등본 1통
1. 등록면허세영수필확인서 1통
1. 위임장 1통</td><td colspan="2">〈기 타〉</td></tr>
<tr><td colspan="5">20○○년 ○월 ○일

⑧ 위 신청인 ㊞ (전화 :)
(또는)위 대리인 법무사 홍 길 동 ㊞ (전화 : 300-1234)
서울특별시 서초구 서초대로 73길 24(서초동)

○○지방법원 ○○등기소 귀중

법무사 홍 길 동 (직인)</td></tr>
</table>

[신청서 작성요령]

1. 부동산표시란에 2개 이상의 부동산을 기재하는 경우에는 부동산의 일련번호를 기재하여야 합니다.
2. 신청인란등 해당란에 기재할 여백이 없을 경우에는 별지를 이용합니다.

3. 담당등기관이 판단하여 위의 첨부 서면 외에 추가적인 서면을 요구할 수 있습니다.

주

1. 등기신청서 기재요령

신청서는 한글과 아라비아숫자로 기재하여야 한다. 부동산의 표시란이나 신청인란 등이 부족할 경우에는 별지로 사용하고, 별지를 포함한 신청서의 각 장 사이에 간인(신청서에 서명을 하였을 때에는 각 장마다 연결되는 서명)을 하여야 한다.

① 부동산의 표시란 : 변경 전의 표시는 등기기록상 토지의 표시와 변경 후의 표시는 토지대장상 토지의 표시와 각 일치되게 기재하되, 토지의 소재, 지번, 지목, 면적 순으로 기재한다.
② 등기원인과 그 연월일란 : 등기원인은 "면적변경", "면적정정", "일부 해몰" 등으로 그 연월일은 토지대장에 표시된 면적변경일을 기재한다.
③ 등기의 목적란 : "토지표시변경"이라고 기재한다.
④ 신청인란 : 신청인의 성명, 주민등록번호, 주소를 기재한다. 그러나 신청인이 법인인 경우에는 상호(명칭), 본점(주사무소 소재지), 등기용등록번호 및 대표자의 성명과 주소를 기재하고, 법인 아닌 사단이나 재단인 경우에는 상호(명칭), 본점(주사무소 소재지), 등기용등록번호 및 대표자(관리인)의 성명, 주민등록번호, 주소를 각 기재한다.
⑤ 등록면허세·지방교육세란 : 부동산 1개당 등록면허세 6,000원, 지방교육세 1,200원으로 계산하여 기재한다.
⑥ 세액합계란 : 등록면허세액과 지방교육세액의 합계를 기재한다.
⑦ 첨부서면란 : 등기신청서에 첨부한 서면을 각 기재한다.
⑧ 신청인등란 : ㉮ 신청인의 성명 및 전화번호를 기재하고 인장을 날인 또는 서명하되, 신청인이 법인이나 법인 아닌 사단 또는 재단인 경우에는 상호(명칭)와 대표자(관리인)의 자격 및 성명을 기재하고 대표자(관리인)의 인장을 날인 또는 서명한다. ㉯ 대리인이 등기신청을 하는 경우에는 그 대리인의 성명, 주소, 전화번호를 기재하고 대리인의 인장을 날인 또는 서명한다.

2. 등기신청서에 첨부할 서면 등

- 등록면허세영수필확인서 : 시장, 구청장, 군수 등으로부터 등록면허세납부서(OCR용지) 또는 대법원 인터넷등기소의 정액등록면허세납부서 작성기능을 통하여 정액등록면허세납부서를 발급받아 납세지를 관할하는 해당 금융기관에 세금을 납부한 후 등록면허세영수필확인서와 영수증을 교부받아 영수증은 본인이 보관하고 등록면허세영수필확인서만 신청서의 등록면허세액표시란의 좌측상단 여백에 첨부하거나, 또는 지방세인터넷납부시스템을 이용하여 납부하고 출력한 등록면허세납부확인서를 첨부한다.
- 토지(임야)대장등본 : 면적변경 사유가 기재된 토지(임야)대장등본(발행일로부터 3월 이내)을 첨부한다.
- 법인등기사항전부(일부)증명서 : 신청인이 법인인 경우에는 법인등기사항전부증명서 또는 법인등기사항일부증명서(각 발행일로부터 3월 이내)를 첨부한다.
- 등기신청수수료 : 토지에 관한 부동산표시 변경 및 경정등기(토지분필·합병·지목변경 등)

신청의 경우 등기신청수수료는 면제된다.

• 위임장 : 등기신청을 법무사 등 대리인에게 위임하는 경우에 첨부한다.

3. **등기신청서류 편철순서**

신청서, 등록면허세영수필확인서, 위임장, 토지(임야)대장등본 등의 순으로 편철한다.

82. 지목변경등기신청

가. 의 의

토지대장상 지목이 변경되었을 경우에 이를 일치시키기 위하여 하는 등기이다. "지목변경"이라 함은 지적공부에 등록된 지목을 다른 지목으로 바꾸어 등록하는 것을 말한다. 현행 측량·수로조사 및 지적에 관한 법률상 지목의 종류는 전·답·과수원·목장용지·임야·광천지·염전·대·공장용지·학교용지·주차장·주유소용지·창고용지·도로·철도용지·제방·하천·구거·유지·양어장·수도용지·공원·체육용지·유원지·종교용지·사적지·묘지·잡종지의 총 28개가 있다.

나. 등기신청방법

신청인 본인 또는 법무사 등 그 대리인이 신분을 확인할 수 있는 주민등록증 등을 가지고 직접 등기소에 출석하여 신청한다.

토지의 지목변경이 있는 경우에 그 토지소유권의 등기명의인은 1개월 이내에 지목변경등기를 신청하여야 한다.

[서식 82] 지목변경신청서

지목변경등기신청

접 수	년 월 일	처 리 인	등기관 확인	각종 통지
	제 호			

① 부동산의 표시			
변경 전의 표시 서울특별시 서초구 서초동 100 전 300㎡ 변경 후의 표시 서울특별시 서초구 서초동 100 대 300㎡ 이 상			
② 등기원인과 그 연월일	2020년 8월 20일 지목변경		
③ 등 기 의 목 적	토지표시변경		
구분	성 명 (상호·명칭)	주민등록번호 (등기용등록번호)	주 소 (소 재 지)
④ 신청인	이 상 선	000000-0000000	서울특별시 서초구 서초대로 88길 20 (서초동)
⑤ 등 록 면 허 세	금 6,000 원		
⑤ 지 방 교 육 세	금 1,200 원		
⑥ 세 액 합 계	금 7,200 원		
⑦ 등 기 신 청 수 수 료	면제(2017. 12. 6. 등기예규 제1629호)		
	납부번호 :		
	일괄납부 :		
⑧ 첨 부 서 면			
1. 토지대장등본 1통 1. 등록면허세영수필확인서 1통 1. 위임장 1통	〈기 타〉		

20○○년 ○월 ○일

⑨ 위 신청인 ㊞ (전화 :)

(또는)위 대리인 법무사 홍 길 동 ㊞ (전화 : 300-1234)
서울특별시 서초구 서초대로 73길 24(서초동)

○○지방법원 ○○등기소 귀중

법무사 홍 길 동 (직인)

[신청서 작성요령]

1. 부동산표시란에 2개 이상의 부동산을 기재하는 경우에는 부동산의 일련번호를 기재하여야 합니다.
2. 신청인란등 해당란에 기재할 여백이 없을 경우에는 별지를 이용합니다.
3. 담당등기관이 판단하여 위의 첨부 서면 외에 추가적인 서면을 요구할 수 있습니다.

주

1. 등기신청서 기재요령

신청서는 한글과 아라비아숫자로 기재하여야 한다. 부동산의 표시란이나 신청인란 등이 부족할 경우에는 별지로 사용하고, 별지를 포함한 신청서의 각 장 사이에 간인(신청서에 서명을 하였을 때에는 각 장마다 연결되는 서명)을 하여야 한다.

① 부동산의 표시란 : 변경 전의 표시는 등기기록상 토지의 표시와, 변경 후의 표시는 토지대장상 토지의 표시와 각 일치되게 기재하되, 토지의 소재, 지번, 지목, 면적 순으로 기재한다.

② 등기원인과 그 연월일란 : 등기원인은 "지목변경"으로, 그 연월일은 토지대장에 표시된 지목변경일을 기재한다.

③ 등기의 목적란 : "토지표시변경"이라고 기재한다.

④ 신청인란 : 신청인의 성명, 주민등록번호, 주소를 기재한다. 그러나 신청인이 법인인 경우에는 상호(명칭), 본점(주사무소 소재지), 등기용등록번호 및 대표자의 성명과 주소를 기재하고, 법인 아닌 사단이나 재단인 경우에는 상호(명칭), 본점(주사무소 소재지), 등기용등록번호 및 대표자(관리인)의 성명, 주민등록번호, 주소를 각 기재한다. 주소는 도로명주소법에 의한 주소를 기재한다.

⑤ 등록면허세·지방교육세란 : 부동산 1개당 등록면허세 6,000원, 지방교육세 1,200원으로 계산하여 기재한다.

⑥ 세액합계란 : 등록면허세액과 지방교육세액의 합계를 기재한다. 한편 토지의 분필·합병·지목변경등기 등의 경우에는 등기신청수수료를 납부하지 아니한다.
⑦ 등기신청수수료란 : 면제(2017. 12. 6. 등기예규 제1629호).라고 기재한다.
⑧ 첨부서면란 : 등기신청서에 첨부한 서면을 각 기재한다.
⑨ 신청인등란 : ㉮ 신청인의 성명 및 전화번호를 기재하고 인장을 날인하되(주소를 기재하지 아니한다), 신청인이 법인이나 법인 아닌 사단 또는 재단인 경우에는 상호(명칭)와 대표자(관리인)의 자격 및 성명을 기재하고 대표자(관리인)의 인장을 날인한다. 다만 분필등기신청의 경우에는 신청인의 기명날인 대신 서명으로 가능하다. ㉯ 대리인이 등기신청을 하는 경우에는 그 대리인의 성명, 주소, 전화번호를 기재하고 대리인의 인장을 날인 또는 서명한다.

2. 등기신청서에 첨부할 서면 등

- 등록면허세영수필확인서 : 시장, 구청장, 군수 등으로부터 등록면허세납부서(OCR용지) 또는 대법원 인터넷등기소의 정액등록면허세납부서 작성기능을 통하여 정액등록면허세납부서를 발급받아 납세지를 관할하는 해당 금융기관에 세금을 납부한 후 등록면허세영수필확인서와 영수증을 교부받아 영수증은 본인이 보관하고 등록면허세영수필확인서만 신청서의 등록면허세액표시란의 좌측상단 여백에 첨부하거나, 또는 지방세인터넷납부시스템을 이용하여 납부하고 출력한 등록면허세납부확인서를 첨부한다.
- 토지(임야)대장등본 : 지목변경 사유가 기재된 토지(임야)대장등본(발행일로부터 3월 이내)을 첨부한다.
- 법인등기사항전부(일부)증명서 : 신청인이 법인인 경우에는 법인등기사항전부증명서 또는 법인등기사항일부증명서(각 발행일로부터 3월 이내)를 첨부한다. 신청인이 법인 아닌 사단 또는 재단인 경우에는 ㉮ 정관이나 그 밖의 규약, ㉯ 대표자나 관리인임을 증명하는 정보(다만, 등기되어 있는 대표자나 관리인이 신청하는 경우에는 그러하지 아니하다. ㉰ 대표자나 관리인의 주소 및 주민등록번호를 증명하는 정보를 첨부하여야 한다.
- 등기신청수수료 : 토지에 관한 부동산표시 변경 및 경정등기(토지분필·합병·지목변경 등) 신청의 경우 등기신청수수료는 면제된다.
- 위임장 : 등기신청을 법무사 등 대리인에게 위임하는 경우에 첨부한다. 위 위임장에는 위임인이 기명날인 또는 서명하여야 한다.

3. 등기신청서류 편철순서

신청서, 등록면허세영수필확인서, 위임장, 토지(임야)대장등본 등의 순으로 편철한다.

83. 건물종류(용도)변경등기신청

가. 의 의

건물의 종류(용도)가 변경되었을 경우(예 : 주택을 점포로, 점포를 사무실 등으로 변경)에 이를 일치시키기 위하여 하는 등기로, 건축물대장상 먼저 변경등록이 되어 있어야 한다.

건축물의 용도는 건축법 제2조 제2항에서 단독주택·공동주택·제1종 근린생활시설 등 총 28개로 구분하고, 다시 동법 시행령 별표 1에서 용도별 건축물의 종류를 세분하여 규정하고 있다. 건물 전체의 주된 용도만 등기사항이고, 각 층별 용도는 등기할 수 없다. 실무상 각 층별 용도(예 : 1층 슈퍼마켓, 2층 일반음식점 등) 또는 동일한 층 내에서 면적 별로 세부용도(예 : 1층 30㎡ 약국, 45㎡ 편의점)에 대하여 등기를 신청하는 경우가 있는데 이러한 것은 등기사항이 아니다. 설령 세부용도가 이미 등기되어 있는 경우에도 그 변경등기는 할 수 없다. 다만, 위 세부용도의 기재를 말소하는 변경등기는 가능하다고 본다.

나. 등기신청방법

신청인 본인 또는 법무사 등 그 대리인이 신분을 확인할 수 있는 주민등록증 등을 가지고 직접 등기소에 출석하여 신청한다.

건물의 종류(용도) 변경이 있는 경우에는 그 건물소유권의 등기명의인은 그 사실이 있는 때로부터 1개월 이내에 그 등기를 신청하여야 한다.

한편, 건물의 용도변경, 부속건물의 신축, 건물대지의 지번변경 등 건물표시의 변경사항 전부에 대하여 부동산표시변경등기를 신청하여야 하는바, 그 건물소유권의 등기명의인이 건물표시의 변경사항 중 일부를 제외한 나머지 변경사항에 대해서만 부동산표시변경등기를 신청할 수는 없다.

[서식 83] 건물종류(용도)변경신청서

건물종류(용도)변경등기신청

접 수	년 월 일	처 리 인	등기관 확인	각종 통지
	제 호			

① 부동산의 표시			
변경 전의 표시 서울특별시 서초구 서초동 100 시멘트 벽돌조 슬래브지붕 1층 주택 120㎡ 변경 후의 표시 서울특별시 서초구 서초동 100 [도로명주소] 서울특별시 서초구 서초대로 70길 18 시멘트 벽돌조 슬래브지붕 1층 점포 120㎡ 이 상			
② 등기원인과 그 연월일	2020년 8월 20일 용도변경		
③ 등 기 의 목 적	건물표시변경		
구분	성 명 (상호·명칭)	주민등록번호 (등기용등록번호)	주 소 (소 재 지)
④ 신청인	이 상 선	000000-0000000	서울특별시 서초구 서초대로 88길 20 (서초동)
⑤ 등 록 면 허 세	금 6,000 원		
⑤ 지 방 교 육 세	금 1,200 원		
⑥ 세 액 합 계	금 7,200 원		
⑦ 등 기 신 청 수 수 료	면제(2017. 12. 6. 등기예규 제1629호)		
	납부번호 :		
	일괄납부 : 건 원		

<table>
<tr><td colspan="2">⑧ 첨 부 서 면</td></tr>
<tr><td>1. 건축물대장등본 1통
1. 등록면허세영수필확인서 1통
1. 위임장 1통</td><td>〈기 타〉</td></tr>
<tr><td colspan="2">20○○년 ○월 ○일

⑨ 위 신청인 ㉰ (전화 :)

(또는)위 대리인 법무사 홍 길 동 ㉰ (전화 : 300-1234)
서울특별시 서초구 서초대로 73길 24(서초동)

○○지방법원 ○○등기소 귀중

법무사 홍 길 동 (직인)</td></tr>
</table>

[신청서 작성요령]

1. 부동산표시란에 2개 이상의 부동산을 기재하는 경우에는 부동산의 일련번호를 기재하여야 합니다.
2. 신청인란등 해당란에 기재할 여백이 없을 경우에는 별지를 이용합니다.
3. 담당등기관이 판단하여 위의 첨부 서면 외에 추가적인 서면을 요구할 수 있습니다.

주

1. 등기신청서 기재요령

신청서는 한글과 아라비아숫자로 기재하여야 한다. 부동산의 표시란이나 신청인란 등이 부족할 경우에는 별지로 사용하고, 별지를 포함한 신청서의 각 장 사이에 간인(신청서에 서명을 하였을 때에는 각 장마다 연결되는 서명)을 하여야 한다.

① 부동산의 표시란 : 변경 전의 표시는 등기기록에 기재된 종류(용도)변경 전의 건물의 표시를, 변경 후의 표시는 건축물대장에 표시된 종류(용도)변경 후의 표시를 기재한다. 건물표시방법은 건물의 소재, 지번, 구조, 종류, 면적, 건물의 번호가 있는 때에는 그 번호, 부속건물이 있는 때에는 그 구조, 종류와 면적을 기재한다.

건물등기기록 표제부에 도로명주소가 기록되지 않은 경우에, 등기신청서의 건물표시에 소재지번과 도로명주소가 함께 기재된 경우에는 등기사건을 수리하되, 도로명주소가 기재된 건축물대장 정보가 제공된 경우 등기관은 직권으로 도로명주소를 기록하는 표시변경등기를 하여야 한다.

② 등기원인과 그 연월일란 : 등기원인은 "종류변경(혹은 용도변경)"이라 기재하고, 건축물대장상에 기재된 그 연월일을 기재하되, 건물용도가 여러번 변경되었을 때에는 마지막 변경일자를 기재한다.

③ 등기의 목적란 : "건물표시변경"이라고 기재한다.

④ 신청인란 : 신청인의 성명, 주민등록번호, 주소를 기재한다. 등기기록상 등기신청인의 주소가 지번방식의 주소인 경우에도, 등기신청인이 제공한 주민등록등(초)본 혹은 도로명주소 정보(건축물대장정보, 행정안전부 인터넷 '새주소 안내시스템'의 조회결과물 등) 등에 의하여 해당 지번방식의 주소에 대한 도로명주소임이 인정되는 경우에는 등기사건을 수리하여야 한다. 즉 등기기록상 등기의무자의 주소를 도로명주소로 변경등기를 하지 아니하여도 등기를 신청할 수 있다.

⑤ 등록면허세·지방교육세란 : 용도변경의 경우에 취득세 납부여부는 별론으로 하고, 등록면허세 6,000원, 지방교육세 1,200원을 납부하여 기재한다.

⑥ 세액합계란 : 등록면허세액과 지방교육세액의 합계를 기재한다.

⑦ 등기신청수수료란 : 면제(2017. 12. 6. 등기예규 제1629호).라고 기재한다.

⑧ 첨부서면란 : 등기신청서에 첨부한 서면을 각 기재한다.

⑨ 신청인등란 : ㉮ 신청인의 성명 및 전화번호를 기재하고 인장을 날인하되(주소를 기재하지 아니한다), 신청인이 법인이나 법인 아닌 사단 또는 재단인 경우에는 상호(명칭)와 대표자(관리인)의 자격 및 성명을 기재하고 대표자(관리인)의 인장을 날인한다. ㉯ 대리인이 등기신청을 하는 경우에는 그 대리인의 성명, 주소, 전화번호를 기재하고 대리인의 인장을 날인 또는 서명한다.

2. 등기신청서에 첨부할 서면 등

- 등록면허세영수필확인서 : 시장, 구청장, 군수 등으로부터 등록면허세납부서(OCR용지) 또는 대법원 인터넷등기소의 정액등록면허세납부서 작성기능을 통하여 정액등록면허세납부서를 발급받아 납세지를 관할하는 해당 금융기관에 세금을 납부한 후 등록면허세영수필확인서와 영수증을 교부받아 영수증은 본인이 보관하고 등록면허세영수필확인서만 신청서의 등록면허세액표시란의 좌측상단 여백에 첨부하거나, 또는 지방세인터넷납부시스템을 이용하여 납부하고 출력한 등록면허세납부확인서를 첨부한다.
- 건축물대장등본 : 종류(용도)변경사실을 증명하는 건축물대장등본을 첨부한다. 등기신청서의 건물표시에 소재지번과 도로명주소가 함께 기재된 경우에는 등기사건을 수리하되, 도로명주소가 기재된 건축물대장 정보가 함께 제공된 경우 등기관은 직권으로 도로명주소를 기록하는 표시변경등기를 하여야 한다.
- 법인등기사항전부(일부)증명서 : 신청인이 법인인 경우에는 법인등기사항전부증명서 또는 법인등기사항일부증명서(각 발행일로부터 3월 이내)를 첨부한다. 신청인이 법인 아닌 사단 또는 재단인 경우에는 ㉮ 정관이나 그 밖의 규약, ㉯ 대표자나 관리인임을 증명하는 정보(다만, 등기되어 있는 대표자나 관리인이 신청하는 경우에는 그러하지 아니하다. ㉰ 대표자나 관리인의 주소 및 주민등록번호를 증명하는 정보를 첨부하여야 한다.
- 위임장 : 등기신청을 법무사 등 대리인에게 위임하는 경우에 첨부한다. 위 위임장에는 위임인이 기명날인 또는 서명하여야 한다.

3. **등기신청서류 편철순서**

신청서, 등록면허세영수필확인서, 위임장, 건축물대장등본 등의 순으로 편철한다.

84. 건물증축등기신청

가. 의 의

증축으로 건물면적이 증가(부속건물 신축 등)된 경우에 하는 건물의 표시변경등기로서, 건축물대장상 먼저 증축으로 인한 변경등록이 되어 있어야 한다.
예컨대, 건물의 일부를 증축하여 면적이 증가한 경우나, 건물의 일부가 멸실되어 면적이 감소한 경우에 이를 등기부에 공시하기 위하여 하는 등기이다.

나. 등기신청방법

신청인 본인 또는 법무사 등 그 대리인이 신분을 확인할 수 있는 주민등록증 등을 가지고 직접 등기소에 출석하여 신청한다. 건물의 증축이 있는 경우 그 건물의 소유권의 등기명의인은 1개월 이내에 등기를 신청하여야 한다.
이와 같은 신청의 의무가 있는 자가 그 등기신청을 게을리 하였을 때에는 50만원 이하의 과태료를 부과한다.

[서식 84] 건물증축등기신청서

건물증축등기신청

<table>
<tr><td rowspan="2">접 수</td><td>년 월 일</td><td rowspan="2">처 리 인</td><td>등기관 확인</td><td>각종 통지</td></tr>
<tr><td>제 호</td><td></td><td></td></tr>
</table>

<table>
<tr><td colspan="4">① 부동산의 표시</td></tr>
<tr><td colspan="4">변경 전의 표시 서울특별시 서초구 서초동 200
[도로명주소] 서울특별시 서초구 서초대로 88길 20
벽돌조 기와지붕 단층 주택 150㎡

변경 후의 표시 서울특별시 서초구 서초동 200
[도로명주소] 서울특별시 서초구 서초대로 88길 20
벽돌조 기와지붕 단층 주택 200㎡

이 상</td></tr>
<tr><td colspan="2">② 등기원인과 그 연월일</td><td colspan="2">2020년 8월 20일 증축</td></tr>
<tr><td colspan="2">③ 등 기 의 목 적</td><td colspan="2">건물표시변경</td></tr>
<tr><td>구분</td><td>성 명
(상호·명칭)</td><td>주민등록번호
(등기용등록번호)</td><td>주 소 (소 재 지)</td></tr>
<tr><td>④ 신청인</td><td>이 상 선</td><td>000000-0000000</td><td>서울특별시 서초구 서초대로 88길 20
(서초동)</td></tr>
</table>

<table>
<tr><td>⑤ 취 득 세 (등 록 면 허 세)</td><td>금 ○○○,○○○ 원</td></tr>
<tr><td>⑤ 지 방 교 육 세</td><td>금 ○○○,○○○ 원</td></tr>
<tr><td>⑤ 농 어 촌 특 별 세</td><td>금 ○○○,○○○ 원</td></tr>
<tr><td>⑥ 세 액 합 계</td><td>금 ○○○,○○○ 원</td></tr>
<tr><td rowspan="3">⑦ 등 기 신 청 수 수 료</td><td>면제(2017. 12. 6. 등기예규 제1629호)</td></tr>
<tr><td>납부번호 :</td></tr>
<tr><td>일괄납부 : 건 원</td></tr>
</table>

<table>
<tr><td colspan="2">⑧ 첨 부 서 면</td></tr>
<tr><td>1. 건축물대장등본 1통
1. 취득세(등록면허세)영수필확인서 1통
1. 위임장 1통</td><td>〈기 타〉</td></tr>
<tr><td colspan="2">20○○년 ○월 ○일

⑨ 위 신청인 ㊞ (전화 :)

(또는)위 대리인 법무사 홍 길 동 ㊞ (전화 : 300-1234)
서울특별시 서초구 서초대로 73길 24(서초동)

○○지방법원 ○○등기소 귀중

법무사 홍 길 동 (직인)</td></tr>
</table>

[신청서 작성요령]

1. 부동산표시란에 2개 이상의 부동산을 기재하는 경우에는 부동산의 일련번호를 기재하여야 합니다.
2. 신청인란등 해당란에 기재할 여백이 없을 경우에는 별지를 이용합니다.
3. 담당등기관이 판단하여 위의 첨부 서면 외에 추가적인 서면을 요구할 수 있습니다.

주

1. 등기신청서 기재요령

신청서는 한글과 아라비아숫자로 기재하여야 한다. 부동산의 표시란이나 신청인란 등이 부족할 경우에는 별지로 사용하고, 별지를 포함한 신청서의 각 장 사이에 간인(신청서에 서명을 하였을 때에는 각 장마다 연결되는 서명)을 하여야 한다.

① 부동산의 표시란 : 변경 전의 표시는 등기기록상에 기재된 증축전의 건물을 기재하여야 하며, 변경 후의 표시는 건축물대장에 표시된 증축 후의 건물을 기재한다. 건물의 표시방법은 건물의 소재와 지번, 도로명주소(등기기록 표제부에 기록되어 있는 경우), 건물의 종류, 구조, 면적, 건물의 번호가 있는 때에는 그 번호, 부속건물이 있는 때에는 그 종류, 구조와 면적을 기재한다.

건물등기기록 표제부에 도로명주소가 기록되지 않은 경우에, 등기신청서의 건물표시에 소재지번과 도로명주소가 함께 기재된 경우에는 등기사건을 수리하되, 도로명주소가 기재된 건축물대장 정보가 제공된 경우 등기관은 직권으로 도로명주소를 기록하는 표시변경등기를 하여야 한다.

② 등기원인과 그 연월일란 : ㉮ 등기원인은 "증축"으로, 그 연월일은 건축물대장에 표시된 증축일을 기재한다. ㉯ 부속건물의 신축에도 "증축"을 원인으로 등기하여야 한다. 다만, 건축물대장이 별도로 작성된 후에 총괄표제부가 작성되었다면 부속건물을 따로 소유권보존등기를 하여야 한다. 만일 소유자가 부속건물에 대하여 소유권보존등기를 원하지 않는다면 증축을 원인으로 기존건물의 건축물대장 표시사항을 변경하여야 한다(이 경우 부속건물의 건축물대장과 총괄표제부를 폐쇄한 후 증축등기를 신청하여야 한다).

③ 등기의 목적란 : "건물표시변경"이라고 기재한다.

④ 신청인란 : 건물소유권의 등기명의인이 단독으로 신청한다. 등기기록상 등기신청인의 주소가 지번방식의 주소인 경우에도, 등기신청인이 제공한 주민등록등(초)본 혹은 도로명주소정보(건축물대장정보, 행정안전부 인터넷 '새주소 안내시스템'의 조회결과물 등) 등에 의하여 해당 지번방식의 주소에 대한 도로명주소임이 인정되는 경우에는 등기사건을 수리하여야 한다. 즉 등기기록상 등기의무자의 주소를 기재하되, 도로명주소로 변경등기를 하지 아니하여도 등기를 신청할 수 있다.

⑤ 등록면허세·지방교육세, 농어촌특별세란 : 부동산 1개당 등록면허세 6,000원, 지방교육세 1,200원으로 계산하여 기재한다. 나머지 건물의 면적이 증가된 경우에 등기원인은 "증축"이라 기재하여 건물면적변경등기신청을 하지만, 등록면허세는 변경등기의 등록면허세 6,000원을 납부할 것이 아니라 면적증가분에 대하여는 지방세법 11조 제1항 제3호의 규정에 의하여 원시취득에 따른 취득세(28/1,000)를 납부하여야 하고, 과세표준액의 20/1,000에 10/100을 곱하여 산출한 농어촌특별세를 납부하여야 하며, 과세표준액의 8/1,000에 20/100을 곱하여 산출한 지방교육세를 납부하여야 한다.

⑥ 세액합계란 : 취득세(등록면허세)액, 지방교육세액, 농어촌특별세액의 합계를 기재한다.

⑦ 등기신청수수료란 : 면제(2017. 12. 6. 등기예규 제1629호).라고 기재한다.

⑧ 첨부서면란 : 등기신청서에 첨부한 서면을 각 기재한다.

⑨ 신청인등란 : ㉮ 신청인의 성명 및 전화번호를 기재하고 인장을 날인하되(주소를 기재하지 아니한다), 신청인이 법인이나 법인 아닌 사단 또는 재단인 경우에는 상호(명칭)와 대표자(관리인)의 자격 및 성명을 기재하고 대표자(관리인)의 인장을 날인한다. ㉯ 대리인이 등기신청을 하는 경우에는 그 대리인의 성명, 주소, 전화번호를 기재하고 대리인의 인장을 날인 또는 서명한다.

2. 등기신청서에 첨부할 서면 등

- 취득세(등록면허세)영수필확인서 : 시장, 구청장, 군수 등으로부터 취득세(등록면허세)납부서(OCR용지)를 발급받아 납세지를 관할하는 해당 금융기관에 세금을 납부한 후 취득세(등록면허세)영수필확인서와 영수증을 교부받아 영수증은 본인이 보관하고 취득세(등록면허세)영수필확인서만 신청서의 취득세(등록면허세)액표시란의 좌측상단 여백에 첨부하거나, 또는 지방세인터넷납부시스템에서 출력한 취득세(등록면허세)납부확인서를 첨부한다.
- 건축물대장등본 : 증축부분이 표시되어 있는 건축물대장등본(발행일로부터 3월 이내)을 첨부한다.

• 법인등기사항전부(일부)증명서 : 신청인이 법인인 경우에는 법인등기사항전부증명서 또는 법인등기사항일부증명서(각 발행일로부터 3월 이내)를 첨부한다. 신청인이 법인 아닌 사단 또는 재단인 경우에는 ㉮ 정관이나 그 밖의 규약, ㉯ 대표자나 관리인임을 증명하는 정보(다만, 등기되어 있는 대표자나 관리인이 신청하는 경우에는 그러하지 아니하다. ㉰ 대표자나 관리인의 주소 및 주민등록번호를 증명하는 정보를 첨부하여야 한다.
• 위임장 : 등기신청을 법무사 등 대리인에게 위임하는 경우에 첨부한다. 위 위임장에는 위임인이 기명날인 또는 서명하여야 한다.

3. 등기신청서류 편철순서

신청서, 취득세(등록면허세)영수필확인서, 위임장, 건축물대장등본 등의 순으로 편철한다.

4. 기타 참고사항

동일성이 있는 증축등기가 경료된 경우에는 종전 건물에 존재하는 근저당권은 당연히 증축된 부분에 미치게 되고(따라서 근저당권변경등기도 불요함), 근저당권자에게 유리하므로 그의 승낙서를 첨부할 필요가 없다.

85. 건물구조변경등기신청

가. 의 의

건물의 구조가 변경되었을 경우(예컨대, 목조를 시멘트벽돌조로 변경)에 이를 일치시키기 위하여 하는 등기이며, 건축물대장상 먼저 변경등록이 되어 있어야 한다.

나. 등기신청방법

신청인 본인 또는 법무사 등 그 대리인이 신분을 확인할 수 있는 주민등록증 등을 가지고 직접 등기소에 출석하여 신청한다. 건물 구조변경이 있는 경우 그 건물의 소유권의 등기명의인은 1개월 이내에 등기를 신청하여야 한다. 이와 같은 신청의 의무가 있는 자가 그 등기신청을 게을리 하였을 때에는 50만원 이하의 과태료를 부과한다.

[서식 85] 건물구조변경등기신청서

건물구조변경등기신청

<table>
<tr><td rowspan="2">접 수</td><td>년 월 일</td><td rowspan="2">처 리 인</td><td>등기관 확인</td><td>각종 통지</td></tr>
<tr><td>제 호</td><td></td><td></td></tr>
</table>

<table>
<tr><td colspan="4">① 부동산의 표시</td></tr>
<tr><td colspan="4">변경 전의 표시 서울특별시 서초구 서초동 100
[도로명주소] 서울특별시 서초구 서초대로 88길 10
목조 기와지붕 단층 주택 90㎡

변경 후의 표시 서울특별시 서초구 서초동 100
[도로명주소] 서울특별시 서초구 서초대로 88길 10
시멘트 벽돌조 기와지붕 단층 점포 90㎡

이 상</td></tr>
<tr><td colspan="2">② 등기원인과 그 연월일</td><td colspan="2">2020년 8월 20일 용도 및 구조변경</td></tr>
<tr><td colspan="2">③ 등 기 의 목 적</td><td colspan="2">건물표시변경</td></tr>
<tr><td>구분</td><td>성 명
(상호·명칭)</td><td>주민등록번호
(등기용등록번호)</td><td>주 소 (소 재 지)</td></tr>
<tr><td>④
신
청
인</td><td>이 상 선</td><td>000000-0000000</td><td>서울특별시 서초구 서초대로 88길 20
(서초동)</td></tr>
<tr><td colspan="2">⑤ 등 록 면 허 세</td><td colspan="2">금 6,000 원</td></tr>
<tr><td colspan="2">⑤ 지 방 교 육 세</td><td colspan="2">금 1,200 원</td></tr>
<tr><td colspan="2">⑥ 세 액 합 계</td><td colspan="2">금 7,200 원</td></tr>
<tr><td colspan="2" rowspan="3">⑦ 등 기 신 청 수 수 료</td><td colspan="2">면제(2017. 12. 6. 등기예규 제1629호)</td></tr>
<tr><td colspan="2">납부번호 :</td></tr>
<tr><td colspan="2">일괄납부 : 건 원</td></tr>
</table>

<table>
<tr><td colspan="2">⑧ 첨 부 서 면</td></tr>
<tr><td>1. 건축물대장등본 1통
1. 등록면허세영수필확인서 1통
1. 위임장 1통</td><td>〈기 타〉</td></tr>
<tr><td colspan="2">20○○년 ○월 ○일

⑨ 위 신청인 ㊞ (전화 :)

(또는)위 대리인 법무사 홍 길 동 ㊞ (전화 : 300-1234)
서울특별시 서초구 서초대로 73길 24(서초동)

○○지방법원 ○○등기소 귀중

법무사 홍 길 동 (직인)</td></tr>
</table>

[신청서 작성요령]

1. 부동산표시란에 2개 이상의 부동산을 기재하는 경우에는 부동산의 일련번호를 기재하여야 합니다.
2. 신청인란등 해당란에 기재할 여백이 없을 경우에는 별지를 이용합니다.
3. 담당등기관이 판단하여 위의 첨부 서면 외에 추가적인 서면을 요구할 수 있습니다.

주

1. 등기신청서 기재요령

신청서는 한글과 아라비아숫자로 기재하여야 한다. 부동산의 표시란이나 신청인란 등이 부족할 경우에는 별지로 사용하고, 별지를 포함한 신청서의 각 장 사이에 간인(신청서에 서명을 하였을 때에는 각 장마다 연결되는 서명)을 하여야 한다.

① 부동산의 표시란 : ㉮ 변경 전의 표시는 등기기록에 기재된 구조변경 전의 건물의 표시를, 변경 후의 표시는 건축물대장에 표시된 구조변경 후의 표시를 기재한다. 건물 표시방법은 건물의 소재와 지번, 도로명주소(등기기록 표제부에 기록되어 있는 경우), 구조, 면적, 건물의 종류, 건물의 번호가 있는 때에는 그 번호, 부속건물이 있는 때에는 그 종류, 구조와 면적을 각 기재한다. ㉯ 건물등기기록 표제부에 도로명주소가 기록되지 않는 경우에, 등기신청서의 건물표시에 소재지번과 도로명주소가 함께 기재된 경우에는 등기사건을 수리하

되, 도로명주소가 기재된 건축물대장 정보가 함께 제공된 경우 등기관은 직권으로 도로명주소를 기록하는 표시변경등기를 하여야 한다.

② 등기원인과 그 연월일란 : 건축물대장에 표시된 구조변경원인(예 : 구조변경, 개축, 지붕바꿈 등)과 그 변경일을 기재한다. 구조만 변경된 경우에는 "구조변경"으로, 용도(주택, 점포 등)와 구조가 동시에 변경된 경우에는 "용도 및 구조변경"으로 기재한다.

③ 등기의 목적란 : "건물표시변경"이라고 기재한다.

④ 신청인란 : 건물소유권의 등기명의인이 단독으로 신청한다. 등기기록상 등기신청인의 주소가 지번방식의 주소인 경우에도, 등기신청인이 제공한 주민등록등(초)본 혹은 도로명주소 정보(건축물대장정보, 행정안전부 인터넷 '새주소 안내시스템'의 조회결과물 등) 등에 의하여 해당 지번방식의 주소에 대한 도로명주소임이 인정되는 경우에는 등기사건을 수리하여야 한다. 즉 등기기록상 등기의무자의 주소를 도로명주소로 변경등기를 하지 아니하여도 등기를 신청할 수 있다.

⑤ 등록면허세·지방교육세란 : 부동산 1개당 등록면허세 6,000원, 지방교육세 1,200원으로 계산하여 기재한다.

⑥ 세액합계란 : 등록면허세액과 지방교육세액의 합계를 기재한다.

⑦ 등기신청수수료란 : 면제(2017. 12. 6. 등기예규 제1629호).라고 기재한다.

⑧ 첨부서면란 : 등기신청서에 첨부한 서면을 각 기재한다.

⑨ 신청인등란 : ㉮ 신청인의 성명 및 전화번호를 기재하고 인장을 날인하되(주소를 기재하지 아니한다), 신청인이 법인이나 법인 아닌 사단 또는 재단인 경우에는 상호(명칭)와 대표자(관리인)의 자격 및 성명을 기재하고 대표자(관리인)의 인장을 날인한다. ㉯ 대리인이 등기신청을 하는 경우에는 그 대리인의 성명, 주소, 전화번호를 기재하고 대리인의 인장을 날인 또는 서명한다.

2. 등기신청서에 첨부할 서면 등

- 등록면허세영수필확인서 : 시장, 구청장, 군수 등으로부터 등록면허세납부서(OCR용지) 또는 대법원 인터넷등기소의 정액등록면허세납부서 작성기능을 통하여 정액등록면허세납부서를 발급받아 납세지를 관할하는 해당 금융기관에 세금을 납부한 후 등록면허세영수필확인서와 영수증을 교부받아 영수증은 본인이 보관하고 등록면허세영수필확인서만 신청서의 등록면허세액표시란의 좌측상단 여백에 첨부하거나, 또는 지방세인터넷납부시스템을 이용하여 납부하고 출력한 등록면허세납부확인서를 첨부한다.
- 건축물대장등본 : 건물구조변경 사유가 기재된 건축물대장등본(발행일로부터 3월 이내)을 첨부한다.
- 법인등기사항전부(일부)증명서 : 신청인이 법인인 경우에는 법인등기사항전부증명서 또는 법인등기사항일부증명서(각 발행일로부터 3월 이내)를 첨부한다. 신청인이 법인 아닌 사단 또는 재단인 경우에는 ㉮ 정관이나 그 밖의 규약, ㉯ 대표자나 관리인임을 증명하는 정보(다만, 등기되어 있는 대표자나 관리인이 신청하는 경우에는 그러하지 아니하다. ㉰ 대표자나 관리인의 주소 및 주민등록번호를 증명하는 정보를 첨부하여야 한다.
- 위임장 : 등기신청을 법무사 등 대리인에게 위임하는 경우에 첨부한다. 위 위임장에는 위임인이 기명날인 또는 서명하여야 한다.

3. 등기신청서류 편철순서

신청서, 등록면허세영수필확인서, 위임장, 건축물대장등본 등의 순으로 편철한다.

86. 건물대지지번변경등기신청

가. 의 의

건물대지의 분할, 합병, 행정구역 변경 등으로 인하여 건물의 소재지번이 변경된 경우에 이를 일치시키기 위하여 하는 등기이며, 건축물대장상 먼저 변경등록이 되어 있어야 한다.

나. 등기신청방법

신청인 본인 또는 법무사 등 그 대리인이 신분을 확인할 수 있는 주민등록증 등을 가지고 직접 등기소에 출석하여 신청한다. 건물 대지지번의 변경이 있는 경우 그 건물의 소유권의 등기명의인은 1개월 이내에 변경등기를 신청해야 한다.

이와 같은 등기신청의 의무가 있는 자가 그 등기신청을 게을리 하였을 때에는 50만원 이하의 과태료를 부과한다.

한편, 토지에 대한 다른 표시변경등기와는 달리 토지지번의 변경등기에 대하여서는 아무런 의무규정이 없다. 또한 행정구역 또는 행정구역이 아닌 구획의 변경으로 인하여 토지의 지번이나 건물대지의 지번이 변경되었을 때에는 지적공부소관청이나 건축물대장소관청의 통지에 의하여 등기관이 직권으로 표시란에 그 변경등기를 하여야 한다.

[서식 86] 건물대지지번변경등기신청서

건물대지지번변경등기신청

접 수	년 월 일	처 리 인	등기관 확인	각종 통지
	제 호			

① 부동산의 표시			
변경 전의 표시 서울특별시 서초구 서초동 100 [도로명주소] 서울특별시 서초구 서초대로 88길 10 시멘트 벽돌조 슬래브지붕 단층 주택 80㎡ 변경 후의 표시 서울특별시 서초구 서초동 100-1 [도로명주소] 서울특별시 서초구 서초대로 88길 10 시멘트 벽돌조 슬래브지붕 단층 주택 80㎡ 이 상			
② 등기원인과 그 연월일	2020년 8월 20일 지번변경		
③ 등 기 의 목 적	건물표시변경		
구분	성 명 (상호·명칭)	주민등록번호 (등기용등록번호)	주 소 (소 재 지)
④ 신청인	이 상 선	000000-0000000	서울특별시 서초구 서초대로 88길 20(서초동)
⑤ 등 록 면 허 세	지방세법 제26조 제2항 제2호에 의거 면제		
⑤ 지 방 교 육 세	지방세법 제26조 제2항 제2호에 의거 면제		
⑥ 세 액 합 계	지방세법 제26조 제2항 제2호에 의거 면제		
⑦ 등 기 신 청 수 수 료	면제(2017. 12. 6. 등기예규 제1629호)		
	납부번호 :		
	일괄납부 :		

<table>
<tr><td colspan="2">⑧ 첨 부 서 면</td></tr>
<tr><td>1. 건축물대장등본 1통
1. 등록면허세영수필확인서 1통
1. 위임장 1통</td><td>〈기 타〉</td></tr>
<tr><td colspan="2">20○○년 ○월 ○일

⑨ 위 신청인 ㊞ (전화 :)

(또는)위 대리인 법무사 홍 길 동 ㊞ (전화 : 300-1234)
서울특별시 서초구 서초대로 73길 24(서초동)

○○지방법원 ○○등기소 귀중

법무사 홍 길 동 (직인)</td></tr>
</table>

[신청서 작성요령]

1. 부동산표시란에 2개 이상의 부동산을 기재하는 경우에는 부동산의 일련번호를 기재하여야 합니다.
2. 신청인란등 해당란에 기재할 여백이 없을 경우에는 별지를 이용합니다.
3. 담당등기관이 판단하여 위의 첨부 서면 외에 추가적인 서면을 요구할 수 있습니다.

주

1. 등기신청서 기재요령

신청서는 한글과 아라비아숫자로 기재하여야 한다. 부동산의 표시란이나 신청인란 등이 부족할 경우에는 별지로 사용하고, 별지를 포함한 신청서의 각 장 사이에 간인(신청서에 서명을 하였을 때에는 각 장마다 연결되는 서명)을 하여야 한다.

① 부동산의 표시란 : ㉮ 변경 전의 표시는 등기기록에 기재된 지번변경 전의 건물의 표시를, 변경 후의 표시는 건축물대장에 표시된 지번변경 후의 표시를 기재한다. 건물 표시방법은 건물의 소재와 지번, 도로명주소(등기기록 표제부에 기록되어 있는 경우), 구조, 면적, 건물의 종류, 건물의 번호가 있는 때에는 그 번호, 부속건물이 있는 때에는 그 종류, 구조와 면적을 기재한다. ㉯ 건물등기기록 표제부에 도로명주소가 기록되지 않는 경우에, 등기신청서의 건물표시에 소재지번과 도로명주소가 함께 기재된 경우에는 등기사건을 수리하되,

도로명주소가 기재된 건축물대장 정보가 함께 제공된 경우 등기관은 직권으로 도로명주소를 기록하는 표시변경등기를 하여야 한다.

② 등기원인과 그 연월일란 : 등기원인은 “지번변경”(혹은 “건물대지분할” 등)으로, 건축물대장에 표시된 지번변경일을 기재한다.

③ 등기의 목적란 : “건물표시 변경”이라고 기재한다.

④ 신청인란 : 건물소유권의 등기명의인이 단독으로 신청한다. 등기기록상 등기신청인의 주소가 지번방식의 주소인 경우에도, 등기신청인이 제공한 주민등록등(초)본 혹은 도로명주소정보(건축물대장정보, 행정안전부 인터넷 ‘새주소 안내시스템’의 조회결과물 등) 등에 의하여 해당 지번방식의 주소에 대한 도로명주소임이 인정되는 경우에는 등기사건을 수리하여야 한다. 즉 등기기록상 등기의무자의 주소를 도로명주소로 변경등기를 하지 아니하여도 등기를 신청할 수 있다.

⑤ 등록면허세·지방교육세란 : 지방세법 제26조 제2항 제2호에 의거 면제.라고 기재한다.

⑥ 세액합계란 : 등록면허세액과 지방교육세액의 합계를 기재한다.

⑦ 등기신청수수료란 : 면제(2017. 12. 6. 등기예규 제1629호).라고 기재한다.

⑧ 첨부서면란 : 등기신청서에 첨부한 서면을 각 기재한다.

⑨ 신청인등란 : ㉮ 신청인의 성명 및 전화번호를 기재하고 인장을 날인하되(주소를 기재하지 아니한다), 신청인이 법인이나 법인 아닌 사단 또는 재단인 경우에는 상호(명칭)와 대표자(관리인)의 자격 및 성명을 기재하고 대표자(관리인)의 인장을 날인한다. ㉯ 대리인이 등기신청을 하는 경우에는 그 대리인의 성명, 주소, 전화번호를 기재하고 대리인의 인장을 날인 또는 서명한다.

2. 등기신청서에 첨부할 서면 등

- 등록면허세영수필확인서 : 시장, 구청장, 군수 등으로부터 등록면허세납부서(OCR용지) 또는 대법원 인터넷등기소의 정액등록면허세납부서 작성기능을 통하여 정액등록면허세납부서를 발급받아 납세지를 관할하는 해당 금융기관에 세금을 납부한 후 등록면허세영수필확인서와 영수증을 교부받아 영수증은 본인이 보관하고 등록면허세영수필확인서만 신청서의 등록면허세액표시란의 좌측상단 여백에 첨부하거나, 또는 지방세인터넷납부시스템을 이용하여 납부하고 출력한 등록면허세납부확인서를 첨부한다.
- 행정구역·지번·면적단위변경 등을 원인으로 한 건물표시변경등기의 경우 등기신청수수료는 면제된다.
- 건축물대장등본 : ㉮ 건물대지의 지번변경 사유가 기재된 건축물대장등본(발행일로부터 3월 이내)을 첨부한다. ㉯ 건물대지의 지번이 환지로 인하여 변경된 경우 건축물대장을 첨부하여 건물표시변경등기를 신청하여야 할 것이나, 그러한 대장등본을 발급받을 수 없는 경우에는 건물대지의 지번이 변경된 사실을 증명하는 토지대장등본 등을 첨부하여 건물표시변경등기 신청을 할 수 있을 것이다. ㉰ 또한 등기신청서의 건물표시에 소재지번과 도로명주소가 기재된 건축물대장 정보가 함께 제공된 경우 등기관은 직권으로 도로명주소를 기록하는 표시변경등기를 하여야 한다.
- 법인등기사항전부(일부)증명서 : 신청인이 법인인 경우에는 법인등기사항전부증명서 또는 법인등기사항일부증명서(각 발행일로부터 3월 이내)를 첨부한다. 신청인이 법인 아닌 사단 또는 재단인 경우에는 ㉮ 정관이나 그 밖의 규약, ㉯ 대표자나 관리인임을 증명하는 정보(다만, 등기되어 있는 대표자나 관리인이 신청하는 경우에는 그러하지 아니하다. ㉰ 대표자나

관리인의 주소 및 주민등록번호를 증명하는 정보를 첨부하여야 한다.

- 위임장 : 등기신청을 법무사 등 대리인에게 위임하는 경우에 첨부한다. 위 위임장에는 위임인이 기명날인 또는 서명하여야 한다.

3. 등기신청서류 편철순서

신청서, 등록면허세영수필확인서, 위임장, 건축물대장등본 등의 순으로 편철한다.

87. 건물분할등기신청

가. 의 의

물리적으로 두개의 독립된 건물로서 등기를 할 수 있었으나, 하나의 건물과 그 부속건물로서 등기를 하였다가 훗날 분리하여 별개의 독립건물로 하는 것을 분할등기라고 한다.

나. 등기신청방법

신청인 본인 또는 법무사 등 그 대리인이 신분을 확인할 수 있는 주민등록증 등을 가지고 직접 등기소에 출석하여 신청한다. 건물의 분할이 있는 경우 그 건물소유권의 등기명의인은 1개월 이내에 변경등기를 신청해야 한다.

이와 같은 등기신청의 의무가 있는 자가 그 등기신청을 게을리 하였을 때에는 50만원 이하의 과태료를 부과한다.

[서식 87] 건물분할등기신청서

건물분할등기신청

접 수	년 월 일	처 리 인	등기관 확인	각종 통지
	제 호			

① 부동산의 표시			
분할 전의 표시 서울특별시 서초구 서초동 100 [도로명주소] 서울특별시 서초구 서초대로 88길 10 시멘트 벽돌조 슬래브지붕 단층 주택 120㎡ 부속건물 시멘트 벽돌조 슬래브지붕 단층 창고 50㎡ 분할의 표시 서울특별시 서초구 서초동 100 제2호 [도로명주소] 서울특별시 서초구 서초대로 88길 10 시멘트 벽돌조 슬래브지붕 단층 창고 50㎡ 분할 후의 표시 서울특별시 서초구 서초동 100 제1호 [도로명주소] 서울특별시 서초구 서초대로 88길 10 시멘트 벽돌조 슬래브지붕 단층 주택 120㎡ 이 상			
② 등기원인과 그 연월일	2020년 8월 20일 분할		
③ 등 기 의 목 적	건물표시변경		
④ 전세권이 존속하는 건물의 표시	서울특별시 서초구 서초동 100 제1호 시멘트 벽돌조 슬래브지붕 단층 주택 120㎡		
④ 근저당권이 소멸하는 건물의 표시	서울특별시 서초구 서초동 100 제2호 시멘트 벽돌조 슬래브지붕 단층 창고 50㎡		
구분	성 명 (상호·명칭)	주민등록번호 (등기용등록번호)	주 소 (소 재 지)
⑤ 신청인	이 상 선	000000-0000000	서울특별시 서초구 서초대로 88길 20 (서초동)

<table>
<tr><td>⑥ 등 록 면 허 세</td><td colspan="2">금 12,000 원</td></tr>
<tr><td>⑥ 지 방 교 육 세</td><td colspan="2">금 2,400 원</td></tr>
<tr><td>⑦ 세 액 합 계</td><td colspan="2">금 14,400 원</td></tr>
<tr><td rowspan="3">⑧ 등 기 신 청 수 수 료</td><td colspan="2">면제(2017. 12. 6. 등기예규 제1629호)</td></tr>
<tr><td colspan="2">납부번호 :</td></tr>
<tr><td colspan="2">일괄납부 : 건 원</td></tr>
<tr><td colspan="3">⑨ 첨 부 서 면</td></tr>
<tr><td colspan="2">1. 건축물대장등본 2통
1. 등록면허세영수필확인서 1통
1. 권리소멸승낙서(권리존속증명서) 1통
1. 인감증명서나 본인서명사실확인서
또는 전자본인서명확인서 발급증 1통</td><td>1. 건축소재도 1통
1. 도면 1통
1. 위임장 1통
〈기 타〉</td></tr>
<tr><td colspan="3">20○○년 ○월 ○일

⑩ 위 신청인 ㊞ (전화 :)

(또는)위 대리인 법무사 홍 길 동 ㊞ (전화 : 300-1234)
서울특별시 서초구 서초대로 73길 24(서초동)

○○지방법원 ○○등기소 귀중

법무사 홍 길 동 (직인)</td></tr>
</table>

[신청서 작성요령]

1. 부동산표시란에 2개 이상의 부동산을 기재하는 경우에는 부동산의 일련번호를 기재하여야 합니다.
2. 신청인란등 해당란에 기재할 여백이 없을 경우에는 별지를 이용합니다.
3. 담당등기관이 판단하여 위의 첨부 서면 외에 추가적인 서면을 요구할 수 있습니다.

주

1. 등기신청서 기재요령

신청서는 한글과 아라비아숫자로 기재하여야 한다. 부동산의 표시란이나 신청인란 등이 부족할 경우에는 별지로 사용하고, 별지를 포함한 신청서의 각 장 사이에 간인(신청서에 서명을 하였을 때에는 각 장마다 연결되는 서명)을 하여야 한다.

① 부동산의 표시란

㉮ 분할 전의 표시, 분할의 표시, 분할 후의 표시로 나누어 기재한다.

㉠ 분할 전의 표시는 분할되기 전의 건물의 표시를, ㉡ 분할의 표시는 분할되어 나가는 건물의 표시를, ㉢ 분할 후의 표시는 분할되어 나간 건물을 제외하고 남아 있는 건물의 표시를 각 건축물대장등본의 내용과 일치되게 기재하되, 건물의 소재, 지번, 구조, 종류, 면적 순으로 기재한다.

㉯ 건물의 분할로 인하여 1필지 또는 여러 필지상에 여러 개의 건물이 있게 되므로 건물의 번호를 기재한다.

㉰ 건물등기기록 표제부에 도로명주소가 기록되지 않는 경우에, 등기신청서의 건물표시에 소재지번과 도로명주소가 함께 기재된 경우에는 등기사건을 수리하되, 도로명주소가 기재된 건축물대장 정보가 함께 제공된 경우 등기관은 직권으로 도로명주소를 기록하는 표시변경등기를 하여야 한다.

② 등기원인과 그 연월일란 : 등기원인은 "분할"로, 그 연월일은 건축물대장에 표시된 분할일자를 기재한다.

③ 등기의 목적란 : "건물표시변경"이라고 기재한다.

④ 공란에 기재할 사항

㉮ 분할되어 나간 건물이나 분할 후의 건물에 대하여 소유권 외의 권리자(가등기권리자 포함)의 소멸승낙이 있는 경우에는 그 권리가 소멸되는 건물의 표시를 기재한다. ㉠ 예를 들어, 근저당권이 분할 후 갑건물(제1호 건물)에 소멸하거나, 을 건물(제2호 건물)에 소멸하는 경우에는 "근저당권이 소멸하는 건물"의 표시를 하여야 하나, 근저당권이 분할 후 건물(제1호 건물, 제2호 건물) 모두에 그냥 존속하는 경우에는 이와 같은 취지의 표시를 할 필요는 없다. 전자의 경우에는 그 근저당권자의 권리소멸승낙서를 제출하여야 한다. ㉡ 소멸하는 그 근저당권을 목적으로 하는 제3자의 권리에 관한 등기가 있는 때에는 그 자의 승낙을 증명하는 서면 또는 이에 대항할 수 있는 재판의 등본을 첨부하여야 한다. ㉢ 따라서 근저당권이 분필 후 건물의 어느 한 쪽에 소멸하지 아니하고 양쪽 건물에 그대로 존속하는 경우에는 부동산등기규칙 제96조 제3항 및 동 규칙 제76조 제3항, 제4항 소정의 권리소멸승낙서를 제출할 필요도 없고, 그 근저당권자의 인감증명을 제출할 필요도 없다.

㉯ 건물의 일부에 전세권, 임차권등기가 있는 경우에 그 건물의 분할등기를 신청하는 때에는 신청서에 권리가 존속할 건물을 기재하고, 이를 증명하는 권리자의 서면(권리존속증명서) 및 인감증명을 첨부하여야 한다. 이 경우 그 권리가 건물의 일부에 존속할 때에는 신청서에 그 건물부분을 기재하고 그 부분을 표시한 도면을 첨부하여야 한다.

⑤ 신청인란 : 건물소유권의 등기명의인이 단독으로 신청한다. 등기기록상 등기신청인의 주소가 지번방식의 주소인 경우에도, 등기신청인이 제공한 주민등록등(초)본 혹은 도로명주소 정보(건축물대장정보, 행정안전부 인터넷 '새주소 안내시스템'의 조회결과물 등) 등에 의하

여 해당 지번방식의 주소에 대한 도로명주소임이 인정되는 경우에는 등기사건을 수리하여야 한다. 즉 등기기록상 등기의무자의 주소를 도로명주소로 변경등기를 하지 아니하여도 등기를 신청할 수 있다.

⑥ 등록면허세·지방교육세란 : 부동산 1개당 등록면허세 6,000원, 지방교육세 1,200원으로 계산하여 기재한다. 이 경우에는 분할 후 건물의 개수만큼 곱하여 납부하여 기재한다.

⑦ 세액합계란 : 등록면허세액과 지방교육세액의 합계를 기재한다.

⑧ 등기신청수수료란 : 면제(2017. 12. 6. 등기예규 제1629호).라고 기재한다.

⑨ 첨부서면란 : 등기신청서에 첨부한 서면을 각 기재한다.

⑩ 신청인등란 : ㉮ 신청인의 성명 및 전화번호를 기재하고 인장을 날인하되(주소를 기재하지 아니한다), 신청인이 법인이나 법인 아닌 사단 또는 재단인 경우에는 상호(명칭)와 대표자(관리인)의 자격 및 성명을 기재하고 대표자(관리인)의 인장을 날인한다. 다만 분필등기신청의 경우에는 신청인의 기명날인 대신 서명으로 가능하다. ㉯ 대리인이 등기신청을 하는 경우에는 그 대리인의 성명, 주소, 전화번호를 기재하고 대리인의 인장을 날인 또는 서명한다.

2. 등기신청서에 첨부할 서면 등

- 등록면허세영수필확인서 : 시장, 구청장, 군수 등으로부터 등록면허세납부서(OCR용지) 또는 대법원 인터넷등기소의 정액등록면허세납부서 작성기능을 통하여 정액등록면허세납부서를 발급받아 납세지를 관할하는 해당 금융기관에 세금을 납부한 후 등록면허세영수필확인서와 영수증을 교부받아 영수증은 본인이 보관하고 등록면허세영수필확인서만 신청서의 등록면허세액표시란의 좌측상단 여백에 첨부하거나, 또는 지방세인터넷납부시스템을 이용하여 납부하고 출력한 등록면허세납부확인서를 첨부한다.
- 건축물대장등본 : ㉮ 분할된 건물(위 주택 및 창고, 갑 건물)과 분할되어 나간 건물(위 창고, 을 건물)의 건축물대장등본을 각 1통씩 첨부한다. 각 건축물대장등본에는 분할사유가 기재되어 있어야 한다. ㉯ 등기신청서의 건물표시에 소재지번과 도로명주소가 함께 기재된 경우에는 등기사건을 수리하되, 도로명주소가 기재된 건축물대장정보가 함께 제공된 경우 등기관은 직권으로 도로명주소를 기록하는 표시변경등기를 하여야 한다.
- 권리소멸승낙서 : 건물의 분할등기를 하는 경우에, 종전 건물에 대한 소유권 외의 권리의 등기명의인(저당권자 등)이 분할 후 어느 건물에 대하여 그 권리의 소멸을 승낙한 경우에는 그러한 취지의 그의 승낙서 또는 이에 대항할 수 있는 재판의 등본을 제출하여야 하고, 위 소멸하는 권리를 목적으로 하는 제3자의 권리(근저당권에 대한 권리질권자)가 있는 경우에는 신청서에 그 자(권리질권자)의 승낙을 증명하는 서면 또는 이에 대항할 수 있는 재판의 등본을 첨부하여야 한다.
- 권리존속증명서 : 건물의 일부에 전세권, 임차권등기가 있는 경우에 그 건물의 분할등기를 신청할 때에는 신청서에 권리가 존속할 건물부분을 기재하고, 이를 증명하는 권리자(전세권자·임차권자)의 서면을 첨부하여야 한다.
- 인감증명서 등 : 위와 같이 권리소멸승낙서에 의하여 근저당권자, 권리질권자 등이 권리소멸승낙을 하는 경우, 혹은 권리존속증명서에 의하여 전세권자, 임차권자 등이 권리존속증명을 하는 경우에는 그 자의 인감증명서를 첨부하거나, 인감증명을 갈음하여 「본인서명사실확인등에관한법률」에 따라 발급된 본인서명사실확인서(발행일부터 3개월 이내)에 기재한 서명(전자본인서명확인서 발급증을 제출할 경우에도 서명)을 하고 본인서명사실확인서(전자본인서명확인서 발급증)을 첨부한다.

- 건물의 소재도 : 건물분할등기를 하는 경우에는 결과적으로 그 건물대위 위에 여러 개의 건물이 있게 되므로 그 대지 위에 건물의 소재도를 첨부하여야 한다. 부동산등기규칙 제121조 제3항에서는 건물에 대한 소유권보존등기를 할 때에 여러 개의 건물이 있는 경우에 건물의 소재도를 첨부하되, 건축물대장정보를 제공한 경우에는 그러하지 아니하다고 규정하고 있는 바, 이는 건물에 대한 분할등기를 하는 경우에도 유추적용된다고 볼 수 있다. 즉 건물의 표시를 증명하는 정보로서 건축물대장정보를 등기소에 제공한 경우에는 건물의 소재도를 별도로 제출할 필요가 없다고 본다. 소재도의 제공되는 경우에 그 제공방법은 아래 도면의 제공방법에 의한다.
- 도면 : ㉮ 건물의 일부에 전세권, 임차권등기가 있는 경우에 그 건물의 분할등기를 신청할 때에는 신청서에 권리가 존속할 건물부분을 기재하고, 이를 증명하는 권리자(전세권자, 임차권자)의 서면을 첨부하여야 하는바, 이 경우 그 권리가 건물의 일부에 존속할 때에는 신청서에 그 건물 부분을 기재하고 그 부분을 표시한 도면을 첨부하여야 한다. 즉, 전세권, 임차권이 분할 후 특정건물의 전부(제1호 건물의 전부 혹은 제2호 건물의 전부)에 존속하는 경우에는 도면을 첨부할 필요는 없으나, 그 전세권, 임차권 등이 분할 후 건물의 일부(제1호 건물의 일부 혹은 제2호 건물의 일부)에만 존속하는 경우에는 도면을 첨부하여야 한다. ㉯ 건물의 도면에는 건물의 소재지, 건물의 종류, 구조와 면적, 택지의 방위를 기록하고, 1필지 또는 여러 필지 위에 여러 개의 건물이 있는 때에는 건물의 번호, 건물의 형상, 길이, 위치를 기록하여야 하고, 전부 검은 선과 검은 글씨로 하되, 만일 등기목적 외의 건물이 있는 때에는 그 도면 등은 붉은 선, 붉은 글씨로 표시 하여야 한다. 그리고 등기신청의 범위가 부동산의 일부인 경우에는 도면 등에 권리의 목적인 부분을 검은 선과 검은 글씨로 표시하여야 한다. ㉰ 도면 등을 서면으로 작성하여 등기소에 제출하는 경우에는 신청인 또는 대리인이 기명날인하거나 서명하여야 하고, 도면 등을 전자문서로 작성하여 전산정보처리조직을 이용하여 등기소에 제공하는 경우에는 신청인 또는 대리인의 전자서면정보를 함께 송신하여야 한다.
- 법인등기사항전부(일부)증명서 : 신청인이 법인인 경우에는 법인등기사항전부증명서 또는 법인등기사항일부증명서(각 발행일로부터 3월 이내)를 첨부한다. 신청인이 법인 아닌 사단 또는 재단인 경우에는 ㉮ 정관이나 그 밖의 규약, ㉯ 대표자나 관리인임을 증명하는 정보(다만, 등기되어 있는 대표자나 관리인이 신청하는 경우에는 그러하지 아니하다. ㉰ 대표자나 관리인의 주소 및 주민등록번호를 증명하는 정보를 첨부하여야 한다.
- 위임장 : 등기신청을 법무사 등 대리인에게 위임하는 경우에 첨부한다. 위 위임장에는 위임인이 기명날인 또는 서명하여야 한다.

3. 등기신청서류 편철순서

신청서, 등록면허세영수필확인서, 위임장, 건축물대장등본, 권리소멸승낙서(권리존속증명서), 인감증명서 나 본인서명사실확인서 또는 전자본인서명확인서 발급증, 건물소재도, 도면 등의 순으로 편철한다.

88. 건물합병등기신청

가. 의 의

① “갑” 건물을 “을” 건물에 합병하거나, ② “갑” 건물을 “을” 건물의 부속건물에 합병하거나, ③ “갑” 건물을 “을” 건물의 부속건물로 하는 경우 등을 말한다. 이는 물리적 변경없이 법률상으로 수 개의 건물을 법률상 1개의 건물로 하는 것을 말한다.

이 경우 “갑” 건물의 등기용지는 폐쇄하고 “을” 건물의 등기용지에 건물합병등기를 하게 된다

소유권·전세권·임차권의 등기 이외의 권리에 관한 등기가 있는 건물에 관하여는 합병의 등기를 할 수 없다. 그러나 합병하고자 하는 모든 건물에 대하여 등기원인 및 그 연월일과 접수번호가 동일한 저당권에 관한 등기가 있는 경우에는 그러하지 아니하다. 본 건에서는 위 ③의 경우에 대한 예를 들어 설명하였다.

나. 등기신청방법

신청인 본인 또는 법무사 등 그 대리인이 신분을 확인할 수 있는 주민등록증 등을 가지고 직접 등기소에 출석하여 신청한다.

건물의 합병이 있는 경우에는 그 건물소유권의 등기명의인은 그 사실이 있는 때로부터 1개월 이내에 합병등기를 신청하여야 한다.

이와 같은 신청의 의무가 있는 자가 그 등기신청을 게을리 하였을 때에는 50만원 이하의 과태료를 부과한다.

[서식 88] 건물합병등기신청서

건물합병등기신청

접 수	년 월 일	처 리 인	등기관 확인	각종 통지
	제 호			

① 부동산의 표시	
합병 전의 표시	서울특별시 서초구 서초동 100 제1호 [도로명주소] 서울특별시 서초구 서초대로 88길 10 시멘트 벽돌조 슬래브지붕 단층주택 120㎡
합병의 표시	서울특별시 서초구 서초동 100 제2호 [도로명주소] 서울특별시 서초구 서초대로 88길 10 시멘트 벽돌조 슬래브지붕 단층주택 50㎡
합병 후의 표시	서울특별시 서초구 서초동 100 제1호 [도로명주소] 서울특별시 서초구 서초대로 88길 10 시멘트 벽돌조 슬래브지붕 단층주택 120㎡ 부속건물 시멘트 벽돌조 슬래브지붕 단층주택 50㎡
	이 상

② 등기원인과 그 연월일	2020년 8월 20일 합병	
③ 등 기 의 목 적	건물표시변경	

구분	성 명 (상호·명칭)	주민등록번호 (등기용등록번호)	주 소 (소 재 지)
④ 신청인	이 상 선	000000-0000000	서울특별시 서초구 서초대로 88길 20 (서초동)

⑤ 등 록 면 허 세	금	12,000 원
⑤ 지 방 교 육 세	금	2,400 원
⑥ 세 액 합 계	금	14,400 원

<table>
<tr><td rowspan="3">⑦ 등 기 신 청 수 수 료</td><td colspan="2">면제(2017. 12. 6. 등기예규 제1629호)</td></tr>
<tr><td colspan="2">납부번호 :</td></tr>
<tr><td colspan="2">일괄납부 : 건 원</td></tr>
<tr><td colspan="3">⑧ 첨 부 서 면</td></tr>
<tr><td colspan="2">1. 건축물대장등본 1통
1. 등록면허세영수필확인서 1통
1. 위임장 1통</td><td>〈기 타〉</td></tr>
<tr><td colspan="3">20○○년 ○월 ○일

⑨ 위 신청인 ㉞ (전화 :)

(또는)위 대리인 법무사 홍 길 동 ㉞ (전화 : 300-1234)
서울특별시 서초구 서초대로 73길 24(서초동)

○○지방법원 ○○등기소 귀중

법무사 홍 길 동 (직인)</td></tr>
</table>

[신청서 작성요령]

1. 부동산표시란에 2개 이상의 부동산을 기재하는 경우에는 부동산의 일련번호를 기재하여야 합니다.
2. 신청인란등 해당란에 기재할 여백이 없을 경우에는 별지를 이용합니다.
3. 담당등기관이 판단하여 위의 첨부 서면 외에 추가적인 서면을 요구할 수 있습니다.

주

1. 등기신청서 기재요령

신청서는 한글과 아라비아숫자로 기재하여야 한다. 부동산의 표시란이나 신청인란 등이 부족할 경우에는 별지로 사용하고, 별지를 포함한 신청서의 각 장 사이에 간인(신청서에 서명을 하였을 때에는 각 장마다 연결되는 서명)을 하여야 한다.

① 부동산의 표시란

㉮ 합병 전의 표시, 합병의 표시, 합병 후의 표시로 나누어 기재한다.

ⓐ 합병 전의 표시에는 합병되기 전의 건물의 표시를, ⓑ 합병의 표시에는 합병되는 건물의 표시를, ⓒ 합병 후의 표시에는 합병된 후 건물의 표시를 각 기재한다.

㉯ 건물등기기록 표제부에 도로명주소가 기록되지 않는 경우에, 등기신청서의 건물표시에 소재지번과 도로명주소가 함께 기재된 경우에는 등기사건을 수리하되, 도로명주소가 기재된 건축물대장 정보가 함께 제공된 경우 등기관은 직권으로 도로명주소를 기록하는 표시변경등기를 하여야 한다.

② 등기원인과 그 연월일란 : 등기원인은 "합병"으로, 그 연월일은 건축물대장에 표시된 합병일을 기재한다.

③ 등기의 목적란 : "건물표시변경"이라고 기재한다.

④ 신청인란 : 건물소유권의 등기명의인이 단독으로 신청한다. 등기기록상 등기신청인의 주소가 지번방식의 주소인 경우에도, 등기신청인이 제공한 주민등록등(초)본 혹은 도로명주소 정보(건축물대장정보, 행정안전부 인터넷 '새주소 안내시스템'의 조회결과물 등) 등에 의하여 해당 지번방식의 주소에 대한 도로명주소임이 인정되는 경우에는 등기사건을 수리하여야 한다. 즉 등기기록상 등기의무자의 주소를 도로명주소로 변경등기를 하지 아니하여도 등기를 신청할 수 있다.

⑤ 등록면허세·지방교육세란 : 합병 전의 부동산 개수 1개당 등록면허세 6,000원, 지방교육세 1,200원으로 계산하여 기재한다. 이 경우에는 건물의 개수만큼 곱하여 납부한다.

⑥ 세액합계란 : 등록면허세액과 지방교육세액의 합계를 기재한다.

⑦ 등기신청수수료란 : 면제(2017. 12. 6. 등기예규 제1629호).라고 기재한다.

⑧ 첨부서면란 : 등기신청서에 첨부한 서면을 각 기재한다.

⑨ 신청인등란 : ㉮ 신청인의 성명 및 전화번호를 기재하고 인장을 날인하되(주소를 기재하지 아니한다), 신청인이 법인이나 법인 아닌 사단 또는 재단인 경우에는 상호(명칭)와 대표자(관리인)의 자격 및 성명을 기재하고 대표자(관리인)의 인장을 날인한다. ㉯ 대리인이 등기신청을 하는 경우에는 그 대리인의 성명, 주소, 전화번호를 기재하고 대리인의 인장을 날인 또는 서명한다.

2. 등기신청서에 첨부할 서면 등

- 등록면허세영수필확인서 : 시장, 구청장, 군수 등으로부터 등록면허세납부서(OCR용지) 또는 대법원 인터넷등기소의 정액등록면허세납부서 작성기능을 통하여 정액등록면허세납부서를 발급받아 납세지를 관할하는 해당 금융기관에 세금을 납부한 후 등록면허세영수필확인서와 영수증을 교부받아 영수증은 본인이 보관하고 등록면허세영수필확인서만 신청서의 등록면허세액표시란의 좌측상단 여백에 첨부하거나, 또는 지방세인터넷납부시스템을 이용하여 납부하고 출력한 등록면허세납부확인서를 첨부한다.
- 건축물대장등본 : ㉮ 합병된 건물(위 2호 건물, 갑 건물)과 합병 후의 건물(위 1호 건물, 을 건물)의 건축물대장등본(각 발행일로부터 3월 이내)을 각 1통씩 첨부한다. 각 건축물대장등본에는 합병사유가 기재되어 있어야 한다. ㉯ 등기신청서의 건물표시에 소재지번과 도로명주소가 함께 기재된 경우에는 등기사건을 수리하되, 도로명주소가 기재된 건축물대장 정보가 함께 제공한 경우 등기관은 직권으로 도로명주소를 기록하는 표시변경등기를 하여야 한다.
- 법인등기사항전부(일부)증명서 : 신청인이 법인인 경우에는 법인등기사항전부증명서 또는 법인등기사항일부증명서(각 발행일로부터 3월 이내)를 첨부한다. 신청인이 법인 아닌 사단

또는 재단인 경우에는 ㉮ 정관이나 그 밖의 규약, ㉯ 대표자나 관리인임을 증명하는 정보(다만, 등기되어 있는 대표자나 관리인이 신청하는 경우에는 그러하지 아니하다. ㉰ 대표자나 관리인의 주소 및 주민등록번호를 증명하는 정보를 첨부하여야 한다.

- 위임장 : 등기신청을 법무사 등 대리인에게 위임하는 경우에 첨부한다. 위 위임장에는 위임인이 기명날인 또는 서명하여야 한다.

3. 등기신청서류 편철순서

신청서, 등록면허세영수필확인서, 위임장, 건축물대장등본 등의 순으로 편철한다.

4. 기타 참고사항

합병 전 건물에 있는 근저당권은 당연히 종된 권리인 부속건물에 미치는 것이므로 근저당권의 승낙서를 첨부할 필요는 없다.

89. 건물멸실등기신청

가. 의 의

등기되어 있는 건물이 전부 철거되었거나, 존재하지 아니하는 건물에 대한 등기가 있는 경우에 그 건물의 등기를 없애기 위하여 하는 등기로, 건축물대장상 먼저 멸실등록이 되어 있어야 한다.

한편 증축된 부분에 대한 등기가 경료되지 아니하여 등기부의 건물면적과 건축물대장의 건물면적이 다소 차이가 있는 상태에서 그 건물이 멸실된 경우 등기기록상 건물과 건축물대장상의 건축물 사이에 동일성이 인정된다면 증축된 부분에 대한 표시변경등기를 경료한 후 다시 멸실등기를 신청하는 절차를 생략하고 곧 바로 멸실등기를 신청할 수 있다.

구분건물로서 그 건물이 속하는 1동 전부가 멸실된 경우에는 그 구분건물의 소유권의 등기명의인은 1동의 건물에 속하는 다른 구분건물의 소유권의 등기명의인을 대위하여 1동 전부에 대한 멸실등기를 신청할 수 있다.

나. 등기신청방법

신청인 본인 또는 법무사 등 그 대리인이 신분을 확인할 수 있는 주민등록증 등을 가지고 직접 등기소에 출석하여 신청한다. 건물의 멸실이 있는 경우 그 건물의 소유권의 등기명의인은 1월 이내에 멸실등기를 신청하여야 한다.

이 경우 건물소유권의 등기명의인이 1개월 이내에 멸실등기를 신청하지 아니하면 그 건물대지의 소유자가 건물소유권의 등기명의인을 대위하여 그 등기를 신청할 수 있다.

이와 같은 등기신청의 의무가 있는 자가 그 등기신청을 게을리 하였을 때에는 50만원 이하의 과태료를 부과한다.

[서식 89] 건물멸실등기신청서

건물멸실등기신청

<table>
<tr><td rowspan="2">접 수</td><td>년 월 일</td><td rowspan="2">처 리 인</td><td>등기관 확인</td><td>각종 통지</td></tr>
<tr><td>제 호</td><td></td><td></td></tr>
</table>

<table>
<tr><td colspan="4">① 부동산의 표시</td></tr>
<tr><td colspan="4">서울특별시 서초구 서초동 100
[도로명주소] 서울특별시 서초구 서초대로 88길 10
시멘트 벽돌조 스레트지붕 단층 주택 100㎡
부속건물
시멘트 벽돌조 슬래브지붕 단층 창고 50㎡

이 상</td></tr>
<tr><td colspan="2">② 등기원인과 그 연월일</td><td colspan="2">2020년 8월 20일 멸실</td></tr>
<tr><td colspan="2">③ 등 기 의 목 적</td><td colspan="2">건물멸실</td></tr>
<tr><td>구분</td><td>성 명
(상호·명칭)</td><td>주민등록번호
(등기용등록번호)</td><td>주 소 (소 재 지)</td></tr>
<tr><td>④ 신청인</td><td>이 상 선</td><td>000000-0000000</td><td>서울특별시 서초구 서초대로 88길 20
(서초동)</td></tr>
</table>

<table>
<tr><td>⑤ 등 록 면 허 세</td><td>금</td><td>6,000 원</td></tr>
<tr><td>⑤ 지 방 교 육 세</td><td>금</td><td>1,200 원</td></tr>
<tr><td>⑥ 세 액 합 계</td><td>금</td><td>7,200 원</td></tr>
</table>

<table>
<tr><td rowspan="3">⑦ 등 기 신 청 수 수 료</td><td colspan="2">면제(2017. 12. 6. 등기예규 제1629호)</td></tr>
<tr><td colspan="2">납부번호 :</td></tr>
<tr><td colspan="2">일괄납부 : 건 원</td></tr>
<tr><td colspan="3">⑧ 첨 부 서 면</td></tr>
<tr><td colspan="2">1. 건축물대장등본 1통
1. 등록면허세영수필확인서 1통
1. 위임장 1통</td><td>1. 주민등록초본(토지소유자, 즉 건물소유자와 다른 경우 토지소유자가 신청할 때)</td></tr>
<tr><td colspan="3">20○○년 ○월 ○일

⑨ 위 신청인 ㉐ (전화 :)

(또는)위 대리인 법무사 홍 길 동 ㉐ (전화 : 300-1234)
서울특별시 서초구 서초대로 73길 24(서초동)

○○지방법원 ○○등기소 귀중

법무사 홍 길 동 (직인)</td></tr>
</table>

[신청서 작성요령]

1. 부동산표시란에 2개 이상의 부동산을 기재하는 경우에는 부동산의 일련번호를 기재하여야 합니다.
2. 신청인란등 해당란에 기재할 여백이 없을 경우에는 별지를 이용합니다.
3. 담당등기관이 판단하여 위의 첨부 서면 외에 추가적인 서면을 요구할 수 있습니다.

주

1. 등기신청서 기재요령

신청서는 한글과 아라비아숫자로 기재하여야 한다. 부동산의 표시란이나 신청인란 등이 부족할 경우에는 별지로 사용하고, 별지를 포함한 신청서의 각 장 사이에 간인(신청서에 서명을 하였을 때에는 각 장마다 연결되는 서명)을 하여야 한다.

① 부동산의 표시란 : ㉮ 등기기록상 건물의 표시와 일치하여야 하며, 건물의 소재와 지번, 도로명주소(등기기록 표제부에 기록되어 있는 경우), 구조, 종류, 면적, 건물의 번호가 있는 때에는 그 번호, 부속건물이 있는 때에는 그 종류, 구조, 면적 순으로 기재한다. ㉯ 건물등기

기록 표제부에 도로명주소가 기록되지 않는 경우에, 등기신청서의 건물표시에 소재지번과 도로명주소가 함께 기재된 경우에는 등기사건을 수리하되, 도로명주소가 기재된 건축물대장 정보가 함께 제공된 경우 등기관은 직권으로 도로명주소를 기록하는 표시변경등기를 하여야 한다.

② 등기원인과 그 연월일란 : 건축물대장에 표시된 멸실원인(멸실 혹은 일부멸실)과 그 연월일을 기재하나, 건물부존재의 경우에는 연월일을 기재하지 아니하고 등기원인만 "부존재"라고 기재한다.

③ 등기의 목적란 : "건물멸실"(부존재의 경우 포함)"이라고 기재한다.

④ 신청인란 : 건물소유권의 등기명의인이 단독으로 신청한다. 등기기록상 등기신청인의 주소가 지번방식의 주소인 경우에도, 등기신청인이 제공한 주민등록등(초)본 혹은 도로명주소정보(건축물대장정보, 행정안전부 인터넷 '새주소 안내시스템'의 조회결과물 등) 등에 의하여 해당 지번방식의 주소에 대한 도로명주소임이 인정되는 경우에는 등기사건을 수리하여야 한다. 즉 등기기록상 등기의무자의 주소를 도로명주소로 변경등기를 하지 아니하여도 등기를 신청할 수 있다.

⑤ 등록면허세·지방교육세란 : 부동산 1개당 등록면허세 6,000원, 지방교육세 1,200원으로 계산하여 기재한다.

⑥ 세액합계란 : 등록면허세액과 지방교육세액의 합계를 기재한다.

⑦ 등기신청수수료란 : 면제(2017. 12. 6. 등기예규 제1629호).라고 기재한다.

⑧ 첨부서면란 ; 등기신청서에 첨부한 서면을 각 기재한다.

⑨ 신청인등란 : ㉮ 신청인의 등기기록상 성명 및 전화번호를 기재하고 인장을 날인하되(주소를 기재하지 아니한다), 신청인이 법인이나 법인 아닌 사단 또는 재단인 경우에는 상호(명칭)와 대표자(관리인)의 자격 및 성명을 기재하고 대표자(관리인)의 인장을 날인한다. ㉯ 대리인이 등기신청을 하는 경우에는 그 대리인의 성명, 주소, 전화번호를 기재하고 대리인의 인장을 날인 또는 서명한다.

2. 등기신청서에 첨부할 서면 등

- 등록면허세영수필확인서 : 시장, 구청장, 군수 등으로부터 등록면허세납부서(OCR용지) 또는 대법원 인터넷등기소의 정액등록면허세납부서 작성기능을 통하여 정액등록면허세납부서를 발급받아 납세지를 관할하는 해당 금융기관에 세금을 납부한 후 등록면허세영수필확인서와 영수증을 교부받아 영수증은 본인이 보관하고 등록면허세영수필확인서만 신청서의 등록면허세액표시란의 좌측상단 여백에 첨부하거나, 또는 지방세인터넷납부시스템을 이용하여 납부하고 출력한 등록면허세납부확인서를 첨부한다.
- 건축물대장등본 : ㉮ 건물멸실등기를 신청하는 경우에는 그 멸실이나 부존재를 증명하는 건축물대장정보나 그 밖의 정보를 첨부한다. ㉯ 2003. 11. 21. 공포된 건축물대장의기재및관리등에관한규칙 제9조의3에 의하면, 당해 대지에 등기된 건축물이 존재하지 아니하는 경우 대지의 소유자 또는 건축물의 소유명의인은 건물멸실등기의 신청을 위하여 시장·군수 또는 구청장에게 건축물부존재증명서(발급일자 = 멸실일자)의 발급을 신청할 수 있고(다만, 건축물대장이 작성되어 있는 경우에는 그러하지 아니함), 위 발급신청을 받은 시장·군수 또는 구청장은 현지조사 등을 실시하여 당해 대지에 등기된 건축물이 존재하지 아니함을 확인한 후 건축물부존재증명서를 발급하여야 한다(2003. 12. 9. 등기선례 7-325).
- 법인등기사항전부(일부)증명서 : 신청인이 법인인 경우에는 법인등기사항전부증명서 또는

법인등기사항일부증명서(각 발행일로부터 3월 이내)를 첨부한다. 신청인이 법인 아닌 사단 또는 재단인 경우에는 ㉮ 정관이나 그 밖의 규약, ㉯ 대표자나 관리인임을 증명하는 정보(다만, 등기되어 있는 대표자나 관리인이 신청하는 경우에는 그러하지 아니하다. ㉰ 대표자나 관리인의 주소 및 주민등록번호를 증명하는 정보를 첨부하여야 한다.

- 위임장 : 등기신청을 법무사 등 대리인에게 위임하는 경우에 첨부한다. 위 위임장에는 위임인이 기명날인 또는 서명하여야 한다.

3. 등기신청서류 편철순서

신청서, 등록면허세영수필확인서, 위임장, 건축물대장등본 등의 순으로 편철한다.

90. 건물구분등기신청(구분건물의 표시변경)

가. 의 의

부동산의 표시에 관한 등기는 권리의 객체인 부동산의 현황을 명확히 하기 위하여 등기부의 표제부에 기재하는 것에 불과하다. 따라서 당사자가 소유권보존등기의 신청을 하지 않고서 부동산의 표시에 관한 등기만 신청할 수는 없음이 원칙이다.

다만 "구분건물의 표시"에 관하여는 1동의 건물에 속하는 구분건물 중의 일부만에 관하여 소유권보존등기를 신청하는 경우에 나머지 구분건물에 관하여는 표시에 관한 등기를 동시에 신청할 수 있다. 이는 1동의 건물에 속하고 있는 다른 구분건물과의 관계를 명확히 하고 집합건물의 공시방법의 혼란을 피하기 위한 것이다.

이러한 건물구분등기를 하기 위해서는 건축물대장상 먼저 변경등록이 되어 있어야 한다. 각개의 구분건물의 구조상 독립성, 이용상 독립성이 있는 경우에 각 구분을 구분소유권의 목적으로 하기 위하여 하는 등기로써. 다가구주택을 다세대주택으로 하기 위해서는 구분등기신청을 하여야 한다.

나. 등기신청방법

신청인 본인 또는 법무사 등 그 대리인이 신분을 확인할 수 있는 주민등록증 등을 가지고 직접 등기소에 출석하여 신청한다.

건물의 구분이 있는 경우에는 그 건물소유권의 등기명의인은 그 사실이 있는 때로부터 1개월 이내에 그 등기를 신청하여야 한다.

이와 같은 등기신청의 의무가 있는 자가 그 등기신청을 게을리 하였을 때에는 50만원 이하의 과태료를 부과한다.

[서식 90] 건물구분등기신청서(구분건물의 표시변경)

건물구분등기신청

접 수	년 월 일	처 리 인	등기관 확인	각종 통지
	제 호			

① 부동산의 표시
구분 전의 건물의 표시 서울특별시 서초구 서초동 100 시멘트 벽돌조 슬래브지붕 단층주택 및 사무실 160㎡ 구분 후의 건물의 표시 1동의 건물의 표시 서울특별시 서초구 서초동 100 [도로명주소] 서울특별시 서초구 서초대로 86길 10 시멘트 벽돌조 슬래브지붕 단층주택 및 사무실 160㎡ 전유부분의 건물의 표시 1. 건물의 번호 : 1 - 가 구 조 : 시멘트 벽돌조 주택 면 적 : 1층 가호 80㎡ 2. 건물의 번호 : 1 - 나 구 조 : 시멘트 벽돌조 사무실 면 적 : 1층 나호 80㎡ ② 각 전유부분의 대지권의 표시 토지의 표시 : 서울특별시 서초구 서초동 100 대 400㎡ 대지권의 종류 : 소유권 대지권의 비율 : 300분의 130 대지권의 연월일 : 2013년 11월 20일 대지권 이 상

③ 등기원인과 그 연월일	2020년 8월 20일 구분

<table>
<tr><td colspan="2">④ 등 기 의 목 적</td><td colspan="3">건물표시변경</td></tr>
<tr><td colspan="2">⑤ 전세권이 존속하는 건물의 표시</td><td colspan="3">별지 기재와 같음</td></tr>
<tr><td colspan="2">⑤ 근저당권이 소멸하는 건물의 표시</td><td colspan="3">별지 기재와 같음</td></tr>
<tr><td>구분</td><td>성 명
(상호·명칭)</td><td>주민등록번호
(등기용등록번호)</td><td colspan="2">주 소 (소 재 지)</td></tr>
<tr><td>⑥
신
청
인</td><td>이 상 선</td><td>000000-0000000</td><td colspan="2">서울특별시 서초구 서초대로 88길 20
(서초동)</td></tr>
<tr><td colspan="3">⑦ 등 록 면 허 세</td><td colspan="2">금 12,000 원</td></tr>
<tr><td colspan="3">⑦ 지 방 교 육 세</td><td colspan="2">면제(2011. 10. 28. 등기예규 제1436호)</td></tr>
<tr><td colspan="3">⑧ 세 액 합 계</td><td colspan="2">면제(2011. 10. 28. 등기예규 제1436호)</td></tr>
<tr><td colspan="3" rowspan="3">⑨ 등 기 신 청 수 수 료</td><td colspan="2">면 제</td></tr>
<tr><td colspan="2">납부번호 :</td></tr>
<tr><td colspan="2">일괄납부 : 건 원</td></tr>
<tr><td colspan="5">⑩ 첨 부 서 면</td></tr>
<tr><td colspan="4">1. 집합건축물대장등본 2통
1. 등록면허세영수필확인서 1통
1. 권리존속증명서 1통
1. 권리소멸승낙서 1통
1. 인감증명서나 본인서명사실확인서
또는 전자본인서명확인서 발급증 1통</td><td>1. 집합건물도면 1통
1. 도면 1통
1. 위임장 1통
〈기 타〉</td></tr>
<tr><td colspan="5">20○○년 ○월 ○일

⑪ 위 신청인 ㊞ (전화 :)

(또는)위 대리인 법무사 홍 길 동 ㊞ (전화 : 300-1234)
서울특별시 서초구 서초대로 73길 24(서초동)

○○지방법원 ○○등기소 귀중

법무사 홍 길 동 (직인)</td></tr>
</table>

[신청서 작성요령]

1. 부동산표시란에 2개 이상의 부동산을 기재하는 경우에는 부동산의 일련번호를 기재하여야 합니다.
2. 신청인란등 해당란에 기재할 여백이 없을 경우에는 별지를 이용합니다.
3. 담당등기관이 판단하여 위의 첨부 서면 외에 추가적인 서면을 요구할 수 있습니다.

[별지]

전세권이 존속하는 건물의 표시

1동의 건물의 표시

서울특별시 서초구 서초동 100

[도로명주소] 서울특별시 서초구 서초대로 86길 10

시멘트 벽돌조 슬래브지붕 단층주택 및 사무실 160㎡

전유부분의 건물의 표시

건물의 번호 : 1 - 가

구 조 : 시멘트 벽돌조 주택

면 적 : 1층 가호 80㎡

근저당권이 소멸하는 건물의 표시

1동의 건물의 표시

서울특별시 서초구 서초동 100

[도로명주소] 서울특별시 서초구 서초대로 86길 10

시멘트 벽돌조 슬래브지붕 단층주택 및 사무실 160㎡

전유부분의 건물의 표시

건물의 번호 : 1 - 나

구 조 : 시멘트 벽돌조 사무실

면 적 : 1층 나호 80㎡

이 상

주

1. 등기신청서 기재요령

신청서는 한글과 아라비아숫자로 기재하여야 한다. 부동산의 표시란이나 신청인란 등이 부족할 경우에는 별지로 사용하고, 별지를 포함한 신청서의 각 장 사이에 간인(신청서에 서명을 하였을 때에는 각 장마다 연결되는 서명)을 하여야 한다.

① 부동산의 표시란

㉮ 구분 전의 건물(일반건물)의 표시와 구분 후의 건물(집합건물)의 표시를 하여야 한다. 구분 후의 건물은 집합건물이므로 1동의 건물의 표시와 각 전유부분의건물의 표시를 한다.

㉯ 건물등기기록 표제부에 도로명주소가 기록되지 않는 경우에, 등기신청서의 건물 표시에 소재지번과 도로명주소가 함께 기재된 경우에는 등기사건을 수리하되, 도로명주소가 기재된 건축물대장 정보가 함께 제공된 경우 등기관은 직권으로 도로명주소를 기록하는 표시변경등기를 하여야 한다.

② 대지권의 표시란 : 대지권이 있는 경우에는 대지권의 표시를 하여야 하고, 건물의 구분연월일이 대지권발생연월일이 된다.

③ 등기원인과 그 연월일란 : 등기원인은 “구분”으로, 그 연월일은 건축물대장에 표시된 구분연월일을 기재한다.

④ 등기의 목적란 : “건물표시 변경”이라고 기재한다.

⑤ 공란에 기재할 사항

㉮ 전세권이 존속하는 건물의 표시 : 건물의 일부에 전세권, 임차권등기가 있는 경우에 그 건물의 구분등기를 신청하는 때에는 신청서에 권리가 존속할 건물을 기재하고(예 : 서울특별시 서초구 서초동 100 1층 가호 남쪽 50㎡), 이를 증명하는 권리자의 서면(권리존속증명서) 및 인감증명을 첨부하여야 한다. 이 경우 그 권리가 건물의 일부에 존속할 때에는 신청서에 그 건물부분을 기재하고 그 부분을 표시한 도면을 첨부하여야 한다.

㉯ 근저당권이 소멸하는 건물의 표시 : 구분되어 나간 건물이나 구분 후의 건물에 대하여 소유권 외의 권리의 소멸승낙이 있는 경우에는 그 권리가 소멸되는 건물의 표시를 기재한다. ㉠ 예를 들어, 근저당권이 구분 후 가호 건물에 소멸하거나, 나호 건물에 소멸하는 경우에는 “근저당권이 소멸하는 건물”의 표시를 하여야 하나, 근저당권이 분할 후 건물모두에 그냥 존속하는 경우에는 이와 같은 취지의 표시를 할 필요는 없다. 전자의 경우에는 그 근저당권자의 권리소멸승낙서를 제출하여야 한다. ㉡ 소멸하는 그 근저당권을 목적으로 하는 제3자의 권리에 관한 등기가 있는 때에는 그 자의 승낙을 증명하는 서면 또는 이에 대항할 수 있는 재판의 등본을 첨부하여야 한다. ㉢ 따라서 근저당권이 구분 후 건물의 어느 한 쪽에 소멸하지 아니하고 양쪽 건물에 그대로 존속하는 경우에는 부동산등기규칙 제96조 제3항 및 동 규칙 제76조 제3항, 제4항 소정의 권리소멸승낙서를 제출할 필요도 없고, 그 근저당권자의 인감증명을 제출할 필요도 없다.

⑥ 신청인란 : 건물소유권의 등기명의인이 단독으로 신청한다. 등기기록상 등기신청인의 주소가 지번방식의 주소인 경우에도, 등기신청인이 제공한 주민등록등(초)본 혹은 도로명주소정보(건축물대장정보, 행정안전부 인터넷 ‘새주소 안내시스템’의 조회결과물 등) 등에 의하여 해당 지번방식의 주소에 대한 도로명주소임이 인정되는 경우에는 등기사건을 수리하여야 한다. 즉 등기기록상 등기의무자의 주소를 도로명주소로 변경등기를 하지 아니하여도

등기를 신청할 수 있다.

⑦ 등록면허세·지방교육세란 : 면제(2011. 10. 28. 등기예규 제1436호)라고 기재한다.

⑧ 세액합계란 : 면제(2011. 10. 28. 등기예규 제1436호)라고 기재한다.

⑨ 등기신청수수료란 : 구분등기의 경우에는 등기신청수수료를 납부하지 아니한다.

⑩ 첨부서면란 : 등기신청서에 첨부한 서면을 각 기재한다.

⑪ 신청인등란 : 신청인의 성명 및 전화번호를 기재하고, 기명날인 또는 서명을 한다.

2. 등기신청서에 첨부할 서면 등

- 등록면허세영수필확인서 : 시장, 구청장, 군수 등으로부터 등록면허세납부서(OCR용지) 또는 대법원 인터넷등기소의 정액등록면허세납부서 작성기능을 통하여 정액등록면허세납부서를 발급받아 납세지를 관할하는 해당 금융기관에 세금을 납부한 후 등록면허세영수필확인서와 영수증을 교부받아 영수증은 본인이 보관하고 등록면허세영수필확인서만 신청서의 등록면허세액표시란의 좌측상단 여백에 첨부하거나, 또는 지방세인터넷납부시스템을 이용하여 납부하고 출력한 등록면허세납부확인서를 첨부한다.
- 건축물대장등본 : ㉮ 각 구분건물마다 집합건축물대장등본을 첨부한다. 구분으로 인하여 폐쇄된 종전 일반건축물대장도 첨부하는 바람직하다. ㉯ 등기신청서의 건물표시에 소재지번과 도로명주소가 함께 기재된 경우에는 등기사건을 수리하되, 도로명주소가 기재된 건축물대장 정보가 함께 제공된 경우 등기관은 직권으로 도로명주소를 기록하는 표시변경등기를 하여야 한다.
- 권리소멸승낙서 : 건물의 구분등기를 하는 경우에, 종전 건물에 대한 소유권 외의 권리의 등기명의인(저당권자 등)이 분할 후 어느 건물에 대하여 그 권리의 소멸을 승낙한 경우에는 그러한 취지의 그의 승낙서 또는 이에 대항할 수 있는 재판의 등본을 제출하여야 하고, 위 소멸하는 권리를 목적으로 하는 제3자의 권리(근저당권에 대한 권리질권자)가 있는 경우에는 신청서에 그 자(권리질권자)의 승낙을 증명하는 서면 또는 이에 대항할 수 있는 재판의 등본을 첨부하여야 한다.
- 권리존속증명서 : 건물의 일부에 전세권, 임차권등기가 있는 경우에 그 건물의 구분등기를 신청할 때에는 신청서에 권리가 존속할 건물부분을 기재하고, 이를 증명하는 권리자(전세권자·임차권자)의 서면을 첨부하여야 한다.
- 인감증명서 등 : 위와 같이 권리소멸승낙서에 의하여 근저당권자, 권리질권자 등이 권리소멸승낙을 하는 경우, 혹은 권리존속증명서에 의하여 전세권자, 임차권자 등이 권리존속증명을 하는 경우에는 그 자의 인감증명서를 첨부하거나, 인감증명을 갈음하여 「본인서명사실확인등에관한법률」에 따라 발급된 본인서명사실확인서(발행일부터 3개월 이내)에 기재한 서명(전자본인서명확인서 발급증을 제출할 경우에도 서명)을 하고 본인서명사실확인서(전자본인서명확인서 발급증)을 첨부한다.
- 집합건물도면 : 건물구분등기를 하는 경우에는 구분건물 소유권보존등기에 의하여 1동의 건물의 소재도, 각 층의 평면도와 전유부분의 평면도를 첨부하여야 한다. 다만, 건물의 표시를 증명하는 정보로서 건축물대장정보를 등기소에 제공한 경우에는 건물의 도면을 별도로 제출할 필요가 없다고 본다.
- 도면 : ㉮ 건물의 일부에 전세권, 임차권등기가 있는 경우에 그 건물의 구분등기를 신청할 때에는 신청서에 권리가 존속할 건물부분을 기재하고, 이를 증명하는 권리자(전세권자, 임차권자)의 서면을 첨부하여야 하는바, 이 경우 그 권리가 건물의 일부에 존속할 때에는 신청서에 그 건물 부분을 기재하고 그 부분을 표시한 도면을 첨부하여야 한다. 즉, 전세권, 임차권

이 구분 후 특정건물의 전부(제1호 건물의 전부 혹은 제2호 건물의 전부)에 존속하는 경우에는 도면을 첨부할 필요는 없으나, 그 전세권, 임차권 등이 구분 후 건물의 일부(제1호 건물의 일부 혹은 제2호 건물의 일부)에만 존속하는 경우에는 도면을 첨부하여야 한다. ㉯ 건물의 도면에는 건물의 소재지, 건물의 종류, 구조와 면적, 택지의 방위를 기록하고, 1필지 또는 여러 필지 위에 여러 개의 건물이 있는 때에는 건물의 번호, 건물의 형상, 길이, 위치를 기록하여야 하고, 전부 검은 선과 검은 글씨로 하되, 만일 등기목적 외의 건물이 있는 때에는 그 도면 등은 붉은 선, 붉은 글씨로 표시하여야 한다. 그리고 등기신청의 범위가 부동산의 일부인 경우에는 도면 등에 권리의 목적인 부분을 검은 선과 검은 글씨로 표시하여야 한다. ㉰ 도면 등을 서면으로 작성하여 등기소에 제출하는 경우에는 신청인 또는 대리인이 기명날인하거나 서명하여야 하고, 도면 등을 전자문서로 작성하여 전산정보처리조직을 이용하여 등기소에 제공하는 경우에는 신청인 또는 대리인의 전자서면정보를 함께 송신하여야 한다.

- 법인등기사항전부(일부)증명서 : 신청인이 법인인 경우에는 법인등기사항전부증명서 또는 법인등기사항일부증명서(각 발행일로부터 3월 이내)를 첨부한다. 신청인이 법인 아닌 사단 또는 재단인 경우에는 ㉮ 정관이나 그 밖의 규약, ㉯ 대표자나 관리인임을 증명하는 정보(다만, 등기되어 있는 대표자나 관리인이 신청하는 경우에는 그러하지 아니하다. ㉰ 대표자나 관리인의 주소 및 주민등록번호를 증명하는 정보를 첨부하여야 한다.
- 위임장 : 등기신청을 법무사 등 대리인에게 위임하는 경우에 첨부한다. 위 위임장에는 위임인이 기명날인 또는 서명하여야 한다.

3. 등기신청서류 편철순서

신청서, 등록면허세영수필확인서, 위임장, 집합건축물대장등본, 권리존속증명서, 권리소멸승낙서, 인감증명서나 본인서명사실확인서 또는 전자본인서명확인서 발급증, 도면 등의 순으로 편철한다.

91. 도로명주소등기신청

가. 의 의

건물등기기록의 표제부에 소재, 지번 표시만 기록된 경우에, 도로명주소법에 따른 도로명주소를 추가하는 등기를 의미한다. 2011. 10. 28. 등기예규 제1435호를 요약하면 다음과 같다.

(1) 건물 표시 부분에의 도로명주소 표시

(가) 건물등기기록 표제부에 도로명주소가 기록되지 않은 경우

등기신청서의 건물 표시는 등기기록에 표시된 건물의 소재지번을 기재하고, 이때 도로명주소만을 기재하여서는 아니 된다.

등기신청서의 건물 표시에 소재지번과 도로명주소가 함께 기재된 경우에는 등기사건을 수리하되, 도로명주소가 기재된 건축물대장 정보가 함께 제공된 경우 등기관은 직권으로 도로명주소를 기록하는 표시변경등기를 하여야 한다.

(나) 건물등기기록 표제부에 도로명주소가 기록된 경우

등기신청서의 건물 표시는 등기기록에 표시된 건물의 소재지번과 도로명주소를 함께 기재한다.

(2) 등기원인증서(매매계약서, 근저당권설정계약서 등)

(가) 건물등기기록 표제부에 도로명주소가 기록되지 않은 경우

등기원인증서의 건물 표시는 등기기록에 표시된 건물의 소재지번을 기재한다.

등기원인증서에 건물 표시로 도로명주소만 기재된 때에도 신청인이 제공한 도로명주소 정보[건축물대장 정보, 안전행정부 '새주소 안내시스템(http://www.juso.go.kr)'의 조회 결과물 등, 이하 "도로명주소 정보"라고 함]에 의하여 해당 소재지번에 대한 도로명주소임이 인정된다면 등기사건을 수리한다.

(나) 건물등기기록 표제부에 도로명주소가 기록된 경우

등기원인증서의 건물 표시는 등기기록에 표시된 건물의 소재지번과 도로명주소를 함께 기재한다.

등기원인증서에 건물 표시로 소재지번 또는 도로명주소 중 어느 하나만 기재된 때에도 등기사건을 수리한다.

(3) 등기명의인 표시 부분에의 도로명주소 표기

(가) 도로명주소 표기 방법

등기명의인의 도로명주소는 주소를 증명하는 정보에 표시된 주소(법정동, 공동주택 명칭의 참고항목 포함)와 동일하게 기재한다.

(나) 등기신청서 및 등기원인증서

도로명주소로 변경하기 위하여 등기명의인 표시변경등기를 신청하는 경우 등기신청서의 등기원인 및 원인일자는 주소를 증명하는 정보에 표시된 주소 변동사유 및 변동일자를 기재한다.

등기원인증서의 명의인 주소표시를 지번방식의 주소로 기재한 때에도 신청인이 제공한 도로명주소 정보에 의하여 해당 도로명주소와 같은 주소임이 인정되면 등기사건을 수리한다.

(다) 인감증명서

등기기록의 등기의무자 주소가 지번방식의 주소일 때 등기의무자의 인감증명에는 도로명주소만 기재된 경우 신청인이 제공한 도로명주소 정보에 의하여 해당 지번방식의 주소에 대한 도로명주소임이 인정되면 등기사건을 수리한다.

등기의무자의 인감증명에 기재된 주소변경이력에 의하여 해당 지번방식의 주소에 대한 도로명주소임이 인정되는 경우에도 등기사건을 수리한다.

나. 등기신청방법

신청인 본인 또는 법무사 등 그 대리인이 신분을 확인할 수 있는 주민등록증 등을 가지고 직접 등기소에 출석하여 신청한다.

도로명주소가 기록되지 않은 건물등기기록에 대하여 도로명주소가 기재된 건축물대장 정보가 함께 제공된 등기신청이 있는 때에는 등기관은 직권으로 건물등기기록 표제부에 도로명주소를 기록하는 표시변경등기를 하여야 한다.

소유권이전등기 시 부동산등기규칙 제122조에 따라 등기명의인의 주소를 직권으로 변경하여야 하는 경우, 등기의무자의 주소가 "주소변경" 등의 실질적인 주소변경이 아닌 도로명주소법에 따른 주소변경인 경우에는 주소변경의 직권등기를 하지 아니한다.

[서식 91] 도로명주소등기신청서

도로명주소등기신청

접 수	년 월 일	처 리 인	등기관 확인	각종 통지
	제 호			

① 부동산의 표시
변경전의 표시 서울특별시 서초구 서초동 100 시멘트 벽돌조 스레트지붕 단층주택 80㎡ 변경후의 표시 서울특별시 서초구 서초동 100 [도로명주소] 서울특별시 서초구 서초대로 88길 10 시멘트 벽돌조 스레트지붕 단층 주택 100㎡ 이 상

② 등기원인과 그 연월일	도로명주소	
③ 등 기 의 목 적	거물표시변경	

구분	성 명 (상호·명칭)	주민등록번호 (등기용등록번호)	주 소 (소 재 지)
④ 신청인	이 상 선	000000-0000000	서울특별시 서초구 서초대로 88길 20 (서초동)

⑤ 등 록 면 허 세	면 제 (2011. 10. 28. 등기예규 제1436호)
⑤ 지 방 교 육 세	면 제 (2011. 10. 28. 등기예규 제1436호)
⑥ 세 액 합 계	면 제 (2011. 10. 28. 등기예규 제1436호)
⑦ 등 기 신 청 수 수 료	면 제 (2011. 10. 28. 등기예규 제1436호)
	납부번호 :
	일괄납부 : 건 원

⑧ 첨 부 서 면	
1. 건축물대장등본 1통 1. 위임장 1통	〈기 타〉

20○○년 ○월 ○일

⑨ 위 신청인 ㊞ (전화 :)

(또는)위 대리인 법무사 홍 길 동 ㊞ (전화 : 300-1234)
서울특별시 서초구 서초대로 73길 24(서초동)

○○지방법원 ○○등기소 귀중

법무사 홍 길 동 (직인)

[신청서 작성요령]

1. 부동산표시란에 2개 이상의 부동산을 기재하는 경우에는 부동산의 일련번호를 기재하여야 합니다.
2. 신청인란등 해당란에 기재할 여백이 없을 경우에는 별지를 이용합니다.
3. 담당등기관이 판단하여 위의 첨부 서면 외에 추가적인 서면을 요구할 수 있습니다.

주

1. 등기신청서 기재요령

신청서는 한글과 아라비아숫자로 기재하여야 한다. 부동산의 표시란이나 신청인란 등이 부족할 경우에는 별지로 사용하고, 별지를 포함한 신청서의 각 장 사이에 간인(신청서에 서명을 하였을 때에는 각 장마다 연결되는 서명)을 하여야 한다.

① 부동산의 표시란 : 건물표시 부분에의 도로명주소는 건물표시 중 소재지번 표시 아래에 기재한다.

(예시 1) 일반 건물의 부동산 표시
서울특별시 서초구 서초동 1500-2
[도로명주소] 서울특별시 서초구 명달로 22길 24
철근콘크리트조 슬래브지붕 2층 사무실
1층 234㎡
2층 202㎡

(예시 2) 구분건물의 부동산 표시
1동의 건물 표시
서울특별시 서초구 서초동 1500-2 서초아파트 제101동

[도로명주소] 서울특별시 서초구 서초대로 46길 62
철근콘크리트조 슬래브지붕 3층 아파트
1층 554.5㎡,
2층 554.5㎡,
3층 431.5㎡(이하 생략)

② 등기원인과 그 연월일란 : "도로명주소"라고만 기재한다.
③ 등기의 목적란 : "건물표시변경"이라고 기재한다.
④ 신청인란 : 건물소유권의 등기명의인이 단독으로 신청한다. 등기기록상 등기신청인의 주소가 지번방식의 주소인 경우에도, 등기신청인이 제공한 주민등록등(초)본 혹은 도로명주소정보(건축물대장정보, 안전행정부 인터넷 '새주소 안내시스템'의 조회결과물 등) 등에 의하여 해당 지번방식의 주소에 대한 도로명주소임이 인정되는 경우에는 등기사건을 수리하여야 한다. 즉 등기기록상 등기의무자의 주소를 도로명주소로 변경등기를 하지 아니하여도 등기를 신청할 수 있다.
⑤ 등록면허세·지방교육세란 : "면제(2011. 10. 28. 등기예규 제1436호)" 또는 "도로명주소법에 따른 부동산등기사무처리지침 제7조에 의거 면제"라고 기재한다.
⑥ 세액합계란 : "면제(2011. 10. 28. 등기예규 제1436호)". 또는 "도로명주소법에 따른 부동산등기사무처리지침 제7조에 의거 면제"라고 기재한다.
⑦ 등기신청수수료란 : "면제(2011. 10. 28. 등기예규 제1436호)"라고 기재한다(도로명주소법에 의한 건물표시변경 또는 등기명의인표시변경 등기신청에는 등기신청수수료를 납부하지 아니한다).
⑧ 첨부서면란 : 등기신청서에 첨부한 서면을 각 기재한다.
⑨ 신청인등란 : ㉮ 신청인의 성명 및 전화번호를 기재하고, 기명날인 또는 서명을 한다. ㉯ 대리인이 등기신청을 하는 경우에는 그 대리인의 성명, 주소, 전화번호를 기재하고 기명날인한다.

2. 등기신청서에 첨부할 서면 등

- 건축물대장정보 : 도로명주소가 기록된 건축물대장등본을 첨부한다. 혹은 안전행정부 '새주소 안내시스템'의 조회결과물("도로명주소정보"라 한다)을 첨부하여도 된다고 본다.
- 법인등기사항전부(일부)증명서 : 신청인이 법인인 경우에는 법인등기사항전부증명서 또는 법인등기사항일부증명서(각 발행일로부터 3월 이내)를 첨부한다. 신청인이 법인 아닌 사단 또는 재단인 경우에는 ㉮ 정관이나 그 밖의 규약, ㉯ 대표자나 관리인임을 증명하는 정보(다만, 등기되어 있는 대표자나 관리인이 신청하는 경우에는 그러하지 아니하다. ㉰ 대표자나 관리인의 주소 및 주민등록번호를 증명하는 정보를 첨부하여야 한다.
- 위임장 : 등기신청을 법무사 등 대리인에게 위임하는 경우에 첨부한다. 위 위임장에는 위임인이 기명날인 또는 서명하여야 한다.

3. 등기신청서류 편철순서

신청서, 위임장, 건축물대장정보 등의 순으로 편철한다.

92. 주소변경으로 의한 등기명의인표시변경등기신청

가. 의 의

등기기록상 소유명의인 또는 소유권 이외의 권리자(저당권자, 전세권자, 임차권자 등)의 표시(성명, 주소, 주민등록번호 등)가 변경되어 등기부상 표시와 일치하지 아니할 경우에 그 표시를 일치시키기 위하여 하는 등기이다.

나. 등기신청방법

신청인 본인 또는 법무사 등 그 대리인이 신분을 확인할 수 있는 주민등록증 등을 가지고 직접 등기소에 출석하여 신청한다. 이는 등기명의인이 단독신청하는 등기이다. 소유명의인의 표시가 변경된 경우에는 그 소유명의인이, 저당권자·전세권자·임차권자의 표시가 변경된 경우에는 그 저당권자·전세권자·임차권자가 단독으로 신청할 수 있다.

[서식 92] 주소변경으로 의한 등기명의인표시변경등기신청서

등기명의인표시변경등기신청

접 수	년 월 일	처 리 인	등기관 확인	각종 통지
	제 호			

① 부동산의 표시
1. 서울특별시 서초구 서초동 100 대 300㎡ 2. 서울특별시 서초구 서초동 100 [도로명주소] 서울특별시 서초구 서초대로 88길 10 시멘트 벽돌조 슬래브지붕 2층 주택 1층 100㎡ 2층 100㎡ 이 상

<table>
<tr><td colspan="2">② 등기원인과 그 연월일</td><td colspan="3">2020년 12월 4일 주소변경</td></tr>
<tr><td colspan="2">③ 등 기 의 목 적</td><td colspan="3">등기명의인 표시변경</td></tr>
<tr><td colspan="2">④ 변 경 사 항</td><td colspan="3">갑구 3번 등기명의인 이상선의 주소 “서울 중구 다동 5”를 “서울특별시 서초구 서초대로 20길 72(서초동)”으로 변경</td></tr>
<tr><td>구분</td><td>성 명
(상호·명칭)</td><td>주민등록번호
(등기용등록번호)</td><td colspan="2">주 소 (소 재 지)</td></tr>
<tr><td>⑤
신
청
인</td><td>이 상 선</td><td>000000-0000000</td><td colspan="2">서울특별시 서초구 서초대로 20길 72
(서초동)</td></tr>
<tr><td colspan="3">⑥ 등 록 면 허 세</td><td colspan="2">금 12,000 원</td></tr>
<tr><td colspan="3">⑥ 지 방 교 육 세</td><td colspan="2">금 2,400 원</td></tr>
<tr><td colspan="3">⑦ 세 액 합 계</td><td colspan="2">금 14,400 원</td></tr>
<tr><td colspan="3" rowspan="3">⑧ 등 기 신 청 수 수 료</td><td colspan="2">금 6,000 원</td></tr>
<tr><td colspan="2">납부번호 : ○○-○○-○○○○○-○</td></tr>
<tr><td colspan="2">일괄납부 : 건 원</td></tr>
<tr><td colspan="5">⑨ 첨 부 서 면</td></tr>
<tr><td colspan="4">1. 주민등록표초본 1통
1. 등록면허세영수필확인서 1통
1. 위임장 1통</td><td>〈기 타〉</td></tr>
<tr><td colspan="5">20○○년 ○월 ○일

⑩ 위 신청인 ㉿ (전화 :)

(또는)위 대리인 법무사 홍 길 동 ㉿ (전화 : 300-1234)
서울특별시 서초구 서초대로 73길 24(서초동)

○○지방법원 ○○등기소 귀중

법무사 홍 길 동 (직인)</td></tr>
</table>

[신청서 작성요령]

1. 부동산표시란에 2개 이상의 부동산을 기재하는 경우에는 부동산의 일련번호를 기재하여야 합니다.
2. 신청인란등 해당란에 기재할 여백이 없을 경우에는 별지를 이용합니다.
3. 담당등기관이 판단하여 위의 첨부 서면 외에 추가적인 서면을 요구할 수 있습니다.

주

1. 등기신청서 기재요령

신청서는 한글과 아라비아숫자로 기재하여야 한다. 부동산의 표시란이나 신청인란 등이 부족할 경우에는 별지로 사용하고, 별지를 포함한 신청서의 각 장 사이에 간인(신청서에 서명을 하였을 때에는 각 장마다 연결되는 서명)을 하여야 한다.

① 부동산의 표시란 : 토지는 소재와 지번, 지목, 면적 순으로, 건물은 소재와 지번, 도로명주소(등기기록 표제부에 기록되어 있는 경우), 구조, 종류, 면적 순으로 등기기록상 부동산의 표시와 일치되게 기재한다.

② 등기원인과 그 연월일란 : ㉮ 등기원인은 "주소변경", "개명", "본점이전" 등으로, 그 연월일은 전거로 인한 주소변경의 경우에는 주민등록표등(초)본상 전거일을, 개명으로 인한 성명변경의 경우에는 기본증명서상 법원의 개명일(개명허가일자)을 기재한다. (예) 20○○년 ○월 ○일 주소변경(또는 개명), ㉯ 본점이전의 경우에는 "법인등기사항증명서에 기재된 본점이전연월일"을 기재한다. 회사의 경우에는 "상호변경" 등이 등기원인이고, 법인 아닌 사단이나 재단에서 대표자를 새로이 선임한 경우에는 "대표자 개선"이라 기재한다. ㉰ 도로명주소법에 의하여 종전 소재지번 방식의 주소를 도로명주소법에 다른 도로명주소로 변경하는 경우에는 주소를 증명하는 정보에 표시된 주소변동사유인 "20○○년 ○월 ○일 도로명주소", 그 원인일자는 "2011년 10월 31일"로 기재한다.

㉠ 소유자의 이상선의 주소 "서울 중구 다동 5"가 2011년 3월 10일 "서울특별시 서초구 서초동 100"으로 변경되고 이 주소가 2011년 10월 31일 도로명주소법에 의하여 "서울특별시 서초구 서초대로 20길 72(서초동)"로 변경된 경우에는 등기원인은 "2011년 3월 10일" 등기원인은 "주소변경"으로 기재한다. ㉡ 소유자 이상선의 주소 "서울 중구 서초대로 20길 72(서초동)"로 변경된 경우에는 등기원인은 "2013년 5월 4일" 등기원인은 "주소변경"로 기재한다. ㉢ 소유자 이상선의 주소 "서울특별시 서초구 서초동 100"이 실질적인 주소변동없이, 2011년 10월 31일 도로명주소법에 의하여 "서울특별시 서초구 서초대로 20길 72(서초동)"로 도로주소로만 변경된 경우에는 등기원인은 "2011년 10월 31일" 등기원인은 "도로명주소"로 기재한다(등기예규 제1436호).

③ 등기의 목적란 : "등기명의인 표시변경"이라고 기재한다.

④ 변경사항란 : 변경하는 내용을 기재한다. (예) 갑구(또는 을구) ○번 등기명의인 ○○○의 주소 "서울 중구 다동 ○"를 "서울특별시 서초구 서초대로 ○길 ○(서초동)"으로, 또는 갑구(또는 을구) ○번 등기명의인 주식회사 한진의 주소 "서울특별시 서초구 다동 ○"을 "서울특별시 서초구 서초대로 ○길 ○(서초동)"으로 변경

⑤ 신청인란 : 그 표시가 변경될 자의 변경 후의 성명, 주민등록번호, 주소를 기재한다. 그러나 법인인 경우에는 변경 후의 상호(명칭), 본점(주사무소 소재지), 등기용등록번호 및 대표자의 성명과 주소를 기재하고, 법인 아닌 사단이나 재단인 경우에는 변경 후의 상호(명칭), 본점(주사무소 소재지), 등기용등록번호 및 대표자(관리인)의 성명, 주민등록번호, 주소를 각 기재한다.

⑥ 등록면허세·지방교육세란 : 부동산 1개당 등록면허세 6,000원, 지방교육세 1,200원으로 계산하여 기재한다. 다만 도로명주소법에 의하여 등기명의인표시변경등기신청서에는 등록면허세를 납부하지 아니하므로, 면제(2011. 10. 28. 등기예규 제1436호) 또는 면제(도로명주소법에 따른 부동산등기사무처리지침 제7조)라고 기재한다..

⑦ 세액합계란 : 등록면허세액과 지방교육세액의 합계를 기재한다.

⑧ 등기신청수수료란 : 부동산 1개당 3,000원(전자표준양식에 의한 등기신청의 경우에는 2,000원, 전자신청의 경우에는 1,000원)의 등기신청수수료를 은행 현금납부, 전자납부, 무인발급기 납부 등의 방법에 따라 납부한 후 등기신청서에 등기신청수수료 영수필확인서를 첨부하고 납부번호를 기재하여 제출한다. 다만 도로명주소법에 의하여 등기명의인표시변경등기신청시에는 등기신청수수료를 납부하지 아니하므로, 면제(2011. 10. 28. 등기예규 제1436호) 또는 면제(도로명주소법에 따른 부동산등기사무처리지침 제7조)라고 기재한다.

⑨ 첨부서면란 : 등기신청서에 첨부한 서면을 각 기재한다.

⑩ 신청인등란 : ㉮ 신청인의 성명 및 전화번호를 기재하고 인장의 날인 또는 서명을 하되, 신청인이 법인이나 법인 아닌 사단 또는 재단인 경우에는 상호(명칭)와 대표자(관리인)의 자격 및 성명을 기재하고 대표자(관리인)의 인장의 날인 또는 서명을 한다. ㉯ 대리인이 등기신청을 하는 경우에는 그 대리인의 성명, 주소, 전화번호를 기재하고 대리인의 인장을 날인 또는 서명한다.

2. 등기신청서에 첨부할 서면 등

- 등록면허세영수필확인서 : 시장, 구청장, 군수 등으로부터 등록면허세납부서(OCR용지) 또는 대법원 인터넷등기소의 정액등록면허세납부서 작성기능을 통하여 정액등록면허세납부서를 발급받아 납세지를 관할하는 해당 금융기관에 세금을 납부한 후 등록면허세영수필확인서와 영수증을 교부받아 영수증은 본인이 보관하고 등록면허세영수필확인서만 신청서의 등록면허세액표시란의 좌측상단 여백에 첨부하거나, 또는 지방세인터넷납부시스템을 이용하여 납부하고 출력한 등록면허세납부확인서를 첨부한다.
- 주민등록표초본 : 주소 등 변경사실을 증명하는 서면으로 개인의 경우에는 주민등록표초본(발행일로부터 3월 이내)을 첨부한다. 주민등록표초본에는 등기기록상의 전주소와 변경하고자 하는 주소가 나타나고 변경 전후의 주소가 연결되어야 한다.
- 법인등기사항증명서 : 주소 등 변경사실을 증명하는 서면으로 법인인 경우에는 법인등기사항증명서(말소사항포함)를 첨부한다. 위 증명서(발행일로부터 3월 이내)에는 등기기록상의 전 주소 등과 변경하고자 하는 주소 등이 나타나고 변경 전후의 주소 등이 연결되어야 한다.
- 위임장 : 등기신청을 법무사 등 대리인에게 위임하는 경우에 첨부한다.

3. 등기신청서류 편철순서

신청서, 등록면허세영수필확인서, 등기신청수수료 영수필확인서, 위임장, 주민등록등(초)본 등의 순으로 편철한다.

93. 개명에 의한 등기명의인표시변경등기신청

가. 의 의

등기기록상 소유 명의인 또는 소유권 이외의 권리자(저당권자, 전세권자, 임차권자 등)의 표시(성명 등)가 변경되어 등기기록상 표시와 일치하지 아니할 경우에 그 표시를 일치시키기 위하여 하는 등기이다.

이 등기신청 후 등기명의인표시변경등기신청과 근저당설정등기신청 또는 등기명의인표시변경등기신청 없이 소유권이전등기신청 등을 신청할 수 있다.

나. 등기신청방법

신청인 본인 또는 법무사 등 그 대리인이 신분을 확인할 수 있는 주민등록증 등을 가지고 직접 등기소에 출석하여 신청한다.

[서식 93] 개명에 의한 등기명의인표시변경등기신청서

등기명의인표시변경등기신청

접 수	년 월 일	처 리 인	등기관 확인	각종 통지
	제 호			

① 부동산의 표시
1. 서울특별시 서초구 서초동 100 대 300㎡ 2. 서울특별시 서초구 서초동 100 [도로명주소] 서울특별시 서초구 서초대로 88길 10 시멘트 벽돌조 슬래브지붕 2층 주택 1층 100㎡ 2층 100㎡ 이 상

② 등기원인과 그 연월일	2020년 8월 20일 개명
③ 등 기 의 목 적	등기명의인 표시변경
④ 변 경 사 항	소유권의 등기명의인의 성명 "이상선"을 "이인선"으로 변경

구분	성 명 (상호·명칭)	주민등록번호 (등기용등록번호)	주 소 (소 재 지)
⑤ 신청인	이 인 선	000000-0000000	서울특별시 서초구 서초대로 88길 20 (서초동)

⑥ 등 록 면 허 세	금 12,000 원
⑥ 지 방 교 육 세	금 2,400 원
⑦ 세 액 합 계	금 14,400 원
⑧ 등 기 신 청 수 수 료	금 6,000 원
	납부번호 : ○○-○○-○○○○○-○
	일괄납부 : 건 원

⑨ 첨 부 서 면	
1. 기본증명서 1통 1. 등록면허세영수필확인서 1통 1. 위임장 1통	1. 주민등록초본(×)

20○○년 ○월 ○일

⑩ 위 신청인 ㊞ (전화 :)

(또는)위 대리인 법무사 홍 길 동 ㊞ (전화 : 300-1234)
서울특별시 서초구 서초대로 73길 24(서초동)

○○지방법원 ○○등기소 귀중

법무사 홍 길 동 (직인)

[신청서 작성요령]

1. 부동산표시란에 2개 이상의 부동산을 기재하는 경우에는 부동산의 일련번호를 기재하여야 합니다.
2. 신청인란등 해당란에 기재할 여백이 없을 경우에는 별지를 이용합니다.
3. 담당등기관이 판단하여 위의 첨부 서면 외에 추가적인 서면을 요구할 수 있습니다.

주

1. 등기신청서 기재요령

신청서는 한글과 아라비아숫자로 기재하여야 한다. 부동산의 표시란이나 신청인란 등이 부족할 경우에는 별지로 사용하고, 별지를 포함한 신청서의 각 장 사이에 간인(신청서에 서명을 하였을 때에는 각 장마다 연결되는 서명)을 하여야 한다.

① 부동산의 표시란 : 토지는 소재와 지번, 지목, 면적 순으로, 건물은 소재와 지번, 도로명주소(등기기록 표제부에 기록되어 있는 경우), 구조, 종류, 면적 순으로 등기기록상 부동산의 표시와 일치되게 기재한다.

② 등기원인과 그 연월일란 : 등기원인은 "개명"으로, 그 연월일은 법원의 개명허가일자를 기재한다. 법인의 경우 "상호변경"으로, 그 연월일은 법인등기사항증명서에 기재된 상호 또는 명칭의 변경일을 기재한다. 종중(문중)의 경우에는 "대표자 개임"으로 그 연월일은 종중(문중)총회결의서에 기재된 변경일자를 기재한다. (예) 20○○년 ○월 ○일 개명, 20○○년 ○월 ○일 상호변경, 20○○년 ○월 ○일 대표자 개임.

③ 등기의 목적란 : "등기명의인 표시변경"이라고 기재한다.

④ 변경사항란 : 변경하는 내용을 기재한다. (예) 갑구 2번 등기명의인의 성명 "○○○"을 "○○○"으로, 또는 갑구 2번 등기명의인의 상호 "주식회사 한진"을 "주식회사 한성"으로 변경

⑤ 신청인란 : 그 표시가 변경될 자의 변경 후의 성명, 주민등록번호, 등기기록상 주소를 기재한다. 그러나 법인인 경우에는 변경 후의 상호(명칭), 본점(주사무소 소재지), 등기용등록번호 및 대표자의 성명과 주소를 기재하고, 법인 아닌 사단이나 재단인 경우에는 변경 후의 상호(명칭), 본점(주사무소 소재지), 등기용등록번호 및 대표자(관리인)의 성명, 주민등록번호, 주소를 각 기재한다.

⑥ 등록면허세·지방교육세란 : 부동산 1개당 등록면허세 6,000원, 지방교육세 1,200원으로 계산하여 기재한다.

⑦ 세액합계란 : 등록면허세액과 지방교육세액의 합계를 기재한다.

⑧ 등기신청수수료란 : 부동산 1개당 3,000원(전자표준양식에 의한 등기신청의 경우에는 2,000원, 전자신청의 경우에는 1,000원)의 등기신청수수료를 은행 현금납부, 전자납부, 무인발급기 납부 등의 방법에 따라 납부한 후 등기신청서에 등기신청수수료 영수필확인서를 첨부하고 납부번호를 기재하여 제출한다.

⑨ 첨부서면란 : 등기신청서에 첨부한 서면을 각 기재한다.

⑩ 신청인등란 : ㉮ 신청인의 성명 및 전화번호를 기재하고 인장의 날인 또는 서명을 하되, 신청인이 법인이나 법인 아닌 사단 또는 재단인 경우에는 상호(명칭)와 대표자(관리인)의

자격 및 성명을 기재하고 대표자(관리인)의 인장을 날인 또는 서명한다. ㉯ 대리인이 등기신청을 하는 경우에는 그 대리인의 성명, 주소, 전화번호를 기재하고 대리인의 인장을 날인 또는 서명한다.

2. 등기신청서에 첨부할 서면 등

- 등록면허세영수필확인서 : 시장, 구청장, 군수 등으로부터 등록면허세납부서(OCR용지) 또는 대법원 인터넷등기소의 정액등록면허세납부서 작성기능을 통하여 정액등록면허세납부서를 발급받아 납세지를 관할하는 해당 금융기관에 세금을 납부한 후 등록면허세영수필확인서와 영수증을 교부받아 영수증은 본인이 보관하고 등록면허세영수필확인서만 신청서의 등록면허세액표시란의 좌측상단 여백에 첨부하거나, 또는 지방세인터넷납부시스템을 이용하여 납부하고 출력한 등록면허세납부확인서를 첨부한다.
- 기본증명서 : 개명 등 변경사실을 증명하는 서면으로 개인의 경우에는 기본증명서(발행일로부터 3월 이내)를 첨부한다.
- 법인등기사항전부(일부)증명서 : 신청인이 법인인 경우에는 법인등기사항전부증명서 또는 법인등기사항일부증명서(각 발행일로부터 3월 이내)를 첨부한다.
- 위임장 : 등기신청을 법무사 등 대리인에게 위임하는 경우에 첨부한다.

3. 등기신청서류 편철순서

신청서, 등록면허세영수필확인서, 등기신청수수료 영수필확인서, 위임장, 기본증명서 등의 순으로 편철한다.

94. 신청착오에 의한 소유권경정등기신청(전부이전을 일부이전으로)

가. 의 의

착오 또는 유루로 인하여 발생한 등기와 실체관계 사이의 불일치를 제거하기 위하여 하는 등기이다. 권리경정의 등기에는 소유권의 경정, 소유권 이외의 권리의 경정 등이 있다.

나. 등기신청방법

신청인 본인 또는 법무사 등 그 대리인이 신분을 확인할 수 있는 주민등록증 등을 가지고 직접 등기소에 출석하여 신청한다.

[서식 94] 신청착오에 의한 소유권경정등기신청서(전부이전을 일부이전으로)

소유권경정등기신청

접 수	년 월 일	처 리 인	등기관 확인	각종 통지
	제 호			

① 부동산의 표시			
서울특별시 서초구 서초동 100 대 300㎡ 이 상			
② 등기원인과 그 연월일	2020년 8월 10일 신청착오		
③ 등 기 의 목 적	소유권경정		
④ 경 정 할 사 항	2020년 8월 10일 접수 제1001호로 경료한 "소유권이전등기, 소유자 이준수, 서울특별시 중구 마장로길 88(황학동)"을 "소유권일부이전, 지분 2분의1, 공유자 이준수, 서울특별시 중구 마장로길 88(황학동)"으로 경정		
구분	성 명 (상호·명칭)	주민등록번호 (등기용등록번호)	주 소 (소 재 지)
⑤ 등기의무자	이 준 수	000000-0000000	서울특별시 중구 마장로길 88(황학동)
⑥ 등기권리자	이 상 선	000000-0000000	서울특별시 서초구 서초대로 88길 20 (서초동)
⑦ 등 록 면 허 세	금		6,000 원
⑦ 지 방 교 육 세	금		1,200 원
⑧ 세 액 합 계	금		7,200 원

<table>
<tr><td rowspan="3">⑨ 등 기 신 청 수 수 료</td><td colspan="2">금 3,000 원</td></tr>
<tr><td colspan="2">납부번호 : ○○-○○-○○○○○○-○</td></tr>
<tr><td colspan="2">일괄납부 : 건 원</td></tr>
<tr><td colspan="3">⑩ 등기의무자의 등기필정보</td></tr>
<tr><td>부동산고유번호</td><td colspan="2">1102-2006-002095</td></tr>
<tr><td>성 명(명 칭)</td><td>일련번호</td><td>비밀번호</td></tr>
<tr><td>이 준 수</td><td>Q77C-LO71-35J5</td><td>40-4636</td></tr>
<tr><td colspan="3">⑪ 첨 부 서 면</td></tr>
<tr><td colspan="2">1. 인감증명서나 본인서명사실확인서
또는 전자본인서명확인서 발급증 1통
1. 등록면허세영수필확인서 1통
1. 등기필증 1통
1. 원인증서 사본 1통</td><td>1. 주민등록등(초)본 1통</td></tr>
<tr><td colspan="3">20○○년 ○월 ○일

⑫ 위 신청인 이 준 수 ㊞ (전화 : 200-1234)
이 상 선 ㊞ (전화 : 212-2345)
(또는)위 대리인 (전화 :)

○○지방법원 ○○등기과 귀중</td></tr>
</table>

[신청서 작성요령]

1. 부동산표시란에 2개 이상의 부동산을 기재하는 경우에는 부동산의 일련번호를 기재하여야 합니다.
2. 신청인란등 해당란에 기재할 여백이 없을 경우에는 별지를 이용합니다.
3. 담당등기관이 판단하여 위의 첨부 서면 외에 추가적인 서면을 요구할 수 있습니다.

주

1. 등기신청서 기재요령

신청서는 한글과 아라비아숫자로 기재하여야 한다. 부동산의 표시란이나 신청인란 등이 부족할 경우에는 별지로 사용하고, 별지를 포함한 신청서의 각 장 사이에 간인(신청서에 서명을

하였을 때에는 각 장마다 연결되는 서명)을 하여야 한다.

① 부동산의 표시란 : 등기를 하고자 하는 부동산을 기재하되, 등기기록상 부동산의 표시와 일치하여야 한다. 토지는 소재, 지번, 지목, 면적 순으로, 건물인 경우에는 소재, 지번, 도로명주소(등기기록 표제부에 기록되어 있는 경우), 구조, 종류, 면적 순으로 기재한다.

② 등기원인과 그 연월일란 : ㉮ 등기원인은 실무상 신청인이 잘못 신청하여 발생한 경우에는 "신청착오", 등기관의 과오로 인한 경우에는 "착오발견", 또는 "유루발견" 등으로 기재한다. 등기원인일자는 신청착오일 경우에는 착오가 생긴 등기의 신청연월일을, 착오발견 또는 유루발견인 경우에는 경정등기의 신청연월일을 각 기재한다. ㉯ 일부지분말소판결에 의하여 소유권경정등기를 신청하는 경우에는 "2020년 7월 15일, ㅇㅇ지방법원의 일부말소의 확정판결"과 같이 기재한다.

③ 등기의 목적란 : 목적에 따라 "소유권경정", "근저당권경정" 등으로 기재한다.

④ 경정할 사항란 : 경정대상 사항과 경정하여 등기기록에 기록하고자 하는 사항을 기재한다. (예) 2020년 8월 10일 접수 제1001호로 경료한 "소유권 이전등기, 소유자 이준수, 서울특별시 중구 마장로길 88(황학동)"을 "소유권 일부이전, 이전할 지분 2분의 1, 공유자 이준수, 서울특별시 중구 마장로길 88(황학동)"으로 경정, 2020년 8월 10일 접수 제1013호로 경료한 "을구 순위번호 제2번의 근저당권설정등기사항 중 "채무자 이준수, 서울특별시 중구 마장로길 88(황학동)"을 "채무자 1. 이준수, 서울특별시 중구 마장로길 88(황학동), 채무자 2. 김대웅, 서울특별시 서초구 서초대로 80길(서초동)"으로 경정

⑤ 등기의무자란 : 등기의무자는 권리의 일부를 상실하는 현 등기명의인으로서 그 성명, 주민등록번호 및 주소를 기재하여야 한다. 그러나 소유자가 법인인 경우에는 상호(명칭), 본점(주사무소 소재지), 등기용등록번호 및 대표자의 성명과 주소를 기재하고, 법인 아닌 사단이나 재단인 경우에는 상호(명칭), 본점(주사무소 소재지), 등기용등록번호 및 대표자(관리인)의 성명, 주민등록번호, 주소를 각 기재한다.

⑥ 등기권리자란 : 등기권리자는 권리의 일부를 회복하는 종전 등기명의인으로서, 그 기재방법은 등기의무자란과 같다.

⑦ 등록면허세·지방교육세란 : 부동산 1개당 등록면허세 6,000원, 지방교육세 1,200원으로 계산하여 기재한다. 다만, 착오발견이나 유루발견으로 인한 경정등기는 등록면허세, 지방교육세를 납부하지 아니하므로, "지방세법 제26조 제2항 제2호에 의거 면제"로 기재한다.

⑧ 세액합계란 : 등록면허세액과 지방교육세액의 합계를 기재한다.

⑨ 등기신청수수료란 : 부동산 1개당 3,000원(전자표준양식에 의한 등기신청의 경우에는 2,000원, 전자신청의 경우에는 1,000원)의 등기신청수수료를 은행 현금납부, 전자납부, 무인발급기 납부 등의 방법에 따라 납부한 후 등기신청서에 등기신청수수료 영수필확인서를 첨부하고 납부번호를 기재하여 제출한다. 다만, 착오발견이나 유루발견으로 인한 경정등기의 경우 수수료가 면제(2017. 12. 6. 등기예규 제1628호)되므로 납부액을 기재하지 아니한다.

⑩ 등기의무자의 등기필정보란 : ㉮ 소유권 취득에 관한 등기를 완료하고 등기필정보를 교부받은 경우 그 등기필정보상에 기재된 부동산고유번호, 성명, 일련번호, 비밀번호를 각 기재(등기필정보를 제출하는 것이 아님)한다. 다만 교부받은 등기필정보를 멸실한 경우에는 부동산등기법 제51조에 의하여 확인서면이나 확인조서 또는 공증서면 중 하나를 첨부한다. ㉯ 등기신청서에 등기필증이나 확인서면 등을 첨부한 경우 이 난은 기재할 필요가 없다.

⑪ 첨부서면란 : 등기신청서에 첨부한 서면을 각 기재한다.

⑫ 신청인등란 : ㉮ 등기의무자와 등기권리자의 성명 및 전화번호를 기재하고, 각자의 인장을

날인하되, 등기의무자는 그의 인감을 날인한다. 그러나 신청인이 법인 또는 법인 아닌 사단이나 재단인 경우에는 상호(명칭)와 대표자(관리인)의 자격 및 성명을 기재하고, 법인이 등기의무자인 때에는 등기소의 증명을 얻은 그 대표자의 인감, 법인 아닌 사단이나 재단인 경우에는 대표자(관리인)의 개인인감을 날인한다. ㉯ 대리인이 등기신청을 하는 경우에는 그 대리인의 성명, 주소, 전화번호를 기재하고 대리인의 인장을 날인 또는 서명한다.

2. 등기신청서에 첨부할 서면 등

- 등기필증 : 등기의무자의 소유권에 관한 등기필증으로서 등기의무자가 소유권 취득시 등기소로부터 교부받은 등기필증을 첨부한다. 단, 소유권 취득의 등기를 완료하고 등기필정보를 교부받은 경우에 그 등기필정보상에 기재된 부동산고유번호, 성명, 일련번호, 비밀번호를 각 기재(등기필정보를 제출하는 것이 아님)한다. 다만, 등기필증(등기필정보)을 멸실하여 첨부(기재)할 수 없는 경우에는 부동산등기법 제51조에 의하여 확인서면이나 확인조서 또는 공증서면 중 하나를 첨부한다.
- 경정사유를 증명하는 서면 : ㉮ 권리경정의 경우 그 경정사유를 증명하는 서면을 첨부하여야 하는데 이는 경정사유마다 다르나 상속등기의 경우 가족관계등록사항별증명서 또는 협의분할서, 신청인 권리의 등기가 유류된 경우에는 신청서부본이나 등기필증원본, 판결에 의한 경정인 경우에는 확정판결정본이 이에 해당된다. ㉯ 신청 자체는 적법하였으나 등기관의 과오로 등기사항의 착오 또는 유루가 발생한 경우에는 등기관의 과오로 인한 착오 등을 증명하기 위한 서면으로 신청서부본 또는 등기필증 원본 등을 첨부한다.
- 이해관계인의 승낙서 등 : ㉮ 등기상 이해관계인의 승낙서 등인 부동산표시의 경정등기나 등기명의인표시의 경정등기에는 첨부할 필요는 없고, 권리의 경정등기에만 문제된다. 권리의 경정등기를 신청하는 경우 등기상 이해관계인 및 승낙서 또는 이에 대항할 수 있는 재판의 등본을 첨부한다. ㉯ 단독소유를 공유로 또는 공유를 단독소유로 하는 경정등기, 전부이전을 일부이전으로 또는 일부이전을 전부이전으로 하는 경정등기, 공유지분만의 경정등기 등은 등기상 이해관계인이 있는 경우에는 반드시 그의 승낙서 또는 이에 대항할 수 있는 재판의 등본을 첨부하여야만 등기를 실행할 수 있다.
- 등록면허세영수필확인서 : 시장, 구청장, 군수 등으로부터 등록면허세납부서(OCR용지) 또는 대법원 인터넷등기소의 정액등록면허세납부서 작성기능을 통하여 정액등록면허세납부서를 발급받아 납세지를 관할하는 해당 금융기관에 세금을 납부한 후 등록면허세영수필확인서와 영수증을 교부받아 영수증은 본인이 보관하고 등록면허세영수필확인서만 신청서의 등록면허세액표시란의 좌측상단 여백에 첨부하거나, 또는 지방세인터넷납부시스템을 이용하여 납부하고 출력한 등록면허세납부확인서를 첨부한다.
- 주민등록표등(초)본 : 등기의무자 및 권리자의 주민등록표등본 또는 초본(각 발행일로부터 3월 이내)을 첨부한다.
- 인감증명서 : ㉮ 등기의무자의 인감증명서(유효기간은 발행일로부터 3월 이내)를 첨부하거나, 인감증명을 갈음하여 「본인서명사실확인등에관한법률」에 따라 발급된 본인서명사실확인서(발행일부터 3개월 이내)에 기재한 서명(전자본인서명확인서 발급증을 제출할 경우에도 서명)을 하고 본인서명사실확인서(전자본인서명확인서 발급증)을 첨부한다. 소유권에 관한 경정등기의 경우 그 경정등기로 인하여 소유권이 감소되는 자의 인감증명서 또는 본인서명사실확인서를 첨부해야 한다. ㉯ 부동산등기규칙 제60조 및 제61조에 의하여 인감증명을 첨부하여야 하는 자가 법인인 경우에는 등기소의 증명을 얻은 대표자의 인감증명을, 법인 아닌 사단 또는 재단인 경우에는 대표자 또는 관리인의 인감증명을 제출한다.

- 법인등기사항전부(일부)증명서 : 신청인이 법인인 경우에는 법인등기사항전부증명서 또는 법인등기사항일부증명서(각 발행일로부터 3월 이내)를 첨부한다.
- 위임장 : 등기신청을 법무사 등 대리인에게 위임하는 경우에 첨부한다.

3. 등기신청서류 편철순서

신청서, 등록면허세영수필확인서, 등기신청수수료 영수필확인서, 위임장, 인감증명서나 본인서명사실확인서 또는 전자본인서명확인서 발급증, 주민등록표등(초)본, 등기필증 등의 순으로 편철한다.

4. 기타 참고사항

- 일부말소 의미의 경정등기에 관한 사무처리지침(제정 2001. 7. 5. 등기예규 제1027호).
  ㉮ 단독소유를 공유로 또는 공유를 단독소유로 하는 경정등기, 전부이전을 일부이전으로 또는 일부이전을 전부이전으로 하는 경정등기, 공유지분만의 경정등기 등은 경정등기라는 명칭을 사용하고 있으나 그 실질은 말소등기(일부말소 의미)에 해당하므로 등기를 실행함에 있어 경정등기의 방식(부등법 제63조, 제74조)이 아닌 말소등기를 방식(부등법 제171조)으로 등기하여야 한다. 따라서 그 등기를 함에 있어 등기상 이해관계인이 있는 제3자가 있는 때에는 신청서에 반드시 그 승낙서 또는 이에 대항할 수 있는 재판의 등본을 첨부하게 하여 부기등기의 방법으로 등기를 하여야 하고, 이해관계인의 승낙서 등이 첨부되어 있지 않은 경우 등기관은 그 등기를 수리하여서는 아니 된다.
  ㉯ 위와 같은 경정등기를 한 경우 등기관은 이해관계인 명의의 처분제한 등의 등기를 아래 구분에 따라 직권으로 말소 또는 경정하여야 한다. ㉠ 이해관계인의 등기를 말소하는 경우 : 갑, 을 공유부동산 중을 지분에 대해서만 처분제한 또는 담보물권의 등기가 되어 있는 상태에서 갑 단독소유로 하는 경정등기(을 지분말소 의미)를 하는 경우 등, 이해관계인의 등기가 경정등기로 인하여 상실되는 지분만을 목적으로 하는 경우, ㉡ 이해관계인의 등기를 경정하여야 하는 경우 : 갑, 을 공유부동산 전부에 대하여 처분제한 또는 담보물권의 등기가 되어 있는 상태에서 갑 단독소유로 하는 경정등기(을 지분말소 의미)를 하는 경우 등, 이해관계인의 등기가 경정등기로 인하여 상실되는 지분 이외의 지분도 목적으로 하는 경우, ㉢ 용익물권의 등기 : 부동산의 공유지분에 대해서는 용익물권(지상권 등)을 설정 존속시킬 수 없으므로 위 ㉡에 의해서 처분제한 등의 등기를 경정(일부말소 취지)하는 경우에도 용익물권의 등기는 이를 전부 말소한다. 가압류, 가처분 등 법원의 촉탁에 의한 처분제한의 등기를 직권으로 말소 또는 경정(일부말소 의미)하는 경우 등기관은 지체없이 그 뜻을 집행법원에 통지하여야 한다.

95. 신청착오에 의한 소유권경정등기신청(일부이전을 전부이전으로)

가. 의 의

2인 공유자 소유의 부동산에 대한 매매계약에 의하여 소유권이전등기를 경료하였으나 전부이전등기가 경료되지 아니하고 착오로 일부에 대해서만 이전등기가 경료된 경우에 매도인과 매수인은 공동으로 경정등기를 신청하여야 한다. 이 경우에는 등기부상 권리를 잃는 사람이 등기의무자, 권리를 취득하는 사람이 등기권리자가 된다.

나. 등기신청방법

신청인 본인 또는 법무사 등 그 대리인이 신분을 확인할 수 있는 주민등록증 등을 가지고 직접 등기소에 출석하여 신청한다.

[서식 95] 신청착오에 의한 소유권경정등기신청서(일부이전을 전부이전으로)

소유권경정등기신청

접 수	년 월 일	처 리 인	등기관 확인	각종 통지
	제 호			

① 부동산의 표시				
서울특별시 서초구 서초동 100 대 300㎡ 이 상				
② 등기원인과 그 연월일		2020년 8월 10일 신청착오		
③ 등 기 의 목 적		2번 소유권경정		
④ 경 정 할 사 항		2020년 8월 10일 접수 제1001호 순위 제2번 소유권일부이전등기사항 중 등기의 목적 "소유권일부이전"을 "소유권이전"으로 "공유자지분 2분지 1 이준수 000000-000 0000 서울 중구 마장로길 88(황학동)"을 "소유자 이준수 000000-0000000 서울특별시 관악구 서림 3길 36(신림동)"으로 각 경정.		
구분	성 명 (상호·명칭)	주민등록번호 (등기용등록번호)	주 소 (소 재 지)	

<table>
<tr><td>⑤ 등기의무자</td><td>김 갑 동</td><td>000000-0000000</td><td colspan="2">서울특별시 서초구 서초대로 88길 20(서초동)</td></tr>
<tr><td>⑥ 등기권리자</td><td>이 준 수</td><td>000000-0000000</td><td colspan="2">서울특별시 관악구 서림 3길 36 (신림동)</td></tr>
<tr><td colspan="2">⑦ 등 록 면 허 세</td><td colspan="3">금 6,000 원</td></tr>
<tr><td colspan="2">⑦ 지 방 교 육 세</td><td colspan="3">금 1,200 원</td></tr>
<tr><td colspan="2">⑧ 세 액 합 계</td><td colspan="3">금 7,200 원</td></tr>
<tr><td colspan="2" rowspan="3">⑨ 등 기 신 청 수 수 료</td><td colspan="3">금 3,000 원</td></tr>
<tr><td colspan="3">납부번호 : ○○-○○-○○○○○-○</td></tr>
<tr><td colspan="3">일괄납부 : 건 원</td></tr>
<tr><td colspan="5">⑩ 등기의무자의 등기필정보</td></tr>
<tr><td colspan="2">부동산고유번호</td><td colspan="3">1102-2006-002095</td></tr>
<tr><td colspan="2">성 명(명 칭)</td><td colspan="2">일련번호</td><td>비밀번호</td></tr>
<tr><td colspan="2">김 갑 동</td><td colspan="2">Q77C-LO71-35J5</td><td>40-4636</td></tr>
<tr><td colspan="5">⑪ 첨 부 서 면</td></tr>
<tr><td colspan="3">1. 인감증명서나 본인서명사실확인서
또는 전자본인서명확인서 발급증 1통
1. 등록면허세영수필확인서 1통
1. 등기필증 1통</td><td colspan="2">1. 경정사유를 증명하는 서면 1통
1. 등기상 이해관계인의 승낙서 1통
1. 주민등록등(초)본 1통
〈기 타〉</td></tr>
<tr><td colspan="5">20○○년 ○월 ○일

⑫ 위 신청인 김 갑 동 ㊞ (전화 : 200-1234)
이 준 수 ㊞ (전화 : 212-2345)
(또는)위 대리인 (전화 :)

○○지방법원 ○○등기과 귀중</td></tr>
</table>

[신청서 작성요령]

1. 부동산표시란에 2개 이상의 부동산을 기재하는 경우에는 부동산의 일련번호를 기재하여야 합니다.
2. 신청인란등 해당란에 기재할 여백이 없을 경우에는 별지를 이용합니다.
3. 담당등기관이 판단하여 위의 첨부 서면 외에 추가적인 서면을 요구할 수 있습니다.

주

1. 등기신청서 기재요령

신청서는 한글과 아라비아숫자로 기재하여야 한다. 부동산의 표시란이나 신청인란 등이 부족할 경우에는 별지로 사용하고, 별지를 포함한 신청서의 각 장 사이에 간인(신청서에 서명을 하였을 때에는 각 장마다 연결되는 서명)을 하여야 한다.

① 부동산의 표시란 : 등기를 하고자 하는 부동산을 기재하되, 등기기록상 부동산의 표시와 일치하여야 한다. 토지는 소재, 지번, 지목, 면적 순으로, 건물인 경우에는 소재, 지번, 도로명주소(등기기록 표제부에 기록되어 있는 경우), 구조, 종류, 면적 순으로 기재한다.

② 등기원인과 그 연월일란 : ㉮ 등기원인은 실무상 신청인이 잘못 신청하여 발생한 경우에는 "신청착오", 등기관의 과오로 인한 경우에는 "착오발견", 또는 "유루발견" 등으로 기재한다. 등기원인일자는 신청착오일 경우에는 착오가 생긴 등기의 신청연월일을, 착오발견 또는 유루발견인 경우에는 경정등기의 신청연월일을 각 기재한다. ㉯ 일부지분말소판결에 의하여 소유권경정등기를 신청하는 경우에는 "2020년 10월 15일, ○○지방법원의 일부말소의 확정판결"과 같이 기재한다.

③ 등기의 목적란 : 목적에 따라 "소유권경정", "저당권경정" 등으로 기재한다.

④ 경정할 사항란 : 경정대상 사항과 경정하여 등기기록에 기록하고자 하는 사항을 기재한다. (예) 2020년 8월 10일 접수 제1001호 순위 제2번 소유권일부이전등기사항 중 등기의 목적 "소유권일부이전"을 "소유권이전"으로 "공유자지분 2분지 1 이준수 000000-0000000 서울 중구 마장로길 88(황학동)"을 "소유자 이준수 000000-0000000 서울특별시 관악구 서림 3길 36(신림동)"으로 각 경정.

⑤ 등기의무자란 : 소유권경정등기에 의하여 소유권을 상실하거나 그 일부를 잃은 사람이 등기의무자로서 그 성명, 주민등록번호 및 주소를 기재하여야 한다.

⑥ 등기권리자란 : 소유권경정등기에 의하여 권리의 회복하는 사람이 등기권리자로서 그 기재방법은 등기의무자란과 같다.

⑦ 등록면허세·지방교육세란 : 부동산 1개당 등록면허세 6,000원, 지방교육세 1,200원으로 계산하여 기재한다. 다만, 착오발견이나 유루발견으로 인한 경정등기는 등록면허세, 지방교육세를 납부하지 아니하므로, "지방세법 제26조 제2항 제2호에 의거 면제"로 기재한다.

⑧ 세액합계란 : 등록면허세액과 지방교육세액의 합계를 기재한다.

⑨ 등기신청수수료란 : 부동산 1개당 3,000원(전자표준양식에 의한 등기신청의 경우에는 2,000원, 전자신청의 경우에는 1,000원)의 등기신청수수료를 은행 현금납부, 전자납부, 무인발급기 납부 등의 방법에 따라 납부한 후 등기신청서에 등기신청수수료 영수필확인서를 첨부하

고 납부번호를 기재하여 제출한다. 다만, 착오발견이나 유루발견으로 인한 경정등기의 경우 수수료가 면제(2017. 12. 6. 등기예규 제1628호)되므로 납부액을 기재하지 아니한다.

⑩ 등기의무자의 등기필정보란 : ㉮ 소유권 취득에 관한 등기를 완료하고 등기필정보를 교부받은 경우 그 등기필정보상에 기재된 부동산고유번호, 성명, 일련번호, 비밀번호를 각 기재(등기필정보를 제출하는 것이 아님)한다. 다만 교부받은 등기필정보를 멸실한 경우에는 부동산등기법 제51조에 의하여 확인서면이나 확인조서 또는 공증서면 중 하나를 첨부한다. ㉯ 등기신청서에 등기필증이나 확인서면 등을 첨부한 경우 이 난은 기재할 필요가 없다.

⑪ 첨부서면란 : 등기신청서에 첨부한 서면을 각 기재한다.

⑫ 신청인등란 : ㉮ 등기의무자와 등기권리자의 성명 및 전화번호를 기재하고, 각자의 인장을 날인하되, 등기의무자는 그의 인감을 날인한다. 그러나 신청인이 법인 또는 법인 아닌 사단이나 재단인 경우에는 상호(명칭)와 대표자(관리인)의 자격 및 성명을 기재하고, 법인이 등기의무자인 때에는 등기소의 증명을 얻은 그 대표자의 인감, 법인 아닌 사단이나 재단인 경우에는 대표자(관리인)의 개인인감을 날인한다. ㉯ 대리인이 등기신청을 하는 경우에는 그 대리인의 성명, 주소, 전화번호를 기재하고 대리인의 인장을 날인 또는 서명한다.

2. 등기신청서에 첨부할 서면 등

- 등기필증 : 등기의무자의 소유권에 관한 등기필증으로서 등기의무자가 소유권 취득시 등기소로부터 교부받은 등기필증을 첨부한다. 단, 소유권 취득의 등기를 완료하고 등기필정보를 교부받은 경우에 그 등기필정보상에 기재된 부동산고유번호, 성명, 일련번호, 비밀번호를 각 기재(등기필정보를 제출하는 것이 아님)한다. 다만, 등기필증(등기필정보)을 멸실하여 첨부(기재)할 수 없는 경우에는 부동산등기법 제51조에 의하여 확인서면이나 확인조서 또는 공증서면 중 하나를 첨부한다.
- 경정사유를 증명하는 서면 : ㉮ 권리경정의 경우 그 경정사유를 증명하는 서면을 첨부하여야 하는데 이는 경정사유마다 다르나 상속등기의 경우 가족관계등록사항별증명서 또는 협의분할서, 신청인 권리의 등기가 유류된 경우에는 신청서부본이나 등기필증원본, 판결에 의한 경정인 경우에는 확정판결정본이 이에 해당된다. ㉯ 신청 자체는 적법하였으나 등기관의 과오로 등기사항의 착오 또는 유루가 발생한 경우에는 등기관의 과오로 인한 착오 등을 증명하기 위한 서면으로 신청서부본 또는 등기필증 원본 등을 첨부한다.
- 이해관계인의 승낙서 등 : ㉮ 등기상 이해관계인의 승낙서 등인 부동산표시의 경정등기나 등기명의인표시의 경정등기에는 첨부할 필요는 없고, 권리의 경정등기에만 문제된다. 권리의 경정등기를 신청하는 경우 등기상 이해관계인 및 승낙서 또는 이에 대항할 수 있는 재판의 등본을 첨부한다. ㉯ 단독소유를 공유로 또는 공유를 단독소유로 하는 경정등기, 전부이전을 일부이전으로 또는 일부이전을 전부이전으로 하는 경정등기, 공유지분만의 경정등기 등은 등기상 이해관계인이 있는 경우에는 반드시 그의 승낙서 또는 이에 대항할 수 있는 재판의 등본을 첨부하여야만 등기를 실행할 수 있다.
- 등록면허세영수필확인서 : 시장, 구청장, 군수 등으로부터 등록면허세납부서(OCR용지) 또는 대법원 인터넷등기소의 정액등록면허세납부서 작성기능을 통하여 정액등록면허세납부서를 발급받아 납세지를 관할하는 해당 금융기관에 세금을 납부한 후 등록면허세영수필확인서와 영수증을 교부받아 영수증은 본인이 보관하고 등록면허세영수필확인서만 신청서의 등록면허세액표시란의 좌측상단 여백에 첨부하거나, 또는 지방세인터넷납부시스템을 이용하여 납부하고 출력한 등록면허세납부확인서를 첨부한다.

- 주민등록표등(초)본 : 등기의무자 및 권리자의 주민등록표등본 또는 초본(각 발행일로부터 3월 이내)을 첨부한다.
- 인감증명서 : ㉮ 등기의무자의 인감증명서(유효기간은 발행일로부터 3월 이내)를 첨부하거나, 인감증명을 갈음하여 「본인서명사실확인등에관한법률」에 따라 발급된 본인서명사실확인서(발행일부터 3개월 이내)에 기재한 서명(전자본인서명확인서 발급증을 제출할 경우에도 서명)을 하고 본인서명사실확인서(전자본인서명확인서 발급증)을 첨부한다. 소유권에 관한 경정등기의 경우 그 경정등기로 인하여 소유권이 감소되는 자의 인감증명서를 첨부하거나, 인감증명을 갈음하여 「본인서명사실확인등에관한법률」에 따라 발급된 본인서명사실확인서(발행일부터 3개월 이내)에 기재한 서명(전자본인서명확인서 발급증을 제출할 경우에도 서명)을 하고 본인서명사실확인서(전자본인서명확인서 발급증)을 첨부한다. ㉯ 부동산등기규칙 제60조 및 제61조에 의하여 인감증명을 첨부하여야 하는 자가 법인인 경우에는 등기소의 증명을 얻은 대표자의 인감증명을, 법인 아닌 사단 또는 재단인 경우에는 대표자 또는 관리인의 인감증명을 제출한다.
- 법인등기사항전부(일부)증명서 : 신청인이 법인인 경우에는 법인등기사항전부증명서 또는 법인등기사항일부증명서(각 발행일로부터 3월 이내)를 첨부한다.
- 위임장 : 등기신청을 법무사 등 대리인에게 위임하는 경우에 첨부한다.

3. 등기신청서류 편철순서

신청서, 등록면허세영수필확인서, 등기신청수수료 영수필확인서, 위임장, 인감증명서나 본인서명사실확인서 또는 전자본인서명확인서 발급증, 주민등록표등(초)본, 등기필증 등의 순으로 편철한다.

4. 기타 참고사항

- 일부말소 의미의 경정등기에 관한 사무처리지침(제정 2001. 7. 5. 등기예규 제1027호).
  ㉮ 단독소유를 공유로 또는 공유를 단독소유로 하는 경정등기, 전부이전을 일부이전으로 또는 일부이전을 전부이전으로 하는 경정등기, 공유지분만의 경정등기 등은 경정등기라는 명칭을 사용하고 있으나 그 실질은 말소등기(일부말소 의미)에 해당하므로 등기를 실행함에 있어 경정등기의 방식(부등법 제63조, 제74조)이 아닌 말소등기를 방식(부등법 제171조)으로 등기하여야 한다. 따라서 그 등기를 함에 있어 등기상 이해관계인이 있는 제3자가 있는 때에는 신청서에 반드시 그 승낙서 또는 이에 대항할 수 있는 재판의 등본을 첨부하게 하여 부기등기의 방법으로 등기를 하여야 하고, 이해관계인의 승낙서 등이 첨부되어 있지 않은 경우 등기관은 그 등기를 수리하여서는 아니 된다.
  ㉯ 위와 같은 경정등기를 한 경우 등기관은 이해관계인 명의의 처분제한 등의 등기를 아래 구분에 따라 직권으로 말소 또는 경정하여야 한다. ㉠ 이해관계인의 등기를 말소하는 경우 : 갑, 을 공유부동산 중을 지분에 대해서만 처분제한 또는 담보물권의 등기가 되어 있는 상태에서 갑 단독소유로 하는 경정등기(을 지분말소 의미)를 하는 경우 등, 이해관계인의 등기가 경정등기로 인하여 상실되는 지분만을 목적으로 하는 경우, ㉡ 이해관계인의 등기를 경정하여야 하는 경우 : 갑, 을 공유부동산 전부에 대하여 처분제한 또는 담보물권의 등기가 되어 있는 상태에서 갑 단독소유로 하는 경정등기(을 지분말소 의미)를 하는 경우 등, 이해관계인의 등기가 경정등기로 인하여 상실되는 지분 이외의 지분도 목적으로 하는 경우, ㉢ 용익물권의 등기 : 부동산의 공유지분에 대해서는 용익물권(지상권 등)을 설정 존속시킬 수 없으므로 위 ㉡에 의해서 처분제한 등의 등기를 경정(일부말

소 취지)하는 경우에도 용익물권의 등기는 이를 전부 말소한다. 가압류, 가처분 등 법원의 촉탁에 의한 처분제한의 등기를 직권으로 말소 또는 경정(일부말소 의미)하는 경우 등기관은 지체없이 그 뜻을 집행법원에 통지하여야 한다.

96. 신청착오에 의한 등기명의인표시경정등기신청

가. 의 의

등기기록상 소유 명의인 또는 소유권 이외의 권리자(저당권자, 전세권자, 임차권자 등)의 표시(성명, 주소 등)가 착오신청 등으로 등기기록에 잘못 기재되었거나 기재가 누락된 경우에 이를 바로 잡기 위하여 하는 등기이다.

나. 등기신청방법

신청인 본인 또는 법무사 등 그 대리인이 신분을 확인할 수 있는 주민등록증 등을 가지고 직접 등기소에 출석하여 신청한다.

[서식 96] 신청착오에 의한 등기명의인표시경정등기신청서

등기명의인표시경정등기신청

접 수	년 월 일	처 리 인	등기관 확인	각종 통지
	제 호			

① 부동산의 표시
1. 서울특별시 서초구 서초동 100 대 300㎡ 2. 서울특별시 서초구 서초동 100 [도로명주소] 서울특별시 서초구 서초대로 88길 10 시멘트 벽돌조 슬래브지붕 2층 주택 1층 100㎡ 2층 100㎡

이 상

② 등기원인과 그 연월일	2020년 8월 20일 신청착오		
③ 등 기 의 목 적	등기명의인표시경정		
④ 경 정 할 사 항	소유명의인의 주소 “서울 서초구 서초동 201”을 “서울특별시 서초구 서초대로 88길 20(서초동)”으로 경정		
구분	성 명 (상호·명칭)	주민등록번호 (등기용등록번호)	주 소 (소 재 지)
⑤ 신청인	이 상 선	000000-0000000	서울특별시 서초구 서초대로 88길 20 (서초동)

⑥ 등 록 면 허 세	금 12,000 원
⑥ 지 방 교 육 세	금 2,400 원
⑦ 세 액 합 계	금 14,400 원
⑧ 등 기 신 청 수 수 료	금 6,000 원
	납부번호 : ○○-○○-○○○○○-○
	일괄납부 : 건 원

⑨ 첨 부 서 면	
1. 주민등록표등(초)본 1통 1. 등록면허세영수필확인서 1통 1. 동일인보증서(필요시) 1통	〈기 타〉

20○○년 ○월 ○일

⑩ 위 신청인 이 상 선 ㊞ (전화 : 200-1234)
(또는)위 대리인 (전화 :)

○○지방법원 ○○등기과 귀중

[신청서 작성요령]

1. 부동산표시란에 2개 이상의 부동산을 기재하는 경우에는 부동산의 일련번호를 기재하여야 합니다.
2. 신청인란등 해당란에 기재할 여백이 없을 경우에는 별지를 이용합니다.
3. 담당등기관이 판단하여 위의 첨부 서면 외에 추가적인 서면을 요구할 수 있습니다.

주

1. 등기신청서 기재요령

신청서는 한글과 아라비아숫자로 기재하여야 한다. 부동산의 표시란이나 신청인란 등이 부족할 경우에는 별지로 사용하고, 별지를 포함한 신청서의 각 장 사이에 간인(신청서에 서명을 하였을 때에는 각 장마다 연결되는 서명)을 하여야 한다.

① 부동산의 표시란 : 등기하고자 하는 부동산을 기재하되, 등기기록상 부동산의 표시와 일치하여야 한다. 토지는 소재와 지번, 지목, 면적 순으로, 건물은 소재와 지번, 도로명주소(등기기록 표제부에 기록되어 있는 경우), 구조, 종류, 면적 순으로 등기기록상 부동산의 표시와 일치되게 기재한다.

② 등기원인과 그 연월일란 : 등기원인은 실무상 신청인이 잘못 신청하여 경정사유가 발생한 경우에는 "신청착오", 등기관의 과오로 인한 경우에는 "착오발견", "유루발견"등으로 기재한다. 등기원인일자는 신청착오일 경우에는 착오가 생긴 등기의 신청연월일을, 착오발견 또는 유루발견인 경우에는 경정등기 신청연월일을 기재한다.

③ 등기의 목적란 : "등기명의인 표시경정"이라고 기재한다.

④ 경정할 사항란 : 경정대상 사항과 경정하여 등기기록에 기록하고자 하는 사항을 기재한다.
(예) 소유명의인 주소 "서울 서초구 서초동 201"을 "서울특별시 서초구 서초대로 88길 20(서초동)"으로 경정

⑤ 신청인란 : 경정할 등기명의인의 경정 후의 성명, 주민등록번호, 주소를 기재한다.
그러나 신청인이 법인인 경우에는 경정 후의 상호(명칭), 본점(주사무소 소재지), 등기용등록번호 및 대표자의 성명과 주소를 기재하고, 법인 아닌 사단이나 재단인 경우에는 경정 후의 상호(명칭), 본점(주사무소 소재지), 등기용등록번호 및 대표자(관리인)의 성명, 주민등록번호, 주소를 각 기재한다.

⑥ 등록면허세·지방교육세란 : 부동산 1개당 등록면허세 6,000원, 지방교육세 1,200원으로 계산하여 기재한다. 다만, 착오발견이나 유루발견으로 인한 경정등기는 등록면허세, 지방교육세를 납부하지 아니하므로, "지방세법 제26조"로 기재한다.

⑦ 세액합계란 : 등록면허세액과 지방교육세액의 합계를 기재한다.

⑧ 등기신청수수료란 : 부동산 1개당 3,000원(전자표준양식에 의한 등기신청의 경우에는 2,000원, 전자신청의 경우에는 1,000원)의 등기신청수수료를 은행 현금납부, 전자납부, 무인발급기 납부 등의 방법에 따라 납부한 후 등기신청서에 등기신청수수료 영수필확인서를 첨부하고 납부번호를 기재하여 제출한다. 다만, 착오발견이나 유루발견으로 인한 경정등기의 경우 수수료가 면제되므로 납부액을 기재하지 아니한다.

⑨ 첨부서면란 : 등기신청서에 첨부한 서면을 각 기재한다.

⑩ 신청인등란 : ㉮ 신청인의 성명 및 전화번호를 기재하고 인장을 날인 또는 서명하되, 신청인이 법인이나 법인 아닌 사단 또는 재단인 경우에는 상호(명칭)와 대표자(관리인)의 자격 및 성명을 기재하고 대표자(관리인)의 인장을 날인 또는 서명한다. ㉯ 대리인이 등기신청을 하는 경우에는 그 대리인의 성명, 주소, 전화번호를 기재하고 대리인의 인장을 날인 또는 서명한다.

2. 등기신청서에 첨부할 서면 등

- 등록면허세영수필확인서 : 시장, 구청장, 군수 등으로부터 등록면허세납부서(OCR용지) 또는 대법원 인터넷등기소의 정액등록면허세납부서 작성기능을 통하여 정액등록면허세납부서를 발급받아 납세지를 관할하는 해당 금융기관에 세금을 납부한 후 등록면허세영수필확인서와 영수증을 교부받아 영수증은 본인이 보관하고 등록면허세영수필확인서만 신청서의 등록면허세액표시란의 좌측상단 여백에 첨부하거나, 또는 지방세인터넷납부시스템을 이용하여 납부하고 출력한 등록면허세납부확인서를 첨부한다.
- 주민등록표등(초)본 : 신청착오에 의하여 등기명의인의 주소 등을 경정하는 경우에는 주민등록표등본 또는 초본(각 발행일로부터 3월 이내) 등을 첨부한다. 그러나 착오발견 또는 유루발견에 의한 경정등기에는 그 경정대상등기의 등기신청서 사본 혹은 착오 내지 유류를 증명하는 서면을 첨부한다.
- 법인등기사항증명서 : 주소 등 변경사실을 증명하는 서면으로 법인인 경우에는 법인등기사항증명서(말소사항포함)를 첨부한다. 위 증명서(발행일로부터 3월 이내)에는 등기기록상의 전 주소 등과 변경하고자 하는 주소 등이 나타나고 변경 전후의 주소 등이 연결되어야 한다.
- 동일인보증서 : 등기명의인 표시(성명, 주소 등)를 착오로 신청하여 등기기록상 표시와 주민등록표 또는 기본증명서(제적등본)상 표시와 일치되지 아니한 경우에는 경정 전의 등기명의인과 경정 후의 등기명의인이 동일인이라는 증명을 하여야 하므로, 그 증명은 시·구·읍·면장의 증명에 의하여 할 것이며, 그 증명이 불가능할 경우에는 그 사실을 확인하는 데 상당하다고 인정되는 자의 보증서면과 인감증명 및 기타 보증인자격을 인정할 만한 서면(공무원 재직증명, 법무사 자격증 사본) 등을 첨부하여야 하나, 그 동일인 여부는 등기관이 판단할 사항이다. 보증인의 자격이 반드시 당해 부동산소재지 거주자로 제한되어 있지는 아니하다(2000. 1. 7. 등기선례 6-402).
- 위임장 : 등기신청을 법무사 등 대리인에게 위임하는 경우에 첨부한다.

3. 등기신청서류 편철순서

신청서, 등록면허세영수필확인서, 등기신청수수료 영수필확인서, 위임장, 주민등록표등(초)본 등의 순으로 편철한다.

97. 대지권표시변경등기신청(대지권의 표시)

가. 의 의

토지소유권 취득, (분리처분가능)규약의 폐지, 규약상 대지의 설정 등으로 구분건물에 관하여 새로이 대지권이 발생하거나, 대지권의 목적인 토지가 추가된 경우 신청하는 구분건물표시변경등기이며, 구분소유자 전원이 신청하거나 일부가 다른 구분소유자를 대위하여 일괄 신청하여야 한다.

나. 등기신청방법

신청인 본인 또는 법무사 등 그 대리인이 신분을 확인할 수 있는 주민등록증 등을 가지고 직접 등기소에 출석하여 신청한다. 대지권이 새로 생긴 경우 구분건물 소유권의 등기명의인은 1월 이내에 대지권표시등기를 신청하여야 한다.

[서식 97] **대지권표시변경등기신청서**(대지권의 표시)

대지권표시변경등기신청

접 수	년 월 일	처 리 인	등기관 확인	각종 통지
	제 호			

① 부동산의 표시			
별지 기재와 같음			
② 등기원인과 그 연월일	2020년 8월 20일 규약설정		
③ 등 기 의 목 적	구분건물표시변경(대지권의 표시)		
④ 변 경 사 항	별지 기재와 같음		

구분	성 명 (상호·명칭)	주민등록번호 (등기용등록번호)	주 소 (소 재 지)
⑤ 신청인	김 갑 동	000000-0000000	서울특별시 중구 다동길 94(다동)
	김 을 동	000000-0000000	서울특별시 중구 다동길 95(다동)
	김 병 동	000000-0000000	서울특별시 중구 다동길 96(다동)
	김 정 동	000000-0000000	서울특별시 중구 다동길 97(다동)
	김 무 동	000000-0000000	서울특별시 중구 다동길 98(다동)

<table>
<tr><td>⑥ 등 록 면 허 세</td><td colspan="2">금 24,000 원</td></tr>
<tr><td>⑥ 지 방 교 육 세</td><td colspan="2">금 4,800 원</td></tr>
<tr><td>⑦ 세 액 합 계</td><td colspan="2">금 28,800 원</td></tr>
<tr><td rowspan="3">⑧ 등 기 신 청 수 수 료</td><td colspan="2">면제(2017. 12. 6. 등기예규 제1629호)</td></tr>
<tr><td colspan="2">납부번호 : ○○-○○-○○○○○○-○</td></tr>
<tr><td colspan="2">일괄납부 : 건 원</td></tr>
<tr><td colspan="3">⑨ 첨 부 서 면</td></tr>
<tr><td colspan="2">1. 규약(또는 공정증서) 1통
1. 등록면허세영수필확인서 1통</td><td>〈기 타〉</td></tr>
<tr><td colspan="3">20○○년 ○월 ○일

⑩ 위 신청인 김 갑 동 ㊞ (전화 : 200-7700)
김 을 동 ㊞ (전화 : 200-7711)
김 병 동 ㊞ (전화 : 200-7722)
김 정 동 ㊞ (전화 : 200-7733)
김 무 동 ㊞ (전화 : 200-7744)

(또는)위 대리인 (전화 :)

○○지방법원 ○○등기소 귀중</td></tr>
</table>

[신청서 작성요령]

1. 부동산표시란에 2개 이상의 부동산을 기재하는 경우에는 부동산의 일련번호를 기재하여야 합니다.
2. 신청인란등 해당란에 기재할 여백이 없을 경우에는 별지를 이용합니다.
3. 담당등기관이 판단하여 위의 첨부 서면 외에 추가적인 서면을 요구할 수 있습니다.

[별지]

부 동 산 의 표 시

1동의 건물의 표시

서울특별시 서초구 서초동 100

[도로명주소] 서울특별시 서초구 서초대로 88길 10

철근콘크리트조 슬래브지붕 2층 연립주택

1층 245㎡

2층 245㎡

전유부분의 건물의 표시

1. 건물의 번호 : 1 - 101
   구 조 : 철근콘크리트조
   면 적 : 1층 101호 109.01㎡
2. 건물의 번호 : 1 - 102
   구 조 : 철근콘크리트조
   면 적 : 1층 102호 109.01㎡
3. 건물의 번호 : 2 - 201
   구 조 : 철근콘크리트조
   면 적 : 2층 201호 109.01㎡
4. 건물의 번호 : 2 - 202
   구 조 : 철근콘크리트조
   면 적 : 2층 202호 109.01㎡

변 경 사 항

변경 전 대지권의 표시

토지의 표시 : 1. 서울특별시 서초구 서초동 100 대 1000㎡

대지권의 종류 : 소유권

대지권의 비율 : 1,000분의 200

변경 후 대지권의 표시

토지의 표시 : 1. 서울특별시 서초구 서초동 100 대 1000㎡

2. 서울특별시 서초구 서초동 101 대 300㎡

대지권의 종류 : 소유권

대지권의 비율 : 1. 1,000분의 200

2. 300분의 60

이 상

주

1. 등기신청서 기재요령

신청서는 한글과 아라비아숫자로 기재하여야 한다. 부동산의 표시란이나 신청인란 등이 부족할 경우에는 별지로 사용하고, 별지를 포함한 신청서의 각 장 사이에 간인(신청서에 서명을 하였을 때에는 각 장마다 연결되는 서명)을 하여야 한다.

① 부동산의 표시란 : ㉮ 1동의 건물의 표시 : 1동의 건물 전체의 소재, 지번, 건물명칭 및 번호, 도로명주소(등기기록 표제부에 기록되어 있는 경우)를 기재한다. ㉯ 전유부분의 건물의 표시 : 건물의 번호, 구조, 면적을 기재한다.

② 등기원인과 그 연월일란 : 등기원인은 "토지소유권 취득", "규약설정", "규약폐지" 등으로, 그 연월일은 토지의 소유권이전등기를 마친 연월일 또는 규약을 설정·폐지(분리처분가능규약)한 연월일 등을 기재한다.

③ 등기의 목적란 : "구분건물표시변경(대지권의 표시)"이라고 기재한다.

④ 변경사항란

㉮ 변경 전 대지권의 표시와 변경 후 대지권의 표시를 기재하며, 변경 전 대지권의 표시가 없을 경우 변경 후 즉 새로이 발생하는 대지권의 표시만을 기재한다.

㉯ 대지권의 표시는 대지권의 목적인 토지의 표시, 대지권의 종류, 비율을 기재한다.

ⓐ 대지권의 목적인 토지의 표시는 토지의 일련번호, 토지의 소재, 지번, 지목, 면적을,

ⓑ 대지권의 종류는 소유권, 지상권, 전세권, 임차권 등 권리의 종류에 따라 기재하며,

ⓒ 대지권의 비율은 대지권의 목적인 토지에 대한 지분비율을 기재한다.

㉰ 각 전유부분의 대지권의 표시가 동일한 경우 일괄하여 기재할 수 있으며, 다른 경우에는 전유부분별로 각각 기재한다.

⑤ 신청인란 : 신청인의 성명, 주민등록번호, 주소를 기재한다. 그러나 신청인이 법인인 경우에는 상호(명칭), 본점(주사무소 소재지), 등기용등록번호 및 대표자의 성명과 주소를 기재하고, 법인 아닌 사단이나 재단인 경우에는 상호(명칭), 본점(주사무소 소재지), 등기용등록번호 및 대표자(관리인)의 성명, 주민등록번호, 주소를 각 기재한다.

⑥ 등록면허세·교육세란 : "전유부분 1개당 등록면허세 6,000원, 지방교육세 1,200원을 납부하여 기재한다.

⑦ 세액합계란 : 등록면허세와 지방교육세액의 합계를 기재한다.

⑧ 등기신청수수료란 : "면제(2017. 12. 6. 등기예규 제1629호)"라고 기재한다.

⑨ 첨부서면란 : 등기신청서에 첨부한 서면을 각 기재한다.

⑩ 신청인등란 : ㉮ 신청인의 성명 및 전화번호를 기재하고 인장을 날인 또는 서명하되, 신청인이 법인이나 법인 아닌 사단 또는 재단인 경우에는 상호(명칭)와 대표자(관리인)의 자격 및 성명을 기재하고 대표자(관리인)의 인장을 날인 또는 서명한다. ㉯ 대리인이 등기신청을 하는 경우에는 그 대리인의 성명, 주소, 전화번호를 기재하고 대리인의 인장을 날인 또는 서명한다.

2. 등기신청서에 첨부할 서면 등

- 규약(또는 공정증서) : 대지권의 목적인 토지가 규약상 대지인 경우에는 규약을, 분리처분가능 규약을 폐지한 경우에는 이를 증명하는 서면을 첨부한다. 전체 구분건물의 소유자가 1인인 경우 규약에 갈음하여 공정증서를 첨부하며, 구분소유자가 2개 이상의 전유부분을 소유한 때 대지권의 비율을 각 전유부분의 면적비율과 다르게 정한 경우도 이에 관한 공정증서를

첨부한다.

- 등록면허세영수필확인서 : 시장, 구청장, 군수 등으로부터 등록면허세납부서(OCR용지) 또는 대법원 인터넷등기소의 정액등록면허세납부서 작성기능을 통하여 정액등록면허세납부서를 발급받아 납세지를 관할하는 해당 금융기관에 세금을 납부한 후 등록면허세영수필확인서와 영수증을 교부받아 영수증은 본인이 보관하고 등록면허세영수필확인서만 신청서의 등록면허세액표시란의 좌측상단 여백에 첨부하거나, 또는 지방세인터넷납부시스템을 이용하여 납부하고 출력한 등록면허세납부확인서를 첨부한다.
- 집합건축물대장등본 : 구분소유자 일부가 다른 구분소유자를 대위하여 일괄 신청하는 경우 대위원인을 증명하는 서면으로 제출한다(발행일로부터 3월 이내).
- 법인등기사항전부(일부)증명서 : 신청인이 법인인 경우에는 법인등기사항전부증명서 또는 법인등기사항일부증명서(각 발행일로부터 3월 이내)를 첨부한다.
- 위임장 : 등기신청을 법무사 등 대리인에게 위임하는 경우에 첨부한다.

3. 등기신청서류 편철순서

신청서, 등록면허세영수필확인서, 등기신청수수료 영수필확인서, 위임장, 규약(또는 공정증서) 등의 순으로 편철한다.

4. 기타 참고사항

대지권등기는 대지권이 발생·변경·소멸한 날로부터 1월 이내에 변경등기를 신청하여야 하며, 구분건물의 등기명의인이 신청을 게을리 할 때에는 50만원 이하의 과태료 처분을 받게 된다.

98. 대지권표시변경등기신청(대지권의 목적인 토지표시변경)

가. 의 의

대지권의 목적인 토지에 분합필, 지목변경, 면적의 증감 등으로 변경이 생긴 경우 신청하는 구분건물표시변경등기이며, 구분소유자 전원이 신청하거나 일부가 다른 구분소유자를 대위하여 일괄 신청하여야 한다.

나. 등기신청방법

신청인 본인 또는 법무사 등 그 대리인이 신분을 확인할 수 있는 주민등록증 등을 가지고 직접 등기소에 출석하여 신청한다. 대지권의 목적인 토지에 변경이 생긴 경우 구분건물 소유권의 등기명의인은 1월 이내에 대지권표시변경등기를 신청하여야 한다.

[서식 98] 대지권표시변경등기신청서(대지권의 목적인 토지표시변경)

대지권표시변경등기신청

<table>
<tr><td rowspan="2">접 수</td><td>년 월 일</td><td rowspan="2">처 리 인</td><td>등기관 확인</td><td>각종 통지</td></tr>
<tr><td>제 호</td><td></td><td></td></tr>
</table>

<table>
<tr><td colspan="4">① 부동산의 표시</td></tr>
<tr><td colspan="4">별지 기재와 같음</td></tr>
<tr><td colspan="2">② 등기원인과 그 연월일</td><td colspan="2">2020년 8월 20일 분필</td></tr>
<tr><td colspan="2">③ 등 기 의 목 적</td><td colspan="2">구분건물표시변경(대지권의 목적인 토지표시변경)</td></tr>
<tr><td colspan="2">④ 변 경 사 항</td><td colspan="2">별지 기재와 같음</td></tr>
<tr><td>구분</td><td>성 명
(상호·명칭)</td><td>주민등록번호
(등기용등록번호)</td><td>주 소 (소 재 지)</td></tr>
<tr><td>⑤
신
청
인</td><td>김 갑 동
김 을 동
김 병 동
김 정 동
김 무 동</td><td>000000-0000000
000000-0000000
000000-0000000
000000-0000000
000000-0000000</td><td>서울특별시 중구 다동길 94(다동)
서울특별시 중구 다동길 95(다동)
서울특별시 중구 다동길 96(다동)
서울특별시 중구 다동길 97(다동)
서울특별시 중구 다동길 98(다동)</td></tr>
</table>

<table>
<tr><td>⑥ 등 록 면 허 세</td><td colspan="2">금 24,000 원</td></tr>
<tr><td>⑥ 지 방 교 육 세</td><td colspan="2">금 4,800 원</td></tr>
<tr><td>⑦ 세 액 합 계</td><td colspan="2">금 28,800 원</td></tr>
<tr><td rowspan="3">⑧ 등 기 신 청 수 수 료</td><td colspan="2">면제(2017. 12. 6. 등기예규 제1629호)</td></tr>
<tr><td colspan="2">납부번호 :</td></tr>
<tr><td colspan="2">일괄납부 : 건 원</td></tr>
<tr><td colspan="3">⑨ 첨 부 서 면</td></tr>
<tr><td colspan="2">1. 토지대장등본 2통
1. 등록면허세영수필확인서 1통</td><td>〈기 타〉</td></tr>
</table>

20○○년 ○월 ○일

⑩ 위 신청인 김 갑 동 ㊞ (전화 : 200-7700)
김 을 동 ㊞ (전화 : 200-7711)
김 병 동 ㊞ (전화 : 200-7722)
김 정 동 ㊞ (전화 : 200-7733)
김 무 동 ㊞ (전화 : 200-7744)
(또는)위 대리인 (전화 :)

○○지방법원 ○○등기소 귀중

[신청서 작성요령]

1. 부동산표시란에 2개 이상의 부동산을 기재하는 경우에는 부동산의 일련번호를 기재하여야 합니다.
2. 신청인란등 해당란에 기재할 여백이 없을 경우에는 별지를 이용합니다.
3. 담당등기관이 판단하여 위의 첨부 서면 외에 추가적인 서면을 요구할 수 있습니다.

[별지]

부 동 산 의 표 시

1동의 건물의 표시
서울특별시 서초구 서초동 100
[도로명주소] 서울특별시 서초구 서초대로 88길 10
철근콘크리트조 슬래브지붕 2층 연립주택
1층 245㎡
2층 245㎡

전유부분의 건물의 표시

1. 건물의 번호 : 1 - 101
구 조 : 철근콘크리트조
면 적 : 1층 101호 109.01㎡

2. 건물의 번호 : 1 - 102
구 조 : 철근콘크리트조
면 적 : 1층 102호 109.01㎡

3. 건물의 번호 : 2 - 2014
   구 조 : 철근콘크리트조
   면 적 : 2층 201호 109.01㎡

4. 건물의 번호 : 2 - 202
   구 조 : 철근콘크리트조
   면 적 : 2층 202호 109.01㎡

변 경 사 항

변경 전 대지권의 표시
토지의 표시 : 1. 서울특별시 서초구 서초동 100 대 1000㎡
대지권의 종류 : 소유권
대지권의 비율 : 1,000분의 200

변경 후 대지권의 표시
토지의 표시 : 1. 서울특별시 서초구 서초동 100 대 800㎡
2. 서울특별시 서초구 서초동 101 대 200㎡
대지권의 종류 : 소유권
대지권의 비율 1, 2 : 1,000분의 200

이 상

주

1. 등기신청서 기재요령

신청서는 한글과 아라비아숫자로 기재하여야 한다. 부동산의 표시란이나 신청인란 등이 부족할 경우에는 별지로 사용하고, 별지를 포함한 신청서의 각 장 사이에 간인(신청서에 서명을 하였을 때에는 각 장마다 연결되는 서명)을 하여야 한다.

① 부동산의 표시란
㉮ 1동의 건물의 표시 : 1동의 건물 전체의 소재, 지번, 건물명칭 및 번호, 도로명주소(등기기록 표제부에 기록되어 있는 경우)를 기재한다.
㉯ 전유부분의 건물의 표시 : 건물의 번호, 구조, 면적을 기재한다.
② 등기원인과 그 연월일란 : 등기원인은 "분필", "합필", "지목변경" 등으로, 그 연월일은 토지대장상의 지적변동일을 기재한다.
③ 등기의 목적란 : "구분건물표시변경(대지권의 표시변경)"이라고 기재한다.
④ 변경사항란
㉮ 변경 전 대지권의 표시와 변경 후 대지권의 표시를 기재한다.
㉯ 대지권의 표시는 대지권의 목적인 토지의 표시, 대지권의 종류, 비율을 기재한다.
ⓐ 대지권의 목적인 토지의 표시는 토지의 일련번호, 토지의 소재, 지번, 지목, 면적을,
ⓑ 대지권의 종류는 소유권, 지상권, 전세권, 임차권 등 권리의 종류에 따라 기재하며,
ⓒ 대지권의 비율은 대지권의 목적인 토지에 대한 지분비율을 기재한다.

㉰ 각 전유부분의 대지권의 표시가 동일한 경우 일괄하여 기재할 수 있으며, 다른 경우는 전유부분별로 각각 기재한다.

⑤ 신청인란 : 신청인의 성명, 주민등록번호, 주소를 기재한다. 그러나 신청인이 법인인 경우에는 상호(명칭), 본점(주사무소 소재지), 등기용등록번호 및 대표자의 성명과 주소를 기재하고, 법인 아닌 사단이나 재단인 경우에는 상호(명칭), 본점(주사무소 소재지), 등기용등록번호 및 대표자(관리인)의 성명, 주민등록번호, 주소를 각 기재한다.

⑥ 등록면허세·교육세란 : "전유부분 1개당 등록면허세 6,000원, 지방교육세 1,200원을 납부하여 기재한다.

⑦ 세액합계란 : 등록면허세와 지방교육세액의 합계를 기재한다.

⑧ 등기신청수수료란 : "면제(2017. 12. 6. 등기예규 제1629호)"라고 기재한다.

⑨ 첨부서면란 : 등기신청서에 첨부한 서면을 각 기재한다.

⑩ 신청인등란 : ㉮ 신청인의 성명 및 전화번호를 기재하고 인장을 날인 또는 서명하되, 신청인이 법인이나 법인 아닌 사단 또는 재단인 경우에는 상호(명칭)와 대표자(관리인)의 자격 및 성명을 기재하고 대표자(관리인)의 인장을 날인 또는 서명한다. ㉯ 대리인이 등기신청을 하는 경우에는 그 대리인의 성명, 주소, 전화번호를 기재하고 대리인의 인장을 날인 또는 서명한다.

2. 등기신청서에 첨부할 서면 등

- 등록면허세영수필확인서 : 시장, 구청장, 군수 등으로부터 등록면허세납부서(OCR용지) 또는 대법원 인터넷등기소의 정액등록면허세납부서 작성기능을 통하여 정액등록면허세납부서를 발급받아 납세지를 관할하는 해당 금융기관에 세금을 납부한 후 등록면허세영수필확인서와 영수증을 교부받아 영수증은 본인이 보관하고 등록면허세영수필확인서만 신청서의 등록면허세액표시란의 좌측상단 여백에 첨부하거나, 또는 지방세인터넷납부시스템을 이용하여 납부하고 출력한 등록면허세납부확인서를 첨부한다.
- 토지대장등본 : 분합필, 지목변경, 면적의 증감 등 변동사유가 기재된 토지대장등본을 첨부한다. 분필의 경우 분할사유가 기재된 분할 전의 토지대장등본과 분할되어 나간 토지대장등본을, 합필의 경우 합필 후의 토지대장등본과 합필되는 토지대장등본을 각 1통씩 첨부한다(발행일로부터 3월 이내).
- 집합건축물대장등본 : 구분소유자 일부가 다른 구분소유자를 대위하여 일괄 신청하는 경우 대위원인을 증명하는 서면으로 제출한다(발행일로부터 3월 이내).
- 법인등기사항전부(일부)증명서 : 신청인이 법인인 경우에는 법인등기사항전부증명서 또는 법인등기사항일부증명서(각 발행일로부터 3월 이내)를 첨부한다.
- 위임장 : 등기신청을 법무사 등 대리인에게 위임하는 경우에 첨부한다.

3. 등기신청서류 편철순서

신청서, 등록면허세영수필확인서, 등기신청수수료 영수필확인서, 위임장, 토지대장등본 등의 순으로 편철한다.

4. 기타 참고사항

대지권등기는 대지권이 발생·변경·소멸한 날로부터 1월 이내에 변경등기를 신청하여야 하며, 구분건물의 등기명의인이 신청을 게을리 할 때에는 50만원 이하의 과태료 처분을 받게 된다.

99. 대지권표시변경등기신청(대지권의 말소)

가. 의 의

분리처분가능규약의 설정, 규약상 대지를 정한 규약의 폐지, 수용재결에 의한 대지권인 소유권의 이전, 매각에 의한 대지권인 소유권의 이전 등으로 대지권이 말소된 경우 신청하는 구분건물표시변경등기이며, 구분소유자 전원이 신청하거나 일부가 다른 구분소유자를 대위하여 일괄 신청하여야 한다. 수용이나 매각에 의하여 대지권인 소유권이 이전되어야 하는 경우 사업시행자 또는 매수인이 구분소유자를 대위하여 대지권말소등기를 신청할 수 있다.

나. 등기신청방법

신청인 본인 또는 법무사 등 그 대리인이 신분을 확인할 수 있는 주민등록증 등을 가지고 직접 등기소에 출석하여 신청한다. 대지권이 아닌 것으로 되거나 소멸한 경우 구분건물 소유권의 등기명의인은 1월 이내에 대지권말소등기를 신청하여야 한다.

[서식 99] 대지권표시변경등기신청서(대지권의 말소)

대지권표시변경등기신청

<table>
<tr><td rowspan="2">접 수</td><td>년 월 일</td><td rowspan="2">처 리 인</td><td>등기관 확인</td><td>각종 통지</td></tr>
<tr><td>제 호</td><td></td><td></td></tr>
</table>

① 부동산의 표시
별지 기재와 같음

<table>
<tr><td colspan="2">② 등기원인과 그 연월일</td><td colspan="3">2020년 8월 20일 대지권이 아닌 것으로 됨</td></tr>
<tr><td colspan="2">③ 등 기 의 목 적</td><td colspan="3">구분건물표시변경(대지권의 말소)</td></tr>
<tr><td colspan="2">④ 변 경 사 항</td><td colspan="3">별지 기재와 같음</td></tr>
<tr><td>구분</td><td>성 명
(상호·명칭)</td><td colspan="2">주민등록번호
(등기용등록번호)</td><td>주 소 (소 재 지)</td></tr>
<tr><td>⑤ 신청인</td><td>김 갑 동
김 을 동
김 병 동
김 정 동
김 무 동</td><td colspan="2">000000-0000000
000000-0000000
000000-0000000
000000-0000000
000000-0000000</td><td>서울특별시 중구 다동길 94(다동)
서울특별시 중구 다동길 95(다동)
서울특별시 중구 다동길 96(다동)
서울특별시 중구 다동길 97(다동)
서울특별시 중구 다동길 98(다동)</td></tr>
<tr><td colspan="3">⑥ 등 록 면 허 세</td><td colspan="2">금 24,000 원</td></tr>
<tr><td colspan="3">⑥ 지 방 교 육 세</td><td colspan="2">금 4,800 원</td></tr>
<tr><td colspan="3">⑦ 세 액 합 계</td><td colspan="2">금 27,800 원</td></tr>
<tr><td colspan="3" rowspan="3">⑧ 등 기 신 청 수 수 료</td><td colspan="2">면제(2017. 12. 6. 등기예규 제1629호)</td></tr>
<tr><td colspan="2">납부번호 :</td></tr>
<tr><td colspan="2">일괄납부 : 건 원</td></tr>
<tr><td colspan="5">⑨ 첨 부 서 면</td></tr>
<tr><td colspan="4">1. 분리처분가능규약(또는 공정증서) 1통
1. 등록면허세영수필확인서 1통</td><td>〈기 타〉</td></tr>
<tr><td colspan="5">20○○년 ○월 ○일

⑩ 위 신청인 김 갑 동 ㊞ (전화 : 200-7700)
김 을 동 ㊞ (전화 : 200-7711)
김 병 동 ㊞ (전화 : 200-7722)
김 정 동 ㊞ (전화 : 200-7733)
김 무 동 ㊞ (전화 : 200-7744)
(또는)위 대리인 (전화 :)

○○지방법원 ○○등기소 귀중</td></tr>
</table>

[신청서 작성요령]

1. 부동산표시란에 2개 이상의 부동산을 기재하는 경우에는 부동산의 일련번호를 기재하여야 합니다.
2. 신청인란등 해당란에 기재할 여백이 없을 경우에는 별지를 이용합니다.
3. 담당등기관이 판단하여 위의 첨부 서면 외에 추가적인 서면을 요구할 수 있습니다.

[별지]

부 동 산 의 표 시

1동의 건물의 표시

서울특별시 서초구 서초동 100

[도로명주소] 서울특별시 서초구 서초대로 88길 10

철근콘크리트조 슬래브지붕 2층 연립주택

1층 245㎡

2층 245㎡

전유부분의 건물의 표시

1. 건물의 번호 : 1 - 101
   구 조 : 철근콘크리트조
   면 적 : 1층 101호 109.01㎡
2. 건물의 번호 : 1 - 102
   구 조 : 철근콘크리트조
   면 적 : 1층 102호 109.01㎡
3. 건물의 번호 : 2 - 201
   구 조 : 철근콘크리트조
   면 적 : 2층 201호 109.01㎡
4. 건물의 번호 : 2 - 202
   구 조 : 철근콘크리트조
   면 적 : 2층 202호 109.01㎡

변 경 사 항

변경 전 대지권의 표시

토지의 표시 : 1. 서울특별시 서초구 서초동 100 대 800㎡

2. 서울특별시 서초구 서초동 101 대 200㎡

대지권의 종류 : 소유권

대지권의 비율 1, 2 : 1,000분의 200

변경 후 대지권의 표시

토지의 표시 : 1. 서울특별시 서초구 서초동 100 대 800㎡

대지권의 종류 : 소유권

대지권의 비율 : 1,000분의 200

이 상

주

1. 등기신청서 기재요령

신청서는 한글과 아라비아숫자로 기재하여야 한다. 부동산의 표시란이나 신청인란 등이 부족할 경우에는 별지로 사용하고, 별지를 포함한 신청서의 각 장 사이에 간인(신청서에 서명을 하였을 때에는 각 장마다 연결되는 서명)을 하여야 한다.

① 부동산의 표시란

㉮ 1동의 건물의 표시 : 1동의 건물 전체의 소재, 지번, 건물명칭 및 번호, 도로명주소(등기기록 표제부에 기록되어 있는 경우)를 기재한다.

㉯ 전유부분의 건물의 표시 : 건물의 번호, 구조, 면적을 기재한다.

② 등기원인과 그 연월일란 : 등기원인은 "대지권이 아닌 것으로 됨"으로, 그 연월일은 규약상 대지를 폐지한 날 또는 분리처분가능규약을 설정한 날 등을 기재한다.

③ 등기의 목적 : "구분건물표시변경(대지권의 말소)"이라고 기재한다.

④ 변경사항란

㉮ 변경 전 대지권의 표시와 변경 후 대지권의 표시를 기재한다.

㉯ 대지권의 표시는 대지권의 목적인 토지의 표시, 대지권의 종류, 비율을 기재한다.

ⓐ 대지권의 목적인 토지의 표시는 토지의 일련번호, 토지의 소재, 지번, 지목, 면적을,

ⓑ 대지권의 종류는 소유권, 지상권, 전세권, 임차권 등 권리의 종류에 따라 기재하며,

ⓒ 대지권의 비율은 대지권의 목적인 토지에 대한 지분비율을 기재한다.

㉰ 각 전유부분의 대지권의 표시가 동일한 경우 일괄하여 기재할 수 있으며, 다른 경우는 전유부분별로 각각 기재한다.

⑤ 신청인란 : 신청인의 성명, 주민등록번호, 주소를 기재한다. 그러나 신청인이 법인인 경우에는 상호(명칭), 본점(주사무소 소재지), 등기용등록번호 및 대표자의 성명과 주소를 기재하고, 법인 아닌 사단이나 재단인 경우에는 상호(명칭), 본점(주사무소 소재지), 등기용등록번호 및 대표자(관리인)의 성명, 주민등록번호, 주소를 각 기재한다.

⑥ 등록면허세·교육세란 : "전유부분 1개당 등록면허세 6,000원, 지방교육세 1,200원을 납부하여 기재한다.

⑦ 세액합계란 : 등록면허세와 지방교육세액의 합계를 기재한다.

⑧ 등기신청수수료란 : "면제(2017. 12. 6. 등기예규 제1629호)"라고 기재한다.

⑨ 첨부서면란 : 등기신청서에 첨부한 서면을 각 기재한다.

⑩ 신청인등란 : ㉮ 신청인의 성명 및 전화번호를 기재하고 인장을 날인 또는 서명하되, 신청인이 법인이나 법인 아닌 사단 또는 재단인 경우에는 상호(명칭)와 대표자(관리인)의 자격

및 성명을 기재하고 대표자(관리인)의 인장을 날인 또는 서명한다. ㉯ 대리인이 등기신청을 하는 경우에는 그 대리인의 성명, 주소, 전화번호를 기재하고 대리인의 인장을 날인 또는 서명한다.

2. 등기신청서에 첨부할 서면 등

- 등록면허세영수필확인서 : 시장, 구청장, 군수 등으로부터 등록면허세납부서(OCR용지) 또는 대법원 인터넷등기소의 정액등록면허세납부서 작성기능을 통하여 정액등록면허세납부서를 발급받아 납세지를 관할하는 해당 금융기관에 세금을 납부한 후 등록면허세영수필확인서와 영수증을 교부받아 영수증은 본인이 보관하고 등록면허세영수필확인서만 신청서의 등록면허세액표시란의 좌측상단 여백에 첨부하거나, 또는 지방세인터넷납부시스템을 이용하여 납부하고 출력한 등록면허세납부확인서를 첨부한다.
- 분리처분가능규약(또는 공정증서) : 전유부분과 대지사용권의 분리처분을 할 수 있도록 정한 규약을 설정한 경우에는 그 규약을, 규약상 대지인 경우 그 규약을 폐지하였음을 증명하는 서면을 첨부한다. 전체 구분건물의 소유자가 1인인 경우 규약에 갈음하여 공정증서를 첨부한다. 수용이나 매각에 의하여 대지소유권이 이전되는 경우는 규약 등의 첨부 없이 재결서 또는 협의성립확인서와 보상금지급증명서, 매각허가결정정본 등을 첨부한다.
- 집합건축물대장등본 : 구분소유자 일부가 다른 구분소유자를 대위하여 일괄 신청하는 경우 대위원인을 증명하는 서면으로 제출한다(발행일로부터 3월 이내).
- 법인등기사항전부(일부)증명서 : 신청인이 법인인 경우에는 법인등기사항전부증명서 또는 법인등기사항일부증명서(각 발행일로부터 3월 이내)를 첨부한다.
- 위임장 : 등기신청을 법무사 등 대리인에게 위임하는 경우에 첨부한다.

3. 등기신청서류 편철순서

신청서, 등록면허세영수필확인서, 등기신청수수료 영수필확인서, 위임장, 분리처분가능규약 등의 순으로 편철한다.

4. 기타 참고사항

대지권등기는 대지권이 발생·변경·소멸한 날로부터 1월 이내에 변경등기를 신청하여야 하며, 구분건물의 등기명의인이 신청을 게을리 할 때에는 50만원 이하의 과태료 처분을 받게 된다.

100. 대지사용권에 따른 대지권표시변경등기신청

가. 의 의

대지사용권과 전유부분에 관한 권리의 공시를 등기기록에 일체화시키는 등기로서 부동산등기법 제60조에 의한 대지사용권에 관한 이전등기와 동시에 신청하여야 하며, 현 구분소유자가 각 전유부분별로 단독으로 신청할 수 있다.

나. 등기신청방법

신청인 본인 또는 법무사 등 그 대리인이 신분을 확인할 수 있는 주민등록증 등을 가지고 직접 등기소에 출석하여 신청한다.

[서식 100] 대지사용권에 따른 대지권표시변경등기신청서

대지권표시변경등기신청

<table>
<tr><td rowspan="2">접 수</td><td>년 월 일</td><td rowspan="2">처 리 인</td><td>등기관 확인</td><td>각종통지</td></tr>
<tr><td>제 호</td><td></td><td></td></tr>
</table>

<table>
<tr><td colspan="4">① 부동산의 표시</td></tr>
<tr><td colspan="4">1동의 건물의 표시
서울특별시 서초구 서초동 100 샛별아파트 가동
[도로명주소] 서울특별시 서초구 서초대로 88길 10
전유부분의 건물의 표시
건물의 번호 : 가 - 1 - 101
구 조 : 철근콘크리트조
면 적 : 1층 101호 86.03㎡

이 상</td></tr>
<tr><td colspan="2">② 등기원인과 그 연월일</td><td colspan="2">2020년 8월 20일 토지소유권 취득</td></tr>
<tr><td colspan="2">③ 등 기 의 목 적</td><td colspan="2">구분건물표시변경(대지권의 표시)</td></tr>
<tr><td colspan="2">④ 변 경 사 항</td><td colspan="2">대지권의 표시
토지의 표시 : 서울특별시 서초구 서초동 100 대 1000㎡
대지권의 종류 : 소유권
대지권의 비율 : 1,000분의 25</td></tr>
<tr><td>구분</td><td>성 명
(상호·명칭)</td><td>주민등록번호
(등기용등록번호)</td><td>주 소 (소 재 지)</td></tr>
<tr><td>⑤ 신청인</td><td>김 갑 동</td><td>000000-0000000</td><td>서울특별시 서초구 서초대로 88길 10, 가동 101호(서초동, 샛별아파트)</td></tr>
</table>

⑥ 등 록 면 허 세	금 6,000 원
⑥ 지 방 교 육 세	금 1,200 원
⑦ 세 액 합 계	금 7,200 원
⑧ 등 기 신 청 수 수 료	면제(2017. 12. 6. 등기예규 제1629호)
	납부번호 :
	일괄납부 : 건 원
⑨ 첨 부 서 면	
1. 등록면허세영수필확인서 1통	〈기 타〉

20○○년 ○월 ○일

⑩ 위 신청인 김 갑 동 ㊞ (전화 : 200-7766)
(또는)위 대리인 (전화 :)

○○지방법원 ○○등기소 귀중

[신청서 작성요령]

1. 부동산표시란에 2개 이상의 부동산을 기재하는 경우에는 부동산의 일련번호를 기재하여야 합니다.
2. 신청인란등 해당란에 기재할 여백이 없을 경우에는 별지를 이용합니다.
3. 담당등기관이 판단하여 위의 첨부 서면 외에 추가적인 서면을 요구할 수 있습니다.

주

1. 등기신청서 기재요령

신청서는 한글과 아라비아숫자로 기재하여야 한다. 부동산의 표시란이나 신청인란 등이 부족할 경우에는 별지로 사용하고, 별지를 포함한 신청서의 각 장 사이에 간인(신청서에 서명을 하였을 때에는 각 장마다 연결되는 서명)을 하여야 한다.

① 부동산의 표시란 : 등기기록상 부동산의 표시와 일치되게 기재한다.

㉮ 1동의 건물의 표시 : 1동의 건물 전체의 소재, 지번, 건물명칭 및 번호, 도로명주소(등기기록 표제부에 기록되어 있는 경우)를 기재한다.

㉯ 전유부분의 건물의 표시 : 건물의 번호, 구조, 면적을 기재한다.

② 등기원인과 그 연월일란 : 등기원인은 "토지소유권 취득"으로, 그 연월일은 대지사용권에 관한 이전등기를 마친 날을 기재한다.

③ 등기의 목적란 : "구분건물표시변경(대지권의 표시)"이라고 기재한다.

④ 변경사항란 : 변경 후 즉 새로이 기록하는 대지권의 표시를 기재한다. 대지권의 목적인 토지의 표시, 대지권의 종류, 비율을 기재한다.
ⓐ 대지권의 목적인 토지의 표시는 토지의 일련번호, 토지의 소재, 지번, 지목, 면적을, ⓑ 대지권의 종류는 소유권, 지상권, 전세권, 임차권 등 권리의 종류에 따라 기재하며, ⓒ 대지권의 비율은 대지권의 목적인 토지에 대한 지분 비율을 기재한다.

⑤ 신청인란 : 현재 구분건물 소유자의 성명, 주민등록번호, 주소를 기재하되, 등기기록상 소유자 표시와 일치하여야 한다. 신청인이 법인인 경우에는 상호(명칭), 본점(주사무소 소재지), 등기용등록번호 및 대표자의 성명과 주소를 기재하고, 법인 아닌 사단이나 재단인 경우에는 상호(명칭), 본점(주사무소 소재지), 등기용등록번호 및 대표자(관리인)의 성명, 주민등록번호, 주소를 각 기재한다.

⑥ 등록면허세·교육세란 : "부동산(전유부분) 1개당 등록면허세 6,000원, 지방교육세 1,200원을 납부하여 기재한다.

⑦ 세액합계란 : 등록면허세와 지방교육세액의 합계를 기재한다.

⑧ 등기신청수수료란 : "면제(2017. 12. 6. 등기예규 제1629호)"라고 기재한다.

⑨ 첨부서면란 : 등기신청서에 첨부한 서면을 각 기재한다.

⑩ 신청인등란 : ㉮ 신청인의 성명 및 전화번호를 기재하고 인장의 날인 또는 서명을 하되, 신청인이 법인이나 법인 아닌 사단 또는 재단인 경우에는 상호(명칭)와 대표자(관리인)의 자격 및 성명을 기재하고 대표자(관리인)의 인장을 날인 또는 서명한다. ㉯ 대리인이 등기신청을 하는 경우에는 그 대리인의 성명, 주소, 전화번호를 기재하고 그의 인장을 날인 또는 서명한다.

2. 등기신청서에 첨부할 서면 등

• 등록면허세영수필확인서 : 시장, 구청장, 군수 등으로부터 등록면허세납부서(OCR용지) 또는 대법원 인터넷등기소의 정액등록면허세납부서 작성기능을 통하여 정액등록면허세납부서를 발급받아 납세지를 관할하는 해당 금융기관에 세금을 납부한 후 등록면허세영수필확인서와 영수증을 교부받아 영수증은 본인이 보관하고 등록면허세영수필확인서만 신청서의 등록면허세액표시란의 좌측상단 여백에 첨부하거나, 또는 지방세인터넷납부시스템을 이용하여 납부하고 출력한 등록면허세납부확인서를 첨부한다.
• 법인등기사항전부(일부)증명서 : 신청인이 법인인 경우에는 법인등기사항전부증명서 또는 법인등기사항일부증명서(각 발행일로부터 3월 이내)를 첨부한다. 단 동시에 신청한 대지사용권에 관한 이전등기신청서 등에 법인등기사항증명서가 첨부된 경우 이를 원용한다는 취지를 첨부서면 난에 기재하면 첨부하지 않아도 된다.
• 위임장 : 등기신청을 법무사 등 대리인에게 위임하는 경우에 첨부한다.

3. 등기신청서류 편철순서

신청서, 등록면허세영수필확인서, 등기신청수수료 영수필확인서, 위임장 등의 순으로 편철한다.

101. 대지사용권에 관한 소유권이전등기신청

가. 의 의

대지권등기가 되지 아니한 채 구분건물에 관한 소유권이전등기가 이루어진 경우 구분건물의 현 소유자가 구분건물을 건축하여 양도한 자와 대지사용권에 해당하는 지분 이전을 공동으로 신청하는 등기로서 대지권표시변경등기와 동시에 신청하여야 하며, 구분건물의 현 소유자가 등기권리자가 되며 구분건물을 건축하여 양도한 자가 등기의무자가 된다.

대지사용권과 전유부분에 관한 권리의 공시를 등기기록에 일체화시키는 등기로서 부동산등기법 제60조에 의한 대지사용권에 관한 이전등기와 동시에 신청하여야 하며, 현 구분소유자가 각 전유부분별로 단독으로 신청할 수 있다.

나. 등기신청방법

(1) 공동신청

대지사용권에 관한 소유권이전등기신청인 경우에 등기의무자와 등기권리자가 본인임을 확인할 수 있는 주민등록증 등을 가지고 직접 등기소에 출석(신청인이 법인인 경우 대표자가 출석)하여 공동으로 신청함이 원칙이다.

(2) 단독신청

판결에 의한 등기신청인 경우에는 승소한 등기권리자 또는 등기의무자가 단독으로 신청할 수 있다.

(3) 대리인에 의한 신청

등기신청은 반드시 신청인 본인이 하여야 하는 것은 아니고 대리인이 하여도 된다. 등기권리자 또는 등기의무자 일방이 상대방의 대리인이 되거나 쌍방이 제3자에게 위임하여 등기신청을 할 수 있다.

[서식 101] 대지사용권에 관한 소유권이전등기신청서

소유권일부이전등기신청(대지사용권이전)

<table>
<tr><td rowspan="2">접 수</td><td>년 월 일</td><td rowspan="2">처 리 인</td><td>등기관 확인</td><td>각종 통지</td></tr>
<tr><td>제 호</td><td></td><td></td></tr>
</table>

<table>
<tr><td colspan="5">① 부동산의 표시</td></tr>
<tr><td colspan="5">서울특별시 서초구 서초동 100
대 1000㎡

이 상</td></tr>
<tr><td colspan="2">② 등기원인과 그 연월일</td><td colspan="3">2020년 8월 10일 건물 가동 101호 전유부분 취득</td></tr>
<tr><td colspan="2">③ 등 기 의 목 적</td><td colspan="3">소유권 일부이전</td></tr>
<tr><td colspan="2">④ 이 전 할 지 분</td><td colspan="3">○○건설주식회사 지분 1,000분의 900 중 일부(1,000분의 25) 이전</td></tr>
<tr><td>구분</td><td>성 명
(상호·명칭)</td><td>주민등록번호
(등기용등록번호)</td><td>주 소 (소 재 지)</td><td>지 분
(개인별)</td></tr>
<tr><td>⑤ 등기의무자</td><td>○○건설주식회사

대표이사 이상선</td><td>000000-0000000</td><td>서울특별시 중구 다동길 96 (다동)

서울특별시 동작구 여의대방로 150(대방동)</td><td>25/1,000</td></tr>
<tr><td>⑥ 등기권리자</td><td>김 갑 동</td><td>000000-0000000</td><td>서울특별시 서초구 서초대로 88길 10, 가동 101호(서초동, 샛별아파트)</td><td>25/1,000</td></tr>
</table>

<table>
<tr><td colspan="3">⑦ 시가표준액 및 국민주택채권매입금액</td></tr>
<tr><td>부동산 표시</td><td>부동산별 시가표준액</td><td>부동산별 국민주택채권매입금액</td></tr>
<tr><td>1. 토 지</td><td>금 ○○,○○○,○○○ 원</td><td>금 ○○○,○○○ 원</td></tr>
<tr><td>2.</td><td>금 원</td><td>금 원</td></tr>
</table>

<table>
<tr><td>3.</td><td colspan="2">금 원</td><td colspan="2">금 원</td></tr>
<tr><td colspan="3">⑦ 국 민 주 택 채 권 매 입 총 액</td><td colspan="2">금 ○○○,○○○ 원</td></tr>
<tr><td colspan="3">⑦ 국 민 주 택 채 권 발 행 번 호</td><td colspan="2">○ ○ ○</td></tr>
<tr><td colspan="3" rowspan="2">⑧ 취득세(등록면허세) 금 ○○○,○○○원</td><td colspan="2">⑧ 지방교육세 금 ○○,○○○원</td></tr>
<tr><td colspan="2">⑧ 농어촌특별세 금 ○○,○○○원</td></tr>
<tr><td colspan="2">⑨ 세 액 합 계</td><td colspan="3">금 ○○○,○○○ 원</td></tr>
<tr><td colspan="2" rowspan="3">⑩ 등 기 신 청 수 수 료</td><td colspan="3">금 15,000 원</td></tr>
<tr><td colspan="3">납부번호 : ○○-○○-○○○○○○-○</td></tr>
<tr><td colspan="3">일괄납부 : 건 원</td></tr>
<tr><td colspan="5">⑪ 등기의무자의 등기필정보</td></tr>
<tr><td>부동산고유번호</td><td colspan="4">1102-2006-002095</td></tr>
<tr><td>성 명(명 칭)</td><td colspan="3">일련번호</td><td>비밀번호</td></tr>
<tr><td>○○건설주식회사</td><td colspan="3">Q77C-LO71-35J5</td><td>40-4636</td></tr>
<tr><td colspan="5">⑫ 첨 부 서 면</td></tr>
<tr><td colspan="3">1. 취득세(등록면허세)영수필확인서 1통
1. 법인등기사항전부(일부)증명서 1통
1. 인감증명서나 본인서명사실확인서
또는 전자본인서명확인서 발급증 1통</td><td colspan="2">1. 토지대장등본 1통
1. 등기필증 1통
〈기 타〉</td></tr>
<tr><td colspan="5">20○○년 ○월 ○일

⑬ 위 신청인 ○○건설주식회사 (전화 : 200-7766)
대표이사 이 상 선 ㊞
김 갑 동 ㊞ (전화 : 300-7766)
(또는)위 대리인 (전화 :)

○○지방법원 ○○등기소 귀중</td></tr>
</table>

[신청서 작성요령]

1. 부동산표시란에 2개 이상의 부동산을 기재하는 경우에는 부동산의 일련번호를 기재하여야 합니다.

2. 신청인란등 해당란에 기재할 여백이 없을 경우에는 별지를 이용합니다.
3. 담당등기관이 판단하여 위의 첨부 서면 외에 추가적인 서면을 요구할 수 있습니다.

주

1. 등기신청서 기재요령

신청서는 한글과 아라비아숫자로 기재하여야 한다. 부동산의 표시란이나 신청인란 등이 부족할 경우에는 별지로 사용하고, 별지를 포함한 신청서의 각 장 사이에 간인(신청서에 서명을 하였을 때에는 각 장마다 연결되는 서명)을 하여야 한다.

① 부동산의 표시란 : 대지사용권(소유권)을 이전하고자 하는 부동산을 기재하되, 등기기록상 부동산의 표시와 일치하여야 한다. 토지의 소재와 지번, 지목, 면적을 기재한다. 만일 등기기록과 토지대장의 부동산표시가 다른 때에는 먼저 부동산표시변경(또는 경정)등기를 하여야 한다.

② 등기원인과 그 연월일란 : 등기원인은 "건물 ○동 ○호 전유부분 취득"으로, 그 연월일은 전유부분에 관한 소유권이전등기를 마친 날을 기재한다.

③ 등기의 목적란 : (예) "소유권이전", "소유권일부이전", "갑구 ○번 갑 지분 전부이전", "갑구 ○번 갑 지분 2분의 1 중 일부(4분의 1)이전" 등으로 기재한다.

④ 이전할 지분란 : 소유권일부이전(공유 지분이전 포함)의 경우에만 그 지분을 기재한다. (예) 단독 소유자인 갑의 지분을 전부 이전하는 하는 경우에는 "갑 지분 ○분의 ○", 공유자인 갑의 지분을 전부 이전하는 경우, 공유자인 갑의 지분을 일부 이전하는 경우 최종 이전하는 지분이 ○분의 ○이면, 모두 "공유자 지분 ○분의 ○"으로 기재한다.

⑤ 등기의무자란 : 구분건물을 건축하여 양도한 자의 성명, 주민등록번호, 주소를 기재하되, 등기기록상 소유자 표시와 일치하여야 한다. 그러나 의무자가 법인인 경우에는 상호(명칭), 본점(주사무소 소재지), 등기용등록번호 및 대표자의 성명과 주소를 기재하고, 법인 아닌 사단이나 재단인 경우에는 상호(명칭), 본점(주사무소 소재지), 등기용등록번호 및 대표자(관리인)의 성명, 주민등록번호, 주소를 각 기재한다.

⑥ 등기권리자란 : 구분건물의 현 소유자를 기재하는 난으로, 그 기재방법은 등기의무자란과 같다.

⑦ 시가표준액 및 국민주택채권매입금액, 국민주택채권매입총액란, 국민주택채권발행번호란 : ㉮ 대지지분 소유권이전등기시 공동주택가격이 공시되어 있지 않은 경우「신규분양 공동주택의 취득가격에 대한 "주택"구간 매입율×취득가격 중 토지분 금액」으로 국민주택채권을 매입한다. ㉯ 대지지분 소유권이전등기시 공동주택가격이 공시되어 있는 경우 「공동주택가격에 대한 "주택"구간 매입율×대지지분에 대한 개별공시지가 산정액」으로 국민주택채권을 매입한다. ㉰ 부동산별 시가표준액란은 국민주택채권 매입기준이 되는 시가표준액을 기재하고 부동산별 국민주택채권매입금액란에는 시가표준액의 일정비율에 해당하는 국민주택채권매입금액을 기재한다. ㉱ 구분건물의 소유권이전등기시에 토지와 건물 모두에 관한 국민주택채권을 매입하여 대지지분 소유권이전에 따른 국민주택채권을 매입할 필요가 없는 경우에는 그 취지를 기재한다. ㉲ 국민주택채권발행번호란에는 국민주택채권매입시 국민주택채권사무취급기관에서 고지하는 채권발행번호를 기재한다.

⑧ 취득세(등록면허세)·지방교육세·농어촌특별세란 : 제3편 등기실무자료 [자료 1] 취득세율표 참조

⑨ 세액합계란 : 취득세(등록면허세)액, 지방교육세액, 농어촌특별세액의 합계를 기재한다.

⑩ 등기신청수수료란 : ㉮ 부동산 1개당 15,000원의 등기신청수수료 납부액을 기재한다. 다만 전자표준양식에 의하여 신청하는 경우에는 13,000원, 전자신청하는 경우에는 10,000원의 등기신청수수료를 은행 현금납부, 전자납부, 무인발급기 납부 등의 방법에 따라 납부한 후 등기신청서에 등기신청수수료 영수필확인서를 첨부하고 납부번호를 기재하여 제출한다. ㉯ 여러 건의 등기신청에 대하여 수납금융기관에 현금으로 일괄납부하는 경우 첫 번째 등기신청서에 등기신청수수료 영수필확인서를 첨부하고 해당 등기신청수수료, 납부번호와 일괄납부 건수 및 일괄납부액을 기재하며, 나머지 신청서에는 해당 등기신청수수료와 전 사건에 일괄 납부한 취지를 기재한다(일괄납부는 은행에 현금으로 납부하는 경우에만 가능함).

⑪ 등기의무자의 등기필정보란 : ㉮ 소유권 취득에 관한 등기를 완료하고 등기필정보를 교부받은 경우 그 등기필정보상에 기재된 부동산고유번호, 성명, 일련번호, 비밀번호를 각 기재(등기필정보를 제출하는 것이 아님)한다. 다만 교부받은 등기필정보를 멸실한 경우에는 부동산등기법 제51조에 의하여 확인서면이나 확인조서 또는 공증서면 중 하나를 첨부한다. ㉯ 등기신청서에 등기필증이나 확인서면 등을 첨부한 경우 이 난은 기재할 필요가 없다.

⑫ 첨부서면란 : 등기신청서에 첨부한 서면을 각 기재한다.

⑬ 신청인등란 : ㉮ 등기의무자와 등기권리자의 성명 및 전화번호를 기재하고, 각자의 인장을 날인하되, 등기의무자는 그의 인감을 날인한다. 그러나 신청인이 법인 또는 법인 아닌 사단이나 재단인 경우에는 상호(명칭)와 대표자(관리인)의 자격 및 성명을 기재하고, 법인이 등기의무자인 때에는 등기소의 증명을 얻은 그 대표자의 인감, 법인 아닌 사단이나 재단인 경우에는 대표자(관리인)의 개인인감을 날인한다. ㉯ 대리인이 등기신청을 하는 경우에는 그 대리인의 성명, 주소, 전화번호를 기재하고 대리인의 인장을 날인 또는 서명한다.

2. 등기신청서에 첨부할 서면 등

- 등기필증 : 등기의무자의 소유권에 관한 등기필증으로서 등기의무자가 소유권 취득시 등기소로부터 교부받은 등기필증을 첨부한다. 단, 소유권 취득의 등기를 완료하고 등기필정보를 교부받은 경우에 그 등기필정보상에 기재된 부동산고유번호, 성명, 일련번호, 비밀번호를 각 기재(등기필정보를 제출하는 것이 아님)한다. 다만, 등기필증(등기필정보)을 멸실하여 첨부(기재)할 수 없는 경우에는 부동산등기법 제51조에 의하여 확인서면이나 확인조서 또는 공증서면 중 하나를 첨부한다.
- 취득세(등록면허세)영수필확인서 : 시장, 구청장, 군수 등으로부터 취득세(등록면허세)납부서(OCR용지)를 발급받아 납세지를 관할하는 해당 금융기관에 세금을 납부한 후 취득세(등록면허세)영수필확인서와 영수증을 교부받아 영수증은 본인이 보관하고 취득세(등록면허세)영수필확인서만 신청서의 취득세(등록면허세)액표시란의 좌측상단 여백에 첨부하거나, 또는 지방세인터넷납부시스템에서 출력한 시가표준액이 표시되어 있는 취득세(등록면허세)납부확인서를 첨부한다.
- 토지대장등본 : 등기신청대상 부동산의 종류에 따라 토지(임야)대장등본(발행일로부터 3월 이내)을 첨부한다.
- 법인등기사항전부(일부)증명서 : 신청인이 법인인 경우에는 법인등기사항전부증명서 또는 법인등기사항일부증명서(각 발행일로 부터 3월 이내)를 첨부한다.

- 인감증명서 등 : 등기의무자의 인감증명서(발행일로부터 3월 이내)를 첨부하거나, 인감증명을 갈음하여 「본인서명사실확인등에관한법률」에 따라 발급된 본인서명사실확인서(발행일부터 3개월 이내)에 기재한 서명(전자본인서명확인서 발급증을 제출할 경우에도 서명)을 하고 본인서명사실확인서(전자본인서명확인서 발급증)을 첨부한다. 첨부하는 인감증명서는 반드시 매도용 인감증명서일 필요는 없다.
- 위임장 : 등기신청을 법무사 등 대리인에게 위임하는 경우에 첨부한다.

3. 등기신청서류 편철순서

신청서, 취득세(등록면허세)영수필확인서, 등기신청수수료 영수필확인서, 위임장, 인감증명서나 본인서명사실확인서 또는 전자본인서명확인서 발급증, 대장등본, 등기필증 등의 순으로 편철한다.

4. 기타 참고사항

- 구분건물에 관한 소유권이전등기시 취득세(등록면허세) 및 국민주택채권을 미리 납부 또는 매입한 경우 이를 증명하는 서면을 제출하여야 한다.
- 국민주택채권 매입금액 산정과 관련하여 개별공시지가확인서, 공동주택가격확인서 등 첨부서면이 추가될 수 있다.

102. 경매절차에 의해 매각된 경우(소유권이전등기 등의 촉탁)

가. 촉탁의 시기

법원사무관 등은 매수인이 대금을 지급하면 바로 매각허가결정의 등본을 첨부하여 매수인 앞으로 소유권을 이전하는 등기, 매수인이 인수하지 아니한 부동산의 부담에 관한 기입을 말소하는 등기, 경매개시결정등기를 말소하는 등기를 등기관에게 촉탁하여야 한다(민집법 제144조 제1항).

위의 촉탁을 하기 위하여는 주민등록표등(초)본, 취득세(등록면허세)영수필통지서 및 영수필확인서, 국민주택채권매입필증 등 촉탁서 첨부서류가 필요한데 송민 91-5는 매수인이 위의 각 촉탁서 첨부서류를 제출한 날부터 3일 안에 하도록 규정하고 있다.

나. 촉탁할 등기

(1) 소유권이전등기

(가) 등기원인

매수인은 대금을 모두 지급하면 매각부동산의 소유권을 취득하므로 매각허가결정을 원인으로 하여 매수인 앞으로 소유권을 이전하는 등기를 관할 등기관에게 촉탁하여야 한다(민집법 제144조 제1항 제1호).

(나) 매수인이 사망한 경우의 처리

① 매각허가결정확정 후 대금지급 전에 매수인이 사망함으로써 그 상속인이 매수인의 지위를 승계하여 매각대금을 지급한 경우에는 사망한 매수인을 위하여 소유권이전등기촉탁을 할 것이 아니라 직접 상속인 명의로 소유권이전등기를 촉탁할 것이다.
이 경우에 등기촉탁서에는 매각허가결정등본 외에 상속을 증명하는 제적등본, 가족관계증명서 등의 서면을 첨부하여야 한다.
이 경우에 등기촉탁서의 등기권리자로서 "매수인 ○○○의 상속인 ○○○"라고 표시한다.

② 매수인이 대금지급 후에 사망한 경우에는 매각부동산의 소유권은 일단 매수인인 피상속인에게 이전하고 상속인은 다시 이를 승계하게 되므로 이 경우에 직접 상속인을 위하여 소유권이전등기의 촉탁을 하는 것은 등기부상 실체적인 권리변동사실과 부합하지 아니하는 결과로 되어 부당하므로 대금지급 후에 매수인이 사망한 경우에는 사망한 매수인을 위하여 소유권이전등기의 촉탁을 하여야 한다(즉, 등기촉탁서에 등기권리자로서 사망한 매수인의 이름만을 적는다)는 견해와, 사망한 사람 앞으로 이전등기를 하라고 할 수 없으므로 매각허가결정등본 외에 상속을 증명하는 제적등본, 가족관계증명서 등을 첨부하여 직접 상속인 명의로 이전등기를 촉탁할 것이라는 견해가 대립되나 실무는 후자에 따르고 있다.

③ 매각허가결정 전에 최고가매수인이 사망한 경우에는 상속인에 대하여 매각허가결정을 하여야 한다 함은 전술한 바와 같으나 법원이 상속사실을 모르고 사망한 사람을 매수인으로 표시하여 매각허가결정을 하였더라도 위 결정의 효력은 상속인에게 미치므로 상속인으로부터 대금지급이 있으면 상속인을 매수인으로 하여 상속인을 위하여 이전등기를 촉탁하여야 한다. 이 경우에 상속인 명의로 매각허가결정을 경정하여 등기를 촉탁함이 원칙이나 위 결정의 효력이 상속인에게 미치므로 경정결정을 함이 없이 통상 상속을 증명하는 서면을 첨부하여 촉탁을 하는 것이 실

무이다.

(다) 매수인의 지위가 양도된 경우의 처리

매각허가결정 확정 후에 매수인이 그 매수인의 지위를 제3자에게 양도하고 그 제3자가 매각대금을 납부한 경우라 하더라도 법원은 매수인을 위하여 이전등기촉탁을 하여야 할 것이며 제3자를 등기권리자로 하여 이전등기촉탁을 하여서는 아니 된다.

왜냐하면 집행법원은 그 양도행위의 유·무효를 심사할 권한이 없을 뿐만 아니라 양수인 명의로 직접 이전등기의 촉탁을 하는 것은 진실의 권리변동과는 부합되지 아니하기 때문이다.

(라) 제3취득자가 매수인이 된 경우의 처리

개시결정등기 전에 소유권이전등기를 받은 제3취득자가 매수인이 된 경우에는, 경매개시결정등기의 말소촉탁 및 매수인이 인수하지 않는 부담기입의 말소촉탁 외에 소유권이전등기촉탁은 하지 않는다(등기예규 1020호). 반면에 경매개시결정등기(국세체납처분에 의한 압류등기, 매각에 의하여 소멸되는 가압류등기도 같다) 후에 소유권이전등기를 받은 제3취득자가 매수인이 된 경우에는, 경매개시결정등기와 제3취득자 명의의 소유권이전등기의 말소촉탁과 동시에 매각을 원인으로 한 소유권이전등기를 촉탁한다(등기예규 1020호).

(2) 매수인이 인수하지 아니한 부동산의 부담에 관한 기입의 말소

(가) 말소의 대상이 되는 부동산의 부담의 범위

매각대금이 지급된 경우에는 법원사무관 등은 직권으로 매수인이 인수하지 아니한 부동산의 부담에 관한 기입을 말소하는 등기를 촉탁하여야 한다(민집법 제144조 제1항 제2호).

매수인이 인수하지 아니한 부동산의 부담에 관한 기입이라 함은 매각에 의하여 소멸하는 저당권의 등기뿐만 아니라 매수인에 대항할 수 없는 모든 권리의 등기를 말한다.

① 저당권설정등기 등

저당권, 가등기담보권 등은 압류채권자보다 선순위라도 매각에 의하

여 소멸되므로(민집법 제91조 제2항) 각 그 등기는 말소촉탁의 대상이 된다. 설정등기 후에 소유권의 변동이 있어도 저당권자나 가등기담보권자는 모두 배당받을 수 있고 모두 말소의 대상이 된다.

말소된 저당권에 관하여 채권압류의 등기(민집법 제228조)가 되어 있는 경우에 주등기의 말소만 촉탁하면 되고 부등기에 관하여는 별도로 말소촉탁을 할 필요가 없다. 이 경우에는 등기관이 주등기를 말소한 후 부등기를 직권으로 말소하게 된다.

② 용익물권의 등기, 임차권의 등기

㉮ 지상권·지역권·전세권 및 등기된 임차권 중 저당권·압류채권·가압류채권에 대항할 수 없는 경우(민집법 제91조 제3항)에는 매각으로 소멸되므로 말소촉탁의 대상이 된다. 그 밖의 권리는 매수인에 대항할 수 있으므로 소멸되지 아니하고 존속하나, 다만 그 중 전세권인 경우에도 전세권자가 민사집행법 88조에 따라 배당요구를 하면 매각으로 소멸되므로(민집법 제91조 제4항 단서) 이 경우에는 말소촉탁의 대상이 된다.

㉯ 주택이나 상가건물임대차보호법의 적용대상인 상가건물의 임차권은 등기된 여부를 불문하고 임차목적물에 대하여 민사집행법상의 경매가 행하여진 경우에는 그 임차목적물의 매각에 의하여 소멸하지만(주택임대차보호법 제3조의5 본문, 상가건물임대차보호법 제8조 본문) 매수인에게 대항할 수 있는 임차권은 보증금이 전액 변제되지 아니하면 그 임차주택의 매각에 의하여 소멸되지 아니한다(주택임대차보호법 제3조의5 단서, 상가건물임대차보호법 제8조 단서).

③ 소유권이전등기·가등기

압류의 효력발생 후에 제3자 명의로 마쳐진 소유권이전등기는 매수인에게 대항할 수 없으므로 말소촉탁의 대상이 된다. 소유권이전청구권보전의 가등기도 마찬가지이다.

그러나 압류의 효력발행 전에 마쳐진 것은 매수인에게 대항할 수 있으므로 소멸되지 아니하고 존속함은 위 ②의 경우와 같다. 다만 이 경우에도 그보다 앞서 선순위로서 매각에 의하여 소멸되는 담보권에 관한 등기가 존재하는 경우에는 그 담보권등기 이후에 기입된 가등기도 말소촉탁의 대상이 된다(대법원 1980. 12. 30.자 80마491 결정, 대법원 1985. 2. 11.자 84마606 결정 등).

④ 가압류등기

가압류등기는 매수인에 대항할 수 있는 것인지 여부를 불문하고 말소촉탁의 대상이 된다. 즉, 압류의 효력발생 전에 가압류등기를 한 가압류채권자는 당연히 매각대금으로부터 배당을 받을 수 있으므로(민집법 제160조 제1항 제2호) 가압류등기는 그 존재이유를 상실하여 매각에 의하여 소멸한다. 그러나 부동산에 다른 선순위의 부담이 없는 상태에서 가압류등기 후 소유권이 이전되어 현소유자의 채권자가 경매신청을 하여 매각이 된 경우 전소유자에 대한 가압류채권자는 말소되어야 하고 다만 가압류권자에 대한 배당액은 공탁하여야 한다.

⑤ 가처분등기

압류의 효력발생(임의경매에 있어서는 담보권설정등기) 후에 경료된 처분금지가처분등기는 매수인에 대항할 수 없으므로 말소촉탁의 대상이 된다(등기예규 453 참조). 그러나 압류의 효력발생 전에 경료된 가처분등기는 말소되지 아니한다. 또한 토지소유자가 그 지상 건물소유자에 대한 건물철거, 토지인도청구권을 보전하기 위하여 건물에 대한 처분금지가처분을 한 때에는 처분금지가처분 등기가 건물에 대한 강제경매신청 또는 담보권설정등기 이후에 이루어졌어도 낙찰로 인하여 말소되지 않는다.

⑥ 국세체납처분에 의한 압류등기

국세체납처분에 의한 공매와 강제경매절차 또는 담보권실행을 위한 경매절차는 각각 독자적으로 진행할 수 있고 양 절차 중 먼저 진행된 절차에서 소유권을 취득한 자가 진정한 소유자로 확정되고(대법원 1999. 5. 14. 선고 99다3686 판결 등). 또 그 매각 후의 배당에 있어서 국세는 우선적으로 변제되어야 하므로 경매절차의 배당절차에서 국세체납처분에 의한 압류등기에 관계된 국세를 우선변제하고 그 압류등기를 말소하여야 한다. 지방세의 경우도 마찬가지로 해석할 것이다.

⑦ 예고등기

예고등기는 권리에 관한 공시를 목적으로 하는 등기가 아니므로 부동산의 부담으로 되지 아니하여 말소의 대상이 되지 아니한다. 단 2011. 10 13. 예고등기는 폐지됨.

(3) 경매개시결정등기의 말소

매각이 완결되면 경매개시결정등기는 필요 없게 되므로 법원사무관 등은 직권으로 그 등기를 말소촉탁한다(민집법 제144조 제1항 제3호).

[서식 102] 소유권이전등기촉탁신청서(경락이전)

[표지]

소유권이전등기촉탁신청서

사　　건　　20○○타경 ○○○호 부동산강제경매

매 수 인　　홍 길 동

○○지방법원 ○○지원 귀중

소유권이전등기촉탁신청서

사　　건　　20○○타경 ○○○호　부동산강제경매
매 수 인　　홍　길　동 (000000-0000000)
○○시 ○○구 ○○로 ○○(○○동)
등기기록상주소 : ○○시 ○○구 ○○로 ○○-○(○○동)
(전화 : 000-000-0000)

위 경매사건에 관하여 매수인은 별지 기재 부동산에 대하여 낙찰허가 결정을 받고 매각대금 전액을 지급하였으므로 매수인 앞으로의 소유권이전등기와 매수인이 인수부담하지 아니한 기타의 등기를 말소 촉탁하여 주시기 바랍니다.

등기할 사항 : 소유권이전　1건
말소할 등기 : 별지 기재와 같음

취득세(등록면허세) 및 주택채권 사항

매각대금 : 금 500,000,000원,
1. 이전취득세(등록면허세) : 금 20,000,000원
2. 농어촌특별세 : 금 1,000,000원
3. 지방교육세 : 금 2,000,000원
소　　계 : 금 23,000,000원
4. 말소할 등록면허세 : 금 42,000원
5. 지방교육세 : 금 8,400원
소　　계 : 금 50,400원
합　　계 : 금 23,050,400원
6. 등기신청수수료 : 금 51,000원(이전 : 금 30,000원, 말소 : 금 21,000원)
대법원수입증지현금영수필발행번호 : 00-00-0000000-0

국민주택채권매입금 : 금 10,400,000원
국민주택채권번호 : ○○○○○

시가표준액 계산

부동산의 표시	부동산별시가표준액	국민주택채권매입금
○○시 ○○구 ○○동 ○○○ 대지 및 건물(주택)	400,000,000	10,400,000

첨 부 서 류

1. 매각허가결정정본	1부
1. 매각대금완납증명원	1부
1. 주민등록초본(매수인)	1부
1. 부동산등기사항전부증명서	2부
1. 토지대장	1부
1. 일반건축물대장	1부
1. 취득세(등록면허세)및 지방교육세 영수필증	1부
1. 위임장	1부

20○○년 ○월 ○일

낙찰인 홍 길 동 ㊞

○○지방법원 ○○지원 귀중

[신청서 작성요령]

1. 부동산표시란에 2개 이상의 부동산을 기재하는 경우에는 부동산의 일련번호를 기재하여야 합니다.
2. 신청인란등 해당란에 기재할 여백이 없을 경우에는 별지를 이용합니다.
3. 담당등기관이 판단하여 위의 첨부 서면 외에 추가적인 서면을 요구할 수 있습니다.

[별지 1]

부 동 산 의 표 시

1. ○○시 ○○구 ○○동 ○○○ 대 367㎡

2. ○○시 ○○구 ○○동 ○○○
[도로명주소] ○○시 ○○구 ○○로 ○○
시멘트 블록조 스레트지붕 단층 단독주택
94.80㎡, 끝.

[별지 2]

말 소 할 등 기

1. 부동산의 표시 : ○○시 ○○구 ○○동 ○○○ 대 367㎡

〈갑구〉

1. 2번 압류 20○○년 ○월 ○일 제○○○호
2. 3번 가압류 20○○년 ○월 ○일 제○○○호
3. 5번 강제경매개시결정 20○○년 ○월 ○일 제○○○호

〈을구〉

1. 2번 근저당권설정 20○○년 ○월 ○일 제○○○호

2. 부동산의 표시 : ○○시 ○○구 ○○동 ○○○ 주택 125㎡

〈갑구〉

1. 3번 가압류 20○○년 ○월 ○일 제○○○호
2. 5번 강제경매개시결정 20○○년 ○월 ○일 제○○○호

〈을구〉

1. 2번 근저당권설정 20○○년 ○월 ○일 제○○○호

– 이상 총 7건 –

주

1. 등기촉탁절차

가. 등기촉탁의 요령

- 등기촉탁은 법원사무관 등의 명의로 등기촉탁서를 작성하여 이를 관할등기소의 등기관에게 송부하는 방법으로 행한다.
  이 경우 청외의 등기소로 송부할 때에는 우편에 의하여, 청내의 등기과로 송부할 때에는 법원직원편에 의하여야 한다(송민 2001-1, 29조).
- 매수인에 대한 소유권이전등기와 부동산 부담등기의 말소등기, 경매개시결정등기의 말소

등기는 그 등기의 목적은 다르나 서로 관련성이 있으므로 동일의 촉탁서에 의하여 동시에 촉탁하여도 무방하다. 실무상으로는 동일의 촉탁서에 의하여 촉탁하는 것이 관례이다.

- 여러 개의 부동산의 매수인이 각각 다를 때는 각 매수인별로 별도의 촉탁서를 작성하고, 여러 개의 부동산이라도 매수인이 동일인인 경우에는 1통의 촉탁서를 작성하여 동시에 촉탁한다.

  또 매수인이 동일인인 경우에는 부동산마다 각별로 매각허가결정이 된 경우에는 1통의 촉탁서를 작성하는 것이 실무례이다.
- 1개의 부동산에 대하여 여러 사람이 공동으로 매수인이 된 경우에도 1통의 촉탁서에 의하여 촉탁한다.
- 촉탁서를 송부한 때에는 그 사본 1통을 경매기록에 가철하여 둔다.

나. 촉탁서의 기재사항

- 부동산의 표시 : 촉탁할 등기의 목적이 되는 매각부동산은 등기부의 표시와 일치하여야 한다. 매각부동산이 여럿인 경우에는 별지 목록에 의하여 부동산을 표시한다.
- 등기권리자 : 등기권리자는 매수인을 표시한다. 따라서 매수인이 자연인인 경우에는 그 주소와 이름, 주민등록번호를, 법인인 경우에는 소재지와 이름, 부동산등기용등록번호를 적는다. 법인의 경우에 대표자를 적을 필요는 없다. 대금납부 후 매수인이 사망한 경우에는 매수인을 등기권리자로 표시한다.

  여럿이 공동으로 매수인 경우에는 공동매수인을 모두 표시한다. 이 경우 매각허가결정에 지분이 표시되어 있으면 촉탁서에도 그 지분을 표시하여야 한다.
- 등기의무자 : 소유권이전등기의 등기의무자는 압류의 효력발생 당시의 등기부상 소유명의자이다.
- 등기원인과 그 연월일 : 등기원인은 "강제경매(임의경매)로 인한 매각"이고, 등기원인일자는 매각대금을 모두 낸 날이다(송민 2004-3, 제52조 제1항). 예컨대 "2013. 11. 12.자 강제경매로 인한 매각"이라고 표시한다.
- 등기목적 : 촉탁에 의하여 기입될 이전등기나 말소할 등기를 구체적으로 표시한다.
- 과세표준 : 이는 소유권이전등기의 취득세(등록면허세)의 과세표준이 될 액을 말한다. 그 과세표준액은 매각대금액이다.
- 취득세(등록면허세액) : 촉탁서에는 취득세(등록면허세액)를 기재하여야 한다.

  매각대금(500,000,000원의 경우)의 40/1,000에 해당하는 취득세(20,000,000원), 매 매금액의 20/1,000에 해당하는 금액의 10/100으로 계산한 농어촌특별세(1,000,000원), 매각대금의 20/1,000에 해당하는 금액의 20/100으로 계산한 지방교육세(2,000,000원)를 납부하여야 하고, 말소등기에 있어서는 매 1건당 6,000원의 등록면허세와 1,200원의 지방교육세를 납부한다.

  현재 실무는 매수인이 국고수납은행에 취득세(등록면허세)를 납부하고 그 영수필통지서와 영수필확인서를 법원에 제출한다.
- 첨부서류 : 촉탁서의 첨부서류란에는 촉탁서에 실제로 첨부한 서류를 표시한다.

다. 촉탁서에 첨부할 서류

- 매각허가결정등본 : 매각대금이 지급되면 법원사무관 등은 등기촉탁서에 매각허가결정의 등본을 붙여야 한다(민집법 제144조 제2항). 매각허가결정은 등기원인증서가 된다.
- 등기권리자의 주소를 증명하는 서면 : 촉탁서에는 등기권리자의 주민등록표등·초본 1통, 법인인 경우에는 법인등기부등·초본, 법인 아닌 사단, 재단인 경우에는 주소를 증명하는

서면 외에 대표자 또는 관리인의 주민등록등(초)본을 첨부한다. 주소를 증명하는 서면은 매수인으로 하여금 제출케 한다.

- 상속을 증명하는 서면
  매각대금지급 전에 매수인이 사망한 경우에는 전술한 바와 같이 상속인을 위하여 소유권이전등기를 촉탁하여야 하므로 제적등본, 가족관계증명서, 상속포기증명 등 상속을 증명하는 서면을 제출케 하여 이를 첨부하여야 한다(다만 상속인명의로 매각허가결정을 경정하여 촉탁하는 경우에는 그러하지 아니하다).
- 국민주택채권매입필증 : ㉮ 부동산별 시가표준액란은 취득세(등록면허세)납부서(OCR용지)에 기재된 시가표준액을 기재하고 부동산별 국민주택채권매입금액란에는 시가표준액의 일정비율에 해당하는 국민주택채권매입금액을 기재한다. ㉯ 부동산이 2개 이상인 경우에는 각 부동산별로 시가표준액 및 국민주택채권매입금액을 기재한 다음 국민주택채권매입총액을 기재한다. ㉰ 국민주택채권발행번호란에는 국민주택채권 매입시 국민주택채권사무취급기관에서 고지하는 채권발행번호를 기재하며, 하나의 신청사건에 하나의 채권발행번호를 기재하는 것이 원칙이며, 동일한 채권발행번호를 수 개 신청사건에 중복 기재할 수 없다.
- 토지대장등본·건축물대장등본 : 국민주택채권의 매입의무의 유무판단, 매입액의 산출을 위하여 토지대장등본·건축물대장등본, 토지가격확인원이 필요하므로 법원사무관 등은 매수인으로 하여금 등기촉탁일로부터 3개월 이내에 발행된 위 대장등본을 제출토록 하여 이를 촉탁서에 첨부하여야 한다.
- 취득세(등록면허세)세영수필통지서·영수필확인서 : 등기촉탁을 함에 있어서는 취득세(등록면허세)영수필통지서와 영수필확인서를 송부하여야 하므로 매수인은 등기촉탁 전에 이전등기와 말소등기에 필요한 취득세(등록면허세)를 납부하고 취득세(등록면허세)영수필통지서와 영수필확인서를 받아 이를 법원사무관 등에게 제출하여야 한다.

2. 등기촉탁비용

소유권이전등기와 부동산 위의 부담의 기입등기 및 경매개시결등기의 말소에 관한 비용은 매수인의 부담으로 한다(민집법 제144조 제2항).

3. 민사집행법(144조) 일부개정

민사집행법 제144조 제2항을 제3항으로 하고, 같은 조에 제2항을 다음과 같이 신설한다.

② 매각대금을 지급할 때까지 매수인과 부동산을 담보로 제공받으려고 하는 사람이 대법원규칙으로 정하는 바에 따라 공동으로 신청하는 경우, 제1항의 촉탁은 등기신청의 대리를 업으로 할 수 있는 사람으로서 신청인이 지정하는 사람에게 촉탁서를 교부하여 등기소에 제출하도록 하는 방법으로 하여야 한다. 이 경우 신청인이 지정하는 사람은 지체 없이 그 촉탁서를 등기소에 제출하여야 한다.

이 법은 공포 후 3개월 후 경과한 날부터 시행한다.

※ 개정이유 : 경매절차에서 법원이 매수인 명의의 소유권이전등기를 촉탁하기 이전에는 매각대금 중 잔금대출을 위한 저당권을 설정할 수 없으므로 매수인이 금융기관 등으로부터 잔금대출을 받을 경우 금융기관 등은 당일 소유권이전등기 및 저당권등기를 마칠 것을 전제로 대출을 하고 있는데, 이 과정에서 당일 저당권등기를 마치기 위하여 법원직원에 대한 신속한 소유권이전등기 촉탁의 청탁 등 부작용이 발생할 수 있으므로 등기촉탁 전에 안심하고 잔금대출을 할 수 있는 제도를 마련하기 위함이다.

[별첨 1] 위임장(소유권이전등기촉탁신청서 등)

위 임 장

법무사 김 갑 동
○○시 ○○구 ○○로 ○○(○○동)
(전화 : 000-0000, 팩스 000-0000)

위 사람을 대리인으로 정하고 다음 사항의 권한을 위임한다.

다 음

1. 20○○타경 ○○○○호 부동산강제경매에 관한 소유권이전등기 촉탁의 등기신청서작성, 제출 및 취하에 관한 행위
1. 위 소유권이전등기 촉탁의 등기필증을 관할등기소로부터 수령하는 행위
1. 기타 위 사항에 부수하는 일체의 행위

20○○년 ○월 ○일

위임인 신청인 홍 길 동 ㊞
(000000-0000000)
○○시 ○○구 ○○로 ○○(○○동)

[별첨 2] 위임장(등기필증수령행위)

위 임 장

법무사 김 갑 동
○○시 ○○구 ○○로 ○○(○○동)
(전화 : 000-0000, 팩스 000-0000)

위 사람을 대리인으로 정하고 다음 권한을 위임한다.

다 음

20○○년 월 일 접수 제 호 낙찰등기필증 수령에 관한 모든 행위

부동산의 표시 : 1. ○○시 ○○구 ○○동 ○○○ 대 367㎡
2. ○○시 ○○구 ○○동 ○○○
[도로명주소] ○○시 ○○구 ○○로 ○○
시멘트 블록조 스레트지붕 2층 주택
1층 94.80㎡
2층 94.80㎡

20○○년 ○월 ○일

위임인 낙찰인 홍 길 동 ㊞
(000000-0000000)
○○시 ○○구 ○○로 ○○(○○동)

[별첨 3] 영수증(등기필증수령용)

영 수 증

경매사건번호 : ○○지방법원 ○○지원 20○○타경 ○○○○ (경매 계)

등기접수번호 : 등기(과)소 제 호

매수인의 인적사항

성 명 : 홍 길 동
주민등록번호(앞자리 6자리만 기재) : 000000-
주 소 : ○○시 ○○구 ○○로 ○○(○○동)
성 명 : 법무사 김 갑 동
주민등록번호(앞자리 6자리만 기재) : 000000-
주 소 : ○○시 ○○구 ○○로 ○○(○○동)

위 사건의 매수인(또는 그 대리인) 홍길동은 등기예규 제1178호에 의하여 경락이전촉탁신청의 등기필증을 등기(과)소에 직접 출석하여 수령하였습니다.

20○○년 ○월 ○일

매수인(대리인) 김 갑 동 (날인 또는 서명)

[별첨 4] 등기촉탁 공동신청 및 지정서

등기촉탁 공동신청 및 지정서

사건번호 20○○타경 ○○○○ 부동산강제(임의)경매

채 권 자 ○ ○ ○

채 무 자 ○ ○ ○

소 유 자 채무자와 같음

위 경매사건에 관하여, 신청인(매수인) ○○○와 신청인 주식회사 ○○은행은 별지 목록 기재 부동산에 관하여 (근)저당권설정계약을 체결하였으므로 민사집행법 제144조 2항에 따라 신청인들이 지정하는 아래의 자에게 촉탁서를 교부하여 주시기 바랍니다.

아 래

신청인이 지정하는 자의 표시

자격 및 성명 : 법무사(변호사) ○ ○ ○

주 소 : ○○시 ○○구 ○○로 ○○(○○동) 법무사 ○○○ 사무소

전화번호 : 000-000-0000

20○○년 ○월 ○일

신청인 및 지정인

매수인 : ㊞

주 소 :

근저당권자 : ㊞

주 소 :

신청인들의 대리인 : ㊞

주 소 :

첨 부 서 류

1. (근)저당권자 법인등기사항전부증명서 1부
2. 부동산에 관한 담보 설정의 계약서 사본 1부
3. 피지정자의 자격증명 사본 1부
4. 부동산소유권이전등기촉탁 관련 서류일체

○○지방법원 경매 ○계 귀중

[주] 대리인이 신청할 경우에는 매수인, 근저당권자, 대리인 모두 신청서에 날인하여야 한다.

[별첨 5] 영수증(등기촉탁서)

영 수 증

사건번호 20○○타경 ○○○○ 부동산강제(임의)경매

채 권 자 ○ ○ ○

채 무 자 ○ ○ ○

소 유 자 채무자와 같음

위 경매사건의 별지 목록 기재의 부동산에 관하여, 민사집행법 제144조 2항의 규정에 기하여 신청인이 지정하는 자로서, 등기촉탁서를 영수하였고 위 서류를 지체 없이 등기소에 제출하겠습니다.

20○○년 ○월 ○일

피지정자 법무사(변호사) ○ ○ ○ ㊞
○○시 ○○구 ○○로 ○○(○○동) 법무사 ○○○ 사무소

○○지방법원 경매○계 귀중

[별첨 6] 피지정자확인서

피지정자확인서(등기소제출용)

사건번호　　20○○타경 ○○○○　부동산강제(임의)경매

채 권 자　　○　○　○

채 무 자　　○　○　○

소 유 자　　채무자와 같음

아래 의 자는 위 경매사건의 별지 목록 기재의 부동산에 관하여, 민사집행법 제144조 2항에 따른 신청인이 지정하는 자로서 등기과(소)에 접수하기 위하여 등기촉탁서를 교부받은 자임을 확인합니다.

아　　　래

자격자 및 성명 : 법무사(변호사)　○　○　○
주　　　　　소 : ○○시 ○○구 ○○로 ○○(○○동)
법무사　○○○ 사무소

○○지방법원 경매○계　귀중

제3편

등기실무자료

[자료 1] 취득세율표

취 득 세 율 표

(기준일 : 2020. 8. 12)

부동산의 종류		구 분		취득세율	농어촌특별세율	지방교육세율	합 계	비 고
매매	일 반	토지/건물		4.0%	0.2%	0.4%	4.6%	주택·농지외
매매	일반과세	6억 이하	85㎡ 이하	1.0%	-	0.1%	1.1%	
			85㎡ 초과	1.0%	0.2%	0.1%	1.3%	
		6억 초과 9억 이하	85㎡ 이하	1~3%	-	0.1~0.3%	1.1~3.3%	(취득가×2/3억-3) ÷100
			85㎡ 초과	1~3%	0.2%	0.1~0.3%	1.3~3.5%	
		9억 초과	85㎡ 이하	3.0%	-	0.3%	3.3%	
			85㎡ 초과	3.0%	0.2%	0.3%	3.5%	
	중과세	조정대상재역 내 1세대2주택 비 조정대상지역 1세대3주택		8.0%	(85㎡초과 0.6%)	0.4%	8.4% (85㎡초과 9%)	일시적2주택제외 (일반과세)
		조정대상재역내 1세대3주택~ 비 조정대상지역 1세대4주택		12.0%	(85㎡초과 1%)	0.4%	12.4% (85㎡초과13.4%)	
		일시적 2주택으로 종전주택을 3년 또는 1년 이내 미처분시 〈3년 : 비 조정대상지역 1년 : 조정대상지역〉		8.0%	(85㎡초과 0.6%)	0.4%	8.4% (85㎡초과 9%)	당초세액과 차액 신고·추징
		법인, 사단, 재단, 단체 등		12.0%	1.0%	0.4%	13.4%	
	농 지	신 규		3.0%	0.2%	0.2%	3.4%	
		2년이상 자경		1.5%	-	0.1%	1.6%	
상속	1가구 1주택	전 세대권 무주택		0.8%	-	0.16%	0.96%	
	농 지	일 반		2.3%	0.2%	0.06%	2.56%	
		2년이상 자경		0.15%	-	0.03%	0.18%	
	농지 외	85㎡ 이하		2.8%	-	0.16%	2.96%	
		85㎡ 초과		2.8%	0.2%	0.16%	3.16%	
원시취득	신축,재건축·재개발(건물만)			2.8%	0.2%	0.16%	3.16%	
증여	일반	조정대상 지역주택	85㎡ 이하	3.5%	-	0.3%	3.8%	공시지가 3억 미만
			85㎡ 초과	3.5%	0.2%	0.3%	4.0%	
		그 외(토지, 건물)		3.5%	0.2%	0.3%	4.0%	
	주택 중과	조정대상지역 85㎡ 이하		12%	-	0.4%	12.4%	공시지가 3억 이상
		조정대상지역 85㎡ 초과		12%	1.0%	0.4%	13.4%	
	1세대 1주택자가 소유주택을 배우자·직계존비속에게 증여시	조정대상지역 85㎡ 이하		3.5%	-	0.3%	3.8%	
		조정대상지역 85㎡ 초과		3.5%	0.2%	0.3%	4.0%	
공통	사치성 재산	별장,고급주택		@+8.0%	@+0.8%	@+0%	@+8.8%	@:중과세율

※1. 세대 : 주민등록법에 따른 세대별 주민등록표에 기재된 가족(배우자 및 30세 미만이면서 일정 소득 미만 자녀 포함

2. 주택수 : 공동소유주택, 상속주택(5년 경과 보유), 분양권 및 입주권, 주거용 오피스텔 포함

[자료 2] 등록면허세율표

등 록 면 허 세 율 표

(기준일 : 2020. 8. 12)

<table>
<tr><th rowspan="2">세목</th><th>등 기 유 형</th><th>기본세율</th><th>비 고</th><th rowspan="2">기 타</th></tr>
<tr><th colspan="3">부 동 산 등 기</th></tr>
<tr><td rowspan="11">등록면허세</td><td>소유권보존</td><td>가액의 8/1,000</td><td rowspan="3">산출금 세액이 6,000원 미만인 때에는 6,000원임</td><td rowspan="11">지방교육세는 등록면허세액의 20/100</td></tr>
<tr><td>1. 지상권설정 및 이전 : 부동산가액 기준
2. 저당권설정 및 이전 : 채권금액 기준
3. 근저당권설정 및 이전 : 채권최고액 기준
4. 지역권설정 및 이전 : 요역지가액 기준
5. 전세권설정 및 이전 : 전세금액 기준
6. 임차권설정 및 이전 : 월 임차금액 기준
7. 가등기의 설정 및 이전 : 부동산가액 기준</td><td>2/1,000</td></tr>
<tr><td>8. 권리질권의 설정 및 이전
9. 기타(변경, 경정, 말소)</td><td>건당 6,000원</td></tr>
<tr><td colspan="3">법 인 등 기</td></tr>
<tr><td>설립, 증자, 합병(상사회사, 영리법인)</td><td>금액의 4/1,000</td><td rowspan="3">산출금 세액이 112,500원 미만인 때에는 112,500원임</td></tr>
<tr><td>설립, 출자, 증액(비영리법인)</td><td>가액의 2/1,000</td></tr>
<tr><td>자산재평가</td><td>금액의 1/1,000</td></tr>
<tr><td>본점·주사무소의 이전</td><td>건당 112,500원</td><td rowspan="3"></td></tr>
<tr><td>지점·분사무소의 설치</td><td rowspan="2">건당 40,200원</td></tr>
<tr><td>기타(변경, 경정, 말소)</td></tr>
</table>

[자료 3] 국민주택채권매입대상 및 금액표

[별표 12] 〈개정 2018. 4. 10.〉

제1종 국민주택채권 매입대상자와 매입기준(주택도시기금법시행령 제8조 제2항 관련)

등기하고자 하는 부동산이 공유물인 때에는 공유지분율에 따라 산정한 세대당 **시가표준액(과세표준)을 기준**으로, 공동주택인 경우에는 세내당 **시가표준액을 각각 기준**으로 하며, 이 경우 공유 지분율에 따라 시가표준액을 산정함에 있어서 둘 이상의 필지가 모여서 하나를 대지를 형성하고 있는 때에는 그 필지들을 합하여 하나의 필지로 본다.

가. **소유권보존**(건축물의 경우를 제외한다) 또는 **소유권이전**(공유물을 공유지분율에 따라 분할하여 이전등기를 하는 경우와 신탁 또는 신탁종료에 따라 수탁자 또는 위탁자에게 소유권이전등기를 하는 경우를 제외한다)

(1) **주택(주택만 또는 토지+주택 이전시, 주택가격확인서에 기재된 금액), (건물보존은 채권을 매입하지 않음)**
(시가표준액이 공시되지 아니한 신규분양 공동주택의 경우에는「지방세법」제10조 제5항 제3호 및 동법시행령 제18조 제3항 제2호의 규정에 따른 취득가격을 말한다)

(가) 시가표준액 2,000만원 이상 5,000만원 미만 :
시가표준액의 13/1,000

(나) 시가표준액 5,000만원 이상 1억원 미만
1) 특별시 및 광역시 : 시가표준액의 19/1,000
2) 그 밖의 지역 : 시가표준액의 14/1,000

(다) 시가표준액 1억원 이상 1억6천만원 미만
1) 특별시 및 광역시 : 시가표준액의 21/1,000
2) 그 밖의 지역 : 시가표준액의 16/1,000

(라) 시가표준액 1억6천만원 이상 2억원6천만원 미만
1) 특별시 및 광역시 : 시가표준액의 23/1,000
2) 그 밖의 지역 : 시가표준액의 18/1,000

(마) 시가표준액 2억6천만원 이상 6억원 미만
1) 특별시 및 광역시 : 시가표준액의 26/1,000
2) 그 밖의 지역 : 시가표준액의 21/1,000

(바) 시가표준액 6억원 이상
1) 특별시 및 광역시 : 시가표준액의 31/1,000
2) 그 밖의 지역 : 시가표준액의 26/1,000

(2) 토 지

(가) 시가표준액 500만원 이상 5,000만원 미만

1) 특별시 및 광역시 : 시가표준액의 25/1,000
2) 그 밖의 지역 : 시가표준액의 20/1,000
(나) 시가표준액 5,000만원 이상 1억원 미만
1) 특별시 및 광역시 : 시가표준액의 40/1,000
2) 그 밖의 지역 : 시가표준액의 35/1,000
(다) 시가표준액 1억원 이상
1) 특별시 및 광역시 : 시가표준액의 50/1,000
2) 그 밖의 지역 : 시가표준액의 45/1,000

(3) 주택외 및 토지외의 부동산(창고 등)

(가) 시가표준액 1,000만원 이상 1억3천만원 미만
1) 특별시 및 광역시 : 시가표준액의 10/1,000
2) 그 밖의 지역 : 시가표준액의 8/1,000
(나) 시가표준액 1억3천만원 이상 2억5천만원 미만
1) 특별시 및 광역시 : 시가표준액의 16/1,000
2) 그 밖의 지역 : 시가표준액의 14/1,000
(다) 시가표준액 2억5천만원 이상
1) 특별시 및 광역시 : 시가표준액의 20/1,000
2) 그 밖의 지역 : 시가표준액의 18/1,000

(4) 상속, 증여, 무상취득

(가) 시가표준액 1,000만원 이상 5,000만원 미만
1) 특별시 및 광역시 : 시가표준액의 18/1,000
2) 그 밖의 지역 : 시가표준액의 14/1,000
(나) 시가표준액 5,000만원 이상 1억5천만원 미만
1) 특별시 및 광역시 : 시가표준액의 28/1,000
2) 그 밖의 지역 : 시가표준액의 25/1,000
(다) 시가표준액 1억5천만원 이상
1) 특별시 및 광역시 : 시가표준액의 42/1,000
2) 그 밖의 지역 : 시가표준액의 39/1,000

(5) 저당권, 근저당권 설정 및 이전

: 신탁 또는 신탁종료에 따라 수탁 또는 위탁자에게 저당권을 이전하는 경우는 제외한다.
저당권설정금액의 2,000만원 이상 : 저당권설정금액의 10/1,000
(다만, 매입금액이 10억원을 초과하는 경우에는 10억원으로 한다)

[자료 4] 국민주택채권의 면제대상

(주택도시기금법시행령 제8조 제2항 관련, 별표 제0호) 〈개정 2018. 4. 10.〉

제1종 국민주택채권의 면제

매입대상 및 매입금액은 별지 부표와 같다. 다만 「도시철도법 시행령」 별표 제2호부터 제5호까지, 제7호부터 제13호까지 및 제16호에 따라 도시철도채권을 매입한 자는 해당 호에 상응하는 부표 제1호부터 제5호까지, 제9호, 제12호부터 제14호까지, 제16호, 제17호 및 제20호에 따른 국민주택채권을 매입하지 아니한다.

2. 다음 각 목의 어느 하나에 해당하는 자에 대하여는 국민주택채권의 매입의무를 면제한다.
   가. 국가기관
   나. 지방자치단체
   다. 제8조 제1항에 따른 공공기관
   라. 「지방공기업법」에 의한 지방공기업
   마. 「금융기관부실자산등의효율적처리및한국자산관리공사의설립에관한법률」에 의하여 설립된 한국자산관리공사
   바. 「부동산투자회사법」에 따른 부동산투자회사
   사. 「한국주택금융공사법」에 따라 설립된 한국주택금융공사

3. 다음 각 목의 어느 하나에 해당하는 자에 대하여는 매입의무의 일부를 면제한다.
   가. 다음의 어느 하나에 해당하는 경우 융자에 필요한 저당권의 설정등기를 할 때에는 국민주택채권을 매입하지 아니한다.
      1) 「농업협동조합법」에 따른 농업인, 「수산업협동조합법」에 따른 어업인 또는 「산림조합법」에 따른 임업인에 대하여 농업협동조합중앙회(농협은행을 포함한다)와 그 회원조합의 장, 수산업협동조합중앙회와 그 회원조합의 장 또는 산림조합중앙회와 그 회원조합의 장이 농어촌소득증대를 위한 영농자금·축산자금·어업자금·산림개발자금으로 융자하고 이를 확인한 경우
      2) 「주택법」 제9조에 따른 주택건설사업자에 대하여 금융기관(국민주택사업특별회계가 설치된 지방자치단체를 포함한다)의 장이 국민주택규모 이하의 주택을 건설하기 위한 자금으로 융자하고 이를 확인한 경우

나. 다음의 어느 하나에 해당하는 경우에는 국민주택채권을 매입하지 아니한다.

(1) 「민법」 제32조에 따라 허가받은 종교단체와 그에 소속된 종교단체 및 관계법령에 따라 시장·군수에게 등록된 종교단체 또는 「사회복지사업법」에 따른 사회복지법인이 종교용 또는 사회복지용 건축물을 건축하거나 해당 토지 또는 건축물의 소유권보존등기나 이전등기를 하는 때

(2) 「사립학교법」에 따른 학교법인 또는 사립학교경영자가 교육용 토지 또는 건축물을 취득하여 소유권의 보존등기나 이전동기를 하는 때

다. 「외국인투자촉진법」에 따른 외국인투자기업 그 밖에 국토교통부령으로 정하는 자에 대하여는 매입대상항목의 일부에 관하여 채권의 매입을 면제할 수 있다.

라. 건축허가를 신청할 때에 국민주택채권을 매입한 자가 사용승인을 마친 건축물에 대하여 소유권보존등기를 할 때에는 국민주택채권을 매입하지 아니한다.

마. 「농업·농촌및식품산업기본법」 제3조 제2호에 따른 농업인, 「수산업·처촌발전기본법」 제3조제3호에 따른 어업인 또는 「농어업경영체육성및지원에관한법률」 제16조에 따라 설립된 영농조합법인 및 같은 법 제19조에 따라 설립된 농업회사법인이 영농을 목적으로 농지를 취득하여 소유권이전등기를 하거나 농지에 대하여 저당권의 설정등기 및 이전등기를 할 때에는 국민주택채권을 매입하지 아니한다.

바. 관계법령에 의하여 조세를 납부하여야 하는 자가 그 법령이 정하는 바에 따라 분납·연부연납 또는 조세의 납부시기를 연기할 목적으로 제공한 담보에 대하여 저당권설정등기를 할 때에는 국민주택채권을 매입하지 아니한다.

사. 공사가 법 제26조에 따른 업무 중 보증업무를 수행하는 경우로서 건축허가를 받거나 부동산등기를 할 때에는 국민주택채권을 매입하지 아니한다.

아. 「국가유공자 등 예우 및 지원에 관한 법률」, 「보훈보상대상자 지원에 관한 법률」, 「5·18민주유공자예우에 관한 법률」, 「제대군인지원에 관한 법률」 및 「특수임무유공자 예우 및 단체설립에 관한 법률」을 적용받는 자가 대부금으로 취득한 재산을 담보로 제공하거나 대부를 받기 위하여 담보로 제공하는 재산에 대하여 근저당권설정등기를 할 때에는 국민주택채권을 매입하지 아니한다.

자. 다음의 어느 하나에 해당하는 사람이 담보로 제공하는 주택에 대하여 근저당권설정등기를 할 때에는 국민주택채권을 매입하지 아니한다.

1) 「한국주택금융공사법」 제43조의2에 따라 한국주택금융공사로부터 주택담

보노후연금보증을 받는 사람

2) 장기주택저당대출(주택소유자가 주택에 저당권을 설정하고 「한국주택금융공사법」 제2조제11호의 금융기관으로부터 연금방식으로 생활자금을 대출받는 것을 말한다)에 가입한 사람

차. 「자본시장과 금융투자업에 관한 법률」 제229조제2호에 따른 부동산집합투자기구가 건축허가를 받거나 부동산등기를 할 때에는 국민주택채권을 매입하지 않는다.

4. 국민주택채권의 최저매입금액은 1만원으로 한다. 다만, 1만원 미만의 단수가 있을 경우에 그 단수가 5천원 이상 1만원 미만인 때에는 이를 1만원으로 하고, 그 단수가 5천원 미만인 때에는 단수가 없는 것으로 한다.

[선　례]

중소기업이 타인과 2분의 1 지분씩 공유하고 있는 부동산으로 금융기관의 담보대출을 위하여 위 부동산 전부에 대한 저당권설정등기시 자신의 지분 비율에 해당하는 금액에 대하여 국민주택채권 매입을 면제받을 수 있을 것이다(1999. 3. 5. 등기선례 6-727). 마찬가지로 중소기업이 부동산담보대출을 받기 위하여 자기소유 부동산 및 제3자 소유 부동산을 공동담보로 하여 저당권설정등기를 신청하는 경우에 중소기업 소유 부동산의 담보가치 만큼 국민주택채권 매입의무가 면제될 수 있을 것이므로, 금융기관으로부터 해당 부동산이 전체 담보부동산에서 차지하는 비율(담보평가서 또는 감정평가서 등의 평가금액)을 확인하는 서류를 발급받아 첨부하는 때에는 중소기업소유 부동산이 차지하는 비율을 제외한 나머지 부분에 대하여만 국민주택채권을 매입할 의무가 있다(2000. 1. 14. 등기 6-737).

[자료 5] 부동산등기신청수수료액

등기의 목적		수수료			비고
		서면방문	전자표준양식	전자신청	
소유권보존등기		15,000원	13,000원	10,000원	
소유권이전등기		15,000원	13,000원	10,000원	
소유권이외의 권리설정 및 이전등기		15,000원	13,000원	10,000원	
가등기 및 가등기의 이전등기		15,000원	13,000원	10,000원	
변경 및 경정등기 (다만, 착오 또는 유류발견을 원인으로 하는 경정등기 신청의 경우는 수수료 없음	등기명의인 표시	3,000원	2,000원	1,000원	행정구역·지번변경·주민등록번호(또는 부동산등기용등록번호) 정정의 경우에는 신청수수료 없음
	각종권리	3,000원	2,000원	1,000원	
	부동산 표시	없 음	없 음	없 음	신청착오 포함
분할·구분·합병등기		없 음	없 음	없 음	대지권에 관한 등기는 제외 (각 구분건물별 3,000원)
멸실등기		없 음	없 음	없 음	
말소등기		3,000원	2,000원	1,000원	예고등기의 말소등기 경우에는 신청수수료 없음
말소회복등기		3,000원	-	-	
멸실회복등기		없 음	-	-	
가압류·가처분등기		3,000원	-	-	
단, 수입인지의 경우에는, 가압류·가처분 결정에 대한 이의 또는 취소의 신청 10,000원, 다만 임시의 지위를 정한 가처분의 신청 및 그에 따른 이의 또는 취소의 신청은 그 본안의 소에 따른 인지액의 2분의 1에 해당하는 인지를 붙인다. 이 경우 인지액의 상한액을 50만원으로 한다.					
압류등기 및 압류말소등기(체납처분 등 등기)	국세, 지방세	3,000원	2,000원	1,000원	
	의료보험 등 공과금	3,000원	2,000원	1,000원	
경매개시결정등기, 강제관리등기		3,000원	-	-	
파산·화의·회사정리등기		없 음	-	-	

신탁등기	신탁등기	없 음	없 음	없 음	
	신탁등기의 변경, 말소등기 등 신탁 관련 기타 등기	없 음	없 음	없 음	
환매권등기	환매권특약의 등기 및 환매권 이전능기	15,000원	13,000원	10,000원	
	환매권변경, 말소 등 환매권 관련 기타 등기	3,000원	2,000원	1,000원	
위에서 열거한 등기 이외의 기타등기		3,000원	2,000원	1,000원	

[자료 6] 인지세율표

인 지 세 율 표

과세문서	세 액	
부동산·선박소유권 이전에 관한 증서 (검인계약서등)	기복금액이 1,000만원 초과 3,000만원 까지	2만원
	기록금액이 3,000만원 초과 5,000만원 까지	4만원
	기록금액이 5,000만원 초과 1억원 까지	7만원
	기록금액이 1억원 초과 10억원 까지	15만원
	기록금액이 10억원 초과	35만원
• 광업권, 무체재산권, 어업권, 출판권, 저작인접권, 자산의 양도에 관한 증서 : 3,000원 ※ 비과세대상문서 : 부동산임대차계약서, 전세권에 관한 증서, 부동산증여계약서, 부동산교환계약서, 부동산매매예약서, 상속재산분할협의서, 지상권·지역권설정계약서, 상속재산분할협의서, 공유물분할계약서, 매매예약서, 신탁계약서, 경락이전, 채무자변경계약서, 판결문, 1억원까지의 주택 및 아파트(오피스텔 제외) 부동산매매계약서, 소유권보존등기서류, 4천만원이하의 금전소비대차에 관한 증서, 건물에 대한 등기신청 후 토지에 대하여 신청하는 경우의 분양계약서, 국가 또는 지방자치단체(지방자치단체조합, 한국농어촌공사 포함 : 매도인 기준)가 작성하는 문서		

[자료 7] 민법개정에 따른 상속지분의 변천

민법개정에 따른 상속지분의 변천

항 목	유 형
○ 구관습법하의 상속 (1959. 12. 31.까지의 상속)	
1. 호주상속인의 재산상속 : 단독상속(호주사망시) 호주가 사망한 때는 재산상속은 호주상속에 수반	※ 호주상속순위 제1순위 : 직계비속남자(적출장남·장손·생전양자·유언양자·서자·사후양자순으로 단독 상속) : 대습상속 인정 제2순위 : 직계존속 여자(존비 순으로 단독상속) 제3순위 : 피상속인의 처(단독 상속) 제4순위 : 가족인 직계비속 여자(수인이 있는 경우에는 제1순위 남자의 경우와 동일) ※ 호주인 미혼남자가 직계비속없이 사망시 1) 弟(兄亡弟及, 연장자순) 2) 모·처·딸이(남자가 없을 때) 존비의 순서에 따라 사망 호주의 사후 양자 선임시까지 일시 상속 3) 무후가가 된 경우 직계비속인 출가녀들이 균분상속
2. 유상상속(가족사망시)	※ 가족인 기혼남자의 상속인 제1순위 : 동일가적 내에 있는 직계비속이 공동상속(양자포함, 남자는 동일시적 불문 여자는 동일가족관계등록부 내에 있어야 함) 제2순위 : 亡男이 장남인 경우에는 父, 亡男이 차남 이하인 경우에는 처가 단독상속 제3순위 : 직계존속(亡장남의 경우 제외) : 최근친, 동순위자와 공동상속 제4순위 : 호주 ※ 가족인 미혼의 남자 또는 여자의 상속인 제1순위 : 父, 없으면 母 제2순위 : 호주 ※ 가족인 母의 상속인 제1순위 : 동일가적 내에 있는 직계비속이 평등비율로 공동상속(서출자녀는 반분, 남자는 동일가적 여부 불문) 제2순위 : 夫 제3순위 : 호주 ※ 가족인 처의 상속인 피상속인의 직계비속인 남녀가 동일 가적내의 유무를 불문하고 제1순위로 상속

항 목	유 형
3. 근친자 등에 권리귀속	絕家된 망호주의 유산은 근친자에게 귀속, 근친자도 없으면 호주가 거주하던 동리에 귀속(단, 지방자치법 시행 후에 시군)
○ 신민법하의 상속 (피상속인의 사망만이 상속개시원인)	
주의사항	① 구민법당시 실종기간이 만료되었으나 신민법시행 후에 실종선고를 받은 경우 신민법을 적용(대판 1983. 4. 12. 선고 82다카1376) ② 상속인이 없는 경우에는 국가에 귀속(다만, 민법 제1057조의 2에 의한 특별연고자에 대한 분에 있음) ③ 양자는 생가의 父 또는 母가 사망한 경우에는 직계비속으로서 상속권 있음 ④ 피상속인 사망하기 전 외국귀화한 직계비속도 상속결격사유가 없는 한 상속인이 됨 ⑤ 사후양자는 재산상속권이 없다. ⑥ 피상속인보다 먼저 사망한 자의 배우자가 피상속인 사망당시 재혼한 경우에는 대습상속인이 될 수 없음.
상속순위	제1순위 : 피상속인의 직계비속(대습有)과 피상속인의 배우자 ※ 직계비속 : 피상속인의 배우자, 자식(혼인외 자, 기혼, 미혼, 태아, 친자, 태아, 양자를 포함한다. 다만 혼인외 자는 친아버지에 의해 인지되어야 상속인이 됨) 및 손자, 손녀가 해당된다. ※ 피상속인의 배우자는 직계비속(1순위)의 부모를 의미하며, 부모가 없는 경우 조부모까지 포함되며, 직계비속이 없는 경우에는 직계존속과 공동상속인이 되며, 직계비속이나 직계존속이 없는 경우에는 단독상속인이 된다. 제2순위 : 피상속인의 직계존속(부와 모, 없는 경우 조부모) (이혼한 부모와 양부모, 생모도 상속권 있음) ※ 2순위는 직계존속과 배우자의 공동상속인이 된다(자식들이 없고 배우자가 생존한 경우). 배우자가 사망했다면 직계존속이 단독상속인이 된다. 이때 직계존속은 조부모로서 아버지의 친가, 외가, 양가, 생가를 불문한다. ※ 며느리가 남편사망 후 재혼하지 않으면 시부모의 유산을 상속할 수 있고, 남편도 처가 사망한 뒤 재혼하지 않으면 장인, 장모의 유산을 상속할 수 있다(대습상속). 어머니가 사망해도 남편(아버지)와 친정부모가 공동으로 상속한다. ※ 배우자의 부모는 직계존속이 아니어서 상속권이 없다. 즉 장인, 장모는 사위의 재산을 상속할 수 없고, 시부모는 며느리의 재산을 상속할 수 없다.

<table>
<tr><th>항 목</th><th>유 형</th></tr>
<tr><td></td><td>제3순위 : 피상속인의 형제자매(대습有) (※ 숙부, 고모, 이복형제자매)

제4순위 : 피상속인의 4촌 이내의 방계혈족(91. 1. 1.이전에는 8촌 이내)
※ 3촌은 백숙부, 고모, 외숙부, 이모이고, 4촌은 3촌이 낳은 자식인 종형형제자매, 고종형제자매, 외종형제자매를 말한다.</td></tr>
<tr><td>상속분</td><td>가. 1960. 1. 1.부터 1978. 12. 31.까지의 상속
(1) 원칙 : 공동상속인은 균분
(2) 예외 : ① 여자는 남자의 1/2
② 동일가적 내에 없는 여자는 남자의 1/4
③ 호주상속인은 고유분에 5할 가산
④ 처는 직계비속과 공동상속시는 남자의 1/2, 직계존속과 공동상속시는 남자와 동일의 상속지분

나. 1979. 1. 1.부터 1990. 12. 31.까지의 상속
(1) 원칙 : 공동상속분 균등
(2) 예외 : ① 호주상속인은 고유분에 5할 가산
② 동일가적 내에 없는 여자는 남자의 1/4
③ 처는 직계비속과 공동상속시는 동일가적 내 직계비속의, 직계존속과 공동상속시 직계존속의 상속분의 각 5할 가산

다. 1991. 1. 1.이후의 상속
(1) 상속분
(가) 원칙 : 남녀 상속비율의 균등
(나) 예외 : 배우자는 남녀 구별 없이 다른 상속인의 상속분의 5할 가산
(2) 상속인의 범위
(가) 4순위 상속인의 범위 변경(민법 제1000조 제1항 제4호) : 피상속인의 8촌 이내 방계혈족(종래) ⇒ 피상속인의 4촌 이내 방계혈족(변경)
(나) 혈족의 정의 변경(민법 제768조)
(다) 직모서자, 계모자 관계 폐지
(3) 배우자의 상속권 변경(민법 제1003호 제1항)
처가 피상속인인 경우, 처의 직계존속이 있으면 공동상속(종래 직계비속이 없으면 단독상속)</td></tr>
</table>

[자료 8] 등기신청 위임장

<table>
<tr><td colspan="3">위 임 장</td></tr>
<tr><td>① 부동산의 표시</td><td colspan="2">1. 서울특별시 서초구 서초동 100 대 150㎡
2. 서울특별시 서초구 서초동 100
[도로명주소] 서울특별시 서초구 서초대로 23길 18
시멘트 벽돌조 슬래브지붕 2층 주택
1층 100㎡
2층 100㎡, 끝.</td></tr>
<tr><td>② 등기원인과 그 연월일</td><td colspan="2">20○○년 ○월 ○일 매매</td></tr>
<tr><td>③ 등 기 의 목 적</td><td colspan="2">소유권이전</td></tr>
<tr><td>④ 이 전 할 지 분</td><td colspan="2"></td></tr>
<tr><td>⑤ 대리인</td><td colspan="2">법무사 김 갑 동 (전화:)
사무소 서울특별시 서초구 서초대로 30길 26(서초동)</td></tr>
<tr><td colspan="3">위 사람을 대리인으로 정하고 위 부동산 등기신청 및 취하에 관한 모든 행위를 위임한다. 또한 복대리인 선임을 허락한다.
⑥ 20○○년 ○월 ○일</td></tr>
<tr><td>⑦ 위임인</td><td>등기의무자 이 몽 룡
서울특별시 송파구 잠실대로 263 (삼전동)
등기권리자 홍 길 동
서울특별시 동작구 동작대로 120 (상도동)</td><td>날 인</td></tr>
</table>

[주] 위임장 기재요령

① 부동산의 표시란

② 등기원인과 그 연월일

③ 등기의 목적란

④ 공란에 기재할 사항

①~④란 기재사항은 등기신청서 기재요령 중 해당란에 관한 설명에 따라 기재하면 됩니다(등기신청서의 해당부분의 내용과 동일하게 기재함).

⑤ 대리인란

위임받은 자의 성명과 주소를 기재합니다.

⑥ 위임한 날짜를 기재합니다.

⑦ 위임인란

위임하고자 하는 등기신청인의 성명과 주소를 기재하고 날인합니다. 등기의무자의 인감증명서를 첨부해야 하는 등기인 경우에는 그의 인감을 날인하여야 합니다. 신청인이 법인 또는 법인 아닌 사단이나 재단인 경우에는 상호(명칭)와 본점(주사무소 소재지), 대표자(관리인)의 성명과 주소를 기재하고, 법인이 인감증명을 첨부하여야 할 때에는 등기소의 증명을 얻은 그 대표자의 인감을, 법인 아닌 사단이나 재단인 경우에는 대표자(관리인)의 개인 인감을 각 날인합니다.

■ 기 타

변호사나 법무사가 아닌 일반인은 보수와 관계없이 대리인으로서 반복하여 계속적으로 등기신청을 할 수 없습니다. 따라서, 신청인이 업(業)(계속반복적)으로 한다는 의심이 있는 경우에는 등기관 또는 접수공무원은 대리인으로 하여금 신청인 본인과 그 대리인과의 관계를 가족관계증명서나 주민등록표등본 등에 의하여 소명할 것을 요청할 수 있습니다.

[자료 9] 처분위임장(재외국민이 입국하지 않고 대리인을 통한 부동산처분의 경우)

처 분 위 임 장

위임인(매도인) 홍 길 동 (000000 0000000)
미합중국 주소 : 로스엔젤리스주 그랜드 애류뉴 ○○ 미합중국
연락처 :

위 위임인은 대한민국에서의 부동산처분에 관하여 다음의 사람을 대리인으로 정하고 동 부동산의 처분에 대한 법률행위에 대한 일체의 권한을 위임한다.

다 음

1. 수임인 성 명 : 이 몽 룡
주민등록번호 : 000000-0000000)
주 소 : 서울특별시 서초구 서초대로 87길 23 (서초동)
전 화 : 000-0000-0000

2. 처분부동산
부동산의 표시
가. 서울특별시 서초구 서초동 100 대 150㎡
나. 서울특별시 서초구 서초동 100
[도로명주소] 서울특별시 서초구 서초대로 23길 18
시멘트 벽돌조 슬래브지붕 단층 주택
100㎡, 끝.

3. 위임하는 법률행위
가. 매수인과 위 부동산에 대한 매매계약체결 및 대금수령
나, 위 매매계약의 거래신고
다. 양도소득세신고 및 납부
라. 등기신청대리인 선임
마. 부동산처분을 위한 인감증명 및 주민등록초본을 반급받는 행위
바. 기타 위 부동산처분에 관한 일체의 행위

4. 특기사항
위 부동산에 대한 매도인 본인이 보관중인 등기필증이 분실되어 위임장으로 그 사실을 확인합니다.

20○○년 ○월 ○일

위 위임인 홍 길 동 (인)

- 기타 참고사항 -

※ 재외국민이란
대한민국 국적을 갖고 국외로 이주를 하여 주민등록이 말소되거나 처음부터 없는 자로서 외국에 거주하거나 일시체류자를 뜻한다. 국외이주신고만 하고 아직 국내에 거주하고 있는 자는 재외국민이라고 볼 수 없고, 일시적 해외여행자 역시 재외국민에 포함되지 않는다.

※ 재외국민의 처분위임장
1. 이 처분위임장은 재외국민이 입국하지 않고 대리인을 통하여 국내부동산을 처분하는 경우이다.
2. 처분위임장의 양식은 외국영사관에 비치되어 있으나 특별히 규정된 바 없고, 처분대상의 부동산과 수임인이 구체적으로 특정되도록 기재하여야 하고, 위임하고자 하는 법률행위의 종류와 위임취지(처분권한 일체를 수여한다는 등)가 기재되어야 하고, 처분대상의 부동산과 수임인이 구체적으로 특정되도록 기재하여야 한다. 처분위임을 받은 수임인은 해당 부동산에 대한 처분행위(매매 등)을 한 후 본인의 대리인임을 표시하고 대리인 자격으로 직접 등기를 신청하거나 법무사 등에게 위임할 수 있다.
   그리고 재외국민은 처분위임장에 날인만 가능하고 서명은 할 수 없다. 또한 처분위임장에 인감을 날인하고 우리나라의 인감을 첨부하여야 하는데 대리인으로 하여금 인감증명을 발급받기 위하여는 처분위임장에 그 내용이 기재되어야 하고, 거주지 관할 우리 재외공관의 확인이나 공증인의 공증을 받아야 한다.
3. 재외국민 본인이 한국에 입국하여 부동산처분행위를 할 때에는 국내거주내국인이 부동산을 처분하는 경우와 같다.
4. 재외국민이 등기필증을 분실한 경우 외국인과 마찬가지로 처분위임장(인감 날인

된)에 "등기필증을 분실하였다"라는 취지를 기재하여 그 처분위임장에 본국 공증인의 공증 또는 재외공관의 확인을 받아 등기필증 대신 처분 위임장과 그 처분위임장 부본 1통을 각각 제출하여야 한다(등기예규 제851호).

5. 처분위임을 받은 수임인이 매수인이 되어 자기계약을 체결하는 경우에는 위임인이 그 계약을 허락한다는 취지가 기재된 본국 공증인의 공정증서 또는 위임인이 직접 발급받은 매수인이 수임인으로 기재된 부동산매도용 인감증명도 첨부하여야 한다(등기선례 200712 -1, 2007. 12. 12. 부동산등기과-3947 질의회답).
6. 재외국민이 국내부동산을 처분하는 경우에 인감증명의 발급은 타인에게 위임하였더라도 등기신청을 위임장이 재외국민 본인의 이름으로 되어있고 그 위임장에 날인된 인영이 인감증명서상의 인영과 동일성이 있는 것으로 판단된다면, 등기신청의 위임은 재외국민 본인이 한 것으로 보아야 할 것이므로, 처분위임장이나 등기신청의 위임시에 재외국민 본인이 국내에 있었다는 증빙서류를 첨부할 것은 아니라고 할 것이다(등기선례 5-108, 1997. 10. 6. 등기 3402-742 질의회답).

※ 재외국민의 인감증명

재외국민은 처분위임장에 찍힌 인영이 본인의 것임을 증명하기 위하여 본인의 인감도장을 날인하고 우리나라의 부동산매도용 인감증명을 첨부하여야 한다. 인감증명제도가 있는 일본국의 세일동포인 재외국민이 부동산등기를 신청하는 경우라도 일본국 관공서가 발행한 인감증명을 제출할 수 없다(등기선례 7-87. 2003. 7. 18. 부동 3402-395 질의회답).

재외국민의 거주국에 인감제도가 있는 경우에 그 나라의 인감증명을 첨부해도 등기신청은 수리할 수 없다. 즉, 귀화하여 ○○국적을 취득한 경우에는 가능하다. 따라서 ○○국적을 취득한 재외교민의 등기신청서 또는 그 위임장의 날인이 본인의 것임을 인정받기 위한 본국 관공서의 증명은 ○○국 관공서가 발행한 인감증명으로 갈음할 수 있다(1987. 7. 28. 등기선례 2-113).

재외국민으로서 국내에 주소를 가지지 아니한 자가 인감증명을 받고자 할 때에는 국내 최종주소지 또는 등록기준지를 관할하는 증명청에 인감신고를 하여야 하고, 수임인은 거주지 관할 재외공관의 확인을 받은 위임장을 첨부하여 인감증명을 발급받을 수 있다.

국내거소신고를 한 자(재외국민)가 인감증명을 받고자 할 때에는 미리 그 국내거소를 관할하는 증명청에 인감을 신고하여야 한다.

재외국민의 인감신고에 관하여, '인감증명법'은 본인신고의 원칙(동법 제7조)을 채택하고 있으나, 동법 시행령에 그 예외를 두어 해외거주로 인해 직접 방문할 수 없는 경우 서면에 의한 인감신고도 허용하고 있다(같은 법 시행령 제8조 제1항), 이와 같은 인감을 서면신고하는 때에는 별지 제9호 서식에 의한 인감신고서와 방문할 수 없다는 증명할 서류를 첨부하여 재외국민의 최종주소지를 관할하는 증명청에 신고하여야 한다(인감증명법 시행령 2항).

재외국민이 상속재산의 협의분할을 하고 그에 따른 상속등기를 신청함에 있어서는 상속재산분할협의서상의 날인이 본인의 것임을 증명하는 인감증명을 제출하여야 함이 원칙이다. 인감증명을 갈음하여 상속재산분할협의서상의 서명 또는 날인이 본인의 것임을 증명하는 재외공관의 확인서 또는 이에 관한 공정증서를 제출할 수 있다. 여기에서의 공정증서는 재외국민의 거주국의 공정증서는 물론, 재외국민이 귀국하여 국내에서 협의서를 작성하고 공증(국내 공증인 가능)을 받은 공정증서라도 무방하다(1991. 11. 12. 등기선례 3-214).

※ 수임인의 인감증명

재외국민이 국내 거주하는 제3자에게 부동산의 처분을 위임하고 그 수임인이 직접 등기신청을 하거나, 법무사 등에게 등기신청을 위임한 경우 처분위임장에 본인의 인감도장을 날인하고 우리나라의 인감증명서를 첨부한다. 이때 위임인의 인감증명은 부동산매도용으로 발급받고, 수임인의 인감증명은 일반 인감증명으로 가능하다. 이는 위임인이 재외국민이 아닌 내국인인 경우에도 마찬가지이다.

※ 번 역 문

신청서에 첨부된 서류가 외국어로 되어 있으면 모두 번역문을 첨부하여야 한다. 등기신청서에 첨부된 서류가 외국어로 된 경우에 첨부하는 번역문에는 그 번역의 정확성을 보장하기 위하여 번역인의 성명 및 주소를 기재하고 번역인이 서명 또는 기명날인하면 된다. 그러나 등기신청인의 서명 기명날인은 필요 없으며, 또한 번역인의 자격에는 그 제한이 없다(등기선례 1-22, 1997. 11. 5. 등기 3402-842 질의회답).

※ 동일인증명서

외국국적 취득으로 성명이 변경된 경우 변경 전의 성명(등기기록상 성명)과 변경 후의 성명이 동일인이라는 본국 관공서의 증명 또는 공증(국내 공증인 가능) 및 번역문을 첨부하여야 한다(외국인 및 재외국민의 국내 부동산처분 등에 따른 등기신청절차 등기예규 제1282호 2009. 4. 10. 개정).

※ 주소를 증명하는 서면

1. 주소를 증명하는 서면으로 외국주재 한국 대사관이나 영사관 또는 우리나라의 외교부에서 발행하는 재외국민 거주사실증명 또는 재외국민등록부등본을 첨부해야 한다. 다만, 주재국에 우리나라 영사관 또는 대사관이 없어(중국 등) 재외국민 거주사실증명 또는 재외국민등록부등본을 발급받을 수 없을 때에는 그 나라 관공서의 주소증명서 또는 거주사실증명을 제출할 수 있고, 만약 그와 같은 증명을 발급하는 기관도 없는 경우에는 주소를 공증한 공정증서(본국 공증인만 가능)를

제출하여도 무방하다(등기예규 제1282호). 또한, 제일교포는 일본의 관공서가 발행한 외국인등록증명서를 그 번역문과 함께 제출하는 것도 가능하다(등기선례 2-100). 다만 주소증명서를 대신할 수 있는 증명서(운전면허증 또는 신분증 등)를 본국(주재국) 관공서에서 발급하는 경우에는 그 증명서의 사본에 원본과 동일하다는 취지를 기재하고 그에 대하여 공증인의 공증(국내 공증인 가능)을 받아 그 증명서의 사본으로 주소를 증명하는 서면에 갈음할 수 있다(2010. 12. 6. 부동산등기과 -2304 질의회답).

2. 위와 같이 운전면허증 등을 공증받아 주소를 증명하는 서면에 갈음하는 방법은 재외국민 주재국에 한국 대사관 또는 영사관이 없어 재외국민 거주사실증명 또는 재외국민등록부등본을 발급받을 수 없는 경우에만 적용된다는 점을 주의하여야 한다(2015. 1. 20. 등기예규 제1568호).
3. 등기신청서에 첨부하는 재외국민거주사실증명 또는 재외국민등록부등본의 유효기간에 대한 규정은 따로 없으므로 발행일로부터 3개월이 경과하였더라도 첨부할 수 있다. 경과일수가 오래되어 그 증명력이 의심스러울 때에는 등기관은 최근에 발행한 재외국민거주사실증명 또는 재외국민등록부등본의 제출을 요구할 수 있다(등기선례 6-78).
4. 본국에 주소증명서를 발급하는 기관이 있는 경우(예 : 일본, 독일, 프랑스, 대만, 스페인 등)에는 본국 관공서의 주소증명서 또는 거주사실증명서를 공증(국내 공증인 가능) 및 번역하여 첨부하여야 한다.
5. 본국에 주소증명서 또는 거주사실증명서를 발급하는 기관이 없는 경우(예컨대, 미국, 영국 등)에는 주소를 공증한 주재국(본국) 공증인의 서면을 첨부하여야 한다. 이 경우 주소를 공증한 서면은 반드시 주재국 공증인의 공증을 받아야 하며, 국내 공증인으로 이를 대신할 수 없다. 다만, 이 경우에도 주소증명을 대신할 수 있는 증명서(예컨대, 운전면허증 또는 신분증 등)를 본국 관공서가 발급하는 경우 관할등기소의 등기관에게 그 증명서 및 원본과 동일하다는 취지를 기재한 사본을 제출하여 원본과 동일함을 확인받은 때 또는 그 증명서의 사본에 원본과 동일하다는 취지를 기재하고 그에 대하여 본국 관공서의 증명이나 공증인(국내 공증인 가능)의 공증 또는 외국주재 한국대사관이나 영사관의 확인을 받은 때에는 그 증명서의 사본으로 주소를 증명하는 서면으로 갈음할 수 있다(등기예규 제1282호).
6. 주민등록법 및 재외동포법의 개정(2015. 1. 22. 시행)으로 재외국민의 국내거소신고제도가 폐지되고 재외국민도 2015. 1. 22.부터 주민등록법 제6조 제1항 제3호에 따라 주민등록을 할 수 있게 되었으므로, 주민등록을 한 재외국민은 주민등록등·초본을 주소증명서면으로 제출할 수 있다(주민등록법 제6조 제1항 제3호, 제10조의2 제1항).

7. 재외국민의 주소증명서면은 재외국민이 소유권이전등기를 신청하는 경우에만 제출한다. 따라서 전세권설정이나 근저당권설정등기를 신청하는 경우에는 그 재외국민의 주소증명서면을 제출할 필요는 없다.
8. 재일동포의 경우 주소를 증명하는 서면은 일본주재 한국대사관이나 영사관에서 발급하는 재외국민거주사실증명이나 재외국민등록증 사본을 제출할 수 있을 것이나, 일본의 관청이 발행한 거주지가 기록된 등록제증명서(일본의 외국인등록법에 의한 외국인등록증명서임)를 그 번역문과 함께 제출하여도 무방하다.
9. 재외국민은 재외동포의 출입국과 법적 지위에 관한 법률 제6조 제1항에 의한 국내거소신고사실증명을 제출함으로써 주소증명서면의 제출에 갈음할 수 있었으나(동법 제7조 제5항, 제9조), 외국국적동포가 아닌 재외국민에 대한 거소신고제도는 2015. 1. 12. 폐지되었다.
10. 재외국민이 주민등록번호가 있는 경우에 재외국민이 등기권리자(취득, 상속 등)로써 등기를 신청하는 경우, 우리나라에서 주민등록번호를 부여받은 적이 있는 재외국민은 그 주민등록번호를 부동산등기용등록번호로써 사용하여야 한다. 이 경우에는 국외 이주로 말소된 재외국민의 말소자주민등록초본을 제출하여야 한다.
11. 재외국민이 주민등록번호를 부여받은 적이 없는 경우에 재외국민이 등기권리자(취득, 상속 등)로써 등기를 신청하는 경우, 대법원 소재지 관할등기소(현재 서울중앙지방법원 등기국)에서 부동산등기용등록번호를 부여받아야 한다. 재외국민은 서울중앙지방법원 등기국 외에 서울특별시 이외의 지역에 소재하는 등기과·소에서도 등록번호 부여신청을 할 수 있다. 이 경우 등록번호 부여신청을 받은 각 등기과·소에서는 모사전송의 방법으로 등록번호부여업무를 처리하게 된다(2011. 10. 11. 등기예규 제1389호).
12. 공동상속인 중 일부가 행방불명되어 주민등록이 주민등록법 제20조 제5항의 규정에 의하여 말소된 경우에는 주민등록표등본(말소자등본)을 첨부하여 그 최후 주소를 주소지로 하고, 위 주민등록표등본을 제출할 수 없을 때는 이를 소명하여 가족관계의 등록에 관한 법률 제15조 제1항 제1호의 기본증명서상 등록기준지를 그 주소지로 하여 상소등기를 신청할 수 있다(등기예규 재1218호, 2007. 12. 11. 개정).
13. 상속등기를 신청할 경우 상속인 중의 1인인 재외국민의 소재불명으로 현주소를 알 수 없어 재외국민거주사실증명 또는 재외국민등록부등본 등을 첨부할 수 없는 때에는 그러한 사유를 소명하는 자료(재외국민의 현주소를 알 수 없다는 사실은 이 소명자료에 의하여 해당 등기관이 판단함)와 국외 이주로 말소된 재외국민의 주민등록표등·초본을 주소로 증명하는 서면으로 대신 제출할 수 있다(2003. 3. 3. 등기 선례 7-74) 대위에 의한 상속등기를 신청하는 경우에도 마찬가지이

다(1994. 6. 3. 등기선례 4-148).

14. 채권자대위에 의하여 상속등기를 하고자 하나 공동상속인 중 우리나라 국적을 상실한 자가 행불되어 그 소재를 알 수 없어서 부동산등기용등록번호를 부여받을 수 없는 경우에는 이를 소명하여 부동산등기용등록번호를 병기하지 아니하고 대위상속등기를 신청할 수 있다(2004. 8. 34. 등기선례 7-78).

※ 제적등본과 폐쇄된 기본증명서 및 가족관계증명서
: 상속등기(협의분할로 인한 상속 포함)의 경우 제출한다.

※ 주민등록초본
수임인의 주민등록초본을 제출한다.

※ 신분증 사본(제출여부 등기관에 따라 다름)
여권, 운전면허증

※ 양도신고확인서
2020년 7월 1일부터 재외국민과 외국인이 자산을 양도하고 소유권이전등기를 신청할 때에는 대통령령으로 정하는 바에 따라 관할세무서장에게 부동산양도신고확인서를 제출하여야 한다(소득세법 제108조). 다만, 인감증명법시행령 제13조 3항 단서에 따라 재외국민이나 외국인이 매도용 인감증명을 발급받기 위해 부동산소재지 관할세무서장으로부터 확인서를 발급받은 경우에는 별도로 부동산양도신고확인서를 제출할 필요는 없다.
부동산양도신고확인서는 전국 모든 세무서에 신청하여 발급받을 수 있으며, 신청은 토지, 건물을 양도한 재외국민, 외국인 또는 대리인 모두 가능하다.

※ 아포스티유
2017년 5월 25일 개정된 '부동산등기규칙 제46조 제9항'에 따라 2017년 10월 1일부터 부동산등기를 신청하면서 외국공문서나 외국에서 공증받은 문서를 제출하는 경우에는 '재외공관공증법 제30조 제1항'에 따른 공증담당영사의 확인을 받거나 '외국공문서에 대한 인증의 요구를 폐지하는 협약'(일명 '아포스티유' 협약)에 따라 아포스티유를 붙여야 한다.
공문서·공증문서의 발행국가 '아포스티유' 협약 가입국이라면 등기신청인은 한국 외교부 영사관 민원실에서 발행한 아포스티유를 첨부하여야 하고, 가입하지 않은 국가라면 해당 국가에 주재하는 한국대사관 또는 총영사관에서 영사인증을 받아 제출하여야 한다(이 책 "제1편 제1장 제3항 재차호 외국 공문서/공증문서에 영사확인 또는 아포스티유 첨부"란 참조).

[자료 10] 처분위임장(인감증명제도가 없는 외국인이 입국하지 않고 대리인을 통한 부동산처분의 경우) (번역문)

처 분 위 임 장

위임인 성　　명 : 미국 명　제이슨 리(　　　　)
한국 명
성　　별 : 남
국　　적 : 미합중국
생년월일 : 남
현 주 소 : 미합중국 로스앤젤리스주 그랜도 애뷰뉴 ○○
연 락 처 :

위 위임인은 대한민국에서의 부동산처분에 관하여 다음의 사람을 대리인으로 정하고 동 부동산의 처분에 대한 법률행위에 대한 일체의 권한을 위임한다.

다　　음

1. 수임인(대리인) 성　　명 : 이 몽 룡
주민등록번호 : 000000-0000000)
주　　소 : 서울특별시 서초구 서초대로 87길 23 (서초동)
전　　화 : 000-0000-0000
위임자와의 관계 : 동서관계

2. 처분부동산 :
부동산의 표시
가. 서울특별시 서초구 서초동 100　대 150㎡
나. 서울특별시 서초구 서초동 100
[도로명주소] 서울특별시 서초구 서초대로 23길 18
시멘트 벽돌조 슬래브지붕 단층 주택
100㎡,　끝.

3. 위임하는 법률행위
가. 매수인과 위 부동산에 대한 매매계약체결 및 대금수령
나, 위 매매계약의 거래신고

다. 양도소득세신고 및 납부
라. 등기신청대리인 선임
마. 기타 위 부동산처분에 관한 일체의 행위

4. 특기사항
위 부동산에 대한 매도인 본인이 보관중인 등기필증이 분실되어 위임장으로 그 사실을 확인합니다.

위임인은 서명 후 미합중국 로스앤젤리스 주정부 공증인의 인증으로써 위 사실을 확인한다.

20○○년 ○월 ○일

위 위임인 : 제이슨 리 (서명)

로스앤젤리스 주 공증인 : 마이킬
공증면허번호 :
유 효 기 간 :

번역인 : 장 길 산 주소 :

- 기타 참고사항 -

※ 외국인(외국시민권자 등)이란
대한민국 국적을 보유하고 있지 아니한 개인이나 법인 또는 단체 등을 의미한다. 이때의 외국인은 외국국적만을 보유한 자는 물론, 무국적자, 대한민국 국적을 가지고 있다가 국적법에 의하여 국적을 상실한 자, 이중국적을 가지고 있다가 한국국적의 이탈신고를 한 자 등로 포함되며, 가족관계등록부가 폐쇄되었는지 여부를 불문한다.

※ 외국인의 처분위임장
1. 이 처분위임장은 인감증명제도가 없는 외국인이 입국하지 않고 대리인을 통하여 국내부동산을 처분하는 경우이다.
2. 처분위임장의 양식은 특별히 규정된 바 없으나 처분대상의 부동산과 수임인이 구체적으로 특정되도록 기재하여야 하고, 위임하고자 하는 법률행위의 종류와 위

임취지(처분권한 일체를 수여한다는 등)가 기재되어야 하고, 처분대상의 부동산과 수임인이 구체적으로 특정되도록 기재하여야 한다.

처분위임을 받은 수임인은 해당 부동산에 대한 처분행위(매매 등)을 한 후 본인의 대리인임을 표시하고 대리인 자격으로 직접 등기를 신청하거나 법무사 등에게 위임할 수 있다.

3. 외국인이 등기필증을 분실한 경우 처분위임장에 "등기필증을 분실하였다"라는 취지를 기재하여 그 처분위임장에 본국 공증인의 공증을 받고 등기필증 대신 처분위임장과 그 처분위임장 부본 1통을 각각 제출하여야 한다.
4. 등기의무자인 외국인이 등기필증을 분실한 경우 공증을 받아야 할 서면은 수임인이 법무사 등에게 등기신청을 위임한 경우라 하더라도 수임인에 대한 법무사 등의 확인서면이 아닌 대리권한을 증명하는 서면인 처분위임장이 될 것이며, 공증 내용은 처분위임장에 표시된 등기의무자의 작성부분(서명 또는 날인)이 등기의무자 자신이 작성한 것임을 확인하는 내용의 본국 공증인의 공증이어야 한다(등기선례 7-38). 따라서 부동산등기법에 의한 법무사 등의 수임인에 대한 확인서면을 첨부하거나, 수임인이 공증인 앞에 출석하여 공증받은 서면을 첨부하여서는 아니된다(등기선례 5-59).
5. 처분위임을 받은 수임인이 매수인이 되어 자기계약을 체결하는 경우에는 위임인이 그 계약을 허락한다는 취지가 기재된 공정증서 또는 위임인이 직접 발급받은 매수인이 수임인으로 기재된 부동산매도용 인감증명도 첨부하여야 한다(등기선례 200712 -1, 2007. 12. 12. 부동산등기과-3947 질의회답).

※ 처분위임장의 증명

외국국적취득자가 공증인의 공증이나 본국 관공서의 증명을 하여 본국 주재 우리 재외공관의 확인으로 대체할 수 없다. 왜냐 하면, 본국 주재 우리나라 재외공관은 외국인 또는 외국국적 동포에 대한 행정관할권이 없기 때문이다(아래 선례 참조)

[등기선례 5-107] 외국국적 취득자의 처분위임에 의한 국내 부동산처분 등에 따른 등기신청시 첨부서면 등

① 외국국적 취득자의 국내 부동산처분 등에 따른 등기신청시 첨부하여야 할 서면인 처분위임장에 한 서명에 관하여 본인이 직접 작성하였다는 취지의 증명, 주소증명 또는 거주사실증명, 외국국적 취득으로 성명이 변경된 경우 변경 전의 성명과 변경 후의 성명이 동일인이라는 본국(국적득국) 관공서의 증명 및 공증(국내 공증인 가능)이 있어야 한다. 위 증명은 대한민국 재외공관에서 발행받은 경우에도 이를 첨부하여 등기신청을 할 수 없다.

② 외국국적을 취득함으로써 대한민국 국적을 상실하였으나 국적상실로 인한 제적처리가 되어 있지 아니한 경우에도 등기신청시 첨부하여야 할 위 ①항의 서류들

은 본국(국적취득국) 관공서에서 발행받아야 한다(등기선례 5-107, 1996. 12. 11. 등기 3402-950 질의회답).

※ 외국인의 처분위임장의 증명

인감증명제도가 없는 외국인은 처분위임장에 관하여 본인이 직접 작성하였다는 취지의 공증인의 공증(국내 공증인 가능)이나 국내 소재 본국공관에서 확인한 증명서가 있어야 하고, 인감증명의 날인제도가 있는 외국인(일본인, 대만인)은 처분위임장에 날인한 인감과 동일한 인감에 관하여 그 관공서가 발행한 인감증명이 첨부하고 공증인의 공증(등기필증이 있는 경우 국내공증인 가능)을 받아야 한다.

위의 공정증서는 외국인 본국의 공정증서뿐만 아니라 국내 공정증서도 무방하다 (2005. 10. 19. 등기선례 8-26).

※ 국내에 입국한 외국인의 인감증명(본국에 인감증명의 날인제도 유·무와는 무관)

1. 출입국관리법 제31조의 규정에 따라 외국인등록을 한 사람이 인감증명을 받으려는 경우에는 미리 체류지를 관할하는 증명청에 인감을 신고한 다음 인감증명을 발급받아야 한다(인감증명법 제2조 제3항).
2. 재외동포의 출입국과 법적 지위에 관한 법률 제6조 제1항에 따라 국내거소 신고를 한 외국국적동포가 인감증명을 받으려는 경우에는 미리 그 국내거소를 관할하는 증명청에 인감을 신고를 다음 인감증명을 발급받아야 한다(인감증명법 제3조 제4항).

※ 수임인의 인감증명

외국인이 국내 거주하는 제3자에게 부동산의 처분을 위임하는 경우, 인감증명제도가 없는 외국인은 처분위임장에 관하여 본인이 직접 작성하였다는 취지의 본국 관공서의 증명이나 이에 관한 공증(등기필증 있는 경우 국내 공증인 가능)이 있어야 하고, 인감증명의 날인제도가 있는 외국인(일본인, 대만인)은 위임장에 날인한 인감과 동일한 인감에 관하여 그 관공서가 발행한 인감증명이 있어야 하고 서명 및 공증에 의할 수 없다. 그리고 외국인이 매매를 원인으로 하여 부동산을 처분하는 경우에도 부동산매도용 인감을 제출할 필요가 없다. 따라서 위임인과 수임인의 인감증명은 일반용 인감증명을 제출할 수 있다. 다만, 수임인이 매수인이 되는 경우에는 부동산매도용인감증명을 제출한다. 한편, 수임인이 직접 등기신청을 하거나, 법무사 등에게 등기신청을 위임한 경우 수임인의 인감증명서를 첨부한다(등기예규 제1282호).

※ 번 역 문

신청서에 첨부된 서류가 외국어로 되어 있으면 모두 번역문을 첨부하여야 한다. 등기신청서에 첨부된 서류가 외국어로 된 경우에 첨부하는 번역문에는 그 번역의 정확성을 보장하기 위하여 번역인의 성명 및 주소를 기재하고 번역인이 서명 또는 기명날인하면 된다. 그러나 등기신청인의 서명 기명날인은 필요 없으며, 또한 번역인의 자격에는 그 제한이 없다(등기선례 1-22, 1997. 11. 5. 등기 3402-842 질의회답).

※ 동일인증명서

외국국적 취득으로 성명이 변경된 경우 변경 전의 성명(등기기록상 성명)과 변경 후의 성명이 동일인이라는 본국(국적취득국) 관공서의 증명 또는 공증(국내 공증인 가능) 및 번역문을 첨부하여야 한다(외국인및재외국민의국내부동산처분등에따른등기신청절차 등기예규 제1282호 2009. 4. 10. 개정).

위 증명은 대한민국 재외공관에서 발행하는 경우에는 이를 첨부하여 등기신청을 할 수 없다(1996. 12. 11. 등기선례 50-107).

※ 주소를 증명하는 서면

1. 본국에 주소증명서 또는 거주사실증명서를 발급하는 기관이 있는 경우(예 : 일본, 독일, 프랑스, 대만, 스페인 등)에는 본국 관공서의 주소증명서 또는 거주사실증명서를 첨부하여야 한다.
2. 본국에 주소증명서 또는 거주사실증명서를 발급하는 기관이 없는 경우(예컨대, 미국, 영국 등)에는 주소를 공증한 본국 공증인의 서면을 첨부하여야 한다. 이 경우 주소를 공증한 서면은 반드시 주재국(본국) 공증인의 공증을 받아야 하며, 국내 공증인으로 이를 대신할 수 없다. 다만, 이 경우에도 주소증명을 대신할 수 있는 증명서(예컨대, 운전면허증 또는 신분증 등)를 본국 관공서가 발급하는 경우 관할등기소의 등기관에게 그 증명서 및 원본과 동일하다는 취지를 기재한 사본을 제출하여 원본과 동일함을 확인받은 때 또는 그 증명서의 사본에 원본과 동일하다는 취지를 기재하고 그에 대하여 본국 관공서의 증명이나 공증인의 공증(국내 공증인 가능) 또는 외국 주재 한국대사관이나 영사관의 확인을 받은 때에는 그 증명서의 사본으로 주소를 증명하는 서면으로 갈음할 수 있다(등기예규 제1282호).
3. 외국인이 국내에 입국하여 장기체류(90일 이상)는 경우에는 그 체류지를 관할하는 지방출입국·외국인관서의 장에게 외국인등록을 하여야 하므로(출입국관리법 제31조), 이 경우에는 외국인등록사실증명을 주소증명서면으로 제출하여도 된다.
4. 외국국적동포는 외국인등록사실증명 외에 재외동포법 제6조 제1항에 따른 국내거소신고사실증명을 주소증명서면으로 갈음할 수 있다((재외동포법 제7조 제5항, 제9조).

※ 외국인의 부동산등기용등록증명서

1, 외국인이 국내 부동산을 취득하거나 (근)저당권설정등기(권리자로서)를 하는 부동산등기신청서에는 등기권리자의 성명, 주민등록번호를, 주민등록번번호가 없

는 경우에는 부동산등기용등록번호를 병기하여야 하고, 이를 증명하는 서면인 외국인의 부동산등기용등록증명서를 첨부하여야 하는 바, 외국인의 등록번호부여신청은 체류지 출입국관리소장 또는 출입국관리사무소출장소장에게 한다. 다만 국내에 체류지가 없는 경우에는 대법원 소재지 출입국관리소장 또는 출입국관리사무소출장소장에게 이를 한다. 그러나 소유권말소등기·(근)저당권말소등기 등과 같이 등기에 대응하는 실체관계가 없어서 그 등기를 법률적으로 소멸시킬 목적으로 기존 등기의 전부를 말소하는 이른바 '말소등기'를 신청하는 경우에는, 부동산등기용등록번호를 부여받지 않아도 된다(등기선례 6-81, 2001. 3. 10. 등기3402-178 질의회답).

2. 외국인등록을 한 외국인은 출입국관리사무소장·출장소장 또는 시·군·구의 장이 발급한 외국인등록사실증명을 부동산등기용 등록번호로 할 수 있다(출입국관리법 제88조의 2, 등기선례 7-182). 국내거소신고를 한 외국국적동포의 경우에는 국내거소신고사실증명으로도 가능하다(등기예규 제1282호).

※ 외국시민권자의 서명진술서 또는 서명인증서
본국 관공서의 증명 또는 공증(본국 또는 국내 공증인) 및 번역하여 제출한다.

※ 주민등록초본
외국인(미국 시민권자 등)의 말소자주민등록 초본(주소이력 전부 나오게 발급)가 수임인의 주민등록초본을 제출한다.

※ 신분증 사본
주소증명을 대신할 수 있는 증명서(예컨대, 운전면허증 또는 신분증, 여권 등)를 본국 관공서가 발급하는 경우 관할등기소의 등기관에게 그 증명서 및 원본과 동일하다는 취지를 기재한 사본을 제출하여 원본과 동일함을 확인받은 때 또는 그 증명서의 사본에 원본과 동일하다는 취지를 기재하고 그에 대하여 본국 관공서의 증명이나 공증인의 공증(국내 공증인 가능) 또는 외국주재 한국대사관이나 영사관의 확인을 받은 때에는 그 증명서의 사본으로 주소를 증명하는 서면으로 갈음할 수 있다(등기예규 제1282호).

※ 외국인등록증(미국 시민권자 등)

※ 제적등본과 폐쇄된 기본증명서 및 가족관계증명서(미국 시민권자 등)
: 상속등기(협의분할로 인한 상속 포함)의 경우 제출한다.

※ 양도신고확인서
2020년 7월 1일부터 재외국민과 외국인이 자산을 양도하고 소유권이전등기를 신청할 때에는 대통령령으로 정하는 바에 따라 관할세무서장에게 부동산양도신고확

인서를 제출하여야 한다(소득세법 제108조). 다만, 인감증명법시행령 제13조 3항 단서에 따라 재외국민이나 외국인이 매도용 인감증명을 발급받기 위해 부동산소재지 관할세무서장으로부터 확인서를 발급받은 경우에는 별도로 부동산양도신고확인서를 제출할 필요는 없다.

부동산등양도신고확인서는 전국 모든 세무서에 신청하여 발급받을 수 있으며, 신청은 토지, 건물을 양도한 재외국민, 외국인 또는 대리인 모두 가능하다.

※ 아포스티유

2017년 5월 25일 개정된 '부동산등기규칙 제46조 제9항'에 따라 2017년 10월 1일부터 부동산등기를 신청하면서 외국공문서나 외국에서 공증받은 문서를 제출하는 경우에는 '재외공관공증법 제30조 제1항'에 따른 공증담당영사의 확인을 받거나 '외국공문서에 대한 인증의 요구를 폐지하는 협약'(일명 '아포스티유' 협약)에 따라 아포스티유를 붙여야 한다.

공문서·공증문서의 발행국가 '아포스티유' 협약 가입국이라면 등기신청인은 한국 외교부 영사관 민원실에서 발행한 아포스티유를 첨부하여야 하고, 가입하지 않은 국가라면 해당 국가에 주재하는 한국대사관 또는 총영사관에서 영사인증을 받아 제출하여야 한다(이 책 "제1편 제1장 제3항 제차호 외국 공문서/공증문서에 영사확인 또는 아포스티유 첨부"란 참조).

[자료 11] 등기신청취하서

취 하 서

1. 부동산의 표시

2. 신청인 등기의무자 홍 길 동 (000000-0000000)
서울특별시 서초구 서초대로 87길 23(서초동)

등기권리자 장 길 산 (000000-0000000)
서울특별시 서초구 서초대로 26길 12(서초동)

3. 등기의 목적 :

4. 접수연월일 및 번호
년 월 일 접수 제 호

위 등기신청을 취하합니다.

년 월 일

위 신청인 등기의무자 홍 길 동
서울특별시 서초구 서초대로 87길 23(서초동)

등기권리자 장 길 산
서울특별시 서초구 서초대로 26길 12(초동)

위 대리인 법무사 김갑동 사무소
서울특별시 서초구 서초대로 18길 16(서초동)
법무사 김 갑 동 ㉧

○○지방법원 ○○지원 등기(과)소 귀중

[자료 12] 확인정보(확인서면)

별지 제1호 양식

<table>
<tr><td colspan="5" align="center">확 인 서 면</td></tr>
<tr><td colspan="5">등기할 부동산의 표시</td></tr>
<tr><td rowspan="3">등 기
의 무 자</td><td>성 명</td><td colspan="2"></td><td>등기의 목적</td></tr>
<tr><td>주 소</td><td colspan="2"></td><td rowspan="2">소유권이전</td></tr>
<tr><td>주민등록번호</td><td colspan="2"></td></tr>
<tr><td>본인확인
정 보</td><td colspan="4">주민등록증, 외국인등록증, 국내거소신고증, 여권, 운전면허증, 기타( )</td></tr>
<tr><td>특기사항</td><td colspan="4">20○○. ○. ○. 오전 10시 40분경 서울특별시 강남구 ○○대로 ○○에 소재한 법무사 ○○○사무소를 방문한 등기의무자를 면담하고 본인임을 확인함. 등기의무자는 청색 상의 잠바와 검정색 바지를 입고 있었음</td></tr>
<tr><td rowspan="2">필적기재</td><td colspan="3">본인은 위 등기의무자와 동일인임을 확인합니다.</td><td>성 명</td></tr>
<tr><td colspan="3"></td><td></td></tr>
<tr><td>우 무 인</td><td colspan="4"></td></tr>
<tr><td colspan="5">위 본인확인정보에 따라 등기의무자등 본인임을 확인하고 「부동산등기규칙」 제111조제3항의 규정에 따라 이 서면을 작성하였습니다.

20○○년 ○월 ○일

법무사 (인)</td></tr>
</table>

별지 제2호 양식

<table>
<tr><th colspan="4">확 인 서 면 (법인)</th></tr>
<tr><td colspan="4">등기할 부동산의 표시</td></tr>
<tr><td rowspan="5">등 기
의 무 자</td><td>상 호(명 칭)</td><td></td><td>등기의 목적</td></tr>
<tr><td>등 록 번 호</td><td></td><td rowspan="4">근저당권설정</td></tr>
<tr><td>대표자격 및
성 명</td><td></td></tr>
<tr><td>주민등록번호</td><td></td></tr>
<tr><td>주 소</td><td></td></tr>
<tr><td>본인확인
정 보</td><td colspan="3">주민등록증, 외국인등록증, 국내거소신고증, 여권, 운전면허증, 기타( )</td></tr>
<tr><td>특기사항</td><td colspan="3">서울특별시 강남구 ○○대로 ○○에 소재한 법무사 ○○○사무소에 근무한 법무사 ○○○는 20○○. ○. ○. 오후 3시 20분경 서울특별시 서초구 ○○대로 ○○에 소재한 ○○은행 ○○지점을 찾아서 위 지점의 지배인 ○○○를 면담하고 본인임을 확인함. 등기의무자는 회색 상의 와이셔츠와 검정색 바지를 입고 있었음.</td></tr>
<tr><td rowspan="2">필적기재</td><td colspan="2">본인은 위 등기의무자와 동일인임을 확인합니다.</td><td>성 명</td></tr>
<tr><td colspan="2"></td><td></td></tr>
<tr><td>우 무 인</td><td colspan="3"></td></tr>
<tr><td colspan="4">위 본인확인정보에 따라 등기의무자의 대표자임을 확인하고 「부동산등기규칙」 제111조제3항의 규정에 따라 이 서면을 작성하였습니다.

20○○년 ○월 ○일

법무사 (인)</td></tr>
</table>

[자료 13] 동일인보증서

<table>
<tr><td colspan="3">동 일 인 보 증 서</td></tr>
<tr><td>부동산의표시</td><td colspan="2">1. 서울특별시 서초구 서초동 100 대 320㎡

2. 서울특별시 서초구 서초동 200 대 350㎡</td></tr>
<tr><td colspan="2">등 기 명 의 인</td><td>김 갑 동 (000000-0000000)
서울특별시 서초구 서초대로 36길 12(서초동)</td></tr>
<tr><td colspan="2">본 적</td><td>필요시 기재 {예 : 소유권이전(협의분할에 의한 상속)}</td></tr>
<tr><td colspan="2">등 기 의 목 적</td><td>등기명의인표시경정</td></tr>
<tr><td colspan="2">보 증 할 내 용</td><td>위 등기명의인은 위 부동산의 표시 기재 부동산 중 1항의 부동산에 대하여 19○○년 ○월 ○일 제○○호로 소유권이전등기신청당시 등기명의인의 주소를 "서울특별시 서초구 서초동 201"로 등기하여야 할 것을 착오로 "서울특별시 서초구 서초동 211"로, 위 부동산의 표시 기재 부동산 중 2항의 부동산에 대하여는 19○○년 ○월 ○일 제○○○호로 소유권이전등기신청당시 등기명의인의 주소를 "서울특별시 서초구 서초동 201"로 등기하여야 할 것을 착오로 "서울특별시 서초구 서초동 210"로 각 신청하여 등기되어 있으나 이는 잘못 신청하여 기록된 것으로써 사실상 동일인임이 틀림없음을 보증합니다.</td></tr>
<tr><td colspan="2">보 증 인</td><td>성 명 : 홍 길 동 ㊞
주민등록번호 : 000000-0000000
주 소 : 서울특별시 서초구 서초대로 60길 23(서초동)

성 명 : 이 몽 룡 ㊞
주민등록번호 : 000000-0000000
주 소 : 서울특별시 서초구 서초대로 30길 16(서초동)
(예시 2)
법무사 장 길 산 (-)
서울특별시 서초구 서초대로 60길 20(서초동)</td></tr>
<tr><td colspan="2">보 증 연 월 일</td><td>20○○년 ○월 ○일</td></tr>
<tr><td colspan="2">등기부상의 표시</td><td>1. 위 1항의 부동산 : 서울특별시 서초구 서초동 211
2. 위 1항의 부동산 : 서울특별시 서초구 서초동 210</td></tr>
</table>

[자료 14] 국민주택채권매입면제대상증명원

국민주택채권매입면제대상증명원

본인은 농업협동조합법에 따른 농업인으로서 아래 부동산의 표시 부동산에 대하여 근저당권을 설정하고 영농자금을 융자받음에 있어 주택도시기금법 시행령 제8조 제2항에 의한 국민주택채권 매입 대상자이나 동법 시행령 [별표] 3. 가목에 의하여 국민주택채권매입 면제대상자임을 확인하여 주시기 바랍니다.

아 래

1. 대출과목 : 영농자금대출금
2. 대출용도 : 영농자금
3. 저당권설정금액 : 금 26,000,000원
4. 담보물의 표시 및 수량
   전라남도 ○○군 ○○읍 ○○리 1236 전 564㎡
5. 신청인의 자격 : 농업협동조합법에 의한 농업인

20○○년 ○월 ○일

신청인 성 명 : 김 갑 동 ㉥
주 소 : ○○도 ○○군 ○○군 ○○읍
○○길 ○○

○○농업협동조합 귀중

위와 같이 확인합니다.

채권자 ○○농업협동조합
조합장 홍 길 동 ㉥

[자료 15] 부동산매매계약서

부동산매매계약서

매도인과 매수인은 다음과 같이 매매계약을 체결한다.

1. 부동산의 표시

2. 매매대금 및 지급방법

<table>
<tr><td colspan="3">매매대금 팔천만원(₩ 80,000,000)</td><td rowspan="2">지급
장소</td><td rowspan="2"></td></tr>
<tr><td>계약금</td><td>금 8,000,000원</td><td>영수함 ㊞</td></tr>
<tr><td>중도금</td><td colspan="3">금 원은 . . .까지 지급</td><td>. . . 영수함 ㊞</td></tr>
<tr><td>잔 금</td><td colspan="3">금 72,000,000원은 20○○. 8. 5.까지 지급</td><td>. . . 영수함 ㊞</td></tr>
</table>

3. 매도인은 매매대금 전액을 영수함과 동시에 매수인에게 이 부동산에 대한 소유권이전등기절차를 이행하고 이 부동산을 인도한다.
4. 위 부동산에 대한 소유권이전등기에 필요한 절차비용은 매수인이 부담한다.
5. 이 부동산의 명도 및 인도 때까지 발생한 제세공과금은 매도인이 부담하고 그 후에 발생한 제세공과금은 매수인이 부담한다.
6. 매도인이 위약한 때에는 위약금으로 계약금의 배액을 매수인에게 배상하고 매수인이 위약한 때에는 계약금을 위약금으로 보고 그 반환청구권이 상실된다. 계약착수 후에도 또한 같다.

특 약 사 항	위 부동산에 대한 매매대금 잔금 ○○○원은 매도인과 농협은행 주식회사(성남시지부) 간에 20○○. ○. ○. 채권최고액 90,000,000원으로 한 근저당권설정계약을 체결하고, 20○○. ○. ○. ○○ 지방법원 ○○등기소 접수 제○○○호로 등기한 근저당권설정등기에 관한 피담보채무금 72,000,000원(이자포함) 전부를 20○○ 8. 5. 매수인이 승계받아 부담하는 조건으로 매수한다(필요시 약정)

이 계약의 성립을 증명하기 위하여 이 계약서 2통을 작성하고 계약 당사자가 이의

없음을 확인하고 각각 서명 날인하다.

20○○년 7월 20일

당사자 표시

<table>
<tr><td rowspan="2">매도인</td><td rowspan="2">㊞</td><td rowspan="2">주민등록
번 호</td><td rowspan="2">-</td><td>주 소</td><td></td></tr>
<tr><td>전화번호</td><td></td></tr>
<tr><td rowspan="2">매수인</td><td rowspan="2">㊞</td><td rowspan="2">주민등록
번 호</td><td rowspan="2">-</td><td>주 소</td><td></td></tr>
<tr><td>전화번호</td><td></td></tr>
</table>

[자료 16] 부동산매매계약서(합유)

부동산매매계약서

매도인과 매수인은 다음과 같이 매매계약을 체결한다.

1. 부동산의 표시

2. 매매대금 및 지급방법

매매대금	원정(₩)		지급 장소	
계약금	금 원정	영수함 ㊞		
중도금	금 원정은 . . . 까지 지급			. . . 영수함 ㊞
잔 금	금 원정은 . . . 까지 지급			. . . 영수함 ㊞

3. 매도인은 매매대금 전액을 영수함과 동시에 매수인에게 이 부동산에 대한 소유권이전등기절차를 이행하고 이 부동산을 인도한다.
4. 위 부동산에 대한 소유권이전등기에 필요한 절차비용은 매수인이 부담한다.
5. 이 부동산의 명도 및 인도 때까지 발생한 제세공과금은 매도인이 부담하고 그 후에 발생한 제세공과금은 매수인이 부담한다.
6. 매도인이 위약한 때에는 위약금으로 계약금의 배액을 매수인에게 배상하고 매수인이 위약한 때에는 계약금을 위약금으로 보고 그 반환청구권이 상실된다. 계약착수 후에도 또한 같다.
7. 매수인들은 그 소유형태를 민법이 정한 "합유"로 하기로 한다.

이 계약의 성립을 증명하기 위하여 이 계약서 2통을 작성하고 계약 당사자가 이의 없음을 확인하고 각각 서명 날인하다.

년 월 일

당사자 표시

<table>
<tr><td rowspan="2">매도인</td><td rowspan="2">㊞</td><td rowspan="2">주민등록
번 호</td><td rowspan="2">-</td><td>주 소</td><td></td></tr>
<tr><td>전화번호</td><td></td></tr>
<tr><td rowspan="2">매수인
(합유자)</td><td rowspan="2">㊞</td><td rowspan="2">주민등록
번 호</td><td rowspan="2">-</td><td>주 소</td><td></td></tr>
<tr><td>전화번호</td><td></td></tr>
<tr><td rowspan="2">매수인
(합유자)</td><td rowspan="2">㊞</td><td rowspan="2">주민등록
번 호</td><td rowspan="2">-</td><td>주 소</td><td></td></tr>
<tr><td>전화번호</td><td></td></tr>
</table>

[자료 17] 부동산증여계약서

부동산증여계약서

증여인 홍길동과 수증인 이몽룡, 장길산 사이에 다음과 같이 부동산증여계약을 체결한다.

부동산의 표시

위 부동산은 증여인 홍길동의 소유인 바, 이를 수증인 이몽룡에게 증여할 것을 약정하고 수증인은 이를 수락하였으므로 이를 증명하기 위하여 각자 기명날인한 후 각각 1통씩을 소유한다).

(예시 2 : 위 부동산은 증여인 홍길동의 소유인 바, 이를 수증인 이몽룡에게 2분의 1, 장길동에게 2분의 1씩을 증여할 것을 약정하고 수증인들은 이를 수락하였으므로 이를 증명하기 위하여 각자 기명날인한 후 각각 1통씩을 소유한다).

(예시 3 : 위 부동산에 대한 공유자 지분 중 홍길동 지분 3분의 1 전부를 수증인 이몽룡에게 증여할 것을 약정하고 수증인은 이를 수락하였으므로 이를 증명하기 위하여 각자 기명날인한 후 각각 1통씩을 소유한다).

(예시 4 : 위 부동산에 대한 공유자 홍길동 지분 중 3분의 1를 수증인 이몽룡에게, 3분의 1을 장길산에게 증여할 것을 약정하고 수증인은 이를 수락하였으므로 이를 증명하기 위하여 각자 기명날인한 후 각각 1통씩을 소유한다).

년 월 일

당사자 표시

증여인	㊞	주민등록 번 호	-	주 소	
				전화번호	
수증인	㊞	주민등록 번 호	-	주 소	
				전화번호	
수증인	㊞	주민등록 번 호	-	주 소	
				전화번호	

[자료 18] 부담부증여계약서

부담부증여계약서

증여인 홍길동은 수증인 이몽룡에게 아래 부동산의 표시 기재 부동산을 증여하기 위하여 아래 2항에 관한 대출금을 수증인이 부담하기로 하는 부담부증여계약을 체결한다.

1. 부동산의 표시

2. 증여와 관련된 부담 등
   위 부동산은 증여인 홍길동의 소유인바, 위 부동산 전부에 대하여 20○○. ○. ○. 증여인 홍길동과 주식회사 농협은행(성남시지부) 간에 채권최고액 1억원으로 한 근저당권설정계약을 체결하고, 20○○. ○. ○. ○○지방법원 ○○등기소 접수 제○○○호로 등기한 근저당권설정등기에 관한 피담보채무금 전부를 금일 수증인이 승계받아 부담하는 조건으로 수증인에게 증할 것을 약정하고 수증인은 이를 수락하였으므로 이를 증명하기 위하여 각자 기명날인한 후 각각 1통씩을 소유한다.

년 월 일

당사자 표시

증여인	㉌	주민등록 번 호	-	주 소	
				전화번호	
수증인	㉌	주민등록 번 호	-	주 소	
				전화번호	

[자료 19] 부동산증여계약서(합유)

부동산증여계약서

증여인 김○남과 수증인 윤○철, 윤○숙 사이에 다음과 같이 부동산증여계약을 체결한다.

1. 부동산의 표시

2. 증여인은 자기 소유의 위 부동산을 수증인들에게 증여하고 수증인들은 이를 승낙한다.
3, 수증인들은 그 소유권을 "합유"로 하기로 한다.

위 계약을 증명하기 위하여 각자 기명날인한 후 각각 1통씩을 소유한다.

년 월 일

당사자 표시

증 여 인 김 ○ 남 ㊞ (지분 1분의 1)
(-)
전라남도 ○○군 ○○읍 ○○로 ○○
(전화 :)

수증인(합유자) 윤 ○ 철 ㊞
(-)
전라남도 ○○군 ○○읍 ○○로 ○○
(전화 :)

수증인(합유자) 윤 ○ 숙
(-)
전라남도 ○○군 ○○읍 ○○로 ○○

[자료 20] 부동산증여계약서(증여인 포함한 합유)

부동산증여계약서

증여인 김○남과 수증인 김○남, 윤○철, 윤○수 사이에 다음과 같이 부동산증여 계약을 체결한다.

1. 부동산의 표시

2. 증여인은 자기 소유의 위 부동산을 수증인들에게 증여하고 수증인들은 이를 승낙 한다.
3. 수증인들은 그 소유권을 "합유"로 하기로 한다.

위 계약을 증명하기 위하여 각자 기명날인한 후 각각 1통씩을 소유한다.

년 월 일

당사자 표시

증 여 인 김 ○ 남 ㊞ (지분 1분의 1)
(-)
전라남도 ○○군 ○○읍 ○○로 ○○
(전화 :)

수증인(합유자) 김 ○ 남 ㊞
(-)
전라남도 ○○군 ○○읍 ○○로 ○○
(전화 :)

수증인(합유자) 윤 ○ 철 ㊞
(-)
전라남도 ○○군 ○○읍 ○○로 ○○
(전화 :)

수증인(합유자) 윤 ○ 수
(-)
전라남도 ○○군 ○○읍 ○○로 ○○
미성년자이므로 법정대리인
친권자 부 윤 ○ 철 ㊞
(-)
전라남도 ○○군 ○○읍 ○○로 ○○
친권자 모 이 ○ 숙 ㊞
(-)
전라남도 ○○군 ○○읍 ○○로 ○○
(전화 :)

[자료 21] 부동산변경계약서(공유자를 합유자로)

부동산변경계약서

공유자 김○철과 공유자 강○선은 아래 부동산의 표시 기재 부동산의 소유권에 대하여 "공유자 김○철, 공유자 김○철로 되어 있는 것을 "합유자 김○철, 합유자 김○철"로 변경한다"라는 계약을 체결한다.

1. 부동산의 표시

이 계약의 성립을 증명하기 위하여 이 계약서 3통을 작성하고 계약 당사자가 이의 없음을 확인하고 각각 서명 날인하다.

년 월 일

당사자 표시

공유자	㊞	주민등록번호	-	주 소	
				전화번호	
공유자	㊞	주민등록번호	-	주 소	
				전화번호	

[자료 22] 부동산변경계약서(합유자를 공유자로)

부동산변경계약서

합유자 김○철과 합유자 강○선은 아래 부동산의 표시 기재 부동산의 소유권에 대하여 "합유자 김○철, 합유자 김○철로 되어 있는 것을 "공유자 김○철, 공유자 김○철"로 변경한다"라는 계약을 체결한다.

1. 부동산의 표시

이 계약의 성립을 증명하기 위하여 이 계약서 3통을 작성하고 계약 당사자가 이의 없음을 확인하고 각각 서명 날인하다.

년 월 일

당사자 표시

합유자	㉣	주민등록 번 호	-	주 소	
				전화번호	
합유자	㉣	주민등록 번 호	-	주 소	
				전화번호	

[자료 23] 합유명의인 탈퇴증명서

합유명의인탈퇴증명서

부 동 산 의　표 시

위 부동산은 김○철, 합유자 강○선의 소유인바, 금일 합유자 김○철의 탈퇴로 인하여 강○선의 단독소유로 됨이 상이 없으므로 합유명의인을 변경합니다.

년　　월　　일

당사자 표시

<table>
<tr><td rowspan="2">합유자</td><td rowspan="2">김 ○ 철 ㉟</td><td rowspan="2">주민등록
번　　호</td><td rowspan="2">-</td><td>주　　소</td><td></td></tr>
<tr><td>전화번호</td><td></td></tr>
<tr><td rowspan="2">합유자</td><td rowspan="2">강 ○ 선 ㉟</td><td rowspan="2">주민등록
번　　호</td><td rowspan="2">-</td><td>주　　소</td><td></td></tr>
<tr><td>전화번호</td><td></td></tr>
</table>

[자료 24] 공유물분할계약서

공유물분할계약서

공유자 김정현과 강기선은 다음과 같이 합의한다.

김정현과 강기선은 그 공동소유자인 아래 부동산의 표시 기재 부동산을 분할하여 각 단독소유로 할 것을 합의한다.

부 동 산 의 표 시

1. 서울특별시 서초구 서초동 200 대 150㎡
2. 서울특별시 서초구 서초동 200
   [도로명주소] 서울특별시 서초구 서초대로 36
   시멘트 벽돌조 슬래지붕 단층주택 80㎡

위의 사실을 명확히 하기 위하여 이 계약서 2통을 작성하고 각자 기명날인하여 각 1통씩 보관한다.

20○○년 ○월 ○일

김 정 현 ㊞
000000-0000000
○○시 ○○구 ○○로 18(○○동)

강 기 선 ㊞
000000-0000000
○○시 ○○구 ○○로 20(○○동)

[주] 공유물분할계약서는 소유권이전에 관한 대가성 있는 증서로 볼 수 없으므로 인지를 첨부할 필요가 없다.

[자료 25] 부동산교환계약서

부동산교환계약서

계약당사자인 홍길동(이하 "갑"이라 한다)과 장길산(이하 "을"이라 한다)은 각자가 소유하고 있는 물건을 교환함에 있어 다음과 같이 계약한다.

제1조 "갑"은 그 소유의 다음 부동산의 표시 기재 (1), (2)의 부동산에 대한 소유권을 "을"에게 이전하고, "을"은 그 소유인 다음 부동산의 표시 기재 (3)의 부동산에 대한 소유권을 상호교환으로 "갑"에게 이전한다.

제2조 다음 부동산의 표시 기재 (3)의 부동산에 관하여 설정된 근저당권 피담보채무는 홍길동이가 인수하기로 한다(필요시 약정).

제3조 1. 다음 부동산의 표시 기재 부동산의 인도는 20○○년 6월 15일까지 "갑", "을" 모두 행하여야 한다(필요시 약정).

2. 다음 부동산의 표시 기재 부동산에 대한 소유권이전등기는 20○○년 6월 20일까지 이행하고, "갑", "을" 각 당사자는 자기 소유의 부동산에 대하여 서로가 상대방에게 소유권이전등기를 할 수 있도록 협력하여야 한다.

제4조 1. "갑"이 제공하는 다음 부동산의 표시 기재 (1), (2)의 부동산은 금 ○○○원으로 평가하고 "을"이 제공하는 다음 부동산의 표시 기재 (3)의 부동산은 금 ○○○원으로 평가한다(필요시 약정).

2. "을"은 전호에 정하는 평가액의 차액을 소유권이전등기시에 현금으로 "갑"에게 지급하여야 한다(필요시 약정).

제5조 잔급지급기일 현재 다음 부동산의 표시 기재 부동산에 관하여 발생한 수익과 제세공과금 및 부담금은 소유권이전등기일을 기준으로 각자 부담한다.

제6조 본 계약의 목적을 달성할 수 없을 때에는 본 계약을 해제할 수 있으며, 을이 위약한 때에는 계약금을 갑이 취득하고, 갑이 위약한 때에는 계약금의 배액을 을에게 변상하여야 한다.

위 계약성립의 증거로써 본 계약서 2통을 작성하여 기명날인한 후 각각 1통씩 보관한다.

부 동 산 의 표 시

(1) 전라남도 ○○군 ○○ 읍 ○○ 리 123 대 150㎡

– 이상 홍 길 동 소유 –

(2) 전라남도 ○○군 ○○ 읍 ○○ 리 124 대 170㎡

– 이상 공유자지분 중 홍길동 지분 3분의 1 전부 –

(3) 전라남도 ○○군 ○○ 읍 ○○ 리 125 대 280㎡

– 이상 장 길 산 소유 –

20○○년 6월 10일

당사자 표시

<table>
<tr><td rowspan="2">갑</td><td rowspan="2">㊞</td><td rowspan="2">주민등록
번 호</td><td rowspan="2">-</td><td>주 소</td><td></td></tr>
<tr><td>전화번호</td><td></td></tr>
<tr><td rowspan="2">을</td><td rowspan="2">㊞</td><td rowspan="2">주민등록
번 호</td><td rowspan="2">-</td><td>주 소</td><td></td></tr>
<tr><td>전화번호</td><td></td></tr>
</table>

[자료 26] 부동산매매예약서

부동산매매예약서

매도예약자 홍길동을 "갑"이라 칭하고, 매수예약자 이몽룡을 "을"이라 칭하여 아래와 같이 부동산매매예약을 체결한다.

부 동 산 의 표 시

1. 전라남도 ○○군 ○○ 읍 ○○리 123 대 150㎡
2. 전라남도 ○○군 ○○ 읍 ○○리 234 전 230㎡, 끝.

제1조 "갑"은 "을"에게 위 부동산을 매매대금 삼천만원(₩ 30,000,000)원에 매도할 것을 예약하며 "을"은 이를 승낙한다.

제2조 본 매매예약의 완결일자는 20○○.○. ○로 하며 위 완결일자가 경과하였을 때에는 "을"의 매매완결의 의사표시가 없어도 당연히 매매가 완결된 것으로 본다.

제3조 제2조에 의하여 매매가 완결되었을 때에는 "갑"과 "을" 간에. 위 부동산에 대한 매매계약이 성립되며, "갑"은 "을"로부터 제1조의 대금을 수령함과 동시에 "을"에게 위 부동산에 관하여 매매로 인한 소유권이전등기절차를 이행하고 위 부동산을 인도하여야 한다.

제4조 "을"은 "갑"에게 본 예약의 증거금으로 예약당일에 금 이천오백만원(₩ 25,000,000)을 지급하기로 하며 위 금액은 제1조의 대금에서 공제한다.

제5조 "갑"은 본 예약체결과 동시에 위 부동산에 대하여 "을"에게 매매예약에 의한 소유권이전청구권보전의 가등기절차를 이행하기로 한다.

제6조 본 예약에 의한 등기신청비용, 등록면허세 등은 "갑"이 부담한다.

이 계약의 성립을 증명하기 위하여 이 계약서 2통을 작성하고 "갑", "을" 쌍방이 기명날인하다.

년 월 일

당사자 표시

<table>
<tr><td rowspan="2">매 도
예약자(갑)</td><td rowspan="2">㊞</td><td rowspan="2">주민등록
번 호</td><td rowspan="2">-</td><td>주 소</td><td></td></tr>
<tr><td>전화번호</td><td></td></tr>
<tr><td rowspan="2">매 수
예약자(을)</td><td rowspan="2">㊞</td><td rowspan="2">주민등록
번 호</td><td rowspan="2">-</td><td>주 소</td><td></td></tr>
<tr><td>전화번호</td><td></td></tr>
</table>

[자료 27] 소유권이전청구권가등기 양도, 양수계약서

소유권이전청구권가등기 양도, 양수계약서

부 동 산 의 표 시

1. 서울특별시 서초구 서초동 100 대 320㎡

2. 서울특별시 서초구 서초동 200 대 350㎡, 끝.

위 부동산에 대하여 20○○. ○. ○. 가등기권리자 홍길동과 가등기의무자 장길산 간에 매매예약금 50,000,000원으로 한 매매예약을 체결하고, 20○○. ○. ○. ○○지방법원 ○○등기소 접수 제○○○호로써 소유권이청구권가등기를 경료하여 가등기권을 취득하였던 바, 현재 가등기의무자와 가등기권리자 간에 존재한 금 50,000,000원의 예약금과 가등기상 권리를 양수인에게 양도하고 양수인은 이를 승낙하다.

이 계약의 성립을 증명하기 위하여 이 계약서 2통을 작성하고 계약 당사자가 이의 없음을 확인하고 각각 서명 날인하다.

년 월 일

당사자 표시

<table>
<tr><td rowspan="2">위 양도인</td><td rowspan="2">홍 길 동 ㊞</td><td rowspan="2">주민등록
번 호</td><td rowspan="2">-</td><td>주 소</td><td></td></tr>
<tr><td>전화번호</td><td></td></tr>
<tr><td rowspan="2">위 양수인</td><td rowspan="2">이 몽 룡 ㊞</td><td rowspan="2">주민등록
번 호</td><td rowspan="2">-</td><td>주 소</td><td></td></tr>
<tr><td>전화번호</td><td></td></tr>
</table>

[자료 28] 소유권이전청구권가등기 일부양도, 양수계약서

소유권이전청구권가등기 일부 양도, 양수계약서

부 동 산 의 표 시

1. 서울특별시 서초구 서초동 100 대 320㎡
2. 서울특별시 서초구 서초동 200 대 350㎡, 끝.

위 부동산에 대하여 20○○. ○. ○. 가등기권리자 홍길동과 가등기의무자 장길산 간에 매매예약금 200,000,000원으로 한 매매예약을 체결하고, 20○○. ○. ○. ○○지방법원 ○○등기소 접수 제○○○호로써 소유권이청구권가등기를 경료하여 가등기권을 취득하였던 바, 현재 가등기의무자와 가등기권리자 간에 존재한 금 200,000,000원의 예약금 중 금 100,000,000원의 예약금과 가등기상 권리 중 2분의 1 지분을 양수인에게 양도하고 양수인은 이를 승낙하다.

(예시 2 : 위 부동산에 대하여 20○○. ○. ○. 가등기권리자 홍길동과 가등기의무자 장길산 간에 매매예약금 200,000,000원으로 한 매매예약을 체결하고, 20○○. ○. ○. ○○지방법원 ○○등기소 접수 제○○○호로써 소유권이청구권가등기를 경료하여 가등기권을 취득하였던 바, 현재 가등기의무자와 가등기권리자 간에 남은 금 150,000,000원의 예약금 중 금 100,000,000원의 예약금과 가등기상 권리 중 4분의 1 지분을 양수인에게 양도하고 양수인은 이를 승낙하다.

이 계약의 성립을 증명하기 위하여 이 계약서 2통을 작성하고 계약 당사자가 이의 없음을 확인하고 각각 서명 날인하다.

년 월 일

당사자 표시

위 양도인	홍 길 동 ㊞	주민등록 번 호	-	주 소	
				전화번호	
위 양수인	이 몽 룡 ㊞	주민등록 번 호	-	주 소	
				전화번호	

[자료 29] 부동산대물반환예약서

부동산대물반환예약서

채무자 홍길동(이하 "갑"이라 한다)과 채권자 이몽룡(이사 "을"이라 한다)은 20○○. ○. ○. 금전소비대차계약을 체결한 후에 같은 날 아래와 같은 내용의 대물반환예약을 하고 이에 날인하다.

부 동 산 의 표 시

1. 서울특별시 서초구 서초동 100 대 200㎡
2. 서울특별시 서초구 서초동 100
   [도로명주소] 서울특별시 서초구 서초대로 28길 16
   철근콘트리트조 슬래브지붕 단층주택 120㎡, 끝

제1조 을은 갑에게 금 삼억원(300,000,000)을 대여함에 있어 연 12%로 정하여 매월 말일 지급하여야 하고, 변제기는 20○○. ○. ○.로 하여 만일 변제기에 원리금을 변제하지 아니하면 갑은 대물반환으로 위 부동산을 을에게 이전하기로 을과 합의한다.

제2조 제1조의 채권을 담보하기 위하여 갑은 을에게 위 부동산에 대하여 담보가등기 절차를 이행하여야 한다.

제3조 을이 제1조의 규정에 의하여 소유권을 취득함에는 2개월 전에 목적 부동산의 평가액에서 차용액인 원리금의 가액을 초과하는 청산금평가액을 갑에게 통지하여야 한다.

제4조 제3조의 청산기간을 경과하도록 원리금 및 이자를 변제하지 아니할 때에는 을은 갑에게 청산금을 지급함과 동시에 을은 담보가등기에 의한 본등기를 한다. 본등기를 함에 있어 갑은 을에게 등기절차에 필요한 일체의 서류를 넘겨주어야 한다.

제5조 제4조의 등기를 신청함에 있어 갑과 을간에 별도의 대물반환계약을 체결함이 없이도 제3조의 통지서가 갑에게 송달된 후 2개월이 경과된 다음날에 자동적으로 제1조의 대물반환의 본 계약이 성립된 것으로 본다.

20○○년 ○월 ○일

채무자(갑) 홍 길 동 ㊞
서울 서초구 서초대로 88길 20(서초동)

채권자(을) 이 몽 룡 ㊞
서울 서초구 서초대로 70길 12(서초동)

[자료 30] 부동산대물변제계약서

부동산대물변제계약서

채권자와 채무자는 다음과 같이 대물변제계약을 체결한다.

제1조 채권자와 채무자 사이에 체결한 20○○년 ○월 ○일의 금전소비대차계약에 의하여 채권자가 채무자에 대하여 가지고 있는 금 100,000,000원과 이자 금 12,500,000원의 변제에 갈음하여 채무자는 그가 소유하는 다음 부동산의 표시 기재 부동산의 소유권을 채권자에게 이전한다.

부 동 산 의 표 시

1. 서울특별시 서초구 서초동 100 대 200㎡
2. 서울특별시 서초구 서초동 100
   [도로명주소] 서울특별시 서초구 서초대로 28길 16
   철근콘크리트조 슬래브지붕 단층주택 120㎡

제2조 채권자는 전조의 부동산의 소유권이전에 의하여 제1조에 기재한 채권은 모두 소멸하는 것을 승인한다.

제3조 채권자와 채무자간에 있어서의 20○○년 ○월 ○일의 금전소비대차계약서의 등본을 이 계약서에 첨부한다.

이 계약의 성립을 증명하기 위하여 각자 기명날인한 후 각 1통씩 보관한다.

20○○년 ○월 ○일

채무자 홍 길 동 ㊞
000000-0000000
서울 서초구 서초대로 88길 20(서초동)

채권자 이 몽 룡 ㊞
000000-0000000
서울 서초구 서초대로 70길 12(서초동)

[자료 31] 대물변제계약서

대물변제계약서

채권자 홍길동(이하 "갑"이라 한다)과 채무자 이몽룡(이하 "을"이라 한다)은 대물변제를 위하여 다음과 같이 계약을 체결한다.

1. 부동산의 표시

제1조 갑과 을 사이에 20○○년 ○월 ○일 체결한 계약에 기하여 을이 갑에 대하여 부담하는 원리금 106,000,000원의 채무변제에 갈음하여 을은 그 소유인 위 부동산을 갑에게 이전한다.

제2조 을은 대물변제를 할 위 부동산에 대하여 즉시 소유권이전등기절차를 이행하기로 하고 갑은 위 등기를 마친 때에 위 채권일체가 모두 소멸하는 것을 승낙한 것으로 한다.

제3조 상기 당사자 간에 있어서의 20○○년 ○월 ○일의 금전소비대차계약서 등본을 이 계약서에 첨부한다.

이 계약의 성립을 증명하기 위하여 본 계약서 2통을 작성하고 각자 기명날인하여 각 1통씩 보관한다.

년 월 일

당사자 표시

갑	㊞	주민등록 번 호	-	주 소	
				전화번호	
을	㊞	주민등록 번 호	-	주 소	
				전화번호	

[자료 32] 정지조건부대물변제계약서

정지조건부대물변제계약서

채권자 홍길동(이하 "갑"이라 한다)과 채무자 이몽룡(이하 "을"이라 한다)은 대물변제를 위하여 다음과 같이 계약을 체결한다.

1. 부동산의 표시

제1조 갑과 을 사이에 20○○년 ○월 ○일자 금전소비대차계약에 기하여 을이 갑에 대하여 부담하는 원리금 168,000,000원을 20○○년 ○월 ○일에 지급하지 아니할 때에는 을은 대물변제로서 위 부동산을 갑에게 이전한다.

제2조 을은 전조에 의한 소유권을 갑에게 이전할 경우에는 을은 등기절차에 필요한 모든 서류를 갖추어 갑에게 교부하여야 한다.

제3조 을은 이 계약 성립 후 갑을 위하여 대물변제의 목적물인 위 부동산을 정지조건부소유권이전의 가등기신청절차에 협력한다.

이 계약의 성립을 증명하기 위하여 본 계약서 2통을 작성하고 각자 기명날인하여 각 1통씩 보관한다.

년 월 일

당사자 표시

갑	㊞	주민등록 번 호	-	주 소	
				전화번호	
을	㊞	주민등록 번 호	-	주 소	
				전화번호	

[자료 33] 선박매매계약서

선 박 매 매 계 약 서

매도인과 매수인은 다음과 같이 매매계약을 체결한다.

1. 선박의 표시
   가. 선박의 종류와 명칭 :
   나. 선적항 : 다. 선 질 :
   라. 총톤수 : 마. 기관의 종류와 수 :
   바. 추진기의 종류와 수 : 사. 진수연월일 :

2. 매매대금 및 지급방법

<table>
<tr><td colspan="3">매매대금 원정(₩)</td><td rowspan="2">지급
장소</td><td rowspan="2"></td></tr>
<tr><td>계약금</td><td>금 원정</td><td>영수함 ㊞</td></tr>
<tr><td>중도금</td><td colspan="3">금 원정은 . . . 까지 지급</td><td>. . . 영수함 ㊞</td></tr>
<tr><td>잔 금</td><td colspan="3">금 원정은 . . . 까지 지급</td><td>. . . 영수함 ㊞</td></tr>
</table>

3. 매도인은 매매대금 전액을 영수함과 동시에 매수인에게 이 선박(속구 및 비품을 모두 포함한다)에 대한 소유권이전등기절차를 이행하고 이 선박을 인도하고, 매수인은 이를 즉시 인수하여야 한다.
4. 위 선박에 대한 소유권이전등기에 필요한 절차비용은 매수인이 부담한다.
5. 이 선박의 명도 및 인도 때까지 발생한 제세공과금은 매도인이 부담하고 그 후에 발생한 제세공과금은 매수인이 부담한다.
6. 매도인은 선박의 인도일까지 선량한 관리자의 주의로서 이를 보존하여야 하며, 인도 전에 하자가 발견되었을 경우는 매도인은 이를 수리하여야 한다. 이 경우 그 수리에 드는 비용은 매도인의 부담으로 한다.
7. 선박이 인도 전에 멸실 또는 파손되거나 기타 불가항력에 의하여 본 계약의 목적을 달성할 수 없을 때에는 이 계약이 해제된 것으로 간주한다.
8. 매도인이 위약한 때에는 위약금으로 계약금의 배액을 매수인에게 배상하고 매수인이 위약한 때에는 계약금을 위약금으로 보고 그 반환청구권이 상실된다. 계약착수 후에도 또한 같다.

특 약 사 항	

이 계약의 성립을 증명하기 위하여 이 계약서 2통을 작성하고 계약 당사자가 이의 없음을 확인하고 각각 서명 날인하다.

년 월 일

당사자 표시

<table>
<tr><td rowspan="2">매도인</td><td rowspan="2">㊞</td><td rowspan="2">주민등록
번 호</td><td rowspan="2">-</td><td>주 소</td><td></td></tr>
<tr><td>전화번호</td><td></td></tr>
<tr><td rowspan="2">매수인</td><td rowspan="2">㊞</td><td rowspan="2">주민등록
번 호</td><td rowspan="2">-</td><td>주 소</td><td></td></tr>
<tr><td>선화번호</td><td></td></tr>
</table>

[자료 34] 지위이전계약서(수분양자)

지 위 이 전 계 약 서

수분양자(이하 "갑"이라 한다)와 양수인(이하 "을"이라 한다)은 합의하에 아래 표시 부동산에 대한 수분양자지위 이전계약을 주택분양자(이하 "병"이라 한다)는 이에 동의 한다.

1. 부동산의 표시

2. "갑"이 위 부동산에 대한 수분양자 지위를 "을"에게 이전함에 있어 "을"은 그 매매대금으로 금 오천만원(₩ 50,000,000)을 지급한다.
3. 위 부동산에 관하여 발생한 수익은 그 매매대금 지급일을 기준으로 "을"에게 귀속한다.
4. 계약당사자 및 동의자는 이 계약의 성립에 이의 없음을 확인하고 이를 증명하기 위하여 각각 기명날인하여 1통씩 보관한다.

첨 부 : 영수증(또는 당사자의 진술서 등)

년 월 일

당사자 표시

갑	㊞	주민등록 번 호	-	주 소	
				전화번호	
을	㊞	주민등록 번 호	-	주 소	
				전화번호	
병	㊞	주민등록 번 호	-	주 소	
				전화번호	

[주] ① 지위이전계약의 체결일이 먼저 체결된 계약서상에 표시된 반대급부 이행일 전이거나, 먼저 체결된 계약에 따른 실제의 반대급부 이행일 전임을 기재에 의하여 소명(예컨대, 영수증 또는 당사자의 진술서 등)하여야 한다(등기예규 제1419호 2011. 10. 12).

② 위 계약서에는 부동산소재지를 관할하는 시장, 구청장 또는 군수로부터 검인을 받아야 한다.

[자료 35] 환매특약증서

환 매 특 약 증 서

매도인과 매수인은 아래 부동산의 표시 기재 부동산에 대하여 부동산매매계약을 체결하고 환매특약의 약정을 체결한다.

1. 부동산의 표시

2. 매매대금 : 100,000,000원
3. 매매비용 : 금 500,000원
4. 특약사항 : 매도인은 20○○년 ○월 ○일까지 위의 대금과 비용을 환매대금과 비용으로서 반환하고 위 부동산을 환매할 수 있다.

위의 사실을 명확히 하기 위하여 본 증서 2통을 작성하고 계약 당사자가 이의 없음을 확인하고 각각 서명 날인하다.

년 월 일

당사자 표시

매 도 인 (환매권자)	㊞	주민등록 번 호	-	주 소	
				전화번호	
매 수 인 (환매권이행자)	㊞	주민등록 번 호	-	주 소	
				전화번호	

[자료 36] 환매권양도증서

환 매 권 양 도 증 서

1. 부동산의 표시

2. 양도할 환매권의 표시
   20○○년 ○월 ○일 접수 제○○○호 갑구 순위 제○번 등기에 의한 환매권
   (20○○년 ○월 ○일까지 기한으로 정한 환매권)

3. 위 부동산에 대한 환매권을 "갑" ○○○는 "을" ○○○에게 즉시 양도한다.

위의 사실을 명확히 하기 위하여 본 증서 2통을 작성하고 각각 기명 날인하다.

년 월 일

당사자 표시

양도인 ("갑")	㊞	주민등록 번 호	-	주 소	
				전화번호	
양수인 ("을")	㊞	주민등록 번 호	-	주 소	
				전화번호	

[자료 37] 부동산매매계약해제증서

부동산매매계약해제증서

매도인과 매수인은 쌍방합의 하에 다음과 같이 부동산매매해제계약을 체결한다.

1. 부동산의 표시

제1조 20○○년 2월 25일 상기 부동산에 대하여 매도인과 매수인 간에 체결한 부동산 매매계약을 해제할 것을 합의한다.

제2조 매도인은 20○○년 2일 25일 부동산매매계약에 기하여 매수인으로부터 지급받은 매매대금 이억원(₩ 200,000,000)을 20○○년 10일 20일까지 일시불로 매수인에게 반환하며, 매수인은 위 부동산을 20○○년 10일 25일까지 현상대로 매도인에게 인도하여야 하며, 20○○년 10일 28일까지 매도인 명의로 소유권이전 등기절차를 이행한다.

제3조 이 계약해제로 인한 추후 민,형사상의 책임에 관하여는 서로 이의를 제기하지 않기로 한다.

이 계약의 성립을 증명하기 위하여 본 증서 2통을 작성하고 각자 기명날인한 후 각 1통씩 보관한다.

년 월 일

당사자 표시

매도인	㉣	주민등록 번 호	-	주 소	
				전화번호	
매수인	㉣	주민등록 번 호	-	주 소	
				전화번호	

[자료 38] 부동산증여계약해제증서

부동산증여계약해제증서

홍길동(증여자)과 이몽룡(수증자)은 쌍방합의 하에 다음과 같이 부동산증여해제계약을 체결한다.

1. 부동산의 표시

제1조 20○○년 3월 10일 상기 부동산에 대하여 증여자와 수증자 간에 체결한 부동산증여계약을 해제할 것을 합의한다.

제2조 수증인은 20○○년 3일 10일 부동산증여계약에 기하여 증여자로부터 증여받은 위 부동산을 현상대로 증여자에게 인도함과 동시에 증여인 명의로 소유권이전등기절차를 이행한다.

제3조 제2조에 의한 위 부동산의 인도와 등기절차이행은 20○○년 10월 20일까지 이행한다.

제4조 이 계약에 의한 부동산의 등기비용 및 제반절차에 드는 비용 및 위 부동산에 대하여 부과된 공과금은 제3조에서 정한 기일을 기준으로 증여자 및 수증자가 연대하여 부담한다.

이 계약의 성립을 증명하기 위하여 본 증서 2통을 작성하고 각자 기명날인하여 각 1통씩 보관한다.

년 월 일

당사자 표시

증여자	㊞	주민등록 번 호	-	주 소	
				전화번호	
수증자	㊞	주민등록 번 호	-	주 소	
				전화번호	

[자료 39] 부동산매매예약해제증서

부동산매매예약해제증서

홍길동(매수예약인)과 이몽룡(매도예약인)은 쌍방합의 하에 다음과 같이 부동산매매예약해제계약을 체결한다.

1. 부동산의 표시

제1조 20○○년 5월 8일 상기 부동산에 대하여 매도예약인과 매수예약인 간에 체결한 부동산매매예약을 해제할 것을 합의한다.

제2조 매도예약인은 20○○년 5일 8일 부동산매매계약에 기하여 매수예약인으로부터 지급받은 매매예약금 이억원(₩ 200,000,000)을 일시불로 매수예약인에게 반환하며, 매수예약인은 위 부동산을 현상대로 매도예약인에게 인도함과 동시에 위 부동산상의 가등기말소등기절차를 이행한다.

제3조 제2조에 의한 매매예약금 반환 및 부동산의 가등기말소등기절차이행은 20○○년 ○월 ○일까지 이행한다.

제4조 이 계약해제로 인한 부동산의 등기비용 및 제반절차에 드는 비용 및 위 부동산에 대하여 부과된 공과금은 제3조에서 정한 기일을 기준으로 매도예약인 및 매수예약인이 연대하여 부담한다.

이 계약의 성립을 증명하기 위하여 본 증서 2통을 작성하고 각자 기명날인하여 각 1통씩 보관한다.

년 월 일

당사자 표시

<table>
<tr><td rowspan="2">매 수
예약인</td><td rowspan="2">㉨</td><td rowspan="2">주민등록
번 호</td><td rowspan="2">-</td><td>주 소</td><td></td></tr>
<tr><td>전화번호</td><td></td></tr>
<tr><td rowspan="2">매 도
예약인</td><td rowspan="2">㉨</td><td rowspan="2">주민등록
번 호</td><td rowspan="2">-</td><td>주 소</td><td></td></tr>
<tr><td>전화번호</td><td></td></tr>
</table>

[자료 40] 승낙서(가등기)

승 낙 서

매수예약자와 이몽룡과 매도예약자 홍길동은 다음 부동산의 표시 기재 부동산에 대하여 20○○년 ○월 ○일 매매계약을 체결한바, 매도예약자는 매수예약자 명의로 소유권이전청구권보전을 위한 가등기절차를 이행함에 있어 이를 승낙합니다.

부 동 산 의 표 시

1. 서울특별시 서초구 서초동 100 대 200㎡
2. 서울특별시 서초구 서초동 100
   [도로명주소] 서울특별시 서초구 서초대로 20길 72
   시멘트 벽돌조 슬래브지붕 단층 주택 80㎡, 끝

20○○년 ○월 ○일

매도예약자 홍 길 동 ㊞
서울특별시 서초구 서초대로 20길 12(서초동)

매수예약자 이 몽 룡 귀하
서울특별시 서초구 효령로 27길 23(방배동)

[자료 41] 근저당권설정계약서

근저당권설정계약서

채권자 : ○○○(이하 '갑'이라 한다)와 채무자 겸 담보제공자 : ○○○(이하 '을'이라 한다) 간에 다음과 같이 근저당권설정을 체결한다.

제1조 갑은 을이 채권최고액 범위 안에서 갑에 대하여 기왕 현재 부담하고, 또는 장래에 부담하게 될 단독 또는 연대채무자나 보증인으로 서명(또는 기명날인)날인한 차용금증서, 각서, 지급증서 등의 채무와 발행배서, 보증인이 수반한 모든 어음채무 및 수표금상의 채무 또는 상거래로 인하여 생긴 모든 채무를 담보하고자 아래 부동산 표시 기재 부동산에 대하여 채권최고액 금 ○○○원으로 정한 근저당권을 설정한다.

제2조 갑은 을이 다음 각 호의 하나라도 해당되었을 때에는 전부 기한의 이익을 상실하며 즉시 현존하는 채무금액을 지연손배상금과 함께 일시에 지급하여야 한다.

① 1회라도 채무의 지불을 지체하였을 때
② 다른 채무 때문에 가압류, 가처분, 강제집행, 경매, 조세공과의 체납처분 등을 받았을 때
③ 다른 채무 때문에 파산, 화의 또는 회사정리 등의 신청이 있었을 때
④ 담보물건을 멸실, 훼손 또는 가치를 상당히 감소시켰을 때
⑤ 기타 본 계약에 위반하는 행위가 있을 때

제3조 갑이 증담보 또는 대담보를 청구하면 을은 즉시 이를 제공하든가, 아니면 채무의 전부 또는 일부를 변제하여야 한다.

제4조 을은 담보물건의 전부 또는 일부를 팔거나 또는 빌려주는 등, 그 형상을 변경하려고 할 때는 미리 갑의 동의를 얻어야 한다.

제5조 갑이 담보물건의 조사 또는 이에 관한 보고를 요구할 때에는 을은 언제든지 이에 응하여야 한다.

제6조 제1조·제3조에 기준하는 등기는 을의 책임과 비용으로 한다.

부 동 산 의 표 시

위 계약을 증명하기 위하여 본 계약서 2통을 작성하여 각자 기명날인한 후 각 1통씩 보관한다.

20○○년 ○월 ○일

채권자(갑) : 주식회사 ○○은행
서울특별시 중구 ○○길 ○○
취급지점 ○○동지점
지배인 김 갑 동 ㊞

채무자겸 담보제공자(을) : 주식회사 ○○
서울특별시 서초구 ○○대로 ○길 ○○(서초동)
대표이사 이 상 선 ㊞

[자료 42] 차용증서(근저당권설정시)

차 용 증 서

금 일억원정(₩ 100,000,000)

상기 금액을 귀하로부터 정히 차용하면서, 이자는 연 12%, 변제기일은 20○○년 ○월 ○일로 정하여 지급하기로 하며, 위 채무의 이행을 담보하기 위하여 채무자 소유의 아래 부동산에 대하여 귀하를 근저당권자로 하고 채권최고액 금 120,000,000원으로 한 근저당권설정등기절차를 이행하기로 하며, 만약 위 기일 내 위 돈의 지급을 지체할 시는 언제든지 청구하더라도 이의 않기로 하고 본 증서를 작성합니다.

부 동 산 의 표 시

1. 서울특별시 서초구 서초로 100 대 200㎡
2. 서울특별시 서초구 서초동 100
   [도로명주소] 서울특별시 서초구 서초내로 20길 18
   시멘트 벽돌조 슬래브지붕 단층주택 80㎡, 끝.

20○○년 ○월 ○일

차용인(채무자) 성 명 : 홍 길 동 ㉞
주민등록번호 : 000000- 0000000
주 소 : 서울특별시 서초구 서초대로 ○○길 ○○

이 몽 룡 귀하
서울특별시 서초구 강남대로 ○○길 ○

[자료 43] 추가근저당권설정계약서

추가근저당권설정계약서

채권자 : ○○○(이하 '갑'이라 한다)와 채무자 : ○○○(이하 '을'이라 한다) 및 담보제공자 : ○○○(이하 '병'이라 한다)간에 다음과 같이 근저당권설정계약을 체결한다.

제1조 근저당권설정자는 채무자가 채권자겸 근저당권자에 대하여 기왕 현재 부담하고, 또는 장래 부담하게 될 단독 또는 연대채무자나 보증인으로 기명날인한 차용금증서, 각서, 지급증서 등의 채무와 발행배서, 보증인 수반한 모든 어음채무 및 수표금상의 채무 또는 상거래로 인하여 생긴 모든 채무를 담보로서 아래 1. 부동산의 표시 기재 부동산에 대하여 20○○년 ○일 ○일 채권최고액 금 ○○○원으로 한 근저당권설정계약을 체결하고 20○○년 ○일 ○일 접수 제○○○○호 순위 ○번의 근저당권설정등기를 마쳤다.

제2조 근저당권설정자는 제1조에 의한 근저당권설정계약서에 기재된 아래 1. 부동산의 표시 기재 부동산 이외에 아래 2. 추가할 부동산의 표시 기재의 부동산을 채권자겸 근저당권자에 대한 근저당권의 담보물로 설정하기 위하여 추가로 근저당권설정등기를 하기로 한다.

제3조 채무자 및 근저당권설정자는 이 추가근저당권설정계약에 있어서도 제1조 기재의 근저당권설정계약서에 의한 모든 조항을 적용함은 물론 준수사항을 성실히 이행할 것을 확약한다.

1. 부 동 산 의 표 시

2. 추가할 부동산의 표시

위와 같은 계약을 증명하기 위하여 본 계약서 3통을 작성하여 각자 서명 날인한 것을 1통씩 보존한다.

20○○년 ○월 ○일

채 권 자(갑) 성 명 :
주민등록번호 :
주 소 :

채 무 자(을) 성 명 :
주민등록번호 :
주 소 :

담보제공자(병) 성 명 :
주민등록번호 :
주 소 :

[자료 44] 공장근저당권변경계약서(목록 분리)

공장근저당권 변경계약서

채권자겸 근저당권자 : ○○○(이하 '갑'이라 한다)와 채무자겸 근저당권설정자 : ○○○(이하 '을'이라 한다) 간에 다음과 같이 공장근저당권변경계약을 체결한다.

위 갑과 을 사이에 ○○지방법원 ○○등기소 20○○년 ○월 ○일 접수 제○○○호로써 공장근저당권설정등기를 경료하였는바, 금번 공장 및 광업재단저당법 제9조 제3항에 의하여 근저당권자의 동의를 받았으므로 별지 목록 기재의 기계, 기구를 본 건 담보의 목적물에서 분리하기로 한다.

위와 같은 계약을 증명하기 위하여 본 계약서 2통을 작성하여 각자 서명 날인하다.

20○○년 ○월 ○일

채권자겸 근저당권자(갑) 성 명(명 칭) :
주민(법인)등록번호 :
주 소 :

채무자겸 근저당권설정자(을) 성 명 :
주민등록번호 :
주 소 :

[자료 45] 공장근저당권변경계약서(일반근저당권을 공장근저당권으로 변경)

공장근저당권 변경계약서

채권자겸 근저당권자 : ○○○(이하 '갑'이라 한다)와 채무자겸 근저당권설정자 : ○○○(이하 '을'이라 한다) 간에 다음과 같이 공장근저당권변경계약을 체결한다.

위 갑과 을 사이에 아래 부동산의 표시 기재 부동산에 대하여 ○○지방법원 ○○등기소 20○○년 ○월 ○일 접수 제○○○호로써 근저당권설정등기를 경료하였는바, 금번 위 부동산에 기계기구가 설치되어 위 일반근저당권(보통저당권)을 공장재단저당법 제6조의 공동저당권으로 변경하기로 한다.

위와 같은 계약을 증명하기 위하여 본 계약서 2통을 작성하여 각자 서명 날인하다.

20○○년 ○월 ○일

채권자겸 근저당권자(갑) 성 명(명 칭) :
주민(법인)등록번호 :
주 소 :

채무자겸 근저당권설정자(을) 성 명 :
주민등록번호 :
주 소 :

－아 래－

부 동 산 의 표 시

[자료 46] 근저당권변경계약서(계약인수, 채권최고액)

근저당권변경계약서

채권자(근저당권자)와 채무자겸 근저당권설정자, 계약인수인 간에 다음과 같이 근저당권변경계약을 체결한다.

부 동 산 의 표 시

1. 서울특별시 서초구 서초로 100 대 200㎡
1. 서울특별시 서초구 서초동 100
[도로명주소] 서울특별시 서초구 서초대로 20길 18
시멘트 벽돌조 슬래브지붕 단층주택 80㎡

제1조 위 부동산에 대하여 20○○년 ○월 ○일 근저당권설정계약을 체결하고 20○○년 ○월 ○일 ○○지방법원 ○○등기소 접수 제○○○호로등기한 근저당권사항 중

① 구채무자 이몽룡(주민등록번호: 000000-0000000, 주소: 서울특별시 서초구 서초대로 30길 23(서초동))을 신채무자 장길산(주민등록번호: 000000-0000000, 주소: 서울특별시 서초구 서초대로 36길 12(서초동))으로 변경함.

② 채권최고액 금 100,000,000원을 채권최고액 금 120,000,000원으로 변경함.

제2조 그 외의 계약 사항은 종전과 같다.

위 계약을 증명하기 위하여 본 계약서를 작성하여 기명날인한 후 각 1통씩 보관한다.

20○○년 ○월 ○일

근저당권설정자 홍 길 동 ㊞
(000000-0000000)
서울특별시 서초구 서초대로 88길 20(서초동)

채 무 자 이 몽 룡 ㊞
(000000-0000000)

서울특별시 서초구 서초대로 30길 23(서초동)

계 약 인 수 인 장 길 산 ㉠
(000000-0000000)
서울특별시 서초구 서초대로 36길 12(서초동)

채권자(근저당권자) 주식회사 ○○은행
서울특별시 ○○구 ○○길 96(○○동)
취급지점 ○○동지점
지배인 김 갑 동 ㉠

(※ 위 계약인수인은 필요시 기재한다)

[자료 47] 근저당권변경계약서

근저당권변경계약서

근저당권설정자 강기선을 "갑", 근저당권자 이준수를 "을"로 하여 다음과 같이 근저당권변경계약을 체결한다.

부 동 산 의 표 시

1. 서울특별시 서초구 서초동 100 대 300㎡
2. 서울특별시 서초구 서초동 100
   [도로명주소] 서울특별시 서초구 서초대로 88길 26
   시멘트 벽돌조 슬래브지붕 2층 주택
   1층 100㎡
   2층 100㎡

제1조 위 부동산에 대하여 갑이 추가로 취득한 소유권 지분 2분의 1에 대해서는 20○○년 ○월 ○일 접수 제2345호로 경료된 근저당권의 효력이 미치도록 하는 것에 갑과 을은 합의하고, 갑은 그 등기절차에 협력하여야 한다.

제2조 을은 갑이 운영한 사업소에 다른 사업소에 우선하여 물품을 공급한다.

제3조 위 등기절차에 소요되는 제비용은 을이 부담한다.

이 계약의 성립을 증명하기 위하여 본 증서 2통을 작성하여 갑·을이 기명날인하고 각 1통씩 보관한다.

20○○년 ○월 ○일

근저당권설정자(갑) 강 기 선 ㊞
000000-0000000
서울특별시 강남구 역삼대로 19(역삼동)

근 저 당 권 자(을) 이 준 수 ㊞
000000-0000000
서울특별시 중구 다산로 22(신당동)

[자료 48] 근저당권이전(양도)계약서

근저당권이전(양도)계약서

제1조 근저당권자는 아래 기재 부동산에 대하여 20○○. 5. 12. 근저당권설정계약으로 인하여 설정등기를 한 채권최고액 금 200,000,000원에 대한 근저당권(서울중앙지방법원 등기국 20○○. 5. 15. 접수 제1234호 순위 2번으로 등기된 근저당권)의 전부를 양수인에게 양도하고 양수인을 이를 인수한다.

제2조 근저당권설정자는 제1조의 근저당권의 전부양도를 승낙하고, 후일 양수인과 그 피담보채권의 범위 및 채무자, 채권최고액 등에 관하여 협의할 것을 약정한다.

제3조 근저당권자는 지체없이 제1조의 근저당권의 전부양도로 인한 근저당권이전등기절차에 협력하기로 한다.

20○○년 ○월 ○일

근 저 당 권 자 홍 길 동 ㊞
000000-0000000
서울특별시 강남구 역삼대로 19(역삼동)

근저당권양수인 이 몽 룡 ㊞
000000-0000000
서울특별시 중구 다산로 22(신당동)

채 무 자 장 길 산 ㊞
서울특별시 관악구 관악대로 12(봉천동)

부 동 산 의 표 시

1. 서울특별시 서초구 서초동 100 대 300㎡
2. 서울특별시 서초구 서초동 100
   [도로명주소] 서울특별시 서초구 서초대로 88길 16
   시멘트 벽돌조 슬래브지붕 2층 주택
   1층 100㎡
   2층 100㎡

[자료 49] 근저당권 해지증서

<table>
<tr><td align="center">해 지 증 서</td></tr>
<tr><td align="center">부 동 산 의 표 시</td></tr>
<tr><td>1. 서울특별시 서초구 서초로 100 대 200㎡
1. 서울특별시 서초구 서초동 100
[도로명주소] 서울특별시 서초구 서초대로 60길 36
시멘트 벽돌조 슬래브지붕 단층주택 80㎡

이 상</td></tr>
<tr><td>서울중앙지방법원 등기국 20○○년 ○월 ○일자 접수 제○○○○호로 등기된 위 부동산에 대한 설정계약을 전부 해지한다.

20○○년 ○월 ○일

등기의무자 : 주식회사 신한은행
서울특별시 중구 다동길 96(다동)
취급지점 서초동지점
지배인 김 갑 동 ㉟

김 갑 동 귀하</td></tr>
</table>

[자료 50] 근저당권 일부포기증서

<table>
<tr><td>

근저당권 일부포기증서

</td></tr>
<tr><td>부 동 산 의 표 시</td></tr>
<tr><td>

서울특별시 서초구 서초동 100
[도로명주소] 서울특별시 서초구 서초대로 20길 18
시멘트 벽돌조 슬래브지붕 단층주택 80㎡

이 상

</td></tr>
<tr><td>

서울중앙지방법원 등기국 20○○년 ○월 ○일자 접수 제○○○○호로 등기된 부동산 중 위 부동산에 대한 설정계약을 포기한다.

20○○년 ○월 ○일

등기의무자 : 주식회사 신한은행
서울특별시 중구 다동길 96(다동)
취급지점 서초동지점
지배인 김 갑 동 ㊞

김 갑 동 귀하

</td></tr>
</table>

[자료 51] 근저당권소멸승낙서

근저당권소멸승낙서

근저당권자는 아래 부동산의 표시 기재 분할 전의 토지에 대하여 20○○년 ○월 ○일 서울중앙지방법원 등기국 접수 제1234호 채권최고액 금 ○○○○○원으로 등기한 근저당권을 가지고 있는바, 근저당권의 목적인 토지가 아래와 같이 분할함에 따라 그 분할로 인하여 신설된 서울특별시 서초구 서초동 100-1 대 200㎡에 관하여는 근저당권의 소멸을 승낙합니다.

부 동 산 의 표 시

분할 전의 표시	서울특별시 서초구 서초동 100	대 300㎡
분할의 표시	서울특별시 서초구 서초동 100-1	대 200㎡
분할 후의 표시	서울특별시 서초구 서초동 100	대 100㎡

첨부서류 : 법인인감증명서 1통.

20○○년 ○월 ○일

근저당권자 주식회사 신한은행
서울특별시 중구 다동길 96(다동)
취급지점 서초동지점
지배인 김 갑 동 ㊞

[자료 52] 지상권설정계약서

지상권설정계약서

지상권자와 지상권설정자는 다음과 같은 지상권설정계약을 체결한다.

제1조 (지상권설정의 목적) 건물 기타 공작물이나 수목의 소유

제2조 (지상권의 범위) 토지의 전부

제3조 (존속기간) 20○○년 ○월 ○일로부터 30년으로 한다.

제4조 (지료) : 없음

제5조 (특약사항)

1. 지상권자가 파산의 선고를 받았을 때에는 토지소유자는 지상권자의 소멸을 청구할 수 있다.
2. 토지의 일부가 지상권자의 과실없이 멸실하여 잔존 부분만으로 지상권의 목적을 달성하지 못할 경우에는 지상권자는 이 계약을 해제할 수 있다.
3. 지상권자는 지상권 소멸 시에 토지를 계약당시의 원상으로 회복하여 설치 건물 및 수목을 제거하여야 한다. 단, 토지소유자가 시가를 제공하여 매입할 뜻을 통지하였을 때에는 정당한 이유없이 이를 거절할 수 없다.

위의 계약을 증명하기 위하여 이 계약서 2통을 작성하여 각자 1통씩 소지한다.

부 동 산 의 표 시

20○○년 ○월 ○일

당사자 표시

<table>
<tr><td rowspan="2">지상권자</td><td rowspan="2">㊞</td><td rowspan="2">주민등록
번 호</td><td rowspan="2">-</td><td>주 소</td><td></td></tr>
<tr><td>전화번호</td><td></td></tr>
<tr><td rowspan="2">소유자
(설정자)</td><td rowspan="2">㊞</td><td rowspan="2">주민등록
번 호</td><td rowspan="2">-</td><td>주 소</td><td></td></tr>
<tr><td>전화번호</td><td></td></tr>
</table>

[자료 53] 지상권변경계약서(존속기간)

지 상 권 변 경 계 약 서

지상권자와 지상권설정자는 다음과 같이 지상권변경계약을 체결한다.

부 동 산 의 표 시

서울특별시 서초구 서초동 100 대 200㎡

지상권자와 지상권설정자는 위 부동산에 관하여 서울중앙지방법원 등기국 20○○년 ○월 ○일 접수 제○○○호로 경료한 지상권등기사항 중 지상권의 존속기간을 아래와 같이 변경하는 것에 합의하였다.

변경전의 표시

존속기간 : 20○○년 ○월 ○일부터 15년

변경후의 표시

존속기간 : 20○○년 ○월 ○일부터 30년

이 계약의 성립을 증명하기 위하여 본 계약서 2통을 작성하여 각자 기명날인하여 각각 1통씩 소지한다.

20○○년 ○월 ○일

당사자 표시

지상권자	㊞	주민등록 번 호	-	주 소	
				전화번호	
지상권 설정자	㊞	주민등록 번 호	-	주 소	
				전화번호	

[자료 54] 지상권변경계약서(지료 및 지급시기)

지상권변경계약서

지상권자와 지상권설정자는 다음과 같이 지상권변경계약을 체결한다.

부 동 산 의 표 시

서울특별시 서초구 서초동 100 대 200㎡

지상권자와 지상권설정자는 위 부동산에 관하여 서울중앙지방법원 등기국 20○○년 ○월 ○일 접수 제○○○호로 경료한 지상권등기사항 중 지료 및 지급시기를 아래와 같이 변경하는 것에 합의하였다.

변경전의 표시
지 료 : 연 1,000,000원
시급시기 : 매년 10월 31일

변경후의 표시
지 료 : 월 100,000원
지급시기 : 매월 말일

이 계약의 성립을 증명하기 위하여 본 계약서 2통을 작성하여 각자 기명날인하여 각각 1통씩 소지한다.

20○○년 ○월 ○일

당사자 표시

지상권자	㊞	주민등록 번 호	-	주 소	
				전화번호	
지상권 설정자	㊞	주민등록 번 호	-	주 소	
				전화번호	

[자료 55] 지상권변경계약서(설정의 목적, 범위, 존속기간)

지 상 권 변 경 계 약 서

지상권자와 지상권설정자는 다음과 같이 지상권변경계약을 체결한다.

부 동 산 의 표 시

서울특별시 서초구 서초동 100 대 200㎡

지상권자와 지상권설정자는 위 부동산에 관하여 서울중앙지방법원 등기국 20○○년 ○월 ○일 접수 제○○○호로 경료한 지상권등기사항 중 지상권의 내용인 목적, 범위, 존속기간을 아래와 같이 변경하는 것에 합의하였다.

변경전의 표시
설정의 목적 : 철근콘크리트조 건물의 소유
범 위 : 토지의 전부
존 속 기 간 : 20○○년 8월 20일부터 30년

변경후의 표시
설정의 목적 : 고가철도의 소유
범 위 : 토지의 서북쪽 끝지점을 포함한 200㎡에 수평면을 기준으로 하여 지상 30미터로부터 지상 45미터 사이
존 속 기 간 : 20○○년 8월 20일부터 50년

이 계약의 성립을 증명하기 위하여 본 계약서 2통을 작성하여 각자 기명날인하여 각각 1통씩 소지한다.

20○○년 ○월 ○일

당사자 표시

지상권자	㊞	주민등록 번 호	-	주 소 전화번호	
지상권 설정자	㊞	주민등록 번 호	-	주 소 전화번호	

[자료 56] 지상권 해지증서

<table>
<tr><td>지 상 권 해 지 증 서</td></tr>
<tr><td>부 동 산 의 표 시</td></tr>
<tr><td>서울특별시 서초구 서초동 100
대 200㎡
이 상</td></tr>
<tr><td>서울중앙지방법원 등기국 20○○년 ○월 ○일자 접수 제○○○호로 등기된 위 부동산에 대한 지상권설정계약을 전부 해지한다.

20○○년 ○월 ○일

지상권자 : 이 상 선 ㊞
서울특별시 중구 다동길 96(다동)

김 갑 동 귀하</td></tr>
</table>

[자료 57] 지상권존속증명서

지상권존속증명서

지상권자는 아래 부동산의 표시 기재 분할 전의 토지에 대하여 20○○년 ○월 ○일 서울중앙지방법원 등기국 접수 제1234호로 등기한 지상권을 가지고 있는 바, 지상권의 토지가 아래와 같이 분할함에 따라 그 분할 후의 서울특별시 서초구 서초동 100 대 100㎡ 전부(또는 서울특별시 서초구 서초동 100-1 대 200㎡ 중 동남측 150㎡ 일부)에 대하여만 지상권이 존속함을 증명합니다.

부 동 산 의 표 시

분할 전의 표시	서울특별시 서초구 서초동 100	대 300㎡
분할의 표시	서울특별시 서초구 서초동 100-1	대 200㎡
분할 후의 표시	서울특별시 서초구 서초동 100	대 100㎡

첨부서류 : 법인인감증명서 1통.

20○○년 ○월 ○일

지상권자 주식회사 ○○은행
서울특별시 ○○구 ○○길 ○○
취급지점 ○○동지점
지배인 김 갑 동 ㊞

[자료 58] 지상권소멸승낙서

지상권소멸승낙서

지상권자는 아래 부동산의 표시 기재 분할 전의 토지에 대하여 20○○년 ○월 ○일 서울중앙지방법원 등기국 접수 제1234호로 등기한 지상권을 가지고 있는 바, 지상권의 토지가 아래와 같이 분할함에 따라 그 분할로 인하여 신설된 서울특별시 서초구 서초동 100-1 대 200㎡(또는 그 분할 후의 서울특별시 서초구 서초동 100 대 100㎡)에 대하여는 지상권이 소멸을 승낙합니다.

부 동 산 의 표 시

분할 전의 표시	서울특별시 서초구 서초동 100	대 300㎡
분할의 표시	서울특별시 서초구 서초동 100-1	대 200㎡
분할 후의 표시	서울특별시 서초구 서초동 100	대 100㎡

첨부서류 : 법인인감증명서 1통.

20○○년 ○월 ○일

지상권자 주식회사 ○○은행
서울특별시 ○○구 ○○길 ○○
취급지점 ○○동지점
지배인 김 갑 동 ㊞

[자료 59] 지상권양도증서

지상권양도증서

지상권 목적의 토지

서울특별시 서초구 서초동 100 대 300㎡

토지소유자의 인적사항

성명 :

주민등록번호 :

주소 :

지상권의 표시

○○지방법원 ○○등기소 20○○년 ○월 ○일 접수 제○○호로 등기한 다음 내용의 지상권

지상권설정의 목적 : 철근콘크리트조 건물의 소유

지상권의 범위 : 토지의 전부

지료 : 매월 1일 금 ○○○원

지료지급시기 : 매월 말일

양도인이 가지고 있던 위 지상권을 금번 이를(매매하였을 때에는 대금 ○○○○원에 매도한 것이 틀림없음으로) 지상권설정계약서를 첨부하여 귀하에게 양도합니다.

20○○년 ○월 ○일

양도인 홍 길 동 ㊞

서울특별시 ○○구 ○○길 ○○

이 몽 룡 귀하

서울특별시 ○○구 ○○길 ○○○

[자료 60] 지역권설정계약서

지 역 권 설 정 계 약 서

지역권자와 지역권설정자는 다음과 같이 지역권설정계약을 체결한다.

부 동 산 의 표 시

승역지 : 서울특별시 서초구 서초동 100-1 대 300㎡

요역지 : 서울특별시 서초구 서초동 100-2 대 300㎡

제1조 (지역권의 설정)

① 지역권설정자는 그 소유인 위 부동산의 표시 기재의 승역지를 그 인접 토지인 지역권자 소유의 위 부동산 표시 기재의 요역지의 통행을 위하여 지역권자가 그 토지를 사용할 수 있도록 지역권을 설정한다.

② 지역권의 범위는 토지의 일부인 동측 50㎡로 한다.

제2조 (지 료)

① 지역권자는 지료로서 매월 금 80,000원을 지역권설정자에게 지급한다.

② 지료의 지급시기는 매월 말일로 한다.

제3조 (존속기간)

지역권의 존속기간은 20○○년 ○월 ○일로부터 3년간으로 하며, 이 기간은 계약갱신에 의하여 연장할 수 있다.

제4조 (토지의 보존 등)

① 지역권설정자는 지역권자의 사전 동의없이 그 소유의 토지에 공작물을 구축하는 등 그 현상을 변경하는 행위를 하여서는 아니 된다.

② 지역권설정자의 과실에 의하여 그 사용이 불가능하거나 지장이 있을 때에는 지역권자는 계약을 해제할 수 있고, 또한 이미 지급한 지료의 반환을 청구할 수 있다.

제5조 (공과금의 등의 부담)

계약체결 이후 설정 범위의 토지에 대한 모든 제세공과금과 기타 보존상 필요한 일체의 비용은 지역권자가 부담한다.

제6조 (제 절차 이행과 비용부담)

① 지역권설정자는 지역권자의 청구가 있는 경우 이 계약에 따른 지역권의 설정, 변경, 경정, 이전, 말소 등에 관한 등기 및 그 밖의 필요한 제반절차를

지체 없이 이행하여야 한다.

② 제1항의 경우 각 절차에 드는 비용은 지역권자 및 지역권설정자가 연대하여 부담한다.

위 계약을 명확히 하기 위하여 이 계약서 2통을 작성하여 각자 1통씩 보관한다.

년 월 일

당사자 표시

<table>
<tr><td rowspan="2">지상권자</td><td rowspan="2">㉣</td><td rowspan="2">주민등록
번 호</td><td rowspan="2">-</td><td>주 소</td><td></td></tr>
<tr><td>전화번호</td><td></td></tr>
<tr><td rowspan="2">지역권
설정자</td><td rowspan="2">㉣</td><td rowspan="2">주민등록
번 호</td><td rowspan="2">-</td><td>주 소</td><td></td></tr>
<tr><td>전화번호</td><td></td></tr>
</table>

[자료 61] 지역권변경계약서(특약사항추가)

지역권변경계약서

지역권자와 지역권설정자는 아래와 같이 지역권변경계약을 체결한다.

부 동 산 의 표 시

승역지 : 서울특별시 서초구 서초동 100-1 대 300㎡

요역지 : 서울특별시 서초구 서초동 100-2 대 300㎡

위 승역지 토지에 관하여 서울중앙지방법원 등기국 20○○년 ○월 ○일 접수 제○○○호로 경료한 지역권등기사항 중 지역권의 특약사항을 금번 당사자간의 협의 하에 다음과 같이 추가한다.

다 음

1. 승역지의 소유자는 지역권행사를 위하여 공작물의 설치 또는 수선을 할 의무를 부담한다.

이 계약의 성립을 증명하기 위하여 본 계약서 2통을 작성하여 각자 기명날인하여 각자 1통씩 보관한다.

20○○년 ○월 ○일

당사자 표시

지상권자	㊞	주민등록 번 호	-	주 소	
				전화번호	
지역권 설정자	㊞	주민등록 번 호	-	주 소	
				전화번호	

[자료 62] 지역권변경계약서(범위)

지역권변경계약서

지역권자와 지역권설정자는 아래와 같이 지역권변경계약을 체결한다.

부 동 산 의 표 시

승역지 : 서울특별시 서초구 서초동 100-1 대 300㎡

요역지 : 서울특별시 서초구 서초동 100-2 대 300㎡

위 승역지 토지에 관하여 서울중앙지방법원 등기국 20○○년 ○월 ○일 접수 제○○○호로 경료한 지역권등기사항 중 지역권의 범위를 금번 당사자간의 협의 하에 다음과 같이 변경한다.

다 음

1. "남측 150㎡"를 "남측 100㎡"로 변경한다.

이 계약의 성립을 증명하기 위하여 본 계약서 2통을 작성하여 각자 기명날인하여 각각 1통씩 보관한다.

20○○년 ○월 ○일

당사자 표시

지상권자	㊞	주민등록 번 호	-	주 소	
				전화번호	
지역권 설정자	㊞	주민등록 번 호	-	주 소	
				전화번호	

[자료 63] 저(근)담보권 설정계약서

저(근)담보권설정계약서

채권자(담보권자) 주식회사 ○○은행 ○○지점과 채무자겸 담보설정자 주식회사 ○○ 간에 저(근)담보권설정을 다음과 같이 체결한다.

제1조 채무자는 금 50,000,000원을 담보권자로부터 차용한다.

제2조 전조의 금원의 변제기는 2○○년 ○월 ○일로 한다.

제3조 차용금에 대한 이자는 매월 금 800,000원으로 하고 매월 ○일 이를 담보권자에게 지참하여 지급하기로 한다.

제4조 채무변제의 장소는 변제시의 담보권자의 주소지로 한다.

제5조 채무자는 그 채무이행을 담보하기 위하여 동인의 소유인 아래 동산 표시 기재 담보권에 대하여 근담보권을 설정한다.

제6조 채무자 또는 담보제공자가 다음 각 호의 하나라도 해당되었을 때에는 전부 기한의 이익을 상실하며 즉시 현존하는 채무금액을 지연손배상금과 함께 일시에 지급하여야 한다.

① 2개월 이상 전 3조의 이자지급을 지체하였을 때

② 다른 채무 때문에 가압류, 가처분, 강제집행, 경매, 조세공과의 체납처분 등을 받았을 때

③ 다른 채무 때문에 파산, 화의 또는 회사정리 등의 신청이 있었을 때

④ 담보물건을 멸실, 훼손 또는 가치를 상당히 감소시켰을 때

⑤ 기타 본 계약에 위반하는 행위가 있을 때

제7조 전항의 담보권은 원금 및 이자 외에 이자 외에 채무의 불이행으로 인하여 생기는 손해의 배상, 담보권실행을 위한 비용 및 채권보전의 비용을 각 담보한다.

제8조 제5조의 담보물을 환부할 장소는 그 당시 담보물이 있었던 곳으로 한다.

동 산 의 표 시

동산명 : ○○피아노

제조상호명 : 주식회사 ○○

제조번호(또는 제품번호) : HJ23456부터 HJ23556까지

수 량 : 100대

동산의 소재지 : 서울특별시 서초구 서초대로 68길(서초동) ○○물류창고

위 계약을 증명하기 위하여 본 계약서 2통을 작성하여 각자 기명날인한 후 각 1통씩 보관한다.

20○○년 ○월 ○일

채권자겸 담보권자 : 주식회사 ○○은행
서울특별시 ○○구 ○○길 ○○
취급지점 ○○동지점
지배인 김 갑 동 ㊞

채무자겸 담보권설정자 : 주식회사 ○○
서울특별시 ○○구 ○○대로 ○○길 ○○
대표이사 이 상 선 ㊞

[자료 64] 가압류권의 소멸승낙서(합필등기의 경우 등)

가압류권의 소멸승낙서

가압류권자는 아래 부동산의 표시 기재 합필 전의 토지에 대하여 20○○년 ○월 ○일 서울중앙지방법원 등기국 접수 제1234호로 등기한 가압류권을 가지고 있는 바, 가압류권자는 토지가 아래와 같이 합병됨에 따라 합필 전의 토지에 대한 권리가 합필 후의 토지에 공유지분에 대한 권리로 전환되어 서울특별시 서초구 서초동 100 대 300㎡에 대하여 한 가압류소멸을 승낙합니다.

부 동 산 의 표 시

합필 전의 표시	서울특별시 서초구 서초동 100	대 200㎡
합필의 표시	서울특별시 서초구 서초동 100-1	대 100㎡
합필 후의 표시	서울특별시 서초구 서초동 100	대 300㎡

첨부서류 : 법인인감증명서 1통.

20○○년 ○월 ○일

가압류권자 주식회사 ○○은행
서울특별시 ○○구 ○○길 ○○
취급지점 ○○동지점
지배인 김 갑 동 ㊞

[자료 65] 확인서(토지합병시)

확 인 서

1. 서울특별시 서초구 서초동 100 대 200㎡

2. 서울특별시 서초구 서초동 100-1 대 100㎡

위 1, 2번 토지가 합필된 이후에 이상선과 김갑동은 각각의 지분이 다음과 같음을 확인합니다.

이 상 선 : 지분 2분의 1
김 갑 동 : 지분 2분의 2

20○○년 ○월 ○일

확인자 이 상 선 ㊞
서울 서초구 서초대로 88길 20(서초동)

김 갑 동 ㊞
서울 서초구 서초대로 70길 16(서초동)

[주] 위 확인서에는 확인자들의 인감증명서를 첨부하여야 한다.

[자료 66] 등기상 이해관계인의 승낙서

등기상 이해관계인의 승낙서

1. 서울특별시 서초구 서초동 100 대 200㎡

2. 서울특별시 서초구 서초동 100-1 대 100㎡

가압류권자(또는 근저당권자) 김○웅은 20○○년 ○월 ○일 접수 제○○○호로 위 1. 토지에 등기한 가압류(또는 근저당권설정)가 위 1, 2번 토지가 합병등기된 이후의 이○선 지분 전부(2분의 1)에 대한 가압류(근저당권설정)로 전환되는 것에 대하여 승낙합니다.

가압류(또는 근저당권자)가 존속하는 지분 : 이○선 지분 전부(2분의 1)

20○○년 ○월 ○일

승낙자 김 ○ 웅 ㉿
서울 서초구 서초대로 50길 18(서초동)

[주] 위 승낙서에는 승낙자의 인감증명서를 첨부하여야 한다.

[자료 67] 전세권설정계약서

전세권설정계약서

갑과 을은 다음과 같이 전세권설정계약을 체결한다.

1. 부동산의 표시
   1동의 건물의 표시
      전라남도 ○○군 ○○읍 ○○리 ○○○. ○○아파트 제나동
      [도로명주소] 전라남도 ○○군 ○○읍 ○○길 ○○
   전유부분의 건물의 표시
      건물의 번호 : 나 - 9 - 902
      구 조 : 철근콘크리트조
      면 적 : 9층 902호 59.82㎡, 전부

2. 전세금 및 지급방법

전세금	원정(₩)		지급 장소	
계약금	금 원정	영수함 ㊞		
중도금	금 원정은 . . . 까지 지급			. . .영수함 ㊞
잔 금	금 원정은 . . . 까지 지급			. . .영수함 ㊞

3. 갑은 전세금 전액을 영수함과 동시에 위 부동산에 대하여 전세권을 설정한다.

4. 을은 위 부동산을 주거용으로 사용하여야 한다.

5. 전세권의 존속기간은 년 월 일부터 년 월 일까지로 한다.

6. 을이 위 부동산을 약정 이외의 사용 목적으로 사용하거나 전세금에 대한 강제집행, 채권양도가 있을 때에는 갑의 별도의 해지통지없이 이 계약이 해지된다.

7. 갑은 위 부동산의 인도와 동시에 을에게 반환할 전세금 중 연체임대료, 체납공과금과 목적물 손괴로 인한 손해금을 공제한다.

8. 갑이 위약한 때에는 위약금으로 계약금의 배액을 을에게 배상하고 을이 위약한 때에는 계약금을 위약금으로 보고 그 반환 청구권이 상실된다. 계약착수 후에도 또한 같다.

특 약 사 항	

이 계약의 성립을 증명하기 위하여 이 계약서 2통을 작성하고 계약 당사자가 이의 없음을 확인하고 각각 기명날인하다.

년 월 일

당사자 표시

전세권 설정자(갑)	㊞	주민등록 번 호	-	주 소	
				전화번호	
전세권자 (을)	㊞	주민등록 번 호	-	주 소	
				전화번호	

[자료 68] 전전세권설정계약서

전전세권설정계약서

갑과 을은 다음과 같이 전전세권설정계약을 체결한다.

1. 부동산의 표시

2. 전전세금 및 지급방법

<table>
<tr><td colspan="3">전전세금 원정(₩)</td><td rowspan="2">지급
장소</td><td rowspan="2"></td></tr>
<tr><td>계약금</td><td>금 원정</td><td>영수함 ㉞</td></tr>
<tr><td>중도금</td><td colspan="3">금 원정은 . . . 까지 지급</td><td>. . . 영수함 ㉞</td></tr>
<tr><td>잔 금</td><td colspan="3">금 원정은 . . . 까지 지급</td><td>. . . 영수함 ㉞</td></tr>
</table>

3. 갑은 전전세금 전액을 영수함과 동시에 위 부동산에 대하여 전전세권을 설정한다.
4. 을은 위 부동산을 주거용(또는 음식점)으로 사용하여야 한다.
5. 전전세기간은 년 월 일부터 년 월 일까지로 한다.
6. 을이 위 부동산을 약정 이외의 사용 목적으로 사용하거나 전전세금에 대한 강제집행, 채권양도가 있을 때에는 갑의 별도의 해지통지없이 이 계약이 해지된다.
7. 갑은 위 부동산의 인도와 동시에 을에게 반환할 전전세금 중 연체임대료, 체납공과금과 목적물 손괘로 인한 손해금을 공제한다.
8. 갑이 위약한 때에는 위약금으로 계약금의 배액을 을에게 배상하고 을이 위약한 때에는 계약금을 위약금으로 보고 그 반환청구권이 상실된다. 계약착수 후에도 또한 같다.

특 약 사 항	

이 계약의 성립을 증명하기 위하여 이 계약서 2통을 작성하고 계약 당사자가 이의 없음을 확인하고 각각 기명날인하다.

년 월 일

당사자 표시

전전세권 설정자(갑)	㉿	주민등록 번 호	-	주 소	
				전화번호	
전전세권자 (을)	㉿	주민등록 번 호	-	주 소	
				전화번호	

[자료 69] 전세권변경계약서

전세권변경계약서

전세권설정자 ○○○(이하 "갑"이라 한다)와 전세권자 ○○○(이하 "을"이라 한다) 간에 다음과 같이 전세권변경계약을 체결한다.

부동산의 표시

제1조 위 부동산에 대하여 20○○년 ○월 ○일 전세권설정계약을 체결하고 20○○년 ○월○일 ○○지방법원 ○○등기소 접수 제○○○호로 등기한 전세권의 존속기간과 전세금을 아래와 같이 변경하는 것에 합의한다.

변경 전의 표시
존속기간 : 20○○년 ○월 ○일부터 20○○년 ○월 ○일까지
전 세 금 : ○○○○원

변경 후의 표시
존속기간 : 20○○년 ○월 ○일부터 20○○년 ○월 ○일까지
전 세 금 : ○○○○원

제2조 그 외의 계약사항은 종전과 같다.

이 계약의 성립을 증명하기 위하여 이 계약서 2통을 작성하고 계약 당사자가 이의 없음을 확인하고 각각 서명 날인하다.

20○○년 ○월 ○일

당사자 표시

전세권 설정자(갑)	㊞	주민등록 번 호	-	주 소	
				전화번호	
전세권자 (을)	㊞	주민등록 번 호	-	주 소	
				전화번호	

[자료 70] 전세권승낙서

전 세 권 승 낙 서

본인 소유의 다음 부동산의 표시 기재 부동산을 ○○○에게 귀하(소유주)와 동일한 조건으로 전세(양도)할 것을 승낙합니다.

부동산의 표시

20○○년 ○월 ○일

당사자 표시

<table>
<tr><td rowspan="2">소 유 주</td><td rowspan="2">㊞</td><td rowspan="2">주민등록
번 호</td><td rowspan="2">-</td><td>주 소</td><td></td></tr>
<tr><td>전화번호</td><td></td></tr>
<tr><td rowspan="2">전세권자</td><td rowspan="2">㊞</td><td rowspan="2">주민등록
번 호</td><td rowspan="2">-</td><td>주 소</td><td></td></tr>
<tr><td>전화번호</td><td></td></tr>
</table>

[자료 71] 전세권 해지증서

전 세 권 해 지 증 서
부 동 산 의 표 시
서울특별시 서초구 서초동 100 [도로명주소] 서울특별시 서초구 서초대로 20길 16 시멘트 벽돌조 슬래브지붕 단층주택 80㎡ 이 상
서울중앙지방법원 등기국 20○○년 ○월 ○일자 접수 제○○○○호로 등기된 위 부동산에 대한 전세권설정계약을 전부 해지한다. 20○○년 ○월 ○일 전세권자 : 이 ○ 선 ㉿ 서울특별시 중구 다동길 96(다동) 김 ○ 동 귀하

[자료 72] 임차권설정계약서

임차권설정계약서

갑과 을은 다음과 같이 임차권설정계약을 체결한다.

1. 부동산의 표시

2. 임차보증금 및 지급방법

<table>
<tr><td colspan="2">임차보증금 일억원정 (₩ 100,000,000)</td><td></td><td rowspan="2">지급
장소</td><td rowspan="2"></td></tr>
<tr><td>계약금</td><td>일시불</td><td>영수함 ㉤</td></tr>
<tr><td>중도금</td><td colspan="3">금 원정은 . . . 까지 지급</td><td>. . . 영수함 ㉤</td></tr>
<tr><td>잔 금</td><td colspan="3">금 원정은 . . . 까지 지급</td><td>. . . 영수함 ㉤</td></tr>
</table>

3. 갑은 을로부터 보증금 전액을 영수함과 동시에 위 부동산에 대하여 임차권을 설정한다.

4. 을은 차임으로서 금 1,000,000원을 매월 말일 갑에게 지급한다.

5. 을은 위 부동산의 표시 부동산을 주거용으로 사용하여야 한다.

6. 존속기간은 년 월 일부터 년 월 일까지로 한다.

7. 갑은 을이 위 4항에서 정한 차임의 지급을 2회 이상 지체할 때에는 이 계약을 해지하고 임차권의 소멸을 청구할 수 있다.

8. 을이 위 부동산을 약정 이외의 사용 목적으로 사용하거나 임차보증금에 대한 강제집행, 채권양도가 있을 때에는 갑의 별도의 해지통지없이 이 계약이 해지된다.

9. 갑은 위 부동산의 인도와 동시에 을에게 반환할 임차보증금 중 연체임대료, 체납공과금과 목적물 손괴로 인한 손해금을 공제한다.

10. 갑이 위약한 때에는 위약금으로 계약금의 배액을 을에게 배상하고 을이 위약한 때에는 계약금을 위약금으로 보고 그 반환 청구권이 상실된다. 계약착수 후에도 또한 같다.

특 약 사 항	

이 계약의 성립을 증명하기 위하여 이 계약서 2통을 작성하고 계약 당사자가 이의 없음을 확인하고 각각 서명 날인하다.

년 월 일

당사자 표시

임차권 설정자(갑)	㉐	주민등록 번 호	-	주 소	
				전화번호	
임차권자 (을)	㉐	주민등록 번 호	-	주 소	
				전화번호	

[자료 73] 상속재산분할협의서(1)

상속재산분할협의서

20○○년 ○월 ○일 서울특별시 서초구 서초대로 100길 20(서초동)에서 김갑동의 사망으로 인하여 개시한 상속(또는 재산상속)에 있어 공동상속인 이미녀, 김일남, 김삼수, 김사수는 다음과 같이 상속재산을 분할하기로 협의한다.

다 음

1. 부동산의 표시

가. 서울특별시 서초구 서초동 200 대 150㎡

나. 서울특별시 서초구 서초동 200
[도로명주소] 서울특별시 서초구 서초대로 36길 18
시멘트 벽돌조 슬래브지붕 단층주택 80㎡

- 이 상 -

다. 서울특별시 서초구 서초동 300 잡종지 150㎡

- 이전할 지분 공유자 김갑동 지분 3분의 1 전부 -

라. 서울특별시 서초구 서초동 400
[도로명주소] 서울특별시 서초구 서초대로 38길 20
시멘트 벽돌조 슬래브지붕 단층주택 100㎡

- 이상 미등기 건물임 -

위 부동산은 상속인 김일남의 소유로 한다.
(예시 2 ; 위 부동산은 ○○○ 2분의 1, ○○○ 2분의 1 각 소유로 한다)

위 협의를 명확히 하기 위하여 이 협의서 4통을 작성하고 각자 기명날인하여 각 1통씩 보유한다.

20○○년 ○월 ○일

공동상속인 이 미 녀 ㉮

(000000-0000000)
서울특별시 서초구 서초대로 100길 20(서초동)

공동상속인 김 일 남 ㉠
(000000-0000000)
서울특별시 서초구 서초대로 120길 50(서초동)

공동상속인 중 김이남은 20○○. ○. ○. 사망하였으므로 그의 상속인(김삼수, 김사수)

공동상속인 김 삼 수 ㉠
(000000-0000000)
서울특별시 서초구 서초대로 150길 12(서초동)

공동상속인 김 사 수
(000000-0000000)
서울특별시 서초구 서초대로 150길 12(서초동)

위 김사수의 특별대리인 김 기 철 ㉠
(000000-0000000)
서울특별시 서초구 서초대로 160길 20(서초동)

[자료 74] 상속재산분할협의서(2)

상속재산분할협의서

20○○년 ○월 ○일 서울특별시 서초구 서초대로 100길 20(서초동)에서 김갑동의 사망으로 인하여 개시한 상속에 있어 공동상속인 이미녀, 김일남, 김이남은 다음과 같이 상속재산을 분할하기로 협의한다.

다 음

1. 상속재산 중 아래 표시의 부동산은 이미녀의 소유로 한다.
   가. 서울특별시 서초구 서초동 200 대 150㎡
   나. 서울특별시 서초구 서초동 200
   [도로명주소] 서울특별시 서초구 서초대로 30길 16
   시멘트 벽돌조 슬래지붕 단층주택 80㎡
2. 상속재산 중 서울특별시 서초구 서초동 300 잡종지 400㎡는 김일남의 소유로 한다.
3. 상속재산 중 채권 금 100,000,000원, 주식회사 우리은행 방배동지점에 예금된 금 50,000,000원, 주식회사 한양의 주식 보통주 30,000주는 김이남의 소유로 한다.

위 협의를 명확히 하기 위하여 이 협의서 3통을 작성하고 각자 기명날인하여 각 1통씩 보관한다.

20○○년 ○월 ○일

공동상속인 이 미 녀 ㊞
(000000-0000000)
서울특별시 서초구 서초대로 100길 20(서초동)

공동상속인 김 일 남 ㊞
(000000-0000000)
서울특별시 서초구 서초대로 120길 50(서초동)

공동상속인 김 이 남 ㊞
(000000-0000000)
서울특별시 서초구 서초대로 150길 12(서초동)

[자료 75] 재산분할협의서

재산분할협의서

협의이혼 당사자 김갑동과 이미녀는 민법 제839조의2에 의하여 다음과 같이 재산분할에 협의한다.

제1조 서울특별시 서초구 서초동 100 대 250㎡ 및 서울특별시 서초구 서초동 100 [도로명주소] 서울특별시 서초구 서초대로 68길 12 주택 80㎡는 이미녀의 소유로 하고, 서울특별시 서초구 서초동 120 대 280㎡는 김갑동의 소유로 한다.

제2조 귀금속류와 명화류는 이미녀가 취득한다.

제3조 평화전기 주식회사 보통주식 20,000주의 유가증권은 이미녀가 취득한다.

제4조 김갑동은 제1조에 의한 부동산소유권을 이미녀 명의로 이전하는 모든 절차에 적극 협력하며, 등기절차는 20○○년 ○월 ○일까지로 완료한다.

위 협의를 명확히 하기 위하여 이 협의서 2통을 작성하고 각자 기명날인하여 각 1통씩 보관한다.

20○○년 ○월 ○일

김 갑 동 ㉑
(000000-0000000)
서울 서초구 서초대로 200길 18(서초동)

이 미 녀 ㉑
(000000-0000000)
서울 서초구 서초대로 200길 18(서초동)

[자료 76] 상호명의신탁해지증서

상호명의신탁해지증서

공유자 김정현과 강기선은 다음과 같이 합의한다.

김정현과 강기선은 그 공동소유자인 아래 부동산의 표시 기재 부동산에 관하여 상호명의신탁을 해지하여 각 단독 소유로 할 것을 합의한다.

부 동 산 의 표 시

1. 서울특별시 서초구 서초동 200 대 150㎡
2. 서울특별시 서초구 서초동 200
   [도로명주소] 서울특별시 서초구 서초대로 60길 23
   시멘트 벽돌조 슬래지붕 단층주택 80㎡

위의 사실을 명확히 하기 위하여 이 증서 2통을 작성하고 각자 기명날인하여 각 1통씩 보관한다.

20○○년 ○월 ○일

김 정 현 ㊞
(000000-0000000)
○○시 ○○구 ○○로 18(○○동)

강 기 선 ㊞
(000000-0000000)
○○시 ○○구 ○○로 20(○○동)

[자료 77] 상속재산 기여분가산 분할협의서

상속재산 기여분가산 분할협의서

20○○년 ○월 ○일 11:00 서울특별시 서초구 서초대로 100길 20(서초동)에서 김갑동의 사망으로 인하여 상속이 개시된바, 공동상속인 이미녀, 김일남, 김이남은 상속재산의 분할에 관하여 다음과 같이 협의한다.

제1조 서울특별시 서초구 서초동 126-3 대 190㎡ 및 서울특별시 서초구 126-3 [도로명주소] 서울특별시 서초구 서초대로 60길 18 시멘트 블록조 스레트지붕 단층주택 80㎡는 공동상속인 중 피상속인을 생전에 특별히 부양한 김일남에게 7분의 1을 기여분으로 정하고 나머지는 공동상속인 법정상속분의 비율에 의하여 상속하기로 한다.

제2조 귀금속류와 명화류는 시가로 환산하여 그 가액에 따라 3분의 1을 균등하게 배분하여 공동상속인 각자의 소유로 한다.

제3조 평화전기 주식회사 보통주식 20,000주의 유가증권은 공동상속인 이미녀가 취득한다.

위 협의가 성립되었음을 증명하기 위하여 이 협의서 3통을 작성하고 각자 기명날인하여 각 1통씩 보관한다.

20○○년 ○월 ○일

공동상속인 이 미 녀 ㊞
(000000-0000000)
서울특별시 서초구 서초대로 100길 20(서초동)

공동상속인 김 일 남 ㊞
(000000-0000000)
서울특별시 서초구 서초대로 120길 50(서초동)

공동상속인 김 이 남 ㊞
(000000-0000000)
서울특별시 서초구 서초대로 150길 12(서초동)

[자료 78] 친족회의동의서(후견인이 미성년자를 대리하여 협의분할에 참가하는 경우)

친 족 회 의 동 의 서

아래 친족회원은 20○○년 ○월 ○일 10:00 사건본인 김이남의 후견인인 조부 김성철의 서울특별시 서초구 서조대로 53길 12(서초동) 자택에서 다음 사항을 결의한다.

결 의 사 항

사건본인 김이남은 피상속인 김갑동{20○○. ○. ○. 사망, 최후주소 서울특별시 서초구 서초대로 68길 20(서초동)}의 상속인인바, 그 상속재산의 분할협의를 함에 있어서 후견인 김성철이가 사건본인을 대리하여 일체의 행위를 함에 동의한다.

20○○년 ○월 ○일

친족회원 김 징 현 ㊞
(000000-0000000)
서울특별시 서초구 서초대로 110길 60(서초동)

친족회원 김 경 훈 ㊞
(000000-0000000)
서울특별시 서초구 서초대로 160길 30(서초동)

친족회원 김 영 규 ㊞
(000000-0000000)
서울특별시 서초구 서초대로 120길 23(서초동)

[자료 79] 친족회의동의서

친 족 회 의 동 의 서

아래 친족회원은 20○○년 ○월 ○일 10:00 사건본인 김대웅의 서울특별시 서초구 서초대로 60길 26(서초동) 자택에서 후견인인 조부 김성규의 입회하에 다음 사항을 결의한다.

결 의 사 항

사건본인 김대웅 소유의 서울특별시 서초구 서초동 200 대 300㎡를 강기선과 매매계약을 체결함에 있어 후견인 김성규가 사건본인을 대리하여 일체의 행위를 함에 동의한다.

20○○년 ○월 ○일

친족회원 김 영 철 ㊞
주민등록번호 : 000000-0000000
주 소 : ○○시 ○○구 ○○로 18(○○동)

친족회원 김 성 훈 ㊞
주민등록번호 : 000000-0000000
주 소 : ○○시 ○○구 ○○로 20(○○동)

친족회원 김 정 현 ㊞
주민등록번호 : 000000-0000000
주 소 : ○○시 ○○구 ○○로 22(○○동)

[자료 80] 특별수익증명서

특 별 수 익 증 명 서

피상속인 : 망 김 갑 동 (20○○. ○. ○. 사망)
최후주소 : 서울특별시 서초구 서초대로 80길 26(서초동)

상 속 인 : 이 미 녀 (000000-0000000)
서울특별시 서초구 서초대로 56길 14(서초동)

위 상속인 이미녀는 피상속인으로부터 생전에 상속분에 해당하는 부동산을 증여를 받았으므로 더 이상 위 피상속인의 상속재산으로부터 받을 것이 없음을 증명합니다.

20○○년 ○월 ○일

위 상속인 이 미 녀 ㊞

공동상속인 김일남, 김이남 귀하

[자료 81] 노인회 규약

○○○노인회 규약

제1조(목적) 본회는 노인의 권익신장과 복지증진 및 봉사활동 등 사회활동에 기여함을 목적으로 한다.

제2조(명칭) 본회의 명칭은 "○○○노인회"라 칭한다.

제3조(사무소) 본회의 사무소는 "전라남도 ○○군 ○○면 ○○길 ○○"에 둔다.

제4조(사업) 본회는 제1조의 목적을 효과적으로 달성하기 위하여 다음과 같은 사업을 행한다.

1. 노인의 권익신장과 복지행사
2. 노인 자원봉사 활동의 증진
3. 노인 교실 및 경로당 관리 운영
4. 노인 취업활동 및 사회적 지원
5. 노인 건강증진을 위한 생활체육 증진
6. 보람있는 노후생활을 위한 노인교육
7. 전통문화의 유지발전과 경로효친 사상의 보급 및 청소년선도

제5조(회원의 자격)

1. 본 노인회는 등록된 정회원으로 구성한다.
2. 본회 정회원은 65세 이상으로 전남 ○○군 ○○읍 ○○길에 거주하며 본회의 회원에 가입한 자를 원칙으로 한다.

제6조(자격상실)

1. 본회를 탈퇴할 때
2. 전남 ○○군 ○○읍 ○○길을 떠나 이사할 때
3. 사망하였을 때
4. 임원회에서 제명처분을 받았을 때

제7조(회원의 권리와 의무) 본회의 회원은 노인회 제반사항에 적극 참여하고 임원의 피선거권 또는 선거권을 가지며 건의, 결의권을 가진다.

제8조(임원) 본회는 대표자(대표자) 1명과 감사 1명, 총무 1명을 둔다.

제9조(임원의 선출) 본회의 임원은 총회에서 선출한다.

제10조(임원의 임무)

1. 대표자(회장)는 본회를 대표하며 회무를 통괄한다.
2. 감사는 본회의 업무집행상황과 회계에 관한 사항을 감사하고 그 결과를 총회에 보고한다.
3. 총무는 대표자(회장)의 명을 받아 회계 및 회계전반에 관한 사항을 처리한다.

제11조(임기) 임원의 임기는 3년으로 한다(단, 재적회원 과반수의 출석으로 성원하고 참석회원 과반수 찬성으로 총회의 결의에 따라 연임할 수 있다.

제12조(총회의 구성) 총회는 정기총회와 임시총회로 구분하며 회의진행은 대표자(회장)가 의장이 된다.

제13조(총회의 의결사항) 총회는 다음 사항을 의결한다.

1. 규약의 제정 및 개정에 관한 사항
2. 예산결산 및 승인에 관한 사항
3. 임원 선출 및 해임에 관한 사항
4. 재산취득 및 처분에 관한 사항
5. 사업계획의 결과보고 및 사업계획 수입(승인)
6. 재정에 관한 사항
7. 기타 본회의 운영에 관한 사항

제14조(총회의 소집)

1. 정기총회는 매년 1월 1일부터 12월 31일까지 결산종료 후 3개월 이내에 개최한다.
2. 임시총회는 대표자(회장)가 필요시에 소집한다. 대표자(회장) 유고시에는 총무가 그 직무를 대행한다.

제15조(총회의 개의와 의결 정족수) 본 회의의 결의는 재적회원 과반수 출석으로 성원하고 출석회원의 과반수로 한다.

제16조(총회의사록)

1, 총회의 의사에 관하여 의사록을 작성하여야 한다,
2. 대표자(회장)는 의사록을 사무실에 비치하여야 한다.

제17조(재산의 구분)

1. 본회의 자산은 보통자산으로 관리한다.
2. 보조금, 기부금, 기타

제18조(경비와 유지방법)

1. 회비
2. 기본재산 수입금
3. 사업 수입금
4. 보조금
5. 기부금

제19조(사업계획 및 예산)

1. 본회의 매 회계연도 사업계획 및 예산은 당해 회계연도 개시 20일 전에 대표자(회장)가 편성하여 총회의 의결을 승인받아 실시한다.
2. 회계결산 잉여금이 있을 시에는 다음 회계연도에 이월하여 사용한다.

제20조(규약의 개정) 본회의 규약을 개정하고자 할 시에는 재적회원 과반수의 출석과 참석회원 과반수의 찬성으로 총회의 의결을 받아 개정할 수 있다.

부 칙

제1조(시행일) 본 규약은 20○○년 ○월 ○일부터 시행한다.

20○○년 ○월 ○일

○○○노인회
전라남도 ○○군 ○○읍 ○○길 ○○
대표자 ○ ○ ○ (직인)

성 명		날 인	주민등록번호	주 소
대표자 (회장)				
회 원 (감사)				
회 원 (총무)				
회 원				
회 원				
회 원				
회 원				
회 원				

위 내용은 사실과 틀림이 없음을 확인함.

법무사 ○ ○ ○ (직인)
전라남도 ○○군 ○○읍 ○○길 ○○

[자료 82] 마을회 규약

○○마을회 규약

제1조(목적) 본회는 ○○마을회 고유의 상부상조 미풍양속 정신과 협동정신을 바탕으로 회원 상호간의 친목도모와 마을의 경제적, 사회적 삶의 질 향상에 기여함을 목적으로 한다.

제2조(명칭) 본회의 명칭은 "○○마을회"라 부른다.

제3조(사무소) 본회의 사무소는 "전라남도 ○○군 ○○읍 ○○길 ○○"에 둔다.

제4조(사업) 본회는 제1조의 목적을 효과적으로 달성하기 위하여 다음 각 호의 사업을 행한다.

1. 마을회사업의 계획수립 및 추진
2. 교육 및 홍보활동
3. 회원 상호간의 친목, 유대강화
4. 기타 본회의 목적달성에 필요한 사업

제5조(회원의 자격) 본 회원은 관내 마을에 거주하는 40세 이상의 성년으로서 본회의 목적에 찬동하고 본회의 회원에 가입한 자로 한다.

제6조(회원의 탈퇴 및 자격상실)

1. 회원은 임의로 탈퇴할 수 있다.
2. 거주지 이전(관외)
3. 사망하였을 때
4. 본 규약을 위반하였을 때
5. 회원으로서 품위 또는 위신을 손상하는 행위를 하였을 때
6. 본회의 사업을 방해하거나 비협조적인 행위를 하였을 때
7. 임원회에서 제명처분을 받았을 때

제7조(회원의 권리와 의무) 본회의 회원은 본회 제반사항에 적극 참여하고 임원선출권, 피선거권, 각종 회의의 의결권 및 본회 운영에 참여할 권리를 가진다.

제8조(임원) 본회는 대표자(회장) 1명, 감사 1명, 총무 1명을 둔다.

제9조(임원의 선출) 본회의 임원은 총회에서 선출한다.

제10조(임원의 임무)

1. 대표자(회장)는 본회를 대표하여 회무를 통괄한다.
2. 감사는 본회의 업무집행상황과 회계에 관한 사항을 감사하고 그 결과를 총회에 보고한다.

제11조(임기) 임원의 임기는 3년으로 한다(단, 재적회원 과반수의 출석과 참석회원 과

반수의 찬성으로 총회의 결의에 따라 연임할 수 있다).

제12조(총회의 구성) 총회는 정기총회와 임시총회로 구분하며 회의진행은 대표자(회장)가 의장이 된다.

제13조(총회의 의결사항) 총회는 다음 사항을 의결한다.

1. 규약의 제정 및 개정에 관한 사항
2. 사업계획 및 예산결산, 승인에 관한 사항
3. 임원 선출 및 해임에 관한 사항
4. 재산취득 및 처분에 관한 사항
5. 사업계획의 결과보고 및 사업계획 수입(승인)
6. 재정에 관한 사항
7. 기타 본회의 운영에 관한 사항

제14조(총회의 소집)

1. 정기총회는 매년 1월 1일부터 12월 31일까지 결산종료 후 3개월 이내에 개최한다.
2. 임시총회는 대표자(회장)가 필요시에 소집한다. 대표자(회장) 유고시에는 총무가 그 직무를 대행한다.

제15조(총회의 개의와 의결 정족수) 본 회의의 결의는 재적회원 과반수 출석으로 성원하고 출석회원의 과반수로 한다.

제16조(총회의사록)

1. 총회의 의사에 관하여 의사록을 작성하여야 한다,
2. 대표자(회장)는 의사록을 사무실에 비치하여야 한다.

제17조(재산의 구분)

1. 본회의 자산은 보통자산으로 관리한다.
2. 보조금, 기부금, 기타

제18조(경비와 유지방법)

1. 회비
2. 기본재산 수입금
3. 사업 수입금
4. 보조금
5. 기부금

제19조(사업계획 및 예산)

1. 본회의 매 회계연도 사업계획 및 예산은 당해 회계연도 개시 20일 전에 대표자(회장)가 편성하여 총회의 의결을 승인받아 실시한다.
2. 회계결산 잉여금이 있을 시에는 다음 회계연도에 이월하여 사용한다.

제20조(규약의 개정) 본회의 규약을 개정하고자 할 시에는 재적회원 과반수의 출석과 참석회원 과반수의 찬성으로 총회의 의결을 받아 개정할 수 있다.

부 칙

제1조(시행일) 본 규약은 20○○년 ○월 ○일부터 시행한다.

20○○년 ○월 ○일

○○마을회
전라남도 ○○군 ○○읍 ○○길 ○○
대표자 ○ ○ ○ (직인)

성 명		날 인	주민등록번호	주 소
대표자 (회장)				
회 원 (감사)				
회 원 (총무)				
회 원				
회 원				
회 원				
회 원				
회 원				

위 내용은 사실과 틀림이 없음을 확인함.

법무사 ○ ○ ○ (직인)
전라남도 ○○군 ○○읍 ○○길 ○○

[자료 83] 새마을회 규약

○○새마을회 규약

제1조(목적) 본회는 주민들이 서로 힘을 합하여 마을일을 공동으로 추진하고, 마을재산을 공동으로 관리하는 것을 목적으로 한다.

제2조(명칭) 본회의 명칭은 "○○새마을회"라 부른다.

제3조(사무소) 본회의 사무소는 "전라남도 ○○읍 ○○길 ○○에 둔다.

제4조(사업) 본회는 제1조의 목적을 효과적으로 달성하기 위하여 다음 각 호의 사업을 행한다.

1. 마을회사업의 계획수립 및 추진
2. 교육 및 홍보활동
3. 회원 상호간의 친목, 유대강화
4. 기타 본회의 목적달성에 필요한 사업

제5조(회원의 자격) 본 회원은 관내 마을에 거주하는 40세 이상의 성년으로서 본 회의 목적에 찬동하고 본회의 회원에 가입한 자로 한다.

제6조(회원의 탈퇴 및 자격상실)

1. 회원은 임의로 탈퇴할 수 있다.
2. 거주지 이전(관외)
3. 사망하였을 때
4. 본 규약을 위반하였을 때
5. 회원으로서 품위 또는 위신을 손상하는 행위를 하였을 때
6. 본회의 사업을 방해하거나 비협조적인 행위를 하였을 때
7. 임원회에서 제명처분을 받았을 때

제7조(회원의 권리와 의무) 본회의 회원은 본회 제반사항에 적극 참여하고 임원선출권, 피선거권, 각종 회의의 의결권 및 본회 운영에 참여할 권리를 가진다.

제8조(임원) 본회는 대표자(회장) 1명, 감사 1명, 총무 1명을 둔다.

제9조(임원의 선출) 본회의 임원은 총회에서 선출한다.

제10조(임원의 임무)

1. 대표자(회장)는 본회를 대표하여 회무를 통괄한다.
2. 감사는 본회의 업무집행상황과 회계에 관한 사항을 감사하고 그 결과를 총회에 보고한다.

제11조(임기) 임원의 임기는 3년으로 한다(단, 회원 3분의 2 이상 출석으로 성원하고 참석회원 과반수의 찬성으로 총회의 결의에 따라 연임할 수 있다.

제12조(총회의 구성) 총회는 정기총회와 임시총회로 구분하며 회의진행은 대표자(회장)가 의장이 된다.

제13조(총회의 의결사항) 총회는 다음 사항을 의결한다.

1. 규약의 제정 및 개정에 관한 사항
2. 사업계획 및 예산결산, 승인에 관한 사항
3. 임원 선출 및 해임에 관한 사항
4. 재산취득 및 처분에 관한 사항
5. 사업계획의 결과보고 및 사업계획 수입(승인)
6. 재정에 관한 사항
7. 기타 본회의 운영에 관한 사항

제14조(총회의 소집)

1. 정기총회는 매년 1월 1일부터 12월 31일까지 결산종료 후 3개월 이내에 개최한다.
2. 임시총회는 대표자(회장)가 필요시에 소집한다. 대표자(회장)가 유고시에는 총무가 그 직무를 대행한다.

제15조(총회의 개의와 의결 정족수) 본 회의의 결의는 재적회원 과반수 출석으로 성원하고 출석회원의 과반수로 한다.

제16조(총회의사록)

1. 총회의 의사에 관하여 의사록을 작성하여야 한다,
2. 대표자(회장)는 의사록을 사무실에 비치하여야 한다.

제17조(재산의 구분)

1. 본회의 자산은 보통자산으로 관리한다.
2. 보조금, 기부금, 기타

제18조(경비와 유지방법)

1. 회비
2. 기본재산 수입금
3. 사업 수입금
4. 보조금
5. 기부금

제19조(사업계획 및 예산)

1. 본회의 매 회계연도 사업계획 및 예산은 당해 회계연도 개시 20일 전에 대표자(회장)가 편성하여 총회의 의결을 승인받아 실시한다.
2. 회계결산 잉여금이 있을 시에는 다음 회계연도에 이월하여 사용한다.

제20조(규약의 개정) 본회의 규약을 개정하고자 할 시에는 재적회원 과반수의 출석과 참석회원 과반수의 찬성으로 총회의 의결을 받아 개정할 수 있다.

부 칙

제1조(시행일) 본 규약은 20○○년 ○월 ○일부터 시행한다.

20○○년 ○월 ○일

○○새마을회
전라남도 ○○군 ○○읍 ○○길 ○○
대표자 ○ ○ ○ (직인)

성 명		날 인	주민등록번호	주 소
대표자 (회장)				
회 원 (감사)				
회 원 (총무)				
회 원				
회 원				
회 원				
회 원				
회 원				

위 내용은 사실과 틀림이 없음을 확인함.

법무사 ○ ○ ○ (직인)
전라남도 ○○군 ○○읍 ○○길 ○○

[자료 84] 대한예수교장로회 규약

대한예수교장로회○○교회 규약

제1조(명칭) 본 교회의 명칭은 "대한예수교장로회○○교회"라 칭한다.

제2조(소재지) 본 교회의 소재지는 "전라남도 ○○군 ○○읍 ○○로 ○○"에 둔다.

제3조(구성) 본 교회는 본 교회에 출석하는 입교인으로 구성한다.

제4조(목적) 본 교회는 칼빈주의에 입각한 개혁신앙을 보수하며 지역교회에서 하나님의 영광을 나타내고 복음전파와 선교함을 목적으로 한다.

제5조(대표자의 수) 본 교회의 대표자는 1인 이상 3인 이하를 둔다.

제6조(대표자의 선출) 본 교회의 대표자는 공동의회(임시총회)에서 선출한다.

제7조(대표자의 임기) 본 교회의 대표자의 임기는 3년으로 하되, 공동의회(임시총회)의 결의에 의하여 연임할 수 있다.

제8조(대표자의 임무) 본 교회의 대표자는 회무를 통괄하고 본 교회를 대표한다.

제9조(회의) 본 교회는 공동의회(임시총회), 정기당회, 제직회를 두되, 공동의회(임시총회)는 필요에 따라 대표자가 소집하여 집회한다.

제10조[공동의회(총회) 의결사항] 다음 사항은 공동의회(임시총회)의 의결에 의하여 결의하여야 한다.

1. 본 교회재산의 관리 및 처분 또는 취득하는 행위
2. 본 교회의 임원을 선출하는 행위
3. 본 교회의 규약을 개정하는 행위

제11조(의결) 다음 회의는 재적회원 과반수의 찬성으로 성원하고 출석회원 과반수의 찬성으로 의결한다.

제12조(의사록) 본 교회의 공동의회(임시총회)의사록, 규약, 금전거래철, 부동산의 목록은 공동의회(임시총회)에서 지정한 회원 전부가 기명날인하여 이를 보관한다.

부 칙

제1조(시행일) 본 규약은 20○○년 ○월 ○일부터 시행한다.

20○○년 ○월 ○일

대한예수교장로회○○교회
전라남도 ○○군 ○○읍 ○○길 ○○
대표자 ○ ○ ○ (직인)

성 명		날 인	주민등록번호	주 소
대표자				
회 원				
회 원				
회 원				
회 원				
회 원				
회 원				
회 원				

위 내용은 사실과 틀림이 없음을 확인함.

법무사 ○ ○ ○ (직인)

전라남도 ○○군 ○○읍 ○○길 ○○

[자료 85] 한국기독교장로회 규약

한국기독교장로회○○교회 규약

제1조(명칭) 본 교회의 명칭은 "한국기독교장로회○○교회"라 칭한다.

제2조(소재지) 본 교회의 소재지는 "전라남도 ○○군 ○○읍 ○○로 ○○"에 둔다.

제3조(목적) 본 교회는 한국기독교장로회 총회의 헌법을 준수하고 하나님의 선교를 위한 교육과 성도들의 교제와 사회정의를 구현하며 거룩한 예배를 드리고 진리를 보존하며 하나님의 나라를 이 세상에 이룩하는 데 그 목적이 있다.

제4조(사업) 본 교회는 전 조의 목적을 달성하기 위하여 다음 각 항의 사업을 한다.

1. 선교사업
2. 기독교 교육사업(유아교육 포함)
3. 봉사 및 주제사업
4. 지역사회 복지사업

제5조(운영) 본 교회는 사업을 보다 효율적으로 운영하기 위하여 운영위원회를 둔다.

1. 운영위원회는 7인 이상 10인 이하의 당 회원으로 구성하며 그 수가 부족할 때는 당 회에서 선임하며 임기는 3년으로 한다.
2. 위원회의 임원은 위원장 1인, 서기 1인을 둔다.
3. 위원장은 교회를 대표하며 서기는 회무서류 일체를 기록 보관한다.
4. 운영위원회의 자격은 당 교회의 교인자격을 상실하면 자동 소멸된다.

제6조(재산관리) 본 교회의 재산관리는 다음 각 항에 준하여 관리한다.

1. 부동산의 운영관리 및 재정운영은 총회 헌법 정치 제45조 제9항과 제74조에 의하여 그 일을 운영위원회가 처리한다.
2. 교회재산의 취득과 임대 및 총회유지재단과의 관계업무는 운영위원회에서 처리한다.
3. 부동산의 처분은 운영위원회에서 의결하고 공동의회의 인준을 받아야 한다.

제7조(의결) 위원회의 모든 의안의 의결은 재적위원 과반수의 출석으로 성원하고 출석위원 과반수의 찬성으로 한다.

제8조(재정) 교회의 재정은 교인의 헌금과 독지가의 특별헌금(현품, 헌납 포함)으로 한다.

제9조(회계년도) 회계년도는 1월 1일부터 12월 31일까지로 한다.

제10조(규약제정 및 개정)

1. 본 규약은 당 회가 정하고 공동의회가 인준한다.
2. 본 규약의 재정은 운영위원회가 하며 공동의회가 인준한다.

부 칙

제1조(시행일) 본 규약은 20○○년 ○월 ○일부터 시행한다.

20○○년 ○월 ○일

한국기독교장로회○○교회
전라남도 ○○군 ○○읍 ○○길 ○○
위원장(대표자) ○○○ (직인)

성 명		날 인	주민등록번호	주 소
대표자 (위원장)				
위 원 (장로)				
위 원 (서기)				
위 원 (권사)				
위 원 (권사)				
위 원 (집사)				
위 원 (집사)				
위 원 (집사)				

위 내용은 사실과 틀림이 없음을 확인함.

법무사 ○ ○ ○ (직인)
전라남도 ○○군 ○○읍 ○○길 ○○

[자료 86] 교회 규약

○○교회 규약

제1조(명칭) 본 교회의 명칭은 "○○교회"라 칭한다.

제2조(사무소) 본 교회의 사무소는 "전라남도 ○○군 ○○읍 ○○길 ○○"에 둔다.

제3조(구성) 본 교회는 본 교회에 출석하는 입교인으로 구성한다.

제4조(목적) 본 교회는 성경과 교회법에 따라 예배와 교육, 기타 선교사업을 실시함을 목적으로 한다.

제5조(임원) 본 교회는 대표자(회장) 1명과 총무 1명을 둔다.

제6조(임원의 선출) 본 교회의 임원은 총회에서 선출한다.

제7조(임원의 임무) 본 교회의 대표자(회장)는 본 교회를 대표하여 회무를 통괄하며, 총무는 대표자(회장)의 지시를 받아 본 회의 사무를 처리한다.

제8조(총회) 본 교회는 정기총회와 임시총회를 두되, 임시총회는 대표자(회장) 또는 회원이 필요하다고 인정할 때에는 수시로 소집할 수 있다.

제9조(총회의결사항) 본 교회의 총회는 재적회원 과반수의 출석으로 성원하고 출석회원 과반수의 찬성으로 의결한다.

제10조(의결) 본 교회의 재산을 처분하거나 취득할 때에는 총회의 결의에 의한다.

제11조(의사록) 본 교회의 총회의사록, 규약, 금전거래철, 부동산의 목록은 총회에서 지정한 회원 6명 이상과 대표자(회장)가 기명날인하여 이를 보좌한다.

부 칙

제1조(시행일) 본 규약은 20○○년 ○월 ○일부터 시행한다.

20○○년 ○월 ○일

○○○○교회
전라남도 ○○군 ○○읍 ○○길 ○○
대표자 ○ ○ ○ (직인)

성 명		날 인	주민등록번호	주 소
대표자				
회 원 (총무)				
회 원				
회 원				
회 원				
회 원				
회 원				
회 원				

위 내용은 사실과 틀림이 없음을 확인함.

법무사 ○ ○ ○ (직인)

전라남도 ○○군 ○○읍 ○○길 ○○

[자료 87] 대한예수교장로회 총회결의서(등기기록상 대표자변경의 경우)

대한예수교장로회○○교회 공동의회(총회)결의서

본 교회의 대표자 안○연은 아래 제1호의 안 건을 결의하고자 전라남도 ○○군 ○○읍 ○○실 ○○, 대한예수교장로회○○교회 사무실에서 교회총회를 개최한다는 내용의 소집통지를 우리 교회 회원 전원에게 20○○. ○. ○. 전화(또는 등기우편)에 의한 방법으로 통보한 후 20○○. ○. 오전 10시경 위 교회 사무실에서 임시총회를 개최하다.

총원 ○명　　　　출석인원 ○명

참석회원 전원의 호선에 따라 우리 교회 대표자 안○연을 임시의장으로 선출하다.

임시의장 안○연은 다음 의안을 결의하기 위한 의결 정족수에 달하게 되었으므로 본 총회가 적법하게 성립되었음을 알리고 개회를 선언한 후 다음의 의안을 부의하고 심의를 구하다.

제1호 의 안　등기명의인 표시변경 및 대표자 사임 및 보신에 관한 건

임시의장은 우리 교회의 대표자 안○연(000000-0000000)이가 일신상의 사유로 금일 사임하였는 바, 우리 교회 재산인 아래 부동산의 표시 기재 부동산을 관리(또는 취득, 처분)함에 있어 등기기록상 대표자를 변경하여 등기명의인 표시변경등기를 할 필요성을 설명하고, 동 등기신청에 관한 일체의 행위를 위임하고자 새로운 대표자를 선출하여 줄 것을 구한 바, 참석회원 전원 일치되어 다음 사람이 대표자로 선임되다.

대표자 백 ○ 선 (000000-0000000)
전라남도 ○○군 ○○읍 ○○길 ○○

위 피선자는 즉석에서 그 취임을 승낙하다.

부 동 산 의 표 시

1. 전라남도 ○○군 ○○읍 ○○리 123　대 310㎡
2. 전라남도 ○○군 ○○읍 ○○리 124　대 420㎡

임시의장은 이상으로써 의안 심의를 종료하고 폐회한다고 선언하다(회의종료시간 오전 11시 30분)

위 결의를 명확히 하기 위하여 이 결의서를 작성하고 참석자 전원이 기명날인하다.

20○○년 ○월 ○일

대한예수교장로회○○교회
전라남도 ○○군 ○○읍 ○○길 ○○
대표자 안 ○ 연 (직인)

성 명		날 인	주민등록번호	주 소
대표자				
회 원 (총무)				
회 원				
회 원				
회 원				
회 원				
회 원				
회 원				

위 내용은 사실과 틀림이 없음을 확인함.

위 확인자 ○ ○ ○ (인감)

위 확인자 ○ ○ ○ (인감)

[자료 88] 사찰 규약

사찰 규약

제1조(명칭) 본 사는 "대한불교조계종 ○○사"라 칭한다.

제2조(목적) 본 사는 대한불교조계종에 소속된 사찰로 대한불교조계종 종헌 제2조에 의거한 종지에 따라 석사세존의 자각각타 각행원만한 근본교리를 봉체하며 종헌과 종법을 준수하고 직지인심, 견성성불, 전법도생함을 목적으로 한다.

제3조(소재지) 본 사의 사무소는 "전라남도 ○○군 ○○읍 ○○길 ○○"에 둔다.

제4조(기구)

1 본 사는 총무, 재무, 포교국을 둔다, 단 사찰의 규모에 따라 교구 본사의 허가를 받아 각 국장을 두지 아니할 수 있다.

2. 각 국에 국장 1인을 둔다.

제5조(임면)

1. 주지는 종헌 제54조 제4항에 의거 대한불교조계종 총무원장의 임명을 받아 취임하고 본 사찰을 대표한다.
2. 각 국장은 본사 주지가 임면하며, 국장의 임기는 정함이 없는 것으로 한다.
3. 제1항에 의한 임명 및 재직에 관한 사실은 대한불교조계종 총무원 총무부에서 발급한 3개월 이내의 재직증명원으로 갈음하며, 그 효력범위는 발급용도란에 기재된 용도에 한한다.

제6조(주지의 의무와 역할) 주지는 종헌 및 종법령을 준수하며 불조의 유훈과 전래의 백장청규 및 예참법에 의존하여 의식과 법회를 행하며, 사찰관리 및 운영에 있어 성실하고 선량한 관리자의 의무를 다하여야 한다.

제7조(종무회의)

1. 본 사에 종무회의를 둔다.
2. 본 사의 주지는 종무회의의 당연직 의장으로서 회의를 소집하고 주재한다.
3. 종무회의는 주지, 총무국장, 재무국장, 포교국장 등으로 구성한다.

제8조(회의의 소집)

1. 종무회의는 의장이 소집한다.
2. 종무회의는 회의 1주일 전에 그 회의의 목적사항을 기재한 통지서를 발송하여 이를 소집한다. 특별한 사정이 있는 경우에는 전화, 팩스 등 통신매체를 이용할 수 있다.

제9조(개회의 정족수) 종무회의는 의장 또는 종무위원 과반수의 출석이 없으면 개회하지 못한다.

제10조(종무회의 의결의 정족수)

1. 종무회의의 의결은 본 규약에 특별한 규정이 있는 경우를 제외하고는 재적종무

위원 과반수의 찬성으로 성원하고 출석종무위원 과반수 찬성으로 의결한다.

2. 가부동수일 때는 의장이 결정한다.

제11조(서면에 의한 표결 및 표결의 위임) 부득이한 사유로 종무회의에 출석할 수 없는 종무위원은 사전에 통지된 사항에 한하여 서면으로 표결할 수 있고 다른 종무위원에게 표결권을 위임할 수 있다.

제12조(심의사항) 다음 사항은 종무회의 심의를 거쳐야 한다,.

1. 사규의 개정안에 관한 사항
2. 예산 심의 및 결산에 관한 사항
3. 중요사업계획에 관한 사항
4. 종무직원 인사에 관한 사항
5. 기타 주지가 중요하다고 인정하여 부의하는 사항

제13조(사업) 본 사에서는 수도, 전법, 포교, 법식, 어린이집, 유치원, 출판, 사보(신문), 양로원, 요양원, 각종 사회봉사 및 복지사업, 승려노후복지사업 등을 수행할 수 있다.

제14조(운영위원회)

1. 본 사 운영의 능률화, 공개화, 공정화를 기하기 위하여 운영위원회를 구성하여야 한다.
2. 운영위원회는 소임을 맡은 신도 약간명으로 구성하며, 운영위원회의 당연직 의장은 주지로 한다.

제15조(재산관리) 본사의 주지는 재산의 처분, 임대, 교환, 신축, 이전, 철거, 기채, 담보제공, 증여, 사용승낙, 망실·유휴재산의 환수, 수익이 발생할 목적의 부동산 이용(납골장, 자연장, 벌목 포함), 기타 권리설정 등을 하고자 할 때는 종헌 제120조에 따라 대한불교조계종 총무원장의 승인을 받아야 한다.

제16조(회계년도) 회계년도는 1월 1일부터 12월 31일까지로 한다.

제17조(예산편성) 본 사의 차년도 예산을 11월 말일까지 교부본사에 제출하여야 한다.

제18조(결산) 재정 및 회계담당은 회계년도 종료 후 수입지출결산서를 작성하여 종무회의 의결을 받아 1월 말일까지 교부본사에 제출하여야 한다.

제19조(장부의 기록보존) 본 사의 주지는 수입지출 및 변동사항을 장부에 반드시 기록하여 보존하여야 한다.

제20조(직인) 본 사의 직인은 교구본사를 경유하여 총무원에 등록하여야 한다.

제21조(부동산등기신청시 직인 증명발급)

1. 부동산등기신청과 관련한 직인은 대한불교조계종 총무원 총무부에 사찰 인감증명원 발급을 신청하여 그 인감증명원을 반드시 첨부하여야 한다.
2. 제2항에 의한 인감증명원의 유효기간은 발급일로부터 3개월 이내로 한다.

제22조(규약의 제·개정)

1. 본 사찰규약은 공증하여 사찰에 비치하고 교구본사를 경유하여 총무원 총무부

에 보고하여야 한다.

2. 사찰규약을 개정하고자 할 때는 대한불교조계종 총무원장의 사전승인을 받아 이를 첨부한 후 개정된 규약을 본 제정 규약의 말미에 계속하여 첨부하고 이를 공증하여야 한다.

제23조(미비사항) 이 규정상 미비된 사항은 대한불교조계종의 종헌, 종법, 종령에 의한다.

부 칙

제1조(시행일) 본 규약은 20○○년 ○월 ○일부터 시행한다.

20○○년 ○월 ○일

대한불교조계종 ○○사
전라남도 ○○군 ○○읍 ○○길 ○○
대표자 ○○○(법명 : ○○) (인)

성 명		날 인	주민등록번호	주 소
대표자				
위 원				
위 원				
위 원				
위 원				
위 원				
위 원				
위 원				

위 내용은 사실과 틀림이 없음을 확인함.

법무사 ○ ○ ○ (직인)
전라남도 ○○군 ○○읍 ○○길 ○○

[자료 89] 사찰종무회의결의서(부동산 매수의 경우)

대한불교조계종○○사종무회의결의서

대한불교조계종○○사의 주지스님(대표자) 홍길동은 아래 제1호 및 제2호의 안 건을 결의하고자 전라남도 ○○군 ○○읍 ○○길 ○○, 대한불교조계종○○사 종무실에서 종무회의를 개최한다는 내용의 소집통지를 우리 종무위원 전원에게 20○○. ○. ○. 전화(또는 등기우편)에 의한 방법으로 통보한 후 20○○. ○. 오전 10시경 위 사찰 종무실에서 임시종무회를 개최하다.

총회원수 ○명　　　　출석회원수 ○명

참석 종무위원 전원의 호선에 따라 현 주지스님(대표자) 홍길동을 임시의장으로 선출하다.

임시의장은 다음 의안을 결의하기 위한 의결 정족수에 달하게 되었으므로 본 종무회의가 적법하게 성립되었음을 알리고 개회를 선언한 후 다음의 의안을 부의하고 심의를 구하다.

제1호 의 안　　대표자 선임에 관한 건

임시의장 홍길동은 다음 부동산의 표시 기재 부동산에 대하여 소유권이전등기신청에 관한 일체의 행위를 위임함에 있어 대표자를 선출하여 줄 것을 물은 바, 출석 종무회원 전원의 찬성으로 다음 사람을 대표자로 선임할 것을 만장일치로 승인 가결하다.

대표자 홍　길　동 (000000-0000000)
전라남도 ○○군 ○○읍 ○○길 ○○

위 피선자는 즉석에서 그 취임을 승낙하다.

다　　음

부 동 산 의 표 시

1. 전라남도 ○○군 ○○읍 ○○리 123　대 310㎡
2. 전라남도 ○○군 ○○읍 ○○리 123
   [도로명주소] 전라남도 ○○군 ○○읍 ○○길 ○○
   시멘트블록조 스레트지붕 단층 제1종근린생활시설
   230㎡, 끝.

제2호 의 안 부동산 매수 및 소유권이전등기에 관한 건

임시의장은 "대한불교조계종○○사(00000-00000)"가 "장길상(000000-0000000)"으로부터 위 부동산의 표시 기재 부동산을 매매대금 팔천만원(₩ 80,000,000)으로 정하여 매수하고 "대한불교조계종○○사(00000-00000)" 명의로 소유권이전등기를 할 필요성을 설명하고 그 가부를 물은 바, 참석 종무위원 전원 이의없이 찬성하여 그를 승인 가결하다.

임시의장은 이상으로써 의안 심의를 종료하고 폐회한다고 선언하다(회의종료시간 오전 10시 30분)

위 결의를 명확히 하기 위하여 이 결의서를 작성하고 참석자 전원이 기명날인하다.

20○○년 ○월 ○일

대한불교조계종 ○○사
전라남도 ○○군 ○○읍 ○○길 ○○
대표자 ○○○(법명 : ○○) (인)

성 명		날 인	주민등록번호	주 소
대표자				
종무위원				
종무위원				
종무위원				
종무위원				
종무위원				
종무위원				
종무위원				

위 내용은 사실과 틀림이 없음을 확인함.

위 확인자 ○ ○ ○ (인감)

위 확인자 ○ ○ ○ (인감)

[자료 90] 사찰종무회의록(부동산 매수의 경우)

대한불교조계종○○사종무회의록

소집일시 : 20○○년 ○월 ○일, 오후 ○시 ○분
소집방법 : 각 회원들에게 전화통보
개최일시 : 20○○년 ○월 ○일, 오후 ○시 ○분
개최장소 : 전라남도 ○○군 ○○읍 ○○길 ○○, 종무실
총인원수 : ○명
출석인원수 : ○명

의 장 : 지금부터 종무회의를 시작하겠습니다.
일 동 : 삼귀의례
의 장 : 바쁘신 가운데 회의에 참석해 주셔서 감사합니다.
오늘 회의를 소집한 것은 "전라남도 ○○군 ○○읍 ○○리 산123 임야 5352㎡" 및 "전라남도 ○○군 ○○읍 ○○리 산567 임야 2756㎡"를 구입하여 산신각을 건립하고자 하는 건에 대하여 논의하기 위하여 소집한 것입니다.
다음은 종무위원 참석 확인을 하겠습니다. 총무위원 총 ○명 중 전원이 참석하였으므로 성원이 되었기에 개회를 선언합니다.
다음은 안건 심의를 하겠습니다.
1. 산신각 건립을 위해 땅 매입의 건
"전라남도 ○○군 ○○읍 ○○리 산123 임야 5352㎡"
"전라남도 ○○군 ○○읍 ○○리 산567 임야 2756㎡"
2. 기타
상정된 안건에 이의가 있습니까?
일 동 : 이의 없습니다.
의 장 : 현안대로 안건이 채택되었습니다.
본 대한불교조계종○○사는
"전라남도 ○○군 ○○읍 ○○리 산123 임야 5352㎡"
"전라남도 ○○군 ○○읍 ○○리 산567 임야 2756㎡"
의 땅을 구입하여 산신각을 건립하고자 합니다. 이 안건에 대해 의견이 있으신 분은 말씀하여 주시기 바랍니다.
총무스님 : 본 건은 당 사찰이 ○○리 땅을 구입하여 조망이 좋은 곳에 산신각을 건립하고자 하는 것으로 평소 신도님들이 산신각을 사찰위에 건립하는 것을 발원하였습니다. 신도님들의 뜻에 따라 ○○리 땅을 구입했으면 합니다.

사무장 : 총무스님 의견에 동의하며, 이에 대한 전권은 의장이신 주지스님에게 위임하는 것을 제안합니다.

일 동 : 동의합니다.

의 장 : 그럼 전 종무위원들께서 ○○리 땅 "전라남도 ○○군 ○○읍 ○○리 산123 임야 5352㎡"와 "전라남도 ○○군 ○○읍 ○○리 산567 임야 2756㎡"의 구입에 찬성하였으므로 본인은 이에 대한 사항을 총무원과 관련 전문가인 법무사 등과 상의하여 처리하도록 하겠으며, 그 결과는 차기 종무회의에 보고토록 하겠습니다.

기타 안건으로 논의할 사항이 있습니까?

일 동 : 없습니다.

위 결의를 명확히 하기 위하게 이 회의록을 작성하고 참석인원 전원이 서명날인하다.

20○○년 ○월 ○일

대한불교조계종 ○○사
전라남도 ○○군 ○○읍 ○○길 ○○
대표자 ○○○(법명 : ○○) (인)

성	명	날 인	주민등록번호	주 소
대표자 (주지)				
총 무 (지도법사)				
사무장				
템플팀장				
신도회장				

위 내용은 사실과 틀림이 없음을 확인함.

위 확인자 ○ ○ ○ (인감)

위 확인자 ○ ○ ○ (인감)

[자료 91] 문중규약

파평윤씨○○공문중규약

제1조(명칭) 본 문중의 명칭은 "파평윤씨○○공문중"이라 칭한다.

제2조(사무소) 본 문중의 사무소는 "전라남도 ○○군 ○○읍 ○○길 ○○"에 둔다.

제3조(종원의 구성) 본 문중은 "파평윤씨○○공문중" 후손으로 구성한다.

제4조(목적) 본 문중은 선영봉사 및 문중 재산관리와 후손의 복지향상을 목적으로 한다.

제5조(임원) 본 문중은 대표자(회장) 1명과 부회장을 1명을 둔다.

제6조(임원의 선출) 본 문중의 대표자(회장)는 총회에서 선출한다.

제7조(임원의 임기) 본 문중의 임원의 임기는 3년으로 하고 총회의 결의에 의하여 연임할 수 있다.

제8조(임원의 임무) 본 문중의 대표자(회장)는 문사전반에 관한 사무를 총괄하고 본 문중을 대표하며 부회장은 대표자(회장)를 보좌하고 대표자(회장) 유고시에 그 임무를 대행한다.

제9조(총회) 본 문중은 정기총회와 임시총회를 두되, 임시총회는 필요에 따라 대표자(회장)가 소집하여 집회한다.

제10조(총회의결사항) 총회에서는 다음 각호의 사항을 의결한다.

다 음

1. 본 문중재산의 처분 또는 취득하는 행위
2. 본 문중의 임원변경 및 선출하는 행위
3. 본 문중의 규약제정 및 변경(개정)하는 행위
4. 본 문중재산의 소유자에 대한 등기명의인표시변경 및 경정하는 행위
5. 본 문중에 대한 부동산등기용등록번호 부여신청 및 부여받은 행위
6. 본 문중재산에 대한 부동산등기용등록번호를 추가하는 행위

제11조(의결) 본 문중 총회의 결의는 성년 문원 과반수의 출석으로 성원하고 출석문원 과반수의 찬성으로 한다.

제12조(의사록) 본 문중 총회의사록, 규약, 금전거래철, 부동산의 목록은 출석문원 전부가 기명날인하여 이를 보관한다.

제13조 이 규약은 20○○년 ○월 ○일부터 시행한다.

20○○년 ○월 ○일
파평윤씨○○공문중
전라남도 ○○군 ○○읍 ○○길 ○○
대표자 ○ ○ ○ (직인)

성 명		날 인	주민등록번호	주 소
대표자				
문 원				
문 원				
문 원				
문 원				
문 원				
문 원				
문 원				

위 내용은 사실과 틀림이 없음을 확인함.

법무사 ○ ○ ○ (직인)
전라남도 ○○군 ○○읍 ○○길 ○○

[자료 92] 문중총회결의서(규약제정 및 부동산등기용등록번호부여의 경우)

파평윤씨○○공문중총회결의서

파평윤씨○○공문중의 대표자 홍길동은 아래 제1호 내지 제3호의 안 건을 결의하고자 전라남도 ○○군 ○○읍 ○○길 ○○, 파평윤씨○○공문중 사무실에서 문중총회를 개최한다는 내용의 소집통지를 우리 문원 전원에게 20○○. ○. ○. 전화(또는 등기우편)에 의한 방법으로 통보한 후 20○○. ○. 오전 10시경 위 문중 사무실에서 임시총회를 개최하다.

총문원수 ○명　　　출석문원수 ○명

참석문원 전원의 호선에 따라 우리 문중 대표자 홍길동을 임시의장으로 선출하다.

임시의장은 다음 의안을 결의하기 위한 의결 정족수에 달하게 되었으므로 본 총회가 적법하게 성립되었음을 알리고 개회를 선언한 후 다음의 의안을 부의하고 심의를 구하다.

제1호 의 안　규약제정에 관한 건

임시의장은 부동산등기용등록번호부여에 따른 우리 문중에 대한 규약을 제정할 필요성이 있음을 설명하고 초안을 제시한 바, 참석문원 전원 이의없이 그를 승인 가결하다.

제2호 의 안　대표자 선임에 관한 건

임시의장은 우리 문중 재산인 아래 제3호에 기재된 다음 부동산의 표시 기재 부동산을 관리(또는 취득)함에 있어 대표자를 선출하여 줄 것을 물은 바, 출석문원 전원의 찬성으로 다음 사람을 대표자로 선임할 것을 만장일치로 승인 가결하다.

대표자 홍 길 동 (000000-0000000)
전라남도 ○○군 ○○읍 ○○길 ○○

위 피선자는 즉석에서 그 취임을 승낙하다.

제3호 의 안　부동산등기용등록번호부여에 관한 건

임시의장은 다음 부동산의 표시 기재 부동산을 관리(또는 취득)함에 있어 우리 문중에 대한 부동산등기용등록번호부여신청 및 부여받는 행위에 관하여 참석문원 전원 이의

없이 찬성하여 그를 승인 가결하다.

다　　음

부동산의 표시

전라남도 ○○군 ○○읍 ○○리 123
잡종지 300㎡,　끝.

임시의장은 이상으로써 의안 심의를 종료하고 폐회한다고 선언하다(회의종료시간 오전 10시 30분)

위 결의를 명확히 하기 위하여 이 결의서를 작성하고 참석자 전원이 기명날인하다.

20○○년 ○월 ○일

파령윤씨○○공문중
전라남도 ○○군 ○○읍 ○○길 ○○
내표자 홍 길 동 (직인)

성　명		날 인	주민등록번호	주　　소
대표자				
문 원				
문 원				
문 원				
문 원				
문 원				
문 원				
문 원				

위 내용은 사실과 틀림이 없음을 확인함.

위 확인자　○ ○ ○ (인감)

위 확인자　○ ○ ○ (인감)

[자료 93] 문중총회결의서(소유권보존등기신청의 경우)

파평윤씨○○공문중총회결의서

파평윤씨○○공문중의 대표자 홍길동은 아래 제1호의 안 건을 결의하고자 전라남도 ○○군 ○○읍 ○○길 ○○, 파평윤씨○○공문중 사무실에서 문중총회를 개최한다는 내용의 소집통지를 우리 문원 전원에게 20○○. ○. ○. 전화(또는 등기우편)에 의한 방법으로 통보한 후 20○○. ○. 오전 10시경 위 문중 사무실에서 임시총회를 개최하다.

총문원수 ○명　　　출석문원수 ○명

참석문원 전원의 호선에 따라 우리 문중 대표자 홍길동을 임시의장으로 선출하다.

임시의장은 다음 의안을 결의하기 위한 의결 정족수에 달하게 되었으므로 본 총회가 적법하게 성립되었음을 알리고 개회를 선언한 후 다음의 의안을 부의하고 심의를 구하다.

제1호 의 안　　소유권보존등기 및 대표자 선임에 관한 건

임시의장은 다음 기재의 미등기 건물에 대하여 "파평윤씨○○공문중(000000-0000000)" 명의로 소유권보존등기를 신청할 것과 동 등기신청에 관한 일체의 행위를 위임함에 있어 대표자를 선출하여 줄 것을 물은 바, 출석문원 전원의 찬성으로 다음 사람을 대표자로 선임할 것을 만장일치로 승인 가결하다.

대표자 홍 길 동 (000000-0000000)
전라남도 ○○군 ○○읍 ○○길 ○○

위 피선자는 즉석에서 그 취임을 승낙하다.

다　　음

전라남도 ○○군 ○○읍 ○○리 123
[도로명주소] 전라남도 ○○군 ○○읍 ○○길 ○○
시멘트블록조 스레트지붕 단층 제1종근린생활시설
230㎡, 끝.

임시의장은 이상으로써 의안 심의를 종료하고 폐회한다고 선언하다(회의종료시간 오

전 10시 30분)

위 결의를 명확히 하기 위하여 이 결의서를 작성하고 참석자 전원이 기명날인하다.

20○○년 ○월 ○일

파령윤씨○○공문중
전라남도 ○○군 ○○읍 ○○길 ○○
대표자 홍 길 동 (직인)

성	명	날 인	주민등록번호	주 소
대표자				
문 원				
문 원				
문 원				
문 원				
문 원				
문 원				
문 원				

위 내용은 사실과 틀림이 없음을 확인함.

위 확인자 ○ ○ ○ (인감)

위 확인자 ○ ○ ○ (인감)

[자료 94] 문중총회결의서(소유권보존 및 부동산 매수의 경우)

파평윤씨○○공문중총회결의서

파평윤씨○○공문중의 대표자 홍길동은 아래 제1호 및 제2호의 안 건을 결의하고자 전라남도 ○○군 ○○읍 ○○길 ○○, 파평윤씨○○공문중 사무실에서 문중총회를 개최한다는 내용의 소집통지를 우리 문원 전원에게 20○○. ○. ○. 전화(또는 등기우편)에 의한 방법으로 통보한 후 20○○. ○. 오전 10시경 위 문중 사무실에서 임시총회를 개최하다.

총문원수 ○명 출석문원수 ○명

참석문원 전원의 호선에 따라 우리 문중 대표자 홍길동을 임시의장으로 선출하다.

임시의장은 다음 의안을 결의하기 위한 의결 정족수에 달하게 되었으므로 본 총회가 적법하게 성립되었음을 알리고 개회를 선언한 후 다음의 의안을 부의하고 심의를 구하다.

제1호 의 안 대표자 선임에 관한 건

임시의장 홍길동은 다음 부동산의 표시 기재 부동산 중 2항의 부동산에 대한 소유권보존등기신청과 다음 부동산의 표시 기재 부동산 중 1항의 부동산에 대하여 소유권이전등기신청에 관한 일체의 행위를 위임함에 있어 대표자를 선출하여 줄 것을 물은 바, 출석문원 전원의 찬성으로 다음 사람을 대표자로 선임할 것을 만장일치로 승인 가결하다.

대표자 홍 길 동 (000000-0000000)
전라남도 ○○군 ○○읍 ○○길 ○○

위 피선자는 즉석에서 그 취임을 승낙하다.

다 음

부 동 산 의 표 시

1. 전라남도 ○○군 ○○읍 ○○리 123 대 310㎡
2. 전라남도 ○○군 ○○읍 ○○리 123
   [도로명주소] 전라남도 ○○군 ○○읍 ○○길 ○○
   시멘트블록조 스레트지붕 단층 제1종근린생활시설
   230㎡, 끝.

제2호 의 안 소유권보존등기 및 소유권이전등기에 관한 건

임시의장은 위 부동산의 표시 기재 부동산 중 2항의 부동산에 대하여 "파평윤씨○○공문중" 명의로의 소유권보존등기 및 위 부동산의 표시 기재 부동산 중 1항의 부동산에 대하여는 "성춘향(000000-0000000)"으로부터 매매대금 오천만원(₩ 50,000,000)을 주고 매수하여 "파평윤씨○○공문중(000000-0000000)" 명의로 소유권이전등기를 할 필요성을 설명하고 그 가부를 물은 바, 참석문원 전원 이익없이 찬성하여 그를 승인 가결하다.

임시의장은 이상으로써 의안 심의를 종료하고 폐회한다고 선언하다(회의종료시간 오전 10시 30분)

위 결의를 명확히 하기 위하여 이 결의서를 작성하고 참석자 전원이 기명날인하다.

20○○년 ○월 ○일

파령윤씨○○공문중
전라남도 ○○군 ○○읍 ○○길 ○○
대표자 홍 길 동 (직인)

성 명		날 인	주민등록번호	주 소
대표자				
문 원				
문 원				
문 원				
문 원				
문 원				
문 원				
문 원				

위 내용은 사실과 틀림이 없음을 확인함.

위 확인자 ○ ○ ○ (인감)

위 확인자 ○ ○ ○ (인감)

[자료 95] 문중총회결의서(대표자 사망 및 부동산 매수의 경우)

파평윤씨○○공문중총회결의서

파평윤씨○○공문중의 대표자(회장) 홍길동의 사망(유고)으로 인하여 그의 직무대행자인 우리 문중 부회장 이몽룡은 아래 제1호 및 제2호의 안 건을 결의하고자 전라남도 ○○군 ○○읍 ○○길 ○○, 파평윤씨○○공문중 사무실에서 문중총회를 개최한다는 내용의 소집통지를 우리 문원 전원에게 20○○. ○. ○. 전화(또는 등기우편)에 의한 방법으로 통보한 후 20○○. ○. 오전 10시경 위 문중 사무실에서 임시총회를 개최하다.

총문원수 9명　　　출석문원수 8명

참석문원 전원의 호선에 따라 우리 문중 대표자 홍길동을 임시의장으로 선출하다.

임시의장은 다음 의안을 결의하기 위한 의결 정족수에 달하게 되었으므로 본 총회가 적법하게 성립되었음을 알리고 개회를 선언한 후 다음의 의안을 부의하고 심의를 구하다.

제1호 의 안　대표자 보선에 관한 건

임시의장 이몽룡은 우리 문중 대표자 홍길동이가 20○○. ○. ○. 사망으로 인하여 퇴임하여 그를 보선해야 한다는 취지와 함께 아래 제2호에 기재된 부동산의 표시 기재 부동산을 우리 문중 명의로 취득함에 있어 소유권이전등기를 신청할 것과 등기기록상 대표자를 변경(등기기록상 대표자만 변경시 : ～～ 부동산을 관리함에 있어 등기록상 대표자를 변경)해야 할 취지를 설명하고, 동 등기신청에 관한 일체의 행위를 위임하고자 대표자를 선출하여 줄 것을 물은 바, 참석문원 전원의 찬성으로 다음 사람을 대표자로 선임할 것을 만장일치로 승인 가결하다.

대표자 이 몽 룡 (000000-0000000)
전라남도 ○○군 ○○읍 ○○길 ○○

위 피선자는 즉석에서 그 취임을 승낙하다.

제2호 의 안　부동산 매수 및 소유권이전등기에 관한 건

임시의장은 우리 문중인 "파평윤씨○○공문중(000000-0000000)"이 "장길상(000000-0000000)"으로부터 다음 부동산의 표시 기재 부동산을 매매대금 오천만원(₩50,000,000)으로 정하여 매수하고, "파평윤씨○○공문중(000000-0000000)" 명의로 소유권이전등기를 할 필요성을 설명하고 그 가부를 물은 바, 참석문원 전원 이의없이 찬성하여 그를 승인 가결하다.

다 음

부 동 산 의 표 시

1. 전라남도 ○○군 ○○읍 ○○리 123 대 310㎡
2. 전라남도 ○○군 ○○읍 ○○리 123
[도로명주소] 전라남도 ○○군 ○○읍 ○○길 ○○
시멘트블록조 스레트지붕 단층 제1종근린생활시설
230㎡, 끝.

임시의장은 이상으로써 의안 심의를 종료하고 폐회한다고 선언하다(회의종료시간 오전 10시 40분)

위 결의를 명확히 하기 위하여 이 결의서를 작성하고 참석자 전원이 기명날인하다.

20○○년 ○월 ○일

파령윤씨○○공문중
전라남도 ○○군 ○○읍 ○○길 ○○
대표자 이 몽 룡 (직인)

성	명	날 인	주민등록번호	주 소
대표자	이몽룡			
문 원				
문 원				
문 원				
문 원				
문 원				
문 원				
문 원				

위 내용은 사실과 틀림이 없음을 확인함.

위 확인자 ○ ○ ○ (인감)
위 확인자 ○ ○ ○ (인감)

[자료 96] 종중총회결의서(부동산 매도의 경우)

김해김씨○○공파○○종중총회결의서

김해김씨○○공파○○종중의 대표자 홍길동은 아래 제1호 및 제2호의 안 건을 결의하고자 전라남도 ○○군 ○○읍 ○○길 ○○, 김해김씨○○공파○○종중 사무실에서 종중총회를 개최한다는 내용의 소집통지를 우리 종원 전원에게 20○○. ○. ○. 전화(또는 등기우편)에 의한 방법으로 통보한 후 20○○. ○. 오전 10시경 위 종중 사무실에서 임시총회를 개최하다.

총종원수 ○명 출석종원수 ○명

참석종원 전원의 호선에 따라 우리 종중 대표자 홍길동을 임시의장으로 선출하다.

임시의장은 다음 의안을 결의하기 위한 의결 정족수에 달하게 되었으므로 본 총회가 적법하게 성립되었음을 알리고 개회를 선언한 후 다음의 의안을 부의하고 심의를 구하다.

제1호 의 안 대표자 선임에 관한 건

임시의장은 우리 종중 재산인 아래 제2호에 기재된 다음 기재 부동산을 "장길산(000000-0000000)"에게 매도함에 있어 소유권이전등기를 신청할 것과 동 등기신청에 관한 일체의 행위를 위임함에 있어 대표자를 선출하여 줄 것을 물은 바, 참석종원 전원의 찬성으로 다음 사람을 대표자로 선임할 것을 만장일치로 승인 가결하다.

대표자 홍 길 동 (000000-0000000)
전라남도 ○○군 ○○읍 ○○길 ○○

위 피선자는 즉석에서 그 취임을 승낙하다.

제2호 의 안 부동산 매매 및 소유권이전등기에 관한 건

임시의장은 우리 종중인 "김해김씨○○공파종중(000000-0000000)"이 "장길상(000000-0000000)"에게 다음 기재 부동산을 매매대금 오천만원(₩ 50,000,000)으로 정하여 매도하고, "장길상(000000-0000000)" 명의로 소유권이전등기를 할 필요성을 설명하고 그 가부를 물은 바, 참석종원 전원 이의없이 찬성하여 그를 승인 가결하다.

다　　　음

1. 전라남도 ○○군 ○○읍 ○○리 123　대 310㎡
2. 전라남도 ○○군 ○○읍 ○○리 123
[도로명주소] 전라남도 ○○군 ○○읍 ○○길 ○○
시멘트블록조 스레트지붕 단층 제1종근린생활시설
230㎡,　끝.

임시의장은 이상으로써 의안 심의를 종료하고 폐회한다고 선언하다(회의종료시간 오전 11시 00분)

위 결의를 명확히 하기 위하여 이 결의서를 작성하고 참석자 전원이 기명날인하다.

20○○년 ○월 ○일

김해김씨○○공파○○종중
전라남도 ○○군 ○○읍 ○○길 ○○
대표자 홍 길 동 (직인)

성 명		날 인	주민등록번호	주 소
대표자				
종 원				
종 원				
종 원				
종 원				
종 원				
종 원				
종 원				

위 내용은 사실과 틀림이 없음을 확인함.

위 확인자 ○ ○ ○ (인감)

위 확인자 ○ ○ ○ (인감)

[자료 97] 종중총회결의서(부동산 증여의 경우)

파평윤씨○○공문중총회결의서

파평윤씨○○공문중의 대표자 홍길동은 아래 제1호 및 제2호의 안 건을 결의하고자 전라남도 ○○군 ○○읍 ○○길 ○○, 파평윤씨○○공문중 사무실에서 문중총회를 개최한다는 내용의 소집통지를 우리 문원 전원에게 20○○. ○. ○. 전화(또는 등기우편)에 의한 방법으로 통보한 후 20○○. ○. 오전 10시경 위 문중 사무실에서 임시총회를 개최하다.

총문원수 ○명 출석문원수 ○명

참석문원 전원의 호선에 따라 우리 문중 대표자 홍길동을 임시의장으로 선출하다.

임시의장은 다음 의안을 결의하기 위한 의결 정족수에 달하게 되었으므로 본 총회가 적법하게 성립되었음을 알리고 개회를 선언한 후 다음의 의안을 부의하고 심의를 구하다.

제1호 의 안 대표자 선임에 관한 건

임시의장은 우리 문중이 아래 제2호의 다음 기재 부동산을 취득함에 있어 소유권이전등기를 신청할 것과 동 등기신청에 관한 일체의 행위를 위임함에 있어 대표자를 선출하여 줄 것을 물은 바, 참석문원 전원의 찬성으로 다음 사람을 대표자로 선임할 것을 만장일치로 승인 가결하다.

대표자 홍 길 동 (000000-0000000)
전라남도 ○○군 ○○읍 ○○길 ○○

위 피선자는 즉석에서 그 취임을 승낙하다.

제2호 의 안 부동산 증여 및 소유권이전등기에 관한 건

임시의장은 등기기록상 소유자인 장길산 명의의 다음 기재 부동산에 대하여 우리 문중인 "파평윤씨○○공문중(000000-0000000)"이 "장길상(000000-0000000)"으로부터 증여받아 "파평윤씨○○공문중(000000-0000000)" 명의로 소유권이전등기를 할 필요성을 설명하고 그 가부를 물은 바, 참석문원 전원 이의없이 찬성하여 그를 승인 가결하다.

다 음

1. 전라남도 ○○군 ○○읍 ○○리 123 대 310㎡
2. 전라남도 ○○군 ○○읍 ○○리 123
   [도로명주소] 전라남도 ○○군 ○○읍 ○○길 ○○
   시멘트블록조 스레트지붕 단층 제1종근린생활시설
   230㎡, 끝.

임시의장은 이상으로써 의안 심의를 종료하고 폐회한다고 선언하다(회의종료시간 오전 10시 50분)

위 결의를 명확히 하기 위하여 이 결의서를 작성하고 참석자 전원이 기명날인하다.

20○○년 ○월 ○일

파령윤씨○○공문중
전라남도 ○○군 ○○읍 ○○길 ○○
대표자 홍 길 동 (직인)

성 명		날 인	주민등록번호	주 소
대표자				
문 원				
문 원				
문 원				
문 원				
문 원				
문 원				
문 원				

위 내용은 사실과 틀림이 없음을 확인함.

위 확인자 ○ ○ ○ (인감)

위 확인자 ○ ○ ○ (인감)

[자료 98] 종중총회결의서{부동산 증여(합유)의 경우}

김해김씨○○공파○○종중총회결의서

김해김씨○○공파○○종중의 대표자 홍길동은 아래 제1호 및 제2호의 안 건을 결의하고자 전라남도 ○○군 ○○읍 ○○길 ○○, 김해김씨○○공파○○종중 사무실에서 종중총회를 개최한다는 내용의 소집통지를 우리 종원 전원에게 20○○. ○. ○. 전화(또는 등기우편)에 의한 방법으로 통보한 후 20○○. ○. 오전 10시경 위 종중 사무실에서 임시총회를 개최하다.

총종원수 ○명 출석종원수 ○명

참석종원 전원의 호선에 따라 우리 종중 대표자 홍길동을 임시의장으로 선출하다.

임시의장은 다음 의안을 결의하기 위한 의결 정족수에 달하게 되었으므로 본 총회가 적법하게 성립되었음을 알리고 개회를 선언한 후 다음의 의안을 부의하고 심의를 구하다.

제1호 의 안 대표자 선임에 관한 건

임시의장은 우리 종중 재산인 아래 제2호의 다음 기재 부동산을 장길산(000000-0000000)과 이몽룡(000000-0000000)에게 증여함에 있어 소유권이전등기를 신청할 것과 동 등기신청에 관한 일체의 행위를 위임함하고자 대표자를 선출하여 줄 것을 물은 바, 참석종원 전원의 찬성으로 다음 사람을 대표자로 선임할 것을 만장일치로 승인 가결하다.

(예시 2 : 의장은 우리 종중 재산인 아래 제2호의 다음 기재 부동산을 장길산(000000-0000000)과 이몽룡(000000-0000000)이 증여받아 그 소유권을 "합유"로 한 소유권이전등기를 신청할 것과 동 등기신청에 관한 일체의 행위를 위임함에 있어 대표자를 선출하여 줄 것을 물은 바, 참석종원 전원의 찬성으로 다음 사람을 대표자로 선임할 것을 만장일치로 승인 가결하다.

대표자 홍 길 동 (000000-0000000)
전라남도 ○○군 ○○읍 ○○길 ○○

위 피선자는 즉석에서 그 취임을 승낙하다.

제2호 의 안 부동산 증여 및 소유권이전등기에 관한 건

임시의장은 다음 기재의 우리 종중 "김해김씨○○공파○○종중(000000-0000000) 소유의 부동산을 "장길상(000000-0000000)"과 "성춘향에게 각 2분의 1씩을 증여하여 소유권이전등기를 할 필요성을 설명하고 그 가부를 물은 바, 참석종원 전원 이의없이 찬성하여 그를 승인 가결하다.

(예시2 : 임시의장은 다음 기재의 우리 종중 "김해김씨○○공파○○종중(000000-0000000)" 소유의 부동산을 "장길상(000000-0000000)"과 "성춘향(000000-0000000)"에게 증여함에 있어, 그 소유권을 "합유"로 한 소유권이전등기를 할 필요성을 설명하고 그 가부를 물은 바, 참석종원 전원 이의없이 찬성하여 그를 승인 가결하다)

다 음

1. 전라남도 ○○군 ○○읍 ○○리 123 대 310㎡
2. 전라남도 ○○군 ○○읍 ○○리 123
   [도로명주소] 전라남도 ○○군 ○○읍 ○○길 ○○
   시멘트블록조 스레트지붕 단층 제1종근린생활시설
   230㎡, 끝.

임시의장은 이상으로써 의안 심의를 종료하고 폐회한다고 선언하다(회의종료시간 오전 10시 50분)

위 결의를 명확히 하기 위하여 이 결의서를 작성하고 참석자 전원이 기명날인하다.

20○○년 ○월 ○일

김해김씨○○공파○○종중
전라남도 ○○군 ○○읍 ○○길 ○○
대표자 홍 길 동 (직인)

성 명		날 인	주민등록번호	주 소
대표자				

종 원				
종 원				
종 원				
종 원				
종 원				
종 원				
종 원				

위 내용은 사실과 틀림이 없음을 확인함.

위 확인자 ○ ○ ○ (인감)

위 확인자 ○ ○ ○ (인감)

[자료 99] 문중총회결의서(사무소 주소지 이전 및 대표자 추가등기의 경우)

파평윤씨○○공문중총회결의서

파평윤씨○○공문중의 대표자 홍길동은 아래 제1호 및 제2호의 안 건을 결의하고자 전라남도 ○○군 ○○읍 ○○길 ○○, 파평윤씨○○공문중 사무실에서 문중총회를 개최한다는 내용의 소집통지를 우리 문원 전원에게 20○○. ○. ○. 전화(또는 등기우편)에 의한 방법으로 통보한 후 20○○. ○. 오전 10시경 위 문중 사무실에서 임시총회를 개최하다.

총문원수 ○명　　　출석문원수 ○명

참석문원 전원의 호선에 따라 우리 문중 대표자 홍길동을 임시의장으로 선출하다.

임시의장은 다음 의안을 결의하기 위한 의결 정족수에 달하게 되었으므로 본 총회가 적법하게 성립되었음을 알리고 개회를 선언한 후 다음의 의안을 부의하고 심의를 구하다.

제1호 의 안　대표자 선임에 관한 건

임시의장은 아래 제2호의 다음 기재 부동산 중 2. 내지 4.의 부동산 소유자인 우리 문중에 대한 사무소의 주소지가 "전라남도 ○○군 ○○읍 ○○길 ○○"에서 "전라남도 ○○군 ○○읍 ○○길 ○○-○"로 이전됨에 따라 등기명의인표시변경등기 및 아래 문중 대표자를 추가하는 변경등기를 신청할 것과 위 등기신청에 관한 일체의 행위를 위임함에 있어 대표자를 선출하여 줄 것을 물은 바, 참석문원 전원의 찬성으로 다음 사람을 대표자로 선임할 것을 만장일치로 승인 가결하다.

대표자 홍 길 동 (000000-0000000)
전라남도 ○○군 ○○읍 ○○길 ○○

위 피선자는 즉석에서 그 취임을 승낙하다.

제1호 의 안　등기명의인 표시변경등기에 관한 건

임시의장은 다음 기재 부동산 중 2. 내지 4.의 부동산 소유자인 "파평윤씨○○공문중"에 대한 사무소의 주소가 "전라남도 ○○군 ○○읍 ○○길 ○○"로 되어 있는 것을 "전라남도 ○○군 ○○읍 ○○길 ○○-○"로 이전하는 등기명의인표시변경등기 및 우리 문중 소유의 다음 기재 부동산 전부에 대하여 대표자를 추가하는 변경등기를 할 필요성을 설명하고 그 가부를 물은 바, 참석문원 전원 이의없이 찬성하여 그를 승인 가결하다.

다 음

1. 전라남도 ○○군 ○○읍 ○○리 100 대 320㎡
2. 전라남도 ○○군 ○○읍 ○○리 100 대 320㎡
3. 전라남도 ○○군 ○○읍 ○○리 100 대 320㎡
4. 전라남도 ○○군 ○○읍 ○○리 100 대 320㎡, 끝.

임시의장은 이상으로써 의안 심의를 종료하고 폐회한다고 선언하다(회의종료시간 오전 10시 40분)

위 결의를 명확히 하기 위하여 이 결의서를 작성하고 참석자 전원이 기명날인하다.

20○○년 ○월 ○일

파령윤씨○○공문중
전라남도 ○○군 ○○읍 ○○길 ○○
대표자 홍 길 동 (직인)

성 명		날 인	주민등록번호	주 소
대표자				
문 원				
문 원				
문 원				
문 원				
문 원				
문 원				
문 원				

위 내용은 사실과 틀림이 없음을 확인함.

위 확인자 ○ ○ ○ (인감)

위 확인자 ○ ○ ○ (인감)

[자료 100] 문중총회결의서(등기명의인표시경정과 변경 및 대표자 변경의 경우)

파평윤씨○○공문중총회결의서

파평윤씨○○공문중의 대표자 홍길동은 아래 제1호의 안 건을 결의하고자 전라남도 ○○군 ○○읍 ○○길 ○○, 파평윤씨○○공문중 사무실에서 문중총회를 개최한다는 내용의 소집통지를 우리 문원 전원에게 20○○. ○. ○. 전화(또는 등기우편)에 의한 방법으로 통보한 후 20○○. ○. 오전 10시경 위 문중 사무실에서 임시총회를 개최하다.

총문원수 ○명　　　출석문원수 ○명

참석문원 전원의 호선에 따라 우리 문중 대표자 홍길동을 임시의장으로 선출하다.
임시의장은 다음 의안을 결의하기 위한 의결 정족수에 달하게 되었으므로 본 총회가 적법하게 성립되었음을 알리고 개회를 선언한 후 다음의 의안을 부의하고 심의를 구하다.

제1호 의 안　등기명의인표시경정과 변경 및 대표자 보선에 관한 건

임시의장은 우리 문중대표 홍길동(000000-0000000)이가 일신상의 사유로 금일 사임하여(20○○. ○. ○. 임기만료로 퇴임하여), 그를 보선해야 한다는 취지와 함께 아래 부동산의 표시 기재 부동산의 관리 및 처분함에 있어 아래 부동산의 표시 기재 부동산 중 제 1, 2항의 부동산에 대한 등기기록상 대표자 홍길동의 주민등록번호가 "000000-0000000"으로 되어 있는 것을 "000000-0000000"으로 경정하는 등기명의인표시경정등기 및 아래 부동산의 표시 기재 부동산 전부에 대하여 등기기록상 대표자를 변경하는 등기명의인 표시변경등기를 할 필요성을 설명하고, 위 등기신청에 관한 일체의 행위를 위임하고자 다음 사람을 대표자로 선출하여 줄 것을 구한 바, 참석문원 전원 이의없이 찬성하여 그를 승인 가결하다.

대표자 이 몽 룡 (000000-0000000)
전라남도 ○○군 ○○읍 ○○길 ○○

위 피선자는 즉석에서 그 취임을 승낙하다.

부 동 산 의 표 시

1. 전라남도 ○○군 ○○읍 ○○리 100 대 310㎡
2. 전라남도 ○○군 ○○읍 ○○리 200 잡종지 320㎡
3. 전라남도 ○○군 ○○읍 ○○리 300 임야 16200㎡, 끝.

임시의장은 이상으로써 의안 심의를 종료하고 폐회한다고 선언하다(회의종료시간 오전 10시 50분)

위 결의를 명확히 하기 위하여 이 결의서를 작성하고 참석자 전원이 기명날인하다.

20○○년 ○월 ○일

파령윤씨○○공문중
전라남도 ○○군 ○○읍 ○○길 ○○
대표자 홍 길 동 (직인)

성	명	날 인	주민등록번호	주 소
대표자	홍길동			
문 원	이몽룡			
문 원				
문 원				
문 원				
문 원				
문 원				
문 원				

위 내용은 사실과 틀림이 없음을 확인함.

위 확인자 ○ ○ ○ (인감)

위 확인자 ○ ○ ○ (인감)

[자료 101] 교회관인(직인)증명서

교회관인(직인)증명서

증 제 20○○ 서초 제10호
교회명 : 대한예수교장로회 서초제일교회
소재지 : 서울특별시 서초구 서초대로 100길 20(서초동)
용 도 : 소유권보존등기용(또는 부동산매도용)

직 인

위는 본 서초제일교회 관인(당회장 직인)임을 확인함.

20○○년 ○월 ○일

대한예수교장로회 서초제일교회
서울특별시 서초구 서초대로 100길 20(서초동)
노회장 홍 길 동 ㊞

위의 사실을 증명함.

대한예수교장로회
서울특별시 서초구 서초대로 200길 30(서초동)
총회장 이 몽 룡 ㊞

[자료 102] 사찰관인(직인)증명서

사찰관인(직인)증명서

증 제 20○○ 서초 제10호

등록명 : 대한불교조계종단 대성사

소재지 : 서울특별시 서초구 서초대로 100길 20(서초동)

용 도 : 소유권보존등기용(또는 부동산매도용)

직 인

위는 본 대성사 사찰관인(주지 직인)임을 확인함.

20○○년 ○월 ○일

대한불교조계종단 총무원
서울특별시 서초구 서초대로 100길 20(서초동)
총무원장 홍 길 동 ㉿

[자료 103] 재직증명서(담임목사)

재 직 증 명 서

증 제 20○○ 서초 제20호
교회명 : 대한예수교장로회 서초제일교회
소재지 : 서울특별시 서초구 서초대로 100길 20(서초동)
성 명 : 김 갑 동
생년월일 : 19○○년 ○월 ○일
용 도 : 소유권보존등기용(또는 부동산매도용)

위 사람은 본 노회 소속 서초제일교회의 담임목사로 재직중에 있음을 확인합니다.

20○○년 ○월 ○일

대한예수교장로회 서초제일교회
서울특별시 서초구 서초대로 100길 20(서초동)
노회장 홍 길 동 ㊞

위의 사실을 증명함.

대한예수교장로회
서울특별시 서초구 서초대로 200길 30(서초동)
총회장 이 몽 룡 ㊞

[자료 104] 재직증명서(주지)

재 직 증 명 서

증 제 20○○ 서초 제20호

사찰명 : 대한불교조계종단 ○○사

소재지 : 서울특별시 서초구 서초대로 ○○길 ○○

직 위 : 주지

법명(성명) : ○○(홍길동)

임명일 : 19○○년 ○월 ○일

생년월일 : 19○○년 ○월 ○일

용 도 : 소유권보존등기용(또는 부동산매도용)

위와 같은 사항을 증명하여 주시기 바랍니다.

불기 ○○○○(20○○)년 ○월 ○일

위 원인 ○○(홍 길 동) (인)

위 증 명 함

불기 ○○○○(20○○)년 ○월 ○일

대한불교조계종 총무원장 (직인)

[자료 105] 대표자증명서(교회)

대 표 자 증 명 서

증 제 20○○ 서초 제30호

교회명 : 대한예수교장로회 서초제일교회

소재지 : 서울특별시 서초구 서초대로 100길 20(서초동)

성 명 : 김 갑 동

생년월일 : 19○○년 ○월 ○일

용 도 : 소유권보존등기용(또는 부동산매도용)

위 사람은 본 노회 소속 서초제일교회 대표자임을 확인함.

20○○년 ○월 ○일

대한예수교장로회 서초제일교회
서울특별시 서초구 서초대로 100길 20(서초동)
노회장 홍 길 동 ㊞

위의 사실을 증명함.

대한예수교장로회
서울특별시 서초구 서초대로 200길 30(서초동)
총회장 이 몽 룡 ㊞

[자료 106] 대표자증명서(사찰)

대 표 자 증 명 서

증 제 20○○ 서초 제30호

등록명 : 대한불교조계종 대성사

소재지 : 서울특별시 서초구 서초대로 100길 20(서초동)

성 명 : 장 길 산

생년월일 : 19○○년 ○월 ○일

용 도 : 소유권보존등기용(또는 부동산매도용)

위 사람은 본 사찰 소속 대성사의 대표자임을 확인함.

20○○년 ○월 ○일

대한불교조계종 총무원
서울특별시 서초구 서초대로 100길 20(서초동)
총무원장 홍 길 동 ㉒

[자료 107] 확인원(소속증명서)

확　　인　　원(소속증명서)

사찰명 : 대한불교조계종단 ○○사

소재지 : 서울특별시 서초구 서초대로 ○○길 ○○

소　속 : 대한불교조계종

등록연월일 : 19○○년 ○월 ○일

용　도 : 소유권보존등기용(또는 부동산매도용)

상기 사찰은 대한불교조계종에 등록된 사찰임을 확인하여 주시기 바랍니다.

불기 ○○○○(20○○)년 ○월 ○일

위 원인 ○○(홍 길 동) (인)

위　증 명 함

불기 ○○○○(20○○)년 ○월 ○일

대한불교조계종 총무원장 (직인)

[자료 108] 승인서(사찰)

승 인 서

증 제 20○○ 서초 제10호

등록명 : 대한불교조계종 ○○사

소재지 : 서울특별시 서초구 ○○대로 ○○길 120(서초동)

대표자(주지) : 김 갑 동

대한불교조계종단 대성사 소유의 아래 부동산의 표시 기재 부동산을 김대웅에게 매도할 것을 승인한다.

부 동 산 의 표 시

1. ○○시 ○○읍 ○○리 128 임야 820㎡
2. ○○시 ○○읍 ○○리 326 임야 640㎡

20○○년 ○월 ○일

대한불교조계종
종정 이 몽 룡 ㉠
서울특별시 서초구 ○○대로 ○○길 18(서초동)

[자료 109] 인감증명원(사찰)

제 20○○ 서초 제10호

인 감 증 명 원

소재지 : 서울특별시 서초구 ○○대로 ○○길 ○○
사찰명 : 대한불교조계종 ○○사
용 도 : 소유권보존등기신청용

위 인감은 당시 주지 직인으로써 종단 인감대장에 등록된 인감과 상위 없음을 증명하여 주시기 바랍니다.

불기 ○○○○(20○○)년 ○월 ○일

위 원인 ○○(홍 길 동) (인)

위 증 명 함

불기 ○○○○(20○○)년 ○월 ○일

대한불교조계종 총무원장 (직인)

[자료 110] 유언서(부동산 등)

유 언 서

1. 유언자의 인적사항
   성 명 : 정 ○ ○
   주민등록번호 : 000000-0000000
   주 소 : ○○시 ○○구 ○○로 23(○○동)
   등록기준지 : ○○도 ○○군 ○○면 ○○로 13

2. 재산목록
  가. 부동산
     ○○시 ○○구 ○○동 345 대 237㎡
     ○○시 ○○구 ○○동 345
     [도로명주소] ○○시 ○○구 ○○로 23
        시멘트 블록조 슬래브지붕 단층주택 84㎡
  나. 보험금

번호	보험회사	상품명	증권번호	보험기간	보험금액 (천원)	피보험자 수익자
1	○○화재	○○○○안심보험	00000000	10.10.12-13.10.12	30,000	정○○
2	○○보험	○○○○상해보험	000000	06.03.10-25.03.10	20,000	임○○ 정○○
3	○○생명	○○○○교통안전	000000000	06.04.10-15.04.10	30,000	정○○ 상속인
4	○○공제	○○암공제	00-00-000	10.05.30-24.05.30	10,000	정○○ 상속인

  다. 임대차보증금
     보증금 : 50,000,000원
     임대인 : 박 ○ ○
     임차인 : 정 ○ ○
     소재지 : ○○시 ○○구 ○○로 38에 소재하는 단층 주택 42㎡
  라. 기 타
     본 유언증서에 기재되어 있지는 아니하나, 유언증서 작성일 이후에 형성된 유언자 정○○ 명의 혹은 정○○의 명의수탁자 명의의 모든 재산(부동산, 채권보험, 현금 등)도 재산목록에 추가되는 것으로 한다.

3. 재산처리방법

가. 유언자는 위 재산 중 10분의 6 지분을 유언자의 친자인 강○○에게 상속하고, 나머지 10분의 4 지분은 유언자의 모인 임○○에게 증여한다.
단, 강○○는 만 26세에 달할 때까지 위 재산을 처분하여서는 아니 된다.

나. 위 강○○이 사망 등으로 인하여 상속받을 수 없을 경우, 위 임○○가 위 재산을 모두 수증한다.

다. 위 임○○가 사망 등으로 인하여 증여받을 수 없을 경우, 임○○가 받을 수증재산을 3등분하여 그 2는 강○○(000000-0000000)이, 나머지는 강○○(000000-0000000)이 각 수증한다.

라. 위 강○○과 임○○가 모두 사망 등으로 인하여 상속이나 유증을 받을 수 없을 경우, 위 재산을 5등분하여 그 3은 강○○이, 나머지는 강○○이 각 수증한다.
단, 강○○은 제사를 모시는 조건으로 위와 같이 수증하며, 사정에 의하여 강○○이 조상제사를 모실 경우 수증비율은 강○○이 5분의 3, 강○○이 5분의 2로 수증한다.

4. 유언집행자

가. 위 강○○의 후견인으로 강○○으로 하고 만일 그가 후견인으로서 권한을 행사할 수 없을 경우 강○○으로 하며, 그 기간은 강○○이 만 19세가 될 때까지로 한다.

나. 후견인은 위 재산을 관리함에 있어서 선량한 관리자의 주의의무를 다하여야 하고, 친족회의 동의를 얻었다 할지라도 투기적인 투자를 하여서는 아니 된다.

다. 후견인의 고의 또는 과실로 인하여 피후견인인 강○○이 손해를 입은 경우에는 그 손해를 배상하여야 한다.

라. 후견인의 임무에 관하여는 민법의 규정에 의한다.

5. 유언장소

○○시 ○○구 ○○로 23(○○동)

20○○년 ○월 ○일

유언자 정 ○ ○

[주] 1. 모든 내용을 자필로 작성하여야 한다.
2. 전문, 작성연월일, 성명, 주소가 반드시 들어가야 하고, 유언자가 날인하여야 한다.
3. 봉인하지 않아도 된다.

[자료 111] 유언서(부동산)

유 언 서

1. 유언자의 인적사항
   성 명 : 김 갑 동
   주민등록번호 : 000000-0000000
   주 소 : ○○시 ○○구 ○○로 36(○○동)

위 유언자 김갑동은 다음과 같이 유언한다.

다 음

2. 증여 부동산
   아래 부동산의 표시 기재 부동산을 삼남 김상철에게 증여한다.

부 동 산 의 표 시

1. ○○시 ○○구 ○○동 1234 대 100㎡
2. ○○시 ○○구 ○○동 1234
   [도로명주소] ○○시 ○○구 ○○로 36
   시멘트벽돌조 스레트지붕 단층주택 50㎡

3. 유언집행자
   유언집행자로 본 유언자의 삼남 김상철을 지정한다.

4. 유언장소
   ○○시 ○○구 ○○로 36(○○동)

20○○년 ○월 ○일

유언자 김 갑 동 ㊞

[주] 1. 모든 내용을 자필로 작성하여야 한다.
2. 전문, 작성연월일, 성명, 주소가 반드시 들어가야 하고, 유언자가 날인하여야 한다.
3. 봉인하지 않아도 된다.

[자료 112] 유언서(부동산)

유 언 서

유언자 김갑동은 다음과 같이 유언을 한다.

1. 유언자 김갑동은 아래 부동산의 표시 기재 부동산을 김갑동에게 증여한다.

부 동 산 의 표 시

가. ○○시 ○○구 ○○동 1234 대 100㎡

나. ○○시 ○○구 ○○동 1234
[도로명주소] ○○시 ○○구 ○○로 20
시멘트벽돌조 스레트지붕 단층주택 50㎡

2. 유언자 김갑동은 아래 사람을 유언집행자로 지정한다.

변호사 홍 길 동 (000000-0000000)
○○시 ○○구 ○○로 38(○○동)

20○○년 ○월 ○일

유언자 김 갑 동 ㊞
000000-0000000
○○시 ○○구 ○○로 20(○○동)

증 인 강 ○ ○ ㊞
000000-0000000
○○시 ○○구 ○○로 12(○○동)

증 인 박 ○ ○ ㊞
000000-0000000
○○시 ○○구 ○○로 24(○○동)

[주] 1. 모든 내용을 자필로 작성하여야 한다.
2. 전문, 작성연월일, 성명, 주소가 반드시 들어가야 하고, 유언자가 날인하여야 한다.
3. 봉인하지 않아도 된다.

[자료 113] 유언서(부동산)

유　언　서

유언자 이○수는 다음과 같이 유언한다.

1. 본인이 소유하고 있는 아래 부동산의 표시 기재 부동산을 이○현에게 준다.

부 동 산 의 표 시

가. ○○시 ○○구 ○○동 123　　대 87㎡
나. ○○시 ○○구 ○○동 123
　[도로명주소] ○○시 ○○구 ○○로 20
　　시멘트벽돌조 스레트지붕 단층주택　50㎡

2. 본인명의로 예금된 농협 000-0000-000 구좌의 금 25,000,000원을 이○균에게 준다.

3. 본인소유의 ○○은행 주식 500주는 이○철에게 준다.

4. 이 유언의 집행자로 ○○시 ○○구 ○○로 36(○○동)에 주소지를 둔 박○성을 지정한다.

20○○년　○월　○일

유언자　이　○　수　㊞
주민등록번호 : 000000-0000000
주　소 : ○○시 ○○구 ○○로 18(○○동)

[주] 1. 모든 내용을 자필로 작성하여야 한다.
2. 전문, 작성연월일, 성명, 주소가 반드시 들어가야 하고, 유언자가 날인하여야 한다.
3. 봉인하지 않아도 된다.

[자료 114] 유언증서(부동산)

유 언 증 서

부동산의 표시

서울특별시 서초구 서초동 100 대 300㎡

수증자의 표시

이 미 녀 서울특별시 서초구 서초대로 18(서초동)

본인 소유의 위 부동산을 본인이 사망한 후 이미녀가 사회복지재단설립등기를 마쳤을 때 위 수증자에게 증여한다.

이에 대한 유언집행자는 상속인으로 한다.

위 사항을 명확히 하기 위하여 다음에 서명날인하다.

20○○년 ○월 ○일

유언자 홍 길 동 ㊞
서울특별시 강남구 역삼대로 19(역삼동)

[자료 115] 대위변제확인서(1)

채 무 변 제 확 인 서

원 금　　○○○○○원

이 자　　○○○○○원

합계금　　○○○○○원

위 금원은 20○○년 ○월 ○일부터 20○○년 ○월 ○일까지 귀하께서 당 조합에 부담하고 있는 일반대출금 및 이자에 대한 채무로, 귀하께서는 위 합계금 전부를 20○○. ○. ○. 당 조합에 변제하였음을 확인합니다.

20○○년 ○월 ○일

채권자 ○○농업협동조합
○○시 ○○구 ○○로 ○○(○○동)
조합장 ○ ○ ○ ㊞

○ ○ ○ 귀하
○○시 ○○구 ○○로 ○○(○○동)

[자료 116] 대위변제확인서(2)

채 무 변 제 확 인 서

변제금액 : 금 팔천육백구십이만원(₩ 86,920,000)
(원 금 : ₩ 80,000,000)
(이 자 : ₩ 6,920,000)

20○○. ○. ○.자 채무자 ○○○의 채무액(대출과목 : ○○대출금, 계좌번호 : 000-00-00)을 연대보증인 ○○○로부터 20○○. ○. ○. 전부 대위변제하였음을 확인합니다.

20○○년 ○월 ○일

채권자 ○○농업협동조합
○○시 ○○구 ○○로 ○○(○○동)
조합장 ○ ○ ○ ㊞

대위변제인 ○ ○ ○ 귀하
○○시 ○○구 ○○로 ○○(○○동)

[자료 117] 대위변제확인서(3)

채 무 변 제 확 인 서

변제금액 : 금 육천이백사십이만오천원(₩ 62,425,000원)

(내 역)

원 금 : 금 50,000,000원

이 자 : 금 12,186,000원

비 용 : 금 239,000원

계 : 금 62,425,000원

20○○년 ○월 ○일자로 주채무자 ○○○(000000-000000)에게 대출한 ○○대출금을 연대보증인 ○○○(000000-0000000)가 20○○. ○. ○. 전부 대위변제하였음을 확인합니다.

20○○년 ○월 ○일

채권자 ○○농업협동조합
○○시 ○○구 ○○로 ○○(○○동)
조합장 ○ ○ ○ ㊞

○ ○ ○ 귀하
○○시 ○○구 ○○로 ○○(○○동)

[자료 118] 공장저당목록(신규)

공장 및 광업재단 저당법 제6조 목록(표지)

근저당권자겸
채 권 자 김 삼 남

근저당권설정자겸
채 무 자 이 도 령

신청대리인
법 무 사 이 갑 돌 ㊞

[주] 물건의 목록을 별지로 첨부한다.

[자료 119] 기계기구목록

공장 및 광업재단저당법 제6조에 의한 기계기구목록					
기호	명칭(종류)	규 격 구 조	수 량	제 작 자 제작번호	제작연월일
1	전 동 기	형식 : TEFC 100HP×380V	1식	현대	2017
2	진공펌프	10HP×380V	1식	효성	2017
3	브 로 아	형식 : TEFC 7.5KW×380V	1식	미상	2016
4	인수라인		1식	효성	2016

[자료 120] 공장저당목록(추가목록)

공장저당목록 제○○호에 추가된 목록(표지)

근저당권설정자겸 채 무 자 이 도 령

신 청 대 리 인 법 무 사 이 갑 돌 ㉧

[주] 새로이 추가되는 물건의 목록을 별지로 첨부한다.

[자료 121] 공장저당목록(분리, 멸실)

공장저당목록 제○○호에서 분리(또는 멸실)된 목록(표지)

근저당권자겸 채 권 자	김 삼 남
근저당권설정자겸 채 무 자	이 도 령
신청대리인 법 무 사	이 갑 돌 ㉾

[주] 종전 목록에서 분리 또는 멸실된 물건의 목록을 별지로 첨부한다.

[자료 122] 공장저당목록(폐지)

공장저당목록 제○○호에서 폐지목록(표지)

근저당권자겸 채 권 자	김 삼 남
근저당권설정자겸 채 무 자	이 도 령
신청대리인 법 무 사	이 갑 돌 ㊞

[주] 종전 목록에서 폐지된 목록을 별지로 첨부한다.

[자료 123] 공장증명서

공 장 증 명 서

1. 서울특별시 서초구 서초동 200   대 150㎡
2. 서울특별시 서초구 서초동 200
   [도로명주소] 서울특별시 서초구 서초대로 68길 23
   시멘트 벽돌조 슬래브지붕 단층창고 80㎡

위 부동산은 근저당권설정자 최정현의 소유로서 공장에 속한 사실을 증명합니다.

20○○년 ○월 ○일

채권자 겸 근저당권자 주식회사 신한은행
서울특별시 서초대로 56길 12(서초동)
취급지점 서초동지점
지배인 홍 길 동 ㉤

[자료 124] 신탁원부(신규제출)

신 탁 원 부

위 탁 자 김 심 남

수 탁 자 이 도 령

신청대리인 이 갑 돌 ㊞

1.	위탁자의 성 명 주 소	
2.	수탁자의 성 명 주 소	
3.	수익자의 성 명 주 소	
4.	신탁관리 인의성명 주 소	
5.	신 탁 조 항	

[자료 125] 신탁원부(변경목록)

신탁원부 제○○호의 변경목록

변경목적	변경원인	변 경 사 항	
		변 경 전	변 경 후
신탁종료 사유 변경	20○○년 ○월 ○일 변경계약	신탁원부에 기재된 "신탁종료사유"를 기재한다.	신탁종료사유 위탁자 사망
위탁자 주소 변경	20○○년 ○월 ○일 전거	위탁자 김을동 서울 성동구 가람길 113 (송정동)	위탁자 김을동 서울 마포구 가양대로 98 (상암동)

[주] 그 밖의 신탁원부의 기재사항의 변경등기를 신청하는 경우에 대하여도 위 양식에 따라 작성한 변경목록을 제출하여야 한다.

서 · 식 · 색 · 인

[ㄱ]

[ㄴ]

[ㄷ]

[ㅁ]

[ㅂ]

[ㅅ]

[ㅇ]

[ㅈ]

[ㅊ]

[ㅌ]

[ㅍ]

[ㅎ]

저·자·약·력

김 덕 원 (이메일 kdb9004@naver.com)

광주지방법원 완도등기소 근무
광주지방법원 해남지원 근무
법률사무소 율산 사무장
변호사 이철원 법률사무소 사무장
법무법인 빛고을 종합법률사무소(해남) 사무장

[수요논저]

금융기관 민사사건 실무(법률미디어)
유형별 답변서·준비서면 총서(진원사)
소가·인지산정 사례집(진원사)
계약서·내용증명·고소(발)장(진원사)
청구·신청취지 작성방법(진원사)
가사소송 서식대전(진원사)
신 민사집행 서식대전(진원사) 1, 2
신 행정소송 서식대전(진원사)
주택·상가건물 임대차보호법(진원사)
유형별 소장의 정리(진원사)
신 형사소송 서식대전(진원사)
종합법률실무 핸드북(진원사)
행정소송과 행정심판(진원사)
법인등기실무총람(진원사)
신 종합법률 실무대전 Ⅰ·Ⅱ·Ⅲ(진원사)
알기 쉽게 풀이한 주택·상가건물임대차보호법(진원사)
법률실무가를 위한 공탁법 실무(진원사)
법률실무가를 위한 가압류·가처분 실무(진원사)
부동산등기실무총람(진원사)
민사소송 & 전자소송(진원사)
소장작성 매뉴얼 및 소송전략(진원사)
내용증명·고소(발)장·진정서·탄원서 서식(진원사)
나홀로 소송 도우미 형사소송절차실무(진원사)
법률사무원을 위한 법인등기(진원사)
나홀로 하는 행정소송과 행정심판(진원사)

[제3판] 나홀로 하는 부동산등기실무

저 자 김 덕 원
발행인 양 진 수
발행처 진 원 사

2014년 2월 5일 초 판 발행
2017년 9월 29일 제2판 발행
2021년 3월 23일 제3판 인쇄
2021년 3월 30일 제3판 발행

서울시 송파구 법원로9길 26, C동 1107호 (문정동, H비즈니스파크)
전화 : 02) 916 - 1850 / 팩스 : 02) 916 - 3442
신고번호 제 2018 - 000026호
http://www.jinwonsa.co.kr
http://www.lawbookstore.co.kr
e-mail : hhansin@hanmail.net

ISBN : 978-89-6346-586-9 93360 정가 48,000원